藍史 鄭在覺 博士 追慕 文集

남사 정재각 그는 누구인가

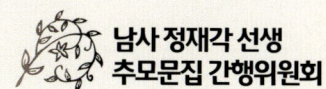
남사 정재각 선생
추모문집 간행위원회

藍史 鄭在覺 博士 追慕 文集

남사 정재각 그는 누구인가

주류성출판사

남사 정재각 박사 무궁화장 수훈 기념

歲癸丑首春 鄭博士大仁華甲戴回而 太碩人
設弧兵如昔年宴令世罕有之福慶也雖綴拙
句聊代頌辭云
從來口不絕吾伊架上圖書信手披豑
藐胸怯酒似海三長史料一無遺
壽樽激灩綠生滸鐵樹花開粲玉氋
多賀此萱春不老供馥菜眼配廬眉
友士金春東

김춘동 선생의 글

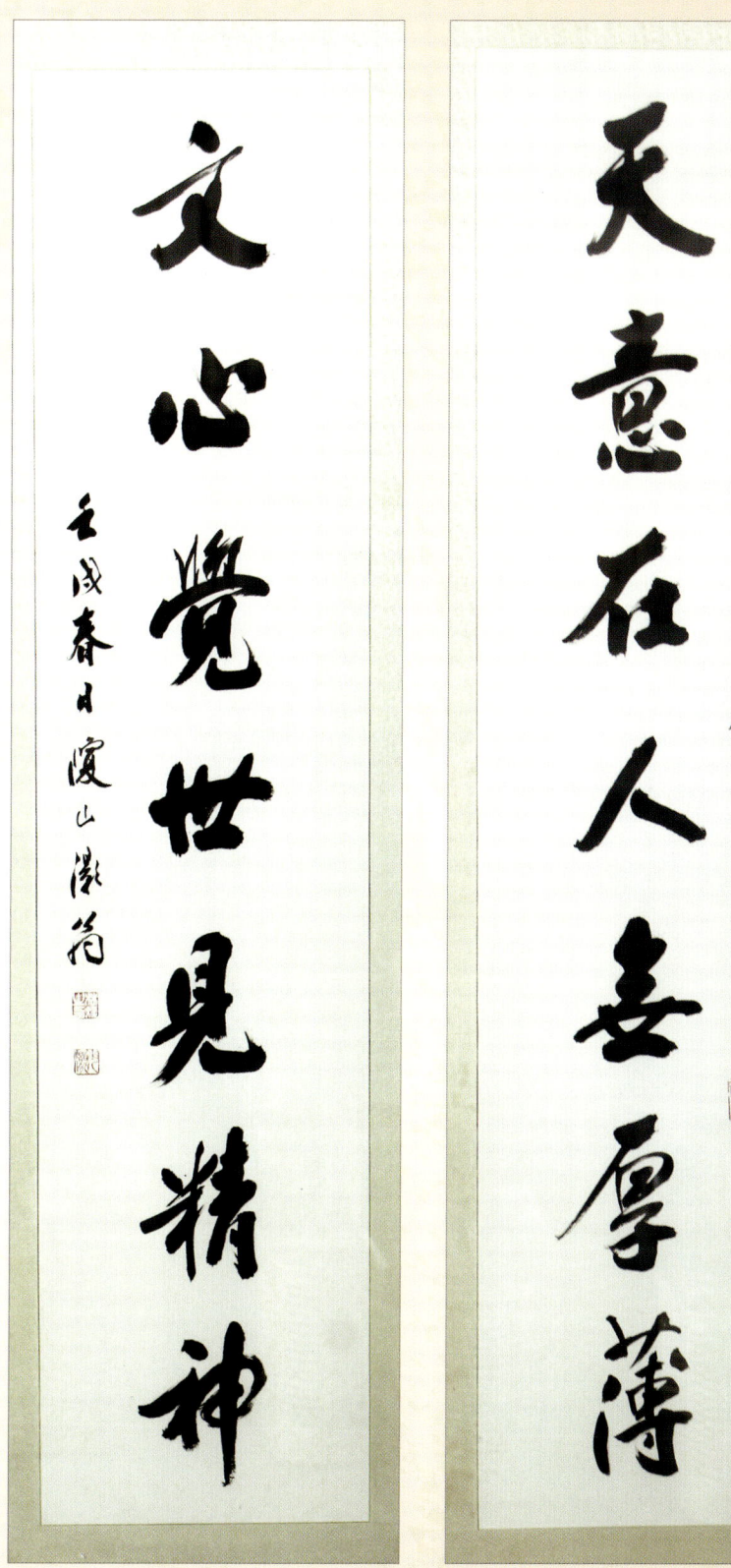

文心覺世見精神

天意在人妄厚薄

공자의 직계 후손 瓊山灝 翁이 쓴 휘호

경성제일고등보통학교 입학 기념

경성제일고등보통학교 졸업반 시절

경성제국대학교 재학 당시

고려대학교수 재직 당시 두루마기를 입은 모습(40대)

1957년 고대 사학과 금곡릉 답사 중 모습

고려대 교정에서의 남사선생

동국대 서관 신축공사장의 남사선생

고대 이활 이사장으로부터 공로상 수상 장면

제자들과 함께 페루 쿠스코의 잉카 요새인 사크사이와만 여행 중

鄭在覺 博士
9代總長
1978.6.27 - 1982.1.16

동국대학교 총장실에 걸린 역대 총장 동판 사진

동국대학교 9대총장 鄭在覺(1978.6~1982.1)

동국대학교 9대 총장 정재각 박사

경상북도 상주시 외서면 남사 정재각 선생의 생가

남사 선생이 다닌 화령초등학교의 현재 모습

동국대학교에서 치러진 남사 정재각 박사 장례식

남사 정재각 박사 장례식장에서 헌화하는 조문객들

남사 정재각 박사 장례식에서 추모사를 낭독하는 강만길 교수

남사 정재각 박사 장례식장에서 헌화하는 동국대 송석규 총장

동국대학교에서 치러진 남사 정재각 박사 장례식에 참석한 유족

남사 정재각 박사 장례식장에서 헌화하는 조문객들

상주시 외서면의 남사 정재각 박사 묘소

남사 정재각 박사 묘소

목 차

남사 정재각 선생님 근영 ··· ● 5
사진으로 보는 남사 ··· ● 6
연보 및 저작목록 ·· ● 22
간행사 ··· 장충식 ● 25
추모시 / 새해가 되어도 기대어 새해를 맞이할 노목(老木)이 없다 ··············· 김형주 ● 27

제1부 | 민족과 세계 : 유고 모음 (1)

Ⅰ. 시사 평론

해방 15년의 반성 ··· ● 35
열등의식과 민족사관의 문제 ··· ● 47
한국적 전통에 어떻게 다가 갈 것인가 ······································· ● 59
동·서양의 종교, 무엇이 다른가? ·· ● 71
오늘 날에 있어서의 충효문제(忠孝問題) ······································ ● 86
민족의 개성과 존재이유 - 21세기 문턱에서 '민족주의'를 생각한다 - ············ ● 95
신(新) 한민족론(韓民族論) - '세계일가(世界一家)'의 신시대, 우리가 설 땅은 어디인가 ········ ● 104
민족개조론(民族改造論)의 역사적 회고 ······································· ● 111
역사는 누구에게도 자명한 것인가 ·· ● 118
민족의 자존심 ··· ● 124
역사와 역사교육 ··· ● 127
정신문화와 의식개혁 ··· ● 135
중국, 중국문화 ·· ● 138
민족주체성 확립과 국학(國學)연구 ·· ● 147
한국지식인의 생태 ··· ● 155
한·일 양국인의 정신구조에 관한 일관견 ····································· ● 169

한국인의 자존심문제 ·· ● 180
21세기를 위한 식민주의의 극복에 대하여 ······························· ● 188

Ⅱ. 언론과의 대화 (대담·인터뷰 등)

우리의 현대사 어떻게 볼 것인가 ··· ● 197
현대사회와 충·효 – "전통과 대화–타협 없는 근대가치 실현 불가능하다…" – ···· ● 218
'독립기념관' 건립 – 올바른 민족사 인식의 모체로… – ·················· ● 243
"우리의 가치관 확립이 급선무" – 민족적 긍지·자존부터 찾아야 – ······ ● 253
국가장래의 큰 길을 열자 – 위기극복을 위한 긴급처방 – ··············· ● 259
개혁은 금욕정신으로 꾸준히 – 흥분 잘하는 민족성 자성을… – ········ ● 267
개방화 시대의 '자아확립' ·· ● 273
걸프전(戰)의 문명론적 투시 – 중동 분쟁의 뿌리는 서구에 대한 반감(反感) – ··· ● 279
"고통 함께 나눌 때 경제위기 극복" ·· ● 284

Ⅲ. 학술 논고

한국전통문화와 세계문화 ·· ● 289
정전문제(井田問題)의 신전개(新展開) ······································ ● 303
  – 곽말약(郭沫若)·서중서(徐中舒)·이검농(李劍農) 3씨의 문제제기에 대하여 –
신라 규흥사(竅興寺) 종명문(鍾銘文) 초해(稍解) ························· ● 311
The History of Japan – by Kenneth Scott Latourette – ············· ● 322
정통사상에서 본 중국민족의 형성과정 – 중국정통론에 대한 일시각(一視角) – ···· ● 325
한국사상(韓國史像)의 문제 ·· ● 333
문화의 여명 ·· ● 342
고전해설(古典解說), 사마천(司馬遷) 찬(撰), 『사기(史記)』 ·············· ● 355
율령(律令) 상에 보이는 고대의 승니(僧尼) ······························ ● 358
자치통감(資治通鑑) 해설 ·· ● 372
국난극복사 - 대당투쟁편 ·· ● 378

제2부 | 사색의 오솔길 : 유고 모음 (2)

Ⅰ. 민족의 대학 고려대를 생각하며

일제 기밀문서에 나타난 창립자 이용익(李容翊) 선생 ···················· ● 389
조지훈(趙芝薰)…, 그 직정경행(直情徑行)의 실천적 지사 ················· ● 400
이데올로기 이전의 문제 – 현대를 돌이켜 보며 ··························· ● 414

' 우리 안목' 의 역사학 개척 – 고대사학과 창설 30주년을 기념하며 – ·········· ● 421

"개교 78주년의 나이 값, 전통의 무게 느껴야…" – 고대생에 바란다 – ········· ● 424

대학과 학자와 학문과 인생 – 남사(藍) 정재각 교수 특별 대담 – ·········· ● 426

고려대학교 - 그 이념과 상황 ·································· ● 432

 – 고려대학교론 : 개교 70주년, · 본지 창간 28주년기념 특별기고논문 –

고 이상은(李相殷) 선생을 추모함 ······························ ● 443

한국 · 한국인의 문제 – 정재각 교수 특별 인터뷰 – ················· ● 446

Ⅱ. 불교 종립의 민족대학 동국대학교에서

제9대 동국대학교 총장 정재각 박사 취임사···················· ● 456

1978년도 동국대학교 총장 졸업식사 ······················· ● 459

10 · 26 사태 뒤 개강 담화 – 문은 다시 열리었다, 우리 모두 본연의 자세로 돌아가자 – ········· ● 462

젊은 그대들이여 꿈을 가지라 ! ·························· ● 465

개교 73주년 기념식사 ······························· ● 478

동대 경주캠퍼스 개설의 의미 ·························· ● 481

〈동대신문〉 지령 800호 기념축사 ······················ ● 484

개교 74주년 기념식사 ······························· ● 486

동국대학교 75주년 개교기념일에 즈음하여 ················· ● 488

1979년 동국대학교 신년사 – 본교의 사명 재발견 ············· ● 491

1979년도 동국대학교 총장 입학식사 ····················· ● 494

1979년도 동국대학교 총장 졸업식사 ····················· ● 496

동국정신의 현대적 의의 ····························· ● 498

동국대학교 1980년도 입학식사 ························· ● 500

1981년 총장 신년사 ······························· ● 502

질(質) · 양(量)의 동국 팽창 시대 – 정재각(鄭在覺) 총장의 업적을 회고한다 –·········· ● 504

동대신문 창간 31주년 총장 기념사 ····················· ● 507

일본학연구소(日本學研究所) 개설 기념 학술강연회 개회사 ············ ● 510

법시(法施)의 무궁한 발전을 ·························· ● 513

Ⅲ. 한민족(韓民族)의 은연(隱然)한 상징 숙명여자대학교와의 인연

제11대 총장 金玉烈 박사 취임 치사 – 대망(大望)의 비상(飛翔)을 –·········· ● 515

숙명여대 개교 46주년 기념사····························· ● 518

숙명여대 개교 49주년 기념사·························· ● 520

숙명여대 개교 50주년 기념사 – 한민족(韓民族)의 은연(隱然)한 상징 – ········· ● 522

대학(大學)의 이상(理想)과 본질(本質) ··················· ● 524

Ⅳ. 인물 - 인생론 · 담론 · 번역 등

내가 본 全斗煥 대통령 ·· ● 534

국민이 바라고 믿는 지도자 되라 – 장학생 제군을 맞이하면서 – ···· ● 537

'위기의 시대'가 요구하는 지식인 상(像) ································ ● 539

　– 망우당(忘憂堂) 곽재우선생 창의 기념 학술강연회 인사말 –

'말'의 뜻과 생명력 – 말은 생명을 지녀야 한다 – 말로 사는 지식인들의 '말 값'을 위하여 –······ ● 543

민족 고유 선율에의 매혹 – 국악예술제전을 보고 – ················· ● 546

조선인(朝鮮人)의 심의(心意) ·· ● 548

청명(靑溟) 외형(畏兄)! 부디 잘 가요 ·································· ● 555

민족(民族) 차원(次元)에서의 힘 ······································ ● 557

安重根과 東洋平和 – 國際學術會議開會辭 – ························· ● 565

함창 김씨 무인보(咸昌金氏戊寅譜) 서(序) ··························· ● 567

백두산 가는 길

　(1) 민족발상 성지(聖地)에 첫발 딛는 감격 ······················ ● 572

　(2) 웅대한 고구려 고분군(古墳群), 관람자 압도 ················· ● 575

　(3) 발아래 펼쳐진 장백산맥(長白山脈)의 장엄 ·················· ● 576

Ⅴ. 하서(賀書)

이용범 박사 화갑에 부쳐 ·· ● 579

운경(雲耕) 곽예순(郭禮淳)박사 희수(喜壽) 기념문집(記念文集) 간행에 부쳐 ········· ● 581

이영자 교수 화갑에 부쳐 ·· ● 583

하산(河山) 구본명(具本明) 선생『유고집』발간에 즈음하여 ········· ● 585

박수촌(朴水邨) 주갑수(周甲壽) 서(序) ······························ ● 588

최근영 박사 정년기념논문집 발간에 기(寄)하여 ····················· ● 590

이현희(李炫熙) 교수 주갑수연(周甲壽筵)에 ························· ● 592

Ⅵ. 계간《多寶》에 띄운 아시아 4국 단상(斷想)

우물 안 개구리 식 '천하관(天下觀)' – 중국 · 중국문화 –············· ● 594

세계 최다 복수종족의 나라 – 미얀마 불교성지 순례 – ············· ● 603

캄보디아의 비애…, 홍콩의 불안… ·································· ● 608

제3부 | 추모의 글 : 남사선생 회상기 (가나다 순)

"내가 스타가 된 것 같군" 하시던 농담이 마지막… ············강만길 ● 619

남사 정재각 박사 기념호를 내면서 ··공노명 ● 623

소신에 찬 전형적 학자상 ··권이혁 ● 625

사료(史料) 맹신주의 경계… 실증(實證) 강조 ···························김갑주 ● 627

교육의 철학 · 이념 · 목적 고수한 원칙주의자 ·······················김동기 ● 629

'나도 별 수 없군' 자조하시던 정재각 선생님 ·····················김동위 ● 631

고대사학과 72학번 여교수들의 영원한 스승 ·······················김복순 ● 633

선생의 타계는 이 사회의 큰 상실 ··김영철 ● 635

여러 공사(公私)기관에 봉사 · 헌신하신 한 생 ·····················김운태 ● 637

남사 선생님의 공과 사 ··김정배 ● 640

강직 · 엄정 · 진실하신 성품 ···김창환 ● 643

『자치통감』 강독의 섬세함과 예리함이… ·······························김춘남 ● 645

탄생지 상주(尙州)의 선대 - 성현 학풍 계승 ·······················김하윤 ● 648

청빈(淸貧)과 절제(節制)의 선비정신 흐트린 적 없어… ·······김한주 ● 660

지구 종말이 와도 변치 않을 '남사의 일관성' ·····················김현구 ● 663

이지(理智)의 최고봉 ' 정재각(鄭在覺) 선생님' ·····················목정균 ● 670

나의 ' 대학행정' 스승…, 교수 신규임용에 영어시험 도입 ·········민병천 ● 682

남사선생 壽序 ···민영규 ● 686

질풍노도 시대의 고대 사학과 기상도 ·····································박성봉 ● 688

남사 선생님과 나 ···박영석 ● 693

늘 강조하시던 "과이불개(過而不改)—"의 단구(短句) 되새기며… ·········박응수 ● 708

깔끔한 영어의 통절한 구사 ···박진석 ● 712

선생님의 조언 - 지도로 민족문화연구소 운영 ·····················백남혁 ● 715

청렴결백의 교훈과 귀감을 보여주신 분 ·································서재근 ● 716

몽골 여행길에서 뵌 쓸쓸한 마지막 모습… ···························서병홍 ● 718

백두정상(白頭頂上)에서 민족혼을 설파하시던 선생님 ·········손대오 ● 722

고대(高大) '6 · 6 시위' 주동서클 지도교수 ·························손주환 ● 725

역사수업시간에 일어난 사건 ··손창구 ● 730

남사 선생의 ' 원칙' 과 ' 파격' ··송병기 ● 733

한국 최초의 일본학 연구소 창설, 동국대 중흥에 큰 업적 남겨 ·············신국주 ● 735

남사 선생과 일본학연구소 ···신근재 ● 740

남사선생님의 화갑(華甲)-고희(古稀)논문집 편찬시절 추억 ·········신승하 ● 743

고결한 선비의 넘치는 기품 ···신정균 ● 749

해박한 식견, 정연한 논리의 명문장가 ·····································안기성 ● 751

자주빛 한복이 멋들어지셨던 선생님 ··오경희 ● 754

아! 새삼 모시고 싶은 나의 선생님 ··오정소 ● 759

생시(生時)의 교화원력으로 다시 오시리라 믿으며 ·············태공월주 ● 763

과묵-참을성 많았던 외종(外從) 큰 형님 ·······························유시중 ● 765

선생님의 동양적 가치관 ··유인선 ● 771

선생님이 안 계신 '빈자리' ······································윤내현 ● 773

가벼운 유머, 에스프리 가득 찬 말씀에… ·················이광주 ● 776

'글'에 대한 고뇌와 '불치하문'(不恥下問)의 겸손 ···········이길용 ● 779

"끝까지 풀지 않으셨던 정신의 육신 장악" ················이동환 ● 784

토인비의 '문명론'과 남사(藍史) 선생님 ····················이양기 ● 786

이승의 청정(淸淨)세상 위해 저승서도 애쓰실 맑은 영혼 ···이영자 ● 788

감사와 경외(敬畏)의 마음으로 되새기게 되는 인연··········이인호 ● 792

자기보다 '남의 생각' 먼저 살피시는 분 ··················이정명 ● 795

"커다란 선물을 내게 안겨준 분" ·························장경학 ● 798

漢韓大辭典의 편찬을 끝까지 믿고 격려해주시던 유일한 분 남사선생님 ···장충식 ● 805

원칙 · 성실주의의 청백리 ·······························정규복 ● 808

'항원익청'(香遠益淸)이라는 말을 떠오르게 하는 정재각 총장님 ·········정병조 ● 812

내가 가장 닮고 싶었던 백부님… ························정수진 ● 816

경주캠퍼스 설립의 과감한 리더십 ·······················정윤무 ● 820

신동(神童)으로 소문났던 백형(伯兄)의 생장 일화 ··········정재옥 ● 823

아버님이 맺어준 선생님과의 인연 ·······················정태섭 ● 827

남사 노장(老丈)님 시봉잡기(侍奉雜記) ··················조영록 ● 829

무신(無信)의 덕화로 이룩한 동국대 경주캠퍼스 ···········가산지관 ● 836

남사 선생님과의 거듭된 인연을 회상하며 ················최규성 ● 838

남사 선생님 삶의 한 측면을 회상하며 ···················최근영 ● 844

학칙(學則)충실 강조하시던 멋쟁이 총장 ·················하덕모 ● 848

엄격-자상한 가르침은 내 교수생활의 전범(典範) ··········허영환 ● 851

모두가 본받아야 할 겸허 - 고고한 인격자 ···············홍승직 ● 853

모든 제자에 평등한 사랑과 관심 베푸시다 ················홍용오 ● 855

남사(藍史) 정재각(鄭在覺)박사의 고희(古稀)의 경사(慶事)에 즈음하여 ···········황수영 ● 857

제4부 | 남사선생 떠나던 날

영결사 ··송석구 ● 861

조사(弔辭) ··서돈각 ● 864

조사(弔辭) ··이항령 ● 866

남사 정재각 선생님을 추도합니다 ·······················강만길 ● 867

정재각 선생님 영전에 ····································이춘식 ● 870

편집후기 ···● 872

남사 정재각 선생 추모문집 간행위원회 ··························● 874

연보(年譜), 저작목록(著作目錄)

(1) 연보(年譜)

1913年 1月 13日(陰)	慶北 尙州郡 外西面 愚山里에서 晉陽 鄭公胤默先生과 豊壤 趙氏의 長男으로 出生
1932年 3月	京城公立 第一高等普通學校 卒業
1934年 3月	京城帝國大學 豫科文科 修了
1937年 3月	京城帝國大學 法文學部 史學科 卒業, 東洋史學 專攻 文學士
1937年 7月~1939年 10月	大邱 啓聖中學校 敎諭
1939年 10月~1945年 8月	京城 徹新中學校 敎諭
1946年 4月~1947年 2月	國學大學 敎授
1947年 2月~1978年 2月	高麗大學校 敎授
1952年 10月~1954年 3月	高麗大學校 學生監
1954年 4月~1955年 4月	高麗大學校 學生處長
1955年 10月~1959年 10月	高麗大學校 敎務處長
1957年 6月~1978年 2月	高麗大學校 附設 亞細亞問題硏究所 發起人 所員 및 評議員
1958年 5月	臺灣學界 視察
1962年 4月~ 現在	中國學會 創立會員 兼 編輯委員, 會員
1962年 6月~1963年 6月	高麗大學校 附設 古典國譯委員會 委員長
1963年 2月~1964年 2月	美國 Havard 大學校 交換敎授
1963年 6月~1978年 2月	高麗大學校 附設 民族文化硏究所 評議員
1964年 4月~1965年 5月	高麗大學校 六十年誌 編纂委員長
1965年 5月	高麗大學校 名譽文學博士
1966年 4月~1967年 4月	高麗大學校 中央圖書館 館長
1967年 4月~1968年 8月	高麗大學校 文科大學長
1968年 8月~1972年 9月	高麗大學校 大學院長

1968年	教育功勞賞 受賞(大韓敎育聯合會)
1968年	國民勳章 冬栢章 受章
1971年	濠洲 東洋學大會 參加
1978年 3月~現在	高麗大學校 名譽敎授
1978年 6月~1982年 1月	東國大學校 總長
1978年 12月	國民勳章 無窮花章 受章
1978年 12月	연공상 松鶴章 受賞(大韓敎育聯合會)
1979年 6月	東國大學과 日本 고마자와大學間 姉妹結緣 및 日本學研究所 開設次 渡日
1979年 9月~1982年 1月	東國大學校 附設 日本學研究所 所長(兼任)
1980年 3月~	世宗大王 紀念事業會 理事
1980年 6月~1980年 7月	東國大와 美國 Eastern Washington 大學間 姉妹結緣次 訪美 및 獨逸 DAAD 財國과 Boun 大學 招請으로 유럽 訪問
1981年 7月	東國大學校 附設 日本大研究所 基金助成次 訪問
1981年 11月~1981年 12月	I.C.C.R. 招請으로 인도學界 시찰 및 佛跡踏查
1982年 1月~1983年 2月	韓國精神文化研究院 院長
1982年 2月~	東國大學校 名譽敎授
1982年 3月~1983年 10月	韓國指導者育成獎學財團 理事長
1982年 6月~1982年 7月	韓美修交 100週年紀念 4國際學術大會 參加 및 사절단으로 訪美
1983年 11月~1988年 5	숙명학원 이사장
1990年 4月 ~	불교방송국 이사
1993年 10月 ~	안중근 의사 기념사업회 이사
2000年 9月 21日	작고
2010年 4月 19日	4.19혁명 50주년 기념 건국포장

포상

서울시 교육 공로상
국민훈장 동백장
국민훈장 무궁화장
년공상 송학장
4.19혁명 50주년 기념 건국포장

(2) 저작목록(著作目錄)

著書

世界文化史(共著) 1965 日新社

歷史의 餘韻 1973 高麗大出判部

東亞細亞의 挑戰 (共著) 1976 물결사

論文

明代初期의 兵制研究 1937 學士學位論文

井田問題의 新展開 1956 史叢第1輯

東洋史의 敍述問題 1967 歷史學報 제 31輯

韓日 兩國人의 精神構造에 관한 一臺見 1980 日本學 第 1輯

其他

譯註 大典會通 (兵典) 1962 高大古典國譯刊行委員會

舊韓國外交文書整理 清案(二册) 1971 高大亞細亞問題研究所

文化의 黎明 1956 思想界 11月號

解說 資治通鑑 1958 思想界 4月號

解說 史記 1958 高大新聞 175號

四月革命의 歷史的 展開에 關하여 1960 高大新聞 238號

東洋社會와 專制主義論 1962 思想界 2月號

東洋史學의 反省 1966 政經研究 5月號

中國人의 歷史觀 1968 思想界 4月號

民族主體意識과 近代化 1969 政經研究 1月號

올바른 歷史教育 1972 成大新聞 7月 1日

民族次元에서의 힘 1973 高大新聞 657號

이데올로기 以前의 問題 1974 高大新聞 709號

토인비 周邊文明에 대한 考察 1979 東洋史學會 發表

韓中關係의 回顧와 展望 1980 韓中教育基金會 基調演說

教育者와 歷史意識 1980 東亞大 主管 全國理場教育研究大會

大學의 使命 1981 延世大 主管 大學發展을 위한 教援세미나 特講

간 행 사

극단적 상황전개가 거의 일상화 되어 오히려 격동의 연속이라고 할 20세기를 거쳐 살아 온 우리에게 가장 절실했던 것은 의식주와 관련된 빈곤해결이 아니라 어떤 의미를 가지며 어디에 목표를 두어야 하는가 하는 가치관의 확립이었다고 생각됩니다.

의식의 방황이라든가 불명한 미래로 인한 불안, 혼미와 무질서에서 오는 개인주의의 팽창과 불신, 그리고 국가 간의 무한 경쟁에서 오는 민족주의 사상과 종말의식… 이러한 풍조가 지배적이던 우리가 살아 온 현실에서 특히 식자들의 번민은 끊이지 않았던 것 같습니다.

미명도 아닌 어둠으로 나아 갈 길을 잃어버린 세대에게 갈망으로 다가 오는 것은 참지도자가 아니었나 생각됩니다. 그것은 개인과 공인을 불문하고 동일한 갈망이었으며 특히 지성인에게는 시급한 일이 아닐 수 없었습니다.

돌이켜보면 이러한 시대에 조용히, 그러나 들을 수 없는 굉음으로 자아인식과 시대와 역사를 통찰할 수 있는 지성을 역설하신 분, 그분이 바로 남사 정재각 선생이셨습니다. 눈을 떠 세계를 바로 보게 하되 통사적 관찰력을 강조하셨고 공적인 일에 이기적인 생각이나 정략에 좌우되어 보편적 질서를 무시하는 일을 용납하지 않는 정직성을 실천하시면서도 동료와 사제 간의 뜨겁고 따뜻한 인간관계는 때로 과묵 때문에 간과되는 경우도 없지 않았습니다.

심오광대한 학문의 세계는 후학들이 감히 논하는 것이 예의도 아니고 가능하지도 않으며 교육에 이바지하신 공로는 참여하셨던 여러 대학의 역사에 길이 남을 것입니다.

동반후학들이 머리와 가슴에 인각되어 있는 선생님의 학자적 견식과 양식 그리고 사물을 관조하면서 어떤 경우에도 편견으로 치우치는 것은 경계하셨고 또 어떤 경우에도 관용을 잊지 않으셨기 때문에 스승에 대한 추억과 함께 사제 관계를 오래오래 기억하고 간직하기 위해 관련된 일을 도모하고 실행하려는 생각을 모두 가지고 있는 것 같습니다.

그러나 그러한 기념적인 행위가 행여 사사로운 정감에 흐르거나 은사의 생애와 학문적 업적에 결례와 흠이 되지 않을까 하는 우려 역시 적지 않아 망설여 온 것 역시 사실이었습니다.

다행히 이러한 우려를 유보하고 우선은 선생님의 다양한 사상적 소신들을 되도록 다 모으는데 진력하여 널리 알리고 일단 되새겨 보기로 하였고, 아울러 각계 여러 인사들의 인연과 관계 그리고 후학들의 사부곡 같은 정감 역시 모아 존경과 사은의 정을 남기기로 하여 함께 엮기로 하였습니다.

이러한 일련의 작업들이 은사의 업적에 비하면 지극히 미미하지만, 이것을 시작으로 하여 선생의 학덕이 더 구체적이고 더 많이 현현되기를 바라는 마음으로 유작을 편찬합니다.

불안한 시대에 살았던 우리가 남사 정재각 선생 같은 거목의 그림자 아래 보호 받고 길을 닦아온 것은 우리에게 커다란 행운이 아닐 수 없습니다.

올해로 남사 정재각 선생 승천 10주기를 맞이합니다. 편찬간행본이 고인에게 위로와 기쁨이 되시기를 모두 함께 기원합니다.

2011년 만추

장 충 식

새 해가 되어도 기대어 새해를 맞이할 노목(老木)이 없다

주위에 섰던 노목(老木)들은 다 쓰러지고

새해가 되어도 기대어 새해를 맞이할 老木이 없다

묵은해 가고 새해 오면

노목의 가지 잡고 기대서서 새해를 맞았는데

새해 되면 찾아가 기대고 의지도 했던

老木 쓰러진지 벌써 10년인가!

새해 되면 해맞이라

기대어 새해의 덕담

그도 들었는데……

老木 되어 쓰러짐은 생자필멸(生者必滅)이고

헤어짐은 회자정리(會者定離)이나

기대고 싶은 마음 이는 어디 해당될까?

"시일(時日)가면 망각한다"는

말뜻은 알지만은

10년이 지나가도 이리도 간절코야!

찾아갈 곳 많다 만은 번거로움 있을지나

세배갈 곳 있었기에 좋아했는데

先生님도 가시고 나니 세배갈 곳 없어져서…

묵은 해 가고 새해가 와도 변함없는

신장 안의 먼지 앉은 구두를 보는

그 쓸쓸함

겪어보지 않고서는 어찌 알 건가!

선생님이 계셨기에 새해 되면 찾아가서

새해의 덕담이라 세사(世事)의 이야기가

그가 모두 人生살이 敎訓이 되었는데

여전(如箭)의 광음(光陰)이란 자주 듣는 말이지만

들려오는 소식이란 갔다는 말 뿐이라

남은 친구의 수도 손가락이 남고

나도 노목이니 쓰러질 날 언제일지…

선생님과 만남은 왜정(倭政)의 말엽인데

새들도 나뭇가지 가려서 앉는다고

왜제(倭帝) 간섭을 싫어하서 사립 교사 택하시곤

후진을 바르게 키우려는 포부를 안았기에

그늘을 지으셔서 새들 들게 하셨으니

당신이 못 다하신 일제에의 항거리라

그리기에 간혹은 새들께 갈 방향도 가리키고

사상(思想)으로 몰리어 옥중 생활 고생타가

돌아온 새들에게 남 모르게 베푸시던 애정의 손길

그 때 그 무렵

내가 들은 심했던 꾸중 있었으니

"너는 의지가 박약해, 야 이놈아!"

세월의 풍상(風霜)에 지워져 어떠한 이유에서

그 꾸중 들었는지 확실치는 않아도

학교의 생활과 옥중의 생활

그 둘을 비교해서 하신 말씀 아닐까?

생각하면 모두가 지난 일이나

학창 시절 남은 기억 이 말씀 밖에

지금 와 생각해도 잊지 못할 이 말씀

굳은 의지 가지려고 하고 있다네

선생님의 그늘을 벗어나는 졸업을 하고

교사란 직업으로 교편을 잡다가

해방이란 좋은 기회 맞이하고도

의지가 박약하여 그래서 인지

시골의 여러 곳을 전전하다가

내게도 탐심(貪心)의 바람이 불어

선생님이 계시던 서울로 날려 갔었지

그 해가 1966년이라

지금으로부터는 사십년 전

남의 자식 가르치는 선생이란 직함 가지고

이 길이다, 저게 옳다 가리키면서

' 내 스승을 모르는 사람 돼서는!'

안 된다는 생각이 앞을 서기에

서울로 전근을 온 그 해로부터

선생님이 타계를 하실 그 때까지

설날이라 스승의 날이 찾아오면은

찾아가서 뵈옴을 잊지 않았지

지금 와서 생각하면 아쉽지만은

성북동서

선생님의 조강의 사모님이 타계하시고

그 후부터 대화에는

선생님의 아픈 곳에 닿을라. 조심한 것이

상세한 선생님의 집안 사정을…

상주의 동래 정씨 지손(支孫)으로 태어나시어

소년 때는 수재라고 일컬어지다

입학과 졸업하기 극히 어려운

지금의 서울대학인

경성의 제국대학 졸업하시고

후진의 양성에 평생을 바치신 선생님이지

생각하니 초상(初喪)과 사구제(四九齋)에는 참석했어도

장사(葬事)에는 참가를 못하였기에

선생님의 묘소를 찾아뵈려고

사모님과 같이 서 찾았던 은척(銀尺)의 묘소

여느 묘와 같이

흙으로 꾸며진 묘소였다네

살아 계셨다면

"이제야 오는구나!"

라고 말씀하시며 반기며 맞으실 선생님이

하늘을 보시는지? 땅 보시는지?

아니면

묘 앞의 넓다란 저수지를 보고 계신지?

아무 말씀 안계시고

묘소 위를

바람만 살랑살랑 불며 갔었네

지금 와선 모두가 과거사이나

과거로 치부하긴 애달프지만

어찌하리 이것은 천정(天定)인 것을

머지않아 황천으로 선생님을 찾아가 뵈올

사모하는 마음이 간절한

망구(望九) 된 제자

글을 모아 편집한단 말을 듣고서

이 시(詩)를 올리나니

혹시나 누 안 될지가 걱정이외다

제자 · 시인 만보(晚步) 김 형 주(金衡周)

제1부
민족과 세계 : 유고 모음

Ⅰ. 시사 평론

Ⅱ. 언론과의 대화 (대담 · 인터뷰 등)

Ⅲ. 학술 논고

Ⅰ. 시사 평론

 해방 15년의 반성

머리말

혁명은 아직 결실하지 못하고 있으며 그 진행성적도 국내외의 정세로 보아 반드시 고무적이라고 할 수는 없다. 비혁명적인 방법으로 혁명의 성과를 거두겠다는 허정(許政) 행정수반의 제언은 국민의 실감을 사기에는 어쩐지 그 여운이 공허하다. 사실 혁명대상이 된 원흉들의 처벌법규를 오로지 옛 질서 아래의 구법령에서만 찾으려는 과도정부의 고민상은 혁명정신과는 너무나 거리가 멀다는 것을 보여준다. 더욱이 원흉들이 옥중에서 당당히 총선거에 입후보하겠다는데 이르러서는 이 나라에 혁명이 일어났으며, 그것이 진행 중에 있다고 보는 생각조차 한갓 환상이 아닌가 의심케 할 지경이다. 한편 외부정세는 세계평화애호국민들의 갈망의 초점이던 파리정상회담이 개회벽두에 어이없이 결렬되어 낙망의 탄성이 사라지기도 전에 냉전은 또다시 격화일로로 달음박질치고 있다. 이에 따라 제2공화국의 취약화를 노리는 적대제세력의 준동도 활발화하여 이에 대비하려면 공화국 신질서의 정비와 국민적 에네르기의 총집결이 요청되는바 무엇보다도 시급하다.

무릇 국민적 에네르기는 전 국민이 하나의 지표를 향하여 단결할 때에 비로소 그 최대량에 달할 것이며 그러한 단결이 영속되기 위하여서는 그 지표가 국민의 현실의 정확한 규정에 근거를 두지 않으면 안 된다. 또 인생의 현실은 언제나 역사의 소산물이기 때문에 현실의 위치와 의미는 역사의 검토 없이는 밝혀지지 못할 것이다.

해방 후의 역사도 어언간 15년이 쌓이었다. 이 15년이라는 세월은 하나의 평범한 경험에 있어서는 장황한 기간이라 하겠으나 고고의 소리를 올리자마자 극적인 파란을 연거푸 겪지 않으면 안 되었던 우리 어린 공화국에 있어서야말로 너무나 강렬한 충격이어서 진정 견디기 어려운 시간들이었다. 이제 여기에 아직도 새로운 가지가지의 모험과 실패, 해한(悔恨)과 환희의 공화국 역사의 기복을 더듬음으로써 오늘날의 있음이 무엇인가를 모색하려고 한다.

8 · 15, 대한민국

8 · 15의 해방은 세계사적으로 볼 때 파시즘에 대한 민주주의의 승리이며, 동양사적으로는 제국주의 열강으로부터 민족주의 역량의 승리이며, 국사(國史)적으로는 사상 최초의 공화국을 마련한 것이었다. 그러나 냉정히 볼 때 이러한 결과는 우리 민족의 역량에서 직접 산출된 것이 아니었다는 점에 문제가 배태된다. 한민족의 해방은 단적으로 말하여 「한민족의 노예상태에 유의하여 장차 한국을 자유로운 그리고 독립된 것으로 만든다」 운운의 1943년 11월 27일의 세계민주 진영의 카이로선언이 1945년 7월 26일의 포쓰담선언의 재확인을 거쳐 현실화된 것이었다. 다시 말하면 한민족의 반항에 일본이 패배 한 것이 아니라, 민주진영의 강요에 의하여 일본인이 축출된 결과이다. 물론 결코 한민족의 강력한 반항이 없었다는 것은 아닐 뿐 아니라 특히 1919년 3월 1일의 독립선언운동 이후로는 저항의 주체가 소수의 지주와 자본가로부터 인텔리 · 학생 · 농민 · 노동자 등으로 옮겨짐에

따라 이러한 운동은 더욱 광범위하게, 더욱 빈번하게 그리고 더욱 조직적으로 행하여지게 되었던 뚜렷한 사실을 강조함에 주저할 의도가 없다.

그러나 일제의 가혹한 탄압에 이 모든 것은 토막토막으로 절단되어 하나의 통일전선을 유지발전 시키지 못한 채 오로지 원한의 불길만을 내연시키고 있을 따름이었다는 것도 부인하지 못한다. 1927년 사회주의자, 개량주의자, 민족주의자, 문학가 및 교육자 등을 망라하여 조직되었던 신간회도 1919년으로부터 1930년에 걸친 광주학생사건의 반제투쟁을 최대수확으로 1931년에는 벌써 해산하지 않을 수 없었으며, 공산주의자들의 소작쟁의, 노동쟁의를 통한 반제운동도 1930년을 최절정으로 하여 1931년 일제가 만주정복을 개시하고 한반도의 전략적 지위의 고려에서 일절의 운동을 가일층 잔인하게 탄압하기에 이르자 또한 지하 깊숙히 잠복하지 않을 수 없게 되었던 것이다.

한편 해외에 있어서의 독립운동도 중국정부와 연결한 김구(金九) 영도의 임시정부, 미국에 있어서의 이승만의 활동, 만주를 기반으로 하는 민족주의자 및 공산주의자들의 활약 등 꾸준하고 때로는 적극적인 공세도 있기는 하였으나 오직 아득한 희망의 등불일 뿐 요원의 불길로 화하여 이족(異族)의 사귀(邪鬼)들을 태워버릴 수는 없었던 것이다. 이리하여 결국 결정적 외력(外力)에 의하여서만 일본인은 물러갔으며 그들이 떠난 뒤에 한민족이 발견한 것은 다음과 같은 자신의 현실이었다.

일본은 한국을 대일본식량공급을 목적으로 하는 상품으로서의 쌀(米)을 중심으로 하는 소위 단종경작형(單種耕作型) 농업을 확립시키고, 상업 금융 운수 등의 유통부문도 쌀을 중심으로 편성하였기 때문에 종래의 한국경제의 자족성은 완전히 해체되고 오로지 일본경제에 종속하는 식민지 농업경제가 성립되어 있었다. 그들은 또 일본인 자본가의 한국토지지배를 용이하게 하기 위해서는 토지의 자유로운 처분과 소유권의 확립이 긴요하였기 때문에, 소위 토지조사사업을 일으켜서 근대적 토지소유권을 확립시킨 바 있었다. 그러나 그 과정에 있어서 많은 무지한 농민들로부터 그들의 부지중에 토지를 박탈하였으며 한편 노예적 농민과 관인적지주(官人的地主) 간에 성립하였던 지대(地代)의 가혹한 형태와 관행만은 그대로 방치하였기 때문에 막대한 영세소작농(零細小作農)을 산출하였다.

1939년의 통계는 전농지의 77.2%가 소작지이며 쌀의 주산지인 남한에서는 94%까지에 달하고 있었다. 이러한 잠재 실업군으로부터 저렴하고 풍부한 노동력의 원천을 발견하고 겸하여 북한에 유역변경식(流域變更式) 수력발전의 가능성이 증명됨에 일본인 자본가들의 진출은 적극화 되었다. 특히 그들의 대륙공략이 일본본토의 한국 만주를 통틀어 일관하는 소위 국방국가태세(國防國家態勢)를 갖추게 함에 따라 그 일환으로서 한국공업도 자못 발전하여 남한의 경공업, 북한에 중화학공업이 입지(立地)하였던 것이다. 이와 같은 공업구조는 한국자체의 수요관계와는 절연(絶緣)되고 일본의 전시동원태세에만 충실한 것이었기 때문에 한국인의 민족 산업으로서 발전할 수는 없었다. 1944년의 통계는 주요 산업회사의 자본 97%가 일본인 소유, 그것도 대부분 일본 내에 본점을 둔 독점자본가들의 소유에 속하며 한국인자본에 속하는 것은 3% 미만이라는 것을 보여준다. 이렇게 한국의 산업은 농업에 있어서나 공업에 있어서나 순전히 수탈(收奪)의 대상으로서의 기형적인 구조를 가진 위에 해방과 더불어 일본인 기술자의 철수 전리품으로서의 소련 인의 공장시설의 반출 및 해외로부터의 피징용자(被徵用者)와 피난민의 복귀 등으로 말미암아 또한 막대한 수의 완전실업자를 마련케 되었다.

　　일본인은 그들의 지배기구를 운영하는데 있어서 필요한 한국인의 하급관리를 양성하였다. 이때에 무능하고 통찰력이 없기는 하나 자존망대(自尊妄大)하는 위엄으로 일본을 멸시하던 유가(儒家)계급보다도 그 밑에 눌리어서 관도(官途)에의 희망이 없었던 중인(中人) 계급 또는 하급양반 등이 이들에게 흡수된 것은 자연적인 추세이었다. 이리하여 이들은 치밀하고 조직적인 행정적 기술을 습득하였으나 동시에 지배하는 다른 민족의 앞잡이로서 자민족에의 모멸감 군림감(君臨感)도 전염되는 것을 피하지 못하였으며 상관에게 무조건 아부하는 비굴한 근성과 하관에게 소위『기합(氣合)』으로서 복종을 강요하는 습성도 또한 잊지 않고 습득하였다.

　　한국인의 관리양성은 자연히 부수적으로 일본교육을 받은 상당수의 지식인을 배출하였으나, 이들 또한 일본민족의 소위 우수성을 강조하고 한국민족성의 결점을 과대 선전하는 일본인의 위압교육과 세계 제 2차 대전 말기의 언어와 성명마저 말살하는 일본화 정책 등의 세뇌공작에 의하여 부지중에 열등감 패배감 자조감(自嘲感) 등의 복합감정의 노예로 화한 자들이 대부분이었다. 이러한 감정의 요소들은 재래의 사대주의 경향과 배합(配合)한바 되어 강력한 존재에 대한 무조건 굴복 또는 무조건 반항, 자민족끼리의 자치역량에 대한 불신, 조소(嘲笑) 등의 가공할 속성을 노정하는 것이었다.

통틀어 일본인의 한국지배 방식은 물질 및 정신 양방면에 걸쳐서 자신의 양분을 흡수하기 용이한 체제로 철저히 이를 개편하는 것이었으나 다만 한국사회의 봉건적 구조만은 종전대로 존치(存置)하였다. 이는 자신의 구조가 역시 전근대적인 봉건적 요소를 다분히 내포한 것이었으므로 생리적으로 상통하는 점이 있을 뿐 아니라 한 국민의 근대적 발전을 바라지 않았기 때문이다. 따라서 한국사회는 조선시대로부터 완강하게 잔존(殘存)하는 양분적 계급과 일제하에 변동(變動)된 자산적(資産的) 계급이 착잡하게 결부되어 짙은 봉건의식에 잠긴 채 깨어있지 못하였다.

이리하여 허다한 상흔을 남긴 채 틈입자(闖入者)가 졸연히 물러간 강산에는 당분간 당황과 혼란이 지배할 뿐 정치, 경제, 문화의 각 부문의 기능은 정지된 채 쉽사리 재건의 실마리는 잡히지 않았다. 특히 진공상태를 메워야 할 한국인의 조직적인 권력기구가 전연되어 있지 않았기 때문에 비록 우후죽순(雨後竹筍)처럼 정당과 정치단체가 생기기는 하였으나 효과적인 정치적 구심을 실현할 수는 없었다. 민족주의자로부터 공산주의자에 이르기까지 각양각색의 주의주장을 세우고 분립 항쟁하였지마는 탁월하고 훈련된 지도자가 부족하였기 때문에 좀처럼 통일세력으로 성장하지 못하였던 것이다. 오직 공산주의자들만이 그들의 국제적인 조직과 경험으로 재빨리 건국준비위원회를 만들고 소위『조선 인민 공화국』까지 급조하는 솜씨를 보여주었으나 대다수의 국민은 이에 호응함을 주저 또는 반대하였으며 진주(進駐)한 미군 또한 그 권위를 인정하려 하지 않았다.

이러할 무렵에 미국으로부터 이승만과 중국으로부터 임시정부의 조직자들이 귀환하여 국민의 대망의 시선을 받았으나 결국 통일된 정치세력을 이룩하지 못하고 도리어 공산주의자와 민족주의자의 대립만 격화되어『인민공화국』은 해소되지 않을 수 없었다. 국내의 대립은 또한 국제간의 대립에 의하여서 조장된 것이기도 하였다. 즉 이보다 앞서 대일연합국(對日聯合國)이었던 미국과 소련 양국은 얄타협정에 의거하여 군사적 편의로 북위 38도선을 양군점령지역의 한계로 정하고 각자의 분담구역을 점령하였던 것이니 이와 같은 조치는 비록 임시적이라고 칭하였으나 시일이 경과되므로 점차 변질되어 정치적 성격을 띠게 되었으며 양국은 이 선 남북에 각자 본국의 이해관계와 정체를 반영하는 정치세력을 육성시키기에 이르렀다.

남한에서는 1946년 2월에 군정자문기관으로서 민주의원이 생기고 동 12월에는 임시입법의원이 성립되었으며 북한에서는 1946년 2월에 김일성이 영도하는 『북조선인민위원회』가 성립되어 토지개혁, 노동법, 남녀평등권법, 중요산업국유법 등을 급속히 시행하고 공산당을 주체로 하는 강력한 『북조선노동당』을 결성하였다. 1946년 3월로부터 다음해 5월에 걸쳐 한국임시정부수립을 협의하기 위한 미소공동위원회가 개최되었을 무렵에는 이러한 세력들이 전후하여 기성사실(旣成事實)로 전개되고 있었던 것이다. 미소공동위원회는 1945년 12월의 막부(莫府) 3상회의에서 한국을 미·소·영·중 4대국이 최고 5개 년간 신탁통치 하기로 의결하고 그것에 의거하여 한국정당사회 단체들과 협의하려는 기관이었으나 미국과 소련은 그것을 미리 알고 자국에 각각 유리한 한국인세력의 조장(助長)을 기획하여 왔던 것이다. 특히 소련은 38선 이북에 전기한 바와 같은 원상(原狀)의 해체와 변경(變更)에 의하여 새로운 사태를 과감하게 조성(造成)하여 놓았기 때문에 이러한 각자의 배경 밑에 이루어진 우익과 좌익단체들의 합의를 쉽사리 기(期)할 수는 없는 노릇이었다.

이리하여 미소양국의 첨예한 대립과 그들의 자가당착적인 태도의 표리(表裏)로 말미암아 미소공동위원회는 결렬되고 미국은 한국문제를 1947년 9월 국제연합총회에 제출하게 되었다. 그 결과 소련 블럭의 반대를 무릅쓰고 채택된 것이 국제연합한국임시위원회를 설립하고 그 감시 하에 총선거를 시행하여 통일정부를 수립한다는 안이었다. 이 안에 의하여 드디어 1948년에 5월에 총선거, 6월에 국회성립, 7월에 헌법공포 이승만 대통령 취임 등의 절차를 거쳐 대한민국이 성립되었다. 대한민국은 이어서 곧 한국 유일의 합법정부로서 국제연합의 위원회를 위시하여 미·영 등 자유진영국가들의 승인을 받았다.

이리하여 한국민족은 사상최초의 공화국을 가지게 되었지마는 이북의 공산주의자 세력은 이에 복종하지 아니했기 때문에 이 공화국의 행정권은 실제에 있어서 38선 이남에 국한되지 않을 수 없었다. 뿐만 아니라 공산주의세력은 또한 별도로 1947년 10월 인민회의에서 헌법기초를 결의하고 다음해 1948년 8월에는 최고인민회의의 총선거를 거쳐 9월에는 정식으로 헌법을 채택, 김일성을 수상으로 하는 소위『조선민주주의인민공화국』을 발족시키고 말았다. 그들은 또 한편 남한에 게리라 부대를 파견하여 치안의 교란을 일삼았으니 1948년 4월의 제주도 반란을 비롯하여 동년 10월에는 이를 토벌할 군대에 침투하여 역시 여수, 순천에서 반란을 일으키고 마침내 게리라 활동은 1949년까지 남한전역에 확대되었다. 이로 말미암아 정부는 에너지의 대부분을 치안유지에 경주하지 않을 수 없었으며 1950년 4월까지의 피해상황만도 사망자 36,000명 부상자 11,000명 전소(全燒) 호수 45,000 반소(半燒)호수 4,000 피해호수 61,000 동인원수 316,000 소개 호수 78,000 동인원수 432,000에 달하였으며 제주도만을 보면 총인구 250,000 중 사자 27,000 전소가옥 39,000의 손해를 내었던 것이다.

남한에서만이라도 총선거를 하여 정부를 세워야 되겠다는데 반대한 것은 공산주의자들만이 아니었다. 오랫동안 조국광복을 위하여 이역(異域)에서 분투하던 김구(金九) 김규식(金奎植) 등 일부 임시정부요인을 중심으로 한 인사들도 분열을 묵과할 수 없다는 감상적인 우국심(憂國心)에서 1948년 4월 즉 총선거 1개월 전 및 같은 해 6월에 평양에서 개최된 소위 남북정객합동회의에 참석하여 조국의 평화적 통일을 협상하려 하였으나 소기의 성과를 거두지 못하였으며 북한정권은 우익 측의 이러한 의견불일치를 이용하여 1949년 6월에는 소위『조국통일민주주의전선』을 형성하고 남북현존정부의 해산 및 남북총선거 및 통일 새 정부 수립 등의 통일구호를 선전하였으며, 6월 19일에는 동일한 취지를 남한국회에까지 제안한 바 있었으나 그것은 남한민심의 분열을 노리는 한갓 선전에 지나지 않을 뿐아니라 또한 유일한 합법정부인 대한민국의 정통성을 무시하는 것이었으므로 이는 전연 묵살되어 버렸던 것이다.

북한의 이러한 제안이 있는지 수일 후에는 6·25 남침이 시작하였던 것이니 북한은 무력으로 남한을 통일할 만반의 준비를 갖춘 채 다만 허울 좋은 구실을 찾고 있었던 것이다. 이리하여 평화적으로 조국의 통일을 가지려는 민족의 비원은 한갓 비현실적 염원으로 화하고 남북 두 개의 기성사실은 냉혹하게 굳어만 갔다.

거대한 수력전기와 중화학공업을 가진 북한과 곡창인 남한은 각각 분산(分身)된 채 자립경제를 이루지 못하고 북한은 만주로부터 막대한 잡곡을 수입하면서 기아에 고생하고 남한은 또한 전력부족 비료부족 등에 시달리어 통일하면 해결이 명백한 불필요한 고통을 겪지 않으면 안 되었던 것이다. 정치 문화방면도 전연 상반된 방향으로만 육성되어 미·소 양대 진영의 화해 양보 없는 민족만의 힘으로서는 이 거대한 메커니즘의 움직임을 어찌 할 도리가 없었다. 이중에서도 도전적인 것은 항상 북한 측이었으니 게리라, 간첩활동 기타에 의하여 물심양면의 파괴를 적극화하므로 말미암아 대한민국은 재정지출의 대부분(1949년에는 약 6할)을 치안의 유지비용으로 돌리지 않을 수 없었으며 때문에 건설은 저해되고 인플레이션은 조성되어 사회적 불안도 점차 높아갔다.

정부는 이에 대비하여 적극적인 민주사상과 민주적인 운영의 강화보다도 수동적인 반공사상에의 단속에만 노력하였던 것이니 독립운동의 거인 김구(金九)가 자객의 손에 암살된 것도 이러한 무렵이었다. 한편 미국의 민주당정부는 1949년까지에 5억 5천만 불의 대한원조를 주었지마는 한국정부의 비능률적 운영에 염증을 느끼자 그 하원은 1950년 1월 대한경제원조안을 부결시킴으로써 국무성을 당황케 하였으며 애치슨 국무장관의 재차의 간곡한 요청에 의하여 1950년 3월 1억불의 원조가 겨우 승인되는 아슬아슬한 고비를 넘고 있었다. 미국은 또 1월 26일 한미군사협정을 체결하여 대한군사원조를 약속한 바 있었으나 한국을 그들의 서태평양방위선의 일환으로서 포함하지 않는다고 공언함으로써 한국정부의 불안감을 자극하였다.

이러한 한국에 대한 미국의 일련의 미온적 태도는 공산진영에 민감하게 반응되어 마침내 1950년 6월 25일 소련 측과의 묵계가 있었다고 보이는 북한의 전면적인 남침이 유발되었던 것이다.

6 · 25, 4 · 19, 4 · 26

38선을 중심으로 대치하였던 양측 군대 간에 이보다 앞서 300여회를 넘는 소충돌과 월경(越境)사건이 있었던 것은 사실이나 공산주의가 전복활동의 단계를 넘어서 무력으로 민주주의 강국의 배경 하에 있는 독립 국가를 공공연하게 정복하려는 것은 실로 중대한 침략 기도(企圖)였다. 미주리 주의 사저(私邸)에서 주말을 즐기고 있던 트루만(Hanny S. Truman, 1884~1972) 대통령으로 하여금 「한국정세는 서방측의 힘과 결의의 사활의 상징이며 세계각지에서 새로운 침략을 저지(沮止)하기 위하여서는 단호한 태도로 나올 수밖에 없다」고 결심시키기에 충분한 흥분사(興奮事)였던 것이다. 이리하여 미국 측에 의한 U.N. 안전보장이사회의 소집, 3군에 대한 출동명령, 대만공격저지명령, 필리핀 · 인도차이나에 대한 군사원조의 촉진 등의 긴급조치가 연달아 취하여졌다.

안보이사회는 즉시 정전과 북한군의 38선 이북으로의 철수 등을 가결 권고 하였으나 무시되고 북한군의 급속한 진격이 계속되었기 때문에 마침내 북한군 무력제재안을 가결하고 위선 맥아더 휘하의 미국군과 이어서 자유진영 측의 국제연합경찰군을 투입하게 되었다. 이리하여 내전 적으로 출발을 본 한국전쟁은 세계적 성격을 띠게 되어 초기에는 압도적으로 우세하였던 북한군도 차차 UN군의 방위태세가 정비됨에 따라 약화되었으며 10월 9일에는 반대로 국군이 38선을 돌파 10월 25일에는 국제연합군사령부로부터 만주국경에의 전면적인 진격명령이 내리게 되었다.

트루먼 대통령은 한편 전국의 확대를 방지하고 한국전쟁을 국지화하여야 한다는 이유로서 필리핀 주둔 미군을 강화하는 동시에 대만의 중립화를 선언하여 미국 제7함대를 대만수역에 파견시키었다. 이러한 조치는 대만의 침략을 준비 중이던 중공을 자극한바 되어 주은래(周恩來, 1898~1976)는 6월 28일 「트루먼 연설과 제7함대의 행동은 중공에 대한 무력침략이며 UN헌장에 위반하는 것이라」 성명을 발표하였다. 이어서 이를 제지하도록 국제연합에 요청하는 동시에 국내에서는 소위 대만 조선침략반대운동위원회를 중앙조직으로 하는 소위 『항미원조』(抗米援助) 운동을 일으켜 마침내 10월 25일에는 소위 의용군이라는 명목으로 팽덕회(彭德懷) 휘하의 군대가 압록강을 넘어 참전하였다.

이리하여 전쟁은 더욱 규모가 커져 더욱 복잡하게 확대되었으나 양군은 38선을 중심으로 일진일퇴하여 전쟁을 한국 내에만 국한하여서는 결정적 승리를 거두기 어려운 궁지에 몰리게 되었다. 이러한 딜레마를 타개하는 방법에 관한 논쟁에서 제 3차 대전의 방지와 서구진영의 결속을 보지(保持)하기 위하여서는 압록강 이북의 군사시설을 폭격하여서는 안 된다는 국지화(局地化)의 의견이 옹호되어 마침내 이에 동의하지 않는 국제연합군사령관 맥아더가 파면되고 전선은 교착상태에 들어갔다.

이 판국에 때마침 1951년 6월 23일 소련의 UN대표 말릭크의 「평화적 해결의 제1보로서 38도선에서 정전하자」는 제의가 있자 이를 기회로 7월 10일부터 개성에서, 10월 25일부터는 판문점에서 국제연합군사령부 대표와 적군과의 사이에 휴전교섭이 시작되었으나 별반 진척은 못 본 채 쌍방은 포격전을 계속하였다. 그 뒤 미국에서는 총선거에 공화당이 승리하여 「한국전쟁을 명예 있는 종결로 인도하기 위하여 적극책을 강구하되 이를 위하여 현지에 갈 것이라」고 말한 대통령 당선자 아이젠하워(Dwight D. Eisenhower, 1890~1969)의 한국전선 시찰이 실현되었으며 (1952년 12월 2일부터 3일간) 소련에서는 1953년 스탈린(Iosif V. Stalin, 1879~1953)이 사망하고 말렌코프(Georgii M. Malenkov, 1902~1988) 정권이 성립하는 등 새로운 정세가 벌어졌을 때 동년 3월 30일 주은래가 휴전회담의 재개를 제안하고 4월 26일에는 회담이 재개되어 드디어 1953년 7월 27일 북진통일을 열렬히 희망하던 한국의 반대에도 불구하고 휴전은 실현되고 말았다. 이리하여 통일조국에의 민족의 향수는 그 실현을 목첩에 두면서 한국민족 이외의 거대한 힘의 압박으로 말미암아 또다시 좌절되고 동란 이전의 분열 상태로 환원하고 말았다.

이 전쟁으로 인하여 양측의 군민합계의 피해는 400만 명 이상에 달하고 전국의 중요한 시설은 철저히 파괴되어 남한의 고정자본만도 15억불의 피해를 입었다고 『네이산』 보고서는 추산하였다. 한국은 잿더미로부터의 재건을 위하여 지리멸렬된 국가의 체제를 정비는 하였으나 실지 행정권내의 면적은 국가의 44%인 98.237평방㎞에 불과한데 수용하여야 할 인구는 1955년 9월 현재 21,526,000명으로서 경지비율(耕地比率)로 본 세계 제2위의 인구밀도와 세계최고율의 자연증가율(1, 46%)을 보이는 인구문제에도 당면하지 않으면 안

되었다.

국민은 난리에 지치고 기강은 해이(解弛)하여 점차 정부에 대한 불신과 불만의 소리만 높아갔다. 무엇보다도 행정부의 정력적이고 능률적인 갱신(更新)이 갈망되었다. 이러한 공기는 즉시로 부산피난국회에서부터 반영되어 간접선거로서는 이승만의 대통령 재선이 무망하게 되자 정부는 1952년 7월 7일 계엄령선포 하에 입법의원을 강압하여 정부통령(正副統領)직선제를 골자로 하는 소위 발췌개헌안(拔萃改憲案)을 통과시키고 관권으로서 재선을 성취시켰으니 이때부터 관권의 앞잡이로서 폭력단체가 공공연히 국민을 협박하게 되었다. 이승만의 정권욕은 자신의 안정세력을 위하여 자유당이라는 신정당을 조직 영도하는 동시에 1954년 11월에는 정부통령의 2회 이상 중임을 금지한 헌법을 초대 대통령에 한하여 종신집권(終身執權)을 가능케 하도록 개정하는 의안을 소위 사사오입(四捨五入)식으로 강제 통과시켰다.

이렇게 위정자들의 자의적(恣意的)인 비민주적인 태도가 고질화함에 따라 해방 후 일시 왕성하게 하던 일반민중의 정치에의 관심과 의욕은 또다시 마비되고 무관심한 표정들만이 범람하였으며 민중을 대변하여야 할 대의원들도 그들 자신의 이권만을 위하여 행정부와의 결탁에 몰두할 뿐 민생문제에 성실하게 대결하는 자는 드물었다. 선거는 한갓 이권과 취직에의 길을 의미할 따름이었으며 민족 산업을 진흥시켜야 할 자본가들도 생산시설을 확충하고 발전시키는 대신에 특혜불(特惠弗)을 조종하는 관권과 결탁하여 일종의 산업자본가(産業資本家)화 함으로써 부질없이 인플레이션만 조장(助長)할 뿐이었다. 이리하여 생산은 부진하고 물가는 앙등하여 생활고가 심하여지매 민중은 퇴폐적 자포자기(自暴自棄)적 경향으로 흘러갔으며 가장 자부심이 강한 지식인 중에서도 부패정권에 자신을 매도하고도 부끄러움을 모르는 자가 속출하였다.

이렇게 국민들의 불평이 심화되고 민심이 이반하자 무능한 정부와 여당은 오직 장기로 계속되어야 할 이승만 정권의 동요를 두려워한 나머지 마침내 1958년 12월 소위 2·4 정치파동으로서 국가보안법, 개악(改惡)한 지방자치법 등을 마련함으로써 그들의 차기집권에 대한 국민들의 불평과 반대를 압살하려고 예비하는 동시에 1960년 3월 15일에는 드디어 유례없는 부정선거를 단행하여 마침내 4·19의 대폭발을 유도하였던 것은 널리 알려진 사실이다. 4·19와 4·26의 사태는 일종의 혁명적인 폭발이었다. 그러나 이 폭발의 주동이 된 학생과 교수 기타 등은 이승만 정권아래서 평소에 정치활동에 관여하여서는 안 될 것으로 규정되어 있는 신분에 속하고 있었으므로 독재자가 물러간 뒤에 즉시 그 정권을 혁명의 주최자로서 인수할 조직과 훈련이 되어있지 못하였다.

따라서 혁명적인 입법과 기구를 창설 담당할 운영체가 나타나지 못한 채 공백상태를 메워야 할 긴급성에만 제약되어 구정권의 잔재세력과 몇 사람의 비급진적 인사들이 잠정적으로 혼합하여 과도정부를 조직하게 되었다. 따라서 그들은 혁명의 주체자가 아니므로 구질서 하의 구 법령에 의하여 사후처리에 임하는 수밖에 없으며 붕괴된 정치세력의 독소를 발본색원(拔本塞源)하는 작업과 혁명의 먼 원인이 된 위와 같은 각종 병폐를 제거하는 과업은 부득이 당면한 선거에 의한 집권자에게 기대하지 않을 수 없는 것이다. 이리하여 바야흐로 진정한 민의는 고조되고 민중의 역량에의 자각은 한결 높아졌으나 산적(山積)한 문제는 해결할 징조조차 보이지 않고 있다는 엄숙한 현실을 당선자들이 대결할 용기가 요청되는 판국에 있었던 것이다.

권두논문 〈世界〉 No.2 국제문화연구소 1960. 8. 1

鄭 在 覺 • 고려대 문리대교수

열등의식과 민족사관의 문제

오늘날 우리사회에는 매우 혼란스럽고 걱정스러운 사태가 도처에서 일어나고 있다. 특히 사회지도자로 자처 내지 타처하는 분들에게는 그런 사태가 주는 충격이 한층 더 깊으리라 생각된다.

이런 충격들을 우리가 어떻게 새겨나갈 것이며 단순히 개탄하는 것으로 그칠 것인가, 혹은 거기에 대해서 스스로의 책임감과 또 지도력의 빈곤을 공감하고 어떻게 대책을 강구할 것인가 하는 것이 문제로 대두되고 있다.

민족적 열등복합 콤플렉스

역사학자 토인비의 말을 빌면 우리는 지금 도전장을 받고 있다. 사회 각 방면의 문제가 우리에게 화답을 요구하는 도전장을 던지고 있다는 말이다. 이렇게 던져진 도전장에 대해 지도자가 어떤 화답을 줄 것인가, 토인비의 말대로 도전에 대한 응전을 어떻게 할 것인가 하는 문제가 심각하게 우리에게 다가오고 있는 것이다.

그런 현상들이 단순하게 오늘날이 일시적인 현상인지, 혹은 우리 한민족의 의식 속에 그런 문제들이 생길 수 있는 어떤 요소가 잠재하고 있는 지에 대해 생각해 보려고 한다.

문제들을 표면적으로만 보고 대처하게 되면 현명한 대책이 되지 못한다. 종교인들은 모든 문제를 근원적으로 사고하려는 경향이 있다.

예를 들면 유명한 심리학자 프로이드는 인간의 언동이란 단순히 우리 오관에 주어진 정보에 의해 조건반사적으로 대처하는데서 나오는 것이 아니라 자기 자신도 모르는 자기 내면에 숨어있는 또 다른 자기가 그렇게 시키기 때문이라고 한다. 그는 일찍이 스승을 찾아 프랑스에 갔는데, 그 스승은 최면술의 대가로서 사람에게 최면을 걸어가지고 평소에 자기도 모르는 내면의 세계를 끄집어내어서 엉뚱한 행동을 하게 했다. 프로이드는 여기에 착상하여 연구한 결과 사람의 내면 속에 숨어있는 잠재의식을 효과적으로 계발하면 인간의 능력을 극대화할 수 있다는 것을 규명해냈다. 즉 현실적으로 활용되는 부분은 거우 10분의 1밖에 안되고 잠재한 부분은 10분의 9가 된다는 것이다.

　또 프로이드의 유파를 계승한 융이나 론테 등이 있는데, 융은 우리의 잠재의식을 구성하는 것은 어릴 때부터 가족적인 분위기 속에서 이루어진 공동의식이 작용하는 것이라 했고, 또 론테는 좀 더 깊이 들어가 가족뿐만 아니라 인류가 생성된 처음부터 유전자로써 유전해온 것이라 했다. 예를 들면 우리 인간은 누구나 뱀을 보면 본능적으로 미워하고 싫어한다. 그들의 주장에 의하면 그것은 인류 발생초기에 뱀의 선조라고 할 수 있는 공룡이란 동물에게 우리 인간이 박해를 받고 거의 전멸할 위기를 당했기 때문에 공룡에 대한 큰 공포심이 인간의 의식 속에 쌓이고 쌓여서 그것이 유전되어 왔다는 것이다.

　우리나라는 오늘날 무엇이 올바른 가치냐 하는데 대해서 혼란을 일으키고 있다. 그것은 역사적으로 오랫동안 걸쳐 조성된 결과로 나타나는 현상이다. 나는 그것을 심리학적으로 보아 잠재의식적으로 우리나라 사람이 열등복합감정(인피어리어리티 콤플렉스)에 사로잡혀 있는 것이 아닌가 하는 관점에서 보았다. 즉「나는 엽전이다」「엽전이 별 수 있겠는가」하는 열등의식에 빠져있다는 것이다. 그러나 이것은 한국인의 본질적인 문제와는 다르다. 그런 현상은 특히 일본의 지배를 받은 다음부터 두드러지게 나타나고 있다. 물론 열등의식이라 해서 전적으로 나쁘다고 할 수는 없다. 사람은 그 개개인을 볼 때 제각기 능력에 차이가 나게 마련이고 남만 못하다고 느낄 때 열등의식을 갖게 되는 것은 극히 당연한 일이다. 그것이 오히려 자기를 분발시키는 하나의 계기가 된다면 조금도 나무랄 일이 못된다.

　그러나 열등복합감정이란 자기가 열등하다고 느낄 때 분발할 수 있는 계기를 만드는 것이 아니라 스스로 자기의 능력을 전면적으로 부정하는 결과를 가져오는 것이다. 전적으로 자기는 못난 사람이라고 생각하고 극단적인 경우에는 신체상의 조그마한 결점 하나에 집착하다가 결국은 학업을 중단하고 인생마저 포기해버리는 극한상황에까지 도달하게 된다.

요즈음 우리나라 국민이 민족적으로 그런 열등복합감정을 가지고 있는 것이 아닌가 생각된다. 왜냐하면 분파행동을 많이 하고 단결이 잘 되지 않는다는 것은 바꾸어 말하면 자기 민족은 별 볼일 없는 민족이다, 못난 민족이라고 부정적으로만 생각한다는 말이 된다. 반대로 우리 민족도 다른 민족과 견주어 결코 못난 민족이 아니며 당당히 겨루어 나아갈 능력을 가진 훌륭한 문화민족이라는 확신이 서면 결코 자기 민족끼리 싸우게 되지 않는다.

바로잡아야 할 민족 비하의식

미국에 갔을 때 느낀 것인데, 동양 3국(한국·일본·중국)중에서 우리 한국인 사회가 특별히 단합이 잘 안 된다. 미국 L.A의 중국인 사회에서는 자기 점포에 결원이 생기면 우선 동족(중국인)을 채용하고 그래도 자리가 남을 때 다른 민족을 고용한다. 또 중국인이나 일본인 사회에서는 그곳이 범죄가 많은 고장이므로 동족 출신이 깡패를 고용해서 그들을 먹여 살리고 완전히 생활 보장을 해주되 일단 유사시 쳐들어오는 다른 집단의 깡패나 도적을 그들이 막아주고 퇴치한다고 한다. 그러나 한국인 사회에서는 그런 것이 없다.

오래 전 미국 워싱턴에 갔을 때 그곳 한국거류민단의 회장선거가 있었는데 유혈이 낭자하게 싸움이 벌어지는 꼴을 직접 목격했다. 또 몇 해 전 대만에 갔더니 유학생 회장을 선출하는데 상대방을 때려 눈알이 빠져나온 것도 보았다.

왜 단합이 안 되는가. 그것은 아무리 생각해도 자기 민족의 문화, 자기 민족의 전통, 자기 민족의 역사에 대한 그 어떤 멸시감이 숨어 있기 때문이라고 생각한다. 즉 열등의식의 발로라고 하지 않을 수가 없다.

이러한 열등의식 때문에 우리는 정당하게 자기평가를 못하고 있다. 한국문화가 덮어놓고 멸시당해야 할 보잘것없는 문화인지, 혹은 한국역사가 우리에게 정말로 부끄러운 역사였는지 이론적으로 역사적으로 과학적으로 잘 따져서 이성적으로 납득하려 들지 않고 자기의 조그마한 결점만 크게 확대해서 전면적으로 자기 존재를 무시하려드는 그런 심리가 내면에 잠재하게 됐는데, 바로 이것이 열등복합감정으로 발전한 것이다.

이와 같은 자학적인 자기비하는 내가 보기에 일제 36년간 일본인들의 지배 밑에서 종처럼 살면서 몸에 밴 노예근성의 발로가 아닌가 생각한다. 우리가 해방을 맞이할 수 있었던 것도 우리의 선각자나 독립투사의 힘이 그 원동력이 되었다는 생각보다도 서구열강이 일본을 굴복시키고 우리에게 독립을 가져다 준 것이라고 생각한다. 그래서 자력으로 독립하지 못했다는 사실에 대해서 스스로 자학한다. 거기다가 6·25동란이 일어나 북괴군이 밀고 내려 올 때 겨우 살아남을 수 있었던 것은 미군을 주축으로 하는 연합군 덕이었다. 그리고 전쟁 후 민족 전체가 거지꼴이 되다시피 했을 때도 외국 사람들의 구호물자를 받아 겨우 연명할 수 있었다.

일제치하 36년을 거친 후 이 날까지 이렇듯 계속해서 외국의 간섭을 받고 있다. 한국을 남북으로 양단하고 적대세력을 조성한 것이 누군데 주한미군을 빼가겠다고 카터 같은 사람이 큰 소리를 치는가.

북쪽도 마찬가지다. 김일성이 자꾸만 주체사상을 내세우는 것은 주체사상이 없다는 말이 된다. 그것은 주체사상이 위기에 처했다는 증거이기도 하다. 소련과 중공의 틈바구니에서 버텨 나갈려니까 주체사상이나 내세울 수밖에 별 도리가 없다. 주체사상을 가지고 민중들이 나를 도와주고 그렇게 해서 완전히 일치단결해야 저들 세력에 모멸당하지 않고 배겨날 수 있지 않겠는가 하는 생각이 뼈저리게 느껴졌기 때문에 그렇게 하는 것이다.

우리도 오늘날 민족의식, 민족 주체사상을 부르짖게 된 것은 우리 사회 여러 방면에서 민족주의사관이라야 우리에게 도움이 되겠다고 하는 그런 생각이 밑바닥에 깔려 있기 때문이라고 생각한다.

왜곡된 주체의식과 민주의식

우리의 할아버지시대, 곧 조선조 말엽만 해도 마을마다 기골이 장대한 헌헌장부가 여럿 있어서 내가 한국인을 대표한다고 생각하고 있었다. 그분들은 우리나라가 아주 훌륭한 문명을 가졌다고 자부했다. 중국 다음 한국이 소중화(小中華)라고 으스대었다. 물론 오늘날의 주체적인 시각으로 보면 그것부터가 종속적인 사고방식이 아니냐하고 비웃을 것이다. 그러나 오늘도 그런 현상을 많이 볼 수 있다. 학생들이《타임》지나《뉴스위크》지를 여봐란 듯 끼고 다니는데 제대로 읽을 줄도 모르면서 나는 이런 훌륭한 진서, - 요새 진서는 영어다 - 를 알고 있다는 듯 으스대는 꼴이란, 옛날에 갓 쓴 분들이 한문책 사서삼경을 가지고 다니는 것 보다 훨씬 더 한 것 같다.

요즈음은 젊은이들의 내면에 도사리고 있는 잠재의식을 일깨워 줄 아무것도 없다. 젊은 이들은 독립한 국가로서의 진정한 영광을 본 일이 없었다. 또 일본사람에게 노예 생활하던 지난날을 직접 보지도 못했다. 6·25사변의 처절한 비극도 체험하지 못했다. 다만 오늘날의 사회적인 비리와 현재의 우리 지도자들이 갈팡질팡하는 것만을 직접 보고 있을 뿐이다.

우리역사에 민주주의란 제도는 한 번도 없었다. 비슷한 것이 있었다면 그것은 신라의 '화백' 같은 것이 잠깐 동안 있었을 뿐이지 그 뒤로는 전제정권이 이어져 내려왔다. 이처럼 우리의 정신풍토 속에 민주주의적인 토양이 없는데 우리나라에 갑자기 민주주의가 들어왔다. 그러므로 민주주의에 대해 올바른 인식이 서지 못했다.

민주주의란 별다른 것이 아니다. 남의 이야기도 듣고 나도 말하고 그래서 타협점을 모색한다. 또 저 사람의 주장도 최대한으로 보장하고 나의 주장도 최대한으로 보장받는다. 그러다가 안 되면 다수결로 결정되면 비록 내가 불복했었다 해도 준수하겠다는 극히 상식적인 제도, 곧 "인민에 의한 인민을 위한 인민의 정치" 그것이 바로 민주주의의 정치요 요새 말하는 자유민주주의 정치라는 것이다.

그러나 공산주의에서 하는 것은 인민에 의한 것이 아니라 인민을 위한다는 것 하나만 가지고 한다. 또 인민을 위한다면서 그 결정은 몇몇 사람의 공산당 간부들이 멋대로 결정해 버린다.

우리 전래의 유교사상 중에서도 맹자 같은 이는 위민정치 곧 백성을 위한 정치를 해야 한다고 강조했다. 하지만 그것은 민주정신일 수는 있어도 민주제도는 아니다. 그것을 결정하는 사람은 공자나 맹자 같은 성인이다. 그래서 요새 말하는 민주제도와는 근본적으로 다르다.

일본의 경우를 보자. 일본은 우리보다 상당히 근대화 되어있다. 근대화란 바꾸어 말하면 사회가 분화되어 있다는 말이다. 여러 이익단체가 서로 균형을 취하고 있다. 어느 한 단체가 온 사회를 좌지우지 못한다. 이렇듯 표면적으로는 잘 분화되고 민주화가 된 듯이 보이지만 개개의 단체 속에 들어가 보면 거기에는 민주주의란 찾아 볼 수도 없다. 최고 연장자가 보스로 앉아서 엄격한 명령 계통 하에 그야말로 일사분란하게 움직이는 종적인 관계는 있어도 횡적인 협의 과정은 없다. 그래서 일본에 오랫동안 머물며 일본을 연구한 한 유태계 미국인이 『일본에 민주주의는 없다』라는 책을 펴내기도 했다. 또 가장 민주주의를 앞장 서 주장하는 신문-언론기관이 2차 대전 전에는 거의 다 극우적인 성향을 가졌었는데 패전 후에는 돌변해서 거의 90% 이상이 좌익 행세를 한다. 이런 식의 민주주의도 정말 민주주의라고 할 수 있는가? 그래서 일본엔 민주주의가 없다고 갈파한 외국인도 나오게 된 것이다.

민족사관의 올바른 인식

민족사관과 식민사관이라고 할 때 자칫 오해하기 쉽다. 가령 경제사관하면 경제가 역사를 움직이는 주동력이다. 정치사관하면 정치가 역사를 움직이는 기본 동력이다. 혹은 찰스 다윈과 같이 진화사관을 말할 때 모든 생물계가 우승열패해서 점점 진화해 나간다. 현실조건에 맞는 사람, 자기 환경에 맞는 조건을 가진 민족은 살아남고, 그 환경에 맞지 않는 조건을 가진 민족은 탈락하고 망한다. 그것이 곧 역사의 진행과정이다. 이와 같이 모든 역사가 그 움직이는 기본 동력이 무엇이냐 하는 것을 가지고 사관(史觀)을 결정짓는다.

요새 누구나 민족사관이란 술어를 많이 쓰는데 이것은 민족주의사관을 말한다. 우리의 역사를 우리 민족주의적인 시각으로 보는 사관, 식민사관에 대항하는 말로서 우리의 민족주의 노선에 따라서 우리나라 역사를 보는 사관을 민족사관이라고 한다.

서양학자들의 견해에 의하면 모든 운명이란 각각의 국민이나 민족의 독특한 가치관으로서 대등한 값어치를 지닌다. 즉 높고 낮다는 식의 평가를 할 수 없다는 말이다. 모든 종족이 자기 고장의 자연조건에 따라 지배받고 순응하면서 거기에 역사적인 경험이 더해져서 그 어떤 문명이 생성되고 역사가 전개되는 것이다. 결코 자연법칙을 어길 수도 역행할 수도 없다. 예를 들어 평야지대에 사는 사람, 산간지대에 사는 사람, 또는 사막지대에 사는 사람이 각각 그 처해진 환경조건, 자연조건에 따라 감각과 감정과 사고경향이 달라진다. 평야지대에 사는 사람은 개방적이고 평화공존의 슬기를 터득했는가 하면 산간지대에 사는 사람은 폐쇄적이고 전투적이다. 따라서 환경이 다르기 때문에 일률적으로 민족의 우월을 논할 수가 없다. 그러므로 각각의 문명은 모두 대등한 것으로서 그 환경에 따라 생성발전하고 1대 1로 평가해야 되지 동양문명이니 서양문명이니 해서 우열을 가릴 수는 없다.

그래서 토인비가 말하기를 선진·후진을 논하지 말고 그 문명이 얼마나 많이 우리 인류에게 영향을 주었으며 인류 전체에게 높은 가치이념을 주었느냐, 그리고 얼마나 오랫동안 존속했는가 하는 것을 살펴보아야지 한 때 힘으로 남을 지배했다고 그것을 높이 평가해서는 안 된다는 것이다. 지난날 우리가 일제에게 힘으로 지배당했다고 일본문명이 우월한 것은 아니다. 힘이 제일이라고 한다면 거의 전 세계를 정복했던 몽고의 칭기즈 칸 문명이 세계에서 제일이라는 논리가 성립될 것이다.

우리 민족은 4, 5천년동안 이 땅에 살아오면서 때로는 남의 수모도 받고 외침도 당했지만 끝끝내 이를 극복하고 우리글과 우리말을 온전하게 유지하고 발전시켜왔으며 또 우리의 사고방식, 우리의 문화를 계속 보전해 왔다. 그래서 비록 물리적인 힘은 약하지만 아직도 독립 국가를 유지하고 있을 뿐 아니라 민족적 자부심과 자존심을 굳게 견지해오고 있다. 그러나 우리를 침략했던 청나라는 없어졌고 그 종족은 지구상에서 사라졌다. 고려의 강감찬 장군과 싸운 거란은 어디 갔는가. 한 때 세계를 거의 정복했던 몽고인도 지금은 외몽고의 한 구석에서 겨우 명맥만 유지하고 있다. 이렇게 힘이 제일이라던 그들이 남긴 것은 아무것도 없다.

그러나 우리는 계속해서 남아있고 뿐만 아니라 계속해서 단일민족으로서 우리말 우리글을 잃지 아니하고 우리의 풍습을 가지고 우리의 문화를 가지고 살아 있다는 바로 이것을 우리 역사가 설명해야 되고 그 능력을 평가해야 된다. 일시적으로 일본인들에게 지배당했다는 것, 이것 때문에 열등의식에 사로잡힐 수는 없다. 이 지구상에 먹히지 않았던 나라가 어디 있는가. 미국은 겨우 2백여 년 전에 독립한 나라요 그 이전에는 영국의 식민지였다. 소련은 약 5백 년 전에 독립한 나라요 몽고의 식민지였다. 지금 세계에서 제일 강대국이라는 미국과 소련이 이렇다. 또 영국은 로마의 식민지였고 독일과 프랑스는 원래 프랑크 제국의 영토였다. 이태리는 과거엔 로마제국이었지만 지금에는 로마인보다 게르만이 많이 섞여있고 그 남쪽 반에는 아프리카 인이 섞여있다. 인도의 문명이 굉장했다고 하지만 과거 3백년 간 영국의 식민지였다. 중국도 마찬가지로 원나라에 먹히고 청나라에 먹히고 연나라, 금나라에 반이나 먹히고 잡다한 나라들이 그 안에 항상 들끓었다.

그렇다면 우리가 어찌해서 중국보다 못하다고 하겠는가. 왜 "엽전은 할 수 없다"는 그릇된 생각을 갖는가. 중국의 역사를 볼 때 그 나라의 문명을 만드는 과정에 우리의 조상도 참여했다. 중국의 고대문명을 창조한 것은 은나라요 뒤에 주나라에게 정복당했지만 은나라의 문화를 그대로 계승했다고 한다. 문화적으로는 주나라가 은나라보다 형편없이 뒤떨어진다. 그런데 은나라의 종족은 바로 동이족(東夷族)이라고 한다. 이것은 중국의 학자인 대만대학교 총장이 주장하는 말이다. 동이족은 발해연안을 중심으로 한 넓은 만주와 한반도에 걸쳐서 산 민족이다. 그 동이족이 세운 나라가 곧 은나라였다.

중국 사람이 주나라계통의 말은 하지만 문화는 은나라의 것을 계승해서 발전시켰다. 그래서 중국문화라고 할 때 우리 동이족도 그 창시자의 하나였다. 물론 문화만 가지고 된 것은 아니고 중국의 문화는 잡다한 문화가 모여서 성립된 것이다. 중국문화가 애초에는 그런 식의 문화였지만 그것이 수천 년 동안 내려오는 가운데 하나로 융화되어 중국문화란 이름으로 부르게 된 것이다.

민족사의 정립과 긍정적 평가

최근에 이르러 고고학자들의 연구에 의해서 지금의 요동지방에 고대 조선이 있었다는 주장이 거의 확실시되고 있다. 요동지방에는 요하 일대 뿐만 아니라 지금의 북경 근처까지 들어간다고 한다. 또한 우리의 청동기 문화가 중국과 거의 같은 시대이거나 혹은 그보다 좀 앞선다고 주장하는 학자도 있다. 최근에는 신전 곧 신을 제사지내는 신단이 요령성에서 발굴되었다고 한다. 그런데 그것이 바로 단군조선, 고조선이라는 것이다. 일부 학자들이 발굴현장에 가보지도 못하고 직접 현물을 접하지도 못한 채 학적인 탐구도 못한 형편에서 단군조선을 부인하려는 경향이 있는데 당치도 않은 말이다. 단군도 아니요 중국의 것도 아니요 제 3의 문화가 있었다 하는 식의 뚜렷한 증거도 없이 무턱대고 말로만 아니라고 한다면 그거야말로 식민사관과 같은 오류를 범하게 된다. 또 일본인들처럼 무턱대고 한낱 전설에 불과하다는 식의 매우 고의적이면서도 악의적인 잘못을 범하게 될 것이다. 당시의 문화유물들을 오늘날의 학자들이 발굴 조사하고 있다는 분명한 사실에도 불구하고 무조서 아니다, 전설이다 라고 부정한다고 해서 납득할 사람은 하나도 없다. 우리가 분석할 능력이 모자라서 못한다고 하면 이해가 되지만 내가 못하니까 없다고 한다면 말도 안되는 소리다. 자기능력이 모자라서, 자기가 모른다고 없다면 정말 어불성설이다.

상황이 이렇기 때문에 오늘날 우리가 존재하면서 우리의 문화가 반신불수가 되고 업신여김을 당하게도 되는 것이며, 그렇다고 우리 민족이 결코 주위의 다른 민족에 비하여 뒤떨어진다고 할 수는 없다. 다만 아직도 밝히지 못했을 뿐이다.

근세 문화의 꽃을 피운 매체가 곧 금속활자인데 우리는 구텐베르크보다 2백 여 년 앞서서 그것을 발명하고 실용해왔다. 우리들은 오랫동안 한문자를 빌어다가 통용했지만 그 시스템과는 전혀 다른 한글을, 그것도 아주 과학적인 음운법칙에 따라 창제하여 상용해 오고 있다. 그런데 일본은 세계에 내놓을 만한 문화가 없다. 일본인은 그들의 독특한 글자도 없이 한문자를 변형해서 마치 우리가 고대에 쓰던 이두문 같은 글자를 만들어 쓰고 있을 뿐이다. 그러니까 근본적으로 우리와는 비교도 되지 않는다. 고려자기 하나만 보아도 일본인들은 만들어내지 못했지만 우리는 그것을 만들었고 또 세계적으로 평가받고 있다.

비록 우리나라가 땅덩어리는 좁고 당장에는 힘도 약하지만 문화적으로는 세계적인 평가를 받고 있다. 중국문화를 창시하는데도 우리 동이족이 참여했다. 물론 동이족이 곧 한국민족이냐 하는 문제는 앞으로 좀 더 깊이 연구할 과제지만 어쨌든 동이족하면 우리와 사촌 쯤 되는, 전혀 다른 종족이 아니다. 그렇다면 우리 스스로 열등감정에 빠져서 기가 죽을 이유는 하나도 없다. 일본인들이 흔히 「한국인은 자기 것이 없다」「중국문화를 들여왔을 뿐이요 한국문화가 어디 있느냐」하며 낮게 평가하려 든다. 그러나 그런 식으로 따지면 세계에는 어느 나 라도 자기 문화가 없게 된다.

문화란 자기 문화가 그 어떤 다른 문화와 교섭하고 접촉할 때 자기 민족이 소화해서 자기것으로 만들어내는 것이지 순수한 자기문화라고 내세울 수 있는 것은 세계에는 어느 나라도 자기 문화가 없게 된다. 그러나 우리는 외국의 지배를 받기 이전에 우리 문화를 갖고 있었다. 단군문화라고 하든 고조선 문화라고 하든 어쨌든 중국문화에 영향을 끼친 독특한 문화를 고대에는 갖고 있었다. 결코 외세에 침략을 당하고만 있었던 것이 아니었다.

당시 세계에서 제일 무력이 강하다는 원나라가 조그마한 우리나라를 굴복시키는데 40년이 걸렸다. 그런데 송나라 곧 그 넓은 중국대륙 전체를 먹는데 40년이 걸렸다니 참으로 좋은 비교가 된다. 그때도 우리는 원나라에 끝까지 저항하고 투쟁했다. 그것은 우리나라 사람들의 자존심이 그만큼 강했고 자기문화에 대한 높은 자긍심이 그토록 강했기 때문에 끝까지 항쟁할 수 있었던 것이다. 임진왜란 때에도 일본군에 대해 끝까지 저항했고, 섬나라의 왜놈따위는 문화민족의 대상으로 생각지도 않았다. 병자호란 때에도 끝까지 항쟁했던 것은 저 야만민족과는 화친할 수 없다는 민족적 자존심이 강했기 때문이다.

이처럼 그 당시까지만 해도 우리나라 사람은 문화적 가치에 대한 자존심이 굳건하게 살아있었던 것이다. 창조적인 능력을 여러가지로 문화사상에 나타내고 있었다. 그래서 우리 민족은 비록 외세에 지배당한 시기가 있었지만 단군시대부터 그 넓은 만주벌판, 중국의 북부에 대해서 영향력을 행사하고 다시 바다건너 일본에 가서 일본문화를 형성했다.

민족적 자긍심을 온 국민의 가슴에 심어야

최근 일본의 아쯔기리(八切)란 학자가 「일본고대사 연구」라는 책을 펴냈다. 그 책에 의하면 일본천황의 체계는 전부 한반도 계통이라는 것이다. 백제계통이 대부분이고 중간에 내려와 신라계통, 고구려계통이 섞였지만 한반도에서 건너간 사람이 천황이다. 그리고 저 멀리 바다건너 남쪽에서 들어온 종족이 일본의 원주민이며 이들은 한반도에서 건너간 천황종족의 노예였다. 이것은 모든 역사기록이나 야사 등 다방면으로 연구한 결과 밝혀낸 것이라고 했다. 또 일본의 천황이 만세일계라는 말도 틀린 말이요 과거에 일본이 천황을 중심으로 단결한 일도 없다. 과거엔 천황의 이름도 없었으나 다만 동경제대 교수인 후로이다 가스미라고 하는 어용학자가 열국에 대항해서 일본의 독립을 유지하기 위하여 만들어낸 하나의 조작극이라는 것이다. 또 그 자가 한국에 건너가 조선사편수의 고문이 되었는데 그가 조작한 주장과 반대되는 기록이나 재미없는 사료는 모두 가져가 버리고 심지어 일본학자들도 보지 못하게 했다는 것이다. 그 자가 가져간 것 중에 「단군실기」라는 것도 있는데 그것을 보았다는 것이다. 자기가 확신을 가지고 말할 수 있는 것은 일본천황이란 만세일계도 아니고 한국에서 건너간 계통이라고 설명했다.

이것이 논리적 비약이 있든 없든 오늘날의 우리는 충분히 그럴 수도 있다는 생각을 가지고 연구해 보아야 될 과제라고 생각한다. 한국 사람의 입장에서 진짜 일본역사를 하나하나 직접 연구해야 할 의무가 있다. 그리하여 근세에 와서 어용학자들에 의해 날조되고 조작된 일본사를 바로잡음으로써 진짜 일본사를 밝혀내고 교활한 침략자들의 그릇된 선전, 왜곡 날조된 교육의 폐해 때문에 비뚤어지고 주눅이 들어 열등감정에 빠져버린 한국인의 열등의식을 깨끗이 쓸어버리고 그 옛날 가졌던 당당한 민족적 자존심-우수한 문화민족으로서의 자부심을 되찾아 빛내야 할 것이다.

그리고 단군의 홍익인간 사상을 올바르게 규명해야 한다. 조그마한 한반도에서 널리 인간을 이익 되게 한다, 사민평등이다, 하고 거창한 소리를 할 수 있느냐 하겠지만 그것은 전적으로 틀린 생각이다. 단군 때에는 그 넓은 만주벌판, 중국의 북방지역, 또 지금의 소련 연해주 일대에 걸친 끝없이 광활한 지역에서 큰 소리치며 살았다. 그러니 모든 이웃과 화친하고 더불어 잘 살아보자는 뜻에서 홍익인간을 얼마든지 부르짖을 수 있었고 그렇듯 스케일이 큰 민족이었기 때문에 널리 인간을 이익되게 하자고 했던 것이니 그런 환경에 있지 않으면 결코 나올 수가 없는 주장이요 사상이다. 그것은 오늘날과 같이 왜소해진 한국인으로서는 이해할 수도 없고 감히 나올 수도 없는 말이다. 그러므로 우리의 역사를 오늘의 한반도에만 국한해서 보지 말고 한민족은 북방의 광활한 만주벌판에서 문명을 가지고 한반도에 내려와 정착했고, 나아가 그 문화가 일본까지 건너가 일본문화의 원류가 되었다는 것을 우리는 다시금 자부해야 할 것이다. 그리하여 우리의 정신을 다시금 일깨워 결코 우리는 열등민족이 아니며 일본인이나 중국인보다도 뛰어난 민족이라는 민족적 자긍심을 되찾아야 한다.

그래서 한국 근세사의 여명기라 할 19세기 중엽 우리나라 남쪽 경상도 일각에서 동학을 창도한 수운 선생은 「십이제국 다 버리고 아국운수 먼저 한다」고 고창했다. 섬나라 왜구들에게 시달리고 청나라에 업신여김을 당하고 핍박을 받아 왜소할 대로 왜소해진 이 땅에 서양족까지 몰려들어와 제멋대로 판을 칠 때 빈사상태에 빠진 이 나라 이 겨레를 건지고 되살리자며 누구보다도 앞서 아국운수 먼저 할 것을 외쳤던 분이 수운선생이었다.

번뜩이는 예지의 소유자요 대 선각자였던 수운선생이 남긴 주옥같은 글 가운데는 민족적인 일대 자각으로 민족의 자존심을 되찾고 나라를 보전함으로써 백성을 평안하게 살 수 있도록 해야 한다고 구구절절 당부하고 각성을 촉구하고 있다.

우리 주변에는 10억이나 되는 중국, 2억이 넘는 소련, 1억 2천만의 일본 등 강대국이 도사리고 있는데, 우리는 남북 합쳐서 6천 만이이요 남쪽만 따지면 겨우 4천만이다. 이렇듯 강대국 사이에 끼어서 살아남을 수 있는 길은 서로 엽전이라고 자조자학하며 싸울 것이 아니라 똘똘 뭉쳐서 민족정기를 드높여야 한다. 그리하여 교활하고 간악한 일제의 왜곡 날조된 식민사관 때문에 삐뚤어진 민족의 자존심을 되찾고 우리 민족이야말로 세계 어느 민족과 비해서도 결코 뒤떨어지지 않는 민족이요 어느 문명에고 뒤지지 않는 훌륭한 문화유산을 갖고 있는 민족이라는 자신감과 자부심을 온 국민의 가슴 속에 심어주어야 할 것이다.

민족통일대학 강좌 (제1기 제 3회)

정 재 각

한국적 전통에 어떻게 다가 갈 것인가

한국인이 당면하고 있는 현실에 대처해서 어떠한 삶의 방식을 가져야하느냐의 문제는 곧 한국적 전통을 어떻게 다루어야 하느냐는 물음으로 거슬러 오를 수 있다.

과거가 언제나 그랬듯이 오늘날의 한국인도 미시적(微視的)으로 볼 때 각자의 현실을 각자의 나름대로 살고 있으며 그 생활방식의 수는 그 인구의 수만큼이나 다양하다고도 생각할 수 있겠으나 거시적(巨視的)으로 볼 때에는 그 하나 하나의 속에는 한국적 전통의 그림자가 잠기어 있어서 일정한 통일성을 부여하고 있는 것이 사실이다. 한국인 각자가 그 전통을 의식하고 있거나 그렇지 않거나 간에 객관적으로 그 유형무형의 지배를 받고 있는 것이기 때문이다. 그렇다고 하면 그 지배자 즉 전통의 정체가 어떠한 것인가를 파악하는 것은 현대의 생활 뿐 아니라 내일의 삶을 위해서도 대단히 중요한 문제가 되는 것은 더 말할 나위가 없다. 이러한 경우 전통이란 말을 역사라는 말로 바꾸어 놓아도 좋다. 전통이라는 용어를 광의로 확대하면 곧 역사가 되기 때문이다. 한국의 현실은 곧 역사적 현실이며 한국의 역사는 현실 속에 용해되어 살고 있다. 다시 말하면 그것은 이미 생명이 끊어진 단순한 과거가 아니라 현실 속에서 작동하고 현실을 규제하면서 맥맥(脈脈)히 흘러가고 있는 존재이다.

전통 내지 역사가 죽어서 없어진 과거의 흔적에 불과한 것이라면 또는 할머니나 할아버지의 이야기 주머니 속에서만 살아있는 것이라면 우리가 특별한 주목을 해야 할 의무가 없을 것이나 그것이 당장 우리의 현재에 지배적으로 작용하고 미래에 대해서도 강력히 발언하고 있는 존재이고 보면 그것을 인식해야 할 긴요성(緊要性)은 아무리 강조해도 지나치다고 할 수 없다는 말이 된다. 그러나 정작 한국의 전통 내지 역사가 어떠한 것인가의 구체적인 예시의 단계에 이르면 우리는 매우 난처한 문제에 봉착한다.

그것은 전통 내지 역사인식의 독특한 구조 때문이며 우리 자체가 전통 내지 역사를 구성하고 있는 일분자이면서 동시에 그러한 자신을 객체로 보아야하는 어려움 때문이다. 거기에는 자연과학적인 방법으로 객관적인 진실이라는 것에 도달할 수가 없고 다분히 주관의 개입을 회피할 수 없는 역사적인 상대적인 평가를 허용해야 되기 때문인 것이다. 이러한 인식상의 난점(難點) 때문에 사람들은 흔히 역사의 매개를 거치지 않고 초역사인 기준에서 전통을 평가하거나 아니면 현실적인 실천적인 요구에 부응하는 것만을 전통으로 채택하는 푸래그마티즘 류의 전통관에 집착하기도 한다. 역사의 밖에 설정된 이념에서 인용한다는 뜻이다. 목전에 보이는 것이 불합리한 사상이라고 할 때 우리는 그 전제로서 무엇인가 합리적인 것을 머릿속에 두고 하는 것이기는 하나 그 도리에 맞는다 안맞는다고 할 때의 도리라는 것이 역사적 현실가운데서 발견된 것이 아니고 먼저 도리가 있고 거기에서 역사가 시작되었다는 생각에 발언의 밑바닥이 깔려 있는 것이라면 그것은 벌써 역사적 현실의 입장을 벗어난 추상적인 자연법적 입장에 서는 것이라고 할 수 있는 것이다. 역사의 속에서 법을 생각하지 않고 역사의 외부에 있는 자연적 이성에서 발언하고 있기 때문이다.

원래 역사는 공평한 기준에 의하여 민족의 차세계일가(差世界一家)의 추세에 오히려 하나의 저해요인이 되고 있다고 비난하는 이가 있다면 얼핏 이성별이나 마찰이 없게끔 되어 있는데 어떤 민족이 이를 무시하고 자의적으로 불필요하게 자민족의 존재를 강조하였다고 하면 이는 편지풍파(平地風波)를 일으킨 것으로 비난을 받아야 할 것이다. 그러나 역사적 사실은 민족주의는 서구에서 자본주의의 생성과 더불어 일어나고 처음에는 자민족의 생존과 독립을 목표로 삼던 것이 나중에는 제국주의로 발전하여 타민족의 자결권(自決權)을 억압하게 되었다는 것을 보여주고 있다. 20세기 현재에 민족주의를 표방하고 있는 나라는 모두가 이들 제국주의국가들의 희생이 되었던 나라들로써 2차 대전 후 명목상의 독립은 얻었으나 그 내실을 갖추지 못한 나라들이며 민족주의를 비난하거나 또는 겉으로 동정하면서 내심으로는 달갑게 여기지 않는 국가들은 거개(擧皆)가 제국주의단계를 거친 고도자본주의의 나라거나 자국 내에 다수민족을 내포하고 있는 나라들로서 민족주의가 도리어 자국의 번영과 안전에 장해로 느끼고 있는 나라들이다. 역사는 원래 민족의 차별이나 마찰이 없게끔 되어 있는 것이 아니라 민족들이 약육강식(弱肉强食)의 상태로 던져져 있는 것이 역사적 사실이란 말이다. 그러므로 오늘날 민족주의가 불필요하다는 비판은 역사적으로 사상을 이해하려는 것이 아니라 도리어 이를 외면하고 초역사적(超歷史的) 무역사적(無歷史的)인 기준을 적용하려는 자세이므로 현실로부터 유리(遊離)되어 버릴 것이며 도리어 그들의 그러한 자세조차도 하나의 역사적 소산(所産)이란 것 밖에는 다른 의미가 없을 것이다.

역사 외에서 전통을 평가하려는 자세에 대하여 세계사적인 배경을 이에 수용(授用)하려는 접근방법이 있다. 이는 역사 내에서 기준을 찾는다는 점에서 일층 과학적이라고 할 수 있으나 또한 따지고 들면 문제점이 단단히 있다. 우리들이 곧장 손쉽게 이용하는 것에 자유주의 세계사관이 있다. 자유주의사상은 그 연원(淵源)은 오래 전에 있겠으나 그것으로 세계사의 전개를 설명한 것은 「헤겔」이다. 주지하는 바와 같이 「헤겔」은 세계사를 세계정신 즉 자유의 자기실현과정이라고 보았다. 세계역사는 오직 일인 즉 전제군주만이 자유라는 것을 아는 동양문명에서 시작하여 다시 노예를 제외한 소수만이 자유를 알고 있는 희랍(希臘) 로마의 단계를 거쳐 인간이 인간으로서 자유이며 정신의 자유가 인간의 가장 고유의 본성이라는 의식을 가지게 되는 게르만 제민국(諸民國)의 단계로 전개하고 있다는 것이다.

생각건대 「헤겔」이 살던 19세기 초기는 헤겔적인 세계사체계를 안출(案出)하기에 알맞은 시대였다. 독일의 정치체계는 아직도 봉건적(封建的) 기구(機構)로부터 벗어나지 못하고 민족적 국가적 통일도 실현되지 못하였으며 신분관계도 중세적인 상태에 놓여 있었다. 이른바 사회구조를 넘어서 발전한다는 현실 속에서도 독일인의 자유를 실현하는 수단은 별로 희망적으로 나타났다고 할 수는 없었다. 여기서 자유를 희구하는 독일인들의 염원은 자유를 만들어야 되겠다는 실천적 요구와 밀접하게 결부되어 헤겔의 세계사상이 등장할 생생한 조건이 마련되고 있었던 것이다. 헤겔의 세계사가 철저하게 정신의 역사이고 자유만이 인간의 전부인 것으로 꾸며놓은 것은 이러한 시대상황 속에서 연유한 것이다. 한편 헤겔의 세계사는 일견 역사발전의 단계 같기는 하나 자세히 보면 그 발전을 어느 특정한 지역에 한정시키고 있는 것이 주목된다. 하여튼 그가 세계사를 하나의 발전과정으로 잡는 것은 사실이나 그 발전단계를 각기 지역별로 배정시킴으로써 서양이외의 지방은 영원히 발전에 뒤떨어진 것으로 역사에서 제외되는 결과를 만들었다는 것은 간과(看過)하지 못할 결점(缺點)이다.

이렇게 서양문명을 자유의 완성단계에, 동양문명을 그 시작 단계로 규정한데는「헤겔」이 처한 19세기란 시기가 풍기는 또 하나의 분위기의 영향을 받는 것이라고 볼 수 있다. 그의 시대 서양제국은 최고의 번영을 자랑하고 있었으며 그것은 1789년에 시작하는 불란서 혁명에 의한 민중의 해방 이미 의회정치를 완성한 영국의 민주주의 혹은 자유로운 탐구에서 이룩된 자연과학의 발달 뻗어가는 서양세력의 세계진출 등에 의하여 상징되고 있었다. 한마디로 19세기는 서양에 있어서는 희망에 부푼 행운을 구구(謳歐)하는 시대였지만 여타의 지역에서는 몰락을 예고하는 불운의 시대였다. 헤겔의 가슴을 부풀게 한 자유의식과 그것의 지역적인 한정은 또한 이러한 환경적 산물이기도 한 것이다.

한편 서양의 이러한 부강 앞에 무력해진 자신을 발견한 동양은 자신을 그들의 희생자로서 간주하여 그들의 부강의 본질을 논리적으로 비판하는 자세보다는 오히려 그들과의 거리를 좁히려는 초조감에서 자신의 내부의 제조건(諸條件)을 그들을 모방하여 수정하려는 노력이 더욱 득세(得勢)하였음은 기지(旣知)의 사실이다. 이러한 경우「헤겔」의 세계사관은 선진국 자신들에서는 물론 후진국 지식인에 대해서도 하나의 목표를 주었던 것이다. 자유가 인간의 행복을 보장하는 유일한 원리이며 자유의 전개가 바로 세계사의 진리라고 할 때 그렇지 않아도 자학적(自虐的)인 열등의식에 사로잡혀 있는 후진국민에게 그것이 하나의 복음(福音)처럼 들려올 것은 충분히 짐작할 수 있는 일이다.

그러나 그러한 세계관을 채택한 결과는 자연히 그런 류(類)의 자유가 없는 것으로 되어 있는 국민이 그런 류의 자유가 있는 것으로 되어 있는 선진제국의 역사에 머리를 숙이게 되는 것은 어찌할 도리가 없는 일이다. 여기에 동양제국의 서양숭배사상이 싹튼다. 우리가 오늘날 서양사라고 하면 진보적이라고 생각하는 사고나 세계사라고 하면 서양사가 주축을 이루는 것이라고 생각하는 것은 이러한 유래에서 배태된 것이라고 보겠다.

　우리는 물론 자유의 이념을 가지고 우리의 전통을 비판할 수도 있다. 그러나 그것이 헤겔의 세계사의 체계를 그대로 적용하는 것이라면 문제도 달라진다. 동양문명을 세계사의 초기단계에 놓은 것도 시인할 수 없거니와 세계사가 과연 자유의 전개과정인가 조차도 오늘날 강력한 시련에 시달리고 있는 것이다.

　2차 대전의 후에 자유민주주의국가보다도 전체주의국가가 오히려 세력범위를 넓히고 있다는 현상도 그것으로는 설명하기 어렵다. 그밖에 자유의 현실의 세계사적 진리라고는 반드시 언명은 하지 않지만 오늘날 자유를 누린다는 선진국들의 예를 들어 자유와 번영 사이에 함수관계가 있다는 상정하(想定下)에 이를 현실전개에 시험하려는 의견도 또한 매우 강력하다. 일견해서 이것은 사회학자 포퍼 교수(Karl Popper) 등의 견해에 동조하고 있다.

　포퍼는 그의 저서 「개방사회(開放社會)에서 "사상의 자유사상의 커뮤니케이션의 자유가 법적 제도에 의하여 또는 토론의 공개성을 보증하는 제도에 의하여 효과적으로 지켜지고 있는 곳에서는 과학의 진보가 이루어질 것이다."라고 사회학적 법칙의 일례로서 주장하고 있는 것이다. 이것은 누가 보아도 서양민주주의국가들이 그 제도적 조건으로 말미암아 계속해서 과학적 진보의 선두를 달릴 것이라는 신념에 근거를 두고 있는 것이며, 서구의 과학문명의 번영이유를 그 제도적 조건 때문이라고 단순화하고 거기에서 사회학적법칙을 발견하려고 한 것이다.

　그러나 이것은 2차 대전 후 소련에서 과학문명이 급속한 진전을 보이고 있다는 실례에 비추어 소리높이 외칠 수는 없게 되었으며 서구라는 일소부분(一少部分)에서 일어나는 현상을 전 세계의 사회법칙으로까지 일반화하는 것도 지나친 확대라 아니할 수 없다. 우리가 신봉하는 발전적 역사학에서는 모든 요인이 간과되지 말아야 한다. 정치제도는 물론 경제적인 요인 민족적인 요인 그밖의 인접국과의 관계 지리적인 요인 등 복합적인 요소가 그 나라의 발전에 작용하고 있기 때문이다.

만일 소련의 과학문명이 공산주의제도 때문이며 미국의 그것이 자유민주주의제도 때문이라고 유일한 요인만을 고집한다면 이는 논리상 상호모순을 범(犯)하는 것이다. 뿐만 아니라 이것은 중국인이 희랍인이 인도인이 그리고 근자에는 일본인과 독일인이 자국의 번영을 각자의 민족적 우수성 때문이라고 주장하던 화이사상(華夷思想)과도 기반을 같이 하는 것으로서 요는 자신의 번영은 자신의 우수성 - 그것이 민족이건 제도이건 혹은 사상이건 - 때문이라는 강자의 논리위에 서는 것이며 또한 동시에 자신의 번영이 영속될 것이라는 희망적 내지 낙관적 심리가 밑바닥에 깔려 있는 것이다.

서양인에 의한 서구문명의 평가가 위기의 기복(起伏)이 있을 때마다 낙관과 비관의 색채를 띠어 왔다는 것도 우리는 이러한 맥락에서 볼 수 있다. 카아(Carr) 교수가 우려하고 있듯이 빅토리아 시대의 영국이 서구의 선두를 달리면서 「영불해협(英佛海峽)에 파도가 일면 구주대륙(歐洲大陸)이 고립된다.」면서 오히려 서구문명의 중심이 영국에 있음을 자만하던 것이 다음에는 대서양쪽으로 중심이 이동되어 미국을 대표로한 영어사용세계가 세계문명의 중심이라고 자만하는 여타의 대륙과 국가들이 이로부터 고립되어 있다고 가련하게 생각하는 버릇이 생겼다는 것이다. 그러나 역사적 사실은 아시아 아프리카 등 여타의 세계에 풍경(風景)이 일어 이러한 세계의 움직임에서 고립되는 것은 저쪽이 아니고 이쪽이 되어가고 있다고 그는 경종(警鐘)을 울리고, 서양이외의 나라나 대륙의 역사를 공부하는 서양의 대학원학생들이 그 나라의 사료를 읽을 어학력이 없으면서도 학위논문이 통과되는 시대는 지나가고 있다는 것을 강력히 시사하고 있는 것이다.

세계사적인 안목으로 전통문제에 접근하는 또 하나의 강력한 관점에 유물사관(唯物史觀)이 있고 우리의 국토일부가 그것으로 운영되고 있는 것은 숙지하는 바다. 같은 변증법적(辨證法的) 사관이긴 하나 헤겔이 정신을 중심으로 인간역사를 파악하려는 것에 대하여 마르크스는 물질을 중심으로 이를 보는 정반대의 입장에 있는 것이다. 전자가 인간의 동물과 구별되는 면 즉 두뇌작용에 치중하는데 반하여 후자는 인간의 동물적인 면 즉 위장의 문제에 근거함으로써 항상 육체적인 생활본능을 더욱 절실하게 의식하기 쉬운 인간에게 많은 객관성을 띠기 시작했다.

산업혁명의 결과 세계의 유기적(有機的)인 연관이 더욱 깊어지고 거기에 따라서 시민사회의 모순 즉 자본가와 노동자와의 대립이 회피할 수 없는 지경에 이르렀다는 것, 동시에 이 모순은 단순히 서구사회 뿐 아니라 후진국으로부터 신대륙, 아시아까지의 문제로 화(化)한 것 특히 서구제국의 자본주의가 고도로 발전하여 독점형태(獨占形態)의 발생으로 제국주의단계까지 들어가면서 식민지문제가 새로운 과제로서 등장한 것 더욱이 소련방이라는 마르크스주의의 강력한 교두보(橋頭堡)가 마련됨에 따라 새로운 질서의 이데올로기로서 명실을 갖추게 되었다는 등등이 그 이유로서 꼽힐 수 있겠으나 어쨌든 그것은 인간의 이성, 헤겔의 이른바「내부의 태양」설만 가지고는 설명하기 힘드는 문제제기였다.

마르크스주의가 헤겔의 세계사관에 맞서서 자리 잡은 것은 이상의 환경에서 유래하였거니와 거기에 동시에 수긍하기 어려운 문제점이 나타나있는 것도 간과하지 못할 문제이다. 첫째 그것이 설정하는「원시공산사회→ 아시아사회→ 고대사회→ 봉건사회→ 자본주의사회→ 사회주의사회」등의 발전단계설의 역사적사건과의 타당성문제다. 그들이 주로 의견(依據)하는 모건(R.H. Morgan)의 고도사회설(高度社會說)과 원시 게르만인의 토지공유제(土地共有制)의 주장은 오늘날의 연구성과로서 완전히 부인되고 있으므로 원시공산사회의 존재는 그 근거를 잃은 셈이 된다.

둘째의 아시아 사회라는 것도 이른바「아시아적 생산양식」의 토론의 결과는 오늘날 하나의 역사단계로 보기 어렵게 되어있다. 제3의 고대사회라는 것도 이른바 노예가 생산의 주요역할을 하였다는 노예제사회를 내용으로 하고 있으나 그것은 검출한 희랍나마(希臘羅馬)에서와 같은 완전노예는 세계의 다른 사회에서는 발견하기 어렵다. 뿐만 아니라 희랍에 있어서도「아테네」에만 그러한 노예가 있었으며 그것도「엥겔스」(Engels)가 주장했듯이 자유시민 일인에 대하여 노예가 18명이라는 다수의 비율이 아니라 자유민과 거의 동수였다는 것이 최근의 연구결과이며「스파르타」(Sparta)의 노예라는 것은 오히려 중세의 농노와 흡사한 형태였다는 것이고 보면 이러한 것을 근거로 하여 세계사에 노예제사회라는 단계를 설정하는 것은 확실히 무리한 일반화이다.

이 밖의 「봉건사회」(封建社會)에 대해서도 빗트포겔(Wittfogel)은 아시아에서는 일본을 제외하고는 그것이 없는 것으로 부인하고 있으며 자본주의사회에 있어서도 「공산당선언」(共産黨宣言)에 쓰어 있는 것과 같이 계급대립이 단순화하여 사회가 부르조아지와 푸로레타이아트의 이대진영으로만 나누어진다는 사태는 보편적이 아니며 푸로레타리아트가 자본주의의 발전과 더불어 더욱 궁핍해진다는 현상도 반드시 어디에서 나타나는 현상은 아니다.

또 유물사관은 사회적 생산능력과 생산제관계와의 모순을 가지고 역사발전의 기동력으로 보고 각 단계내의 역사사상도 그 단계내의 개별적 사상의 의미도 무시되기 마련이니 예를 들면 당태종(唐太宗)의 고구려원정(高句麗遠征), 알렉산더 대왕의 동방원정(東方遠征) 등을 고대노예제사회의 그러한 측면에서 설명하기는 무리하다. 또 민족과 민족 국가와 국가 사이에 일어나는 긴장과 불화현상에 대해서도 그것은 자본주의국가에 특유한 현상이며 사회주의국가에서는 그 사회경제적 모순의 기반이 제거되기 때문에 일어나지 않는다는 종래의 설명으로서는 2차 대전 후의 소련과 중공, 소련과 체코슬로바키아 간의 충돌같은 것을 예견하지 못하였으며 일어난 후에야 기껏 상대방을 제국주의국가의 앞잡이로 서거나 또는 진정한 공산주의국가가 아니라고 비난함으로써 이론의 결함을 미봉하고 있는 형편이다.

그밖에 유물사관은 단순한 역사이론이 아니고 동시에 하나의 세계관이며 생동의 이론이기도 하다는 점이 하나의 강점인 동시에 약점이기도 하다. 그것은 실천으로부터 오는 압력 때문에 그것이 역사적 사실여부의 정밀한 인식보다도 善 또는 악, 진보적 또는 반동적 등의 가치판단에 치중하는 경향에 떨어지기 쉽다. 거기에서는 실천적 논리적 요청에서만 학설이 나오고 그 증명에는 힘을 쏟지 않는다. 연구에 앞서서 결론이 미리 나와 있으며 그 결론을 입증하기 위해서만 사실을 탐색하며 그 결론에 합치하지 않는 사실은 무시하여 버리기 쉽다.

역사학에 있어서는 사실의 인식이 근본적 문제인데도 불구하고 유물사관이 현실적과제의 실천요구와 긴밀히 연결되어 있는 성질상 정치에의 종속이 곧잘 일어나며 정치권력이 사실의 인식을 좌우할 때가 많다. 레닌(Lenin)이 짜아리즘(Czarism)과 투쟁할 때에는 피이터(pete) 대제를 반동으로 몰다가도 스탈린(Stalin)의 집권시대에는 이를 진보적 군주로 평가한다든지 중공이 장개석(蔣介石)과 싸울 때에는 진시황(秦始皇)을 종래와 같이 악덕제왕(惡德帝王)으로 기술하다가도 모택동(毛澤東)의 집권 후에는 이를 위대한 인물로 다루는 것은 바로 그 좋은 예다. 공산국가에서 학설의 정부의 결정이 학자에 의해서가 아니라 정권당국에 의해서 최종적으로 이루어지고 있는 상례도 바로 마르크시즘에 내재하는 정치성의 하나인 필연적 결과라고 볼 수 있는 것이다. 결론적으로 마르크시즘이 상당히 포괄적이고 동적인 사관이긴 하나 자칭하는 바와 같이 과학적이라고 하기에는 아직도 거리가 멀다.

이상에서 본 바와 같이 헤겔의 세계사관이나 마르크스의 세계사관이나가 다 오늘날의 모든 역사사상을 파탄없이 설명할 수 있는 정밀한 이론이 아니다. 뿐만 아니라 그것은 모두 근세서구사회라는 이질적(異質的) 정신풍토를 기반으로 하여 추상된 사상이며 비록 그 내용이 하나는 유심 하나는 유물로서 정반대의 입장에 서는 것이기는 하나 서구문화가 인류의 당위의 문화이거나 혹은 서구사회가 세계사의 전형적인 전개를 보여주는 것이 아니라는 일종의 서구사회 우월론(優越論)에 근거하고 있는데는 궤(軌)를 같이한다. 서양사가 세계사전개의 중심이고 여타의 역사는 그 주변에 불과하다는 사고는 20세기에 들어와서 니이담(Needham)이나 토인비(Toynbee) 등의 동양연구에 의하여 불안해지기 시작하고 풀리 불랑크(Pullyblank) 교수와 같이 "중국인이 인류사의 본류 외에 있다고 볼 수 없다"고 선언하는 자까지 나타나고 있는 것이 최근의 실정이다.

헤겔이나 마르크스의 사관을 우리의 전통평가에 시도하는 것 자체는 반드시 부질없는 일은 아니다. 세계에서 유력한 모든 사상을 선입견 없이 음미해보는 것은 우리의 풍요한 내일을 위해서 필요하기 때문이다. 그러나 그것들이 완전무결한 과학적 사상이라고 맹신하고 설치는 것과 그것의 결함과 한계를 인식하고 접하는 것 사이에는 천양의 구별이 생긴다.

생각하면 우리가 서양문화를 수용한 것은 주지한 용의(用意)나 실험을 거치지 못하고 매우 당돌하게 행하여졌었다. 서양세력의 역량을 인식하지 못하였을 때에는 대원군(大院君)적인 맹목적인 배격이 시도되었으나 그것이 서양세력의 압도로 좌절되자 정반대로 무조건 모방이 시작되었다. 그간 국수주의(國粹主義)와 개화주의(開化主義)와의 음산한 대결이라는 짤막한 막간이 없었던 것은 아니지만 어느 쪽도 다 감정적이거나 감상적인 자세이어서 생산적인 뜻은 희박했고, 아무런 사고의 조절이 이루어지지 못했다. 역사학도 이러한 형세에서 멀리 벗어나지 못하였으며 서양인의 사고방식이나 학문에의 접근자세도 미처 익히지 못한 채 그들의 결론만을 수입하였기 때문에 실증에의 치열한 정신배경도 없이 그들의 실증주의(實證主義)의 형해(形骸)만을 차용하거나 그들의 세계사체계에 무조건 자신의 역사를 두드려 맞추는데 에너지를 쏟을 뿐 그 이상 나아가는 것은 염두에도 못 올리고 있다.

무릇 하나의 사상이 현실에 뿌리를 박기 위하여서는 먼저 자신들의 생활 속에서 자라난 것이어야 하고 그것과 동시에 그 생활기반을 초월하여 별개의 것으로 화해야 하는 두 가지 조건이 필요하며 그 조건이 갖추어지지 못하면 그 사상은 오랜 생명을 유지할 수는 없다. 세계사라는 착상자체도 서양인 자신들이 몸담고 있는 사회가 곧 세계사의 선두에 있으며 그것의 움직임이 곧 인류사의 법칙을 가장 모범적으로 보여주고 있다는 자신들의 생활에 대한 깊은 자랑과 애정 그리고 자신들의 역사에서 인류의 운명을 발견할 수 있다는 높은 정열의 소산이었으며 분명히 우리들의 것은 아니었다.

그러므로 그것은 우리에 있어서는 번역된 관념으로서 차용되었을 뿐 생리적인 체득(體得)이 이루어지지 못한 것이다. 더구나 서양세력에 압도된 후에는 미덕은 모두 저들에게 있고 악덕은 모두 우리에게 있다는 깊숙한 열등의식마저 곁들여 아무런 확신을 갖지 못한 채 저들의 세계사관을 주먹구구식으로 받아들이고 번역지식의 유행에 따라서 때로는 헤겔을 내놓기도 하고 그것이 낡은 것으로 보이는 풍조가 있으면 마르크시즘을 운위하고 그것도 노골적으로 주장할 용기가 없으면 두 가지를 합하여 평균치를 내보기도 하는 혼선을 빚거나 아니면 아예 역사관으로 방치하고 있는 것이다.

이러한 혼란은 한국만이 아니라 이른바 후진국에 속한다는 세계 각국에서 볼 수 있으며 일본에서 조차도 그 예외는 아니다. 이들 후진국들은 하루 속히 그 후진상태를 극복하려는 초조한 현실적인 욕구 때문에 현재 세계에서 부강을 자랑하고 있는 선진국을 모델로 삼아서 혹은 자유민주주의체제를 혹은 공산주의체제를 모방하였으나 어느 것 하나도 모델국 같은 성과를 거두고 있는 곳은 없고 속절없는 변형 아니면 혼란을 거듭하고 있는 것이 현상이다. 이와 같이 애초의 체제수입자(體制輸入者)의 의도와는 달리 현실이 전개되고 있는 원인은 각자의 역사적 전통이 수입사상의 무수정적용(無修正適用)을 거부하고 있는데 있다.

우리의 현실은 전통이 그 속에서 숨 쉬고 있는 역사적 현실이며 그런 의미에서 전통이 필연적인 구속력(拘束力)을 발휘하고 있다. 동시에 그곳에는 미래에의 이상이 실천적으로 작용하고 있기 때문에 우리의 현실은 말하자면 과거의 필연성과 미래에의 이상이 타협하는 장에서 성립되고 있는 셈이다. 그리고 보면 어떠한 체제입안자가 이러한 자신들의 현실 속에 숨어 있는 전통을 무시하고 사실상 무전통(無傳統) 무역사(無歷史)의 상태와 동일하게 생각하며 이질적인 정신풍토에서 생산된 사상과 그 상부구조(上部構造)를 그대로 무수정적용하려고 시도할 때에는 필연적으로 전통이라는 복병(伏兵)의 항거를 받지 않을 수 없는 것이다.

공산주의를 채용한 북괴(北傀)와 중공(中共)에서, 김일성정권의 세습문제(世襲問題)와 모택동(毛澤東) 미망인(未亡人) 강청세력(江靑勢力)의 파문은 모두 빗트포오겔 교수가 아세아의 공산주의를 동양적 황제적 전제주의의 일층 가혹한 연장선에서 이해하려는 각도에서 시사 받는 바 있을 것이며 그 밖의 이른바 자유민주주의 사상과 그 체제의 잡다한 변형도 모두 각자의 전통의 힘에 의하여 원형이 왜곡 당하지 않을 수 없었던 결과이다. 만일 이 결과를 후진국 정치지도자들의 개인적인 야망이나 무능의 소치로만 돌린다면 이것은 역사를 개인이 좌우할 수 있는 것으로 보는 개인앙관(個人央觀)이나 정치만이 역사전개의 주요 동력이 된다는 정치사관에 서는 것으로서 전근대적인 역사학의 수준으로 되돌아가는 것뿐이다.

이상을 염두에 두고 우리는 결론으로 들어가자. 역사는 여러 민족이나 국가가 자신들의 환경을 개혁하려는 아름다운 정열을 가지고 몇 번이나 과격한 조치를 취한 것을 보여주고 있다. 그러나 동시에 또한 그것이 예외 없이 옥신각신 후퇴와 전진이 장기간 되풀이 된 뒤에 최초의 목표와는 조금씩 다르게 나타나고 있는 것도 보여주고 있다. 우리는 여기에 직선적인 강행이 반드시 성공하는 것은 아니라는 것 즉 전통을 무시한 정열은 오히려 민족적 에너지의 손실을 가져온다는 것 그러한 의미에서 전통을 계산에 넣고 그 위에 새로운 이상을 접목시키는 침착한 지혜가 아쉽다는 교훈을 받는다. 조급한 조치는 아무리 그 동기가 아름답더라도 과학적인 사고를 저해하기 쉽다.

세계선진국의 문물제도는 전진적 자세로서 타산지석(他山之石)으로 삼아야 하겠으나 동시에 그것을 이곳의 전통 바꾸어 말하면 정신적 풍토 위에 활착(活着)시키려면 장시일의 실험과 인내가 필요한 것이다. 전통의 노예도 아니도 전통의 주인도 아닌 조용하고 소리 없는 타협의 자세가 가장 현명한 것이라고 하겠다.

《高大文化》제 17집, 1977. 5 卷頭論文

정 재 각

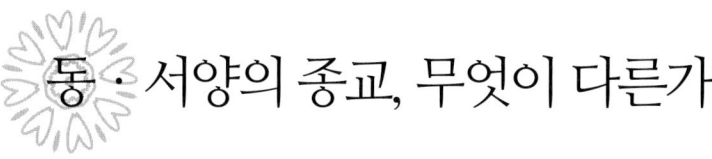# 동 · 서양의 종교, 무엇이 다른가?

[대 담]
라비 라빈드라(R. Ravindra) 캐나다 핼리팩스 달하우지 대학교수 · 비교종교학
정재각 숙명학원 재단이사장 · 경기대 대학원장 · 역사학

모든 종교에 공통되는 세 가지 성격

정: 이렇게 박사님과 말씀을 나누게 되어 기쁩니다. 저는 박사님의 생각이 보다 많은 독자들에게 전해지기를 바랍니다. 그리고 이 대담이 자유스럽게 진행되기를 기대합니다. 우선 동양과 서양의 철학과 종교에 대한 영적(靈的)인 견해의 차이점과 유사점, 그리고 현대과학을 다루는 데 있어 정신적 연구가 어떻게 사용되고 있는지에 대해 말씀해 주시기 바랍니다.

라: 저는 모든 사람들이 이 대화에 참여할 수 있다고 봅니다. 물론 동양과 서양의 생각과 시각에는 공통점도 있고 차이점도 있습니다. 순수한 영적 경험의 단계에서는 유사점이 더 많습니다. 하지만 신학이나 철학의 단계에서는 차이점이 더 많이 있습니다. 어떤 교수가 저에게 오늘 대담에서 '현대과학과 정신적 연구' 보다는 힌두교와 불교에 관해 이야기하는 것이 어떠냐고 제안을 했습니다. 왜냐하면 힌두교와 불교는 둘 다 동양적임에도 불구하고 서로 심오(深奧)한 유사점과 차이점이 있기 때문입니다.

그러나 기본적으로 큰 범주에서 일반화시킨다면, 모든 종교에 공통되는 것이 두세 가지

있다고 봅니다. 하나는 모든 종교가, 인간이 살아야 할 방식으로 살지 않는다고 주장하는 것입니다. 예를 들면, 기독교는 인간이 은총 속에 살지 않고 죄악 속에서 산다고 합니다. 또 불교는 인간이 열반(涅槃)이나 자유 속에 살지 않고 번뇌 속에 산다고 합니다. 이와 유사하게 힌두교의 은유적 표현에 의하면 인간이 환영(幻影) 속에서 잠자는 듯한 상태에서 산다고 합니다. 그리고 깨어나지 않으며 현실 속에 살지 않는다고 말합니다.

이들은 서로 다른 은유(隱喩)를 사용했지만 궁극적으로는 인간이 바르게 살지 않고 있으며, 현실과 조화(調和)를 이루지 못한 채 '깨어 있는 삶'을 살지 못한다는 것을 말하고 있습니다.

두 번째로 모든 종교는, 인간이 바르게 살고 있지는 않지만 바르게 살 수 있다고 말합니다. 즉 바르게 산다는 것이 불가능하지 않다는 것입니다.

세 번째로 모든 종교는 나름대로 바르게 살 수 있는 실행법(實行法)을 제공하고 있습니다. 또 다른 공통점이 있습니다. 표현은 제각기 다르지만 기본적으로 거의 모든 종교가 최대의 문제는 인간이 자기중심적이라는 점을 말하고 있습니다. '나'를 확대해서 '가족'이나 '국가'로도 연결 짓기는 하겠지만, 이 모두가 '자아(自我)'의 연장일 뿐이라는 거죠. 즉, 이는 내 자신이 이기적이라는 것이며, 나아가 모든 인간은 이기적이라는 것입니다. 이는 모든 종교가 가지는 보편적인 진단인 것 같습니다.

동양종교와 서양종교의 차이

그런데 동·서양의 기본적 차이는, 동양에서는 지식을 강조한다는 것입니다. 이는 특히 과학과의 관계에서도 중요합니다. 반면 서양에서는 기본적으로 신앙을 중시합니다. 때때로 신앙과 지식은 서로 모순됩니다. 물론 불교와 힌두교 등에서도 신앙을 강조하지만, 그보다 지식을 더 강조합니다. 무엇을 안다는 것, 다시 말해 자신을 알라고 가르칩니다. 그렇기 때문에 지식을 얻는 방법으로 명상(瞑想)과 신체적 단련을 강조하는 것입니다.

모든 동양종교에서는, 그리고 그리이스 정교나 이집트 기독교까지 거슬러 가면, 신체적 단련이나 명상에 대해 강조하고 있음을 알 수 있습니다. 그런데 많은 사람들은 이것이 인도의 영향을 받은 것이라고 말하는데, 인도의 영향 때문인지는 말하기 어렵습니다. 바로 이 점이 기본적 차이라 할 수 있겠습니다.

이와 관련해서 서양종교는 유일신(唯一神)을 믿으며 그 신으로의 접근법도 오직 하나뿐입니다. 그렇기 때문에 엄격한 기독교의 관점에서 볼 때 다른 종교는 잘못된 것입니다. 이는 기독교 교리의 일부이기도 합니다. 또한 라틴어에 나타난 교리로서 '교회가 없이는 구원이 있을 수 없다'는 교회의 강령(綱領)이기도 합니다. 따라서 교회를 떠나서는 누구도 구원될 수가 없다는 것입니다.

그러나, 힌두인이나 불교도의 관점에서 보면 이는 터무니없는 소리인 것입니다. 이러한 배타주의는 단일신을 믿는 데서 유래한 것이며, 이 단일신은 실제적으로 '나의 신'으로 해석된다는 것입니다. 그리하여 다른 신은 진정한 신이 아니라고 간주하게 되는 것입니다. 이는 바로 전기독교적인 경향 때문입니다. 그런데 이제는 많은 사람들이 여행을 하면서 다른 종교인들이 모두 바보는 아니라는 사실을 알게 되었습니다. 그들 나름의 윤리적 배경이 있다는 것을 발견한 거죠.

그리고 모든 서양종교는 기본적으로 신이 인간 밖에 있다고 말합니다. 이에 반해 동양 종교는 신이 인간 밖에도 있지만, 또한 인간의 내부에도 있다고 말합니다. 그렇기 때문에 힌두교와 불교에서는 자신을 알면 곧 신을 아는 것이라고 말합니다.

그런데, 이슬람교나 기독교에서는 누구도 이런 말을 하지 않습니다. 사실 예수 자신도 이와 같은 일을 했는데 말입니다. 이는 요한복음에서도 알 수 있습니다. 사실 본인은 요한복음에 관한 글을 막 끝냈습니다. 그렇지만 이런 말은 이단(異端)으로 간주될 것입니다. 사실 하나의 교리만 옳고 다른 종교의 교리는 잘못되었다는 것도 이단적입니다. 이런 생각은 동양종교에서는 자주 발생하는 것이 아닙니다. 왜냐하면, 이는 동양적인 견해와 조화를 이루지 못하기 때문입니다.

동양에서는 하나에 도달하는 방법이 여러 가지라고 믿습니다. 고대의 격언에도 보면 "진실은 하나이나 그에 대한 묘사는 여러 가지로 행해질 수 있다"는 것입니다. 반면에 기독교에서는, 진실은 하나이며 이에 도달하는 것은 오직 한 방법인 예수를 통해서만 가능하다는 것입니다. 사실 유사점도 많지만 신학적 단계나 문화적 태도에서 보면 차이가 있으며, 그것도 심오한 차이가 있습니다. 우리는 이러한 차이를 간과해서는 안 됩니다. 왜냐하면 우리는 선의의 사람이 되기를 원하기 때문입니다. 이와 더불어 유사점도 간과해서는 안 됩니다.

서로 다른 문화적 상황에 대처하기 위해 변화됨

정: 일반적으로 박사님의 견해에 동의합니다. 그런데 동·서양의 종교적 관점에 있어서 차이가 생기는 이유가 무어라고 생각하시는지요?

라: 어려운 질문인데요.

제 느낌으로는 기본적으로 말씀드려서 종교적 경험이나 종교적 현실, 예를 들어 우리가 하느님을 믿건 부처님을 믿건 간에, 또 열반이나 다른 어떤 상태를 경험하건 간에, 기본적으로 이러한 경험들은 개념화할 수가 없습니다. 다시 말해 이러한 것들은 마음의 범주(範疇)를 벗어나는 것들입니다.

반면에 인간은 자연적으로 서로 대화하고 싶어 합니다. 그것도 마음과 또 언어에 기초해서 말입니다. 이 외에도 음악·그림·조각·건축·의식·무용을 통해서 전달하기도 합니다. 그러나 대화방법은 마음과 언어에 기초한 것이 매우 중요합니다. 특히 힌두교·불교·유대교·기독교·이슬람교 등에서 신학·철학을 중시하는데, 이는 마음을 강조하는 것이라고 볼 수 있겠습니다.

기독교·불교나 힌두교에서는 신의 실제(實際)란 마음을 넘어서 있다고 봅니다. 예를 들어 요가나 선을 말하는 것도 침묵을 강조하는 것입니다. 그렇게 함으로써 진실은 그 자체를 스스로 보이도록 한다는 거죠. 이는 기독교도 마찬가지입니다. 예수도 자주 우화(寓話)를 인용하여 마음을 넘어선 실제를 말하곤 하였습니다.

그러므로 제가 드린 말씀이 사실이라면, 대부분의 문화에 영향을 끼치는 것은 형체(形體)를 넘어선, 마음을 넘어선 진리가 아니라, 바로 마음을 넘어서 존재한다는 관념 자체가 될 것입니다.

사실 모든 문화는 그 나름의 환상이 있습니다. 그리고 궁극적 진실은 문화나 마음을 넘어서는 것입니다. 따라서 힌두교 · 기독교 · 불교 등을 포함한 모든 종교는 다 그 나름의 환상이 있는 것입니다. 그리고 언제나 이러한 환상이 설명될 때에는 예외 없이 "이제는 이해하였다. 그리고 이는 책에 쓰여 있는 것과는 다르다"라고 말을 합니다.

사실 책에도 나와 있습니다. 위대한 사상가 토마스 아퀴나스는 "책은 무가치하다. 태워버릴 수도 있는 것이다."라고 말하고 있습니다. 그는 기독교시대의 가장 위대한 사상가인데도 말입니다.

위대한 성인들이 이 같은 경험을 할 때 한결같이 "이러한 경험은 글로 표현할 수 없다."라고 말하며, "책에 기록된 것은 옳지 않다."라고 말합니다. 인도의 어떤 성인은 "길에서 부처를 만나면 그를 죽여라, 그의 말은 옳지 않다."라고 했습니다. 마찬가지로, 기독교에서도 "우리가 신이라 생각하는 것은 신이 아니다."라고도 말한 사람이 있습니다.

제 말이 좀 무시무시하게 들릴지 모르지만, 제 판단이 옳다면, 모든 종교는 그 나름의 환상이 있고, 이러한 환상은 언어 · 전통 · 문화 · 개념 · 관습에 따른 것이며, 이러한 것들은 바로 지리나 기후 및 그 외의 많은 것들로부터 영향을 받은 것입니다.

유목과 관련된 서양종교, 즉 유대교 · 기독교 · 이슬람교는 그 비유에 있어 농업적 환경에서 유래된 힌두교나 불교와는 기본적으로 차이가 있습니다. 사실 유대교 · 기독교 · 이슬람교는 사막의 종교입니다. 그리고 유목민의 종교는 박해 속에서 생겨났습니다. 반면에 힌두교나 불교는 상류계층에서 유래된 것입니다. 사실 부처는 박해받지 않았습니다만, 그는 만족을 느끼지 못하여 왕국을 버리고 출가하였습니다. 그리고 산으로 갔습니다. 동양적 환경에는 물 · 나무 · 수풀 · 꽃이 많이 있습니다. 그리고 이러한 것들은 인도의 불교 · 힌두교에서 주요 이미지를 형성하고 있으며, 도교 같은 종교에서도 마찬가지일 것입니다. 이러한 차이점을 지적한다는 것은 쉬운 일이 아닙니다. 하지만, 각 문화는 선사시대부터 부족의 기원이나 지리 · 기후 등에 의해 영향 받아 왔다고 말할 수 있겠습니다.

각 종교는 서로 다른 문화적 상황에 대처하기 위해 다소 급진적으로 변화해 왔다고 봅니다. 예를 들어 유럽 화된 기독교는 이집트 화되거나 인도 화된 기독교와는 차이가 있습니다. 마찬가지로, 중국문화의 영향을 받아 변화된 불교나 한국과 일본의 불교와 인도의 불교에는 차이가 있습니다. 특히, 미트라야 불상과 같이 행복하고 몸집이 뚱뚱하며 배가 나온 불상은 인도에서는 거의 찾아 볼 수 없습니다. 이는 속세를 떠나 고행을 하는 성인들과는 어울리지 않는 이미지입니다.

종교가 문화에 영향을 끼치는 것과 마찬가지로, 문화도 종교에 영향을 끼칩니다. 유럽의 문화도 어느 정도는 기독교에 의해 변화되었지만, 제 생각으로는 기독교가 유럽문화에 의해 보다 많이 변화되었다고 봅니다. 마찬가지로 불교도 중국에 영향을 끼쳤습니다만, 불교가 중국의 영향을 더 많이 받았습니다.

물론 이렇게 말하는 것이 쉽지는 않겠지만, 양자 사이에는 상관관계가 있습니다. 불교가 맨 처음 중국에 도입될 때도 유교 · 도교 · 불교 간에 논쟁이 있었습니다. 사실 여러 가지를 고려해 볼 때 불교가 비중국적인 요소를 많이 가지고 있었습니다. 하지만, 점차적으로 불교는 중국 화되어 갔습니다. 마찬가지로 기독교도 유럽 화되어 갔습니다.

마음과 육체에 대한 동 · 서양 종교의 관점

정: 박사님 말씀 잘 들었습니다.

동양종교는 다신교적이고 서양종교는 일신교적입니다. 종교는 환경의 영향을 받습니다. 기독교나 회교는 사막에서 발생하였습니다. 사실 모든 종교가 처음에는 다신교적이었으나, 일신교로 된 이유는 예를 들어, 사막에서 모세가 유대인들을 이끌고 나올 때 고생을 많이 했는데, 사막이란 환경은 강자가 하나로 통일시키기에 용이한 지리적 환경입니다. 그러므로 강자의 신이 주신으로 숭배되고 약자의 신이 부속적이 될 수 있습니다. 반면에 동양적 환경은 교통이 불편하고 이동이 용이하지 않기 때문에, 각자가 자신의 신을 섬길 수가 있었습니다.

그리고 기독교에서 살생을 금하는 상대는 인간에 국한되지만, 불교에서 살생을 금할 때에는 사람과 짐승까지도 포함된다는 것입니다. 왜냐하면, 짐승을 먹지 않아도 다른 먹을 것이 많기 때문이죠.

불교의 경우도 인도인들은 윤회, 특히 8만 4천 번의 윤회를 지겹다고 생각하고 해탈을 구하지만, 중국인들은 매우 현실적이라 오히려 윤회를 지겨워하기보다는 좋아합니다. 그리고 도교인 들도 불로장생하고 건강하게 오래 사는 것을 희망하고 기대하는 것이죠. 그렇기 때문에 종교도 환경의 영향을 받는다는 교수님의 견해에 동의합니다.

또 기독교는 인간의 육체를 높이 평가합니다만, 동양에서는 인체를 불안전하고 추한 것으로 생각합니다. 그래서 항상 얼굴을 묘사하거나 옷 입는 모습을 묘사합니다. 다시 말해 인간의 육체를 현실적으로 묘사하지 않는 것이죠. 반면 서양에서는 아름다운 것으로 나체를 그대로 나타내고 있습니다. 이것은 아주 중요한 차이라고 생각되는데요.

아주 대표적인 예로, 보스턴 박물관에 세계적인 걸작인 당나라 미인도가 있습니다. 그 그림에는 어여쁜 여인이 머리를 빗질하는 모습이 묘사되어 있으며, 글씨가 한자로 쓰여 있는데, 그 내용은 얼굴을 다듬는 것보다 마음을 다듬는 것이 더 중요하다는 것입니다. 이것이 바로 동양적인 육체에 대한 사고가 아닌가 합니다. 서양에서는 아름답게 현실적으로 묘사하지만, 동양에서는 무시하는 경향이 있습니다.

라: 그런데 인도와 중국 간에도 육체에 대한 관점에서 차이가 있습니다. 인도의 시 · 조각 · 미술은 인간을 전라(全裸)로 묘사한 것이 있습니다. 반면에 중국에는 없습니다. 그러나 이러한 전라의 인간묘사도 항상 포르노의 의미가 아니라, 인상(印象) 화되고 양식화되어서 나타납니다.

인도의 경우, 여러 신 중의 하나인 크리슈나신은 연애자로서 항상 요염한 자세를 취하고 있습니다. 그러나 이러한 자세는 항상 인간영혼과 신의 사랑놀이로 상징화되어 나타나고 있습니다. 따라서 본인은 다소 박사님의 육체에 대한 묘사와는 다른 점을 생각해 봅니다. 유럽에서는 수세기 동안, 아마 5세기 이후부터라고 생각됩니다만 수도원 운동이 있었습니다. 성인(聖人) 안토니가 수도원을 시작했는데, 이때 기독교에서 육체와 영혼의 강력한 분리가 발생하였습니다.

반면에, 이러한 강력한 분리가 인도나 중국에서는 결코 발생하지 않았습니다. 그렇기 때문에, 동양에서의 영적 가르침에서는 자주 요가나 선에 있어 신체적 훈련을 강조합니다. 이는 바로 정확한 자세를 강조하기 위한 것인데, 자세 그 자체가 가장 중요하게 여겨지는 것이죠.

서양에서의 마음과 육체의 구별은 마음을 영혼과 동일시하는 데서 유래합니다만, 동양에서 유래된 것은 아닙니다. 이러한 분리는 요가나 힌두교·불교와는 일치하지 않습니다. 서양에 있어 육체를 중시한다고 말할 경우, 어느 면에 있어서는 중시한다는 것이 사실입니다. 기독교에서 예수의 몸을 중시하는 것에서도 볼 수 있습니다. 그런데 기록을 잘 살펴보면 기독교에서의 예수의 몸은 불교에서의 부처의 마음과 통하는 것입니다.

불교에서는 부처의 마음을 서로에게 전달하려 하지만, 기독교에서는 예수의 몸을 잘 보존하는 것이 중요합니다.

서양종교에서 어떤 면에서 육체를 강조한다는 점은 기독교에서도 사실입니다. 특히 성체성사에서 예수의 피와 몸을 먹고 그를 기억하라는 것이 있습니다. 예를 들면, 포도주를 마시고 이를 예수의 피인 양 기억하라는 것입니다. 따라서 기독교에서 육체를 강조하는 것이 어느 정도는 사실입니다.

반면에 불교에서는 육체는 피와 살로 된 것이며, 죽음을 상기하고 육체에 집착하지 말라고 합니다. 육체란 다소 복잡하다고 할까요. 박사님의 육체에 대한 견해가 사실이긴 하지만, 실제로는 그와 반대되는 현상이 일어나고 있습니다.

기독교에서는 신체단련을 강조하지 않으며, 그를 위한 기술이나 방식도 없습니다. 영혼과 육체를 분리시켜 생각합니다. 반면에 힌두교나 불교는 육체로부터의 자유를 강조하지만, 모든 영적인 훈련에서 육체를 강조하고 있습니다. 일종의 모순이라 할 수 있겠습니다.

불교와 기독교에 간접적으로 영향을 준 그리스 문화

정: 그렇다면 고대 그리스의 사고방식은 어떻게 생각하십니까? 고대 그리스에서는 인체를 찬양하고 이를 예술작품으로 표현했는데요. 그리고 그런 경향이 유럽문화에 영향을 끼쳤고, 기독교 시대에서조차 영향력을 줬다고 생각되는데요.

라: 그러나 이러한 인체찬양 현상은 문예부흥 이후의 일입니다. 이것은 바로 문예부흥의 한 특성이기도 합니다. 그 당시 그리스 인의 학문·미학·예술을 재발견한 것이지요. 미켈란젤로, 레오날드 다빈치, 그리고 조금 후에 베르니니가 있었는데, 이들은 문예부흥시기의 위대한 예술가들로서 그리스의 이상이었던 인간육체의 완벽함을 재발견하였던 것입니다.

원래 기독교 도입 전에 고대 로마나 그리스의 예술품이 있었습니다만, 4세기에 기독교를 도입한 후 거의 11세기가 지난 15세기 경 다시 이전의 예술과 건축으로 돌아간 겁니다. 레오날드 다빈치도 있습니다만 미켈란젤로가 특히 관련이 많았는데, 그는 성부와 성자의 나체를 그리려 하였습니다. 그런데, 교황의 강력한 반대에 부딪혀 결국은 옷을 입은 그림을 그리게 된 것입니다. 이는 11세기라는 긴 시간의 공백이후에 일어난 그리스 문화의 재발견·재주장인 것입니다.

정: 그렇지만 이러한 육체의 찬양은 기독교 시대에도 그 저변이 있지 않았나 봅니다.

라: 네, 가능성은 있습니다. 그리고 주지하는 사실이겠지만, 불교예술에서 부처가 처음으로 인간 형상으로 나타난 것은 그리스 예술의 영향이 인도에 전파된 후입니다. 지금 아프가니스탄에는 간다라 예술학교가 있습니다. 확실한 시기는 모르겠지만, 추측하건대 부처가 출생한 지 6, 7백 년이 지난 기독교 시대인 A. D. 150년 경 이후에야 비로소 부처가 인간의 모습으로 묘사되었습니다. 그 전에는 우산을 쓰고 있다든지 부처의 발자국 정도만으로 표현되었습니다. 인간의 육체 자체도 옳다는 그리스 사상의 영향이 있은 후에야 부처가 인간으로 묘사되었던 것입니다. 이런 의미에서 불교도 간접적으로 그리스의 영향을 받은 거죠. 기독교도 마찬가지입니다. 그리스 문화의 영향이 있은 후에, 부처는 수염도 있고 때로는 긴 머리에 화려한 의상을 입은 인간의 형상으로도 나타난 것입니다. 그리고 그 이후부터는 이러한 현상이 흔해졌습니다. 그러나 그 이전에 없었던 형상입니다.

자신을 내맡기는 것과 자아를 탐구하는 것

정: 이러한 것은 어려운 문제인데요. 종교나 영적인 문제란 제 생각으로 두 가지 경향이 있다고 봅니다. 하나는 이해를 통해서 믿음에 도달하는 것이죠.

동양종교인 불교나 힌두교의 시발점은 이성적인 기초이고, 서양종교의 기초는 바로 인간이 신과 악마의 중간자라는 점입니다. 그렇기 때문에, 인간은 선도 악도 행할 수 있으므로 절대 신을 믿어야 한다는 것입니다. 이것이 기독교나 회교의 사상입니다. 인간은 기본적으로 종교적이지만, 여기에는 다른 두 가지 견해가 있습니다. 하나는 기독교적 · 회교적 생각인 "종교적 삶이 곧 인생"이라는 것입니다. 이에 반해 불교나 힌두교에서는 "인생은 종교적 삶이다"라고 합니다. 이것은 실질적인 차이인 것입니다.

제가 느끼고 있는 것은 믿음이 다르고 견해가 다르고 인간 자체가 다르지만, 중요한 것은 종교적 삶과 인생 중 어느 것이 주체가 되는가 하는 점입니다.

라: 아주 흥미 있습니다. 제가 지금까지 동 · 서양의 종교에 관해 말씀 드렸습니다만, 기본적으로 제가 말씀드릴 요지는, 분리 자체가 동양과 서양으로 나누어지는 것이 아니라는 점입니다.

그런데 기본적인 분리란 동양과 서양간의 분리가 아니라, 세상을 깊이 있게 보느냐 아니면 피상적으로 보느냐의 분리입니다. 물론 동양과 서양의 분리도 가능합니다. 그런데 같은 동양권에 있는 인도와 한국 간에도 여러 가지 차이가 있습니다. 그렇기 때문에 이러한 동양과 서양의 분리는 상대적인 것입니다.

모든 문화에서 중요한 것은 인간이 세상을 깊이 있게 주시하려 노력한다는 것입니다. 심오한 세계관과 피상적인 세계관은 차이가 있으며 이것이야말로 궁극적으로 중요한 것입니다. 즉 피상적 세계관을 지녔는가, 아니면 심오한 세계관을 지녔는가, 이것이 중요한 것입니다.

선의를 지닌 인간은 깊이 있기 위해 노력합니다. 그러므로 깊이 있기 위해 노력하는 것을 영적인 인간의 특성이라 할 수 있겠습니다. 반면에 세속적인 인간은, 피상적인 견해를 지닌 자라고 말할 수 있겠습니다. 깊이 있는 인간이 되도록 노력하느냐 그렇지 않느냐에 차이가 있는 것이며, 이는 동서양에 다 해당됩니다.

동서양으로 나누는 방법 외에 그를 통해 종교를 잘 이해할 수 있는 기본적 분리가 있습니다. 그것은 신앙을 나타내는 표현방법입니다.

그 하나는 하느님이나 쿠리슈나신 또는 부처에게 자신을 '내맡기는(self-surrender)' 것입니다. 또 기본적으로 다른 하나는 '자아탐구(self-inquiry)'입니다. "나는 누구인가?", "전생에 나는 무엇이었나?", "보다 심오하고 명확하게 보기 위해서 나는 무엇을 해야 하는가?" 등입니다.

일반적으로 볼 때 불교나 힌두교는 자신을 내맡기는 것보다는 자아탐구를 주장합니다. 마찬가지로 기독교에서는 신앙을 중시하며, 자아탐구도 주장하지만 자신을 신께 내맡기는 것을 더 중요하게 생각합니다. 이 견해가 다소 옳다면, 모든 종교는 두 가지 양식을 다 지니고 있지만 문제는 그 강조점의 차이라는 점입니다. 자아를 내맡기는 것은 기도라는 양식으로 나타나고, 자아탐구는 명상이라는 양식으로 나타납니다.

본질적인 차이는 강조의 차이이며, 완전히 동·서양의 문제는 아닙니다. 사실 기도도 명상 같은 기도가 있을 수 있고, 명상도 기도 같은 명상이 있습니다. 이는 주로 저의 개인적인 경험에 기인한 것이므로, 일종의 내적 통찰에서 드리는 말씀입니다.

사실 저는 인도에서 출생했지만, 생의 반 이상을 서양에서 살았습니다. 또 저의 처는 캐나다 태생이고 영국과 스코틀랜드계 조상을 가졌으며, 기독교를 배경으로 하고 있습니다. 반면에 저는 힌두교가 배경입니다. 그러므로 서양의 것에 대해 흥미를 가지고 또 공감을 가지고 이해하고 알려고 노력하고 있습니다.

또 중국·인도·서양 등의 문화에 대해 비판할 수도 있습니다. 사실 비평하지 않고 잘못된 점을 모르고 지난다면, 바르게 수정할 수가 없는 것입니다. 모든 것을 다 수용할 수는 없습니다. 비평도 있어야 합니다. 그렇다고 해서 서양문화는 잘못된 것이고 나쁘니까 생가가을 말아야 한다는 식의 비평이어서는 곤란합니다.

예술가와 영적 탐구자 사이에 긴장이 존재해

정: 인체에 관한 문제에서 박사님께서는 인도에서도 인체 묘사의 작품이 있다고 하셨는데, 그곳에서의 인체는 그 자체가 아름다움으로 표현되는 것이 아니라 순수한 영혼의 도구로서의 육체를 표현한 것이 아닌지요? 그런 점에서 육체를 평가한 것이고, 그리스에서는 육체 자체를 아름답게 평가했다고 생각됩니다.

라: 네, 옳습니다. 인도에서는 인체를 기능적으로 간주하고, 영혼을 나타내는 것이라 생각합니다. 여기에서 우리는 서로 다른 두 가지 경향을 언급하고 있는데요. 인도에서는 수 세기에 걸쳐 예술가와 영적인 탐구자 사이에 어느 문화에서나 그러하듯이 긴장이 존재해 왔습니다.

예술가들은 일반적으로 심미적인 아름다움을 찬양합니다. '심미적(審美的)'이란 그리스 어로 외양(外樣)을 의미하는 것입니다. 이 점을 플라톤은 상당히 비난했습니다. 예술가들이 생각하고 보고 나타낼 수 있는 것은 밖으로 드러난 모습인 것입니다. 그리스에서도 이러한 긴장은 있었습니다. 플라톤은 〈공화국〉에서 외양에만 의존하는 예술가들을 추방하였습니다. 예술가들은 영혼 탐구자와는 달랐으니까요. 그러나 기본적으로 그리스는 보다 예술적이었고, 인도는 보다 철학적입니다. 하지만 이러한 긴장은 그리스나 인도 모두에 존재하고 있었습니다.

한국이나 중국에 관해서는 잘 모르겠습니다만, 중국에서도 도교사상가와 예술가 사이에 이러한 긴장이 있지 않았습니까.

정: 중국에서는 인간을 전라(全裸)로 묘사한 적이 없었습니다.

라: 인도의 위대한 시인의 하나인 칼리다스는 여신 중의 한 명을 전라로 묘사하였습니다. 매우 흥미 있는 일이죠. 그리고 인도 조각에서도 많은 신과 여신 그리고 부처가 전라로 묘사된 것이 있습니다. 흔한 일은 아니지만 인간적인 부처의 상은 그리스의 영향이 있은

후에 존재한 것입니다. 그 시기가 정확히 언제인지 확실히 기억이 안 납니다.

　그리고 그 이전의 작품들은 불상 그리고 인도의 사원들도 9~10세기의 이슬람의 침입 때 파괴되어 남아있지 않습니다. 현존하는 작품들은 다 그 시기 이후의 것들이고, 다만 경전만은 그 이전 것이 존재합니다.

모든 종교는 이미지와 영감(靈感)을 가진다

　정: 〈예수 그리스도의 요가(Yoga of Jesus Christ)〉라는 글을 쓰셨다고 들었습니다. 그 중요 내용에 대한 말씀을 듣고 싶은데요.

　라: 네, 약 400페이지 정도 썼습니다만 아직 출판은 하지 못했습니다. 이 책에 대한 저의 기본적 견해에 대해 말씀드리겠습니다. 제가 판단컨대 성인 요한은 명목상의 기독교인의 영적 지도자일 뿐 아니라, 모든 인간들이 배울 수 있는 정신적 지도자라는 점입니다. 누구든지 요한복음의 가르침에서 배울 수 있을 것입니다.

　기독교 역사를 보면 대부분의 기독교인들은 신앙을 위한 교재로 복음서를 읽었고, 비신자들은 기독교를 비난하기 위해 복음서를 연구하였습니다. 그렇기 때문에, 기독교에 대해서 찬성 아니면 반대의 견해만 존재한 것이죠. 이것이 역사적 사실일 것입니다. 그런데 요한복음에 관한 글을 쓰게 된 동기는, 어떤 비기독교인도 요한복음에 관해 논평을 하지 않았다는 점입니다.

　요한복음에는 많은 의문점이 있습니다. 그 중 하나가 "아버지와 나는 한 몸이니라"입니다. 또 "나를 따르면 아버지께서 내 안에 거하심 같이 너희 안에 거하리라"는 글도 있습니다. 이러한 것들은 신비적인 개념들입니다. 따라서 일반적인 기록의 의미로는 알 수 없습니다. 이것은 바로 신을 내적 존재로 보는 것입니다.

　이 글을 쓸 때의 의도는 불교나 힌두교의 경전을 다른 경전과 수평적으로 하자는 것이었습니다. 그러나 요한복음 자체가 위대하고 그 내용이 쉽고 명백하기 때문에 비교를 하지 않기로 하였습니다.

저는 그 글에서 매 문구마다 완전한 논평을 시도하였습니다. 그런데 "아버지와 나는 하나이다"라는 문구가 나온 뒤 얼마 뒤에, 또 "아버지는 나보다 더 위대하신 분이다"라는 문구가 나옵니다. 서로 일치하지 않는 것이죠. 그러므로 본인의 의도는 복음서 자체의 총체성(總體性)을 나타내려 한 것이죠. 모든 의미를 다 이해하지는 못하지만 전체적인 의미전달을 시도한 것입니다.

예수도 이해를 이끌어내는 데 비유를 많이 사용했습니다. 일반인들은 잘 이해하지 못하는 것입니다. 즉 대중으로부터 무언가를 숨기고 있다는 것입니다. 사실 위대한 스승은 모든 사람을 가르치지는 않습니다. 소수 정예만을 선택하여 그들에게 어려운 요구를 하는 것입니다. 모든 것이 이 복음서 안에 들어 있습니다.

이방인으로서 기본적으로 기독교를 이해하려 노력했다고 할까요. 교재를 보다 명확히 이해하기 위해 번역서도 읽고 또 그리스 어로도 읽었습니다. 그리스 어를 조금 공부했기 때문에 가능했습니다. 기본적으로는 기독교를 이해하고 예수의 행위와 말에 대한 존경심을 갖고자 시도했습니다. 출판도 쉬우리라 생각되지는 않습니다. 하지만 별로 상관하지 않습니다. 이 시기가 저의 생애에서 가장 정력적이고 깨달음을 얻은 시기였기 때문입니다. 밤낮으로 몰두해 있었습니다. 그리고 예수·요한과 만나는 꿈도 꾸었습니다. 이 책을 쓰면서 저는 기독교적 이미지로 가득 차 있었습니다.

모든 종교가 이미지와 영감을 가지고 있습니다. 따라서 공감적으로 이해하려 노력하고 기독교 음악을 듣고 예배에 참여하고 성경을 읽고 한다면, 기독교인이 기독교적인 꿈을 꾸고, 불교인이 불교적 꿈을 꾸는 상태를 느낄 수 있습니다. 저의 그러한 꿈이 다른 색채를 가져다주었습니다. 사랑과 공감을 가져야만 타종교를 이해할 수 있는 것입니다.

정: 과학자들은 어떻다고 보십니까?

라: 과학자들도 기독교나 불교도가 될 수 있습니다. 사실 누구든지 신앙인이 될 수 있습니다. 단지 연구와 믿음은 분리되어야 할 것입니다.

제 의견으로는, 과학이란 항상 마음의 영역에 있는 것입니다. 과학을 하기 위해서는 생각하고 추측하고 시험을 해야 하니까요.

정: 요가를 하는데 특별한 자세가 요구되는지요?

라: 특별한 자세는 없습니다. 단지 자신을 통일시키고 생각을 통일시키는 자기 훈련이 있을 뿐입니다. 인간은 항상 다른 것을 생각하거든요. 명상은 과거도 미래도 아닌 현재입니다.

『廣場』(세계평화교수협의회, 1987. 5)

오늘 날에 있어서의 충효문제(忠孝問題)

　작금 충효문제가 경향각지에서 논의되고 있다. 비록 정부의 「이니셔티브」에 의하여 제기된 것이기는 하나 이렇게 상당한 반향을 일으키고 있다는 것은 누구나 이 문제에 잠재적으로 관심을 가지고 있었다는 증좌(證左)라고 보아야 하겠다. 다시 말하면 한국의 사회현실이 충효사상을 새삼 음미해야 되겠다는 문제의식을 자극하고 있다는 것을 의미한다.

　오늘날의 한국사회의 윤리전개가 충효라는 전통가치의 경시 내지 이탈현상(離脫現象)을 나타내고 있는데 대한 지도층의 불안감이 이러한 충효문제 논의형태로 발로(發露)되고 있다는 말이다. 그리고 보면 이 문제가 정부의 선창(先唱)이라고 하여 다만 수동적으로 형식적으로 다루어 치울 문제일 수는 없다. 사실 이것은 한국의 식자(識者)들이 벌써부터 심각하게 그리고 진지하게 논의하고 정리했어야 할 문제에 속한다.

　선진 구미 각국에서도 실천논리는 오늘날 큰 시련에 봉착하고 있다. 미국이나 영국만 하여도 빅토리아 시대의 엄격한 에티켓이 마구 무너져가고 있다고 기성세대들의 탄성이 자못 높다. 이 문제제기가 곧 세계적인 현상이라는 것을 말하는 것이다. 그러나 이른바 선진 각국에서는 이러나 사회문제인 경우 거기에 대한 해답이 교육과 실천으로 옮겨지기 전에 의례히 장기간의 토론과 학자들의 학문적인 연구검토라는 신중한 선행절차의 경우가 있기 마련이다.

　우리나라의 경우도 이러한 경우를 전혀 생략하는 것은 아니지만 상대적으로 졸속(拙速)

과 소략(疏略)이 눈에 거슬리는 것을 부인하지 못할 것이다. 국민윤리라는 백년대계(百年大計)의 명제(命題)는 그 비중에 있어서 소수의 윤리학(倫理學) 전공의 학자이거나 윤리덕목(倫理德目)의 고전적인 한문적(漢文的)인 해설가의 손으로 주무르기에는 너무나 벅찬 것이기 때문이다. 윤리문제 자체는 비록 형이상학적인 범주에 속한다고 하더라도 그것의 하부기초는 사회 경제 정치 역사 등등의 형이하학적(形而下學的)인 현실에 뿌리를 박고 있기 때문에 곧 역사 정치 경제 사회 윤리 기타 각 분야의 학자들의 중의를 모으는 것이 불가결의 요청인 때문이다.

충효라고 하면 벌써 누구나 다 알고 있는 전통적 윤리사상인데 이를 실천에 옮기면 그만이지 새삼 연구검토의 필요가 있겠는가의 물음이 있다면 이는 사상이란 것의 전술한바 유기적(有機的)인 구조를 이해하지 못하고 있다는 이야기가 된다. 누구나 다 알고 있는 것이 실천되고 있지 않다면 이는 누구나 다 알고 있는 것이 아니거나 혹은 그 실천에 장해가 되는 현실적인 여건이 있다는 의미가 되지 않을 수 없는 것이다. 이것이 바로 우리들의 정밀한 검토의 대상이 되어야 하는 것이다.

돌이켜보건대 충효라는 윤리개념도 여타의 모든 관념형태와 같이 한마디로 생활환경의 소산이다. 정치형태 경제구조 사회조직 생활방식 심리상태 내지 지리적 환경 등을 기반으로 하여 그것은 조성된다. 그렇다면 한자로써 표현되는 충효개념은 곧 중국인에 의하여 중국이라는 역사적 지리적 환경에서 만들어진 것이라는 논리가 된다. 이 중국산의 윤리개념이 한자문화권인 한국 일본 월남 등 동아시아 각국에 전파되어 그들의 윤리체계 속에 흡수되고 이래 동양적 전통윤리가 되어 온 것은 이미 역사적 사실이다. 물론 포괄적으로 동양적 전통윤리라고 하여도 그리고 동일하게 충효라는 것은 한자로 표현한다고 하더라도 자세히 살피면 중국의 생활환경과 한국 일본 월남 등의 그것이 각자 약간식의 차이가 있는 이상 충효의 두자에 담는 인식내용이 또한 조금씩 변화가 있을 것은 족히 짐작할 수 있는 일이다. 우선 일본만 하더라도 대륙문화가 압도적으로 영향하고 있던 나라(奈良) 헤이안조(平安朝)의 귀족적 왕조정치(王朝政治) 시대에는 효와 충성의 모순점이 운위되었으며 무사들의 막부정치(幕府政治) 이후에는 충이 효에 우선한다는 즉 충이라야 곧 진정한 효가 된다는 풍조가 지배적이었다. 이것이 근자에 이르기까지의 일본인의 군국사상(軍國思想)의 저변에 깔려 있었던 것이다. 한국 월남(베트남) 등도 약간식의 변화가 있겠으나 오늘날 아직 학문적인 추적이 이루어지지 못하고 있는 형편이다.

다른 면에서 보면 각국이 이러한 지역적인 차이에도 불구하고 동아시아라는 동일한 계절풍지대에 속하고 동양사라는 사적기반(史的基盤)을 공유하고 있는 만큼 그 윤리사상에도 보다 유사점을 가지게 되는 것도 또한 조금도 이상할 것이 없다. 한걸음 더 나아가서 효와 충으로 번역될 수 있는 영어의 필리얼 파이어티(Filial Piety)나 로열티(Loyalty) 등의 덕목이 서양에서도 강조되고 있는 것을 보면 대체로 이러한 종류의 관념이 인류적 차원에서 자연발생적으로 일어나는 본원적(本源的)인 감정에 뿌리를 박고 있는 까닭이라고 하겠다. 인류사회에서는 어디서나 엇비슷한 윤리관을 볼 수 있는 것이며 이것을 동양에서는 충효 등의 이름으로 부르고 있다는 말이다.

그러나 인류의 윤리관에 이렇게 대동적(大同的)인 감정이 작용하고 있다고 하더라도 그 개념의 구체적인 내용에 있어서는 이미 언급한 바와 같이 다소간에 각양각색의 차이가 있다는 것은 간과할 수 없다. 어떻게 하면 효가 되는 것이며 어느 것이 충이 되느냐의 구체적인 지적은 양(洋)의 동서(東西)에 따라서 나라와 민족에 따라서 또는 시대에 따라서 달라질 수 있는 것이다. 오늘날과 같이 복잡다단하고 변화무쌍한 시대에서는 같은 나라 같은 시대에 속하는 사람끼리도 이견(異見)을 노정(露呈)하고 있는 것이 현실이다.

충효(忠孝) 글자의 원산지인 중국도 그 예외일 수는 없으며 미시적으로 보면 시대에 따라서, 또는 경우에 따라서 약간씩 강조하는 포인트가 다른 것이 있겠으나 중국사회는 서양인에 의하여 정체적(停滯的)이라는 인상을 받았듯이 충효자가 창제된 고대로부터 최근 청말(淸末)에 이르기까지 큰 구조상의 변동이 없이 지속되어 왔으므로 윤리 관념의 근간도 대체로 원상대로 유지되어 온 것이 하나의 현저한 특징이다. 중국인의 충효도 최근까지 대체로 큰 변동이 없었다. 효행(孝行)의 국정교과서라고 할 수 있는 것이 효경(孝經)이라는 고전(古典)이며 고래(古來)로 그들의 효행의 이상적인 범주는 대체로 이 고전의 테두리를 벗어나는 것이 아니다.

효경(孝經)은 공자(孔子)와 증자(曾子)와의 효에 관한 문답형식으로 되어 있는 간략한 책이다. 저자는 공자라고도 하고 증자라고도 하며 혹은 증자의 문인(門人) 기타 등등의 설이 있어 반드시 정론이 없고 대체로 전국(戰國)시대에 증자 문도(門徒)들에 의하여 집성된 것이라는 견해가 유력하다. 어쨌든 효경에는 개권(開卷) 백두에 공자의 정의라고 하여 효를 덕의 본(本)이라고 단정하고 예의 유명한 신체발부 수지부모(身體髮膚受之父母) 운운의 문구가 뒤따른다. 요지는 부모에게서 받은 육체를 훼상(毁傷)하지 않는 것이 효의 시작이며 입신행도(立身行道)해서 자신의 이름을 후세에 날리어 그 부모의 명성까지 현시(顯示)하는 것이 효의 완결(完結)이라는 것이다.

괄목할 것은 인간도덕의 기본이며 천지의 상경(常經)으로서 『논어』(論語)에서 자주 거론되는 인(仁) 대신에 여기서는 효(孝)가 대치되고 있다는 것과 효를 성취하는 중간단계로써 임금을 섬기는 충(忠)이 끼워 있다는 점이다. 가장 핵심적인 도덕이 효이며 이 효를 군신관계에 적용하면 충이 되고 장유(長幼) 간에 적용하면 순(順)이 되고 하는 식으로 모든 윤리가 효 중심체계로 꾸며져 있는 것이다.

인간의 범죄를 다스리는 형죄(刑罪)가 5형(五刑)으로 대별되고 그것이 다시 세분되어 3천여죄목으로 집계 돼있는데 그 중에서 가장 무거운 죄가 불효이고 보면 효를 얼마나 중시하고 있는가 짐작이 간다. 이러한 효중시(孝重視)정신은 당율(唐律)에도 나타나 있어서 구타죄(毆打罪)에 네 번 매를 때리는 조문이 있는데 그 대상이 부모나 조부모인 존속(尊屬)일 때에는 사형에도 처하도록 되어 있으며 반대로 사형에 해당할 죄를 범한 자일지라고 노부모를 봉양할 사람이 없는 경우에는 이를 석방하는 일까지도 있고 보면 그러한 정신을 면면히 전해 오고 있었던 것이다.

효경에는 또 효의 구체적인 내용이 사회신분에 의하여 달리 규정되어 있다. 오효장(五孝章)에 천자(天子), 제후(諸侯), 경대부(卿大夫), 사(士), 서인(庶人)의 5계층별로 효의 실천사항을 규정하고 최하층의 서인의 경우에는 다만 농사에 힘쓰고 근신절용(謹身節用)하여 부모로 하여금 기한(飢寒)의 근심이 없게 하는 것이라고 적혀있는 것이 곧 그것이다. 충이라는 것도 효의 정신을 군신(君臣) 간에 연장한 것이라고 설명되어 있으나 여기에 신(臣)

이라 함은 군(君)으로부터 봉록을 받고 이를 섬기는 신분을 말하는 것이며 국민의 개념이 아니다. 따라서 충이라는 윤리는 군과 신이라는 특정한 계층 간에 이루어지는 관계이며 결코 국민 대중에까지 광대적용(廣大適用)되는 것이 아니다. 이 점 효의 연장이긴 하나 효와 같이 모든 사람들에게 공통되는 자연감정이 아니고 어느 특정인간에 부하되는 의무규정이라는 인상이 짙다.

이상의 몇 줄기 문맥에서 파악되는 것은 중국인의 충효윤리가 가족중심의, 그것도 가부장제도하의 윤리이며 또한 봉건적인 계층사회에서 발생 전개되는 윤리라는 점이다. 그 밖에 그것이 가족주의 윤리에 중점을 둔 것이기 때문에 사회윤리가 허약하며 비록 가족윤리를 사회윤리에 응용하는 것이라고 설명되기는 하나 그 연결이 반드시 순조롭지 못하다는 것도 부인할 수 없다. 이러한 약점들이 바로 청 말에 이르러 서양의 충격을 받고 중국 내지 동양의 전통사회가 일대 시련에 부딪쳤을 때 무조건 서양의 과학과 민주주의를 채용해야 한다고 주장하는 급진분자들에 의하여 지적된 것이었다. 특히 진독수(陳獨秀) 이대쇠(李大釗) 등의 좌익지식인들이 그들의 「신청년」(新靑年)잡지를 통하여 끈질기게 중국의 전통문화 특히 유교를 공격하고 공자를 중국의 전제주의 봉건사회제도를 이상화하고 중국사회의 진보를 막아온 암적(癌的) 사상의 장본인이라고 통렬히 비판하였던 것이다.

생각건대 공자사상이 주공(周公)의 정치를 흠모하고 춘추시대의 소란한 사회질서에 감(鑑)하여 서주(西周)의 예제(禮制)를 부흥할 뜻을 가진 것은 사실이라 하겠으나 민중을 억압하는 전제주의(專制主義)를 옹호했다는 것은 타당하지 못한 주장이다. 우선 충효만 하더라도 무조건 부모나 군주의 명령에 따르라는 것은 아니었다. 효경간쟁장(孝經諫諍章)에 증자(曾子)가 「자식이 아비의 명령에 따르면 효라고 할 수 있겠습니까?」라고 얼빠진 질문을 하였을 때 공자는 「이것이 무슨 소리인고! 이것이 무슨 소리인고! 옛적에 천자가 쟁신칠인(爭臣七人)이 있으면 무도(無道)하다 하더라도 그 천하를 잃지 않으며, 제후가 쟁신삼인(爭臣三人)이 있으면 무도하다 하더라도 그 나라를 잃지 않으며, 대부가 쟁신삼인이 있으면 무도하다 하더라도 그 집을 잃지 않으며, 사(士)가 쟁우(爭友)가 있으면 몸이 착한 이름에서 떠나지 않느니라. 부(父)에 쟁자(爭子)가 있으면 몸이 불의에 떨어지지 않으리니 그런 고로 불의를 당하면 자(子)가 가히 부(父)에 다투지 않을 수 없고 신이 가히 군에 다투지 않을 수 없느니라. 그런고로 불의를 당하면 다투어야 하는 것이니 부(父)의 명령에 따르는 것이 어찌 효가 되겠는가?」라는 구절이 있다. 이런 유의 견해는 논어(論語)에서도 보충할 수 있다. 언연편(諺淵篇)에 제경공(齊景公)이 정치를 묻는데 대한 답변으로써 「임금은 임금다워야 하고 신하는 신하다워야 하고 아비는 아비다워야 하고 아들은 아들다워야 한다.」고 공자가 말한데 대하여 경공(景公)이 「좋도다! 참으로 만일 임금이 임금답지 못하고 신하가 신하답지 못하고 아비가 아비답지 못하고 아들이 아들답지 못하면 비록 양식이 있다고 하더라도 내가 어찌 이것을 먹을 수 있겠느냐?」고 한 구절이 있다. 이는 곧 군자가 군자다운 도덕을 지키지 아니하면 신하도 신하다운 도덕을 가지고 군주를 섬기지 않을 것이 된다는 뜻으로써 군주나 아비가 일방적으로 절대적 권위를 가지고 임(臨)하는 것이 아니고 거기에는 군주다운 또는 아비다운 도덕을 지키는 것이 전제가 되어야한다는 공자의 인간주의적 사고가 깃들어 있는 것이다. 따라서 공자 내지 유교적 충효관이 군주나 부(父)의 권위만을 무조건으로 강조하는 전제주의적(專制主義的) 권위주의만(權威主義)의 도덕은 아니라는 것을 공자를 위하여 변명하는 바이다. 군주다운 또는 아비다운 도덕을 가지고 임하지 않을 때 공자는 전술한 바와 같이 간쟁(諫爭)의 불가피함을 역설한다. 간쟁하여 시정하지 않으면 진정한 충이 되고 효가 될 수 없다는 것이다.

예(禮)에는 이런 경우 세 번 간(諫)하여 듣지 않으면 신하는 사직하고 돌아가라고 하였고, 부자간에 있어서는 부자관계를 끊을 수 없으니까 세 번 간하여 듣지 않으면 아들은 울면서 아비에 따를 수밖에 없다고 기술하고 있다. 군신관계를 청산하고 신(臣)으로서의 신분을 벗어나기만 하면 충의 의무는 면제될 수 있다고 생각하는 점에서 효에 비한 충의 취약점이 보이기는 하나 군신(君臣), 부자(父子)라는 계층 간의 이견 조정의 필요가 용인되고 있다는 데서 일종 민주적인 타협의 기능을 엿볼 수도 있는 것이다.

진독수 등의 비난이 서양의 힘 밑에 허망하게 유린된 중화적 전통문화의 처참한 잔해를 앞에 놓고 깊숙한 열등의식에 사로잡혀 있던 중국 지식인들에게 일종의 자학적인 쾌감을 주고 「안티테제」로서의 새로운 시대를 갈구하던 부류에게는 흥분을 자아냈지만 그들의 절규에도 불구하고 전면적인 공자 말살은 실현되지 못한다. 그들의 후배인 모택동이 이른 바 비공운동(批孔運動)을 전개하고 있는 것을 보면 역설적으로 공산혁명이 이미 지반을 굳히고 있다는 오늘에 있어서도 공자의 영향이 얼마나 뿌리 깊게 살아 있는가를 보여주는 것이 아니고 무엇인가? 이는 2,500년 전에 죽은 공자가 20세기 현대에 살아있는 모택동 보다 더욱 민중을 지배하고 있다는 각도로 보아지기도 하는 현상이다.

아무튼 진독수 등의 공자 비판은 일부 정곡을 잃었을 뿐 아니라 서양의 흥륭(興隆)과 중국의 쇠잔(衰殘)의 원인을 오로지 과학과 민주주의의 유무(有無) 때문이라고 지나치게 단순화(單純化)하여 중국의 재래문화를 전면적으로 부정하고 서양제도를 무조건 즉각 실시할 것을 주장한 것은 또 하나의 오류(誤謬)를 범한 것이었다. 그 하나는 5천년의 역사와 그에 의하여 조성된 정신풍토가 일조에 무(無)로 지워지고, 백지에 그림을 그리는 것처럼 선명하게 이국산(異國産)의 제도가 그려질 수 있느냐의 문화이식(文化移植)의 생리에 관한 인식부족이다. 그 둘째는 그가 매혹된 서양근대문명의 외면적인 성과만을 보지 말고, 그것을 낳게 한 에너지와 정신 내지는 경과(經過) 면에서 본다면 매우 중요한 문제가 발견될 뿐 아니라 그러한 서양적인 근대화 자체의 본질적인 성격조차도 냉엄한 비판을 받아야 하는 면(面)이 있다는 것에 전연 상도(想到)하고 있지 못하다는 점이다.

돌이켜 보건대 모든 전통은 그 전개과정에서 시대착오적인 면이 부상되기 마련이다. 그것은 그 발생 당시의 역사적인 여건에 변동이 생기기 때문이며, 여건(與件)의 변동에도 불구하고 전통의 원형 그대로가 고집된다면 그것은 새로운 국면에 처할 생명력을 잃어버리고 한갓 인습(因襲)으로 화(化)하여 도리어 신시대의 질곡으로 추락할 뿐이다. 그러나 현대에 계승되어온 어떠한 위대한 전통도 결코 시대착오적인 면만이 있는 것이 아니고 동시에 존재이유를 가진 면도 내포되어 있다. 이것이 여건의 변동에 잘 적응하면서 일변에는 시대착오적인 면을 탈피하면서 끊임없이 새로운 생명력으로 성장발전하여가는 것이다. 가부장제적인 가족제도와 봉건시대의 산물인 충효사상이 사민평등(四民平等)의 민주사회인 현대에까지도 활발히 논의되고 있다는 사실도 비록 사회의 구조적 여건의 현격(懸隔)으로 말미암아 효경적인 원형을 그대로 적용할 수는 없는 상태이긴 하지만, 동시에 그

것이 인간존재의 본질적인 가치를 내포하고 있음을 간과하지 않으려는 자세를 의미하는 것이다. 충효문제가 새삼 논의되고 있다는 것은 본론 서두에 언급한 바와 같이 충효관의 전면적인 부정이나 아니면 그 무조건 찬동을 결론하기 어려운 딜레마적 현실이 벌어지고 있기 때문이다. 주지하는 바와 같이 공자가 살던 시대는 가부장제적 가족제도와 봉건제도의 사회로 역사상 규정되어 있으며 우리가 살고 있는 시대는 자유로운 인격과 민주평등이 표방되고 있는 사회다. 전자에서는 신분계층간의 유대는 강력하나 전민주적인 내지 국민적인 연대관계는 소략하다. 후자에서는 오히려 그 반대의 경향으로 달린다.

따라서 전자의 사회에서는 상하간의 윤리가 발달하고 횡적인 평등윤리가 미흡하며, 일상의 공동생산권(共同生產圈)인 혈연단체나 지연사회(地緣社會)에만 통용되는 대내도덕(對內道德)과 그 생활권외에 적용되는 대인도덕(對人道德)과의 괴리현상이 눈에 띄는 것은 이미 막스 베버(Marx Weber)의 지적한 바와 같다. 후자의 사회에서는 급속한 산업화로 말미암아 생활이 지역적인 혈연적인 국한을 벗어나서 전국적인 무대로 확대되기 때문에 고립적인 가족윤리 보다도 개방적인 사회윤리가 더욱 요청되며 이것은 국민의 동질성이 촉진되면 될수록 더욱 종래적인 가족윤리와의 모순성을 노정시킨다.

일례를 현행의 가족제도에서 찾아보기로 하자. 우리의 법률은 부모나 자식의 부양을 전적으로 가족의 의무화(義務化)로 하고 있다. 따라서 부모나 자식 된 자는 우선 자신의 책임을 다하기 위하여 모든 것에 앞서 가족을 생각하는 가족중심 가족우선의 사고를 하지 않을 도리가 없다. 이것을 선진국들이 사회보장의 진전으로 말미암아 가족들의 부양의무를 경감(輕減) 시킴으로써 공익과 공공도덕에의 관심을 강화시키는 현상과 비교하지 않을 수 없다. 또 가족 간에는 부모와 자식 간의 유전물질에 의하여 육체적인 조건이 같다는 것 뿐 아니라 그 표상(表象)이 또한 같기도 한 것이다. 어릴 때부터 한 솥의 밥을 먹고 한 집에 살며 일상의 견문을 함께 하는 동안에 일종의 애정이 생장한다. 표상을 함께 함으로써 일어나는 이러한 가족 간의 애정은 타인에게는 통하지 않는 특별한 애정이며 그것이 그대로 사회에 통용될 수 없는 반사회적 성격을 간직한다. 이러한 가족만의 애정을 사회에서 개방하고 사회에 대한 행동을 일으키게 하는 애정으로 전환시키기 위해서는 가족만의 공통된 표상으로부터 그 애정이 해방되어야만 한다. 바꾸어 말하면 세상의 부모들은 자기들의 자식에 대한 표상적 피부적인 애정을 자식의 원대한 장래를 염려하는 이성적인 애정과 혼동하고 그대로는 사회에 통용되지 않은 자연주의적인 애정 속에 붙들어 매려고 하기 때문에 자식들은 거꾸로 사회에의 적응성이 점점 억제된다. 표상적 애정보다 더욱 넓고 깊은 애정 속에 풀어놔서 그 가족적인 표상세계와는 별개의 세계인 사회로 순조로이 진출하고 더불어 조화할 수 있는 능력을 훈련할 수 있는 부모들의 초표상적(超表象的)인 애정이 절실히 요청되는 현금이다. 충(忠)만 하더라도 신(臣)과 민(民)의 구별 발상(發想)이라든지, 군에 대한 충을 국가와 민족 내지 그 상징인 대통령을 대상으로 전환 적용하는 문제 등 이념적인 정리가 파탄을 일으킴이 없이 이루어지기에는 적지 않은 침잠의 시간이 필요할 것이다. 우리가 당면하고 또 지향하고 있는 사회와 전통적인 윤리관 사이에 문제점이 발견된 이상 모든 애국지사들의 노력이 경주되어야 할 것이다.

『담수』(淡水) 제6집(담수회 · 1977년 10월10일)

정 재 각 • 고려대학교 교수

민족의 개성과 존재이유
– 21세기 문턱에서 '민족주의'를 생각한다

작금의 세계동태는 어지러울 정도로 요란하다. 반드시 역사가가 아니라도 살아서 움직이고 있는 역사를 실감할 수 있게끔 정치적인 지진들이 연달아 일어나고 있는 것이다. 동구에 있어서의 소련의 위성국가들, 소연방내의 각 공화국까지도 스탈린체제, 나아가서는 사회주의 그 자체로부터의 탈피를 부르짖고 있는 현황이다. 이러한 역사의 격류는 제법 신중하다는 사색가까지도 휩쓸려가기 일쑤인지 벌써 '자유주의의 승리로 역사가 종언을 고한다.'는 흥분된 목소리가 화제를 모으고 있기도 하다.

생각하면 한마디로 스탈린이즘 혹은 스탈린 체제를 폐기한다고 하여도 그것이 구체적으로 무엇을 의미하는지는 반드시 명확한 것은 아니다. 동구권국가들이나 소련까지도 구체적으로 취하는 조치들이 각각 차이가 있기 때문이다. 스탈린이즘이라는 용어는 일찍이 스탈린과 대립하였던 트로츠키 일파에 의하여 사용되기 시작하였다고 하며, 오늘날 우리들은 보통 이 용어 속에 일인독재, 위로부터의 급속한 공업화와 농업 집단화, 국민들의 일상소비생활을 억누르는 중앙집권적 계획경제, 그 밖에 KGB 등의 비밀경찰과 강제수용소, 정치범의 대량 및 잔인한 숙청 등의 양상을 떠올리고 있다. 그러나 스탈린은 레닌 사후(死後) 실권을 장악하여 오늘날과 같은 소련 형 사회주의체제를 완성한 인물이기 때문에 이 체제에 그의 이름을 붙여 부르는 것이 가능하나, 하나하나 따져서 들어가면 그 중의 어느 것이 레닌의 원래 의도와는 다른 것인지 분명치 않다. 레닌은 혁명 후 7년 만에 사망하여 혁명의 토대를 제도적으로 굳힐 시간이 없었기 때문이다.

따라서 오늘날 사회주의국가가 보여주는 모든 부정적 사상(事象)들에 일괄적으로 스탈린의 이름을 씌워서 이를 제거하였을 때 공산사회주의가 바람직한 방향으로 건강하게 성장할 수 있을 것인지, 아니면 사회주의 그 자체까지도 뿌리가 뽑히고 말 것인지는 첫째 레닌이즘과 스탈린이즘과의 구획선이 분명치 못하고, 설령 그것이 분명히 그어질 수 있다고 하더라도 그러한 레닌적인 사회주의 내지 바람직한 이상적인 사회주의국가의 역사적인 실례가 보이지 않는 이상 여전히 그것은 이론상의 존재일 뿐이다.

민족자주의 백화제방(百花齊放)

소련의 개방정책 내지 스탈린이즘의 폐기가 진행됨에 따라서 고개를 들기 시작한 여러 가지 현상 가운데에서 가장 주목할 것은 연방체제 내지 위성화 체제 안에서 숨을 죽이고 있던 각 민족의 자주화를 부르짖는 민족주의적 목소리다. 헝가리·폴란드·체코슬로바키아·동독인들을 비롯하여 소연방내의 발틱해 연안 3개국인들, 아제르바이잔·아르메니아·그루지야 등 까지도 점차 정치적인 자주의 목소리를 높여 가위 백화제방(百花齊放)의 양상들이다.

개방정책을 취하지 않고 있는 중국에서까지도 서장족(西藏族)의 반란이 있었는가 하면 신강(新疆)의 회족들까지도 심상치 않은 움직임이라고 한다. 이렇게 소련의 이른바 페레스트로이카가 일어나기 이전에 이미 나타났던 소련과 중국, 중국과 베트남, 소련과 유고 등 사회주의국가간의 민족적인 충돌현상이나 페레스트로이카에 따른 스탈린이즘 붕괴과정에서 더욱 봉기하고 있는 사회주의 민족국가 간 및 다민족국가인 소련연방내의 각 민족 간에 불화현상이 더욱 노골적으로 활성화되고 있는 현상을 우리는 어떻게 설명할 것인가? 자못 곤혹을 느끼지 않을 수 없다.

스탈린에 의하면 피압박민족의 해방은 프롤레타리아의 해방이 이루어져야 된다고 주장하였는데 티베트민족은 어째서 아직도 한(漢) 민족의 압제 하에 있으며 프라하의 봄은 어째서 소련군에 의하여 유린되었으며 발틱연안 3국은 독소(獨蘇) 간 비밀조약에 의하여 일조(一朝)에 소련에 합병되었던 것인데 오늘날 소련의회가 이 조약을 무효라고 선언하고, 연해 3국민이 독립의사를 표명하고 있음에도 불구하고 그들 민족의 소련으로부터의 해방은 어찌하여 용인되지 않는 것일까. 1937년 연해주의 18만 한인 집단을 그들의 반대에도 불구하고 하루아침에 연방내부 깊숙이 척박한 지방으로 강제 이주시킨 것도 민족의 해방을 뜻하는 것일까.

스탈린이 자본주의사회하의 이른바 부르주아적 민족과 사회주의 하의 이른바 사회주의적 민족을 준별(峻別)하고, 전자의 속성으로서 타민족의 영토획득에 의한 자민족의 영토확장, 타민족에 대한 불신과 증오, 소수민족에 대한 압박 및 제국주의와의 통일전선 등을 들고, 후자에 있어서는 자본주의의 몰락과 사회주의의 승리가 민족의 내부적 결합의 기초에 급격한 변화를 초래하여 노동자 계급과 농민계급이 굳건히 동맹하고, 대외적으로는 민족 간의 적대감이 그 사회경제적 기반이 제거됨으로써 우의와 평화를 초래한다고 구가했던 것과는 너무나 동떨어진 작금의 실상이 아닌가. 스탈린적 민족이론이 이렇게 파탄을 일으켰다면 민족을 도대체 어떻게 설명하여야 할 것인가.

민족과 민족주의는 분명히 실체가 있는데 일단 이를 개념적으로 정리하려고 하면 반드시 용이한 일이 아님을 발견한다. 민족이라는 용어에 확고한 정의가 내려지지 못하고 있는 것은 이 때문이다. 민족의 정의가 일정하지 못한 이상 민족의 기원에 의견이 일치하지 않은 것은 우연한 일이다. 여기서는 편의상 민족으로서의 요건을 선명하게 부각시키고 있는 근대민족을 기준으로 살펴보기로 한다.

민족의 기본 요소는 혈통적 유대

근대민족이 세계사상 처음으로 출현한 것은 15~16세기 이후의 구라파에서이고, 그것의 형태적 완성은 프랑스혁명 이후의 영국·프랑스에서이며, 곧이어 후진자본주의국가인 독일·이탈리아·러시아·스페인·일본 등으로까지 미치게 되는 것이다. 이러한 근대 민족이 출현하는 요인으로서 널리 자본주의의 발달로 인한 봉건적 고립적 지방경제의 해체와 광범위한 시장의 성립, 절대주의왕권에 의한 국가통일의 촉진, 이에 따른 문화적 통일의 진전 등이 지적되고 있는 것은 주지하는 바와 같다. 이렇게 성립된 근대적 민족의 두드러진 특징은 그것이 자못 능동적인 민족의식을 현현(顯現)하고 있다는 점이다.

그것은 단순히 그 민족의 구성원들이 동일 집단에 공속(共屬)하고 있다는 공속의식(共屬意識)뿐만 아니라, 나아가서 이 공속집단을 전체사회를 정치적으로 조직화하는 기초단위로 간주함과 동시에 자기집단을 바탕으로 하여 민족의 독립과 자유를 유지하고 촉진시키기 위하여 민족주의 운동을 전개한다는 점이다. (이점이 근대이전의 민족과 다른 점이며 근대이전의 민족에 있어서는 비록 민족의식, 공속의식 같은 것이 있었다고 하더라도 그것은 소극적·수동적인 것이기 때문에 도저히 민족주의라고 불리울 만큼의 강력한 것이 될 수 없었다는 것이다. 이렇게 능동적인 민족의식을 근대민족의 불가결의 요소로 보고 그 이전의 민족을 자생적·수동적·잠재적 민족으로, 근대 이후를 의지적·능동적·현재적 민족으로 구분하는 이도 있다. 민족의식, 민족주의와 관련되는 것은 주로 후자의 경우다.)

근대 이전과 이후를 통틀어 민족의 구성요소로서 일반적으로 열거되는 것은 생물학적·혈연적인 공동성, 주거지역의 공동성, 언어·정치·경제·종교·역사적 전통의 공동성 등이 있으나 근대민족은 상술한 바와 같이 민족의 공속의식 곧 민족의식이 더욱 선명하게 그리고 더욱 적극적으로 의지적으로 표현된다는 것이며, 이러한 민족의식의 적극적인 표현이 없는 것은 상기의 다른 구성 요소를 모두 갖추고 있어도 민족이라고 볼 수 없다고 주장하는 이도 있을 정도로 이를 중요시한다. 그러나 현실적으로는 상기요소 중 몇 가지를 결하면서도 의젓이 민족으로서 공인되는 것도 있다.

유태인은 세계 각국에 산거(散居)하여 각기 소적국(所籍國)의 언어·정치·경제·역사적 전통을 따라 상이한 국민이면서도 뚜렷이 한 민족으로 통하고 있는 것이다. 다시 한 번 따져보면 민족은 혈연적 - 생물학적 공동체인 동시에 정치·경제·언어·역사적 전통 등 사회학적·문화적 공동체이기 때문에 때에 따라, 학자에 따라 혹은 전자를 혹은 후자를 강조하기도 한다. 두드러진 예로서는 나치스 독일이 제2차 대전에 있어서 국내 유태인의 배격을 위하여, 아울러 동구진격시의 각기 주변국 내부에 산재해 있는 독일인들의 호응을 위하여 민족을 전자적 의미로 해석하고 파시스트 일본과 이탈리아도 이에 동조하였던 것이며 소연방 등 사회주의국가에서는 그 체제의 우월성을 강조하기 위하여 전자적 요소를 과소평가하고 후자적 요소를 극대화하였던 것이다.

또한 대체로 다민족국가로서 그 영토내의 각 민족들의 통제에 신경을 서야 하는 자는 후자에 비중을 두고 단일민족국가는 전자에 치중하는 경향이 있는 것도 지적되어야 할 규정인 것이다. 그러나 이미 서두에서 언급한 바와 같이 소연방, 중국 등 기타 사회주의적 복수민족국가에서도 그 체제를 유지시키던 강력한 통제 권력이 완화 또는 동요됨에 따라 그 밑에 숨을 죽이고 있던 소수민족들이 재빨리 자주를 내세우기 시작하는 것을 보면 사회학적-문화적 유대보다 혈통적 유대가 더욱 기본적인 민족의 요소라고 하겠다.

민족 공속의식(共屬意識)은 맥동적(脈動的)인 것

미국과 같은 다민족국가에서 많은 민족들이 사회적-문화적 요소들을 공유하면서 아직 하나의 미국민족이라는 것이 생성되지 못하고 있는 것도 혈통적 상이점이 장해가 되고 있는 것이며 반대로 기술한바 유태인의 경우와 같이 각기 문화적-사회적 요소를 달리함에도 오로지 그 혈통적 유대 때문에 동일민족으로 간주되고 있는 것도 또한 민족에 있어서의 혈연적 비중이 가장 큰 것을 알 수가 있다. 생물학적 동질성이야말로 민족의 가장 중요한 조건이다. 민족의 표본적 형태로서 내세우는 근대적 민족에서 혈연공동체적 측면보다도 민족구성원간의 선명한 공속의식 즉 민족의식의 유무를 중요시할 때 강대국 속에 포함되어 있는 약소민족 중에는 민족의식이라는 것이 일견 현저하지 못한 것도 있고 더구나 그것이 민족주의로까지 표현되지 않는 것도 있기는 하다.

그러나 그것은 근대민족이 아닌 것이 아니고 다만 강대민족의 압력 하에 민족의식이 내연하고 있는데 지나지 않는다. 그리고 2세, 3세로 내려감에 따라 본고향의 동족들과의 공속의식이 더욱 희박해져 가는 경향도 인정해야 될 것이기는 하나, 그것은 그들이 겪을 문화적 - 사회적 환경의 차이에서 영향된 것이지 결코 혈연적 유대감이 소멸된 것은 아니다. 1세가 본고향에서 겪었던 생생한 후천적 공동생활의 체험이 그들에게는 결여된 것뿐이다.

민족의 생물학적 혈통은 그 유전자 속에 동일민족의 공통적 형질이 프로그래밍 되어 있기 때문에 그 혈통이 순결할수록 자못 영생적으로 계속된다는 것이고 보면 그것이 환경의 영향보다도 더욱 강력하고 근본적인 것은 말할 나위도 없다.

그러므로 어떠한 기연(機緣)이 있어 피 속에 잠재해 있던 공속의식이 촉발되기만 하면 그것은 부지불식간에 활화산처럼 타오르기 마련이다. 그것은 원초적인 생명력에 뿌리박은 매우 정동적(情動的)이며 맥동적(脈動的)인 것이기 때문에 계급적 이해관계나 이데올로기적 합리적 설득력 따위는 그 앞에서 완전히 무력화될 수밖에 없는 것이다. 소련에서 중국에서 일본에서 한인(韓人)들의 2세, 3세가 조국의 체험을 갖지 모하면서 때로는 언어조차 모르면서 서울올림픽의 TV화면을 보고 자기도 모르는 사이에 기쁨을 감추지 못하였다는 술회는 바로 이것을 의미한다. 넬리 리(李)나 루드밀라 남(南)이라는 사람들을 맞이하여 서로 눈물을 흘리게 만드는 것도 바로 이것이다.

미국에서 소련에서 중국에서 각기 국내민족 등의 평등과 민주주의를 보장한다고 언명하고 마치 민족의 구별이 현실적으로는 중요한 의미가 없다는 듯이 선전하는 것도 꼬집어 말하면 미국에서의 백인의 우위, 소련에서의 러시아인의 우위, 중국에서는 한(漢)민족의 지배력이 동요되지 않으리라는 전제하에서 내세우는 느긋한 정치적 선전이며 그들의 현 지배민족의 우월이 위협될 때에는 이야기는 달라질 수밖에 없을 것이다.

그것은 최근에 서구의 비독일인이 동서독이 통일되어야 한다고 말할 때엔 곧잘 내심으로는 동서독이 통일되지 않으리라는 신념을 깔고 있는 경우일 것이라고 운운한 것과 역설적인 의미에서 궤를 같이 한다. 지구촌이 완전히 1국가로 통일되고 현재하는 전 민족이 완전히 하나의 혈통과 문화로 혼혈 융합되는 것을 상정하지 않고는 민족의 구별내지 그로 인한 차별의식의 종말은 생각할 수 없으며, 따라서 민족주의는 크거나 작거나 간에 역사적으로 기능하지 않을 수 없을 것이다.

돌이켜 근대민족주의 전개과정을 살펴보면 영국-프랑스를 비롯하여 독일-이탈리아 등 후속국가들이 각기 민족을 기초로 한 민족국가를 이룩하였을 당초에는 자민족들이 독자성을 의식하고 그것을 유지 발전시키겠다는 애족적 동기에서였으나 그 애족내지 애국심이 차차 가세됨에 따라 자민족을 과대평가하고 자민족과 자민족의 문화를 널리 발전시키는 것이 역사적 사명이라고까지 망상하기에 이른다. 처음에는 민족자결주의에서 표현되는바 자민족과 동시에 타민족의 존재도 존중하는 민족 간의 민족주의를 인정하는 자세에서 나왔으나 차차 자민족의 발전이나 사명수행을 위해서는 타민족의 압박지배도 불가피하다는 배타-독선적인 것으로 변질되어 갔다.

민족주의의 두 가지 이론

제국주의는 이렇게 발전되어 세계는 이들 변질 민족국가들에 의하여 식민지내지는 반식민지로 분할되고, 특히 독일·이탈리아·스페인·일본 등 후발 국가들이 더욱 탐욕스럽고 난폭한 양상을 보인 것은 주지하는 바이다. 이러한 제국주의 행태는 결코 자본주의 국가에 의해서만 저질러진 것이 아니다. 소련도 이미 지적한 바와 같이 제정러시아가 침략한 영토를 한 치도 포기하지 않을 뿐만 아니라 도리어 동구 제 민족국가들을 위성화 하여 타민족의 굴종 위에 자민족의 번영을 확보하려고 하였으며 이러한 행태를 사회주의적 제국주의라고 비난하는 중국도 티베트 민족은 결코 해방시키지 않으려고 하고 있으며 최근에 통일한 베트남조차도 라오스 캄보디아 등을 위성화하려고 하여 중국과의 사이에 추악한 몰골을 보이고 있는 현황이다.

19세기 후반부터 일어나는 서구제국주의 국가들의 희생이 된 아프리카·중근동·동아시아에서도 민족주의 운동이 활발히 전개된다. 이 민족주의를 구별하여 서양의 배타적 민족주의로부터 자민족의 자유와 독립을 보호하려는 방어적 민족주의며 민족 간의 평등을 쟁취하려는 민주적 민족주의며 서양의 민족주의를 타락으로부터 구하려는 이타적 민족주의라고 규정하는 이가 있는가 하면, 그러한 피동적 민족주의도 따지고 보면 발생 시의 서양민족주의와 유사한 것이고 차차 자민족의 자주력이 확립되고 민족적 에너지가 축적됨에 따라 또한 배타적 독선적인 것으로 변질되지 않을 수 없으며, 말하자면 그것도 민족적 이기심을 자생적으로 내포하고 있기 때문에 장차 배타적 공격적인 것으로 발전하지 않을 것이라는 보증이 없다고 주장하는 이도 있다. 전자가 주로 피해자의 입장에서 강조되는

논리인데 대하여 후자는 주로 가해민족이 자신들의 과오를 관대하게 간과하고 그 불가피
성을 변명하려는 주장이다. 전자는 자민족의 현재의 불리한 위상을 시정하려는 입장인데
대하여 후자는 자민족의 현재의 유리한 기득권을 양도하지 않으려는 자세이다. 사실 얼핏
보면 얼마 전까지 반식민지였던 중국과 식민지였던 베트남이 자립하자마자 보이는 행태
로 보아 후자의 논리를 정면으로 부정하기도 어렵다.

다시 한 번 살펴보면 양자는 모두 현시점에서의 자민족들의 위상을 바탕으로 하여 민족
주의 논리를 연역적으로 도출하려는 공통된 입장을 가지고 있다. 이렇게 상반된 위상을
반영하는 논리는 아무리 연역하여도 결국 지루한 논리의 유희에 그칠 뿐이다 그러나 민족
주의 이론에 과학적 접근이 전혀 불가능한 것은 아니다. 그것은 각 민족의 역사상의 활동
을 장기적으로 추적해 보는 귀납적 시각이다. 물론 이것도 단정적 결론을 내리기에는 문
제점이 많겠으나 적어도 앞의 두 가지 이론에 비하면 각 민족의 역사적 활동을 장기간 실
험적으로 관찰하였다는 점에서 더욱 과학적이며, 각 민족들의 민족주의에 대하여 더욱 확
률성 높은 접근이 가능할 것이다.

동물계에서도 공격적인 육식동물과 평화적인 채식동물이 있듯이 인간에서도 공세적-독
선적인 성향과 유순하고 협동적인 성향의 개인이 구별되듯이 민족에 있어서도 공격과 침
략의 빈도가 높은 민족과 평화적인 자위적인 성향의 민족으로 상대적 구분이 불가능하지
않다. 유목민족-수렵민족-어로민족 등 육식의 비중이 큰 민족은 전자에 속하고 농경민족
으로서 채식을 주로 하는 민족은 후자에 속하는 것으로서 아시아의 역사를 이들의 공방을
주축으로 설명하는 이도 있다. 이러한 시각에서 본다면 과거에 걸핏하면 타민족에 침공을
일삼았던 민족과 그렇지 않은 민족들의 그러한 성향들이 다소간에 각기 체질적으로 유전
되었으리라고 짐작할 때 각 민족들이 표방하는 민족주의 이론에만 부질없이 현혹되는 어
리석음은 면할 수 있으리라고 본다.

세계사에 생산적인 기여를

이상의 견지에서 우리민족의 역사를 살필 때 자위적 경우 외에는 이(異)민족과 전쟁을

한 일이 없으며 이민족의 침입이 있을 때에는 항상 끈덕지게 이에 저항하여 마침내 민족의 독립과 위신을 회복했고, 일본에 대해서는 그들의 수없는 침공에도 불구하고 평화적으로 문화를 전수하는데 인색하지 않았다는 역사상을 부각시킬 수 있을 것이다.

21세기를 바라보는 이 시점에서 민족 간의 적대감이 점차 해빙되고 인류적인 차원의 화해조짐이 나타나고 있는 이때에 우리 민족은 자신의 설 땅을 발견하고 자신의 민족주의가 그러한 세계사의 조류에 생산적으로 기여할 수 있다는 신념을 확고히 해야 할 것이다. 부질없이 계급투쟁이론으로써 민족적 에너지의 결집을 방해하거나 혹은 평화와 공존 주장은 한갓 약자의 논리일 뿐이며 이민족에 대하여 공격적이 아니었다는 것은 오직 민족의 무능과 열등을 의미하는 것 외의 아무것도 아니라는 강자의 논리에 놀아나는 것은 엄중히 경계해야 할 것이다.

우리가 만일 우리민족의 존재이유를 발견하지 못하고 약육강식의 정글의 법칙의 실체를 호도하려는 강대민족들의 논리를 좌고우면(左顧右眄)하면서 타민족과 공존하려는 자세로 시종해 온 자민족의 역사적 행태를 부끄럽게만 여긴다면 이는 필경 한갓 역사이론의 피실험적 존재일 뿐 자주능력은 없는 민족으로 전락하고 말 것이다. 21세기를 자민족의 개성과 관련시켜서 적극적으로 열어 나갈 것인가 아니면 못난 민족으로 자처하면서 서로 탓하면서 따라갈 것인가. 차제에 '영위계구'(寧爲鷄口) 언정 '물위우후'(勿爲牛後)하라는 중국인의 고화(古話)가 참고가 될 것이다.

1990년 1월 10일 주간《전교학신문》제 14호

정 재 각

신(新) 한민족론(韓民族論)

– '세계일가(世界一家)'의 신시대, 우리가 설 땅은 어디인가

한말(韓末) 상황과 비슷

우리 민족이 설 땅은 어디인가. 우리민족은 살아남을 수 있을 것인가. 이러한 물음은 우환이나 내우가 있을 때마다 거시적인 안목을 가진 식자라면 끊임없이 되풀이해 왔을 것이다.

예를 들어 한말(韓末)에 한민족이 처한 환경을 보면 바야흐로 서력도전(西力挑戰)의 절정기여서 전통적인 자민족의 문화와는 판이한 정치 경제 무력 사고방식을 가진 그 형체부터 이물적(異物的)인 존재와의 만남으로서 실로 충격적이고도 가공할 만한 사건과의 대결이었다. 바야흐로 세계의 분할에 분주하던 서양 열강, 그 중에서도 러시아의 남하에 신경을 쓰던 영 · 미 등은 극동의 별로 크게 탐낼 것 없는 '은자(隱者)의 나라' 한반도를 일본의 희생양으로 묵인하면서 러시아의 고전적 제국주의의 남하에 대비케 하였던 것은 이미 주지하는 역사적 사실이다.

이러한 복잡하고도 괴기한 국제정세에 우매한 한국인들은 위험의 정체가 어디에 있는지도 무엇인지도 모르면서 1차적으로 대원군적(大院君的)인 저항을 시도하거나 혹은 개화파 수구파 친일파 친아파(親俄派) 친미파 등으로 4분5열하여 상대방을 불공대천의 원수로 저주하면서 파쟁에 영일이 없던 것이 바로 얼마 전 과거이다. 동족끼리 증오심에 사로

잡힌 나머지 외적들의 음험한 피리소리에 장단을 맞추어 놀아나는 줄도 모르고 서로 삿대질의 부끄러운 몰골들을 조용히 되돌아 볼 수 있는 사람이 오늘날 과연 몇이나 될 것인가.

생각건대 당시의 민족적 상황과 금일의 그것은 어떻게 유사하고 또한 상이한가. 우선 전방위적으로 개국하고 있다는 것이 당시는 타의에 의해서이고 지금은 자의에 의한 것이라는 차이는 있을지언정 동일하다. 물론 오늘의 민족적 위상이 현저하게 높아진 것은 사실이나 당시는 그나마 통일체를 유지하였고 지금은 분열된 형태로서 서로 상쇄작용을 하고 있을 뿐만 아니라 주위의 강대국들도 또한 월등하게 국력이 신장하고 있기 때문에 한민족의 상대적인 수위(水位)는 대체로 동일한 것이 아닐까.

또한 용암포(龍岩浦), 강화도(江華島), 거문도(巨文島) 등을 무력으로 점령하고 모든 이권들을 침탈하던 것과 같은 외세들은 존재하지 않는다고 하나 실제로는 존재하지 않는 것이 아니라 투자에 비하여 위험과 소란이 뒤따르고 주민들의 반항탄압에 신경을 써야하는 구시대적 식민지지배 형식보다는 자국 무력을 주둔시킴이 없이 현주민이 눈치 채지 못하는 사이에 경제적으로 지배하는, 훨씬 싸게 먹히면서도 야심이 노출되지 않는 간접적인 지배형식으로 전환한 것뿐이다. 무기 대신에 공정거래라는 그럴듯한 논리로 무장하고 들어오는 것이다.

선진산업 기술의 상품과 후진의 그것과를 동일한 룰로 경쟁시킨다면 승패는 처음부터 명약관화하다. 그리하여 우리는 일본에도 미국에도 중국에까지도 적자를 보고 있는 것이다. 그것은 현재적 우위를 고정시킨 시각에서 본 경과위주의 공정논리지 후진산업국의 발전가능성을 촉진시켜서 공존공영하려는 동기위주의 공정논리는 결코 아니다. 이변이 없는 한 선두주자와 후미주자의 순위는 좀처럼 바뀌지 않을 것이다.

일본인은 2차 대전에 낙후되었던 그들의 기술을 국민적 합의에 의하여 내면적으로 여러 가지 심리적 비관세적 장벽을 교묘히 쌓아서 외국상품의 유입을 막는 동시에 일변에는 선진기술을 모방 발전시키는데 각고의 노력을 기울임으로써 마침내 기술의 선두주자가 되는데 성공했다. 일본인의 성공에는 일본인 자신들의 애국적인 노력이 무엇보다도 주효한 것이겠지만 또한 미국이 핵우산을 제공함으로써 그들의 방위비를 산업에 돌리게 하고 한

편에는 6 · 25 사변이나 베트남 전쟁에 군수경기를 줌으로써 그들의 부흥에 조력한 바도 컸다는 것에 이론이 없을 것이다. 그리하여 일본의 부흥은 미국에도 한국에도 최대의 적자를 안기고 있는 것이다.

한국은 사면초가(四面楚歌)

일찍이 제정러시아의 남하를 두려워한 나머지 일본의 한반도 내지 대륙침략을 묵인방관 하였다가 마침내 태평양전쟁을 당했던 미국은 이번에도 소련의 견제를 위하여 패전 일본의 국력을 육성하였다가 도리어 그들의 최대 채권국으로 등장시킴으로써 아는 도끼에 발등을 찍히고 있는 것이다.

정말 역사는 되풀이하는 것일까. 경제후진국인 중국까지도 그들의 값싼 노동력의 소산인 저가품을 마구잡이로 수출하는 반면 한국에 대해서는 무리한 관세장벽을 쌓음으로써 상당한 적자를 강요하는가 하면 또한 서해 영해를 거리낌 없이 침범함으로써 베트남에 대한 것과 같은 구태의연한 대국주의적 오만을 버리지 못하고 있는 판국에 붕괴되어가는 러시아에까지도 적자무역을 하고 있다고 하니 바로 한국은 사면초가의 환경이다.

이렇게 한국의 지정학적 상황은 예나 지금이나 기본적으로는 대동소이한 궁지에 처해 있다고 볼 것이다. 다른 점이 있다면 그때는 조감적으로는 서양문물의 파도가 앞으로의 풍운을 예고하고 있는 가운데 극히 일부의 예민한 식자만이 우왕좌왕 당황하고 있을 뿐 대다수 국민들의 내면은 여전히 유교적 지도이념에 지배되고 있었던 것에 비하여 오늘날은 국민모두가 민주주의라는 세계 공용(公用)의 구호에 합창하는 가운데 비민주적이라는 낙인은 얼핏 주자학에 대한 사문난적(斯文亂賊)이란 비난만큼이나 위협을 느끼게 하는 풍토가 되고 있다는 점이다.

그러나 따지고 보면 민주주의가 그들이 애용하는 것처럼 정신이나 의미가 이해되고 있는 것은 아니다. 민주주의제도의 상징적 기관인 국회에서 조차도 타협의 정신이나 다수결(多數決)의 원칙은 지켜지지 않는다.

'멋대로' 주의 경계

    일반국민 사이에서도 흔히 자신의 앙상한 이욕을 감추기에 편리할 때에만 부르짖는 구호이며 민주주의는 결국 '멋대로 하는 주의'가 되고 만다.

    이렇게 볼 때 오늘날 사람들이 그 당시의 선배들을 비웃는 것은 기껏해야 "오십보백보"격에 지나지 않는다. 상투를 자르고 한복대신에 양복을 상용하고 가마 대신에 자동차를 타고 다닌다고 해서 별안간 '신인종'으로 환생할 수는 없기 때문이다. 2천여 년의 동양문물의 영향이 불과 80~90년 사이에 싹 가셔지고 서양인처럼 능란하게 민주주의를 구사한다면 그 자체가 도리어 초지성적인 것이 되지 않겠는가.

    동양에서 가장 먼저, 그리고 가장 열심히 서양문물을 수입한 일본조차도 그들이 오늘날 법치국가로는 인정될지언정 서양기준의 자유민주주의국가는 아니라는 평을 받고 있다. 일본인은 아직도 민주주의의 기초가 되는 자유나 인권사상이 뿌리내리지 못하고 있다는 것은 지금 쟁점이 되고 있는 '정신대'(挺身隊) 문제만 보아도 그렇다. 일본군인의 성욕의 희생공물로 한국인 양가 여성들을 제공했다는 것은 인권사상은커녕 인도사상(人道思想)도 없는 것으로 여겨진다.

    일본정부가 이를 일시적 우발적인 병가지상사(兵家之常事)라고 치부하거나 혹은 그야말로 일부 군중의 흥분의 소치인 천황 화형사(火刑事)와 그들 정부의 치밀한 사전계획 실천을 상쇄함으로써 우선 당면의 궁지를 모면하려는 옹졸한 심리를 이해하지 못하는 것은 아니나, 문제는 그러한 그들 정부의 허둥대는 천박한 모습을 진실로 낯 뜨겁게 반성하고 있는 일본 식자들이 과연 얼마나 있는가를 우호적인 민주국가를 지향하는 인국민(隣國民)으로서 심각하게 우려하지 않을 수 없는 터이다.

    돌이켜 보건대 민주주의의 구호가 비록 세계를 휩쓸고 있고 또 그것이 인류가 여태까지 만들어낸 최상의 것으로 보이더라도 그것은 가장 어려운 제도임도 역시 인정해야할 것이다. 사실 민주주의를 그나마 큰 파탄 없이 운영하고 있는 나라들은 그것의 원산지인 서구의 10여 국과 그들의 이민국인 3~4국에 지나지 않는다는 현실로 보아서도 분명하다.

    민주주의가 어째서 서구에서 먼저 출현했는가의 원인을 단순화하기는 어렵겠지만 첫째 자유시(自由市)의 발달, 산업혁명, 청교도운동, 자본주의 발달 등 열거되는 외에 또한 그들이 세계각지에서 식민지를 경영하였다는 것도 들지 않을 수 없을 것이다.

제국주의와 민주주의화는 일견 역설적인 것의 함수관계는 어떤 것일까.

민주주의를 한마디로 너와 내가 각기 자기 목소리를 자유로이 내면서 함께 사는 생활방법이라고 할 때 그 속에는 상호 충돌할 가능성을 본질적으로 내포하고 있다. 다양한 목소리들을 보장하면서 그 충돌을 우리라는 차원에서 조화하는데 실패한다면 결국 마지막으로 다수결이라는 차선적인 원칙에 따를 수밖에 없는 것이다. 자유로운 너와 나를 우리로 승화시킨다는 것은 각자가 우리로 존재할 때 더욱 편안하고 행복하고 영광스럽다고 느껴질 때 그것은 순조롭다.

의무감 없는 사회

제국주의국가들이 민주주의 국가로 선진하고 있다는 것은 그들이 일찍이 신민지 경영의 과정에서 부(富)를 축적하고 교육과 산업을 더욱 발전시키는 것과 동시에 민족적 국가적 자존심을 드높임으로써 자민족(自民族)끼리의 동질감과 더불어 사는 식견을 길러주었기 때문이다. 피지배민족에 대한 우월감, 선민(選民)의식이 자민족을 점잖고 품위 있는 민족으로 자처시키는데 밑거름이 되었다는 말이다.

그러므로 이러한 국가의 위정자들은 항상 그들 국민의「우리의식」을 각성시키고 고무하는 정치에 심혈을 기울이지 않으면 언제 내부분열이 일어날지 걱정이 태산이다. 미국이 베트남전쟁에 패했을 때 내부에 히스테리 현상이 보여 졌고 반대로 걸프전쟁에 승리했을 때 열광하던 모습, 패전이후의 일본이 보여주었던 학생과 노동자와 정치가들의 난맥상, 영국병이라고 불리는 대영제국(大英帝國)의 혼란 등은 모두 그러한 선민 우월감이 저상(沮喪)되었을 때의 반사적 증후군이다.

이렇게 볼 때 그러한 제국주의시대의 피지배경험 밖에 가지지 못한 민족, 그로 인한 열등의식의 상처만을 깊숙이 잠재시키고 있는 민족에게는, 또한 오랜 시대의 전제정치 하에서 종적인 사회질서에만 익숙하고 횡적인 연대감이나 그에 따른 윤리가 발달되지 못한 민족에게는 민주주의는 당장에는 혼란과 무질서의 온상이 될 것이다.

사실 봉건사회에서조차도 서양처럼 영주(領主)와 봉신(封臣)이 급부와 반대급부라는 형식의 계약정신에 어느 정도 구속되었던 것과는 달리 사회의 상위자가 하위자에게 일방적인 복종과 충성을 강요하는 동양적 윤리에 길들여진 두뇌에서는 권리와 의무라는 서양적 용어의 균형 잡힌 감각이 발달되기 힘들다. 이러한 심리적 정황 하에서는 민주주의란 상위자의 권위라는 눌림 돌이 일차 제거된 상황에서 사회적인 연대의식이나 의무감이 결여된 무제한의 권리주장만이 판을 치게 마련이다.

민주주의의 이름 아래 1백억 달러의 대일(對日) 적자에도 일본의 과자나 생선을 수입해서 먹어야하며, 외제 사치품으로 자신을 과시해야 하며, 세계제일의 교통사고를 내면서도 내가 먼저 가야하며, 청소년범죄가 위험수위를 넘어섰는데도 섹스나 폭력비디오나 만화들은 팔아먹어야 하는 것이다.

선진국들이 나름대로의 민주주의를 오늘날처럼 운용하는 데도 수백 년이 걸렸다고 생각하면 우리도 반드시 쓰레기통에서 장미꽃피기를 기다리는 것처럼 비관만할 것이 아니나 문제는 이 치열한 국제간의 생존경쟁시대에서 주위 열강들의 중국식 표현인 '이이제이책'(以夷制夷策)이나 서양식 표현인 '분리해서 지배'(分離支配) 하는 식의 술책에 이용되기 안성맞춤이라는 점이다.

단군(檀君)이념의 재발견

하루빨리 이러한 위험을 벗어나기 위해서는 '너와 나' 를 '우리' 라는 연대감으로 단합시켜야하며 그것은 아직도 민주주의로 진입하지 못한 국가들이 손쉽게 애용하는 공포정치나 우민(愚民)정치 혹은 대외로 시선을 돌려버리는 제국주의로 되돌아감으로써 이룩할 수는 없는 일이고 보면 아무래도 민족의 역사 속에서 그 존재이유를 발견하고 그 자존심과 사명감을 일깨워주는 수밖에 다른 도리가 없다.

돌이켜 보건대 세계는 바야흐로 냉전시대가 종막을 내리고 지구촌이 평화롭게 더불어 사는 대세로 진입하고 있다. 이러한 희망찬 신질서 속에서 우리민족의 설 땅은 어디인가.

우리민족이 이미 기술에서 예술에서 또한 철학 등에서 그 다채로운 창조력으로써 세계 문화에 기여했다는 것은 공지(公知)의 사실이거니와 그러한 문화의 전파과정은 언제나 평화롭게 이루어졌던 것이다.

만주에서 한반도를 거쳐 일본열도에 유입하던 민족의 서사시적(敍事詩的) 행보에는 조금도 피비린내가 나지 않는 것이다.

뿐만 아니라 홍익인간(弘益人間) 이화세계(理化世界)라는 단군적인 지도이념에서부터 '인내천'(人乃天)·인시천(人是天)' 등의 최근 사상에 이르기까지 인류 전체를 내다보는 범인류적인 안목이 있을 뿐이지 민족적 국가적 '이기사상(利己思想)'이란 조금도 풍기지 않는다.

이렇게 세계를 동일시하고 인류를 하나로 보는 최고목표를 세우고 타민족을 침략함이 없이 그것을 향하여 일로매진 하여온 문화민족은 세계에도 드물 것이다. 때마침 '세계일가'(世界一家)를 신시대의 지상과제로 삼고 있는 이 마당에 그러한 이념과 경력의 소유자인 한민족이 발언권을 행사하지 않으면 누가 할 것인가.

한민족이 이러한 사면감에서 자신을 재발견할 때 '우리'로의 조화는 스스로 이루어질 것이나 하늘을 보고 침만 뱉는 자에게는 하늘이 무너져도 솟아날 구멍은 없을 것이다.

세계일보 1992. 2. 1 | 통일시대와 민족주체성확립 세계일보창간 4주년 주제

정 재 각

민족개조론(民族改造論)의 역사적 회고

한국인은 어떠한 민족인가? 그리고 어떻게 오늘을 그리고 내일을 살아 가야할 것인가? 사색하는 지성의 사람이라면 누구나 한번 반성해 보고 싶은 작금의 정황이다. 이러한 자신에의 물음은 이민족(異民族)과의 교섭과 마찰이 생기고 거기에 위기감이 감돌 때마다 일어나는 일종 자위책(自衛策)으로서의 자기정비의 심리현상이겠지마는 우리도 우선 멀지 않은 과거에 그러한 문제에 자문자답(自問自答)한 몇 가지 기억을 갖고 있다.

생각하면 우리민족이 가장 심각하게 민족의식을 발동시킨 대상은 일본(日本)에 대해서였다. 같은 인접국인 중국에 대하여는 고래로 연접(連接)하여 숙지하고 있을 뿐 아니라 이른바 동문권(同文圈)이어서 동일한 문화적 내용을 향유하고 있었던 것이다. 그러나 일본은 고대의 한때를 제외하고는 별로 밀접한 왕래가 없었으며 그들이 이른바 무사정치(武士政治)를 시작한 뒤로는 문화적인 전수도 드물었으니 말하자면 접촉하고 싶은 흥미를 잃은 것이었다. 더구나 임진란(壬辰亂) 이후에는 혐오감마저 이에 보태어졌다. 문화적으로 친근감을 받을만한 것이 없을 뿐 아니라 거기다가 호전성(好戰性)마저 가지고 보니 속절없이 일본은 우리에게 있어서 가장 싫어하는 인접국이었으며 가장 이질적이며 불쾌한 민족이었다. 민족의식이 발동하는 여건이 가꾸어져 있었던 것이다.

물론 우리는 보다 문화가 낮은 여진족(女眞族) · 거란족(契丹族) · 몽골족(蒙古族) 등의 시달림을 받은 일이 있고 그들과의 교섭도 의식적으로 회피하긴 하였지만 그들이 강력하여 중국의 일부 또는 전부를 통치하면서 어느 정도 중국화(中國化)하면 그들과의 위화감(違和感)은 완화되는 경향이 있었다. 몽골인의 경우에는 통치자끼리의 인척(姻戚)관계도 이러한 완화작용에 일역을 담당했던 것이다. 그밖에 또 서양 열강들의 내방에도 대원군적(大院君的) 거부반응을 일으킨 적이 있었지마는 이는 저들의 접촉하려는 욕구가 집요하지 않았기 때문에 그들에 대한 위화감이 강력한 민족의식으로 성장할 시간이 없었다. 이 점 동남아 내지 인도민족들의 서양인에 대한 민족의식의 발동과 현저한 차이를 보게 한 분기점(分岐點)이라 하겠다.

일본인의 경우 이미 언급한 바와 같이 그들은 우리에게 있어서 문화민족이 아니었다. 부질없이 싸움을 좋아하는 왜소한 오랑캐, 유교정신에서 가장 싫어하는 무력(武力)만을 가진 한갓 ·도이(島夷)·를 의미하였으며 그들이 바라는 무역에 약간의 물자교역을 허용해서 달래는 수밖에 없는 귀찮은 존재였다. 이것은 중국인이 북방 유목민족이나 청말(淸末) 서양인을 다룰 때 쓰던 사고경향과 동일한 범주에 속한다. 임진란 때에나 경술년(庚戌年)에 있어서 일본인에 대한 가치평가에도 질적인 변화가 큰 것이 아니다. 경술년 때에는 소수의 서양근대문화의 가치를 견문(見聞)한 선각자가 일본이 서양문화 수입에 있어서의 선진자임을 인식하지 않은 것은 아니지만 대다수 민중에 있어서는 서양문화 즉 서학(西學)은 여전히 오랑캐적인 것이 있으며 그러한 것을 금과옥조(金科玉條)처럼 휘두르며 덤벼드는 일본인은 또한 오랑캐 이외의 아무 것도 아니었다.

동양삼국(東洋三國) 중에서도 마지막까지 '은자(隱者)의 나라'로 남아있던 한국, 마지막까지 동양적 가치체계 속에서 자신의 존재이유를 발견하려고 하던 한국인도 그 동양적 가치의 중심지인 중국이 허무하게 서양에 굴복하자 그리고 자신이 한갓 서양의 앞잡이로만 보던 일본에 점령(占領)되고 난 다음에야 비로소 갑자기 허전해진 자신을 발견한 것이었다. '서양적'인 것에 대하여 죽음으로써 싸우자는 패, 동양적 정신을 바탕으로 서양적인 기술만을 받아들여 자강(自彊)하자는 패, 아니면 전면적으로 동양적 과거와 단절하고 서양을 받아들이자는 패 등 다양한 처방이 나왔으나 어느 것 하나 서양문화를 제대로 이해하고 있는 것이 아니었다.

서양문화의 성립과정이나 그것이 인류의 장래에 어떠한 영향을 끼칠 것이라는 그 본질적인 면을 도외시(度外視)한 채 다만 그 강력한 힘의 결과만을 보고 하는데 지나지 않는 응급적(應急的)인 방문(方文)이었던 것이다. 이것은 서양에 직면한 중국ㆍ일본에서도 벌써 한 차례씩 겪은 현상에 지나지 않았으며, 또한 민족의 종래적인 존재 방식에 반성하는 언론이 나온 것도 동양 3국이 경험을 같이 한다. 춘원(春園)이 민족개조론(民族改造論)을 1922년 5월 "개벽(開闢)" 지상(誌上)에 발표한 것도 이러한 역사적 파동의 흐름에서 이해될 수 있다.

당시 춘원(春園)은 아직 변절자(變節者)의 낙인이 찍히기 이전이며 지도적인 민족운동자로서 활약하고 있을 때여서 그의 문맥 중에는 이른바 '내선일체(內鮮一體)'로 몰고 가려는 저의(底意)는 엿보이지 않는다. 물론 당시의 좌익계열에서는 프랑스의 계급론을 도입(導入)하여 그것이 관념적인 부르주아적인 사고이며 민족의 의기(意氣)를 마비시키는 반동이라고 비난하였지만 어쨌든 그로서는 한국민족이 현재의 정신 상태로서는 생존경쟁에 부적합하다는 비관론을 제기하고 그가 지적하는 몇 가지 민족적 결점을 시정하기 위하여서는 강력한 개조운동(改造運動)의 단체를 조직해야 한다고 단체조직(團體組織)을 제창하였던 것이다. 그의 이러한 견해는 안도산(安島山)의 정신을 이어 받은 것이며 그가 민족의 장래를 절망시하지 않고 구체적인 재건책(再建策)을 갖고 있었다는데 생산적 의미를 가지는 것이다. 이 점 좌익이 민족의 의기를 저상(沮喪)시킬 뿐이라는 비난에 대한 부분적인 변호가 될 수 있을는지 모르겠다.

1922년이란 일본 제국주의가 1차 세계대전 후에 더욱 노골화하여 대중21개조(對中21箇條) 조약, 미일(美日)간의 중국에 있어서의 일본의 특수지위 인정, 시베리아 출병 등이 잇따르고 반면에는 그것의 국내적인 모순도 점차 표면화하여 3ㆍ1운동, 일본내 좌익단체 결성 등이 일본 집권층의 위기감을 부채질하고 있던 때이다. 춘원의 그때까지의 민족운동의 반성도 이러한 분위기의 영향을 받은 것이며 한국 좌익의 사회개조운동도 이러한 시대상(時代相)을 계기로 한 것이었다.

일본의 대륙침략이 최고조에 다다르고 한국 민족의 말살운동이 전면화 되었을 때 H모씨의 '한국인(韓國人)의 나아갈 길'이라는 일본문(日本文)의 책자가 나왔으니 이는 한국인의 말살을 한국인으로서 자진(自進)하여 제의하는 내용이어서 일본 정책의 도구 노릇을 한 것이었다. 그러나 한편으로 냉정하게 생각하면 논문을 쓴 당자가 진정 민족의 갈 길은 일본 인화하는 (사실은 미국에 있어서의 흑인의 경우와 같이 일본어 밖에 모르는 준 노예로 낙착되겠지만) 길밖에 없다고 생각하였거나 아니면 자신이 이러한 소리를 하여도 한국인은 감히 자신을 정면으로 비난하거나 조소(嘲笑)하지 못할 만큼 비겁하다고 안심하였을 것인지도 모른다. 결과적으로 H모씨는 일본인의 총아(寵兒)가 되고 한국인은 누구도 그를 공연히는 비난이나 제재할 수 없었으며 그는 서울 거리를 일본이 패전할 때까지 민족의 선각자연(先覺者然)하고 활보하고 있었던 것이다.

오늘날 스스로를 반성하고 스스로의 살 길을 모색하고 있는 이 시점은 8·15 해방 전의 그자의 경우와 매우 다르다. 먼저 한민족 자신으로 보면 비록 반분(半分)되어 있기는 하나 정치상 독립국이며 인구 면으로 보나 정치의식의 앙양으로 보나 그 당시와는 비교할 수 없을 만큼 민족적 역량이 증대하고 있다. 우리를 일본의 일부냐 또는 중국인의 일종이냐고 묻는 서양인의 수가 외국 여행에서도 현저히 줄어들고 있다는 것만 보아도 단적으로 한국인의 존재가 의식되기 시작하고 있다는 증좌라 할 수 있다. 그러나 반면에 우리들의 국제관계를 보면 매우 복잡다단하다. 전에는 중국과 일본뿐으로 이른바 사대교린(事大交隣)의 외교정책으로 꾸려갈 수 있었으나 오늘날은 우리가 상대해야 할 국가가 전지구적으로 확대되었으며 특히 존립(存立)을 위하여 신경을 쓰지 않을 수 없는 것만도 최소한 일본(日本)·중국(中國)·미국(美國)·소련(蘇聯) 등 4개국이나 된다.

일본은 최근까지 우리를 지배한 경험이 있는 국가로서 그들의 의식의 밑바닥에는 이른바 친한파(親韓派)·반한파(反韓派)를 막론하고 그때의 우월감을 깔고 있다. 중국인도 그들이 의식혁명을 이룩했다고 선전함에도 불구하고 장기간의 이른바 천하국가적 종주권적(宗主權的) 사고의 타성(惰性)으로부터 탈피한 것은 결코 아니다. 소련도 제정(帝政)시대에 이미 한반도를 장악할 의도를 노골적으로 나타내었던 나라이며 현재에 이를 2분시킨 장본국(張本國)의 하나이다. 미국은 물론 우리를 일본으로부터 해방시키고 북한의 침략을 저지한 국가이며 한국의 오늘날의 존립을 가능케 한 주동적 국가이다.

앞의 3국은 지정학적(地政學的)으로 또는 전략적으로 한반도에 지대한 관심을 갖고 있으며 미국이 한국을 도운 것도 크게 보면 그들의 세계전략의 일환으로서이다. 과거에 러시아의 남하를 막기 위하여 일본의 한반도 지배권을 인정한 것도, 중국에의 기회균등을 주장하면서도 일본의 특수권익(特殊權益)을 승인한 것도, 그리고 최근에는 한반도가 그들의 방위선(防衛線) 밖에 있다고 서슴지 않고 공언함으로써 6·25사변(六·二五事變)을 일으키게 한 것도 모두 이러한 맥락(脈絡) 속에서 보아야 한다. 일본의 한반도 지배권을 인정했다가 이를 해방시키고 한반도를 방위선 밖이라고 말했다가 북한을 격퇴한 것, 말하자면 한국에 병 주고 약 주고 한 것이 그들의 이해관계의 변동 내지 전략적 해석의 변동에서 온 것이지 결코 한국인에 대한 동정 여부의 관점에서가 아니다.

최근에 월남(越南)의 패망(敗亡)을 냉철히 바라보고 어제까지의 그들의 적이었던 월맹(越盟)과 교류하고 있는 것은 그러한 선명한 증거이다. 그러나 그렇다고 하여 한국인이 그들을 도덕적으로 비난하는 일은 어리석은 일이다. 이들 열강의 국민들이 모두 도덕적으로 신빙성(信憑性)이 없는 것으로 보는 것은 오해이다. 개인적으로는 결코 한국인보다 못지 않은, 때로는 한국인보다도 높은 도덕을 갖고 있는 이가 많다. 그러나 그들의 도덕은 일반적으로 동일한 인종간이나 동일한 국민간에 제한되어 있으며 아직도 초인종적인, 초국가적인 차원에까지는 작용하지 못하고 있는 것이다.

인권국가로 자처하고 있는 미국만 하여도 흑인의 차별문제라든지 작금에는 이른바 P씨 사건으로 떠들썩한 국회에서 미국인 피의자는 익명(匿名)하여 그 명예를 보호하여 주면서 한국인 피의자는 모조리 공개하여 이를 짓밟아버리는 따위는 이를 단적으로 증명하는 것이다. 어쨌든 이들 국민들은 개인적인 도덕성과 국가적인 이해관(利害觀)을 능숙하게 구별하여 사용하고 있는 것이다. 그것은 그들이 근세국가로서 장기간 치열한 생존경쟁을 벌여오는 동안에 터득한 생활의 지혜에 속한다. 물론 그들도 그러한 현실을 전부가 이상으로 생각하고 있는 것은 아니겠지만 적어도 현실상의 불가피한 일단계로 인정하고 있는 것만은 움직일 수 없다.

돌이켜 보건대 한국인은 곧잘 개인적인 도덕성을 기준으로 국가적인 이해관을 대치하는 경향이 있다. 일본의 침략을 받았을 때의 명(明)의 원조에 대한 감사로 그 적대세력으로 성장하고 있던 인접 여진족(女眞族)과는 끝까지 교섭을 회피하려고 한 것이나, 일본에 대하여는 지금에 이르기까지도 그 문화연구소(文化硏究所) 하나 제대로 차리지 않고 있는 국민감정은 모두 한국민의 이러한 비현실적인 면을 보여주는 이외의 것이 아니다. 아이들처럼 순진하다고 볼 수 있겠으나 요컨대 아직 국제사회에서의 어른의 지위까지는 성숙하지 못하고 있는 것이다.

또 한편으로 생각하면 한국인이 국민적으로 도덕성이 반드시 균질적으로 높은 것도 아니다. 아직도 지연적(地緣的)인 혹은 혈연적인 전통생활권 내에서 생성한 막스 베버(Max Weber, 1864~1920)의 이른바 대내도덕(對內道德)이 전국민적 차원에까지 확대 보편화되지도 못하고 있다고 볼 수 있는 현상이 없지 않다. 그렇다면 한국은 아직 서구열강(西歐列强)들의 근대 국민국가의 경지에까지 도달하지 못하고 있다는 뜻이 된다. 개인적 동기를 국민적인 위신(威信)이나 국가적 이해보다도 위에 놓는 현상들이 작금의 지상(紙上)에 난무하고 있다. 외국인의 선동에 태연자약(泰然自若)하게 본국을 조소(嘲笑)하고 있는 해외 도피자(海外逃避者)들의 언동은 반드시 작금(昨今)에만 일어난 일은 아니지만 이러다가는 제2의 이완용(李完用)이가 언제 나올는지도 모르겠다.

이완용을 매도(罵倒)하는 입장이 민족공동운명체, 국민공동운명체적인 감정에 뿌리박은 것이 아니고 단순히 충신(忠臣)은 불사이군(不事二君)식의 유교적 이데올로기에 기인한 것이라면 이제 그러한 가치체계가 무력해진 공동체감(共同體感)은 충분히 성숙하지도 못한 요즘이다. 국가위신매도서(國家威信賣渡書)·국민명예매도서(國民名譽賣渡書)에 도장을 찍으면서도 그것이 한국을 위하는 길이라고 떠들기만 하면 되는 편리한 사고(思考)는 언제나 나올 수 있으며 그것은 이완용의 것과 본질적인 차이가 없는 것이다. 서양의 국민국가라는 것도 물론 일조일석(一朝一夕)에 완성된 것이 아니다. 그들 사이의 수백 년 동안의 각축(角逐)을 겪는 동안에 많은 설움과 모욕을 당하고 또 주면서 그들의 정치·외교·정보·산업 등의 기술과 역량 그리고 무엇보다도 확고하고 양도할 수 없는 민족적인 자존심을 훈련시켜 온 백전노장(百戰老將)들이란 말이다.

그들 중 우리보다 인구나 군대가 적은 나라라 할지라도 우리가 쉽사리 다룰 수 있는 국가는 하나도 없다. 우리는 바로 엊그제 '은자(隱者)의 나라'의 껍질을 벗은 나라로서 그들과의 거리를 불가불 인정해야 되겠지만 그러나 자신을 매도하고 투항(投降)할만큼 열등복합감정(劣等複合感情)의 노예가 되어서는 안 되며 또 될 필요도 없다. 우리는 사실 그들과의 거리를 급속도로 좁혀가고 있으니까 말이다. 초조하다고 마구잡이로 개조(改造)만 하는 것도 생각할 문제다. 참을성 있게 순서 있게 그 적응현상을 관측하면서 기반을 다져가는 것이 과거 개조론 자들의 전철(前轍)을 밟지 않는 현명한 길이다. 과격하고 조급한 개조론 자보다는 조용하고 주의 깊은 실험자의 자세가 아쉬운 오늘날이다.

《고대신문》1977. 11. 3

정 재 각

역사는 누구에게도 자명한 것인가

우리는 지금 어디로 가고 있는가? 라는 거창한 제목 하에 제가 어떤 방향을 적시한다는 것은 분명히 저의 능력을 초과하는 것입니다. 이 문제에 접근하려면 우리 사회에 대한 총체적이고, 체계적인 지식이 필요하며 더욱이 이를 50분이란 시간 내에 이를 설파한다는 것은 논리의 비약을 범하지 않고서는 불가능한 것이기 때문입니다.

그러나 어차피 이 자리에 초청을 받은 이상에는 구차하게라도 몇 마디 면책의 말씀을 드려야겠기로 역사에 관한 저의 소감, 관견(管見)을 두서없이 더듬어 보겠습니다.

저는 이 나이에 이르기까지 평생을 교육 또는 그것과 유관한 연구기관에 몸담아 있었고, 전공은 역사라고 되어 있습니다. 대학에서 역사를 전공했고 그것으로 수십 년 교수생활을 했다는데 전공이 역사라고 되어 있다는 식에 멍청한 표현을 한 것은 논어(論語)를 일평생 읽으면서도 논어의 참뜻을 모른다는 말이 있듯이 평생을 역사를 읽고, 가르치고, 몇 편의 논문도 쓰면서도 아직도 역사의 참뜻에 대하여 확신을 가지지 못하고 있다는 부끄러운 심정의 표현으로 이해하여 주시기 바랍니다.

역사라는 것은 아시다시피 인간의 사회활동을 종합적으로 파악하여 체계화한 기록입니다. 그런 의미에서 보면 '우리는 어디로 가고 있는가' 라는 물음에 대하여 한국인의 사회활동을 종합적으로, 통사적(通史的)으로 연구 파악하는 한국사 또는 그것이 일부분으로 포괄(包括)되어 있는 세계사에 대한 안목(眼目)이 필수적인 바탕이 될 것입니다. 이러한 관점에서 본다면 역사학 교육에 종사했던 경력의 소유자도 일단은 상기주제에 대한 발언의 기회는 주어져야 할 것 같습니다.

그렇다고 하더라고 그러한 역사진행의 방향이나 목표 같은 말하자면 역사철학적인 안목에 확신이 없는 사람으로부터 명쾌한 적시(摘示)같은 것을 기대하시지 마시기를 바라면서 역사라는 것에 대한 몇 마디 소감을 말씀 드리고자 합니다.

얼마 전 일간지에서 한일양국의 역사학자들이 모여서 과거 한·일간에 왜곡된 역사를 바로잡으려는 협의회가 열렸었고, 그 자리에서 일본인 역사학자들이 역사문제는 역사학자들 사이에도 이견(異見)이 많기 때문에 일률적으로 다룰 수 없다면서 한국 측 요구를 회피하였다는 기사를 읽은 기억이 납니다. 이것은 물론 일본의 침략이나 비인도적 행적(行蹟)의 기록을 사서(史書)에 넣지 않으려는 어설픈 둔사(遁辭)에 지나지 않거니와 역사가들이 역사적 사실이나, 역사의 방향이나, 방법론 등에 관하여 의견의 일치를 보지 못하고 있는 것은 사실인 것입니다.

잠깐 역사 철학서를 훑어보더라도 역사는 고대일수록 이상적(理想的)인 정치가 행하여졌고 근대, 현대로 올수록 말세(末世)현상이 일어나고 있다든가, 역사는 결국 약육강식(弱肉强食)의 기록이라든가, 혹은 다윈의 진화론(進化論)으로 역사진행을 설명한다든가, 지상(地上)에 천국을 실현하려는 초월적 존재에 의하여 조종되는 과정이라든가 등등 잡다한 설명들이 나열되었습니다.

바로 얼마 전까지는 마르크스가 생산관계의 모순에 의한 계급투쟁이 역사의 진행방식이라는 설명이 가장 과학적인 설명이라고 지식인의 압도적인 지지를 받았던 것은 주지의 사실입니다. 그것은 세계지도의 대부분을 붉게 물들이고, 특히 이에 적극적으로 반대하던 파씨즘 국가인 독일, 이태리, 일본 등 이른바 추축국가(樞軸國家)들이 패전하고 부터는 그들 본국이나 그들로부터 해방된 식민지에서는 가위 공산주의 역사관이 풍미하였거나 한국과 같은 강력한 반공정권이 들어선 국가에서는 사상의 격심한 혼란상을 이루었던 것은 익히 아는 바입니다. 이것이야 말로 진정한 과학적인 역사라고 목청을 높였던 지식인이나 역사학자들도 소련이나 동구(東歐)국가들이 무너지고 동독이 서독에 합병되면서 부터는 차차 목소리가 낮아지더니 드디어 역사의 방향에 대한 논쟁은 자유민주주의로 종착된다는 이른 바 「역사의 종언」을 주장한 일본계 미국인인 후구야마의 대담한 논문이 발표될 정도로 수그러들게 된 것입니다.

더욱이 극적인 것은 90% 이상이 좌익 또는 좌익언론을 논하지 않고서는 교단에 설 수도, 행세할 수도 없었다는 전후일본의 지식인들이 어느 틈엔가 슬그머니 우향우를 시작하면서 일본제국주의의 핵심이었던 천황제도의 연속을 기원하든 국가 기미가요(グ代)를 국회에서 재확인하기에 이르렀다는 사실이 그것입니다.

지나간 이야기지만 한 때 5대양 6대주를 지배하던 열국의 학자를 중심으로 과학문명의 발달을 배경으로 역사를 끊임없이 진보하는 과정으로 보는 사람이 대세를 이루기도 하였으나 그것도 1929년 전후의 세계경제대공황이 일어나자 유명한 슈펭글러의 「서양의 몰락」이라는 비관론이 나오기도 하고, 토인비 같은 이는 역사의 연속성을 무시하고 지구상의 문명의 개별적인 성쇠과정을 추적하는데 의미를 부여하기도 했습니다.

최근에 인기를 얻고 있는 E. H Carr의 역사를 이성(理性)의 확대과정으로 보는 것도 따지고 보면 현대과학문명의 발달과 그것으로 인한 생활조건의 향상, 또 UN을 통한 각국 간 문제의 평화적 해결노력 등을 근저로 한 낙관적인 견해이겠으나 과학이 발달한 나라는 거의가 얼마 전까지만 해도 제국주의 국가로서 지구상의 여타국가나 자원을 침탈하여 치부한 국가들입니다.

그러나 그들 국가는 그 혜택을 결코 무료로 피수탈 국가나 민족에 나누어 주지 않으며, 특허권이라는 이름으로 또는 지적재산권이라는 이름으로 톡톡히 단물을 빨면서 그러한 로열티를 지불할 능력이 없거나 또는 부족한 나라들과의 격차를 즐기고 있습니다.

이러한 사실은 세계 각국의 범죄율의 증가, 빈부격차의 심화, 원자탄 등 다량 살생무기의 확산 등의 사실에서도 알 수 있습니다. 이것은 혜택을 나누어 주려는 관대한 이성이라기보다는 자신들의 선점이득을 더욱 확대하려는 이성의 편협화 현상을 보여주는 것입니다.

UN만 하여도 그들 세력이 주도하고 있는 것이며, 다수의 과거 피수탈 국가였던 약소국들이 자신들의 이해를 따지려들면 여지없이 비토권이 행사되고 말거나, 또는 UN회비의 수납을 거부함으로써 그 활동을 마비시키려 들고 있습니다.

또한, 과학의 발달이라는 것도 반드시 이성의 확대를 가져오는가? 개발이란 이름으로 얼마 남지 않은 산소자원인 원시림을 파괴·오염시키고, 오존층을 파괴하고, 다수확이란 명목으로 환경호르몬을 만연시키며 유전자 조작으로 인조동식물을 만들어내고 있습니다. 이것들은 인간생활을 이롭게 한다는 명분으로 자행되고 있으나 반면으로는 인간이성의 불건전한 호기심으로 인류의 자멸을 촉진시키는 방향을 취할는지 누가 알겠습니까. 이를 경계하는 몇몇 종교인들의 목소리는 인간의 통제할 수 없는 호기심과 이욕(利慾)의 홍수 속에서 너무나 가냘프게 들리고 있는 실정입니다.

이상은 요컨대 역사라는 것이 시대에 따라서나 사람에 따라서 사관이 일정하지 않으며, 만인이 공인하는 진리로서의 사관은 잊혀지지 않는다는 말입니다.

역사는 또 E.H Carr도 말했듯이 일직선으로 최종목표를 향하여 진행되는 것이 아니고, 때로는 후퇴현상도 보이면서, 곡절을 겪으며 전개하는 것이고 보면 어떠한 역사적 사건의 이미지와 평가는 곡절(曲折)하는 역사행로의 구비를 돌 때마다 달라질 수 있다고 보겠습니다.

말하자면 한 구비를 돌아 그곳에서 보이는 문제의식에 어떤 과거사의 평가를 내린다 하더라도 다른 구비를 돌면서 회고하면 또 다른 의미를 부여할 수도 있다는 것입니다. 요컨대 만세불변의 확고부동한 역사적 평가란 역사가 끝나는 시점(時點)에 가야 말할 수 있다는 말입니다.

일례로, 우리나라에서 과거에 악명 높았던 진시황의 치적에서 들어보자면 진시황은 술수와 무력으로 당시의 중국문화권인 6국을 통일했습니다. 그리고 통일천하의 내실을 다지기 위하여 6국들의 화폐를 통일하고 도로를 정비하였으며, 또한 물류경제의 기본이 되는 도량형(度量衡)을 통일하고, 문화와 교육의 기본이 되는 문자(文字)의 간소화를 이룩하고, 무엇보다도 국가안보를 든든하게 하기 위하여 만리장성을 대대적으로 수축하여 북방 흉노족의 침범을 저지하는 등의 시책을 강행했던 것입니다.

이것들은 통일작업을 완성하기 위하여 불가피한 시정이었으나 불과 십여 년 내에 이룩하기에는 너무나 벅찬 일이어서 권력의 남용이 수반되어있으며, 이것은 옛 6국 엘리트들의 비난을 사지 않을 수 없었습니다.

그들은 유신(儒臣)들이어서 이른 바 성현(聖賢)들의 언록(言錄)을 근거로 하여 비판세력을 형성하였기 때문에, 진시황은 이른 바 분서갱유(焚書坑儒)라는 강압적인 조치를 취하게 되었으며 곧 비판세력의 근거가 되는 고서들을 몰수하여 불태우고, 비난의 주동자인 460명의 유학자들을 매장해 버렸던 것입니다.

이것은 유교와 유학을 전통적으로 신봉하는 중국이나 우리나라 등에서는 용인될 수 없는 반문명적인 만행으로서 진시황은 근대에 이르기까지 악명 높은 군주의 대명사가 된 것입니다.

중공(中共)이 장개석과의 내전을 벌이던 중에도 장개석의 비민주성을 중국인이 증오하는 진시황의 그것에 빗대어 선동하였다고 들었는데 모택동이 통일한 뒤에는 진시황을 통일에 이바지한 인물로 평가하였을 뿐 아니라, 만년(晩年)에는 이른바 문화대혁명이라는 구시대적 생각을 가진 자들을 모조리 숙청해 버리는 일대 난동을 일으켜 분서갱유보다 몇 배나 더 큰 파괴와 살육을 저질렀다는 것은 역사적 아이러니가 아닐 수 없습니다.

역사는 흔히 승자의 기록이라고들 합니다. 정치적 승자가 자기를 정당화하는 기록만 남겨두고 불리한 자료는 모두 없앴기 때문입니다. 분서갱유와 유사한 것은 동서양사 어디에서도 볼 수 있습니다. 최근에는 히틀러나 소련 등에서도 보도된 바 있습니다. 일본이 패전하고, 한국에서 후퇴할 때 불리한 서류는 태우고 갔습니다. 반드시 태우지 않아도 앞으로의 통치에 불리한 기록물들은 금서류(禁書類)에 분류되어, 일반인의 이목에 접하지 못하게 하거나 혹은 그러한 기록물을 열람한 자들을 감시하거나 하는 따위는 민주사회라고 하는 곳에서도 반드시 드물지 않습니다. 심지어는 그러한 금서류를 미묘한 시기에 공개하여 국제관계에 이용하려는 술수적 책동도 흔히 볼 수 있습니다.

역사 서술에 필요한 여러 가지 기록물은 시대를 거침에 따라 혹은 병화(兵火)나 천재지변 또는 소장자의 소홀로 점점 인멸되며, 그 남은 것조차도 앞에서 말씀드린 바와 같이 숨은 의도에 의하여 일방적으로 선택된 것이고 보면 역사학자가 그것을 근거로 객관성 있는 사실을 밝혀낸다는 것은 대단히 어려운 일입니다.

뿐만 아니라 역사학자 자신이 무색투명한 존재가 아닙니다. 실제로는 어느 계급, 어느 이해집단, 어떤 성향을 가진 사람으로서 자신의 모든 색깔을 초월하여 냉철한 객관적 서술을 하는 것은 불가능한 것입니다. 이미 입수할 수 있는 남겨진 사료가 빈약하다면 불가불 고고학적 유물이나 기타 인접학문들의 연구 성과를 이용할 수밖에 없습니다. 근자에 불란서의 연지학파(年誌學派) 등에서 기후를 역사변동의 한 요소로 간주하려는 움직임도 문헌 위주 역사학에 대한 하나의 반성입니다.

또한 역사서술의 냉정한 객관정신을 유지하려고 노력하는 역사가들은 사건이 일어난 시점과 일정한 거리를 두려고 합니다. 그 이유는 사건발생, 당 시기의 사건의 이해관계, 당사자들에 생존활동하고 있는 분위기에서는 당해사건의 냉정하고 객관적인 평가는 어렵기 때문입니다.

예컨대 제1차 세계대전의 연구도 지금에 와서야 객관적으로 연구할 때라는 식이 그것입니다. 그러나 물론 현실참여의식이 강한 이른 바 실천으로서의 역사에 비중을 두는 역사학자는 당장 진행 중인 사건도 곧잘 평가를 내리곤 합니다. 하물며 정치가들은 이러한 욕망이 더욱 성급합니다. 이와 같은 사고는 과거를 단죄하고 현재의 추진력을 얻기 위하여서는 역사적 판단에서 원군을 얻어야 하기 때문입니다.

역사를 자유민주주의 체제로서 끝까지 굴러간다는 현시점의 역사행진의 코너에서의 후쿠야마식 단정을 전제로 하더라도 그것의 선진국이 2, 3백년의 시행착오를 거치면서 오늘날의 결과인 것을 우리도 몇 가지 제도만 개혁하면 단숨에 이를 수 있다는 즉, 앞만 보고 발밑은 보지 않는 조바심은 또 다른 성수대교·삼풍백화점사건과 같은 결과로 몰고 갈 수도 있는 것을 경계해야 할 것입니다.

우리의 이른 바 선진화는 제도의 선진화만 흉내 내면 되는 것이 아니라 국민의식에 선진화라는 굳건한 토양이 마련되어야 하며 그 성숙과정을 지켜보면서 착실히 다져나갈 만큼 집권당사자들이 인내력을 가져야 할 것입니다.

1998년 5월 14일 | 『우리는 지금 어디로 가고 있는가?』 (사) 공동체사회포럼 · 수서원 (1999. 10. 10)

정 재 각

민족의 자존심

자존심이란 '자신의 품위를 떨어뜨리지 않는 마음' 곧 '자중하는 마음'이다. 이러한 마음은 곧 자신의 내면적인 추구에서 얻어지게 되는 것으로서 결코 전시효과를 노리는 데서 올 수는 없다.

공자(孔子)가 목이 말라도 도천(盜泉)의 물은 마시지 않겠다는 결심이라든지, 자로(子路)가 폭도의 화살을 맞고 죽을 때 갓을 바로 잡고 있었다는 것은 모두 그들이 군자로서의 품위를 지키는 데 얼마나 충실하였던가를 보여준다. 소크라테스가 탈옥을 거부하고 조용히 죽음을 기다렸다는 이야기도 같은 예에 속한다.

일제하에서 삭발을 강요당했을 때 '사대부(士大夫)'로서의 품위를 손상하는 것보다는 차라리 죽음을 택한 우리 조상들의 자존심, 유태인 학살에 분노하여 평생 독일인 청중에게 연주를 거부한 루빈스타인의 자존심, 미국 알라바마에서 흑인들의 평화적인 시위행렬에 백인 군중과 경찰이 합세 포위하고 경찰견으로 하여금 이를 습격케 하였을 때 감연히 흑인 행렬에 가담하여 민권운동을 옹호하던 단 한사람의 백인교수가 보여준 자존심들은 모두 멀고 깊은 인생관에 기초를 둔 영원한 긍지에 불타는 일종의 종교적일만큼 숭고한 자존심들이다.

또한 생의 원리와 수많은 자연의 법칙을 발견하고 중요한 발명에 공헌한 것도 다름 아닌 이러한 자존심들인 것이다. 예수, 공자, 소크라테스, 갈릴레이, 루터 그밖의 누구든 자신의 정신, 자신의 원칙에 충실하던 높은 자존심의 소유자들은 모두 문화에 공헌한 인물들이었다.

자존심의 기능은 민족의 경우에 있어서도 개인의 경우와 마찬가지다. 그 민족이 종속적인 존재를 감수하느냐, 또는 진정으로 독립적, 주체적인 위치에 서느냐는 전혀 그 민족이 진정한 자존심을 소유하느냐 그렇지 못하느냐에 달린 것이다.

무릇 한 민족이 독립국가로서 살아남으려면 무엇보다도 단결이 필요하며 단결에는 자민족의 가치와 문화에 대한 긍지와 신뢰감이 그 초점이 될 것이다.

만일 어떠한 민족이 자신을 문화적으로나 가치적으로나 열등민족으로 자처하고 오직 타민족의 압박으로부터 자민족을 보호하려는 본능적인 방어 태세만을 취하고 구태여 독립할 의의를 발견하지 못한다면 그 민족은 조만간 문화적 선진국이나 강대국의 교묘한 붕괴공작에 떨어질 것이 뻔하다. 자신의 자존심이 없는 민족에게도 독립이 배급되도록 세계는 어수룩하지 않다.

다시 말하면 자민족과 자국에 대한 깊은 존경심, 이것이 독립전취(獨立戰取)에의 가장 중요한 조건이다.

영국은 민주주의 선구자로서의 긍지, 미국은 세계 제일의 번영을 바탕으로 한 자신, 프랑스는 파리로서 상징되는 자국문화에, 독일도 그 민족문화에 각각 깊은 자신을 가지고 있다. 소련은 세계 공산주의운동의 선구자로서, 중국은 장구한 동양문화의 중추로서, 인도는 그의 고답적 정신문화의 유구함으로써, 일본도 일찌기 전세계를 상대로 싸웠던 그들의 국력으로써 각각 만만한 자신을 가지고 행세하고 있는 터이다.

자신을 가장 못난 사람이라고 자인하는 사람이 자살할 수 밖에 다른 도리가 없는 것과 같이 자민족을 하잘 것 없는 민족이라고 자처하는 민족도 민족적 존재를 상실하기 마련인 것이다.

과연 한국인의 민족적 자존심은 어떠한 것인가? 일제의 혹독한 지배와 뒤이어 구걸한 외국의 정치적, 물질적 원조때문에 한국의 민족적 자존심은 만신창이가 되었다. 국토는 분단되고 민족적 단결은 갈기갈기 찢어져 정부나 국회나 어느 것을 막론하고 국민에게 큰 신뢰를 줄 수 없었다. 물론 이러한 사태도 여러 가지 이유와 책임의 소재는 분석될 수 있으나 무엇보다도 한국인 각자의 자존심의 유무에 깊은 관계가 있을 것이다.

자존심이 없는 민족은 결코 주체적으로, 독립적으로는 생존할 수 없다.

잠깐 고개를 들어서 우리의 주위를 돌아보자. 두만강구 저쪽에는 세계혁명의 수출을 기도하고 있는 소련민족이, 압록강과 황해 저쪽에는 여전히 중화주의(中華主義)에 집념하는 중국민족이, 그리고 부산 앞바다 건너편에는 일찍기 우리를 탐식한 구미를 잊지 못하고 있는 일본민족이 각각 호시탐탐하게 에워싸고 있는 것이 아닌가! 마치 이 정세는 아랍민족에 포위되어 사막 속에 고립무원으로 갇혀 있는 이스라엘 민족의 위기와 무엇이 다르단 말인가?

그러나 이스라엘은 사막 속에 기적을 이룩하였다. 이 기적의 원동력은 바로 그들의 민족적인 자존심이었다.

일찍이 세계 각처를 유랑하며 다른 민족의 밑에서 온갖 천대를 받으면서도 버리지 않던 자민족의 종교, 자민족의 가치에 대한 깊은 존중심이 그들을 다시금 어엿한 독립국으로 출발시켰던 것에 불외(不外)하다.

같은 위기에 처해 있는 우리 민족은 과연 어떻게 어떠한 자존심을 발견하고 한민족의 통일을 이룩한단 말인가. 이제 우리는 민족의 자존심을 재발견하지 않으면 안될 것이다.

《정신문화》통권 12호, 1982 · 겨울 - 권두칼럼

정 재 각 • 한국정신문화연구원장(동양사)

역사와 역사교육

한국사를 어떻게 가르쳐야 하느냐의 문제는 당연히 한국사를 어떻게 보느냐의 문제와 관련이 된다. 한국사의 일정한 사관(史觀)이 정립되어야만 한국사 교육의 대체의 방향도 그것에 의해서 설정될 수 있다는 말이다. 물론 한국사 교육의 방향을 설정한다는 것은 곧 한국사의 실용적(實用的) · 교훈적(敎訓的) 의미를 전혀 도외시해서는 안될 일이다.

생각하면 어떠한 사관(史觀)에 의한 역사라도 그것은 실용적(實用的) · 교훈적(敎訓的) 의미를 갖고 있는 것이며 이점 베른하임의 이른바 발생적(發生的) · 발전적(發展的) 역사라 할지라도 넓은 의미에서 그 예외는 아니다. 우리가 문제 삼고자 하는 것은 무엇을 위한 실용(實用)이며 무엇을 목적으로 하는 교훈(敎訓)이냐는 것이다.

사실 유사(有史) 이래로 수많은 역사가에 의하여 수많은 역사가 쓰여져 왔고, 그것들은 각자의 시대와 환경의 요청을 받은 각양의 용도를 가지고 있었던 것이다. 그러나 이 용도 의식에 과도히 사로잡힌 결과는 필연적으로 사실(事實)의 실증성(實證性)을 무시한 이념적이며 사변적(思辨的)인 역사의 범람을 가져오게 되었다.

랑케(Leopold von Ranke, 1795~1886)가 근대사학(近代史學)을 제창한 동기도 당시의 계몽적 합리주의의 이론과 개념의 횡포에 대한 반발에서 나온 것이었다. 그의 말을 빌면 "이론의 독재에 대하여 무조건적으로 고유의 원리에 의하여 살아가는 존재를 옹호하고 교의(敎義)로부터 사실이 요구하는 곳으로, 공상적(空想的) 요구로부터 실증적(實證的)인 것으로 돌아가려고 한 것이다"라는 것이다.

이러한 랑케의 사학(史學)은 사료(史料)의 수집과 그 비판에 있어서 베른하임(Ernst Bernheim, 1850~1942)식의 치밀성을 거쳐서 일층 견실한 학풍을 띠게는 되었지만 그것은 일면 그렇게 정확하게 검토된 편편의 사실(史實)을 어떠한 방법으로, 어떠한 체계로 구성하느냐 하는 이론상의 약점을 드러내지 않을 수 없었다. 객관적 역사도 좋고 순수인식도 좋지만 그것이 무원칙(無原則)·무사상(無思想)·무성격(無性格)·무논리(無論理)로서야 어떻게 우리의 역사적 현실을 감동적으로 설명할 수 있겠는가. 이러한 호소력을 갖지 못한 생명력이 없는 구성과 구상의 엉성함이 곧잘 비속한 실용주의자나 무원칙한 고증(考證) 취미의 역사가들을 뒷구멍으로 또다시 불러들이는 결과를 가져오게 된 것은 당연한 것이었다.

돌이켜 보건대 19세기 후반 이후에 나타난 역사는 대개 여러 민족의 흥망과 생존경쟁에 관점을 두고 있으며 그러한 만국사(萬國史) 내지는 세계사(世界史)는 주로 지배 민족의 손으로 이루어졌던 것이다. 이것은 1870년대까지 서구의 민족국가들이 그 탄생을 완료하고 그 전례없이 강력하고 단결된 에너지를 가지고 여타 세계의 약소민족을 정복하고 있던 역사적인 배경에서 이룩된 현상이었다.

지배민족의 정복을 정당화하고 우승열패(優勝劣敗)의 현상을 설명하는 과정에서 약간 피지배민족의 명칭들이 눈에 뜨일 뿐 대부분의 지면은 지배민족 상호간의 교섭에만 채워지는 것이 당시 세계사의 골자다. 피지배민족은 독자적인 발전과 공헌이 있을 수 없고 지배자의 밥이 되는 대목에서만 그 존재가 소개되어야 한다는 생각이며 세계문화 발전에 위대한 공적을 남긴 중국이나 인도민족까지도 약간의 이국취미적(異國趣味的) 언급을 추가시켜 이 대열에 귀속(歸屬)시키고 있을 뿐이다. 이러한 사관(史觀)이 제국주의나 파시즘의 역사가들에 채용되었을 때 얼마나한 해독을 남겼는가를 우리는 생생하게 체험하고 있는 것이다.

민족성의 우열을 초역사적인 선천적인 견지에서 파악하고 우수한 자민족(自民族)을 위해서는 열등한 피지배민족은 경멸하여도 좋다는 사고방식이 나치즘 독일의 유태인 학살, 제국주의 일본인의 난징(南京) 4만 부녀자 학살, 관동지진 때의 6천 한국인 학살 등으로 나타나고 있는 것이다. 그것이 전쟁이나 천재지변(天變地災) 때에는 어느 민족에서나 흔히 볼 수 있는 현상이라고 하기에는 너무나 민족적 광기(狂氣)의 발로이기 때문에 비록 그들의 그러한 광적 사관(狂的 史觀)이 횡행(橫行)할 때 자국내(自國內)의 모순의 격화(激化)라는 역사적 배경이 있었다는 것을 인정한다 하더라도 우리는 역사가의 책임과 임무에 대하여 새삼스러이 숙연해지지 않을 수 없는 것이다. 여기에다 다시 한 번 역사교육이 봉사해야 할 목적의 문제에 되돌아온다. 역사교육은 일차적으로 민족과 조국에 대한 애정과 지식을 북돋우고 아울러 올바른 역사의식과 역사적 사고력을 청소년들에게 길러주는 것이 일반적인 목표라고 하겠다. 그러나 그것은 현실과 동떨어진 죽은 과거를 소개하는데서만 이루어질 수 없는 일이다.

역사의 단편을 나열한다거나, 또는 호사가적(好事家的) '취미의 역사'이거나, 아니면 근대적 역사학의 방법을 채용하였더라도 우리의 현실에 뿌리를 박고 살 수 있는 토양을 갖지 못한, 현실에 무관심한 역사를 교육해서는 안 된다는 말이다. 원래 역사는 결코 무용(無用)한 회고(回顧) 취미의 소산이 아니며, 더구나 근대 역사학의 근본은 서구 시민사회의 탄생에 있어서 저들의 민족·사회·계급의 현실적 변혁을 설명하려는 치열한 실증정신에서 나온 것임에랴……

이렇게 볼 때 항상 현실 속에서, 현실의 과제와 관련시켜서 과거의 의미를 설명하는 것이 그러한 목적에 가장 효과적으로 공헌할 수 있을 것은 자명한 일이다. 그리고 그러한 현실적 과제는 우리가 살고 있는 현실의 '장(場)'에서 발견되어야 할 것은 또한 논리의 당연한 귀결이라 할 것이다.

그러면 한국사가 처한 현실의 장(場)이 어떠한 것인가 검토하여 보기로 하자. 36년이라는 일본인의 지배는 역사에 있어 그다지 길다고는 할 수 없는 시간이지만 국민감정으로는 참을 수 없이 긴 세월이며 유례없는 혹독한 타격을 받은 것은 주지의 사실이다. 동시에 그들의 지배를 학문적으로 정당화한 일본인 역사가들의 역사 내지 역사관에의 중독현상도 또한 유례없이 심각하다.

우리는 여기에서 잠시 일본역사의 모태가 된 근대역사학의 수입과정에 눈을 돌리기로 하자. 메이지유신(明治維新)이 이루어진 뒤에도 일본은 아직도 바쿠후(幕府)시대의 사학

(史學)에서 별로 진보되지 않은 관부적(官府的) 사학체계(史學體系)를 가졌으며, 그것도 역사적 사실을 억지로 부정하거나 왜곡하는데서 성립하는 전제주의적 교육정책의 일익(一翼)으로서의 국수적(國粹的) 역사학이 지배적이었기 때문에 이들과 대항하는 새로운 역사가들의 학문적 노력은 자연히 역사적 사실을 사실로서 확정하는 작업에만 집중시키는 결과가 되고, 나아가서 그 확인된 사실(史實)들의 내면적 맥락을 찾아 전면적인 구성을 시도하는 역사학의 진정한 목표에까지는 도달하지 못하였다.

전제주의적 학문에의 직접 대항자로서 등장한 새로운 역사가들이 이 모양이고 보면 그 뒤에 나타난 실증적 역사학자들은 더구나 서구의 근대과학이 신학적(神學的) 학문의 권위로부터 벗어나기 위하여 학문의 독립성·자율성의 근거를 객관적 사실에서 구하려던 치열한 기백 같은 것도 없고 다만 봉건 시대의 고증사학(考證史學)이나 서양의 사료(史料) 비판의 기술 따위를 도입하면서 사상(思想)이 없고 성격이 없는 역사를 꾸며갈 따름이었다. 이러한 역사학은 일본의 동양사를 보면 더욱 뚜렷하다.

그것은 체질적으로는 서양인의 동양학, 즉 인도학·중국학 등에서 보는 바와 같이 단편적이며 무체계적인 지식의 나열이 특색이 되고 있다. 이러한 역사학에 편협한 국수주의(國粹主義)가 편승할 틈이 있는 것은 어찌할 도리가 없다. 하물며 그들의 모범으로 삼은 서양의 근대역사학이 이미 언급한 바와 같이 그들이 민족국가를 형성하고 약소민족을 정복, 포함하면서 제국주의적으로 발전하는 과정에서 그것을 학문적으로 뒷받침할 학문이기 때문에 벌써 청일·노일전쟁을 거쳐 한국민족을 피압박민족으로서 내포한 일본의 처지에서는 가장 손쉽고 편리한 견본으로 보인 것은 틀림없다. 운요호(雲揚號)사건이나 청일·러일전쟁, 기타 만주(滿洲)·중국(中國)에 대한 수없는 사변, 전쟁을 다루는 데 있어서 침략이라는 의식은 조금도 비치지 않고 심지어는 패전(敗戰)이라는 현실의 변동이 있은 오늘까지도 그것에의 집착을 버리지 못하고 있는 것을 보면 제국주의 서양의 역사관을 일본인 사학자들이 얼마나 금과옥조(金科玉條)로 받들었던가를 짐작할 수 있다.

이러한 일본역사 학자들의 한국사관을 그들의 한국사 서술방식에서 요약해보면 다음과 같다.

첫째, 그것은 한국내지 한국민족의 독립성을 부정한다. 한국은 고대로부터 그 북부는 중국식민지이고 남부는 일본민족의 식민지였다는 서술로부터 시작하여, 그 후 각 왕조(王朝)가 차례로 중국의 속국(屬國)이 되었다고 말함으로써 마지막에 한국전체가 일본의 지배하에 들어간 것도 한국역사의 상례에 속할 뿐 한국인에 있어서 조금도 이변이 아니라고 암시한다.

둘째로, 그것은 한국민족의 이민족에 대한 저항, 한국민족의 자주적 노력 등은 일체 무시함으로써 한국민족이 자주적 능력이 없는 것처럼 꾸민다. 고래(古來)로부터 육지 또는 바다로부터 침입하는 이민족들에 대한 한민족의 허다한 단결과 투쟁, 의병(義兵)·민중(民衆)들에 의한 자발적이며 영웅적인 항쟁의 역사에 대하여는 일체 눈을 감아 버리고 수(隋)·당(唐)의 침공군(侵攻軍)을 패멸시키던 고구려는 아예 한국민족과는 관계가 없는 이민족으로 분리해 버리는 것이다. 외국사상이나 문화의 침입에 대한 한국의 사상적인 대비(對備) 노력 같은 것은 물론 문제도 삼을 리가 없다.

셋째로, 한국민족의 문화적인 능력과 한국문화가 동아문화(東亞文化) 형성에 이바지한 공적을 경시한다. 한국문화가 중국의 주변문화에 불과하다는 것과 한국인의 중국에 대한 사대사상을 지나치게 과장함으로써 한국인의 중국문화 내지 외래문화를 소화하는데 보여준 우수한 재질과 한걸음 더 나가서 독창적인 경지에 도달한 사실(史實) 등은 고의로 회피하고, 한국인이 선사(先史)시대로부터 근세(近世)에 이르기까지 줄곧 혹은 피와 두뇌를 수출하고, 혹은 문헌과 기술을 통하여 한국문화 또는 한국화한 외국문화를 전수함으로써 일본민족을 동남아의 도서국가적인 저급문화 상태로부터 구출하는데 지대한 소임을 다하였다는 점을 묵살하거나 기껏해야 '백제의 왕이 왕인(王仁) 등을 보내서 논어(論語), 천자문(千字文)을 헌상'하는 식으로 예속된 한국인이 지배자인 일본 천황에 조공을 바친 것처럼 언급하고 있을 뿐이다.

넷째로, 그것은 왜구·임진왜란과 같은 정당화할 수 없는 자민족의 침략행위에 대하여는 구체적인 기술을 회피하고 36년간의 강점(强占) 행위도 이를 양국 간의 합의에 의한 합병이며 그 지배정치는 한국의 근대화에 도움이 되었다고 强論하거나 아니면 기술을 전연 생략하는 것이 최근까지의 경향이다.

이러한 문제들이 최근 일본 역사교과서 왜곡으로까지 나타나게 된 것이며 일본인의 이같은 한국사에 관한 맹랑한 주장은 그들의 일방적인 사료의 맹목적인 인용과 억측이므로 이 문제는 매우 중요하고도 시급하다.

돌이켜 보건대 한국의 역사학은 모든 근대학문과 같이 대체로 일본인이 소화한 것을 이어받은 경력을 갖고 있기 때문에, 비록 민족적인 반발을 느끼고 있다 하더라도 그것만으로 일본인의 역사관 그 자체까지 완전히 극복 하고 있다고는 단정하기 어렵다. 뿐만 아니라 일본사학가들의 주장과 의도를 축조적(逐條的)으로 반박하는데만 정신을 쏟다가 보면 어느 틈엔가 부지중(不知中)에 상대방 역사관의 테두리 안에 함입(陷入)하는 위기조차 있는 것이다. 이러한 의미에서 한국인 사가(史家)에게 요청되는 일은 일본인 사가(史家)들의 기성사관을 극복 대치할 수 있는 신사관(新史觀)의 정립문제이다.

이점에 관하여 우리는 서양문명이 인류문명을 대표하는 유일한 문명으로 보지 않고 허다한 문명 중의 하나로 밖에 인정하지 않으며, 지배와 정복에 그다지 가치를 두지 않는 토인비(Arnold J. Toynbee, 1889~1975)의 구상에서 많은 시사를 받는다. 그에 의하면 모든 문명은 환경으로부터의 도전과 내부로부터의 이에 대한 응전이라는 과정에서 발생하며, 응전에 실패했을 때 문명은 멸망하고 성공하였을 때 유지, 발전한다는 것이다. 이러한 토인비적 사관에 의하면 한국민족과 한국 문명이 2천여년 동안 한자리에 정착하여 유지, 발전하고 있다는 사실은 중국문명 · 인도문명과 함께 하나의 놀라운 사실에 속한다.

때로는 이민족의 침략과 시달림을 받았지만 그럼에도 불구하고 침략자인 여진족(女眞族) · 거란족(契丹族) · 몽고족(蒙古族) 등은 지금은 완전히 소멸되었거나 또는 쇠잔한 상태를 면치 못하고 있는데 반하여 한국민족은 신라의 민족통일 이후 고려(高麗) · 조선(朝鮮)왕조를 거치는 동안에도 영흥만선(永興灣線)에서 계속 북진하여 마침내 반도를 완전히 회복하고 조선왕조말(朝鮮王朝末)에는 다시 만주(滿洲)로 넘어서 고구려 · 발해의 고지(故地)로 진입하면서 이른바 정계비(定界碑) 문제를 일으키는 것이다. 이것은 한국민족이 세계의 문명민족 속에서 살아 남을 수 있는 이른바 응전능력을 가지고 있다는 무엇보다도 유력한 증좌가 아닐 수 없다. 민족의 자주와 독립을 옹호하고 세계문화와 평화증진에의 민족의 창조적 역할을 고무시키는 새로운 사관을 정립하는데는 무엇보다도 한국민족의 존재에 관한 이 엄연한 사실을 바탕으로 삼지 않으면 안될 것이다. 그리고 그것이 일본인의 사관처럼 편협한 국수주의(國粹主義)에 떨어지지 않기 위해서는 항상 세계사적인 현실 과제와 관련지우며, 겸하여 진정으로 과학적인 실증정신(實證精神)의 검증(檢證)을 게을리 하지 말아야만 한다.

한국사가 처해 있는 현실 과제의 또 하나는 분단된 민족의 재통일이라는 문제다. 민족의 개념에 대하여는 오늘날 공인된 정의가 없기는 하나 대체로 어느 정도의 혈연적 공통성과 거주지역의 동일성을 기초로 하여 성립한 광범위한 그리고 영속적인 문화공동체라고 볼 수 있다. 그것은 언어·풍습·경제생활·역사·거주지 등을 공동으로 가짐으로써 공동운명체라는 의식, 이른바 민족의식을 갖게 되고 그러한 전통적 심리의 공통성에 의하여 통일되고 영속되어 가는 것이기 때문이다.

그러나 오늘날의 학계의 경향은 민족의 구별과 그 특징을 인종적인 생물학적인 차원에서 논하는 것보다도 오히려 사회적인 역사적인 범주에서 파악하려는 것이 압도적이다. 이 관점에 설 때 이북의 동포가 비록 혈통적으로 동일하다 하더라도 이질적인 사회와 역사 속에서의 별거생활이 장기간 계속 되면 민족의 구성요소 중 가장 중요한 동일민족의식의 약화라는 심각한 우려에 부딪치지 않을 수 없다.

이러한 사태를 초래하게 되는 원인이 외세에 의하여 타율적으로 무리하게 이루어진 것을 밝히고 한국사에 있어서 수많은 외세의 간섭을 자주적으로 배제하여 온 사례를 상기시키면서 민족의 주체적인 노력이 그리고 그것만이 민족의 재통일이라는 현실의 시급한 과제를 해결하는 길임을 피교육자들에게 일깨워야 한다. 부질없이 국제정세의 불가항력적인 점을 강조하고 그것에 의존하는 것이 현명한 길이라는 것을 암시하는 따위는 다만 민족의 항거와 자주의 의식을 마비시킬 뿐이라는 점에서 반민족적일 뿐 아니라 또한 반역사적인 것이다. 이는 곧 역사와 역사교육의 분리를 의미한다.

역사연구란 사실을 밝히는 것이겠지만 자연계를 지배하는 법칙이나 원리가 있는 것처럼 인간사회와 문명 인간의 활동을 지배하는 어떤 법칙이나 원리가 있다는 가정 하에 그것을 밝혀내는 것이다. 이를 밝혀내는 과정에는 자연환경 · 경제적인 요소 · 지리적인 요건 · 기타 역사를 진행시키는 복합적인 것들을 가미시켜서 연구하여야 한다. 그러나 역사를 가르칠 때도 그와 똑 같이 가르쳐야 한다는 것은 한 번 고려해 봐야 할 문제다. 피교육자의 인식 능력과 인식단계를 고려해야 하고 그에 합당하게 가르쳐야 할 것이다.

또 하나 중요한 것은 피교육자의 정신적인 건강상태가 어떤 상태에 있느냐에 따라 결정해야 한다. 독일인이나 일본인처럼 자기 민족이 가장 우수한 민족이라고 믿은 나머지 그것을 이민족 침략이라는 변태적인 행동으로 나타내려는 민족에게, 자기 민족이 우수하다는 것만을 강조시켜 교육한다면 다시 그런 무모한 짓을 하게 될 것이다. 따라서 이들에게는 민족의 우수성을 현실에 맞는 건설적인 방법으로 교육되어짐이 바람직하다.

반면, 역사의 오점들, 즉 수없는 이민족으로부터의 피침략 · 당파싸움 등을 강조하고 '그러므로 어쩔 수 없는 민족이다' 라는 식의 교육은 결국 자가당착에 빠지고 만다. 한글 · 금속활자의 발명 · 이민족의 침입에 슬기롭게 대처한 역사적 사실을 부각시켜야, 즉 역사의 약점보다는 장점을 강조해야 할 것이다. 정확한 기록을 유지하면서 과거를 돌아보고 미래를 다짐할 수 있도록 현실에 맞추어 교육한다는 것은 일고(一考)의 가치가 있는 것이라고 생각이 된다. 이것은 결코 역사를 왜곡시키라는 뜻이 아니라 역사의 어떤 점을 강조해야 하느냐 하는 문제이다.

말하자면 피교육자의 인식능력과 정신생리에 알맞도록 그 교육 내용이 짜여져야 한다는 말이다. 역사의 올바른 인식은 피교육자의 정신건강 상태의 진단 위에서 이루어진 역사교육이라야 가능하다는 이야기다.

《정신문화》 통권15호 한국정신문화연구원

정 재 각 • 한국정신문화연구원장(한국사)

정신문화와 의식개혁

의식개혁운동이 범국민적으로 추진되고 있는 이때, 의식개혁이란 과연 무엇을 의미하는 것이며, 의식개혁은 정신문화와 어떤 관계에 놓인 것인가를 생각해 보고자 한다.

문화란 한 사회의 구성원들이 공유하고 있는 생활양식과 행동원리의 총체로서, 그것은 歷史的으로 형성·발전되어 전승되어진 것이다. 따라서 문화라는 개염은 오랜 시간에 걸쳐 한 인간집단이 의식적으로나 무의식적으로 창안해 낸 언어·예술·민속·종교·사상·기술·법질서·가족제도·정치·경제의 모든 창조물을 의미할 뿐만 아니라, 창조물을 통한 창조자의 신념과 가치의 체계까지도 포함된다.

이처럼 문화의 넓은 의미에서, 특히 정신문화를 분리해서 언급하게 되는 것은 물질문화라는 개염에 대하여 사용된 것이라고 생각할 수 있을 것이다. 그러나 물질문화라고 일컬어지는 생활용구와 기계시설 등의 각종 인공물(人工物)도 엄밀한 의미에서는 정신적 소산인 것이다. 이러한 관점에서 살핀다면 모든 문화현상은 정신적 소산이며, 따라서 정신문화는 문화일반(文化一般) 속에서 작용하는 핵심이며, 일절의 인공물이나 사회조직은 표현 수단에 부과할 뿐이다.

그러므로 정신문화란 한 문화의 바탕을 이루는 신념체계와 가치체계를 가리키는 것으로 대단히 중요한 위치를 점하고 있다. 따라서 한 사회의 정신문화에 대한 종합적 리해를 위해서는 사회구성원들의 행동을 지배하고 있는 종교적 신앙, 도덕적 규범, 심미적(審美

的) 기준, 인식적(認識的) 사고방식, 철학적 과제, 정치적 리념 등을 전체적으로 파악해야 할 것이며, 또한 그들이 운용하고 있는 정치·경제·법률·교육 등은 물론 각종 인공물에 대한 깊은 조예를 가져야 할 것이다.

더구나 정신문화란 한 개인의 사고령역이나 생활방식이 아닌 민족의 공동생활을 통해서 형성된 역사적 과정과 상황에서 파악해야 할 것이며 역사적 상황은 시대에 따라 변하기 때문에 정신문화는 새로운 시대 상황에 따라서 계발(啓發)되어 왔다는 것도 알아야 한다.

또한 이러한 민족의 집단적 정신을 민족정신·국민정신이라고 표현하며, 이 정신에서 나오는 의식을 민족의식이라고 부를 수 있을 것이다.

따라서 정신문화의 계발은 올바른 민족의식의 확립에 있으며 국민의 바른 의식은 훌륭한 문화창조를 가능케 할 것이다. 그러므로 정신문화와 국민의식은 서로 별개가 아닌 불가분리(不可分離)한 사의상자(相依相資)의 관계를 이루고 있으며, 국민의식의 개혁은 곧 정신문화의 계발이며, 정신문화의 계발은 곧 국민의식의 개혁을 의미한다. 따라서 국민의식의 개혁은 의식만이 개혁이 될 수 없으며, 의식과 함께 정신의 객관적 표현인 문화의 개혁이 함께 이루어 지지 않으면 안 될 것이다.

또한 정신문화의 계발이 전통문화의 장점을 살리고 근대사회에 적응할 수 있는 새로운 가치와 질서를 찾는 것이라면 의식개혁에 있어서도 전면적인 개혁이 아니라 근대사회에 상치되는 의식의 부분적 개혁이 요청될 것이다.

오늘날 우리는 급격한 산업화 사회에서 살고 있으나 우리의 의식은 급변하는 사회변화에 따라가지 못하고 있다. 근대사회는 근대의식을 가진 근대적 인간을 필요로 한다. 정치제도의 변화만으로는 개혁의 실효를 거둘 수 없으며, 경제적 자본이나 생산을 위한 기술의 개혁만으로 충분하지 못하다. 국민의식의 개혁을 통한 정치·경제·산업적 태도와 가치관 등의 정신적 개혁이 함께 따라야 할 것이다. 이러한 점에서 볼 때 우리의 국민의식은 아직도 전근대적 요소와 식민지적 근성을 완전히 탈피하지 못한 감이 있다. 이러한 의미에서 의식의 개혁은 새로운 문화창조의 근저(根底)가 될 것이며 정신문화의 근간(根幹)이 될 것이다.

그러나 의식의 개혁이란 쉬운 일이 아니다. 의식의 확립이 오랜 력사를 통해서 형성되듯이 의식의 개혁 또한 오랜 기간을 요해야 할 것이며, 의식의 개혁은 반드시 문화의 개조와 함께 상호보완적 관계에서 이루어져야 할 것이다.

의식개혁의 실전요강의 하나인 정직을 생각해 보더라도 정직한 사람이 손해를 보는 사회에서는 정직은 실천되어지지 않을 것이다. 정직해야 한다는 것을 몰라서 불정을 행하는 사람은 거의 없을 것이다. 옳다는 것을 알고는 있지만 정직이 통하지 않는 문화현상이 있으므로 정직은 실천되어지지 않을 수도 있다.

따라서 의식개혁은 의식만의 개혁을 요구해서는 그 실효를 거두기 어렵다. 정직이 통하는 사회, 정직한 사람이 승리하는 사회, 정직한 사람이 리익을 보는 사회가 되어야 한다. 또 질서를 지키는 사람은 늘 손해를 입는 사회에서는 질서는 지켜지지 않는다. 그러므로 질서를 지키겠다는 국민의 의식도 중요하지만 질서를 지키는 사람이 덕을 보는 사회제도가 수립되어야 하므로 국민의 의식개혁은 문화와 함께 동시에 개혁되어야 함이 그 첫째 과제가 될 것이다.

둘째, 의식은 지극히 주관적인 요소이므로 타율적인 권유나 지시로서는 그 개혁이 곤란하다. 그러므로 가능한 모든 종합적인 방법을 동원해야 한다. 特히, 종교 · 심리 · 역사 · 사회 등의 교육이 필요할 것이다.

셋째, 의식개혁은 단기보다는 장기적인 계획이 필요할 것이며, 전면개혁보다는 점진적 개혁으로 관(官) 주도적보다는 국민주도적으로, 지시가 아닌 자발적인 방법으로 되어야 할 것이다.

넷째, 의식개혁은 긍정적인 요소를 고창시키고 부정적 요소를 개혁하는 입장을 취하여야 한다.

이러한 의미에서 의식개혁은 정신문화의 계발과 창조라는 차원에 서서, 우리의 문화현실을 바로 판단하고, 온 국민이 함께 노력하는 분위기를 조성해야 그 목표를 달성할 수 있을 것이라고 생각해 본다.

《정신문화》1982. 여름 통권 11호, 時論, 한국정신문화연구원

정 재 각

중국, 중국문화

중국은 우리나라의 주변국가 중 지리적으로 접경해 있을 뿐 아니라 역사적, 문화적으로 고래로부터 밀접한 관계를 가지고 있는 나라이다.

특히 한국은 중국의 동북방에 뾰족하게 나온 반도인데 일본인들은 이를 가리켜 '일본 옆구리에 비수를 겨누고 있어 이를 취하지 않으면 항상 위험을 느낀다.'고 말하고 있다. 이것이 바로 일본 제국주의자들의 시각이다. 그래서 한반도를 자기들이 취해 중국 쪽이 힘을 쓰지 못하도록 해야만 격을 높여서 살 수 있다고 생각하는 것이다.

중국의 면적은 중국이 얼마 전 독립국을 승인한 외몽고까지 합쳐 11억평방킬로미터인데 한반도가 22만 평방킬로미터이므로 우리의 5백배에 해당되는 큰 나라이다. 구라파 대륙 전체보다도 약50만 평방킬로미터가 더 크다. 인구는 11억 내지 12억으로 보는데 이것도 대충 행정력이 미치는 선에서 본 수치이다. 전 세계 인구를 50억으로 봤을 때 약 5분의 1 정도인 셈이다. 또 전 세계 면적의 12분의 1을 중국 하나가 차지하고 있는 것이다. 따라서 아시아 지역의 4분의 1을 차지하는 이 큰 나라를 우리가 이해하기는 쉬운 일이 아니다.

사람들은 자기가 생활해 온 그 공간의 영향을 받아서 자기의 신체조건과 사고방식, 감각, 감정 등을 결정하게 된다. 이것을 통해 환경이 우리에게 얼마나 큰 영향을 끼치는가를 알 수 있다. 인문지리학자에 의하면 근대 이전에는 산골짜기에 사는 사람은 단순하고 감정적이라 한다. 다른 지역으로 가는 일이 거의 없어 사람들과의 접촉이 없기 때문에 솔직하기도 하다. 반면, 평야에 사는 사람은 나 이외에도 많은 사람이 다른 풍습과 성격을 지니고 있다는 것을 알고 있다.

한국이라는 조그마한 나라는 위로 장백산맥이, 아래로 태백·소백·차령·노령산맥 등 온통 산맥들이 들어차 있어 그 산맥과 산맥의 물을 먹고 살았으므로 좀처럼 다른 지방으로 가는 일이 없었다. 그래서 한국에는 방언이 많다. 서로 섞여 어울리지 않게 되니 마음도 좁아지고 감정도 좁아지게 마련이다. 몽고의 고비사막 저편, 이란·이라크 같은 곳의 사람들은 시력이 좋고 자연적인 여건에 의해 감각이 무디고 친절하나, 난폭해지는 경향이 있다고 한다.

중국은 농경 지대이고 만리장성 이북으로는 몽고사막이 자리하고 있다. 이를 고비사막이라고도 하는데 외몽고를 넘어가면 북극해의 영향을 받는 시베리아 삼림동토지대가 나타난다. 서쪽의 제일 높은 봉이 히말라야 산 등허리이고 세계의 지붕이며 세계에서 제일 높은 파미르 고원이 있다. 동남쪽 그 밑으로는 히말라야 산맥이 쭉 뻗어가고 말레이 반도까지 이어진다. 또한 북쪽으로는 곤륜산맥, 청산산맥, 알타이산맥 등이 뻗어 있다. 만주 북쪽으로 대흥·안령산맥이 있고, 서북쪽으로는 산이, 동남쪽은 바다, 남쪽은 타이·미얀마·베트남까지 이르는 중산지도 있지만 대개는 정글림이기 때문에 기후가 서습해 사람이 살기에 매우 불편한 곳이다.

중국은 가운데가 평야로 한국의 맞은편 동쪽 바닷가가 발달한다. 황하와 양자강 중간에 있는 회하(회수)와 황하 중류가 연결되는 해안을 황해평야, 북동평야라고 한다. 그 넓이가 51만 평방킬로미터나 된다. 양자강 하류에도 큰 평야가 있으며 광동성 및 중경에도 평야가 있다.

이러한 지리적인 측면에서 본다면 한국은 평야가 없는 셈이다. 흔히 평야에 사는 사람은 사람 다루는 법이 뛰어나다고 한다. 성격이 비교적 넓고, 좋게 말해서는 원만하며 한편으로는 교활하기도 하다. 사람을 잘 속이는 대신 자신은 잘 넘어가지 않는다. 겉으로는 능글거리면서 실제로는 한 수 더 보고 있다. 이것은 수천 년 동안 역사적으로 그러한 환경에 살아왔으므로, 자기 이외에도 많은 사람이 있고 많은 민족이 있다는 것을 체험 상으로 알고 있는 것이다. 중국 사람들의 성격은 미련할 정도로 느긋하고 좀체로 흥분하지 않는 것이 특징이다. 중국 사람들은 본래 대륙적이고 평야적인 기질을 지니고 있다. 중국의 평야 주변에 사는 이민족들은 유목생활을 했기 때문에 이동성이 강하다.

우리나라와 중국도 그 문화의 영향을 받았다고 할 수 있다. 몽고사람들이 사는 곳이 모두 사막 가운데이고 또 만주지역 등 동쪽은 삼림이 우거져 수렵하는 사람들이 살았는데 서쪽은 신강성으로 중국 타슈켄트 지방엔 터키 계통이다. 토이기계 사람들이 많이 살았는데 중국인들은 그들에 대해 우월감을 갖고 있었다. 짐승이나 기르고 예의도 없으며 또한 남쪽은 덥고 습기가 많아 옷을 벗고 살았으니 이런 것을 보고 야만인의 행동이라 생각했다. 중국의 주변사람 중 동쪽에 사는 사람은 '동이(東夷)'라 하고 몽고의 씨족들은 '북적(北狄)'이라 했다. 서쪽에 사는 사람들은 '서융(西戎)'이라 했는데 그들 역시 창과 칼을 가지고 생활하고 미개인이라는 뜻이다. 남쪽에 사는 사람들은 벌레 같은 사람이라 새서 '남만(南蠻)'인데 사람이 살만한 곳이 아니라 했다.

사람이 살만한 제일 좋은 곳은 천하의 한가운데인 중국뿐이라는 것이다. 중(中)자는 한가운데로 하늘이 이 땅 위에서 제일 살기 좋은 곳을 중국 사람들에게 주셨으며 또 이 '중(中)'자는 '천하(天下)의 중간'이라는 뜻으로 해석하였다. 세계의 중심 가운데 가장 꽃답고, 편리하고, 살기 좋은 곳으로서 꽃 화 자, 빛날 화 자이며 '우리민족이 중화민족이다.'는 생각을 중국 사람들이 갖게 되었다. 천원지방(天圓地方)이므로 하늘은 둥글고 땅은 네모졌다고 하여 지구도 네모졌다고 생각했다. 천원지방 주위에 사는 사람들은 다 오랑캐이고 중간에 있는 가장 기름진 곳은 중국 사람들이 차지하고 있다 해서 '우리가 하늘의 자손이다. 하느님이 이를 다스리기 위해 자기의 아들을 내려 보냈다.'는 것인데 이를 '천자(天子)'라고 하였다. 중국 사람들이 천하를 다 차지하고 있고, 하늘 밑은 다 중국 땅이라는 뜻이다. 주변 민족들은 기본적으로 천자에게 소속된 것인데 주변 이민족들이 그렇게 안하는 것은 워낙 이들이 짐승 같고 소견이 없어서 인사할 줄 모르는 것이라고 생각했다. 화외(化外)의 백성이라는 얘기이다. 서양 사람들이 무역교류를 하려고 접근해 왔을 때도 그들을 절하는 것도 모르는 화외백성으로 여겨, 교화할 수 없는 백성이긴 하지만 천자의 넓은 아량으로 용서해 준다고 생각하였다. 이 하늘 밑에 있는 것은 모두 중국의 것이며 국경이라는 것도 있을 수 없다고 생각하였다. 지금도 무식한 백성일수록 이에 대한 생각이 확고하다. '우리가 어른이고 너희들보다 낫다.'는 자만심은 결국 지형적인 요건이 뒷받침해 준 결과이다. 고비사막을 넘어간 일도 없고 파미르 고원을 넘어 아라비아 쪽으로 간 것도 후세의 일이었다.

따라서 그 당시 중국은 우물 안 개구리였다. 다시 말하면 우물 안이 천하이고 우물 안에 살고 있는 것이 하늘이 내려준 중국백성이라는 과대망상증을 갖게 된 것이다. 한국이나 동이족, 서양 국가들인 이들 화외민족들이 교역을 하고자 오면 신하로 대하며 중국의 덕을 사모하여 왔다고 생각하였다. 실제 중국은 평야지대만 해도 51만 평방킬로미터로 한국의 2배반이나 되고 산지까지 합치면 엄청난 정도이기 때문에 여러 백성들이 쳐들어오곤 했었다. 한국의 경우 강수량이 제일 적은 곳이 800내지 600밀리이다. 그러나 몽고사막은 1년의 강수량이 200밀리 전후이니까 풀이 자라지 않으면 짐승이 죽게 되고, 짐승을 먹고 사는 민족들이 자연히 만리장성을 넘어 중국으로 쳐들어오게 된 것이다.

그래서 동양사는 만리장성을 중심으로 한 북과 남의 대항이라고 한다. 이렇게 쳐들어오면 중국 조정에서는 이에 대항해 싸움을 하기보다는 비단을 주든지, 천자의 공주를 그 쪽 우두머리에게 시집보내는 방법을 이용했다. 그래도 상황이 악화되면 또 싸우게 된다. 많은 이민족들이 만리장성을 넘어 들어오게 되고 이들에 의해 또 많은 나라들이 중국 내부에 생겨나게 된다. 따라서 그 중 어느 것이 진짜 합법적인 나라인지를 구별할 필요가 생겼다. 그래서 역사의 정통론, 즉 올바른 계통론이라는 얘기가 나온 것이다. 그 정통론 중에 재미있는 것은 한족 외에 원래 중국민족이 아닌 선비족, 몽고족의 나라, 여진족, 청나라 등을 정통의 나라로 인정해 주는 것이다.

중국인은 워낙 피가 잡다하게 섞여서 순수한 종족을 가려내는 것이 의미가 적었던 것이다. 또 그럴 필요도 별로 없었다. 원나라, 청나라 등 야만인의 지배를 받았어도 그것을 정통으로 인정해 주었다. 가령 원나라가 쳐들어와서 중국을 점령한 100년 동안 피는 많이 섞였고 다시 명나라가 회복을 하여 오랑캐들과 함께 살게 되었을 때에도 '너희들은 너희들끼리 결혼하지 말아라' 하며 반드시 중국인과 결혼해서 피를 완전히 섞어버리라고 했다. 그렇게 동화하는 정책을 취했다는 것은 중국인은 동화력이 강한 민족이며 피로 보는 차별을 별로 안한다는 점이다. 중국 사람들은 순 혈통이 아니기 때문에 그들의 음식조차도 그러한 잡다한 구미(口味)들이 혼합된 소산이라 볼 수 있다.

실제로 오늘날의 중국문화 그 자체는 중국 사람이라는 순 혈종이 만들어 놓은 것이라기보다도 동이 · 북적 · 서융 · 남만계통이 들어와서 각자의 요소가 융해하여 만들어 놓은 것이다. 우리 한국 사람들이 생각할 때는 중국은 우리보다 500배나 큰 나라이므로 중국 사람들이 따로 무엇인가 독특한 맛이 있어서 그러한 문화를 형성한 것이라고 생각하지만 실제 중국에는 한국의 신라방, 장보고의 활동유적이 있고, 조사된 것만 해도 한국스님 2백22명이 중국 절에서 설교를 하고 있었다고 한다. 일반 거주민은 말할 것도 없고 이정기(백제계통), 고선지(고구려계통), 흑치상지(백제계통) 등이 모두 사령관으로서 왕성한 활동을 하였다. 불교뿐 아니라 기타 문화에도 여러 가지 영향을 미쳤다. 그런데도 중국 사람의 이름으로 나오고 있다.

중국문화는 한국 사람과 대치되는 이질적인 문화라고 생각해서는 안된다. 한국적인 요소, 동이적인 요소가 상당히 들어가 있다고 볼 수 있다. 또한 중국 사람이 외교적으로 대단히 능하다는 것은 진시황을 보면 알 수 있다. 여러 민족을 다루고 그들과 교제하고 충돌하며 싸우는 동안에 지식이 굉장히 풍부해진 것이다. 그들에게 있어 싸운다는 의미는 손자병법에 의해 '싸우지 않고 이기는 것이 제일 좋은 것'이라고 생각한다. 싸우면 피를 흘려야 하기 때문이다. 그리고 또 하나의 방법은 이이제이책(以夷制夷策)으로 오랑캐로서 오랑캐를 제거한다는 원칙 아래 싸움을 하지 않고 상대방끼리 싸우게 만드는 것이다.

어떻게 보면 우리나라 이북과 이남도 중국 사람의 이이제이책의 술수에 넘어간 것인지도 모른다. 그러나 잘 안 넘어가는 쪽이 일본과 미국이다. 미국과 일본은 경험을 많이 해봤으므로 중국의 능구렁이 속을 잘 알고 있어서 단순하게 넘어가지 않는 것이다. 가장 걱정이 되는 것은 한국 사람이다. 최근에 한국 사람들이 경제적인 것을 앞세워 잘난 체를 하면 중국 사람들은 '내가 어른인데 어린애 같은 수작으로 넘어갈 것 같으냐'는 생각을 한다. 지금은 가난해서 쪼들리는 형편이지만 지체가 당신들보다 못할 것이 있느냐는 생각을 노동자들까지도 가지고 있다. 한국인이 그들의 역사적인 사고방식, 자만심을 모르고 섣불리 경제적 발전을 내세워 노골적으로 무시하면 굉장한 반발을 일으키는 것을 봐도 알 수 있다.

1958년 본인이 문화사절로 대만에 갔던 적이 있었다. 대만대학 교수들과의 우호교류 관계로 가게 되었는데, 한국에서 교수들이 왔다고 하여 신문기자가 면회를 왔다. 몇 마디 소감을 묻고 하였는데, 그 다음날 신문을 보니까 '한국의 대학교수들이 상방(上邦)에 경의를 표하기 위해서 왔다.'고 써 놓았다. 그런 말은 한 적도 없는데 제멋대로 써버린 것이다. 우리의 3분의 1밖에 안되는 나라이며 더구나 조그마한 섬으로 쫓겨와서 지금 우리에게 상방이니 뭐니 말할 처지가 아닌데도 젊은 사람의 머릿속에 그런 의식이 잠재되어 있다.

우리는 능란하게 세계 각국을 다루는 중국 사람들의 속성을 정확히 알아야 한다. 자존심도 굉장히 강한 민족이다. 그러니까 한국을 대하는 것도 이이제이책으로 다루는 것이다. 중국의 천자사상은 결국 지리적인 환경에서 생겨난 것이다. 중국의 유교는 한국에까지 큰 영향을 끼쳤지만 유교사상을 강요한 것은 아니다. 마호메트교는 한 손에 총을 들고 한 손에 코란을 들고 강요했고, 기독교도 침투해서 제국주의와 관련을 가졌지만 유교는 그렇지 않았다.

그러면 어떻게 2500년 동안이나 동아시아, 한국, 일본이나 베트남에 유교가 전파되었는가 하면, 유교자체가 동이적인 요소를 가졌기 때문이다. 유교는 공자와 그 선현들이 만들었고 공자가 집대성한 것인데 공자의 아버지는 그 당시 송나라 사람이었다. 그때 송은 주(周)나라의 하나의 제후였는데, 여기에는 은(殷)나라의 자손들이 많이 살았다. 주나라보다 문화가 앞선 나라였는데 이 나라를 동이족이 세운 나라였다고 주장하는 학자가 중국에도 한국에도 많이 있다.

동쪽으로 왔다는 기자가 만주의 요동반도 쪽으로 왔느냐, 평양으로 왔느냐에 대해 학자들의 연구가 지속되어야겠지만 그는 은나라 사람이었다. 은나라 사람이 자기 고향으로 돌아갔다는 의미이다. 그렇다면 우리와 중국 고대문화와는 관련이 있는 것이다. 우리 대(對)중국인, 중국문화 자체에 우리가 참여했으며 우리 인종의 피도 섞여 있다는 시각으로 생각해야 한다.

한국이 여러 가지 생각을 가진 민족과 접촉을 하는 데 있어 우리가 중심체로 서서 우리의 본체와 자존심을 가지고 응대하는 것과, 덮어놓고 상대방이 하자는 대로 따라다니며 놀림감이 되는 것은 천양지차이다. 결국은 독립을 유지할 수가 없게 된다. 정신적 독립도, 정치적 독립도 안된다는 것이다. 하물며 경제적 독립은 더욱 어렵게 된다.

〈질의응답〉

1. 고대중국의 이민족들은 그동안 중국에 많이 동화되었으리라 보는데 아직도 중국 남쪽에는 옛날의 남만이라는 요족들이 상당히 남아 있다고 생각된다. 또 서남쪽의 티벳, 서쪽의 신강성 일대에 역사적으로 동구르 · 위구르라고 하던 터어키계 종족들이 있고, 북쪽에는 외몽고가 독립국으로 있지만 아직 그 안에는 내몽고가 자치공화국으로서 중국 영토 안에 있다. 그리고 동북방의 여진족들은 지금은 거의 중국화, 한민족화해서 그들 고유문화를 상실해 가고 있다고 생각한다. 아직도 중국 영토 내에는 많은 이민족들이 살고 있는데 그들이 과연 완전히 중국에 동화되어 있는가, 혹은 그 고유문화를 이어가고 있다면 그들의 고대문화는 어떤 모습이며 지금 그들이 누리고 있는 독특한 문화는 어떤 것인지? 또한 그 당시 터어키 족은 상당한 세력을 가지고 있었다고 하는데?

만몽회장이라 해서 만주와 몽고와 회교를 믿는 사람, 서장족, 이것이 4대 민족이고 한족까지 합쳐서 5족인데 각각 약 400만 정도이다. 티벳족이 약 400만, 내외몽고족 합쳐서 400만, 여진족도 부분적으로 볼 때 몽고에 있는 사람은 몽고의 풍습을 상당히 지니고 있고 만리장성 안에서는 중국에 동화하는 경우가 많으며, 티벳족의 경우에는 지형 상, 생활상, 지리적 여건으로 잘 동화되지 않는다. 묘족, 기타 소수민족들은 사천성 운남성에 일부가 있다고 한다. 그들도 거의 섞여서 중국적인 요소가 많이 있는데 세시적(歲時的)인 것은 중국 본토와 약간씩의 차이가 있다고 한다. 그러나 그것들이 정치적인 세력을 잡지 못한 채 중국 한족의 정권들이 거의 위험요소로 보지 않았기 때문에 관대하게 봐주고, 어떤 의미로는 관대하게 보호하는 척도 했으나 전체적으로는 한민족의 정치권력의 위험을 느끼지 않는 정도에서 하는 것이다.

티벳족은 7, 8세기 경 투르판이라 해서 신강성·청해성까지 진출하였다. 그때 당나라가 티벳족의 지배를 받을 위기에 직면했으나 공주를 보내어 모면을 한 적도 있다. 불교의 일종으로 라마교라는 것이 절대적으로 우세하였으며, 고원지대에서는 일처다부제의 형태를 취했다. 목축이 주가 되었으므로 농경지대와는 반대의 입장이었다. 험하고 기후도 차고 짐승을 기르기 위해서는 남자들의 힘이 필요하게 된 것이다. 그것만은 특수하게 자기들 풍습을 지키는 것 같다. 터어키족은 신강에서 회족이라 불렸다. 회족도 터키족의 일부에 속하는 쪽이 있고, 한족이면서 회교를 믿는 두 가지가 있다. ' 눈이 깊고 코가 높다(深目高鼻)' 하여 옛날 중세기부터 나온 말이 있다.

터어키족은 예전에 돌궐족(突厥族)이랄해서 지금의 내몽고까지 장악한 일이 있다. 당나라와 싸우고 난 후 서쪽으로 쫓겨가서 소아시아로 옮겨가 싸움을 하여 지금은 콘스탄티노블에 있지만 과거는 돌궐족이라는 굉장히 큰 나라였다. 그래서 고구려와 사신을 교류하였고 당태종이 돌궐과 고구려가 협공할 줄 알고 먼저 고구려를 쳤는데, 그 결과 고구려에게 당했다는 에피소드도 있다. 서쪽으로 옮겨간 터어키족 외에 남아있는 것이 지금 신강성에 있다. 여기를 ' 중국령 터키족 땅' 이라고 부른다. 중앙아시아는 타슈켄트, 지금의 카각 공화국이 있는 곳으로 ' 러시아령 터어키족 지방' 이라 하여 구별하지만 말도 같고 모두 동족끼리이다. 국경지대가 초원지대이므로 서로 왔다갔다하며 별로 거리낌이 없다. 현재도 경제적으로 곤란하니까 회족들이 무언가 움직이고 있다고 한다. 그래서 등소평은 긴장을 해서 스파이를 놓고 있다고 한다. 내몽고 민족이 나중에 자꾸 독립 운동을 일으키고 있는데 그렇게 되면 만일의 경우 국민투표를 할 것에 대비해 중국인들을 자꾸 그쪽으로 보내고 있다. 그래서 내몽고에는 몽고인보다 중국사람이 더 많다. 과거에 간도성, 길림성에는 한국사람들이 많았다. 실제로 길림성은 한국이 역사적으로 소유를 주장하게 되면 분쟁이 일어날 수 있는 곳이다. 그러니까 자꾸 길림성으로 중국인들을 이주시켜 지금은 중국인들이 많이 거주하고 있다. 일을 하기도 전에 소문부터 내는 한국사람과는 달리 중국인들은 소문내지 않고 일을 추진하고 있는 것이다.

  2. 남북의 관계가 언제쯤 해결이 날는지 경륜을 바탕으로 짐작되는 점은?

  임의로 생각해 볼 때 우리가 같은 민족이고 어차피 통일을 하지 않으면 주위의 강국에 둘러싸여 살 수가 없게 된다. 일본의 인구가 1억 2천만, 중국이 11억 내지 12억, 소련이 2억 9천만인데 이들에 둘러싸여 있으니 숨을 쉴 수가 없다.

  7천만 민족이 단결해도 일본사람 하나 당해내는 데는 힘이 든다고 한다. 그럼에도 불구하고 우리는 서로 적대관계를 계속 하고 있다. 우리 민족은 우리 민족대로의 불가분의 유기적인 관계가 있다. 따라서 우리 민족문화가 훌륭하다는 문화에 대한 자긍심을 갖고 뭉쳐야 살지 뭉치지 않으면 안 된다는 마음으로 신봉을 해야 한다. 자기 민족을 지상(至上)으로 생각하면 이데올로기는 퇴색한다. 민족이 염두에 없기 때문에 이데올로기만 찾게 되는 것이다. 이데올로기라는 것은 모두 서양이데올로기이다. 그렇게 되면 민족이 없어지고 만다. 우선 민족을 찾자고 말하고 싶다.

《다보(多寶)》, 1992, 봄호, 대한불교진흥원

정 재 각

146 ✽ 남사 정재각 그는 누구인가

민족주체성 확립과 국학(國學) 연구

한국민족의 생존과 진보는 민족의 정치적인 독립의 확보 없이는 이루어질 수 없다. 민족 독립의 확보는 또한 민족의 주체성의 확보가 전제되지 않으면 한갓 유명무실(有名無實)한 것이 되고 말 것은 두말할 나위가 없는 일이다. 민족 주체성의 확립은 국학연구를 통한 민족문화의 계발이 있어야 할 것이다. 민족의 주체성 - 그것은 실로 민족존립의 척주(脊柱)다. 민족이란 도대체 어떠한 구조, 어떠한 생리를 가지고 어떠한 역할을 가지고 있는 것일까? 주지하는 바와 같이 이 지구상에는 수많은 민족이 존재하고 있으나 민족의 개념을 학술적으로 규정한 것은 일정한 것이 없다.

민족을 단순히 역사적 범주로써 파악하려는 사회주의자들의 정의가 있는가 하면 반면에는 인류학적 범주인 인종을 기축(基軸)으로 관념적 초역사적으로 이를 정하려는 나치즘과 그 아류(亞流)들의 학자도 있다. 또한 객관적으로 문화의 특수내용을 공통으로 하는 인간의 기초적 집단, 즉 문화공동체를 민족으로 보려는 이도 있고 혹은 주관적으로 민족의 기저(基底)를 인간의 의식이라는 측면에서 구하여 주관적 조건의 공통성에 역점을 두는 견해도 있다.

이리하여 이상의 여러 가지 입장을 모두 만족시킬 수 있는 정의란 사실상 불가능한 일이지만 가능한 한 포괄적으로 이를 시도하여 본다면 다음과 같다. 즉 민족이란 공동의 지역, 종족, 언어, 풍습, 정치, 경제유대 및 역사적 운명을 기반으로 하여 역사적으로 형성된 공속의 의식 및 의지를 가진 영속성 있는 집단이라는 것이다. 물론 이상의 제 조건의 설정에는 이론이 있을 수 있으며, 또 그 설정조차도 한갓 이념일 뿐 사실에 있어서 이를 빠짐없이 충족시키는 민족은 실재하지 않을 것이기는 하다. 다시 말하면 이상의 이념형에 완전히 들어맞는 민족은 현재에 없으며 그 이념을 충족시키는 정도에 따라서 각 민족 간에 차이가 있는 것이 우리들이 경험하고 있는 실태라는 말이다.

두드러진 예로서는 앵글로색슨민족이나 스페인민족은 오늘날 세계에 널리 퍼져 있으나 언어나 종족적 계보를 같이할 뿐 그밖에 것은 공유함이 없으며, 따라서 상호간 역사적 운명공동체의 의식은 거의 없는 형편이고, 인도민족은 지역, 종족, 언어, 정치, 경제 나아가서는 역사적 운명까지 함께 해 왔으면서도 그 종교와 카스트의 엄격한 차별 때문에 현재에 와서는 공속의 의식커녕 원수의 관계에 있다. 반대로 지역, 경제관계, 정치, 역사적 운명을 공동으로 하면서도 각각 언어와 풍습이 다른 다수민족이 있어 미국, 소련, 중공 등의 대국가를 형성하고 있는가 하면, 소국 중에서도 스위스와 같이 이태리민족, 독일민족, 프랑스민족 등이 합작하고 있는 예도 없지 않은 것이다.

이상의 여러 민족에 비하면 한민족은 비록 외세에 의하여 현재 일시 국토가 분열되어 있다고 하더라도 오랫동안 지역공동체, 종족공동체, 언어공동체, 정치, 경제, 풍습 기타 역사적 운명의 공동체로서 한국국가의 단일기반(單一基盤)을 이룩하여 왔던 것이므로 그 공동적 요소들의 획일성과 정일성에 있어서 타민족들에 비하여 월등하다. 다시 말하면 민족구성의 객관적인 조건이 가장 이념형에 가까운 민족의 하나라는 말이다. 따라서 주관적인 공속의식도 또한 뿌리 깊은 것이 짐작될 것이다.

민족은 이상에서 보는 바와 같이 상대적으로 민족과 민족과의 사이에 그 공동체적인 질에 있어서 차이가 있을 뿐 아니라 또한 동일한 민족일지라도 역사적으로 변천과 탈피를 거듭하면서 성장하는 것이 상례이다. 스탈린의 정의에서와 같은 민족은 사회발전의 자본주의단계에서 비로소 성립하는 것이며, 그 이전의 사회 상태에서는 다만 가능성 혹은 맹아(萌芽)의 형태로서만 잠재하였을 뿐이라는 극단적인 주장이나, 혹은 원시사회로부터 계급사회에의 과도기에서 벌써 민족은 형성되는 것이라는 의견을 반드시 그대로 받아들이

지 않는다 하더라도, 좌우간 부족적 존재로부터 발전한 민족이 역사적으로 끊임없이 분리와 융합의 과정을 겪으면서 자기형성의 길을 전개해 왔다는 대강의 사실은 인정하지 않을 수 없는 일이다. 물론 스탈린이 자본주의사회하의 이른바 부르주아적 민족과 사회주의사회하의 이른바 사회주의민족을 전연 이질적인 것으로 구별한 만큼의 확연한 변질이 있다고는 보기 어려운 것이겠지만, 스탈린은 전자에 있어서는 민족의 통일에 지도적 역할을 한 것이 부르주아적 계급이며 따라서 민족주의운동의 담당자는 언제나 근본적으로 부르주아였다고 주장하고, 부르주아적 민족의 사상적, 사회적, 정치적 속성으로서 민족통일을 위한 민족내부의 계급적 평화 타민족의 영토획득에 의한 자민족의 영토 확장, 타민족에 대한 불신과 중액), 소수민족에 대한 압박 및 제국주의와의 통일전선 등을 들고, 후자에 있어서는, 자본주의의 몰락과 사회주의의 승리가 민족의 내부적 결합의 기초에 급격한 변화를 가져와서 노동자계급과 농민계급이 굳건히 동맹하고, 대외적으로는 민족 간의 적대감의 사회경제적 기반이 제거됨으로써 우의(友誼)와 평화를 초래하였다고 찬양하였던 것이다.

그밖에 사회주의적 민족이론가 중에서는 대체로 이와 방향감각을 같이 하면서도 민족의 심리적 내지 인종적 요소의 중요성을 극소화시키고, 경제적, 지리적 차원의 객관적 요소 등의 비중을 극대화시키는 이론을 전개하는 자들도 있다. 그러나 우리의 실증적인 고찰에 의하면 사회주의 민족 간에서도 우의와 평화와 공존만이 있는 것이 아니고, 불평등과 긴장이 존재한다는 것은 너무나 뚜렷하다. 공통된 정치체제, 경제체제, 내지 사회구조를 가졌으면서도 소련민족은 헝가리의 마쟈르 민족을 짓밟고 체코민족을 위협하고 있으며, 또한 중공 및 알바니아와의 불화도 주지의 사실이 아닌가! 이러한 현상들은 다만 사회주의자들의 사회주의 민족에 대한 구가(謳歌)를 무색하게 만들뿐 아니라, 민족의 구성 요소 중에서 특히 정치, 경제, 지역 등의 비인종적인, 비심리적인 요소들의 역할을 강조하려는 기도(企圖)도 또한 좌절케 하고 있다.

계급이 사상과 행동의 결정인자라면 체코의 노동자들이 그들의 사회주의 우방인 소련의 군대에 항거하는 사태는 어떻게 하여 일어나는 것인가! 아무래도 민족은 인종적인 조직, 그 특수한 전통, 그 사회적 의사 및 독자의 이익을 가진 공동체라는 관점에서 그 해답을 구할 수밖에 없다. 그러나 그렇다고 하여 우리는 나치스트학자들의 「피의 논리」에는 쉽사리 동조할 수 없다. 모든 문화와 가치를 형성하는 힘은 본질상 종족적 요소에 의존하는 것이며 이러한 의미에 있어서 국가는 종족의 보존과 그 향상을 최고목적으로 삼는다는 그들의 주장, 역사는 피와 피의, 인종과 인종의, 민족과 민족의 투쟁이며, 인종관과 인종관의 투쟁이며, 일체의 역사, 일체의 문화는 인종과 인종관에서 설명된다는 로오젠베르그의 부르짖음 등은 또한 사회주의자들의 민족해석에 대한 극단적인 반발로서 민족의 실체를 인종적인 차원에서만 파악하려는 것이었다. 그러나 이러한 그들의 해석은 실증적으로 맞지가 않다. 그들이 부는 피리소리 - 그들의 이른바 새로운 역사적 질서를 위한 전쟁도발에 아리안인종, 그중에서도 우수한 순혈이라고 주장하던 게르만족조차도 춤을 추지 않았다는 사실 자체가 이를 웅변으로 증명하였다. 그때의 역사는 인종과 인종과의 대결보다도 사상과 사상과의 대결로써 나타났던 것이다. 이상으로 보건대 민족문제를 종족적인 혈통적인 면을 과소평가하면서 다루려는 경향은 국내에 잡다한 민족을 내포하는 다민족국가의 고민에서 나오는 현상이요, 반대로 이를 과대평가하려는 주장은 독일이 소련 및 그 서방인접국가에의 침략에 있어서 이질적 요소인 유태인 배격으로써 국내를 단합시키고, 나아가서 소련의 다수 민족적 약점을 노리는 동시에 동구각지(東歐各地)에 산재해 있는 독일계민족의 내부적 궐기를 촉구하려는 야망에서 나온 현상이다. 그러므로 어느 것이나 다 단일민족국가이며 또한 인국(隣國)을 침략할 의도도 가지고 있지 않은 한민족에게는 실용적 가치조차도 없는 이론들이라 하겠다. 요컨대 역사상에 있어서 민족적인 움직임은 그 민족이 처해 있는 역사적인 정세에 따라서 또는 지정학적인 환경에 따라서, 때로는 종족적인 면이, 때로는 비종족적인 면이 두드러지게 표현되는 것으로서 어느 일면만이 항상 우수하게 나타나는 것이라고는 단언 할 수가 없다.

서양의 민족들은 그들의 근대민족으로서의 성장과정에서 타민족을 정복함으로써 반대로 아시아, 아프리카 민족들은 그들에게 식민지화 내지 반식민지 화됨으로써 자신들의 종족적인 존재를 발견하였으며, 그 중에서도 인도와 파키스탄, 중공과 대만, 서독과 동독, 한국과 북한 등은 비종족적인 요소 때문에 분열되고 있는 역사적 현상이다. 다만 이러한 분열에도 불구하고 동일한 민족관계에 있다는 점, 바꾸어 말하면 민족의 구성요소중 상대적으로 가장 불변적인 종족적인 것을 공유하고 있기 때문에 다른 어느 것보다도 자연스러운 통합의 가능성을 내포하고 있다고 볼 수는 있을 것이다.

이제 우리는 민족의 개념을 대강 검토하고 민족의 자기전개의 과정과 그 양상이 각각 놓인 역사적인 조건과 지리적 환경에 따라서 다르다는 것을 일별(一瞥)하였다. 아시아, 아프리카의 민족운동들이 보여주는 반제국주의적 반봉건적인 움직임도 자신들이 처해 있는 식민지적 신세로부터, 생존하려는 몸부림의 하나였던 것이다. 2차 대전 후 비록 정치적인 독립은 명목상 획득 하였다고는 하나, 경제적인 독립은 아직도 요원함에 그들은 계속하여 민족적 결속을 호소하고 있다. 인도의 네루로 하여금 내셔널리즘은 우리들의 마음을 따뜻하게 데워주는 싸움의 함성이다. 우리들의 내셔널리즘을 이해하려면 역사적 견지에서 폭풍우와도 같이 움직이는 대중의 견지에서 하지 않으면 안 된다고 부르짖게 한것도 바로 그런 절박한 환경인 것이다.

반면에 다민족국가이거나 혹은 선진적으로 공업화한 민족국가에서는 국내 단합을 위해 또는 후진국가에로의 그들의 침투를 위해 고의로 민족적 차이를 경시하고 민족운동의 예봉(銳鋒)을 둔화시키려는 노력이 현저하다. 세계국가 내지 인류로서의 이상을 전면에 내걸고 내셔널리즘 따위는 한갓 편협하고 후진적인 사상이라고 치부해 버리는 움직임 속에서 그러한 의도가 잠재해 있다고 보겠다. 생각하면 내셔널리즘이 필요한 자는 이를 부르짖고, 필요치 않는 자는 그러지 않은 것은 당연하다면 지극히 당연한 노릇일 뿐이다. 돌이켜 한민족의 경우를 보자. 민족의 구성요소의 정제성(整齊性)에 있어서 현존하는 다른 어느 민족에 비해서도 상대적으로 가장 이념형에 가까운 위치에 있다는 것은 이미 언급한 바와 같다.

사실 장장 수천 년 동안 동일한 지역, 동일한 종족, 동일한 언어, 동일한 풍습 하에 살아왔으며, 삼국통일 후에는 또한 동일한 정치, 동일한 경제, 동일한 역사적 운명 속에서 민족적인 일체감을 기르며 단일민족국가를 유지해 온 민족은 그다지 유례가 흔한 것은 아니다. 이러한 역사적 사실이 증명하는 것은 바로 한 민족의 생명력이 놀라울 만큼 강인하다는 사실이다. 이러한 한민족이 바로 얼마 전에는 일본제국주의의 피지배자이었던 것이며, 현금에는 또한 외세로 인한 국토양단의 고통을 겪고 있다. 이런 판국에 한민족이 민족으로서의 자립을 계속 확보하려면 민족의 합일을 이룩하여야 하며 합일을 이룩하기 위해서는 이를 방해하는 외세를 배제하여야 하며, 이를 배제하려면 민족의 생명력이 고갈되기 이전에 하루속히 민족의 역량을 총집결하는 수밖에 다른 도리가 있을 리 없다.

민족의 역량을 증대시키고 이를 총집결하는 데는 무엇보다도 먼저 민족정신과 전통문화를 찾고 국학계발을 촉진해야 할 것이다.

바야흐로 우리는 우리의 민족정신과 전통문화를 정립해 보자는 뜻에서 국학연구에 깊은 관심을 갖게 되었다. 국학연구는 일부 학자들만의 과제가 아니며 또한 민족정신의 정립은 막대한 에너지의 공급을 필요로 한다. 물론 이러한 에너지원은 우리 민족에서 찾을 수밖에 다른 도리는 없을 것이며 민족이 가진 역량을 극대화해서 이를 총동원하는 것이 바로 그 길이다.

민족의 역량을 극대화하는 방안으로서 민족정열을 어떻게 환기하느냐의 문제다. 민족의 구성 요소 중 민족의 심리문제가 중요하다는 것은 기술한 바와 같다. 민족이 동일한 지역, 동일한 언어, 동일한 문화, 동일한 종족, 기타 동일한 정치, 경제 등등에 속해 있다는 자각, 바꾸어 말하면 민족의 공속감(共屬感) 내지 일체감은 민족이 독립을 유지해 나가는 원동력의 하나다. 그러나 실제로는 공통된 또는 공동의 문화를 가졌다 하더라도 반드시 민족으로서의 공속의식이 떠오르지 않는 예도 있으며, 또한 약간의 막연한 공속의식이 있다고 하더라도 국민으로서의 정치적 자각이 없는 민족은 이를 민족(Nation)과 구별하여 자연민족(Volk)이라고 하는 이도 있는 형편이다. 그러므로 민족의 공속의식은 민족에 따라서 강약의 차가 있는 것이 실정이며, 일률적으로 공속의식이라 하더라도 공속하고 있다는 소극적 수동적인 의식과 한편 공속하고 싶다는 의지, 민족공동체와 운명을 같이 하겠다는 적극적인 의욕 등도 있다. 후자가 내셔널리즘의 추진에 있어서 가장 바람직한 심리인 것은 두말할 필요도 없다. 한국과 같이 민족적인 구성요소가 가장 이상형에 가까운 민족이라고 하더라도 만일 한국의 근대화가 미국의 일주나 소련의 일부로 편입됨으로써 더욱 잘 이루어질 수 있고 또 그렇게 하여야만 한다고 마음속 깊이 바라고 있는 분자가 많다면, 민족의 독립과 자유는 사실상 허물어지고 말 것이다. 민족의 위기를 인식한다고 하여, 민족의 비운을 탄식한다고 하여, 반드시 그대로 운명공동체적 각오가 서는 것은 아니다. 그것은 오직 우리민족은 우리민족끼리 살아야만 현실적으로 가장 자유롭고 가장 행복해질 수 있다는 철저한 인식, 곧 민족의 주체성의 확신을 통해서만 비로소 가능한 일인 것이다. 그러므로 외국에 시민권을 가지면서 속인주적(屬人主的)인 국적을 이용하여 이따금씩 들어와서 향수를 풀거나 방관자적인 비평을 하는 분자라든지, 또는 재산을 해외로 도피시켜 끝까지 민족과 운명을 같이 할 생각이 없는 부류에게는 민족적 주체성이란 사실상 의미가 없는 것이다. 동포적인 친화감과 주체의식과는 별개의 문제다.

민족의 주체의식의 확립은 어떻게 가능한가? 분명히 그것은 지식인들이 흔히 사로잡히기 쉬운 근대적인 추상적인 자유인에의 갈구만 가지고는 이루어질 수가 없다. Cosmopolitanism에의 동경은 도리어 그와 같은 의욕을 마비시키기 십상일 따름이다. 주체성의 의식은 오직 그 민족이 지닌 가치와 문화의 의식을 통하여서만 이루어지고 또 이루어질 수밖에 없다. 생각하면 민족과 민족문화는 민족이 오랜 역사를 통하여 자기성장을 이룩하는 과정에서 생산된 것이다. 역사를 추진하는 현실적인 힘인 민족은 종전의 역사적 성과들을 계승하고, 그것에 다시 새로운 것을 창조해서 다음 세대로 전하고, 이리하여 하나의 세대는 그전의 세대에 연결되고, 하나의 시대는 다음 시대로 발전하며 또한 하나의 사회구성은 다음의 사회구성을 낳게 된다. 그것은 고난과 영광이 아로새겨진 성장의 길이다. 국토에도, 언어에도 예술에도 기타 모든 문화에도 민족이 겪어온 절망과 환희, 애정과 증오와 줄기찬 기원의 가지가지를 문화의 여러 형식으로 객관화하면서 전진하여 온 민족의 발자취가 새겨져 있는 것이다.

민족의 손때가 묻고, 민족의 눈물이 배고, 민족의 한숨과 함성이 서린 것이 바로 민족의 문화이며, 민족의 노력과 성장의 총결산이 우리가 지금 그 속에 몸을 적시고 있는 다름 아닌 우리 민족의 문화라는 말이다. 따라서 그것은 곧 민족의 일원인 우리 자신의 성장과정이기도 하다. 우리의 피와 살, 우리의 넋은 바로 그 속에서 그것을 영양으로 하여서 자랐다. 그것이 없었더라면 우리가 존재하지도 못하였을 것은 물론이다. 이렇게 볼 때 민족을 부인하는 것은 곧 자기 자신을 부인하는 것이 되며, 민족의 주체성을 부인하는 것은 또한 자기 자신의 주체성을 부인하는 결과가 된다. 다른 말로 바꾸어 말하면 민족은 그 민족이 호흡하는 민족문화, 그 민족이 지닌 민족체질을 기초로 하여 살 수밖에 없으며 또 그렇게 할 때 현실적으로는 가장 잘 생(生)의 의의를 발견할 수 있을 것이다.

따라서 우리는 민족정신과 민족문화의 자기전개과정을 통찰하여, 그 주체성의 소이연(所以然)에 확신을 가질 수 있어야 할 것이며 그렇게 되기 위해서는 국학연구가 더욱 절실하게 요청되는 것이다. 그러나 우리가 국학이라고 할 때 그 범위는 너무나 광범위하기 때문에 각 전공분야에서 연구 계발되어야 할 것이므로 이를 전체적으로 논급하기란 대단히 어려운 일이 아닐 수 없다.

《제해(制海)》제37호, 해군사관학교 1983년 8월

정 재 각

한국지식인의 생태

1.

로마의 미술관을 찾았을 때의 일이 생각난다. 나에게 감명을 준 몇 가지 미술품 중에 모자이크로 된 한 폭의 그림이 있었다. 그것은 고개를 약간 위로 치킨 채 비스듬히 모로 누운 한 인간의 나상을 나타낸 소박한 그림이었으나, 시선을 멈춘 곳은 그 그림 바로 밑에 쓰인 희랍어였다. 설명서에 의하면 이 희랍어는 「너 자신을 알라」는 뜻으로서 원래는 아폴로의 신전 입구에 있던 비문이라고 한다. 그것은 마치 모든 허식 물을 벗어버리고 앙상하게 뼈만 남은 적나라한 인간상을 제시함으로써 모든 인간에게 그들 자신의 진정한 모습을 알라고 경고하고 있는 듯이 보였다. 이 격언을 소크라테스가 그의 철학을 전개할 때 이용한 것은 너무나 유명한 일이다.

의미는 약간 다르지마는 동양에서도 지피지기면 백전불태(百戰不殆)라는 손자의 말이 있다. 자신을 아는 것이 얼마나 중요한 일인가는 다만 이러한 전쟁의 경우뿐만 아니라 일상의 생존경쟁에 있어서도 같은 원리로서 강조되어야 당연하다 할 것이다.

이렇게 볼 때 국가 간의 생존경쟁이 날로 첨예화하는 오늘날 한국이 하나의 국가로서 살아남고 그 위기를 성공적으로 돌아나가려면 먼저 자신의 진정한 모습을 알아야 할 것은 하나의 객관적인 요청이 아닐 수 없다. 특히 한국의 지식인-근대문화에 뒤지고, 따라서 지식인에의 소망이 더욱 큰 비중을 차지하고 있는 한국의 지식인-의 경우에는 이 문제는 하나의 인간학적 과제이상의 절실성을 띠고 있다고 보겠다.

그러나 생각하면 인간이 자기 자신을 성찰한다는 것은 그다지 쉬운 일이 아닌 것 같다. 그것은 누구나 그리고 언제나 해치울 수 있는 간단한 정신작용이 아니기 때문이다. 인간은 사회적 역사적 동물이다. 이 말은 곧 사회적 역사적으로 여러 가지 제약을 받지 않을 수 없는 존재라는 뜻도 된다. 사실 우리들은 누구나 평소 자신이 원하든 안하든 간에 자신을 싸고 있는 커다란 생활기구 속에 혹은 오랜 시일의 전통적 생활관습속에 구금되어서 자신을 돌아볼 시간이나 기회를 놓치기 일쑤이다. 자신을 어디엔가 잃어버린 채 그저 망연히 살고 있거나 혹은 자신을 어디다가 잘못 간수하고도 아무렇지도 않게 지나고 있다. 어쩌다가 이러한 자기 상실에 문득 정신이 들다가도 자신을 얽매고 있는 기구나 관습의 마력은 순식간에 그러한 의식을 마취시켜버리는 것이다. 때문에 일반적인 일상생활이나 개별적인 특수생활 가운데에서 기계적으로 또는 관습적으로 되풀이되어 온 여러 가지 경험의 사슬을 미련 없이 단절하고 이제부터 「생각하는 인간」으로서 자신으로 돌아와서 자신이 자신의 생활을 인도한다는 것은 지난의 일이 되고 만다. 자신을 타율에 맡겨버리는 습성을 일조에 버리고 완전히 자율적인 자신을 발견하는 생활이라는 것은 진실로 하나의 개척자 정신을 필요로 하는 것이며, 일종의 자기혁명이 아닐 수 없다. 그것은 일단 자기부정에까지 이르러야만 한다.

이러한 자기비판 내지 자기부정의 정신작업은 언제나 고통을 수반하는 법이니 곧 지금까지의 자기몰각의 안일한 타성이 이 새로운 위험에 대하여 강렬하게 지항하기 때문이다.

이렇게 볼 때 사람들이 자신을 알려는 지적 작업은 용기와 인내와 수련을 요하는 일이며, 누구나가 언제나 해치울 수 있는 손쉬운 일이 아님이 명백하다.

지식인의 경우에도 이러한 시련을 벗어날 수 없는 것은 물론이다. 오히려 지식인이야말로 이러한 시련을 자진하여 무릅쓰는 족속이어야 할 것이다. 자신을 회고하고 자기를 발견하는 것은 바로 지식인의 지식인다운 기본적인 지적 기능에 속하는 때문이다.

여태까지의 생활기구나 생활관습이 자아내는 마취작용으로부터 벗어나서 자신을 발견하고 자기비판 내지 자기부정의 경지에까지 이르는 것은 종래의 생활환경을 초극하는 것이며, 일견하여 「환경에 적응하여야 살 수 있다」는 자연법칙에 위배되는 것 같기도 하다. 그러나 우리가 환경에 적응한다는 말은 반드시 있는 대로의 환경에 순종한다는 뜻일 수는 없으니, 그러한 순종은 오직 동물적인 적응방식에 지나지 않기 때문이다. 동물도 환경에 적응하면서 사는 것은 사실이다. 그러나 그것은 본능에 의하여 적응하는 것뿐이다. 이러한 본능에 의한 적응은 너무나 직접적이어서 환경에 중대한 변화가 생겼을 경우에는 이에 대하여 충분히 적응할 수가 없게 된다. 본능은 환경을 널리, 멀리, 그리고 자유로이 볼 수는 없다. 본능은 그것을 담고 있는 신체의 기관에 제약되며, 신체는 일단 형성 고정되면 도리어 우리들의 활동을 한정하기 마련인 것이다. 이러한 제한을 뛰어 넘을 수 있는 것이 바로 지성이다. 동물이 다만 본능에만 의하여 환경에 적응하는 데 대하여 인간은 실로 본능뿐만 아니라 지성의 힘도 구사하여 환경에 적응한다. 곧 인간은 지성적인 동물이기 때문이다. 지성은 신체로부터 자유롭다. 그것은 환경의 작용으로부터 결과하는 것이 아닌 고유한 구조를 가지고 있다. 그것은 고유한 수단으로서 자신의 세계를 구성한다. 이렇게 구성되는 것으로서 주어진 환경을 초월한다. 지성으로서 주어진 환경을 변화시킴으로써 새로운 환경에 적응하는 것이야말로 인간의 인간다운 적응방식이라고 하겠다. 말하자면 인간은 지성의 힘으로 새 환경을 조성하여 가면서 자기 자신을 새롭게 할 수 있다는 점에서 동물과 구별되는 것이다. 그러나 일변 생각하면 인간이라고 하여 누구나 다 이러한 적응방식에서 동일한 성과를 거두고 있다고는 할 수 없다. 이 지구상에는 아직도 동물적인 것으로부터 거리가 멀지 않은 원시적 생활을 영위하고 있는 민족이 있는가 하면 월세계에의 도달을 경쟁하고 있는 첨단문명의 국가도 있어 그간에 실로 천차만별의 문명단계를 가진 것은 우리의 친히 견문하는 바다.

이와 같은 현상은 바꾸어 말하면 인간의 환경에의 적응이 주로 본능적인 것에 의존하고 있는가, 아니면 주로 지성의 힘에 의존하고 있는 가를 양극으로 하여 나타나는 것이라고 하겠다. 다시 말하면 지성의 개발의 정도, 지식의 질과 양의 정도의 차이에서 오는 등별현상(等別現象)인 것이다.

이렇게 지성의 개발, 그 결과 얻어지는 지식의 질과 양의 여하가 인간적인 환경적응의 성과, 즉 문명발전의 관건이 되는 것이라고 하면 바야흐로 지식인의 존재가 사회의 전경에 클로우즈업되지 않을 수 없다. 이는 지식의 질과 양의 문제는 곧 그것을 담는 그릇인 지식인의 질과 양의 문제임을 뜻하는 때문이며, 따라서 사회에 대한 지식인의 역할의 비중은 지식인과 일반사회인과의 지식의 격차가 심한 곳일수록 더욱 크다는 결론이 된다. 한국사회도 이러한 부류에 속하는 것임은 기술한 바와 같다.

2.

돌이켜 보건대 한국사회가 이토록 목마르게 기대하는 한국지식인의 질과 양은 과연 어떠한 것일까?

여기에 잠시 지식인을 자신의 지식적 노동으로서 생활하는 이른바 인텔리겐치아의 개념으로 한정하고 지식의 뜻도 따라서 근대문명을 낳은 근대적 지식으로만 제한하면서 한국의 지식인을 살펴보기로 하자.

주지하는 바와 같이 한국에 서양 근대문명의 물결이 밀어 닥친 것은 동양 삼국 중에서도 가장 늦다. 그것도 주로 일본제국주의라는 저지세력의 검찰 하에서만 유입되는 것이었기 때문에 자주적인 선택이나 섭취가 이루어지지 못한 것은 어찌할 수 없는 노릇이었다. 해방이 되어 비로소 본격적으로 근대문명을 습득할 기회는 얻었다 하여도 이것은 바로 얼마 전의 일 일뿐이다. 근대적 지식의 이와 같은 유입경위로 볼 때 오늘날의 한국지식인의 질과 양에 큰 성과를 기대하는 것은 한갓 사회적 갈망일 뿐 반드시 냉정한 결산에서 오는 것이라고는 할 수 없다. 따라서 현시점에서의 한국 지식인의 질과 양의 수준이 기대에 차느냐 안 차느냐를 논하는 것보다도 차라리 현재의 한국 지식인 일반이 지식인 그 자체가 지녀야 할 당위에 대하여 어떠한 생태의 편차를 보이고 있느냐를 살피는 것이 더욱 현실적인 의미를 갖는 것이라고 하겠다.

생각건대 한국지식인이 살고 있는 현실은 다름 아닌 한국적 사회의 현실이다. 한국적 사회라는 것은 물론 한국의 역사적 퇴적을 통하여 이루어진 사회이다. 따라서 한국의 지식인은 한국적 역사적 현실에서 호흡하고 있는 것이다.

다시 말하면 그들은 한국적 사회의 체질을 유전 받았으며 그들의 정신적 풍토에는 한국적 전통이 뿌리를 박고 있다고 보겠다.

한국사회란 세계사적 배경에서 볼 때 과연 어떠한 성격을 띠고 있는 것일까? 우선 그것은 근대화란 구호를 빗발치듯 외치고 있는 것으로 보아도 채 근대화되지 못한 것임을 짐작케 한다. 전근대적인 봉건사회적인 요소가 아직도 많이 잔재하고 있다는 사실이 바로 이러한 근대화에의 몸부림의 원인이 되고 있다는 말이다. 이러한 근대화에의 지각은 물론 다만 한국만이 아니고 널리 동양각국에서 보는 현상이며 사회적인 앙샹레짐과 근대적인 정치제도와의 충돌 때문에 많거나 적거나 간에 혼란을 자아내고 있는 것도 또한 도처에서 우리의 눈에 뜨이는 바다.

전근대적인 것의 일례를 들면 봉건적인 계층적 신분관념 즉 주종적 신분관념의 완강한 잔재이다. 관리와 민간인, 사장과 사원, 장군과 병사 등등은 대등한 인격간의 자유계약이나 복무규율 면에 있어서만의 상하관계가 아니라 언제나 인격적 예속관계를 의미하며 용어부터가 대등일 수 없게 된다. 심지어는 근대적인 정강을 내걸고 있는 정당에 있어서까지도 당수와 당원간은 주인과 종자관계로 환원되게 마련이다.

군수나 도지사나 기타 각 기관의 고위직 인사를 전제왕조시대의 용어인 영감으로 부르기를 좋아하는 거나 이승만대통령을 국부라고 호칭하였던 따위는 모두 그러한 뒤떨어진 의식을 반영한 것뿐이다. 카리스마적인 존재를 희구하고 그것에 의존하여야 비로소 안정감을 얻을 수 있는 심리상태가 바로 동양적 봉건사상의 소산인 것이다.

또 하나의 현저한 예는 사회생활에서 개인이 존재하지 않는다는 사실이다. 존재하는 것은 다만 가족이나 동성씨족, 동지방인 등 혈연적 지연적 또는 기타 전통적인 공동체뿐이며 신체적인 있다고 하여도 정신적인 개인은 그러한 공동체 속에 매몰되어 나타나지 않는다. 다시 말하면 서양 근대에서 보는 바와 같이 개아의 발견이 이루어지지 못하고 따라서 개개인은 하나의 시민으로서 직접적으로 사회나 가족에 연결되는 것이 아니라 가족의식이나 지방 관념이나 기타 공동체의식을 매개로 하여 간접적으로만 사회·국가에 관련되기 때문에 그들의 실생활을 지배하는 것은 언제나 국가 이전의 파벌의식이다. 근대적 공장을 경영하여도 언제나 가족사회의 성격을 벗어나지 못하며, 심지어 근대적인 지식을 교수하는 학교를 세워도 그 공통어는 동일지방의 사투리이기 일쑤이며, 아니면 동문학교의 모습을 보이기가 일쑤이다.

이들은 두 말할 것도 없이 중세적인 게마인샤프트적 봉쇄적 관념의 강력한 잔존을 의미하는 것으로서 이것이 자유롭고 자주적인 개인의 존재를 전제로 하는 근대적인 민주주의를 개화시키지 못하는 주요원인의 하나가 되고 있다.

근대적인 민주주의의 밑바탕이 되는 것은 곧 하나하나가 자유롭고 독립적인 의사의 주체가 되어 진정한 자신의 의사를 자신의 명예를 걸고 주장할 수 있는 용기 있는 국민의 존재이며, 이렇게 국민 각자가 각자의 의사에 확호(確乎)한 신념을 가지려면 각자의 이해가 종국에 사회나 국가의 이해에 일치하고 각자의 운명이 사회나 국가의 운명에 직결된다는 높은 정치의식을 지녀야만 하는 것이다. 가족이나 그 정장인 동성족, 촌락공동체나 그 정장인 동지방인 등의 원시적이며 봉쇄적이며 배타적인 공동체의 일원으로서의 의식이 자신을 지배하고 동성이나 동향인의 출마자에게는 무조건 표를 찍어야 한다는 일종의 의무감이 편만한 사회에서는 근대적인 정당이나 근대적인 국민국가가 공고한 기초를 가지기 힘들다. 정당이 만들어지는 것은 정강이나 정책에의 자주적인 확신이 유대가 되는 것보다도 강력한 당수(黨首)감 및 그와 안면이나 연줄이나 또는 기껏해야 뼈젓잖은 피해자의식의 공유감 따위의 의타적이며 저차원의 허술한 구심력이 작용하여서기 때문에 그러한 일시적인 단결은 외부의 압력이나 또는 외부의 유혹에 견디어 낼 만큼 견고하지 못하여 이합집산(離合集散)이 무상하다. 따라서 이러한 정당들을 매개로 하여 의회에서 내려지는 다수결이란 것도 진정한 국민이나 국가의 의사로 보기 힘든 경우가 많으며, 반대로 그러한 다수결의 의사가 우연히도 국민이나 국가의 의사에 합치되는 경우에도 반대당은 그 승인을 거부하고 이르는바 극한투쟁으로서 다수결의 민주주의적 원칙을 사실상 무시하여버리기 항다반(恒茶飯)이다.

선거 때마다 당리와 당략에 의하여 국가존재의 기본법인 헌법 개정이 들먹여지는 나라 - 이러한 사회적 정신적 질서 가운데에서는 민주주의의 토대가 되는 개인주의 자유주의란 것도 새로운 질서의 원리로서 이해되는 것이 아니라 한갓 구질서의 파괴, 질서 그 자체의 부정의 원리로서만 해석될 뿐이다. 이기적인 것, 멋대로 하는 것, 이러한 것이 바로 구질서에 향수를 느끼는 층이나 구사회로부터의 해방을 희구(希求)이는 층이나가 다 같이 그러한 주의에 대하여 품는 이미지일 뿐이다. 이리하여 아무리 외관상 그럴 듯한 민주주의체제를 갖추어도 곧바로 파당적인 에고이즘으로 분해해버리는 사회가 곧 근대사회에 지참하고 있는 동양사회 일반의 실정이다.

따라서 이러한 사회적 풍토에는 한국인만이 곤혹하고 있는 것이 아니며 하물며, 한국 지식인에 한하여 그렇다고 하여서는 안 될 일이겠으나, 적어도 한국의 지식인도 그러한 전근대적 풍토병을 모면하는 데 성공하고 있지 못하다는 것은 부인 할 수 없을 것이다.

3.

한국지식인에게서 두드러지게 느끼는 것의 하나에 그들 자신은 좀처럼 인정하려고 하지 않는 심한 열등의식이 있다. 이러한 의식의 근원은 생각건대 일제가 한국인으로 하여금 피지배자의 신분을 감수하도록 철저하게 세뇌한 식민지교육과 해방 후로는 외국군대의 분점에 의하여 양단된 무기력하고 빈약한 조국의 현상을 비로소 직접 접촉하게 된 세계열강의 강력하고 풍부한 번영의 현상과 대조시킨 데서 오는 좌절감에서 찾을 수 있을 것이다. 이러한 열등의식의 표현방법은 매우 복잡하여 무조건 자민족의 것은 모두 수매하거나, 서양의 문물은 무조건 찬양하는 따위의 비교적 단순한 것으로부터 한국적인 것은 모두 옹호하면서 상대방에 대하여 자신을 도사리는 일종의 공포심의 자세를 취하는 것도 있다.

이에 관한 지식인의 언변은 더욱 기교화되어서 간단히 꼬리를 잡기 어려우나 그들이 감추려고 하는 깊은 자신상실감은 어느 틈엔가 속절없이 행동으로 나타나 곧잘 그들의 분장자적을 배반하곤 하는 것이다.

이상 한국인의 열등의식에 관하여 그 표현의 바라이어티를 일관하였거니와 통틀어 그 근거의 정당성이 인정될 수는 없다.

생각하면 한 민족이 정치적으로 실패한 적이 있다고 하여 반드시 열등민족이라고는 할 수 없다. 남의 식민지가 되었던 것은 한국만이 아니고 영국은 로마인이나 노르만인에게 정복되었던 것이며, 소련은 근세입구에 이르기까지 몽고인의 식민지였으며, 미국은 영국인의 식민지, 중국과 인도도 여러 번 유목민에게 정복되었으며, 가까운 일본도 고대에는 그 지배계급의 혈통과 문화가 모두 우리의 것이었다는 증거가 점차 유력해 가고 있는 터이다. 한편 우리가 과거에 여러 번 시달림을 받던 여진족이나 계단족은 지금에 그 자취를 찾아 볼 길이 없고, 몽고족도 벌써 석일의 기력을 나타내지 못하는 반면에 유독 한국인은 낙랑의 중국인식민지까지 병탄한 채 수천 년간이 자리에서 버티고 있는 것이다. 그 간 여러 번의 풍상도 겪었지만 좌우간 하나의 문화민족으로서 비교적 순수한 핏줄기를 유지하면서 잔존하고 있다는 사실은 세계사에서도 그다지 유례가 흔한 것은 아니다.

한국인의 생활이 물질적으로 빈곤하다는 사실은 인정하겠으나 물질적 번영을 누리는 민족의 현상이 반드시 그 민족의 우수성을 증명하는 것으로 보아져서는 안 된다. 그러한 현상을 이룩하기까지에는 천연자원의 풍부, 인접한 강대국의 부존재 등등 여러 가지 요소가 작용되었을 것이나, 오늘날의 서양이나 일본의 부강의 주요원인은 그 자본주의적 발달에 있다. 자본주의 그 자체는 물론 서양사회에서 발생한 것이나 그것이 자국에 물질적 번영을 가져오게 된 것은 그것이 제국주의로 번지어서 세계의 자원을 독점하고 원주민들을 예속시키고 그것을 수탈한 결과이다. 그 수법도 강도적인 노골적인 것으로부터 절도적인 은밀한 것에 이르기까지의 차이가 있기는 하나 그 본질에 있어서는 타민족을 희생으로 하고 그것을 수탈함으로써 사복을 채우는 도적의 행위와 다름이 없다. 따라서 도적질을 하여도 잘 살기만 하면 그만이며, 도적질을 못한 민족이야말로 열등민족이라는 사고자가 있다면 이는 벌써 정상적인 정신의 소유자가 아니다. 한국인이 이와 같이 근거가 박약한 열등의식에 사로잡혀서 서양의 것은 무조건 좋아하거나 모방한다면 이는 남의 것에 분별없이 손을 내미는 유아와 같은 것으로서 오직 아동심리학의 대상자일 따름이다. 자민족의 것은 덮어놓고 나무라는 것도 그 표면에 자민족에 향한 깊은 애정이 숨어있기 때문이라고 변명될 수도 있기는 하다. 사실 그것은 심리학적 일현상이기 때문이다.

그러나 한국인 내지 한국지식인이 자민족이나 자국을 비난하는 것과 일본인이나 중국인·인도인 또는 서양인이 자신의 것을 비난하는 것과는 색채가 다를 때가 많다. 전자는 흔히 부정적이며 후자는 부정 속에도 긍정이 숨어 있는 것이다. 후자에는 자신의 조국을 맹렬히 비판 내지 비난하다가도 흔연히 고국으로 돌아가는 자가 많으며, 전자에는 고국으로부터의 이탈이나 외국에서의 영주권 취득에 마음 조리는 자가 적지 않다.

한 마디로 말하여 후자들은 그런 대로 자민족이나 자국의 역량에 대하여 생리적으로 자신을 가지고 있는 데 비하여 전자는 그것이 결여되어 있는 느낌이다.

이러한 자신의 상실을 밑바탕으로 하는 자민족비판 내지 자민족의 비난은 오직 열등의식의 확대 재생산을 초래할 뿐 결코 건설적인 의미를 갖지는 못한다. 자신의 모든 것을 부정하고 열등민족으로만 몰아세우면 결국 자살하고 말거나 또는 민족적 독립체로서의 존재를 단념하고 금전과 판본 또는 「아놀드 박」이나 「조오지 김」 따위의 의태적인 외국인의 이름으로 외국인의 그늘에 숨어서 생활하는 것이 고작일 것이다.

한국의 지식인들이 한국인이 수천 년간 계속하여 문화민족으로서 생존하고 있다는 엄연한 사실에서 그 존재이유를 발견하려고 노력하는 대신에 한국의 부정적인 면을 들추는 데만 그들의 변재를 농한다면 이는 기껏 하여 김삿갓 적인 패배주의의 재판일 따름이다.

다시 한 번 생각하면 민족의 우열을 역사적 인식을 통하여 논하지 않고 오직 어떤 시간적인 단면 즉 현상을 기계적으로 대비함으로써만 판단하려는 태도는 결코 지식인의 자세라고 할 수는 없다.

어떠한 나라나 민족도 오랜 역사의 경로에서 각기 기복과 성쇠가 있었던 것이며, 현재에 번영한 국가도 과거에는 미미한 한 때가 있었던 것이 사실이기 때문이다.

오늘날의 서양 열강의 번영도 본질적으로 서양문화가 우수한 때문은 아니다. 일견하여 서양문화가 전 세계를 지배하고 서양문화만이 보편적 가치를 가진 유일한 문화처럼 보이며 이 점이 바로 서양인의 우월감과 동양인의 열등감의 근거가 되기는 하였으나, 이것은 진실에 의한 판단이 아니다. 니이담 교수에 의하면 오늘날 서양문화가 전 세계에 확대되어 가는 것같이 보이는 것은 그것이 타문화보다 우월하기 때문이 아니라 비행기·라디오의 전파 등의 근대과학과 근대기술의 도움을 받았기 때문이며, 이와 같은 근대과학이나 근대

기술은 비록 서양에서 육성되기는 하였으나 반드시 서양적인 문화에서 필연적으로 생산되는 서양적인 과학이나 기술은 아니라는 것이다. 그것은 모든 인종이나 민족의 구별을 초월하는 하나의 세계문화이며 사실에 있어서 르네상스 이후 서양에서 활발히 육성되기까지에는 바빌로니아·이집트·중국·아라비아·인도 등지의 과학지식과 기술의 집대성이라는 단계를 거쳐야 했던 것으로서, 결코 서양문화 단독으로 산출하였거나, 본질적으로 서양문화의 사유재산일 수는 없다는 것이다. 서양문화가 따라서 오늘날 세계에 퍼진 것은 우연히도 이러한 근대과학과 기술을 먼저 이용한 데 지나지 않으며, 따라서 서양문화는 유일한 보편적 가치를 가진 문화가 아니라 잡다한 인류문화의 한 유형에 지나지 않는 것이다.

바꾸어 말하면 근대과학이나 근대기술이 보편적 가치를 가졌다고 하여 서양문화까지도 보편적 가치가 있다고 속단하여서는 안 된다. 그러므로 근대화가 곧 서양화라는 서양인의 사전에 씌어 있는 해석을 그대로 받아들일 수는 없으며, 서양적인 사고나 생활 관념을 전부 고스란히 모방하는 것이 곧 근대화일 수는 없다. 우리가 민주체제를 채용하는 것도 그것이 서양 근대의 산물이라서가 아니라 그것이 민중들에게 정치적인 자유의 길을 열어서 정의와 인도를 실행하기 쉽게 만드는 체제이기 때문이다. 트위스트·누드 쇼, 하다못해 부녀자들의 성형수술에 이르기까지 무조건 서양인의 것을 모방하여야만 근대화가 이루어진다고 생각한다면 이는 실로 언제까지나 남을 기준으로 하여 자신을 보는 것으로서 자기멸시와 자주성포기의 과정일 따름이다.

한국 지식인에서 간과할 수 없는 또 하나의 경향은 자아 비판력의 박약이다. 자아에 대한 비판에는 물론 자신에의 성찰이 선행되어야 하며 자아의 성찰에는 자기의식의 존재가 두드러져야 할 것이거늘 한국에는 이러한 자기의식의 개발이 늦어지고 있는 것이다.

앞서도 말한 바와 같이 이것은 동양사회의 일반적 현상으로서 동양인은 전통적 공동체로부터 단절된 자신이란 것을 의식하지 못하고 따라서 자기책임하에 자율적인 판단으로 행동하지 못하는 것으로 마르크스 웨버의 눈에 비쳤던 것이다. 헤겔도 동양인의 이러한 타율적인 행동을 「내부의 태양」을 가지지 못한 때문이라고 설명하고 있다. 그러나 중국이나 인도에서는 그러한 사회적 규범이나 정신질서의 제한을 받으면서도 그런 대로의 자아

성찰이 없었던 것은 아니며, 자아를 포함한 인간성 일반을 탐구한 위대한 철학이나 그러한 인간성의 성찰을 토대로 한 위대한 종교가 발전하였던 것이나 한국에서는 그러한 두드러진 예가 없다. 하물며 어거스틴이나 루소나 톨스토이 등에 비견할 만한 심각한 영혼의 참회기록은 나타나지 않는다.

6·25나 4·19때와 같이 이데올로기와 이데올로기의 격렬한 충돌에 의한 혁명적 사태를 겪었음에도 불구하고 한국의 지식인은 자신의 의식의 동요 내지 의식의 위기감을 집요하게 추구함으로써 그러한 사태를 내면적으로 파악하려는 노력을 아끼고 있는 것이다. 이러한 역사적 사정이 바로 한국인이 자아성찰에 익숙하지 못하다는 관측으로 이끈다. 물론 이것을 그래도 한국인이 자아성찰의 자질을 결하고 있다는 조급한 결론으로 귀착시킬 수는 없으나 적어도 한국지식인이 자기추구를 게을리 하고 있다는 사실만은 인정해야 될 것이다.

물론 한국인이 곧잘 자기민족이나 자국사회에 대하여 비판을 가하며, 때로는 자학적이리만치 신랄한 언사를 쓰는 수가 있다는 것은 이미 언급하였다(그것도 통찰력과 침잠력의 부족 때문에 심각한 것은 못되지만). 그러나 그러한 비판이 민족적 반성이라는 느낌을 주는 것보다도 오히려 자신을 제외한 나머지의 동족들을 대상으로 한다는 인상을 주는 것은 주목할 일이다. 말하자면 비판의 대상으로서의 한국민족이나 한국사회라는 개념 속에는 자신을 가입시키지 않겠다는 속셈이 엿보인다는 뜻이다. 그렇게 민족적 결함이나 사회적 통폐를 지적함에 있어서 자신만은 그 비판권외에 두려는 심리는 생각건대 자신에는 그러한 병폐의 인자가 잠복하여 있지 않다는 엄격한 반성의 결과로서 나온 것이라고 보기보다는 자신은 그러한 병폐를 노출한 어떠한 구체적인 특정적인 사건에는 직접적으로 관련이 없다는 피상적인 인식에서 나왔다고 보는 것이 더욱 타당할 것이다.

그 외 그러한 사고에는 자신이 그러한 병폐를 제거하기 위하여 평소 얼마나 적극적인 항쟁을 계속하여 왔는가 아니면 도리어 동양적인 체념으로 이를 방관하거나 나아가서는 수동적으로라도 이를 추종하여 무사안일주의를 취하지 않았던가 등등의 엄밀한 자기반성이 결여되어 있으며 자신이 그러한 사회적인 과오나 부정부패를 시정하는 활동과 신념이 부족하여 있으며 국민의 일원으로서의 태만과 비굴의 생활에 자신을 맡겨 왔다는 깊은 회오

(悔悟)와 자책이 결여되어 있다.

이를테면 사르트르가 지적한 바와 같은 지식인으로서의 사명감과 실제의 행동과의 괴리(乖離)에서 오는 지식인의 오뇌(懊惱)가 거기에는 존재하지 않는 것이다. 이렇게 지식인으로서의 자기반성과 성실이 깃들이지 않는 즉흥적인 비판은 타의 공감을 움직이기 어려우며 따라서 그것은 한갓 비판을 위한 비판으로 떨어지기 마련이다. 비판의 난무는 있으나 비판의 효능이 별로 나타나지 않는 것은 그러한 한국 지식인적 비판의 생리에서 오는 것이 하나의 원인이라 하겠다.

한국지식인이 저널리즘에 지나치게 민감하다는 것도 하나의 돋보이는 경향이다. 그것은 저널리즘에의 비판으로서 그런 것이 아니라 저널리즘에의 편승으로서 그러하다.

저널리즘이라는 이름의 버스를 놓칠까봐 항상 주의하며 저널리즘이 이끄는 방향으로 곧잘 달리는 것이다. 더욱이 그것이 독자를 흥분시킬 사회문제나 정치문제일 때에는 저널리즘의 부름을 받는 것을 일종의 영광으로 생각하며, 그들의 이름이 활자로 나타나는 것을 초조하게 기다리는 정황은 우리들에게 눈 설은 것이 아니다.

그들은 한국의 저널리즘은 필경 한국 사회 환경의 소산이며, 따라서 그 형성에는 한국인적인 편차가 없는 것인가, 저널리즘의 방향감각은 언제나 올바른 것이기만 한가 저널리즘이 언제나 공정한 공기로서만 활동하며 그 이면에 아무런 트릭이나 숨은 계략은 가지고 있지 않는 것인가에 관하여서 그들은 별로 흥미를 갖지 않는다. 더구나 그들 자신이 저널리즘이 요구하는 문제에 대하여서 성확한 지식을 가시고 있는가의 여부를 검토하는 것은 질색이다.

생각건대 한국지식인의 이와 같은 동향은 지적 허영심이라는 지식인답지 않은 심리에 사로잡힌 것을 의미하는 동시에 또한 저널리즘이라는 거대한 배경을 업지 않고서는 자신의 의사를 독자적으로는 표시하지 못할 만큼 약한 체질의 소유자라는 것을 뜻한다.

한국인이 이렇게 어떠한 파당의 일원으로서가 아니면 또는 어떠한 세력을 배경에 의식하지 않고서는 자신을 정정당당히 표현하지 못할 만큼 약하다는 것은 위에서도 말한바 한국인이 아직 전통적 공동체나 집단으로부터의 분리된 자신을 발견하고 자기의식과 자기책임으로서만 살아나가려고 하는 자세의 정립이 되어 있지 못한 까닭이다. 이는 곧 배경에의 도피, 집단에의 매몰이라는 한국사회의 봉건적 습성에서 유래하는 것이 아닐 수 없다.

이렇게 한국의 지식인이 자기의식의 미분리상태에 있다고 하면 이르는바 지식인의 고독이라는 것도 심각하게는 실감할 수 없을 것이다.

지식인의 고독감이 부르주아적 교양과 소 부르주아적 관념과 프롤레타리아적 생활 상태와의 모순에서 온다는 좌익적 분석의 타당 여부는 고사하고라도 지식인이 스스로 생각하고 스스로의 책임 하에서만 발언하고 행동하며 어떠한 몰이성적인 공동체나 몰이성적인 파당의 간섭도 이를 경원하려고 할 때 고독감은 필연적으로 따르지 않을 수 없다. 자신의 지성적인 주체적인 판단에만 의존하고 그러한 판단에 자신이 없을 때 지식인은 오히려 의견이나 행동을 보유하는 결백을 택하기 마련이다. 사회에서 흔히 비판받는 지식인의 비행동성은 곧 이러한 지식인의 습성에서 오는 것이다. 그러므로 설혹 지식인이 적극적으로 사회참여를 하는 경우가 있다 하더라도 이는 이러한 지식인으로서의 내적 절차를 밟은 후의 일이어야 하며, 만일 이러한 절차가 생략되었을 때에는 벌써 그것은 지식인으로서가 아니고 일반 시정인으로서의 참여에 지나지 못한 것으로 보아야 할 것이다.

지식인의 사회적 사명은 두 말할 것도 없이 지식인으로서 봉사하는 데 있다. 그러므로 당해 사회 소속의 지식인의 머리에 담긴 지식의 질의 양부는 곧 그 사회의 성쇠에 중대한 영향을 끼치는 것이며, 만일 지식인이 과학적 타당성이 없는 식견이나 부정확한 지식을 함부로 휘두를 때에는 공연한 소음만 자아낼 뿐 하등의 생산적 의의도 갖지는 못할 것이다. 그뿐 아니라 지식인의 사회적 지위도 상대적으로 저하될 것은 자명한 일이다.

한국의 지식인이 만일에 현실에의 침잠에서 그들의 지식의 타당성을 높이는 과제를 소홀히 하고 현실사회의 유혹에만 자신을 맡겨서 돌보지 않는다면 이는 지식인의 진정한 사명에 대하여 정열을 가지지 않은 것으로 보일 것이다.

돌이켜 보건대 지식이라는 뜻으로서 허위의 지식은 지식이라고 할 수 없다. 따라서 지식을 가치적으로 볼 때 곧 진리의 뜻이 된다. 이러한 의미의 지식은 개인적인 것이 될 수는 없으며 모든 사람에게서 참된 것으로 인정받아야 한다. 다만 자기는 그렇게 생각한다는 것은 단순한 의견이지 지식은 아니다.

말하자면 지식은 보편타당성을 가져야 한다는 이야기가 된다. 그러나 실제문제에 있어서는 많은 사람이 그렇게 생각한다고 하여 반드시 보편타당성을 가졌다고 할 수 없으며, 갈릴레오의 경우에 있어서와 같이 많은 사람이 부정하고 한 사람만이 주장하여도 떳떳하게 진리일 수는 있는 것이다.

따라서 진정한 지식 곧 진리는 그것을 주장하는 인수에 관계없음이 확실하다.

이렇게 볼 때 지식이 보편타당성을 가지려면 그것이 개인적이거나 또는 다수인적(多數人的)이라도 주관적인 견해이어서는 안 되며, 반드시 객관적이며 필연적이어야 한다는 결론이 된다. 이러한 경우의 객관은 주관으로부터 독립한 존재임을 의미하며, 이러한 독립된 존재를 인식하는 것이 우리의 주관이다. 그러나 이러한 주관이 단순히 개인적 자아의 것일 때에는 그러한 초월적인 객관을 인식할 수 없으며 자신의 내면에 있어서 그러한 개인적인 자아를 초월한 자아 즉 사로잡혀 있지 않은 진정한 자아가 주관을 행사할 때 비로소 그러한 객관적 보편타당성적 지식의 인식은 가능한 것이다.

바꾸어 말하면 겸허한 자신으로서 사물을 대하려는 인간적인 진실성이야말로 사물의 진실을 인식하는 조건이 될 것이다.

이상으로 볼 때 한국의 지식인이 그들의 지성으로서 한국의 사회 환경을 개선하고 이에의 발전적인 적응을 꾀하려면 먼저 자신들의 존재를 인식하는 것이 급선무라야 한다. 이렇게 자신을 객관적 존재로서 인식하는 과정에서 무엇보다도 인식의 주체로서의 자신이 내면에서 선입관에 사로잡힌 개별적인 자신을 초월하려는 고통스러운 침잠이 필요하다면 현하의 한국지식인에 과해진 가장 긴급한 윤리는 사유의 절약이 아니라 실로 집요한 자기에 따르는 엄격한 지적(知的) 염결(廉潔)과 그리고 변함없는 자기 성실이어야 할 것이다.

〈고대문화〉 제8호 권두논문, 고려대학교, 1967. 5

정 재 각 • 고려대 문과대학 교수

한·일 양국인의 정신구조에 관한 일관견
(제2회 일본학학회의 기조연설)

Ⅰ. 서언

한일 양국인의 정신구조가 어떻게 되었기에 요즘처럼 서로 서먹서먹한 관계가 되었을까? 서로간의 정신구조의 내용에 접근을 시도해 보면 서로를 이해하는데 상당한 도움이 되리라 생각합니다. 여기에는 심리학적 내지는 사회학적 접근이 시도되어야 할 것이며, 그것은 역사적 연구가 기본이 되어야 할 것입니다.

이 문제에 관하여는 학문적인 분석이나 검토를 가한 연구가 많지 않기 때문에 여기에서는 다만 문제제기정도의 시론으로 그칠까 합니다.

Ⅱ. 일본 보도기관의 특성

M. Tokayer는 『일본에 민주주의는 없다』라는 저서를 짓고, 그 서문에서 「나는 일본인을 존경한다. 그러나 일본인은 자기들이 어떤 상태에 있다는 것을 잘 모르고 있다. 나는 그것이 안타까워서 자신들이 생각하지 못한 점을 지적하고 싶다」고 하였습니다. 그리고 일본 보도기관의 특성을 지적하여 말하기를,

「정부에서 발표하는 것을 보도·비판하는 것이 보도기관의 생태이다. 서양의 신문은, 즉 민주주의국가의 신문은 여론을 반영하는 거울이 된다. 그리고 그 정부는 항상 보도기

관을 통하여 국민에게 정보를 제공한다. 반면 일본의 신문은 여론을 조작하고 통제하는 역할을 담당한다. 일본의 신문은 하나의 idea를 창조하기도 하고 하나의 사상을 배척하기도 한다.

일본의 신문도 일본정부, 경제거두와 함께 확실히 지배계급의 일부를 구성한다. 따라서 국익을 우선적으로 하여 그것에 합치되게 보도하며, 그것에 도전하거나 독자적일 수 없다. 일본국민에게만 관계된 정책에는 아주 주의 깊게 정책적 전략적 입장에서 기사를 쓴다. 다시 말하면 일본국민에게 직접적으로 관계있는 국내의 정책문제에 대해서는 노골적으로 의문을 거의 제기치 않는다. 정부가 주는 news의 배경을 뒤지는 따위의 일은 하지 않으며, 거기에 약간의 비평을 가하는 척하면서 결론적으로 정부의 방향을 지지한다.

일본신문들은 대재벌의 지원을 받는다. 요미우리(讀賣), 아사히(朝日), 마이니찌(每日) 신문들은 수미도모(住友), 미쓰이(三井), 미쯔비시(三菱) 등 대재벌의 금융혜택을 받고 있다. 그렇지 않으면 경영이 안 된다. 따라서 그들은 정부·지배계급의 방향에 협조하려고 한다. 개성 있는 기자가 이에 반발하면 직장으로부터 제거되고 어떤 경우에는 사회에서 매장되는 결과를 낳게 된다. 따라서 그들은 매우 조심스럽게 행동하며, 그런 것은 일본인 기자 press club에서 통제한다. 일본의 press club에서는 수뇌부가 사전에 "어떤 기사는 어떤 기자가 cover한다. 어떤 문제는 어떤 방향으로 다룬다"고 결정함으로써 신문발표를 통제하는 역할을 한다. 일본인 기자 중에는 press club의 원로들의 이러한 결정에 반대할 생각이 있다고 하려라도 일본특유의 사회구성인 상하·신후배관게 때문에 그 수뇌들에게 반항하지 않는다. 따라서 일본 언론은 그 이름이야 어떻든 내용이 천편일률적이며 다루는 각도가 한정되어 있다.

일본 언론은 자국문제에 대해 외국인이 어떤 생각을 가지고 있느냐를 매우 주의 깊게 관찰하지만, 국익·국내문제에 관한 외국인의 의견을 게재치는 않음으로써, 일본에 대한 image-making을 외국인에게 미루는 일은 절대로 하지 않는다. 그것은 일본인의 자존심을 상하게 하는 것이며, 외국인은 어디까지나 일본의 요소모노(他者)라는 생각 때문이다.

일본신문은 항상 국익우선에 매달린다. 예를 들어 일본정부와 재벌이 미국 록키드항공

회사로부터 뇌물을 수뢰한 이른바 록키드사건을 신문에서는 전혀 언급치 않았다. 그러나 한 잡지사가 그 source를 얻어 폭로함으로써 마지못해 정부의 한두 각료와 마루베니(丸紅)에 그 책임을 전가해버리고 미쓰이(三井), 미쯔비시(三菱), 수미도모(住友) 등 여타재벌에는 전혀 언급치 않았다. 그 이유는 폭로가 되지 않은 것까지 구태여 언론에서 다룰 필요가 없다는 것이다. 이처럼 일본신문은 진실을 폭로하는 것이 아니라 일본국민들의 조화를 이루는 방향으로, 또는 국익을 보호하는 입장에서는 것이다.

일본 언론은 민주주의의 냄새를 풍기기 위해서 정부에 대하여 약간의 비판도 가하나 초점을 흐려버려 결론이 무엇인지 갈피를 잡지 못하게 한다. 정부가 국민에게 그들의 정책을 발표할 때, 몇 개의 항목 중, 가령 20개의 항목 중 — 일본국민의 운명에 관한 것 또는 가장 요긴한 것은 18번째 쯤 삽입한다. 그러면 일본 언론은 그것을 맨 하단기사로 취급 — 서양신문은 분명히 그것을 끄집어내어 head · line으로 다룰 테지만 — 하여 그리 중요치 않다는 식으로 호도(糊塗)해버린다.」

이상이 7 · 8년간 일본 언론을 살펴온 M. Tokayer 씨의 견해입니다.

III. 심리학적 접근

일본 언론에서 요즈음 한국에 대한 비난이 집중적으로 많이 일고 있는데, 이것도 일반국민의 생각이라기보다는 정부의 의도대로 여론을 이끌어가고자 하는 시도로 보입니다. 일본신문에서 한국을 비난하는 것은 좋으나, 비난할 때에는 꼭 민주 · 인권을 내세우는데 — 김대중 사건도 그런 범주에 들지만, 그 비난의 심리적 배경과 동기에 대해서 제 나름의 생각을 피력코자 합니다.

그들은 2차대전전 이태리 · 독일과 함께 공산주의를 절대 불용하는 가장 극단적인 군국주의, 즉 fascism 국가인 상태로 패전을 맞아, 그들의 표현대로 사상 미증유(未曾有)의 대패전을 당했습니다. 이때 그들이 받은 심리적 충격은 대단했고, 그 결과 하루속히 거기에서 도벽코자 하는 심리적 기제를 항상 가지고 있었던 것입니다. 즉 Freud 류의 설명처럼 "싫어하는 것은 떨쳐버려 생각지 않거나, 다른 방향으로 주의를 전환하는 것이 좋다"는 논법과 같다 하겠습니다.

그러나 현재의 한국 정치현상에 전전의 자기네들 fascism을 연상케 하는 어떤 비슷한 면이 있다고 판단하고 있는 것 같습니다. 다시 말하면 한국 지도자가 강력한 반공정책을 시행하고 강력한 지도력을 발휘하고 있는 점이 자기들의 전전 반공 fascism을 상기시키고 있다고 생각하는 것 같습니다. 따라서 한국에 대한 편향적 보도와 비난을 집중시킴으로써 자기들은 적어도 전전의 반공 fascism에서 완전히 탈피했다는 의식을 갖고 싶어 하는 심리적 동기가 내재된 것 같습니다. Freud의 딸 A. Freud의 설명에 "자기방위의 본능적 방어책에는 여러 가지가 있다. 그 중 자기 것을 자기와 비슷한 처지에 있는 다른 것에 씌워버리는" 한 방법이 지적되고 있는데, 반공 fascism에 대한 세계의 비난에 대한 탈출구를 한국에서 발견하려는 일본의 자기 방위적 심리기제 또한 그것과 동일한 논법에 선다고 하겠습니다.

그들은 인권이 공산권에서 혹독하게 무시되어도 일언반구의 언급도 하지 않습니다. 그것은 일본이 공산주의를 용인하고 있는 가장 모범적인 민주주의 국가라고 생각하고 있고, 자기들이 과거에 그토록 혹독하게 공산주의를 탄압했기 때문에 공산주의를 전면적으로 반대하는 것은 자기들의 아픈 상처를 건드리는 것이라고 생각하는 심리적 약점 때문이라고 여겨집니다.

한국인의 심리적 측면에 관해서는 과문의 탓으로 여러 학자들의 연구를 참고치 못했습니다. 저의 사견으로서는, 한국인은 열등의식이 강하다는 것이 공통적인 견해들인 것 같습니다. 열등의식 즉 자기혐오감이란 누구나 다 타인과 자기를 비교할 때 가지는 것이지만, 그리고 자기의 열등한 점을 솔직히 시인하는 것은 건전한 사고방식이지만, 이것이 너무 오래 지속되어 자기능력을 과소평가하는 것은 병적인 상태라고 하겠습니다. 한국인은 심리적으로 병적인 상태에 있지 않을까요? 한국인의 이러한 열등의식은 한국인의 오랜 자기소외감에서 연유한다고 보겠는데, 그러면 한국인의 자기소외감은 어디에서 연유되었을까요?

한국인은 오랫동안 전제군주에게 자신을 맡기는 전제군주체제하에서 살아왔습니다. 모든 것을 전제군주의 지시 속에 맡겨 개아의 발견이라든지 서양에서 보는 개인주의적 자각이라는 것은 전혀 이루어질 수 없었습니다. 이처럼 항상 charisma적 정신질서 속에서 살아온 한국인에게 일조일석에 군주제를 제거해 버리고 대통령제란 서구적 정체를 대치시켜 버렸던 것입니다. 그러나 당분간은 타성에 젖어 이승만 정부 때에는 이승만을 국부로 칭하여 군주에 대치하려는 하나의 경향성을 보였던 것입니다. 이것은 이승만대통령이 자청한 것이 아니라 일반민중이 심리적 공허감을 메우기 위해 그에게 종래의 전제군주에 해당하는 호칭을 사용케 했던 것입니다. 이처럼 한국인은 군주라는 자기가 의지할 구심점을 일조일석에 상실하고 이제는 개인주의를 지향하는 서구민주주의화 하였으나, 서구에서처럼 개아의 발견 또는 개인주의적인 독립적 사고방식에 전혀 훈련되지 않았기 때문에 스스로 열등시하고 자학적인 의식을 가지며 무조건 외국의 것을 자기의 것으로 대치시키려는 무주견한 소외감을 가지기에 이르렀습니다.

그러나 일본인, 일본지도자는 우리에 비하여 현명하다고 할까? 제2차 대전 항복당시, 천황제가 없으면 일본은 풍비박산이 되고 존재할 수 없으니 천황제도만을 존속시키는 것을 전제로 항복하였던 것입니다. 이렇게 볼 때 연합국 측 에서는 무조건항복이라고 하지만 일본 측으로서는 조건부항복이 되는 것입니다. 따라서 일본인은 비교적 구심점을 가지고 지탱할 수 있었다고 보겠습니다. 물론 오늘날의 천황은 신격화된 것이 아니라 상징적 존재로서만 남아 있습니다. 실제 오늘날 일본인의 한사람은 천황제에 대한 하나의 비판으로서 이를 "기체"로 표현하고 있습니다. 즉 사람이면서도 이동의 자유, 신교의 자유, 선거와 피선거권 등 인간이 향유하는 모든 자유가 없으나, 실제로 평민과 다른 체질을 가지면서 혹은 신격화되고 혹은 이상화되었다는 것입니다.

여하튼 "천황"이란 존재 밑에 지내왔던 일본인은 천황이 그 자리에 있다는 그것만으로도 구심점을 형성할 수 있는 것입니다. 그러나 전전(戰前)에 비해 천황은 절대적 신성불가침의 존재는 아니기 때문에 일본인은 전후에 좀 허전한 마음을 유사종교에서 메우려 하고 있는 것 같습니다. 유사종교는 전부 교주와 신자를 상하관계로 형성시켜, 신자는 교주에 대하여 천황과 같이 몰아적이고 희생적으로 받들고 있습니다. 유사종교의 교주는 소천황이라고 할 수 있는 것입니다. 그들은 유사종교를 통해 신성불가침의 요소가 퇴색한 천황에서 느끼게 되는 허전한 마음을 달래고 있습니다. 따라서 일본인은 아직 구심점이 존재하고 있다고 하겠습니다.

IV. 사회학적 접근

1) 종적 상하적인 사회구조

일본인에 대한 사회학적인 측면에서의 분석에 대하여서는 주지하는 바와 같이 환산진남(丸山眞男)나 지전(池田) 소의 연구가 설득력을 가진 것들 중의 하나입니다.

그 중 몇 가지 요점을 옮겨보면, 대략 다음과 같습니다.

「일본은 아직 종적 상·하적 구조를 가지고 있다. 민주주의사회는 횡적인 사회구조인데 일본의 그것은 종적이다. 일본인은 소속단체나 소속계급으로부터의 탈출이 불가능하다. 따라서 어떤 시민적 개인적 소임을 일본인에게 바랄 수는 없다. 그러나 단체의 일원으로서 행동하고 단체의 ideologie나 이익에 자기를 매몰시키는 그런 일본인은 있다. 일본인은 집단에 대하여 무류의 충성심을 발휘하며 집단의 지도자에 대해서는 무조건 추종한다. 일본인이 자기를 희생시키며 선배나 상위자에 바치는 복종심은 현대의 그 어느 민주주의 국가에서도 볼 수 없을 정도로 강력하다. 따라서 일본에는 민주주의의 기본적인 요소라 할 각 개인이 평등하다거나 동등한 권리를 가지고 있다는 원리가 배태(胚胎)되어 있지 않다.」

그러므로 결국 일본에는 서구식 민주주의는 없다는 결론이 됩니다.

일본인의 선배에 대한 충성심·양보심 또는 추종심은 오늘날에도 엄연히 존재합니다. 그들은 학교에서 1년 선배이면 톡톡히 선배구실을 합니다. 그런데 요즈음 우리나라에서는 선배가 선배행세를 하려고 하여 후배에게 강요하기도 합니다만, 그것은 일제교육에서 온 습성으로서 토착화하지는 못한 것 같습니다.

한국에서는 과거 장유유서라는 유교적 덕목이 있기는 하였으나, 「오년장즉견수지(五年長則肩隨之), 십년장즉형사지(十年長則兄事之), 연장배즉부사지(年長倍則父事之)」라 하여 10년 연장자쯤 되어야 제대로 형대접을 했던 것입니다. 특히 유교의 영향이 농후한 영남지방에서는 10년 연장자에게도 형대접을 하지 않는다는 것이 처가 쪽에 대해서는 더욱 심하게 적용되어, 처가식구에 대해서는 13~15년 연장자라도 서로 맞담배질하며 반롱을 서슴없이 해버리곤 합니다. 이것은 1년 연장자라도 엄격히 선배로 대접하는 일본의 사고방식과는 판이한 것입니다. 그러므로 한국에는 유교적 상하관계가 있다고 하더라도 일본처럼 엄격하지 못하며, 좀 더 융통성 있는 사회가 아닌가 생각합니다.

전술한바 일본인이 자기소속단체에 대하여 몰아적으로 봉사한다는 예는 얼마든지 들수 있습니다. 사회를 하나의 가족으로 생각하고 가족의 장이나 마찬가지인 사회의 장에 대하여 충성심을 발휘하는 예로서는(일본의 경관학이 세계최고의 경관학으로 간주되는 까닭도 여기에 있음) 회계담당 중견간부가 탈세 또는 수뇌사건에 관련되어 폭로되는 경우, 그것이 고위간부의 지시에 의한 것이라도 그 책임을 자기 혼자서 전부 지며 묵비권을 행사하거나 심지어는 취조에 못 이겨 자살을 기도하기도 합니다. 그러면 사회에서는 그의 장례를 후하게 치러주고 상위간부는 눈물을 흘려 그의 처사에 감사합니다. 이것은 장관이 수뢰(收賂)했을 경우에도 자기의 소속한 정당과 각료를 위해 혼자서 그 누명을 뒤집어쓰는 경우와 같다고 하겠습니다.

일본사회에서는 이처럼 자기개인이란 있을 수 없으며 단체를 살리기 위해서는 자기를 희생해 버리는 것을 미덕으로 생각합니다. 과연 한국에서도 소속단체에 대한 이와 같은 충성심이 있겠는가 하고 문제를 제기했을 때에, 일본의 경우처럼 그 농도가 짙다고는 보이지 않은 것 같습니다.

2) 명분과 속셈의 분리

이른바 다데마에(建前)와 혼네(本音)의 관계를 무엇이라고 번역할까요. "명분"과 "속셈"으로 옮겨서 실감이 날는지 모르겠으나, 일본인들은 다데마에와 혼네를 전혀 마음의 고통 없이 긴장감이나 위화감 없이 자유자재로 구사합니다. 다데마에(建前)와 혼네(本音)의 양자 간에 현격한 차이가 있고 그들의 모순이 현저히 드러나더라도 합리적으로 통일시켜 보려는 생각 없이 이것은 이것이고 저것은 저것이다라는 식의 아주 태연자약하게 사용하는 재주가 있는 것입니다. 여하튼 편리한 사고를 하는 국민이라는 점에는 일본인학자 또는 서구학자들도 동조하는 것 같습니다.

민주주의는 각 개인이 동일한 인권을 가지고 있다는 것을 기본적 토대로 삼는데, 일본처럼 종적인 사회에서는 민주주의가 전혀 배태될 수 없다고 봅니다. 그러나 그들은 민주주의를 자기혈통에는 없지만 양자로서 받아들이고 있습니다. 따라서 전기(前記) 지전(池田) 소(昭)도 지적(指摘)하듯이 그 사이에 gap이 존재하는 것은 당연하다고 하겠습니다.

주지하다시피 Max Weber는 『자본주의와 protestantism의 윤리』에서 「서양의 자본주의는 protestantism, 그 중 특히 calvinism에서 연유한다. Calvin이 설교한 calvinism의 원리란 신이 원하는 바, 신이 목적하는 바를 그대로 지상의 일상생활에서 달성한다는 것이다. 따라서 거기에는 사치를 금하는 금욕, 극기심, 자제심과 종래의 타성적인 전통에서 고독한 자기를 발견해야만 한다. 그들은 동양의 향악적인 자본주의가 아니라, 기계처럼 무미건조하게 그저 날마다 아침부터 저녁까지 돈을 벌고 벌다가 쓰러진다. 그리고 돈을 벌어 사회에 환원하고 봉사하는 생활을 한다. 따라서 동양에서는 자본주의가 일어날 수 없다」고 주장하였습니다(이러한 도식은 일본과 한국에서 자본주의가 일어난 것을 설명하기에는 부적당하다).

이러한 protestant의 ethic은 일본에서는 발견되지 않습니다. 일본인들의 종교와 일상생활과는 상당한 괴리가 있다고 봅니다. 일본인들은 일상생활에서, 종교에서 바람직하게 생각지 않은 행동을 서슴지 않으며, 종교적 신앙이나 이념을 실현하려는 욕망도 보이지 않을 뿐 아니라, 그것이 괴리되고 모순되어도 전혀 통상을 느끼지 않습니다.

즉 종교적 목적과 일상생활이 합치되지 않고 분리된 채 병존합니다. 그들은 종교적 목적을 명분(名分, 다테마에)으로 일상생활을 그것을 달성하기 위한 수단(手段, 혼네)으로 생각하여, 양자 간을 통일화·일체화하려는 노력을 보이지 않는 것입니다.

이런 점은 일본의 정치행태에 있어서도 같은 양상으로 나타나고 있습니다. 일본에 있어서의 민주나 인권이라는 것은 전후 맥아더 장군에 의해 수입·채용된 양자적인 제도인데, 앞서 이야기한 것처럼 봉건적인 종적 사회구성원리가 지배하고 있는 일본의 사회적인 토대에서는 민주나 인권이 싹틀 배토가 마련되어 있지 않다고 하겠습니다.

그러나 정치제도는 항상 민주주의·인권을 다데마에로 내세우지만, 실제의 일상생활에서는 인권을 손상하고 민주주의를 무시하는 행동이 빈번하게 나타나고 있습니다. 이럴 경우 일본의 식자나 대중들은 다같이 "그것은 이상이고 이것은 현실인데 할 수 없지 않느냐"고 일소(一笑)에 붙여버리고 조금도 회의감이나 고통을 느끼지 않습니다. 경우에 따라서는 우수한 인텔리들 중 그러한 사고방식에 반대하려는 이가 전혀 없다고는 할 수 없지만, 그들의 주장이 일반대중에게 공감을 형성치 못하거나 지배력을 발휘치 못한다면, 일반사회 전체는 그러한 발상을 가지고 있다고 결론지을 수밖에 없습니다.

그들은 지금도 여전히 「이기면 관군이요 지면 적군이다」라는 식의 정치적 경제적 강자숭배의식을 가지고 있습니다.

그들에게는 강자를 필요이상으로 숭배하고 약자를 필요이상으로 멸시하는 습성이 깊숙이 배어 있습니다. 이러한 사고방식은 다데마에와 혼네의 불일치를 가져오며, 그 점을 외국인 특히 일본에게 피해를 입은 민족이 지적할 경우 논리의 전개에 궁하게 되면 체면과 명분을 벗어버리고 혼네를 그대로 나타냅니다.

전전 한국 식자들이 민족자결주의 논리를 들어 반항했을 때 일본식자들 중에는 「분하거든 실력으로 덤벼라, 실력이 없어 패해 놓고 무슨 공리공론(空理空論)이 많은가?」로 일축했다거나, 요즈음 한일간 무역역조 시정요구에 대해 동경특파원이 「분하거든 경제대국이 되려무나」식의 기사를 취재했다는 예에서도 잘 나타나고 있습니다.

자신들의 현실적인 이익을 지키기 위해 여러 가지 구실 즉 명분을 찾아내며, 그 구실은 그들의 공통적 추상적인 규범에서 찾습니다. 그러나 서양인들처럼 명분과 실리를 합일·통일화시켜 보려는 노력은 없으며, 양자간의 대립에서 오는 긴장감마저도 그들에게서는 찾아 볼 수 없습니다.

이른바 한반도를 경영하는데 있어 김대중(金大中)사건이나 인권·민주의 문제는 하나의 다데마에요, 정치·경제적으로 북한에 접근하여 실리를 얻겠다는 것은 혼네입니다. 즉 스즈키(鈴木) 수상의 발언은 혼네를 무용의하게 나타낸데 불외하다고 하겠습니다. 그리고 인도주의라는 미명아래 행하고 있는 우리 교포들의 북송문제를 또 하나의 예로 들 수 있습니다.

북송되는 조련계동포(朝聯系同胞) 거의 전부는 이남출신으로서 한번 북송되면 다시는 남한에 돌아올 수 없습니다. 이것은 분명 인도주의에 배치되는 처사로 인도주의라는 다데마에 뒤에는 귀찮은 존재를 하루 속히 북송해 버리자는 혼네가 숨어있는 것입니다.

이러한 명분과 속셈의 괴리는 세계 어느 나라에서도 볼 수 있는 것이나, 그 모순도가 심하고 깊은 것이 일본인이라 하겠습니다. 미국을 위시한 서구 각국에서 민주·인권을 운위(云謂)하며 남의 나라를 비판할 때에는 그들 나라에서도 인권이 완전히 보장되지 않는다는 허구성에도 불구하고 당혹감을 적게 느끼며 어느 정도 수긍하고 있는 것입니다. 왜냐하면 민주와 인권이 그들의 근대화과정에서 발생했으며, 그들은 끊임없이 그것들을 동일화·자기화하려는 노력을 경주해오고 있기 때문입니다.

그러나 일본은 전전 가장 인권을 무시한 나라이며 민주적 전통이 없는 나라입니다. 그러한 일본에서 갑자기 인권·민주를 운위하여 우리를 당혹하게 만듭니다. 이미 심리학적 접근에서도 말씀드렸습니다만, 이런 점은 독일에서도 볼 수 있습니다. 서양에서 전중 유태인 학살을 하는 등 전율(戰慄)하리만큼 인권을 유린한 나라가 독일인데, 유독 독일이 한국 비난을 강하게 하고 있습니다. 그리고 독일에서는 일본 적군파와 비슷한 극단적인 좌익분자가 대두되고 있습니다.

이태리에서도 극단적인 좌익이 불안을 일으키고 있습니다. 이들은 모두 전전의 이른바 방공협정동맹국들로서 하루빨리 그들이 저지른 죄과를 망각하려는 심리적 동기에서 fascism에 극단적으로 반대되는 이론 즉 공산주의이론에 집착하고 있는 것입니다.

요즈음 한국인에게도 명분과 실리의 격차를 발견할 수 있다는 점을 인정하지만, 한국인이 일상 생활 중 실리를 위해 명분을 버리는 것은 일본인보다 그 폭이 좁다고 봅니다. 한국은 기본적으로 유교국가입니다. 유교는 일상생활에서 대의명분을 중시하며 그것을 유지하려는 의도가 강력하다는 것이 하나의 특징입니다. 역사적으로 보더라고 한국인이 대의명분을 중시하려는 경향이 강했음을 볼 수 있습니다. 조선시대의 사색파쟁이 「예론」을 중심으로 전개되었거나, 임진왜란시 명의 원조에 "보은"키 위해 국익을 잊어버릴 정도로 대하고 있음에도 잘 나타난다고 하겠습니다. 임란 후 만주족의 세력이 명을 누르고 조선에 접근해 왔을 때, 조선은 명과의 의리를 저버리지 않고 만주족의 접근을 당연히 거절하여 병자호란을 자초하기도 했습니다.

이렇게 볼 때 한국인은 국제관계에서도 실리를 버리고 명분을 좇는 순진한 일면을 가지고 있다고 하겠습니다.

그러나 일본은 제2차 대전 후 한 푼의 배상금도 요구치 않고 그들에게 평화를 회복시켜 준 장개석정부를 일조일석에 헌신짝처럼 버렸던 것입니다. 중공이라는 좀 더 큰 상품시장을 찾아서 중공정부를 승인했던 것입니다. 즉 중공이라는 혼네를 위해 자유중국이라는 다데마에를 버리고도 조금도 고통을 느끼지 않았던 것입니다.

그런데 한국인은 복잡한 국제관계에 있어서 실리와 명분을 은연중 혼동하려는 경향이 있고, 그 사이가 넓혀지는 것을 몹시 못마땅하게 여겨 그것을 통탄하는 부류의 인물들도 매우 많지 않을까 생각합니다. 또한 서구민주주의가 한국 실정에 부합하다고 생각하여 그것을 무조건 신봉하는 사람들도 상당히 있지 않은가 생각합니다.

이상으로 한일양국인의 정신구조에 관해서 조잡하게나마 접근을 시도해 보았습니다. 좀 더 많은 자료와 증거를 수집하여 학술적으로 깊이 있게 연구되어야 하겠지만, 여기에서는 하나의 시론으로서 문제제기에 만족하겠습니다.

정 재 각 • 동국대학교총장(동양사)

한국인의 자존심문제

봄도 바야흐로 고비에 다다른 호시절. 라일락의 춘향이 교정에 그윽하다. 문득 자존심에 대하여 생각하여 본다. 자존심이란 무엇일까? 그것은 이 옷자락에 스며드는 향기처럼, 인생에 있어서 필경 한갓 사치에 속하는 것일까? 아니면 더욱 절실한 뜻을 가지는 것일까? 그렇다면 그 사회적 기능은 어떠한 것일까?

자존심의 사전적 의미로는 자신의 품위를 떨어뜨리지 않으려는 마음, 곧 자중하는 마음, 남에게 굽히지 않고 자신을 높이려는 마음 등이 있다. 때에 따라서 또는 사람에 따라서 전자 혹은 후자의 뜻으로 사용되는 듯하며, 전자는 주로 대자신적인 면에서 후자는 주로 대타적인 대외적인 면에서의 관찰인 듯하다. 그러나 일사의 양면을 말하는 이 두 가지 뜻을 따지고 보면 반드시 언제든지 양립할 수 있는 것은 아니다. 자신의 품위를 유지하기 위해서는 남에게 굽힐 것은 굽혀야 할 때가 있겠고 무턱대고 남에게 뻗대기만 하면 도리어 자신의 품위를 손상시키는 결과를 가져올 수도 없지 않을 것이다. 영근 이삭일수록 고개를 숙인다는 속언은 이간의 소식을 말한다. 품위라는 말만을 캐고 보아도 교양의 정도에 따라서 혹은 연령에 따라서 그 내포하는 의미는 차등이 있을 것이며, 따라서 그것을 핵으로 하는 자존심의 발동하는 모습에도 천차만층이 있는 것은 우리들의 주위에서 흔히 견문하는 바다. 노상에서 혹은 국회의사당에서 격투하는 모습도 그러한 심심치 않은 구경거리의 하나다. 당사자들은 의복의 남루여부와 약간의 교양의 차이라는 조건 그리고 전자는 사사에 관한 것이고 후자는 주로 국사에 관한 것이라는 조건을 배제하고 보면 양자가 다「올바른 일」을 위하여서는 서로 상대방을 육체적으로 굴복시키지 않을 수 없다는 단호한 자존심의 발동이라는 데는 궤를 같이 한다.

어쩌면 양자가 모두 방관자 또는 방청자라는 구경꾼들이 각기 자신만에 편들고 공명할 것이라는 자기 나름의 기대를 걸고 있을 경우도 공유할 것이다. 이럴 때에는 물론 언성이 높을수록, 육탄의 공격이 맹렬할수록, 상대방을 모욕하는 언사나 행동이 혹심할수록(예컨대 오물을 철포하는 따위), 더욱 애기심과 애국심을 발로하는 소이가 되는 것이라고 생각되어 그들의 자존심은 후련해지는 것이다. 중세의 서양인들이 결투라는 일종의 경기적 의례적인 방법을 통하여 그들의 자존심의 충돌을 해결한다든지 영국의 국회의원들이 끝까지 정중한 언사와 태도를 무너뜨리지 않고 그들의 애국심, 그들의 자존심을 과시하는 것과 비교할 때 그 세련의 정도는 스스로 판이하다.

자존심은 또「자존망대」하는 마음으로 나타난다. 도시인이 농촌인을 대할 때나, 고위고관을 지낸 자가 일반평민을 대할 때 곧잘 발동하는 유형으로서, 인간을 그 제일의적인 평등적인 본질에서 보지 않고 제이의적인 사회적 지위나 빈부의 차이를 기준으로 관찰하는 낡은 습성에서 오는 것이다. 모고관퇴직자가 지방도청소재지에 사용으로 갔을 때 그 지방 도지사가 지사용 세단으로 모시는 대신 택시로 마중을 보냈다고 하여 대노했다는 에피소드는 이러한 유형에 속하는 것으로서, 그에 의하면 세단 차는 자신의 관직에 배치되는 일시적인 비품이 아니라 자신의 인격에 수반되는 예우물이라야 하는 것이다. 국회의원에 낙선된 후 아무도 알아주지 않는 세상을 원망하며 실의낙담의 생을 마쳤다는 신문지상의 낙화도 당선했을 때의 자존망대하던 심리의 발동에서 연유한 것이라고 보겠다. 자존망대의 일층 고전적인 유형은 반세기전만 해도 우리는 접할 수 있었다. 주지하는 바와 같이 한국에는 동성부락이 많다.

산등을 중간에 두고 이쪽에는 이씨가 살고 저쪽에는 김씨 부락이 버티고 있다. 그들은 각기 자신들의 족보에 정통하고 족보상의 조상들의 행적을 과대평가하여 이를 존숭하도록 어릴 때부터 주입되고 훈련된다. 그리하여 문집의 편찬이나 기타의 이유로 문벌과 문벌의 시비가 곧잘 일어나면 이들 중에서 일문을 대표하여 시비에 참가할 자가 선발된다. 담론이 풍발하고 유학의 문구와 고사에 대한 기억의 재고량이 풍부하며 무엇보다도 상대방을 우격다짐으로 압도하는 이른바 기습의 소유자여야 한다. 의표가 의젓하면 더욱 바람직한 조건이다. 이렇게 일단 시비의 선수로서 이름에 오르면 그는 다만 자신의 문중에서 주희의 기갈을 느낄 우려가 없을 뿐만 아니라, 또한 상대의 문중으로부터도 상당한 경의를 획득한다. 번듯하고 우뚝 솟은 관망을 쓰고, 등신고의 지팡이를 짚고, 풍성하고 넉넉한 도포자락을 휘날리며 일보일보 대지를 확고히 밟고 걷는 인물. 때로는 낯빛을 바로잡고 흰 눈썹을 들어서 상대방을 점잖이 꾸짖던 인물을 우리는 일찍이 어느 문중에서나 몇 사람씩을 가지고 있었다. 그리하여 그들의 기고만장과 오만불손에도 불구하고 그들의 몸가짐의 구석구석으로부터 풍기는 유교적인 기절로 말미암아서 우리는 그들을 경애하고 있었던 것이다. 비록 동일한 자존망대라고 할지라도 동양적인 교양의 진수도 모르고 서양적인 교양을 터득하지도 못한 교양의 진공상태에 서식하는 이즈음의 자존망대자들과는 스스로 그 품격을 달리하는 것으로서 오늘날의 그들적 존재의 소멸은 일말의 적막감조차 안겨준다.

자존심의 발동의 또 하나의 유형으로서 우리는 열등의식의 구상을 목적으로 하는 자기표현을 들 수 있다. 그것은 매우 충격적이며 반발적인 형태를 취하는 것으로 특징 지워진다. 신체적인 불구, 그 비정상적인 발육, 또는 추모, 기타 불우한 처지에 관하여 평소 잠재적으로 열등의식을 누적시켰던 자가 그렇지 않은 자와의 사이에 자존심을 발동시킬 때에는 곧잘 폭발적으로 상대의 의견이나 행동을 봉쇄하고 순조로운 대화나 감정의 교류를 막아버리는 수가 있다. 이러한 잠재적이고 심리적인 동기를 독파하여 너그러운 아량을 베푸는 상대란 그리 흔하지 않기 때문이다. 국사에 나타나는 서벽의 반란은 모두 서자들의 이러한 자기표현이라고 볼 수도 있다. 에드가 스노우에 의하면 일본인이 관동대진재시에 한국인 팔천명(일설 육천명)을 학살한 것이나, 남경정략시에 중국인 부녀자들 사만명을 광기적으로 살육한 행위는 모두 일본인이 대대로 이들 대륙인과 반도인에 비하여 체구가 왜소하고 동양문화의 후진적인 것에 열등의식을 품어오던 것이 폭발한 까닭이라는 것이다. 요컨대 일종의 변종적인 유형으로서 오랫동안 학대 받던 또는 받았다고 자인하는 개인이나 민족의 자기표현에 공통되는 현상이다.

동양인에게서 널리 발견되는 것은 자존심이 「체면」과 관련되어 발동하는 경향이 있다는 점이다. 체면이라는 것은 외부에 대한 자신의 위신을 강조하는 것으로서 동양인의 생활에서는 극히 소중히 여기는 것의 하나다. 자신이 타인의 면전에서 모욕을 당하거나 낮게 평가되는 것은 실로 자신의 생활에 중대한 영향을 끼치는 것으로서 만난을 무릅쓰고도 이는 유지해야만 한다.

서양인의 관찰자에 의하면 동양인의 생활이란 것은 내면적인 생활, 자신의 내부세계를 파고드는 생활이란 극히 빈약하며 생활의 거의 전부가 외부와의 교섭면에 중점을 두는 것이기 때문에 따라서 체면이 차지하는 비중이란 크지 않을 수 없다는 것이다. 어떻게 하느냐의 사실여부보다도 어떻게 보이느냐가 그들에게는 더욱 중요하다. 관리가 뇌물을 받아도 외인에게 알려지지 않거나 또는 법률적으로 적당히 변명만 될 수 있으면 그의 자존심은 손상을 받지 않을 것이며, 국회의원도 선량이 되려는 자신의 체면을 유지하기 위해서는 아무런 자존심의 아픔도 없이 추잡한 선거운동에 열중하기도 한다. 체면은 흔히 대의명분과 결탁하기도 한다. 따라서 곧잘 대의명분을 내세울 때 한 꺼풀 벗기고 보면 그 속에는 앙상한 사리사욕이 도사리고 있게 마련이다. 특히 한국의 지식인에서 볼 수 있는 것은 일종의 「의사」로 자처하고 「의사」로서의 자신의 체면을 유지하기에 급급하는 경향이다. 의사의 대상으로서는 물론 불의가 존재해야 할 것이며 그러한 불의, 부정의 상징으로서는 곧잘 권력자가 선택된다. 그러므로 자신의 의사로서의 면목을 나타내기 위해서는 권력자의 하는 일은 무엇이든 냉소적으로 대해야 하며, 설혹 시인해야 할 일이 있다고 하더라도 이를 무조선 찬양하다가는 의사로서의 자신의 체면에 절조 없는 인간이라는 치명상을 입힐 우려가 있는 것이다. 시시비비는 이 경우에 있어서 하나의 터부다. 마음속으로는 옳다고 느끼는 일도 옳은 것으로 표시하지 말아야하는 자신의 모순에 대하여 그들의 자존심은 동요도 받지 않는다. 권력을 하나의 필요악으로 보고 그것에 반항하는 것을 하나의 의로운 자세라고 보는 지식계의 전통적인 동양적 사조에 소박한 저류와 그것을 민혹하게 반영하는 매스 커뮤니케이션에 영합하는 자신의 행위도 결국 하나의 곡학아세라는 것을 인정하려고 하지 않을 만큼의 자존심은 무디다.

지식인의 품위란 진실의 소리 이외의 그 누구의 소리에도 귀를 빌지 말아야하는데서 유지되는 것임을 그들은 상기하려고 하지 않는 것이다. 하물며 권력에의 반항언사에 대한 청중의 갈채를 의식하고 권력자의 반격이 막대한 타격을 주지 않을만한 거리를 측정하면서 그 스릴을 향락하는 류의 자세란 바로 다름 아닌 기회주의자의 그것으로서 갈채에 굶주린 그들의 자존심은 또한 권력의 갈채라도 받을 시기가 도래하기만 하면 언제든지 카멜레온처럼 변색할 용의를 갖추고 있는 것이다. 문자 그대로 군자모변이다. 이상의 다분히 위선적 자기기만적인 자존심은 결국 사이비 자존심으로서 자존심의 본의에 부합되는 것이라고 할 수 없다.

자존심의 본령은 아무래도 「자신의 품위를 떨어뜨리지 않으려는 마음」 곧 「자중하는 마음」이란 것에서 찾아야한다. 이러한 마음의 가짐새는 곧 자신의 내면적인 추구에서 얻어지는 것으로서 결코 전시효과를 노리는 데서 올 수는 없는 것이다. 군자신독이라는 것은 이러한 경지의 표현이다.

공자가 목이 말라도 도천의 물을 마시지 않겠다는 결심이라든지, 자로가 폭도의 화살을 맞고 죽을 때에 갓을 바로 잡고 있었다는 것은 모두 그들이 군자로서의 품위를 지키는데 얼마나 충실하였던가를 보여준다. 소크라테스가 탈옥을 거부하고 조용히 취사하였다는 이야기도 같은 예에 속한다. 일제하에서 삭발을 강요당했을 때 그러함으로써 「대장부」로서의 품위를 손상하는 것보다는 차라리 죽음을 택한 우리 조상들의 자존심, 유태인의 학살에 격노하여 평생 독일인 청중들에게 연주를 거부하는 루빈시타인의 자존심, 미국 앨리버마에서 흑인들의 평화적인 시위행렬에 백인군중들과 경찰이 합세 포위하고 경찰견으로 하여금 이를 습격케 하였을 때 감연히 흑인행렬에 가담하여 민권운동을 옹호하던 단 한사람의 백인교수, 백인군중들의 온갖 박해와 백인 무뢰한들의 무지한 행패로 말미암아 유혈이 낭자한 처참한 모습을 하고서도 결코 정의의 행렬을 이탈하려고 하지 않던 단 한사람의 백인교수가 보여주던 자존심들은 모두 조용한, 갈채를 염두에 두지 않는, 그러나 단호하고 름렬한 기품을 품은 자존심들이다. 멀고 깊은 인생관에 기초를 둔 영원한 긍지에 불타는 일종 종교적일 만큼 숭고한 자존심들인 것이다. 자신의 신념의 소리, 자신의 내부의 소리에만 귀를 기울이고 그곳에서만 자신의 전존재의식을 찾는 그러한 자존심들이 바로 여기에 있는 것이다.

생의 원리와 수많은 자연의 법칙을 발견하고 중요한 발명에 공헌한 것도 다름 아닌 이러한 자존심들인 것이다. 예수, 공자, 소크라테스, 갈릴레이, 루터 그 밖에 누구든 자신의 정신, 자신의 원칙에 충실하던 높은 자존심의 소유자들은 모두 문화에 공헌한 자들이었다. 생각건대 이러한 진정한 자존심이나 전술한 사이비자존심이나 간에 모두 자신의 생을 보호하기 위하여 생성된 것이라는 점에서는 동일하다 할 것이나 그 생이 어떠한 것인가에 관해서는 스스로 류를 달리한다. 전자는 영원한 생명에, 후자는 그날그날의 세속적인 생명에 집념한다.

전자는 자신의 세계에만 충성하기 때문에 진정으로 주체적이며, 후자는 자신의 대외적인 체면, 타인에게 전시되는 효과에만 사로잡히기 때문에 일종 타율적인 존재로 떨어지지 않을 수 없다. 다시 말하면 후자적 자존심의 소유자는 필경 신체적으로는 독립되어 있다 하더라도 정신적으로는 항상 종속적인 위치에서 방황함을 면하기 어렵다는 말이다. 자존심의 기능은 민족의 경우에 있어서도 개인 간의 경우와 마찬가지이다. 그 민족이 종속적인 존재를 감수하느냐, 또는 진정으로 독립적인 주체적인 위치에 서느냐는 전혀 그 민족이 사이비자존심을 가졌느냐 또는 진정한 자존심을 소유하느냐에 달린 것이다.

무릇 한 민족이 독립국가로서 살아남으려면 무엇보다도 단결이 필요하며, 단결에는 또 무엇보다도 자민족의 가치와 문화에 대한 불발의 긍지와 신뢰감이 그 초점이 되지 않을 수 없다. 만일 어떠한 민족이 자신을 문화적으로나 열등민족으로 자처하고 오직 타민족의 압박으로부터 자민족을 보호하려는 본질적인 방어태세를 취할 필요 이외에는 구태여 자민족끼리의 독립할 의의를 발견하지 못한다면 그 민족은 조만간 문화적 선진국이나 강대국의 교묘한 붕괴공작에 떨어질 것이 뻔하다. 자신이, 자존심이 없는 민족에게도 독립이 배급되도록 세계는 어수룩하지 않다는 말이다. 다시 말하면 자민족과 자국에 대한 깊은 존경심, 이것이 독립전취에의 가장 중요한 조건이다. 영국은 민주주의 선구자로서의 긍지,

미국은 세계제일의 번영을 바탕으로 하는 자신, 불국은 파리로서 상징되는 자국문화에, 독국도 그 민족문화에 각각 깊은 자신을 가지고 있다. 소련은 세계공산주의운동의 선구자로서, 중국은 장구한 동양문화의 중추로서, 인도는 그의 고답적 정신문화의 유구함으로써, 일본도 일찍이 전세계를 상대로 싸웠던 그들의 국력으로써 각각 만만한 자신을 가지고 행세하고 있는 터이다. 자신을 가장 못난 사람이라고 자인하는 사람이 자살할 수 밖에 다른 도리가 없는 것과 같이 자민족을 하잘 것 없는 민족이라고 자처하는 민족도 민족적 존재를 상실하기 마련인 것이다.

　돌이켜보건대 한국인의 민족적 자존심은 어떠한 것인가? 일제의 혹독한 지배와 뒤이어 구걸한 외국의 정치적, 물질적 원조 때문에 한국의 민족적 자존심이 만신창이가 된 것은 누구에게나 다 보이는 바다. 국토는 양단되고, 민족적 단결은 갈기갈기 찢기어서 자민족끼리 운영하는 것이면 정부나 국회나 기타의 공공기관이나 어느 것을 막론하고 신뢰를 줄 수 없어 의심암귀에 허덕이는 오늘날의 정황이다. 이러한 사태에서도 물론 여러 가지 이유와 책임의 소재는 분석될 수 있으리라. 그러나 무엇보다도 급선무는 한국인이 각자에게 자존심의 유무를 다짐하는 작업이다. 얼마 전까지도 우리는 이 소중한 민족적 긍지를 위하여 일제의 침략에 항거하여 목숨을 초개같이 던진 많은 「한국인」을 가지고 있었다. 지금도 부질없이 남에게 자신을 전시하고 남에게 책임을 돌리는 요란스러운 존재 대신에 조용하게 자신을 다짐하는 「한국의 자존심들」을 과연 얼마나 발견할 수 있을 것인가? 자존심이 없는 민족은 결코 주체적으로, 독립적으로는 생존할 수 없다는 사실을 인정하는 사람을 과연 얼마나 발견할 것인가?

　잠깐 고개를 들어서 우리의 주위를 돌아보라. 두만강구 저쪽에는 세계혁신의 윤출을 기도하는 소련 민족이, 압록강과 황해 저쪽에는 여전히 중화주의에 집념하는 중국민족이, 그리고 부산 앞바다 건너편에는 일찍이 우리를 탄식한 구미를 잊지 못하고 있는 일본 민족이, 각각 호시탐탐하게 에워싸고 있는 것이 아닌가! 이 정세가 아랍민족에 포위되어 사막 속에 고립무원으로 갇혀있는 이스라엘 민족의 위기와 무엇이 다르단 말인가? 그러나 이스라엘의 경우에는 사막 속의 기적을 이룩하였다.

이 기적의 원동력이 된 것은 바로 그들의 민족적인 자존심, 일찍이 세계 각처를 유랑하며 이민족의 밑에서 온갖 천대를 받으면서도 버리지 않았던 자민족의 종교, 자민족의 가치에 대한 깊은 존중심이 그들을 다시금 모으게 하고 다시금 어엿한 독립국으로서 출발시켰던 것에 불외하다. 같은 위기에 처해있는 한국민족은 과연 어떻게 어떠한 자존심을 재발견하고 민족의 합일을 이룩한단 말인가?

지지한 햇발도 어느덧 서산에 기울었다. 라일락의 암향이 자꾸만 춘정을 구슬리는 가운데 문득 자존심 문제를 통하여 지식인의 과제를 생각하여 본다.

정 재 각 • 한국정신문화연구원 원장

21세기를 위한 식민주의의 극복에 대하여

1. 20세기의 반성

바야흐로 20세기가 저물고 새로운 세기가 시작하려는 이 시점은 회고(回顧)와 전망을 가지는데 알맞은 때라고 하겠다. 한 마디로 20세기는 「지구촌」이라는 말에서 실감하듯이 전 지구가 하나의 생활장(生活場)을 형성하였고 또한 과학기술 발명이 혁명적으로 발달하였다. 전지구가 하나의 생활 장으로 축소 집약된데 있어서는 물론 교통 통신수단 등 과학문명의 발달이 이를 주도하였지만은 이 과학문명의 발달이란 것도 세계가 일체화하는 과정에서 더욱 급속히 촉진되었다고 보면 이 두 현상은 상호 인과적으로 영향하여 이루어진 것이라고 보겠다. 과학문명이 서양을 중심으로 일어났고 그것으로 말미암아 서양이 세계를 제패(制覇)한 것은 사실이나 넓은 시야에서 보면 Islam · 인도 · 중국 기타 세계 각문화권과의 교류에서 각종의 과학적 발명과 착상이 서양으로 유입 종합되어 이루어진 결과이며 결코 서양문명의 사유재산일 수는 없다는 J. needham의 주장에 따른다면 이 또한 지구촌 형성의 과정에서 이루어진 것이라고 볼 수 있다는 말이다. 아무튼 오늘날 지구인은 서로를 한 공동체의 시민으로 의식하지 않고서는 생활할 수 없게 되고 과학의 발달은 그러한 의식에 더욱 현실감을 주고 있는 것이다. 환경오염에 따른 생태계의 파괴, 자원의 고갈, 궁극무기(窮極武器)의 발명축적, 정신장애와 범죄의 대량 확산 등 현상은 문자 그대로 운명공동체를 만들어 놓고 만 것이다. 이러한 지구공동체의 운영에는 질서, 논리, 가치관 등 공통된 문화원리가 필요불가결(必要不可缺)한 것인데 그러한 조절이 없이 사태가 먼저 닥쳐 왔기 때문에 인류는 이제 심각한 갈등, 혼란, 불안을 겪게 되어 새로운 문화 원리의 모색이 요청되는, 하나의 전환기(轉換期)에 이르렀다는 것이 널리 지적되고 있다. 그러한 청산(淸算)되어야 할 것 중의 가장 중요한 것이 식민주의 문제다.

돌이켜 보건대 세계일체화가 급속히 이루어진 중요한 계기가 된 것은 바로 근대서양 각국 간의 식민지획득경쟁에 의한 서양의 팽창이었으므로 이러한 의미에서 식민주의는 세계일체화에 이바지 하였다고 보겠으나 바로 그것 때문에 진정한 일체화를 지연시키고 있는 역작용(逆作用)도 하고 있는 것이다. 말하자면 식민주의가 세계를 일체화한 것은 외형적 현상이며 내면적으로는 도리어 이를 저해하는 요인이 되고 있다는 말이다. 근대 식민주의가 시작되는 것은 주지(周知)하는 바와 같이 15세기말 포르추갈 스페인에 의한 신항로 신대륙의 발견으로부터 비롯한 것이나 이것이 가속화하는 것은 19세기말로부터 20세기 초에 이르는 이르는바 신제국주의시대이다. 이 기간에 있어서 식민국가의 수는 새로이 경쟁체제에 뛰어든 국가를 합쳐서 배가(倍加)되었을 뿐 아니라 그 획득 식민지에 있어서는 종전의 3배에 달하여 아프리카대륙의 거의 전부 아시아의 태반(太半), 그리고 태평양제도가 모두 그들의 수중으로 들어가서 1차 세계대전 시까지에는 이들 식민본국과 그들의 전식민지(前植民地) 신식민지를 합치면 실로 전지구면적의 85퍼센트를 차지하기에 이르렀다고 한다. 이렇게 요원의 불길처럼 타오르던 식민지점령의 광기적(狂氣的) 경쟁도 1차 대전 이후부터는 점차 수그러지고 2차 대전 반식민지주의 풍조가 전면적으로 일게 되어 식민지형태는 대부분 사라지고 말았다. 1955년의 Bandung회의는 식민주의 반대를 결의하고 1960년의 UN총회는 이것을 승인하여 식민주의가 인권을 부인하는 것이며 평화를 저해하는 것으로 선언하게 되었다. 여태까지 자랑과 권위를 의미하던 식민지 소유가 이제는 하나의 수치(羞恥)와 죄과(罪過)로 단죄되어 모든 식민지의 즉각적인 해방이 촉진되었던 것이다. 이러한 사태는 바람직한 세계사상을 위하여 일보 전진한 것으로 일단 평가될 수는 있다. 그러나 식민지로부터 식민본국의 깃발이 뽑혀져 나갔다는 외견적(外見的)인 사실이 과연 식민주의의 끝장을 의미하는 것인지, 식민주의자들의 항변의 목소리가 낮아진 것이 과연 그것의 단념을 의미하는지는 단언 할 수가 없다. 근대 식민역사만 하여도 거의 500년의 전통을 가진 것이 일편(一片)의 결의문(決意文)이나 선언문으로써 청산(淸算)될 수 있는지 매우 의심스러울 수밖에 없다. 무기에 대신하여 경제 기타의 방법으로 지배하는 새로운 형태의 식민주의로 탈바꿈 하였을 뿐이라는 주장들도 따지고 보면 이러한 의구심(疑懼心)이 그 동기가 되고 있는 것이다.

이러한 문제에 접근하는 데는 우선 서양열강으로 하여금 식민지획득 경쟁으로 몰아넣었던 원인부터 더듬어보는 것이 첩경(捷徑)일 것이다.

식민주의 내지 제국주의는 기본적으로는 국가적 이기주의에서 출발하였던 것이며 뒤에는 유물론적(唯物論的) 세계관에 의하여 정당화되었으니 이르는바 사회적 진화론(Social Darwinism)으로 불리는 Spencer's Theary다. Herbert Spencer는 자연계에 대한 Darwin의 진화론을 그대로 사회현상에도 적용하여 강국들의 이기주의를 적자생존의 법칙으로 합리화했다. 인간의 존엄성에 대한 이러한 모독들을 각성시켜주는 역할은 마지막으로 종교에서밖에 기대할 길이 없었으나 이것 또한 John Calbin의 운명결정설의 이기적인 해석에 의하여 좌절되었을 뿐 아니라 더욱 정당화되었다. 한 인종이 다른 인종의 지배를 하고 또 지배받는 운명이나, 한 개인의 부유하고 빈천(貧賤)한 것이 모두 운명적으로 확정된 것이라고 하는 신학적(神學的) 해석이 서양인의 식민주의 내지 제국주의를 고무(鼓舞)하고 말았던 것이다. 또 식민지획득 과정에는 많거나 적거나 간에 기독교에 포교사(布敎師) 파견이 수반되기도 하였으나 이는 기독교의 교리신앙을 절대시하여 그러한 유일절대신의 복음(福音)을 전달해야 되겠다는 사명감에 불타고 있었기 때문이며 이에 응하지 않는 이교도는 힘으로 설복(說伏)하지 않을 수 없다는 십자군원정 이래의 사고도 작용하고 있었다. 기독교의 신 앞에 모든 인간이 평등하다는 관념 속에는 아시아 아프리카인 등 이교도들은 내심적으로는 제외되고 있었을는지 몰랐다. 이러한 전거(典據) 이외에도 산업혁명 이후에 서양이 달성한 성과를 기준으로 자신의 문명을 유일한 보편적 문명으로 절대화하여 이를 무력으로 타에 강요하려고 하던 경향이 있었던 것도 서구문명을 비판한 N. Y. Danilersnii의 지적하는 바다. 이러한 정세들이 서양의 식민주의 경쟁에 박차를 가했던 것이며 당시 팽창주의의 선두를 달리던 영·불 등에서는 Cecil Rhodes, Joseph Chamberlain, Juldes Fery 등이 이를 공공연히 부채질 했던 것은 주지하는 바다. 뒤늦게 이 경쟁에 참가한 후진 제국주의 국가에서도 이와 대동소이(大同小異)한 자화자찬의 소리들이 거리낌 없이 구가(謳歌)되어 한 마디로 이 시기는 인간이 일단 유리한 위치에 놓이면 얼마나 교만해질 수 있는가를 보여주는 인간심리의 우열성의 전시기간(展示期間)이었다.

이 시기는 또한 서양인에 의한 진보사관들이 자리를 잡고 제국주의를 따르는 것이 진보하는 길이라고 믿은 동양국가도 있었으나 인간정신의 간에서는 오히려 역설적 현상을 나타내고 있었다. 2차 대전 후 다행히 종래적인 식민주의는 퇴조(退潮)했다. 그러나 그것은 제국주의 세력들 간의 이해충돌로 인한 전쟁의 결과이거나 혹은 식민지들이 식민본국이 하던 바로 그 방법, 조직, 선전, 행동 등을 가지고 반항(反抗)함으로써 식민 국가들로 하여금 식민체제를 계속하는 것보다도 단념하는 편이 자신에게 유리하다고 판단케 했기 때문이다. 이른바 동서 문제 즉 동서양진영의 사상투쟁이 그러한 단념을 더욱 촉진했다는 주장도 충분히 납득이 간다. 강력한 논리와 물리적 힘을 가진 견제세력이 배후에 도사리고 있는 판에 옛날처럼 어수룩하지 않는 식민지를 옛날형태로 통치하는 것은 노력은 많고 공(功)은 적은 일이기 때문이다. 이렇게 식민주의자들의 논리적 반성이 아닌 다른 동기에서 종래적 식민체제가 사라졌다고 하면 그러한 외부적 요인의 압박이 약화되었을 때에는 또다시 잠재된 미련(未練)이 활성화될 것이라는 것은 반드시 기우(杞憂)라고 할 수 없다. 혹은 윤리적으로 반드시 정당화는 되지 않는다고 하더라도 그것도 인간세계의 통유현상(通有現象)인 약육강식의 한 표시일 뿐이라는 무책임한 사고가 판을 칠 때에도 또 다른 형태의 식민주의가 일어날 가능성은 얼마든지 있다. 종속이론(從屬理論)도 그러한 것에 대한 지적의 하나다. 아무튼 이 시점까지는 식민주의가 청산되었다고 단언하기 어려우며 종래적 형태의 식민지의 포기는 또한 예기치 않았던 많은 문제들을 남겨 놓았다. 한국의 남북, 인도와 파키스탄, 이스라엘과 아랍제국·그리고 대만과 중국본토 등이 이데올로기 종교 내지 민족 등의 차이로 분열상쟁하고 있는 현상과 아프리카에서 일어난 여러 가지 사태들도 직접 간접으로 식민주의 결과에서 유래한다고 지적되고 있다. 이러한 사태들은 오늘날 세계평화를 위협하는 불씨가 되고 있을 뿐 아니라 당해 과거 식민지 국가들로 보면 반드시 자신들만의 책임이 아닌 일들로 오늘날 그러한 불행과 고통을 계속해서 당해야만 하는 것이다. 식민주의가 남겨놓은 것은 이러한 불합리뿐만 아니다. 더욱 큰 해독(害毒)은 정신적인 문제다.

식민체제가 주로 기독교문명과 비기독교문명, 기계화문명과 수공업문명, 강력한 경제력과 후진경제력, 빠른 생활리듬과 느린 생활리듬을 가진 이인종(異人種) 내지 이민족들 사이에서 이루어졌기 때문에 부질없이 전자에 속하는 국가들의 인종적인 문화적인 우월감과 후자에 속하는 국가들의 그러한 열등감을 부식(扶植)하고 말았다. 인류문화는 항상 진보하는 것이며 서양문화는 그 선두에서 이끌어가는 문화이기 때문에 서양문화는 우월하고 그러한 문화의 담당자인 서양인종은 우월한 인종이라는 사고라든지 따라서 비서양인이라도 재빨리 그러한 서양의 대열에 끼이는 길만이 진보하는 길이라는 일본의 소위 탈아입구론(脫亞入歐論)과 같은 사고 등은 모두 동일한 관점에 서고 있는 것이다.

오늘날 남북문제에 있어서의 남부 개발도상국 즉 구식민지 제국들이 그들이 정복되었던 힘의 원천인 산업화에 전력을 기울이고 있는 것도 적의 무기로써 생존력을 확보하려는 안간힘의 표현이며 또한 북쪽 제국 즉 구 식민국가들이 모든 방법을 다해서 남쪽과의 종전의 격차를 유지 내지 확대하려는 경향도 따지고 보면 역시 대체로 같은 관점에서 오는 것이라고 보겠다. 그러나 서양의 우월성이 의존하는바 경제력 군사력 바꾸어 말하면 과학기술문명이 이미 기술한 바와 같이 인류의 생존조차 어렵게 하는 상황을 만들고 선 후진국의 빈부의 격차는 부자에 의한 교만 · 멸시 · 허영 · 빈자(貧者)에 의한 질시(嫉視) · 증오 · 자학 등 심리를 가일층(加一層) 조장(助長)하고 물질문명의 파행적(跛行的)인 발달은 빈부국 모두에 기성종교(旣成宗敎)의 무력화와 인간 소외현상을 심화시키고 있는 현상을 볼 때 서양문명이 곧 진보의 문명이라고 우길 수는 없는 것이며 이러한 지적들은 Levi Strauss 기타 사려 깊은 서방학자들의 저술에도 나타나고 있다. 그렇다면 이러한 서양문명 내지 현대문명의 궤도는 어떻게 수정되어야 하며 수정작업을 담당해야 할 지역은 어디 이겠는가? 이론적으로 보면 하나의 문명이 성숙 · 타락해서 그 모순을 노정(露呈)하는 본거지에서 수정의 새로운 에너지가 일어날 법 하지만 실상에서는 중심지에서 떨어진 주변지대에서 일어나곤 했다. 그리고 또한 새로운 문명은 이전문명의 전면적인 부정에서가 아니라 그것을 토대로 하고 수정하는 것이기 때문에 현대서양문명 즉 과학기술문명을 어느 정도 소화 정착시키고 그러고도 자신의 전통문명속에 그것을 비판할 수 있는 가치이념들을 보유하고 있는 지역이라야 하겠다.

  이러한 조건들을 충족시키는 지역으로서 우선 서태평양지역(동아시아 지역)과 인도 등을 생각해 본다. 이 지역은 모두 동양문명의 강력한 전통을 가지고 있으면서 식민지 반식민지 내지 식민지화의 위험을 체험했고 특히 동아시아 연안제국(沿岸諸國)들은 근래 서양기술문명 수용능력을 과시함으로써 이르는바 G. N. P.의 급상승을 보여주고 있으며 이 점이 바로 식자들의 우려를 자아내고 있는 곳이기도 한 것이다. 인도의 문명은 일찍이 불교의 형태로써 동아시아의 전통문명 속에 수용되어 있기 때문에 우선 편의상 이를 동양문명으로 일괄하고 태평양문명의 방향설정의 주도적 역할을 할 곳을 동아시아 지역으로 축소해 보는 것이다.

2. 동아시아 산업화의 서양적 달성(達成)의 의미

  오늘날 동아시아의 몇몇 지방이 급속한 산업화를 통하여 그 경제력을 신장시키고 서양 열강들과 선두를 다투고 있거나, 혹은 개발도상국을 벗어나려는 위치까지 왔다고들 한다. 우리가 궁금한 것은 이들 당사국들이 스스로 이러한 성과에 어떠한 의미를 부여하는가의 문제이다. 서양을 따라잡고 또는 따라잡을 수 있다는 전망을 얻었다고 하여 이를 자랑하거나 기뻐하고만 있다면 이는 서양적 사고기준에 자신을 맞추고 있는 것이며 따라서 이러한 사고는 자신들의 기준에 미치지 못한 다른 나라들에 대한 우월감이나 모멸감을 후문으로 불러들이고 있는 것이라고 할 수 밖에 없다. 만일 그렇다면 서양제국주의 내지 식민주의의 밑바닥에 깔려 있던 사상과 다를 것이 무엇이 있겠는가?

  또한 진보라는 이름 아래 더욱 많은 힘과 더욱 좋고 많은 물질의 획득을 위하여 달음박질 하는 서양근대문명으로 개종하여 그것에 저항하는 전통문명을 한갓 수치거리로 여긴다면 이는 서양이 문명개화사업(mission civilisatrice)이라고 변호하는 식민주의를 정당화하는 결과가 될 것이다. 더욱 많은 힘을 가지고 더욱 좋고, 많은 물질을 확보하는 것은 물론 일면의 진보를 의미하는 것이기는 하나 그것은 동시에 타면의 퇴보를 초래할 수도 있는 것이다. 생활의 외면적 진보에 열중하는 자는 언제나 끊임없이 새로운 더욱 좋은 것을 구하기에 여념이 없기 때문에 지족 안분(知足安分)의 내면의 평화를 얻을 수 없게 되고 더 나아가서는 그러한 것의 확보를 위해서는 수단과 방법을 가리지 않게 됨으로써 힘이 곧 정의라는 약육강식의 사태를 저지르고야 만다.

식민주의 제국주의, 자원의 고갈 환경오염 등등은 모두 그러한 외형적 진보에의 경쟁에서 귀결된 것이며 반면에 초조, 불안, 공허감 등의 정신적인 황폐라는 대가를 지불하고 있는 것을 목전에 보고 있는데도 여전히 탈아입구(奪亞入歐)의 숙망(宿望)이 달성되었거나 또는 달성될 날이 멀지 않다는 기쁨에 도취하고 있다면 이는 서양병의 전염이 심각하다는 증상이다. 이러한 곤경에서 벗어나는 길의 발견을 우리가 일차적으로 현대문명의 발상지인 서양에 기대하지 않은 것은 서양이 아직도 강력한 군사적 경제적 힘을 확보하고 여타지역에 대한 외형적 진보의 격차를 즐기고 있는 판국(版局)에서는 그것이 비현실적이라는 판단에서였다. 동아시아는 이제 자신들의 과학적·공업적 달성이 서양만이 그러한 능력을 가지고 있다는 인종적 우월성 주장을 반증했다는 것만으로 만족하고 그들로부터 받은 과학문명의 은혜는 자신의 전통문명 속에 숨어 있는 가치들을 재발견, 전수함으로써 이를 갚아야 될 것이다. 이미 많이 오염은 되었지마는 전통문화의 토양에는 아직도 얼마간은 남아 있을 것이다.

3. 동양적 가치이념의 재발견

서양의 과학문명은 근대 휴머니즘의 소산(所産)이며 그것의 이데올로기적 기초는 개인주의·합리주의·인간지상주의 등의 가치관이다. 개인주의는 원자론(原子論)에 뿌리를 가지는 것이나 정치적인 차원에서는 Nationalism으로 표현되고 있는 것이다. 개인주의가 이기주의로 치우치면 사회질서가 혼란을 일으키듯이 Naturalism도 과도하게 발동되면 세계평화를 위협하는 요인이 된다.

그러나 오늘날 개발도상국에서 나타나는 Nationalism은 개발국들의 압력에 대한 자기방어적인 집회 의식의 표현이며 오히려 공존공영(共存共榮)의 신질서를 촉구하는 긍정적 현상으로 볼 수도 있다. 아무튼 이는 자타를 준별(峻別)하는 개인주의·인종주의 등 사상을 가지고 식민지를 경영하던 서양에서 유래한 것이며 동양의 정통사상에 뿌리박은 것은 아니다. 불교는 모든 생물은 궁극적으로 동일한 차원에서 나오고 있다는 생의 통일성을 강조하고 있는데 반하여 기독교는 유일한 권화(權化·avatar)만을 고집하여 타종교를 배척하고 있는 것이다. 유교의 화이사상(華夷思想)이란 것이 있기는 하나 이것도 따지고 보면 인종적·민족적 차별을 주장하는 것 보다는 문화적 차별개념이라고 볼 수 있다.

  식민주의가 국가적 이기주의의 한 표현일 때 이기주의는 모든 인간의 공통된 심리의 일면이지만 이러한 이기주의에 대처하는 방안 내지 인간을 보는 시각에 동서양의 차이가 있다. 서양의 근대적 인간관은 물심이원론(物心二元論)에서 인간의 정신과 신체를 분리한다. 인간이 인간다운 것은 인격이 있기 때문이며 인격의 본질은 선험적(先驗的)으로 갖추어져 있는 이성이라고 한다. 인간의 신체는 이성과는 관계가 없는 단순한 물리적 물체일 따름이다. 따라서 이성이 그러한 신체적인 작용인 감성을 지배할 때 도덕적 실천의 주체로서의 인격이 나타나는 것이라고 보는 것이다. 이러한 이성주의적인 인간관이 인간의 마음을 인간의 신체와 완전히 분리시켜 신체는 인간의 본질과는 전혀 상관이 없는 것으로 보는데 반하여 동양에서는 인간을 이성과 감성, 마음과 몸의 통일체로서 보고 있다. 실상에 있어서 인간은 이성만으로서 움직이고 있는 것은 아니며 행동하는 것은 신체이기 때문에 신체의 감성적인 오구(要求) 즉 오관(五官)의 요구에 따르는 경우가 많다. 인간지상(人間至上)의 현대국가에서 나타나는 현상들은 오히려 관능적이며 저열(低劣)한 욕구에서 나온 것이 우세하다. 인간의 이기주의라는 것도 그러한 신체적 차원에서 나온 물적인 힘의 반영이라고 볼 수 있는 것이다. 이렇게 실상은 두 요소가 통합되어 하나의 사고와 행동으로 나타나고 있는 것을 서양철학이 굳이 이원론으로 구별해보았자 그것은 결국 관념의 유희에 떨어지고 그러한 종교는 현실을 외면한 dogma를 고집하는 것이기 때문에 현실에의 대처에는 무력할 수밖에 없는 것이다. 이에 대하여 동양의 전통문화는 불교이건 도교이건 유교이건 인간을 심신(心身)의 통합체로 보는 시각은 기본적으로 동일하다. 인간의 마음을 이성적으로나 정념 내지 본능적으로나 어느 쪽으로 던지 움직일 수 있는 선악의 상극을 포함한 가동적(可動的) 구조로 보고 그러한 심리적 현실을 어떻게 실천적으로 해결해 나가야 하는 가에 관심을 쏟고 있는 것이다. 이러한 해석은 인간을 있는 그대로의 상태로 방임한 채 다시 말하면 안(眼)·이(耳)·비(鼻)·설(舌)·신(身, 시각 청각 후각 미각 촉각) 등 오관의 욕망이 파동치고 있는 의식 하에 방임(放任)한 채로는 이루어질 수 없으며 그러한 의식의 세계를 넘어서 무의식의 차원으로 깊이 침잠(沈潛)할 수 있을 때 가능해진다는 생각이다. 인간심리의 심층적인 통찰에서 나온 것이며 동양의 종교 내지 사상에는 그 정통적인 것이 건 아니건 간에 일반적으로 그러한 경지에 도달할 수 있는 심신수양(心身修養) 기법을 수반하고 있다. 불교의 선(禪), 밀교(密敎), 인도의 요가, 중국의 도교, 동아시아에 널리 퍼져 잇는 선도(仙道) 등에서 볼 수 있으며 유교에서까지도 그 흔적을 남기고 있는 것이다.

의식과 무의식의 통일체인 인간의 마음은 이러한 자기정화과정을 통하여 청정하게 계발될 수 있다는 실천적인 체험을 발판으로 하여 동양의 사상체계가 성립되고 있다면 이것은 인간을 물적인 차원에서만 혹은 이성으로서만 다루려는 서양적 사고보다 더욱 타당성이 있다고 하겠다. 또한 모든 사물은 고립되어서 존재하는 것이 아니라 내면적으로는 모두 의존관계에 있다는 불교적 원리도 현대생활에 불가결한 정신적 영양이 될 것이다. 이러한 동양적 가치관들과 그것의 체험방법들이 널리 대중적으로 보급될 때 개인주의와 그 연장인 인종주의, 식민주의 등은 그 심리적 근거를 잃어버리고 물적인 힘의 지배를 벗어난 순결한 인간성의 출현으로 말미암아 인간의 존엄성이라든지 인권이라는 개념들은 비로소 실체를 가지게 될 것이다. 동아시아가 그들의 정신문화 속에 매몰(埋沒)되어 있는 이러한 가치이념들을 재발견하고 그것을 가지고 20세기의 과학지상주의 물질지상주의와 그것에 따른 이기주의·식민주의 등 정신적 황폐화 경향에 수정을 가할 수 있을 때 태평양은 그 이름에 상응하는 새로운 문명을 창출하는 장(場)이 될 수 있을 것이다.

(게재지 불명)

정 재 각

Ⅱ. 언론과의 대화 (대담·인터뷰 등)

우리의 현대사 어떻게 볼 것인가

▌사제 대담 : 제자 강만길(姜萬吉)고려대교수

자주의식의 원점

강만길 - 바쁘신 가운데 이처럼 시간을 내주셔서 고맙습니다. 오늘은 선생님을 모시고 제자 된 입장에서 몇 가지 평소에 궁금했던 일, 그리고 역사학을 연구하는 사이에 마음속에 품게 된 몇 가지 의문점 등 선생님께 여쭈어 보고자 합니다.

우선 저희들 자신이 역사학 이라는 학문을 탐구하는 캠퍼스에 몸을 담고 있긴 하지만, 선생님께서 학교 문을 나와 교단생활 하시던 때와 비교해서 여러모로 유리하다고 볼 수 있는데도 평생을 외곬 연구생활을 지탱하기가 어렵지 않나 생각됩니다.

그런데 선생님께서는 대학생활을 시작하신 30년대 초부터 지금까지 반세기를 외곬로 살아 오셨습니다. 선생님께서 살아오신 지난 반세기는 또한 우리 민족사에 있어 일대 격동기였던 만큼 그동안 대학에 몸담고 계시면서 몸소 겪으시고 목격하신 세태의 변화도 역사가의 안목으로 보셨을 테고 느끼신 점이 있으실 텐데 그 가운데는 저희들 후학들에게 말씀 해주실만한 일들도 있지 않을까 하고 생각됩니다.

이야기가 많겠습니다만 우선 역사학을 전공하시게 된 동기부터 듣고 싶습니다. 선생님께서 학부에 진학하셨던 30년대의 대학진학자 대부분이 식민통치에 순응하면서 안전한 생활방편을 찾는 아무튼 관리나 또는 일제총독치하에서의 생활방편을 얻자는 생각들을 하였지 않나 싶습니다.

그런 속에 유독 선생님께서는 남들이 잘하지 않는 역사학을 왜 택하셨는지, 또 그 당시로서는 지금과 달라서 연구생활이 보장되어 있지도 않은 상태에서 그토록 어려운 학문의 길을 선택하시게 되었는가 하는 점이 궁금합니다.

정재각 - 누구나 지난날을 회고는 하지만 얼마나 원상(原狀)에 충실하게 하느냐는 상당히 어려운 일이 아닌가 싶어요. 그런 난점을 무릅쓰고 구태여 나의 학창시절을 이제 와서 돌이켜 본다면 이런 것이 아니었나 싶은데… 내가 대학에 들어 갈 무렵 1932년을 전 후해서 '만보산(滿寶山) 사건'(1931. 7.)이며 '만주사변'(31. 9.), 그리고 만주건국(32. 3.) 등 그야말로 동아시아의 판도가 대대적으로 달라지는 시기였거든, 그때 대학 예과생활을 시작하면서 몇 안 되는 한국학생으로서 일본 학생들과 피부를 맞대고 생활하는 가운데 무엇보다 그네들 보다 내가 떨어질 수는 없다는 라이벌의식이 싹텄고 여기에 민족적인 차별의식이며 반항감 같은 것도 겹쳐서 내 가슴 깊숙이 민족의식의 불길이 타올랐다고 보아요.

그런 의식이 불타고 있기 때문에 남들이 법과다 무어다 해서 실리적인 경향으로 요령 좋게 나가는데 그 때의 나는 '나만은 그러지 않겠다'는 젊음의 혈기랄까, 아니 용기랄 수 있겠지, 그런 생각 끝에 내 딴에는 거창한 문제의식을 붙들고 싸우겠다는 뜻에서 민족문제를 연구해야겠다고 마음먹었지. 그런데 그 때 이 문제를 올바르게 탐구하자면 세계 속의 한국사, 이러자니 너무 광범해지는 것 같아 동양의 역사 흐름 속에서 이 문제를 연구하자는 생각이 들었지.

다시 말하면 동양사의 테두리 안에서 우리의 민족문제, 역사발전을 생각해 보자는 뜻이었지.

일제(日帝) 치하 학문의 황무지

강만길 - 저희들이 해방 후에 대학에 들어갈 때는 내 뜻만 확고하면 학문을 할 수 있고 또 학문을 탐구함에 있어 그 전망도 어둡지는 않다고 생각했습니다. 그런데 선생님께서 대학에 입학하셨을 때는 학교를 나와도 별로 전망도 없는 상태였고, 또 만주사변 이후 일제의 전쟁준비로 식민지통치가 악화돼가고 있을 때였습니다.

그런데 동양사를 전공하셨기 때문에 취직도 어려웠을 터인데 학교를 나오셔서 어떻게 하셨는지요.

정재각 - 그 당시 국내 대학에 진학한 사람은 우선 수적으로 많지 않았죠. 그나마 대부분 일본에 건너갔고 일본에 간 사람이나 국내의 학부에 있다 해도 그 중 90%가 법률공부를 하는 실정이었지. 그 중에 지극히 소수가 나 같은 사람이 몸담는 인문계통에 나갔고 역사 공부하는 사람의 수는 열손가락으로 헤아릴 정도 밖에 안 되었지. 그리고 그 적은 수의 사람도 대학을 나와도 갈 데가 없었고 게다가 그런 역사공부 따위를 한다는 자체를 일본사람들이 달갑게 여기지 않았으니까.

젊은 객기의 저항의식에서 내가 선택한 길이었지만 졸업 뒤에 애로가 이만저만 아니었지. 그 때의 관립대학 출신은 법과나 자연과학이외는 취직이 어렵고 문과출신은 간혹 총독부의 도서과란데서 일하는 사람도 있었지. 나도 권유를 받았지만 내키지 않아 거절했고, 한국인이라서 공립학교 계통에는 취직이 안 되는 실정, 이 계통에 취직하려면 고등사범 출신이라야 쉬웠거든. 그래서 대구에 있는 사립계통의 '계성학교'(啓聖學校)에서 와 달라는 요청이 있어서 나는 가고 싶은데 그 때 학무과장으로 있던 일인관리의 반대로 갈

수 없었지요. 그러던 중에 마침 그 관리가 징병에 끌려가는 바람에 가까스로 계성에 한자리를 얻어 겨우 교단에 설 수 있었지.

교단생활을 시작한 지 얼마 안 되어 학생들이 그 때의 국사(일본사를 지칭) 아닌 우리의 국사를 가르쳐 달라고 졸라서 몇 안 되는 국사 교재 감을 뒤진 끝에 총독부 검열을 필한 이창환(李昌煥)씨의 국사교본을 택해서 학생들한테 과외 독서교재로 '세창서관'(世昌書館)에서 어렵게 구해서 나누어 주었지요. 그런데 학생들이 이 책을 책가방에 넣고 통학하던 중 열차 간에서 어떤 학생이 이동 형사반에 적발되었지. 이상하게 총독부 검열을 필한 책인데도 책 내용 가운데 일본이 우리나라를 식민화한 과정을 기술한 대목에서 '침투'(侵套)운운한 게 그 형사의 눈에 걸린 거죠. 그 일 때문에 근 한 달 동안 취조를 받는 시달림 끝에 아무 이유 없이 "나가라…"는 것이었지. 그 뿐인가, 학교를 나가더라도 절대로 저들 때문에 나간다는 말을 입 밖에도 내지 말고 소리 없이 가라는 거였지. 괜한 소리로 학생들이 감정을 일으키게 되면 학원소요사태가 난다는 걸 경계하자는 뜻이었지.

나도 내 문제로 인해서 학생들이 다치는 것을 달갑게 여길 수 없어서 분노를 꾹 참고 아무 말 없이 떠난다니까 학생들은 왜 가느냐고 야단이었지만, 끝내 개인사정 때문이라고 구차한 설명만 되풀이 한 채 떠나는 데 학생들이 역두(驛頭)에 까지 몰려나와 전송해주었지요. 그렇게 해서 나 한사람의 희생으로 학교 측이나, 학생들도 아무 일 없이 그 사건을 넘기게 되었지요. 그런 뒤에 서울로 돌아와서 겨우 사립학교에 자리를 얻어 교원생활을 하면서 내 나름대로 전공인 동양사 공부와 함께 우리 국사에 관한 공부도 계속했지요. 혼자 공부하는 길 밖에 없었지.

일제 말기에는 우리 국사에 대해 공부한다는 것조차도 경계 받거나 탄압대상이었고, 동양사도 저들의 '대동아공영권'(大同亞公榮圈)이니 '팔굉일우'(八紘一宇)니 하여 일본중심의 아시아 역사를 해야 된다는 식이었으니까 동양사건, 우리 국사건 아예 암흑의 시대였지요.

그러다가 해방을 맞고 보니까 서울의 대학에서는 와세다대학(早稻田大學), 경성제대(京城帝大), 동경제대(東京帝大) 출신간의 학벌 갈등이 있었고, 게다가 '국대안'(國大案) 소동도 있고 해서 망설여질 수밖에 없었지요. 다행히 그런 학벌 다툼이 없었던 고려대에서 신석호(申奭鎬) 선생께서 와 주지 않겠느냐 해서 또 사람도 없고 해서 나 같은 사람이 대학 교단에 서게 된 셈이지….

역사학의 토픽은 시대의 반영

강만길 - 선생님께서는 1947년에 고대로 오셔서 저희 사학과를 창설하셨고 동양사를 강의해 주셨습니다. 전공으로 동양고대사를 하셔서 제가 선생님의 강의 중 가장 열심히 들은 것은 비트포겔(K. A. Wittfogel, 1896~1988)의 오리엔탈 데스퍼티즘(Oriental Despotism : 동양적 전제정치)과 『25사』(二十五史) 가운데 〈식화지〉(食貨志) 강의였습니다.

저희들은 그 강의를 통해서 역사학을 연구함에 있어 역사를 어떻게 볼 것인가를 배웠고 역사와 사회경제의 상관관계에 대해서도 깊은 관심을 갖게 되었습니다.

그러나 해방 후의 사회혼란이 연잇는 속에서 공부했던 저희들이 얼만 큼 제대로 배웠는지 적이 걱정이고, 더욱이 제가 모자란 탓으로 제대로 소화하지 못해서 아직 우리 제자들의 학문적 성취가 미급한 게 아닌가 하는 생각을 갖게 됩니다.

정재각 - 나 자신이 교단에 사람이 없다 보니까 한 자리 차지한 것이니까 … 어떻든 간에 나로서는 이렇게 보아요. 역사학계에 몸담고 있으면서 역사공부를 하다보면 공부의 진전에 따라 연구대상의 토픽이 그 진전도(進展度)에 따라서 어느 정도 달라짐을 경험했지요. 물론 연구하는 학자 자신이 처해있는 사회의 변화나, 시대적인 배경도 있지요.

내가 〈식화지〉를 택한 것은 동양사 연구에 있어서 사회경제적인 측면을 중요시해야 된다는 내 나름의 학문적인 관심을 나타낸 것이지요.

역사의 변화를 전체적으로 제대로 보려면 그 당시 그 사회의 사회경제를 파악하지 않으면 안 된다는 거죠. 역사는 관념이 아니잖아요. 그때그때 사람이 살고 있는 사회를 보고 그 사회 속에서 사람이 어떻게 행동하고 그 행동, 그 사상이 오늘에 어떤 의미를 주느냐를 올바르게 보자는 것이지요.

오리엔탈 데스퍼티즘 강의를 한 까닭은 동양의 역사흐름을 보는 눈, 즉 동양사 연구의 특징을 어떻게 볼 것이냐를 시사해 주고 또 여기에 공산주의자들의 유물론적 변증법 사관(史觀)을 극복할 수 있는 비판사관의 새로운 차원을 알아야겠다는 뜻이었지.

우리로서는 우리가 살고 잇는 동양사회를 알아야겠고, 또 우리 자신이 경험한 공산주의를 어떻게 극복하느냐는 점이 당연히 관심의 초점이 되지 않을 수 없어요.

물론 해방 후의 혼란, 그리고 우리 사학계의 미비상태로 말미암아 우리의 방법론, 우리 손에 의한 조사 자료를 정비하지 못한 채 다른 나라, 선진국가의 딴 학자가 이룩한 학문성과를 받아들여 공부 할 수밖에 없었지만….

이론과 현실의 유리(遊離)

강만길 - 제가 보기에는 일제시대의 사학은 이론 면이 약했지 않나 싶습니다. 물론 그 당시는 역사학연구 자체부터 제약을 받았고 또 연구자의 수효도 적었기 때문이겠지요. 그때에 비하면 저희들이 공부할 때는 이론공부를 비교적 넓게 할 수 있었지 않았느냐 하고 생각됩니다.

그렇지만 사회가 혼란했기 때문에 저희들도 비록 이 이론, 저 이론에 대해 공부했으면서도 뚜렷하게 주관을 세운다 하는 것이 어려웠던 것 같습니다. 혼란한 시대일수록 민족사회의 상래를 전망하는 근대학문의 역사가 깊은 다른 나라의 경우 새로운 사관(史觀)을 정립하는데 정진하는 예도 있는 줄 압니다마는 애석하게도 저희들의 경우는 미흡했던 것을 통감하지 않을 수 없습니다.

저희 사학계의 문제도 일찍이 일제(日帝) 치하에 일본사람들이 내세웠던 실증사학(實證史學) 풍이 그 때에도 풍미했는데, 해방되고도 우리 사학계에 남아있는 것이라든지 문제점이 많다고 생각됩니다.

정재각 - 일제치하에서는 공산주의는 더 말할 나위도 없고 일본이 아닌 타민족의 내셔널리즘도 일체 타부 시(視) 했기 때문에 자연히 사학계의 학자들로서는 이른바 실증사학에 치중할 수밖에 없었지. 그런데 우리나라에서는 해방되고 나서도 사실상 그 학풍을 그대로 답습하여 지금도 지배적이 아닌가 보아요.

강만길 - 해방된 뒤 우리나라에서 여러 가지 외래사상이 밀려 들어왔습니다. 사회적인 혼란에 사상의 혼란도 겹치게 된 것입니다. 이런 와중에 사학계뿐만 아니라 우리나라 학계 전반에 걸쳐 문제되는 것은 이론과 현실이 유리되어 있었다는 것이었습니다. 뿐만 아니라 6·25동란의 중간공백, 연구생활 자체가 중단되고 그나마 연구 자료가 유실돼 버리는 재난이 겹쳐 그 어려움이 더욱 가중되었다고 볼 수 있습니다.

그러나 학문하는 입장에서는 어떻게 하면 이론과 현실을 밀착시킬 수 있느냐는 것이 문제되어야 한다는 것입니다. 이런 점을 염두에 두고 선생님께서 해방 후의 사학과의 학과 과정 창설, 6·25 전쟁 중의 피난학교 시절, 그 이후의 연구생활에서 느끼신 점은 어떠하셨는지요?

정재각 - 해방 뒤 대학이란 것이 그 자체의 사명이랄가, 대학의 기능 같은 게 거의 모두 우리 현실을 고려하기 보다는 서구제도를 번안해서 억지로 조립해 만든 셈이었지요. 그 초기의 참여자로서 이런 소리를 하기는 안됐지만 그때 머릿속에서는 이렇게 하는 게 아닌데, 또는 이런 식으로 해야 될 터인데, 이런 저런 생각이 있었지만 학교 안팎 사정이 생각을 한 뒤에 결정 할 수 있을 만큼 여유 있는 상황이 아니었어요.

침묵이냐, 행동이냐

그러다 보니까 실천이랄까, 실제로 하는 일은 생각과 달리 빗나가는 경우가 허다했지요. 더욱이 6·25때는 내가 몸담아있던 고대의 경우 부산, 대구에 근거지를 두었지만 학생을 모집하느라고 광주, 전주로 나가야 했고, 그 때는 전시중이라 징집관계도 있고 생활난도 겹쳐서 도중에 그만두는 학생도 많았어요.

그처럼 학생의 집결이 어려운가 하면, 전시 중의 특수사정으로 발언권이 강했던 상이군인들은 아무런 기초도 없이 무턱대고 입학시켜 달라, 그것도 무시험, 학비면제로 다니겠다고 사뭇 협박하다시피 했어요.

그런 고생을 치르고 서울 수복 뒤 서울에 돌아오니까 이번에는 외부로부터의 정치적 압력이 밀어닥쳐 와서 늘상 긴장상태 속에 안간힘을 다해 겨우 교단을 지키는 실정이었죠. 그러다 보니까 학문과 현실은 절로 거리가 멀어지게 되고 학자로서는 침묵 아니면 행동, 그것도 지지만 택할 수 있는 그런 행동의 영역이 있었을 뿐이었죠.

아마 이런 정도의 고초는 나뿐만 아니지요. 이즈음 학생들의 말마따나 기성세대라고 하는 6·25를 겪은 교수들이면 누구나 그런 경험을 겪어왔어요. 어떻게 보면 지나온 행적에 대한 변명이 될지도 몰라. 그러나 뭐라 해도 학문연구의 전당인 대학을 살려 놓고 보자는 절박한 지상과제를 위해서 침묵, 그것도 강요된 침묵의 고통을 견디어낸 거지요. 그 고통은 6·25의 재난에 비하면 약과라고 한다면 강변이 될까.

아무튼 대학이 온전해야 학문 연구가 가능하기 때문이야. 대학이 없어지면 학자는 어디에 서겠는가.

강만길 - 확실히 6·25동란의 민족적 교훈은 오늘의 우리에게 남과 다른 우리 입장을 일깨워 주는 바 있습니다.

대학이 있어야 학문이 있고, 학문이 있어야 지식인이 살 수 있습니다. 4·19역시 우리 민족의 하나의 분수령이었다고 볼 수 있고 또한 대학존망의 고비였습니다. 이와 관련해서 4·19는 또한 대학사회의 분수령이요, 민족사적으로 볼 때 민주시대, 또는 민중시대의 개막을 알리는 커다란 역사전환의 기점이 된다고 볼 수 있습니다.

물론 4·19에 대한 역사적인 평가에 관해서 여러 측면에서 논란이 되고 있습니다마는 4·19 혁명당시 학생들이나 교수들의 요구가 이미 그 이전에 대학사회에서 논의되었던 것이 집약된 것이었고, 그 요구에 나타난 민주화에의 의지는 4·19이후의 역사방향에 작용해 왔다고 볼 수 있습니다.

오늘의 사태는 그러한 역사적 맥락에서 보아야 한다고 생각되는데 이런 역사의 전기에 처하여 민중 속에 사는 지식인으로서는 어느 때보다 행동이 중요시 될 것 같습니다. 바로 오늘의 시점에 처하여 지식인이 어떻게 행동해야 할 것인가, 그리고 역사를 통해서 우리가 무엇을 배워 현실에 적용할 것인지 어떤 가르침이랄까, 아니면 과거의 경험을 되살려야 할 필요성을 느끼고 있습니다.

이런 점과 관련해서 선생님께서 4·19 당시 교수단 데모를 주동하신 경위와 그러한 행동을 하신 뒤에 아무 미련 없이 학문생활로 되돌아가신 뒷이야기 같은 것을 들려주시기 바랍니다.

이미 과거지사로 역사 속에 묻혀버렸기 때문에 모르고 지나는 것 같은데 4월 25일의 교수단 데모를 하기까지의 준비과정이며, 또 데모 뒤의 사회상황으로 보아 홀연히 학원에 복귀한다는 것이 결코 쉬운 일이 아니었다고 봅니다. 그 당시의 이야기를 저희들 후학을 위해서 말씀해 주시면 좋겠습니다.

지식인의 행동과 민중의식

정재각 - 나로서는 4·19에 대한 역사적인 평가에 대해서 아직 그 시기가 이르지 않나 해서 망설여져요. 그건 그렇다 치더라도 1960년의 4·19 혁명 그 때까지 이미 민중들은 적어도 민주주의정치의 단순한 개념만은 알고 있었다는 것입니다. 물론 오늘에 와서 그동안의 정치가 어떠했건 간에 민중의식은 더욱 고조되었다고 보아요.

그런데 그 때도 정치하는 사람들이 그 점을 간과하고 있거나, 또는 그걸 모르고 있었다는 게 문제입니다. 당시 이승만(李承晚)씨는 민중의식의 변화에 아랑곳 하지 않았어요. 여기서 정치와 민중의식 간의 격차가 심각해지고 정의감에 불타는 청년학생층이 꿈틀거리게 된 것입니다. 자유당정권은 그러한 내부사정을 덮어두고 공산주의세력과의 전쟁위협만을 이용해서 정권유지에 급급했던 거죠. 이와 같은 갈등과 대립의 폭발은 실상 시간문제였던 겁니다. 3·15데모는 청년 - 학생층, 4·19는 그 바람을 전국적인 사태로 번지게 한 거죠.

3·15에서 4·19에 이르는 동안 숱한 희생자들이 나왔지만 뚜렷한 혁명주도세력이 형

성되지 않은 상태였기 때문에 이미 민심이반사태의 결정적인 고비를 넘겼음에도 불구하고 이승만 씨는 자기가 아니면 안 된다는 환상을 버리지 못했거든. 그래서 자유당 총재직을 팽개쳐 버렸지만 국부(國父)로서 대통령직은 놓지 않겠다는 식이었지. 홉스의 말처럼 권력욕은 주검으로서만이 그치는 것 같아요.

그때 나는 길에서 학생들이 다치고 쓰러지는 걸 직접 목격했고 그 일을 직접 보고서야 도저히 침묵, 방관만 할 수 없었던 거야. 그래서 이종우(李鍾雨), 조윤제(趙潤濟), 최재희(崔載熙), 정석해(鄭錫海) 그 밖에 몇 교수 등과 모여서 우리도 학생들의 핏 값을 그냥 넘길 수 없지 않느냐는 의견에 일치를 보고 각각 책임지고 소속 대학의 교수들을 데모에 동원하도록 하였지. 그 때 분위기로는 실제로 결사적이었다고 볼 수 있지.

데모를 하루 앞둔 24일까지만 해도 도저히 마음 놓을 수도 없고, 또 아무리 비밀리에 연락했지만 과연 사전에 누설되지 않고 거사할 수 있겠는지, 또 데모 당일에 과연 몇이나 나올 수 있겠는지 그 때의 한 시간, 한 시간이 몇 십 년이나 되는 것처럼 힘들었지.

더구나 데모 주동이 사회활동이 없는 교육자 일색이었기 때문에 스스로 생각해 보더라도 조직이니, 동원이니 하는데 능하다고 볼 수 없고, 더구나 남을 선동한다는 것은 생각조차 못할 일이었거든. 다만 역사의 증인이 되자는 결의, 그것 하나뿐이었지.

아마도 한말(韓末)의 유생들이 항일의병을 일으킨 것도 그러지 않았을까 싶어요. 다만 우리의 경우는 학생들의 피의 보답으로 조건반사적인 행동이었다고 할까…. 하여간 용히 4월 25일의 교수단 데모는 성공했고 급기야 이승만 씨도 하야성명을 내게 되었지.

민주회복과 통일문제

강만길 - 선생님의 말씀과 같이 4·19의 역사적 평가는 아직 이를 런지 모릅니다. 그러나 그 때를 계기로 해서 민중이 무엇보다 민주주의를 통해서 각자 내 주권부터 찾자는 의식이 터져 나왔고 그러한 민중의식이 그 이후에 계속 성장해왔다고 볼 수 있습니다.

그런데 4·19를 주동한 학생-지식층은 그러한 민중의식과 밀착하여 데모를 일으켰고, 그 선두에 서서 민주회복 및 주권회복운동을 펴서 기성체제를 무너뜨리는데 성공을 거둘 수 있었다고 볼 수 있습니다.

그렇게 하여 시작된 4·19혁명은 그 뒤로 점차 달라져 갔습니다. 특히 61년 초에 이르러 민주회복운동의 차원에서 자연히 민족통일 운동의 차원으로 넘어가고 통일문제가 전면으로 부각된 것입니다.

그 이유는 민주화를 저해하는 기본요인이 남북분단에 있음을 간파하고 민주화운동을 근본적으로 달성하기 위해서는 민족통일운동을 앞세워야 한다는 명쾌한 논리가 성립된 것입니다. 다만 유감스러운 것은 통일운동에 기성지식층의 적극적인 참여가 적었고 주로 젊은 학생층이 주동이 되었다는 점이 아닌가 합니다.

대학교수를 포함한 기성지식인층의 현실감각, 역사의식에 한계가 있었고, 그러나 그 때부터 지식층의 큰 테두리 안에서 간격이 생겼다는 점은 주목되어야 하고 그 이후의 사태는 바로 그 점에 문제가 있었지 않았느냐고 생각됩니다.

정재각 - 당시 하나의 참여자로서 사후에 공평무사한 평가를 하기가 어렵다는 점을 전제하고서라도 한 가지 사실만은 꼭 짚고 넘어가야 할 것 같아요.

4·19 직후 동족 간의 혈연의식으로, 이데올로기 보다 피가 진하다는 일념에서 다른 것이 어떻든 간에 같은 또래 같은 피의 젊은 사람들이 판문점에서 회담하자는 주장은 그걸 내세운 학생들의 순수함을 믿어 의심치 않아요. 그러나 그렇게 일이 쉽게 직선적으로 이루어지겠느냐, 아무래도 현실을 떠나 너무 동떨어진 이상론이 아니냐는 거죠.

좁게 볼 때 학생 신분으로는 생활부담이나 사회적인 책임의식 같은 게 적은 입장이기 때문에 그런 말이 쉽게 나온 게 아니겠느냐, 더욱이 그들은 6·25때 생활의 책임자로서 6·25의 비극을 깊게 의식할 만큼 성숙하지 못한 연령층이기 때문이 아니겠느냐…. 이에 반해 6·25를 경험한 세대들은 그런 주장이나 운동에 동조 할 수 없었지 않았느냐고 보아요.

이는 역사의식에 있어 세대 간의 격차라고 해야 할는지 모르지. 그런데 그때 그런 주장, 그런 운동을 학생데모 주동자들이 오늘날 40대 초반의 사회중진으로 된 입장에서 그대로 지키고 옳다고 생각하는지. 내 생각으로는 좀 달라지지 않았겠느냐고 보아요.

지식층의 분열은 민주사멸(死滅)

강만길 - 4·19를 통해서 지식인들이 경험한 것은 민족분단이 민주화를 저해하는 현상을 막고자 해서 먼저 민주회복운동을 일으켰고, 여기에 단결할 수 있었지만 통일문제로 인해서 분열이 되고 참여의 대열에서 뒤물러서는 사태로 바뀌었습니다. 이 분열에 즈음해서 5·16이 일어났고 그러한 사태는 바로 지식층의 분열을 더욱 심화시키지 않았느냐는 것입니다.

역사를 공부하는 입장에서 볼 때 그런 상황에서 지식인의 역할이 어떠해야 했는가를 다시금 생각하지 않을 수 없습니다.

다시 말하면 지식인들이 당면하고 있는 분단된 현실생활에 너무 젖어 도리어 변화에 대해서는 인색해져 버린 게 아니냐는 것입니다. 학생들이 통일문제를 부상시키고 판문점회담을 내세우는 사태를 보고 너무 당황했던 게 아닌가, 언젠가는 부닥쳐야 할 변화에 대해서 지레 겁먹었던 게 아닐까 하는 것입니다.

그리하여 그 이후의 사태를 허용했고 지식층의 사회참여는 지리멸렬 해졌던 게 아니었던가 하는 반성과 안타까움을 느끼는 것입니다.

정재각 - 그 점은 사실 그렇다고 보아요. 전쟁을 경험한 지식인층에서는 너무나 6·25의 상흔에 젖어 있었다는 점은 부인할 수 없어요. 우리의 경우 아닌 일본이나, 미국의 지식인들이라면 그 당시의 상황을 다르게 보고 다른 행동을 했을 것입니다. 그러나 우리의 경우는 그러하지를 못했고 아직도 그 상흔을 잊지 못하고 있지 않나 생각돼요.

강만길 - 이제 역사가 한 바퀴 돌아서 다시 재현됐다고나 할는지. 어떤 사람은 최근 사태를 4·19 직후 현상과 같다고 까지 말하고 있습니다. 오늘날 지식인들로서는 다시금 참여의 행동이냐 아니면 관망해야 할 것이냐, 역사의 선택을 요청받고 있다고 볼 수 있습니다.

특히 역사를 공부하는 지식인의 입장에서 볼 때 이 80년대는 우리 민족사 발전에 있어 중대한 분수령이 되지 않겠느냐 하고 봅니다.

다시는 민주의 사장(死藏)이 이 땅에 되풀이 되지 않도록 하기 위해서 학생이건, 교수이건 간에, 신진이든 기성이든 간에 지식층 전체의 사명으로 이 시점에 서서 또 다시 역사의 과오를 되풀이해서는 안 되겠다는 어떤 컨센서스가 긴요하다고 느껴집니다. 이 점에 대해서 역사를 공부하는 지식인의 입장에서 어떻게 생각하고 계시는지요?

정재각 - 앞서도 말했지만 전쟁을 체험한 지식인들이 6·25의 상흔에 너무 치우쳐 있는데 우리나라 전체로 볼 때 4·19때 보다 지금은 많이 달라졌어요. 민중의식도 그렇거니와 생활수준도 그렇고 또 우리 국민의 활동영역이나 경제규모, 학원사정도 달라졌어요.

그러나 선진서구사회에 비해 보면 아직도 우리는 단세표적이라고 할까, 아직도 터부가 많고 또 그런 생활의 타성에 젖어 있어서 학원내부를 보더라도 교수는 그 자신의 권위에 대해서 또 충성심의 문제 등에 대해서 잠자고 있는 상태라고나 할까, 선진사회의 대학에 비하면 여러 면에서 격차가 있음을 시인하지 않을 수 없어요. 그런 가운데서도 민족의식은 높아졌고 민족역량도 대단히 커졌어요. 따라서 지식인들로서는 더욱 더 지혜와 역량을 다해서 역사를 전진시켜 나가는 사명감을 가져야겠다는 거지요.

교수라고 해서 교과서만 충실히 가르치면 할 일 다 했다고 생각해서는 안돼요. 자본론을 금과옥조로 삼는 공산주의에 얽매이지 말고 미래의 성취, 즉 앞으로의 할 일에도 사명을 느끼는 자세를 가져야겠어요.

오늘날에 와서 지식인의 역할은 계몽운동과 같이 민중에게 일방적으로 사상을 강요할 때가 아니에요. 이제는 민중의 의식수준이나 그 역량이 커졌기 때문에 어느 정도 사상이 그들에게 선택당해서 그들에게 기여할 수 있는 그런 민중시대에 있다는 사실을 우리 지식인들이 올바르게 인식해야 해요.

지식인은 민중의 안내자

강만길 - 선생님 말씀에 동감입니다.

지식인이 엘리트라 해서 일종의 선민의식을 가진다거나, 또는 지도자연하는 때가 지나갔다는 것입니다. 이제 지식인은 지도자라기보다 안내자로서, 다만 민중 보다 한발 앞서 역사의 흐름을 먼저 알아차리고 안내해야 할 책임이 주어져 있지 않느냐는 것입니다.

그런데 그 안내 자체가 지식인이 취해야 할 책임이자 실천이라고 생각합니다. 지식인과 민중 사이의 관계가 이제부터 그 같은 방향으로 나가는 것이 바람직하고 또 그렇게끔 역사의 흐름이 달라져 가고 있음을 볼 수 있습니다.

그런데 우리나라 사회에서는 각 계층 간의 조화와 갈등도 문제가 되겠습니다마는 이와 더불어 우리나라 사회 전반에 걸쳐 세대 간의 거리감이랄까 의식구조의 격차랄까 하는 문제도 간과 할 수 없을 것 같습니다.

흔히 기성세대와 젊은 세대 간의 거리감이 논란되고 있습니다. 앞에서 선생님이 말씀하신 것처럼 4·19 당시 6·25를 몸소 겪은 세대와 그렇지 않은 젊은 세대 간에 나타난 통일 문제에 대한 인식태도의 차이로 말미암아 4·19 그 후 사태의 진전에 영향이 미쳤던 게 아니었는가 하는 생각도 했습니다마는 오늘이 이 시점에서도 다시금 제기되고 있습니다. 제 표현이 적절할는지 모르겠습니다마는 기성세대의 생각은 젊은 세대가 같은 생각을 해주기를 바라고, 또 젊은 세대는 기성세대가 같아지기를 바라는 그런 경향이 이즈음에 강하게 드러나고 있는 것 같습니다.

이를테면 어느 쪽에서나 강요하려는 경향이 있지 않나 하는 것입니다. 우리 현실사회에서는 대화라든가, 상호 간의 이해 같은 게 모자라는 경직된 분위기가 있지 않나 하는 느낌이 듭니다. 젊은 세대의 생각이 옳다 해서, 노년, 장년 등 각층의 세대로 이루어진 이 사회를 전적으로 젊은 세대 위주로 할 수도 없지 않겠느냐 하는 생각도 있을 수 있고 그렇다고 해서 40세미만의 젊은 세대, 이른 바 한글세대들이 80% 넘는 우리나라 사회구조에 비추어 볼 때 기성세대 위주의 사회체제나, 기성관념을 너무 오랫동안 고집하게 되면 도리어 종국에는 사회분열이나 파탄을 자초하게 되지 않을까 하는 우려를 갖게 됩니다.

이즈음의 대학문제가 그 하나의 실례라고 봅니다. 특히 대학의 운영 면에 그러한 갈등이 지극히 우려할만한 사태로 심화되고 있지 않나 생각됩니다. 대학의 경우 운영권은 기성세대의 손 안에 있지만 대학의 힘이랄까, 대학사회의 구성체 주축은 학생 편에 있습니다.

따라서 기성세대와 젊은 세대 간의 갈등이 대화와 상호이해의 조화를 잃게 되면 바로 그 것이 대학의 위기가 아닐까 하는 것입니다.

역사발전은 변증법인가

정재각 - 그 문제는 일종의 플렉시빌리티와 모빌리티와 관련되지요. 현대사회에 있어서 권위의 부재 또는 약화현상이 문제되고 있는데 바로 오늘의 우리 현실에서도 나타나고 있다고 보아요.

그러나 강요하지 않는다고 해서 방치하면 되느냐 하면 그것도 안돼요. 그래서 아놀드 토인비가 말 한 것처럼 역사발전의 도전과 응전의 논리가 논의되게 마련인데, 사회의 발전이 있으려면 그런 과정이 변증법적으로 처리되어야 해요. 물론 어느 쪽에도 만족한 성과를 기대할 수는 없지만 상호이해와 관용으로 양보와 타협의 성실한 합의 형성이 필요해요. 이 같은 원칙 아래 대학문제도 발전적인 해결의 실마리를 잡을 수 있고, 대학이 그러한 사례를 보여주고 얼만 큼 성공적으로 할 수 있느냐에 따라 대학사회가 사회에 대해 발언권을 가질 수 있게 되지 않을까.

현대사회는 선진사회건 후진사회건 거의 동시적으로 무차별하게 지식정보 및 매스컴의 홍수시대에 살고 있잖아요. 이런 사회상황 속에서 지식인이건, 기성인이건, 또는 젊은 세대건 간에 상호의존적이면서도 각각 그 자체의 고유한 사회적 기능을 발휘하느냐, 못하느냐, 그리고 전체의 조화에 얼마나 기여하느냐에 따라 존재 이유가 결정된다고 보아요. 이런 때일수록 자기에게 성실하고 전체, 또는 사회에 봉사하는 자세가 중요하다고 보아요.

실증사관의 극복

강만길 - 역사발전에 관련되는 현실사회 문제를 사례를 들어 하나 하나씩 지적해서 거론하자면 한량없을 것 같습니다. 그래서 넓은 안목에서 생각해보고 싶은데…, 오늘을 사는 우리가 시대에서 역사속의 실수를 하지 않아야 한다는 것입니다. 역사의 흐름에 따라야지 거슬러서는 안 된다는 말입니다. 이렇게 볼 때 '역사속'이라는 것에 대해 누구 보다 역사학자가 그것을 올바르게 제시해야 할 의무가 있다고 생각됩니다. 물론 지식인 일반의 역사의식과도 관련되겠습니다마는 역시 역사를 공부하는 역사학자의 역사의식에 더 문제가 있다는 생각입니다.

민족사회의 어제와 오늘 그리고 내일의 문제와 직접적인 연결성이 없는 역사학, 사실구명에만 치중한 역사학, 소위 [상아탑] 속에만 파묻혀 버린 역사학만이 옳은 역사학이라는 고집은 이제 버릴 때가 된 것 같습니다.

우리 사학계에는 일제시대부터 답습해 온 실증위주의 학풍이 아직도 강력하다고 봅니다. 이에 대하여 단재(丹齋) 신채호(申采浩)나 백암(白巖) 박은식(朴殷植) 등으로 이어지는 민족사관이 있고, 또는 백남운(白南雲), 전석담(全錫淡) 등의 이른바 사회경제사관의 학풍도 있었습니다. 이 중에서 사회경제사관이 특정 이데올로기와 관련성에 따라 실천성이 높다고 논의 되고 있습니다.

그런데 이미 지식층에서나 민중 편에서 기성 실증사학에 의한 역사해석에 대해 불만이 나타나고 있습니다. 그만큼 우리나라의 지식층, 민중의 요구가 높아지고 있다는 사실을 드러내고 있는 것입니다.

그러면 다른 어떤 사관에 의해서 역사의 의미를 찾느냐 하는 태도문제는 역사학자의 책임이 아닐 수 없습니다.

정재각 - 흔히들 실증사학에 입각한 역사연구는 대체로 단편적이거나 부분에 매어달리는 경향이 있다고 해요. 이에 대한 불만으로 민족이상의 비전이나 이데올로기 지향의 관점을 내세우는 사관문제가 나오게 되요.

이에 대해서 나는 역사학자로서는 쌍전(雙全)해야 되지 않겠느냐 하고 늘 상 생각해요. 왜냐면 동양사나 국사를 연구하자면 과거의 사실, 즉 사실(史實)의 발굴이 아주 급한 실정이에요. 방법론이나, 사관이 아무리 좋더라도 사실자료가 충실하지 않으면 추상으로 빠질 위험이 있어요.

우리로서는 우리 민족의 자기정립을 우선시해야 하므로 민족사관이 문제되지만 그것이 세계사와의 관련아래 보아야 되지 않겠느냐 하는 것입니다. 마르크스나 토인비 같은 사람의 세계사관의 일반원칙에 너무 치우치다보면 개인이랄까, 민족의 특성이랄까, 창조성이 무시되기 쉬워요. 그래서 용어에 합당할지 모르지만 내 생각으로는 역사를 보는 눈이 입체적이랄까, 또는 총체적인 관찰을 해야 한다고 보아요.

그러니까 실증사관을 극복한다고 해서 간단히 되는 것이 아니라 보다 풍부한 사료, 보다 높은 차원의 안목 안목에서 역사를 보아야 한다는 거죠. 개체와 전체, 개인과 사회, 민족과 세계를 동시에 보고 평가해야 된다는 말이지요.

역사의 보편성·특수성문제

강만길 - 선생님의 말씀은 역사학계에서의 오랜 논쟁점인 역사의 보편성과 특수성 문제에 귀일된다고 생각됩니다. 최근 우리 사학계에서 관심을 모으고 있는 민족사관과 관련해서 볼 때 우리 한민족(韓民族)의 특수성에 치우치면 이에 따르는 장-단점이 있고 또한 편견의 위험성도 생기지 않을까 하는 생각이 듭니다. 그러나 보편성을 너무 중시한다는 것도 문제점이 있습니다. 그런데 여기서 한 가지 짚고 넘어가야 할 점은 우리 사학계에서는 역사의 특수성-보편성 문제를 너무 갈라놓고 보는 게 아닌가 하는 느낌이 듭니다.

제 개인의 사견입니다마는 특수성에 입각한 학문탐구의 진전이 보편성의 보완으로 승화될 수 있는 방법론상의 새로운 전개가 가능하지 않겠느냐 하는 생각을 합니다. 예를 들어 일제하의 한국독립운동을 볼 때 우리의 자주독립운동이 역으로는 일본군국주의의 강권아래 짓눌린 일본의 자주민권운동을 도와주게 되는 효과를 가져온다는 한-일관계의 또 다른 시각이 성립되지 않겠느냐는 것입니다.

이 같은 관점으로 전후의 아시아 민주화과정을 조명한다면 상당히 설득력이 있고 국제간의 공감도 일으킬 소지가 있다고 생각됩니다. 말하자면 특수성과 보편성의 조화는 이런 식으로 가능해지며 선생님이 말씀하신 입체적, 또는 총체적인 관찰의 귀착으로 보다 차원 높은 하나로 승화될 수 있지 않겠느냐는 것입니다.

그러니까 우리의 변천과정을 관찰함에 있어 민족사관에 의한 역사조명을 고집하면 세계사적 일반론에 동 떨어 지는듯한 어떤 위화감을 느끼게 하는 점이 있는데 새 시대를 맞는 이 시점에 와서 반드시 극복하여 특수성과 보편성을 조화시킨 새로운 사관의 정립이 긴요한 우리 사학계의 당면과제라고 생각합니다.

정재각 - 참으로 어려운 문제지. 물론 실증사학에 대한 재평가, 민족사관의 효용성에 대한 반성도 거론되어야 하고 어느 쪽이 옳다, 그르다하고 고집할 때도 아니지요.

그러나 이 시점에서 우리에게는 반성보다는 각자 학문탐구, 사료의 발굴 등에 힘을 모아야 해요.

요컨대 사관이란 것도 크게 보면 그때그때의 시대변천의 반영이 아니겠느냐고 보아요. 그러니까 일제치하에서 강자로서 일본 측은 실증사관이나 황도사관(皇道史觀)을 내세우게 되고 우리 쪽에서는 피압박 민족의 입장에서 마땅히 민족지상주의적인 사관, 애국일변도의 역사관을 내세울 수밖에 없었지 않겠느냐는 거지.

강만길 - 그러나 욕심일는지는 모르지만 역사학자라면 시대의 변천에 적어도 한 발이라도 앞서서 얘기할 수 있어야 하지 않겠느냐, 또 그 이야기가 무슨 예언이나 점치는 따위가 아니라 학문적인 타당성과 합리성을 가지고 있는 것이라야 되지 않겠느냐는 겁니다.

대중기반 없는 엘리트란 허구

정재각 - 바로 그런 견해가 일종의 엘리트 의식이라는 것과 일맥상통 하는데…, 본래 엘리트란 프랑스말의 함축에는 그 사회의 어떤 계층이나 집단의 피라미드 정상에 있는 사람을 나타낸 것이라고 해요.

그러니까 엘리트란 그가 속해있는 계층이나 집단이라는 발판이 반드시 전제된다는 거죠. 따라서 엘리트 의식이란 대중기반, 대중의식과 동떨어진 별개의 것일 수 없으며 그렇다고 엘리트의 시계(視界)는 대중의 그것과 같을 수는 없어요.

정상이랄까, 대중보다 좀 더 넓은 시야를 가지기 때문에 지식인이 대중보다 한발 앞서 미래의 방향을 잡아야 하는 것이 당연한 의무이자 책임이지.

더구나 역사를 공부하면서 과거로부터 현재의 위치를 파악하고 그 맥락에서 현재로부터의 미래를 설계하는 계기를 마련하는 것이 역사학자의 책무라고 보아야겠지.

강만길 - 저도 그 점을 통감하고 있습니다마는 늘 모자라지 않느냐고 자책을 합니다. 더욱이 이즈음의 세태를 볼 때 엘리트란 사람들이 도리어 대중의식을 따라가지 못하는 상태가 아니냐는 느낌이 자주 듭니다.

역사를 공부하는 입장에서 우리 민족이 당면한 문제가 무엇인가, 또는 앞으로 나갈 방향이 무엇인가, 이런 점에 대해 뜻 있는 이야기를 해야 되지 않겠느냐 하는 것입니다. 해방 이후, 오늘에 이르기까지 우리 민족은 남북분단의 멍에에 매어있고 이 분단속의 생활에 길들여진 상태라고 해야 할는지, 이 점에 관해 엘리트 쪽이 더 낫다고도 할 수 없고 대중의식이 뒤져 있느냐 하면 그렇게만 볼 수도 없는 국면이 있습니다.

의당 역사학자로서, 특히 제민족의 역사를 공부하는 입장에서는 분단 상태를 고정된 것이라 보아서는 안 되지 않겠느냐는 것입니다. 다시 말하면 분단을 넘어설 수 있는 통일의 비전, 또 그런 시각에서 민주화의 방향도 설정되어야 한다고 생각합니다.

이점에 관해서 선생님은 고려대에서 정년퇴임 하실 때 퇴임 강연을 통해 이미 말씀 하신 바 있습니다마는 오늘날에는 절박한 당면과제인 것 같습니다.

민족 · 통일의 민족사관

정재각 - 아까 이야기한 민족사관 문제인데 일제치하에서 그 당시로서는 존재이유가 있었고 아직도 존속되어야 할 이유가 있다고 보아요. 일반성의 원칙에서 볼 때 도태될 위험성이랄까, 부적합한 면이 있을지 모르지만 우리의 입장에서는 우리민족이 하나의 통일체로서 계속 지탱하기 위해 필요로 하는 사관으로서 이를 대치할 수 있는 학문적인 성과가 없는 한 그것이 있지 않으면 안 된다는 것이죠.

우리민족이 하나로 지탱하기 위해서는 분단의 현실에 매이지 않는 역사의식이 필요해요. 우리가 분단의 현상에 너무 매이다 보면 양쪽의 장벽에 막혀 한민족 전체를 보는 시야를 잃게 되요.

우리는 현재의 민주화시대에 있어 기왕 6·25의 상흔에 매이지는 않는 하나로 보는 시각을 정립할 때가 왔다고 보고, 이 같은 일련의 한국현대사에 대한 종합적인 새 연구가 있어야 한다고 보아요.

또 통일문제에 관한 한 역시 이데올로기 보다는 피가 진하다는 지극히 평범하지만 그런 때문에 보다 위대할 수 있는 소지를 살릴 수 있는 방향에서 추구되어야 해요.

한민족의 통합은 세계평화의 시금석(試金石)

강만길 - 남북분단의 현상에 매이지 않는 민족공동체를 하나로 보는 사안(史眼)을 갖는다는 것은 이 나라 역사학자에게 지상의 당위이며 또한 의무라고 봅니다. 여기서 우리가 반드시 유의해야 할 점은 우리의 민족문제를 해결하기 위해 타민족과의 상충이나, 저촉되는 일이 가능한 없는 방향에서 전개되어야 하고 또 그러한 가능성도 있지 않나 생각합니다.

아까도 잠깐 언급했습니다마는 한민족(韓民族)의 자주독립운동이 또 한편으로는 일본에서의 군국주의 탈피를 돕는 방향이 된다고 했는데, 이제 통일문제와 관련시켜 세계를 볼 때, 남북 간의 평화적인 민족통합은 동북아시아에 있어서 분쟁상태를 탈피할 뿐 아니라 극동평화의 디딤돌이 되고 나아가 세계평화에 기여하는 커다란 역사적 계기가 되지 않겠느냐는 것입니다.

물론 이 같은 과정이 이론상으로는 가능하다고 보더라도 실제로는 지극히 실천하기 어렵고 70년대까지의 진전을 보면 분단 상태의 고착화 과정이 부단히 계속되어 왔지 않나 하는 생각입니다.

그러나 세계사적으로 이미 동서해빙의 공존관계는 기정사실화 되었고 이제는 어느 쪽에서도 상대를 압도하거나 제압할 수 있다는 상황이나, 논리는 성립되기 어렵다고 봅니다. 문제는 우리 민족의 통일지향적인 역사의식이 얼만 큼 투철하냐 하는 문제에 달려 있지 않겠느냐, 그렇다면 그러한 통일지향성이나, 통일에의 문제를 더욱 군건하게 하는 역사학도들의 공동노력, 꾸준한 인내가 있어야 하지 않겠느냐, 따라서 바로 여기에 80년대의 역사학계가 담당해야 할 시대적 과제가 있다고 생각합니다.

정재각 – 참으로 바람직한 이야기요. 바로 그러한 시각에서 우리나라 역사연구의 기본방향이 서야겠어요.

그러나 그러한 노력이 입으로만 그칠 때는 탁상공론(卓上空論)이 되기 쉽고 이상론에 치우친 학자, 백면서생의 구두선(口頭禪)에 흐르기 쉬워요. 그와 같은 공론화(空論化)의 위험을 극복하고 내 나라, 내 겨레 민중과 현실에 밀착된 이론의 창출을 위해서는 이 시점에서는 과거의 유산(遺産)을 딛고 새로움을 내다보는 역사학자로서의 진지한 학문탐구 자세가 필요해요.

강 선생 같은 젊은 학자, 젊은 학도들이 한 결 같이 그러한 자세로 역사를 연구하고 현실에 대처한다면 우리 민족의 전도에 새 빛이 있겠다는 기대를 걸고 있어요. 우리 같은 기성세대는 이제 연구의 일선에 서지 못하지만 그런 분위기를 조성하는 역할이나 맡을까….

강만길 – 선생님의 그 말씀을 후학들에 대한 채찍과 격려로 달게 받겠습니다.

앞으로도 선생님의 그와 같은 격려와 지도 있으시기를 바라면서 오늘은 이만 그치겠습니다. 오랜 시간 감사합니다.

신동아 1977. 6월호

현대사회와 충·효

"전통과 대화 – 타협 없는 근대가치 실현 불가능하다…"

┃ 대담 : 김동길(金東吉)연세대교수

유교적 전통논리

김동길 - 정선생은 동양관계 공부를 많이 하셨는데 요사이 갑작스럽게 충효(忠孝)라는 것이 우리 사회에 두드러지게 논의되고 있는데 전통적인 풀이를 한다면 충과 효는 과연 무엇입니까?

정재각 - 충효라는 윤리개념의 기원은 중국의 정치형태, 사회조직, 생활방식, 심리상태를 기반으로 했기 때문에 기본적으로는 중국인적 발상이라 하겠지요.

그러나 한국, 일본, 베트남 등 동아시아 제국이 일찍부터 선진중국의 문물제도를 받아들여 동양문화권을 형성해 온 것은 다 아는 사실이지요. 따라서 충과 효라는 윤리개념도 이들 나라의 윤리체계 속에 흡수되어 전통화해 왔습니다. 그것을 받아들일 때 각기 나라마다 정치 경제 사회의 토양으로 약간씩 차이가 있으나 어쨌든 충효가 동양의 전통윤리의 하나라고 말할 수 있을 것입니다. 우리의 충효과 중국 본래의 그것과 어떠한 차이가 있는가는 엄밀한 역사적 검토가 없는 지금 이렇다 명시하기가 어려우나 우선 대동소이(大同小

異)하다고 말할 수 있겠지요.

　충효는 유교적 윤리이지만 이것도 중국 자체 내에서도 시대적 사회적 여건에 따라 약간씩 강조하는 각도와 포인트가 달라지는 점은 있으나 대체로 그 근간의 이념은 제정(帝政) 중국 말기까지 흔들리지 않았습니다. 그것은 중국인의 정치·경제·사회제도 자체가 후세까지 크게 변화되지 않았기 때문에 고대에 형성된 정치와 도덕의 이념도 오랫동안 지속되어 온 것이지요.

　중국인의 윤리사상은 한마디로 유가의 교설(敎說)에 의해 대표되는 데 그 중 가장 중요한 것이 그들의 가족제도와 사회조직으로부터 생긴 '효'입니다. 중국사상에 있어서는 가족생활이 거의 생활의 전부를 의미하고 따라서 가족 간에 인간관계를 규정하는 도덕이 도덕의 핵심이 되며 가족관계 이외에는 군-신 관계만이 중요시되어 전국시대(戰國時代)부터는 효와 더불어 군(君)에 대한 신(臣)의 '충'이 병행되었어요.

　그러나 군-신관계는 부-자관계와 달라서 자연으로 성립하는 것이 아니고 군으로부터 식록(食祿)이 하사되어 그 군을 섬김으로써 비로소 생기기 때문에 특수한 존재라 하겠지요.

　『효경』(孝經)에 보면 이른바 〈5효(五孝)〉라고 하여 천자-제후-대부(大夫)-사(士)-서인(庶人) 등 신분적 히에라르키의 5가지 효가 설명되어 있어요. 이 '5효'는 일단 천자로부터 서인에 이르기까지 모든 계급을 통하는 도덕률처럼 설명되어 있지만, 어떻게 하면 효가 되느냐의 효의 내용에 관해서는 서인의 경우에는 기껏 농사에 힘쓰고 근검절약하여 부모를 기아(飢餓)의 우려에서 안심시키는 정도로 밖에 설명돼 있지 않아요.

　'충'은 그 본질이 식록을 얻어서 군을 섬기는데서 성립하는 이상 사대부 계급에 특수한 도덕이라고 풀이할 수 있겠습니다. 신하된 자가 군과의 관계를 단절하고 록을 버리고 민간에 숨어버리는 일이 역사상 흔히 있는 것을 보면 군신관계라는 것은 신이 록을 박참으로써 언제든지 단절할 수 있게 되어 있지요.

　이 사실은 '충'이 자연감정적인 효에 비하여 매우 인위적인 취약한 유대이며 일반민중과는 관계가 희박하다고 생각됩니다. 한 마디로 효나 충이 모두 사대부이상의 도덕이며 일반민중 중심의 도덕이라고 보기는 힘들어요.

충과 효가 이렇게 사회계급에 따라서 그 유무와 내용이 달라진다고 하면 이러한 윤리는 계급사회를 유지하는데 필요한 윤리였다고 말할 수도 있지요. 효만 가지고 보면, 그것은 어디까지나 가족중심의 윤리라 할 수 있습니다. 그러나 그것은 중국의 전통사회가 그 조직이 산만하였을 뿐만 아니라 민중생활에 있어서의 사회연대관념이 희박하고 따라서 사회의식이 발달하지 못한 사정에서 유래했다고 보아집니다.

김동길 - 충효를 사회적 배경 등 구조적 측면과 연결시켜 말씀해주셨는데 충효의 기본적 철학이랄까 사상이 무엇인지를 알기 쉽게 몇 마디로 국민들에게 이해를 시켜야 한다면..?

정재각 - 그것이 그렇게 간단치는 않을 것이에요. 충효가 중국에서는 일정한 것 같이 생각하는 사람도 있지만 시대에 따라서 개념이 조금씩 변천이 됩니다. 일률적으로 말하기는 어려우나 좌우간 봉건시대에 있어서 가족중심의 인간관계의 조절에서 일어나는 도덕이라 볼 수 있겠지요. 증자(曾子)가 효를 써놓은 책이 효경입니다. 효경을 누가 쓴 것이냐는 지금 학자에 따라서 의견이 다릅니다. 어떤 사람은 공자(孔子)가 썼다고 하기도 하고 어떤 사람은 증자가 만들었다고 합니다. 어쨌든 그것이 전국시대 이전에 쓰여진 것은 사실이죠.

그런데 아시다시피 공자는 인을 가지고 인간관계의 중심적 덕목으로 생각했는데 이를 확대하면 인은 부자 사이에는 효가 되고 군신 사이에는 충이 됩니다. 그런데 효경에는 효가 모든 덕의 근본이라 해서 인과 대치가 되어 있어요. 즉 효를 더 강조하고 있어요. 그러니까 전국시대에 효경이 나왔다고 하면 공자의 인은 춘추시대라 아직도 주(周)나라 봉건제도의 도덕이 행세하고 있을 때지요.

전국시대에 들어와 그 도덕이 무너지고 약육강식의 세상으로 변하였을 때 가족중심의 사상이 지배함과 더불어 효를 얘기한 것이 증자가 아닌가 생각됩니다. 그리하여 증자의 효경이 중심이 되어서 쭉 내려옵니다. 증자의 효 를 군신관계로 얘기하면 충이 된다 이렇게 말하고 있거든요. 신체발부(身體髮膚)는 수지부모(受之父母)라 불감훼상(不敢毁傷)이 효지시야(孝之始也)오 하는 것이 첫째 효이고, 내가 입신해서 내 이름을 후세에 날려 부모의 이름을 세상에 나타나게 하는 것이 효의 종(終)으로 삼고 있습니다. 중간에 충이 위치하지요. 효의 정신으로써 임금을 섬길 때 충이 되지만 결국 마지막에는 부모의 이름을 세상에 나타내는 것으로 효의 도덕이 완결되는 것으로 돼 있어요. 요약하면 충이라고 하는 것은 둘째 덕목이고 출발과 완성단계는 역시 가족으로 돌아가는 것으로 해석할 수 있는 것 같아요.

김동길 - 그러면 충과 효 두 가지를 놓고 생각할 때 이런 질문이 가능할지 모르겠습니다만, 우리나라에서는 둘 중에 어느 것이 더 중요합니까?

정재각 - 그것이 어려워요. 중국에서는 아까 말했듯이 효가 더 위인 것 같아요. 예를 하나 들면 관중(管仲)과 포숙(鮑叔)이가 친구로서 아주 절친한 사이가 아니겠어요? 포숙이 전쟁을 하다가 달아난 일이 있어요. 이에 대하여 관중은 포숙이를 나무라지 않았다는 고사(故事)가 있습니다. 왜 나무라지 않았느냐 하면 그 사람에게는 노부모가 있었으니까 … 포숙이가 죽으면 노부모를 봉양할 사람이 없기 때문에 관중이 포숙을 이해했지요.

그런 것을 보면 국가에 대한 충성보다도 자기 가족에 대한 충성을 더 내세웠다는 얘기가 됩니다.

김동길 - 그러면 충효 둘 중에서 결국은 압도적인 가치관을 가진 것은 효겠군요. 공자님 가르침이 인(仁) 즉 휴머니티나 휴머니즘을 중심으로 하여 그것이 가정에 적용될 때는 효가 되고 임금을 받드는 데 있어서는 충이 된다는 해석인 것 같습니다.

그렇다면 충이 일반대중에게 있어서는 별 문제가 되지 않는 것이 아니냐? 가족이 없는 사람이야 없겠지만 군주를 섬겨야 할 위치에 서는 인물이란 수천, 수만 가운데 소수에 불과하니까 그런 의미에서 충은 사실상 충효사상에서 큰 비중을 지니지 못한 것이 아니겠습니까?

아시아적 봉건사회의 산물

정재각 - 그것을 어떻게 해석해야 좋을지 … 효에서 충이 전개가 된다, 효가 핵심이 되어

가지고 충이 자연적으로 전개가 된다, 또는 충신은 어디서 구하느냐 하면 효자의 문에서 구한다, 이러한 맥락을 종합적으로 생각해보면 효와 충 사이에 갭이 있는 것이 아니라 그게 그것이라는 느낌이 우선 들어요. 그러나 실제는 각국마다 그것이 조금씩 달랐어요. 현실 면에서 중국은 서구의 임팩트가 가해 왔을 때 중국의 입장으로는 효라는 가족중심의 사상이 우선적이었기 때문에 국가나 사회에 대한 공동체 의식이 희박하여, 정확히 말하면 상하관계는 있어도 횡적인 유대감이 희박하여 사회, 국가, 집단의 전체에 대한 도덕이 발달하지 못한 것은 간과할 수 없는 약점이라 하겠지요. 이러한 약점들은 중국의 전통사회가 제국주의 열강의 도전을 받았을 때 심각하게 드러나지 않을 수 없었지요. 시민혁명과 자본주의적 생산양식을 거쳐 국민의 에너지가 집중적으로 응결된 서양세력에 당면했을 때, 그러한 엉성하고 고립봉쇄적인 각 지방 사회의 오합체인 중국의 전통 사회가 맥을 못 춘 것은 너무나 당연합니다. 그에 비하여 일본국민은 충이 곧 고차원의 효다, 이런 식으로 강조함으로써 국민을 침략전쟁으로 몰고 갔습니다. 일본은 그런 면에서 충이 효보다 우위에 선 것 같습니다.

김동길 - 그것은 저도 생각해 본 문제입니다. 저도 일제 때 살아본 경험이 있습니다마는, 일본 사람들이 충을 굉장히 강조하였지요. 물론 충성을 받는 대상은 일본에서나 중국에서나 임금 혹은 천자라고 불리는 그 한 사람 뿐이었습니다. 그래서 특히 일제말의 교육은 지나칠 정도로 천황폐하에 대한 충성을 강요했습니다. 그런데 지금 이 개명한 시대에 우리나라에서 갑작스레 충효를 들고 나오니 정말 어안이 벙벙하군요. 이 충효사상은 어디까지나 아시아적 봉건제도의 산물이고 동양적 가족주의의 가치체계라고 한다면 이런 것들은 이 시대, 이 현실에서 우리가 추구해야 하는 것과는 너무나 거리가 멀다고 느껴집니다. 그런데 왜 이 절박한 시기에 이것이 크게 문제가 되는 것입니까?

더욱이 오늘의 충효사상 강조가 반드시 민간운동으로 전개되어 나오는 것 같지도 않고 … 그렇다면 충효를 내세우는 행위자의 의도는 과연 무엇이겠는가? 냉철한 학자들의 발언이 매우 절실하게 요청되고 있는 듯합니다.

정재각 - 그것이 김 선생 말씀대로 심각하게 생각해야 할 문제인 것 같습니다. 저로서는 오늘날 충효를 들고 나왔다 할 때 퍼뜩 머리에 떠오르는 것은 당국에서 주체성을 많이 강조하고 있는 상황을 생각하게 됩니다. 서양문화, 서양의 가치관이 정신없이 무비판적으로 들어오기 때문에 주체성을 얘기한다는 생각이 들고, 또 그 주체성을 어디서 찾느냐 하면 전통적인 가치관에서 찾아야 되겠다고 생각하는 것 같아요. 전통적인 가치관 가운데 현대에 비교적 적용할 수 있다고 생각하는 것이 충효가 아니겠느냐, 저는 제 나름대로 이렇게 유추 해석하고 있습니다. 충과 효가 구체적으로 시행단계에 들어가서 어떤 식으로 나타나느냐 하는 것에 대하여 저는 오직 큰 관심을 갖고 있습니다. 비록 전통적 가치가 오늘날 적용할 가치가 있다고 판단되더라도 그것을 어떻게 해석하고 어떻게 적용하느냐에 따라 전혀 문제가 달라지기 때문에 여러 가지로 사려 깊은 검토가 선행돼야 하지 않을까요.

김동길 - 갑작스레 충이니 효니 하고 외치지만 우리가 이날까지 조국의 근대화라는 과제를 매우 시급한 것으로 내세워왔습니다. 그렇다면 근대화라는 개념을 충효라는 가치관과 어떻게 결부시킬 수 있느냐, 이것이 문제입니다. 이러니저러니 해도 지나간 30년 동안 우리가 추구해온 그 가치관이나 가치체계를 표현함에 있어서 우리 역사에는 없던 새로운 말들을 사용해왔습니다.

이를테면 자유라든가 평등이라든가 또는 그러한 가치들을 총괄하는 이념으로서의 민주주의라든가 인권이라든가 하는 새롭고 감명 깊은 낱말들을 보편화시키는 노력을 계속해왔지요. 가족주의보다는 공중도덕이 중요하다든가, 혼자 잘 살 수는 없으니 「이웃돕기」, 「같이 살기 운동」 등을 힘써야 되겠다든가 어쨌건 방향만은 바로 잡혀 있었다고 믿어왔는데 이제 이렇게 복고의 강풍이 난데없이 몰아치니 이것이 시대를 바로 이끌어 나간다기 보다는 오히려 뒷걸음질을 치는 결과를 초래하게 하지 않을까 걱정이에요. 지나간 역사 속에서 무엇을 찾는다면 긍정적인 것을 찾아야지 부정적인 인상을 풍기는 것을 찾는다는 것은 결코 바람직스러운 일이 못되지요. 민주주의와 자본주의 경제구조는 이에 어울리는 새로운 의식구조를 요구하는데 우리는 종래의 가족주의로써 우리들의 사회생활을 규율하는 것이 좋고, 가족을 중심으로 하여 그 안에서 부모를 제일 웃어른으로 모시고 부모 의사에 반대되는 일은 손톱만큼도 하지 않는 것이 옳다고 한다면 우선 사회안정이 그것을 통해서 오지 않겠는가 하고 생각하는 사람이 있는 것 같아요. 자식은 대개 젊고 부모는 어느 연령에 도달했으니까 어느 연령에 도달한 성숙한 사람들이 한 시대의 현상유지에 호감을 가질 것은 사실일 거예요. 그러면 그 젊고 미숙한 아이들이 새로운 변화를 찾아 몸부림칠 때 그들을 제지할 수 있는 힘이 부모에게 있어야 하고, 가족주의라는 울타리 안에 그들을 가두어 놓으면 비교적 안전하지 않느냐는 생각이 있는지 없는지는 모르겠어요.

도대체 청소년의 탈선은 막기가 어려운데 젊은 사람들의 정치적 발언이나 움직임이 늘 국가적 차원에서 문제가 되니까 충효의 울타리가 필요한지 모르겠습니다.

아직 충(忠)이라는 개념은 뚜렷하게 제시된 바가 없습니다. 충은 나라 사랑하는 것이라고 한다면 하나도 새로울 바가 없는 것이고, 종래에 반드시 충을 논하지 않았다 하여도 나라 사랑하는 마음은 매우 중요한 것으로 여겨 왔고, 우리가 일제하에서나 해방 이후나 항상 힘써 왔는데 이제 새삼 이것이 문제가 됩니까? 충의 전통개념은 임금 한 사람을 중심으로 해서의 단결, 요새 말을 빌리면 총화(總和) 이런 것이지만, 현 시점에서 충을 말하는 사람들은 어떠한 질서를 기조로 똘똘 뭉쳐가지고 민족의 총화를 이루어 국난을 타개해야 되겠다는 생각인지 잘 모르겠습니다. 결국은 좋게 말하면 하나의 구심점 아래 질서정연하게 뭉쳐서 살기 좋은 나라를 만들자는 것이고, 달리 표현하면 그 결과는 종 적인 경직된 사회를 결과하지 않을까 걱정이에요. 하여튼 제 생각에는 조국의 근대화라는 것과 지금 들고 나오는 충효라는 것은 어디인가 서로 맞지 않는 모순점이 있지 않은가 하는 느낌을 감출 수가 없습니다.

전통과 근대(近代)의 혼존(混存)상태

정재각 - 지금 김 선생이 보시는 것처럼 그런 식으로 생각하는 이도 있을 것입니다. 의도라는 것은 추측과 결과에 맡길 수밖에 없지요.

충이라는 것이 중국의 과거 봉건시대 사상에서 나왔으니까 그렇게 보아도 할 수 없는 면도 있지만 그런데 충효 자체를 우리가 잘 알고 있는 것처럼 생각을 하고 있지만 거기에 대해서 중국학자들도 많이 왈가왈부하고 그 내용에 대해서 정확하게 정의해서 만인의 납득을 얻은 개념이 반드시 확립되어 있지 않아요. 우리 학자들도 웨스턴 임팩트(서양의 충격)에 의해서 이루어진 여러 가지 의식의 갈등에서 충효에 대하여 혹은 반대도 하고 혹은 찬성도 하긴 하지요. 오늘날 우리는 중국의 외압 당시보다는 조금 시대의 진전이 있었다고 하지만 역시 그때의 의견들을 한번씩 참조하는 것이 좋지 않을까 느껴져요.

외압이 가해질 그 당시 중국에서는 통렬한 자기비판과 전통옹호의 치열한 공방전이 있었는데 그때 가장 영향력 있는 진독수(陣獨秀)는 유교윤리를 전제왕조와 가부장권을 옹호하고 개인의 자유를 속박하는 것이라 통박하고 삼강오륜(三綱五倫), 오륜오상(五倫五常) 등은 모두 아들과 처로부터 개인독립의 재산을 박탈하는 것이라고 주장했지요.

그러나 그의 이런 주장은 비록 새로운 시대를 열망하는 부류에게 갈채는 받았을지는 모르지만 충효의 모습을 일면적으로만 보고 있는 것이라 하겠어요. 효도를 숭상한 공자의 학설이 비록 가부장시대의 산물이고 기존의 정치질서와 예를 보존하고 있기는 하지만 또한 동시에 인간주의의 입장에서 이를 해석하고 있어요.

논어(論語)에 군주가 군주다운 도덕을 지키지 않으면 신하도 신하다운 도덕을 가지고 군주를 섬기지 않을 것이며 아버지가 아버지다운 태도로서 자식을 대하지 않으면 자식도 자식다운 태도로써 아버지를 대하지 않는다고 경고하고 있습니다. 그런 점을 보아 무조건 가부장의 권위를 공자가 지지하는 것은 아닌 것 같습니다.

또 효경(孝經)에 효의 실행 방법 중의 하나에 간쟁(諫諍)이라는 것이 있어 아버지나 군에 대하여 자나 신이 곧잘 그 잘못을 간하여 고치도록 하는 것이 충과 효가 되는 것이라고 하고 있으며 예(禮)에는 만약 군이 이를 듣지 않으면 사직하고 돌아가라고 까지 하고 있는 것을 보면 진독수가 말하는 것과 같이 무조건 전제주의 가부장의 권위에 복종을 권하고 있는 것은 아닐 줄 압니다.

일단 기존의 사회질서는 인정하나 그 테두리 안에서는 신하나 자식 된 자의 개인을 살리는 노력을 인정하고 있던 것으로 생각되어요.

진독수의 주장은 급진적인 개혁주의자에게는 흥분을 자아낼지 몰라도 그는 완전히 중국의 전통문화의 가치를 부정하고 전적으로 서양문명으로 대체되어야 한다는 입장에 서 있던 것이 그의 「법(法)과 공교(孔敎)」, 기타의 논고(論考)에서 나타나고 있습니다.

말하자면 전통도 역사도 무시하고 백지상태에 서구문명으로 전면적으로 바꾸자 하여 이른바 문화혁명의 기수인지는 모르겠어요. 하지만 이러한 사고는 비록 중국이 한번은 겪어야 했던 홍역인지는 몰라도 과연 문화혁명ㆍ서양문명ㆍ서양의 데모크라시와 사이언스의 무수정, 그리고 전면적 채용, 다시 말하면 서양문명에 의한 동양문명의 타도가 과연 그가 바라듯이 실현될 수 있는 것인가, 역사적 여건이 그대로 실현을 용허할 것인가는 미처 생각과 검토도 못하고 있었던 것이죠.

이를테면 서양적인 근대를 다만 외면적으로 그 성과와 결과만으로 보지 말고 그것을 낳게 한 에너지와 정신 내지는 경과 면에서 본다면 매우 중요한 문제가 제기될 뿐만 아니라 그러한 서양적인 근대화 그 자체의 본질적인 성격도 다시금 생각해야 될 것인데 그런 면을 전혀 도외시했지요.

그렇다고 해서 동양적인 전통윤리를 근대화된 사회에서 볼 때 비판되어야 할 측면도 부인 못하지만 그러나 이를 전면 부정하는 것도 문제라 느껴져요. 서구의 현대윤리(現代倫理) 그 자체도 여러 가지 문제점을 드러내고 있는 터에, 그 문명을 무수정 전면 채용한다면 여러 가지 부작용과 역기능(逆機能)이 생길지 모르지요. 동양적인 전통은 그것이 싫든 좋든 아직도 뿌리 깊게 우리들의 현실 속에 호흡하고 있고 일상생활에서 발언하고 있는 것이기 때문에 그것과의 대화내지 타협이 없이는 새로운 근대의 가치가 실현되기 어렵지 않느냐 느껴져요.

우리들이 전통적 윤리관의 존재이유가 남아 있다는 입장에서 주체적으로 생각해 보면 우리들의 현실적 기반 그 속에는 아직도 시대착오적인 봉건계층적인 신분관념과 개인의 창의를 무시하는 비 현대적 산업요소, 가족중심만의 사고와 국민적 사회적 연대의식의 결여 등등이 근대의 요소와 함께 혼존하고 있기에 그에 알맞게 충효의 이념적인 재조정이 요청된다고 보는 입장에 있습니다. 그 이야기는 그만하고 김선생께서 보시는 서양에는 충효라는 것이 어떤 형태로 변천해왔는지 듣고 싶습니다.

김동길 - 그런데 효가 우리 전통사회의 중심적인 사상이라고 한다면 그 효는 반드시 동양적인 개념만은 아닌 것 같아요. 서양사람들도 오랜 세월을 두고 효를 문제 삼았던 것이 아닌가 봅니다. 서양은 효를 필리얼 파이어티(filial piety)라고 했습니다. 그런데 그 말이 적절치는 않지만 유태교의 「모세」10계명 중의 다섯 번째 계명이 '부모를 공경하라'고 되어 있단 말입니다. 그러니까 가족관계가 그 시대에 있어서는 중요한 의미를 지녔던 것이죠.

그것이 기독교에 들어와 에베소서(書)라는 「바울」의 서간 — 이것이 신약 경전의 일부로 되어 있는데, 거기에도 그 계명이 다시 인용되어 '아해들아 주안에서 너희가 부모를 공경하라. 이것이 옳으니라.'라고 적혀 있어요.

그러나 예수의 부모에 대한 관념은 매우 특이하였습니다. 서구사회에는 그 영향이 뚜렷합니다.

예수가 공적인 전도생활을 하시던 때의 일입니다. 그의 아버지는 일찍 돌아가셨기 때문에 장자로써 가족 부양의 책임이 그에게 있었을 겁니다. 그런데 어느 날 어머니와 동생들이 밖에 와서 기다리고 있다는 연락을 받았습니다. 그때 예수께서는 뭐라고 말씀을 하셨는가 하면 '누가 내 어머니며 누가 내 동생들이냐? 하늘에 계신 아버지의 뜻대로 하는 사람은 다 내 모친이요, 내 자매요 내 형제다'고 이런 놀라운 말씀을 하시면서 자기 앞에 있는 제자들을 둘러 보셨다는 겁니다. '너희가 다 내형제도 되고 내 모친도 된다.'

그 말을 무슨 뜻으로 새길 수 있느냐 하면, 혈연관계는 큰 의미가 없다, 물론 예수께서도 마지막으로 십자가에 달릴 때, 자기의 어머니인 「마리아」를 보시고, 거기 있던 제자들에게 '너희 어머니니까 너희가 잘 모셔라'고 부탁을 해서 예수도 효심이 상당히 있었지 않았느냐는 말들을 하지만, 예수 자신에게 있어서는 가족관계보다 더 심각한 인간관계가 있었던 것입니다. 그래서 핏줄만 찾는 사람들에 대한 공격이 신랄하였을 것으로 봅니다. 바꾸어 말하면, 예수는 우리에게 '혈육관계로 살지 말고 이념으로 살자'고 가르치신 것이지요.

이념만 같으면 형제도 자매도 되는 것이고 부모도 친척도 다 되는 것이지 반드시 피를 같이 했다고 해서 하나가 되는 것이 아니라는 뜻입니다.

그 사상은 서구세계에 상당한 작용을 해 온 것 같아요. 그러니까 가령 지금 서구사회의 변천 속에서 가족주의가 약화된 원인의 하나는 물론 근대화의 물결 때문인 것이 사실이기도 하지만, 부모와 자식과의 관계라는 것이 우리가 경험하는 것처럼 뼈저린 것은 아니었단 말이죠. 그러니까 사상이나 이념이 혈육보다는 더 가치 있는 것으로 여겨졌습니다.

그래서 서구사회는 저런 길을 걸어 왔고 오늘날 와서는 문제가 또한 적지 않은 모양입니다. 서양은 노인의 문제 같은 것으로 상당한 고민을 안고 있는데 그 쪽의 노인이 오래 사는 것은 사실이고, 오래 살아서 말썽인 것도 사실입니다. 노부모들이 살아있지만 무용지물로써 그들은 불가불 사회에서 천대를 받게 됩니다. 그 자식들이 다 훌륭하게 되어 잘 살면서도 부모를 양로원에 보내고 있거든요. 그래서 요즈음 그네들도 상당한 반성을 하는 것 같습니다. 이념적으로 살아야 되겠다는 고집에도 한계야 있어야겠지만 핏줄만이 중요하다는 고루한 생각도 시정이 돼야지요. 우리는 기업을 해도 아직 그래요. 기업가가 그것을 기업으로서 발전시켜 나가지 않고 혈육관계로 틀을 잡아 요지부동이거든요. 기업체는 물론이고 사학재단인 경우에도 교장 하던 사람이 자기 아들이나 딸을 교장으로 만들려고 하지 딴 유능한 사람을 골라보려고 안하지요. 대기업체를 가진 사람은 어떻게 해서든지 아들에게만 물려주려고 갖은 재주를 다 부립니다. 유능한 사람을 찾아서 '너 맡아서 해보라'고 하면 얼마나 좋겠어요. 하지만 그렇게 안하거든요. 그러니까 믿을 수 있는 것은 가족밖에 없다는 결론이지요.

우리는 우리의 동양적인 배경이나 전통을 별로 깊이 검토해보지 않고 적당히 살아온 것 같아요. 해방이 되고도 30여년이 지났으니 이제는 좀 반성해 볼 시기도 된 것 같습니다. 남의 것을 비판 없이 받아들이는 것이 잘못이라면 우리 것에 무조건 집착하는 것도 자성할 일이지요. 더욱이 복고강요의 동기가 대국적인 것이 아니라면 비극은 더욱 심각해질 것만 같습니다.

양심은 없고 이기심만 가득 찬 사회 지도층들에게서 과연 무엇을 기대할 수 있겠습니까? 충과 효를 위시해서 동양적인 것의 자랑스러움을 좀 더 발전시켜 주체의식을 길러주려는 것이 유일한 동기라 하여도 문제는 있는데 일시적 편법으로 충효를 들고 나왔다면 진실로 언어도단입니다.

그렇게 되면 앞으로 우리의 도양적인 바탕은 더 큰 구박을 받게 될 것 같다는 말이에요. 그런데 지금은 어떤 때인가 하면, 서양사람은 서양것에 대해서 어느 정도 권태와 좌절을 느끼고 있으니, 이제는 우리가 우리의 것을 옳게 깎고 다듬어 저 사람들을 도와주는 길을 강구해야 할 텐데 오히려 달리 이것을 일시 이용하게 된다는 인상을 준다면 불미스러운 일이 되겠습니다.

정재각 - 서양에서는 중세기에 즉 자본주의가 대두되기 이전의 사회에서는 다시 말하면 게마인샤프트(혈연공동사회)적인 정신이 우세했을 때에는 어떻습니까? 예수그리스도교의 그런 면도 있지만 역시 가문이라든지 가문의 명예, 가족관계에 대해서 집착하는 경향이 강하지요?

김동길 - 그것이 어디에서 강했느냐 하면 로마시대입니다. 다시 말하면 기독교가 4세기에 자리를 잡기 전까지 로마가 중심이 된 사회에 있어서는 가족관계가 압도적으로 그랬습니다.
아버지가 권한을 휘두르는 범위가 얼마나 크고 엄청났던지 자식을 때려죽이기도 했고 그것은 법에 아무런 저촉이 안되었어요. 그러니까 자식의 소유권이 아버지에게 있었다는 말이지요. 그래서 아버지가 자기 자식을 남에게 주고 싶으면 줄 수도 있었습니다. 기본 (Edward Gibbon)의 『로마 쇠망사』에 보면 그런 참혹했던 현실이 많이 묘사되어 있습니다. 물론 어느 한 사회가 계속 하나의 패턴으로 되는 것이 아니기 때문에 중세사회에 이르러서는 가문을 존중하는 입장에서 문장(紋章)이란 것이 등장했습니다. 동양은 사실상 가문을 존중한다고 했지만 중국이나 한국은 문장을 만들어 자기 가문을 상징하지는 못하지 않았습니까? 그런데 중세의 서구사회속에서는 가문의 명예라는 것이 어떤 허영심까지도 유발하여 굉장했던 것 같습니다. 가톨릭이 전권을 휘두르던 중세의 천년이 반드시 이념사회만은 아니었고, 명문호족이 법왕(法王)의 자리까지도 차지한 일까지 있었습니다.
종교개혁이 일어날 당시의 가톨릭사회가 이념으로 다 통일되어 있는 것은 아니었습니다. 이념으로 뭉치지 못하면 부정부패는 면할 길이 없는거지요. 그 당시의 교회가 그리스도의 이념으로만 살아나가고 있었다고는 믿어지지 않고, 종교개혁을 놓고 찬성하고 반대하는 동기도 이념보다는 혈연의 작용이 더욱 컸던 것이라고 봅니다. 그럼에도 불구하고 그들은 '이념의 씨앗'을 계속 키워나간 것만은 사실이죠. 그래서 때가 되니 그 나무가 자랐습니다. 그러나 혈연관계에만 집착한 우리 사회는 그 테두리를 벗어나지 못했습니다.

아직도 우리 현실에 있어서 제일 중요한 것은 가족입니다. 우리 사회에서 근대화작업을 지나간 30년 동안 추진했다 하지만 한국사람이 아직도 제일 중요하게 생각하는 것은 국가라는 큰 공동운명체가 아니고 가족이라는 작은 공동운명체입니다. 후자에는 사회의식이 희박하지요. 그러니까 나라에 무슨 큰 일이 있다 하여도 먼저 자기 집안을 살릴 생각부터 하는 것이 우리들입니다. 이름은 밝힐 수 없지만, 여러해 전 모 고위층이 회의 때 지나가는 말로, '요새 길거리에 머리 긴 사람이 많다'고 하니까 참석자중 한 사람이 재빨리 빠져나가 장발인 자기 사위에게 전화해서 '나타나지 말라'고 주위를 주었다는 말을 들었어요. 이것이 한국적이거든요. 그러니까 가만히 생각하면 한국사람이 국가를 중요하게 생각하는 것 같고 제법 애국을 내세우고 있기는 하지만 사실은 민족도 국가도 가족을 위해서라면 다 저리 가라지요. 한국인에게 제일 중요한 것은 자기 식구들!

저는 새벽에 어쩌다 종로에 몇 번 가본 일이 있습니다. 새벽의 종로는 과외공부하는 아이들로 와글와글합디다. 새벽 5시부터 몰려드는 아이들이 집안이 다 넉넉해서 과외 공부하는 것이 아니고, 부모가 사실 먹을 것을 안먹고 입을 것을 안 입고 자식 공부시키는 것이죠. 「내 자식은 꼭 대학에 가야 된다」, 모든 부모들의 공통된 구호지요. 그 아들과 딸이 대학에 갈만한 재목이냐 아니냐 하는 것은 문제가 안되고 다만 내 아들이니까 대학에 가야 한다는 것이겠지요. 이런 부모가 압도적인 것 같으니 우리가 근대화를 한다 하지만 계속 가족주의를 고집하는 셈인데 그것을 탈피해 보려는 진지한 노력은 하지 않고 혈연을 결속하게 될 구호만 앞세우면 결국 근대화작업은 암초에 부딪치고 말겠지요.

이런 경향을 바로 잡을 생각을 좀 해볼 필요가 있다고 느끼던 터에 그만 효문제가 요란스럽게 대두되어 약간 어리둥절한 입장이올시다.

정재각 - 지금 우리의 현 단계에 있어서 어떤 윤리관이 있어야 되겠느냐 그것이 문제 아닙니까. 그렇다면 현 단계의 역사적 현실을 어느 단계로 잡아야 되느냐? 그러자면 세계사의 배경을 얘기할 수 있습니다마는 이 방향으로 나갈 것이냐 하는 생각을 하든 안하든 우리 사회가 이런 단계에 있는데 거기에 과거의 도덕관념이 적용될 수 있느냐, 그것이 무리가 아니냐? 갭이 생기는 것이 아니냐? 그렇게 생각 할 수 있지요.

또 당연히 그렇게 되는 것이지만 아까 김 선생 말씀에 로마시대에도 그렇고 중세기에도 그렇고 근세에 들어 와서도 많이 변동이 됐지만 로마시대에 자식을 때려죽이는 일까지 있었다고 하는 것은 처음 알았습니다.

그 비슷한 것이 당나라에도 있었어요. 당률(唐律)에 보면 남을 구타했을 때 어떤 처벌을 주느냐 하면, 네 단계로 정하여 매를 때리게 했는데 부모나 조부모를 구타했을 때에는 죽여 버립니다. 심한 것은 어떤 녀석이 죽을죄를 지어 가지고 사형선고를 받을 참인데 자기 노부모를 봉양할 사람이 없으면 면죄시켜 가지고 돌려보내는 일도 있으나 대체로 심해요. 그런 것을 보면 로마시대와 비슷한 점이 부모가 절대적이라는 사실입니다.

지금 우리나라도 현 단계를 어떻게 잡느냐에 따라서 견해가 다르겠지요. 지금 사회가 완전히 산업사회가 아니고 아직도 봉건적인 잔재가 많이 남아 있고 전체가 시민사회로 옮겨 가지 못한, 다시 말하면 프랑스혁명 이후에 일어났던 「우리는 동질적인 시민이다」는 그런 사회의식구조가 안되어 있는 것이 문제입니다.

예를 들면 우리의 주변에서 쉽게 눈에 띄는 혈연적 또는 지연적 사고라는 것이 모두 다 봉건적인 잔재인데, 창경궁에 어떤 성씨(姓氏)의 화수회(花樹會)나 어떤 군민회(群民會) 따위의 집회광고가 아직도 여전히 유행하는 걸 보면 마치 서울시민이 몇 개의 화수회나 군민회로 분해되어 버린 것 같아요. 서울시민이라 하는 하나의 시민통일체가 아니라 전라도 사람 경상도 사람 평안도 사람 등등 이런 식으로 몇 개의 이질적 요소가 무기적으로 모자이크식으로 집합해 있는 느낌이지요. 먼저 가족의식, 혈연의식, 지연의식이 있고 시민의 연대의식이란 것은 매우 박약해요.

그러면 봉건적인 데에서 완전히 탈피하지 못했다 할 때에 거기에 종래의 도덕이 적용될 바탕이 없지 않겠으나, 그렇다고 하여 봉건시대에 완전히 머물러 있는 것도 아니기 때문에 어떻게 그것이 적용되어야 하느냐의 문제가 생기지요. 완전히 서구사회와 똑같이 되었다고 하면 내 생각에는 아무리 어떤 위정자가 자기 나름대로의 생각으로 과거의 전통적 윤리관을 무수정으로 적용하려고 한다고 가정하더라도 결국 성립이 안 될 것입니다. 그 당시에는 일시 적용되는 듯이 보이더라도 끝내는 현실에 의하여 변질되고 말 것이죠. 역사의 흐름에 맞아야 그것은 생명력을 가지게 되지요.

전통이라는 것은 아시다시피 발전하는 것이 아닙니다. 과거로부터 내려온 전통의식의 기초 위에 미래에 대한 어떤 이상이 거기에 반영되어 가지고 거기서 새로운 모습으로 탈피하면서 새로운 방향으로 전개해 가는 것이 전통의 발전과정인데 과거에 있었다고 해서 현실의 기반이 변질된 지금에 그대로 적용하려고 해도 안되는 것이에요.

그러니까 제 생각에는 설령 어떤 위정자가 어떤 생각으로 무리하게 현실에 맞지 않는 것을 한다고 그래도 그것은 그대로는 실현이 안됩니다. 역사적 현실이 용허(容許)하지 않으면 말입니다. 역사적 현실이 용허할 때는 물론 생명력을 가지게 되겠지요.

역사의 현단계

김동길 - 한 시대를 설명하기 위해서는 그 시대의 경제적 조건을 고려하지 아니 할 수 없겠습니다. 경제적인 상황은 그것을 뒷받침하는 윤리관이나 가치체계를 동반하는 법이기 때문입니다. 그렇다면 충효도 그런 각도에서 다루어 볼만 합니다.

사실 동양이나 서양이나 중세까지의 기나긴 세월은 큰 변동 없이 이어진 세월이었습니다. 서양사회도 천년동안 제자리걸음을 한 셈이죠.

근세로 접어드는 16, 17세기가 되기까지 두드러진 변화, 급격한 변화는 경험하지 못했습니다. 저의 동양사회는 더욱 그러했지요. 농사가 생활의 유일한 수단이던 시대의 경제체제는 본질상 변화가 어려웠습니다. 경제체제 자체에 변화가 없는 터에 관념이나 이념엔들 무슨 큰 변화가 있었겠습니까? 그러니까 가치체계의 변천과정을 엄밀하게 따지기란 동서를 막론하고 여간 어려운 일이 아닐 것입니다.

물론, 중세의 붕괴는 중상주의에 근거한 금융경제의 발달, 자본의 축적, 해외시장의 개척 등등의 변동으로 불가피했지만, 이를 버티어 주던 봉건제도자체는 완전한 사멸까지 상당한 시일이 소요된 것은 사실이죠.

근세를 지탱하는 인본주의의 새 이념도 하루아침에 탄생한 것은 아니었으니까요. 새 시대를 맞는 진통도 겪어야만 했지요.

우리들의 이념변천 과정은 더욱 더듬기가 어렵습니다. 서구문명이 들어오기 시작한 19세기까지는 체제나 이념상에 아무런 변화도 없었고, 판에 박은 충효가 개인과 사회와 국가의 질서를 유지하는 최대의 가치관이었지요. 그러므로 농경사회의 지도 관념이던 충효사상이 농경시대를 지배한 사실은 조금도 놀라운 것이 없습니다. 농경사회라는 것은 역시 가족중심으로 농사를 지어 오붓하게 먹고 살 수밖에 없는 사회니까 공업사회와는 질적으로 다르지요.

이런 사회에 있어서는 가치라는 것이 반드시 공자나 맹자 때문이 아니라 그 시스템 자체 때문에 가족주의를 택하게 마련이지요. 그렇지 않고는 유지되지 못하니까.

한 가족이 살아 나가려면 뭉쳐서 농사를 짓고 자식을 낳되 노동력이 있는 아들을 낳아야 되고 그래서 아버지를 도와주는 형제가 많으면 땅을 더 개간할 수 있고 형제가 적으면 다른 이웃한테 밀려나게 되니 이런 사회에서 강조되던 충효, 그 중에도 특히 효는 아까 정선생 말씀에서 밝혀신대로 사회생활의 근본이 된 것입니다.

충이라는 것은 대부분의 백성에게는 관계가 없는데 어떻게 충이 앞서고 효가 뒤에 처지느냐 하지만, 결국 내용을 알고 보면 충효란 한 가지 사실에 대한 두 가지 설명에 불과하다는 것을 알 수 있어요. 그러니까 가족중심으로 경제체제를 유지할 수 있었던 동안에는 그것이 가치의 가장 중요한 부분이었고 그 다음에 공업화된 사회가 탄생하면서 그 낡은 가치관으로는 도저히 살 수 없으니까 이제는 변해야 되겠다는 것이지요.

역시 근대사회라는 것은 '가족'보다는 '자기'라는 것을 중요시 하고, 가족의 일원으로서의 '나'에게 만족하지 않고, 오히려 나라는 것이 있고 비로소 가족도 있고, '나'라는 것이 있고 비로소 국가도 있다는 관념을 가지게 됩니다. 극단으로 흐르면 개인주의 내지 이기주의에 빠지는 것 같지만, 그것은 '나'의 확립 또는 주체의 확립이 반드시 선행돼야 한다는 것입니다.

공업화된 산업사회에는 이에 알맞은 윤리와 도덕이 있어야겠지요. 그런데 우리 사회가 아직 가족주의나 혈연중심을 버리지 못하고 있으니까 그런 말들이 나와서 재론될 수밖에 없는 상황이라 하겠습니다.

정재각 - 중국 사회학을 하는 학자 간에 양론(兩論)이 있습니다. 지금 농업사회에서 일어났다는 지적은 정확한 말씀인데 중국은 대가족사회입니다. 고조할아버지부터 5대가 동거하는 것을 원칙으로 하고 있으니까 한 집에 사는 동안에는 분재(分財)를 안하지요.

이것이 유교의 이념인데 이 이론에 찬성하는 사람은 5대가 분재를 안 하고 한 집안에서 네 것 내 것 없이 산다는 것은 이상이고 현실은 그렇게 될 수도 없고 또 되지도 않는다는 것이죠.

그 이유는 맹자가 한 집을 다섯 식구 평균으로 계산한 것이 있습니다. 그렇다면 이것은 5대가 동거한다는 계산에서는 나올 수 없는 숫자이며 하나의 소가족임을 의미하는 것에 불과합니다. 그렇다면 5대 동거라는 것은 하나의 유교적 이상이 그렇다는 것이지 사실은 그대로 시행이 안 되고 있다는 것입니다.

또 한나라 때 중앙집권 전제국가를 최초로 세워가지고 유교를 국교로 해서 국민을 묶었는데 한서(漢書)에 보면 그 때 이런 것이 있어요. 옹(邕) 이라는 사람은 3대가 한 집에 사는데 분재를 안했어요. 분재를 안 해주어서 이 사람은 아주 예를 올바르게 지키고 의로운 가문이라 해서 표창을 받았습니다. 3대동안 분재를 안했다고 이렇게 표창을 받을 지경이고 보면 5대동 거는 대단히 드물다는 것입니다. 그러니까 중국도 한나라 시대부터 대가족까지는 안 되고 사실상 핵가족보다 그다지 크지 않은 소가족이 보통이었다는 것이며 대가족이란 것은 사회학자가 괜히 유교적인 이상을 가지고 사실로 오인하고 있는 것이라고 반대하는 이도 있습니다.

그리고 사실상으로 추리해 보아도 아주 대토지의 소유자 외에는 대부분의 사람이 5대가 동거하면서 분재도 안하고 사는 것은 불가능하였을 것으로 짐작됩니다. 그러니까 충효관념이 반드시 대가족제도에 바탕을 둔 것은 아니며 따라서 그것은 대가족제도에만 적합한 윤리라고는 할 수 없지요. 오늘날 농업시대가 아니라 공업화하는 시기에 있어서 핵가족으로 나가는 추세는 막을 수 없는데 거기에서 여러 가지 문제가 일어나고 있고 서양에서는 멀쩡한 사람을 양로원에 보내고 있는데 잘은 모르겠지만 현대 서양사회가 기능주의니까 개인의 기능을 최대한으로 발휘하려면 활동력이 약한 노인층은 가정에서 제거시키고 활동력이 강한 연령층만 함께 있어야 되겠다. 하는 사고에서, 다시 말하면 활동력이 강한 연령층이 노년층의 제약을 벗어나야 되겠다는 사고에서 나온 것이 아닌가 싶습니다.

이러한 기능주의적 측면에서 본다고 하더라도 사람이 자신의 능력을 최대한으로 발휘하려면 아무튼 정신적 안정이 전제가 되어야 하겠고 그러한 안정은 곧 자신의 아이덴티티에 대한 확신이 먼저 서야 합니다. 이 아이덴티티 문제는 현대사회에서 대단히 어려운 문제로 등장하고 있으며 개인 뿐 아니라 세대, 민족, 인종, 국가 단위로까지 확대하고 있는 경향이 있으나 우선 개인으로 보면 그 단계로 이를 가정에서 찾아야 할 것입니다.

효라는 것을 대가족주의의 속성으로만 극단적으로 생각하지 말고 요즘 우리 현대생활에 맞도록, 개인적인 기능발휘에 도움이 되도록 다시 모색할 문제가 아니겠어요. 막연히 과거의 잔재로만 간과해버리거나 혹은 시대의 차이를 무시하고 과거의 해석 그대로를 원상대로 적용한다. 이래서는 곤란하다 이렇게 봅니다.

충효의 인위적 강조

김동길 - 그러니까 정 선생 말씀은 이런 면에서 생각해 볼 때 의미가 있는 것 같아요. 현실적으로 장차 젊은 사람들이 부모를 떠나 살고 싶어 하는 경향은 막을 수 없지만, 종래의 전통적 가족주의와는 좀 다르게 이를 받아들일 가능성도 있을 듯합니다. 젊은 사람들이 멋대로 살아 보니까 결국은 부모를 모시고 사는 편이 유리하다는 사실을 알게 될 수도 있지요. 유리하다는 것은 자식을 키우는 데도 늙은 부모가 도움이 된다는 말입니다. 어린 자식들에게 할아버지 할머니가 있고, 노인들에게 손자 손녀가 있다는 것은 극히 자연스럽습니다. 자기와 부인 둘이서만 자식을 맡아 키우기가 힘든 터인데, 아이를 탁아소나 유모에게 맡기는 것 보다는 할아버지 할머니에게 맡기는 것이 훨씬 인간적인 처사가 아니겠느냐는 것이지요. 자발적이라면 일리는 있어요.

아까 말씀하신 것처럼 무엇이든 역사의 추세에 맞으면 그대로 살아남는 것입니다. 그 추세에 맞지 않으면 어떤 권력이 아무리 작용해도 도리가 없습니다. 역사의 가는 방향을 바꿀 수야 있겠습니까? 그러니까 충효가 임시로 현실을 요리하는 하나의 방안으로서 한 개인이나 집단이 좌우할 수도 없는 문제입니다. 그것을 새삼스럽게 들고 나와서 거론한다고 해서 충효론이 주효하리라고는 생각지 않습니다. 그러니 이것도 두고 볼 수밖에 없지만 역시 교육을 받은 것이 원수라 엇갈린 의견이 세상을 뒤숭숭하게 하는 면도 없지 않습니다. 역시 지나간 시대의 도덕을 오늘의 시대에 강요한다는 것은 무리가 있을 것이라는 사실을 지적해두어야 하겠지요.

정재각 - 사실 자연의 정의(情誼)로써 부모를 그리워하는 마음이 있는데 문제는 그 것을 인위적으로 강조할 필요가 있느냐 하는 것이 김 선생의 요지인 것 같습니다. 최근에 서양에서는 부모를 떠나서 부모에 반역하고 부모의 간섭을 안 받고 좀 더 자유스러운 입장에 있기를 원하기 때문에 양로원에 보내어 가끔 가서 보기도 하겠지만 동거하는 데까지는 용기가 없다 하는 식으로 나가는 것이 아니겠습니까?

새 시대는 새 가치관

김동길 - 그렇지요. 그런데 서양 사람들도 근대화 내지 공업화하기 전까지는 어떤 의미에서는 가족주의적인 배경이 없는 것은 아닙니다. 서양 사람들도 처음에 농사지으며 살자니 경제적 측면에서도 가족이 중요했지요. 세상은 변했습니다. 그러나 아직도 서양인에게나 동양인에게나 부모는 그리운 존재이죠. 그런 입장에서 길거리에 나붙은 충효 두 글자를 볼 때 좀 수상하다는 느낌이 듭니다. 불신사회(不信社會)가 되어서 그래요. 권력이 들고 나오는 것은 무엇이든 일단 의심을 하고 보는 것이 습성의 일부가 되어버린 것은 크나큰 불행입니다. 지금 노인문제도 그렇지 않습니까? '노인을 돕자! 노인을 돕자!' 하지만,

누가 노인을 무시하고 구박이라도 했습니까? 한국이 그래도 노인을 대접하는 사회지요. 서양노인은 대접받을 생각을 아예 안 해요. 하지만 우리는 안 그렇지요.

여기서 갑자기 '불우 노인을 돕자'는 표어가 나붙었습니다. 이런 표어는 노인들에 대한 동정심을 오히려 감소시킬 우려가 있지요. 대부분의 시민들이 이런 캠페인을 순수하게만 받아들이는 것 같지가 않아요. 왜 그러느냐? 갑자기 노인이 어떻게 됐다는 거냐? 이런 말을 여러 군데서 들을 수 있어요. 민중의 가슴속에는 무엇이 더욱 절실한가 하면 효보다는 노인보다는 인권이니 하는 표어들입니다. 우리 시대에 민주주의를 이 땅에 뿌리박게 하는 일이 더 시급하다면 자유가 우선 문제가 돼야겠지요. 그렇다면 충효캠페인도 일시적인 것밖에 안 되겠지요. 어떤 일이건, 하향식이면 보기에는 잘 되는 것 같지만, 내용과 실제적인 효과는 별 것 없는 것입니다.

효심 없던 사람에게 효심이 생길 리도 없고 효심을 가진 사람들이 더 가지지도 않고, 있던 효심을 버리지는 않을 것이기에 충효캠페인의 효율성도 한계가 있을 거예요. 효는 그렇다고 치고 충은 무슨 뜻인지 이해하기 곤란하군요. 옛날 임금님한테 바쳤던 충성을 오늘날 민주주의사회에서 설마 한 개인에게 바치자는 말은 아니겠지요. 국가나 정부에 대한 충성은 가능하지만 개인에 대한 충성은 민주사회의 금물입니다. 대통령은 선거의 결과에 따라 바뀌기도 하는 존재지만 임금이야 죽기 전까지는 그 자리를 지키는 분이었으니 충성의 윤곽도 뚜렷하지요. 충과 효가 곡해될 가능성이 없지는 않으나 그 낱말 자체가 지닌 가치는 적용하기에 따라 예나 지금이나 변함없는 가치를 지니거든요. 충은 인간관계에서 자기의 상사나 공동운명체인 국가에 대해서 충성심을 가진다는 뜻이 아니겠어요?

가령 고대에 주종(主從)관계가 확립이 되어 있어서 주인이 죽을 때에는 종도 죽어야 된다고 했지만, 그거야 그 시대에나 가능했지 오늘날은 그럴 수도 없는 것이죠. 하지만 그 시대는 그것이 훌륭한 도덕이었다고 말할 수 있겠지요.

우리 역사의 이 시점에서는 충효문제가 그리 시급한 것은 아닙니다. 새 시대의 새로운 가치관을 모색하는 가운데, 충효라는 문제도 한번쯤 다루어 볼 과제라고 한다면 이의가 없겠지만 이것으로써 국론으로 전개하려 든다면, 봉건 시대가 지난 지 오랜 지금, 시골 돌각

담을 기어가는 도마뱀의 신세를 면하기 어려울 것입니다. 앞서도 강조한 바 있습니다마는 역사를 경제적 측면이나 계급적 측면에서 관찰할 때, 결국은 봉건체제하에서 주종의 관계가 가장 기본이던 사회의 가치관이나 도덕률을 새로운 시대에 뜯어 맞추기는 어렵지요. 비판의 여지가 많습니다. 지나간 시대를 우리가 돌아보고, 그 경제체제와 그런 제도 때문에 비생산적, 비능률적인 일들이 많았음을 지적하게 되는 데, 아무튼 사라진 봉건시대의 도덕은 자동차가 질주하는 능률시대의 서울거리에는 도저히 합당치 않다고 저는 봅니다. 어떠한 가치관도 어느 시대나 어느 사회나 모두 지배할 수는 없는 것이라 느껴집니다.

서양역사를 보면 각 시대는 그 나름의 레종 데트르(raison d'etre=충족 이유율)를 다 지녔던 것 같습니다. 합리적인 사회니까요. 반동이 물론 있었지만, 그것은 반동으로 처리가 된 것이 서구사회입니다. 반동이 힘의 고삐를 쥔 사례가 없지는 않았으나 잠깐이었을 뿐이고, 역사의 옳은 방향을 바꾸지는 못했습니다. 히틀러(Adolf Hitler, 1889~1945)나 무솔리니(Benito Mussolini, 1883~1945)가 훌륭한 본보기라 하겠습니다.

동양에서는 진정한 의미의 혁명은 없었습니다. 새로운 이념으로 새 시대를 창조하는 것을 혁명이라고 한다면 말입니다. 구멍가게의 주인이 바뀌듯이 정권이 이 손에서 저 손으로 넘어가는 것을 혁명이라고 부르기는 어렵습니다. 그러므로 모든 혁명에는 이념의 선행이 필수조건입니다. 사무능률의 향상 같은 것은 엄밀하게 말해서 혁명은 아니지요. 그런데 우리가 만일 역사를 진보의 개념에서 파악한다면 비약적 발전이란 있을 수가 있고 그것이 역사의 방향과 일치될 때 이것은 혁명이라고 할 수 있지요. 허나, 이념 행동이 뒤따르는 대원칙은 변할 수가 없지요. 제가 왜 새삼스럽게 이런 말을 늘어놓는가 하면, 우리의 주제인 충효가 역사발전의 현 단계에서는 별로 설 자리가 없다는 사실을 밝히기 위해서입니다. 80노파를 아무리 잘 먹이고 좋은 주사를 찔러도 올림픽선수가 되지는 못할 겁니다.

우리의 체제도 80노파 못지 않게 한심스런 면이 있습니다. 물론 과거 10년 동안에 눈부신 경제건설을 한 것은 의심의 여지가 없어요. 하지만, 의식면에 있어서는 이렇다 할 발전이나 진보가 없었다고 말하고 싶어요. 우리들의 가장 시급한 과제는 개방사회를 이룩하는 데 있어요. 적어도 방향만은 그렇게 잡혀야 합니다. 그럼에도 불구하고 오늘의 현실과는 너무나 동떨어진 방향으로 지향성(志向性)을 보입니다. 그러나 개방사회를 향해서 나가는 역사의 추세를 무시해서는 안될 것입니다. 또 비판 없이는 새 시대가 오지 않는다는 것도 명백한 사실입니다. 문제는 역사의식입니다.

민주사회에 적합한 가족 모럴

정재각 - 나는 무엇 때문에 충효가 오늘 대두되느냐 하는 문제는 지금 김 선생 말씀과 같이 오늘날 불신풍조가 되어서 위정자가 뭘 들고 나오면 딴 꿍꿍이속이 있다 하는 경향이 있기는 합니다만 또 다른 한편 이론자체만 가지고 얘기하더라도 가령 인간의 이성은 자연법적이라 할 것입니다. 그래서 부모가 나를 낳아 길러주고 교육까지 시켜주었으니까 내가 부모한테 부채가 있는 것이며 부모가 사회적 활동을 못하게 되었을 경우 내가 받았으니까 이런 경우 이제는 주어야 하는 기브 앤 테이크(give and take)의 밸런스가 취해져야 한다는 의미에서 우리 한국사회의 이상을 위해서도 앞으로 이러한 도덕이 있어야 된다고 봅니다.

또 한국사회는 아직도 가족이 먼저고 국가가 나중에 있어요. 이러한 가족중심의 모랄리즘을 현실에 그대로 적용해 놓으면 위험성이 있어요. 그러니까 종래의 가족중심적인 모랄을 지금 필요한 시민사회의 국민으로서의 차원에서 단결하고 의견을 모으고 거기에 적합하게 해야 되겠다 하는 것은 누구나 시인해야 될 것입니다. 종래 식으로 아버지의 욕을 하면 때려죽인다 하는 식으로 하면 대단히 곤란하겠지요. 거기에 하나 재미있는 것은 효경(孝經)이라는 책에 보면 간쟁(諫諍)이라는 것이 있어요. 이것은 뭐냐 하면 아버지나 임금이 잘못했을 때에는 간한다, 이것을 얼른 보면 자녀의 입장을 세우는 것처럼 되어 있지만 그러나 간한다 하더라도 「토마스 모어」(Thomas more, 1477~1535)처럼 죽음을 당할 각오가 있어야 해요. 한국에도 그렇고 중국에도 그렇고 간하다 안 들으면, 마지막까지 안 들으면 죽음을 당할 각오를 하고 또 죽을 용기가 없는 사람은 그냥 있게 마련이지요. 여기에 어떤 한계성이 있습니다.

김동길 - 아까 정 선생 말씀에서 오늘 대담의 좋은 결론이 얻어진 셈입니다. 부모에게서 자식이 도움을 받아서 성장을 하는 것은 어김없는 일이니까, 만일 현대사회의 특색을 '기브 앤 테이크', 다시 말해서 주고받는 한계의 명백한 설정, 권리와 의무의 병행이라고 한다면, 자식이 자기를 교육시켜 주고 먹여 주며 키운 부모를 무시할 수는 없겠지요. 그것은 상식에 벗어난 일이 되겠지요.

그러나 가족주의밖에 모르는, 그리로 기울어질 경향이 농후한 우리 사회를 하나의 시민사회, 국가의식이 뚜렷한 집단으로 이끌어 갈 책임이 우리에게 있는데, 효만 가지고 산적한 문제를 다 처리할 수 있다고는 생각지 않는다고 하신 것은 뉘앙스가 있는 말씀이에요. 시민사회를 형성하는데 있어서 필요한 가치관이라는 것은 역시 사회의식이 아니겠어요? 이 사회를 의식하고 이 사회의 방향을 의식하고, 따라서 피풀의 존재를 인식하는 것이 지도층의 급선무가 아닐까요? 가족보다는 역시 민중—우리 모두의 공동체의 운명 같은 것이 더 중요함을 인식해야지요. 자기 가족만 쏙 뽑아가지고 한국이 불안하면 이민이라도 간다는 개인들.

서구의 역사에도 그런 경험은 있었습니다. 그러나 우리의 이민가족들과는 좀 차원이 달랐지요. 그래도 그들에게는 지니고 가는 이념이 있었다 말이에요. 무엇을 지키기 위해서 또 그 이념을 낡은 사회에서는 실현할 수 없다는 절망 때문에 그런 길을 떠난 것이 사실입니다.

우리의 민족주의는 엄청나게 불합리한 현실사회를 만들어낼 가능성이 있어요. 가족이면 그만이니까 그 이웃에 대한 관심은 전혀 없고 따라서 조국의 운명에 대해서도 아무런 관심이 없다는 것입니다. 한반도에서 전쟁이 나건, 어떤 식으로 통일이 되건 나는 알 바 아니라는 이기주의의 덩어리! 나만 살만 되고 내 가족만 살면 된다는 『정감록』적인 사고방식이 판을 치게 됩니다. 그저 목숨만, 집안만 이어가자는 것이니 이념 없이 살기만 하는 것이야 미국에 가서 살건 어디 가서 살건 무슨 상관이 있어요? 그렇지만 이 시대에 우리에게 주어진 사명이라는 것은 낡은 전통의 극복입니다. 소수지배자의 자유밖에 문제가 안됐던 역사를 청산하고 이제 새롭게 자유의 저변이 확대되는 사회를 만들어야 한다는 것입니다. 인권이 존중되고, 의무와 권리에 대한 관념도 투철한 건실한 시민사회를 건설하는 것이 우리의 책임이 아닐까요?

정재각 - 오늘날 사회가 봉건적인 질서가 해체되고 동질적인 사상으로 나가고 있다면 가족중심주의의 사고를 가지면 현실에 좋지 못한 것이 되겠지요. 그러니까 현실에서 우리사회의 약점이 바로 아직도 강력하게 남아있는 가족중심주의, 이런 것으로부터 사회에 대해서 책임지고 시민과 시민사이의 유대성을 중요시하고 충성이라는 것은 대통령이나 임금에 대해서 바치는 것이 아니라 국가에 대해서 바친다 하는 식으로 충효를 조화있게 사회성과 국가성에 조화시키는 방향으로 나가야 되지 않겠느냐 하는 것입니다.

그러면 충효가 구체적으로 시행 면에서 어떤 것이 충이고 어떤 것이 효다, 하는 식으로 새로운 사고의 정리가 있어야 되겠지요. 막연히 예전 중국식의 관념으로 생각하면 폐단에 떨어지기 쉽고 위험성이 있다는 것을 말하고 싶은 것입니다. 충효를 전적으로 반대하는 것이 아니라 새로운 해석이 필요하다 이렇게 봅니다.

국가와 개인의 조화

김동길 - 나라사랑이라는 말도 있고, 이웃돕기란 말도 있어요. 나라를 사랑하고 이웃을 돕는 것은 이 시대에 있어서는 국민 전체의 의무입니다. 충을 논하고 효를 말하지 않아도 됩니다. 이 공동운명체를 사랑하기 때문에, 여기에 생기는 문제는 우리가 대응해 나가야 한다는 의식을 고취하기 위해서는 반드시 충을 들고 나오지 않아도 나라사랑이라는 말 한 마디로 족합니다. 결론적으로, 충이라는 구호가 오래 지속될는지 모르겠지만, 지나간 그 시대를 영도하던 정치이념이 오늘 새삼스럽게 부각돼야 할 이유를 나는 모르겠어요.

어느 특정한 개인이나 집단에 대한 충성이 곧 나라에 대한 충성이라면 그것은 틀린 논리지요. 나라사랑의 정신은 언제나 필요한 것입니다. 그러나 개인은 어차피 역사의 무대에서 물러나게 마련이니, 그 공허를 메울 길이 없습니다. 그 다음에 효에 대해서는 이런 말씀을 드리고 싶어요. 효라는 것이 혈연관계에 기인한 것이지만, 인간의 자연적인 본성이나 본능이기도 합니다. 아무리 현대가 산업사회라 하여도, 부모에 대한 자식의 사랑은 있게 마련이고, 부모에게서 받은 것을 자식이 갚을 만한 시민으로서의 양식은 있어야 하겠다는 것도 사실이에요. 그 책임을 못하면 사회보장제도도 없는 우리 사회에서는 부모가 길거리를 방황할 밖에 없겠지요. 가정교육은 아직도 가장 중요한 교육의 일부입니다. 그래서 한 사람의 성분이나 사회생활을 논할 때 우리는 가정교육을 문제삼지 않을 수가 없습니다. 그러나 제대로 된 집안이라면 가정내에서 반드시 효를 강조하지 않더라도 부모에 대한 사랑은 변함없이 거기에 있게 마련입니다.

정재각 - 아까 계약사회에 이르지 못했다는 말씀을 하셨는데 우리나라는 헌법에 계약사회가 되어 있지만 사실상 의식구조는 정치지도자뿐 아니라 일반시민들도 계약적인 준비가 안 되어 있습니다. 계약이라면 권리·의무의 관념이 확실히 서 있을 때 계약이 지켜지고 하는 것인데 우리나라 사람은 솔직히 얘기해서 권리·의무 관념이 오랫동안 전제(專制)적인 제도 밑에 있었기 때문에 희미해요. 내가 계약 지킬 것 뭐 있느냐 도장은 백번 찍고 선서도 백번 하지만 소용없어요. 그것은 서양에서 써먹은 것인데 여기서는 흉내만 내는 것이에요. 그런 사회에서 서양적인 제도를 내보아야 실현이 안 됩니다.

그러나 우리가 좋든 싫든 민주주의를 지향하고 있다고 모두가 말하고 인간이 만든 제도 중에서 최선의 것은 민주주의다. 어떤 개인이 자기 가치를 마음대로 발휘할 수 있는 것이 이상사회라고 하면, 내걸기는 걸어야 되겠는데 그렇다면 자유민주주의 국가에서는 개인의 가치가 충분히 보장되어야 된다. 개인을 전체에 하나의 부속물로 인정하고 전체가 먼저 있다고 생각하면 그것은 전체주의 아닙니까? 자유민주주의는 개인의 가치가 충분히 보장되어야 되는데 개인을 너무 주장하다가 사회나 국가사이에 그렇지 않아도 우리가 가족주의를 중심으로 해서 국가나 사회에 대한 훈련이 부족한데 개인을 너무 강조하면 이것이 와해되지 않느냐? 그렇다고 해서 개인을 아주 없애버릴 수도 없고 그러니까 사회 내지 국가와 개인이 조화가 되어야 되겠지요.

이쯤하지요.

〈新東亞〉No.154 (1997. 6.)

'독립기념관' 건립
올바른 민족사 인식의 모체로…

▌대담 : 이현종(李鉉淙) 국사편찬위원회 위원장

정재각 - 프랑스 파리에는 군사박물관이 있습니다. 그곳에는 프랑스가 침략전쟁을 일으킨 역사를 비롯, 당시의 전쟁 무기 · 군복 · 장군의 사진 등이 시대별로 진열돼 있어요. 심지어 프랑스 혁명정신과는 거리가 먼, 복고적 인물인 나폴레옹 1세의 관(棺)까지 있습니다. 그것을 보면서 프랑스 국민들은 언제나 역사적 우월의식과 민족의 긍지를 느끼고 프랑스의 영원한 영광으로 생각한답니다.

이현종 - 우리는 현재 일본과의 관계만을 지나치게 의식하고 있습니다. 사실 주권을 탈취당했던 그때가 우리로서는 가장 불행한 시기라고 할 수 있겠지요. 그러나 이것에 포인트를 두면 자칫 불행했던 과거만을 강조할 염려가 있어요. 과거의 훌륭했던 역사 발전이 도리어 감춰질 수도 있으니까 일단 긍정적인 부분에 포인트를 두어 전시하는 것이 좋을 것 같습니다.

'독립' 과 '광복' 의 차이

이현종 - 일본의 역사교과서 왜곡 파동으로 우리 국민의 항일운동 및 역사에 대한 인식이 새롭게 높아지고 있습니다. 지난 8월 28일 독립기념관건립준비위원회가 발족되면서 그 열기는 한층 가열되고 있지요. 각 매스컴 기관에 답지한 성금이 불과 보름 만에 1백억 원을 넘어선 것만 봐도 온 국민들의 열의를 짐작할 수 있습니다.

독립기념관건립준비위원회가 구성되면서 범국민적으로 기념관의 명칭이나 장소, 관리 방법 등을 둘러싸고 많은 의견이 나온 것 같습니다. 현재까지는 독립기념관이라는 명칭이 널리 통용되고 있지만 그밖에 광복기념관, 민족기념관을 비롯, 역사기념관이나 민족통일 염원관 등의 명칭을 주장하는 분도 있습니다.

국민들의 열의와 관심이 고조되고 있는 기념관 건립에 대한 구체적 사안들을 논의하기 위해 《월간조선(月刊朝鮮)》에서 이 자리를 마련한 것으로 알고 있습니다. 역사학적 입장 에서 합리적인 의미를 갖춘 명칭을 모색하고 장소와 관리문제 및 외국의 사례들을 살펴보 는 것도 퍽 뜻 깊은 일이라고 생각합니다.

정재각 - 온 국민이 이 문제에 관심을 갖게 된 발단은 일본의 역사교과서 왜곡이었지만 이제 우리는 좀 의연한 자세를 가져야 합니다. 너무 일본을 의식하다보면 우리 역사가 마 치 일본에 의해 좌우된 것처럼 착각할 수도 있거든요. 그러니까 과거에 있었던 모든 국난 들과 그것을 극복한 선열들의 훌륭한 업적을 재조명 하는데 역점을 두어야 하지요. 사실 일본의 교과서 왜곡은 어제 오늘에 갑자기 이루어진 게 아닙니다. 그런데 우리가 그것에 자극받아 기념관을 건립하는 것 같은 인상을 주는 것은 부끄러운 일이죠. 그렇기 때문에 기념관 건립에 대해서는 좀 더 신중한 연구가 필요하다고 봅니다. 후세에 길이 남겨줄 유 산이니까 일시적인 감정이나 기분으로 결정할 일은 결코 아니지요.

우선 명칭에 대한 논의도 학문적으로 개념을 분명히 해야 합니다.

독립이라면 미(未)독립 상태 즉 종속상태에서 벗어난 것을 강조할 때 쓰입니다. 그래서 독립기념관은 필리핀이나 미국, 아프리카 등 신생 국가들 사이에 많아요.

광복은 잠시 잃었던 주권을 되찾아 독립 상태로 회복하는 것을 말합니다.

그러니까 우리나라의 경우는 후자가 더 타당하다고 볼 수 있지요. 역사가 수천 년 이어

내려온 나라에서는 독립기념관은 없습니다. 예컨대 소련도 한 때 킵차크칸국의 속국이었지만 주권을 되찾았을 때 독립기념관을 세우진 않았지요. 또 영국에서도 「노르만의 정복」이라고 해서 노르만족의 지배를 받은 적이 있으나 독립기념관은 없어요.

'독립기념관'인가, '국난극복기념관'인가

이현종 - 처음에 독립기념관은 가칭이라고 단서를 붙였던 만큼 앞으로 좋은 명칭, 우리 민족사에 조명해서 알맞은 명칭이 있으면 바꿀 수 있는 전제라고 생각합니다. 우리가 유구한 역사를 지닌 독립 국가였으니까 그런 점도 참작하고 또 앞서 鄭원장님께서 역사적인 배경을 곁들인 해석을 하신대로 앞으로 시간이 있으니까 합당한 명칭으로 귀결되리라 믿습니다. 어찌 되었든 민족의 역사를 후세에 전하고 살아있는 역사교육장으로 건립키 위해서는 좀 더 신중한 연구를 계속해야할 겁니다. 명칭이 주는 정신적 영향력은 대단히 크니까요.

그런데 독립운동에 관계했던 분들이나 그 밖의 사람에 따라서는 독립기념관이 훨씬 일반인이 이해하기 쉽다고 주장합니다. 특히 요즘 일본의 교과서 파동으로 또 다른 의미에서의 독립운동이 필요한 때이므로 독립이란 말을 강도가 높게 여기는 분도 있는 것 같습니다.

어느 원로 국어학자는 日帝 36년간 주권을 잃은 것은 사실이기 때문에 독립기념관이라고 해도 이치에 어긋나지는 않는다는 얘기를 하더군요.

또 어떤 분은 빼앗긴 주권을 다시 찾는 광복이 되었으니까 광복기념관이라고 하자는 의견도 나오고 있더군요. 그 밖에 이 기념관이 국민의 성금으로 지어지는 만큼 독립이라는 말이 광복보다 국민에게 훨씬 호소력이 있다고 하는 사람도 있지요. 그러나 기념관건립준비위원회가 발표했듯이 가칭이라고 했으니까 우리의 유구한 역사에 비추어 합리적인 누구나 수긍되는 그런 명칭을 한번 신중하게 생각해 볼 필요가 있을 것 같습니다.

정재각 - 여러 부족으로 나뉘어 통일국가를 이루지 못했다가 2차 대전 후 통합되어 독립한 나라라면 독립기념관이란 명칭이 타당하겠지요. 그런데 우리는 유구한 역사를 지닌 독립국가였기 때문에 잠시 주권을 잃었다 되찾은 것에 '독립'이라는 용어를 쓰는 것은 조금

무리인 듯싶습니다.

일본인들의 역사교과서 왜곡은 여러 면에서 지적됐습니다만 가장 큰 문제는 한국인에 겐 자주성이 결여됐다는 점입니다.

그렇기 때문에 우리는 그 동안 주위의 침략을 어떻게 대처해왔고 고유한 문화와 풍습을 당당히 지켜왔다는 것에 역점을 기울여야합니다. 일본뿐 아니라 여진·거란·몽고족의 침입에 대항한 무수한 저항의 발자취를 생생히 보여주어야 합니다. 그러려면 아무래도 「국난극복기념관」이라는 명칭 쪽이 적당할 것 같아요.

어떤 분들은 역사박물관으로 짓자는 말씀도 합니다. 그런데 박물관과 기념관은 의미가 약간 다릅니다. 박물관은 보관과 교육의 두 가지 의미를 갖지만 기념관은 어떤 특정적인 것에 포인트를 두지요. 우리 민족이 국난을 극복해 온 역사를 영세불망(永世不忘)하겠다 는데 포인트를 둔다면 아무래도 기념관이 적합하다고 봅니다.

이현종 - 기념적인 것을 전시하다보면 자칫 박물관이나 유물전시관이 되기 쉬운데 그렇게 되면 별 의미가 없어질 것 같습니다. 단순히 지나온 역사를 보여주는 전시회장 같아서는 곤란 하겠지요. 기존의 기념관을 보면 유물들을 한꺼번에 협소한 장소에 많이 전시해놔서 보고 난 뒤 무엇을 봤는지 기억에 남지 않는 일이 있습니다. 이것은 기념관 운영이 비전문가에게 맡겨 지기 때문인데요, 기념관 내부의 전시방법이나 유물의 분류에 대해서 어떻게 생각하시는지요.

나폴레옹 관(棺)과 우월의식

정재각 - 유물의 진열은 쉬운듯하면서도 대단히 어려운 것입니다. 박물관적인 진열방식 은 교육적이긴 합니다. 그런데 우리의 역사를 영세불망하고 후진들을 감동시킬 수 있는 효과는 조금 약하지요. 과거와 현재 및 미래가 단절되지 않고 있다는 생생한 역사의 현장, 증언대로 만들려면 여러 가지 장치를 동원해야 할 것입니다. 가령 그 당시를 상상케 하는 파노라마나 사건의 배경을 파헤친 진열방식, 증인의 육성 녹음등도 효과적이겠죠.

프랑스 파리에는 군사박물관이 있습니다. 그곳에는 프랑스가 침략전쟁을 일으킨 역사를 비롯하여, 당시의 전쟁무기, 군복, 장군의 사진 중이 시대별로 진열돼 있어요. 심지어 프랑스 혁명정신과는 거리가 먼 복고적 인물인 나폴레옹 1세의 관까지 있습니다. 그것을 보면서 프랑스인들은 언제나 역사적 우월의식을 느끼고 프랑스의 영원한 영광으로 생각한답니다.

또 스코틀랜드의 에든버러에는 영주들의 성이 있지요. 거기에 들어가면 봉건시대의 것만이 전시되어 있는 것이 아니라 영국을 위해서 전사한 스코틀랜드 병사의 위패가 모셔져 있어요. 봉건 시대의 영주의 성이 당대의 역사적 유물로 그치지 않고 영국의 자랑으로 심어지게끔 진열해 놓아 퍽 인상적이었습니다. 거기에는 또 영국에게는 치욕적이기까지 한 남아전쟁이나 아편전쟁의 기록도 상세히 비치되어 진실한 역사적 사실을 후세에 전하려는 영국인들의 올바른 역사관을 느낄 수 있었어요.

우리도 새로 건립될 기념관에는 의병들의 활약상이나 알려지지 않은 평민들의 항쟁도 수집, 전시해 놓으면 좋을 것 같아요. 특히 구한말 기울어져가는 국운을 살리기 위해 펼쳤던 「국채보상운동」, 「물산장려운동」, 「브나로드운동」 같은 애국계몽운동의 기록과 그것을 보도한 신문자료 등도 귀중한 자료이겠죠.

중국에서 발간됐던 《천고(天鼓)》, 《신대한(新大韓)》, 《봉화(烽火)》, 《마등(馬燈)》, 《백광(白光)》, 《귀곡(鬼哭)》, 《천타(天打)》, 《단행(檀行)》 등과 해삼위(海蔘威)에서 간행된 《권업신문(勸業新聞)》, 《해조신문(海潮新聞)》, 그리고 미주에서 발행한 《신한민보(新韓民報)》 등을 시급히 수집해야 할 겁니다.

생동감 있는 동적(動的)인 장소

이현종 - 우리 민족이 살아온 역사적 과정에 대해 생동감을 부여하자는 말씀이신데요. 그렇게 하자면 시대분류와 고증을 철저히 해야겠지요.

의병 항쟁만 예로 들어도 당시 그분들이 입었던 군복이나 무기류는 물론 의병의 격문, 대한민국 임시정부의 정부문서, 의정원(議政院)속 기록 등을 비롯하여 국채증권이나 각종 증서를 전부 수집 분류해야할 겁니다. 또 단발령과 명성황후 시해사건으로 인해서 일어난 「을미사변」(乙未事變), 1907년 구한국 군대해산 등의 역사적 사건과 관련지어 왜 의병이 일어날 수밖에 없었나를 아울러 해설해야겠지요. 이렇게 하면 기존의 박물관과는 아주 달라지겠죠. 아무래도 박물관은 정적인 요소가 많고 기념관은 생동감이 있는 동적인 요소가 생명이니까 이 두 가지를 잘 조화시키면 훨씬 나아질 겁니다.

기념관을 지음으로써 국민들에게 역사의식을 새롭게 고취시키려면 시대별로 전시하면서 아울러 역사전체를 한 눈에 집약시킬 수 있는 어떤 총괄적인 상징물을 특별히 마련할 필요는 없을는지요. 가령 고구려의 민족적 기상 즉 만주대륙을 민족의 활동영역으로 삼았던 일, 또는 그 같은 발전적인 사실을 광개토왕비로서 보여준 사실 등의 기념비 모양의 제조, 또 외세침략을 극복한 사실들을 한데 모아 씩씩한 우리 민족의 기상을 보여주면 어떨까요.

정재각 - 그렇게 하면 범위가 너무 넓어져 버릴 수도 있어요. 역사의 전면적 발전을 이해시키는 데는 필요한 방법이지만.

이현종 - 그러니까 무한대로 확대시키자는 말씀이 아니고 역사 가운데서 꼭 알려야 될 점을 강조하고 민족사를 바르게 인식시켜 나가자는 겁니다.

자유의 종 · 닭털 펜 · 재떨이까지

정재각 - 역사 교과서를 집필하는 것처럼 전체를 개관하고 챕터 별로 다시 세분하여 역점을 둘 부분을 강조해서 전시하자는 얘기죠?

이현종 - 예. 우리는 현재 일본과의 관계만을 지나치게 의식하고 있습니다. 사실 주권을 탈취 당했던 그때가 우리로서는 가장 불행한 시기라고 할 수 있지요. 그러나 이것에 포인트를 두면 자칫 불행했던 과거만을 강조할 염려가 있습니다. 과거의 훌륭했던 역사 발전은 감춰질 수도 있으니까 일단 긍정적인 부분을 강조해서 전시하는 것이 좋을 것 같아요.

신생 독립국들 가운데 미국이나 인도네시아, 필리핀의 독립 기념관들은 역사의 긍정적 면을 잘 전시해 놓고 있습니다.

미국 필라델피아에 있는 독립기념관은 자유의 종과 독립선언 당시의 서류, 닭털 펜, 재떨이, 테이블 등이 있고 독립선언서를 기초한 토머스 제퍼슨의 지팡이까지 진열해 왔습니다. 규모는 작지만 미국인들의 긍지를 심어주는 상징적인 장소라고 합니다. 그리하여 내국인들로 하여금 이곳을 보게 해서 자유와 독립의 귀중함을 철저하게 인식시키고 역사의 현장교육 장소로 삼고 있으며, 외국인들에게는 단순한 관광차원을 넘어서 미국의 개척 진취적인 기상을 보여주는데 힘쓰고 있는 것 같습니다. 우리나라도 앞으로 기념관이 건립되고 나서 국민들의 가슴 속에 유구한 역사와 민족문화의 긍지를 심어주려면 운영방식이나 관리 문제가 상당히 중요하다고 봅니다. 미국의 인디펜던스 홀이나 조지 워싱턴 자택을 방문한 사람이면 누구나 민주주의가 무엇인가를 배울 수 있듯이 우리도 민족혼을 일깨우는 쪽으로 신경을 많이 써야할 것 같습니다.

정재각 - 그렇습니다. 외부적인 것에만 신경을 쓰다보면 내실을 기하기 어렵겠죠. 국민들의 정신적 지주가 되기 위해 지금부터 그 운영 방식이나 관리문제를 철저히 연구해야 합니다. 그러려면 유물의 컬렉션이나 전시, 보관은, 꼭 전문가의 참여가 있어야겠죠.

이현종 - 기념관 건립에 관한 얘기가 나온 지 이제 두 달 남짓 밖에 안 됐으니까 그 세부적 방안까지 구체적으로 제시하는 것은 조금 무리한 일이라고 생각합니다. 그러나 온 국민의 열의와 염원이 한데 모여 짓는 만큼 공청회 등을 통해서 이상적인 방안을 수렴해 나가야겠지요.
이번 기념관은 1987년에 개관한다고 하니까 아직 긴 세월이 남은 것 같지만 막상 일을 하려고 하면 결코 시간이 남아돌지는 않을 겁니다. 그렇지만 민족사의 전개에서 기념비적인 건물이 될 것인 만큼 충분한 계획과 의견 등을 종합하여 민족의 기상이 잘 나타날 수 있었으면 하는 생각이 듭니다.

정재각 - 우선 역사학자들이 당시의 사료를 충분히 연구하고 지혜를 모아야 합니다. 또 외국의 사례를 많이 수집해야겠지요.

그리고 역사학분야 뿐 아니라 한민족의 성격이나 생활양식, 문화를 총괄적으로 연구하기 위해 관련 분야의 학자들끼리 공동연구도 필수적으로 해야 합니다.

큰 절 올릴 수 있는 분위기를

이현종 - 모든 일이 이론과 실제가 다르듯이 이번 일도 상당히 어려운 문제들이 많을 것으로 예상됩니다. 제일 먼저 기념관의 성격을 규정하는 데에도 여러 가지 의견이 나오겠지요. 그러나 민족의 역사, 민족의 영원한 존립을 대전제로 한다면 역사적 사실 외에 각 분야에 대한 세밀한 연구와 상호 간의 긴밀한 협조가 이루어져야 될 것 입니다. 전체적으로 기념관을 어떻게 분류하고 배정할 것인가, 또 어느 정도로 독립운동의 실상을 표현할 수 있을 것인가를 깊이 생각해야합니다. 비단 유물만을 전시할 것이 아니라 역사를 연구할 수 있고 아울러 종합적인 문화의 전당으로 사용될 수 있는 민족의 광장이 되어야겠지요.

지금까지는 기념관 건립에 대한 확고한 플랜이 나오지 않아서 일부 국민들은 당그라니 기념관만 세우는 것이 아닌가하는 걱정들도 하시는데요. 또 하나의 새로운 범국민적인 문화관도 아울러 건립된다는 것을 인식시켜야 할 것 같습니다.

정재각 - 기념관 건립에 있어서 고증은 가장 중요한 일 중 하나입니다. 충실한 고증만이 진실한 역사를 재현할 수 있으니까요.

이현종 - 인도네시아의 메르데카 광장 한가운데에는 순금 35kg의 독립의 상징이 조각된 1백 37m의 독립기념탑이 있는데 우리도 기념관과 아울러 기념탑도 상징적으로 세우면 어떨까요. 그 기념탑만 보아도 한국민족, 한국의 역사와 문화, 굳건한 민족의식과 창조적인 힘이 상징적으로 나타날 수 있도록 말이지요.

정재각 - 한결 돋보이는 방법이겠는데요. 기념관 건립방식을 크게 구분하면 일본식과 미국식으로 나눌 수 있습니다. 미국식은 기념행사를 곁들여 할 수 있도록 광장도 있고 레크리에이션을 겸한 휴식처의 성격을 띠고 있지요.

필리핀의 영웅 호세 리잘의 기념탑이 서 있는 마닐라의 리잘기념관이나 남미에서 가장 크고 아름다운 솔리스극장이 있는 우루과이의 몬테비데오 독립 광장이 바로 이런 양식이지요. 반면 일본식은 엄숙하고 신성한 분위기를 강조하기 위해 조용하고 수목이 우거진 곳에 짓지요. 아산 현충사의 충무공 기념관은 약간 미국식에 가까운 것 같습니다.

기념관은 아무래도 밝은 분위기로 기분 좋은 휴식처라는 인상을 주기보다는 조금은 엄숙한 기분을 느끼게 해야 좋겠지요. 그러니까 두 가지 양식의 절충 형이 바람직하다고 봅니다.

이현종 - 건립 장소도 여러 군데 예비 후보 지역이 나오고 있지요.

어떤 관계자는 서대문 구치소가 많은 애국지사들이 고초를 겪은 곳이니까 그곳에 세워 관람객으로 하여금 숙연한 기분을 갖도록 해야 한다고 주장합니다. 또 일부에서는 현재 치안본부 자리가 일제 때 독립운동가들을 고문하던 현장이니까 그곳이 적당하다고 합니다. 이에 대해 남산의 조선 신궁이 있던 자리에 세워 서울을 내려다보는 위치에 독립지사들의 유품을 전시하는 것이 바람직하다는 분들도 있어요.

제 견해로는 선생님이 방금 말씀하신대로 절충 형이 바람직하다고 봅니다. 그러니까 서울 근교에 위치하되 경치가 좋고 교통편이 편리한 곳이 이상적이겠지요.

그러한 곳에다 한편에는 엄숙한 기분으로 큰 절을 올릴 수 있는 기념관을 짓고 아울러 광장이나 강당 등을 마련하여 국민의 휴식처이자 각종 문화 행사를 할 수 있는 시설을 겸비하면 좋겠어요.

그렇게 하면 후세들에게 역사의 현장 교육을 시킬 수 있고 외국인들에게는 우리를 이해할 수 있는 좋은 만남의 장소가 될 수 있겠지요.

민족의 정신적 도량(道場)

정재각 - 가장 중요한 것은 우리 국민 모두가 참관하여 감명을 받을 수 있는 분위기로 만드는 것입니다. 누구나 경건한 마음으로 묵상할 수 있는, 가슴을 치는 그런 기념관이 돼야겠죠.

이현종 - 우리나라에는 아산 현충사나 경주의 통일전, 금산의 7백의총(七百義塚) 등의 기념관이 있지만 근대사에 관련된 것은 거의 없는 형편입니다. 이번에 세울 기념관은 전체를 한 번에 조명하면서 특히 근대사를 강조하는 것이니까 고대와 중세사와의 조화를 특별히 고려해야 할 겁니다.

정재각 - 이제까지 우리 민족에 대한 일본의 왜곡된 지적들은 무의식중에 우리들 마음속에 남겨져 있었다고도 볼 수 있지요. 독립성이 부족하다든가 자주성이 결여됐다는 따위의 이야기가 어느새 민족적 콤플렉스로 돼버린 느낌도 없지 않았던 것 같아요. 이 기회에 국민들에게 자주독립국의 자부심을 가질 수 있도록 해야 합니다. 그러니까 기념관의 건립은 단순히 역사를 보여주는데 그치면 안 되겠지요. 현재 우리 국민들의 역사에 대한 경각심이 매우 높아져 있으니까, 그 여세로 독립 기상과 역사의식을 투철히 다져야 할 겁니다.

이현종 - 그렇습니다. 우리 민족의 정신적 도량으로서 민족적 정기의 근원지가 되어야겠죠. 1988년 서울 올림픽에는 외국인들이 유사 이래 제일 많이 몰려들 것 입니다. 그에 대비해서 우리 민족의 전체적 역량을 보여 줄 수 있는 그런 기념관을 설립해야겠지요.

한국 민족의 긍지와 자부심을 나타내는 상징으로 우리의 고유 문화와 민족의 저력을 고루 보여줄 수 있는 차원에서 이루어져야 할 것입니다.

그렇다고 지나치게 외적인 규모에만 신경 쓰지 말고 기능이나 내용면에 보다 충실해야겠지요. 규모는 조금 작더라도 민족 역사의 참모습을 보여 줄 그런 기념관으로 건립해야 할 것입니다.

【추 기】이 글은 남사 선생이 정신문화연구원 원장으로서 민족통일대학 강좌(제1기 제3회)에서 같은 내용으로 발표한 내용이기도 함.

《월간조선》 1982. 11. 1 / 정리 : 朴美靜 기자

"우리의 가치관 확립이 급선무"

– 민족적 긍지 · 자존부터 찾아야

▌대담 : 김진규(金鎭珪)《서울신문》편집위원

원로 석학 정재각(鄭在覺) 박사를 여의도(교원공제회관 2층)로 찾아뵈었다. 지금도 많은 제자들은 정 박사를 일컬어 '총장' · '원장' · '박사' 등의 호칭보다는 '선생님'이라는 존칭을 즐겨 쓴다.

'근엄한 선생님'이랄까…. 원리원칙을 중시하는 평소의 선생님 사고가 제자-후진들에게는 '깐깐한 선생님'으로 비칠 때도 적지 않다.

김진규 - 정 선생님 안녕하십니까.

정재각 - 어서 오십시오. 오늘은 무슨 얘기를 해야 되나요. 실은 신문기자를 만나면 신경이 많이 쓰여서…. 내가 말한 것과는 정반대로 활자가 찍혀 나올 때가 있거든..

김진규 - 걱정마십시오. 저는 선생님의 제자(高麗大)입니다. 스승을 욕되게 하는 제자가 있습니까.

정재각 - 그럼 안심해도 되겠구만.

김진규 - 먼저 요즘 선생님이 하시는 일을 간단히 설명해 주십시오.

정재각 - 재단법인 「한국지도자육성장학재단」(이사장)을 맡은 지가 한달 쯤 됐어.

김진규 - 기금과 수혜 인원은 어느 정도 입니까?

정재각 - 1백 수십억쯤 되지. 이걸로 연간 1천여 명의 대학ㆍ대학원생들에게 장학금을 주고 있어.

김진규 - 당돌한 질문 같습니다만, 선생님은 자신을 어떤 사람이라고 생각합니까?

정재각 - 학자지 뭐…. 교직이 천직이라고 생각해왔으며, 지금도 일평생을 교직에 바친 일이 후회되지 않아요. 다만 나 스스로 원리원칙에 너무 집착해오다 보니 경우에 따라서는 환멸을 느낄 때가 있어요. 현실은 원리원칙만은 아니거든….

김진규 - 본론 말씀을 좀 드리겠습니다. 선생님께서 대학 총장(東國大)-정신문화연구원 장 등을 지낸 경험으로 미루어 우리 국민들이 각오를 새로이 해야할 일이랄까, 한국과 한 국인이 나아갈 길, 이런 점에 대해 생각하고 계신 것이 있으면….

정재각 - 역사의 교훈으로나 지정학적으로나 우리가 독립국민으로 살아남으려면 일치 단결, 화합하는 길밖에 없습니다. 화합하는 데는 민족적 긍지와 자존을 다지는 일이 전제 되어야 합니다. 이것 없이 덮어놓고 남의 것을 숭상하거나 모방하고 우리 것을 비하하다 보면 남는 것은 분열뿐입니다. 어떤 나라든 자기 인국(隣國)을 가능한 한 분열 약화하려고 노력한 역사는 얼마든지 있습니다. 서양 제국주의의 divide and rule 정책이 그 대표적인 것이지요. 우리가 외국의 손에 놀아나지 않는 길은 우리의 자존(自尊)을 지키고 문화에 대한 신뢰감을 깊이 가져 이것을 바탕으로 화합해야 될 줄로 압니다.

김진규 - 우리나라 국학에 대한 연구는 어느 정도 진척되고 있는 것으로 보십니까?

정재각 - 이웃 중국이나 일본에 비해서는 많이 뒤져있으며 근대적 학문방법으로는 6·

25 동란 이후에야 겨우 시작된 것으로 봅니다. 서양에서는 수백 년 전, 일본에서도 1백 년 전에 시작됐지요. 지금부터라도 초보단계인 국학의 필요성을 재인식하고 관계당국과 학계에서 많이 분발해야 할 것입니다.

김진규 - 요즘 한창 강조되고 있는 「의식개혁」에 대해서는….

정재각 - 알다시피 국민의 의식이라는 것은 그 나라의 사회 환경, 전통문화 이런 것이 복합되어 생성되는데, 이중에는 전통문화와 합당해 존재이유가 있는 것이 있고, 시대착오적인 것이 있습니다. 이유가 있는 것은 발전-계승하되 그렇지 못한 것은 버리자는 것이지요. 그러나 오랜 전통과 역사 속에서 파생된 의식이 하루아침에 고쳐지는 것은 아니지요.

선진조국을 창조하려면 어차피 한번은 짚고 넘어가야할 과제이나 상당한 시간을 요할 것으로 봅니다. 프랑스 혁명이나 소련의 10월 혁명 때도 낡은 것을 부인하고 새것을 찾는 노력이 강력히 추진됐지만 처음 의도대로 쉽게 되지는 않고 복고가 역습해오는 과정을 밟았습니다. 온 국민이 사명감을 갖고 노력해야 할 줄로 압니다.

김진규 - 요즘 대학의 면학분위기는 어떻게 보십니까. 과거에 비해…

정재각 - 몇 해 전에 비해 현저히 향상되고 있습니다. 학교마다 도서관이 만원인 것만 봐도 알 수 있지요. 아직도 일부학생들은 그들 특유의 정의감, 패기, 이런 것이 중심이 되어 현실사회에 부정적인 견해를 표시하고 있는 것으로 듣고 있습니다.

비판은 하되 깊이 있게, 침잠한 단계를 거쳐 그것을 바탕으로 비판해야 합니다. 요즘은 우리 학계도 우리자신의 학문적 방법을 찾는 어프로치가 어지간히 진척되어 있습니다. 학회에 연구비도 많이 지원되고 있으며 우리 나름의 방법론 개발도 어느 단계에 이르고 있습니다.

해방 직후에는 이데올로기 싸움 때문에 학원의 면학분위기가 말이 아니었고 6·25 이후는 이데올로기의 대립은 없었지만 외국의 학문적 방법을 배우기에 급급했으며 이제 겨우 우리자신의 학문적 방법을 찾고 있는 단계입니다.

학생들은 이런 점에 유의하여 자기비하(自己卑下)의 착상에서 행동할 것이 아니라 어떻게 하는 것이 우리 나름의 가치관에 합당한가를 생각하면서 처신해야 할 것입니다.

일부학생들이 거론하는 민주주의 취향도 이런 각도에서 보아야합니다. 한국에 맞는, 우리에게 맞는 민주주의를 해야 하지 않을까요.

사막의 선인장을 갑자기 비 많은 지방에 옮겨보십시오. 사람의 장기도 그렇습니다. '우리 것', '내 것'과 같지 않으면 이식해봐야 잘되지 않는 것과 같은 이치입니다. 좀 더 생각하는 학생이 되었으면 하는 것이 후진들에게 거는 기대입니다.

외국산 지식을 바탕 해서 무턱대고 현실을 부정적으로 보기보다는 우리의 가치관, 전통성에서 우리를 먼저 찾고, 비판할 것이 있으면 비판해야 합니다. 이런 사고, 이런 공부를 먼저 해야 합니다.

김진규 - 졸업 정원제와 대학면학분위기와의 관계는 어떻게 보십니까.

정재각 - 졸업정원제가 면학분위기를 돕는데 공헌하고 있는 것은 사실입니다.

다만 상대평가 등 졸업정원제 자체에 결함이 있어 시정하려고 당국이나 학교에서 많이 노력하고 있는 것으로 압니다. 아직 시작한지 얼마 안 되니까 면학분위기를 돕는 방향에서 현실과 맞는 합리점이 모색되어야 할 것입니다.

김진규 - 흔히 일부에선 우리 대학의 주입식 교육을 비판하는데….

정재각 - 외국에서는 교수가 학생들에게 어사인먼트(과제)를 주고 이것을 토대로 질문을 받고 토의하는 강의방식이 잘 운영되고 있으나 우리의 형편과는 다소 차이가 있습니다. 우리는 첫째 도서관 시설, 복본(複本)이 부족해 어사인먼트를 줄 수도 없소, 그러니 질문도 없고, 흉내를 내봤자 생산적인 효과를 거두기가 어려워요.

또 교수 1인당 학생 수와 담당과목도 문제가 됩니다. 이런 것이 원인이 되어 같은 노트를 되풀이해 읽는 형편입니다. 대학의 내실이 부족한 것이 현실이지요. 학술회의나 세미나 등에 가 봐도 핀트 안 맞는 질문과 답변이 다반사입니다. 이것 역시 평소의 훈련부족에서 오는 것으로 봅니다. 무릇 토론에는 마음의 자세, 합리적 논리에는 굴복하는 자세가 전제 되어야 합니다.

서양에선 어릴 적부터 이런 훈련이 되어 있으나 우리는 이것이 없지요. 토론하다보면 입씨름이 되고, 입씨름이 인신공격으로 변하는 일은 정신적 토양의 황폐에서 연유하는 것이지요. 점차 개선해나가야 할 과제라고 생각합니다.

김진규 - 선생님 좌우명(座右銘)은….

정재각 - 자아의 발견이라 할까요, 늘 개성을 발굴 육성하는데 일생을 바쳐왔다고 자부 하며 지금도 나 스스로를 찾아보는 의미에서 아침저녁으로 반성을 해봅니다.

남이 뭐라고 하든 간에 나 자신이 가는 길에 대해 확고한 신념을 갖고 있습니다.

"자신의 완성"에 관해 깊이 생각 하다보면 어떨 때는 허전한 것을 느끼며 안타까울 때도 있습니다.

김진규 - 선생님께서 다시 "대학생이 됐다"고 가상한다면….

정재각 - 역시 자아의 발견, 개성의 개발에 치중할 것입니다. 요즘 대학생들은 학문을 너무 직업과 관련시켜 생각하는 경향이 짙어요. 눈앞의 일만 생각하는 사람은 자기 발견을 하기가 어려워요. 방황만 하다가 평생을 보내는 일은 없어야 합니다. 자기발견, 자기개발 이 중요합니다.

김진규 - 선생님은 올해 고희(70세)를 맞으셨는데 특별한 건강관리라도 하고 계십니까.

정재각 - 선도(仙道)라던가요, 단전호흡을 하고 있고 가끔 등산도 합니다. 원래 몸이 약 해서 신경을 좀 쓰는 편입니다.

김진규 - 취미는….

정재각 - 취미는 없어요. 굳이 말한다면 산을 즐기고 감상한다고 할까…. 그런데 이번엔 내가 질문하나 해야겠어…. 오늘 내가 한 얘기를 얼마만큼 정확히 독자에게 전달할 자신이 있는가?

　김진규 - 염려 마십시오, 저도 20년 이상 신문기자 생활을 하고 있습니다. 그리고 선생님의 제자 아닙니까….

　정재각 - 아, 그렇지….

《서울신문》1983. 4. 17

국가장래의 큰 길을 열자
– 위기극복을 위한 긴급처방

▌대담 : 목정균(睦貞均)《세계일보》논설위원

'오늘날'을 우리는 대변전기(大變換機)라 부른다. 「수서(水西)파동」등에서 보여준 지도층의 자각 없는 부도덕성과 흉포함을 더해가는 각종 범죄에 대한 무감각한 증상이 그렇고 걸프전(戰) 후 재편되는 세계의 발 빠른 움직임이 그렇다. 이런 국내외적인 상황 속에서도 우리는 방향타를 바로잡고 통일의 입지도 확보해나가야 한다. 사회 각계의 인사와 만나 이 같은 오늘의 문제점들을 진단하고 나름대로의 처방을 마련해본다.

목정균 – 정 선생님께선 고려대와 동국대의 명예교수로 계시지요. 새 학기에도 강의를 맡으셨습니까.

정재각 : 말 그대로 명예직입니다. 강의요청이 있긴 하지만 이렇게 미적거리고만 있지요. 머릿속이 녹스는 것을 막으려면 그래도 강의는 해야 하는데….

목정균 – 건강은 좋아보이십니다. 요즘도 요가는 여전히 계속하십니까.

정재각 – 육체로 하는 간단한 요가는 거르지 않지만 명상은 요즘엔 못해요. 감기기운도 있고, 또 명상과 단전호흡을 겸했더니 온몸을 균형 있게 내왕하던 기(氣)가 머리 쪽으로만 솟아 명상하는 것마저 방해하더구먼.

목정균 - 원칙과 양식을 무시하는 집단적 이기주의가 팽배해가는 우리 사회의 위기요소로서 가진 자들의 욕심, 지식인의 타락, 군사문화의 폐단 등을 지적하는 견해가 있습니다. 오늘이 '위기의 시대'라면 그 위기의 정체는 무엇이겠습니까.

정재각 - 분명 위기상황은 위기상황이지요. 그러나 그 위기상황을 보는 눈은 역사학도인 나는 좀 다릅니다. 사람들이 입시부정이니 뇌물외유니 「수서사건」 등을 요새 갑자기 돌출한 것으로 인식해 위기상황으로 보는 것 같은데 다분히 피부적 - 감각적 견해라고나 할까요. 이전 정권 때도, 그 이전 정권 때도 부정부패 비리는 있었고, 구한말에는 매관매직이 성행하지 않았습니까. 여러 제약으로 언론에 재갈이 물려 있어 수면 하에 잠복해 있었을 따름이지 비리부정이 어디 어제 오늘의 일입니까. 「뇌물외유」로 구속되는 의원들의 당당한 태도는 비리부정이 이미 상식화되어 있음을 의미합니다. 역설적일지는 몰라도 나는 그 일련의 사건들에서 우리 사회 민주화의 성숙도를 감지하게 됩니다. 언론이 대담해지는 등 감시 - 비판 - 견제기능이 그만큼 활성화된 결과로 보기 때문이지요. 내게 걱정스러운 것은 한민족의 자존과 자존심, 그리고 독자성을 되살리고 드날려서 인류공영에 이바지하느냐 그러지 못하느냐 하는, 양자택일을 강요당하고 있는 현실입니다. 나는 이것을 '정신세계의 위기'라고 말하지요.

목정균 - 정·경·관 유착에 의한 부패구조의 제도화를 개탄하는 소리가 큽니다. 만연된 비리와 부정의 원인은 무엇입니까.

정재각 - 종적·횡적 구조가 없는 단세포적 전제체제 아래에서 오래 살아온 결과라고 봅니다. 벼슬아치는 물론 이들을 감시하는 감찰기관까지도 부패하고, 이것이 상식화된 체제에선 국민의 체념이 있을 뿐입니다. 견제와 감시기능이 미약해지면 부패의 체질화는 당연하게 되지요. 구미의 선진국들도 마찬가집니다. 부패는 물질문명에 있어 하나의 고질입니다. 물질문명 자체가 지닌 성격 탓이지요. 자본주의 아래에선 열심히 돈을 모으는 것이 정당화돼 있고 영광스럽기까지 합니다. 겉으로는 자유와 인권을 내세우면서도 더 많은 재화를 획득하기 위해 수단방법을 안 가리다 보면 결국은 물질지상주의에 빠져버리고 맙니다. 마르크스의 유물론 역시 물신숭배로 귀착되는 것은 피할 수가 없어요. 견제와 감시기능이 얼마나 발휘되느냐가 민주화의 척도라면 이 점에서 구미 선진국들이 우리 보다 앞서 있다고 봐야겠지요.

목정균 - 부정과 비리가 총체적인데 "누가 누구에게 돈을 던질 것인가"라고 한탄하는 목소리도 들립니다. 최근 한 시인은 고백과 참회를 통한 도덕성의 회복운동을 제창하고 나섰습니다. 윤리의 회복, 도덕의 재건이 '어떤 운동'으로 가능하겠습니까.

정재각 - 일리 있는 얘깁니다. 하지만 일시적인 '운동', 즉 일과성의 대처방법으로는 깜빡 효과는 있을지 몰라도 근본적으로는 해결되지 않습니다. 사람은 감성과 이성의 복합체이지만 본능에 지배받기 쉬운 속성이 있어요, 가정교육에서 학교교육, 또 평생교육을 통해 어려서부터 본능과 감성을 이성의 제어·지배하에 두는 훈련을 철저히 시켜야 합니다. 다시 말해 윤리적 잠재의식이 언행을 컨트롤할 수 있도록 가르치는 교육이 제도화되어야 한다는 얘기입니다. 당연히 이성과 감성의 극단적 부조화는 경계해야겠지. 중국의 철학자 전목(錢穆)도 많은 희생을 요구하는 리벌루션, 즉 대량숙청을 통한 혁명이 서양사에 빈번히 등장하는 원인을 여기서 찾았어요. 노동자계급이 혁명을 통해 집권한다 해도 결국 그들 역시 부패하고 맙니다. '싹쓸이' 방식으로는 과거를 청산할 수 없다는 얘깁니다.

목정균 - '범죄와의 전쟁'이란 신조어까지 등장했습니다. 각종 범죄의 빈발과 흉포화, 집단적 난동 등에서 보듯이 인심이 더욱 사나워지고 사회분위기가 한층 살벌해지고 있습니다.

정재각 - 대중매체의 영향이 지대하다고 봅니다. 한국인은 이성적인 면보다 감성적인 면이 강합니다. 이 민족적 감성이 일체감을 이뤄 합치·일치될 때는 엄청난 힘을 발휘하게 됩니다. 국력이 가장 열세에 놓여 있던 신라의 삼국통일, 무방비상태에서 맞았던 임진년의 7년 전쟁에서의 승리, 가까이로는 올림픽의 성공적 개최 등이 그 좋은 예지요. 그렇지만 민족적 감성이 뿔뿔이 흩어지면 엄청난 재앙이 들이닥치게 됩니다. '뇌파' (腦波)가 있듯이 '염파' (念波)라는 것도 있지요. '사' (思)는 "그냥 생각하는 것"을 의미하지만 '념' (念)은 "꼼꼼하게 깊이 생각하는 것"을 뜻합니다. 이 '염파'를 타고 사랑의 감정도 전이되고 난폭성도 전염이 되는 겁니다. 이 난폭성의 전염에 대중매체가 크게 작용했다고 나는 보고 있지요. 대중매체의 편집·편성책임자는 민족의 전체, 민족의 앞날을 내다보는 수준 높은 안목과 고차원적 지도이념을 견지하고 사회병리를 치유하는 방향으로 나아가야 하는데 현실은 그렇지 못한 것 같아 안타깝더군. 사람마다, 체질에 따라 의사가 투약하듯이 민족성도 각기 다르므로 이에 따라 교육내용도 달라져야 합니다. 2차 대전을 일으킨 게르만민족에겐 우월감 대신 평등 감을 심어줘야 하고 '엽전의식'이 강한 우리 한민족에겐 자존심, 민족문화의 자긍심을 주입해줘야 합니다. 그 역할의 상당부분을 대중매체가 떠맡지 않으면 안 되는 것입니다.

목정균 - 걸프 전쟁이 미국이 주도한 다국적군의 완승으로 결말지어졌습니다. 왜 이런 전쟁이 일어나야 했는지, 이 전쟁에서 우리가 얻어야 할 교훈은 무엇인지요.

정재각 - 동서양은 역사적으로 사고방식에 근본적인 차이가 있습니다. 나는 이 전쟁을 동양정신과 서양정신의 충돌로 보았습니다. 중동은 동양이 서양과 만나는 전초지대입니다. 동양정신 속에는 외부의 어떤 것에도 동화되지 않는, 찐득찐득한 그 무엇이 있어요. 동화되지 않는 정도가 아니라 오히려 그것을 자기화 시키는 힘까지 발휘하기도 하고. 중동의 터키에 세워진 동(東)로마제국은 서(西)로마제국과 마찬가지로 서양 사람이 세웠지만 결국은 동양의 전제적 성격을 띠게 됩니다. 동양은 전제주의가 풍토화 된 지역이지요. 서양의 근대사상은 합리주의가 주요조류를 이루고 있는데, 합리적 과학적인 것은 명쾌하게 맞아떨어지고 양단간에 명확히 구분지어지는 성격을 가지고 있습니다. 그래서 합리주의는 쪼개나가다 보면 마지막엔 제로가 되지요. 이에 반해 동양정신엔 분화되지 않는 끈끈한 그 무엇이 내재되어 있습니다. 중동문제의 핵이 되어 있는 이스라엘과 아랍의 갈등도 역사적인 뿌리가 깊어요. 기독교는 유태교가 원류지만 로마로 진출하면서 서양인에게 맞게 체질이 변했지요. 같은 셈족이면서도 유태인이 아랍인에게는 그래서 서양인과 동일시되는 겁니다. 동양은 모성(母性)원리가 지배하고 서양은 부성(父性)원리가 지배한다는 풀이도 있는데 일리가 있다고 봅니다. 구미의 힘을 업은 팔레비의 근대화시도를 밀어낸 호메이니나, 힘의 논리로는 안 되는 것이 뻔한 데도 끝까지 물고 늘어진 이라크의 후세인을 서양의 눈으로만 평가해선 안 됩니다. 그것과는 별개로 부시 대통령을 비롯한 미국수뇌부의 냉철·치밀한 대처방식은 우리가 배워야 할 점이지요. 부시 대통령에게 힘을 모아준 미국의 민주당과 지나치게 흥분하지 않고 자기 조절을 적절히 해준 매스컴의 태도도 마찬가지입니다. 쥐를 잡기 위해선 독을 깨도 괜찮다는 감성이 지배하는 우리의 사고방식은 청산돼야 합니다.

목정균 - '팍스아메리카나'라는 말도 등장했습니다만, 어쨌든 미국을 중심으로 한 서양의 목소리가 더욱 커지면서 과거의 위력을 다시 챙긴 서양 중심사관에 의해 세계질서가 재편되지 않겠느냐는 견해가 많습니다. 걸프전 후의 세계질서에 우리는 어떻게 대처해나가야겠습니까.

정재각 - 그 점은 심각히 생각해봐야 할 문제이군요. 당장은 승전을 주도했으니까 미국이 중심이 되겠지요. 하지만 종국적으로는 그렇게 만은 되지 않을 겁니다. 이번 전쟁에서 각광받은 패트리어트미사일엔 일본기술이 많이 들어가 있습니다. 엄청난 힘을 가진 경제와 과학이 일본의 발언권을 한층 강화시켜줄 것으로 보입니다. 중동과 인접해 있으면서 다분히 동양적 체질을 가진 소련도 아프가니스탄 침공 때 같지는 않겠지만 만만치 않은 힘을 가지고 있고, 중동국가들도 그리 간단하게는 휘둘리지 않을 겁니다. 우리의 지도자나 지식인들이 걸프전쟁을 '아랍전쟁상인의 모험' 쯤으로 치부하는 서양의 시각이나 시오니즘 논리에 단순 추종하는 것은 곤란합니다. 그렇다고 이쪽저쪽 눈치나 보는 기회주의 자세를 취했다간 민족자주의 확립은 어렵게 되지요. 세계의 상황과 조류를 그냥 따라가는 것과 주체성을 가지고 이용하는 것은 천양지차입니다. 민족주체성은 김일성 식으로 떠들어서 확립되는 게 아닙니다. 민족의 존재의미와 민족문화의 긍지를 민족의 가슴에 확고히 심어줘야 합니다. 우리 역사엔 위대한 민족서사시가 많아요. 발해문화가 시베리아나 중국대륙의 문화보다 먼저 일어나지 않았습니까. 우리 문화가 결코 중국문화의 답습에서 나온 것이 아닙니다. 중국문화가 동이(東夷)문화 등 주변민족들의 문화를 수용해 복합적으로 형성됐듯이 우리 문화도 중국을 비롯한 다른 민족의 문화를 주체적으로 받아들여 독창적으로 이루어진 것입니다. 청자 금속활자 불교미술 등 우리 역사엔 세계적으로 위대하고 독창적인 문화가 얼마든지 있어요. 외세에 짓눌렸던 불행한 과거만을 되씹으며 자기 멸시와 자학에 빠져 있어선 안 됩니다. 민족자존의 확립, 민족문화의 긍지회복이 바로 한민족의 주체성임을 깨달아야 합니다.

목정균 - 동·서의 대립과 갈등을 가져왔던 양극적 이데올로기가 설 자리를 잃으면서 공산주의의 통치구조가 무너져가고, 독일과 예멘은 최근에 통일을 달성했습니다. 북방정책이나 남북총리회담 등 한반도에서도 통일의 기운이 점차 고조돼 가는 것만은 확실합니다. 우리의 통일전망은 어떻습니까.

정재각 - 가장 어려운 질문입니다. 부(富)는 악(惡)이요 빈(貧)은 선(善)이라는 식의 단순논리부터 불식해가야 합니다. 중요한 것은 민족을 통합시키는 고유의 문화와 역사를 선양하는 일입니다. 같은 문화를 공유한, 같은 DNA(유전자)를 가진 민족임을 클로즈업시켜 민족동질성을 고양시키면서 민족주의적인 쪽에 시선을 모아가면 서양적 이데올로기에 의한 양분현상이 퇴조하게 되고 그리되면 통일의 길은 저절로 열리게 될 것입니다. 서양의 합리주의만 앞세우면 '우리'는 결국엔 없어지고 맙니다. 감성이 강한 한민족의 민족주의는 제국주의화 되었던 이성만을 앞세운 서양의 민족주의와는 본질적으로 다르다는 사실을 알아야 합니다.

목정균 - 민족주의의 확립을 편협한 국수주의로 몰아붙이는 사람들에게 일침을 가하는 말씀으로 들립니다. 선생님은 평소 서양 중심사관을 극복, 민족문화의 독자성을 발견하고 이 터전 위에서 민족의 자존심을 확립해야 한다고 말씀해오셨습니다. 이 시점에서 그 가능성을 어떻게 보십니까.

정재각 - 오늘의 조류에서 보면 불행하게도 비관적입니다. 지도자와 지식인들이 한민족의 문화역량을 과소평가해 너무 남의 시각과 논리에만 의존하고 있기 때문이지요. 민족의 자아와 개성의 발견을 서둘러야 합니다. 이것 없이는 민족중흥은커녕 문화식민지로 전락하고 말테니까.

목정균 - 그러기 위해선 우리의 지도층에서 어떤 노력을 해야 되겠습니까.

정재각 - 대통령을 비롯해 우선 정치지도자들부터 우리의 역사를 공부해 민족의 존재이유를 깊이 깨달아야 합니다. 그런 다음 TV 신문 영화 비디오 만화에 이르기까지 모든 대중매체를 동원해 민족의 자존심을 국민들에게 확실히 심어줘야 합니다. 〈장군의 아들〉이란 영화를 봤습니다. 미국의 서부활극이나 암흑가의 이야기와 크게 다르지 않았지만 '민족적인 요소'가 담겨 있더군요. 이 점을 새겨봐야 할 겁니다.

목정균 - 민족의 자긍심 확립이란 당위성을 전제할 때 지구촌 곳곳에 나가 살고 있는 5백여 만 명의 해외동포를 생각하게 됩니다. 교민청 같은 기구를 신설해 교민업무를 조직적 효과적으로 해나가면 어떻겠습니까.

정재각 - 국내는 물론 해외의 동포들에게도 민족의 자존심을 강하게 심어줘야 합니다. 애국애족의 정신도 바로 여기서 나오게 돼 있어요. 당연히 정부가 이 일에 앞장서야겠지만. 한민족에게 무한한 잠재력이 있다는 사실은 역사가 증명합니다. 현대사만 보더라도 식민지배와 전쟁의 잿더미를 딛고 일어나 올림픽을 치러내고 세계 12대 무역국으로 부상하지 않았습니까. 다시 강조하지만 민족의 자아와 개성을 발견하고 이의 바탕에서 민족의 자존심을 회복해야만 통일과 중흥을 향한 한민족의 큰 길이 열릴 것입니다.

목정균 - 선생님께서는 고려대에서 31년 동안 동양사를 강의하시면서 학생처장, 교무처장, 도서관장, 문과대학장, 대학원장을 역임하셨고, 정년퇴임 후에도 동국대 총장, 한국정신문화원 원장을 지내셨습니다. 요즘에는 어떤 일을 생각하고 계십니까.

정재각 - 여담으로 들어줘요. 잡다한 지식은 좀 얻어들어 내가 누구를 가르침 네 해왔지만, 일흔 아홉, 이 나이가 돼서야 이것도 저것도 아닌 것에 매달려 쩔쩔매며 살아왔다는 생각이 듭니다. 내면세계를 통일해서 내 이야기, 내 목소리를 내야겠다고 다짐을 하고 있으면서도 아직 이러고 있습니다.

목정균 - 선생님의 그 '이야기'에 기대를 갖고 저희들에게 들려주실 날을 기다리겠습니다. 오랜 시간 말씀 감사합니다.

《세계일보》1991. 3. 9 / 정리 : 나명순(羅明淳) 기자

개혁은 금욕정신으로 꾸준히

– 흥분 잘하는 민족성 자성을…

▌대담 : 송종빈(宋琮彬) 매일신문 정치 2부장

1913년 생으로 생일(1월 18일)도 지났으니 올해로 만 80세. 예로부터 보기 드물었다는 뜻의 "인생칠십고래희"(人生七十古來稀)라는 시인 두보(杜甫)의 표현보다 10년이 더 지났으니 허리도 굽고 말씨도 분명치 않을 것이라는 섣부른 생각으로 아파트의 초인종을 눌렀다. 그러나 책속에 묻혀 지낸 한평생이어선지 지금도 일주일에 한번 교단에 서서 젊은 이들과 호흡을 함께하는 탓인지 그 연세 노인의 모습은 아니었다.

"어서 오세요" - 한 치의 흐트러짐도 없는 옥색한복 차림으로 손수 문을 열어주면서 방문객을 반겼다. 그리고는 문 쪽을 빼고는 온 벽면이 조그만 공간도 없이 온통 책으로 둘러싸인 서재로 안내했다. 탄성이 절로 나올 정도였다.

송종빈 - 아주 건강해 뵈는데요. 아침에 꽤 일찍 일어나시는 것으로 아는데 아침에 일과를 어떻게 시작하십니까?

정재각 - 단전호흡을 해요. 또 가벼운 육체요가도 하고요. 제가 경험한 것 가운데는 제일 좋은 것 같아요. 58년부터 요가를 했는데 그때만 해도 인도 요가 책을 내가 직접 보고 스스로 배웠어요. 그리고 신문도 보고 아침은 9시 쯤 먹어요. 일어나는 것에 비하면 늦게 먹지요. 시간을 정해 나가야 할 일도 없고 해서요.

송종빈 - 1937년 계성중에서 교편을 잡기시작해서 지금도 대학원에서 1주일에 1백분짜리 수업을 하시는 등 약 60년을 가르치는 일에 종사하시는 것으로 아는데요.

정재각 - 어쩌다 보니 그렇게 됐어요. (그러면서 너털웃음을 짓는다. 얼굴에 핀 검버섯만 아니라면 도저히 노인으로 보기 힘들 정도였다.) 단국대학의 동양사 박사과정 강의를 맡고 있어요.

일제 땐 '문제교사' 낙인

송종빈 - 사도(師道) 외길을 걸어오신 것이네요.

정재각 - 교직이 천직이라고 생각한 것도 아닌데 어정어정하다 보니까 다른 것을 할 기회도 잃어버리고 결국 선생노릇을 하다가 평생을 마치게 될 것 같아요.

송종빈 - 어떤 연고로 계성중학에 가시게 됐습니까.

정재각 - 당시는 일제가 공립학교에 역사교육을 허가하지 않았어요. 그러던 중 계성학교에서 자리가 났다고 해서 갔지요. 그것도 나를 반대하던 일본인 학무과장이 전쟁 때문에 만주로 간 뒤에야 들어갈 수 있었어요. 거기서 학생들의 요청으로 과외시간에 『우리말로 쓴 한국역사』라는 책을 가르쳤지요. 그러다가 그 일로 경찰에 불려가 고생을 하기도 했어요. (그는 그러나 愛國운동한 것은 아니고 그렇다고 독립운동을 한 것도 아니라면서 겸손해 했다.)

송종빈 - 평소에 생활신조라던가 좌우명 같은 것이 있습니까.

정재각 - 한마디로 '이것이다'라고 좌우명으로 내세우는 것은 없지만 유교가정에서 태어나 어릴 때『통감』(通鑑)이나『사략』(史略)같은 것을 배운 때문인지 대의명분을 강조하는 점이 조금 있었던 것 같습니다.

송종빈 - 한국정신문화연구원장을 역임하셨는데 선생님의 경험을 통해 볼 때 한국인이 갖는 장단점은 무엇이라고 보시는지요.

정재각 - 우리나라가 아시아 대륙에 붙은 조그만 반도여서 보기에는 고목나무에 붙은 매미 같지만 고유 언어와 고유문화를 갖고 우여곡절 속에서도 한 지역에 수천 년간 살아온 것은 세계사에서도 매우 드문 일입니다. 사료의 부족으로 단군조선의 해석에 논란이 있지만 '홍익인간'(弘益人間) '이화세계'(理化世界)라고 하는 이상은 조그만 나라에서 일어날 수 있는 생각이 아닙니다. 즉 한국이라는 나라를 압록강 이남의 한반도에만 한정시켜서는 안 되며 적어도 만주에서 일어났다고 봐야합니다. 만주에서 일어난 이 민족이 일본으로 건너가 지배민족이 됐다는 것은 굉장한 서사시인데도 민족에 대한 프라이드를 못 갖고 열등의식에 사로 잡혀 있습니다.

(그는 유명한 일본학자의 "한국민족은 단결하면 기적을 나타내는 민족」이라는 말을 인용하면서 열등감이 잘못된 것임을 누누이 강조했다. 한민족의 우수성에 대한 그의 '강의'가 점점 열을 올리고 한도 끝도 없이 이어질 것 같아 다른 주제로 돌려보려고 신문을 자주 본다는 말에 시사적인 질문을 했다.)

'홍익인간' 이상은 대서사시大敍事詩

송종빈 - 최근 문민정부의 출범과 함께 시작된 '신한국' 창조 기치를 내건 개혁바람에 대해서는 어떻게 보십니까.

정재각 - 교육계의 부정은 어느 정도 눈치 채고 있었지만 관·법조·금융계 등에서도 부정부패가 만연해 있다니까 이번에 손대길 잘했어요. 부패의 전면적인 진행과정에 제동을 걸고 성역을 없앴다는데 박수를 보내고 싶어요. 그러나 역사적으로 부정부패가 없이 청정한 사회가 정착된 적이 한 번도 없었다는 것을 주목해야 합니다. 러시아 혁명도 무수한 피를 흘렸음에도 레닌이 강조한 「신인종」은 탄생하지 않았거든요. (그는 이 부분의 설명 가운데 우리 민족이 이성적이지 못하고 감성에 치우치는 경향이 있으며 너무 흥분을 잘한다는 점을 지적했다. 그런데 신문에 감성적인 민족의 감성만 자꾸 도발하는 기사만 쏟아지니 그 감성이 자꾸만 증폭된다며 최근 언론의 보도 자세에 문제가 있음을 지적했다.)

송종빈 - 우리의 개혁도 그만큼 어렵다는 말씀입니까.

정재각 - 개혁이 그만큼 어렵다는 생각을 갖고 단단한 각오 속에 끊임없이 금욕주의와 청교도 정신으로 무장해서 고통스러운 작업을 이제 시작해야 합니다. 어떻게 정착시키느냐 하는 문제는 이보다 더욱 어렵고 뼈를 깎는 각오가 필요합니다. 그것은 어쩌면 지상에 천국을 실현하는 것과 같은 것이니까요.

송종빈 - 얘기의 방향을 조금 바꿔서요. 대학에 오래 계셨으니까 연대별로 우리나라 대학생상의 변화와 그 특징은 무엇이라고 보시는지요. (그가 대학 강단에 선 것이 46년부터였으므로 올해로 48년 째를 맞이한다.)

정재각 - 해방 직후는 교수의 권위가 살아있었어요. 학생 다루기도 그만큼 쉬웠고요. 이데올로기 논쟁이 심할 때에도 단지 유행이었을 뿐이고 뿌리 내린 것 같지는 않았어요. 그러던 것이 공산주의가 퇴조한 뒤에는 학생운동을 하는 소수를 제외하면 대다수 향락적인 요소가 보이면서 내부적인 응결보다는 외부로의 분산만 강해졌어요. 그런데 요즘은 매스컴의 영향으로 더욱 자기 자신을 구축하는 면이 부족한 것 같아요.

대학의 사회공헌도 고려를

송종빈 - 학교 부정이 계속 터져 나오고 있는 사실을 대학의 총장을 역임하신 분으로 어떻게 보시는 지요.

정재각 - 한국 사람들이 감성에 너무 치우친다는 말은 거기에도 적용이 됩니다. 우리는 자력보다도 주로 타력에 의해서 독립을 이뤘어요. 그런 갑작스런 공백 상태에서 인재와 자본 시설 등이 태부족, 모든 것을 급조할 수밖에 없었어요. 당시 대학의 설치 기준령도 일제시대의 전문학교 기준을 적용하게 됐지요. 그런데도 무리가 따를 지경이었어요. 이 같은 부정적인 면이 많았음에도 사회에 공헌한 부분이 너무 많아요. 부정적으로만 보지 말고 불가피한 상황에서 연유한 것이라고 봐야합니다. (전체 교육계가 다 그런 것은 아니며 사학의 어려움이 반영된 일부의 일이라고 설명했다.)

송종빈 - 고향의 후학들에게 하시고 싶은 말씀은요. (이 부분에서도 역사속의 예를 들고 나와 역사학자가 천직임을 증명했다.)

정재각 - 이 지역이 민족통합의 에너지가 분출한 곳이라는 자부심을 가져야 합니다. 그만큼 항상 민족 전체의 발전에도 책임이 있다는 것을 느껴야 하겠지요. (그는 지역주의가 만연한 현실을 매우 심각하게 받아들이는 듯 했다.)

송종빈 - 외길 사도를 걸어오시면서 정신적으로나 물질적으로 남은 재산이 있다면 어떤 것이 있습니까.

정재각 - 재산공개를 하라는 이야긴데, (일동이 웃음을 참지 못하는 바람에 잠시 얘기가 끊어졌다.) 재산이라고는 지금 살고 있는 38평짜리 아파트와 책 정도 밖에 없어요. 책도 그동안 많은 부분을 제자들에게 나눠주고 지금은 천권 정도 밖에 없어요. 재물과는 원래 인연이 없는 집안이에요. (그는 자신이 재물도 많이 없고 자손도 매우 귀한 집안이라는 점을 설명하고는 그럼에도 먹고 살만큼의 알맞은 재산이 있다는 점을 감사하게 생각한다고 말했다. 또 최근의 재산공개에 대해서는『맹자』(孟子)에 나오는 "오십보백보"(五十步百步)라는 말을 인용해 적게 가진 사람이 단순히 많이 가진 사람을 비난하는 것은 웃기는 얘기일 뿐이라며 돈 버는 자체를 죄악시해서는 안 된다는 점을 강조했다.)

"민족의 존재이유 밝히고 싶다"

송종빈 - 앞으로 꼭 하시고 싶은 소망이 있다면요.

정재각 - 이제 자서전이나 한국 민족사를 써보고 싶어요. 경술국치 직후 태어나서 여러 곡절도 많았고 인간의 추악함도 많이 보았어요. 격동기를 살아온 80 평생을 정리해 보고 싶어요. (그는 4 · 19 직후 일어난 교수데모를 주동하는 등 격동기의 한중간에서 몸으로 헤쳐 나온 행동하는 지식인상을 보였다. 그는 이 부분에서 말하기를 무척 주저하면서 어렵사리 말을 끄집어냈다.)

우리 민족의 발원과 발전 그리고 존재이유도 밝히고 싶어요.

(얘기를 마치고 인사를 하려는 데도 그는 "우리나라에는 지연 학연 혈연으로 구별 짓는 풍조가 너무 심하다"며 "정치적인 이유에서 시작됐지만 이는 단견일 뿐 결국 자신에게 손해가 된다는 점을 모든 사람이 인식해야 한다."고 강조하고 언론이 앞장서 줄 것을 신신당부했다.)

《每日신문》초대석 1993. 5. 8 / 정리 : 이동관(李東寬) 기자

개방화 시대의 '자아확립'

▌신시(神市) 초대석, 대담 : 김주호(金周鎬) 편집국장

김주호 - 건강하신 모습을 뵙게 되어 반갑습니다. 평소에 건강관리는 어떻게 하고 계시는지요?

정재각 - 특별히 내세울 만한 건 없고 명상과 단전호흡을 좀 합니다. 특히 명상은 몸과 마음을 깨끗하게 해주니 도움이 많이 되요. 몸과 마음이 깨끗해지면 정신이 맑아지고, 맑은 정신으로 생각을 하고 대화를 하면 올바른 해결책이 저절로 나오는 법이거든요.

'개혁바람'에 따라 올 한해 정황 엇갈려

김주호 - 이제 갑술년 새해가 밝았습니다. 94년 새해를 맞는 소감과 올 한해 전망에 대해 간단히 말씀해 주십시오.

정재각 - 난 역사를 공부한 사람입니다. 역사학자들은 원래 앞으로 다가올 일이나 현재 진행 중인 일에 대해서는 언급을 안 하죠. 그런 건 이러쿵저러쿵 말을 안 해도 시간이 지나면 다 밝혀지고 진실이 드러나거든요. 지금 진행되고 있는 일에 대해 말하는 건 단편적인 얘기밖에 안돼요.

그건 그렇고, 지난 한해 우리는 여러 가지 계획에 손을 댔습니다. 엘리트층이 앞장서서

개혁이란 것도 해봤고 변한 것도 무척 많지요. 여기서 엘리트라는 건 일반민중과 동떨어진 게 아닙니다. 일반 민중들 가운데서 앞을 내다볼 줄 아는 사람을 말하는데, 이 엘리트가 너무 앞서 나가면 혼란이 일어나요. 그러면 어떻게 해야 되느냐? 일반 민중들을 교화시켜야 돼요. 자신들보다 뒤떨어진 의식을 가진 민중을 설득해서 깨우치고 지도해야지요. 그러자면 시간이 걸립니다. 개혁은 원래 하루아침에 되는 게 아니니까요. 그런 점에서 우리나라 형편상 민주주의는 정착이 되나 경제적으로 많은 걸림돌이 있을 것 같습니다. 지금까지는 많은 엘리트들이 나와서 여러 방면에서 개혁바람을 일으켜놨는데, 민중들이 이것을 이해하고 협조를 하느냐 아니면 투덜거리면서 가만히 보고만 있느냐에 따라서 올 한해 정황이 엇갈릴 것 같습니다. 자세한 건 앞으로 더 두고 봐야죠.

김주호 - 급격한 변화와 개혁보다는 안정 속에서 점진적으로 바꾸어 나가는 게 중요하다는 말씀이시죠. 그러기 위해선 우리 사회 곳곳의 엘리트들이 책임의식을 갖고 그러한 역할을 온전히 감당해야 될 것 같습니다.

정재각 - 물론 그렇지요. 정말 값어치가 있는 엘리트라면 우리 민중들의 의식구조를 제대로 읽을 줄 알아야 합니다. 흔히 자기가 생각하는 이상이 좋은 줄만 알았지, 누가 그 이상을 좇아 따라올 수 있느냐에 대해선 미처 생각을 못하거든요.

김주호 - 요즘 아시아 · 태평양 시대라는 말이 자주 오르내리고 있습니다. 또 다가오는 21세기는 아시아 · 태평양이 이끌어 가는 시대가 될 거라고 말하는 사람까지 있고요. 그렇다면 지정학적으로 봐서 한국이 이러한 시대에 과연 어떠한 위치를 점할 것인지 궁금하지 않을 수 없습니다. 그리고 이런 아시아 · 태평양 시대를 대비해서 우리가 준비해야 될 일도 많을 거라고 생각됩니다. 역시 미래를 전망하는 입장에서 아시아 · 태평양 시대엔 우리나라가 어떤 위치를 차지할 것인지 말씀을 해주십시오.

정재각 - 우리 한국은 정신을 바짝 차려야 합니다. 그러한 시대가 온다고 해서 덩달아 좋아할 것도 없고 겁낼 필요도 없어요. 어차피 돼 가는 거니까. 지난 11월에는 에이팩(APEC)

이란 이름으로 아시아·태평양 지역 정상들이 한자리에 모였습니다만, 에이팩이란 이름을 붙이든 혹은 다른 이름을 붙이든 상관없어요.

태평양 양쪽 기슭 사람들이 모두 모여 가지고 서로 물건을 주고받고 팔고, 문화가 섞이고 하는 과정인데 세계정세가 그런 방향으로 나가는 이상 거기에 대해서 한번쯤 정리해 볼 필요가 있고 또 앞으로 다가올 일에 대해 조망하는 것도 의미 있을 것 같습니다.

그러자면 한반도 통일도 못한 채 반신불수가 돼 있는 우리나라가 무얼 내세울 것인가 하는 문제부터 해결해야 됩니다. 우리끼리 아무리 떠들어도 남들이 알아주지 않으면 소용없는 것이거든요. 남들의 인정을 받으려면 우리 한국이 무시할 수 없는 나라라는 걸 알릴만한 힘을 길러야 돼요. 그러니까 경제적으로든 군사적으로든 무시당하지 않을 만큼 실력을 쌓아두자는 겁니다.

김일성이 단군을 내세운 까닭

김주호 - 이번에는 역사와 관련된 질문을 하나 드려볼까 합니다. 얼마 전에 북한이 단군릉을 발견했노라고 대대적으로 선전을 해선 눈길을 끌었습니다. 또 북한이 종교말살 정책을 펴오던 이전의 태도를 하루아침에 바꾸어 단군교를 국교로 삼아 전국적으로 조직하겠다는 기사가 신문지상에 보도되었습니다. 이런 북한의 사상적인 변화를 어떻게 보시는지요. 그리고 기존의 김일성 주체사상에 단군 주체사상을 포함시킨 저들의 사상적 의도는 무엇이라고 생각하십니까?

정재각 - 그곳의 단군 묘가 진짜인지 아닌지는 앞으로 학계의 검토를 거쳐서 밝혀지겠지요. 언론에 발표된 내용만으로는 무어라 할 수가 없겠고, 다만 김일성이가 단군사상을 내세우려하는 의도는 충분히 짐작할 수 있어요. 왜냐면 북한은 과거부터 지금까지 중국과 소련에 설움을 많이 당했거든요. 그러니 그 동안에 참, '약한 놈은 못 살겠다' 는 생각을 가지게도 됐을 테고 그것이 쌓이고 쌓여 주체사상으로 나옵니다. 그러나 주체사상을 내세우다 보니까 우리 조선민족은 어디서 나온 거냐 하는데 생각이 미치게 되고 우리만의 독특하니 핏줄을 찾게 되죠. 그런 의미에서 단군교 운동이 활성화 된 게 아닌 가 추측해봅니다.

김주호 - 역사적으로 나라가 어려움에 처했을 때는 대개 단군을 많이 찾았습니다. 고려시대에도 그랬고 일제 36년 동안에도 단군을 모셨던 대종교를 중심으로 항일운동이 활발하게 전개되었지요. 이런 걸로 미루어 볼 때 북한이 단군을 내세우는 것도 주체사상에 대한 위기감에서 비롯된 게 아닌가 하는 생각도 들거든요.

정재각 - 그럴 수도 있죠. 그러나 북한만 나무랄게 아니라 남한도 민족주의라고 해야 할까, 민족의 뿌리를 찾고 이를 신뢰하는 풍토가 마련되어야 합니다.

김주호 - 그런데 북한이 단군릉을 발굴했다고 발표했을 때 남한의 역사학자나 고고학자들이 사실을 확인해 보자는 의견을 냈어야 하는데 그렇게 하질 못했거든요. 실제로 가서 한번 보고 검증을 한 후에 뭐라고 해야 되는데 그런 제의가 전연 없었다는 것이 좀 아쉽습니다.

정재각 - 앞으로 그런 제의가 나오겠죠.

세계에 자랑할 홍익인간 이화세계 이념

김주호 - 우리 민족이 삶의 지표로 삼아야 할 철학, 이를테면 민족철학이라고 할까요. 이런 민족의 역사관이 정립돼야 할 텐데 우리에겐 아직까지 이렇다 할 민족철학이 없습니다. 물론 고려시대엔 불교, 조선시대에는 유교가 중심가치관 역할을 했지만 요즘은 다원종교시대가 돼 놔서 중심가치관이 없는 모호한 시대가 되어 버렸고 또 농경사회에서 산업사회로 이행하는 과정에서 사회구조도 뒤죽박죽이 되고 말았습니다. 여기서 우리가 세워나가야 될 중심가치관 또는 민족철학의 정립방향은 어떤 것이어야 된다고 보십니까?

정재각 - 지금 우리는 세계 공존 시대에 살고 있습니다. 예전엔 제 나라, 제 민족끼리 안심하고 살았지만 지금은 싫어도 세계가 한 우물 속에서 부대끼며 살 수 밖에 없어요. 그러다 보니 힘이 약한 나라는 강한 나라에 언제 어떻게 당할지 모르는 형편이고요. 이런 때 일수록 우리 모두 정신 바짝 차리고 세계조류에 어긋나지 않으면서도 나 자신을 꿋꿋하게 지키고 살아야 합니다. 여기서 '난 무엇인가' 하는 게 중요한 문제로 등장하는데, 지금 이 시점에서 역사가들이 해야 될 가장 중요한 일이 또한 이 대목이기도 합니다.

그리고 우리가 민족의 존재이유를 밝히지 못하는 이유는 잘못된 역사에 있다고 볼 수 있겠지요. 우리는 그 동안 외세의 침략도 엄청나게 많이 받았지만 그때마다 오뚝이처럼 일어섰어요. 6 · 25 이후만 해도 그렇지요. 아무것도 없던 잿더미 위에서 지금은 이렇게 많은 걸 이뤄 놓았잖아요? 물론 그 속에 결점이 없는 건 아니지만 폐허 속에서 이 정도 이룩하려면 민족의 저력이 있어야 합니다. 바로 이 능력을 역사적으로 설명해야 하는데 제대로 못하고 있어요. 이걸 설명해 내지 못하면 잘못된 역사, 잘못된 역사관이 되고 말 겁니다.

지금은 세계라는 항아리 속에서 큰 고기, 작은 고기가 같이 살아야 될 형편인데 작은 고기가 큰 고기에게 안 먹히려면 명분이 있어야 되거든요. 우리는 단군 할아버지 때부터 이화세계(理化世界), 곧 도리로써 세계를 화한다는 정신을 실천해 왔거든요. 또 인류를 두루 다 평안하게 하는 홍익인간(弘益人間)이념도 있는데 이는 나만 이익 되게 하는 게 아니라 모든 인류를 다 잘 살게 하자는 것이거든요. 지금 세상에 필요한 지침이 바로 이런 거라고 할 수 있지요. 우리도 다른 나라에 줄 게 많아요. 홍익이념도 그 중에 하나에요. 바로 그런 점들을 우리 안에서 하나하나 찾아내야겠지요.

김주호 - 참 중요한 말씀이십니다. 우리 민족은 민족사의 출발점에서부터 홍익인간, 이화세계라는 훌륭한 이념을 갖고 시작했거든요. 그러나 세계는 하나라는 오늘날을 돌이켜 볼 때 지금이 과연 홍익인간과 이화세계 이념이 구현된 세계인가를 생각해 보면 그렇지 못하다는 결론을 내리게 되거든요. 하지만 우리나라만은 그러한 이념을 가진 민족이라는 점에서 참으로 다행스럽습니다. 그런 의미에서의 김일성 주석이 우리의 뿌리가 되는 국조 단군을 붙잡고 매달리는 것도 한편으로는 긍정적인 점도 있는 것 같거든요.

암흑에서 출발한 學界, 꽃필 날 멀잖다.

정재각 - 거기에는 조건이 따르겠지요. 그네들이 정권을 유지하기 위한 방편으로 생각하느냐, 우리 민족 전체의 권익을 위하고 세계평화를 위해서 단군을 내세우느냐에 따라 문제는 달라질 거라고 봅니다.

김주호 - 북한은 그래도 주체사상과 단군을 드러내 놓고 있고 또 이걸 강조하고 있습니다. 그런데 문제는 남한이 단군이나 우리민족의 뿌리사상 같은, 사상적 공세에 대한 대응 논리를 가지고 있느냐 하는 점입니다.

정재각 - 그건 대단히 중요하고도 어려운 문제입니다. 그러나 여기서 내가 주장하고 싶은 점은 자랑스러운 역사라는 자존심을 우리 모두가 가지고 살자는 겁니다. 우리 남한은 너무 분방하여 문호를 활짝 열어젖히고 있는데 이런 때일수록 자기 자신이 확립돼 있지 않으면 갈팡질팡하게 되요. 그러니 역사학자들이 나서서 ' 우리는 이런 민족이다' ' 우리 민족은 이런 장점을 가지고 있다' 는 점을 강조하고 남의 사상을 무조건 숭배하는 버릇부터 뜯어고쳐야 합니다.

김주호 - 마지막으로 우리 학계풍토에서 개선해야 될 점이 있다면 어떤 걸 들 수 있을까요?

정재각 - 학계라고 해도 한국인이 몸담고 있는 한국사회의 일부 아니오? 그러다 보니 역시 우리 사회가 안고 있는 문제점을 많이 가지고 있죠. 해방된 지 40년이 조금 지났는데 학문적 전통인들 어디 뿌리를 내릴 시간이 있었나요? 그러나 이제는 실력을 제대로 갖춘 학자들이 늘어나고 있으므로 학계풍토도 점점 더 좋아질 겁니다. 이 문제는 시간이 해결해 줄 테니 조금 더 기다려 봐야지요.

김주호 - 오랜 시간 좋은 말씀 많이 들려주셔서 감사합니다. 새해에는 더욱 건강하시고 바라시는 소망이 모두 이루어지길 빌겠습니다.

《神市》제 33호, 1994. 1

걸프전(戰)의 문명론적 투시
─중동 분쟁의 뿌리는 서구에 대한 반감(反感)

▌질문 · 정리 : 문성용文成龍(세계일보 국제부장)

걸프전(戰)은 예상대로 미국을 중심으로 한 다국적군의 일방적인 승리로 끝났다. 즉 미국은 이라크가 유엔의 12개 결의안을 무조건 수용할 것을 서약함으로써 전쟁의 정치적 목적을 달성하였을 뿐만 아니라 이라크 군이 거의 궤멸됨으로써 군사적 목표도 성취했다. 이에 따라 아랍세계는 미국을 중심으로 재편될 것이 확실하다. 특히 소련의 중재안을 무시했던 부시대통령은 종전선언문에서도 소련의 역할에 대해 전혀 언급하지 않아 앞으로 '국제경찰'임을 자처하는 미국의 독주를 예고했다. 이번 전쟁은 힘에서 밀리면 정치-외교에서도 밀린다는 사실을 우리는 교훈으로 삼아야 할 것이다.

특히 남북한이 아직도 첨예한 대립상황에 있는 우리의 입장에서는 이번 전쟁의 반문명성을 인식하고 오늘날 우리가 직면해 있는 문제가 무엇인가에 관해서 폭넓은 국민적 공감대 형성이 필요하며, 이를 무엇보다 중요한 교훈으로 삼아야 할 것이다.

문성룡 - 정 선생님 후세인과 같은 인물은 어떻게 이해해야 합니까.

정재각 - 중동지역은 동양의 일부분이다. 비트 포겔에 의하면 이곳은 "동양적 전제주의가 가장 번성했던 지역의 하나"라고 한다. 이 지역은 민주주의를 한 적이 없었다. 과거 페르시아와 그리스의 전쟁도 전제주의 대 민주주의의 싸움이었다. 역사적으로 볼 때 중동지역은 패자 아시리아 · 바빌로니아제국을 비롯해 최근까지도 전제주의가 번성했다. 이곳은 전제주의가 상식화 · 풍토화 된 지역이기 때문에 후세인과 같은 인물을 영웅시하는데 전혀 이질감이 없다.

문성룡 - 중동전쟁의 뿌리는 무엇입니까.

정재각 - 서구문명에 대한 반감이다. 기독교 사상은 신(神)앞에 만인이 평등하다는 것인데 십자군전쟁 때 서구 기독교제국은 십자군에 대항한 터키족이나 아랍 족에 대해 평등한 존재로 취급하지 않았다.

이스라엘 민족은 아랍과 같은 셈족이지만 기독교의 뿌리가 유태교이고, 기독교가 로마에 건너가서 서양인에게 받아들여졌다. 이스라엘 민족은 중동의 유태교를 믿어도 아랍민족은 그것을 서양인화 된 서구문명의 일부로 간주하고 있다.

문성룡 - 일부에서는 이번 걸프전쟁을 아랍민족주의와 미국의 패권주의와의 싸움이라고도 하는데, 현대사에서 아랍의 민족주의를 어떻게 보아야합니까.

정재각 - 그것은 요즘의 정치학자들이 서구적인 시각에서 이야기하는 것인데, 너무 단편적인 생각이다. 시각을 멀리 소급해서 역사의 시초부터 보는 것이 아니고 석유 및 패권 등을 결부시켜 이해한 것이다. 물론 석유에 대한 이권쟁탈도 지구주의적인 견지에서 관계되는 것이지만 그 기본은 아랍인의 서구사회에 대한 종교적 반감 등이 중심이 돼 있는 것이다. 이란의 호메이니도 그랬다. 이란민족은 셈족이 아닌 아리아족이지만 중동에 뿌리를 갖고 있는 나라는 종족이 달라도 모두 서구문명에 대한 반감을 가지고 있다. 우리가 호메이니를 보고 미친 사람이라고 했고, 후세인은 더욱 나쁜 사람이라고 하는데, 왜 이와 같은 사람들이 중동지역에서 나올 수 밖에 없느냐 하는 것이 문제이다.

문성룡 - 아랍민족주의 입장에서는 그들이 막강한 지지와 힘과 설득력을 가지고 있습니다. 아랍의 풍토, 문화가 그 배경일 것이라고 보는데.

정재각 - 비트포겔은 "중동의 사막지대뿐만 아니라 중국의 양자강 - 황하, 인도의 인더스 강 등 동양전체에서 전제주의가 번영하는 것은 '수리'(水利) 때문에 그렇다고 보았다. 큰 하천에 홍수가 졌을 때 홍수를 막으려면 여러 나라들이 분립해서는 그것을 막을 수가 없다. 그렇기 때문에 강력한 왕국이 출현해야만 가능하다. 중동지역에서도 티그리스 강·유프라테스 강·나일 강 등 큰 하천의 범람 즉 홍수를 다루기 위해서는 전제주의를 필요로 했다. 이런 역사적 배경에서 아랍의 민족주의가 풍토적으로 자생할 수 있는 근거가 생겼는지도 모르겠다. 자연적인 배경과 종교 즉 수리와 회교와의 어떤 상관관계가 있는 것 같다.

문성룡 - 걸프전쟁 개시 때 북한의 김일성이 오판하고 남침하지 않을까하는 우려의 목소리가 높았습니다. 이번 걸프전이 남북한 관계 및 남북통일에 미치는 영향은 무엇입니까.

정재각 - 소련과 북한과의 관계가 멀어졌다고 하지만, 소련이 우리하고 꼭 밀접한 관계는 아니다. 소련은 한미관계를 떼어 거리를 두도록 하려는 것인지도 모른다.

미국이 걸프지역에 너무 힘을 쏟으면 소련의 남하정책은 타격을 받을 수밖에 없을 것이다. 소련은 아프가니스탄, 파키스탄, 이란 등을 통해서 역사적으로 남진정책을 추진해 왔다. 이번 전쟁 막바지에도 소련은 걸프전을 중재하는 척 하면서 미국을 견제했다. 미국은 소련이 남하하는 것을 막기 위해서 북한에 대해서 과거에 냉담했던 것을 철회하는 상황이 일어날지도 모른다. 그것은 바둑을 두는 이치와 다를 바 없기 때문이다.

문성룡 - 걸프전쟁은 탈냉전구조의 세계조류에 찬물을 끼얹는 상황이었습니다. 그러나 다국적군의 승리로 인해, 북한의 김일성이 남침이나 무력통일의 속셈을 버리지 않겠는가, 그래서 남북통일의 가능성을 높일 것 아니냐하는 기대가 있는데.

정재각 - 나는 그렇게 보지 않는다. 이라크에서 아직 후세인이 정권에서 물러나지도 않았다. 그리고 미국은 앞으로 전후처리문제에 있어 걸프지역에서 패권주의가 안 일어나도록 아랍 민주주의를 어느 정도 살리면서 비슷한 나라들끼리 힘의 균형을 유지하는 구도를 바라고 있다. 또한 파키스탄, 이란, 시리아 등 반(反)후세인파를 끌어들여 견제세력을 만들어 어떤 나라가 독식을 못하도록 할 것이다. 이러한 구도를 생각할 때 소련하고 어느 정도 타협이 이루어질 것이다. 소련의 체면도 어느 정도 생각해줘야 하기 때문이다.

한반도에 있어서는 북한이 소련의 지원을 이제 얻을 수 없기 때문에 더 이상 날뛸 수 없을 것이다. 그러나 미국이 소련의 체면을 너무 깎아버리면 한반도에 위험이 전혀 없다고 볼 수는 없다. 이와 같은 내용은 4월에 있을 일본·소련의 회담결과가 어떻게 나오느냐에 따라서 상당히 달라질 것이다.

문성룡 - 걸프전쟁으로 인해 탈냉전시대의 세계질서 재편에 대한 우려의 목소리가 많습니다. 전쟁이 끝난 지금 미·소를 축으로 한 세계질서가 어떻게 전개되리라고 예상합니까.

정재각 - 그것은 걸프전쟁에 대한 전후처리문제에 달려있다고 본다. 지금 부시는 소련과 함께 냉전시대를 피하고 싶다. 그래서 발트 3국에 대한 소련의 여러 가지 조치에 대해 불만이 있으면서도 깊이 관여하지 못하고 있다. 소련의 입장에서도 걸프지역에 대해서 이권(채권)을 많이 가지고 있다. 그래서 무기도 많이 대주고 있었던 것이다. 그리고 앞으로 서방세력과 소련이 걸프지역에 대한 여러 가지 세력균형에 대해서 소련이 만족스런 상태로 도달할 수 있겠는가 하는 것이 중요한 포인트가 될 것이다.

문성룡 - 소련은 향후 미국과 밀월관계를 유지하기 위해서 걸프지역에서 어느 정도 양보를 하면서 세계질서를 이끌어갈 것이라고 볼 수도 있는데, 극동에서는 어떠한 입장을 취할까요?

정재각 - 소련의 입장은 극동에 있는 한국·일본·중국과의 관계가 대단히 중요하니까 한반도 통일을 자유민주주의체제로 통일이 되도록 쉽사리 놔두지는 않을 것이다. 너무 낙관해선 안 될 것이다. 내 생각에는 "영세중립국으로 만들어 버린다든가 완충지대를 하나 둔다."는 식으로 끌고 가지 않을까 한다. 미국 - 일본과 가까워지도록 자유민주주의 체제로 통일하는 방식으로 김일성이를 굴복시키지는 않을 것으로 본다.

문성룡 - 걸프전에 대한 교훈이 있다면

정재각 - 걸프전쟁이 아직 완전히 마무리 된 것이 아니지 않은가. 휴전상태에 있지. 소련이 지금 문제거든. 이라크의 배후에 있는 것이니까. 이란 · 파키스탄 · 인도 등은 소련과 서방의 완충 국가이면서 미국보다 소련에 가까운데 미국은 항상 이런 국가들을 소련에서 끌어내려고 하고 있다. 미국이 이 나라들을 걸프전쟁 전후처리에 있어 소련 쪽으로 가지 않도록 정치력을 발휘해야한다. 그래야 걸프지역에 평화가 온다. 21세기를 바라보는 시점에서 민족 간 · 국가 간의 적대감은 이제 사라지고 인류적인 차원의 화해가 나타나야 할 것이다.

《세계일보》1991. 3. 6

"고통 함께 나눌 때 경제위기 극복"
《현대불교》1998년 원단 인터뷰

▌인터뷰 : 위영란 편집부장

무인년 새해가 국가부도 위기에 몰려 IMF 구제 금융으로 하루하루를 겨우 넘기고 있다. 지금 우리는 어디에 있고 절박한 경제난국을 어떻게 극복할 것인가. 원로 교육자 정재각 박사를 신년 원단에 만났다. 〈편집자〉

원인규명 철저하면 회생

위영란 - 새해 새날이 밝았습니다만, 국민들의 마음은 그 어느 때보다 쓸쓸하고 어려움에 처해있습니다. 굳이 전화위복이라는 말을 하지 않더라도 새 출발을 해야 할 현실입니다. 경제난국에 처한 국민들의 살 길이 있을 텐데요.

정재각 - 우리가 수용하는 시간은 영원히 돌고 도는 하나의 과정입니다. 또 인생은 출발의 연속이고 시작의 연속입니다. 그래서 인생은 영원한 과정입니다. 철학사에서 보면 인생은 인간이 살길 찾아 헤매는 과정입니다. 그러나 아직 "이것이 살 길이다"는 정착되지 않았습니다. 그럼에도 분명한 삶의 태도는 시선을 밖으로 보내지 말고 내면의 자기 마음속을 들여다보는 것입니다. 내 마음이 변해야 세상이 변하기 때문이죠. 지금 같은 최대위기의 경제상황에서는 더욱 소유에 대한 욕심을 조절하는 것에서 살 길을 열릴 것입니다.

위영란 - 박사님은 20년 넘게 명상을 수행해 오셨는데요. 그것이 건강유지의 비결로 알려져 있기도 하구요.

정재각 - 배운 것은 그렇지만, 본격적으로 하루 두 차례씩 매일 해온 것은 10여 년 됩니다. 명상은 집중된 수련으로 고요한 상태에서 소용돌이치는 현실을 객관적으로 올바르게 이해하려는 것이 목적입니다. 요즘은 명상의 경지를 침식하는 스트레스가 강해졌어요. 물론 내 명상의 숙달도가 약한 점도 있지만, 경제 신탁통치에 처한 우리의 현실이 크게 작용하나 봅니다.

위영란 - 어려움의 극복은 정확한 원인규명에서 출발합니다. 사실 우리 서민들은 언제부터 나라경제가 이 지경이 됐는지조차 잘 모릅니다.

정재각 - 휘황찬란하다 무너진 삼풍백화점이 바로 오늘날 우리의 자화상입니다. 겉은 번드르르하면서 기반과 골조는 모두 썩었기에 무너질 수밖에 없는 것이지요. 그러나 이제는 왜 백화점이 무너지고 한강다리가 끊어졌는지 그것이 뜻하는 바가 무엇인지 본질적으로 깨달아야 합니다. 나는 우리 현실의 인과가 현 정권이 내세운 세계화에 있다고 봅니다. 처음 세계화가 선언됐을 때 무엇을 뜻하나 의구심이 들었습니다. 우리를 마구잡이로 열어젖혀 놓고 안방까지 닥쳐오도록 할 것인지, 그래도 안방에서 쫓겨나지 않고 꺼떡없이 우리의 자리를 지킬 수 있는 준비가 되어 있다는 것인지 우려가 앞섰습니다. 결과적으로 문민정부라는 이름으로 포장된 무지개 같은 공상에 매료됐던 거지요. 무지와 무능으로 그 파도에 떠내려가고 있는 것입니다. 지도자부터 민족의 자존심과 민족문화에 대한 자부심이 확립되지 않았고 국민에 이르기까지 민족 정체성에 대한 깊은 인식이 없는 상태에서 당한 최대의 위기지요.

위영란 - 아직 선진대열에 끼는 민주주의를 실현할 수준이 아니라는 지적이신가요.

정재각 - 민주주의는 계층·이익집단 간 갈등과 마찰이 어느 정도 조화를 이룬 상태에서 국민의 권리와 의무가 확립되고, 경제력이 올라가야 실현됩니다. 서구라파는 내부의 계층 간 마찰알력을 제국주의로 풀었던 것이지요. 전쟁을 일으켜 식민지를 확장해 얻은 경제력을 사용한 것입니다. 그래서 산업혁명 전까지는 동서양의 발전정도가 비슷했지만 산업혁명 이후 제국주의가 급속도로 발전한 것이고 민주주의도 정착됐지요. 따라서 우리가 못났고, 서구가 잘났다는 생각은 잘못입니다. 우리는 동양적 전제주의 국가체제였던 역사성을 간과해서는 안 됩니다. 엄연히 특성이 다른데 단순히 제국주의로 이룩된 나라를 흉내 낸다고 되는 것이 아니라는 거지요.

위영란 - 이제는 다시 시작해야 하는데요. 좌표를 어디에 맞추어야 할지 지혜가 절실합니다.

정재각 - 무엇보다 정치 사회 등 각계 지도자들의 애국심과 능력이 요구됩니다. 특히 정책 입안자들이 국민을 걱정하고 겁을 내야합니다. 고질적인 풍토병 그것은 관료들의 부정부패입니다. 그동안 잘해보겠다며 시도한 정책들도 많지만 결국 파산으로 돌아갔습니다. 그것은 국민의 심성을 비롯한 바탕을 잘 살피지 않았으며, 명분과 외형적인 것에 쉽게 매혹되고, 실제 이루기 위한 과정에 매우 소홀했기 때문입니다. 자율적인 검증과 성찰을 무시했던 오만이 있었던 것이지요. 중국의 경우 등소평이 역사성과 민족성을 바탕으로 한 올바른 방향감각을 갖고 강권을 발동해 발전으로 거두고 있습니다. 주체성을 토대로 남의 것을 수용하는 태도는 결국 자신의 자립으로 회향됩니다.

무조건 서구흉내 곤란

위영란 - 국민 개개인의 삶의 태도도 달라져야 한다는 인식들이 확산되고 있습니다. 종교단체 시민 단체 등의 활약도 돋보이고요.

정재각 - 우리는 자본주의 시장경제를 구가하면서 놓치고 있는 것이 있습니다. 자본주의의 철학입니다. 막스 베버의 말처럼 원래 자본주의는 서양에서 비롯된 청교도 정신에 토대를 두고 있습니다. 검소하고 근면하게 돈을 벌어 신의 뜻을 받들어 올바르게 쓰는 것이 영광의 길이라는 것이지요. 그 반면 동양권에서는 돈에 대해서는 집착이 큼에도 돈벌이에 대해서는 멸시해 와 자본주의는 생각할 수 없었습니다. 우리가 배운 것은 타락한 미국식 자본주의로, 자본주의 철학은 희석된 채 돈벌이면 무슨 짓을 해도 괜찮다는 인식입니다. 섹스 폭력 등 사회악의 주범인 셈입니다. 국민전체가 경제 틀을 다시 짜는 과정에서 국가 와 민족이라는 목표에 초점을 두고 자본주의철학을 스스로 살려가야 할 것입니다.

위영란 - 위기를 극복하는 과정은 모두에게 큰 고통이 따를 수밖에 없습니다. 그럼에도 감내하는 것은 달라질 것이라는 믿음과 희망을 기대하기 때문이 아닐까요.

정재각 - 작금의 위기 상황은 아무리 위대한 지도자라 하더라도 그만의 힘으로 난국을 타개할 수 없습니다. 전 국민의 고통분담만이 극복을 가능케 합니다. 교과서 같은 말이지 만 실제 우리 민족은 위기극복 능력이 강합니다. 함께 허리띠를 졸라매는 민족대단결이 요구됩니다. 불자들은 그저 부처님 정신을 실천하면 됩니다. 5계를 잘 지키는 것에 해답이 있지 않습니까. 오히려 이번 난국을 자신의 수행을 점검하고 내면을 들여다보는 계기로 삼을 수 있겠습니다. 또 무소유정신을 다시 제대로 배우고 실천하는 것도 지혜일 것입니다. 현대에 맞는 무소유정신은 아무것도 갖지 말라는 뜻이 아닙니다. 물질의 노예가 되지 말고 주인이 되라는 말입니다. 즉 소유하더라도 나만이 가져야한다는 생각을 말고 이사람 또 저 사람에게도 갈 수 있다고 보라는 것이지요. 10세기 말 위기를 새로운 세기를 맞는 기 회로 만드는 것은 국민의 의지와 노력에 달려 있습니다.

《현대불교》1998. 1. 1

Ⅲ. 학술 논고

한국 전통문화와 세계문화

    우선 이러한 제목이 의미하는 바, 문제의식이 유래하는 역사적 배경부터 살펴보는 것이 이야기의 순서가 될 것 같다. 전통문화라고 할 때, 그것은 곧 비전통문화의 대칭임으로 그대로는 서양문화, 세계문화 등, 외래문화의 존재를 전제로 하는 용어가 된다. 외래문화라고 하더라도 한국인의 경우 근대 이전에는 일본·여진·몽고·거란·금 등의 인접국들은 문화의 상대로서 의식되지는 않았다. 중국문화에 대하여는 동류(同類) 의식이 외래의식보다도 더욱 강했다고 하겠으며, 그리고 보면 외래문화라고 할 때, 결국 서양문화로 구체화 될 수밖에 없다.

    서양과 한국이 빈번하게 계속적으로 만나게 되는 것은 아마도 19세기 중엽 이후, 약 1세기 전부터라고 보겠다. 물론 그전에도 18세기부터 이미 틈틈이 그리고 비밀리에 천주교의 활동이 시작되지 않은 것은 아니지만, 그것이 일반인에게 널리 알려지지는 않았기 때문에 아직 서양과의 "만남"이라고 말할 수는 없다. 물론, 한국의 지배층이 서양인의 문물. 그들의 종교 등에 관하여 중국을 통하여 야간의 풍문을 듣고 있을 것이기는 하나 그것들에 대하여 깊이 관심을 가졌거나, 또는 장차 닥쳐올 자신의 문제로서 인식하고 있지는 못하였던 것이다. 그러한 그들에게 풍문이 하나의 시련으로 닥쳐온 것은 아마도 대원군 집권이후 1866년의 샤면호 사건, 불란서 동양함대의 강화도 침공, 독일인 오페르트(Oppert)의 남연군묘(南延君墓) 도굴사건, 미국함대의 강화도 습한(襲韓)사건 등 일련의 외침에 잇달아 일본과의 강화조약 강제체결을 신호로 서양열강에도 걷잡을 수 없이 문호를 열게 되고, 그들의 문화도 한국인의 이목(耳目)에 직접 접촉하게 된 때부터라고 하겠다.

한국과 서양과의 "만남"이라고 함은 엄밀히 따져서 한국인이 서양을 자신의 문제로 의식하고, 서양인도 한국을 직접 정면으로 상대할 때의 상황에서 일어나는 것이라고 하더라도 양자의 상호인식에 있어서 기본지식의 축적에는 격차가 있었다. 즉 서양인의 경우는 이미 인도 · 중국 · 일본 등 동양제국을 식민지화 또는 불평등조약으로써 강제 개국시키고, 그들의 제국주의 도전에 대한 이들의 허약함을 잘 인식하고 있었기 때문에 극동방의 오지에 위치한 이 소반도국을 한갓 세계대세를 등지고 사는 어리석은 나라로 밖에 보지 않았다. 예를 들면 남연군묘 도굴의 장본인 오페르트에 의한 "금단의 나라" (1880. New York), 미국 지리학회의 불랫틴 (1881. New York)에 나오는 "한국, 은사의 나라" (Sunday Magazine, New York, May, 1878)에 보이는 "한국, 마지막 은자국" 등의 저술은 모두 그러한 인식이 그들에게 일반화되고 있었음을 의미한다. 1882년 런던에서 출간된 그리피스(W. E. GRIFFIS)의 "한국, 은자의 나라"도 당시 서양인의 그러한 인식들을 대표적으로 나타내는 것으로 보겠다.

그리피스는 일본 동경제대에서 교편을 잡던 영국 지식인이었으나, 그러한 그도 한국과 모든 아시아 국가들을 이교신앙과 미신과 완미(頑迷)가 지배하는 나라로 보고, 서양에 개국을 계기로 기독교와 과학과 교육이 그 자리를 메워야 할 것이라고 결론짓고 있다. 그는 이 저술에서 한국의 독립 · 통일 · 명예를 위하여 모든 한국의 애국자에게 바친다고 서두에 기술하면서도 한국의 개국을 위하여 일본을 이용하는 것이 나쁠 것이 없지 않느냐고 자문함으로써 당시의 영일동맹의 이론적 정당화를 하고 있으며, 또한 한국이나 아시아의 종교가 기독교로 대치되어야 한다고 주장함으로써 동양의 문화에 대한 무지를 스스로 폭로하고, 한국이 무엇 때문에 서양과의 접촉을 완강하게 거부하고 있는가를 성찰하지 못함으로써 당시 제국주의의 본질을 터득하지 못했었다. 이것은 제국주의 전성시대에 몸담고 있는 자에게는 바라기 힘든 일이겠으나, 그가 그토록 내세우는 과학의 정신에는 미흡한 것이라고 볼 것이다.

아무튼 당시 서양인이 빠져 있던 일방통행의 서양문화 우월관 내지 세계관을 약여하게 보여 주는 것이다. 이게 대하여 한국인의 대서양인식은 어떠했는가? 한국을 마지막 은자국이라고 함은 서양과의 접촉에서 가장 늦었다는 말일진대, 사실 일본은 이미 수삼백년 전부터 포르투갈·화란 등과 혹은 종교적으로 혹은 무역으로 교섭을 가져 약간이나마 서양에 대한 인식이 없지 않았고, 중국도 이미 명시대부터 빈번히 서양인의 내왕과 문물의 전래가 있었던 것은 주지의 사실로서 서양에 관한 견문과 경험의 축적은 한국이 견줄 바 아니다. 한국은 물론 두 이웃나라를 통하여 서양의 충격을 간접적으로 듣고는 있었지만 직접 경험에 의한 구체적인 지식을 결한 채, 일을 당하지 않으면 안 되었던 것이다. 이때 한국은 일본이 취했던 대응책보다 중국의 그것에 가까운 대응을 보인 것은 몇 가지 이유가 있다. 한국인의 의식 속에 있는 일본은 비록 동양 문화권에 속하기는 하나 항상 교화(敎化)의 대상으로서만 떠올리는 야매(野昧)·호전(好戰)의 나라로서 한국과는 사정이 스스로 판이함으로 참고가 될 것이 없다고 경시하고 있었던 것이며, 반면에 중국은 당시 책봉(冊封)이라는 정치적인 연계관계를 가졌을 뿐만 아니라 고래로 동류의 고도문화를 공유하는 나라로서 일종 문화적 공동운명체 의식이 한국인의 의식저변에 깔려 있었다. 이것은 한국인이 그렇게 의식할 뿐만 아니라 동아시아의 국제질서에 있어서 중국인도 그렇게 인정하였던 것이니 비록 단속적(斷續的)이긴 하나 일본도 역시 중국의 이른바 책봉체제에 편입되어 있었음에도 중국 정사의 외국열전(外國列傳)에는 항상 한국이 먼저 소개되었으며, 사신도 한국을 상좌에 앉혔고, 한국의 문화수준을 중국에 준하는 것으로 기록한 것 등은 모두 한국인의 그러한 자의식을 뒷받침하여 소화로 자처하게끔 하였던 것이다.

어쨌든 한국은 자신의 전통적 문화 원리를 확신하고, 그 가치를 양보할 수 없는 것으로 굳건히 믿었기 때문에 중국이 잇달아 전쟁에 패했다는 소식을 들었으면서도 감히 서양과의 정면대결의 길을 택하였던 것이다. 그것은 최제우(崔濟愚)를 주창자로 한 동학운동의 팽배로써도 방증될 수 있으니, 결코 대원군 개인의 완고한 배외주의나 국내의 사회경제적 요구의 해결책으로서만 설명될 수 없는 것이다. 일본이 저항다운 저항을 하지 못하고 서양을 받아들인 것은 다만 페리(Perry)제독의 함대에 대항할 무력적 자신이 없었을 뿐 아니라, 또한 자국의 전통적 문화도 하나의 문화 원리로써나 이성으로써 서양문화의 원리나 그 속에 깃들어 있는 강고한 논리나 윤리에 대항하기에는 너무나 허술한 것임을 자각하였기 때문이다. 다신교적인 신도 신앙, 탈속적인 불교, 편협하고 독선적인 일본국학 등을 의시하기에는 너무나 허약했고, 오직 유교의 강력한 이론체계를 숭신하기는 하였으나 일부의 이른바 존왕양이운동이 일시적으로 거론되었을 뿐, 곧 단념하고 말았으니 이것은 일본이 유교문화의 중심지로부터 멀리 고립되고 한국과는 달리 중국과의 교류가 단절된 시기가 많음으로써 유교사상이 널리 국민적 가치관으로서 뿌리를 깊게 내리지는 못했기 때문이다. 말하자면 동양문화의 주변지대로서의 일본은 외래문화에 대한 문화적 조지력(阻止力)의 성숙이 부족했던 것이다.

아무튼 일본은 야간(若干)의 내부마찰의 대가로서 개국을 단행하고, 서양문화의 단순한 도입이라는 정도를 넘어서 그 제도 · 학문 · 교육 등을 전통적 문화에 서슴지 않고 대치함으로써 근대화의 길로 매진하였던 것이다. 서양문화를 대담하게 자기화함으로써만 서양을 따라잡을 수 있고, 그러기 위해서는 아직도 구태의연하게 동양문화의 가치에 연연하고 있는 한국 · 중국 · 기타 아시아 제국의 문화권속에 남아있는 것은 오히려 일본의 진로에 지장이 될 것이며, 만약 이러한 일본의 선견적 지도에 응하지 않는 국가가 있을 때에는 이를 응징이라도 하여 일깨워 주어야 한다는 것이 복택론길(福澤論吉)을 필두로 하는 일본인 선각자들의 주류적 사고로서 그들의 이른바 「脱亞(탈아)」「興亞(홍아)」「侵亞(침아)」 등 일련의 주장과 행동은 여기에 바탕을 둔다는 것이 일본인 학자들의 지적이다. 일본이 이렇게 서양문화를 대담하게 모범으로 삼았다고 하여 서양문화가 그대로 실현될 수는 없었고, 여러 가지 일본적 변용을 피할 수는 없었지만 문화 원리를 전통문화의 그것과 대치한 것은 놀라운 전환이었다.

한국에도 복택유길 등의 영향을 받은 (결국은 복택의 침략계획에 이용만 되었지만) 김옥

균(金玉均) 등의 개화운동이 있었고, 그보다 먼저는 직업상 서양에 관한 얼마간의 지식을 섭취한 중인들에 의한 계몽활동이나 실학파 계열의 개혁사상 고취 등이 없지는 않았다고 하나 모두 압도적으로 사상 앞에는 맥을 추지 못하였던 것이다. 또한 한국문화의 본체에다가 서양기술을 이용하려는 중국의 중체서용론 같은 것도 있었고, 서양문화의 가치는 원래 전통문화인 유교 속에도 있었다고 하는 강유위(康有爲) 등 금문학파에 의한 전통문화의 새로운 해석으로서 마찰 없이 전통문화 가치의 개혁을 꾀하려는 변법자강사상 같은 것도 최한기(崔漢綺)가 유교의 천명수위사상으로 서구식 선거제도를 합리화한다든지 최한기가 「천」의 권위를 천자 등의 관념을 통하여 전제군주가 독점하던 종래의 통념을 「인내천」이라는 새로운 풀이로서, 「인권」이나 민주사상을 자문화속에서 발견하려는 것 등에서 찾아 볼 수도 있었다.

미국의 리벤슨(Levenson) 교수가 말한 "true and mine" 즉 어떤 외래사상과 만났을 때, 그것은 참된 가치를 지닌 것이며, 바로 나의 전통 속에 있는 것이라고 주장함으로써 개혁을 용이하게 하려는 것이다. 이렇듯 한국에도 개화사상이나 개혁운동이 없는 것은 아니었으나 변혁을 단행하기에는 너무나 역량이 부족했고, 수구두뇌(守舊頭腦)를 설득하기에는 너무나 시간이 모자랐다.

일본의 제국주의는 시간을 주지 않은 채, 자국근대화의 제물로 삼았던 것이다. 이렇게 일본을 통하여 들어오는 서양문화는 자연히 일본적 체질이 소화할 수 있는 것만, 그것도 식민지 통치에는 적합하지 못한 것, 예를 들면 인권이라든지 민주라든지 보편타당적 합리주의라든지 등의 기본적 가치에는 올바르게 접근도 못한 채, 소수의 한국인이 근대 일본문화의 테두리 속에서 약간의 서양문화를 만날 수 있었다. 이러한 비정상적인 만남 속에서 올바른 문제의식이 싹틀 수 없으며, 본격적인 조우는 방해세력이 물러간 해방과 더불어 시작했다고 보겠으나, 이 당시 또한 침략자를 물리친 세력자체가 바로 서양문화 당사자이기 때문에 서양문화에 대한 지식의 축적이 빈약한 원래의 터전에다가 구조자(救助者)에 대한 감사의 정서마저 개입되어 그것에 대한 냉정한 평가나 서양문화가 주동이 된 세계문화와 민족전통문화와의 관계, 그 위치의 설정 등을 다루기에는 적절하지 못했다. 독립국가로서의 체모를 갖추기 위하여서는 당장 저들의 모든 제도를 채용하여야 하며, 그러기 위하여서는 우선 재고량의 지식만이라도 동원되어야 한다는 다급한 시국적 요청 때문에 거기에 선행되어야 할 서양문화 내지 세계문화의 음미·연구, 전통문화와의 대비·평가 등의 기초작업이 생략된 채 이를 결행함으로써 독립 후 일천한 사이에도 벌써 헌법을 비롯한 많은 시행착오를 거듭하고 있는 것을 우리는 안타깝게 지켜보고 있다. 오늘의 이 주제는 바로 이러한 역사적 현실에서 제기된 것이며, 실로 시급한 과제이기는 하나, 또한 국가경륜의 기본구상에 관계되는 것이기 때문에 졸속한 결론은 삼가고, 다만 세계문화에 대한 민족전통문화의 위치, 그것을 배경으로 한 전통문화의 의미 등에 접근할 수 있는 역사학적 시좌를 마련해 보고자 하는 것이 본 논의의 시도다.

우리나라 근대사학은 다른 모든 근대학문과 같이 일본을 통해서 들어 왔고, 지금도 간접적으로 그 영향을 받고 있는 것이 사실이다. 역사를 국사·동양사·서양사로 삼분하는 것부터가 그 두드러진 일례이며, 역사를 보는 시각, 방법, 문화를 관찰하는 자세도 그 영향을 벗어났다고 할 수는 없다. 이런 의미에서 일본이 그 교육과 학문과 제도에 있어서 종래의 전통문화 대신에 서양문화를 대치한 심리적 경위를 살펴보는 것은 자신의 성찰에 도움이 될 것이다. 먼저 복택 등이 언명한 「서양선진, 일본 및 아시아의 후진」이라는 생각의 경우, 모든 민족은 동일한 경로를 밟아서 문명에 도달한다는 것이며, 다만 각 민족의 발전의 차이는 그 동일선상의 위치의 선후로써 나타난다는, 그 문명형태의 본질직 차이나 그 문명의 성격 등은 전연 도외시한, 18~19세기 서양의 사회진화론을 맹종한 사관이었다. 이는 결과적으로 서양우월사상·서양 중심주의를 승인하고, 한국·중국 등의 「후진국」에 대한 모멸감을 정당화했다. 일본인의 이러한 서양숭배사상은 그 의식의 저변에 일관하여 흐르고, 심지어는 2차대전시의 대영미항전의 이론적 지주로 내세웠던 이른바 "황국사관(皇國史觀)"이란 것도 대서양열등의식의 뒤집힌 표현일 따름이었다.

종래의 일본사학계는 Ranke사학의 흐름을 받은 이론거부의 고증사학(實證史學)이 지배적이었고, 패전 후에는 발전 단계론의 맑스주의 사학이 우세하였다고 한다. 전자는 주로 사료의 고증만 착실히 쌓아 나가면 거기에 어떤 역사상이 떠오를 것이라는 아카데미 중심의 학풍인데 대하여, 후자는 재야와 아카데미 일부의 젊은 층을 중심으로 한 그룹으로서 아카데미즘이 유효한 비판수단을 발휘하지 못했던「국체론」(國體論) 등의 초학문적인 성역에 과감히 도전하여 이른바 세계사의 기본법칙이란 것을 휘둘러서 주로 젊은 지식인들에게 인기를 모았다. 이것은 패전의 책임이 있을 법한 아카데미즘의 지도층에 대한 분노와 신국 일본의 신화를 무참하게 깨버린 미국 등 자본주의국가에 대한 굴욕감이 얽힌 복합적 요인에서 일어난 것으로서, 일시는 일본 전지식인의 9할이 이에 휩쓸릴 정도의 알레르기 현상을 나타내어 사회과학이라고 하면 곧 마르크스주의로, 사회경제사라고 하면 마르크스주의역사로 혼동할 정도였다는 것이다. 이러한 풍조는 일본 국력의 비약, 중공의 노선수정, 소련의 아프가니스탄 침공과 사회주의 동맹국들에 대한 통제강화 등 국내외 정세의 변화와 더불어 점차 퇴조하고, 마르크스사관으로부터의 이탈, 그것과의 절충 또는 수정 등의 사학이론 등이 모색되고 있어, 역사인식자는 언제나 인식자의 역사적 현재를 기점으로 하여 과거를 본다는 이론을 새삼 떠올리지 않을 수 없게 한다.

일본 사학계의 풍조가 한국에 어떻게 파급되고 있는가? 먼저 서양 중심주의 사상은 일본의 경우보다 더욱 집요(執拗)하다고 볼 수 있다. 그것은 일본에 의한 간접적인 영향 외에 또한 기독교 선교사가 항상 일본통치의 비판자 역할을 했던 점, 해방이 미군에 의하여 이루어졌다는 점, 6·25 침공도 그들에 의하여 격퇴되었다는 점 등, 그들의 힘을 배경으로 한 문화를, 반면에 자신의 무력과 자문화의 (퇴색을, 직접 체험함으로써 조성된 것이기 때문이며, 이것이 서양에 대한 객관적 접근을 어렵게 하고 있다. 마르크스주의적 역사학에 대하여서는 연구자들이 북한 공산주의의 가혹한 실체를 체험하였고, 그러한 이북과의 끊임없는 긴장이 계속됨으로써 심정적으로 그러한 연구를 기피하게 되었으며, 이러한 학문외적 요인의 작용으로 말미암아 이북공산주의 실태에 대한 약간의 실용적 접근만이 시도될 뿐, 공산주의이론 그 자체나 그 이론의 한국사에 대한 관철여부 등에 관한 연구는 자연히 외면당하고 있다. 따라서 현하 한국사학계의 주류는 이론이나 법칙 따위를 섣불리 내세우려 하지 않는, 일본류의 고증사학이 점하고 있는 형편이다. 그러나 Ranke 사학이라도「발전」의 개념이 없는 것은 아니라는 베른하임(Bernheim)의 풀이가 있고 보면, 이는 발전이론을 내세우는 사학과 연결이 닿을 수 있으며, 또 이론사학이라도 사실의 고증을 소홀히 하는 것이 아닌 이상, 그리고 과학이라는 것이 개별적인 분석과 종합적인 이론화, 다시 말해서 고증과 이론의 양면이 구비되어야 하는 것이고 보면, 「고증사학」, 「이론사학」 등의 명칭은 반드시 상충되는 개념이라고 할 수 없고, 어느 쪽이 과학적이냐의 논쟁도 의미가 희박한 이상, 이 두 갈래의 구분은 편의적인 것에 불과하다.

다시금 오늘 우리들의 문제, 곧 민족의 발견, 그것을 위한 전통문화와 세계문화와의 관계의 문제로 돌아가기로 하자. 이러한 문제에 접근할 수 있는 역사학의 방법과 시각은 어떠한 것이 효과적일까?

Croce는 「모든 역사는 현대사다」라고 언명했고, Ordega는 「역사라는 것은 현대에 관한 과학이다」라고 정의했으며, E. H. Carr도 역사를 「현재와 과거와의 대화」로 규정했다. 약간씩 뉘앙스의 차이는 있으나 역사서술자라는 것은 결국 본인이 의식하든 못하든 간에 자신이 서 있는 현재를 기점으로 하여 과거를 보게 마련이며, 현재의 문제에 의미가 있는. 현재의 문제를 설명하는 데 효과가 있는 과거의 사실만을 선택하여 서술하는 것이 역사라는 것이다. 현재 내지 현대의 문제라고 하여도 사람에 따라 문제의식이 다를 수 있으며, 다른 의식에 근거해서 엮어 낸 역사는 결국 달라질 수밖에 없다는, 다시 말하여 역사는 결국 주관적 비판이 성립할 수밖에 없다. 이러한 결점을 줄이기 위해서는 현대의 문제를 미래를 향한 인류의 이성의 조명하에 현대문명의 성격, 현대사회의 존재형태, 현대인의 생활방식을 문제 삼는 것으로 좁히고, 이러한 문제들의 형성과정을 과거의 사료에서 모순 없이 추적하는 도리밖에 없다. 물론 이러한 경우에도 역사의 객관성의 문제가 현재의 인문과학이 도달한 수준으로서는 자취를 감추지 않을 것이나 역사의 최종적인 의미는 그것이 끝날 때에야 비로소 밝혀질 것이라는 E. H. Carr의 인식에 잠시 미루어 둘 수밖에 없다.

또다시 우리의 오늘의 문제, 구체적으로는 서양근대문화의 소산인 2대 이데올로기의 첨예한 대결장이 됨으로써 국토와 사상이 함께 분열된 사상 전무의 곤경에 처한 현실, 이 현실의 극복을 위하여 통일과 근대화가 우선 민족에 부하된 시급하고 엄숙한 지상과제일 것으로 집약해 본다.

한민족을 양분하고 있는 2대 세계사조는 강력한 힘과 논리를 갖추고, 각기 보편타당성을 주장하면서 양보할 기색이 없다. 만일 이러한 사조에만 휩쓸려서 그것을 발판으로 삼고 맞선다면 민족이라는 존재는 속절없이 원경(遠景)으로 희미하게 사라지고, 민족의 독립, 민족의 통일을 아무리 소리 높게 부르짖어도 그것은 한갓 감상적인 구호에만 그칠 뿐, 필연으로서의 호소력을 가지지는 못한다. 여기에서 외세 속에 파묻혀 떠내려가는 탁류 속에서 민족을 발견하여 그 존재이유를 밝히고, 민족문화의 가치를 제시하여 그것을 발판으로 외래문화 내지 세계문화에 임하는 민족주체성의 확립, 주객의 위치구별 등, 논리적 · 윤리적 조작이 필수적으로 요구된다.

역사학의 분야에 있어서의 과업은 첫째로, 서양 중심주의 사관이나 방법의 지양이다. 흔히 사용되는 고대 · 중세 · 근대라는 시대구분법은 원래 서양문화의 변천에서 추상된 시대적 특색을 서양사의 인식방법으로서 르네상스 이래로 사용해온 것이나 오늘날은 세계사 · 동양사 · 국사 등에도 널리 채용하고 있다. 이는 한마디로 서양문화가 곧 세계문화를 선두에서 주도하고 여타문화는 항상 그 후진을 뒤집어쓰며 추종하는 것이기 때문에 그것을 기준으로 하는 것이 합리적이라는 선입견이 깔려 있다. 따라서 이러한 기준으로써 설명하기 어려운 문화나 사회현상은 한갓 후진적이거나 비정상적인 것으로 밀쳐 버리는 서양=정상, 동양 기타 비서양=비정상이라는 관념을 주입시킨다. 마르크스의 유물사관도 그 예외는 아니다. 그가 경제적 사회구성의 전진하는 제시대라는 몇 개의 단계를 설정하고, 그것이 세계사의 보편적 발전단계라고 주장하고 있으나 이러한 착상은 적시 서양사회의 변천과정에서 추출한 것으로 또 하나의 서양 중심주의의 주장에 불과하며, 만약 이 법칙이란 것이 타사회에서 발견되기 어려울 때, 그것을 자연히 서양사회에 대한 기준미달 내지 변칙사회로 낙인찍힐 수밖에 없다. 뿐만 아니라 이러한 마르크스의 발전사관계열의 서양의 진보사관 자체가 단적으로 18세기 서양, 그 중에서도 불란서의 시민의식 - 작일의 농업사회를 부정하고, 명일의 산업 사회적 생활방식을 지향하려는 의식의 반영에서 유래하는, 오늘보다 미래, 금년보다 내년이 더욱 진보해야 한다는 하나의 신앙을 정당화 하는 사관으로서 서양이외의 다른 사회에서는 찾아 볼 수 없는 사관이다. 그것은 서양세력이 승승장구 발전되고 있을 때는 계속 유력할 것이나 상대적으로 서양의 비중이 저하되면 그 세력도 약화되는 추세에 있으며, 오늘날 현대문명의 위기의식이 고조되고 있는 이때에 무턱대고 진보만을 구가할 수도 없는 노릇이다. 「선진과 후진」, 「진보와 정체」를 앵무새처럼 되뇌다가는 부질없이 열등감정만 조장할 뿐 "민족의 발견"에는 도움이 안 된다.

마르크스사관의 기본법칙이 각국사의 특수 구체적 조건의 규제를 받으면서 나타나는 것이 세계사라고 주장하면서, 그러한 세계사 서술의 과정에서 각 민족이나 국가의 특수성이 언급될 수 있다고 하더라도 그것은 어디까지나 보편적 법칙의 관통하는 장으로서의 언급이기 때문에 시선은 법칙위에 머물게 되는 것이지 민족의 특수성 따위에 있는 것이 아니다. 따라서 여기에서는 민족문화의 개성이라든가 민족문화의 가치가 제대로 대우를 받을 수가 없다. 그러나 또한 어떤 문화의 역사적 개성을 밝힌다고 하여 독선적으로 고립적으로 주장만 하는 것은 설득력이 없으며, 다른 문화와의 비교에서 오는 유사성 탐구라는 일반화 작업의 절차를 밟을 때, 그 역사적 개성이 더욱 뚜렷하게 부상될 수 있다는 논리에서 볼 때, 비교사적 연구도 적극적인 의미를 가질 수 있다. 유사성 내지 법칙의 발견이 목적이 아니라 일반적 유사성이라는 배경속의 개성의 발견에 초점을 맞춘다는 전제에서 말이다. 이러한 비교사적 시야를 확대해가면 마침내는 세계에 이르고, 거기에 세계사적 관점이 나타난다.

세계를 지구로 볼 때, 전지구인이 상호 교섭을 가지는 것은 서양이 세계로 진출하기 시작하는 16~17세기부터이며, 그리하여 그것이 사실상 일체로서의 역사를 펼쳐내는 것은 19세기 제국주의시대 이후로 볼 수 있다. 문자 그대로의 지구적 세계사가 전개하는 이 시대, 즉 근대이전에는 지구의 각 지역 마다 자기완결적인 「역사세계」가 분립해 있었다고 보는 것이 통설이다. 그 안에 여러 민족이나 국가를 포함하면서도 동류의 문화를 공유하거나 동일한 정치적 기구 속에 조직되어 있는 역사적 문화권을 이렇게 말한 것이며, 각 문화권간에 교섭이 전연 없었던 것은 아니라도 대체로 특수한 성격의 역사를 견지하고 있던 독자적 세계를 이루고 있었다는 것이 지배적 견해이다. 한국이 속하는 동양문화권, 구체적으로는 한국·중국·일본·베트남 등이 포함되는 동아시아 역사세계도 그 중의 하나이다. 동아시아 문화권은 중국문화권이라고 부르는 이가 있을 정도로 한자를 전달수단으로 하는 중국문화의 영향이 공통으로 나타나는 지역이다. 중국문화를 공유한다고 하여 중국문화일색이라는 뜻은 아니다. 이는 거시적으로 개관할 때의 이야기이지 구체적으로 보면 각 민족은 각기 개성 있는 문화를 가지고 있고, 중국문화의 영향을 받을 때에도 각기의 성격과 체질에 맞는 것만, 또는 맞게끔 수렴하기 마련이기 때문에 당연히 각자의 문화양상은 달라질 수밖에 없는 것이다.

문화를 민족성·풍토·정치·경제·역사적 경험, 기타 등등의 역사적 통일체의 표현이라고 본다면 어떤 민족이 다른 문화의 영향을 짙게 받았다고 하여 그 고유성이 매몰되어 없어질 수는 없는 것이다. 헬다(Johan, Gottfried Herder)의 비교문화론에 의하면 어떠한 민족도 그들이 몸을 담고 있는 풍토에서 오는 자연법칙의 지배를 받지 않을 수 없으며, 그로 말미암아 인간의 피부색과 같은 자연적 특징 뿐 아니라 감각·감정·상상력·사고경향까지도 비슷한 성향을 나타낸다는 것이라고 한다. 이렇게 본다면 그런 것들의 복합적 작용에서 이루어지는 민족문화가 마치 백지에 물감을 칠하듯이 타민족문화 그대로 대체될 수 없는 것은 자명한 일이다. 한국문화가 중국문화의 영향을 받았다고 하여 오직 중국문화와의 특질성에서만 이를 파악하려고 한다면 이는 공정한 관찰이 아니다. 각 민족이 각자의 역사적 조건과 풍토를 통하여 민족문화를 개화시킴으로써 인간성의 발전에 공헌해온 각 민족문화의 개성과 가치를 부질없이 서열 관에서가 아니라 평등하게 평가해야 한다는 헬다의 논리는 계몽주의의 서양 중심의 진보사관에 대한 반론으로서 제기된 것이다.

토인비(Arnold Toynbee)의 문명론도 일단 서양 중심주의사관을 벗어나기는 하였으나 한국문명을 일본·베트남의 그것과 더불어 「충분히 개화된 문명」란 속에 나열된 중국문명의 위성문명으로서 위치시킨 것은, 위성은 언제나 자신의 빛을 가지지 못하고 태양의 광선을 반사함으로써만 그 존재를 인정받는 것임을 생각할 때, 민족문화의 창조성이 없는 것으로 인식시킬 우려가 있다. 문화라는 것은 물처럼 언제나 높은 곳에서 낮은 곳으로 흐르기 때문에 중국에서 창조된 문화가 일방적으로 한국으로 들어가는 것이 자연의 이치라는 견해라면 이는 사실과 일치하지 않는다. 빗트포겔(K. A. Wittfogel)은 요·금·원·청 등, 그의 이른바 정복왕조(북방이민족들이 중국의 일부 또는 전부를 정복, 통합한 왕조)가 정치적으로는 중국을 정복하였지만 문화적으로는 도리어 중국문화에 흡수당하고 말았다는 서양학자들의 견해를 비판하면서 문화라는 것은 그 모태인 사회와 불가분의 관계에 있기 때문에 그것이 어떤 이질사회에로 전파할 때나 또는 이질사회에서 생성된 문화와 교류할 때에는 결코 일방적, 전면적으로가 아니고, 많거나 적거나 간에 쌍방 간에 여러 가지 문화적 변용(Acculturation)을 겪는 사례가 있다는 것을 지적하고 있다. 다시 생각해 보면, 한마디로 중국민족, 중국문화라고 하여도 그 순일도에 있어서는 한국민족·한국문화와 같은 수준에서 논할 수는 없다. 중국인은 그 광대한 국토내외에 거주하는 동이·북적·서융·남만 등의 이름으로 개괄하여 통칭되는 잡다한 종족들이 주족을 중심으로 혼합되어 이루어진 민족이다. 따라서 그 문화라는 것도 그러한 종족들이 가진 잡다한 요소들이 하나의 도가니 속에서 장기간에 걸쳐 융합·형성된 것이기 때문에 초민족적인 보편성을 가지게 되는 것은, 마치 그들의 음식이 어느 민족의 구미에나 거슬리지 않게 받아들여지는 것과 같다. 유교의 대동주의(大同主義)라는 것도 그러한 환경에서 조성된 것으로서 동아시아 농경지대에 별다른 거부반응 없이 수용된 것도 같은 이유에서 이다.

특히 한국민족의 경우에는 이른바 중국문명의 발상지라고 하는 화북지방에 바로 인접해 위치한 고조선시대부터 또는 그 이전부터 호혜적(互惠的)인 문화의 교류를 가졌을 것은 이 지방이 중국에 뒤지지 않는 시기에 이미 문화가 발전되고 있었다는 일부 고고학적 견해를 원용한다면 반드시 무리한 추측이 아니다. 그뿐 아니라 중국 최초의 국가를 형성한 은족이 동이족이었다는 주장에 선다면 한민족문화노 그 범주에 포함된 동이문화가 중국문화의 창조에도 단단히 몫을 했을 런지도 모른다. (참고적으로 말하면 중국인에 의하여 동이라고 불리어 지는 호칭은 단순히 중국의 동쪽에 있는 이족들에 대한 범칭이 아니라 이족들의 문화양상의 동이를 기준으로 하는 분류인 것과 같은 동쪽에 위치한 것도 목축문화를 주로한 이족들은 동호라고 하여 가축사양의 농경문화를 주로 하는 이족군인 동이와 구별한 것으로 보아 짐작할 수 있다. 중국의 화이개념이란 것도 종족적인 구별이라기보다도 문화적 차이감을 바탕으로 이루어진 것은 춘추시대에 이족이었던 초·오·월 등이 중원문화권(中原文化圈)에 진출함에 따라 어느 틈엔가 「화」(華)로 편입되고 만 것을 보면 더욱 수긍이 갈 것이다.) 이렇게 볼 때, Toynbee가 한국문화와 중국문화와의 관계를 중국문화 일방통행의 위성문화로 파악하려는 것은 반드시 타당한 것이라고 할 수 없는 것이다.

이상을 요컨대 altai어족에 속하는 한민족은 아득한 옛날부터 요하유역·만주·한반도에 걸쳐서 전개하면서 그 풍토에 알맞은 고유문화를 창조하고 그것을 바탕으로 하여 중국문화·북아시아 각 민족문화와의 끊임없는 접촉, 도전과 응전을 통하여 상호의 영향을 주고받으면서 자신의 문화를 더욱 풍요롭게, 더욱 대응력 있게 길러왔다. 이러한 문화 속에서 축적된 민족의 활기는 마침내 바다를 건너 일본에까지 퍼져서 일본문화 형성에 주도적 역할을 하였을 뿐 아니라 일본민족 자체의 형성에도 중요한 몫을 한 것은 벌써 숨길 수 없는 역사적 사실이다.

　이러한 역사의 역정 속에서 내외적으로 허다한 고난을 겪기도 하였으나 끝내는 이를 극복함으로써 강인하고 낙천적이며 진취적인 민족성을 길러낸 것은 단순히 외세에 의한 일시적인 좌절현상만으로써 말살될 수 없는 귀중한 소득이다. 아무튼 한민족은 중국·소련·일본 등 막강하고 압도적인 외세에 포위되어 있으면서도 동일한 전통적 문화, 동일한 민족혈통을 호지한 채, 계속 독립을 유지하면서 세계를 향하여 발전하고 있는 것이다. 이것은 한민족과 접하여 때로는 침략을 일삼기도 하였을 뿐 아니라 중국의 일부 또는 전부를 정복통치 하던 글단, 여진, 몽고족 등 막강한 무력적 민족들이 지금은 그 존재를 찾을 수 없거나 또한 이름만의 존재로서 여명의 보전에 급급한 현실임을 감안할 때, 실로 엄청나게 꿋꿋한 생명력이라 아니할 수 없을 것이다. 이러한 강인성(强靭性)·창의성(創意性)·포용성·자기발전성 등 한국민족 내지 한국문화가 가지는 가치는 이미 언급한 역사관들로서는 정당하게 평가하지 못한다. 도리어 그것들은 단적으로 복택 등에 의거한 일본, 서양 등의 자본주의적 제국주의에 이용되었고, 아프가니스탄, 캄보디아 침공 등 사회제국주의를 뒷받침하는데 봉사하고 있다. 한국사에 나타나는 대외적 평화성 따위는 이들 사관 앞에는 의미가 부흥되지 않는다. 진보라는 이름아래 마구 공해산업이 수출되고, 발전이라는 구실 하에 대량살상무기 생산이 거리낌 없이 국민의 경제력을 소모하여 인류를 공포와 위기감에 몰아넣는 반이성적 사태를 이들 사관들은 정당화하고 있는 것이다. 자본주의사회에서 만연하고 사회주의국가에도 점차 파급되고 있다고 하는 퇴패풍조(頹敗風潮), 찰나주의 등 명일의 행복약속보다도 오늘의 생활에 더욱 집착하는 가치관의 유동화(流動化), 다원화 현상을 이들 사관은 벌써 담을 수가 없는 것이다.

이제 결론적으로 우리는 새로운 사관, 새로운 세계사를 필요로 한다. 새 술은 새 푸대에 담아야 하기 때문이다. 새로운 세계사는 2차 대전 이후의 새로운 현상-제삼세력의 대두, 곧 아시아·아프리카 식민지들의 독립, 중남미제국의 민족독립운동의 의미를 파악할 수 있는 것이어야 하며, 각 민족문화 고유의 가치를 주워 올릴 수 있어야 한다. 각 민족문화는 각자의 풍토와 역사적 조건 속에서 생성하여 독특한 개성과 가치를 지님으로써 세계문화를 풍요롭게 하는 것이기 때문이다. 이 경우 세계문화가 곧 서양문화인 것으로 오인되어서는 안 된다. 니이담(Joseph Needham)교수의 연구에 의하면 오늘의 세계문화의 실체는 전 세계 각 지역에서 발생된 문화들이 종합된 것으로서 서양은 다만 이를 종합하는 작업만 담당했을 뿐이라는 것이다. 그것이 서양의 사유재산처럼 보이는 것은 서양이 발명한 비행기·기차·기선 등 대량운반수단과 무선전신·전화 등 초지역적인 통신수단에 의하여 급속히 전 세계에 전파되었기 때문이라는 것이다. 문화는 마치 꽃과 같은 것이어서 이 지구상에는 각 지역마다 그 자연법칙에 알맞은 꽃들을 가지고 전지구의 미를 다채롭게, 풍요롭게 하고 있으나, 지구전체의 조화를 깨뜨리지 않는 것과 마찬가지로 문화도 각 민족문화가 독자적인 가치를 지닌 채 세계문화를 풍요롭게 하면서도 일정한 조화와 방향성을 가지고 전개하는 것이라고 본다면, 장미꽃만을 남기고 모든 꽃을 없앤다든지 어느 특정문화로 다른 문화를 말살해버리려는 기도가 얼마나 무모한 것인지 짐작이 갈 것이다.

서상의 우리들의 과제를 다루기 위해서는 비교문화론계열의 연구도입이 무엇보다도 필요하며, 사회학·문화인류학·민속학 등과도 학제적인 협동이 귀중한 도움을 줄 것이다. 그 밖에 불란서·연지학파(年誌學派)들이 시도하는 경제의 경기순환론·파동론(波動論)·계량경제학(計量經濟學)·인구조사·정신분석·언어학·기상학 등의 영역에 걸쳐 연구하는 색다른 방법론까지도 경원하지 말아야 될는지 모른다. 요는 새로운 시좌를 마련하기 위해서는 종래의 연구영역이나 연구방법에만 구득되지 말아야 한다는 이야기다.

1985년 1월 PWPA

정 재 각 • 고려대 명예교수(동양사학)

정전문제(井田問題)의 신전개(新展開)
– 곽말약(郭沫若)·서중서(徐中舒)·이검농(李劍農) 3씨의 문제제기에 대하여

1.

고대 중국에 있어서 그 토지소유제도의 해명은 곧 중국고대사회의 성격을 규정하는 관건이 될 것이며 특히 서주이전(西周以前)의 그것을 여하히 규정하는가에 의하여 춘추전국시대로부터 진한에의 사회적 전환의 의미와 은주(殷周)교체의 성격의 파악이 달라질 것이다. 이러한 의미에 있어서 정전제도(井田制度)는 종래 학자들의 많은 흥미를 끌어왔으며 아직도 의견의 귀일(歸一)을 못보고 있는 형편이다. 전후에 있어서 중국의 사회구조문제에 관심을 집중시키고 있는 동양사학계의 일반적 추세에 따라 이 문제가 재연되고 있는 것은 당연한 일이다. 주지하는 바와 같이 정전설은 맹자등문공(孟子藤文公) 상(上) 편의

　　夏后氏五十而貢, 殷人七十而助 周人百畝而徹 其實皆什一也……方里而井 井九百畝 其中爲公田 八家皆私百畝 同養公田 公事畢 然後敢治私事 所以別野人也

　　운운의 기사를 주요근거로 삼는다.

그러나 여기에 대한 종래의 견해는 자못 분분하여 첫째 이것은 순전히 맹자의 이상에 불과하였던 것으로 전적으로 부인하는 자. 둘째 그러한 제도는 경제발달이 얕은 고대사회에 있을 수 있는 일이며 특히 토지면적의 단위에 백무(百畝)를 일부라는 규정이 있는 것으로

보아 그 가능성을 전연(全然) 무시할 수 는 없으나 또한 있었다고도 할 수 없는 것으로 의문으로 보는 자. 셋째로 그것이 필경 맹자에 의하여 이상화된 학설임은 인정하나 전연 무근거한 것도 아닐 것이므로 그 현실적 토지제도를 문헌의 합리적 해석에서 구하려는 자. 등 삼종(三種)으로 요약할 수 있다. 이와 같이 통일된 학설이 수립되지 못한 이유는 맹자가 적어도 주의 동천(東遷) 이후 4세기반이나 지난 뒤에 성립한 문헌인데다가 한시외전(韓詩外傳) 및 주례(周禮)의 지관(地官) 하관(夏官) 등에 나타나는 정전의 기사(記事)와 상기 기사가 상호 모순되기 때문이며, 여기에 관한 기타의 사료도 공양전(公羊傳) 공양해점(公羊解詁) 한서식화지(漢書食貨志) 춘추정전기(春秋井田記) 순자(荀子), 곡량전(穀梁傳), 예기왕제(禮記王制) 등에 산견(散見)되는 기개(機箇)의 단편적 어구에 불과하여 고증(考證)의 발전에 보다도 오히려 곤혹(困惑)에 이바지하기 때문이다. 물론 은대의 갑골(甲骨)학은 전중(戰中)전후(戰後)를 통하여 장족의 진보를 보았지마는 이 갑골문은 원래 은왕국의 왕실전속의 복사(卜師)들이 왕실을 위하여 문복(問卜)한 복사(卜辭)이기 때문에 위선(爲先) 광의(廣義)의 종교사적 사료는 될지언정 정치, 사회, 경제 방면에의 직접적 자료는 되지 못한다. 이런 의미에서 은대의 사회경제 방면의 연구는 이 복사에 나타난 은왕실의 제사를 통하여 간접으로 추측할 수밖에 없는 것이다. 이 점은 전번 내한한 동작빈씨(董作賓氏)의 강연에서도 주의를 환기시킨 바 있다. 뿐만 아니라 진후 정리된 갑골 자료 중에서도 지방행정조직 특히 농촌사회를 직접으로 지시하는 아무것도 발견되지 못하였다 한다.

이리하여 정전(井田) 문제의 진전은 자연히 기존 사료의 재음미, 재발견에서 기(期)할 수밖에 없게 되었다. 자(茲)에 소개하는 이검농(李劍農)·서중서(徐中舒)·곽말약(郭沫若) 삼인의 전후의 논문은 모두 그렇게 산출된 것들이다.

2.

이검농(李劍農)은 그의 철조공(徹助貢)이라는 논문(1948년 社會科學 季刊) 및 중국경제사고(中國經濟史稿)를 통하여 다음과 같은 의견을 발표하였다. 고대 중국에 공가(公家)를 위한 공전(公田)의 보유와 농민을 위한 사전(私田)의 공배(公配)가 있었던 것은 부인할 수 없으며 농민은 따라서 각자의 사전을 경작하는 동시에 공전에 대한 협동적인 노동을 제공하지 않으면 안되었다. 다만 정전식(井田式)의 9등분하는 형태만은 맹자의 이상화한 것으로서 실재하지 않는 것이다. 맹자의 그와 같은 이상의 현실적 배경을 제공한 것은 춘추전국시대에 행하여진 토지를 구형(矩形)으로 분할하고 종횡으로 관개구(灌漑溝)를 파는 소위 「정지(井地)」의 문자급관념(文字及觀念)이며 또 맹자의 그러한 착상의 동기는 그가 생각하는 이상사회의 실현을 위하여서는 지배계급의 세습적인 수입과 피지배계급의 확고한 생계를 그것에 의하여 확보하여야 된다고 생각하였기 때문이다. 이겸농은 또 맹자의 공(貢), 조(助), 철(徹)에 대하여 검토를 가하고 철에 대하여서는 주희(朱熹)의 「통력합작계무균수」(通力合作計畝均收) 즉 「공동경작과 각자의 경작면적에 의한 수확의 분배」라는 해석을 지지하면서 징(徵), 조(助), 공(貢)을 각각 경제발달의 3단계에 배속(配屬)시켰다. 그에 의하면 징(徵)은 원시적 씨족공동체의 사회에서 농부들이 넓은 농장에서 공동으로 노동하고 그 수확을 그들 상호간 및 씨족장과의 사이에 분배하는데 생기(生起)하는 현상이다. 조(助)는 공실(公室)이 봉건영주들에게 토지를 할당하는 제2단계에서 볼 수 있는 것으로서 농부는 이 때 봉건영주의 농토에서 집단으로 노동하는 동시에 봉건영주의 지휘 하에 공실직할령(公室直轄領)에의 요역을 제공하는 것이다. 이에 대하여 제3단계 즉 봉건 피라미드의 구성계급간에 동요가 생기는 경우, 환언(換言)하면 봉건의 상층급(上層級)의 토지가 차례차례로 각자의 하층의 팽창으로 말미암아 침식되어가는 경향에 있을 때 따라서 봉건상층들의 수입은 종래의 각기 하층으로부터의 요역제공만으로서는 위협을 당하였기 때문에 각기 하층에 대하여 현물지대(現物地代)로 대신하게 되었던 것이다. 경 대부(卿大夫)들은 또 농민에 대하여 정액(定額)의 세(稅)를 징수하였음을 통터러 공이라 불렀다고 규정지었다. 그는 또 주대(周代) 사람들이 징, 조, 공의 3단계를 다 겪은 것, 즉 은(殷)의 정복전에는 징을, 서주(西周) 초기에는 조를, 동주(東周)로부터는 차차 공을 겪은 것으로 보고 맹자에 그것이 반대의 순서로 나타난 것은 주인(周人)이 아직 징(徵)의 유치한 단계에 있을 때 하(夏)의 자손(또는 지방)은 조(助)의 단계에 있었던 것에 기인한 것이라고 주장하여 맹자의 하(夏), 은(殷), 주(周)를 시대순으로 보다도 민족적 또는 지역적 차이를 의미하는 것으로 파악하였다.

다음 서중서(徐中舒)는 「정전제도탐원(井田制度探原), 중국문화연구 휘간(中國文化研究 彙刊), 1944)」에서 정전(井田)의 자의(字義)를 탐구하여 전자(田字)는 농지의 의미보다도 수렵 또는 엽장(獵場)의 의미가 더욱 근원적이며, 전자(田字)의 사방형(四方形)은 엽장의 목책(木柵)을, 중간의 십자(十字)는 엽자(獵者)들의 포위정렬선(包圍整列線)을 의미하는 것이라고 주장하였다. 그는 또 주례(周禮)나 좌전(左傳) 등에 나타나는 도량(度量)과 편오(編伍)의 수자(數字)가 사, 팔, 또는 기배수(其倍數), 오, 십, 또는 기배수의 두 계통이 있었던 것에 주의하여 전자(前者)는 은(殷)의 계수방법(計數方法)이며 후자는 주(周)의 계수관습(計數慣習)이라고 보았다. 따라서 정전을 팔가(八家)에서 경작하는 조법(助法)은 은인(殷人)의 것이며 10분지1을 징수하는 산법(算法)은 주인(周人)의 것이라고 단정하였다. 이리하야 서(徐)는 맹자의 「청야구일면조(請野九一面助) 국중십일사자부(國中什一使自賦)의 이해에 있어서 이 맹자의 플랜은 은의 정복을 확보하려고 만든 주초의 제도로부터 유래한 것이라고 보았다. 그리고 이것을 전제하면서 당시 정복자인 주인(周人)들은 성내(城內) 및 교외, 즉 중국에 거주하고 징법에 의하여 10분지1의 생산물지대와 군사적 부역에 응하였으며, 피정복자인 은인(殷人)들은 야지(野地)에 거주하면서 조법에 의하여 구구중(九區中)의 일공전(一公田)을 공동경작하고 약간의 징세에 응하였을 것이나 병역의무는 면제되었다는 해석을 내렸다. 그러나 이렇게 군사력을 지배민족의 수중에 언제까지나 보류하려는 제도는 두 민족이 혼주(混住)되고 또 수입과 군사력의 증가가 요청됨에 따라 자연히 변혁되지 않을 수 없었으므로 드디어 그것은 B.C.594 노(魯)의 초세무(初稅畝), B.C.590의 작구갑(作丘甲), B.C.483의 용전부(用田賦) 등 일련의 개혁으로 나타났던 것이라고 논술하였다. 그러면서 초세무를 전기 중국에 대한 지적(地積)에 의한 과세, 작구갑을 야(野)의 은인(殷人)에 관한 병역의무의 확대, 용전부(用田賦)를 공전의 폐지, 및 국야(國野)에 있는 주인(周人) 및 옛 은인(殷人)에 대한 평등한 지세(地稅) 및 병역의무의 부과를 의미하는 것으로 결론을 내렸다. 서(徐)는 또 주례의 구부일정(九夫一井)과 십부(十夫)를 기본으로 하는 두 모순된 정지조직에 관한 종래의 해석-전자(前者)를 봉토 채읍(采邑) 즉 도읍에서 시행되는 은의 조법, 후자를 왕의 직할령 즉 향수(鄕遂)에서 시행되는 하의 공법 이라고 보는-을 배격하고 전자를 은의 조법, 후자를 주의 징법으로 볼 것으로 제안하였다. 이 문제에 관한 이검농의 해석은 좀 더 구체적인 것으로서 B.C.594의 것은 노(魯)공실에 대한 경 대부 등의 현물지대가 종래 토지소유액과 관계없이 단순히 신분에 의하여 공납되 던 것을 지적(地積)에 의한 것으로 개정된 것이며, B.C.590의 것은 64정(井)을 1구(丘)로 하는 구(丘) 단위의 면적에 대하여 군부(軍賦)를 과하는 것으로서 양자가 부과의 내용은 다르나 다 같이 부과 대상의 동일한 이행을 의미하는 것이라고 했다. 또 B.C.483의 것은 세액의 증수(增收)를 위하여 부과기준을 구단위보다 적은 면적(面積) 단위로 인하(引下) 하는 개혁을 의미한다고 보았다.

곽말약(郭沫若)은 기지(旣知)하는 바와 같이 1930년의 「중국고대사회연구(中國古代史 硏究」에서 정전제도를 부인하였던 것이나, 전후(戰後) 그의 십비판서(十批判書)(1945 중 경 발행)의 고대연구적자아비판(古代硏究的自我批判)에서 다음 4가지 이유를 들어 그의 견해를 정정하였다. 첫째 귀갑(龜甲)과 동기명(銅器銘)에 나타나는 전(田)의 자형(字形)이 비교적 후기의 것일수록 근사한 것은 다 같이 당시의 정상적인 토지구획을 모사(模寫)한 것을 의미한다는 것. 둘째 서주시대의 청동명(靑銅銘)에 경지(耕地)의 증여교환의 기록이 「전십(田十)」「전이십(田二十)」 등의 단위로서 다수 산견(散見)된다는 것. 셋째 시경(詩經) 좌전(左傳) 등에 보이는 남무(南畝) 동무(東畝) 등의 어의(語義)는 토지의 구형적인 구획 에 있어서 남북 우는 동서방향으로 뻗는 도로를 중심으로 한 표현이라는 것, 넷째 위엄(蔿 掩)의 「정연옥」(井衍沃) 이리의 「이위지방백리(以爲地方百里) 제봉구만경(提封九萬頃)」 상앙의 「괴정전(壞井田) 개천맥((開千陌)」 등의 기사는 모두 정전의 실재하였음을 시사하 는 것 등이 그의 추론의 근거이다. 곽은 그러나 정전(井田) 9 등분 구획의 중앙에 공전(公 田)을 두었다는 맹자의 의견을 배격(排擊)하였다. 맹자정전설의 방증(傍證)을 제공하는 시경의 「중전유여(中田有廬) 강장유과(疆場有瓜) 시박시저(是剝是菹) 헌지황조(獻之皇 祖) 증손수고(曾孫壽考) 수천지호(受天之祜)」의 문구 중 '중전유여(中田有廬) 강장유과 (疆場有瓜)'를 한시외전(韓詩外傳)이 정전의 상황을 설명하는 것으로 보아 공전에 팔가

(八家)의 여사(廬舍)가 있어 20무(畝)를 점유하였음으로 결국 팔가는 공동으로 80무를 경작하게 되어 800무의 10분지1의 요역을 제공한 것이라고 주석을 가한데 대하여 곽은 KALGREN씨의 석의(釋義)를 좇아서 려(廬)를 노(蘆)로 대치함으로써 그것을 분쇄하였다. 그는 또 주례고공기(周禮考工記)를 춘추시대에 있어서의 제국(齊國)의 관찬서(官撰書)로 추정하고 정전제도가 제국(齊國)에서 행하여진 것을 맹자가 전문(傳聞)하였으리라고 해석하였다. 그러나 그러한 정전의 실체는 어디까지나 맹자가 생각하는 것 같은 공사전의 구별이 있는 것이 아니고 다만 경계선을 가지고 구획된 경지였던 것이라고 단언하였다. 그에 의하면 이와 같이 구획된 경지는 제후백관(諸侯百官)에의 토지급여의 단위가 되는 동시에 일변에는 중인(衆人)·서인(庶人) 등 노예경작자의 노동을 관리하는 단위이기도 하였다. 이리하여 은주의 경지는 전부가 공전 즉 국유토지이며 은주의 농부는 노예였었다. 왕과 제후는 구획한 토지를 봉전(俸田)으로서 신하들에게 분여하고 또 노예를 분급하여 그 경작을 관리케 하였던 것이므로 아직 사전사유(私田私有)는 없었다. 경(卿) 대부(대부(大夫) 사(士)들이 그들의 관리하는 노예의 노동력잉여를 가지고 그들의 봉전, 즉 국유의 정전 외에 새로이 토지를 개간하여 사전을 그러한 형세는 철기사용에 의한 생산력의 발달에 의하여 더욱 조장되어 드디어 경 대부들의 부(富)는 공가(公家)를 능가하고 도처에 희극상의 풍조가 나다났다. 이리하여 이 사전의 중대는 또 노예의 시위를 농노 생산자 사병 심지어는 사(士)의 신분에까지 향상시켜 마침내 서주(西周)의 정전제도와 노예제도는 붕괴하는 것이니 노의 초세무(初稅畝)의 기사는 노공실(魯公室)이 그러한 현실을 인정하고 사전(私田)에 대한 일률적 과세로서 공실수입의 증가를 도모하려는 것이요, 상앙의 「폐정전(廢井田) 개천맥 開阡陌」은 정전제도의 폐기(廢棄)와 토지사유를 공인하는 중대한 전환을 의미하는 것이라고 곽은 보았다.

3.

이검농이 징, 조, 공을 경제발달에 조응(照應)하는 3단계로 설정하고 삼자를 일렬적으로가 아니라 병렬적으로 본 것은 하나의 탁견(卓見)이다. 더욱이 하, 은, 주에 관한 맹자의 설명을 인종적 또는 지역적 차로 해석한 것은 중요한 시사를 던지는 것이라 하겠으나 그러나 그것이 설득력을 가지기에는 너무나 문헌적 근거가 박약(薄弱)하다. 곧 하나의 착상에 불과하다 할 것이다. 양련승(揚聯陞)씨에 의하면 징자(徵字)에 대한 그의 고증만으로서는 그가 찬성하는 주희(朱熹)의 해설이 도론(導論)될 수 없다 한다. 요컨대 이검농은 맹자의 공전동양(公田同養)의 조법과 정전을 결부시키고 공전을 영주의 직영지(直營地) 사전을 농노의 보유지로 봄으로써 일종의 장원제(莊園制)를 발견하려는 것이라 하겠다.

다음 서중서가 전(田)의 어의를 수렵 또는 엽장의 뜻으로 국한한 것은 찬성할 것이 못된다. 비록 갑골문에 그러한 뜻으로 사용되었다 하더라도 언제까지나 농경 또는 농장을 의미하는 것으로 변천하지 말란 법은 없기 때문이다. 서(徐)가 은인(殷人)을 야 주인(周人)을 중국에 배치시킴으로써 조(助)와 징(徵)을 동시대에 시행된 것으로 본 것은 탁견이라 하겠으나 4와 그 배수, 5와 그 배수를 각각 은과 주의 계수관습으로 규정짓는 데는 좌전과 주례에 그 반증이 되는 계수계열(計數系列)이 발견되지 않는 것을 전제로 하여야한다. 요컨대 서(徐)는 정전과 조법을 은인(殷人)과 결부시키고 징을 주인(周人)의 제도로 보는 데는 이검농의 의견과 일치하나 경지의 9등분구획과 공전동양(公田同養)의 맹자식 정전을 인정하는데서 이와도 구별된다.

곽말약의 자아학설(自我學說)비판은 훨씬 논조(論調)가 치밀하며 많은 탁견(卓見)이 포함되어있다. 그가 9개방(九箇方)형식 경지구획이 제국(齊國)에서 시행되고 맹자는 그것을 전문하였으리라고 추정한다는 것은 제(齊)지방이 은의 고지(故地)라는 의미에서 이검농 서중서가 정전을 은과 결부시키는 것과 암묵의 상통점이 있다고 본다.

그러나 곽이 서주를 노예사회로 입증하기 위하여 공전동양의 사실, 환언(換言)하면 정전내에서의 공전에 대한 「사전」의 존재를 부인함으로써 경작자들을 농노가 아니라 노예의 지위로 추론한 것에는 아직도 충분한 증거가 결여되어 있다. 더구나 곽이 갑골문자의 「민(民)」「신(臣)」「중(衆)」 등의 자를 노예를 지칭하는 것으로 보고 은대를 노예사회로 추단(推斷)한데 대하여는 오늘날의 갑골문의 수준이 이를 간과하지 않을 것이다. 동작빈씨는 갑골문자가 벌써 원시적인 상형문자로 부터 상당히 진보된 문자이며 이러한 변천에는 또 장구(長久)한 시대를 경과하였던 것이므로 은대의 갑골자형이 그대로 은대사회를 반영하는 것으로 믿어져서는 않된다고 경고하고 있는 것이다. 이리하여 은주시대의 토지소유형태에 관하여는 아직도 많은 논전(論戰)이 필요하다.

이상 3인의 견해를 요약하면 결국 서언에서 이른바 종래의 전통적 견해의 제삼부류에 속한다 할 것이나 그것이 설득력을 가지기에는 아직도 일층의 고증이 필요하다. 이를테면 가설의 범위를 벗어나지 못하였다 할 것이나 좌우간 고대중국에 있어서의 혹종(或種)의 경지구획과 집권농장제도의 존재를 인정하는 방향으로 인도하는데 중요한 공헌을 한 논문들이라 하겠다.

사총(史叢) 제1집 고려대 사학과, 1955. 12

정 재 각 • 고려대교수

신라 규흥사(竅興寺) 종명문(鍾銘文) 초해(稍解)

본 종명석독(鐘銘釋讀)에 대해서는 이미 말송보화(末松保和)가 청구학총(靑丘學叢) 제 11호에 「일신라규흥사종명석문」(逸新羅竅興寺鐘銘釋文)이라는 제목으로 자세하게 천착되어 있고 그 위에 탈자(脫字)가 많으므로 이제 그 이상 검토해야 할 길을 거의 남겨져 있지 않다. 그러므로 여러 선행연구를 기초로 하여 여기에 약간의 본인의 의견을 덧붙여 볼까한다.

1. 소재

삼국사기(三國史記)나 삼국유사(三國遺事)에도 규흥사(竅興寺) 라고 하는 사찰이 존재했다고 하는 기록은 전혀 보이지 않는다. 그러나 그 분명한 종명(鐘銘)이 오늘에 남아있는 이상은 이 절이 있었던 것은 움직일 수 없는 사실이다.

대마도(對馬島)에서 발견된 이 종을 신라에서 만든 것으로 보는 이유는 이종에 새겨진 "대중□년병자팔월삼일(大中□年丙子八月三日 규흥사종성내의竅興寺鐘成內矣)"의 종명 (鐘銘) 때문이다. 대중(大中)은 당의 선종(宣宗)의 연호이고, 병자(丙子) 간지(干支)는 대중 10년에 해당하여 제작시기가 856년 신라 제 46대 문성왕(文聖王) 18년무렵으로 볼 수 있다.

여기에 대해서는 물론 여러 가지 고찰해야 할 방향도 있을 것이나, 잠시 오토오리하로오 (大通弘雄)씨의 설을 살펴보기로 하자.

「조선종고」(朝鮮鐘考)(『고고계』(考古界) 8-12)에서 다음과 같이 언급하고 있다.

「도대체 이 조선종은 어떻게 하여 일본에 전래되었는가.」라고 하는 대목 속에 신공황후(神功皇后) 정한(征韓)전쟁의 전리품 따위 등으로 말하는 심한 전래설 같은 것도 있으나 본인의 견해로는 이것은 아마도 왜구가 가져온 것이거나 임진난(壬辰亂)의 전리품일 것이라고 생각된다. 그러나 일본사를 살펴보면 삼한(三韓)의 조공품 속에 종(鐘)이 들어 있는 것이 보이므로 이것에 의해 전래된 것도 있을 수 있는 것이 아니겠는가 하고 생각된다.

예를 들면 다음과 같은 것이 있다.

「흠명천황이십삼년팔월(欽明天皇二十三年八月) 협수언고려이칠직장봉헌어천황(狹手彦高麗以七織帳奉獻於天皇) 이인갑이령금방도이구(以人甲二領金錺刀二口) 동루종삼구(銅樓鐘三口) 오색번이간(五色幡二竿) 미녀빈운운(美女嬪 云云)」

"이것이 오토오리하로오가 조사한 바로는 가장 오래된 것이라고 생각된다."라고 운운하고 있으나 원래부터 그와 같이 일거에 결정해야할 까닭이 없지만 적어도 이 종은 대개 그렇게 유래된 것이 아니겠는가 라고 하는 정도의 억측은 허용되어야 할 것 같다.

지금의 대마도 삼근향해신사(三根鄕海神社) 일명 목판팔번궁(木坂八幡宮)에 있었던 이 종의 행방에 대해서 깊은 관심을 가졌던 고전십랑(高田十郎)의 보고를 참조하여 인용하기로 한다. 고고학잡지 제21권 제11호, 내지 제22권 제2호의 「대마의 고금석문」(對馬 古金石文)조(條)에

"상략…이번의 여행에서 본인이 이곳을 방문한 주된 목적은 산일(散逸)한 보물 중 그곳에 있었던 "대중□년병자팔월삼일"(大中□年丙子八月三日)의 종명이 있는 조선종에 대해서 어떠한 지식을 얻고자 했던 것이었다. 5월 25일에 신사에 도착하여 그 날 오후부터 다음날 26일 아침에 이르기까지 보물배관의 배관을 대충 마쳤다.

궁사(宮司) 상정광무(上井廣戌)씨는 상경 중이었으나 녜선(禰宣) 시마이세이타로(島井淸太郎)씨 주전(主典) 시마이히사오(島居久郎)씨가 신사에 있었고 한결같은 호의로 편의를 제공해 주었다. 그러나 종에 대해서는 거의 얻은 바가 없었다.

시마이세이타로씨의 말에 따르면, "명치유신이 실행된 이후에 등씨(藤氏)라는 사람이 대마도총궁사(對馬島總宮司)가 되어 대마도의 모든 신사들을 통합하고 있었는데. 이 무렵 이종이 그 사람의 손으로 반출되었다는 것만 알고 있을 뿐 그 행방은 알 수 없는 채 주궤(鑄潰)되었을 것으로 생각된다."고 하여 현제는 행발불명이 된 사실을 알 수 있었다.

2. 종명의 사문

본 종이 없어진 이상, 사본 따위에 전폭적인 신뢰를 둘 것은 되지 못하나 불만족스럽지만 그 밖에 의지해야할 곳이 없는 것은 부득이한 일이다.

대일본지명사서(大日本地名辭書) 제2권 서국대마국하도(西國大馬國下島) 삼근향해신사조(三根鄕海神社條)에『기사운々(記事云々)』이라 하고 여기에 목판팔번(木坂八幡)의 사실(史實) 및 이 종의 종명(鐘銘)을 싣고 있다. 또한 그 원서에 게재된 종명문은 일본어로 해석한 것으로서 원의(原意)가 가려졌다고 하더라도 가감하지는 않았다는 것을 적고 있다.

원래부터 이 기사(記事)가 실린 대마기사(大馬紀事))라는 책은 그다지 중요하다고 간주되지 않아 말송보화(末宋保和)도 아직 보지 못한 책에 속한다고 한다. 말송보화(末宋保和)씨는 또 이 기사는 조선사편수회(朝鮮史編修會) 소장의 별본 대마기사(大馬紀事) 제11권의 사본과 같은 것으로 편수회소장의 「신사○문종악구등명」(神社○文鐘鍔口等銘)중에 나타나는 「봉군목판팔번궁종명」(峯郡木坂八幡宮鐘銘)의 사본과를 대조연구하고 있다고 하였다.

필자는 아직 이들 사본도 볼 기회가 없어 또한 천학초보인 점을 감안한다면 말송보화 이상으로 명문교정의 길을 진척시킬 수도 없으므로 말송보화의 검토시정한 명문을 토대로 하여 석독(釋讀)을 시도해 보고자 한다.

3. 석독(釋讀)

大中□年丙子八月三日竅興寺

鐘成內矣合入鍮三百五十廷

都合市一千五十石□□□□

初此願起在淸嵩法師光廉和上

願爲內木者鐘々施賜人乃見

聞隨喜爲賜人乃皆無上菩提

成內飛也

節縣令含梁萱崇□□□□□

□□時都乃□□聖安法師□□

上村主三重沙于堯王□□□

第二村主沙于龍河□□□

第三村主乃于貴珎□及午

大匠大奈末○○溫衾

1) 대중□년병자팔월삼일(大中□年丙子八月三日)

앞에서 말한 바와 같이 대중 다음의 결자는 십(十)의 자에 틀림없어 당의 선종 대중십년으로 신라 제46대 문성왕 18년 서기 856년이다. 규흥사도 앞에서 적은 바와 같이 소재와 유래는 일체 분명하지 않다.

2) 종성내의(鐘成內矣)

말할 것도 없이 이두를 섞은 것으로 성은 "되"라고 훈하고 내는 훈 "안" 음 "내안" 쪽을 이두로 사용할 때에는 위의 동사(動詞)에 가볍게 붙어서 대단한 의미를 갖지 않는다.

다음의 "의"(矣)는 "되", "의", "듀비"로써 이두에 쓰이나 한자(漢字) 그것만으로는 종지단정의 의미도 포함된다. 따라서 말송보화와 같이 성내의(成內矣)를 "된다"(되지만) 라고 읽는 것도 물론 가능하겠으나 또한 내(內)의 음 "내"를 이두로 사용하여 "의"는 그대로 종지의 의미로 사용하여 "된내라(되도다)"라고 읽을 수도 있는 것이다. 즉 강원도 오대산의 상원사(上院寺) 종기(鐘記)의 종성기지(鐘成記之), 경상북도 금천시 남면 오풍리의 갈항사탑기(葛項寺塔記;1916년 경복궁으로 이전)과 김천시 남면의 동삼층석탑기(758년)의 성재지(成在之)와 같은 종류의 의미가 아닌가 라고도 생각할 수 있다.

3) 합입유삼백오십정(合入鍮三百五十廷)

유(鍮)는 종의 재료의 하나를 나타내고 현재 한국인의 가정에서 사용하는 금속기는 대개 이 유기(鍮器)이다. 정(廷)은 고종(古鐘)에 나타나는 정(廷), 량(兩;兩重), 근(斤), 방(方) 등은 중량을 나타내는 단위이며 어떠한 비례관계에 있었는지는 알 수 없다. 어찌했던 량(兩:兩重)과 근(斤) 등은 현재의 한국인의 일상생활에서도 쓰이고 있다.

4) 도합시일천오십석□□□□(都合市一千五十石□□□□)

도합시(都合市)의 시(市)는 시(是)와 동음의 "시(市)"로서 시(市)는 "이"라고 훈하고 있다. 그러므로 도합시(都合市) = 도합시(都合是) = "도합이"라고 읽어 "모두"를 뜻한다.

일천오십석의 석은 경상남도 창녕읍 교리 탑금당치성문기비(塔金堂治成文記碑:810년)에 시식백이석(施食百二十石), 시식이천칠백십삼석(施食二千七百十三石), 입식구백오십사석(入食九百五十四石) 등에 보이는 석(石)과 같은 것으로 주로 식량의 곡물을 추량(推量)하는 것이 아닐까? 또한 삼국유사 4권의 양지사석(良志使錫) 조(條)에

「우상조전조일소탑(又嘗彫磚造一小塔). 병조삼천불(竝造三千佛.). ⋯⋯지금토인용상역작개용지(至今土人春相役作皆用之). 개시우차(蓋始于此). 상초성지비(像初成之費). 입곡이만삼천칠백석(入穀二萬三千七百碩) 혹운(惑云) 개(改) 금시조(今時租)」에서의 입곡이만삼천칠백석(入穀二萬三千七百碩)의 석(碩)은 석(石과 같은 중량의 단위며, 음 역시 "석"으로서 서로 통하는 것이 아니겠는가?

만약에 서로 같은 것이라는 억측이 허용된다고 한다면 삼국유사에 있어서와 같이 비용

(費用)을 가리키는 것이 아닐까? 즉 이 규흥사종을 제작할 때에 든 비용이 일천오십석 만큼의 곡물이 소비되었다고 하는 것이 아니겠는가?

여하튼 일천 오십석 아래의 4자가 빠져있으므로 명확한 것은 단정하기 어렵다.

5) 초차원기재청숭법사광렴화상(初此願起在淸嵩法師光廉和上)

"초차원기재(初此願起在)"에서의 재(在)는 자의(字義)와 같이 고대 이두법에서는 "견"이라 읽었다고 하는데(小倉進平의 「鄕歌及吏讀の硏究」), 기재(起在)는 "일으키기 견(:일으키는 것은)"의 뜻이다. 다시 말하면 이 원을 일으킨 것은 청숭법사 광렴화상이라는 뜻이지만 청숭법사 광렴화상이라는 두 사람은 아직도 어떠한 사람이었는지 소상하게 알려져 있지 않다.

6) 원위내목자(願爲內木者)

원(願)은 자의대로, 위내목(爲內木)은 이두에서 내(內) "안"은 이 경우 대부분 역할을 갖지 않는다. 목(木은) 등(等)의 속자로서 "든"이라고 이두하며 위거(爲去), 시거(是去) 등과 연결하여 「하거든」「이거든」「……한다면」「……라고 한다면」의 뜻을 나타낸다.

그러나 "든" 그것은 반드시 조건의 사(詞)「…한다면」만을 나타내는 어휘에 달라붙는 것은 아니다. "든"은 때때로 단(段)「…한 바의」의미에 회화적(會話的)으로 사용되어, 음으로서는 「단」보다 정당하다.

다음의 "자(者)"는 갈항사 석탑기에

「남자영묘사언숙적법사자자(娚者零妙寺言寂法師姊者) 조문황태후군매자경신태왕(照文皇太后君妹者敬信太王)」이라고 사용한 바와 같이 "자(者)"는 주격을 나타내는 "은" "이"에 해당한다. 조사는 "가"를 아래에 붙여서 읽는 것을 보통으로 하여 "자(者)"는 "자가" = "그것을" "그것이"와 같은 것이다.

말송보화는 「여기에서는 자의 음 "쟈"를 차용한 이두로 하는 것이 가능하지 않는가 어떤가 의문스럽다」라고 언급하고 있다. 그러나 이 조문의 해독에는 "자"의 존재를 무시하고

「원하옵건대(원하온다면)」라고 하여 읽을 수 있으나 물론 "쟈"의 음은 이두에 사용된다고는 생각할 수 없다.

또한 위내등(爲內等)「하압든」은 그것만으로도「…하신다면」보다도 차라리「…하고 있었던 바」의 뜻에 가깝고 더구나 주격을 나타내는 분명한 "자"의 글자가 밑에 붙어있는 이상, 여기서는 "원하압든 자"「원하고 있었던 바의 사람」이라고 읽는 것이 보다 온당하다고 할 것이다.

7) 종종시사인내(鐘鐘施賜人乃)

말송보화는 종종(鐘鐘)은 시와 더불어 자의대로라고 언급하고 있으나 일본어에서 자의대로라고 한다면 "ヅュヅュ", "イロイロ"의 뜻이 될 것이나 한국에서는 특히 그러한 뜻이 아니라 "종종"이라고 음독(音讀)하여「때때로」「여러번」을 뜻한다.

사(賜)는 음 "사"로 경어에 쓰이는 조사(助辭)로서 시사인(施賜人)은「시혜 받는 사람」이다. 내(乃)는 음 "내"이지만 이두에서는 "나"로 전음하여 쓰이고 위에 모음(母音)의 글자가 오는 경우에는 "나", 자음(子音)이 오는 경우에는 "이나"라고 읽어「그렇지만」,「…할 것인가, 또는」의 뜻으로 쓰인다.

8) 견문수희위사인내(見聞隨喜爲賜人乃)

견문수희(見聞隨喜)는 자의(字義)대로, 위사인(爲賜人)은「…해 주시는 사람」, 내(乃)는 앞줄의 내(乃)와 상대하는 자이다.

9) 개무상보리성내비야(皆無上菩提成內飛也)

개무상보리(皆無上菩提)는 자의대로, 성(成)은 "되다"라고 속훈(俗訓)되지만, 본래는 타동사「이룬다」라고 훈(訓)하는 까닭에 일본어에서는 만약에「보리가 되다」로 사용하지 않고「보리를 이루다」로 하는 것이 일반적이라고 한다면 여기서는 "되다"의 대신에 "이룬다"로 사용하지 않으면 안된다.

내(內)는 앞에서 말한 바와 같이 중대한 의미를 갖지 않는다. 단독으로 "나날"이라고 훈하는 글자 비(飛)는 이두에서도 그대로 "나 날"로서 사용된다.

야(也)는 "야"로 음독하여 야오 애라. "야"는 등으로 사용되나 일반적으로 "야(也)라"에 많이 쓰여서 종지(終止) 단정(斷定)의 뜻을 나타낸다. 마치 일본어의 "야(ナリ)"와 같다.

따라서 "야애"의 자음을 바꾸어 이두로 사용하는 것은 잘못된 것이다. 야("야 애")는 어디까지나 그대로 두고 어미 "라, 오"는 등을 붙여서 사용하는 것이다. 말송보화는 마치 야의 글자 그것이 "라, 로, 오" 등으로 변하는 것 같이 언급하고 있는 것은 무언가 잘못된 것으로 생각된다.

또한 말송보화는 야를 의문과 원망의 뜻으로 쓰인다고 하여 "일무안나(난)야"(이 때에는 "나"가 아니라 어의 기세로 "난"이 되어야 한다.)라고 읽고 있으나 이것은 야(也)가 야(耶)로 동음(同音)이 되기 때문에 틀린 것이라 볼 수 있다.

만약에 야(耶)가 아니라 야(也)의 글자를 사용하여 "일우안나(난)야"라고 읽을 수 있다고 하더라도 이것은 의문의 뜻은 내포할지언정 원망의 의미(이루어지이다.)를 가질 수 있는가 어떤가는 의심스럽다.

그러므로 총체적으로 무리가 되지 않는 해석을 내린다고 한다면 성내비야(成內飛也)를 "이루닌야(애)라" "…을 이루는 것 야"라고 해야 할 것이다.

10) 절현령함랑훤숭(節縣令舍梁萱崇)

절(節)은 말송보화도 언급하고 있는 바와 같이 여기서는 이두로서 시(時)를 나타내는 "지위"가 아니라 집사, 감독지휘, 명령의 절(節)이고, 같은 뜻을 갖는 것이 중초사지당간기(중초사당간기)의

「절주협황룡사 항창화상」(節州峽皇龍寺 恒昌和上) 조(條)에서 발견된다.

현령(縣令)은 삼국사기 권40 직관(職官) 하, 외관(外官)의 조에

「현령이백일인(縣令二百一人), 위자선저지지사창위지(位自先沮至沙滄爲之)」

라고 나와 있는 것이다.

함량(含梁)은 다음에 나타나는 삼중사간(三重沙干), 사간(沙干), 내간(乃干), 대내말(大奈末) 등으로부터 짐작하건대, 이것도 양휜숭 한 사람의 관명을 나타내고 있을 것이라고 생각된다. 그렇지만 삼국사기의 현령의 자격에 상당하는 관명 제17등의 선저지(先沮知: 造位)보다 8등 위의 사찬(沙湌: 薩湌) 중에는 여기에 상당되는 것이 발견되지 않는다.

말송보화와 같이 함(含)은 음 "함", 량(梁)은 명사 "돌보(○ギ)"를 뜻하기 때문에 "함"과 "들보"의 "들"을 합쳐서 "함들" 또는 이것보다 "한 달" 곧 대등(大等)이라고 해석하는 것은 너무나 지나친 해석이 되지 않을까?

11) □□시도내□□성안법사□□(□□時都乃□□聖安法師□□)

위의 두 글자가 결해 있으므로 어떻게 해석해야 할 것인가는 불명하다. 그러나 도내(都乃)는 앞에 소개한 상원사종명에 "도유내(都唯乃)"라고 있는 것과 같이 승관(僧官) 삼강(三綱)의 하나로서 사원의 건축이나 조율(造律) 등의 일을 관장하는 직함이다. 따라서 다음 두자의 결자는 아마도 도유내의 인명이 아니겠는가?

12) 상촌주(上村主) 삼중사간((三重沙干) 요왕□□□(堯王□□□)

상촌주(上村主)는 다음의 제이촌주, 제삼촌주와 상대하는 것으로 생각되어 연지사종기(蓮池沙鐘記)(833)에는「향촌주(鄕村主)」란 촌주 직명이 보인다.

신해년에 세운 문호왕 법민의 축남산성기(南山築城記)에도「군상촌주(郡上村主)」의 명칭이 보이고 있으나 삼국사기의 외관에는 촌주등이라는 명칭은 찾아볼 수가 없다.

그러나 鮎貝房之進의「잡고(雜考)」제2집 하(下)에는「일본의 한(韓), 신라(新羅), 임나(任那), 백제(百濟), 고려(高麗), 막진(漠秦) 등의 고훈(古訓)에 대해서」속의「마사오미(勝使主)의 촌주평(村主評:스쿠리 고오리)에 대하여」라는 글에서 마사오미(勝使主)가『신찬성씨록』의 고증을 통해「촌주는 수구리(須久理)라고 훈해야 한다.」는 견해를 인용하여 그 위에 기년(紀年)에는 다소의 상위(相違)가 있더라도 수구리(須久理)는 중국의 삼국시대부터 서진시대 경에 이르기까지 일본으로 귀화한 사람들의 이름위에 관하였던 것으로 온전히 한국어라고 단언하고 있다.

또한 점패방지진(鮎貝房之進)은 「사주(使主)는 후대의 군수 또는 현령과 같은 것으로 『신찬성씨록』에 따르면 번별(蕃別)의 직호(職號)로서 사주(使主), 촌주가 있는데, 그 중에서도 가장 많은 것이 촌주로 사주(使主)의 하역(下役)이 되는 것이다.」라고 언급하고 있으나, 지금 만약에 위의 고증이 옳다고 한다면 촌주라는 직함은 사주「후대의 군수 혹은 현령」의 하역이므로 오늘날의 면장 직위에 상당하는 것이 아니겠는가.

또한 상(上)이라든가 제이(第二)라는 것은 어떠한 것을 표준으로 하여 붙여진 순번인지는 알 수 없으나 만약에 억측이 허용된다고 한다면, 혹은 이 규흥사에 있어 이 종이 이루어짐을 기원하거나 조력한 부락의 장 곧 면장이라고 하는 것이 아니겠는가?

사간(沙干)은 신라 17관등의 제 8번째의 관호로서 그 삼중사간(三重沙干)이라고 하는 것은 보이지 않으나 아찬(阿餐)이 중아찬(重阿餐)에서 사중아찬(四重阿餐)까지, 내마(奈麻)가 중내마(重奈麻)에서 칠중내마(七重奈麻)까지의 단계가 있는 것과 같은 예일 것이다.

요왕(堯王)은 인명 아래의 3자 결자는 성안법사 아래의 2자의 결자와 같이 원래부터 빈 공간이었을 것이라고도 생각할 수 있다.

13) 제이촌주사간용하□□□(第二村主沙于龍河□□□)

제이촌주사간용하(第二村主沙于龍河)에서 용하(龍河) 인명. 아래의 3자도 필시 빈 공간일 것이다.

14) 제삼촌주내간귀진□급오(第三村主乃于貴珎□及午)

제삼촌주내우귀진□급오(第三村主乃于貴珎□及午)에서의 내간(乃于)은 아마도 관명일 것이나 어디에 상당하는 것인가에 대해서는 자세히 알 수 없다. 귀진은 인명이고, 그 아래의 □급오(□及午)는 불명이다.

15) 대장대내말○○온금(大匠大奈末○○溫衾)

대장대내말○○온금(大匠大奈末○○溫衾)…… 대장(大匠)은 "대장"에서 전음(轉音)하여 "대정"이라고 부르며 주물사(鑄物師)를 뜻하는 것은 틀림없다. 대내마(大奈末)는 신라의 제10번째의 관위. ○○은 어떠한 글자를 나타내는가 명확하지 않으나 그 아래의 온금(溫衾)과 같은 인명을 뜻하는 것으로 생각된다. 다만 온금 위의 두 결자는 온금과 합하여 성명 4자의 한사람의 이름을 나타내는지도 알 수 없으나 필시 두 사람의 이름일 것이다.

끝으로 이상의 명문을 통석해보면 아래와 같은 것이다.

대중십년(大中十年:856) 병자팔월삼일(丙子八月三日) 규흥사((竅興寺)의

종이 완성되었도다(완성되었으나). 합입유(合入鍮) 삼백오십정(三百五十廷),

모두 일천오백석의 입곡(入穀)의 비용이 들었도다

처음 이 원(願)을 일으킨 것은 청숭법사(清崇法師) 광렴화상(光廉和尚)이다.

이 종이 이루어지기를 기원하여 자주 보시(布施)하는 사람도 견문수희(見聞隨喜)하는 사람도 모두 무상의 보리(菩提)를 성취시킬 지어다.

총감독역 현령 함량(含梁) 훤숭(萱崇)

……도유내(都唯乃)……성안법사(聖安法師)……

상촌주(上村主) 삼중사간(三重沙干) 요왕(堯王)……

제이촌주(第二村主) 사간(沙干) 용하(龍河)……

제삼촌주(第三村主) 내간(乃干) 귀진(貴珎)……

① 주물사(鑄物師) 대내마(大乃麻) ○○온금(溫衾)

남사 정재각 선생님의 경성제국대학 재학중 논문

The History of Japan

by Kenneth Scott Latourette

저자 Latourette씨로 말하면 현재 예일대학의 전도학 및 동양사학교수로서 1921년 이래 근무하고 있으며 그간 미국 뱁티스트 교회 해외전도협회 회장 미국역사학회 회장 종교도서관 관리원 일본기독교대학재단의 회장 등 요직을 겸무하였고 그 이전에도 재중국 예일대학분교강사로서 다년간 중국에 재주하였으며 지금은 동예일대학 원동(遠東)연구회 회장으로서 활약하고 있는 미국 동양학자 중의 중진(重鎭)이다. 저자로서 「중국에 있어서의 기독교전도사」「기독교발전사」「원동소사」(遠東小史)「중국인, 그 역사와 문화」 등등이 있고 Webster's New International Dictionary 재판본에서는 중국항목의 집필을 담당하였으며 Encyclopaedia Britanica의 최근판본에서도 동중국항목(同中國項目)의 집필자이다.

1938年 그가 중국정부로부터 훈장을 수여받은 것이 그의 이러한 다년간의 중국연구의 공적을 찬양한 것이며 그의 전게서 「중국인, 그 역사와 문화」는 동양사학의 명저의 하나로서 오늘날 높이 평가되고 있는 것이다. 지금 여기에 소개하고자 하는 것은 저자가 일즉이 「일본의 발전」이라는 제목으로 출판한 것을 그 뒤 개정, 증보, 개제한 것의 제3판째인 1957년 판본 「일본사」이다.

이 책에서 Latourette박사는 일본의 지리적 환경과 신화적 시원(始原)으로부터 비롯하여 최근까지의 역사를 서술하는 가운데 불교의 전래(552. A. D), 막부정치(1192~1853), 고대문화, Perry의 내방, 내부변혁시대(1853~1894), 세계열강으로서의 일본(1894~1937), 중일전쟁으로부터 1945년 8월 15일까지 일본의 내부발전, 동부아시아 및 서부태평양의 지배기도(1937-August 1945), 패배와 점령하의 일본, 독립의 재획득과 미국에의 속박 등등 15장의 목차로 나누고 있으며 부록으로 일본사의 중요연대표와 중요영문참고서를 소개하고 마지막의 색인으로서 중요사항의 편람(便覽)에 이바지 하고 있다. 저자가 정치, 경제, 종교사회, 문화 등 광범위한 사실의 단편들을 교묘히 연결하여 하나의 조감적인 유기적 전체를 구성하는데 보여준 탁월한 수법은 이미 「중국인, 그 역사와 문화」가 증명하는 바와 같거니와 본서에서는 특히 명치유신(明治維新) 이후의 서술에 전체의 ⅔의 비중인 190페이지를 할당하여 일본인구팽창, 무역의 발전, 재벌 특히 삼정 독점자본의 분절, 제2차대전의 경과 등에 풍부한 도표를 인용하고 라디오 시네마 신문으로부터 일본의 야구, 수영 등등 스포츠에 이르기까지 또는 우리나라의 평화선문제에 이르기까지 상세한 자료를 구사하여 일본 현세의 전모를 약여(躍如)하게 만들고 있다. 종교 특히 기독교와의 관계에 주의를 게을리 하지 않았을 뿐 아니라 일정시의 우리나라 기독교계학교에 대한 일본인의 특별한 경계에 까지 언급하고 있는 것은 저자가 과거 뱁티스트 교회에 종사하였으며 현재도 전도과목의 교수인 것에 상도하면 별반 놀라지 않을 것이다. 다만 일본사의 시대를 구분하는데 있어서 상기한 목차가 보여주는 바와 같이 저자는 혹은 문화적 현상 혹은 정치적 현상 혹은 사회적 현상 등 오죽 그 시대의 주목할 만한 특징을 혼거(混擧)함으로써 문화사적 견지, 정치사적 견지 혹은 사회구성사적 견지 등에서 어느 하나의 일관적인 시대구분을 하지 않았으니 그러한 견지를 고집하는 입장에서 본다면 이론의 불투명 조직의 부치밀(不緻密) 등의 불만이 있을 것이다. 이밖에 유감은 동서(同書) P.124에서 한국이 과거에 일본과 중국의 권위를 동시에 인정하였다는 기술과 동부록(同附錄) 연대표에 소위 싱공황후(神功皇后)의 신라원정을 기입한 것 등은 확실히 저자가 일본인의 저술을 무비판 인용한 서양인의 저술만을 불용의하게 원용하고 관계상대국인 한국의 재료 또는 한국인의 저술을 고증하지 않았다는 사가로서의 치명적인 소홀에서 오는 오류가 있다는 점이다. 끝으로 또 한가지 동서 P.19, 522년 불교의 일본전래에 있어서 불승이 중국으로부터 직접 일본으로 도래하여 불교를 천황에게 권하였다는 기술은 어찌된 단언인가? 522년은 동서목차에 있는 522년의 오사(誤寫)라고 하여도 이 해는 백제 성왕(聖王)이 일본 흠명천황(欽明天皇)에게 불상(佛像), 불기(佛器), 경론(經論) 등을 보내어 불교의 신앙을 권장한 해로서 일본의 학자들도 비록 그 적확한 연도에는 약간의 이론이 있지마는 불교가 공식적으로는 백제 성왕으로부터 전하여 왔다는 사실에는 일치하고 있거늘 저자는 어떠한 근거에서 중국 불승이 직접 전하였다고 단정하는 것일까? 종교의 전래라는 중요한 문화사적 사실에 관한 종래의 정설을 종교관계사의 권위인 저자가 일언으로 뒤집어엎은데 대한 상당한 근거를 알고 싶어하는 것은 비단 필자 일인만이 아닐 것이다.

《사총》제 3집 고려대 사학과 1958. 11. 1957년 개정판

정 재 각

정통사상에서 본 중국민족의 형성과정
-중국정통론에 대한 일시각(一視角)-

1. 복합민족으로서의 중국민족

우리가 중국이라고 부르는 지역은 실제로는 하나의 대륙적인 면적을 가지고 있다. 구라파(歐羅巴)가 4,100,000평방마일, 북미합중국이 3,615,000평방마일인데 비하여 중국이 3,705,400평방마일이고 보면 그러한 주장이 조금도 과장이 아닌 것을 알 수 있을 것이다. 따라서 이러한 광대한 지역에서 오직 단일순혈(單一純血)의 민족이 거주하고 단원의 문화를 향유하고 있다고 상정한다면 그것은 오히려 부자연스러운 것일 수밖에 없다. 일찍이 주로 서양인들에 의하여 제기되었던 중국민족 서방기원이나 인도 또는 서남방기원론(西南方起源論) 등은 다소간 그러한 발상을 전제로 하는 것으로 볼 수 있을 것이다.

주지하는바와 같이 중국에는 이미 구석기시대부터 인류가 생존하여 서로 문화적 영향을 수수(授受)하고 있었다는 것을 상도(想到)한다면 그러한 조급한 결론들은 내려지지 않았을 것이라는 말이다.

역사상 중국문화의 요람지는 이른바 중원 즉 황하중류역의 하천분지와 그 충적평야, 더 자세히는 위수유역(渭水流域)의 섬서(陝西)중부, 산서(山西)남부, 하남북반부(河南北半部), 하북남부(河北南部) 및 산동서부에 걸치는 일대라고 한다. 원중국인의 최고유적지라고 하는 하남성 승지면 라앙소촌도 이 중에 포함되어 있으며 대략 B.C 6,000년 내실 3,000

년 전의 것으로 추정되고 있다. 또한 중국사상 최초의 삼왕조도 모두 이 지대에서 일어났으며 이러한 문화들이 진한의 대통일을 계기로 이른바 중국문화로 통합된 것이라고 보아진다. 그러나 장광직의 이해(理解)에 의하면 중원도 중국문화의 유일한 조상이 아니라 많은 공헌자중의 주요한 것의 하나에 지나지 않는다는 것이며 상문화(商文化)의 환경만 하더라도 이제(李濟)나 릉순성(凌純聲) 등에 의하면 다원적기원을 가지는 것이라고 한다. 왕국유(王國維)의 은·주간 정치문화의 현격한 차이를 지적한 「은주제도론」(殷周制度論)이나 전사년(傅斯年)이 은을 동이족, 주를 하족(厦族)으로 보는 「이하동서설」(夷夏東西說) 등도 따지고 보면 이러한 문화적 종족적 다양성에 착안한 주장이라고 보겠다. 주에 들어와서는 그 영역의 확대와 더불어 종족의 혼입은 더욱 활발하여 성왕으로부터의 약 40년간을 제외하고는 줄곧 이른바 융적들의 핍박을 받아서 마침내 동천을 하지 않을 수 없게 되고 춘추전국시대에 이르기까지 이러한 사태는 더욱 격화되었던 것이다.

　홍매(洪邁)의 객재수(客齋隨) 등에 의하면,

「成周之世 中國之地最狹. 以今地理考之 吳越楚蜀閩皆爲蠻 淮南爲群舒 秦爲戎 河北眞定中山之境乃鮮虞肥鼓國. 河東之境有赤狄, 里民, 留吁, 鐸辰, 潞國, 洛陽爲王城而有揚拒, 泉皐, 蠻民, 陵渾, 伊雒之戎 京東有萊牟介莒皆夷也 杞都雍丘今汴之屬邑, 亦用夷體. 邾近於魯亦曰夷 其中國者獨晋衛齊魯宋鄭陳許而已 通不過數十州 蓋於天下特五分之一耳」

라고 기술하여 당시 상황을 잘 묘사하고 있다. 춘추전국시대에 화려한 이름을 남긴 오(吳)·월(越)·초(楚)·진(秦)·연(燕) 등은 아직 「중국」속에 끼이지도 못한 이적(夷狄)이었던 것이다. 뿐만 아니라 후세의 기록이긴 하지만 이미 Richthohen도 주목한 바 있는 북사(北史)97우전전(于闐傳)의 「자고창이서제국등심목고비(自高昌以西諸國等深目高鼻) 유차일국모불심호(唯此一國貌不甚胡) 안유화하(顔類華夏)」라든지 진서(晋書) 107의 오호난(五胡亂)에 언급한 「사자20여만(死者二十餘萬)…어시고비다수(於是高鼻多鬚), 지유람사자반(至有濫死者半)」이라는 기사에서 보듯이 이들이 심목고비(深目高鼻)한 특징을 가지고 있어 반드시 mongoloid가 아닐런지도 모르는 인종까지도 포함하고 있었던 것이다.

　이렇게 하여 중국인의 혼혈의 도(度)는 이족(異族)들의 중국내 침투혼거(浸透混居) 또는 정복에 의하여 시대가 갈수록 더욱 진전 확대되고 국(國) · 장(藏) · 만(滿) · 몽(蒙) · 한(漢) 등 오족협화(五族協和)를 내세우는 금일의 중국에서까지 끊임없이 전개하고 있다. 단적으로 말하여 오늘날의 중국민족은 결코 한민족이나 일본민족처럼 혈통의 순도가 높은 민족이 아닌 것이다. 장병린(章炳鱗)의 다음과 같은 설명이 그러한 개념에의 접근에 자못 도움이 될 것이다.

　「說者曰 中國云者, 以中外別地域之遠近也. 中華云者, 以華夷別文化之高下也. 卽此以言則中華-名辭, 不僅非-地域之國名, 亦且非-血統之種名, 乃爲-文化之族名. 故春秋之義, 無論同姓之魯衛, 異姓之齊宋, 非種之楚越, 中國可以退爲夷狄. 夷狄可以進爲中國, 專以禮敎爲標準, 而無有親疏之別. 其後經數千年, 混雜數千百人種, 而其稱中華如故, 以是推之, 華之所以爲華, 以文化言可決知也.」

　전통 중국인이니 이적이니 하는 호칭은 종족의 구별이 아니고 문화의 구별에 지나지 않는다는 말이다.

　그러나 다시 한 번 생각하면 중국민족이라는 실체가 성립되지 않는 것처럼 표현하는 장씨의 의견도 또한 과언일 수밖에 없다. 우리가 민족이라는 개념을 공동의 지역, 종족, 언어, 풍습, 정치, 경제 등 유대를 기반으로 하여 역사적으로 형성된 공속의 의식을 가진 하나의 영속성 있는 집단으로 잡는다면 이러한 개념에 대체로 해당하는 집단은 적어도 이른바 한민족이라는 공동체로 볼 수 있을 것이다. 통칭 「한민족」을 중국민족의 중복개념으로 볼 때 물론 이것 또한 많은 근원으로 부터 나온 다양한 종족 내지 문화의 역사적 통합체이긴 하지만 적어도 우리가 「미국민족」을 상정할 때 느낄 수 있는 저항감은 없는, 보다 통합성 있는 집단을 느낄 수 있을 것이다. 미국의 경우 비록 먼 장래에는 하나의 미국민족이라고 불리 우는 공동체가 형성될지라도 적어도 현재로서는 세계각처로부터의 흑백황색(黑

白黃色)의 각인종과 각 민족들 들이 비록 대량생산이나 대중매체의 발달로 특징 지워지는 미국문화 속에 공존하면서도 각자 따로의 언어와 풍습은 유지하고 있어 그 융합성 보다는 잡다성을 더욱 돋보이게 하고 있는 상황이다. 여기에 비하면 한민족은 비록 아직도 방언 이상의 언어차이나 지방색 이상의 풍습차이 등 미용해(未溶解)의 덩어리가 처처(處處)에 없는 것은 아니나 장구한 시간 속에 이루어진 혈통과 문화의 혼합이 보다 통합 면을 돋보이게 하고 있다는 말이다. 곧 중국민족은 성립하고 있는 것이다. 중국민족이 표현한 것이 곧 중국문화이고 보면 정통사상이라는 것도 그러한 문화의 하나다. 이 정통사상을 그러한 중국민족의 복잡성 혼합성을 발판으로 하여 접근해 보고자 하는 바이다.

2. 정통론의 변천

중국인의 정통론에 관하여는 이미 다수의 논저가 있고 특히 양계초(梁啓超)는 집요하게 이를 분석·비평하고 있다.

양씨는 역대의 정통론을 대체로 다음과 같이 분류·요약하고 있다.

1. 통치하는 지역의 광협(廣狹)을 가지고 정통 비정통을 정하며 전국을 통일한 자는 어떤 자이건 이를 정통으로 치는 자.
2. 존속기간의 장단을 가지고 정부를 정하되 비록 전국을 통일한 자라도 존속이 오래지 못한 자는 정통으로 보지 않는 자.
3. 전왕조의 혈통을 이은자를 정통으로 치고 기외(其外)는 모두 위통(僞統)으로 한 자.
4. 전왕조의 수도를 그대로 건속(健續)수도로 삼는 자는 정통으로 하고 기외는 모두 위통으로 한 자.
5. 하나의 왕조를 정통화하기 위하여 그것이 물려받은 전 왕조까지도 정통으로 삼는 자.
6. 중국종족은 정통으로 하고 기외는 위통으로 잡는 자.

이상의 요약에 이은 평에서 그는 그 어느 것 하나도 중국역사를 전후모순없이 설명한 것

이 없으며 모두 자가당착에 빠진 것이라고 혹평했다. 다만 여섯째의 조건만이 약간 「정」의
의미에는 부합되나 그것 또한 「통」의 의미에는 결함이 있다고 했다.

그리고 이러한 허망한 논리의 유희들이 사가들에 의하여 오랫동안 진지하게 행해져 왔
다는 것은 중국구사가들의 하나의 수치이며 그러한 현상은 첫째로 당대왕조의 군신들이
자국을 높이고 타국을 낮추려는 사심의 발동에서 나왔고, 둘째는 고루한 사문자들이 무릇
제왕은 신성한 것이며 그러한 신성한 존재는 천하에 일시라도 없을 수 없고 또한 동시에는
공존할 수도 없다는 그릇된 경의의 해석에 기인하는 것이라고도 했다.

양씨가 지적한 후자에 있어서의 경의의 해석문제는 차치하고 우선 제일의 독기는 일차
수긍이 가지 않는 것은 아니다. 그러나 그렇게 정통론이 집요하게 대두되는 이유를 다만
역대지배자들과 그 신하들의 한갓 사심 때문으로 집약하는 것은 지나친 단순화라 할 것이
다. 보다 기본적인 원인은 역사의 배경이 되는 중국적인 환경과 그것에 대한 중국인의 자
의식에서 찾아야 할 것이다.

이미 언급한바와 같이 중국은 그대로 하나의 대륙적인 국가이며 서부와 북부 · 서남부
등은 모두 대사막 대산맥으로 포위되고 동부 및 동남부는 해양으로 구획되어 그 가운데 화
북 화남 등의 대평야가 전개되고 있는 문자 그대로 「천도지방」을 느낄 수 있는 하나의 「천
하」인 것이다. 다시 말하면 중국인이 사용하는 「천하」라는 말은 단순한 백발삼천척(白髮
三千尺) 식(式) 과장이거나 무의미한 수식어가 아니라, 지형상 여타세계로부터 고립 봉쇄
된 광대한 공간에 대한 나름대로 실감되고 공감된 표현이라는 말이다.

이와 같은 천하적 무대에는 고래로 무수한 종족들이 등장하여 각기 주인공의 위치에 오
르기 위하여 끊임없이 각축을 벌여 왔고 또한 그러한 지배자들은 자연히 자신을 정당화하
는 대의와 명분을 필요로 했다. 또한 그러한 지배를 유지하는 체제도 요청되었을 것이다.
그것이 곧 천자사상이요, 그것을 더욱 정연하게 이데올로기화한 것이 유교이다. 유교의
교학에 의하여 사회는 위로부터 아래까지 빈틈없는 하나의 질서로 조직되는 것이다.

그러나 만일 이러한 이데올로기로 무장된 지배자들이 복수로 나타나서 패권을 다투게
될 때 거기에는 일종교통정리의 필요가 생기는 것이며 교통정리에는 또한 규칙이 필요하

게 된다. 그러한 교통규칙을 유교철학의 테두리 안에서 찾아보려는 것이 바로 정통론이다. 그것은 결코 양계초(梁啓超)가 개탄하는 것처럼 노예근성의 사가나 고루무식(固陋無識)한 선비들의 부질없는 말장난이 아니다. 도리어 그것은 중국적인 천하국가라는 환경에서 중국적인 역사와 유교철학의 배경에서 자연스럽게 나올 수 있는 하나의 착상이라는 말이다.「천무이일(天無二日)이오 민무이일(民無二日)」이라는 생각은 소박한 고대 중국인에게 자연히 떠오를 수 있는 하나의 기준이라는 말이다. 이러한 것은 이미 서양학문에 깊은 이해가 있고 중국이 결코 천하가 아니라는 지식을 갖고 있는 양계초로서는 그대로 납득하기 힘들었을 것이기는 하다.

정통사상이 소한시대와 같이 단일지배자가 통일을 이룩하였을 때에는 오행상극 오행상생 등 이른바 오운설(五運設)이 조용하게 유행하다가도 일단 난형난제(難兄難弟)의 노력들이 천하통일을 위하여 뜨거운 경쟁을 벌일 때에는 논쟁 또한 치열하게 되는 것이니, 위(魏), 촉(蜀), 오(吳)의 삼국시대가 바로 그것이다.

지배자의 도읍이 전왕조의 구도(舊都)에 의거해야 한다는 기준(基準)을 주장하는 자는 위(魏)를 정통으로 하고, 지배자의 혈통이 전 왕조에서 유래해야 한다고 우기는 자는 촉을 정통으로 주장했다. 전자에 가담한 자는 진수(陳壽)와 후의 사마광이고, 후자에 찬성한 자는 습착치(習鑿齒)와 후의 주희(朱熹) 등이었으니 모두 각자의 이해관계에 따른 소견이었던 것이다.

정통론이 가장 활발하게 논쟁된 것은 어느 때보다도 중국문화의 본체유지가 위기에 처한 송대였던 것이니 전통적 군신관은 이미 분분한 오대로부터 땅에 떨어지고 바야흐로 문화근거지인 화북은 요금(遼金) 등 새외민족에 번갈아 점령당하고 마침내는 전국이 몽고민족에게 정복당하는 한민족의 심각한 운명의 시대였다. 이러한 내외적인 위기의식에 촉발되어 지식인의 활동은 더욱 광채를 발하였고, 이른바 난신적자(亂臣賊子)를 필주한다는 춘추학이 송대 경학의 주류를 이루고 사서의 저작도 대성황을 이룬다.

이러한 가운데 구양수(歐陽修)를 비롯하여 전기한 사마광, 주희, 장망지(章望之), 소동파(蘇東坡), 장방평(張方平), 진사도(陳師道) 등의 인사들이 정통론을 활발히 전개하였던 것이다. 주자의 통감강목(通鑑綱目)이 나온 뒤로 원·명·청에 이르기까지 주자의 정통론이 주자학의 권위가 살아 있는 동안 유력하게 유행했으나 그러나 화이를 준별하려는 주자의 기도는 반드시 성공하지는 못하였다. 그가 정통으로 세운 오대가운데는 그가 차별하려고 하는 사타이족(沙陀夷族)(서돌궐(西突厥)의 일종)의 국가, 후당, 후한, 후보들이 포함되어 있었던 것이다.

송을 이은 원대에서도 요(遼)·금(金)·송(宋)의 삼사편찬(三史編纂)에 직면하여 또한 정통논쟁이 잡다하였으며 주자학설을 따른다고 하는 원말명초입 양유정(楊維楨)이 도통(道統) 치통(治統)이라는 신설을 세워 양설이 일치하는 곳이 곧 원이라고 하여 원의 정통을 합리화하고 그것은 요·금은 배제하고 남송을 계승해야 한다고 주장했다. 또한 청대에도 주자설에 의거한다고 하는 억비역대통감집참(抑批歷代通鑑輯覽)이 나왔으나 다만 오대의 정통은 무시하고 여전히 원의 정통은 인정하는 등 주자의 화이차별주의의 정통론은 처음부터 끝까지 용두사미(龍頭蛇尾)격이 되고 말았던 것이다.

명대에 들어와서는 일시 방효유(方孝孺), 양신(楊愼) 등에 의하여 더욱 철저하게 이적(夷狄)과 여후 등의 왕조를 배제하여 원대까지도 정통으로 인정하지 않는 이론이 나왔으나 결국 그것은 원대에 한족이 철저히 탄압 당한데 대한 하나의 반동이었을 뿐 후속추종자는 없었다.

청에 의하여 명이 멸망되자 청초의 학자 왕부지(王夫之)는 드디어 정통론 자체가 무의미하다는 것을 공언하지 않을 수 없었던 것이다.

이상에서 열거한 바와도 같이 정통론은 시대에 따라서 또는 논자에 따라서 그 내용은 다양하나 그 대부분은 오직 그 논자가 속해 있는 왕조가 정통임을 합리화하자는 노력의 표현이었다. 그러나 그 어느 것도 설득력은 가지지 못하였다. 또 일부에서는 화이차별을 기준으로 논리를 전개하려는 기도가 있고 특히 송·명과 같이 한족정권의 권위가 극도로 실추했거나 붕괴된 상황 뒤에는 자못 선명한 색채로써 그것을 나타낸 논리도 없지는 않았으나 그 자체부터가 모순을 노정하여 일관된 타당성을 인정받지 못했다. 뿐만 아니라 그런 것들이 주장되던 그 동시대에서 조차도 그 반대론이 속출 한 바도 있었으니 기술한 삼국시대는 물론 남북조에서도 남조가 북조를 삭로(索虜), 북조는 남조를 도이(島夷)라고 하여 상호 그 정통을 인정하려고 하지 않았던 것이며, 그러한 북조의 사관이 대개 한인이었던 것이 주목된다. 송 대에서도 역시 한인인 금의 사관은 주자의 남송을 위조로 불렀던 것이며 내릉호차즉에 의하면 청조의 황문양(黃文暘) 같은 학자는 북송·남송을 모두 정통으로 인정하지 않으려 했다고 한다. 이렇게 화니 이니 하는 차별감정이 비록 일부수사자들의 심저에 깔려 있었다고 하더라도 그것은 기본적으로 문화적인 선진과 후진의 차별감이지 민족적 차별감이 아니라는 것은 이미 수차 언급한바 있고 또 한유(韓愈)의 원도에「공자지작춘추야 제후용이례칙이지 진어중국칙중국지」(孔子之作春秋也 諸侯用夷禮則夷之 進於中國則中國之)라고 표현된 바에도 명확하다.

이렇게 중국과 이적과의 차별감이 주로 문화적인 차이에 바탕을 두고 종족 내지 민족적 차이에서 일어나지 않았다는 것은 기술한 바와 같이 중국이 장구한 기간 잡다한 종족들의 혼혈융합의 과정을 거쳐 민족형성을 이룩해왔으며 그것은 곧 생물학적 존재로서의 중국 민족이 이미 잡다한 유전인자의 POOL로 이루어져 있다는 것을 의미하기 때문에 국내에 침투 건국한 이적들에 대한 생물학적인 거부감은 희박해 진다는 뜻이다.

따라서 중국에서의 이른바 오호십육국(五胡十六國)시대 내지 남북조시대의 소위 침투 왕조라든지 요·금·원 등의 정복왕조가 군림했을 때라도 거기에 발생하는 마찰은 기껏 해야 혼합화 내지 융합도가 덜 진전된 쪽과 더 진전된 쪽과의 마찰을 의미할 뿐이다. 따라서 결코 한국인과 일본인이 몽고의 침략을 당했을 때나 한국인이 일본침략을 당했을 때 느끼는 심각한 위기감이나 거부감과는 질적으로 같지가 않다는 말이다.

중국사가들이 그들의 역사상에 출몰한 수많은 이적왕조들을 거리낌 없이 정통왕조로 편입 추재(推載)하고 있다는 사실은 이러한 시각에서도 이해할 수 있다고 본다.

경성대학교 중국문제 연구원 중국문제연구 제3집, 1990년 12월

정 재 각 • 경기대학교 교수

한국사상(韓國史像)의 문제

　사람의 언동(言動)은 표면의식의 판단에 의한 것이기 보다는 자신도 모르는 잠재의식 (潛在意識)에 그 동기를 가지고 있다는 것이 심층심리학자(深層心理學者)들의 주장이다. 자신에 대한 자기평가의식(自己評價意識)도 그 예외는 아니다. 사람은 누구나 다과(多寡) 간에 자기평가를 하고 있으며 그것은 논리적이며 객관적이라기보다도 오히려 잠재적이며 주관적인 심리에 뿌리를 박고 있는 것이기 때문에 정신분석 방법을 쓰지 않고서는 이를 밝 혀낼 수 없는 것이다. 한 개인이 자존망대(自尊妄大)하는 우월의식을 가졌거나 혹은 그 반 대로 자경덕기하는 열등의식을 가지고 언동하는 것은 우리가 일상생활에서 흔히 목도하 는 현상이다. 개인이 언신(言信)을 과대하게 자만하거나 혹은 그 반대로 과소하게 비굴감 을 가지고 언동할 때에 그 영향은 개인에게 국한되거나 기껏 하여 그 가족의 대사회관계에 불편을 주는 정도이다. 그러나 한 민족이 그러한 심리를 가지고 있다고 하면 그것은 그 민 족전체의 운명에 영향할 뿐 아니라 오늘날과 같은 지구촌시대에는 그 파문은 더욱 광범위 하게 파급될 것이 분명하다. 융(C. G. Jung)에 의하면 민족도 공통적인 잠재의식을 가지고 그것이 때에 따라 표면적인 언동으로 노출된다는 것이다. 의식의 심층에 숨어 있는 이와 같은 잠재의식이 어떻게 조성되느냐에 관해서는 학자에 따라 약간씩 의견을 달리하고 있 어 혹은 후천적인 경험에 의하여 만들어진다고 하며 혹은 조상 때부터의 유전이라고도 하 며 어떤 이는 인류의 발생 때 까지 그 유시(遺侍)의 기원을 소급시키기도 하나 공통된 것을 생활의 경험에 의하여 부지불식간에 의식의 저변에 깔린 것이라는 점이다. 아무튼 사람들의 자신의 언동이 자신의 표면의식의 판단에 의한 것이기 보다는 잠재의식의 작용에 더욱 의존한다는 것을 알면 놀라지 않을 수 없을 것이다.

역사적 현상도 이러한 시각에서 설명해 볼 수도 있다. 제 2차 대전 때 독일인이 전연합군을 상대로 6년간이나 분투한 저력을 발휘한 원동력은 독일인의 자부심이었다. 즉 인류 중에서 가장 우수한 것은 아리안족이며 그 중에서도 독일인이 최우수민족이라는 나치즘의 주장에 국민들의 마음이 쏠렸기 때문이며 그것은 독일문화 특히 19세기에 특출했던 독일 자연신학(自然神學)의 발달에 심리적 기저(基底)를 둔 것이었다. 일본이 태평양전쟁을 감히 일으키게 된 것도 그들의 천황은 신의 자손이며, 그 세일계(世一系)의 천손이 다스리는 일본은 신국(神國)이라는 망상에 결속된 결과이며 이는 한국침략, 청일전쟁, 로일전쟁, 제 1차 세계대전에서의 산동반도 공략 등 제국주의전쟁을 성공적으로 치뤘던 실적에 그 심리적 뒷받침을 얻은 것이었다.

이와 같은 예는 그 밖에도 얼마든지 있다. 미국인은 그 부강을 바탕으로 세계질서의 경찰국가를 자임하고 있으며, 소련은 역시 그 강력한 병력과 공산주의 종주국으로서의 자부심으로써 공산국가들에 거리낌 없이 군림하고 있다. 영국인은 자유민주주의제도의 선구자로써 불란서는 그 예술적 업적으로써 이태리인은 찬란했던 로마인 후예로서의 자부심으로서 당당히 세계에 발언하고 있으며, 중국인과 인도인이 각기 교만한 여세를 취하고 있는 것도 다만 그들의 강역과 인구가 많다는 것 만에 의한 것이 아니고 그들 전통문화에 대한 나름대로의 자존심의 지탱을 받고 있기 때문이다.

이상에서 보는 바 개인이나 또는 민족이나 국가가 자신에 대한 우월망상이나 열등복합(劣等複合) 감정이 나를 가질 때 그것은 흔히 일시기적인 혹은 일부분인 현상을 가지고 본질적인 또는 전면적인 것으로 생각하고 있는 것이 공통점이다.

그러므로 자기의 생활환경이나 자민족의 역사전개가 변동됨에 따라서 그러한 심리도 변동하는 것은 물론이다. 하아바트 스펜서가 사회적진화론을 제시한 것은 서구제국주의의 전성기였으며, 슈펭글러가 같은 서구의 몰락을 저술한 것은 세계공황에 즈음하여 서구문명이 좌절감을 맛보고 있을 무렵이었다. 「중국의 붉은 별」의 저자인 에드가 스노오는 일본인이 관동대진재 때 한국인을 대량 학살한 행위나 중일전쟁 때의 중국인에 대한 수많은 잔학행위는 모두 과거문화의 선진적이었던 한국과 중국에 대한 오랜 열등감정의 구상심리(求償心理)가 폭발한 것이라고 보고 있다. 아무튼 이러한 것들은 모두 논리적이며 이성적인 것이기 보다는 다분히 감성적이며 편향적(偏向的)인 심리의 소산이다. 열등복합감정이 당해인(當該人)이나 당해민족(當該民族)의 생존에너지를 소모시킬 것은 물론이거니와 우월감도 일시적으로 당해자의 사기를 진작시키고 활기를 북돋아주기는 할지라도 그것이 진실이 아닌 오상(誤想)의 토대위에서 조성된 것이기 때문에 필경은 사상(砂上)의 누각(樓閣)으로서 허무하게 붕괴되기 마련이다. 일본, 독일, 이태리의 이른바 3대 추축국(樞軸國)들의 기고만장하던 민족우월감이 이차대전후 참혹하게 붕괴되고 당해국민들의 위신을 크게 떨어뜨렸을 뿐 아니라 세계의 비판과 증오의 대상이 되었던 사실은 당해국민은 잊지 말아야 할 것이다.

이미 언급한 바와 같이 이러한 우월 또는 열등의 심리를 조성하게 된 것이 개인 또는 민족의 생활 또는 역사상의 일시기적(一時期的) 또는 일부분적인 특히 경험이 심층에 잠재했던 결과라면 그러한 잠재의식의 동기가 된 특정경험에 대한 의미의 부여가 중대한 문제가 되지 않을 수 없는 것이다. 특히 민족이나 국가의 경우, 그들의 역사상(歷史像)을 어떻게 그리느냐의 문제는 그 운명을 좌우하는 것이기 때문이다.

역사를 어떻게 꾸밀 것이냐의 문제 곧 역사학의 문제는 고래로 허다한 의견이 있어왔다. 그러나 현대 역사학에서는 「모든 역사는 현대사다」「역사는 현대에 관한 과학이다.」 또는 「역사는 현재와 과거와의 대화다」라는 이론들이 보여주는 바와 같이 대체로 역사라는 것은 역사서술의 기점이 되는 현재(역사적 현재)에 대해 의미 있는 과거의 총체(總體)라는 말로 종합할 수 있다. 역사서술자인 역사가는 현재 내지 현대를 호흡하고 있는데 연구대상인 사료는 과거에 속하는 것이다. 과거와 현재와의 대화라는 것은 이를 의미하는 것이며 결국 현재를 살고 있는 역사가는 현재 내지 현대를 기준으로 하여 과거를 연구할 수밖에 없는 상황을 묘사한 말이다. 여기서는 역사가 단순히 과거의 단절적 사실을 파헤치는 호고적(好古的)인 취미이거나 혹은 과거인이 남긴 자료를 통하여 과거를 추후체험(追後體驗) 함으로써 이를 재현(再現)하는 것이라는 견해는 명백히 배제된다. 생각하면 현대인이 과거를 그대로 완전히 재현한다는 것은 사실상 불가능할 뿐 아니라 설사 재현할 수 있다고 하더라도 거기에서는 기껏 하여 모두 인간의 활동이라는 의미에서 현대의 그것과 모종(某種)의 유사(類似)한 현상을 발견할 수 있고 그것으로부터 약간의 교훈을 기대하는 일종의 교훈사관을 가지거나 또는 과거를 기준으로 하여 현대를 비판하는 상고(尙古) 내지 복고사관(復古史觀)에 떨어지기 일쑤일 것이다. 또 역사를 현대에 의미 있는 과거의 서술이라고도 보는 경우에서도 다시 말하면 현대적 관심을 가지고 과거를 연구한다는 경우에도 현대를 기준으로 하여 과거의 역사를 보는 것과 현대에 대한 문제의식을 가지고 과거를 보는 상이(相異)한 자세가 혼동될 우려가 있는 것이다. 단순히 현대를 기준으로 하여 과거를 본다고 하면 그것은 자칫 현대의 가치기준에 의한 과거의 단죄가 되기 쉽고 그것은 상기(上記)한 과거에 의한 현대의 비평과 동일한 편향사관에 떨어지는 것을 의미한다. E. H. Carr가 역사연구를 과거와 현재와의 대화라고 말할 때 그것은 어디까지나 과거와 현재를 대등한 입장에 놓고 하는 것이지 결코 과거나 현재의 어느 일방을 우위에 세워 타방(他方)을 규탄이나 비평하는 것을 전제로 하는 것이 아니다. 만약 현대적 가치를 우위에 놓고 보다 열위(劣位)에 있는 근대 내지 중세, 고대 등과 대화하는 것이 역사라면, 바꾸어 말하여 현대사보다 근대가 못하고 근대보다 중세가, 중세보다 고대가, 다시 말하여 현대로부터 시간적 거리가 멀어질수록 가치가 떨어진다는 또다시 말하여 작년보다는 금년이 낫고 작일보다는 금일이 낫다는 논리에 서서 대화한다면 결국 과거와의 대화 혹은 역사적 사고라는 것은 무엇 때문에 필요한가? 그것은 오직 주역(主役)으로서의 현대를 돋보이기 위한 단역(端役)의 소임을 과거에 맡기는 연출에 불과한 것이 아니겠는가? 랑케가 모든 시대를 신의 앞에서 평등한 권리를 가지는 것이며, 신과 직접하고 있다고 말한 것은 곧 그러한 사고의 폐단을 지적한 것이기도 하다. 과거도 각각 독자적 가치와 개성을 가진 대등한 대상으로 인정될 때 대화가 필요한 것이며 그렇게 함으로써 현대가 무엇이며 현대의 문제점이 무엇이며 현대를 어떻게 살아가야 하느냐에 허심탄회한 객관적 과학적 접근이 가능할 것이다.

역사를 또한 현대에 관한 문제의식을 가지고 과거를 연구하는 학문이라고 풀이할 때도 현대를 조성해온 역사적 과정을 객관적으로 밝혀냄으로써 현대의 본질을 파악할 수 있어야만 현대가 가진 문제의 해결에 도움이 될 것이다. 현대 그 자체에 대한 진지한 물음이 없이 안이하게 과거를 볼 때에는 우리가 현대에 살고 있는 한, 현대사회가 가지는 고유의 가치체계의 편향성을 벗어나지 못한 채 부질없이 현대인의 주관에 의하여 역사를 자의적(恣意的)으로, 일방적으로 해석하는 경우가 있게 될 것이다. 뿐만 아니라 비록 현대사회가 내포하는 모순과 문제를 의식하고 있는 듯이 보일 때에도 역사가가 자신의 눈으로 선입견 없이 현대를 관찰하여 그것을 발견한 것이 아니라 기성(旣成)의 학설이나 논리의 지적에 따른 결과 그렇게 된 것이며 그러한 모순극복의 해답 또한 당해참고서에 나와 있는 것이라면 이는 결국 현대에 대한 문제의식 없이 과거를 보는 것과 대동소이(大同小異)한, 「연구」의 성실성이 부족한 자세라고 할 것이다. 위에서도 언급한 바와 같이 현대에 살면서 현대를 초월한다는 것은 사실상 극히 어려운 것이지만 적어도 그러한 시점에서 역사를 보려고 하는 것은 현대의 상황에 제약 받지 않는 자유로운 머리로 과거와 현대와의 관계를 관찰하려는 의도이기 때문에 기존의 해설이나 이론을 그대로 모방한다는 것은 연구자의 선입견 없는 인식추구작업에 방해가 되기 쉽다. 우리는 여기에 「합리주의라는 것은 합리적으로 엮어낸 이론을 그대로 조술(祖述)하는데 있는 것이 아니라 자신이 합리적으로 꾸미는데 있는 것이다.」라는 의견에 귀를 기울일 필요가 있다.

우리가 우리의 역사에 내재하는 이론을 발견하기 위하여 그러한 기존의 학설들로부터 이론적사고의 자세를 배우고 그러한 사고 자세를 우리의 역사인식의 방법으로서 활용하는 대신에 그들의 도식(圖式)을 교조화(敎條化)해서 그대로 우리의 역사사실에 적용한다면 그것은 반드시 합리주의적 사고라고 할 수 없다는 말이다.

사실 우리들의 주변에는 서양사의 시대구분인 고대, 중세, 근대 내지 현대의 시대구분법이라든지 막스사관에 의한 시대구분법에 흔히들 눈이 뜨이고 있다. 우리 사학계의 전통이 연천(年淺)한 관계로 서술자들이 그러한 손잡이를 쉽게 이용하게 되는 심정은 이해 못하는바 아니지만 이제부터라도 그러한 것에 대한 진지한 반성과 검토가 일어나도 좋지 않겠는가. 상술한 문화사적시대구분법은 원래 서양문화의 변천에서 묘상(描像)된 시대적 특색을 서양사의 인식방법으로써 르네상스 이래로 사용한 것이다. 이러한 시대구별이 동양사나 국사에서도 명확히 관철되고 있다는 실증적 연구가 충분히 뒷받침되기 이전에 순서를 거꾸로 하여 선적용(先適用) 후발견의 서술 자세를 취하고 있다면 이는 서양문화가 항상 세계문화를 선두에서 주도하고 여타문화는 그것에 추종하고 있다는 선입견을 깔고 있는 소이가 된다. 따라서 이러한 기준으로써 설명하기 어려운 문화나 사회현상은 한갓 후진적이거나 비상식적인 것으로 치부해버리는 서양=정상 동양 기타서양=비정상이라는 관념을 부지불식간에 주입시킨다. 막스의 유물사관도 그 예외는 아니다. 그가 경제적사회구성의 전진하는 제시대(諸時代)라는 몇 개의 단계를 설정하고 그것이 세계사의 보편적 발전단계라고 주장하고 있으나 그러한 착상은 애초에 서양사회의 변천과정에서 묘출(描出)한 것으로 또 하나의 서양중심 주의에 불과하다. 만일 이 법칙이란 것이 타사회에서 명확하지 못할 때 그것은 자연히 서양사회에 대한 기준미달 내지 변칙사회로 낙인찍히기 십상이다. 뿐만 아니라 이렇게 모든 사회의 단선적(單線的) 발전을 주장하는 막스의 사관을 선구하는 서양의 진보사관주체가 단적으로 18세기의 서양 그중에서도 프랑스의 시민의식= 곧 작일의 농업사회를 부정하고 명일의 산업사회적 생활양식을 열망하고 있던 의식의 반영에서 유래하는, 오늘보다 내일, 금년보다 내년이 더욱 진보한다는 하나의 신앙을 정당화하는 사관으로서 서양의 중세사회나 혹은 다른 국가에서는 찾아볼 수 없는 사관이다. 그것은 서양의 세력이 승승장구 발전하고 있을 때는 유력한 설득력을 가지기도 하였으나 상대적으로 서양의 비중이 저하되고 그 세력도 약화되는 추세에 있는 오늘날, 더욱이 서양문명이 지구상의 자원의 고갈, 자연생태계의 파괴, 환경의 심각한 오염, 남북국가간 빈부의 가일층 격차, 대량살상 무기 등의 발명 등 인류멸망의 위기를 조성하고 있는 오늘날, 세계는 영원히 단선적으로 진보한다는 사관을 유보 없이 받아들일 수는 없는 노릇이다. 이러한 사관의 도식(圖式)들을 실체가 있는 것으로 받아들여 부질없이 「선진과 후진」「진보와 정체」를 앵무새처럼 되뇌다가는 속절없이 열등감정만 조장할 뿐 「민족의 발견」에는 도움이 될 수 없다. 막스사관의 기본법칙이 각국사의 특수 구체적 조건의 규제를 받으면서 나타나는 것이 세계사라고 주장하면서 그러한 세계사 서술의 과정에서 각 민족이나 국가의 특수성이 언급될 수 있다고 하더라도 그것은 어디까지나 보편적 법칙이 관철되는 장으로서의 언급이기 때문에 시선은 법칙위에 머물게 되는 것이지 민족의 특수성 위에 있는 것이 아니다. 따라서 여기에서는 민족문화의 개성이라든가 민족문화의 가치라든가는 제대로 대우를 받을 수가 없다. 역사라는 것이 반드시 공허한 법칙의 발견을 목적으로 하는 것이 아니라 민족이나 문명의 개성 발견에 의미를 두고 있다는 주장에 따른 다면 더욱 그것은 절실한 문제가 된다.

이상의 제검토를 토대로 하여 우리의 역사상(歷史像)을 반성해 보기로 하자.

우선 우리가 멀지않은 과거에 당면했던 식민지경험, 외세에 의한 그것으로 부터의 해방 (비록 해방을 가져온 잠재적인 동기는 우리의 독립정신과 그 투쟁의 평가이지만), 이어서 즉시 외세의 군정, 6. 25에 있어서의 외세를 빌어서의 내전 등등의 40년의 역사는 민족의 사기를 저상(沮喪)시키고 열등감정을 부식(扶植)시키기에 족한 조건들이었다. 그러한 가운데 일제(日帝)는 한국문화는 중국문화를 모방한 것에 불과하며 한국인은 외세에의 저항이 약한 민족이며, 한국은 옛날부터 중국 또는 일본의 지배를 받고 있었으며 한국문화는 일본의 평안조(平安朝) 정도의 단계에 머무른 채 움직이지 못한 정체 낙후된 문화라는 등등 일본의 식민지지배 다시 말하면 한국인의 자주능력 결여를 강조한 사상(史像)의 교육과 선전 을 조직적으로 치밀하게 퍼뜨리고 있었던 것은 주지의 사실이다. 이것 또한 한국인으로 하여금 저항감을 느끼면서도 부지불식간에 왜곡된 역사상을 심저(沈底)에 침잠시키는 작용을 했다. 우리 오늘날의 분열과 혼란의 사회양상은 그러한 잠재열등감정의 바꾸어 말하면 자국민의 문화와 역량에 대한 신뢰와 존경이 결여한 복합적인 심리의 표현이라고도 볼 수 있는 것이다. 자국민의 자질과 자국문화에 대한 높은 긍지가 우리의 의식의 심층에 뿌리박고 있다면 그러한 자학적인 작태가 거리낌 없이 표출될 리 없기 때문이다. 물론 일본인 사학자들의 왜곡된 역사서술에 대하여 해방 후 우리 사학자들이 반격하고 시정한 연구를 게을리 한 것은 아니다. 외세의 침범에 대하여 역대로 빛나는 승리 또는 장기적인 집요한 저항으로써 이를 끝내는 물리쳤으며 일본의 식민화가 고대 한반도에 있었던바 없으며 일본 등 외국 제국주의의 방해를 받기 이전에 자본주의 맹아 등 자주적 발전이 전개되고 있었다는 것이다. 그리고 우리 문화에도 금속활자 및 과학적인 표음문자의 발명, 불교미술 및 도자기공예 등의 개성적인 문화, 불교 유교 등 형이상학의 더욱 심층적인 연구 등을 통하여 그 창조적인 능력을 과시하고 있다는 것 등등이다. 그러나 이런 것들은 우리 민족활동의 전모(全貌)의 일반(一班)이며 이제부터 밝혀져야 할 점이 너무나 많다. 한민족(韓民族)의 고대는 어느 때 어느 곳에서 시작하는가? 그 기원은 어디에 있는가? 일본의 고대문화 내지 민족과 한국의 그것과의 관계는 어떠한 것인가?

이러한 물음은 기본적인 물음인데도 불구하고 아직은 정설(定說)을 세우지도 못하고 있는 실정이다. 주지하는 바와 같이 우리의 고대사 사료는 극히 영성하며 그것도 대부분 인접국들의 왜곡된 사관에 의하여 착색된 기록 중에 편입되어 있는 것이다. 다행히 오늘날 한반도, 일본, 만주 등지의 고고학적 발굴의 진전에 의하여 약간의 서광이 비치고 있으며 우리 민족이 어쩌면 중국과 같은 시기에 이미 이르는 바 고조선문화를 만주에 꽃피우고 있었으며 그것은 다시 바다를 건너 일본 문화 내지 일본민족의 지배층을 형성하였을 지도 모른다는 발상의욕(發想意慾)을 유인(誘引)하고 있는 것이다. 아무튼 새로운 고고학적 발견은 종래 문헌의 재검토를 불가피하게 만들고 있다.

우리의 얼마 안 되는 고대문헌은 그것의 희소가치 때문에 중요한 것이 아니라 그 일매(一枚)의 문서나 일자구(一字句)의 해석을 통해서 인식되어야 하는 그러한 엄청난 과제가 중요하기 때문이다. 그러한 의미에서 하나의 사료라도 경시하거나 혹은 쓸데없는 선입견으로 이를 무시한 채 역사를 다룬다면 이를 반증할 자료를 다른데서 발견할 수 없는 한 전체의 역사상에 중대한 왜곡을 초래하게 될 것이다. 고고학 자료를 통한 문헌사료의 재검토, 그리고 그것이 다른 실증사실들과 전후좌우로 모순 없이 확대 연결되어 나갈 때 우리의 즐거운 발상은 하나의 어엿한 실증적인 사상(史像)을 제공해 줄 것이다. 돌이켜 보건대 오늘날 우리의 현황은 국토는 양단되고 사상(史像)은 분열되어 외견상 쇠잔한 인상을 주는 것을 부인하지 못한다하더라도 세계최고의 인구를 가진 중국과 최강군사력을 가진 소련과 최부국의 하나인 일본에 포위되어 있으면서도, 그리고 일찍이 우리에게 침공한 바 있고 중국의 전토 혹은 절반을 무력으로 통치한 바 있는 몽고족, 거란족, 여진족 등이 이제는 자취 없이 사라졌거나, 기껏 하여 소위성국으로서 여명(餘命)의 보존에 급급하고 있다. 그럼에도 불구하고 여전히 독립을 유지하여 고유의 언어, 고유의 풍속, 고유의 문화를 지닌 채, 또한 경제적으로는 전 세계의 발전도상국중 가장 근대적인 국가로서 발전을 과시하고 있는 한민족의 내면적 역량은 오히려 높이 평가되어야 할 것이다. 우리의 역사상(歷史像)을 만들어 주는데 비록 서술의 편의상, 서구의 문화사적인 3시대 구분법이나 마르크시즘의 생산관계(生産關係) 구분법을 적용한다고 하더라도 거기에는 묘상화(描像化) 된 인간은 있어도 유독 한국인이 필연적으로 존재해야 할 이유도 없는, 오직 평판적인 도식만이 판을 치는 메마른 묘사가 전개되거나 자칫하면 민족의 열등의식 따위만 후문(後門)으로 불러들이는 결과가 되기 쉽다. 다시 말하면 민족의 존재를 부각시키고 민족의 오늘날 존재이유를 밝히고 민족의 약동하는 생명력을 추적(追跡)해주는 사상(史像)이라야 한국인이 처한 오늘의 문제를 극복하고 내일을 향하여 힘차게 전진할 수 있는 의욕과 용기를 북돋을 수 있다는 말이다.

제3회 정신문화강좌, 1986. 11. 21

정 재 각

문화의 여명

선사시대(先史時代)와 역사시대(歷史時代)

인류의 문화는 인류가 생산을 시작하였을 때부터 시작되었다고 볼 수 있다. 그리고 인류의 생산은 인류가 이 지구상에 출현하였을 때부터 시작하였다고 볼 수 있다. 즉 인류의 문화는 곧 인류의 출현과 더불어 시작하였다고 볼 수 있을 것이다. 종래 사가(史家)들은 인류문화의 연구에 있어서 인류가 남긴 기록에 의하여 직접 알 수 있는 시대를 역사시대(歷史時代)라고 부르고 그 이전의 시대를 선사시대(先史時代)라고 구별하여 역사시대를 중요시하고 선사시대를 소홀히 취급한 감이 없지 않았다. 물론 선사시대의 연구는 자료(資料)의 성질상 성과의 풍요(豐饒)를 기하기 어려운데 대하여 역사시대의 문자판독(文字判讀)의 그것이 한결 생활형태의 복잡상을 해명할 수 있다.

인류문화의 발전은 선사시대에 있어서의 완만한 속도에 비하여 역사시대에 들어와서부터는 비약적으로 전개하게 된다. 또 선사시대의 자료가 보편적인 인간 일반으로서의 면 즉 초역사적(超歷史的)인 면을 현저히 표시하는데 비하여 역사시대의 기록은 역사적 개성(個性)으로서의 민족과 문화를 더욱 뚜렷이 나타내는 것이다. 따라서 선사시대와 역사시대를 구별하는 것은 충분히 의미 있는 일이다. 그러나 인류의 역사나 문화가 기록의 발명과 더불어 암흑과 혼돈으로부터 갑자기 나타나는 것이 아닌 이상, 다시 말하면 이 역사시대의 기간이 그 이상의 거의 100배나 긴 인류생활에 직결되어 있는 이상 벌써 인류문화의 고찰에 선사시대를 소홀히 하는 것은 불합리한 일이다.

　사실 이집트나 메소포타미아(Mesopotamia) 지방에서는 대체로 기원전 3,500년경부터 기록이 나타나서 역사시대가 시작되는 것이나 중유럽이나 북유럽에 있어서는 기원전 14·5세기경에는 청동(靑銅)을 쓰고 기원전 9세기경에는 철(鐵)이 사용되어 상당한 문화를 가지면서도 실지로 역사시대로 들어간 것은 겨우 기원 전후이었던 것을 보면 사과반(思過半)한 일이다. 더구나 비록 문자가 발견되었어도 아직 그것을 해독하지 못하였을 때 그 문화는 선사시대에 속한 것이냐 역사시대로 돌릴 것이냐를 판단키 어려운 것을 생각하면 선사시대와 역사시대를 확연히 구별하는 것은 다소의 무리조차 있는 것이다. 이리하여 오늘날 인류문화 구명(究明)의 서두(緖頭)에는 반드시 선사시대의 서술(序述)이 불가결의 위치를 차지하게 된 것이다.

인류의 출현과 그 문화의 편년(編年)

　지질(地質)의 연대상 제4기 홍적세(洪積世; Diluvium)에는 제3기 말까지 맹렬하였던 지각운동(地殼運動)도 종말을 고하여 대산맥은 완성되고 해륙(海陸)의 분포도 대략 현재와 같은 상태로 안정되었던 것이다. 북반구의 기후가 몹시 한랭하여졌기 때문에 북반구는 넓은 지역에 몇 번에 걸쳐서 두꺼운 얼음의 세례를 받지 않으면 안 되게 되었던 것이니 이것이 이른바 빙하시대(氷河時代; Glacial Age)이다. 이 빙하시대와 빙하시대와의 사이가 곧 간빙기(間氷期)라고 불리는 한기(寒氣)가 약간 후퇴하는 시대이다. 이 한기의 왕래에 따라 동식물의 변화가 현저하였으며 최초의 인류도 또한 그러한 환경의 강력한 지배 하에서 혹은 출현 혹은 멸망하였던 것이니 이들이 곧 현대인류(現代人類)와는 계통이 닿지 않는 고생인류(古生人類; Homo Primigenius)라는 것이다.

　현재까지 발견된 이들의 유골 중에서 가장 연조가 오래된 것은 1891년 인도네시아의 자바섬 트리닐(Java Trinil) 부근에서 발견된 직립원인(直立猿人; Pithecanthropus Erectus)과 1927년 북경(北京) 서남방 주구점(周口店)에서 발견된 북경원인(北京原人; Sinanthropus Pekinensis)다. 이들은 대략 제2간빙기에 생존하였던 것으로서 체질적으로는 인류와 유인원(類人猿)과의 중간적인 것이나 벌써 직립(直立)하여 보행(步行)하고 불(火)을 알고 도구를 사용하며 불완전하기는 하나 언어를 가지고 상호의 의사를 통하고 있던 단계에 있었다.

이 가장 오래된 인류들이 경험한 불의 이용과 언어의 사용 그리고 도구의 제작 등 3요소는 인류가 동물 상태로부터 자신을 해방시키는 최초의 문화활동이었다. 불은 한기(寒氣)와 동물의 습격으로부터 자신을 방어하고 조명(照明)에 이용됨으로써 인간의 생활영역을 넓혔을 뿐 아니라 식물(食物)의 조리(調理)에 쓰임으로써 인간의 식이(食餌) 범위도 확대하였다. 동시에 그 무서운 파괴력과 청정(淸淨)한 감각은 원시인들로 하여금 종교적인 감정을 환기시켰을 것으로 원시종교(原始宗敎)의 성립은 이 불과 밀접한 관계가 있는 것으로 보인다.

막스 뮐러(Max Müller)는 원시인이 불로부터 받은 강렬한 인상으로부터 신의 신앙의 기원을 설명하려고 하였다. 사실 오늘날 많은 민족들의 도화신화(盜火神話)라든지 또는 그리스·로마·멕시코·히브리 등의 고대민족이 「끊임 없는 성화(聖火)」를 보존하는 것을 사회집단에 속하는 각 개인의 책무의 하나로 여긴 것이라든지, 고대 페르시아(Persia)의 배화교(拜火敎) 등은 뮐러의 추론(推論)을 방증(傍證)하는 것이다. 다음 원인(原人)들이 불완전하나마 벌써 언어를 사용하였다는 사실은 다른 동물에 비하여 유전적(遺傳的) 본능이 적고 미성년기(未成年期)가 긴 인간에 있어서는 경험에 의하여 배우는 길을 개척한 것을 의미하는 것이다. 말하자면 인류는 언어라는 사회적 유산을 상속하게 되고 또 분절적(分節的) 언어표출(言語表出)에 의하여 도리어 자신의 지능을 개척하여 드디어 하나의 이성적(理性的) 동물로 발전하게 되었다.

이리하여 문화의 누진적(累進的) 발달과 상호 의사의 용이하고 확실한 전달은 인류의 집단사회를 한층 확대하는데 도움이 되었던 것이다. 직립원인이나 북경인류, 그 밖의 유럽에서 발견되고 보다 후세의 것으로 인증되는 하이델베르그인(Homo Heiderbergensis)·필트다운인(Piltdown Man), 다시 훨씬 떨어져서 네안데르탈인(Homo Neanderthalensis) 등의 고생인류(古生人類)는 언어중추(言語中樞)의 국재(局在)하는 부분이 유인원에 비하여 발달되어 있으나 아직도 턱(顎)의 돌기(突起)가 없는 것은 분절음(分節音)의 발달이 부족하고 따라서 그들의 의사전달은 극히 제한된 단계에 있었음을 의미하는 것이었다.

끝으로 인간을 동물로부터 결별(訣別)시킨 가장 중요한 조건은 도구를 제작하여 노동을 시작한데 있다. 인간이 「도구를 만드는 동물」이라고 불리는 것은 이러한 의미로서 직립보행을 시작한 최초의 원인(原人)은 전족(前足)을 손(手)으로서 사용하기 시작하면 자연히 그 손의 연장(延長)으로서 돌과 막대기 등의 도구를 쓸 줄 알게 되고 그렇게 되면 또 지능의 발달과 경험의 누적에 따라 도구는 분화하고 그 종류도 많아진다. 노동의 도구 즉 생산수단의 발달변화에 따라 생산력도 발전하게 되며 이 생산력의 발전이 곧 사회문화의 발전을 이룩하게 되는 것이다.

그렇기 때문에 톰센(Christian Jürgensen Thomsen, 1788~1865)은 이 도구의 재료에 의하여 과거의 문화를 석기시대(石器時代)·청동기시대(靑銅器時代)·철기시대(鐵器時代)의 3시대의 발전순서로 분류하였던 것이요, 라보크(John Lubock)는 석기시대를 다시 신·구 2기로 구별하여 오늘의 고고연대(考古年代)의 기준을 세웠던 것이다. 그 뒤 고고학계에서는 다시 구석기시대와 신석기시대 사이에 중석기시대(中石器時代; Mesolithic Age), 신석기시대 말로부터 청동기시대에 걸쳐 금석병용시대(金石倂用時代; Chalcolithic Age) 등의 존재를 대체로 인정하고 있는 것이다.

이러한 도구의 재료에 의하여 문화의 단계를 구별하는 것은 그 자체로서 충분한 의의를 가지고 오늘날 보편적으로 행하여지고 있는 바이다. 그러나 오늘날 이 지구상에 존재하는 모든 민족이 일률적으로 이러한 단계를 겪어온 것은 아니며 또 그 분류의 기준도 결국 편의적인 것에 지나지 않는다고 보면 우리는 선사시대의 생활형태·문화의 연구목적을 달성하기 위하여 도구의 재료에 의한 것보다도 생산양식(生產樣式)의 변화에 의한 시대구분의 길을 택할 수도 있는 것이다.

2개의 생산양식-수렵(狩獵)과 채집(採集)

우리는 이미 언급한 북경원인과 직립원인의 부수 출토품 중에서 벌써 석괴(石塊)의 박편(剝片; Flake)을 다듬어서 석비(石匕)·첨석(尖石) 등의 형식으로 한 이른바 박편석기와 석괴의 심(心) 즉 석핵(石核; Core)에 가공하여 악부(握斧) 형식으로 한 이른바 석핵석기의 두 형식의 석기를 발견할 수 있다. 전자는 주로 구대륙의 북방 즉 히말라야(Himalaya)·힌두쿠시(Hindukush)·코카서스(Caucasus)·알프스(Alps) 등 산맥에 의하여 획정(劃定)되는 대산릉(大山稜) 이북의 지대를 중심으로 행하여지고 후자는 주로 구대륙의 남방 즉 중남부 인도·시리아(Syria)·팔레스티나(Palestina)·아프리카(Africa) 전토(全土)를 중심으로 발전하였다. 그리고 이 두 석기문화권의 근접·연속한 지대에서는 어떤 시기에는 박편석기가 행하여지고 어떤 시기에는 석핵석기가 사용되기도 하였던 것이니 즉 유럽에서는 홍적세 초기에 전역에 걸쳐 널리 박편석기가 유행한 후 혹은 그와 병행하여 그 서부 및 남부에서 석핵석기가 성행된 사실이 있고 또 북아프리카에서는 석핵석기의 발달 후 홍적세 중기로부터 후기에 걸쳐서 박편석기가 번영하였던 것이다.

이와 같이 두 석기문화의 세력이 번갈아 소장(消長)한 것은 홍적세의 기후변화와 관계가 있었던 것이다. 즉 석핵석기문화가 성행하던 홍적세 초기에는 기후가 대체로 온난습윤(溫暖濕潤)하여 유럽에서도 온대 식물이 번성하고 아열대적 동물이 서식(棲息)하던 시대이며 이때 아프리카는 다우기(多雨期)에 속하였다. 또 박편석기문화가 번영한 홍적세 중기 내지 후기는 기후가 대체로 한랭하여 유럽에서는 한대성 동식물군이 번성하였으며 이때 아프리카에서는 간우기(間雨期) 혹은 건조기가 비교적 길게 계속되던 때로서 이 문화권의 본거(本據)는 비교적 한랭한 구대륙의 북방에 있었다.

이것으로 볼 때 석핵석기문화는 비교적 고온습윤(高溫濕潤)한 삼림지대에 있어서의 어느 정도 식물과 밀접한 관계에 있던 채집자(採集者)의 생활에 적응한 것으로서 출현한 것이며 사실 석핵석기는 주로 식물의 구근(球根)을 채굴하는데 편리하였던 것이다. 한편 박편석기문화는 비교적 한랭·건조한 초원 또는 동토(凍土)에 있어서의 동물 중심의 수렵자(狩獵者)의 생활에 필요한 것으로서 발생한 것으로 간주할 수 있으며 사실 박편석기는 동물의 조리(調理)에 편리하였던 것이다. 이리하여 우리는 구석기 초기부터 벌써 인류는 동물을 수렵하는 생산양식과 식물을 채집하는 생산양식의 두 문화권이 존재하였다는 것을 알 수 있다.

물론 이 두 생활양식이 배타적으로 분포된 것은 아니며 대개는 병행하여 구대륙 남방의 인류는 전자가 주(主)요, 후자가 부(副)이며, 구대륙 북방의 인류는 후자가 주요, 전자가 부인 정도의 차이에 불과한 것이었다. 좌우간 최근의 고생인골(古生人骨)의 발견과 더불어 나타나는 이 두 종류의 석기에 의한 두 종류의 생산양식은 그 후의 각종 인류의 현멸변천 (顯滅變遷)에도 불구하고 계속 발전하여 드디어 석핵석기에 의한 식물채집문화는 농경문화(農耕文化)를, 박편석기에 의한 동물수렵문화는 유목문화(遊牧文化)를 각각 산출하게 된 것이라고 보는 학설이 유력하다. 특히 박편석기는 그간 홍적세 중기 후반에 이르러 급격히 진보되어 네안데르탈인 혹은 그 유형인(類型人)에 의한 이른바 무스테리안기 (Mousterian Epoch)의 문화로 발전하였던 것이다.

무스테리안 문화는 동굴에 살며 제작기술이 진보된 박편석기를 가지고 매머드 (mammoth) · 순록 · 야생마 · 들소 · 모서(毛犀) 등의 아한대(亞寒帶) 동물을 수렵의 대상으로 하며 사체를 매장함으로써 사후세계의 생활을 생각하였으며 또 수렵을 위한 주술 (呪術)을 알고 있던 비교적 한랭 · 건조한 초원적 환경에 성립한 문화로서 그 문화권은 당시 널리 동으로는 몽골 남쪽으로부터 서로는 대서양 연안의 유럽까지, 북으로는 북해 남안 (南岸)으로부터 남으로는 북아프리카에까지 걸치는 하나의 세계문화였다.

현생인류(現生人類)와 그 문화

최후의 빙하기(제4빙하기)가 지나가자 세계의 무대에는 고생 인류와 교체하여 훨씬 고도의 지능과 풍부한 문화를 가진 새로운 인류가 나타났다. 이른바 현세인류(現世人類; Homo Sapiens)로서 그 용모 · 골격에 있어서 현대 인류와 다름이 없는 크로마뇽(Cro-Magnon)인 · 그리말디(Grimaldi)인 등이 이것이니 이 시기에 속하는 인류의 유물과 유적 (遺蹟)은 널리 아시아 · 유럽 · 아프리카에 걸쳐서 발견되고 있다. 이들도 동굴 또는 수혈 (竪穴)에 살고 수렵에 종사하는 인류였으나 박편석기 외에 새로이 골각기(骨角器)를 사용하였으며 더구나 투창(投槍) · 곤봉(棍棒) · 궁시(弓矢)를 발명하여 조수(鳥獸)와 어류를 한결 용이하게 수어(狩漁)하게 된 것은 일대비약이었다. 그들의 식생활은 따라서 보다 안정되고 의장(衣裝)도 피혁을 착용하고 조개 · 돌 · 옥(玉)의 목걸이 · 팔찌 등의 장신구까지도 주술용으로 패용(佩用)하였다.

더욱 놀라운 것은 그들의 소박하고 탄상(嘆賞)할만한 회화(繪畫)·조각 등의 예술작품이다. 조각의 대상은 주로 여인의 나체로서 프랑스의 브라쌍푸이(Brassempouy)의 상아상(象牙像)·오스트리아의 빌렌도르프(Willendorf)의 이른바 석상(石像) 비너스 등은 예술품으로서도 우수작이라 하겠으며 시베리아(Siberia)의 말타(Malta)·중부 러시아의 가가리노(Gagarino) 등지에서 발견된 임부상(姙婦像) 등도 사실적이다. 회화로서는 프랑스의 퐁드곰(Font de Gaume)·스페인의 알타미라(Altamira) 동굴 등을 비롯하여 북아프리카에 걸쳐 100여 개의 동굴에서 순록·야생마·멧돼지·매머드·들소 등의 벽화가 발견되고 그 착색(着色), 자유로운 표현 및 원근법에 있어서 오늘의 안목으로도 감탄할 것이 적지 않다.

그러나 이러한 조각이나 회화 창작의 동기가 예술적 감흥에서보다도 주로 여성의 임부상을 매개로 하는 번식 생장의 기원(祈願), 동물화를 매개로 하는 수렵적 풍요의 축원(祝願) 등 주술적인데서 출발하였다는 것이 지배적인 견해이며, 결국 예술의 시원(始源)은 주술에 있다는 결론에 도달한다. 사실에 있어서 당시 주술이 성행하였으리라는 것은 주술사들이 제사 때에 썼으리라고 믿어지는 지휘봉이 발견되는 것으로서도 추론할 수 있다.

이상을 요약컨대 홍적세 후기 내지 말기에 있어서 유라시아(Eurasia)의 북부를 중심으로 하여 성행하던 골각기문화가 일시 유럽 남부에까지 파급하였던 것이며 이밖에 또 북아프리카를 중심으로 하고 남아프리카·서남아시아·인도를 포함하는 기하학형(幾何學形) 세석기(細石器)를 가지고 수렵·어로 외에 와우(蝸牛)·조개·식물의 구근 등을 채집하여 동굴예술을 남긴 소위 카푸사(Capsian) 문화권이 지중해 연안에 진출하였으며 한편 이 양 문화권의 중간지대인 서남아시아·동북아프리카 방면에는 이 양자의 발달한 수렵문화의 영향을 다분히 받으면서도 그것과는 본질적으로 다른 원시농경문화(原始農耕文化)가 일어나서 인류의 발전에 혁명적인 변화를 가져오고 있었다.

농경목축문화(農耕牧畜文化)의 형성

홍적세 말기의 최후의 빙하기가 끝나자 지구의 표면은 차차 온난하여지고 빙하는 남북으로 물러가서 기후·지형·생물 등이 모두 오늘의 것과 큰 차이 없는 것으로 전환하기 시작하였다. 인류도 여기에 따라서 동굴을 나와 하천 연안에 주거를 옮기기 시작하였다. 식생활은 여전히 수렵 · 어로(漁撈) · 채집 등에 의한 것이었으나 이렇게 식물을 자연물의 자연 상태에만 의존하는 한 그 흉풍(凶豊)에 불안이 없을 수 없었으며 더구나 인구의 증가와 수렵채집활동의 활발화는 그러한 불안을 한결 절실한 것으로 만들었다. 이러한 결핍감에 절박되어 인류는 드디어 오랜 경험 후에 인위적으로 식물 · 동물 등을 생육(生育)하는 방법을 발명하게 되었다. 이러한 발명이 언제 어디서 있었는지는 학자에 의하여 의견이 일정치 않다.

농경의 발명과 정착사회(定着社會)의 형성

그 중 농경의 발명에 관하여는 대개 온난습윤으로부터 건조기에 들어가서 야생 식용식물의 채집이 한결 곤란하게 된 석핵석기문화의 전통을 가진 서남아시아와 북아프리카가 기원지라는 견해가 지배적이다. 사실 이 지방-이집트의 나일(Nile)강 연안으로부터 티그리스 · 유프라테스(Tigris · Euphrates) 연안의 메소포타미아(Mesopotamia)에 이르는 이른바 비옥한 반월형(半月形; Fertile Crescent) 지대는 그 정기적 홍수의 범람으로써 이루어지는 가장 적합한 농경조건(農耕條件)을 가졌을 뿐 아니라 고고학상으로도 이 시대의 가장 오래된 유적이 발견되고 있다.

특히 1947년으로부터 1948년에 걸쳐 영미(英美) 학자들에 의해 발굴된 이라크(Iraq) 서남부의 농경부락(農耕部落)의 유적은 구석기시대의 동굴생활로부터 촌락(村落) 생활로, 식료채집으로부터 식료생산으로 이행하던 과도기의 것으로서 오늘날 알려진 가장 오래된 것이다. 이 새로운 생산방법의 발명은 실로 인류역사상 획기적인 것으로서 식생활은 비약적으로 안정되고 인류는 진정한 의미의 생산을 시작하기에 이르렀다.

이 생산방법은 박편석기를 사용하는 수렵과는 판이하기 때문에 전혀 새로운 기구가 요청되었다. 즉 동물의 조리(調理)를 위한 종래의 타제석기는 초목을 예벌(刈伐)하고 땅을 파는 데는 물리적으로 부적당하였기 때문에 좀 더 사용목적에 알맞은 형태와 반드러운 표면을 가진 석부(石斧) · 석려(石犁) · 석겸(石鎌) 기타의 이른바 신석기가 발명되고 그 한

편에는 식물성 섬유(纖維)의 방적(紡績)을 위한 방추차(紡錘車)와 그 방적물을 재봉하는 골패제(骨貝製)의 바늘 등도 나타났다. 또 한편 곡식이라는 새로운 생산물은 자연히 그것을 산실(散失)하지 않게 보존하고 그것에 물을 가하여 증식(蒸食)하는 새로운 보존법과 새로운 조리법을 필요로 하였기 때문에 드디어 토기(土器)가 발명되었다.

이러한 토기의 발명과 발달은 따라서 농경정착(農耕定着)의 생활이 전제가 된다. 무릇 농경의 발명은 필연적으로 토지에의 관심을 자아내며 이러한 관심의 결과는 자연히 같은 장소에 정착할 필요성을 느끼게 하고 이 정착의 성립은 원시시대에는 전혀 자연시비(自然施肥)의 가능이 전제조건이 되었던 것이었다. 이러한 조건이 곧 대하(大河)의 홍수이니 홍수가 매년 정기적으로 상류로부터 비옥한 토양을 운반하는 곳은 결코 지력(地力)이 고갈되지 않기 때문에 계속적으로 농경할 수 있으며 따라서 정착이 가능하고 취락(聚落)이 발생하였다. 여기에 진정한 사회다운 사회집단(社會集團)이 비로소 형성된 것이니 이집트의 나일(Nile) 하곡(河谷), 메소포타미아의 티그리스·유프라테스(Tigris·Euphrates)유역, 인도(印度)의 인더스·갠지스(Indus·Ganges)유역 및 중국의 황하(黃河)유역 등이 이러한 곳이다.

목축의 발명과 유목사회(遊牧社會)의 형성

농경은 차차 수렵·어로적 생산방법을 구축(驅逐)하게 되었으나 다만 북아시아 등 특수한 자연조건 아래에서는 그 후 오랜 동안 이러한 생산방법이 잔존하지 않을 수 없었다. 농경과 더불어 또 하나의 획기적인 생산방법은 동물성 식료를 비교적 확실하게 수획(收獲)하는 목축의 발명이다. 목축의 기원에 관하여는 학설이 확정되지 않고 있으나 농경이 석핵석기문화권의 식물채집자에 의하여 발명된 것이라면, 목축은 동물에 접촉할 기회가 많고 따라서 동물 습성에 대한 지식과 경험이 비교적 풍부한 박편석기권내의 수렵민들 간에서 기원하였다고 보는 것이 한결 자연스러운 해석이다. 즉 박편석기권내에서 목축이, 석핵석기(石核石器)권내에서 농경이 각각 일어나서 서로 모방되었으나 농경이 행하여질 수 없는 지역에서는 목축만이 행하여졌다고 볼 수도 있다.

좌우간 현재 알려지고 있는 중에서 가장 오래된 가축은 앞에서 언급한 이라크 서북부 티그리스강 상류의 원시농경부락 유적에서 발견된 소·양·산양(山羊)·돼지·개 등의 동물이니 대개 기원전 6,000년 전 내지 8,000년 전 것이라고 추측되며 구대륙 내부의 건조한 사막지대에 세석기(細石器)를 가진 원시유목민(原始遊牧民)이 출현하여 광범한 지역에 걸쳐 극히 단일한 원시유목문화를 전개한 것은 그보다 뒤의 일이라고 보는 바이나 목축기원의 시기와 지역을 반드시 이에 따라 추측할 수는 없는 일이다.

오리엔트에 있어서의 농경목축문화의 추이와 그 세계적 파급

고대의 동방에 있어서의 농경과 목축에 의한 생산경제의 확립은 깊고 또 넓은 영향을 전 인류에게 미쳤던 것이다. 즉 그들이 식량의 부단한 불안으로부터 해방되어 인구가 급속히 증가되고 각지에 자급자족의 촌락을 결성하여 그들의 문화를 개화시키자 이것이 곧 전 세계를 향하여 전파하게 되었다. 각 민족이 이것을 수용한 시기·방법·형태에는 자연히 각각 지속(遲速)과 현격(懸隔)이 생기게 되고 따라서 여러 문화권의 분립이 이때부터 현저하며 인종과 민족의 구별도 점차 명료하게 되어 갔다. 원래 이 고대의 동방지방에는 원시농민촌락들 사이에 수렵·어로민·유목민 등이 산재하고 있었던 것이다. 농민들의 주위의 반사막적(半沙漠的)인 환경 때문에 인구가 증가하여도 분촌(分村)하지 못하고 각자 촌락을 중심으로 한 경지의 확대, 인공관개의 대규모적인 집단작업 등 조직적인 사회적 협동에 노력을 집중하며 촌락 내부의 사회분화를 촉진하였다.

한편 그들의 촌락지(村落址)로부터 그들의 부호(護符-이집트)·인장(印章-메소포타미아)·기타 장식구로 쓰이던 보석·조개·상아 등 그 지방에서 산출하지 않는 물품이 풍부히 발견됨으로 보아 그들이 벌써 이동하는 유목민들과 교역하고 있었음을 알 수 있다. 그들 원시인이 보석을 애용하고 그것에 토템(totem)에 관계하는 문양이나 그 밖의 여러 가지의 기호를 새긴 것은 단순히 장식을 위한 것이 아니고 주술적인 마력을 인정하였기 때문이다. 교감주술(交感呪術)에 의하면 그러한 문양과 부호는 그 자체만이 아니라 그것이 낙인된 물건에까지도 주력(呪力)이 옮겨지기 때문에 그러한 인장은 곧 다른 사람이 손을 댈

수 없는 소유권을 표시하게 되는 것이었다. 또 이러한 문양과 부호로부터 후일 문자의 발생을 보았다. 메소포타미아에서는 햇볕에 말린 벽돌로 건축이 이루어졌으며 특히 기하학의 상징적 문양을 그린 미려한 채색토기를 만든 것은 그들의 예술적 천품(天品)을 보여 주는 것이다.

오리엔트의 원시농경민들의 유물 중에서 석촉(石鏃)·척석(擲石) 등이 발견되는 것은 그들이 아직도 수렵·목축 등의 생활수단을 버리지 않았음을 의미하는 것이나 기원전 3,000년전까지에는 벌써 동(銅)·석(錫)·은(銀)·납(鉛) 등의 광물을 알고 드디어 청동기의 발견에 성공하였다. 청동기가 사용되기 시작하자 석기는 급속히 구축(驅逐)되어 갔으나 한편 그 광석(鑛石)의 확보를 위한 교역과 전쟁이 한결 활발하여지고 그 결과는 이동과 정복 그리고 무기의 발달, 추장·노예의 발생, 종교와 주술의 새로운 형태로의 강화를 가져 오고 드디어 자급자족의 농경촌락은 공업과 무역에 의존하는 도시로 발달하여갔다.

이상과 같은 사회·경제 문화를 가진 오리엔트의 원시농경민의 활동은 서기전 4,000년 내지 2,500년 사이에 동지중해의 연안 및 도서, 흑해 연안의 흑토(黑土)지대, 다뉴브(Danube) 유역, 투르키스탄(Turkistan)의 오아시스, 발루치스탄(Baluchistan) 방면 등, 티그리스·유프라테스강을 중심으로 반경 약 2,500킬로미터 원내에 있는 가경(可耕)지역에 약간의 지방특색을 허락하여 주면서도 오리엔트의 그것과 본질적으로는 같은 종인 원시농경민을 출현시켰다. 다만 그 중심지로부터 멀리 떨어진 지방일수록 문화의 전파가 늦어져서 그 지방에는 역시 오리엔트의 금속문화가 거의 동시에 보급한 결과, 본질적으로는 신석기문화적인 원시농경문화이면서 실제로는 그것이 금석병용시대 혹은 청동기시대에 속하는 현상을 나타내는 일이 적지 않았다. 이를테면 지역과 시대의 서로 다름에 따라 농경과 목축에 의존하는 촌락생활의 기반 위에 성립하는 공통된 원시농경이면서도 지방색과 시대색(時代色)의 차이는 선명한 것이 있었다.

그것도 앞에서 언급한 2,500킬로미터 원내에서는 오리엔트 문화의 영향이 직접적이고 강력하였기 때문에 비교적 적은 편이었으나 원외(圓外)에는 영향이 간접적이고 미약하였을 뿐 아니라 그곳에 선주(先住)하던 홍적세 인류들에 의한 수렵채집의 이미 성립된 구석기문화의 저항을 받아 변질한 경우가 많았다. 다만 원외의 지역에 대하여서도 보급의 경로가 해로(海路)·하로(河路) 또는 사막에 점재(點在)하는 오아시스 등을 직접 경유하였을 때에는 중도의 저항이 적기 때문에 비교적 순수하게 이식(移植)되었으니 남이탈리아 시실리(Sicily)섬·다뉴브(Danube)강 중류 유역·감숙(甘肅)·청해(青海)지방의 계곡 분지 등은 그러한 곳이었으며 감숙·청해지방에서 발굴되는 이른바 반산(半山)문화에서 오리엔트식 채색토기의 정교한 것을 발견하는 것은 그 좋은 예가 된다.

그러나 위에서 언급한 직접적인 경로 외에 있는 유라시아와 아프라시아(Afrasia) 각 지방에서는 예의 원시기성(原始既成) 구석기문화 때문에 양 문화가 융합되었거나 또는 오리엔트 문화는 기껏 지방문화에 부분적 영향을 주었을 따름이었다. 다뉴브강 유역에 인접하는 알프스 지방의 호상유적(湖上遺跡)문화·지중해에 임한 북이탈리아·남프랑스의 수혈(竪穴)문화, 스페인·북아프리카 방면의 동혈(洞穴)문화 등은 모두 이러한 융합의 실례로서 그들은 오리엔트의 지모신(地母神; Earth Goddess)숭배·채색도기 등은 채용하지 않았으나 농경·목축·토기제작·마석부(磨石斧) 사용 등 본질적인 요소는 수용하여 그들 고유의 수렵채집문화의 전통을 한편에 남기면서 원시농경민으로 탈피하는 것이었다.

그밖에 유럽의 북부 또는 서부에는 오리엔트 농경문화의 영향이 강력하게 미치기 어려웠기 때문에 그들 수렵채집민들을 농경민으로 개변시키지는 못하였다. 그러나 덴마크의 패총(貝塚; Kitchen medden)문화, 북프랑스의 캄피니문화(Campignian) 등에서 주목되는 토기석부(土器石斧)의 수용, 반면에 종래의 세석기사용의 격감 등의 현상은 역시 오리엔트계 원시농경문화의 간접적인 영향을 의미하는 것이라고 보겠다.

동방으로 향한 오리엔트 원시농경문화는 이란(Iran) 고원으로부터 인더스(Indus)강 유역까지 및 투르키스탄(Turkistan)의 오아시스를 경유하여 감숙·청해지방으로의 두 경로에 의하여 전파된 것은 확실하나 그 밖의 이식(移植)은 반드시 명백하지 못하다. 대체로 아시아의 신석기문화는 3대권(圈)으로 구분할 수 있다. 즉 북태평양으로부터 한반도의 북부, 만주, 시베리아 북유럽에 미치는 골각기를 가진 수렵문화권, 만주의 흥안령(興安嶺)으로부터 중앙아시아를 거쳐 서남아시아·북아프리카에 이어지는 세석기를 가진 유목문화권 및 일본열도의 남반, 한반도, 만주의 남부로부터 동남아시아·인도에 이르는 마석부(磨石斧)문화를 기반으로 하는 농경문화권이 이것이다. 그 중에서도 최후의 것은 계절풍의 지배를 받고 온난습윤한 가장 적합한 농경지대로서 오리엔트의 원시농경문화 및 금속문화의 영향을 받은 것으로 알려져 있다.

이 문화권은 또 황하 하류유역의 소위 중원지대(中原地帶)를 중심으로 하는 것과 인도의 동부 및 동남아시아의 대륙부를 중심으로 하는 두 문화영역으로 나눌 수 있다. 전자로부터 인류학상 이른바 원중국인(原中國人)으로 불리는 인골(人骨)과 함께 중국의 독특한 삼족회색토기(三足灰色土器)·돈골(豚骨)·고치(繭)의 단편 등의 유물이 출토되어 중국문명의 기원이 오랜 것을 보여주는 동시에 수반 출토되는 채색토기는 또 오리엔트문명의 전래를 확인시켰다. 후자로부터는 유견석부(有肩石斧) 및 유단석부(有段石斧)와 함께 역시 오리엔트로부터 전래(傳來)되었다고 믿어지는 채색토기(彩色土器), 벽돌 건물의 부락, 소·양·산양(山羊) 등의 가축, 청동기 등이 출토되었다.

금석병용시대에 들어서면서부터 황하 하류유역의 원시 농경문화는 토기·골기(骨器)·석기 등의 제작기술의 진보, 종류와 수량의 증가, 채색도기의 소성(燒成)기술을 응용한 흑색마연도기(黑色磨硏陶器)의 성행(盛行) 등 급속한 발전을 보여주는 동시에 고도로 분화된 사회를 형성하고 다음의 청동기시대에는 갑골문자(甲骨文字)에 의한 기록, 동기(銅器)의 주조(鑄造) 등이 성행되어 확실히 원사시대(原史時代)로 들어갔다. 한편 인더스강 유역에서는 기원전 3,000년 전후의 것으로 추단(推斷)되는 모헨조다로(Mohenjo Daro)·하라파(Harappa) 등의 도시유적이 발견됨으로써 이 지방이 오리엔트 청동문화의 놀랄만한 영향을 받아 또한 원사시대(原史時代)로 들어갔다는 사실이 증명되었다.

사상계(思想界)

정 재 각 • 고려대학교 교수

고전해설(古典解說)
사마천(司馬遷) 찬(撰), 『사기(史記)』

　본기(本紀) 12권, 표(表) 10권, 서(書) 8권, 세가(世家) 30권, 열전(列傳) 70권, 계 130권, 기원전 1세기의 저작으로서 황제(黃帝)로부터 한무제(漢武帝)까지의 통사(通史)이며 오늘날에 있어서는 선진(先秦)시대 및 진한(秦漢)시대에 관한 근본사료의 하나이다. 본기는 역대 제왕에 관한 사적, 표는 연대표, 서는 의례·천문·경제 등 제도·문물의 변천을 기록한 것, 세가는 왕자를 보필하는 봉건 제신(諸臣)들의 사적, 열전은 개인의 재력(才力)으로서 뚜렷한 공명을 세운 자 및 당시 중국과 관계가 밀접한 주변 여러 씨족에 관한 사항이다. 이러한 역사의 편찬 체례를 기전체(紀傳體)라고 부르는 것으로서 『사기』는 실로 기전체의 창시인 것이다.

　『사기』는 원래 태사공기(太史公記)·태사공서(太史公書) 또는 태사기(太史記) 등의 이름으로 불리던 것이 중국 삼국시대 경부터 사기라는 명칭으로만 일정(一定)하게 된 것이다. 태사공이라는 것은 사마천을 일컫는 것으로서 사마천은 그의 부 사마담(司馬談)을 이어서 한(漢)나라의 사관직(史官職)인 태사령(太史令)을 봉직하고 있었던 것이다. 사마천이 『사기』를 편찬하게 된 것도 그의 부친의 유훈에 의한 것이기도 하였지마는 그의 이러한 직무관계상 종래 보관되어 있던 각종의 기록을 자유로이 참조할 수 있었던 관계이기도 하겠다. 사마천의 『사기』의 편찬 취지는 『사기』의 권말에 기록된 '태사공자서(太史公自序)'

에 그의 일가(一家)의 전기(傳記)와 더불어 상세히 적혀 있으며 또『사기』본문 중에서도 단편적으로 저자의 목적과 범례 같은 것을 보여주고 있다.

이러한 것을 종합하여 보면, 첫째, 종래의 저술은 거개가 일가의 기록 또는 일가의 학설에 그칠 따름이며 종합적 체계를 가진 것이 없었던 것이다.『사기』에 이르러 비로소 종합적 기술을 하여 고금을 통하는 원인·결과와 성쇠의 흐름을 볼 수 있게 하였던 것으로 후세적 의미의 역사가 비로소 저술된 것이다. 둘째,『사기』는 표에 의하여 연대학(年代學)을 창시하였다. 셋째, 그것은 단순히 왕자(王者)의 치적과 연대학 외에 자연(天)과 인문에 관한 학술 기예의 변천을 명확히 중요시하였다. 넷째, 전무후무하게 세가 즉 왕자(王者)를 보좌하던 봉건 제신들의 사적을 중요시하였다. 이 세가편(世家篇)은 반고(班固)의『한서(漢書)』부터 없어졌지마는 그것은 시대의 차이에 기인하는 것으로서『사기』가 취급한 시대에 있어서의 주(周)의 봉건제후 및 한(漢) 초의 봉건제후들이 당시에 정치면의 비중이 얼마나 컸던 것인가를 생각하면 사마천이 특히 이들을 위하여 새로운 편목을 세운 것은 하나의 탁견으로서 반드시 후세학자들의 비난에 동조할 수는 없는 일이다.

다섯째, 열전에 있어서『사기』가 개인의 전기를 상세히 기재한 것은 오늘날의 역사학의 견지에서 볼 때 반드시 찬성할 수는 없는 것이나, 제왕이나 관리들의 정치 사적만을 역사라고 생각하는 중국적 사고의 전통에 있어서 지금으로부터 2,000년 전에 벌써 출중한 개인의 존재가 역사의 움직임에 영향을 주고 있다는 것에 주목한 것은 하나의 천재적 착상이 아닐 수 없다. 그밖에 사료의 취재에 있어서 사마천은 종종의 기록의 상호 오결(誤缺)된 것과 모순된 것은 정밀히 대조·고증하는 수법을 보여주었으며 더욱이 고대의 황당무계한 전설재료에서도 이른바 아순적(雅馴的)인 것 즉 합리적이 것이 아닌 설은 취하지 않았다고 하니 오늘날의 역사학에서는 신화·전설을 반드시 합리적인 면으로서만 보아서는 안 된다는 보류조건을 붙여도 적어도 2,000년 전의 사고방식에 있어서는 찬양할 만한 태도라고 아니할 수 없다.

또한 사료의 채집에 있어서도 비단 국가의 창고에 보관된 것뿐만 아니라 사마천 자신이 널리 국내를 주유(周遊)하여 고로(古老)의 기록을 채취하고 금석문(金石文)을 수록하는 등 모든 재료를 광범위에서 채택한 것은 그가 얼마나 학자적 양심이 풍부하였던가 짐작케 한다. 오늘날 남아있는 『사기』는 후세의 사마정·저소손 등의 학자가 보첨(補添)한 것이지마는 좌우간 『사기』가 사마천의 천재가 아니면 이루어질 수 없던 저작인 점에 누구나 그 시대의 세계의 다른 사적을 비교할 때 사과반(思過半)할 것이다. 사마천이 동양의 헤로도토스라고 서양인으로부터 불리는 까닭이 여기에 있다. 서양인이 번역한 것으로는 미완된 것이나 『Les memoires historiques de Se-ma ts'ien, Vol.05』(Edouard Chavannes, Paris, 1895~1905)가 있으며 고려대학교 중앙도서관에도 비치되어 있다.

고대신문 175호(1958. 05. 17)

정 재 각 • 고려대 문리대 교수

율령(律令) 상에 보이는 고대의 승니(僧尼)

　무릇 대보율령의 거의 대부분이 당제의 모방에 의한 것이라는 것은 이미 주지의 사실이지만, 그중에는 일본의 독특한 사정을 참작하여 조문을 만든 것도 또한 잘 알려진 바이다. 승니(僧尼)에 관한 율령에 의거하여 즉, 고대의 일본 승니(僧尼)의 생활 및 이와 관련된 정부의 치책이 어떠하였는지를 개관할 수 있으며, 고대 역사 속에 나타난 승니사원 세력의 정치적 도량이 얼마나 빈번한 것이었는지를 생각할 때, 승니문제의 연구는 흥미 깊다고 하겠다.

　따라서 개괄하는 사료는 영의해(令義解), 영천해령초(令泉解令抄), 법조지요초(法曹至要抄), 금옥장중초(金玉掌中抄), 재판지요초(裁判至要抄) 등이 있는데, 일본 고대 법제사에 있어 의해(義解) 및 집해(集解)의 가치는 마치 조선 고대사의 삼국사기와 삼국유사에 해당되는 것으로서 새삼스럽게 부언할 필요도 없으며, 영초(令抄)도 족리(足利)씨의 후예인 일조겸랑(一條兼良)이 저술한 것으로 신지령(神祇令)부터 창고령(倉庫令) 까지를 두 권으로 담고 있다. 또한, 승니령(僧尼令)을 연구하는데 있어 빼놓을 수 없는 근본사료를 포함하고 있는 법조지요초(法曹至要抄)는, 숭덕(崇德)천황시대에 명법박사인 판상명겸(坂上明兼)이 대보율령(大寶律令) 조문 중 가장 많은 그 시대에 적용해야할 것을 적출하여 해석을 붙인 것으로, 대보율령을 연구하는 데 있어 가장 중요한 사료이다. 금옥장중초(金玉掌中抄)는 호조씨 집권시기에 중원장임(中原章任)이 선찬한 것인데, 조문이 겹치는 곳을 적출하여 안(按)을 바꾼 것으로서 율령 연구상 편리한 점을 부정할 수 없다.

재판지요초(裁判至要抄)는 토어문(土御門) 천황 치세인 건영(建永) 2년에 명법박사 판상명기(坂上明基)가 후도우(後島羽) 상황(上皇)의 원선(院宣)을 받들어 선찬한 것으로 당시 유효한 것 32조를 뽑아 안문(按文)을 바꾼 것이다., 이도 또한 율령 연구상 중요한 의의를 가지며, 그 견산(遺産)처분의 조목에는 승니에 관련된 귀중한 의해를 취급하고 있다. 이들 사료에 왕왕 중복적인 기사가 많은 것은 사료 그 자체의 유래 내용에 기인한 것으로 필연적인 결과일 것이다.

이 승니에 관한 율령도 법령 그 자체의 성질을 가지는 것으로 언제나 능동적, 금지적인 것인데, 그 반면 어떻게 하여 법령이 태어나게 되었는지를 별도로 언급한다면, 이러한 법령을 만들게 된 원인이 승니의 거동, 즉 승니의 일반적인 생활 상태를 추찰할 수 있을 것이라는 희망을 가지며 필자는 이 문제를 연구하고자 한다. 승니 율령의 대체적인 계통을 붙여두면 다음과 같은 것이 있다.

Ⅰ. 승니의 명적(名籍) 및 관할(管轄)

(1) 令義解 職員令 治部省 玄蕃조에, 頭一人. 掌. 佛寺. 僧尼名籍(在京 및 諸國의 佛寺, 僧尼의 명적을 말함). 供齊. 蕃客辭見讌饗送迎. 及在京夷狄. 監當館舍事. 라고 규정되어 있다. 令集解 職員令의 주해에 〈僧尼名籍事, 朱가 말하기를 타국인이 거주하여도 京寺의 僧尼는 모두 京職이 살펴야 한다. 단, 절은 그 國이 관장한다. 玄蕃의 領이 관장한다. 그렇다면 外國의 절에 사는 僧尼의 名籍은 어떻게 하는가. 京人외국인을 논하지 말고 國司가 관장한다.〉고 전하고 있다.

京都에 사는 僧尼는 京人이나 지방인이나 할 것 없이 京職이 관할하는 사원은 京과 지방의 구분을 논하지 말고 玄蕃寮가 담당하며, 京이외의 지방에 사는 僧尼는 京人 外人할것 없이 國司가 담당하는 것으로 되어 있다. 타국인에 대한 사무를 총괄하는 玄蕃寮가 僧尼 및 사원의 일을 담당하는 것은 필경 승니라고 불리는 자를 일반국민과 동등하게 간주하고 있지 않으며, 즉 독특한 인종으로 취급하고 있는 것을 보여주고 있다.

(2) 令義解 雜令 〈凡僧尼. 京國官司. 每六年造籍三通. 各顯出家年月. 夏﨟及德業. 依式印之. 一通留職國. 以外申送太政官. 一通送中務. 一通送治部. 所須調度. 並令寺準人數出物.〉6년마다 京職國司 등이 각각 담당하는 사원의 僧尼의 명적 세통을 작성하여 한 통은 본 관청에 두며(이외에는 태정관에 申送하는 지는 불명), 한 통은 中務省에 다른 한통은 治部省에 보내게 하는 규정으로, 이는 결국 빈번하게 변이하는 승니의 명적을 명확하게 하여 단속함에 편리를 도모하고자 하였을 것이다.

(3) 令義解 僧尼令 〈凡僧尼自還俗者. 三綱錄其貫屬. 京經僧綱. 自余經國司. 並申省除付. 若三綱及師主. 隱而不申. 三十日以上. 五十日苦使. 六十日以上. 百日苦使.〉의 조문은 나중에 상세하게 후술하겠지만, 三綱이란 上座, 寺主, 都維那를 가리키며, 僧綱은 僧正, 僧都, 律師를 말한다. 이 당시의 환속은 죄가 되는 것이 아니라 자발적으로 환속하는 것을 의미한다고 하겠다. 三綱及師主. 隱而不申의 내용은 오늘날의 범인 은닉죄라고 말할 수 있겠다. 또한 〈其有乞食者. 三綱連連署. 經國郡司. 勘知精進練行. 判許. 京內仍經玄蕃知. 並須午以前. 捧鉢告乞. 不得因此更乞余物〉규정에서, 승려의 걸식이란 사원의 사유재산을 인정하지 않는 이상 필연적으로 발생하는 문제인데, 여러 가지의 관청의 수속을 거쳐 精進練行(注에, 精進者愍懃也. 言精銳求道. 進而不退也. 練者陶練也. 言陶練情性. 而以求解脫也.〉한 자, 다시 말하면 道心견고하고 품행방정한 자에게만 허락되는 특전이며 곡물에 한정한다. 따라서 당시에는 상당히 난폭한 僧尼가 일반 양민에게 무리한 요구를 하였을 것이다.

(4) 〈凡僧尼有禪行修道. 意樂寂靜. 不交於俗. 欲求山居服餌者. 三綱連署. 在京者. 僧綱經玄蕃. 在外者. 三綱經國郡. 勘實並錄申官. 判下. 山居所隸國郡. 每知在山. 不得別向他處.〉

京都의 僧綱, 지방의 僧綱이 본인 도덕의 실상 및 居山의 의지를 조사한 후, 玄蕃寮 또는 國郡司를 거쳐 태정관에 상신하여 태정관이 허락하면, 그 때 본인이 산거여부를 관사에 통첩하여 산거를 인정받게 된다. 이때의 산거도 일정한 곳으로 한정되어 여기저기 옮겨 사는 것은 허락되지 않는다.

(5) 〈凡僧尼等身死. 三綱月別國司. 國司每年附朝集使申官. 其京內. 僧綱季別經玄蕃. 亦年終申官.〉僧尼 사망 시의 수속 절차도 결국은 태정관의 장부에 올라오도록 되어 있다고 하겠다.

Ⅱ. 僧尼에 대한 금지적 규약 및 처벌

1. 苦使還俗해야 할 경우

(1) 〈凡僧尼有犯. 準格律. 合徒年以上者. 還俗. 許以告牒当徒一年. 若有余罪. 自依律科斷.〉

令集解의 주를 보면, 格(당시의 조칙)율을 제외한 법령은 원래 일반 상민들을 적용대상으로 하고 있어 僧尼에게는 해당되지 않는다. 따라서 이에 준해 생각해 본다면 僧尼가 徒年이상의 죄를 저질렀을 때는 먼저 환속시켜 상민으로 하여 법률을 적용시킨다. 즉 徒年이상은 死罪이하를 말하며, 死罪를 범했다면 환속시켜 사형에 처한다. 流罪者는 徒四년에 해당되는 데, 告牒(僧尼의 신분증명서)을 가지고 있으면, 徒一년으로 하여 나머지 삼년은 속인의 죄로 징벌한다. 또한 加役流를 범한 사람도 또한 환속시켜 配流하며, 徒이상의 죄로 환속하여 여죄가 있다면 律에 의거하여 속인과 동등하게 취급한다.

(2) 〈如犯百杖以下. 每杖十令苦使十日. 若罪不至還俗. 及雖応還俗未判訖. 並散禁. 如苦使條制外. 復犯罪不至還俗者. 令三綱依佛法量事科罰. 其還俗. 幷被罰之人. 不得告本寺三綱及衆事. 若謀大逆. 謀叛. 及妖言惑衆者. 不在此例.〉

요언을 하여도 대중을 미혹하게 하지 않는다면 법에 저촉되는 것은 아니다. 이 조문을 개관한다면 국가의 格律에 따른 僧尼에 대한 처벌은 단지 苦使와 환속이다. 苦使에도 해당되지 않고 환속되어 보통 사람으로서도 처벌대상이 되지 않는 자는 三綱에게 명하여 僧尼간에 행해지는 종교상의 규정에 따라 처벌되는데, 大逆, 모반, 요언등의 국가사회의 치안을 방해하는 자는 원래부터 국가가 권력을 통해 직접 벌하게 된다. 또한 注에 따르면, 苦使도 아니며,환속의 죄를 받은 것도 아닌 過失疑罪는, 속인이라면 科科처분으로 해야 할 죄라도 僧尼는 재산이 없기 때문에 정상을 참작하여 방면하는 것으로 되어 있다. 이를 통해 보면 고대의 법은 엄격한 반면 한편으로는 관대한 일면도 가지고 있다는 점을 엿볼 수 있다. 또한 이 조목과 관련된 法曹至要抄 및 金玉掌中抄에 상세한 해석이 있으므로 그에 대해서는 환속의 조에서 후술하기로 하겠다.

(3) 〈凡有私度及昌名相代. 并已判還俗. 仍被法服者. 依律科斷. 師主三綱. 及同房人. 知情者各還俗. 雖非同房. 知情容止. 經一宿以上. 皆百日苦使. 卽僧尼知情. 居止浮逃人. 經一宿以上者. 亦百日苦使. 本罪重者. 依律論.〉

이에 따르면 당시 직권도 없었던 서민이 사람을 출가시키거나, 성명을 사칭하여 출가의 告牒을 받은 자 및 상민이 된 후에도 僧尼의 법복을 착용하는 자들이 있었다는 점, 법망의 위험을 무릅쓰고서라도 僧尼가 되려고 한 자가 있었다는 점 등, 당시 사회의 민중 정서의 일단을 알 수 있다.

(4) 〈凡僧尼. 飮酒. 食宍. 服五辛者. 三十日苦使. 若爲疾病藥分所須. 三綱給其日限. 若飮酒醉亂. 及与人鬪打者. 各還俗.〉

注에 따르면, 宍이란 생고기를 말하며, 五辛이란 大蒜, 慈葱, 蘭葱, 대쑥 등을 말한다. 현재 이와 같은 종류의 것이 있는지 여부에 대해서는 모르겠지만, 특이한 냄새를 가진 것으로서 현대 내지인이 마늘과 고기, 파 등을 싫어하는 것과 관련 있는 것은 아닌지 모르겠다.

2. 주로 환속해야 되는 경우

(1) 〈凡僧尼. 上觀玄像. 假說災祥. 語及國家. 妖惑百姓. 并習讀兵書. 殺人奸盜. 及詐稱得聖道. 並依法律. 付官司科罪.〉

僧尼는 특수한 지위에 두기 때문에 징벌을 僧綱 등의 僧官의 자치에 맡기는 것으로 되어 있다. 만약 국가의 治道를 운운하는 자가 있다면 직접 국가가 단속을 했었던 것이다. 注에 따르면, 〈其自觀玄像. 至惑百姓. 惣是一事. 相須得罪也〉라고 전하고 있는데, 이중에서 하나라도 의심스러울 때는 죄목이 형성된다는 의미인지, 불분명하다. 또한 〈語及國家. 言假說之語. 關涉人主也〉라는 것은, 반드시 협의의 해석을 할 필요는 없으며, 국가 그 자체라고 해석하는 편이 온당하지는 않을까. 또한 〈殺人奸盜〉어구와 관련된 상세한 해석을 인용하면 다음과 같다.

令抄(金玉掌中抄)에 〈名例律이 이르기를, 무릇 僧尼가 奸盜를 범하면 凡人과 동일하다. 僧尼가 奸盜를 범하는 것은 법률상 가장 무거운 죄다. 따라서 당시의 家人, 奴婢를 奸盜한다고 해도 凡人을 奸盜한 것과 마찬가지이다. 三綱이하가 奸盜를 범하면 죄가 된다. 그 노비의 奸盜도 마찬가지이다. 일률적으로 凡人에 준하여 처벌한다. 만약 제자가 스승의 물건을 훔치거나 師主가 제자의 물건을 훔친다면 이 또한 凡盜之法과 같다. 훔친 물건을 私用하는 제자가 있다면 卑幼私輒財를 이용하는 자와 같이 처한다. 五端八笞十五端에 一等을 가하면 죄는 杖一白에 그친다. 만약 五端에 미치지 않는 자는 연좌되지 않는다.

또한 法曹至要抄의 罪科조에 〈이를 살피건대, 僧尼가 盜 및 살해, 刃傷과 같은 죄를 저지르면 禁獄. 그 중에서 물건을 훔친 자는 著馱 혹은 徒年. 그 외에 환속해야할 죄목은 政所에서 禁獄에 처해야 한다. 苦使는 상황에 따라 행하라〉와 같은 내용이 있다. 또한 兵書의 禁은 당시 이미 僧兵의 據亂이 있었음을 짐작케 한다.

(2) 〈凡僧尼. 卜相吉凶. 及小道巫術療病者. 皆還俗. 其依佛法. 持咒救疾. 不在禁限.〉

僧尼등이 점술등으로 길흉을 점치며 厭符巫術등으로 병을 치료하고자 하는 자는 모두 환속시키지만, 佛法에 의한 자는 正道로서 허락하고 있다. 이는 당시 佛道修業에 의한 정신요법의 효험만은 인정되고 있었다고 생각된다.

무릇 僧尼가 천문, 지리를 말하며 길흉을 점치는 것과 같은 행위는, 고대시기에 어느 나라나 행하고 있었던 것으로 보이며, 현재 조선의 민간에서 전승되는 승려의 이야기에도 이와 같은 요소를 포함하고 있다. 대개 승려 혹은 深遠의 산지에 칩거하며 속세를 떠나 人世의 因果往生을 설파하는 불법의 교리를 생각한다면 이와 같은 조문이 존재하는 것은 우연이 아니다.

(3) 〈凡僧尼. 非在寺院. 別立道場. 聚衆敎化. 幷妄說罪福. 及毆擊長宿者. 皆還俗. 國郡官司. 知而不禁止者. 依律科罪.〉

이 조문의 재미있는 점은, 무릇 僧尼가 윗사람을 구타했을 때는 환속이라는 중형을 받지만 아랫사람을 구타했을 경우에는 환속시키지 않는 것이다. 즉 장유유서를 중요하게 생각하는 도덕정신의 일단을 살펴볼 수 있다.

(4) 〈凡僧尼. 詐爲方便. 移名他者. 還俗. 依律科罪. 其所由人与同罪.〉

즉, 僧尼가 자신의 신분증명서를 타인에게 빌려주어, 속인과 僧尼 양쪽의 신분을 공유하는 것을 금지하는 조문이며, 所由人이란 증명서를 맡아 준 사람을 가리킨다. 令集解의 〈同罪〉의 注를 보면 〈準還俗罪. 合徒一年〉이라고 전한다. 신분을 속여 악행을 일삼는 행위는 현대에도 일어나는 일로서, 당시의 승려들이 얼마나 惡智에 능숙했는가를 충분히 알 수 있다. 뿐만 아니라 출가의 허가를 얻기가 얼마나 힘든 것이었는지를 살필 수 있다.

(5) 〈凡家人奴婢等. 若有出家. 後犯還俗. 及自還俗者. 並追歸舊主. 各依本色. 其私度人. 縱有經業. 不在度限.〉

注에 의거하여 해석한다면, 노비라는 자는 원래 출가가 허락되지 않았으나 道心이 강고하며 석가의 가르침을 따라갈 수 있는 능력자에 한하여 특별히 천민을 면하고 출가를 허락하는 일이 있었다. 따라서 출가한 家人, 奴婢등이 나중에 환속에 해당되는 죄를 범했을 때, 자발적으로 환속하면 옛 주인에 귀속시켜 본업에 종사하게 하였다. 또한 私度를 범한 사람 즉, 직권이 없는 사람으로부터 출가의 허락을 받은 사람은, 설령 깊이 佛法을 수행한다고 해도 평생 득도를 허락하지 않았다. 그런데 令義解의 注에 〈謂. 責其初犯法制. 故不聽其度. 若改正之後. 更應得度者. 不在禁限也〉라고 하며, 令集解의 注에도 〈謂以私入道. 卽不聽得道也. 但科罪還本色後. 願者聽耳〉라고 전하는 바와 같이, 本色으로 되돌아 간 뒤 나중에 개심했을 때는 청원에 따라 허가를 내리는 일도 있었던 것이다.

3. 주로 苦使해야할 경우

(1) 〈凡僧尼. 有犯苦使者. 修營功德. 料理佛殿. 及灑掃等使. 須有功程. 若三綱顏面不使者. 卽準所縱日罰苦使. 其有故事. 須德許者. 並須審其事情知實. 然後依請. 如有意故. 無狀輒許者. 輒許之人. 与妄請人同罪.〉

이 조문에서 중심이 되는 내용은 苦使의 징벌규정을 보여주는 것인데, 보통 사람들에게 부과되는 釿斧舂稻 등의 노역이 아니라, 오로지 불교와 관계되는 노역에 복무하게 하는 것이다. 예를 들면 경전을 書寫하게 하여 공덕을 쌓게 하는 일, 塔廟의 벽을 칠하거나 불전을 청소시키는 노역을 부과하는 것이다. 만약 三綱이 苦使를 범한 사람을 특별히 봐주어 이러한 노역을 시키지 않았다면, 범한 자의 苦使일수에 준하여 三綱도 마찬가지로 벌을 받게 한다.

또한 苦使의 죄를 받은 사람이 병이 들었거나 혹은 부모상을 당했을 경우에는 그 사정을 상세하게 조사하여 나중에 복무하게 하였다. 어떠한 이유 없이 범인의 囑請이나 뇌물을 받아 복무를 면제시켰다면, 청원자나 그를 들어준 사람모두 同罪에 처한다. 즉 이와 관련된 律을을 보면, 청원을 한 사람은 본죄 이외에 백일동안의 苦使를 받으며, 이를 허가한 三綱등은 본죄와 함께 杖一百을 부과하고 있다.

(2) 〈凡僧尼. 有犯百日苦使. 經三度. 改配外國寺. 仍不得配入畿內.〉

즉 僧尼가 백일苦使를 세 번 저질렀다면, 세 번째에는 京都 및 畿內이외의 사원에 配流시키기 위해 세 번째의 百日苦使는 철회하는 것이다.

(3) 〈凡僧尼. 有事須論. 不緣所司. 輒上表啓. 幷擾亂官家. 忘相囑請者. 五十日苦使. 再犯者. 百日苦使. 若有官司及僧綱. 決斷不平. 理有屈滯. 須申論者. 不在此例.〉

만약 僧尼가 사원의 일과 관련하여 청원할 경우에는 이를 총괄하는 관청, 즉 治部省의 玄蕃寮 혹은 國司등의 절차를 거쳐 직접 表啓를 올리게 되어 있으며, 관청을 소란하게 할 정도로 무리한 진정을 할 경우에는, 오십일 동안의 苦使를 과한다. 再犯 즉, 律에 규정된 재범자의 처벌은 百日이다. 注에 따르면, 三犯者는 五十日이며 네 번째는 百日苦使에 처한다. 또한 전후 네 번의 죄를 한 번에 총괄하여 처벌할 경우에는 二百日을 넘지 못한다. 만약 이러한 진정에 대해, 官司 및 僧綱의 처단이 불공평하며 온당하지 못하다고 불복하는 자가 있다면 직접 상고하여도 무방하다.

(4) 〈凡僧尼. 將三寶物. 餉遺官人. 若合構朋黨. 擾亂徒衆. 及罵辱三綱. 凌突長宿者. 百日苦使. 若集論事. 辭狀正直. 以理陳諫者. 不在此例.〉

令義解 注의 해석에 따르면, 삼보란 佛徒들이 공유하는 재산으로 사유물이 아니다. 또한

관인이란 내외 百官의 主典이상을 가리키는 것이다. 삼보를 凡人에게 주거나 혹은 자신이 사용하는 자는 同居幼用財의 법에 준하여 벌한다. 이 조문이 전하고자 하는 바는 공유의 재산인 삼보의 물건을 관인에게 주는 것, 혹은 자신의 불만을 해소할 목적으로 오늘날의 동맹파업과 같이 徒黨을 만들어 衆心을 소란하게 하거나, 三綱을 모욕하여 長老宿德을 창피 당하게 만드는 자에게는 百日苦使한다. 설령 집회모임을 가지더라도 언동이 불온하지 않으며 正理를 가지고 있다면 처벌하지 않는다. 이 조문을 통하여 당시 승려들이 寺主, 三綱, 長宿 등의 상관을 배척하기 위하여, 불온한 집회를 개최하여 시위나 파괴적 행위를 했다는 것을 추찰할 수 있으며 마치 오늘날의 세태를 방불케 한다.

(5) ⟨凡僧尼作音樂. 及博戱者. 百日苦使. 碁琴不在制限.⟩

이 조문에서 흥미로운 사실은, 바둑이 도박성보다는 오락에 비중을 두어 공공연하게 허락되는 유희라는 점이 지금의 법률과도 다를 바 없지만, 거문고가 고대시대에 음악의 범위에 들어가지 않았다는 점, 즉 음악에 대한 해석개념의 범주가 달랐다는 점을 알 수 있다. 僧尼에게 음악을 금했던 이유는, 음악 그 자체를 속물적인 것으로 간주하여 탈속적인 생활에 걸맞지 않는 것으로 간주했던 것은 아닐까. 아니면 당시 승려들이 정숙하지 못한 음악을 만들어 풍속을 어지럽게 했던 것은 아닐까 생각한다.

(6) ⟨凡僧尼. 聽着木蘭. 靑碧. 皂. 黃. 及壞色等衣. 余色. 及綾. 羅. 錦. 綺. 並不得服用. 違者各十日苦使. 輒着俗衣者. 百日苦使.⟩

法曹至要抄上을 보면 ⟨貞觀十六年九月十四日官符云, 僧尼法服不用綾羅錦綺等, 違法之色事⟩라고 전한다. 즉, 僧尼는 목란색(黃, 紅, 赤의 잡색), 청색, 벽색, 흑색, 황색 및 갈색을 띠는 옷을 입어야 한다. 규정된 색깔이외의 옷이나 綾羅, 錦綺등과 같이 화려한 絹物이나 俗衣를 입어서는 안 된다. 이 조문을 통해, 僧尼는 어디까지나 超俗적인 존재라는 것이며 따라서 수수한 복장을 해야 한다는 점을 알 수 있다. 동시에 당시의 승려들이 어떠한 복장을 하고 있었는지를 추정할 수 있다.

(7) ⟨凡僧尼等. 令俗人村其經像. 歷門敎化者. 百日苦使. 其俗人者. 依律論.⟩

이 내용은 앞서 언급했던 ⟨凡僧尼. 非在寺院. 別立道場. 聚衆敎化⟩의 조문의 내용과 대략 일치하고 있으며, 俗人은 從減一等의 律에 따라 杖九十을 과한다.

(8) 〈凡寺僧房停婦女. 尼房停男夫. 經一宿以上. 其所由人. 十日苦使. 五日以上. 三十日苦使. 十日以上. 百日苦使. 三綱知而聽者. 同所由人罪.〉

〈凡僧不得輒入尼寺. 尼不得輒入僧寺. 其有觀省師主. 及死病看問. 齊戒. 功德. 聽學者聽.〉

당시 僧尼들 사이에서는 淫猥를 행하는 일이 많았을 것이다. 따라서 僧尼의 방에 一宿이상 머문 俗人은 首從의 律에 따라 처벌받았지만, 僧尼는 설령 從犯이라도 減罪되지 못하였다.

(9) 〈凡僧尼. 不得焚身捨身. 若違及所由者. 並依律科斷.〉

설령 修業을 위함이라고 해도 분신과 같은 행위는 비인도적인 것이라고 생각했기 때문에 본인 및 관계인들을 처벌하는 조문을 두었을 것이다.

이상과 같이 대략적으로 僧尼의 처벌에 관한 조목을 통람해 보았는데, 이러한 법령을 실시함에 있어서는 尊卑幼弱을 참작한 것을 알 수 있다.

金玉掌中抄의 〈不拷訊人事〉를 보면, 〈僧尼. 有官位五位以上, 子孫癈疾, 年七十以上十六以下, 懷朶侏儒以上, 不拷訊以證人沢事, 然而近代, 僧尼五位以上, 子孫有見例, 自餘不然云〉라고 규정되어 있는데, 이와 같은 종류의 사람들은 직접 신변을 구속하여 고문을 행하는 것이 아니라, 오로지 증인에게 판단을 내리게 하고 있는 것이다. 그런데 여기서 한 가지 의문점은, 令抄에 〈刑部式云. 凡僧尼犯罪應訊者, 皆據衆証定刑不須捶拷〉라고 하여, 승려라는 자에게는 捶拷를 행하지 않는다고 규정되어 있다는 점이다. 이는 다소의 억측을 허락한다면, 刑部式이 만들어졌을 당시에는 원칙상 僧尼에게는 직접적으로 고문을 가하지 않는 것이었지만, 그 후 법령이 실시되자 많은 불편함을 느끼며 지장을 초래하자, 앞서 서술한 조문의 조건에 해당되는 사람들은 특별 취급을 하여 고문을 직접 가하지 않고 증인에게 판단을 내리게 한 것이라고 생각한다.

Ⅲ. 僧尼의 사회적 지위, 처우 및 허용규정

(1) 〈凡僧聽近親鄕里, 取信心童子供侍. 年至七十. 各還本色. 其尼取婦女情願者.〉

즉, 승려는 근친 향리에서 신심이 깊은 어린이들을 뽑아 小僧으로 부리는 것이 가능하다는 규정으로, 이는 승려의 특권이라고 말할 수 있다. 또한 小僧의 나이가 열일곱 살이 되면 본 신분으로 되돌아가며, 비구니는 연령의 다소와 관계없이 청원자를 취할 수 있다.

(2) 〈凡任僧綱. 謂. 律師以上. 必須用德行. 能伏徒衆. 道俗欽仰. 綱維法務者. 所舉徒衆. 皆連署牒官. 若有阿黨朋扇. 浪舉無德者. 百日苦使. 一任以後. 不得輒換. 若有過罰. 及老病不任者. 卽依上法簡換.〉

僧正, 僧都, 律師등의 승관의 임면은 정부의 규정 방침에 따르는 것이 아니라 오로지 승도의 자유에 일임하는 것이다. 따라서 조건으로서는 필히 덕행이 높으며 대중을 교화시켜 널리 내외 신자의 존경을 받아 법무를 견실하게 수행할 수 있는 능력자를 천거하지 않으면 안 된다. 또한 천거한 徒衆도 필히 연서하여 관청에 신고하지 않으면 안 된다. 따라서 일단 선임되면 범죄자 및 老病하여 직을 수행할 수 없는 자, 무능력자가 아니면 쉽게 改遷을 허락하지 않는다. 이는 승관의 신성한 권위를 지키기 위해서일 거라고 생각한다. 또한 이와 관련된 令集解의 注를 보면 다음과 같은 내용이 있다. 〈釋云. 大寶二年正月二十三日. 太政官處分. 任僧綱者. 在京諸寺僧. 請集藥師寺. 仍大弁一人. 史二人. 式部輔一人. 治部玄蕃主典以上官人並集之. 少弁以上大夫宣命. 弁官式部左列. 治部右列. 大寶三年正月二十二日. 太政官處分任僧綱之佐官僧者. 申官而後補任. 解任亦同.〉 이를 보면, 京都에 있는 사원 僧綱의 임명장은 藥師寺에서 관인들의 입회하에 성대하게 행해진 것으로 보인다. 僧綱의 佐官, 즉 僧綱의 錄事에 임명되는 자는, 보임뿐만 아니라 해임도 관청에 알려야 하는 것으로 규정되어 있다.

(3) 法曹至要抄 〈服假條. 父母. 僧尼傍親僧尼各死去之時, 服假可知本法事. 讚云. 問父母僧尼其身死去可有著服哉. 蓋無可疑親族奴婢又可服也. 按之父母僧尼傍親僧尼死去之時. 服假各可知本法也矣.〉 승려는 출가한 신분으로 살아있는 이상은 속세와 교류를 끊게 되는데, 일단 승려가 죽으면, 부모나 방친은 속인이라도 한 사람의 자식으로서 한 사람의 방친으로서 상복을 입지 않으면 안된다.

僧尼爲父母, 著服爲傍親, 不著服事 〈喪葬令云, 服紀者. 爲父母一年. 說者云. 問父母僧

尼其身死去可有著服哉. 蓋無可疑. 假寧令說者云. 問僧尼遇父母及餘親喪何處分. 蓋於僧尼不見繪假法. 父母無疑矣. 穴云. 僧尼者沙弥沙弥尼皆僧尼耳. 按之僧尼遇二親喪者. 可著服也. 於傍親者. 所見不詳然不可有服假之沙汰, 又俗人法家猶父母之外餘親之服假不可有之者也矣〉 이번에는 반대로 僧尼가 부모나 방친의 상을 당한 경우인데, 법령에는 僧尼의 喪葬 복장에 관해서는 명시하고 있지 않으나, 按者의 생각을 따르면 僧尼는 부모상에는 상복을 입지만 방친상에는 입어서는 안 된다고 보고 있다.

(4) 〈凡僧尼. 於道路遇三位以上者隱. 五位以上. 斂馬相揖而過. 若步者隱.〉

말을 타고 있는 僧尼가 도로상에서 三位이상의 사람을 만나면 숨던지 혹은 숨을 장소가 없다면 말에서 내려 한쪽 편으로 멈추어 서며, 五位이상의 사람을 만나면 下馬하여 예를 취하며 조용히 지나간다. 만약 승려가 도보 중에 五位이상인 자를 만났다면 숨지 않으면 안된다.이를 통해보면 僧尼라는 자의 사회적 지위가 얼마나 낮았는가를 알 수 있으며, 또한 당시 승려가 말을 탈 수 있었다는 색다른 광경을 알 수 있다.

(5) 〈凡僧尼. 有私事訴訟. 來詣官司者. 權依俗形參事. 其佐官以上及三綱. 爲衆事若功德. 須詣官司者. 並設床席.〉

이 조문의 내용은 僧尼라는 자는 국가보통 일반의 공민과는 다른 일종의 특수한 類衆으로 취급하고 있었으며, 대부분의 일은 승관의 자치에 일임하고 있었다. 따라서 뜻하지 아니하게 사적인 소송이 생겨 일반 백성들이 속해있는 官司에 출두하지 않으면 안 되는 일이 일어났을 때에는, 임시적으로 속계의 속명을 적고 출두해야 했다. 따라서 전술한 바와 같이 僧尼의 일반적인 지위는 낮았지만, 승관이상 및 三綱의 지위에 있는 자가 衆僧의 일이나 법무상의 일을 가지고 사원을 대표하여 관청을 방문할 때에는, 이에 상당하는 경의를 표하고 床席을 마련하여 정중하게 대우하였다.

Ⅳ. 승려와 재산

(1) 〈凡僧尼. 不得私蓄園宅財物. 及興取出息.〉

注에 따르면 興敗란 싸게 팔아서 비싸게 파는 것을 말한다. 이 조문의 정신은 僧尼라는 자는 일상생활에서 필요한 물건 이외에 園宅과 같이 사치와 허식적인 성질의 재물을 모아 두면 안 된다. 또한 상매행위 혹은 물건을 빌려 주어 이자를 취하는 것과 같은 행위는 엄하게 금지한다는 것이다. 아마도 승려라는 자는 속세의 利慾에 대한 집착을 일절 버리고 내세를 설파하는 불도에만 전념해야 하기 때문에, 이와 같은 재산의 사유를 인정하지 않는 조문을 넣을 것이다.

(2) 田令〈凡官人百姓. 並不得將田宅園地. 捨施及賣易与寺. 〉

역시 앞의 조문과 마찬가지로 사유재산을 인정하지 않았다는 의미이다.

(3) 〈凡齊會. 不得以奴婢. 牛馬. 及兵器. 充布施. 其僧尼不得輒受. 〉

齊式에 자주 노비, 牛馬 및 병기 등을 보시했던 사실을 알 수 있다. 그런데 제식 이외에 牛馬 및 奴婢등을 보시해도 무방했던 것인가. 또한 병기를 보시로 가지고 있었던 것을 생각할 수 없으므로, 이 당시에 兵書를 금하는 것과 마찬가지로 특별히 금지했을 것이다.

(4) 法曹至要抄 卷下의 處分條(및 裁判之要抄) 〈僧尼不預父母遺產事. 戶令處分條. 說者가 말하기를, 僧尼는 재산을 預해서는 안 된다. 身의 資用에 緣이 있다. 물건은 分與해도 무방하다. 이를 案하니 僧尼는 出家除貫하는 자이다. 身은 貧婪을 離하여 心은 忍辱을 食한다. 三衣一鉢이외에 재물을 畜해서는 안 된다. 만약 遺財중에 佛具衣鉢의 종류가 있다면 이는 身의 資用에 緣이 있는 것이다. 分與하여 방해됨이 없도록 하라. 自餘의 재물은 이를 나눠주지 않았다. 〉 요컨대 승려의 유산상속은 인정하지 않았던 것이다.

(5) 法曹至要抄 處分條(裁判之要抄) 僧尼遺產支配의 事. 〈戶令處分條. 義解云. 問, 僧尼가 嫁娶하여 자식을 낳고 또 재물이 이미 있는 채로 죽으면 어떻게 처분해야 하는가. 僧尼의 嫁娶, 사적으로 재물을 畜하는 일 및 이 계율을 어겨 憲章을 범하였다. 만약 생존해 있다면 즉 國에 恒典있다. 그러나 僧尼가 이미 죽었다면 법에 규정이 없지만, 처자가 있는 경우라면 즉 있는 재물은 그 처자에게 나누어 준다. 단, 승려에게 재물이 없다면 그 자손에게 주어야 할 것은 이 법에 준한다. 이를 살피니 僧尼의 재산은 처자 均分해야 한다. 즉 嫡妻繼妻男女子등, 각 一分할 수 있다. 〉 환언하면 승니의 재산은 유족이 嫡庶男女의 구별 없이 均分할 것이다.

(6) 法曹至要抄 處分條(裁判之要抄)僧尼遺物弟子可傳領事.〈名例律云. 僧尼의 師는 伯叔父와 같다. 제자에 있어서는 형제의 자식과 같은 것이다. 戶令이 전하기를 자식이 없는 사람은 四等이상의 昭穆에서 친한 자를 養하는 것을 허락하라. 說者가 말하기를 사등 이상이란 형제의 자식을 말한다. 儀制令. 五等以上親條義解云. 형제의 자식은 또한 내 자식과 같다. 나아가 이를 거둘 일이다. 이를 살피니 遺財의 처분, 속인을 위해 만들었지만 僧尼를 위해 제도를 만들지 않는다. 따라서 準하여 文中의 理를 按하라. 가령 僧尼의 몸으로 遺財가 있는데 제자가 聖敎經論의 類와 諸法을 相承하는 자라면 遺財를 주어도 좋다. 自餘의 佛具衣鉢의 종류는 各狀에 따라 均分해야한다. 이는 속인의 법에 준하여 형제의 자식은 또한 자식과 같은 것이다. 收養時의 배분은 親과 같이 하라. 僧尼의 제자는 속인의 양자에 비견되는 것인가. 단, 양자에 준하여 처리할 경우 상황에 따라 按하라.〉

속인의 유산처분법에 있어서는 四等 이상의 자는 즉, 형제의 자식은 또한 자식과 같이 취급하며, 자식이 없을 때에는 대신하여 유산의 분배에 관여할 수 있다. 그리고 僧尼와 그의 제자와의 관계도 또한, 형제의 자식에 대한 관계와 마찬가지로 속인의 양자에 상당한다. 따라서 僧尼가 遺物을 남기고 사망하였을 때는, 속인의 법에 준하여 그 제자는 당연히 유물을 傳領하는 것이 가능하다.

(7) 法曹至要抄 僧尼取處分弟子物 不悔還事條〈名例律. 주었는데 不和하는 자, 그 贓을 乞하여 索하는 자 모두 主에게 還하라. 和하여 준 자는 죄가 없다. 이를 살피니 僧尼의 제자는 형제의 자식에 비견된다. 따라서 처분한 물건은 바로 悔還해서는 안 된다. 단 처분 후에 師匠을 忽緒하며, 혹은 他門에 들어가거나, 불효하는 자는 반드시 悔還해야 하는가.〉즉 원칙상, 승니가 일단 제자에게 처분한 물건은 나중에 후회하여 되돌려 받아서는 안 된다.

게재지 미상

정 재 각

자치통감(資治通鑑) 해설

    중국사학사상(中國史學史上) 획기적 저작의 하나로서 자치통감을 드는데 누구나 이의가 없으리라. 원래 자치통감은 문자 그대로 제왕의 정치참고의 취의로서 편찬된 것이니 즉 중국의 제왕이 육조당(六朝唐) 이래의 귀족적 성격으로부터 송에 이르러서의 독재적 성격으로 변질됨에 따라 일종 위인으로서의 특별한 수양이 요청되었기 때문에 이것에 응하기 위하여 만들어진 제왕학(帝王學) 참고서이다. 그러나 자치통감 이 명저로서 꼽히게 되는 소이는 제왕학적 의미에서가 아니라 실로 사학사적 의미에서 그러한 것이니 자치통감이 하나의 사서로서 이전의 사서에 비하여 어떠한 의미를 가졌으며 이후의 사서에 대하여 어떠한 영향을 끼쳤는가를 밝힌다면 곧 자치통감의 중국사학사상의 위치가 나타날 것이다.

    전문294권, B.C.403년(주위열왕23년,周威烈王)으로부터 A.D.958년(오대말)까지 1362년간의 중국의 치난흥망(治亂興亡)을 총망라한 편년체(編年體)의 통사인 이 제작은 저자인 송 사마광(司馬光)의 지도하에 편찬국을 송 비각(祕閣)에 두고 유반(劉攽) 유서(劉恕) 범조우(范祖禹) 등 당시 제1급의 학자가 편찬을 보조하여 실로 19년의 세월과 막대한 비용을 소비하여 완성된 것이다. 그 초고만 하여도 2동의 창고에 충만하였고 더구나 그 한자 한자가 단정하게 해서로 쓰여 있었다고 하니 얼마나 정력을 기울인 사업이었는가를 짐작하고도 남음이 있다. 먼저 자치통감의 편찬체재로서 주목할 것은 편년체를 부활한 점이다. 무릇 중국의 역사편찬체재로서 편년체 기전체(紀傳體) 기사본말체(紀事本末體)의 삼종이 있으니 편년체는 춘추좌씨전(春秋左氏傳)에서 비롯하는 것으로서 년, 사시(四時), 월, 일의 두서 밑에 그 시기에 생기한 사실을 연대순으로 기록함으로써 전서를 구성하는 사체이요 기전체는 사기(史記)에서 비롯한 것으로서 본기(本紀), 표(表), 서(書;誌), 세가(世家), 열전(列傳) 등의 항목으로 나누어서 사실(史實)을 기록하는 사체이다. 기사본말체는 통감기사본말(通鑑紀事本末)에서 비롯한 것으로서 전 2자의 방식이 혹은 종적으로 혹은 횡적으로 사상을 편편히 분단 기술함으로써 한 사상의 전모를 파악하기 곤란한 유감이 있음에 감하여 사목별(事目別)로 사실을 연월 순으로 집기(集記) 하여 그 사상의 변천과 시말(始末)을 밝히려는 체제이다. 삼 체재(體裁) 중 가장 오래인 것이 편년체이고 가장 나중에 나타난 것이 기사본말체이다. 편년체로 된 사적(사적)이 춘추좌씨전 이후 자치통감에 이르기까지에 저작되지 않았던 것은 아니나 춘추는 경서이고 사서로서는 자치통감이 가장 모범적 저술이기 때문에 자치통감을 편년체사적의 대표로 꼽는 것이다. 송대는 바야흐로 춘추학이 부흥한 시대이며 더구나 사마광 그 사람은 그의 전기에 의하면, 7세에 춘추좌씨 강의를 듣고 물러가서 그 문의를 가인(家人)에게 되풀이할 수 있는 정도로 숙달한 인물이었다고 하니 자치통감이 춘추의 체재를 따르고 그 필법을 모방하여 사실을 직서함으로써 착잡한 사실의 망라 속에 자연히 포폄(褒貶)의 뜻이 나타나게끔 우수한 저작이 된 것은 결코 우연한 일이 아니다.

둘째로 주목할 점은 자치통감이 통사인데 있다. 통사의 시초는 사마천(司馬遷)의 사기이니 이 동양의 Herodofus는 종래의 단편적인 기록을 총망라하여 고금을 비로소 조직적으로 통일함으로써 과거로부터의 역사를 통관하려고 하였던 것이나 그 후에 나타난 한서의 저작자 반고(班固)는 전한일대사만을 저술함으로써 그 왕조에 부하된 사명을 밝히려는 이르는바 단대사(斷代史)를 창시하여 이후 중국의 정사는 전부 이 왕조별 단대사가 기준이 되었던 것이다. 그러므로 이제 자치통감이 통사체(通史體)를 부활하여 왕조의 교체를 초월한 고금일실(古今一實)의 사적연혁(史的沿革)을 보려고 한 것은 사마천의 정신을 계승한 셈이다.

이상을 요컨대 춘추좌씨전의 편년체를 따르면서 사기의 통사양식으로 편찬된 것이 곧 자치통감의 독특한 점이라 하겠다. 이 책의 또 하나의 장점은 그것이 사마광의 사적일가 견에 의하여 편찬되었다는데 있다. 무릇 중국의 우수한 사서는 사기한서(史記漢書)를 비롯하여 량서(梁書) 진서(陳書) 북제서(北齊書) 남사(南史) 북사(北史) 등에 이르기까지 당대(唐代) 이전의 사서는 대개 사가의 가학(家學)으로서 이대 삼대식 상속하여 일정한 주의와 일관한 주장아래 저술되는 것이 보통이었으나 당대에 진서(晉書) 수서(隨書)를 편찬할 때부터는 천자의 명에 의하여 많은 사람이 단시일에 분담공저(分擔共著)하기 때문에 일정한 주의방침이 관철되지 못하고 단순히 형식적 기계적인 범례에만 맞추어서 그것은 저술이라기보다는 차라리 한갓 빈약한 편찬물이었던 것이다. 자치통감의 편찬에 이삼학자의 참가가 있었다하더라도 그것은 사마광의 지도하에 단순히 보조적 역할을 한 것에 지나지 못하며 전체의 구상과 최후의 완성은 어디까지나 사마광 자신에 의한 짓이니 이로서 사마광의 역사적 견식이 충분히 반영되었을 것으로 미루어 자치통감이 비록 제왕의 참고를 위한 것이기는 하나 당당한 역사가의 저작물임을 부인치 못할 것이다. 이러한 사마광의 역사적견식의 일단으로서 우선 사료의 선택을 살펴보면 그 인용서목(引用書目)만 보더라도 역대정사 묘지비문 행장(行狀) 별전(別傳) 보록(譜錄) 등 228종에 달한다. 종래의 사가와 같이 실록안독(實錄案牘) 등의 표면적인 재료만을 취하는데 그치지 않고 야사 소설 등 당시대의 이면생활을 나타내는 재료도 교묘하게 이용한 것은 놀라운 일이다. 다만 이것 때문에 실패한 곳이 없지도 않은 것은 유감이지만은 그밖에 전국시대의 기년의 명확하지 않은 곳은 사마광은 그것을 사기에 구하지 아니하고 당시 진본으로 존재하였던 죽서기년(竹書紀年)을 참고하였으며 육조남북사(六朝南北史)에 있어서는 오늘날의 16국춘추(十六國春秋)와 다른 당시의 16국춘추의 원본을 채용하였기 때문에 정사보다 오히려 정확한데가 있다. 당, 오대에 관하여도 신당서(新唐書) 신오대사(新五代史) 등이 춘추의 서법(書法)을 극단으로 모방하여 일자일구를 정확히 사용하고 겸하여 국어를 버리고 고문으로 표현하려는 목적 하에 사료의 원문을 임의로 개삭하는 방침이었음에 반발하여 재료의 원문에 비교적 충실한 구당서 기타의 재료에 의하여 편찬하였기 때문에 역시 정사(正史) 외의 필견

(必見)의 사서이다. 다시 말하면 당기(唐紀) 81권 후양기(後梁紀) 6권 후당기(後唐紀) 8권 후진기(後晉紀) 6권 후한기(後漢紀) 4권 후주기(後周紀) 5권 등은 오늘날에 귀중한 많은 사료를 포함하고 있다.

자치통감의 편찬방법도 지극히 면밀하였으니 먼저 모든 인용재료로서 총목(叢目)을 작성하고 다음에 그 중에서 각 연월일에 일어난 모든 사실을 빠짐없이 연대순으로 나열한 장편(長編)을 작성하고 그 장편을 차제로 정리요약하여가는 것이었다. 81권의 당기(唐紀)의 장편이 600권이었다 하니 전294권의 장편이 얼마나 방대하였는가를 집작할 수 있으며 당기 하나만으로써 34년의 시일을 요하였다 하니 초인적인 정력과 심력이 기울여졌음이 역력하다.

자치통감의 부산물로서 이밖에 자치통감석예(資治通鑑釋例) 1권 자치통감고이(資治通鑑考異) 30권 자치통감목록 30권 계고록(稽古錄) 20권 등이 있으니 모두 사마광의 학자적 용의에서 나온 저작이다. 석예(釋例)는 편수체예(編修體例)를 설명한 것이오 고이(考異)는 편찬에 제(際)하여 상호 모순되거나 또는 진실이 아닌 재료가 있을 경우 그것을 취사(取捨)한 이유를 밝힌 것이요 목록은 연표와 색인을 겸한 것이며 계고록은 상고로부터 송 영종(英宗)말년까지의 사실을 약술하고 그것에 사마광자신의 논평을 가한 것이다. 송사(宋史) 예문지(藝文志)에는 이밖에도 사마광이 저술한 관계서명이 수종(數種) 보이나 현존한 것은 없다.

자치통감의 주석자로서는 송 사조의 자치통감석문(釋文) 30권과 그것을 저본으로 하고 다시 독자의 연구를 첨가한 원 호삼성(胡三省)의 음주(音注)가 있으며 특히 후자는 지리의 고증에 있어서 독보적인 것이다.

끝으로 자치통감의 출현이 이후의 사학계에 끼친 영향을 살펴보기로 하자. 통감이 통사적 춘추적 체재를 취한 것이 다대한 영향을 미쳤으니 첫째 통감의 편찬에서 삼국남북조시대를 담당하였던 유서(劉恕)의 통감외기(痛鑑外紀) 10권 동목록(同目錄) 5권의 출현이 그것이다. 그것은 통감의 전대를 보첨(補添)하기 위하여 삼황오제(三皇五帝)로부터 주희열왕(周威烈王)에 이르기까지의 역사를 경서 제자백가 기타 현존하지 않는 재료들로부터 채

취하였기 때문에 고대사의 귀중한 사료가 포함되어 있으나 장편으로부터의 정리가 불충분하였기 때문에 황당한 곳이 없지 않다. 이 황당한 곳을 정정하여 만든 것이 곧 송 김이군(金履群) 찬(撰)의 자치통감전편 資治通鑑前編) 18권 거요(擧要) 3권으로서 당요(唐堯)로부터 위열왕(威烈王)이전까지를 취급한 것이다. 다음에 역시 통감편찬에서 당오대(唐五代)를 분담하였던 범조우(范祖禹)의 당감(唐鑑)이 있어 춘추의 필법에 의하여 측천무후를 인정치 않음으로써 후세 주자의 정통론에 암시를 주었다. 통감이 사실을 충실히 직서(直書)함으로써 자연히 포폄의 뜻이 나타나게끔 만들어진 것을 불만으로 생각하고 통감의 정치에 대한 감계(鑑戒)를 목적으로 하는 일면을 특히 강조하여 춘추의 본문을 본떠서 통감을 성약개삭(省約改削)함으로써 명분과 포폄을 뚜렷이 하려는 것이 곧 주자의 통감강목(通鑑綱目) 59권 범례(凡例) 1권이다. 이것은 주자(朱子)가 대요즉강(大要卽綱)을 만들고 주자의 유언에 따라서 그의 문인 조사연(趙師淵)이 그 강(綱)에 대한 주즉목(注卽目)을 만든 것이다. 대의를 밝히는데 중점을 두는 나머지 사실을 소홀히 취급한 결점은 숨길 수 없으나 후세 사론의 전개에 큰 영향을 미친 것도 부인치 못한다. 자치통감이 후한 다음에 삼국 중 위(魏)를 정통으로 세운데 반하여 강목이 유씨(劉氏)의 후예라고 하여 촉한(蜀漢)을 정통으로 주장한 것은 양자의 태도의 뚜렷한 상이(相異)를 보여주는 것으로서 이후 주자의 정통론이 주자학과 더불어 하나의 권위로서 인정된 것은 이때부터이다. 그밖에도 통감을 모방하여 통감의 속편 혹은 그것을 연장하여 만들어진 것이 속속 출현하였으니 남송 이도(李燾) 찬(攢) 속자치통감장편 (續資治通鑑長篇;송태조~흠종(欽宗)에 이르는 것이나 현존하는 것은 칠조분(七朝分) 520권), 명(明)진경(陳桱) 찬 통감속편(通鑑續編) 24권(반고씨~송), 청 서건학등찬(徐乾學) 등 찬 자치통감후편(資治通鑑後編) 184권, 청 필원(畢沅) 찬 속자치통감(續資治通鑑) 220권(서건학저의 증보정정), 청 건륭(乾隆)32년 칙찬(勅撰) 어비역대통감집람(御批歷代痛鑑輯覽) 120권이 있다. 어비역대통감집람은 명(明)의 이동석(李東錫)등이 찬한 역대통감찬요(歷代痛鑑纂要) 92권을 정정증보하여 복희(伏羲)~명말까지를 기술한 것이다. 이밖에도 청 요배겸(姚倍謙) 장경선(張景善)공찬의 통감람요(通鑑覽要) 37권(복희~명말)등은 그 주요한 것으로 꼽을 수 있다. 또 통감의 자극을 받고 통감의 편년체재의 불편 즉 한 사상의 흐름이 연월일별로 절단기재되어 있기 때문에 그 통일적인 시말을 일모(一眸)에 파악하기 곤란한 점에 감하여 통감을 사목별로 해체하여 역사편찬의 신 체재를 창시한 것에 송 원주(袁樞) 찬(撰) 통감기사본말 42권이 있다. 이와 같이 사상을 중심으로 하여 그 변천과 인과를 밝히려는 것은 역사에 대한 일단 진보된 사고방식이니 이 저술이 나타난 후 이것을 모방하는 자 속출하여 이르는바 기사본말체의 대유행을 보았다.

우리나라에서도 통감의 체재를 모방한 동국통감(東國通鑑)이 만들어졌고 특히 소년시대 필독의 교양서로서 통감이 읽혀졌다는 사실을 상기할 때 그 영향이 얼마나 컸는가에 놀랠 것이다. 이밖에도 자치통감이 준 직접 간접의 영향은 일일이 매거지적(枚擧指摘)할 수 없는 정도로서 자치통감이야말로 정사와 더불어 중국사를 공부하는 자의 필독의 양서라 하겠다.

〈고대신문〉 175호, 1958. 5. 17

정 재 각 • 고려대학교 교수 사학자(동양사)

국난극복사 - 대당투쟁편

1.당(唐)의 정세

　　중국인의 민족적통일은 벌써 진한(秦漢)에 의하여 기원전에 성취되었던 것이나, 그러나 그러한 통일은 어디까지나 민족국가적인 통일이었으며 수(隋)에 의하여 이루어지고 당이 계속발전시킨 수당의 통일은 하나의 세계국가적인 통일이었다. 따라서 문명도 전자(前者)는 한족(漢族)에 의한 민족 개성적인데 대하여 후자(後者)의 것은 많은 민족의 참가에 의한 복잡하고 국제적인 것이었다. 진(秦)나라와 한(漢)나라에 의하여 일차 완성하였던 중국사회는 화북(華北)의 황토지대를 중심으로 하는 극단적인 인위적(人爲的) 치수관개(治水灌溉)의 농경사회로서 중화적(中華的) 自負(자부)와 가부장제적(家父長制的) 가족제(家族制)를 확충하고 이민족과 그 문명을 경회(輕侮) 배제(排除)하는 것이었다. 그러나 후한말기로부터 중원지방과는 전혀 풍토가 다른 강남지방이 개발되고 또 북방으로부터의 유목민족은 이 방면으로 문명을 확대시키는 결과가 되어 자연히 강남에 새로운 문명이 성장되었고 또 북방에서 새로 이주한 이민족들의 지배 하에서 이색적인 문명의 요소가 매개(媒介)되었으니 즉 북방민족의 풍습과 불교 마니교에 따르는 풍습 행사 미술공예 문학상에 있어서의 이란 적 인도적 요소 등 다양하고 광범위한 신요소(新要素)는 도저히 구문명(舊文明)의 테두리 안에서는 포섭하기 어려운 것이었다. 이리하여 이와 같은 새로운 사회구성의 성장과 전에는 분열적 요소이던 중국적문명과 이국적문명과의 융합발전에 조응(照

應)할 수 있는 새로운 세계국가적인 통일이 요망되는 것은 당연한 일이었다. 이와 같은 배경 하에 당은 태종(太宗)과 고종(高宗) 2대에 걸쳐 동은 조선반도 서는 중앙아시아 북은 외몽고 남은 인도지나반도에 달하는 광대한 영역을 손아귀에 넣고 각각 선우, 안북 안서 북정 안남 안동의 6 도호부(都護府)를 설치하여 그 감독 하에서 각 민족의 자치를 허여(許與)하는 비교적 관대한 통치정책을 썼던 것이었다. 그리하여 당제국이라는 하나의 도가니 속에서 다수의 민족과 이질의 제문화(諸文化)를 융합하여 하나의 국제적인 성격의 문화를 대성시킴으로써 주위의 각 민족으로 하여금 이를 흡수소화하기에 용이하게 만들었던 것이었다. 그것은 도리어 각 민족을 각성시켜 민족국가를 성립시킴으로써 마침내 당제국을 와해시키는 아이로니컬한 결과를 준비하는 것이었으나 좌우간 당제국은 그 내부적 필요에 의하여 세계국가로의 팽창-이민족의 정복을 계속하였다. 이러한 당과 그 선구자인 수의 세계정책에 완강히 반항하는 동방의 세력이 바로 고구려이었으니 고구려의 존재야말로 당의 정치상의 장해일 뿐 아니라 실로 중화민족의 자부심을 정면으로 무시하는 존재이었다. 이리하여 고구려에 대한 설욕(雪辱)의 기회를 노리던 당 고종에게 착상된 것이 3국 분쟁의 이용이었으니 이 3국 분쟁이야말로 중국민족의 전통적인 외교정책-이민족과 이민족간의, 또는 한 이민족자체내의 분쟁을 이용하는 소위 이이제이책(以夷制夷策)을 사용한 절호의 기회를 제공한 것이었다.

2. 삼국의 정세

서기전 3,4세기로부터 시작된 흉노(匈奴) 및 중국인의 동방진출 그 뒤에 계속된 중국인의 낙랑식민지(樂浪植民地) 설치는 조선민족의 정치 경제 사회는 문화의 전면에 많은 변동을 주었었다. 즉 오늘날 만주로부터 한반도의 각지에서 발굴되는 청동의 무기 마구 등이 보여주는 스키토사이베리아 文化 청동 및 철제의 화폐 무기 농구 등이 보여주는 중국문화가 이러한 추측을 가능하게 하는 것이니 즉 여태까지 무기 및 생산경구(生産耕具)에 있어서 예리한 금속제를 사용하지 못하던 사회에 이와 같은 금속기구 자체와 그 제법(製法)이 수입된 것은 김해의 발굴이 보여주는 벼의 전래사실과 함께 우리 문명의 진보에 획기적인 계기가 되었으리라. 그러나 이 새로운 문명도 중국인의 식민지설치라는 정치적 제약 하에서는 급속히 확대 전파할 수는 없었던 것이니 낙랑의 문명이 아무리 화려한 것이라도 그것은 우리 민족과는 인연이 적은 문명이었으니 그것이 중국인에 의한 조선인의 지배 예속(隸屬)이라는 관계를 통하여 전달되었기 때문에 이 새 문명은 조선인의 향상대신에 예속에 이바지하는 역할을 하였다. 중국 군현 지배하에 있는 우리민족이 전체로 예민화(隸民化) 되고 조선인의 노력과 산물이 중국인에 의하여 수탈되고 있는 한 조선인의 성장은 바랄 수 없었던 것이며 비록 중국인에 의하여 토착민의 수탈을 위한 토착인의 하급관리가 채용되어 그것들이 중국인의 권세를 배경으로 약간의 특권을 향유하였다 할지라도 그들도 결국 중국인을 위하여 中國人 밑에 있는 한 자민족(自民族)을 결집시킬 수 있는 진정한 특권계급으로는 발전할 수 없는 것이었다. 이것이야말로 우리 민족의 발전이 중국문화를 가장 농후하게 받은 낙랑군지배하에서 비롯하지 못하고 멀리 떨어진 압록강상류의 고구려와 남부의 3한에서 행하여진 주요한 원인이다. 고구려의 발전의 외부적인 조건으로 흉노 및 중국인에 의한 금속문명에 제일 먼저 접촉한 것과 중국식민지의 지배력이 비교적 침투하지 못한 동가강(修佳江) 유역 압록강계곡에 근거하였었다는 것, 지리상 일찍부터 중국과 접경하여 그 투쟁에 익숙하였다는 것 등을 들 수 있다. 그러나 특히 중국인과의 장기적인 투쟁에서 고구려의 강력한 결집과 발전이 진행되었던 것이다. 원래 5부족으로 나누워져 각 족장에게 인솔되었던 것이 기원 1세기에는 벌써 그 족장 중에서 타 족장을 통솔하는 왕이 출현하였고 이러한 왕권을 중심으로 각 부족 조직이 해체하는 과정에서 귀족전사계급이 생기고 이 계급들을 위하여 노동력을 제공하는 고구려인 중의 열패자(劣敗者) 범죄자 및 피정복 민들로 구성되는 하호(下戶) 노비들의 계급이 분리되었던 것이다. 이리하여 이 성장과정의 고구려권력사회는 다시 자신의 확장을 지향하여 서쪽으로 중국영토에 침입하는 동시에 동으로는 옥저(沃沮) 예(穢) 등을 합치어 이것을 예속화 후방기지화(後方基地化)함으로써 중국과의 전쟁에 대비하는 것이었다. 고구려의 전쟁 주요목적이 이와 같은 예민과 그 생산지획득에 있었다고 하면 고구려 전투력의 핵심이 된 것은 대중을 중심으로 한 전사계급이었다. 이 전사들은 그 위의 귀족들과 함께 드디어는 왕국의 정신(廷臣)과

무인(武人)으로 변모하였으나 사적(私的)으로 많은 노비 전택을 가진 하나의 특권계급으로 잔존하였다 그들은 이와 같은 계급분화에도 불구하고 외적에 대할 때나 예민을 정복한 때는 공동의 이해로 단결하며 모반인은 중인환시중(衆人環視中)에서 태워 죽이었다. 싸움에 패배한 자나 성을 버리고 적에 항복한 자 기타 강도 살인 등의 범죄자들은 머리를 베는 것이었으니 이와 같은 형벌의 엄중이 고구려 족의 단결에 필요한 것이었다. 이와 같이 집결된 고구려인의 힘은 마침내 낙랑군을 타도하고 4백년간 계속된 중국인의 식민지를 흡수하는데 성공하였던 것이다. 그러나 제4세기 중엽에는 요서(遼西) 방면에 있던 선비족(鮮卑族)의 나라 모용연(慕容燕)의 침범을 받자 이 방면에의 확장을 단념하고 주력을 남방에 경주하여 백제 신라의 힘을 제압(制壓)하고 호태왕(好太王)과 장수왕(長壽王)의 후대에는 마침내 만주의 요하(遼河) 이동(以東)과 경상도 전라도 충청도를 제외한 반도의 대부분을 점령하게 되었다. 이 광대한 토지와 인간을 지배하기 위하여 수도 평양과 구도(舊都) 국내성(國內城) 백제로부터 빼앗은 한성(漢城) 등 만주와 한반도에 걸쳐 수 10개소의 성을 쌓고 군대와 식량과 병기를 상비(常備)하였으며 평양에는 대대로(大對盧) 이하 10여계 층의 관리를 두어 내외정무를 분장(分掌)시키는 대규모의 권력조직을 완성하였다. 소수의 고구려인이 다수의 인간과 토지를 통제하기 위해서는 이러한 군국적 조직이 필요한 것이었으나 그러나 소수 상층계급에 의한 권력의 과도한 집중은 장기적인 고난이 닥쳐올 때 내부붕괴의 모순을 내포하고 있던 것도 어쩔 수 없는 사정이었다.

3한의 지배질서의 성립은 고구려에 뒤떨어졌으며 특히 3세기 초의 낙랑 남방의 대방군(帶方郡) 설치는 더욱 그것을 지연시켰다. 그러나 마침내 중국인의 방해세력으로부터 떨어진 변두리에서 집결된 정치체제가 발전하였으니 곧 백제와 신라이다. 백제가 대방군의 중국세력을 전복하고 북진하여 고구려와 접경케 된 것은 반도통일의 하나의 계기를 지었던 것이나 또한 백제가 가장 두려워 한 것도 이 고구려의 남하세력이었다. 실로 이 때문에 그들은 한성으로부터 웅진(雄鎭)으로 다시 泗沘로, 즉 광주(廣州)로부터 공주(公州)를 거쳐 부여(夫餘)까지 수도를 물려 세우지 않으면 안 되었다. 또 이 때문에 그들은 일본과 연결하고 신라와 동맹하고 혹은 중국 제왕조(諸王朝)의 권위를 빌리는 등 온갖 외교적 고심

(苦心)을 겪은 것이었다. 백제의 가장 큰 강점은 호남평야를 중심으로 하는 비옥한 농경지대와 많은 인구를 소유하고 있는 점이었으나 가장 큰 약점은 국가조직이 튼튼치 못한 것이었다. 첫째 그들은 그들의 전신인 마한의 백제 기타의 부족국가가 중국세력에 근접된 관계로 중국인에 조종된 중국인의 권위의 앞잡이인 부족장 이외의 새로운 특권자들의 발생으로 말미암아 종래의 부족장의 권위를 모체로 하는 제부족의 단결이 순조롭게 발전하지 못하였다는 것, 둘째 이러한 약점을 틈타서 외래적인 부여계통이 지배자가 되었다는 것이다. 이러므로 말미암아서 백제의 왕실은 국민과 유달리 유리되었었으며 사실 백제의 왕실-진사왕 개로왕 동성왕 무왕 의자왕 등은 적과 대치하고 있는 동안에도 궁전을 크게 짓고 주색을 탐내는 사치에 젖어 민중의 고초를 도외시한바 신라와 고구려에 비할 때 현저하였다. 물론 백제도 사비로 후퇴한 후로는 토호들을 귀족에 편입하고 소위 5방 5부의 군사적 체제를 중심으로 하는 국가조직을 완성시키었으나 긴급사태에 대비하기에는 너무나 늦었었다. 백제에 비하여 신라는 이 점에 있어서 우월하였다. 첫째 그들은 중국식민지로부터 멀리 떨어졌기 때문에 그들의 씨족 연합체를 중심으로 국가의 형성이 순조로웠던 것이며 국가의 중요 사는 그 전신인 사로 때부터 씨족장의 평의회인 화백에서 의결하였던 것이다. 이것은 신라가 다수의 애민을 포함하는 하나의 강국으로 발전된 후에도 그대로 귀족회의로 잔존되어 국가의 중대 문제는 물론 국왕의 추대까지도 결정함으로써 지배층의 단결을 확보하였고 또 새로이 편입된 부족들도 그 족장을 귀족에 포섭함으로써 그들의 협조를 얻을 수 있었던 것이니 금관국(金官國)의 후예 김유신(金庾信) 장군의 등용은 이것을 의미한다. 물론 소위 신라사회의 골품제는 지배계급의 한계를 의미하는 것이겠으나 그러나 신라왕국이 하나의 고대국가로 발전하여 지배층이 고정될 때까지는 부절(不絶)히 확충되는 것이었다. 간단한 것으로부터 복잡한 골품제로의 발전은 이것을 의미한다. 그러나 무엇보다도 신라발전의 추진력이 된 것은 귀족계급의 청년전사들이니 이 화랑들이야말로 씨족사회의 청년 집단적 전통을 가지고 신명을 조국에 바칠 것을 서약한 신라혼(新羅魂)의 응결체(凝結體)였다. 그들의 이와 같은 기백은 백제 고구려와 가야 제국(諸國)에 손을 뻗치려는 일본 세력과의 투쟁에서 더욱 고조되어 마침내 법흥왕 진흥왕시대에는 낙동강

하류유역을 병합하여 일본의 의도를 봉쇄하고 소백산맥을 넘어 함경남도 전 지역과 한강유역을 점령하여 말갈과 고구려의 남하를 저지하였다. 이 한강유역을 거쳐 서해안에 도달하는 길이야말로 비단 고구려와 백제의 연결을 절단(切斷)할 뿐 아니라 실로 중국문물을 수입하고 중국세력과 직접 악수할 수 있는 숙망의 루-트이었다. 백제가 항상 일본과 간혹 고구려와 연결하고 또 고구려와 백제가 다 중국의 남북조제국(南北朝諸國)과 교섭한 지리적편의가 있었는데 대하여 실로 고립무원의 신라에 있어서는 이 중국세력과의 직선 연결이야말로 절실한 요구이었던 것이다. 이리하여 고구려의 남하와 백제신라의 북상에 의하여 반도통일의 역사적인 기운이 익어가는 가운데 각국의 군사 정치 외교의 비책(秘策)을 다한 백열전이 전개되었고 마침내 통일의 이니시어티브는 신라의 손에 잡히게 되었다.

3. 신라와 백제의 항거

당의 목전(目前)의 적은 고구려인 것은 물론이거니와 그것이 정면공격으로 달성되지 못함에 그것의 남북협공을 의도하였고 그것을 착상(着想)하게 한 것은 신라의 사주(使嗾)이니 이로써 그때 남방의 친고구려세력이오 신라서방의 적대세력인 백제의 토멸전(討滅戰)이 시작된다. 비록 신라는 신라대로 통일의 대망이 있고 당은 당대로 그들의 세계정책이 있었다할지라도 피아(彼我)의 실력을 계교하여 그 장래의 귀결(歸結)을 투시할 수 있는 냉철한 두뇌와 허허실실(虛虛實實)의 대륙적 외교정책에 냉철히 대처할 수 있는 도량을 가진 천재외교가를 가지지 못하고는 이 반도 동해안의 소국가로 하여금 감히 당제국과의 동맹체결 교섭을 기도할 수는 없었을 것이니 이러한 사람이 바로 무열왕 김춘추이었다. 그가 후고(後顧)의 염려를 덜기 위하여 일본을 방문하였을 때에는 용자(容姿)의 우아(優雅)와 담론(談論)의 풍발(風發)로서 일본인의 호감을 샀으며 당 태종을 만났을 때에도 영위(英偉)한 의표(儀表)로서 만조백관의 존경을 얻었다. 이리하여 그의 비범한 노력으로 드디어 당과의 교섭은 성공되어 서기 660년 소정방을 대총관, 무열왕 2자 김인문을 부총관으로 하는 13만의 대군이 황해로부터 이르고 동으로는 5만의 신라군이 습격하여 도성 사비성이 수륙으로 포위되어 함락당하고 의자왕이하 태자 대신 장사 백성 등 일만 수천 여명이 당으로 이송되니 곧 백제의 종언이다.

불의의 습격을 받아 멸망한 백제인 들이 나당의 본군이 귀국하자 곧 곳곳에 분노의 봉화를 든 것은 당연한 일이었으니 무왕의 질 귀실복신(鬼室福信)은 임존성에서, 여자진(餘自進)은 웅진에서, 복신(福信)은 다시 일본에 있던 왕자 풍(豊)을 맞이하여 주류성(周留城)을 근거로 일본의 후원을 얻어 기병하여 사비성과 웅진성에 있던 당의 잔류군을 포위하였으나 아깝게도 내홍(內訌)이 일어나 나·당의 후원군이 재래함에 모든 장도(壯圖)는 수포로 돌아가고 백제의 화려하던 미술공예품은 철저한 파괴와 약탈을 당하였다.

4. 나·당의 공격과 고구려의 항거

고구려의 거대한 존재야말로 중국인의 해동진출의 일대장해(一大障害)였으니 고구려세력의 결집 후의 중국인의 진출이, 이 때문에 좌절되었을 뿐 아니라 고구려왕국 발족 전에 설치되었던 낙랑을 중심으로 한 중국인의 식민지까지도 전부 흡수되었으며 고구려의 세력을 무시하려던 수(隋) 자신조차 멸망되고 말았으니 세계국가인 당의 자존심이 안연할 도리가 없었다. 이리하여 드디어 당 태종의 3차에 걸친 대규모의 공격이 계속되었으나 역시 무색하게 실패함에 다음의 당 고종은 마침내 신라의 요청을 들어 신라와 협력하여 남북으로 공세를 취하게 하였다. 이리하여 백제멸망을 전후하여 5년간 계속하여 대병을 동원하였으니 백제의 토멸도 그 후방을 확보하는 의미였으며 따라서 백제 멸망 후는 고구려에 있어서 실로 공전의 위기가 아닐 수 없었다. 고구려는 그동안 보장왕을 옹립한 막리지 연개소문이 전권을 장악하여 일사불란의 통제 하에 선전 선투하여 내적(來敵)을 격퇴하였을 뿐 아니라 신라를 공격하는 여유까지 보여주었었다. 안시성의 혈전과 횡산의 쾌승은 고구려의 기백의 일예(一例)이다. 그러나 연개소문의 후계자는 불초(不肖)하였으니 그가 존세(在世)할 때는 미동도 안하였던 임전태세가 그의 죽음과 함께 붕괴되어 장자 남생과 차자 남건 남산사이의 내홍이 일어나고 남생은 쫓기어 당으로 내부했다.

물론 이 사건은 적에게 절호의 기회가 되는 것이었으니 신라 문무왕 7년 당 이세적을 대총관으로 하는 50만군과 김인문이하의 제장을 중심으로 하는 27만의 신라군이 평양성을 공격하였다. 남건은 끝까지 고수하였으나 역시 내부의 배반으로 인하여 개성(開城)하니 고구려왕국의 종막(終幕)이다. 보장왕이하 고구려인 20여 만 명이 당으로 이송되니 중국인의 가혹한 보복이었다. 그러나 비록 정부는 붕괴되었다하더라도 건국이래 7백 년 동안 중국에 인접하여 부단의 투쟁에서 성장하고 특히 수당이래의 70년에 연한 침략에 완강히 항거하여 끝끝내 의연한 태도를 견지한 대고구려인의 긍지가 이러한 타격에 묵종(黙從)할 수는 없었던 것이니 압록강 이남은 신라에 내부하는 자 속출하였으며 이북의 다수의 성채(城砦)도 끝까지 굴복하지 않고 마침내 이들은 대조영의 지도하에 집결되어 길림성(吉林城)의 홀한성(忽汗城)을 근거지로 독립하매 이것이 진국 곧 당에서 이르는바 발해이다. 발해는 고구려구토의 대부분과 말갈 인을 예민(隷民)으로 포함하는 만주 최초의 중앙집권국가로 발전함으로써 고구려의 후신이 되었다.

5. 신라와 당의 결전

나당동맹에 있어서의 동상이몽이 백제 고구려토멸에서부터 노출하는 것은 당연한 일이었으니 신라가 이 양전(兩戰)에 자신의 과대한 군사를 당군의 일익으로서 참전시켰을 뿐 아니라 당군에게 식량, 군수품까지 공급하여 그 전승에 지대한 공헌을 함으로써 전후처리에 유력한 발언권을 가졌음에도 불구하고 당은 예(例)의 천하 국가적 관념으로 백제의 구토에는 왕자 부여 융을 도독으로 임명하여 웅진도독부를 두고 신라본국까지도 계림도독부라 호칭하여 당의 영토로 편입하려 하였다. 고구려 구령(舊領)에서도 역시 같은 수단으로 평양에 안동도독부를 두고 이하를 구도독부로 나누어 당이 통치하려는 것이었다. 이리하여 마침내 당과의 대립이 표면화하지 않을 수 없었으니 문무왕 6년에는 연개소문의 아우 연정토의 내항을 환영하였고 문무왕 10년에는 백제의 고지(故地)의 8여성을 쟁취하였고 고구려 유민 검모잠이 당의 관리를 살해하고 종실(宗室) 안승과 함께 보호를 요청하자 이를 백제의 구지(舊地) 금마저에 두어 고구려왕으로 삼는 동시에 다시 백제의 고지(故地)를 공략하였다. 물론 당은 이에 항의하는 한편 잔류 군력으로 하여금 극력 항전케 하였으나 정면충돌한지 6년 이후에는 신라가 완전히 제압하여 안동도호부를 요동으로 몰아내고 백제의 전부, 고구려의 일부를 합하여 대동강으로부터 함남 영흥만에 이르는 선(線) 이남을 완전히 통일하였다. 이 반도 최초의 통일이야말로 단순한 국난극복 이상을 의미하는 것이니 종래 개별적이었던 언어와 습속과 종족이 신라의 주도하에 융합귀일(融合歸一) 하는 것이다. 실로 한민족과 민족문화와 민족국가의 탄생을 의미하는 것이었다. 3국의 통일이 흡수되는 왕국의 지배층에게는 하나의 비극이었을지라도 민족전체를 보면 역사적 생존을 위한 불가피의 과정이었다. 고구려에 의한 외세격퇴와 백제에 의한 후방 생산과 신라의 강철 같은 단결력이 결정(結晶)되어 이루어진 것이 한민족의 창조이었다. 비록 통일과 교류가 이 시대 아시아사의 의미이었다 할지라도 낙동강 계곡의 극소한 나라가 당시 지구상 최대의 판도와 文化를 가지고 최강의 세력이었던 당제국을 상대로 예지(銳智)와 정력을 기우려 드디어 민족의 독립을 전취한 사실은 실로 아시아사상의 일대장관이라 아니할 수 없을 것이다.

『새벽』(새벽사, 1955. 1)

제2부
사색의 오솔길 : 유고 모음

Ⅰ. 민족의 대학 고려대를 생각하며

Ⅱ. 불교 종립의 민족대학 동국대학교에서

Ⅲ. 한민족(韓民族)의 은연(隱然)한 상징 숙명여자대학교와의 인연

Ⅳ. 인물 – 인생론 · 담론 · 번역 등

Ⅴ. 하서(賀書)

Ⅵ. 계간《多寶》에 띄운 아시아 4국 단상(斷想)

Ⅰ. 민족의 대학 고려대를 생각하며

일제 기밀문서에 나타난 창립자
이용익(李容翊) 선생

창립시의 시대적 배경

　이용익(李容翊)씨의 존재가 한말에 관인사회(官人社會)에서 주목을 받았던 것은 19세기 말로부터 20세기 초에 걸쳐서의 약 20년간이었다. 주지하는 바와 같이 이 시기는 서구열강의 자본주의가 고도로 성장하여 이른바 제국주의로 발전하고 그들의 국기를 꽂을 땅을 찾아서 지구상을 횡행하고 있던 광기의 시대였다. 자유와 평등과 박애(博愛)라는 대혁명의 이상은 아랑곳없이 약육강식(弱肉强食)의 앙상한 본능만이 노골화하는 파렴치한 시대였다. 이러한 판국에서 재정적 기초가 노동 생산력이 빈약한 농업과 수공업에 놓여 있고 국민의 동질성도 극히 희박한 봉건적 사회질서로 짜여 있는 국가가 먼저 그 공략의 대상이 되는 것은 당연한 순서였다. 유구한 고전문화를 자랑하는 한(韓)·중(中)·일(日)의 동양국(東洋國)도 그러한 운명에 직면한 것은 말할 나위도 없었다. 한쪽은 산업혁명을 겪어 국민 총생산력이 월등하고 국민의 동질성과 단결성이 강고하며 대포와 군함으로 무장한 세력인데 대하여 한쪽은 만성적인 기아의 공포에 떨어야하고 봉쇄적이고 자급자족적인 촌락으로 분산된 국민을 오직 조폭(粗暴)한 전제권력으로만 통제하며, 활과 창이 무기의 대종을 이루고 있다고 하면 그 승패는 물을 필요도 없을 것이다. 동양적 관념체계에 대한 자부심만으로는 이를 응전의 에너지로 현실화하기에는 너무나 엉성한 것이었다. 「잠자는 사자」라고 두려움을 받던 중국도 어이없이 반식민지로 전락되고 한국에도 일본에도 그 여세를 몰아 서구의 불청객은 귀찮게 문을 두드린다. 일본은 이의 대응책으로서 우선 「존왕양이」(尊王攘夷)라는 고전적 방법을 채용하여 보았으나 효과가 없음을 알자 재빨리 전환하여 자진하여 서양문화를 취사선택하고 자본주의의 급속한 양성을 꾀하는, 즉 당시 서양의 방법을 모방함으로써 서양의 위협을 면하려 하였다. 그러나 자체로서 자본의 축적이 빈약한 일본은 맹랑하게도 그 이웃의 어수룩한 지역을 침략함으로써 그 목적을 달성하려고 하였으니, 그 가장 핵심적인 목표가 곧 한반도였다. 명치정부(明治政府)가 수립된 1868년 말에 벌써 「정한론」(征韓論)이 대두된 것이 그 첫 신호였으며 그 간수는 그 뒤의 오키나와, 대만 등 더욱 어수룩한 청국속령의 침략이라는 정지작업이 이루어진 뒤의 일이었으니 곧 1873년의 강화도 사건 도발이다. 이어서 1894, 5년의 청일전쟁 1904, 5년의 러일전쟁을 거쳐 1901년 드디어 완전 식민지로 만들 때까지 명치정부의 외교정책은 주로 청국 및 노국으로부터 한반도에 대한 일본의 세력권을 확보하는데 주력되어 있었던 것이다. 그리고 보면 당시 열강들의 체질은 모두 비슷한 것이었지만 한반도에 대하여서 가장 위험한 적은 일본이고 다음이 노국이며 청국, 영국 등 어느 것 하나 귀찮게 굴지 않는 나라가 없었다. 영국과 미국은 노국의 남하정책을 두려워 한 나머지 암암리에 일본을 후원하는 처지였고, 불국과 독일은 방관하는 태도여서 한국을 위하여 힘쓰는 나라는 하나도 없는 형편이었다. 이러한 국제정세에 대처해야 할 국내정세는 어떠하였는가. 한국인도 또한 중국 일본에 있어서와 같이 쇄국 배외를 주장하는 파와 외국문물을 모방하여 실력을 기르자는 개화파로 의견이 엇갈렸으나 전자는 위기의식에 대한 본능적 반응의 경지를 멀리 벗어난 것이 아니며 후자의 경우에 있어서도 비록 체제개혁(體制改革) 급진(急進)인가 점진(漸進)인가의 속도의 차이는 있어도 한국이 받아들여야 할 서양문물의 역사적인 이해나 받아들이는 한국인의 민도나 의식구조 등의 적확한 측정이 결여되었기 때문에 그것은 실패할 수밖에 없었다. 현실적 여건이 다른 바탕위에 외국의 문물제도를 형식으로만 모방하면 자강(自強)이 될 수 있다는 사고의 비약이 빚은 오류였다. 그것도 친절한 계몽이나 주도하고 치밀한 계획이 없이 지상(紙上)의 명령만으로 강행하려는 이른바 정변이나 경장 등으로 시도되었던 것이며 그 이면에는 항상 일본세력이 작용하고 있었음에 민중이 승복할 리가 없었던 것이다. 당시 개화운동의 강력한 압력단체인 독립협회의 지도자조차도 서양제도의 외형적인 모방만 주장하였지 제국주의의 생리나 한민족 사회의 병리에 관한 과학적인 지식은 결여되고 있었으며 따라서 현명하고 지혜로운 지도력은 발휘되지 못하고 비난과 항의의 소음(騷音)만이 난무할 따름이었다. 당시 아직 사농공상(士農工商)과 반상(班常)의 차별은 엄연히 존재했고 사색파벌(四色派閥)간의 소원감(疎遠感)도 여전히 뿌리가 깊었다. 개화운동의 지도자들까지도 겉으로는 사민평등(四民平等)을 부르짖었지만 실생활은 반드시 그에 부합되지 않았으며 더구나 관인사회(官人社會)는 모두 양반(兩班)으로 독점되고 있는 실정이었다. 전차(電車)를 부설할 때도 궁중(宮中)에 전등(電燈)을 달 때도 민간의 저항에 부딪치지 않고는 할 수 없었으며 삭발령(削髮令)을 강행하려던 김홍집(金弘集)은 학살을 당할 만큼 증오의 대상이 되었던 것이다. 서양문물의 침투와 외세의 침략에 대하여 위기의식(危機意識)은 심각하게 조성되었으나 당시의 사회정세로서는 민족을 외골수로 대응의 전열로 몰아세우는 지도력이 나타나지 못하였던 것이다. 요컨대 이러한 국제정세 하에서 이러한 사회풍토 안에서 우리의 창립자 이용익씨는 등장하였던 것이다.

이용익(李容翊)씨의 프로필

그는 개화파(開化派) 내각인(內閣人)이나 독립협회(獨立協會)의 지도자처럼 외국유학이나 유람(遊覽)의 소유자가 아니었다. 아직도 엄연히 모든 정치활동이 신분의 제약을 받던 이 시기에 있어서 그는 이렇게 든든한 지반(地盤)이나 미더운 배경이 없이 풍랑(風浪)

의 출발을 하였던 것이다. 양반의 신분이 아닌 자가 양반의 독무대에 등장하였다는 사실 자체가 이단시되어 마땅한 조건이었다. 그것도 미관말직(微官末職)이라면 몰라도 권력의 중추인 고종(高宗)의 측근에 자리를 잡고서부터는 그의 일거일동(一擧一動)이 비난의 대상이 아님이 없었으며 사사건건을 문제 삼는 외로운 처지에 그는 놓여졌다. 그에 대한 질투와 박해는 정부동료 뿐만 아니라 당시의 야당 격이던 독립협회로 부터는 더욱 가혹하게 받았다. 그의 뒤에는 항상 자객의 미행이 따랐고, 때로는 폭력배에 감시당하고 그의 주택에는 2차나 폭탄이 투하되었으며, 때로는 고등재판소에 고발당하여, 사형직전 까지 간일도 있었으나 실제 두드러진 증거가 없었던 것과 고종의 비호로 모면할 수 있었다.

이용익씨가 고종의 신임을 얻은 것은 내장원경(內藏院卿)으로서 황실재정(皇室財政)의 책임을 맡은 때부터이다. 당시 황실의 수입원이던 세전장원삼정(世傳莊園蔘政) 광무(鑛務) 종수(種收) 등의 재정을 충실하게 운영함으로써 종래의 무질서한 경리와 무위도식하는 다수 황족들의 부양으로부터 오는 황실재정의 궁핍을 구제하는데 성공한 때부터이다. 일례를 삼정(蔘政)에서 들면, 당시 삼포(蔘圃)의 경작자들은 양반계급의 필수보약재인 인삼(人蔘)을 서울의 귀족과 청국 상인 등에 밀매함으로써 과세를 포탈하고 황실전매수입을 좀 먹었던 것이며, 일본인은 또 곧잘 연해의 삼포를 습격도채(襲擊盜採)하는 만행을 저질렀던 것이다. 이용익씨가 이를 엄격히 관리함으로써 황실수입은 증가되었으나 반면 밀매매자들의 분노는 그에게로 집중되었으며, 인천세관은 청국인 밀매자들의 습격을 받기까지 하였던 것이다.

아무튼 그의 경영수완에 의하여 황실의 재정은 충족되고 고종의 내밀적(內密的)인 항일 정치 자금이 조달되었던 것이다. 나아가 보성전문(普成專門)의 설립기금까지도 마련할 수 있었으므로 그가 이해 당사자들의 비난은 샀다 할지라도 고종의 두터운 신임이 그에게로 돌아온 것은 당연을 일이었다. 고종이 끝까지 그를 저버리지 않은 이유는 그것만이 아니다. 그의 애국적 충성과 식견이 또한 고종을 감동케 한 때문이기도 했다. 이용익씨의 생각으로서는 우리나라의 독립에 가장 위험한 존재는 일본이었다. 강화도사건(江華島事件)의 도발 이후 가속적으로 죄어드는 일본의 구속(拘束)을 민감하게 예감(豫感)한 그로서는 개화파의 지도자들처럼 일본세력에 기대는 것은 도저히 안심할 수 없었다. 그렇다고 하여 수

구파(守舊派)의 배경이 되는 대청제국의 힘을 빌기에는 청이 벌써 너무나 노쇠했고, 영국과 미국은 전기한 바와 같이 일본을 음(陰)으로 밀어주는 편(便)이었다. 그러고 보면 일본을 견제할 수 있는 현실적인 힘은 결국 아라사(俄羅斯) 즉 노국(露國)뿐이 되고 만다. 이범진(李範晋), 이종용(李宗用), 이윤용(李允用) 등과 더불어 세상에서 그를 친아파(親俄派)라고 부르는 것은 일본에 대항하여 노국을 이용하려는 그의 자세를 가리키는 것이다. 이범진을 제외한 여타의 인물은 결국 친일파로 전환하고 말았다. 그러나 이용익씨 만은 끝내 노국에의 접근 노력을 멈추지 않았던 것은 일본으로부터 조국을 지키려는 그의 지조가 굳건하였다는 것을 의미할지언정 노국과 친하려는 데 속셈이 있었던 것은 아니었다. 이용익씨가 그토록 배제(排除)하려던 일본의 간섭방법은 조선왕조 내정의 근대화를 돕는다는 미명(美名) 하에 한국인 정부요인을 매수 또는 협박하여 그들의 속셈대로 움직이게 하는 직접적인 조종의 두 가지가 있었다. 그 일례는 그들의 재한국공사(在韓國公使)인 임권조(林權助)로부터 그들 소촌외무대신(小村外務大臣) 앞으로 보낸「일한밀약체결에 관해 한국요인 조종의 건」이라는 비밀전문에도 단적으로 나와 있다. 그 내용은 1904년 노일전쟁이 발발하면 일본이 한국의 토지를 임의로 수용사용(收容使用)하는 권리를 인정하라는 비밀협정을 맺는데 나와 있다. 즉 이지용(李址鎔)과 민영철(閔泳喆)은 이미 매수했고 이근택(李根澤)은 협박으로 동조케 하는데 성공했다는 보고인 것이다. 이렇게 일단 일본의 끄나풀이 된 당국자는 일본 측 제안에 반대하는 각료들을 수시로 일본공사에 내통하고, 일본공사는 즉각 행동을 개시하여 반대자들을 개별적으로 눌러버리기 때문이 국가의 최고정책을 결정하는 정부회의는 다음에는 일본의 요구대로 진행되었다. 간혹 반대의사를 품는 자가 있다고 하더라도 후환이 두려워 침묵을 지킬 따름이었으므로 청일전쟁 전후로부터의 개화파 정부는 사실상 일본의 꼭두각시이 지나지 못했다. 더구나 이들 내통자들은 회의에 대한 국왕의 발언권조차 봉쇄하였으므로 고종은 국가의 명운을 좌우하는 중대사에 관해서도 언제나 속수무책이었던 것이다. 이는 1904년 3월 이등박문(伊藤博文)이 특파대사로서 내한하여 고종께 알현했을 때 고종이 이등(伊藤)에 문의하였다는 일본측 문서로서 충분히 엿볼 수 있다. 그것은「폐하가 일단 신임한 신하가 어련히 잘 하겠느냐, 그러므로 폐하는 간섭해서는 안 된다.」는 뜻으로 회답(回答)했다는 내용이 담겨있다. 이것으로 보아 당시 이 나라 국정의 최고 책임자인 고종은 사실상 아무도 믿을 수 없고 고립무원(孤立無援)의 상태에 있던 세상에서 가장 고독한 군주의 하나였다는 것을 알 수 있다. 이때 그의 오른팔이 되어 준 것이 세상에서 조소(嘲笑)와 비난의 대상이 되고 있던 이용익씨다. 그만이 고종을 끝까지 배신하지 않고 고종의 뜻을 과감하게 대변하였으니 고종이 그를 두고 누구를 믿으랴.

하여튼 이용익씨는 일본이 노일전쟁 발발에 대비한 일본군사행동의 자유를 확보하기 위해 한일밀약을 전기와 같이 외부대신(外部大臣) 이지용(李址鎔)을 통하여 강요하자 이를 반대하고 급히 러·일간에 국외중립을 선언케 함으로써 러일 어느쪽의 승리시에도 한국의 독립이 침해당하지 않으려 하였던 것이니 이에 당황한 것은 일본이며, 일본은 백방으로 이 중립선언의 주동인물이 누구인가를 알려고 노력하여 마침내 그것이 이용익씨인 것을 확인하였다. 1904년 2월 12일 임권조공사(林權助公使)의 제 131호 전신에 이 점을 소상하게 보고하고 있다. 그리하여 마침내 그들의 음모에 방해가 되는 이용익씨를 일본으로 납치할 것을 건의한다. 임공사로부터 소촌외상(小村外相) 앞으로 친 177호 전신문(電信文)은 그것을 솔직히 밝히고 있다. 「이용익이 일찍부터 일·한간 의정서(議定書)의 정립에 반대하여 (중략) 폐하의 마음을 움직여서 이미 조인(調印)에 이른 조약의 교환까지도 정지시킨 사실은 전래본대사(前來本大使)로 부터도 전보한 바와 같으며 금회의 성안에 대해서도 중인광자(衆人廣座)의 자리에서 수정설을 낸 것은 제 164호 전신으로 아시는 바와 같다. (중략) 그 결과 폐하는 의정서(議定書)의 조인을 다시 지연시킬 생각을 일으키고 작일 이용익은 외부에 이르러 이지용에 대해 폐하의 명령이라고 하면서 의정서의 불완전함을 주장하고 이 의정서를 조인하게 되면 이지용은 대죄인으로 처분 당할 것임을 엄담운운(嚴談云云). (중략) 전술한 바와 같이 이용익은 기근본주의(其根本主義)에 있어서 아방(我方)에 반대이며 (중략) 무슨 일이라도 아방에 불리한 방향으로 폐하의 마음을 움직일 우려가 있고 또 금후 우리가 한국의 내정을 개량하는데 있어서 이의 존재는 심한 방해물이 될 것이므로 차제 일본에 만유시키도록 권고하여 빨리 내지로 출발시켜야한다. (하략)」

이렇게 해서 이용익씨는 만유한다는 미명아래 일본으로 납치되었던 것이니, 1904년 3월

3일 그들의 전보에는 「작일 이용익이 동경에 도착했고 (납치 동행해 온) 헌병은 곧 서울로 귀환시킴. 이는 그에 대한 포전의 명령이 내려진 것을 듣고 크게 놀라 곧 돌아가서 공명한 재판을 받고 싶다고 제의해 왔으나 그 불가함을 말해 두었음. 그는 작일 폐하로부터 무사히 도착했느냐의 여부를 묻는 전보를 받았다고 말하였음」이라는 내용이 담겨있다. 이 전문의 후반은 이용익씨가 일인에게 피랍되자 그의 정적들은 손뼉을 치면서 기뻐하고 그를 삭탈관 직하고 그에게 죄상을 뒤집어 씌워서 체포령까지 내리는 광태를 연출하였다는 보도를 동경 도착 직후 들은 이용익씨는 곧 그길로 귀국하여 공명정대한 재판을 받아 누명을 벗겠다고 버티었으나 그를 두려워하는 일본인이 그를 귀국시킬리 만무하고 한편 그를 빼앗긴 고종은 그의 신변을 걱정하여 안부의 전보를 보냄으로써 군신간(君臣間)의 정리가 얼마나 두터웠 던 가의 사실 등을 간략하나, 그러나 뚜렷하게 알 수 있는 것이었다. 이렇게 하여 이용익씨 는 일본에 연금 당하고 조정에는 일제의 앞잡이들이 판을 치게 된다. 일본은 연해(沿海) 항 해권(航海權) 어업권(漁業權) 철도연선(鐵道沿線) 거주권(居住權) 등 무리한 요구를 거리낌 없이 통과시키고 그럴수록 이용익씨는 한시바삐 귀국을 원하게 되고, 고종도 여러 번 일본 공사에 그를 귀국시키도록 부탁한다. 가증스러운 것은 당시의 서울주재 미국공사까지도 이 용익씨를 귀국시키지 않는 것이 현명하다고 일본공사에게 충고한 일이다. 이러한 모든 경 위는 임권조를 통하여 소촌외상에게 소상히 보고되고 이용익씨를 귀국시키지 말라는 의견 을 되풀이하는 것이다. 나중에는 「장차 한국의 광산경영을 위하여 차제 일본에 오래 머무르 면서 그 광산제도를 연구 시찰하고 오라」는 구실을 부쳐 그 체류를 지연시키도록 고종에게 압력을 넣어 명령케 하겠다고 까지 송전했다. 어쩔 수 없이 이용익씨의 억류는 약 일년간 계 속되며 그간이라도 그는 불국인에 인삼판매권을 주어서는 안된다든가 일본인의 황무지 개 간신청을 허락해서 안된다든가 혹은 간도지방을 청국으로부터 회수하는데 있어서 일본공 사와 의논하지 말고 자신이 귀국할 때까지 기다려 달라든가의 국가 중요사항에 관한 자신 의 의견을 끊임없이 고종에게 상주하고 있던 것이 일본공사의 전문에 낱낱이 나오고 있다. 궁내와 정부에 뿌리박은 일본의 앞잡이들에 의해 모든 비밀은 탐지되고 있었다. 한편 러일 전쟁과 더불어 한반도에 일군이 상륙하고 서울에 진주하자 이때까지 반일적 자세를 취하던 인물은 자취를 감추고 도리어 보신을 위하여 친일로 전향하는 자가 속출했으며 정부의 어용민간단체(御用民間團體)이던 부상들 중에는 친아파라는 이용익씨의 성토대회(聲討大會)까지 벌이는 눈뜨고 차마 볼 수 없는 광경까지 벌어진다. 전쟁이 일본에 유리하게 전개되어 반도의 로군(露軍)이 완전히 축출되고 그들의 아성(牙城)이던 만주의 여순까지 포위되어 노일전도 승패의 고비를 넘게 되고 한국내의 연로파(聯露派)들의 활동의 여지가 없어졌다고 판단되자 비로소 일본은 1908년 말에 이용익씨의 귀국을 묵인했다.

그의 귀환에 있어서는 물론 그가 다시는 반일운동에 종사하지 말 것과 될 수 있으면 관계를 떠날 것을 이등박문(伊藤博文)과 소촌외상(小村外相)이 번갈아 요구하고 이러한 사연이 일본공사와의 사이에 오간다. 그러나 이용익씨는 귀국하자마자 곧 고종의 내탕금(內帑金)을 얻어 보성소학(普成小學), 중학, 전문학교(專門學校)를 창립하여 이를 신해영교장(申海永校長)에게 일임하는 동시에 자신은 또다시 국사에 전념한다. 고종은 그를 다시 황실재정의 책임자인 경리원경(經理院卿)에 임명하였으나 이것 또한 그들의 항의로 파면되고 만다. 그러나 1909년 3월 상해에 있던 전주한노국공사「파블로프」에게 보낸 고종의 밀서가 일본의 밀정에 발각된 사건이 일어난다. 그 내용은 고종이 노국황제에 대하여 항일에 노력을 요청한 것이었다. 동년 7월에는 또 해외에 있는 이승만을 시켜 미국에서 열릴 노일강화조약체결 때 미국을 움직여서 한국의 독립을 보전하려는 계획이 진행중이라는 비보가 정부고관으로부터 일본공사에게 내통된다. 그리고 일본인들은 이 두 사건의 중심인물이 바로 이용익이라는 것을 탐지해낸다. 그리하여 동년 8월 12일에는 그들의 임시 외상계(外相桂)로부터 임공사에게 대략 다음과 같은 전보가 날아든다.「과반내경성정국(過般來京城政局)의 소요에 관한 귀관(임공사) 및 스티븐스(일본인이 추천한 외교고문)의 보고」에 징하면 이용익이 항상 그 이면에 있는 것이 틀림없다. 따라서 이등박문 후작과도 상의한 뒤 우리 정부는 이를 향후 한국정부로부터 은퇴시키고 국사에 간여할 여지를 없애기 위하여 단호한 조치를 취하기로 하였으니 그 방도를 강구하라는 것이다. 이에 대하여 8월 15일에는 임공사로부터 이를 축출하여 군부대신직(軍部大臣) 직(職)으로부터 강원도 관찰사라는 소직으로 전임시켰으며 이의 금후의 동정에 따라서는 다시 조치를 취하겠다는 발전이 온다. 그는 또 일진회(一進會) 회원 등이 이용익씨를 맹렬히 배척하고 있다는 것도 아울러 보고하고 있다.

당시의 일진회는 일본인이 조종하고 있는 민간 압력단체로서 그중에는 한 때 이용익씨를 매국노(賣國奴)라고 하여 극한적으로 괴롭혔던 독립협회 회원과 고종의 어용민간인집단인 보부상의 잔당도 섞여 있었던 것이다. 그리고 8월 21일에는 「이용익이 강원도 관찰사에 임명되었으면서도 부임하지 않고 궁중에 숨어서 폐하에 여전히 상주하고 있기 때문에 외부대신 앞으로 공문을 띄워 속히 임지로 보낼 것과 이의 금후의 진퇴에 관하여는 그 때마다 본관(임공사)의 동의를 얻어야 한다고 통고한 일 및 그럼에도 불구하고 이용익은 여전히 궁중에 숨어서 부임할 기색이 보이지 않기 때문에 다시 황제를 뵙고 이를 독촉한 일」등의 임공사의 보고가 있었다. 이어서 동 9월 25일 기밀(機密) 191호 전문에는 최근 일본으로부터 귀래한 도지부 대신(度支部大臣) 민영기(閔泳綺)의 내밀의 보고를 인용하여 「궁중의 형세와 황제의 뜻이 배일주의(排日主義)로 다시 기울어져 영인 배설(裵說)로 하여금 배일론(排日論)을 고취시키는 동시에 이용익 등으로 하여금 노국관헌(露國官憲)에 어떠한 운동을 하고 있는 것 같다는 것, 그러므로 이대로 가면 일본도 부득이 최후의 손을 써야할 것이므로 자신(민)은 현직에 머물러 있기가 입장이 곤란하다는 것 등을 호소하였으므로 자신(임공사)이 이를 만류시켜놓았다」는 내용이 담겨있다. 이것은 이용익씨가 포오츠마스 조약에서 일본의 한국에서의 우월권이 인정된 직후 을사보호조약(乙巳保護條約)이 강요되려는 시점에서도 국권 회복운동을 단념하지 않고 있다는 것을 보여주는 것이다. 그러나 이상에서 본 바와 같이 이용익씨는 일본인의 간섭으로 국내에서는 활동의 여지를 빼앗겼기 때문에 할 수 없이 자신이 직접 국외로 나갈 것을 결심한다. 그리하여 고종의 밀명을 띠고 1905년 9월에 불국 비자를 가지고 탈출한다. 그러나 불운하게도 그의 승선이 송중에 산동성 연대항에 임시 기항했다가 동지 주재의 일본영사에게 발각되어 곧 임공사에게 타전되고 고종은 압력을 받아 그의 육군부장의 신분을 박탈하고 그가 자의로 외국으로 출국했다는 죄목을 씌워 그의 외교활동의 권한을 빼앗는다. 그리하여 이용익씨는 일절의 권한을 빼앗긴 채 파리와 페데르부르그에서 구국활동(救國活動)을 벌이지 않을 수 없게 된다. 운동비의 송금도 없이 현지주재 일본인 외교관의 맹렬한 방해공작을 받으면서 적수공권(赤手空拳)으로 일으키는 구국(救國)노력이 성공할 일은 만무하다.

이용익씨는 마침내 실의 중에 해삼위(海蔘威, 블라디보스톡)에 정착하고 조국이 일본의 보호국(保護國)이 되었다는 쇼킹한 소식을 듣고는 낙담성병(落膽成病)하여 1907년 1월에 54세를 일기로 객사하였다. 그를 임종한 양자 이현재(李賢在)씨에게 남겼다는 유언은 「한국독립을 회복하기 이전에는 나의 관구(棺柩)를 고국으로 운입(運入)하지 말라」는 짤막한 일언이었다 한다. 돌이켜보면 이용익씨는 수많은 박해를 받아왔다. 일본인으로부터는 물론이거니와 내국동포(內國同胞)로부터는 더욱 가혹했다. 그의 출신이 미천하다고 하여, 그의 유교적 교양이 부족하다고 하여, 혹은 서양이나 일본유학의 경력이 없다고 하여서다. 가장 그가 질투의 대상이 되지 않을 수 없는 것은 그가 고종의 신임을 끝까지 받고 있었다는 사실 그 자체였다. 당시 기강은 해이되고 부정과 부패가 상태인 관계에서 난마와 같이 얽크러진 국가재산의 관리를 바로잡으려는 엄정한 그의 자세도 관련자들의 반발을 사는 요인이 되었던 것이다. 이러한 악의의 범람 속에 있으면서도 이용익씨는 거의 아무런 자위수단(自衛手段)도 강구하지 않았다. 그가 경상 관찰사로 부임하였을 때에도 아무런 호위행렬 없이 가로를 활보하였다고 하여 대구 민중들이 위의(威儀)를 갖추지 못하였다고 조소하였을 정도이며, 그의 사생활도 너무나 간소하여 음식이나 의복이 모두 보잘 것이 없었으며 더구나 그가 사유재산이 아무것도 없을 만큼 청렴결백(淸廉潔白)하였던 것은 윤효정(尹孝定)「한말풍운비록」(韓末風雲秘錄) 국지겸양(菊池謙讓)「조선난기」(朝鮮難記) 외에 그를 비난하던 황현(黃玹)의 「매천야록」(梅泉野錄)에 까지도 기록되어 있다.

생각하면 이용익씨를 비난하고 조소하던 사람들은 일본인에 이용당하거나 그들의 앞잡이로 변절하거나 혹은 그들의 행패에 침묵을 지키거나 방관도피(傍觀逃避)한 무리였음에 반하여 홀로 이용익씨만은 그에 대한 모든 박해에 굴하지 아니하고 최후의 일각까지 황제와 민족과 국가에 대한 책임을 저바리지 않았고, 고종황제도 그러한 그만을 믿고 그의 의견을 따르며 사면초가(四面楚歌)의 일본세력 가운데서 오직 이 두 군신만이 서로 의시하여 조국을 지키려고 혈투를 계속하였던 것이니 고종과 이용익씨야말로 진정한 애국자들이었다. 이 두 애국자의 결합의 상징물이 곧 보성전문학교라는 교육기관이다. 전기한 바와 같이 이용익씨는 일본인에 납치되어 일본에 연금되고 일본의 개화와 강대함을 눈으로 보면서도 한국의 개화파 인물들처럼 일본세력을 등에 업을 생각은 하지 않고 대신 일본의 강대한 원인을 근대 신식 교육의 결과로 판단하여 조국에 근대 교육기관을 창설할 것을 착상하였던 것이다. 그의 머리에는 이 시대의 전환이라는 거대한 광란속에서 조국을 구할 수 있는 것은 그를 비난하는 데 온갖 정력을 쏟고 있는 저 구식 교육을 받은 무정견(無定見)하고 편협한 관념론자(觀念論者)들이 아니라 제국주의의 생리가 무엇인가를 알고 이에 대항할 수 있는 지식과 기술과 방법을 습득할 수 있는 근대 신식 교육을 받은 인물이라는 것이 떠오른 것이다. 그리하여 그는 일본의 선진문물에 경탄하고 일본을 두려워하고 일본에 의지하려는 생각을 머리에 채우는 대신에, 일본과 같이 신식 교육제도를 실시함으로써 하루빨리 일본에 대항해야 되겠다는 더욱 기초적인 계획을 가지고 환국(還國)하게 된다. 환국 시에 그의 짐보따리 속에 든 것은 신기한 일본 선물이 아니라 일본 교육제도에 관한 서적과 교과서를 인쇄할 인쇄기 그리고 근대지식을 가득 담은 서적들이었다. 보성전문학교는 이런 것들로서 설립되었으며 고종황제는 그 운영경비로서 황실비(皇室費)를 혼연(欣然)히 내주었던 것이었다. 이용익씨가 구국방책(救國方策)으로서 또한 민족의 백년대계(百年大計)를 수립하는데 있어서 근대교육이 얼마나 비중을 두고 있었는가는 그가 해삼위에서 죽는 마당에 있어서 고종에게 올렸다는 유소(遺疏)「학교를 광건(廣建)하고 인재를 양성하여 국권을 회복하소서」에 단적으로 나타나 있는 것이다.

우리의 고려대학교는 이렇게 하여 이러한 인물에 의하여 이러한 목적 하에 설립되었던 것이다. 그리고 그 정신은 역대 경영자들 특히 손승희(孫乘熙)씨, 김성수(金性洙)씨는 물론 교수 학생들에게 일관 계승되어 오늘날에 이르고 있다.

〈고대문화〉 제16집, 1976년 5월

정 재 각

조지훈(趙芝薫)…, 그 직정경행(直情徑行)의 실천적 지사

여기, 저에게 주어진 제목이 지훈(芝薫)의 인품과 사상이라는 제목으로 되어 있는 것 같습니다. 내가 처음에 교섭을 받을 때 지훈의 추모행사가 있는데, 거기에서 생각나는 것이 있으면 추모담을 해달라, 이렇게 부탁을 받았습니다. 한 20년 동안 교류하는 가운데 약간의 체험과 감상이 없을 수 없고, 그러면 몇 가지 재료를 좀 생각해 내보자 해서 승낙을 했는데, 나중에 신문을 보니까 학술대회라고 되어 있어서 '이거 잘못 승낙을 했구나' 하고 걱정을 했더니, 오늘 아침에 '오전 중에는 추모하는 회고담을 하고, 오후에 좀 딱딱한 학술대회를 한다.'는 얘기를 듣고 조금 안심을 하고 여기에 나온 겁니다.

또 생각하면 학술적으로 지훈의 업적에 대해서 여러가지 평가를 하고 연구하는 것도 의미가 있겠지만, 이제는 지훈 조동탁(趙東卓) 교수와 교류하던 사람이 차차 줄어드는 형세에 있어서 그 사람들이 자기가 친히 경험했던 인상이라든지 하는 것들이 다 없어지기 전에 담아 놓는 것도 과히 무의미한 것은 아니라고 생각해서 나 자신도 그러한 얘기를 몇 가지 털어 놓겠습니다. 그러니까 양해해 주실 것은 여기에 무슨 체계적인 연구라든지 혹은 다듬어진 논리라든지 이런 것들이 있을 수가 없고 다분히 개인적인, 주관적인 인상이라든지 체험담에 그치기 때문에 두서가 없겠습니다. 횡설수설하는 그 가운데 여러분이 참고로 하실 것이 있으면 몇 가지 들어주시면 좋겠습니다.

제가 이 고려대학교에 부임을 한 것이 47년 2월이라고 기억을 합니다. 그런데 지훈의 약력을 보니까 48년 10월에 고려대학에 온 걸로 되어 있어요. 그렇다면 약 1년 6, 7개월 제가 먼저 부임한 셈이 되겠습니다. 당시의 고려대학교를 회고해보면 보성전문(普成專門)의 후신으로서 설립되고, 여기 본관이라든지 도서관이라든지 그런 훌륭한 건물들이, 그 당시로서는 한국에서 가장 훌륭한 학교에 다닌다 하는 일종의 자긍심이 없지 않았습니다. 그런데 민간대학이 없다가 갑자기 대학으로 승격을 하니까, 이제 대학으로 출발을 하기 위해서 여러 가지 시설과 인재를 모아야 되는데, 다시 말하면 오장육부를 갖춰야 되는데 그러다 보니 교수의 자격을 가진 사람이 선진국의 대학에 비할 수가 없는 것은 당연한 이치이겠습니다.

대학을 졸업하고 보성전문이란 학교에서 약간의 경험을 가지신 분이 있고, 그 밖의 교수 중에는 대학을 졸업하고 중고등학교에서 교편을 잡고 있던 사람도 있었고 혹은 대학을 졸업하고 사회에 나가서 관공서에 있다가 대학 교수라는 것이 더 명예로운 것이라고 생각해서 이쪽으로 온 분도 있고, 혹은 학교에 다니다가 학병으로 끌려 나가서 미처 학업을 마치지 못한 채 나중에 졸업장을 가지고 여기에 온 분 등 여러분들이 모였기 때문에 그 분위기가 반드시 일치하는 것은 아닙니다마는, 대학의 교수가 어떤 품위를 지녀야하고, 학문이라는 것이 어떻게 엄숙하게 배워야 하는 것인가 하는 감은 대개 잡고 있었습니다. 그 농담의 차이는 있지요. 어떤 분은 더 오랫동안 체험을 하고, 어떤 분은 시간이 좀 짧게 체험을 해서… 하지만 자기 나름의 대학의 교수는 이렇게 해야 된다, 품위는 이렇게 지녀야 된다 등의 그 감은 있었던 것입니다.

그리고 무엇보다도 다행스럽다고 할까요, 여러가지 논의의 대상이 되겠습니다마는, 보성전문을 중심으로 해 가지고 그나마 고등교육 기관에서 교수로서의 경험을 약간 가지신 분들, 예를 들면 유진오(兪鎭午) 총장, 이종우(李鍾雨) 총장, 그리고 북경대학(北京大學)을 졸업하고 여기에 와 있던 이상은(李相殷) 교수, 서울 상대 학장을 했던 이상훈 교수, 박희성(朴希聖) 교수, 그 밖에 몇몇이 있었을 겁니다. 나이도 상당히 들고, 그분들이 리더쉽을 가지고 있어서 여러 젊은, 또 잡다한 경력을 가진 그런 분들, 다 정확히 기억이 안 납니다만 50명 정도 될까요, 그보다 좀 모자랄지도 모르겠습니다만 약간씩 다른 경력을 가지고, 사회 물을 먹은 사람도 있고 해서 갑자기 분위기가 뭐랄까 견고한 학풍을 만들기 위한 분위기가 되기엔 좀 부적절한 면도 있었으나 다행히 그분들이 주도권을 가지고 현상윤(玄相允) 휘하에서 엄격한 학사행정을 해 나갔습니다. 그게 아마 고려대학교가 다른 신생 대학교에 비교해서 당시의 사회 여러 가지 혼란스러운 상황 속에서도 그나마 비교적 안정된 분위기로 경영된 원인이 아니었겠나, 난 이렇게 생각을 해봤습니다. 그런 비교적 전통적인, 그리고 현상윤 총장이라는 분이 유학자로서의 아주 견고한 지조를 가지고 있고, 또 행정지식도 많이 가지고 있어서 학사행정이 매우 엄격했습니다. 아무리 혼란하고 압력단체가 우후죽순처럼 일어나고, 좌익 우익의 학생들이, 좌익의 보스도 여기 있었고, 우익의 보스도 여기 있었는데, 서로 싸우고 투쟁하고 교실을 서로 점령하는 내기를 하는 그러한 어려운 풍조 하에서 엄연한 자세로 학칙에 위배되면 우익이든 좌익이든 관계없이 가까운 교수는 좌익을 처벌하려고 하면 거기에 불만을 가지고 있고 우익에 가까운 교수는 우익학생을 처벌하려고 하면 거기에 불만을 가지고 있어서 간혹 비평을 합니다. 석두다, 뭐 이런 식으로 비평을 하지마는 속으론 존경을 한단 말야, 약간의 압력을 받으면서도 끄떡도 안하고 거기에서 자기의 소신대로 해 나간다, 자기 사사로운 이익을 위해서 하는 것이 아니라 학교라는 경영체를 흔들리지 않게 어떤 목표를 위해서 나가야 되겠다는 소신의 견고함에 경의를 표하는 것입니다. 그런 분위기 속에 학교는 여러 가지 혼란을 겪으면서도 비교적 안정된 교육을 해 나가고 있었습니다.

조지훈 교수는 내가 처음 만난 것이 49년인가, 48년 가을에 만났는데, 그 조씨, 한양(漢陽) 조씨 일가와 만난 것은 조지훈 교수가 처음이 아닙니다. 그 선장(先丈)이신 조헌영(趙憲泳)씨하고 내가 두어 번 인사를 한 적이 있어요. 조헌영 씨는 지금 이북에 납치되어 있어서 생사가 분명치 않습니다. 나이가 나보다 한 10년 연장인가? 어떻게 됐나 잘 모르겠는데 좌우간 조지훈 교수 父子의 중간에 내가 선 셈이죠. 아래로도 교류할 수 있고, 위로도 다닐 수 있는 묘한 자리에 내가 서 있었지요.

先丈을 보니까 그 분이 퍽 온유해요, 아주 신사예요. 그리고 한학에 대한 조예가 깊고, 한

의학에 대해서도 환하게 알고 계셨는데, 내가 조지훈을 턱 만나니까 전연 인상이 딴판이에요. 키가 훨씬 크고, 얼굴에 홍조를 띠고, 굵은 테 안경을 쓰고, 그 목소리는 북소리처럼 울리고, 행동도 굵직굵직하고, 이건 제 아버지하고는 영 딴판이구나 하는 생각을 갖지 않을 수 없었어요. 그래 이 사람은 시인이라기보다는 지사형이다 라는 것을 느꼈어요. 한문에 '간간악악'이라는 게 있습니다.

정직한 말을 그대로 쭉 누구 앞에서나 탁탁 뱉어버리고 예스, 노가 분명하고, 이렇게 하는 그런 종류에 속해요. 난 문인이하는 것은 어딘지 선이 나약하고 창백한 인텔리이고 날카로운 데가 있고, 그러면서도 꿈꾸는 눈을 가지고 있고 뭐 이런걸 가지고 문인을 생각하고 있다가 이건 뭐 영 다르단 말야, 그래서 종류가 다른 문인이 또 하나 있구나, 이런 것을 배웠습니다.

그런데 그 때 안국동 어디선가 학교 전체 교수가 모였던가, 문과대학 관계자만 모였던가, 저녁에 술집에 모였어요. 그 때 술이라고 하면 동동주라는게 희소가치를 가진 것이었거든요. 굉장히 고급주여서 그걸 한잔 마시면 화제가 될 정도였는데 거기에다가 불고기를 조금 갖다놓고, 이렇게 그 한옥은 아주 형편없는 집이지만, 거기서 모였어요. 모였는데 거기서 한시에 조예가 운정(云丁) 김춘동(金春東) 선생하고 이종우씨, 이상은씨 등 동양학에 조예가 있는 몇 사람이 한 자리에 화로를 둘러싸고 앉았는데 우연히 아주 표표하게 젊은 청년이 하나 썩 들어와 앉아 끼었거든, 그 때 스물여덟인가 스물아홉 살인가, 아마 최연소 교수였을 겁니다. 전임강사인가 조교수인가 내가 잘 모르겠어요. 그 때 처음 만났거든요. 그런데 동동주가 한 잔씩 들어가고 하면 자기 얘기를 하고 여러 가지 자기소개를 하는 것이 우리 보통 습관 아닙니까? 그런데 이 젊은 교수가 그 북소리 같은 소리를 내면서 여러 가지 얘기를 하는데, 화제가 "사단칠정설"(四端七情說)인가? 하여간 퇴계학에 대한 얘기를 운정 선생하고 주고받고 했어요. 그런데 조지훈 교수가 거기에 대해서 자기 의견을 이야기하니 "그건 퇴계선생의 이론하고 틀린다." 운정 선생이 이렇게 이야길 했어요. 그러니까 "그 퇴계가 나만 못하지." 대번에 이런단 말예요. 스물여덟 살짜리가, "퇴계가 나만 못하다." 뭐 이런 얘기를 하니, 만일 지금이라면 그렇게 귀에 거슬리지 않습니다. 지금은 하극상이고, 민주주의고 막 그런 때니까, '그럼 그런 사람도 있겠다' 그러지만 그 당시는 눈이 동그래졌어요. 참 '당돌하다.' 하는 인상을 받았어요. 그래서 좌중에 있던 사람들이 좀 멀리 있던 사람들까지도 '저 사람이 누군가', '조지훈 교수라고' 이런 이야기를 하고 나왔어요. 그게 아마 6·25 사변 전의 일일 것 같습니다.

그 다음에 문단의 활동은, 당시의 상황은 여러분도 잘 아시겠지마는, 해방 직후에는 공산주의자와 민족주의자가 서로 논쟁을 하고 있었으나 사실 경험을 해본 적이 없지 않습니까? 자유민주주의든 공산주의든 경험해본 적은 없고 전부 번역형 지식이었습니다. 책을 읽고 거기서 공산당 선언 따위의 문구를 한 번씩 인용 안 한 교수는 아마 없었을 것입니다. 그걸 부정하거나 그걸 전적으로 찬성하지 않더라도 공산당 선언을 알고 있다는 것만 해도 하나의 지식인의 행세감에 들어간다 하는 정도로 그런 걸 인용하고 얘기하고 하는 풍조가 만연하고 있었습니다. 언론기관이라는 것도 다 좌익적인 풍조였고 동아일보조차도 어느 때는 좌익적인 냄새를 풍겼으니 다른 건 더 말할 것도 없고, 지식인도 대다수가 공산주의 이론에 대해서 대결을 회피하거나 그 일부에 발을 들여 놓으면서 자기 자신에 대한 주목이 오지 않게 하는 호신술을 쓰는 풍조가 대부분이었습니다.

그런 가운데 지훈은 소수의 민족문학이라고 그럴까, 그런 그룹을 대표한, 거기에 최선두에 선 사람의 하나예요. 표표한 젊은 청년이 공산주의하고 바로 대결을 해 가지고 논전을 전개하고 하는 것을 내가 여러 번 읽었습니다. 그래 이런 사람이 있구나, 물론 대개 공산주의자가 도전을 해 오면 슬슬 피하거나 하는 것이 보통일이었는데 절대 피하지 않고 정면으로 대결해요. 그건 아까 홍일식 소장이 얘기한 대로 총 쏜 사람한테 가서 뺨을 올렸다는 얘기, 그런 식하고 비슷해요. 나도 명동에 가서 술을 먹는데 명동 주먹 패, 깡패하고 싸움이 붙어서 깡패들이 덤벼드는 걸 정면으로 대결을 해서 굴복시켰다고 본인이 얘기하는 것을 들었습니다. 굴복당했는지 시켰는지 내가 보지는 않았지만, 좌우간 본인은 그렇게 얘길 했고 또 그런 기질이예요. 언제든지 회피를 안하고 지사다운 면모를 보였지요.

그러다가 6·25 사변이 터지자 25일인가 26, 27일 인가 서울을 맨 먼저 떠나면서 서울신문인가 어디엔가에다 말하자면 적군에 대해서, 괴뢰군의 침입에 대해서 통렬히 반박하고 분노를 터뜨리는 시를 하나 발표하고는 남쪽으로 떠났습니다. 그런 걸 보면 시인이 과감함과 동시에 또 민첩한 면이 역력해요. 적군이 들어오면 맨 먼저 자기가 죽는다 하는 걸 느끼고 먼저 행동을 개시하는 면도 굉장히 민첩해요. 우리는 어리둥절 해가지고 동두천을 탈환했다, 어딜 탈환했다 하면 "그런가" 하고 있었고, 또 수원에 임시수도를 한다고 할 때, 나는 동양사 강의를 저기 본관 4층인가 5층인가에서 하고 있었거든요. 28일 날까지 강의를 하면서도, 북쪽에서 모두 소를 몰거나 달구지를 끌고 피난민이 남부여대(男負女戴)하고 내려오는 것을 보고 이게 혹시 대한민국의 마지막이 아닌가 하고 학생들에게 얘길 하면서 강의를 하고 있었을 정도였어요. 28일 날 아침에 탱크가 들어오고 하는 바람에 꼼짝없이 당했는데, 지훈은 정말 민첩하며 기회를 보는 눈이 날카로운 면을 가졌어요.

그 다음에 1·4후퇴 때 피난을 갔죠. 나는 대부분의 교수와 같이 부산으로 갔습니다. 전시연합대학(戰時聯合大學)이 거기에 있고, 우리 고려대학교는 대구 원대동(院垈洞)에 가(假)교사를 지어가지고 임시로 개강해서, 나는 대구로 내왕을 했어요. 그런데 어떤 날 지훈이 군복을 입고 학교에 나타났어요. 그래서 군복을 왜 입었느냐 물으니 "종군문인(從軍文人)이야, 전선을 누비며 평양도 왔다 갔다 하고, 전선에도 위문하고, 문인으로서 선무도 하고, 군인들의 사기도 돋우고 그러기 위해서 내 자신이 위험지구를 드나드는 거야." 그래요. 몇 사람 안 되는 문인들 중에 과감한 행동파 문인의 하나가 조지훈이었다는 말이에요.

그러다 서울이 수복됐죠. 그 후로 나와 가까워 질 그런 조건이 별로 없었는데, 나중에 한번 내가 성북동 집에 있는데 거길 찾아왔어요. 조지훈이 누구하고 찾아왔냐하면 최문환 총장, 그 땐 총장이 되기 전이죠. 찾아와서 우리 집에 와서 술 한잔 내놓으라고. 그래서 난 술을 잘 안하지마는 찾아온 사람을 어떻게 할 도리가 없어 술을 한 잔하고, 그 다음에 최문환(崔文煥)이 자기 집에 초청한다고, 나중에 알고 보니 최문환이 도랑 건너 살고, 조지훈도 거기에 있고, 그래서 자주 만나게 됐습니다. 비교적 자주 만났는데 만날 때 내 인상은 여전히 조지훈은 괄괄하고, 뭐라고 할까, 간간악악 지사라, 더욱 내가 기가 질린 것은 "현하지변"(懸河之辯)이라, 말하자면, 황하수를 거꾸로 해가지고 폭포로 막 쏟아 붓는 식으로 변론을 한단 말야. 뭐, 이쪽에서 들어갈 여지가 전연 없이 현하의 변으로 이건 이렇고, 저건 저렇고 하는 논리를 펴는가 하면 특히 화제가 자기 조예인 한시(漢詩)에 미치거나 하면 더욱 열변이 되는 것이 상례였지요.

그렇게 되면 최문환은, 한시는 그 사람을 못 당하니까 무슨 독일어나 불란서의 책을 읽었다는 것을 끄집어 내 가지고 사회학적인 지식을 가지고 얘기를 해요. 난 이쪽에도 자신이 없고, 저 쪽에도 자신이 없고, 주량까지도 자신이 없고 해서 자연히 방관하는 자세지요. 최문환도 호주(豪酒)입니다. 아주 술을 많이 해요. 두 사람에 대해서 주량도 자신이 없고, 연령은 내가 제일 많고 최문환이 중간쯤 되겠죠. 따라서 체력적으로도 자신이 없고. 이렇게 자신이 없어도 좌우간 찾아오고 찾아가고 이러는 가운데 묘한 걸 터득했어요.

조지훈은 그의 시에 대한 것, 한시에 대한 것, 시국에 대한 것, 이런 걸 쭉 풀어 놓고, 최문환은 걸핏하면 불란서 얘길 해요. 내 어제 저녁에 불란서 책을 몇 권 읽었는데, 거기에 이런 말이 써 있고, 저런 말이 써 있고, 이런 얘길 한단 말야. 첫 번에는, 사실을 토로하면, 선진 지식에 대해서 우리에게 뭘 좀 줄까했는데 번번이 불란서 얘기를 해. 그러니까 이게 하나의 전술이야. 말하자면 세 사람이 자기한테 불리한 것은 그 쪽에 맡겨두고, 자기한테 유리한 것만 끄집어내서 술을 마시면서도 그러한 일종의 자기과시라고 할까요 좌우간 소박한 면이 있었어요.

지금 두 사람이 '이작고인'(已作故人)이 되어서 그런 것이 그리워지는데 아무 짝에도 쓸모가 없고, 밀려나서 두 사람의 현하의 변에 도취만 하고 있던 나 자신은 아직도 이렇게 살아서 추모담을 하게 되고, 두 사람은 먼저 가버리고, 이거 참 세상이 고르지 못하구나 하는 것을 새삼스레 느끼고 있습니다. 그래서 정말 그가 민족 문제에 대해 정열을 가지고 있구나, 이건 진담입니다. 지적(知的) 유행으로서 또는 무슨 지식인의 체면을 갖기 위해서 그런 것이 아니고 정말 성심으로 애정을 갖고 민족의 장래를 우려하고 있구나 하는 것을 느끼게 됐습니다

제가 62년에 미국에 가 있게 됐어요. 한 1년 동안 가 있었는데, 그 전에 고전국역위원회(古典國譯委員會)를 맡았어요. 그건 그 때 57년에 설립이 됐는데, 이종우 씨하고 유진오 씨가 우리 고전이 모두 한문으로 쓰여 있기 때문에 우리 후배들에게 물려 줄 수가 없다. 그

러니까 이걸 우리말로 번역을 해가지고 읽기 쉽게 해야 그 문화가 계승이 되는 거지, 이게 시급한 문제다. 이렇게 해서 그 때 50만환인가 얼마인가, 학교 보조를 받아서 고전국역위원회라는 것을 만들었어요. 첫 번에는 이종우 씨가 책임을 맡고 있다가 그 다음에 저한테 물려져서 제가 책임을 맡고, 그 다음에『대전회통』(大典會通) 번역을 했습니다.

그러다가 미국으로 떠나게 되니까 누구 후임자를 맡겨야 되겠는데, 누가 적당할까 의논한 끝에 조동탁 교수가 좋겠다고 해서, 추천을 해서 후임을 맡겼지요. 미국에 가 있는 동안에 민족문화연구소(民族文化硏究所)로 개칭을 해 가지고 본격적인 활동을 개시한 겁니다. 내가 생각하기에 그 때 문인이라는 사람들은 실천보다 말이 앞서는 그런 면이 있어서, 비현실적이며 꼼꼼하며 조직적인 힘이 부족하다는 선입견을 가지고 있었는데, 이 분은 그렇지 않아요. 물론 큰소리(大言)도 하고 장담(壯語)도 하지만, 동시에 현실적으로『민족문화사대계』(韓國文化史大系)를 만들면 어떻게 팔릴 수 있다. 수요가 많을 거다, 그러면 수지가 과히 적자는 아닐거다, 그런 지식까지 제법 토로하고, 그래서 이 사람은 범상한 시인만은 아니다 하는 생각을 갖게 됐습니다. 그래서 민족문화연구소의 발족이 큰 우려를 하지 않고 나갔습니다.

물론 거기에는, 지금 여기에도 있는 홍일식(洪一植) 소장이라든지, 작고한 박성의(朴晟義) 교수, 서울대학에 있는 민병수(閔丙秀) 교수라든지 하는 사람들이 많이 거들어서 그들의 지식을 거기에다 보탰죠. 그분들의 협력으로 인해서 민족문화연구소가 그간의 우여곡절이 있고, 재정적인 곤란도 있고 했지만, 오늘날과 같은 융성한 상태를 이루었던 것입니다. 다시 말하면, 조지훈 교수를 민족문화연구소, 고전국역위원회에 갖다 앉힌 것은 성공적이었다, 이렇게 결론지을 수가 있습니다.

1968년에 그가 작고할 때 기관지가 나빠지고 많이 쇠약해졌어요. 그래서 성북동에 있을 땐데, 가보니까 많이 쇠약해져서 오래 못가겠다 하는 근심을 했는데, 과연 얼마 못가서 作故를 하고, 그 때 제가 문과대학장으로 있었는데 장례를 학교장으로 해야 되겠다 해서 문과대학장으로 하는데, 문인들하고 문인장도 겸해서 공동 주최였던가, 우리가 주최를 하고 그쪽에서 협조를 했던가, 어쨌든 그런 식으로 서관 밑에 강당이 있는 곳에서 한 걸로 기억이 납니다. 그래서 그 장소에 떠나서 마석(麻石)에서 영결을 했습니다.

이렇게 좀 훑어보면, 제 인상으로 남는 것은 그 분이 사학(詞學)에 상당히 조예를 갖고 있었다, 한시, 또 현대문학에도 조예를 가지고 있었다, 시인으로서의 조예를 갖고 있었다, 또 불교에 대해서도 일본사람의 압박을 피해서 월정사(月精寺)인가 어디에서 피신해 있는 동안에 상당히 공부를 해서 불교에 대한 조예도 가지고 있다, 시에 가끔가다가 서역(西域) 이야기도 나오고 하는 것이 그 때 들은 것 같습니다. 그런 것과 동시에 행동파 시인이다, 관념의 유희나 상념으로 도피하는 식의 그런 문인은 아니고, 다시 말하면 창백한 인텔리겐치아, 비생산적인 부류하고는 다르다. 직정경행(直情徑行)하고, 옳다고 생각되면 바로 실천하고 하는 행동파였다는 말입니다.

그 다음에 하나 느낀 것은 대단히 저항심이 강하다. 자기 자신의 자존심이나 비위에 거슬리면 거기에 끝까지 저항을 해보는 겁니다. 그런 성격이 두드러진다 하는 것을 느꼈습니다. 저항에 대해선 나도 가끔 만날 때 내 의견을 말했습니다. 민족을 사랑하고, 한국 사람이라면 누구나 민족을 사랑하지만 사랑하는 방법이 달라서 의견이 달라질 수 있는데, 대인의 자존심을 내세우고 의견을 내세워 저항하는 것도 그 나름대로의 자기 주체성을 소중하게 생각하는 사람이라면 그렇게 해야 되겠지마는, 문제는 지금 한국 민족이 일치단결해서 외부와 외세에 대해서 저항을 하여 생존을 도모하여야겠는데, 너무 개인의 주장이라든지 주관을 내세울 것 같으면 그 조화가 깨진다. 우리는 전체 속에 살고 있으며, 민족공동운명체 속에 살고 있다. 그러니까 그런 것에 어떻게 조화를 이루는가, 이견을 가진 사람이 아무리 언짢고, 비위에 상하고, 보기에 싫더라도 그걸 어떻게 포섭해서 조화를 이루는가 하는 조금 더 성숙한 자세를 지닌, 그런 사람이 많이 있어야 되겠다. 비록 일시적으로 그것이 무기력하고 도피적으로 보일지라도 문제는 이 잡다한 사람들을 어떻게 단결시켜 가느냐 하는 하나의 기술, 방법, 시각이 있어야 하겠다고 하는 것을 얘길 했습니다마는, 조지훈 교수도 그것에 반대하는 것은 아닙니다. 아니지만, 좌우간 자기 체질대로 충분히 발휘를 했던 것 같습니다.

이렇게 조지훈의 인품이 그 나름대로 나타나는데 대해서 여러 가지 원인이 있겠죠. 여러 가지가 있겠지만, 제가 이 자리에 오기 전에 한양 조 씨 가계표(家系表)를 잠깐 열람해 봤습니다. 그랬더니, 한양 조 씨는 고려 시대부터 그 선조가 나왔어요. 송나라 태조 계통에서 나왔다고 하는데, 난 그건 별로, 남의 족보에 대해 비평하는 것은 실례지만, 사실이 아니지 않나, 모두 우리가 옛날에 창씨 개명할 때는 일본의 후지오타 씨니, 나카무라 씨니 하는 좋은 것을 다 끌어온 것과 마찬가지로, 당시 고려도 송과 가까웠으니까 송 태조 쯤 되면 의젓하리라 해서 그런 것이고, 가령 풍양 조 씨 같은 데는 아주 솔직히 인정합니다.

풍양 조 씨의 선조는 원래 바위라고 그랬어요. 암(岩) 자란 말이야, 그래서 그 위에다가 다른 족보에서 갖다 붙여 마치 중국에서 온 것처럼 만들었으니 그것은 모두 거짓말이라는 것이죠. 이런 사례가 오히려 사실에 가까운 것이 아닌가 봅니다. 송 태조의 집안이 왕위에 이를진데, 중국에서도 상당히 잘 살고, 송나라도 오래 계속되었는데 고국을 버리고 한국에까지 와서 망명할 필요는 객관적으로 별로 없거든요. 그러니까 거기다가 촌수를 붙이는 것은 조금 무리가 아닌가, 난 이렇게 봅니다.

한 때 몽고가 철령 이북의 땅을 점령해서 그 쪽에 편입한 일이 있습니다. 그 쌍성, 말하자면 평안북도 철령 이북, 그 쌍성총관부 속에 조 씨가 살았다는 거예요. 그래서 원나라가 수여하는 총관 직을 대대로 조 씨가 독점을 했어요. 그러다가 그 땅을 고려가 수복했거든요. 수복을 하는 과정에서 고려로 돌아왔지요. 물론 뼈대는 한국 백성인데, 몽고 백성이 되었다가 들어왔어요. 그래서 공민왕까지 이르렀는데, 그간에 뭐, 여진족하고 싸우기도 하고, 또 쿠빌라이 별파인 합단국(哈丹國)인가 하고도 싸워서 물리치기도 한 공적도 있고, 또 왜구하고도 싸운 행동파적인 면모가 아주 약여합니다. 그 중에서도 싸움을 해서 국난을 막고 한 것이 많이 나와요.

그러다가 조선조가 들어설 때 그 중의 한 사람이 이성계의 매부가 되어서, 이것을 계기로 해서 위화도 회군 때 가담을 했어요. 이태조 쿠데타에 가담을 한거죠. 그래서 조선조 개국공신에 세 사람이 있어요. 한양 조씨에서 개국공신에 세 사람이 있어요. 한양 조씨에서 개국공신에 세 사람이 나왔는데, 그 다음에 쭉 많은 업적도 세우고 관직이 높은 사람도 있고, 그러나 좌우간 개국공신을 지낸 후에도 왜구하고도 여러 번 싸우고, 나중에는 여러분

아시다시피 정암(靜庵) 조광조(趙光祖) 때에 상당히 높이 올라가서 갑자기 한양 조씨가 커집니다. 그래서 조광조가 훈구파에 의해서 나중에 모함을 당하고, 옥사를 하지 않습니까? 그러니 조광조에 연루되어 한양 조씨가 많이들 몰락을 해요. 그전에는 세조 때 단종사건에 연루되어서 많이 죽습니다. 사육신, 생육신에 연루되었다, 조광조 일파다 해서 감옥에 들어가고, 죽고해요. 그러다 또 사화가 일어나면 만만한 게 조씨라, 여기서 치어 죽고, 저기서 치어 죽고, 여러 사람이 죽어요. 물론, 치어죽은 사람만 족보에 올려서 그런 건지는 모르겠습니다만, 여러 사람이 많이 나와요. 물론 다른 양반 계급도 그런 난을 안 당한 집은 하나도 없습니다. 그렇지만 여기는 상당히 많아요. 이괄(李适)의 난에도 있고, 임진왜란 때 충무공 휘하에서 싸운 사람도 있고, 병자호란 때 싸워서 저쪽에 끌려간 사람도 있고, 뭐 여러 사람이 있어요. 심지어는 해방 직전에 독립군을 이끌고 독립투사를 양성한 사람도 있습니다. 이렇게 보면, 저항적이고 행동적인 면이 두드러진 혈통을 가지고 있죠.

또 하나 재미난 것은 조수삼(趙秀三)이라는 시인이 있어요. 나는 그의 시를 읽지 못 했습니다마는 아주 시를 잘 쓴 모양이에요. 그 분은 중국에 왔다 갔다 하며 한시를 익히고, 중국말도 썩 잘 하고 하는 사람인데, 시로서는 아주 특별히 유명했던 모양이에요. 그 분의 자가 [지초 지(芝)]자에 [기원 원(源)]자 지원(芝源)입니다. 그래서 시에 재주가 있는 조지훈이 지초 '芝' 자 인데, 조상의 자와 똑같이 쓸 수는 없고, '源' 자하고 '薰' 자를 바꾸어 계승한다는 내심이 있었던 것이 아닌가, 난 이렇게 추측하고 흥미 있게 보고 있습니다. 그리고 또 그 다음에 대한민국에 들어와서는 그 유명한 조병옥(趙炳玉)씨 있지요? 그 이승만(李承晚) 정권에 끝까지 저항한, 그런 핏줄기가 또 있습니다.

이렇게 보면 조지훈이 예를 들어서, 일제시대에 한글학회 사건으로 여러 가지 핍박을 당하고, 해방 후 좌익의 전성시대에 감연히 나서서 정면으로 대결하고, 그리고 이승만 박사 시절에는 4·26 교수 데모 때 조지훈이 참여를 합니다.

4·26 교수 데모를 꾸민 장소는 사실은 혜화동에 있는 이종우 총장 사택입니다. 4·18, 4·19에서 학생들이 죽어 넘어지는 것을 보고 도저히 이대로는 교단에 설 수가 없다. 무슨 면목으로 우리가 교단에 서서 가르칠 수 있는가. 무슨 깊은 역사적인 사명이나 이런 것이

아니라, 당장 피가 끓어오르는 감성적인 면에서 그런 저항이 솟아나서 같은 감정을 가진 몇 사람이 모였습니다. 지금 기억되는 사람은 조윤제(趙潤濟)씨, 이상은(李相殷)씨, 그 다음에 조지훈씨, 연세대학의 정석해(鄭錫海), 김성식(金成植), 이항녕(李恒寧) 씨, 저도 한 몫 끼고, 그래서 이대로 학교에 설 수 없으니까 데모를 하자, 데모를 하면 4·19 모양으로 학생처럼 그렇게 희생이 될지 모른다는 각오를 하고, 이걸 전(全) 교수가 일어나면 좋겠는데, 그렇게 되면 소문이 퍼지게 되고, 미연에 체포될 수 있으니까, 될 수 있으면 각 학교의 뜻이 있는 몇 사람만 골라서 하자, 이렇게 논의가 되어가지고 집이 혜화동 그 근처인 서울대학의 최재희(崔載熙) 교수에게 서울대학을 맡기고, 정석해 교수가 연세대학을 맡고, 고려대학은 이쪽서 맡고, 이렇게 해서 손이 닿는 대로 이 사람이면 거절은 안 하리라 짐작이 가는 사람들만 모여서 서울대학 교수회관, 지금 의과대학 뒤에 있는 곳에 모였던 것입니다.

그래서 데모를 하고, 요행이 죽지는 않고 살아 나와서, 우리가 데모 한 번 불쑥하고 말게 아니라 이걸 가지고 단체를 조직하자, 정치가들에게 맡길 수는 없다, 무슨 짓을 할지 모르겠는 그 사람들한테 맡겼다가는 나라가 망한다 이 말야. 그러니까 이젠 좀 감독을 하자. 이래서 우리가 무슨 단체를 하나 만들어야 하지 않겠느냐 해서 교수협회라는 것을 만들어 가지고 조윤제씨가 위원장이 되고, 이상은 씨가 부원장이 되고, 명색이 총무부장이 본인이고, 그 밑에 조지훈이 중앙위원이라, 이렇게 됐어요. 그래서 단성사 맞은 편 3층인가에 방을 하나 빌려가지고 가끔 모여서 논의를 해서 소위 시국선언이라는 것을 발표했습니다. 이렇게 해서 장면(張勉) 정권이라든가, 기타 여러 단체들이 하고 있는 여러 가지 일에 대한 비판을 가하고, 우리의 요망사항을 냈습니다.

시국선언을 하는데, 물론 아이디어는 우리 모두가 내지만 문장을 쓰는 것은 조지훈이 맡았어요. 시국선언 1호, 2호, 이렇게 써서 신문에 발표했는데, 그 일은 누구라도 할 수가 있고, 또 조지훈이 아니라도 문장을 쓸 사람이 나오겠지마는, 하나 조지훈이 직정경행하는, 도무지 한번 생각이 나면 곧바로 해대는 성격은 뭘 보면 알 수 있느냐 하면, 우리가 이승만 정권을 거꾸러뜨렸단 말야, 그러니까 이북에서는 박수를 치고 아부를 하고 하는데, 그래서 그 때 논의된 것이 "너희들은 뭘 하고 있느냐, 너희들도 김일성이를 거꾸러뜨려라. 그래서 악수하자. 독재정권을 거꾸러뜨리는 것은 마찬가지가 아니냐, 그래야 애깃거리가 되지 않느냐." 하고 대북방송을 하자고 조지훈이 제안을 했어요. 그래서 라디오 방송을 했습니다. 솔선해서 자기가 나가서 이북에 대해서, 이북의 김일성대학 학생들 들으라 하고 방송을 했어요. 그래서 조지훈의 용감한 성격은 어디에 가도 숨길 수 없구나 하는 것을 느꼈던 것입니다.

이상에서 애국사상이라든지 저항정신이라는 것이 최근의 조병옥 씨까지 면면히 이어 내려오는 한양 조 씨 혈통 가운데 흐르고 있다는 것을 생각해봤습니다.

이야기가 두서가 없어서 어디에서부터 해야 될지 모르겠습니다만, 우리 지식인의 약점이 관념의 유희에 일삼는가 하면 유예미결(猶豫未決)하고, 어떤 위급한 시기에 당해서도 명철보신(明哲保身)하는 면으로 흐르기가 십상입니다. 처자식이 위태로운데 먹여 살려야 하는 가장으로서의 책무도 있겠고, 사회적 지도자로서 조금 더 멀리 내다보는 식견도 있어야겠고, 여러 가지 이유가 있겠지마는, 한국 지식인 가운데는 그러한 면이 많이 발생합니다.

일제시대에서 벗어나왔을 때도 소위 친일적인 행동을 한 교수는 없었던가, 혹은 이승만 정권이 몰락한 후에 박정희 정권 때도 표변하여 거기에서 행동을 한 사람은 없었던가, 말하자면 그 엎치락뒤치락 변천이 심합니다. 그러니까 지금부터 만 27년 전입니다. 5 · 16 군사혁명이 나고, 바로 그 해 8월 이니까 세상은 한 세태에서 지식인이 정말 생활하고 행동하기가 힘들고, 지식인의 가치를 잘 알아볼 수 있는 시험의 순간이 여러 번 뒤풀이 될 때, 거기에 나약한 지식인 혹은 자기 보신에 너무 집착을 하는 지식인은 남들이 보기에 변절자처럼 보이기가 대단히 쉬웠을 것 같습니다.

그러나 조지훈은 공산당하고도 맞서서 일선에서 싸우고, 또 이승만 독재정권하고 싸우고 민권운동가로서도 싸우고, 박정희 정권이 들어올 때는 소위 한일회담을 할 때 그 불가성(不可性)을 역설하는 글을 신문에 발표해서 정면으로 도전을 했지요. 그러니까 자기 비위에 거슬리는 것에 대해서, 그릇된 것이 나온다는 것에 대해서 그냥 참고 가만히 있거나 붓대를 꺾고 가만히 있는 것이 아니고, 뭐든지 신문사에 기고를 하는 성격이었던 것을 보면 고전국역위원회 위원장, 그 이듬해인가에 민족문화연구소장이 되면서 발표한 '지조론'이라는 것이 출판되는 배경이 바로 본인이 그러한 세태를 개탄하는 그런 면에서 발표를 한 것이 아닌가 하고 나는 짐작하고 있습니다.

그 때만 해도, 그와 같이 과감한 행동을 하지 못하고, 항상 뒤에서 그 사람이 하는 것을 놀란 가슴을 가지고 지켜만 보고 있던 본인은 더러 오는 술좌석에 앉으면 나이가 7, 8세 간격이고, 체력도 약하고, 그러니까 그이한테 여러 가지로 못 당하지마는 내 나름대로의 논리는 있었습니다. '나는 40대에 들어 인생의 피로와 권태를 조금씩 느끼기 시작한 사람이 직정경행하고, 입에 거품을 내놓고, 잇몸을 드러내고 왈가왈부하는 데는 적합하지 못하고, 한국민족이란 도대체 어디로 가는가, 어디서 왔으며 어디로 가며 어떻게 해야 이 민족을 살릴 수 있는가 하는 민족 전체를 관조하는, 인생을 관조하는 조용한 경지에 내가 들었으므로 자네와 같이 누구에게 주장하고 남을 비판하고 과감히 그릇된 것을 지적하고 하는 행동파가 되기에는 벌써 내 힘이 모자란다. 조금 조용하게 한국민 전체의 모습을 그런 생각 없이 냉철하게 살펴보는 나 같은 사람도 필요하다.' 이런 논리로 나 자신을 정당화했었습니다.

그런데 말년에, 그러니까 지훈이 고인이 되기 직전에는 체력이 감소되었는지 왕년의 예각적인 면이 차차 줄어들어서 모서리가 떨어져 나가고 원만하고 조화스럽게 점점 더 원숙한 경지로 가고 있었던 것입니다. 거기에다가 애국심을 살리면서 그의 천수를 조금 더 연장 할 수 있었더라면 그가 더욱 훌륭한 일을 할 수 있었지 않았을까 하는 아쉬운 마음을 금할 길이 없습니다.

지훈이 타계한 지 벌써 20년이 되어, 그가 심혈을 기울여 키워온 민족문화연구소가 개최한 그를 회상하는 추모회에서, 그보다 먼저 갔어야할 사람이 여기에 앉아 추모담을 하는 아이러니컬한 계기에 대해 나 스스로도 약간 놀라고 있는 심정입니다. 두서없는 얘기가 무슨 도움이 되었을지 모르겠습니다. 이걸로 끝내겠습니다. 감사합니다.

《민족문화연구》1988. 6. 지훈 20주기(周忌) 학술대회 주제 강연

정 재 각

이데올로기 이전의 문제
- 현대를 돌이켜 보며

작금(昨今)의 세태는 학생들의 움직임뿐 아니라 사회각계의 성명전까지 걸쳐서 벌집을 쑤셔놓은 양상(樣相)이다. 한국정치의 기본체제에 관한 논쟁이 그 핵심문제다. 현 체제를 옹호하는 측이나 비판하는 측이나 다 각기 절대다수를 주장하면서 조금도 타협할 전망이 안 보인다. 그뿐 아니라 유엔에서는 얼토당토 않는 국가들이 한국의 운명에 관한 문제를 멋대로 투표로써 결정지으려는 판국이다. 또 다시 나는 무엇이며 어떻게 하여야 하는가의 물음이 자신을 몰아친다. 『교육자로서 EH는 지식인의 말석(末席)을 점하고 있는 너의 위치는 이러한 사태에 대하여 대관절 무슨 뜻을 가지는 것이며 또 너 같으면 어떻게 할 작정인가를 대답하라!』이 추구(追求) 는 더욱 가혹하게 달라붙는다. 외부로부터의 공박이라면 나도 웬만치 견디어 낼만 한 심력(心力)은 축적되었다고 생각한다. 기회주의자, 비겁한자, 봉급만을 위하는 살고 보자주의자등 등의 비난이 있을 수 있다 하여도 곧 피상적(皮相的)인 것이라고 웃어버릴 자신도 있다. 그뿐 아니라 학생문제는 문교 당국이나 총장에게 맡겨두고 자신은 방관자의 위치를 지키는 길, 이쪽도 약간 두둔하고 저쪽도 살짝 도와서 어느 쪽으로 굴러도 자신의 안전이 다칠 우려가 없게 하는 길 등이 있다는 것도 모르는 것은 아니다

그밖에 또 하나 남은 것은 권력과 맞서거나 권력 편에 서서 그 비판자를 질차하는 투쟁

의 길이 있다. 이 경우 권력 편에 선자는 신상의 안전대신에 저널리즘의 꼬집힘을 각오해야하고 반대편에 선자는 저널리즘의 총아(寵兒)가 되는 대신에 권력 당국의 눈총을 걱정해야함으로 양자가 다 약간의 용기를 필요로 한다.

물론 이 길에 있어서도 나름대로의 소신에 의하여 움직이는 자와 소신이 희박(稀薄)내지 미숙한 채로 부화뢰동(附和雷同)하는 무리 등으로 내분(內分)될 수는 있으나, 어쨌든 태도를 선명하게 표시하는 길이기는 하다.

앞에 놓인 이상의 몇 갈래의 선택에 있어서 전(前) 이자(二者)는 현실의 도피내지 도피(逃避) 가까운 길로서, 때로는 부럽기 조차한 경지이기는 하나, 필경 자신의 체질을 거기에 맞도록 편리하게 되어있지 못하다는 것을 발견할 뿐이다.

후일자(後一者)의 현실참여의 길은 외관상 자못 떳떳하고 당당하게 보이기는 하나 그것을 취하는데 몇 가지 해결이 선행되어야만 하는 것이다. 즉 나에게의 물음, 외부로부터의 물음에 대한 회답이나 와야 한다. 자신에 대한 자신의 질문, 이 물음은 피하려야 피할 수 없는 하나의 홍역이며 끊임없이 따라다니고 쉴 사이 없이 괴롭힌다. 자신과의 대결! 이것은 어쩌면 지식인의 본질에 속한 문제로서 자신과의 대결이 없는 한 벌써 자신은 없는 것이다. 「나는 생각한다. 그러므로 나는 존재한다.」라는 데카르트의 말이 천금의 무게를 가지고 생각 키우는 것은 바로 이때이다.

자신과의 대결과정을 생략하고는 한발자국도 움직이지 못하는 자의 모습이 타인에게는 아무리 미련하고 바보처럼 보일지라도 본인에게는 실로 자신의 전존재(全存在) 여부에 관한 중대문제고 그 안타까움과 우울함은 이루 말할 수 없을 지경이다. 그것은 그렇고 나는 여기서 곧 자신의 넋두리가 약간 지나치다는 것을 발견해야만 하고 이른바 해답을 갈망하고 있다고 하는 자신의 당면문제로 화제를 돌리지 않으면 안 되겠다.

한마디로 한국인은 과연 현대사회에 있어서 국민적인 자주역량을 충분히 갖춘 민족인가? 하는 물음이다. 남들은 국민회복이니 자유 인권이니 유신(維新)이니 하는 것이 문제인데 이 무슨 엉뚱하고 객적(客的)은 이야긴가? 이것이 객적인 생각이기를 바라는 마음 누구에게도 못지 않으나 그것이 객적은 것이라는 확신이 얻어지기까지에는 여전히 물음으로서 남는 도리 밖에 없다. 개인적으로는 어느 민족에게도 믿지지 않는다는 것은 이미 알고 있다.

　그러나 민족 집단으로서는 어떠한가?

　나의 망막(網膜)에는 문득 포드대통령의 내한(來韓) 때의 한국인의 모습이 떠오른다. 그것은 조야(朝野)를 막론하고 실로 열광적인 광경이었다. 아이젠하우어 때에도 역시 같은 광경이었다. 정부는 정부대로의 계산이 있었고, 민간은 또한 민간대로 원로(遠路)를 찾아온 우방의 원수를 맞아준 것인데 무엇이 어쨌단 말인가? 더구나 미국은 원수 일본을 패망시키고 6·25 동란 때 적군(赤軍)을 물리친 국가의 은인인데 그러한 환영이 지나치단 말인가. 이러한 자답(自答)에 대하여 나는 또 미국이 패망으로부터 구해준 나라는 한국만이 아니다. 크게는 소련도 그랬고 중국도 그랬다. 더구나 영국과 프랑스는 1-2차 대전시 모두 패멸(敗滅) 직전에서 구출해 주었다. 그러나 그들의 닉슨이나 아이젠하우어에 대한 환영이 이정도로 대단했다고는 듣지 못했다. 그들도 감사한 줄 모르는 것은 아니겠지만 다만 자신의 자리를 지킨 것뿐이리라. 나는 또 임진왜란 때 왜군의 침공을 구원해준 명나라 사람에 대한 국민감정을 생각해 본다. 그것도 역시 재생(再生)의 은인에 대한 감격 그것이었으며 서울에는 관악묘(關岳廟)까지 세워져 영세불망(永世不忘)을 다짐하는 열심이었다. 이 양자(兩者)의 경우에 있어서 은혜를 입힌 사람에 대한 소박한 감사의 정(情)이 적라라(赤裸裸)하게 노출되었을 뿐이라고 지나쳐 버리면 그만이겠지만 그것만으로는 개운치 않은 뒷맛이 남는다. 거기에는 주인으로서의 겸손, 은근, 손님에 대한 정중(鄭重)한 추존(推尊)이라는 미덕의 테두리를 넘어서 자신의 지나친 비하(卑下), 상대의 지나친 흠모(欽慕)가 깃들이지 않았는가 한다. 주인이 있고 손님이 있는 대등한 위치에서의 감사가 아니라 지신을 송두리 체 내던지는 감사다.

　일찍이 중국에 대하여 자신을 소중화(小中華) 즉 소화(小華)로서 자랑하던 한국인의 심리가 미국을 가장 고맙게 여기고 미국에 가장 잘 따르는 나라 즉 소미(小美)로서 자처(自處)하는 심리가 환영군중의 가슴에 있었다면 이것은 민족적 자주정신을 마비시킬 우려가 없지 않다. 이와 관련하여 다시 한 번 우리의 주위를 살펴보자 정부와 그 비판세력사이에 또한 미국과의 촌수(寸數)대기 경쟁 같은 현상이 가끔 나타난다.

정부나 집권층에 유리한 보도면 그 것이 미국의회나 정부의 움직임은 고사(姑捨) 하고라도 미국의 일개인의 언동까지도 관영통신을 통하여 상세히 전한다. 반대로 반대세력이나 그밖에 지도자들도 미국의 언론이나 미국의 교수부류와의 교섭에 자주 유의하는 것을 보면 그들과의 연결의 긴밀성 이 그들의 지도자적 배경에 금박(金箔)을 붙이는 것으로 믿고 있는지 모르겠다. 도달한 형세를 지키기 위하여서는 별 수 없지 않겠느냐는 논리도 있을 수 있겠으나 나는 또 다른 경우를 생각하지 않을 수 없다. 일본의 자민당(自民黨)에서 다나카(田中) 총리의 강력한 비판자인 후쿠다(福田)라는 정치인에 대하여 다나카에의 공격과 비난을 유도하려는 뉴스위크 기자의 질문이 있었을 때 후쿠다는 요령있게 이것을 피하고 끝내 일본인으로서의 감정을 손상하지 않았던 신문기사다. 또 하나는 어느 외국영화의 장면이다. 어느 자존심이 강한 영국인 귀족의 이야기다

그는 영국 왕에 대한 강력한 충고자(忠告者)로 자처하다가 끝내는 국왕과 정면으로 대립이 되어 자존심을 버리고 극복을 택하는 대신에 단신 프랑스로 망명한다. 그러다가 망명지에서 자신의 추방자인 영국왕의 프랑스 친선방문을 맞는다. 프랑스인의 환영인파속에 남몰래 끼어서 자신의 박해자(迫害者)의 행렬을 지켜보는 도중에 옆에 있던 프랑스인 구경꾼이 영국 왕을 모욕하는 언사를 하는 것을 보고 분연히(憤然)히 그 무례(無禮)를 꾸짖다가 도리어 프랑스인 군중의 구타를 당하여 그의 병든 몸이 마침내 이국(異國)의 고혼(孤魂)이 되는 내용이다.

그는 조국을 사랑했고 그 조국의 상징인 국왕을 비록 자신의 박해자이긴 하나 외국인이 모욕하는 것은 그와 영국인적 자존심이 참지 못하였던 것이다. 이 두 가지 예에 있어서 우연히 두 가지의 공통점이 지적된다. 하나는 일본이나 영국이 다 같이 왕을 국가 원수로 가지고 있다는 점이다. 이 제도는 약간 중세적인 냄새가 풍기기는 하나 두 나라 국민에 있어서는 정신적 단합의 중심이 되어 왔던 것이다. 주지하는바와 같이 영국인은 그 본토에 몇개의 종족을 내포하고 있는데도 불구하고 하나의 국왕 밑에 단결되어 여러 차례의 난국(難局)을 통과 했으며, 일본도 이른바 만세일계(萬世一系)의 천황 밑에서 그들의 국민정신을 과시해왔다.

일차 대전후 연합국에의 항복 때에도 한사코 그들의 천황제도의 존속만을 조건으로 고집한 것은 전후에 닥쳐올 정신적 공허상태에서 국민정신의 귀일점을 잃어버릴까 두려워하였던 까닭이니 이차대전에서의 항복은 일본 측으로 보면 단단한 조건부 항복이었던 것이다. 다음 둘째 공통점으로 두 나라가 다 대륙과 격리된 섬나라라는 점이다. 이 지리적 고립이라는 점은 과거에는, 그리고 현재에 있어서도 어느 정도까지 국민의 단합이라는 점에는 유리하게 작용해 왔다. 그 내부에 여러 가지 약점이나 분규가 있음에도 불구하고 외국세력의 직접적인 간섭이 닿지 않는다는 데서 큰 덕을 보는 셈이다.

스페인의 무적함대(無敵艦隊)도 나폴레옹도 히틀러도 도오바 해협은 넘지 못했으며 전 아시아를 정복한 몽고인도 대한해협의 장해에는 필경 굴복하지 않으면 안 되었다. 그리하여 하찮은 섬나라들도 덕분에 그 독립을 유지하고 자주적인 국민정신의 함양에 성공했을 뿐 아니라 그것을 발판으로 하여 세계에 웅비하고 있는 것이다. 그밖에 오늘날 세계에서 행세하고 있는 나라치고 각기 국민적 자부심이 없는 자는 없다.

독일이나 프랑스는 물론 자국의 높은 문화적 전통에 관하여 깊은 자존심을 가지고 있으며, 강대국 간에서 완충적(緩衝的) 존재로서의 독립을 유지하고 있는 서구민주주의 소국들까지도 자국의 높은 생활수준이라든지 문화적인 소질에 공통적 자신을 가지고 있어 국가적 이해관계나 국민적 위신을 지키는 데는 매우 민감하다. 이렇게 볼 때 한국인의 국민정신을 귀일(歸一)시킬 구심점은 무엇일까? 국왕의 존재가 그런 역할을 할 수 있었던 것은 이미 지나간 일이다. 문화적 전통으로 보아서도 동아문화권(東亞文化圈)에서는 중국을 제외한 여타 민족 중에서 가장 높은 문화를 향유(享有)하였다고 하여 자국을 소화(小華)라고 자랑하고 북쪽으로부터의 오랑캐나 왜족(倭族)의 침공에 대하여 끈질기게 격퇴했던 한국인 이것만 오늘날은 그러한 고전문화에 대해서는 그다지 존경하지 않는 것 같이 보인다. 단일민족이라는 요소도 민족적 결합에는 유리하게 작용할 법도 하고 피는 물보다 진하다고는 하나 이데올로기보다는 엷다는 것이 독일이나 중국의 경우는 고사하고라도 당장이 반도에 있어서 증명이 되고 있는 터이다. 그러고 보면 한국인으로 하여금 그들의 분파적(分派的) 작용보다도 단합적 작용을 더욱 강하게 유지시키는 구심력이 무엇인가는 현재로서는 쉽사리 발견하기 힘들다. 이러한 견지에서 볼 때 한국의 지도자급 인사들이 걸핏하면 선진국으로 이민을 가는 것도 외국에서와 같이 단순히 인구과잉을 완화하기 위한 정책적 현상의 일부일 뿐이라고 가볍게 보아 넘길 수는 없을는지 모르겠다. 이렇게 한국인의 국민적 단합심과 민족적 자주정신을 더욱 강화시킬 필요가 요청되는 현상이라면 여기에 등장할 수 있는 것이 그것의 인위적이고 정치적인 배양방법이다. 다른 나라처럼 지리적인 혜택이나 천연자원의 도움을 기대하기 어려운 처지에서 정치의 비중이 더욱 커질 수밖에 없다.

여기에 현재 번영을 누리고 있는 외국에서의 정치이데올로기 내지 그 제도가 참고가 되는 것이며 해방직후 한국에 온갖 주의와 사상들이 선을 보이고 그것의 채용을 고집하는 원색적(原色的)인 주장들이 난무했던 것은 지금도 눈에 선하다. 그러다가 사회주의제도와 자유민주주의제도로 이대분(二大分)하여 정리되어버린 것은 주지하는 바와 같다.

생각하면 어떤 이데올로기이든 그것은 「사람이면 다 같다.」라는 인류공통의 사상에서 파생되는 것이며 그 것이 원산지에서 외지로 수출될 수 있는 것도 바로 공통 면이 작용하기 때문이다. 그러나또한 외국산의 이데올로기가 수입된 후, 시간이 경과함에 따라서 원산지 것과는 색깔이 달라지고 강조점이 변천하는 것은 「사람도 같지 않은 面이 있다.」는데 그 이유가 있는 것이다. 바꾸어 말하면 이데올로기는 인류적인 차원에서 있기 때문에 그것이 구체적으로 적용되는 민족이나 국가의 개성이나 체질(體質)이 경시되는 경향이 있었던 것인데 바로 그 경시하였던 면이 구체적인 적용 단계에서 말썽을 일으키는 것이다.

사실 각 민족사회는 그 환경과 역사를 달리하고 그 다른 환경에서 생겨난 생활감성, 사고방식 등 정신풍토가 또한 특색을 갖게 되는 것이다. 이 독특한 정신풍토가 외국산의 이데올로기의 수입에 대하여 거부반응 타협 등의 과정을 거쳐서 약간씩 변모를 가져오는 요인이 되고 있는 것이다.

한국에 불교가 수입될 때도 그랬고, 유교도 그랬다. 어쩌면 기독교도 그럴는지 모른다. 인류사회공통의 법칙을 가장 강력히 주장하고 소련식 공산주의가 유일한 모범이라고 우기던 공산주의조차도 오늘날 각 민족과 국가의 개성의 지배를 받고 있는 것은 눈앞에 보는 바와 같다. 한편 공산주의는 여태까지 존재했던 전체주의 중에서도 가장 강력한 이데올로기다.

그것은 우리가 대항하기 힘들게, 크게 통일되고 속속들이 관리의 손이 뻗친, 치밀(緻密)한 제도를 가졌으며 우리가 대항하기 힘든 크게 획일 된 사고를 과시하고 있다. 그리하여 이차대전 전까지만 해도 소련만을 점거했던 공산주의가 오늘날은 우리보다 민주주의견문이 더욱 많았던 동구제국(東歐諸國)을 순식간에 휩쓸고 나아가서 중국을, 그리고 중국의 인접지인 월맹(越盟), 그리고 한반도의 북부로 확대되고만 것이다. 이에 대하여 국민의 잠재적인 에너지의 다채롭고 자유로운 발현(發現)을 목표의 일부로 하고 있는 자유민주주의 국가는 비록 수효는 많다고 하더라도 이를 성공적으로 운영하고 있는 나라는 오랫동안의 시행착오를 거듭하면서 그것이 체질화할 시간을 벌 수 있는 행운을 가졌던 소수의 국가들 뿐이다. 한국이 이 대열에 끼이려면 해방 후 삼십년의 시행착오의 경험이 이제는 발효할 수 있다고 믿어져야한다. 자유 민주주의의 신봉 즉 공산주의의 거부가 자발적인 합동의 능력의 결핍으로 통하는 길이 아니며 도그마의 부정이 구조적인 아이디어의 자발적인 창조능력이 없는 방향으로 연결되어서는 안 된다. 정치적 자유가 곧 조직적 행동의 결여를, 지적인 자유가 곧 통일될 사상의 결여를 의미해서는 안 된다는 국제친선이 곧 사대사상을 의미해서는 안 되는 경우와 같다. 통틀어 자유민주주의의 가장 약한 면을 보강할 능력이 한국인에게 축적되어 있는가의 물음을 지금처럼 필요로 할 때도 드물 것이다. 그것은 감정의 차원에서가 아니라 지적인 차원에서 증오의 심경에서가 아니라 애정의 심경에서 활발히 그리고 진지하게 검토 받아야 할 문제라고 나는 본다.

고대신문 1994. 2. 17

정 재 각

'우리 안목'의 역사학 개척
- 고대사학과 창설 30주년을 기념하며

고려대학교 사학과의 출발은 고려대학교 교명의 기원과 때를 같이 한다. 1946년 8월 15일 고려대학교가 조선군정청(朝鮮軍政廳)의 문교부장(文敎部長)의 명의로 인가되었을 때 그것은 3개 단과대학 8개 학과에 모집정원 360명이 주어진 조촐한 종합대학의 명색이었다. 그중 정법대학과 경상대학에 속하는 학과 중에는 이미 보전시대(普專時代) 40년의 배경을 가진 것도 있었거니와 사학과는 전혀 무에서부터 출발하는 문과대학의 4개 학과 중에서도 말미에 열기(列記)되는 존재에 불과했다. 당시의 학제상(學制上) 제1학기인 9월 초에 개강이 되었을 때 모집정원 30명이 배정된 사학과의 입학생은 겨우 6명이었으며 그것도 끝까지 수학을 계속하여 제1회 졸업생의 영예를 얻은 것은 3명뿐이었다. 그 3명은 우연인가 아니면 이심전심(以心傳心)의 묵계였던가, 각각 별개의 전공을 선택하여 고려대학교 사학과에 국사·동양사·서양사의 3개 전공이 있다는 것을 표시해 준 상징적 존재이기도 했다. 아무튼 고려대학교 사학과는 1전공 1학생씩을 사이좋게 나누어 가진 채 그 제1회 졸업생을 내보냈다. 그 출생은 외로웠고 연중에도 교수·도서·교과 등 시설의 미비로 말미암아 그 체질도 가냘팠지만, 그러나 그 고고의 소리에는 신생의 기쁨이 깃들였고 우리의 안목으로 역사를 새로 보겠다는 일종의 개척정신이 담겨져 있었다. 이후 학교의 운영이 자리를 잡음에 따라 차차 교수와 시설의 확충이 되고 사학과의 입학경쟁, 졸업생의 학계내지 사회진출도 현저하게 높은 율(率)을 나타내어 고대 사학과도 이제는 궤도에 올랐다는 것을 뚜렷이 보여주었지마는 한편의 대소정치파동과 학생운동의 회오리바람이 아직도 취약한 독립재건국가의 기반을 흔들 때마다 학원의 궤도도 대동지환(大同之患)으로 그 진동의 피해를 입어야만 했던 것은 또한 주지의 사실이다. 어쩌면 이와 같은 정치적 사회적 지진들은 신생 내지 재건국가들이 일단은 겪어야하는 일종의 홍역, 바꾸어 말하면 그것들을 겪음으로써 면역성(免疫性) 내지 내진성(耐震性)이 생기고 그럼으로써 튼튼한 체질로 성장할 수 있는 일종의 불가피한 역사적 도정(道程)의 일부로 볼 수 있을 것이다. 그 시기를 사는 사람들은 일시의 고통을 받을 것이나 만약 그들이 역사학도라면 동시에 자신이 극적인 역사의 진행 장면에 참여 내지는 목격하고 있다는 야릇한 그리고 자랑스러운 감동이 심부로부터 스며 오르는 것도 느꼈을 것이다. 6·25때, 남침군의 은은한 포성을 들으면서 의정부 방향으로부터의 피난민의 장사 열을 목전에 내려다보면서 최후의 강의를 하고 있었을 때의, 역시 6·25의 폭격희생시민들, 4·19의 희생자들이 즐비하게 운반되어가는 처참한 광경에 꼼짝없이 사로잡혀 있었을 때의 미묘하고도 심각한 정서적인 반응을 사실 나는 결코 잊을 수 없을 것이다. 그것은 단순히 비일상적인 충격이나 고도의 흥분을 경험했다는 뜻은 아니다. 이것이야말로 살아있는 역사다. 이것이야말로 움직이는 역사의 한 토막이다. 자신은 이 천재일우(千載一遇)의 희귀한 역사적 장면에 지금 조우(遭遇)하고 있는 것이다 라고 부르짖게 한 전면적인 감격이 거기엔 있었다. 유혈의 살벌이 주는 본능적인 흥분과 뒤섞여서, 아니 보다 정확하게는 그것의 일차적인 퇴조(退潮)와 함께 그 밑바닥으로부터 그것을 승화시키면서 유연히 스며 오르는 고차원적인 감정이 거기엔 있었다고 말할 수 있다. 하여튼 위험의 와중에서 이 차분하고 비정적인 감동에 젖어서 망연자실(茫然自失)하고 있는 자신을 재발견하고 새삼 놀랐던 것이 나의 지금의 회상이다.

그런 일, 저런 일, 어느덧 사학과는 금년 9월로써 발족이래 만 30년을 맞이한다. 생각하면 30년이라는 연령은 짧다고도 길다고도 볼 수 있겠으나 고금동서(古今東西)의 인류의 상식으로서는 이 해를 무감각하게 보낼 수는 없는 것 같다.

중국에서는 인간의 일생을 「세(世)」로 표시하며 세(世)자는 설문해자(說文解字)에 의하면 삼십(卅)의 상형자(象形字)로 되어있다. 곧 인간일생의 사회활동 시기를 30년 평균으로 본 것을 의미한다.

　서양인도 한 제너레이션(:세대)을 30년으로 잡았던 모양이며 조부(祖父)·부(父·)자(子)의 3대를 합산하여 대략 1세기로 간주하였던 것을 보면 조부·부·자의 3세대에 있어서의 사회적인 경험이 각기 다르며 그러한 변천경험을 토대로 한 상부구조(上部構造)인 사고경향(思考傾向)도 또한 구별될 수 있다고 생각한 것이다. 비록 오늘날은 역사적·사회적 추이(推移)의 밀도와 속도가 갈수록 증가하여 30년 단위로서는 벌써 너무 뜨다고 볼 수 있을 것이므로 차라리 10년 간격으로 사회의 질적 차이를 잡는 것이 보다 적당할는지도 모른다. 이러한 추세는 더욱 단축화의 방향으로 나아가는 듯이 느끼는 이도 없지 않을 것이나 아직도 보편적으로는 30년 한 묶음의 변화 감각이 완전히 그 존재이유를 상실한 것으로는 보기 어려울 것이다. 고대 사학과만 하여도 발족초기 내지 그 이후의 학생신분이던 사람들이 이제는 어느 사이에선가 교수의 위치로서의 초창기 세대들과의 대체(代替)가 일순(一巡)되는 시점에 있는 것을 보면 고인의 감회에 새삼 수긍이 간다.

　논어(論語) 자로편(子路篇)에 「여유왕자(如有王者) 필세이후인(必世而後仁)」이라는 문구가 있다. 그 뜻이 덕망 있는 천자가 나와서 인정을 베푼다고 하여도 그 효과가 표면화되기까지에는 30년이 걸린다는 해석이고 보면 공자(孔子)의 감각에도 벌써 세상의 변천에 30년의 획기(劃期)를 적용할만하다고 생각했던 것이다.

　사학과도 그동안 일종의 학풍이 나타나고 있는지는 갑자기 주장하기 어려울 것이나 이 시점이 적어도 연례적인 회고이상(回顧以上)의 기념을 요구할 만하다고는 보아야 할 것이다.

〈사총(史叢)〉 제20집, 1976년 9월 16일

정 재 각

"개교 78주년의 나이 값, 전통의 무게 느껴야…"
– 고대생에 바란다

"지도자 될 만한 사람을 찾아 장학금 주는 곳이야"

자신이 이사장으로 있는 한국지도자육성장학재단에 대한 정재각(鄭在覺) 선생의 간단한 설명이다. 그가 본교 사학과 교수와 동국대 총장, 정신문화연구원 원장을 거쳐 지난 1983년 3월 이사장으로 취임한 한국지도자육성장학재단은 학교나 단체의 추천으로 대학생들에게 장학금을 지급하는 정부산하 단체이다.

본교 사학과 교수로 재직했던 시절의 학교분위기를 묻자, 그는 본교에 몸담았던 날들이 47년부터 "자그마치 31년간"이라고 강조하며 본교에서의 반평생을 회상했다.

"그때는 교수와 학생 사이가 가깝고도 멀기도 했지만 모두가 진짜 의욕을 갖고 가르치고 배우는 정(情)이 있었는데, 요즘은 갈수록 그 정이 줄어드는 것 같아…."

학생들 수가 지금에 비하면 무척 적었는데도 자신의 동양학 강의엔 2백 명이란 '엄청난' 학생이 몰려들 정도로 인기 있었다고 은근히 자랑하는 그에게는 그래서인지 '고대'라는 말을 할 때마다 정감어린 억양이 배어났다.

"78살이라면 이제 애가 아니야. 그 나이의 경험들이 결코 사장되어서는 안 되고 지혜로 발전해야 되는 거야. 그래야 그 나이 값을 하는 거지."

개교 78주년을 생각하는 그의 말 중엔 「78년의 무게」라는 비유가 인상적이었다.

"고대나 연대가 사람들에게 뿌리 깊은 인상을 주고 있는 건 바로 전통의 무게 때문인 것 같아. 어떤 운동경기에서 조차 그 무게는 고대생들에게 잠재하고 있는 거야."

역사를 전공한 그는 역사의 의미가 단순한 사회, 민족 단위로서보다 한 개인 속에 내재해 있는 역사로써 의미 있는 거라는 가치관을 갖고 있었다. 개인 속의 역사, 학교 속의 역사가 곧 진정한 역사의 밑거름이라는 것이다.

"78살의 무게를 생각하면 고대생들 정신 차리고 공부해야 해…" 라는 그의 당부는, 동국대학 총장시절 자꾸 발걸음이 고대 쪽으로 향해 애 먹었다는 그의 애정에서 나온 것 같다.

조용하기 그지없는 사무실에서 집필에 열중하고 있는 그의 어깨에는 그의 비유대로 교단에서 보낸 그 나이의 무게가 쌓여 있는 것 같았다.

《고대신문》인터뷰, 1983. 5. 2

정 재 각

대학과 학자와 학문과 인생
남사(藍) 정재각 교수 특별 대담

▎對談 : 정재각 교수 / 金貞培 교수

 해방 이후 우리나라 동양사학의 태두로서 동양사학의 정착 및 인재 양성 등에 다대한 업적을 남긴 남사 정재각 교수가 지난 2월 28일자로 정년을 맞아 31년간 봉직해온 본교를 떠나게 되었다. 국내 동양사학의 방향 설정에 지대한 업적을 남긴 정교수는 학생감, 학생처장, 교무처장, 중앙도서관장, 문대학장, 대학원장 등의 학교 행정직을 맡아 본교 행정체계와 대학교육제도 확립 등에도 크게 기여한 바 있다. 뿐만 아니라 정교수는 6·25 이후 동남아 각국의 독립, 중국대륙의 공산화, 일본의 부흥 등 격변하는 주변 정세에 대한 연구가 절실히 요청되어 아세아문제연구소의 창설 문제가 거론되었을 때 그 발기인으로 아직 평의원으로 남아 있으며, 또한 57년에는 민족문화연구소의 전신인 고전국역위원회를 창설, 그 위원장직을 맡으면서 민족문화 전통의 중흥을 위해 크게 노력한 바 있다. 〈편집자 註〉

 김=먼저 선생님께서 일제하에서 법학보다 사학을 전공하신 특별한 동기…

 정=특이한 동기랄 것은 없고 어물어물하다가 역사를 택한 것이지요. 집안에서는 법학을 해서 관리가 되기를 바랐지만 일제하에서의 관리가 되기도 싫었고 또한 그 당시의 한국인

대학생들의 대다수가 법학으로 몰리는 경향에 반발을 느꼈기 때문이라고 해두지요. 법과를 제외하면 당시 개설된 학과 중에서는 민족문제 같은 것을 살펴보는데 가장 관련이 깊은 것이 역사였다는 여건도 동기가 되었을 겁니다.

김=말씀 잘 들었습니다. 다음은 학자로서 고려대학과 인연을 맺게 된 계기에 대해…

정=고려대학교에 꼭 와야 되겠다는 목표 같은 것은 없었지요. 이것도 어물어물하다가 오게 된 셈이지요. 해방 전에는 우연한 인연으로 미션계통의 중등학교에서 교편을 잡고 있다가 해방 후에는 마침 서둘러 개교하고 있던 국학대학에 몸을 담았다가 재단 분규가 일어나서 불안정한 처지에 있을 때 고대에서 오라고 해서 옮긴 것이지요. 그것이 1947년 2월입니다. 여기서 그럭저럭 지내다 보니 어언 30년이 넘었군요.

김=지금까지 인생을 살아오시면서 학문을 하시는 분으로서 학문과 인생 양자를 어떻게 조화해 가야 할지…

정=그건 참 어려운 문제인데… 사람이란 누구나 이 세상에서 각자의 직분을 가지고 생활하고 있는 것이 아니겠습니까? 이것은 인생 전체를 위한 각자의 몫이라는 말로도 표현될 수 있겠지요. 이 각자의 직분에는 또한 직분을 가장 잘 수행하기 위한 윤리가 요청되는 법이지요. 직업윤리 말입니다. 그렇다면 각자가 자신이 맡은 몫을 완수하기 위해서는 그 직업윤리를 최선을 다해서 수행하는 수밖에 다른 도리가 없지 않을까요. 그럴 때 비로소 인생은 전체적으로 조화를 이루게 되는 것이 아니겠습니까. 학문하는 사람도 그 나름대로의 직업윤리가 부하(負荷)되어 있습니다. 진실 내지 진리탐구를 위하여 불가결로 요청되는 정신자세, 침잠(沈潛), 인내, 집중, 겸허 등등… 여기에서는 무엇보다도 권리욕, 명예욕, 금전욕 등의 사리욕과 자기현시욕(顯示慾)이 배제되어야 할 것입니다.

그러한 속물근성(俗物根性)이 있는 한 타인의 불신을 사고 비난을 불러들일 것이며 따라서 사회의 조화는 깨어질 것입니다. 자기 몫을 다하지 않고 있는 자를 누가 존경할 것이냐는 말입니다. 학문하는 사람도 사람인 이상 사람이 가지는 여러 가지 약점, 사리와 사욕의 유혹은 끊임없이 닥쳐올 것입니다. 그러나 그가 그러한 것의 금욕에 성공하지 못하는 한 그의 존재 이유는 희박해지는 수밖에 없을 것입니다. 대학의 기능은 학문의 연구 교육 및 사회봉사 등 여러 가지가 있을 것입니다. 그러나 그중에서 가장 핵심적인 것이 학문의 연구입니다. 교육도 중요한 것입니다만 연구가 수반되지 못하면 교육도 생채(生彩)를 잃은 것입니다. 결국 대학의 본령은 학문의 연구에 있고 학문하는 사람은 금욕주의적이어야 그 몫을 다할 수 있을 것입니다.

김=여러 중요한 보직을 맡으시면서 30여 년간 고대를 보아온 산 증인으로서 회고와 인상적인 일…

정=고대에 있으면서 여러 가지 보직을 맡은 것은 솔직히 말해 내 개인의 학문에는 마이너스였지만 대학이라는 것도 하나의 사회이고 기구인 이상 그 기구를 움직여 가자면 그러한 행정적 책임을 맡는다는 것은 불가피한 사실이고 개인의 목표에는 마이너스를 가져올지언정 학교에는 필요한 것이기에 내가 맡지 않더라도 누군가가 해야 되는 성질의 것이지요. 더구나 학문과 교육이라는 거창한 목표를 가진 기구가 원활히 운영되기 위해서는 거시적인 동시에 짜임새 있고 조심스러운 행정이 더욱 절실하다고 생각합니다. 우선 학생과 교수들이 모인, 소위 지성인들이 모였다는 학교는 원리와 원칙을 다루는 곳이기 때문에 기구 하나를 움직여 나가는데도 정말 엄정해야겠다는 생각입니다.

누구나가 자신이 몸담고 있는 학교를 신뢰하고 존경하게 하기 위해서는 우선 학칙에 규정된 사항이 성실하게 집행되어야 하겠습니다. 물론 학칙도 현실사회를 반영하는 것인 이상 사회 환경이 변동되면 또한 따라서 변경될 수밖에 없지만 적어도 그때까지는 엄정하게 이행되어야 합니다. 규정과 실행이 달라질 때 그 학칙은 유약무(有若無)가 될 것이며 그러한 학칙을 놓고 운영되는 학원(學園)도 또한 모멸의 대상이 될 것입니다.

학원의 부조리와 부패를 방지하는 학교 측의 요건은 우선 교육행정을 공명정대하게 그리고 엄정하게 집행하는 일이라고 봅니다. 학원인도 속세에 살고 있는 이상, 속세가 혼탁할수록 여러 가지 부조리의 풍조가 닥쳐오게 마련이지요. 그럴 때마다 그것과 엄연히 대결한다는 것은 일종의 용기가 필요하며 때로는 자기부정에까지 승화되어야 하는 고통이 따라야 합니다. 자신들이 몸을 담고 있는 학교가 사랑과 신뢰의 값어치가 있는 곳이라는 믿음을 부식(扶植)하기 위해서는 무엇보다도 교육행정의 공명과 엄정이 절대 필요하다고 나는 봅니다. 임기응변의 미봉 행정은 건전한 것이 될 수 없습니다.

김=30여년 고대에서 생활해 오면서 생생히 인상에 남는 일…

정=우선 6·25사변 때 괴뢰군에게 쫓겨서 동두천 쪽에서 내려오는 피난민 행렬을 내려다보면서 마지막 강의를 하던 때의 비장감, 대구 피난교에서의 고난, 4·26 교수 데모, 한미행정협정을 촉구하던 고대생들의 주체적인 시위 등이 떠오르는 군요.

김=다른 인상에 남는 일은…

정=다른 인상적인 일은 천천히 정리를 해봐야겠습니다.

김=바람직한 교수상(敎授像)을 여러 각도에서 말할 수 있겠는데 선생님께서 보시는 교수상은…

정=앞에서도 잠깐 언급했지만 교수윤리의 성실한 실천자여야 한다고 생각합니다. 나는 교수이며 그리고 나는 나대로의 학문에 대한, 진리에 대한 갈망과 열정을 가지고 있다는 확신을 갖고 어떠한 외부적인 유혹에 대하여서도 소신을 굽히지 말아야 합니다. 가령 예를 들면 매스컴의 눈치를 살핀다든지, 권력에 편승한다든지, 학생의 인기에 도취한다든지 하는 것은 모두 외도(外道)라고 볼 수밖에 없으며 결국 진정한 학문인으로서의, 지성인으로서의 긍지와 자존심을 버리고 세속에 투항하는 것이지요. 교수는 진리의 탐구인이며 진리에 접근하는 길을 학생들에게 전수하는 것을 천직으로 생각하는 사람이어야 한다는 말이 되지요.

김=다음은 고대의 기풍 내지는 학풍이 향후 어떻게 전개될는지…

정=고대에 학풍이 수립되었는지는 아직 잘 모르겠지만 기풍이라는 것은 있는 것 같습니다. 항거랄까… 어떤 권력에 대한 반항과 비판이 일제시대부터 쭉 이어왔다고 봅니다. 그러나 보전(普傳)과 고대와의 본질적 차이점은 전자는 전문지식을 배우던 곳이었고 고대는 보다 높은 수준의 지식뿐 아니라 학문을 연구하는 기능이 추가되어 있는 것이 다른 점입니다. 이 진리가 무엇이냐를 탐구해 온 것이 수천년래 인류 전체의 과제라고 할 수 있겠는데 대학은 진리를 길구하는 이리한 모든 지성인이, 선입견을 버리고 겸허하고 경건한 자세로서 정열을 쏟는 곳이기 때문에 학생의 존재만을 강조해서 대학의 전체를 평가해서는 안 되고 학생과 교수의 종합적 전체를 대학으로 봐야 합니다. 그러한 대학의 일차적 목표인 진리의 탐구를 위해서는 속성으로 자유도 필요하겠지만 그것은 어디까지나 진리탐구의 일차적 목표를 달성하기 위해서 필요한 조건들로 보아야 할 것입니다.

대학의 중요한 구성원인 학생들은 발랄하고 자유분방한 생리적 속성을 지니고 있습니다. 이러한 속성들이 운동경기, 기타 화려한 과외활동을 통하여 청춘을 구가하는 낭만적이고 다채로운 현상으로 나타나기도 하지요. 또 대학을 마치면 유리한 조건으로 고급직장에 취직하는 길이 열리기도 하지요. 따라서 대학은 취직준비 교육의 일면도 없지 않습니다. 그러나 이러한 청춘구가나 취직준비에의 놀누는 어디까지나 대학의 종적인 속성이지 본연의 목표는 아닙니다. 본말(本末)이 전도될 때, 다시 말하면 대학의 일부 종적인 속성이 주된 활동을 압도할 때 대학은 본연의 궤도에서 이탈하는 것입니다. 청춘을 구가하는 활동, 취직준비에 집중하여 4학년 2학기쯤 되면 강의는 무시해 버리는 현상 등은 이러한 본말전도의 위험을 내포하는 것이 아닐까요. 진리에 대한 외경과 그것을 향한 경건한 자세가 항상 흔들리지 말아야 할 것입니다. 학생문제에 과도히 신경이 집중되고 있는 것은 불가피한 이유도 있겠지만 바람직한 방향은 아닙니다.

김=이제 그러면 그와 관련해서 고대를 떠나시면서 학생들에게 당부하시고 싶으신 말씀…

정=우리 교가에도 자유·정의·진리가 있는데 이것은 우리학교 뿐만 아니라 자유·정의·진리는 세계 인류가 목표로 하고 있는 것입니다. 역설적으로 말하면 영원히 도달할 수 없는 이상이기에, 그것은 더욱 안타깝게 그리고 더욱 열정적으로 부르짖지 않을 수 없는 것입니다. 아마 완전한 자유, 완전한 정의, 완전한 진리는 영원히 찾을 수 없을는지도 모릅니다. 그렇기에 전 세계가 모두 갈망합니다. 그러므로 학생들은 이것이 진리요 이것이 정의라 하는 완전주의에 떨어지지 말아야 합니다.

젊고 발랄하고 씩씩하고 순수한 학생들은 흔히 all or nothing 즉 완전한 자유, 완전한 정의가 아니면 더러워서 못 견딘다는 식으로 되기 쉽습니다. 그러나 여태껏 인류가 2천년 동안에 완전한 자유를 누린 민족은 아무도 없으며 완전한 진리를 가진 사람은 더더욱 없습니다. 때문에 도리어 우리는 그 이상적인 경지에 도달하려는 끊임없는 노력을 경주하고 있습니다. 아무도 도달하지 못한 봉우리에 기어코 오르고야 말겠다는 숭고한 집념을 우리는 가지고 있는 것입니다. 그것은 에베레스트에 오르는 사람이 가지는 금욕과 인내와 집념 등등 아니 그 이상의 미덕이 불가결의 요건입니다. 청춘을 구가하는데 정력을 지나치게 소비하거나 취직에만 몰두하는 곳이 아닙니다.

어디까지나 언제까지나 진리의 탐구가 목표이며 취직은 그 결과로서 오는 것입니다. 우리가 인간이 무엇이며 민족이 무엇이며 국가가 무엇인가 하는 그런 숭고한 문제, 우리를 지배하는 진리와 원칙이나 원리를 연구하기 위해 들어왔던 입학목적이 중도에서 변질되어 직장을 구하기 위한 방편으로서만 이용한다면 이것은 실제로 아무 의미가 없어집니다. 그것은 학문을 멸시하는 것이요 그것은 자기 자신을 멸시하고 대학을 멸시하는 것입니다. 대학이라면 영원히 우리의 흠모의 대상이 되어야 하고 동경의 대상이 되어야 하는 민족 혹은 인류 전체의 최고 목표를 달성하기 위한 숭고한 전당인 것입니다. 학생들은 좀 더 학문에 대한 외경, 존경하고 두려워하는 자세를 가져달라고 말하고 싶습니다.

김=선생님께서 마음의 고향 고려대학교를 떠나시는 심정…

정=한마디로 말해서 아주 허전합니다. 어제 집을 나서면서 내가 설 땅이 없어졌구나 하는 생각이 비로소 들었어요. 집을 나서면 자동적으로 학교로 발이 움직였던 내 생활의 사이클이 허물어졌어요. 오늘도 아침에 어디를 가야하나 큰 걱정을 하던 차에 마침 김 교수의 연락을 받고 나올 핑계가 생겼구나 해서 나왔는데, 이제는 내가 아무 써먹을 수 없는 가치 없는 인간이 되어 있는가 하는 실감이 충격은 틀림없이 주고 있지만, 아직도 무엇을 할수 있을 것 같기는 합니다만….

김=앞으로의 계획…

정=지금으로서는 막연해요. 이제부터 생각해 보아야지요.

김=여러 가지로 좋은 말씀 많이 들었습니다. 저에게 좋은 교훈이 된 것 같습니다. 감사합니다.

〈고대신문〉 1978. 3. 7

고려대학교 – 그 이념과 상황
고려대학교론 : 개교 70주년, · 본지 창간 28주년기념 특별기고논문

교육구국의 숭고한 건학정신으로 민족의 선봉에 서서 수많은 애국인재를 양성해낸 고려대학교는 조국의 역사와 함께 자라 이제 창학 70주년을 맞았다. 일제 하에서의 구국정신은 이제 두뇌개발과 사색주조적(思索主調的) 구국운동에 요구되고 있다. 우리는 고대를 민족의 힘에 의해 세워진 민족의 대학이라고 지칭하며 현 한국 굴지의 명문대학임을 자부하고 있지만 과연 고대는 민족의 대학으로 손색이 없는지, 고대가 가야할 향방을 타진해 보기로 한다. 〈편집자 주〉

고려대학교가 70년의 연륜을 쌓았다는 것은 선진국대학들이 수백 년 내지 5, 6백 년의 역사를 가진데 비하면 일견 별로 힘주어 이야기할 것이 못될 것 같다. 우선 교사의 선명한 빛깔이라든지 정원수의 앙상하고 앳된 모습만을 보아도 저들의 창연(蒼然)히 녹슬은 건물색이라든지 울창한 고목의 그늘에 비고하면 단적으로 수긍이 갈 것이다.

그러나 고대인의 경우 그들의 역사가 이러한 수리적 비교나 시각적 판단으로서만 다루어진다면 좀처럼 만족하지 않을 것이다. 「고대의 70년」에는 단순히 70년이라는 「자」로 재어 치울 수만은 없는 무량의 감개가 담겨 있기 때문이다. 인생 70이 고래희(古來稀)라 듯이 거기에서도 「고희적(古稀的)이라는 정서를 그들은 갖고 싶어 하는 것이다. 고대가 70년

동안 겪었던 풍상은 넉넉히 외국대학들의 수백 년간의 그것에 질량적으로 맞먹을 만 하다고 그들은 느낄 것이며 더구나 일제하의 36년간은 견딜 수 없을 만치 지루한 세월이었다고 생각할 것이다.

사실 우리가 당하지 않으면 안 되다 이민족의 박해는 제국주의 열강에 의한 것들 중에서도 유례없이 가혹한 것이었으며 그 밑에서도 기독교단체의 경영의 경우에서와 같이 외국세력에 의한 와화(緩和) 효과를 기대할 수도 없는 토착세력의 학교경영이란 가해자가 눈치를 살필 필요도 없이 마구 주물을 수 있는 호개(好個)의 대상이었다. 어떻게 해서든지 민족적 존재를 이어가려고 하는 자와 어떻게 해서든지 그 숨통을 끊고야 말겠다는 자와의 처절한 싸움이 창립이래 40여 년간 계속된 것이다. 더구나 고등교육기관은 직접사회의 지도급 인물을 양성하는 곳이니 만치 박해의 수단과 정도도 단순한 것이 아니었다.

보성전문학교(普成專門學敎)에 입학한 학생들의 가정까지도 일정관헌에의 하여 생활상 여러가지 불이익을 감수해야 했다는 기록이 오늘에 남아 있는 것을 보면 단적으로 그 심증(心證)을 얻을 수 있을 것이다. 일루의 목숨을 유지하기 위하여 이렇게 무수한 곤욕과 각고의 투쟁의 나날을 이어온 고려대학교가 그들의 오늘까지의 역사를 감히 외국대학의 수 세기의 길이에 견주어 주저하지 않는 심정은 논리로써가 아니라 심리적으로 접근할 때 십분 이해가 갈 것이다.

돌이켜보건대 고려대학교는 현존하는 국내 각 대학 중에서 처음부터 고등교육기관, 곧 전문학교의 간판을 걸고 출발한 학교로서는 가장 오래된 이점이다. 그것은 명실이 상부한 최고의 최고학부다.

고려대학교는 외국인이나 외국의 도움에 의해서가 아니라 한국인이 건립하고 한국인의 재력으로 시종 육성되어 왔다는 의미에서 해방 전부터 존재한 고등교육기관 중에서 독특한 위치를 차지하고 있다는 것도 또한 주지하는 바이다. 그뿐 아니라 고려대학교는 그 건물의 목적을 종교의 선포나 근대지식의 단순한 교육이 아니라 「구국(救國)」하는데 두고 있다는 것을 밝히고 나선 것이다. 다른 대학들의 교육도 결과적으로 구국에 공헌이 없지 않았으며 혹은 우회적으로 구국하는 목적이 있었을 런지는 모르나 처음부터 교육구국이라는 가치를 선명히 걸고 나선 것은 아무튼 고려대학교가 단연 유일한 존재라 할 수 있다.

이러한 세 가지 특색은 역대의 고대인-경영자·교수·학생들로-하여금 자신들의 처지를 남다르게 의식케 하는 요인이 되었다. 일종 선민의식과도 유사한 고독과 자부심이 혼합된 심리를 고대인에게 부식(扶植)시키는 결과를 어느 틈엔가 가져 왔다는 말이다.

「보전인(普專人)은 이렇게 해야 한다」「보전인이 아니면 누가 그렇게 할 수 있겠는가.」등의 당위의 사명감을 불어넣는 것이다. 이 당위의식이 고대사(高大史) 특히 보젼사(普專史)의 전개과정에서 뻔질나게 노정되는 것은 자연의 추세다.

당위의식이 건학의 목적인 「구국」에서 기원할 때 그것이 「…로부터의 구국」이라는 구국의 대상에 대한 서항의 형태를 취하는 것은 낭연한 일이며 이 형태는 교수들의 수업활동이나 학생들의 운동경기, 변론 등의 과외활등과 教授·학생들의 사회활동을 통하여 줄기차게 이어져 갔던 것이다.

이것은 물론 일본에 대한 저항운동을 보성전문이 독점했다거나 혹은 보성전문의 저항운동이 가장 큰 공헌을 하였다는 뜻은 아니다. 다른 학교에서도 저항이 빈번히 일어난 것이 사실이며 저항량의 비중으로 보아서도 학외의 것이 압도적이었던 것은 토론의 여지가 없다.

그것은 이민족의 억압이라는 조건 하에 놓여 있는 민족의 구성원이라면 어느 때 어느 위치에 있는 자에게라도 저항의식을 유발할 수 있는 일차적인 소지가 있다는 일반적 논리에뿐만 아니라 일본인의 편협성과 잔인성은 아무리 온순하고 평화수호적인 피지배자라도 그 저항심을 자극받지 않을 수 없게 하였다는 특수한 조건이 존재하였기 때문이다. 하물며 그것이 비록 쇠잔하였다고는 하나 아직도 여진(餘燼)이 타고 있는 수많은 사회지도급 인사들의 가슴에 불을 질렀을 때에는 곧잘 요원의 불길로 번지는 것이었다.

그렇다고는 하나 한국인의 대일저항운동을 학교내지 학생운동의 수준에서 보았을 때 그리고 그것을 학교별로 정리하였을 때 고대(보전)의 그것이 빈도적(頻度的)으로 더욱 두드러지게 부각된다고 보아도 구태어 아전인수의 견해라고 나무라지 못할 것이다.

그것은 다름 아닌 창설자가 건학의 목적이 구국에 있다고 뚜렷이 밝히고 손병희선생 금성수선생 등 역대경영주들이 행동적으로 이를 뒷받침하였다는 사실이 구국을 간접적인 목표로 삼았거나 혹은 다른목적 속에 매몰시켜버린것보다는 더욱 심리적 호소력, 다시 말하면 저항의 행동으로 또는 암시적 효과가 더욱 강하였다는데 원인을 찾아야할 것 같다.

「구국」의 지상명령이 주는 심리적 스트레스 상태에 있는 학교가 더욱 위기에 민감하고 저항적 신경이 첨예해질 수밖에 없다고 보는 것은 조금도 무리한 논리가 아니기 때문이다.

아무튼 이민족의 지배를 받던 시대를 통하여 보성전문은 저항기조의 길을 걸었으며 그러한 보성전문이 일본인의 눈에는 「불령전문(不逞專門)」으로 보인 것도 알만한 일이었던 것이다. 이러한 사태를 다른 각도에서 관찰해보자. 무릇 어떠한 자극을 주고 이에 반응하는 행동을 자꾸만 되풀이시키면 이른바 조건반사현상이 형성되고 다음에는 사이비 자극이 와도 여전히 동일한 반응을 보인다는 것을 우리는 알고 있다.

이는 물론 비지성적인 동물의 경우이지마는 사람의 경우에도 반드시 언제나 이 현상을 초극할 만큼 지성이 승리하는 것은 아니다. 인류의 역사가 복잡하고 재미있게 꾸며져 있는 것도 어느 의미에서는 이러한 부류들이 존재한다는 뜻이 된다. 인류가 누구나 환경의 변화에 민감하여 도전이 실체를 정확히 식별하고 또한 그에 따른 타당한 반응만 보인다면 민족과 국가의 흥망성쇠도 없고 역사는 언제나 단조롭고 무미한 것이 되고 말 것이다 그러나 시대가 바뀌어도 도전(자극)의 실질이 바뀌어도 항상 손쉽고 익숙한 반응 방법 만에 집착하는 부류가 있음으로써 오늘날 선진과 후진, 정체와 발전의 다양한 사회가 나타났다고 하여도 반드시 과언이 아닐 것이다.

문제에 대한 자신의 종래적인 반응이 존재이유를 가지는 것이냐 아니면 시대착오적이냐의 판단에 있어서 자신의 이해관계나 자신의 성향의 영향을 배제할 만큼 누구나가 현명한 것은 아니며 또 그만한 지식도 갖추고 있지 못하다는 것이 보통이고보면 인간행동이 타성에 흐르는 경향이 있다고 해서 간단히 웃을 수 없는 일이다.

이러한 의미에서 볼 때 보성전문시대에 일본을 대상으로 저항했던 행동 전형(典型)이 해방이 되고 대학으로 승격하여도 위기감이 있을 때 마다 나타나는 것을 보면 결코 그것은 틀에박힌 것은 아니라고 우길 자신은 없다.

여기에 잠간 일본인이 물러가고 힘의 진공상태를 메꾸려고 세칭 민족진영과 공산진영의 양대 세력이 다투고 있을 때를 상기해보자. 그들은 자유민주주의와 사회주의라는 생소한 기성이론을 편리한대로 주워들고 서로가 상대의 타도가 곧 구국이라고 소리높이 외치고 있었다. 그때 양파의 학생주동인물이 모두 고대인이었던 것은 반드시 우연한 일이 아니라 고대의 전통으로 보아서 오히려 예상할 수 있는 일에 속했다. 양파학생들이 모두 구국을 내세워서 상대에 저항했던 것은 물론 그 배후인 학외세력간의 투쟁과 연관 지어 보아야 하겠지만 어쨌든 보전(普專)의 전통적 행동범주에 귀일되는 것은 부인할 수 없다.

그러나 동시에 적어도 양파중 일파는 종래적인 반응양식을 오인된 대상에 적응하고 말았다는 논리적 지적을 감수해야 할 것이다. 좌우간 해방은 우리 앞에 이민속의 지배라는 십목소지(十目所指)의 뚜렷한 대상 대신에 자주통일독립국가의 건설이라는 더욱 벅찬 대상을 갖다 놓은 것이다. 자력으로 전취한 해방이 아니었다는 것은 모든 분야에 있어서 아직도 독립국가의 준비가 미숙하다는 것을 의미했다. 그것은 다만 물질적인 면에서 뿐 아니라 국민의 의식구조에 이르기까지 그러했다.

정치문제 경제문제 사회문제 등 독립국가의 오장육부를 채워 넣기에는 우리는 아직도 경험과 지식이 모자랐다. 무엇을 어떻게 다루어야 할지 갈피를 잡을 수 없는 문제가 산적하여 건국내지 구국의 대상은 벌써 단수(單數)로만 집약될 수는 없고 삭여서 보던 무엇으로부터의 구국이냐가 매우 복잡하고 논쟁적인 문제가 되지 않을 수 없는 것이다. 「구국」이 발동할 현실의 「장」은 틀림없이 달라진 것이다. 이러한 대상들은 모두 차가운 정열과 줄기찬 침잠력을 필요로 하는 것으로서 학문적으로 다루어야 할 것들이다.

남의 눈에 띠지도 않고 어쩌던 남이 알아주지도 않는 구석에 끊임없이 도전을 해야 하는 속성을 지닌 것들인 것이다. 이러한 판국에도 여전히 구국정신의 전통적인 표현형식만이 고집되고 스테레오 형화(型化)한 행동규범만이 적용된다면 그 적중(適中)의 확률은 훨씬 낮아질 것이다.

전통은 물론 행위로써 표현될 때에는 막스베버가 지적한바와 같이 일정한 습관적인 행동형식을 취하는 것이기는 하나, 그러나 습관 자체가 곧 전통일 수는 없다. 전통에는 사회적전승의 규범적요소에 대한 적극적인 평가가 깃들여 있는 것이다.

그러한 습관적 행동방식이 현재의 상황에서도 적합하다는 평가판단이 포함되어야만 전통이 될 수 있다는 말이다. 그 평가는 일부 인의 주장이나 혹은 자의적 착상이어서는 안 되며 공동사회 속에서 자연적인 합의로 이루어진 공통신념이 밑바탕이 되어야만 한다. 그리고 그것이 객관적 타당성을 가질 때 비로소 전통은 생명을 이어갈 수 있고, 생산적 의미를 가질 수 있다. 객관적 타당성을 가지느냐의 판별은 행동에의 의욕이나 감성적 능력만 으로서는 다루기 힘든 문제다.

다시 한 번 돌이켜 창설 시를 생각하면 이용익 씨가 구국을 目的으로 교육기관을 세운 것은 저항역군의 인수를 확보하기 위해서이다. 당시 국가의 위기를 의식하고 저항을 절규한 인사들은 그 수효에 있어서 결코 적은 것이 아니었다. 오랫동안 안면(安眠)을 탐하던 은자의 나라에 제국주의열강의 촉수가 뻗쳐왔을 때 그 누가 놀래고 당황하지 않은 사람이 있었으랴만 그것은 한갓 원시적인 충격에만 그쳤을 뿐 적절한 대책을 강구하지는 못하였다.

혹은 로국(露國)을 등에 업고 혹은 일본에 매달리고 아니면 청(淸)을 믿으면서 우왕좌왕하는가 하면 외국제도의 형식상모방이나 무조건 배척을 부르짖거나 이른바「간신국적(奸臣國賊)」을 성토하면서 궐외(闕外)에 부복하는 광경들이 번갈아 일어났지만 누구나 제국주의국가의 생리나 자신의 봉건적실체를 제대로 이해하는 자는 없었다. 저항의 대상은 그 체질과 실력부터가 벌써 종래적인 오랑캐와 판이 했으며 소박한 이이제이책(以夷制夷策)이나 주자학적 명분론의 시행만으로써 간단히 물러 갈 상대가 아니었다.

그것은 체제와 체제와의 싸움이며 생산력과 생산력의 대결이었다. 저항의 대상자들의 질이 이렇게 달라졌다는 사태는 저항하는 쪽의 질도 달라져야한다는 것을 의미하고 있었다. 피아사회의 조직과 그 운영원리부터 이해할 수 있어야 적절한 대책이 마련될 수 있는 판국이었던 것이 당시 고종황제의 측근에서 국제적인 음모와 국내적인 비방의 소용돌이 속에서 국가의 주권을 빼앗기지 않으려고 몸부림치던 이용익씨가 최종적으로 내린 결론이 이러한 근대적인 적에 대항하는 것은 근대지식의 소유자이어야 하겠다는 것 이었다. 이것이 바로 고려대학교의 전신, 보성전문이 탄생한 동기란 말이다.

구국의 대상이 변질되면 구국운동의 방법도 달라져야한다는 이용익씨의 교훈은 오늘날에도 결코 진부한 것이 아니다. 이민족의 지배라는 대상대신에 통일국가의 완성이 구국적 노력의 목표로서 등장한 국면은 그 교훈이 가진 호소력을 외면하지 못하게 할 것이기 때문이다. 지난날에 타당했던 저항일변도적 行動主調的 구국운동보다는 두뇌개발적 사색주조적 구국운동이 이 경우 더욱 실효적이며 더욱 급선무일 런지 모른다.

저항은 진보의 변증법적 전제이며 행동이 수반되지 않는 두뇌개발이란 필경 무의미한 것 이지만 남발된 저항이 거나 개발된 두뇌의 뒷받침이 없는 행동은 또한 높은 적중률을 올리지 못한다. 양성적인 행동과 음성적인 실력배양을 적시 적소에서 구사할 수 있는 예지가 발휘될 때 고대의 전통정신은 비로소 영원한 생명력을 지닐 것이다.

고려대학교전통의 퇴적(堆積)이 교사(校史) 전개에 미친 또 하나의 영향을 우리는 다른 면에서 고찰할 수 있다. 해방이 되고 자주가 회복되어 고려대학교가 그 숙원이던 대학으로의 길에 올랐을 때 그 과거는 운영 면에서 새로운 의미를 가지게 되었다.

일정 때는 그것은 항상 궁지에 몰리어 위축되고 일제가 세운 이른바 관공립의 전문교육기관에 비하면 언제나 재정난과 시설부족에 허덕이는 처지였지만 이제는 그것이 도리어 햇빛을 보기 시작하여 문자 그대로 음지가 양지로 변한 것이다. 우후죽순처럼 신생대학들이 생겨나고 있을 때 고려대학교는 그 외모와 내용에 있어서 단연 첫손에 꼽히는 것 중의 하나이었으며 이미 경쟁대열에서 유리한 고지를 점령하고 있었던 것이다.

고려대학교는 자동적으로 자타가 공인하는 권위교로 변모해 있었고 그 40年의 기반과 경력은 누구도 무시 못 할 비중을 가지고 발언하고 있었다. 유자격자가 부족하던 당시의 상황 속에서도 교수진을 짜는데 큰 어려움은 없었고 학생들의 지원도 항상 가장 높은 경쟁률을 나타내고 있었다. 학칙을 비롯한 제반운영규정은 곧잘 타교의 모범이 되었으며 연세대학교와의 운동경기는 허다한 대항경기중에서도 가장 무게 있는 것으로 평가되고 있었다.

이러한 고지(高地)에서 고대는 타교가 교사의 신축이라든지 학생 수의 확보라는 초보적인 작업에 안간힘을 쓰고 있을 때 홀로 미소 짓는 자세로써 조감(鳥瞰)할 수 있었다. 물론 6·25로부터의 회복이나 학교증설에 따른 노력이 없었던 것은 아니지만은 그것은 타교 노력의 속도와 밀도에 비할 때 훨씬 점잖하고 여유 있는 것이었음을 부인할 수 없다. 스스로에 내재한 역량과 권위에 대한 자의식이 타교들의 비상하고 분망한 서두름에 대하여 통양을 느끼게 하지 않았던 것이다.

그것은 차라리 자의식으로 선택하였다는 것보다도 수동적으로 그렇게 되었다는 것이 더욱 적절한 표현일는지 모른다. 아무튼 신생대학들에 대한 고려대학교의 40여년이라는 교사적(校史的) 격차는 고대로 하여금 수십 년간의 「화창한 봄날」을 향락케 하였고 이는 또 고대인으로 하여금 「완만하나, 그러나 착실한 전진」을 스스로 중얼거리는 사고적 여유를 주었던 것이다.

그것은 또 비약이 몰고 오는 변칙경영의 홍수 속에서 홀로 「정도적」 경영을 고수하는 소수파로 자처하면서 「영광의 고독」을 반추하는 우월감을 북돋우는데도 도움이 되었던 것이다.

이상은 주로 고대의 역사가 해방후 고대의 진로에 끼친 풀러스적 면의 관찰이거니와 그것은 반드시 물리적으로 마이너스의 작용도 초래하기 마련이다.

고대의 우위가 여타의 신생 내지 일천(日淺)한 역사의 대학들에 비하여 명백했다는 사실을 고대인으로 하여금 우위자적 심리의 긍정적인 일면, 즉 그 우위를 언제까지나 확보해야 하겠다는 분발심을 자극하는 대신에 도리어 다른 부정적인 일면, 즉 자만심을 기르는데 더욱 작용했다는 혐의가 짙다. 당장의 경쟁 상대들이 약하다는 사실이 날카로운 경각심을 환기하는 것 보다는 역사의 혜택에 안주하려는 심리적 경사(傾斜)로 이끄는 것은 어쩌면 인지상정에 속할는지 모른다.

그러나 그것은 시간이 쌓이는 동안에는 일종 타성으로 자리를 잡기 쉽다. 그리고 해방후 30년이라는 세월은 그것을 체질화하는데 그다지 부족한 시간이 아니다. 진정으로 고대인으로 자처하는 고대인이라면 과연 우리가 항상 쫓기는 자의 초조감으로서 쫓는 자와의 거리를 주시하였던 우리인가를 곰곰이 생각해 볼 일이다.

이제 눈을 들어 우리의 지평선을 바라보자. 자기도취로 감각이 마비되어 있지 않은 고대인이라면 그 위에 우뚝 우뚝 솟아 오른 경쟁자들의 모습이 보이지 않을리 없다 이전에 경쟁상대로 보려고 하지 않았던 그 모습들이 말이다. 역사가 얕다고 혹은 변칙경영이라고 가볍게 보아 넘기든 대상들이 이제는 웅장한 건물과 방대한 학생수와 상당한 시설을 갖추고 다가오고 있는 것이다.

경영비의 지출을 학생의 납입금 따위에만 의존하고 있지 않다는 이쪽의 자부심까지도 그들 앞에서는 오십보가 소백보(笑百步)하는 격이 되고만 현금이다. 한마디로 해방 초에 안암의 언덕위에 우뚝 솟아 홀로 그 이채를 자랑하던 고대의 상징적 건물 백악의 전당은 이제 오직 교가적 존재일 뿐 여기저기에 흩어져 있는 수많은 대학들의 건물풍경중의 임의의 하나에 불과하다. 틀림없이 격차는 급속도로 해소되고 있는 것이다.

울려오는 경종은 이것만이 아니라, 사립대학의 경영이 국공립대학의 그것에 비하여 점차 곤난해지고 있다는 세계적현상이 이곳에 드디어 닥치어온 것이다. 그것도 너무 빨리 그리고 너무 적나라하게. 현대교육 특히 자연과학의 교육은 끊임없이 수많은 고가의 시설을 필요로 하며 그러한 방대한 재정을 사립재단이 감당하기란 선진국에 있어서도 매우 힘들게 되어가고 있다.

하물며 기반이 약하고 전근대적 체질을 가지고 있는 한국의 사학재단으로서는 더욱 비관적이 아닐 수 없다. 한때 유행하던 학생 머릿 수의 확보, 학과증설경주에 의한 경영책도 졸업생의 사회수요문제 및 설치기준령에 의한 감독의 강화라는 제약과 문교부 방침 등으로 이제는 한계점에 도달했다. 그리고 보면 납입금이 비교적 저렴하고 국고의 지원이 급속도로 늘어가는 국영대학과는 점차 격차가 커질 전망이다.

문제는 물론 이것만이 아니며 선진국 대학들을 경쟁목표로 할 때는 더욱 확대될 것은 말할 나위도 없겠으나 이는 비현실적인 제기일 뿐이다.

이상에 지적된 몇 가지 문제점을 앞에 놓고 다시 한 번 냉정히 상각해보면 고대인으로서는 변명할 수 있는 것도 있고 고대인을 책망하는 것이 가혹한 경우도 없지 않을 거 같다.

그 일례로서 고대가 신흥대학들에 대한 선진적 거리를 그대로 유지하는데 성공하지 못하였다고 하여 그 원인을 고대가 변칙경영을 감행하지 못한 탓으로만 돌린다면 이는 지나친 단순화이며 또 온당한 견해로서 받아들일 수도 없다. 대학의 변칙적인 운영은 생각컨대 해방 후 독립국가에 소용되는 인재는 급속히 양성해야하고 기존의 고등교육기관은 태부족했다는 딜레마에서 불가피하게 일어난 비정상적인 사태라고 볼 수 있겠지만, 기존의 역사를 가지고 있는 고려대학교마저도 그러한 경영풍조에 휩쓸려야 할 이유는 없다.

바꾸어 말하면 고대가 그의 정상적인 경영 자세를 무너뜨리지 않았다는 것은 그의 자존심의 작동한 발로였다고 할 수 있다. 고려대학교는 그의 역사의 힘으로 말미암아서 거기에 휩쓸려서는 안 되며 또 휩쓸릴 수도 없었단 말이다. 그것은 고대 역사의 무게가 가져다 준 필연적인 소산이다.

고려대학교가 정상적인 대학이 가져야 할 품격과 위신이라는 형이상적인 가치의 추구를 위하여 수익 많은 경영이라는 가시적 가치에 냉담했다는 자세는 찬양은 될지언정 비난의 대상이 될 수는 없는 것이다. 사실 고려대학교가 비정상적인 풍토 속에서 항상 정통적인 대학에의 길이 어떤 것인가를 보여 주려고 한 우직한 노력은 사회적으로 정당한 평가를 요구할 만하다.

그러나 시각을 달리해서 보면 고대가 변칙운영을 하지 않았다는 이야기는 곧 고대가 그의 선진적 거리를 유지하기 위하여 최선의 노력을 다했다는 의미로 번역될 수는 없다.

생각하면 신흥대학들의 경영방법은 참고할 수 없는 것이겠지마는 그들의 기백만은 모방했어야 했다. 무에서 유를 창조하겠다는 치열한 기백과 각오는 유에서 유를 이어가겠다는 정신태도와는 그 긴장도에 있어서 판이하기 때문이다. 기백(氣魄)이 있는 곳에 길은 열리는 법이며 오늘날 고대가 침체상태에 있다고 하면 이러한 점에도 자아비판의 용기를 보여야할 것이다.

다음 국립대학과의 경주에서의 핸디캡 문제는 사립대측만의 노력으로 해소되기는 어렵다. 정부와 학교 양측의 협력이 있어야 메워 질 수 있다는 말이다. 정부로서는 만일 고려대학교가 그 역사를 통하여 민족항쟁운동에 공헌한바 있다고 인식한다면 이를 단속의 대상으로서가 아니라 육성의 대상으로 보는 눈을 가져야 하겠다. 고대를 포함한 여타 사립대학도 결국은 한국의 장래를 맡길 한국 인재를 양성하는 것이라는 넓은 시야에 선다면 국립과 사립의 차별은 이념상으로 無意味하게 된다.

정부가 이점 유의하지 않는다고는 우기지 않겠으나 더욱 적극적인 육성강구책이 아쉬우며 국사립 간의 분업적 육성안 같은 것도 그 난관의 예상에도 불구하고 일고의 가치가 있는 것이다.

학교 측으로 보아서 만일 정부에의 기내가 희박한 실정일 때 스스로의 타개방안이 모색되지 않을 수 없다. 자신의 경영능력을 더욱 확대할 수 없는가도 연구되어야 하며, 만일 그것이 불가능하다는 결론이 나오면 그런대로 차선책은 무엇인가가 또한 찾아져야 하겠다.

벌써 외연적확대가 포화점에 달한 오늘 이라면 속절없이 집약적 내실로 눈을 돌리지 않을 수 없으며, 차제에 고대가 가지는 전통과 개성의 발굴 내지 그 육성이 구심적 역할을 해야 할 것이다. 통틀어 이러한 문제들은 오늘의 대학들의 운영 책임자들이 당면하고 있는 문교부의 공문수발에만 정력이 소모되고 있는 상태하에서는 다루기 벅찬 것이며 널리 성실한 고대인들의 협조를 필요로 하는 것들이다. 한국의 명문인 고려대학교가 부질없이 족보상의 향수에만 젖어 있을 수 없다는 자존심 있는 고대인들의 순수한 우려는 언제든지 귀중한 것이다.

70년 기념식상에서 70년을 생각해본다. 우리가 고대의 이 세월에서 무엇을 발견하느냐에 따라서 그것은 생명을 지닌 존재도 될 수 있고 아니면 다만 기념식연설문의 수사학적재료로서만 유적을 남길 것이다. 이렇게 보면 70년이라는 시점은 고려대학교에 있어서 약간 엄숙한 시간이다.

〈고대신문〉 1975. 11. 4

정 재 각 • 고려대 문과대교수(동양사)

고 이상은(李相殷) 선생을 추모함

유난히도 추웠던 이 겨울을 더욱 서글프게 만든 것이 이상은선생의 작고(作故)다.

이선생의 죽음은 솔직히 말해서 반드시 뜻밖의 일은 아니었다. 드디어 올 것이 왔다는 말 그대로 숙환의 결말이라는 생각이 들었다. 그가 귀유(歸幽)할 시일이 임박했다는 C 교수의 전갈을 듣고 오후에는 함께 마지막 문병을 가자는 약속을 한 직후 뒤따라 마침내 불귀(不歸)의 객이 되고 말았다는 비보가 날아들었을 때에도 그의 타계가 뜻밖으로 빨랐다는 느낌보다도 이쪽의 생면이 너무 늦었다는 뉘우침이 앞섰을 정도로 그의 투병생활은 오랜 기간 이어온 것이었다. 실로 오랫동안 우리가슴을 무겁게 하던 창백한 그의 얼굴, 수척한 그의 모습과도 이제는 영결(永訣)하게 된 이

마당에 우리는 개인적 감상을 초월하여 자연인으로서의 이 선생의 향수(享壽)가 이미 고희(古稀)를 지난 바를 상기하고 그의 명복을 빌 수밖에 다른 도리가 없었다.

생각건대 정작 우리를 슬프게 하는 것은 이선생의 형해(形骸)속에 담겨있는 학문과 인품에 대한 상실이다. 해방 후 우후죽순처럼 돋아나온 많은 우리의 대학에서의 중국철학 과목이 도처에서 설치되었지만 다른 과목에서와 마찬가지로 진정한 유자격(有資格) 교수의 수는 많지 못하였고 그중에서도 서양철학의 소양 위에서 유교철학을 이해하는 인사는 희귀하였다.

이 선생은 유학의 본 고장인 중국의 북경대학에서 이를 본격적으로 수학한 희소가치의

소유자였다. 뿐만 아니라 그는 또한 이른바 수불석권형(手不釋卷型) 학자여서 진정 호학 (好學)의 사(士)라 할 수 있다. 밤을 새워 원고를 집필하거나 그의 학문에 관계되는 학회에는 대소를 가리지 않고 빠짐없이 참석하는 열성은 그의 포류(蒲柳)의 체질에는 건디기 어려운 일이었으며 이런 것이 그의 천수를 단축시킨 계기가 되었을지도 모른다. 그런 저런 의미에서 그가 우리나라의 중국 철학 계에서 점한 비숭은 자뭇 컸으며 비록 제제(濟濟)한 후계자들이 양성되고 있다고는 하나 그가 없는 빈자리의 허전함을 당분간 지울 수는 없을 것 같다. 이선생의 학문에의 충성은 또한 그의 인품과 인격이 혼연히 융화되어있었던 점에서도 상기된다.

무릇 학자가 그의 학문에 대한 신념이 투철할 때 그것은 당연히 그의 인간형성에 거름이 될 것이며 그러한 의미에서 학문과 인격내지 인품과는 밀접한 관계가 있을 것이다. 세속 「학자기풍」(學者氣風) 이라는 용어도 이러한 상황에서 유래한 기풍의 일면을 가리키는 것이라 함 수 있다. 학자가 학문적인 진실 내지 진리탐구에 집착할 때 자칫 세속사에서의 우활(迂闊)내지 무관심한 자세가 조성된 경우라도 학자가 세속의 현실을 전혀 도외시하는 자세는 오늘날 반드시 장려할 바는 못 된다. 또 반대로 학자가 현실의 이해에 집착하는 나머지 그의 언동으로부터 학문을 연상할 수 없을 정도로 시정인화(市井人化)하는 것도 또한 생각한 문제라 아니 할 수 없다.

마치 상품과 상인의 관계에서처럼 학문과 학자의 인격이 서로 유리(遊離)되어 있을 때 학자는 한갓 학문을 판매하는 상인으로 전락하는 것이며 이러한 형상은 학문을 다만 생계를 위한 직업적 수단으로만 생각하고 그의 학문의 신성성과 권위에 대한 신념이 깃들지 못했을 때 일어나는 것이다. 자신의 학문의 존엄성에 대한 헌신적인 신념이 깃들 때나 또는 그 반대인 경우나 어느 쪽이든 그것은 당자(當者)의 인격에 반영되기 마련이며 전자의 경우 학문은 전인적으로 가장 올바르게 가장 효과적으로 전수될 수 있으며 후자의 경우는 오직 속물에 의한 학문의 유희(遊戲)가 있을 뿐이다.

돌이켜 보건대 이상은(李相殷) 선생을 전자의 범주(範疇)에서 발견하고 싶다.

아마도 이 선생을 전혀 모르는 사람도 그의 체취로부터 그의 전공학문을 금방 알아 마칠 수 있을 것이기 때문이다.

그의 단아한 외모 겸손한 언동, 조용한 거름걸이, 주옥같은 필적(筆跡) 등등 어느 것 하나 유교적 아취를 풍기지 않는 것이 없다. 공자적(孔子的) 덕목인 온(溫), 양(良), 공(恭), 검(儉), 양(讓)을 그에게서 느낀다고 하여도 반드시 허랑(虛浪)한 이야기만은 아닐 것이다. 그의 학문에 대한 열정은 자연히 스스로를 믿는 성향(性向)을 굳혀 자신과 이견이 있는 논문은 가차 없이 비판하여 공사(公私)를 엄격히 구별하였고 이는 다시 그의 여기(餘技)인 기전(碁戰)에까지 넘쳐흘러서 그의 친수(親受)이며 동시에 호적수(好敵手) (이 표현은 쌍방이 불만이겠지만) P교수와의 대국에서는 풍파가 일지 않을 때가 없을 정도로 그는 순진했다.

이 선생을 추모하는데 있어서 한 가지 빼놓을 수 없는 것은 숱한 일화로 장식된 그의 건망증(健忘症)이다. '유머'의 빈곤(貧困)에 메말라 있던 동료 교수들에게 허물없고 따스한 웃음을 제공하는 원천은 곧 다름 아닌 그의 건망증에서 왔다. 이마에 추켜올린 안경을 찾아서 곤혹스러워하던 그의 모습, 등교버스에서 하차할 때 요금을 지급하려고 호주머니를 뒤지던 그의 동작을 보고 그와의 거리감을 좁히지 않았던 사람이 과연 몇이나 있었을까? 그의 건망증은 아마도 그의 몸이 이동할 때에도 그의 머리는 항상 연구실에 두고 있음을 의미하는 것일 뿐이리라. 한마디로 학문을 생활하고 생활을 '필로소피이렌' 할 수 있는 극소수의 잔존인종(殘存人種)에 이상은 선생은 속해 있었던 것이다.

돌이켜보건대 이상은 선생과의 삼십년 교분은 물처럼 담담(淡淡)한 것이었지만 그의 면모의 편편(片片)들이 부질없이 안전(眼前)에 방불한 것이 지금이다. 양춘(陽春)이 온다는데도 이 가경가애(可敬可愛)의 인사를 잃은 허전함이 필자의 신변(身邊)을 자못 적막(寂寞)하게 하니 어찌하랴!

<고대신문> 1977년 2월 25일

정 재 각 • 고려대 교수

한국·한국인의 문제
– 정재각 교수 특별 인터뷰

한국인은 한국인으로서의 존재이유를 확실히 가져야 한국민족이 당면한 문제를 극복할수 있으며 또한, 존재이유를 명확히 하기 위해서는 한국인만의 특징성을 밝혀내야 할 것이다. 우리는 대학의 지성인으로서 이와같은 한국인의 현실적 문제나 역사적 여건을 외면해서는 안 된다. 본지에서는 한국 학계의 석학(碩學) 정재각(鄭在覺)교수를 모시고 다음과같은 설문으로「한국인의 문제에 대한 논의를 기획하였다. 〈편집자 주(註)〉

설 문
① 한국·한국인에 대하여
② 사관(史觀)의 문제
③ 국사국정교과교재(國史國定教科教材)
④ 전통적 대학이념이 변질되는 시점에서의 고대
⑤ 젊은 세대평
⑥ 지식인의 자세

문(問) = 한국, 또는 한국인에 대하여 최근 선생님은 어떠한 생각을 하고 계신지…일견 막연한 질문 같습니다만 오히려 이런 막연함이 피부에 와 닿는 절박한 「한국인의 문제」를 제기할 수 있는 첩경이라고 생각되는군요.

정(鄭) = 한국인의 문제를 논하기 위해서는 우선 우리 한국민족이 당면하고 있는 현실문세의 제기가 신행되어야 하겠다.

그러한 것으로서 당장 통일의 문제, 근대화의 문제, 그리고 진정한 자립을 이룩하는 문제 등을 가장 큰 과제로서 꼽는데 이의가 없을것이다. 이와 더불어 또한 우리의 주변 국가들의 대한안영(對韓安榮)부터 개략적(槪略的)으로나마 검토해 볼 필요가 있다.

첫째로 구한말, 이땅에 지대한 영향력을 행사하던 제정러시아에 비해 오늘의 소련은 그보다 훨씬 큰 힘을 지닌 강대한 세력으로 등장했을 뿐만 아니라 정치체제, 사상적성격의 근본차이에서 오는 한소간의 관계는 러시아의 경우때보다 훨씬 심각하다.

둘째로 비록 공산주의 국가체제를 고수한다고는 하지만 의식저변(意識底邊)에는 항상 전통적 중화사상에 기초한 대국주의가 자리잡고 있는 중공이 옛날보다 더욱 거대하고 조직적인 막강한 세력이 되어 군국(君國)하려고 한다.

입으로는 무슨 소리를 하던간에 그들이 대국주의적 충동에 사로잡혀있다는 것은 최근 월남(越南)의 동해상(자국으로부터는 멀리 그리고 월남으로 부터는 가까운)에 위치한 조그만 섬에 군대를 투입하여 무력으로 월남군을 몰아내고 영유권을 주장한 사건하나로도 충분히 간파할 수 있다. 이는 평화적으로 해결을 시도하는 자세가 분명아니며 그들의 대외자세에 공산주의이론보다 대국주의적(大國主義的) 국가이기주의가 더욱 크게 작용하고 있음을 보여주는 것으로 생각할수 있다.

세째로 일본의 대의세력에 변화의 징후가 엿보임을 주목해야 할 것이다. 미·중공 접근이 이루어져 미국과 중공 간에 해빙기류(解氷氣流)가 형성되기 직전까지만 해도 사이또 정부는 한국의 평화와 안전이 일본의 안전에 불가결한 요소라고 굳게 인정해 왔다.

그러나 미·중공 화해가 본격화하자, 오늘의 다나까 정부는 한국의 존재가 일본의 안전에 절대로 필요하다는 종래의 대한관(對韓觀)에서 후퇴하여 오히려 일본의 대한자세의 핵심은 근본적으로 정치체제가 다른 중공·북괴와 일본간에 직접적으로 마찰이 일어나지 않도록 친화작용(親和作用)을 하는 직접적 존재이상으로 한국을 보지 않으려는 점에서 파악할 수 있다.

그들의 대한경제협력을 더욱 촉진시켜 한국의 국력강화가 이룩된다면 이는 북괴뿐만아니라 중공에까지 긴장을 주어 그들의 경계심을 고양시킬 것이고 이와같은 결과는 긴 안목에서 일본의 안전에 도리어 불안을 초래할 것이라는 계산을 일본의 정책담당자들은 쉽게 하고 있을 것이다.

따라서 일본은 북괴나 중공과 일본간에 직접적으로 마찰이 일어나지 않을 정도로만 한국이 존재하는데 필요한 원조를 보여주는 지극히 형식적이고 미온적인 자세로 일관하리라는 해석이 가능하다.

이상과 같은 내 견해를 밑받침하는 단편적인 실례가 바로 얼마전에 남해안의 유전개발을 목적으로 한·일 간에 체결된 대륙붕협정에 대해 중공이 개입하자 일본은 의회의 비준처리(批准處理)를 지연시키고 중공의 눈치를 살피고 있는 점이다.

중공의 개입이 어느모로 보나 사리에 닿지 않는 억지임을 일본스스로가 더 잘 알고 있을 것이지만 이제와서 일본이 이 조약의 비준처리를 망설이고 있는 것은 석유가 나올지 안나올지도 모르는데 한국과의 관계 때문에 중공의 비위를 거슬리는 모험을 강행할 필요가 있겠느냐 하는 약삭빠른 생각이 앞서기 때문일 것이다. 일본의 이와같은 대일태도로 미루어 볼 때 일본은 한국이 완충국이상의 존재로 성장되는 것을 기피하리라는 비정은 매우 현실적인 판단이다.

이처럼 어려운 주변정세 속에서 위에서 말한바 시급히 해결하고 극복해야할 과제를 짊어진 한국인 자신의 자세와 의식구조는 과연 어떠한가?

생각하면 자주의식이란 고독한 환경에서 싹트는 것이다. 주체의식이 강한 사람은 항상 고독한 법이다. 주체의식은 곳 고독의식과 동의어라고도 볼수가 있다.

이는 민족의 경우에도 마찬가지다. 한민족이 국제적인 생활경쟁에서 자력만을 믿을 수밖에 없는 고립무원(孤立無援)의 상태에 놓였을때 그 민족은 비로소 자기의식에 눈뜨고 자민족에 대한 애정과 존경이 솟아 오른다. 배후에는 항상 적대관계에 있는 신라와 백제가 호시탐탐하고 전면에는 수당의 백만대군이 엄습해 왔을때 고구려는 자신에서 막강한 힘을 발견 또한 전면에는 고구려와 백제의 침공이 그칠사이없고 배후로 부터는 일본의 적대행위가 잦은 상태에서 신라는 자주역량(自主力量)을 기르는데 성공했으며 마침내는 막강한 당의 세력을 주체적으로 이용하여 삼국통일에 성공할수 있었던 것이다.

몽고의 유린을 당하여 무원(無援)의 비탄에 있을 때 고려에서 대장경(大藏經)의 편찬, 자기의 제조 등 자기집중을 고도로 요구하는 문화적 성취가 있었다는 것도 우연이 아니며 반대로 임진왜란때 명(明)의 구원이 있었다는 것이 그 이후 배명사상을 심화하고 사색파쟁(四色派爭)이 주자학의 이론을 중심으로 그것에의 충심성 여부를 따지면서 더욱 격화되었다는 실례를 우리는 알고 있는것이다.

명의 구원이 유명무실(有名無實)한 것이고 명을 계승한 청도 서양세력의 압박하에서 믿을 것이 못되다는 것을 아는 부류에서 자주의식이 앙양되었으나 일본에의 강점은 또한 어느 틈에 깊숙한 패배의식에 사로잡히게 하였고 타력에 의한 독립의 회복, 이어서 연달은 정치적·경제적 피원(被援), 거기에 수반하는 외래문화의 범람등의 환경은 어느틈엔가 한국민족의 자주의식의 마비, 외래문화에의 심취 등의 부작용을 일으키고 우리는 자신도 모르는 사이에 한국인부재현상(不在現象)에 직면하고 있는 것이다.

이리하여 외국문화내지 외국어문(外國語文)의 일상적인 사용이 속절없이 또 하나의 「전식」적 권위를 나타내기 시작하고 있다. 도리켜 보건데 일본인은 서양문화를 모방한다하여도 그것은 러일정책 또는 2차대전등에서 서양열강과 정면으로 대결하는 자세속에서 이루어졌기 때문에 자기 상실감이 수반(隨伴)되지는 않은 것이며 중국인의 경우에도 제국주의 열강의 허다한 그리고 오랫동안의 모멸과 박해를 통하여 서양문화와 접촉했기 때문에 그것은 서양일변도에 이르지는 않았다.

우리의 경우 대원군(大院君)시대의 경험은 서양을 「충격」으로 느끼기에는 너무나 짧았고 오히려 일제가 전면에 악역으로 등장하는 바람에 서양은 한갓 구원자로만 느껴지고 서양문화는 조선왕조의 주자학의 위치에서고 있다. 주자학에의 전도가 자주의식의 생장에 방해가 되었듯이 서양문화에의 심취는 또한 한국민족의 주체의식을 흐리게 하는 것은 부인할수 없다. 자민족의 가치에 자신을 갖고 그 위에서의 모방이 아니라 그것을 경시내지 부인하는 바람에서의 흠모가 문제다. 외국문화의 선택이 아니라 그것에의 심취 곧 자민족 문화의 부정에서 자주의식이 어떻게 싹트겠는가. 우리의 당면과제를 자주적으로 수행할 능력이 이러한 상태하에서 배양될수 있단말인가.

결론적으로 말하여 우리는 모든 지식 모든 학문, 한국학 특히 역사학은 오늘날의 한국민족의 존재이유를 설명하는데 총동원 되어야 할것이다. 우리는 어떻게 존재하여 왔으며 또 어떠한 존재의미를 갖고있는가를 밝혀내는데 집중적인 노력이 이루어져야한다. 우리가 현재에 무엇이 그리고 엄연히 존재하고 있는 바에야 그 이유가 있을 것이 아닌가. 과거 수천년간 주위의 우수한 문화, 막대한 인구, 월등한 무대을 가진 이민족에 둘러쌓여 혹은 대항하고 혹은 교섭하면서 허다한 시련을 극복하고 오늘날 여전히 한반도에서 고유의 영토·교류의 문화를 유지하여 왔던 것이다. 우리민족의 이러한 능력은 우리의 주위에서 몹시도 우리를 괴롭혔던 거란족·여진족·몽고족 등이 전연 지도상의 존재에 그치고 있는 현상과 비교하면 단적으로 직감(直感)이 되는 것이다.

문(問) = 과거를 살피고 미래를 우리의 현실과 역사적인 시각으로 전망하는 것은 결국 역사를 어떻게 보느냐 하는 사관의 문제라고 생각되는데… 이에 대한 최근의 선생님의 의견을…

또 최근 국사교과서를 국정교과서로 단일화한데에 대해서도…

정(鄭) = 근대사학이 도입되기 이전까지의 우리사학은 사마천(司馬遷)의 사기(史記)나 주자학의 사상을 포함하는 중국사학의 색채를 못 벗어났기 때문에 필연적으로 모화(慕華), 사대사상(事大思想)에 물든 것이었고, 실학자들의 자주적인 역사의식도 싹트기는 했으나 우리민족의 존재이유를 구명(究明)하는데 까지는 발전할 수가 없었다.

민족의식에 입각하여 본격적으로 근대 사학이 시작된 것은 일제의 침략을 당하면서 부터였다. 그 대표적인 것으로 단제(丹齊)의 사학을 꼽을 수 있다. 이것은 민족주체를 내세우는데 있어서 또한 의의를 가진 것이었으나 실증적인 뒷받침이 부족했다. 일제치하에서 사학을 공부한 사람들도 사과(史科)의 채택비판, 단편적 사실의 구명 등 실증적인 면에서 업적을 남겼으나 또한 뚜렷한 사관의 제시가 부족했다. 해방 후에도 비록 사관의 문제가 논의되기는 했지만 일제의 한민족 역사의 말살 기도(企圖)에 대한 반발로서의 민족사관의 수립강조에 그치는 것이고 아직 납득할 수 있는 내용구성이 부족한 것 같다 북한에 유물사관이 없는 것이 아니나 이는 그들이 세운 공산정권의 존재를 합리화 하려는 비학문적인 저의가 깔리어 있는 것이다. 이렇게 볼 때 현재로서는 한국민족의 존재이유와 의의를 명료하게 설명해 줄만한 업적이 많지못한 상태라고 할 수 있다. 그러면 우리 민족의 존재이류를 설명하고 우리문화의 개성, 가치 우리 민족의 문화적 체질을 밝힐 수 있는데 유효한 사관이란 어떠한 것인가? 이에 대한 질문이 우리 앞에 다가선다. 이것의 회답(回答)은 대단히 어려우며 우선 모형의 제시보다도 당위(當爲)의 구현조건을 말하는 수밖에 없는 것을 유감으로 생각한다. 우선 세계사의 법칙적 전개를 구명하려는 사관, 그 중에서도 대표적인 여물사학(唯物史學)의 문제다. 하시공동사회(夏始共同社會), 고대노비사회(古代奴婢社會), 봉건제사회, 자본주의사회, 사회주의사회 등의 단계를 결정하고 세계의 어떠한 민족이나 국가의 역사도 이 법칙의 적용을 받는다는 사관이다. 이 사관에 의하면 한국사라는 것도 필경 이 세계사의 법칙이 어떻게 나타나는가를 설명하는 역사가 되는 것이다. 법칙의 존재를 구체적인 사실을 들어서 설명하는 것이 곧 한국사의 임무가 된다는 말이다. 이 사과의 적용으로서는 전기한 한국사의 개성을 밝히기가 매우 힘들다. 전기(前記)한 바와 같이 한국민족은 중국민족이나 일본민족이나 서양민족과 다른 특정한 환경하에서 특수한 역사적인 여건과 대결하면서 그들의 역사를 형성해 왔다.

이러한 한국민족 특유의 존재방식은 일반적인 세계사적인 법칙통용만으로서는 부상될 수가 없다. 그것은 기껏하여 법칙의 전개과정에서 보여주는 법칙 신현의 미숙 또는 정체 등 현상을 지적해낼 뿐이다. 물론 각 민족의 역사전개과정에 공통된 현상이 없는것은 아니며 그것은 그것대로 인류역사란 차원에서 구명하는 것이 충분한 의미를 가시는 것이겠으나 동시에 각 민족이 어떻게 각자의 독특한 조건의 도전에 여하히 응전하면서 그들의 문화적·민족적 체질을 형성해 왔는가를 구명하는 것은 더욱 중요하다. 의업이라는 것은 인간의 체질은 동일하다는 대전제위에서 시료되는 것이겠으나 타인에서 유효한 것이 특정한 개인에 있어서는 치사가 되는 일이 있는것과 같아 그 개인의 생활과 치료에는 자기의 특수한 체질을 알아두는 것이 무엇보다도 중요하다. 이와같이 민족의 역사를 구체적 개성적으로 파악하는데 중점을 두지 않고 일반적 추상적법칙의 피통용체(被通用体)로서만 살피려고 할때 개성은 보편 속에 매몰되고 마는 것이다. 뿐만 아리라 유물사관은 서양사의 전개과정에서 뽑아낸 법칙을 기준으로 하는 것이며 이것을 그대로 동양사에 적용하려고 할때 여러가지 불투명한 현상에 봉착한다. 그것을 무리하게 적용하려고하면 이른바「선진」「후진」하는 문제가 나온다. 자본주의단계를 완성한 서양제국은 아직 이에 못미친 한민족보다 선진이 되는 것이며 반대로 사회주의단계에 이른 북괴(北傀), 중공 등은 이들보다도 선진단계에 있다는 논리가 된다. 이렇게 되면 사회주의단계에 이른 민족에게는 우월감을, 자본주의단계에 이르지 못한 민족에게는 부질없이 열등의식을 고착시킬 뿐 설령 일시적 우열의 현상이 있다고 하더라고 그것은 각민족의 긴 역사전개과정에 있어서의 극히 일시적인 현상일 따름이며 장기적인 안목에서 볼때 별로 중요한 의미를 가지는 것이 아니다. 각 민족의 독특한 개성이 장차 어느때 어떻게 발전 또는 정체(停滯)될 것인지 누가 고정적으로 예언할 수 있으랴!

유물사관의 입장에서는 또 자본주의단계에서 비로소 민족이 성립되었지 그 이전에는 민족이 존재하지 않았다고 보고 있으며 이 단계를 지난후에 자본주의민족과 사회주의 민족으로 통분되는데 자본주의민족간에는 안력과 투쟁이 끊일사이가 없지만 사회주의민족은 그렇지 않다고 설명해 왔다. 그러나 쏘련과 중공은 자본주의민족간의 반목·불화보다 훨씬 심각한 적개심을 가지고 서로 대립하고 있다. 또 체코의 노동자들은 노동자를 보호한다는 소련인민의 군대에 의해 짓밟혔고 헝가리, 폴란드도 같은 참혹을 겪었다.

민족간의 모순과 대립이 없다는 사회주의 민족간에 오히려 더욱 심한 갈등이 일어나고 있는 이런 현상을 놓고 볼 때 민족이란 인류의 공통현상으로는 결코 설명되는 존재가 아니며 더구나 합리적으로만 인식할 수 없는 다분히 풍토적이고 비합리적인 존재라고 할 수 있다.

우리의 사학도들도 세계사적 인류공통법칙을 살피는 권력을 물론 무시해서는 않되겠지만 한국인의 개성적의미를 선명히 밝히는 노력에 우선 전력을 다해야 할 것이다. 이렇게 함으로써 한국인의 존재이유를 밝혀내고 아울러 다가오는 민족적 시련을 극복할 수 있는 힘의 원천을 찾아내는 것이 사학의 과제라고 하겠다.

다음 국사 국정교과서에 대해서 정부는 진리를 탐구하는 학문으로서의 역사와 국민의 정신고양을 목표로하는 역사교육을 구별하고 있는 것 같다.

역사의 연구가 본궤도에 오르기 시작한 것은 선방(鮮放) 특히 6 · 25사변 이후라고 생각되는데 국사의 고대사부분이 학자들마다 이설이 구구하고 전적으로 수긍할만한 정론이 세워지지 않고 있어 학문적으로 비판능력이 결핍되어 있는 학생들에게 혼란을 줄 우려가 큰 것도 사실이다

역사의 어떤 문제에 대해 학자들간의 학설이 각양각색을 보이는 현상은 외국에도 흔한 일이지만 장구한 세월동안에는 자연히 정리가 되는 것이 보통이다.

국사의 국정교과서가 마련된다는 것은 여론이 분분한 문제에 대해 일단 정부가 정론(定論)을 세웠다는 의미가 되는데, 이 정론이 다수 학자들의 자발적인 토론과 자연적인 정리의 결과라기보다도 관(官)의 배경아래 이룩된 것으로 볼수 밖에 없기 때문에 그것은 너무나 실용의 목적에 급급하여 사실의 학문적 제작(提作)을 소홀히 했다는 비판이 있을 것이다. 이것은 역사연구와 역사교육의 관계와 아울러 신중히 다루어야 할 문제이다.

문(問) = 오늘의 세계대학이 겪고 있는 공통적 고민은 전통적인 대학이념의 변질을 내외로부터 강요받고 있는 혼미의 시점에 서있으면서도 이에 대처할 새로운 이념의 정립이 어렵다는 점에 있을 것입니다. 이와 같은 변환기에 있어서 민족의 대학으로 자처하는 우리 고려대학교는 어떻게 이를 극복하고 우리의 전통과 조화를 이룩해 나갈 수 있을 것인지…

정(鄭) = 대학은 현실적으로 민족을 초월해서 독존(獨存)하는 것이 아니며 또 아직은 그

렇게 될 수도 없다.

세계의 대학을 살펴 볼 때 소련이나 중공과 같은 공산권의 대학은 오로지 국가목적의 테두리 안에서만 존립이 가능하며, 구화파의 대학들도 비록 중·소의 그것과 차이는 있다고 하더라도 정부나 재계의 자금자원을 받고 있고 또 어떤 특정분야에 대해서는 집중적인 보조를 받아 이 분야의 연구가 활발하게 진행되는 등 대체적으로 보아 국가사회의 직접간접의 요청이라는 물속에서 움직이고 있음을 부인할 수 없다.

대학은 진리를 탐구하는 곳이기 때문에 학문연구의 자유는 대학의 생명이라고도 말할 수 있다. 따라서 대학의 이러한 본질에 대한 이해가 부족한 부류가 근시안적인 단견(短見)을 내세워 노골적인 간섭을 하는 일은 없어야 할 것이다. 구태여 간섭을 하지 않더라도 대학의 교수나 학생들도 국가 민족의 일원이라는 의식아래 국가발전과 민족의 구원한 장래에 이바지 하기위해 학문 연구에 종사하고 있기 때문이다.

다만 피차간에 어느 쪽이 근시안적으로 국가의 내일을 생각하느냐, 거시적인 안목으로 미래를 전망하느냐에 관하여 일시적인 마찰이 일어날 수는 있는 것이며, 역사상 대학과 외부세력간의 이러한 충돌은 서양에서도 때로 있었던 일이다. 따라서 위정자를 포함한 외부 또는 내부 세력이 근시적 각도에서 압력으로 대학의 특정기능만을 강요하거나 부분적 역할을 강조하는 일은 항상 삼가야 할 것이다.

문(問) = 오늘의 젊은 세대를 비판적인 입장에서 평한다면…

정(鄭) = 우리 세대의 학창시절과 오늘의 학생들을 비교할 때 제일감(第一感)으로 떠오르는 것은 우선 오늘날의 젊은 세대가 위기의식이 매우 날카로운 것 같다. 비록 그 표면에 사색과 침잠(沈潛)이 좀 더 아쉽지만. 둘째로 우리 세대는 학생시절에 우리의 전통적 가치에 신뢰를 송두리째 상실하지는 않았다고 생각되는데, 오늘의 젊은 학생세대는 서구적 가치, 문화에 대해 자기 나름의 확신과 터득이 없이 막연한 풍경의 눈길만을 보내면서 반면에 우리의 전통적 가치에 전적으로 실망하고 있는 것이 아닌가 하는 것이다. 다시 말해서 서구문명이 홍수처럼 범람하고 동양문화가 퇴조하는 가치의식의 공백지대에서 방황하는 것이 오늘의 젊은 세대라는 느낌이 든다.

문(問) =세계사의 거대한 격랑(激浪)을 헤쳐나가야할 우리민족의 앞길에 빛과 힘이 되어줄 지식인의 사명과역할은 지대하다고 하겠는데 오늘의 지식인은 어떻게 사고하고 행동해야 할 것인가에 대해서… 그리고 우리 역사 속에서 우리가 바라는 지식인상을 찾는다면…?

정(鄭) = 지식인이라면 적어도 자기조국의 "현실" 당면한 과제, 역사적 상황과 여건을 외면할 수 없으며 그래서도 안 된다. 한국의 지식인에게는 아무리 주체의식을 강조해도 지나치지 않다고 생각한다. 우리 지식인들은 그들이 외국에 서있는 것이 아니라 한국이라는 이 땅에서 한국적 고유 현실 하에 숱한 과제를 짊어지고 살아가고 있음을 똑똑히 인식해야한다. 물론 주체성의 강조가 지나쳐서 외래문화의 극단적인 배격과 폐쇄적 쇼비니즘으로 전락할 위험은 지금의 우리민족에게는 거의 없다.

우리의 대표적인 지식인상이라기보다 애국적 인간상으로 나는 삼국을 통일한 문무왕(文武王)을 지적하고 싶다. 문무왕을 생각할 때마다 나는 그의 애국적 행적에 깊은 감명을 받는다. 당시의 왕릉은 중국에서도 매우 장엄하게 장식되었고 이것은 당연한 상식이었음에도 불구하고 문무왕은 죽어서까지 바다의 용이 되어 적의 침략을 막겠다는 일념으로 자기의 시신을 수정케 하였다는 점에서 우리는 많은 것을 배워야 한다.

이러한 그는 화랑도의 굳센 정신으로 조국의 안전을 반석 위에 올려놓았던 것이다.

〈고대신문〉 1974년 6월 25일

정 재 각 • 고려대 교수

II. 불교 종립의 민족대학 동국대학교에서

제9대 동국대학교 총장 정재각 박사 취임사

대학의 전통을 영원히 발랄하기 위하여서는 끊임없이 신선한 영양소를 흡수하고 병적인 부분을 제거하는 체질개선작업이 결단성 있게 진행되어야 합니다.

존경하는 윤월하(尹月下) 이사장 이하 이사 여러분! 최재구(崔載九) 회장 이하 동문 여러분! 교수직원 여러분! 그리고 친애하는 학생 제군! 본인은 엊그제 제 9대 총장으로서의 직책을 수여 받고 동국대학교의 교칙을 성실히 준수하고 아울러 동국대학교의 빛나는 역사를 계승 발전시키는데 전력을 기울일 것을 스스로 다짐했습니다. 그러나 막상 여러분 앞에서 이 선서를 되새기는 이 마당에 서게 되니 새삼 그 중책감에 눌리고 있는 자신을 발견합니다. 아시다시피 동국대학교는 바로 며칠 전 72주년의 연륜을 기록했습니다. 이것은 본교가 우리민족의 손으로 세워진 가장 오래인 고등교육기관의 하나임을 의미합니다. 비록 이 역사가 선진 서양각국대학의 수백 년에 비한다면 동일에 논할 바가 못 된다 하더라도 그것이 유례없이 가혹했던 이민족의 탄압 하에서 쌓아올린 것이라면 그 풍상(風箱)속에서 자라난 견인불발(堅忍不拔)의 정신적 연령에 있어서는 반드시 스스로 비하할 필요가 없으리라 믿습니다. 더구나 민족의 종교라고도 할 수 있는 불교의 종단에서 건립한 학교로서는 국내에서는 물론 세계에서도 희귀한 존재임이 엄연한 사실입니다. 이렇게 오래인 권위 있는 역사와 깊은 유서를 간직한 이 학교의 전통을 이어받아 더욱 발전시킨다는 작업이 반드시 쉬운 일이 아님을 본인은 절감합니다.

오늘날 우리의 주위에는 수많은 대학들이 그들의 교육목표달성을 위하여 전력을 다하여 선의의 경쟁을 벌이고 있습니다. 이는 민족과 국가를 위하여 매우 다행한 현상입니다마는 경쟁 대열 속에 있는 대학당사자로서는 언제나 긴장이 요청되는 현상인 것도 또한 부인할 수 없는 것입니다. 대학경영의 ＡＢＣ인 훌륭한 시설, 우수한 교수, 양질의 학생의 확보가 어느 대학을 막론하고 불가결의 공통기본요건이며 이 기본요건의 달성을 위하여 각 대학이 노력을 경주하고 있는 것이 또한 현실입니다. 동국대학교도 이미 역대경영자와 동대인 전체의 노력으로 말미암아 상당한 시설과 고명한 교수진과 준수한 학생들을 보유하고는 있지만은 내일의 비약을 위하여서 만족할 수 없는 것은 자명한 일입니다. 역사가 오래라는 것은 사회에 대한 그 공헌의 축적으로 말미암아서 자연히 권위가 정립되고 그럼으로 말미암아서 경쟁대열에서 일단 유리한 고지에 설 수 있는 장점을 가지는 것이지만 일면에는 바람직하지 못한 인습의 중독 작용으로 말미암아 진취적인 기상이 약해지고 노화현상을 일으킬 위험성이 그만큼 커지는 것도 또한 사실입니다. 그리하여 일취월장하는 새로운 문화의 흡수가 창조의 흥미를 잃고 헛되이 과거의 명성과 전통에만 안주하려는 경향이 보일 때 그 대학의 발전은 정체되고 마침내 존재이유를 상실할 것입니다. 다시 말하면 대학의 전통을 영원히 발랄하게 유지하기 위하여서는 끊임없이 신선한 영양소를 흡수하고 병적인 부분을 제거하는 체질개선작업이 결단성 있게 진행되어야 합니다.

동국대학교의 영광의 전통에 영원의 생명을 불어넣기 위한 주의 깊은 작업의 필요가 대학경영의 일반적 조건이외에 본인이 외면할 수 없는 문제에 속합니다. 주지하시는 바와 같이 대학의 전통에는 또한 각기 개성이 있습니다. 역사가 오래된 학교일수록 그 개성이 뚜렷합니다. 개인도 그 자신의 개성을 통해서 사회에 공헌하며 민족과 국가도 각자의 개성을 발휘함으로서 세계문화에 가장 잘 이바지할 수 있듯이 대학도 자신의 개성을 가장 잘 발전시길 때 민족과 국가 나아가서는 세계에 대하여 가장 풍요한 생산적 의의를 갖게 되는 것이 역사가 증명하는 바입니다. 돌이켜 보면 동국대학교는 불교정신을 건학의 바탕으로 삼는 것이 무엇보다도 뚜렷한 개성입니다. 신라 고려시대에는 국교로서 전성시대를 가졌던 불교가 조선왕조시대에는 유교의 박해를 받고 최근에 들어와서는 기독교의 도전을 받아서 자체정비의 진통을 겪고 있는 것이 현상입니다마는 동국대학교는 이러한 자신의 건학이념을 굳건히 수호 발전시켜야 할 중대한 시대적 사명을 띠고 있는 것입니다. 동국대학교가 또한 역사적으로 유명한 문학인을 다수 배출시키고 있는 것도 자타가 공인하는 개성적 현상입니다.

그 밖에도 발굴되어야 할 독특한 장점이 많은 것입니다. 이러한 개성들을 육성 또는 발견하는 것, 다시 말하면 동국대학교를 동국대학교답게 키우는 작업이 또한 동국인 으로서는 누구나 간과해서는 안 될 본질적인 과제에 속합니다. 이상 열거된 여러 문제들에 대하여서는 이미 역대의 재단이사님 총학장 교수님 그리고 동문 여러분들의 노고의 결정을 우리는 가지고 있습니다. 그러나 이러한 거대한 성과들을 디디고 서서도 내일에의 기대를 생각할 때 본인은 스스로의 역부족을 통감하는 바입니다. 특히 전임 이선근(李瑄根) 총장의 정력적인 포치에 깊이 머리가 수그러집니다. 그가 남겨준 경주분교와 실험대학문제의 완결이 시급한 당면과제임을 여기에 운위할 필요조차 없습니다. 아무튼 이러한 문제들과의 대결이 총장이라는 직책자 한 사람만의 능력으로는 성공될 수 없는 것인 이상 본인은 이 자리에서 여러분의 따뜻한 보살핌과 변함없는 협조를 간절히 바라지 않을 수 없습니다. 동국대학교의 숭고한 목표의 달성과 무궁한 발전을 위하여 여러분의 편달이 불가결의 것임을 거듭 강조하면서 부탁드립니다.

〈동대신문(東大新聞)〉 1978. 6. 27

정 재 각

1978년도 동국대학교 총장 졸업식사

친애하는 졸업생 여러분! 오늘은 여러분을 위한 여러분의 날입니다. 이 자리에는 여러분을 환송하기 위하여 동국학원이사장 윤월하(尹月下) 대선사(大禪師)를 비롯한 이사 제위(諸位)와 교직원 여러분! 그리고 또한 여러분을 환영하기 위하여 내빈 동창회장 최재구(崔載九)의원 이하 동창여러분, 학부모 여러분이 자리를 잡고 계십니다. 춘한(春寒)이 아직 사라지지 않은 쌀쌀한 날씨에도 불구하고 식장에는 화기가 넘쳐흐르고 있습니다. 나는 이러한 여러분의 영광을 여러분과 더불어 생각해 보고자 합니다.

주지하는 바와 같이 동국대학교는 거금 73년 전 日本을 주로한 제국주의열강이 국권을 침범하는 가운데 구국의 기치를 내걸고 창립되었던 것입니다. 물론 당시의 대한제국과 오늘의 대한민국은 정치체제의 차이 이상의 큰 차이가 있습니다. 오늘의 우리나라는 경제, 정치 문화수준 등 국력에 있어서 당시와는 비교가 안 되리 만큼 월등하게 발전했습니다. 우리는 오늘날 벌써 한갓 지도상의 존재일 뿐이고 「은자의 나라」가 아니라 당당히 중진국의 대열에 서서 세계사의 무대에서 발언을 요구하고 있습니다.

그러나 우리를 에워싼 미국 · 일본 · 소련 · 중공 등도 벌써 옛날의 그들이 아니라 세계에서 가장 强力한 대국이 되고 이들이 자행하는 대국주의 내지 노골적인 국가적 이기주의에 분단된 이 국가는 항상 숨 막히는 긴장을 강요당하고 있습니다. 말하자면 민족적 국가적 생존에 내한 위협은 본교 창설 당시나 현시점이나 상대적으로 다름이 없습니다.

다시 말해서 본교 건학의 정신이 작동할 「장」에 그다지 차이가 없는 것이고 보면 졸업생 제군에게 요청해야 할 구국이라는 과업에도 또한 변동이 있을 수 없다는 결론에 도달할 것입니다.

그렇습니다. 여러분의 조국은 통일을 위하여, 생존을 위하여, 애국의 열성과 고급의 지식을 가진 역군을 오늘도 여전히 부르고 있습니다. 동국이라는 이름이 가리키듯이 한국의 국적을 가진 대학교의 졸업생들입니다. 세계의 많은 대학 중의 임의의 하나가 아니라 한국의 특정한 시대의 특정한 상황에서 설립된 특정한 사명을 지닌 대학의 졸업생들입니다. 훔볼트가 주장하던 고전적 세계시민주의적 교양을 목표로 하던 18세기 독일의 대학이 아니라 분단된 반신(半身)으로부터의 끊임없는 적의와 주변 강대국들의 전략적인 술수가 교차하는 와중에서 독립을 지켜야 하는 한국의 대학 졸업생들입니다.

광대한 면적과 풍부한 자연자원과 고도로 산업화된 선진국의 대학생이 아니라 입구는 과밀하고 자연의 혜택은 인색하고 국토는 협소하여 끊임없이 GNP의 강박감에 시달려야 하는 나라의 대학생들입니다. 그뿐 아니라 여러분의 나라는 外세의 지배하에 있었던 아물기 어려운 자존심의 손상, 그로부터 오는 자학심리와 그 다른 측면인 사대주의, 혹은 전근대적인 권위주의 등 갖은 병적인 정신증상이 민족력량의 집중을 가로막고 있는 나라입니다. 이러한 문제점들이 청산되었을 때, 우리는 비로소 진정한 근대화를 이룩하고 넘보지 못한 주권국가로 등장할 것입니다.

이제 여러분에게 도전하는 문제들, 여러분을 목마르게 기다리는 일터가 어떠한 것인가를 여러분은 정시(正視)해야 할 것입니다.

바야흐로 그 개척정신을 시험할 보람찬 「서부」가 여기에 여러분을 부르고 있습니다. 이를 외면하느냐 또는 대결하느냐는 물론 여러분 자신에 달려 있습니다마는 前者는 패배의 길로, 후자는 역사를 앞당기는 길로 통한다는 것은 명약관화(明若觀火)의 사실입니다.

여러분! 여러분은 과연 어느 쪽을 택하렵니까? 여러분의 졸업증서를 한갓 출세를 위한 유리한 재산목록의 하나로 이용하겠습니까? 아니면 사회와 조국과 인류에 봉사할 좌우명으로 간직 하시겠습니까? 여러분이 한국의 엘리뜨로 자처한다면 여러분의 대답은 스스로 명백할 것입니다.

한 걸음 나아가서 여러분이 물질편중과 투쟁위주의 현대 문명의 가공할 경사(傾斜)에까지 자비와 색심불이(色心不二)의 불교정신으로써 대처할 용의가 있다면 여기에 더 바랄 나위가 없겠습니다.

이상의 소망의 실현이 반드시 용이하지 않다는 것을 인정한다 하더라도 여러분의 학사복 석사복 박사복이 결코 겉치레가 되어서는 안 되듯이 나의 이 식사(式辭)도 한갓 수사학적 장식으로 풀이되는 것을 원치 않습니다.

여러분! 여러분의 졸업에 대한 나의 축하가 민족과 조국의 요청에 대한, 그리고 인류의 여망(輿望)에 대한 생산적인 요소가 이 자리에서 새로이 산출되고 있다는 나의 의심하고 싶지 않은 信念을 내포하고 있다는 것을 잊지 마시기 바랍니다. 그런 의미에서 다시 한 번 여러분의 장도를 축하하고 여러분의 무궁한 발전에 부처님의 가호가 있으시길 기원합니다.

1979年 2月 24日

총장 정 재 각

10 · 26 사태 뒤 개강 담화
– 문은 다시 열리었다, 우리 모두 본연의 자세로 돌아가자

쾌청한 가을 하늘과 함께 교문은 다시 활짝 열리었다. 유례없이 지루하던 장마와 더불어 지난 3개월은 실로 삼년처럼 긴 시간이었다. 학생이 없는 교정이 그다지도 허탈감(虛脫感)을 안겨줄 줄이야. 속절없이 그것을 바라보고만 있지 않을 수 없던 당사자가 아니고서는 모르리라. 이제 교실에 메아리치는 생기(生氣)한 목소리들을 들으면서 소생(蘇生)한 것은 반드시 날씨만이 아닌 듯 긴 숨을 내쉬어본다.

주지하는 바와 같이 10 · 26 사태이후 우리는 단속적(斷續的)으로 정치적 사회적 지진(地震)을 겪으면서 마침내 대학들도 걷잡을 수 없는 소용돌이에 휘말려 들어갔었다. 교정은 온통 구호와 노래와 선동연설과 매도(罵倒)하는 함성에 지배되고, 자제를 촉구하는 목소리와 도서관과 교실을 지키려는 존재들이 설 땅을 잃고 있었다. 극렬한 흥분만이 박수와 갈채를 받는 분위기, 거기는 완전히 야성의 무대일 뿐, 지성의 전당은 아니었다. 이어서 군인의 진주, 대학은 문자 그대로 건물적인 존재에 불과했다. 생각하면, 10 · 26 사태 그 자체를 비롯하여 사북사태(舍北事態) 등은 분명히 지성의 부재를 적나라(赤裸裸)하게 노정(露呈)한 것으로서 학생들이 단순히 그들의 의사표시의 정도를 넘어서 그들의 물리적 힘의 위력을 과시하려는 유혹에 빠진 것도 그러한 맥락에서 설명될 수 있을 것이다. 사회는 혼란에 빠지고 경제는 파탄에 직면하고 국가전체가 위기를 맞이한 결과에 대하여 사회는

사회대로 대학을 책망(責望)하고 학생은 학생대로 변명을 할는지 모른다.

그러나 어쨌든 대학인은 스스로 이 엄청난 결과에 대하여 심각한 성찰(省察)이 없을 수 없다. 그것은 결과가 문명국가로서의 위신을 떨어뜨리고 민족적 긍지에 중대한 타격을 입혔다고 해서만이 아니라 우선 자아반성(自我反省)이라는 절차가 지성인으로서의 기본적 요건이기 때문이다.

돌이켜 보건대 대학의 기능은 우선 심오한 학술적 이론과 그 응용방법을 연구·교수하고 아울러 지도적 인격을 도야(陶冶)한다고 되어 있다. 여기에 사회참여기능을 추가하는 이도 있다. 간단히 말해서 연구, 교육, 사회참여의 세 가지로 압축할 수 있으나 제3의 기능인 사회참여는 연구와 교육의 결과를 가지고 하는 것이므로 부차적(副次的)인 기능이며 연구와 교육이 기본적인 기능이 될 것이다. 학술적인 진실을 연구하고 그것에 접근하는 방법을 교수하는 데는 어떠한 주관이나 이해관계도 개재(介在)하지 말아야하므로 대학에 자유가 부여되어야 한다는 요청이 먹혀 들어간다. 권력이 작용하거나 경제적인 이해관계, 때로는 매스 커뮤니케이션의 유혹으로부터도 완전히 자유롭지 않으면, 다시 말해 냉철(冷徹)한 객관적 자세가 아니면 학술적인 진실에 접근할 수 없다는 것이 대학인에게 요청되는 정신적 자세다. 상아탑(象牙塔)이라는 용어는 세속과 일단 절연(絶緣)하는 이러한 면을 강조한 표현일 뿐이다.

그러나 상아탑에 몸을 담고 있다고 하여 반드시 세속적인 현실을 도피하거나 또는 세속생활에 있어서 무색투명하다는 말은 아니다. 그것은 살아있는 인간으로서 사실상 불가능하며 또 무의미하기 때문이다. 시민으로서의 관심이나 관여(關與)는 대학인으로서도 항상 가져야 한다는 것은 더 말할 나위가 없다. 다만 세속적인 비학문적인 관심이나 주장을 피교육자에게 강요해서는 안 될 것이며 학생들도 學問의 도량을 사회에 대한 자신들의 비학문적인 주장이나 要求를 관철시키는 장소로 이용해서는 안 될 것이다. 뿐만 아니라 이 성역을 특정한 사회세력과의 연결을 위한 준비 장소로 이용하거나 또는 학외(學外)에 간섭하기 위한 집결장소로 간주한다면 이는 곧 비성역화(非聖域化)를 자초(自招)하는 소이(所以)가 될 것이다.

대학이 국·사립을 막론하고, 또한 설립자의 정치적인 입장여하를 초월하며 오로지 과학적인 진실만을 각자가 자유로이 추구하는 공기(公器)일진대 이를 어느 정치적인 야당이나 혹은 여당의 동반자임을 표시하는 도구로써 사용한다면 이는 스스로 대학에 주어진 자유를 포기하는 것과 다름이 없다. 스스로 자유를 포기하면서 동시에 자유를 달라고 타(他)에 요구하는 것은 성립될 수 없는 흥정이라 하겠다. 부조리가 社會에 있기 때문에 뛰쳐나가지 않을 수 없다는 論理라 할지라도 그러한 부조리를 해결할 지식과 능력의 준비 없이 행동한다는 것은 한갓 정력의 낭비에 그칠 뿐 아니라 그것은 도리어 파괴적인 결과를 초래할 수도 있다. 대학인이 그들의 축적된 지식과 거시적(巨視的)인 안목(眼目)으로서가 아니라, 다만 집단적인 물리적인 힘으로서만 세인(世人)의 관심을 끌 때 대학은 완전히 그 본능을 상실하게 될 것이다.

대학은 기본적으로는 지식을 제공하는 곳이지 행동을 제공하는 곳은 아니다. 행동을 수반하지 않는 지식이 무의미하다 할지라도 지식의 뒷받침이 없는 행동은 오히려 위험하다. 대학생에 국가와 사회의 명일(明日)의 지도자로서의 기대를 갖는 것은 지도(指導)에 임할 수 있는 지식역량과 인격을 갖추는데 몰두하기로 되어 있기 때문이지 그들이 풍부한 물리적인 기동력을 갖고 있기 때문이 결코 아니다.

사회의 부조리에 대한 지식인적인 고민이나 부정(不正)에 대한 시민적인 분노는 물론 귀중한 것이지만 대학인의 본능은 그러한 고민과 분노의 대상을 학술적인 차원에서 구명(究明)하는 데 있다. 대학생이 야심까지도 공부에 열중하느냐 또는 불평의 배출구를 찾아서 한눈을 파느냐에 따라서 그 국가의 명암이 좌우되는 것이고 보면, 대학생에게 그 나라의 장래의 흥망이 달려 있다는 말은 몇 번 되풀이해도 지나치다고 할 수 없다.

이번 사태에서 불행히도 우리의 사랑하는 학생들 중 몇 사람 학적을 떠나야만 했다. 이 상흔(傷痕)에서 우리가 무엇인가를 배우지 않는다면 우리 학우들의 희생은 필경 무의미하게 될 것이다. 더욱 명심할 것은 우리 모두 동국대학교의 전진을 잠시라도 중단시켜서는 안 될 중대한 책임을 지고 있다는 사실이다.

1980. 9. 9

총장 정 재 각

젊은 그대들이여 꿈을 가지라 !

- 저희들이 생각해야 하는 청춘과 젊음에 대해서 총장님께서 생각하시는 젊음의 의의와 이 시기에 해야 할 일에 대해서 말씀해 주십시오.

▲ 나의 젊은 시대는 주로 일제시대인데, 해방 후 한참 혼란한 시대에도 젊었다고는 할 수 있겠지요. 그러나 주로 청춘이라고 부를 수 있는 시대는 일제시대인데, 정신적으로 매우 억압상태였었지요. 요즘 제군들이 구체제 하에서 억압을 당하고 있었다고 하는데, 그러면서 대단히 불평불만이 많은 듯한데, 그것은 내가 당했던 억압시대와 비교한다면 그건 억압이라고 할 수 없을 정도로 간단한 거였지요. 내가 청춘시대에 있을 때 억압이라고 하는 것은 마지막에는 사석에서나 공석에서나 한국말로 못하고, 성도 자기 성으로 갖지 못하고, 행동을 하는데도 늘 뒤를 누군가가 따라다니고, 모든 매스커뮤니케이션이 일본화 · 황민화라고 했고, 천황의 백성으로 화한다는 황민화 · 일본화를 위해 줄달음치는, 당시는 텔레비전이 없으니까 라디오나 신문이나 어느 하나도 이를 벗어나지 못했지요. 그래서 황민화의 일익을 담당하는, 그래서 전쟁에 나가라, 중국이나 남양에 나가서 목숨을 바치며 싸워라, 그래야만 완전한 일본사람이 될 수 있는 자격을 가질 수 있다, 모든 사회지도자는 전부 춘원 이광수처럼 변절했지요. 마지막엔 학병 나가라고 권유하는데 나섰거든요. 학도병으로 안 나가면 일본인이 될 수 없다, 그러면 올바른 대접을 받을 수가 없다, 제군이 지금 이전 유신체제에서 받았다고 하는 그런 것은 문제도 될 수 없는 거지요. 그리고 어떤 사람

이든지 영장 없이 마음대로 구속할 수가 있었지요. 또 장래에 이 사람이 뭔가를 저지를 것이라고 생각하면 치안유지법으로 예비검속을 통해 모두 붙잡아 갔어요. 요즘도 간혹 고문 당했다고 신문에 가끔 떠들어대고 있지만, 그 당시는 고문이 보통이지요. 과학적 수사라는 건 없었구요. 물을 먹이고, 주리를 틀고, 손가락 발가락에 뭘 끼우고 해서 자백을 받는 것, 그것이 유일한 취조방법이었지요. 그게 보통방법이었거든요. 그것은 그 시대의 환경이니까, 민감한 청춘시기에 회색이 하나의 생활 기조가 되었던 거지요. 희망은 없고, 어떻게 하면 살아나갈 수 있느냐가 오직 유일한 바람이었습니다.

만주나 중국으로 달아나거나, 독립운동 하거나, 아니면 국내에서 가장 압력을 덜 받는 곳으로 가서 문학청년이 되든가, 하는 식으로 숨어서 때를 기다리는 것이 고작이었지요. 아니면 일본사람의 악독한 앞잡이가 되거나 그랬지요. 그러니까 뭐 청춘의 꿈을 꾼다고 하는 얘기는 사치스러운 것이었어요. 그러나 그런 가운데서도 생활전반에 대해서 말한다면, 생활을 하는데 물질적인 것은 생각할 수 없었던 아주 빈곤한 시기였지요. 일본이 세계에서 지금은 최고의 상품을 만들어 내고 어쩌구 하지만, 예전에는 라디오 잡음이 많아 들리지도 않았고, 고장도 쉽게 나고, 양말도 신자마자 구멍이 나고, 뭐 말할 수 없을 정도로 형편없었지요. 기계라고 하는 것은 아무 쓸모도 없는 그런 것들뿐이었어요.

그러니까 요새 우리가 향유하고 있는 좋은 옷 같은 것이 없었다는 겁니다. 인조가죽이라는 것도 금방 펑크 나고 할 정도였으니까요. 이처럼 물질적으로 빈곤했지만, 그 대신 민감한 사람은 조국과 민족과 그런 것들에 대해서 꿈을 꾸고, 그 꿈에 대해서 어떻게 실현해 나갈지를 생각했고, 대신 아주 현실적인 사람은 일본 사람이 시키는 대로 하자, 협력을 해서 나가자, 그런 식으로 살아남은 사람들이 그때는 아주 애국운동을 한 것처럼 지금 와서 떠들고 있는 사람이 많아요. 그때 애국운동을 한 사람은 아주 소수이고, 대부분의 사람이 일본 앞잡이가 되었거든요. 물론 그중에도 일본에 대해서 속으로 많은 불평을 하는 사람도 있었지만 적어도 겉으로는 표시를 안 하니까 언론이고 뭐고 그런 내용에 대해 발표를 못하게 되어 있었으니까, 별 재주가 없었지요.

정리를 하면 물질의 위협이라고 할까, 현실에 그냥 떠내려가는 경우가 대부분이었고, 그 다음에는 이에 대해서 자기 자신을 깊이 바라보고 자기 자신의 존재의 이유를 깨달으려고 애쓰고, 소극적인 저항의식에 고민하는 사람, 그런 정도가 있었지, 요즘처럼 좋은 옷 입고, 맛있는 음식 먹고, 영화관 가고 하는 등의 생활상의 향수를 느낄 수 있는 환경이 아니었단 말입니다. 기껏해야 술집에 가서 술 먹는 게 유일한 낙이었지요. 그렇게 다채롭게 엔조이 하는 그런 것이 그 시절에는 없었다는 말입니다. 그러니까 소설 쓰고, 시를 쓰고, 재주가 없던 사람도 문학가가 되고, 이상의 소설 같은 것도 사실은 그때 말년에 나온 건데, 그 사람이 지금은 예술분야에서 높은 지위를 가지고 있지만, 그 사람도 그런 환경에서 나온 것이지요.

지금 내가 보기에는 지식인들이 그런 깊은 비애에 잠겼다거나, 환경이 아무래도 그때에 비하면 지금이 훨씬 해방감이 있고, 마음대로 떠들 수가 있고, 외국에 여행갈 수 있고, 국외의 인포메이션이 들어오고, 서적이 막 들어오고, 공산주의 외에는 우리가 마음대로 들을 수 있는 처지니까, 그때에 비하면 매우 사치스럽다고 할 수 있어요. 지금 어떤 억압이나 갈등을 받고 있는 사람도 그때에 비하면 그건 사치스러운 불만이다 이렇게 얘기할 수가 있겠지요. 그래서 제군들이 현실에 맞춰서 흘러가는데, 물론 흘러가는 자신에 있어서는 나름대로의 비애가 있겠지만, 그래도 어디 가서 기분 좀 발산해야겠다고 하면 발산할 수 있지 않나요? 그러나 그때는 발산할 수 있는 장소가 없었다는 겁니다.

- 저희들은 "아는 것이 힘이다"라는 말을 많이 듣고 있습니다. 그러면 살아가는데 지식이라는 것이 반드시 필요한 것인지에 대해서 말씀해 주셨으면 합니다.

▲ 나는 필요하다고 봅니다. 우리가 목숨만 이어가는 게 사는 게 아니지 않습니까? 사람이라면 그것은 그냥 존재하는 거지요. 생활하는 겁니다. 로댕이라는 조각하는 사람 있지요. 도시에는 생활이 없다. 존재함만이 있을 뿐이다. 우리들처럼 존재하는 것뿐이지요. 생활이란 생명력이 약동하는 것이지요. 그것이 생활하는 것인데, 생명력이 약동하지 않고 있습니다. 그런 식으로 말하듯이 사람이라는 것은 존재하면 그냥 동물처럼 이렇게 사는 것인데, 생명력이 약동하는 것처럼 살려고 하면 지혜롭게 살아야 합니다. 지혜의 구성 속에는 선천적으로 가지고 있는 그 어떤 예지가 필요하고, 그 다음에는 지식이 포함돼야 합

니다. 현실이 어떤 현실을 구성하는 어떤 사회적인 법, 자연의 인과관계 등이 있는데, 이런 여러 가지 복잡한 것으로 인해 구성되어 있는데, 일종의 원리나 원칙이나 법칙이나 이런 것이 작용하고 있다고 보는 거지요. 사회과학 면에도 그렇고 자연과학 면에서도 그렇고, 그런 것을 우리가 캐치해야, 그리고 그런 것을 잘 운영해야 현명하게 살 수 있다는 겁니다.

가령 자연법칙에 위배되는 생활을 하게 되면 그건 파멸이지요. 사회에는 법칙이 있다는 사람도 있고 없다는 사람도 있는데, 그만큼 그것을 캐치하기가 힘들다는 것인데, 거기에 위배되는 생활방식을 가지면 그것은 파멸하는 겁니다. 현명하게 행복 되게 생활하려면 반드시 지식이 있어야 됩니다. 지식이라는 것은 지식을 판단할 수 있는 예지라는 것이 필요한데, 그것이 생활의 지혜라는 거지요. 지혜롭게 살아야 하는데 지식이 자신의 생활에서 전연 유리되어 있을 때는, 그건 실제로 아무 도움이 안 되지요. 지식은 우리의 양복이나 머리털처럼 나를 행동하게 만드는 본질적 요소가 아니고, 만일 그렇다면 벗어버리면 그만인데, 지식이 그런 것이라면 오히려 그런 지식은 쓸데없는 지식이 되는 거예요. 자기에게 쓸모없는 지식이니까요. 그런 것을 많이 가지고 있으면 식자우환이라고 하는 거지요. 많은 사람이 그렇습니다. 그들은 지식을 악용한단 말입니다. 지식이라고 하는 것은 남하고 어울려서, 인간은 사회적 동물이기 때문에 같이 행복되게 남도 도와주면서 우리가 서로 만족스럽게 행복 되게 살아갈 수 있도록 협조하는, 상부상조해서 살아가는데 필요한 것이지, 자기혼자만 잘 살고 남을 못 되게 하는 지식, 그것은 해로운 지식이라고 할 수 있지요. 즉 지식을 컨트롤 할 수 있는 지혜가 있어야 한다는 겁니다.

지혜 속에는 지식 플러스 예지가 합쳐져 있다 이렇게 정의할 수가 있지요. 학문은 지식을 얻기 위한 학문이다, 학문을 해봐야 알 수 있는 겁니다. 가령 현실이라고 말할 때 제군들의 눈에 보이는 것만이 현실이 아니지요. 우리 눈으로 보는 것은 현미경으로 볼 수 있는 작은 것도 못 보고, 굉장히 큰 것도 못 보거든요. 빛깔도 태양광선 7가지 밖에는 못 보고 있어요. 자외선도 못보고 적외선도 못 보지요. 그렇다고 자외선이 없나요? 적외선이 없나요? 우리는 스튜디오에서 굉장히 큰 소리는 못 듣지요. 아주 자그마한 소리도 못 듣지요. 그렇다고 그 소리가 없는 게 아니지요. 다 있는 거지요. 있는데 우리가 가지고 있는 오감으로서 포착할 수 있는 것은 극히 일부분에 불과하다는 말입니다. 냄새 맡을 수 있는 것도 극히 일부분입니다. 위가 받아들이는 것도 극히 일부분이지요.

그런데 우리는 어리석게도 현실적으로 보이는 것이 그게 전부 다 라고 알고 있는데 그렇지 않은 거예요. 우리가 얼마 전까지 전기라는 존재를 몰랐지 않아요? 그런데 스위치를 탁 누르니까 환해지는 것을 보고 아 전기라는 것이 있구나 하고 알게 된 거지요. 요즘 전기를 부인하는 사람은 없겠지요. 그전에는 전기가 없다고 믿었거든요. 소리도 마찬가지에요. 음파를 과거에는 몰랐지요. 음파에 의해서 전화를 사용할 수 있다는 것을 알고 나서 "아 음파라는 것이 있구나. 하고 생각하게 된 거지요. 그 전에는 이런 것을 몰랐거든요. 말하자면, 우리가 아는 것은 불안한 것이 많고 속임수가 많은 거지요. 텔레비전에서 마술 같은 거 봤지요? 감쪽같이 속지 않습니까? "그렇게 보인다구, 난 봤는데 왜 그러냐고 하는데, 나는 목격자다." 그러나 목격자는 무슨 쥐뿔 난 목격자야, 거짓말 하고 있는 거지. 그러니까 학문이 부족하다 이 말입니다. 학문으로 하나하나 다짐을 하면서 진상을 파악하는 것 그것이 지식이라는 거지요.

그러니까 지식이 필요하다 그것이지요?

- 총장님 전공이 사학이시라는 걸로 알고 있는데 역사와 문명이라는 광범위한 문제에 대해서 총장님의 고견을 듣고 싶습니다.

▲ 역사와 문명이라는 것을 한마디로 말하는 것은 참 힘든 문제인데, 그것은 나보다 실력이 훨씬 많이 있는 사람도 대답하기 힘든 대단히 어려운 문제지요. 그만큼 학자 간에도 이견이 많아요. 가령 마르크스의 유물변증법에 있어서도 역사란 하나하나 단계를 거쳐서 점점 발전하는 것이라고 하는, 즉 발전단계설을 말하는 것인데, 역사를 발전시키는 기본적인 것이 물질적인 생산관계에 있다, 이 관계는 생산자와 자본을 대주는 사람하고의 계급투쟁에 의해서 이루어지는 건데, 생산관계의 발전이 역사의 관계를 이룩하는 것이다 이런 이야기시요.

이에 대해 토인비 같은 사람은 그런 게 아니라는 거지요. 시간적으로 반드시 발전하는 게 아니다, 그렇게 보는 것은 의미가 없고 각자의 문명의 패턴에 의해서, 가령 극동문명이라 하면 중국하고 한국하고 일본을 포함한 동아시아문명, 혹은 희랍과 로마를 포함한 문명, 혹은 중동에 있는 아랍 회교문명. 과거의 애굽문명, 이런 문명이 여러 가지 있는데, 이들 문명의 소유자들이 여러 민족이 될 수도 있고 한민족이 될 수도 있는데, 대개는 복수민족이 그 하나의 문명권에 들어갑니다. 그런데 그것이 외부의 도전, 도전이라고 하면 외부의 다른 문화가 왔을 때 그것에 어떻게 응하느냐 하는 것도 있고, 내부로부터의 도전도 있고 한데, 이들 외부 내부로부터의 도전에 잘 응전하게 되면 문명을 오래 끌고 갈 수 있고, 그 응전이 실패했을 때 그 문명은 멸망한다는 겁니다. 그래서 어떤 문제가 발생했는데, 어떻게 응전했느냐 하는 것을 살펴보아야만 역사의 진위를 알 수 있다, 다시 말해서 역사는 인간학의 하나라는 겁니다.

역사란 인간을 연구하는 하나의 학문인데, 인간을 해부해서 생리학적으로 봐서는 인간의 조직만 알 수 있지, 인간의 정신세계는 모르거든요. 인간은 무엇 때문에 살아 있으며, 무엇을 향해 가는가 하는 것을 알 수 없으니까, 인간학을 연구하기 위해서 법률학도 나오고, 철학도 나오고, 경제학도 나오고 했는데, 이게 모두 다 인간 활동을 연구하기 위해서 나온 거지요. 역사도 마찬가집니다만.

그래서 인간이 지나온 자취를 죽 훑어보면 거기서 어떤 인간에 대해서 알 수 있는 단서가 나오지 않겠는가, 그래서 인간이라는 것은 무엇 때문에 어데서 와서 어디로 가는가, 무엇을 위해 살며, 무엇을 지표로 해서 갔는가, 인간의 발자취를 지배하는 어떤 원칙이나 법칙이 있을 것이다 - 라고 생각하는 것이 역사라는 거지요.

그런가 하면 E. H. 카(Carr) 같은 사람은 "역사는 현재와 과거와의 대화다" 라는 말을 했지요. 인간이 과거에 걸어온 쌓아온 개인이 아니라 전 인류가 쌓아온 발자취하고 현재 내가 서 있는 그 자체와의 대화를 해보자, 현재의 입장에서 과거를 본다는 말이지요. 자꾸 어려워지지만은 현재의 입장에서 과거를 본다는 말은 과거 자체에 있는 것이 아니라, 나는 살아 있는 사람입장에서 해석할 수밖에 없거든요. 내 상식이라는 것은, 내 존재라고 하는 것은 견문한 것 그것 밖에는 모르니까 천 년 전이나 2천 년 전에는 살아 본적이 없기 때문이지요.

이제 내가 생각하는 이해에 의해서 과거를 파악하는 거니까 과거와 현재의 대화가 바로 그런 거지요. 실제로 과거에 있었던 그대로 내 눈에 보이는 건 아니에요. 제군들도 마찬가지에요. 미국 사람은 이렇다고 생각하지만 미국 사람이 아닌 이상 어떻게 미국 사람을 알겠습니까? 이것과 마찬가지로, 그러니까 역사라고 하는 건 인간의 인간을 지배하는 의미가 무엇인가, 인간이 현재 살아 있는 의미가 무엇인지를 알기 위해 옛날 사람들의 생활하던 모습 등을 알려고 하는 것이 바로 역사지요. 다시 말해서 현재의 우리를 알기 위한 힌트를 얻기 위해서 역사를 공부하는 거지요. 또 문명론이라고 문명 전체를 우리가 훑어보는 것도 인간이 만들어 놓은 그것이 어떤 성격을 가지며 어떤 의미를 가지는 것인지, 그것이 지금하고 무슨 상관이 있는가 하는 그런 관계를 포착하려는 거지요. 넓은 의미에서 역사 지식이 인생의 생활에 도움이 되기 위해서 하는 것이지요. 너무 간단히 얘기해서 여러분들 잘 모를 거예요. 이것을 한 학기를 강의하고 나중에 끝나서 물어보면 다들 잘 모르더라고요. 내가 한 학기를 죽 강의 했는데도 말입니다.

- 선생님은 전공이 역사이시고요, 저희는 컴퓨터가 전공인데요. 컴퓨터가 인격을 대신하지 못할 것 같습니다. 보통사회에서 말하는 진리란 무엇이고요, 인격의 주체는 무엇인지요? 알기 쉽게 말씀해 주시면 감사하겠습니다.

▲ 사람이란 정신과 물질로 되어 있지요. 육체가 물질이지요. 컴퓨터는 모든 게 숫자 중심이고, 그 것이 만들어지는 배후에는 정신이 작용했겠지만 컴퓨터가 복합적인 사람의 인격을 대신하지 못한다는 말은 당연히 맞는 말이지요.

진리란 무엇인가? 이에 대해서는 많은 사람들이 논하고 있지요. 이게 진리다. 저게 진리다 하며 말이지요. 진리가 무엇인가를 말하는 것은 참 어렵습니다. 진리를 탐구하기 위해서 역사도 있고 철학도 있고 여러 가지가 있는데, 간단히 얘기하면 시간과 공간을 초월해서 보편타당성을 가지는 어떤 원리, 어떤 시간에만 이게 타당하고, 또는 고대에만 타당하고 현대에는 타당성이 없는 것은 진리하고 할 수 없지요. 또 한국에서는 타당하지만 다른 나라에서는 타당하지 않는다고 하는 원리는 진리라 할 수 없지요. 보통 진리라고 말하는 것은 시간과 공간을 초월해서 보편타당성을 가져야 하는 거예요. 어떤 경우에도 그 원리를 적용하면 다 들어맞는 것을 말하지요. 그런 것을 진리라고 부르지 않나 생각됩니다.

하나의 가설이지만 뉴턴의 법칙인 인력의 법칙이 있지 않나요? 그런 것을 가설이라고 하는데, 이런 가설적인 것은 실험을 못하는 거지요. 그렇지만 그것을 과거에는 진리라고 했는데, 요새는 그 법칙도 틀렸다고 하지요. 그러니까 그것도 진리가 아니라고 말할 수가 있겠지요. 아인슈타인의 상대성원리도 그것도 가설이지요. 그것을 죽 적용시켜 보니까 일단은 해명이 되니까 그것을 진리라고 말하는 거지요. 한국에서의 자연현상이나 미국에서의 자연현상이나 지구의 그 어떤 자연현상도 이것으로 설명이 가능하니까 그러한 가설은 진리라고 할 수 있는 것입니다.

그러니까 인격의 주체는 무엇인가? 인격의 주체 이것은 진리하고는 조금 문제의 초점이 달라지는데 이는 길어지니까 다음 기회에 말하는 것이 좋겠습니다.

- 역사에서는 예언이라는 말을 사용하는지요?

▲ 이것은 내 개인의 생각인데, 솔직히 얘기해서 역사가는 예언을 얘기 안 합니다. 막스 베버라는 사람은 예언하는 사람을 교단에서 내쫓으라고 했습니다. 자기가 모르는 것은 모른다고 하고 아는 것만, 자기 전공 분야만 극히 좁은 분야이긴 하지만, 자신이 확실히 알 수 있는 그 분야만을 말해야지 광범위하게 마치 예언자처럼 세상이 이렇게 돼가는 거다 이렇게 얘기하는 놈은 교수로서의 자격이 없는 겁니다. 그러니 교단에서 내 쫓아라 했던 거지요. 점쟁이가 되거나 무슨 선동가가 되거나, 정치가가 되거나 하지 교단에 세우지 말아라 했던 거지요. 2차 대전 후에 독일이 하루 밤 자고 나면 인플레이션이 되서 물가가 굉장히 오르자, 술만 먹고 맥주병만 저장한 자는 그중에서 그래도 생활이 되었고, 또박 또박 은행에 저금한 놈은 망하고 그런 시대지요. 그런 시대에 학생들이 교수님 저 좀 도와주세요. 어떻게 살아야 합니까? 이놈의 세상이 어떻게 돌아갈 것 같습니까? 뭐라고 속 시원히 말해 주십시오. 그래도 막스 베버는 "나는 모르겠다. 해버린 거지요. 그러자 교수로서 자격이 있는 거냐? 하니까 교수라도"모르면 모른다고 해야지 어떻게 하느냐? 교수가 그것도 모른

다고 그만두라고 하면 그만 두어야지 내가 어떻게 해야 하느냐? 나는 역사학, 사회학, 종교학 이런 걸 전공하고 있는데 나는 모른다는 것을 말하는 것 뿐이다."라고 말했던 거지요. 그러니까 학생들에게 인기가 없었지요. 그러나 그가 죽은 후에는 마르크스와 막스 베버를 'Two M'이라고 부를 정도로 유명하게 되었지요. 최근에 난 가장 훌륭한 학자다 라고 평가되었지요. 학생들은 거짓말이라도 좋으니까 가슴 시원하게 말 좀 해 달라고 했으나 그는 끝까지 모르는 것은 모른다고 했던 겁니다.

요새도 그런 풍조가 있지 않나 잘 모르겠습니다만, 시원하게 세상이 이렇게 되어 간다, 이렇게 말해주면 시원하고 좋아하는 사람들이 있을지 모르겠지만, 그러면 자기가 경험하지 않은 것을 말한다면, 그것은 학문하는 사람의 태도가 아니지요. 그러나 순전히 개인적인 내 생각에 의해서 말한다면 사람들이 너무 물질적으로 되어 간다고 봅니다. 여기 모인 제군들 중에서 어떤 미팅에 나갔을 때 좀 싼 옷을 입고 나가면 자신이 좀 못 낫다든가, 좀 떨어진다든가 하는 열등의식에 사로잡히게 되는 경우가 있는 것 같은데, 조금 눈에 띄게 옷을 입어야 하는데 옷이 날개라고 말이지요. 그래야만 남들이 인정한다, 얼굴도 화장기가 있어야 인기가 있게 된다, 그렇게 해서 상품으로서 남에게 보여야 한다는 식으로 신경을 많이 쓰는 시기가 지금의 시기가 아닌가 합니다. 상품가치를 높이기 위해서 포장을 잘해야 한다는 그런 심경 경향과 정신경향은, 자연히 남에게 보이지 않는 구석에 대해서 어떻게 그것을 참 깨끗하게 하고, 어떻게 그것을 착하게 되게 하느냐에 정신을 써야 할 시간을 빼앗게 된다 이 말입니다. 즉 본질 문제에 소홀하게 된다는 거지요. 그렇게 되면 사회는 어떻게 되느냐 이겁니다.

인간은 사회적 동물이라서 상부상조하며 평화를 이루어나가도록 살아가야 하는데, 그걸 소홀히 하고 서로 외면상 경계를 하게 되는 거죠. 자가용을 가졌느냐, 텔레비전을 가졌느냐, 시집갈 때 뭘 가지고 가야 한다는 이런 식으로, 별로 중요하지 않는 본질적인 것이 아닌 문제에 신경을 쓴다는 것은 인류의 불행한 일이지요. 본질적인 문제를 도외시 하고 물질문명에 너무 집착하는 이런 생활을 하게 되면 사람들에게는 불행이 닥쳐올 것이 아닌가 하는 생각을 하게 됩니다.

너무 다투다 보면, 석유를 많이 점령한 나라가 강대국이 된다고 하니까, 그러면 석유를 확보하기 위해서 남의 나라를 침략하게 된다, 압력을 가해야 한다, 그 민족을 자신의 손아귀에 넣어야 한다고 생각하게 되는 거죠. 제국주의라는 게 바로 그런 겁니다. 다른 민족을 눌러서라도 자원을 많이 차지해야 한다, 그건 자기나라 백성의 생활기준을 높이기 위해서 남의 나라 백성의 생활기준을 낮추는 거지요. 그런 식으로 자꾸 나가게 되면 어떻게 되겠어요. 인류는 멸망하게 되는 것 아닙니까? 내가 배고프면 남을 잡아먹는 것과 마찬가지 아닌가요? 동물세계와 뭐가 다른게 있습니까? 그러면 우리는 동물화 한다는 거지요.

　자본주의도 마찬가지고 공산주의도 마찬가지지요. 공산주의는 물건을 많이 생산해서 분배하는 데에만 - 즉, 공평하게 분배하는 데에만 관심을 두는 거지요. 능력대로 가 아니라 공평하게 분배하자는 것입니다. 물질을 많이 생산해야 한다는 점에서 양자는 똑 같은 거지요. 그런데만 신경 쓰자니 정신은 소홀히 하게 되는 겁니다. 나는 이것이 좀 비관적입니다. 이런 식으로 나간다면 20세기 문명은 토인비가 아니더라도, 슈펭글러가 아니더라도 나는 비관적입니다. 슈펭글러나 토인비의 사학체계가 완전히 그대로 승인하지 않는다 하더라도 비관적이지 않을 수 없는 거지요. 가는 방향이 종교가 굉장히 많이 나와서 떠들고, 불교도, 예수쟁이도 많이 나와서 떠들어대도 나쁜 놈은 여전히 나쁘고 남을 약탈하고 남을 누르고 그런 사람의 수효가 적어지지 않는다고 하는 것은 근본적인 노력이 우리가 부족하다는 것을 인정하는 것입니다.

　학생들이 이걸 듣고 별로 시원하지 못한 소리지만 개인의 의견을 억지로 말하라니까 내가 말하는 것입니다.

　- 총장님의 삶이 어떤 것이었는지를 말씀해 주십시오.

　▲ 아마 귀감이 안 될 겁니다. 내가 처한 환경하고 여러분들의 환경이 틀리니까, 반드시 그대로 본 딴다고도 할 수 없고, 제군이 타고난 개성이 있고, 그 개성에 맞는 생활 방식을 해야지, 어떤 사람이 그 방면에 성공했으니 반드시 그 방식을 적용하여 생활하면 똑 같이 될 것이라고 하는 것은 획일적이고, 기계적이라고 하는 겁니다. 어떤 외국의 제도를 본 따

면 우리도 똑 같이 된다고 하는 것과 마찬가지로 비현실적인 얘기입니다. 그러나 참고로 말할 것 같으면, 첫 번째 질문에서 말한 것처럼 꿈을 상실하고 있었어요. 우리가 하나밖에 없는 목숨이 여기서 태어나서 어떻게 하면 내가 값어치가 있는 일을 하고 죽을 것인가? 불교적인 생각을 해서 윤회가 사실인가 아닌가를 생각하는 사람이라 할지라도, 나는 윤회를 믿습니다만, 내가 살아 있는 동안 무슨 값어치가 있는 일을 하고 죽어야 되겠다, 단 하나밖에 없는 목숨이 붙어 있을 때 말입니다.

그러면 어떤 일을 해야 할 것인가를 생각할 때 꿈을 가져야 합니다. 꿈을 가져야만 하는 생리적인 조건이 가장 합당한 시기가 바로 청춘이지요. 바로 제군들의 시대지요. 그것은 힘이 자꾸 나고 신진대사가 잘 되고 해서 정신이 발랄하게 작용하는 그런 시기거든요. 세포가 하루에 15만개씩 죽어가고 쇠약해져 가고 하면 정신이 거기서 영향을 받게 되지요. 그래서 정신도 보수적이 되고 움직이지 않으려고 하고 비관적이 되지요.

내가 비관적이 된다고 하는 것도 그 하나의 이유지요. 물론 나는 아직도 꿈을 버리지 않고 있습니다. 내가 있는 동안은 이 빈약한 육체나마 내가 값어치 있고, 지금 당장 아무런 이해를 받지 못한다 하더라도 10년 후에나 20년 후에, 그리고 내가 무슨 일을 하고자 했다고 평가를 받는 그런 사람이 될 것이라고 예상하고 살아가는 거지요. 지금 당장 어떤 일을 하면 박수갈채를 받는다는 그런 일에 집착해서는 안 됩니다. 위대한 사람일수록 그 당시에는 절대로 박수 받는 것을 원하지 않았습니다. 소크라테스도 그렇고, 공자도 그렇고, 예수도 그렇고, 죽어서 호랑이가 죽어서 가죽을 남기듯이 사람도 위대한 사람은 죽어서 일정한 시기를 지나서 그 사람이 훌륭했다고 평가받기를 원했던 것입니다. 오늘 당장 내가 어떤 착한 일을 했으니까 내일 열매가 올 것이라는 얍삽한 생각을 하지 말고, 봉사하고 있는 어떤 집단이라든지 사회나 민족을 위해서 어떤 일을 하는 것이 최상의 봉사가 될지 하는 꿈을 그리라는 겁니다.

달나라에 가서 계수나무를 도끼로 쪼아 온다든지, 달나라에 가봤으면 하는 꿈을 꾸라 이겁니다. 달나라에 갈 수 있는가, 그건 꿈에 불과하다고 웃어 제치지 말고 자꾸 꿈을 그리다 보니까 그 방도를 연구하고, 방도를 연구하다 보니까 달나라에 가게 되는 거지요. 그래서 꿈이라고 하는 것은 대단히 소중한 것입니다.

　이거 어떻게 하면 과외공부 많이 해가지고 좋은 직장에 들어갈까라는 생각만 하는 자들이 많은데, 물론 그것도 필요하기는 하지요. 그러나 꿈을 포기하고 너무 억척스럽게 그것에 매달리는 사람은 조금 민망한게 있어요. 고민하고 방황하고 인생이란 무엇이냐? 국가란 무엇이냐? 민족이란 무엇이냐에 대해서 잠 못 이루는 밤을 많이 가져야 당신에게 도움이 된다는 것입니다. 현실하고는 좀 동떨어진 문제라고 부모에게 꾸지람을 받겠지요. 과외공부 안 하고 무슨 쓸데없는 생각을 하고 있느냐고 구박을 받겠지만, 그럼에도 불구하고 그것은 아주 소중한 것입니다. 그것을 겪지 못한 사람은 큰일을 못 한다 그 말입니다.

　꿈이 없는 사람은, 나도 꿈이 별로 없었지만, 참 내게도 한 가지 꿈은 있었어요. 내가 대학을 졸업할 때 일본사람하고 같이 졸업했지요. 일본사람이 4분의 3이 되고 한국 사람이 4분의 1이었지요. 그 비율밖에 안 뽑았으니까요. 졸업할 때 송별회를 해주었는데, 한국 사람만이 모이는 기회였지요. 그때 나는 내가 우리 민족에 대해서 해로운 일은 하지 않겠다. 차마 민족을 위해 무엇인가를 해야겠다는 용기는 없었지요. 그것은 내 자신의 능력을 과소평가하고 있던 것인지는 몰라도 좌우간 내가 무슨 수로 민족을 우해서 큰일을 하겠느냐 그런 생각을 했지만, 해로운 일을 하지 않겠다고 나는 맹서했지요. 어떤 사람은 나가서 정치가가 된다. 정치집단을 만든다, 돈을 벌어서 학교를 세우겠다, 자기는 과수원을 경영하겠다는 별별 사람이 다 있었는데, 내가 그때 마음속으로 서약한 것은 해로운 사람이 안 돼야겠다는 것이었으므로, 그러려면 일본의 앞잡이가 돼서는 안 되겠다고 맹세했던 거지요.

　즉 관리가 돼서는 안 되겠다고 생각했었다 이 말입니다. 그러면 나는 무엇을 하며 살아가야 하겠는가? 나는 몸이 약해서 광산에 가서 일을 할 수도 없었고 해서, 이왕 대학을 졸업했으니까 가장 가능한게 교육자다 -, 학생들을 가르치는 것이 가장 좋겠다고 해서, 당시 한국사는 가르치면 안 되었기에 일본사를 가르치기로 했지요. 그때는 일본사를 국사라고 했지요. 국사라고 해서 한국을 병합한지 30년이 됐고, 이 나라가 그전에는 중국의 식민지가 됐고, 나중에는 일본의 식민지가 됐고, 한국의 아픈 것만을 얘기하는 그런 역사였지요. 그런 것을 가르쳐야 했던 것인데, 나는 우리 한국사를 가르쳤던 거지요. 그러다가 들켜가지고 내가 그 학교를 쫓겨났어요. 그리고 감옥에 가서 한달 간 붙들려 있었지요. 그러나 내 직업은 교직뿐이었지요. 나는 교육자로서 거짓말을 하지 않고 자기가 옳다고 생각하는 것을 가르쳐야겠다, 그게 내가 할 수 있는 최대의 일이다, 그렇기 때문에 한 번도 교육자로서 밖에 나가본 적이 없었던 것이지요. 늘 교문 속에서 살았지요. 그래서 교육자가 아닌 사람을 볼 때는 그 케케묵은 책이나 뒤지고 있고 무슨 딱딱한 갑옷을 입은 사람처럼 융통성이 없고 돼먹지 않았다고 사회 물 많이 먹은 사람은 그렇게 느낄 겁니다.

그러나 나로서는 할 수 없었지요. 평생을 그렇게 늙어 왔으니까 말입니다. 그 내에서만 쳇바퀴 돌 듯 돌았으니까 할 수 없지요. 그때는 그런 식으로 꿈을 가지긴 가졌어요. 당시 내 눈에는 전부가 해로운 짓만을 하는 사람밖에 보이지 않았어요. 그래서 해로운 사람이 되지 말아야겠다 하고 공부한 것입니다. 그저 사람들이란 거짓말 많이 하고 대문밖에 나오면 큰소리나 치고, 들어가서는 딴 짓하고, 표리가 부동하는 등 그런 사람이 많았지요. 어떻게 해야 저런 사람이 되지 않을까? 양심 있게 살면서 내 나름대로 충실한 생활을 할까 그것이 나의 유일한 꿈이었지요. 그러한 꿈이나마 지금 많은 사람이 가졌으면 좋겠어요.

- 오랜 시간 감사합니다. 시간이 다 됐습니다.

▲ 횡설수설 했는데, 도움이 되겠습니까?

- 귀중한 시간을 갖게 돼서 대단히 감사합니다. 학생들이 기념될 만한 것을 하나 준비한 것이 있습니다. 저희 대학 학교 배지입니다.

▲ 뭐 이런 것까지…, 번쩍번쩍하는데 금인가? 요새 금값이 비싸다는데, 뭐 이런 것까지…. 잘 보관하겠습니다. 고맙습니다.

농내신분 1979. 12. 10

총장 정 재 각

개교 73주년 기념식사

친애하는 동국인(東國人) 여러분!

본인은 먼저 이 뜻 깊은 자리를 맞이하여 지난 73년 동안 본교의 발전을 위해 노고를 아끼지 않은 학교법인 동국학원의 역대 이사진, 역대 총·학장님 그리고 교수·직원 및 5만 동문들의 열의와 정성에 충심으로 감사의 인사를 드립니다.

우리 동국대학교는 이 땅의 많은 대학 가운데서 불교를 건학이념으로 하는 특성을 지닌 불교종립대학입니다. 따라서 불교교육을 통한 사회정화와 올바른 불교관의 정립으로 요익유정(饒益有情)의 이상을 실현하는 일은 우리 동국인의 사명이자 이념이기도 합니다. 불교는 이 땅에 들어온 이후 민족정신의 기반으로 정착하면서, 우리 민족과 흥망성쇠를 같이 하여왔고, 외세의 거센 도전에는 응결된 정신력의 총화로서 나타났으며, 내부의 갈등이 표면화되었을 때는 조화와 통일의 원리를 제시하여 주었습니다. 그리고 이제 우리의 불교는 민족정신의 중핵으로서 확고한 뿌리를 내렸을 뿐만 아니라 희망찬 미래의 좌표를 제시해야 할 무거운 짐을 우리의 역사로부터 요구받는 새로운 자각과 소명의 시대에 처해있게 된 것입니다.

이렇게 볼 때 우리 동국대학교에 부하(負荷)된 민족사적인 책임은 실로 막중한 것이 아닐 수 없고 바로 그러한 책임과 권리의 특질이야말로 본교가 세계의 대학으로 약진할 수 있는 무한의 가능성을 지닌 것이라고 확신하는 바입니다. 본인은 총장으로 취임한 이래,

불교정신의 계승과 발전이라는 토대 위에서 새로운 역사의 창조자로서 오늘의 사회와 인류가 요청하는 역군을 길러내는 일이야말로 동대발전의 기본방향임을 누차 천명해 왔습니다. 그러나 보다 발전적인 교육과 연구의 질적 향상, 그리고 면학 분위기의 제고는 동국인 모두의 합심과 단결로 이루어질 수밖에 없다는 사실도 또한 동국인 여러분께 말씀드리지 않을 수 없습니다.

이미 본인은 본교의 건학이념을 실현하는 한 방편(方便)으로 불교문화연구소의 대폭적인 확충과 발전방법을 모색하여 왔습니다만 금년에는 이와 병행하여 동국문학의 발전과 한국문학의 진흥을 위한 한국문학연구소와 일본학연구소를 신설하여 명실공히 동양학연구의 총본산이 될 수 있도록 노력할 것입니다. 또한 한국인에 의하여 만들어진 불교문헌을 총망라하여 시대별로 묶은 한국불교전서의 간행도 이와 같은 장기적인 발전계획의 일환인 바, 금년 봄에 신라편 1권이 간행, 소개되었고 앞으로 82년까지 연차적으로 전 11권을 간행할 계획으로 사업을 추진 중에 있습니다.

이와 같은 국내 초유의 뜻 깊은 불전간행사업 역시 동국인 모두가 우리의 건학이념에 입각하여 자신과 긍지를 가지고 총력을 경주한 필연의 결과임을 확신하는 바입니다. 이런 일들을 통해서 우리는 중흥과 도약의 역사는 주어지는 것이 아니라 창조되는 것이며 피와 땀으로 대지를 갈 듯이 우리의 앞날을 스스로 개척하는 불굴의 의지가 필요하다는 사실을 깊이 깨닫게 됩니다. 다음으로 이와 같은 추진력을 가능케 해 주는 여건으로서의 내부적인 기반을 다지는 일에 눈길을 돌려야 하겠습니다. 훌륭한 대학이란 우수한 교수와 학생의 확보, 그리고 면학풍토의 조성을 위한 시설을 갖출 때 가능해지는 에너지의 집약이며 그것의 한 표현이라 할 수 있습니다. 본인이 공언한대로 우리는 이미 지난 학기에 공채에 의해 유능한 교수 열여섯 분을 초빙한 바 있고, 학생의 경우 예시 우수자에 대한 무시험 특채의 폭을 넓힌 바 있습니다. 또한 도서관을 비롯한 학교 여러 시설 환경의 개수에 착수하였으며 본교의 숙원사업이었던 정문의 진입로 계획도 서울시의 적극적인 후원을 받아 장충체육관 쪽으로 확장, 고가공사의 착수를 눈앞에 두고 있습니다.

친애하는 동국인 여러분!

대학의 발전은 일조일석에 이루었거나 몇 사람의 힘으로만 되는 것은 아닙니다. 조급히 서둘 것이 아니라 꾸준히 노력하는 자세가 필요하며 재단과 학교와 학생이 삼위일체가 되어 일사불란하게 총 매진할 때, 비로소 홀륭한 대학은 이루어질 것입니다. 오늘 대학 73주년 개교기념일을 계기로 대학의 발전은 물론, 조국을 위한 발전과 인류복지사회의 건설을 위한 역군의 요람이 되도록 창조와 발전의 밀도 있는 추진력을 집결해야 할 것입니다.

끝으로 전동국인의 앞날에 부처님의 가호가 있으시기를 바랍니다.

〈동대신문〉 제738호(1979. 5. 6)

총장 정 재 각

동대 경주캠퍼스 개설의 의미

금번 본교의 경주 캠퍼스가 신라 고도 경주에 신설된 것은 이미 알려진 바와 같이 동국인(東國人) 모두가 경하해야 할 일이다. 여기에 그 설치 연유를 더듬어 보는 것이 모처럼 탄생한 이 대학의 의미와 사명을 밝히는 데 도움이 되리라 믿는다.

서울의 대부분의 종합대학과 마찬가지로 본교가 경주 캠퍼스를 개설한 것은 물론 널리 보아서 재경(在京)대학들이 발전의 한계를 자각하고 그 활로를 개척하려는 움직임의 일환임은 부인하지 않겠다. 적어도 지방으로의 탈출구를 찾지 않으면 안 되겠다는 일종의 절박감이 본교 운영자들의 눈을 서울로부터 돌리게 한 커다란 이유일 것이다. 사실 지방에 분교를 설치했거나 혹은 설치하려는 서울의 종합대학들처럼 처음에는 근접지역에 있는 분신(分身)을 설치해 보려는 시도가 없었던 것은 아니다. 이것은 다만 경영상의 편리라는 실리주의에서 뿐만 아니라 본가를 멀리 떠나는데 대한 본능적인 불안감 같은 것이 작용했을는지도 모를 일이다.

그러나 본교의 그러한 시도는 처음부터 타교의 움직임에서 유발된 일종의 피동적인 느낌으로써 별다른 알찬 노력이 뒤따르지 않았다. 흐지부지 미수에 그치고 만 것은 너무나 당연했다. 이러한 미지근하고 애매모호한 서막이 내린 연후에 본교의 탐색안은 껑충 뛰어서 멀리 경주로 비약한다. 그리고 거기에 머문 채 떠나지 않았던 것이다. 틀림없이 본교는 이곳을 안주(安住)의 복지로 완정한 것이다. 생각하면 서울의 어느 대학도 감히 경주를 그들의 분교 설치의 대상으로 착안하려고 하지 않은데 반해 오직 본교만이 이곳을 택한 것은 다만 경영상 타산상의 이유로서만 설명될 수는 없는 것이다. 그 이상의 정신적인 유대감 내지는 그 무엇이 작용한 것임에 틀림없다. 본교의 경주에의 매혹은 마치 에베레스트의 최초 등반자인 힐러리 경이 말한 '그것이 거기에 있기 때문'이라는 식이었다. 말하자면 본교와 경주와의 상호흡인작용이야말로 본교의 경주 캠퍼스 설치의 가장 뚜렷한 이음이라고 볼 수밖에 없다.

널리 알려진 바와 같이 동국대학교가 설립된 것은 바야흐로 나라의 존립이 풍전의 등화처럼 위태로웠던 시기다. 서양 제국주의 열강과 그 주구였던 일본이 파렴치한 탐욕을 한반도에 겨냥하고 있을 때였다. 그들은 벌써 삼강오륜의 윤리관과 봉건적 생산양식에 얽매여 있는 '은자의 나라'로서는 대항할 수 없는 상대였다. 자본주의적 생산체제와 그 생리를 이해시킬 수 있는 근대화의 교육만이 이에 대결할 수 있는 유일한 방법이었던 것이다. 본교가 근대교육을 표방하고 고고의 소리를 울린 것은 바로 이러한 시대적 요청 때문이었다. 말하자면 본교의 출현은 바로 자위수단으로 발동된 민족의 소명에 응한 것이라고 할 수 있다. 그것이 불교계의 유지들에 의하여 발의·추진되었다는 것도 국난이 있을 때마다 민감하게 궐기하던 불교의 호국전통에서 볼 때 또한 지극히 당연한 현상이었던 것이다. 여기에 불교정신 밑에 근대교육을 실시하겠다는 선명한 기치를 높이 내걸고 한국 최초의 고등교육기관이 나타난 것이다.

생각해 보건대 경주는 신라 천년의 고도이며 문화의 온상지이다. 한 덩어리의 돌, 한줌의 흙, 한 그루의 나무에까지 신라인의 체취를 맡지 않고서는 나그네가 지날 수 없는 곳이 바로 경주다. 그러나 경주는 무엇보다도 민족의 얼이 길들어 있는 곳이다. 최초로 한반도를 통일한 나라가 바로 신라였다. 그리하여 '민족'의 성립은 이곳을 바탕으로 이루어졌으며 통일문화의 화려한 개화는 이곳의 에네르기가 원천이 되었던 것이다. 이 문화는 불교와의 융합에 의하여 더욱 발전되고 승화되었으며 불교는 또 외적의 침략을 물리치고 민족의 통일과 평화를 유지하려는 신라인의 강렬한 열정에 의하여 호국불교의 두드러진 색채를 띠게 되었던 것이다. 불교는 민족종교 내지 국교로 화하고 민족문화는 불교문화로 화하는 불이(不二)의 관계가 여기에 이룩되어 신라문화는 불교문화의 이해 없이는 접근할 수가 없게 되었다. 따라서 경주는 불도(佛都)로서의 면모가 자명하게 되었다. 이렇게 볼 때 동국대학교가 불교의 기치 아래 근대 교육을 표방하는 학교로서 경주를 분신이라기보다는 동국대학교 자신이라고 보는 것이 옳을는지 모르겠다.

그러나 동국대학교가 호국불교의 발상지요, 신라문화의 중심지인 경주에 그 분교 경주 캠퍼스를 설치하는 것은 단순한 전통 계승의 편리함이나 시대의 편승이 아니라, 민족문화사적 의의와 지역의 균형발전이라는 국가적 차원에서는 의의도 크다고 하겠다. 서구의 물질문명의 쇄도로 말미암아 현대인의 정신문화의 황폐화가 거론, 경고되고 있는 현대에 우수한 인재를 발굴하여 국가의 유능한 지도자를 양성하는 것이 대학의 사명이자 바로 동국대학교의 사명인 것이며, 그것이 바로 경주 캠퍼스 개설의 연유의 하나가 될 수 있을 것이다.

이제 서곡은 끝났다. 전 동국인은 물론 모든 이가 기뻐하며 지켜보아야 할 것이다. 특히 경주 지역의 주민들의 이해와 협조가 요청되며 대학의 구성인자인 우수한 학생들의 영입으로 모처럼 탄생한 경주 캠퍼스의 영원한 발전에 기여해야 할 것이며, 재경 동국인들도 밀착된 정신적 유대감을 갖고 나 자신처럼 아끼고 발전에 관심을 가져야 할 것이다. 아무튼 본교와 경주와 손을 잡은 것을 계기로 민족문화의 르네상스가 이 땅에 개화되기를 기대하는 마음 어느 때보다도 간절하다.

〈동국〉 제15호(동국대학교 학도호국단, 1979. 4. 20)

총장 정 재 각

〈동대신문〉 지령 800호 기념축사

1950년 4월 전동국인의 기대와 성원 속에 창간된 동대신문은 이번 호로써 지령 800호를 맞이했습니다.

장장 30여년의 연륜과 함께 동국월보(東國月報), 동대시보(東大時報), 동대신문 등으로 제호(題號)를 변경하면서 본지는 실로 오랜 시련의 길을 걸어왔습니다. 때로는 흥분과 긴장의 목소리로 때로는 실의와 고뇌에 빠진 모습으로 한호 한호 조심스런 노고를 겪으면서 오늘에 이른 것입니다.

그러나 이러한 시련 속에서도 본지는 동국중흥의 의지와 대학양심(大學良心)의 파수꾼으로서 혹은 동국인의 공기가 되고, 혹은 동국인의 증인이 되어 이제 800호의 장도(長途)를 통과한 점 충심으로 자축하는 바입니다.

본지는 창간이래 정확한 보도, 건전한 논평, 학술면의 대담한 할애(割愛), 그리고 젊은 지성의 꿈과 희망을 심어주는데도 결코 인색하지 않았으니, 이는 대학신문 본연의 자세를 지켜온 본지의 예지로 믿고 자부해도 좋을 것입니다.

재언(再言)할 여지도 없이 대학은 학문의 도장이며 진리와 자유를 수호하는 상아탑(象牙塔)입니다. 따라서 대학에서 발간되는 대학신문은 당연히 학문을 위한 특수 신문이어야 하며, 진리와 자유의 옹호자, 대변자로서의 사명을 다해야할 것은 자명한 일입니다.

근간 대학신문의 역할과 기능에 대해서 분분한 논의가 없는 바는 아니지만 대학신문이 대학의 학문을 위한 특수신문이라는 대전제를 놓고 볼 때, 학문자체를 망각한 지나친 저널리즘의 모방은 대학신문이 가지고 있는 언론자유의 차원과는 별개의 측면에서 냉정히 반성해야할 문제가 아닌가 생각합니다.

왕왕 대학신문을 학생들만의 신문으로 착각하여 젊은 혈기나 패기를 앞세워 비판, 고발, 척결 등의 자극적인 기사에만 매력을 느끼는 경향도 없지 않으나 이는 대학언론의 정도를 이해하지 못한 것이라고 하겠습니다. 대학신문을 설사 학생기자가 중심이 되어 편집하고 그 독자도 학생이 가장 많다 손 치더라도 대학은 학생만으로 그 기능을 다하는 것이 아닌 이상 학생신문이 아닌 학교신문인 것입니다. 이런 의미에서 동대신문은 본교의 교수, 직원, 학생, 동문이 광범하게 참여할 수 있는 전동국인의 광장이 되어야 할 것입니다.

더구나 대학언론이 누리는 자유는 일반 사회언론과는 달리 보다 학구적이고 지성적이며 사상적으로 심화된 자유이기 때문에 어디까지나 「학문의 자유」 「진리탐구의 자유」라는 토대 위에서 구현되어야 할 것으로 믿고 습니다.

아울러 대학사회는 기존지식의 전수만으로 만족하는 것이 아니라 항상 새로운 학문의 탐구와 성취를 모색하는 사회이니만큼, 대학신문도 이러한 요청에 부응하여 대학인의 지적관심을 신선하게 자극하고, 보다 진지한 연구와 면학(勉學)으로 학문적 성과가 크게 이룩될 수 있도록 앞장서서 고무해야할 것입니다.

동대신문 800호의 여정은 생각할수록 어려운 곡절과 고난의 길이었고 피나는 투지의 길이기도 했습니다. 그러나 우리는 아직 800호로 만족할 때가 아닙니다. 그 질이나 지령만을 내세워 자족(自足)할 때가 아니라, 차라리 동대신문은 동국의 건전한 발전을 위해서 무엇을 어떻게 했는가를 자문하는 엄숙한 계기로 삼아야 할 것입니다.

그러한 의미에서 동대신문은 참신하고 창조적인 미래지향의 의지를 키우면서 동국의 알찬 성장을 위해서 최선을 다할 것을 촉구하는 바입니다.

끝으로 그동안 본지를 위해 지도 격려 집필 제작 등에 참여해주신 많은 교수 직원 학생, 동문 여러분의 노고를 거듭 치하하며 이만 기념사에 대합니다.

〈동대신문〉 1981년 9월 15일

총장 정 재 각

개교 74주년 기념식사

　친애하는 동국인 여러분 본인은 먼저 개교74주년을 맞이하여 그동안 본교의 발전을 위해 노고를 다한 역대 이사장및 이사진, 역대 총장및 교수, 직원과 5만 동국인 여러분들께 진심으로 감사의 인사를 드립니다.

　특히 이 식전을 빛내 주기 위해 참석하신 학교법인 동국학원 박한종(朴漢宗) 이사장님, 대한불교 조계종 송월주(宋月珠) 총무원장님, 최재구(崔載九) 동창회장님을 위시한 여러 내빈들께도 감사의 말씀을 올립니다. 본인은 본교 74주년을 맞는 이 식전에서 동국을 사랑하는 모든 동국인들과 함께 동국이 가지는 몇 가지 특징을 생각해 보고자 합니다.

　첫째 동국대학교는 이 땅의 많은 대학 가운데서 유일한 불교종립대학입니다. 따라서 불교정신을 건학이념의 바탕으로 삼고 있으며 불교적 인격도야를 교육의 목표로 하고 있다는 점입니다. 둘째는 순수한 민족 자본에 의해서 민족의 손으로 창립 육성된 민족의 대학이라는 점이며 셋째는 국가와 민족을 구하기 위한 인재를 양성해야겠다는 교육구국의 이념의 특징을 찾을 수 있습니다.

　이러한 건학이념은 74년의 전통으로 면면히 계승 발전되어 오늘에 이른 것입니다. 그러므로 동국은 그 어느대학과도 다를 수 없는 값진 이념과 전통을 가지고 국가발전에 필요한 수 많은 인재를 양성해왔으며 불교홍포(佛敎弘布)와 불교진흥에 이바지한바 공헌 또한 지대하다고 생각하는바입니다.

최근 일찍기 경험하지 못했던 민주화 자주화라는 물결이 일고 있습니다. 이럴 때일수록 대학인의 높은 지성과 냉철한 판단을 요구하게 되는 것이며 사소한 감정이나 불투명한 논리는 배제되어야 할 것입니다.

대학인은 지성인이어야 하며 지성인은 지성을 행사할 수 있는 능력이 있는 자이어야 할 것이며 또한 지성의 판단에 복종할 수 있어야 할 것입니다. 이 같은 능력은 개인의 주체의식을 지성의 여과를 통하여 행동으로 나타나야할 것입니다. 이제 동국은 어제의 동국이 아닌 오늘의 동국이어야 하며 또한 오늘의 동국으로 머무르지 말고 내일의 동국으로 발전해야 할 것입니다. 이미 신라 천년의 고도에 동국의 분신을 탄생시켰으며 또한 발전 육성해야할 막중한 임무를 절감하고 있습니다.

인문사회학관의 준공에 이어 한의학과 건물과 기숙사의 신축을 금년에는 착공해야 할 것이며 본교에도 과학관의 증축과 함께 일본학연구소의 건물을 기공할 예정입니다. 동대 야구는 수년에 걸친 꾸준한 노력의 결과로 전국 어느 대학에도 뒤지지 않는 상위 팀으로 발달을 했으며 우리의 산악부는 그동안 국내의 좌절을 끝내 극복하여 [세계 다섯 번째 마나슬루봉 정복]이라는 쾌거를 성취시켰습니다.

이 모든 사실은 몇몇 사람의 탁월한 능력과 노력의 결과이기에 앞서 전동국인의 단결된 저력의 소산이라고 생각됩니다.

너 자신을 알라는 말은 반드시 아테네청년에게만 필요한 충고는 아닙니다. 그것은 시간과 공간을 초월하여 영원한 새로운 생명을 지닌 금언입니다. 동국인은 동국건학의 동기가 어디에 있는가를 알아야 하며 그것을 지실할 때 동국인의 임무와 사명을 다 할 수 있을 것입니다.

대학은 하루아침에 이루어질 수도 없으며 개개인의 힘만으로는 더욱 불가능합니다. 재단과 학교와 학생이 혼연일체가 되어 각자 맡은바 소임을 다할 때 훌륭한 대학은 이루어질 것입니다. 오늘 74주년 개교기념일을 계기로 동국의 새역사 창조에 박차를 가합시다.

1980. 5. 6

총장 정 재 각

동국대학교 75주년 개교기념일에 즈음하여

동국대학교는 이제 개교 75주년을 맞이했다. 1세기에 4분지1이 모자라는 연륜을 쌓았다는 말이 된다. 이것은 비록 구미의 수3백년 내지 5·6백 여 년의 대학의 역사에 비하면 아직도 창연(蒼然)한 고색(古色)을 자랑하고 있다고는 할 수 없으나 대학의 건학이념이 하나의 전통으로 부각(浮刻)될 만큼의 시간적 퇴적(堆積)으로서는 충분하다고 보아야 할 것이다.

동국대학교의 전통에 대하여서는 시각에 따라서 견해가 다를 수 있을 것이다. 역사의 전개과정에서 부침(浮沈)하는 잡다한 현상에 초점을 옮기다가 보면 올바른 전통의 줄기를 분간하기 어려울 때도 없지 않을 것이기 때문이다. 그러나 1906년 창립 당시의 우리 국가가 처해 있던 객관적 상황으로 소급한다면 교사(校史)의 흐름에 주류로 깔려 있는 것은 건학이념의 구현일념(具現一念)임은 부인할 수가 없다.

갑오경장을 전후하여 일제침탈에 이르기까지 전국각지에 대소 수많은 신식교육기관이 우후죽순처럼 자생하였던 사실은 식자(識者)들이 늦게나마 민족의 위기를 실감했다는 증좌다. 그것이 유교를 가르치는 서당이 변모한 것이든, 불교의 기치하에 세워진 것이든 심지어 기독교 선교사가 건립한 것이든, 모든 학교는 적어도 그곳에서 배우는 학생이나 그곳에서 가르치던 모든 교직원들은 설립자의 개인적인 안목의 한계나 방법론의 차이를 초월해서 하나같이 구국의 교육을 거기에서 구하였던 것이다. 더구나 불교계가 그 면면히 이어온 호국사상을 이 근대 교육이라는 方法에 응결시켰다는 것은 지극히 당연한 일이라 하겠다. 이래 춘풍추우 수십개성상을 겪는 동안에 때로는 전망이 불투명한 때도 한 두번이 아니었으나 일제라는, 그것으로부터 구국한다는 대상이 뚜렷이 존재하는 동안에는 그런 대로 창립기념행사는 기념의 의의를 되새김으로써 그것을 전통적사고로 굳히는데 큰 혼란은 없었다.

그러나 해방 후 십목소지(十目所指)의 단일대상이 사라지고 그것이 분산추상화함으로 말미암아 기념행사는 점차 그 생기를 잃어버려, 그 기념할 의미를 실감시키는데 어려움을 느끼게 되고 다만 형해만이 타성적으로 되풀이되어 구국의 전통정신은 망각의 안개 속에 사라지려고 하고 있다. 하나의 행사를 위한 행사가 스테레오테이프式으로 되풀이된다면 그것은 필경 낭비와 소란일 뿐 하나의 쓸데없는 인습으로 화할 우려가 없지 않을 것이다. 전통이 전통으로서 살아남으려면 그것은 끊임없이 변모하는 현실 속에서 자신의 존재이유를 재검토 재발견하는 자기반성의 노력을 게을리 해서는 안 될 것이다. 시대와 더불어 호흡을 같이하며 자신이 살아남을 생명의 진실을 끊임없이 현실 속에서 발견해야 하는 고통스러운 시련을 견디어 내야만 비로소 전통은 시간의 섭리 속에서 소멸하지 않으리란 말이다.

생각해보면 구국해야할 위기는 아직 결코 사라진 것이 아니라 여전히 그리고 도처에 그것은 도사리고 있다. 그것은 명확한 단일대상으로서는 아니라 할지라도 더욱 복잡하고 더욱 다채롭고 더욱 모호한 형이하 또는 형이상적 존재로서 엄연히 우리에 도전해 오고 있는 것이 오늘의 심정이다. 신생한국이 명실상부한 주권을 계속 유지하려면 경제에서 정치에서 과학에서 이상에서 그리고 무엇보다도 민족적인 자존심에서 엄연히 이들과 대결하여야 한다.

하나의 국가가 독립을 지키는데 필요한 모든 요소중의 하나라도 갖추지 못하면 그것을 곧 치명적이 결함을 의미할 수도 있는 것이다. 돌이켜보건대 동국대학교는 학문의 전당으로서 독립에 필요한 지식을 갖춘 인재를 양성제공하는 곧 구국의 일의적(一義的)인 몫이다. 이를 위하여 항상 선봉에 서왔던 동대의 전통이었다. 그러므로 동국대학교는 탐욕스럽게 모든 학문을 흡수하여야 하며, 지식을 사랑하는 사람이면 누구라도 흘려보내지 말아야한다. 미지의 분야에 공포를 느끼거나 도전자와의 대결을 회피하려는 옹졸한 사고는 스스로 부끄러움을 알아야 한다. 민족과 더불어 있고 국가의 선봉으로서 자처하는 동국인이라면 항상 적극적이고 진취적인 기상을 지녀야 그 召命을 욕되지 않게 할 수 있기 때문이다. 바야흐로 칠십오년을 회고하는 이 시점이 그동안 단련된 동대의체질을 바탕으로 앞으로의 도약을 기약하는 계기가 되기를 다짐하자.

동국대학교 〈동대신문〉 제758호, 1981. 5. 6

총장 정 재 각

1979년 동국대학교 신년사
- 본교의 사명 재발견

또 다시 세서가 바뀌었습니다. 새해를 다짐하는 새로운 맹서가 필요한 시점인 것입니다. 돌이켜보면 작년 1년은 진정 다사다난한 해이었습니다.

국제적으로는 가장 친근한 맹방이라고 믿었던 미국과의 사이에 깨름직한 긴장과 냉기가 감돌았고, 국내적으로도 여러 가지 불쾌지수를 돋궈주는 사태와 아울러 고무적인 현상의 교차 및 대통령, 국회 의원선거 등 다망한 시간의 연속이었습니다. 본교도 또한 이러한 환경의 지배권내에 있으면서 동시에 자체의 몇 번의 고비를 가져야만 했습니다. 총장의 교체가 그 하나요, 경주대학의 신설이 그 둘째라 하겠습니다. 후자는 다만 작년 1년 내에 있어서의 작은 고비가 아니라 동국대학교 전역사상에 있어서의 큰 고비의 하나임을 의미합니다. 정확히는 금년에도 이미 그 고비를 넘는 것이 아니라 바야흐로 그 고비의 정상에 있다고 보아야 할 것입니다.

고개를 다시 돌려서 금년에 우리나라와 우리학교에 다가올 현실을 냉철히 살펴보고 거기에 대한 우리들의 대비를 마련해야 하겠습니다. 우선 일본과 미국의 중공과의 수교파문입니다. 주지하는 바와 같이 우리나라는 현재 소련 중공과 같은 비우호국 과 인접해 있습니다. 일본과 미국은 이러한 우리를 등 뒤에서 밀어주는 맹방이라는 이름으로 불리는 나라들입니다. 그러한 그들이 우리와는 사전에 아무런 협의도 없이 어깨 너머로 중공과 악수한 것입니다. 결국 맹방이라는 것은 약소국만이 그렇게 부르고 싶어 하는 일방통행의 용어가 아니었던가! 한국인이 이렇게 의심하기 시작했을 때에는 이미 만시지탄(晩時之歎)이라 하겠습니다. 힘이 약한 나라, 자신의 생존에 큰 도움을 줄 수 없는 나라에 신의나 도의적인 책임을 진다는 것은 하나의 감상주의에 지나지 않으며, 이러한 감상주의는 냉엄한 생존경쟁에 있어서 오히려 장해가 된다는 생각입니다.

인류는 결국 19세기 제국주의열강의 약육강식적 사고에서 아직도 벗어나지 못하고 있는 것이 아닙니까? 인도라든가 인권이라든가 혹은 신의라든가의 용어는 국제정치에 있어서의 전술상 필요 이상의 가치를 부여할 수 없으며, 오로지 학자나 종교가나 또는 영양실조에 걸린 국가들의 넉두리로 치부해 버리면 족하다는 판국이라면 한국인도 다시 한 번 정신을 가다듬어 볼 필요가 있지 않겠습니까? 중공의 비행기가 제주도 상공을 날고, 북경행 항공기가 김포를 거쳐 가려는 어지러운 상황에서 아직도 한국인의 작위(昨醉)가 미성(未醒)이라면 우리는 살아남을 가망을 잃을 것입니다. 한국인이 믿어야 할 것은 마침내 자기자신 뿐이라는 단순한 진리를 발견했을 때 진정으로 주체적인 존재가 될 것이며 진정으로 주체적인 존재가 되었을 때 이러한 국제기류의 변동도 자신에 유리하게 돌릴 길이 트일 것입니다.

다음 본교의 전망은 상술한 바와 같이 경주대학의 신설로 동대사 상의 획기적인 사건입니다. 그것은 시기적으로는 오랫동안의 침체상태로부터의 돌파구를 찾으려는 하나의 워밍업이라고 볼 수 있겠지만, 보다 본질적으로는 경주가 상징하는 정신적 메카로 되돌아가려는 하나의 귀소본능(歸巢本能)의 발동이라고 보아야 할 것입니다. 경주대학에서 다시 한 번 자신을 재발견 재조정하여야 하겠다는 하나의 필연적인 충동을 나타낸 것이라고 볼 수 있을 것입니다. 본교의 민족과 국가에 대한 사명, 다시 말하면 본교 존재의 의미가 여기서 재확인되지 않으면 안 될 것이며 아울러 그 책임완수를 위하여 내실을 다지는 온갖 세심한 작업들이 침착하게 진행되어야만 할 것입니다. 이것을 계기로 더욱 강력한 교수진, 더욱 근면한 학생들, 더욱 충실한 시설을 위하여 최대한의 노력이 경주되고 본교가 가진 모든 잠재력을 활성화하기 위하여 과감한 결단이 뒤따라야 하겠습니다. 아무튼 새로운 태양 아래 한국인은 자신의 사명을 재발견하는 해가 되기를 부처님께 기원하는 바입니다.

1979. 1. 1

총장 정 재 각

1979년도 동국대학교 총장 입학식사

친애하는 신입생여러분!

생명이 약동하는 신춘을 맞이하여 동국대학교에 입학하게 된 여러분을 본인은 교수 직원들과 함께 충심(衷心)으로 환영하는 바입니다. 오늘 이 순간부터 여러분은 자랑스러운 동국의 일원으로서 보람 있고 가치 있는 대학생활을 영위해 나가게 됩니다. 이제 본인은 극심한 경쟁의 관문을 뚫고 명예롭게 이 자리에선 여러분과 함께 대학이란 무엇을 하는 곳이며 우리가 수행해야 할 사명이 무엇인지를 생각해 보고자 합니다.

첫째로 대학은 전문적인 지식과 고도의 기술을 배우고 익히는 교육의 도장입니다. 자연과학 인문과학 사회과학 예술 종교 체육 등 각 분야에 걸쳐 국내외석학들의 연구업적을 배우며 나아가서 그것을 비판하고 새로운 지식을 발견 창조할 수 있는 힘을 길러야 합니다. 끊임없는 진리탐구의 정신은 바로 희망찬 미래를 건설하는 초석이 된다는 점을 잊어서는 안 됩니다. 여러분은 그와 같은 목표를 향해갈 때 어떠한 좌절이나 시련이 있다고 하더라도 그것을 극복할 수 있는 슬기와 의지를 키워야 할 것입니다.

둘째로 대학은 미래의 지도자를 키우는 인간형성의 도장이며 더 나아가 사회와 국가를 위해 헌신적으로 몸과 마음을 바쳐 봉사할 수 있는 자아완성의 도장입니다.

여러분들이 연마한 지식과 기술의 힘을 토대로 원대한 세계관과 우주관을 가지고 오늘의 사회가 요청하는 건전한 젊은이로서 성장하려는 각오가 있을 때, 이 두 번째의 사명은 완수될 수 있습니다. 참다운 자아완성의 길은 자기반성의 겸허하고도 순수한 태도에서 비롯됩니다. 남에게는 봄볕과 같은 따스함으로 그 허물을 덜어주며, 자기 스스로 에게는 서릿발 같은 차가움으로 허물을 질책(叱責)하는 자세가 필요합니다.

대학은 또한 現在의 처지에서 안주하려는 안일한 현실지상주의의 집단이 아니라 항상 미래를 탐구하고 내일을 응시(凝視)하는 진취적 기상을 북돋우는 곳입니다.

역사의 흐름 속에 자신을 맡겨버리는 수동적인 인간상이 아니라 오히려 오욕(汚辱)의 역사를 바로 잡고 창조적 미래를 기약하려는 진지하고도 건전한 기풍의 진작이야말로 여러분들의 어깨에 걸려있는 사명과 의무입니다.

우리 동국대학교는 지금으로부터 73년전, 일본을 비롯한 제국주의 열강이 국권을 침범할 때 구국의 기치를 걸고 출범한 민족의 대학입니다. 더구나 민족사상의 근간으로서, 또 전통문화의 주류로서, 1천6백여 성상을 우리 민족과 함께 호흡하여 온 불교를 그 건학이념으로 삼고 있습니다.

지금 우리는 그 어느 때 보다도 격심한 가치관의 혼란을 겪고 있습니다. 물질편중과 기계만능 그리고 경쟁주의의 현대 물질문명 의 병폐(病弊)는 그 극을을 향해 치닫고 있습니다. 한편 우리의 조국은 통일을 실현하기 위하여, 온갖 고난과 장해를 극복하면서 전진의 발걸음을 늦추지 않고 있습니다.

본교의 건학당시 동국인을 향한 겨레로부터의 구국의 부름이나, 현 시점에서의 요청은 다를 바가 없습니다.

신입생 여러분!

여러분 앞에는 이제 찬연한 민족문화의 계승이라는 과제와 함께, 그것을 희망찬 미래로 향하는 발판을 삼아 독자적이고 창조적인 노력을 경주해야 한다는 막중한 책임이 걸려 있습니다.

여러분은 부디 이 막중한 사명을 직시해서 영광된 조국의 역군의 됨과 동시에 인류복지 사회의 구현을 향한 주역으로서 건전한 학풍의 조성에 힘써야 할 것입니다.

여러분의 앞날에 부처님의 자비가 항상 함께 하시기를 기원합니다.

1979년

총장 정 재 각

1979년도 동국대학교 총장 졸업식사

친애하는 1979학년도 졸업생여러분! 그리고 석사 및 박사여러분!

본인은 진심으로 여러분의 오늘을 축하드립니다. 동시에 이 자리에 왕림해주신 재단이사장 박영암(朴映岩) 대선사(大禪師) 이하 이사여러분! 동창회장 최재구(崔載九) 의원 이하 동문 여러분! 그리고 내빈 학부모 여러분과 더불어 기쁨을 나누고자 합니다.

동시에 아직도 사라지지 않은 한기를 녹여내고 있는 이 장내의 가득한 화기(和氣)가 무엇을 의미하는 가를 여러분과 더불어 생각해 보고자 합니다.

주지하는 바와 같이 졸업이 문자 그대로 학원에서의 과정을 마쳤다는 의미인데 대해 이 용어의 번역어인 Commencement 는 사물의 시작을 뜻하고 있습니다. 곧 학원 측에서는 소정의 과정을 종료로, 사회측에서는 사회의 역군으로서의 시발로 보는, 일사(一事)의 양면을 각각 다른 입장에서 본 것 입니다.

이렇게 이 식전(式典)에 형설의 공에 대한 축하와, 출발의 장도(壯途)에 대한 기대가 공존한다는, 그리고 종료가 동시에 시작을 의미한다는, 이중적 성격이 있다는 사실을 우리는 명심해야 하겠습니다.

돌이켜 보건대우리는 지금 79년대와 80년대의 전환시점에 서 있습니다. 불확실성의 년대라고하는 79년대의 모서리를 돌고 있습니다마는 80年代의 전망은 명확히 트이지 않고 있습니다. 인류지성의 위대한 발견이라고 믿고 있던 물리학의 법칙조차도 확실한 것일 수 없다고 보면, 하물며 사회현상에대한 체계적 선명이 혼선을 일으키고 있는 것은 차라리 당연하다고 느껴집니다.

자유민주주의를 표방히는 제 국가간의 갈등과 불신은 누구나 알고 있는 터이지만, 사회주의진영간의 모순과 긴장은 그들의 이데올로기에서도 일찍이 예견(豫見)하려고 하지 않았던 현상입니다.

바야흐로 지구는 불안과 불신과 투쟁으로 차여져 있습니다.

한 가지 뚜렷한 현상은 모든 국가, 모든 민족, 모든 개인들이 발언권을 요구하고 있다는 사실입니다. 자율에의 갈망이 민주적 질서로의 결실로 성공을 거둘 때, 80년대는 평화의 년대가 될 것입니다.

극동의 소반도국이 이러한 시련에 견딜 수 있느냐의 여부도 오로지 지도적 인사들의 뚜렷한 애국심과 적극적이고 생산적인 사고와 역량에 달려 있습니다. 바꾸어 말하면 학사호, 석사호, 박사호를 가기고 장도에 오르는 제군들이 얼마나 본교의 건학이념인 호국불교의 사명에 투철하고 또한 사회 각 분야에서 각자의 전공영역에서의 봉사능력이 얼마나 축적되었느냐에 달려있는 것입니다. 이 세계정세 하에서, 이 국내 시국 하에서 제군을 향한 우리의 여망이 얼마나 간절한가를 다시 한 번 상기함과 동시에 모처럼의 출발에 즈음하여 제군의 건강과, 행운과, 그리고 부처님의 가호를 간절하게 기원합니다.

1980. 2. 25

총장 정 재 각

동국정신의 현대적 의의

동국의 전통이 오랜 역사를 갖고 이룩되었음을 자랑하는 것이 능사이어서는 안 된다.

민족과 국가, 나아가서 인류의 복지를 위해 우리 동국 인들이 무엇을 해 왔는가를 반성하자. 그리고 무엇을 어떻게 할 수 있는가를 깊이 생각해 보자.

사람마다 모습의 차이가 있고, 나라마다 풍물이 다르듯이 학교에도 고유한 성격이 있고 특징이 있는 법이다. 그것은 건학의 동기와 역사의 축적에 의해 저마다의 독특한 빛깔을 띠기도 하고 또 저마다의 개성을 지니게 되니 그것을 우리는 전통이라고 부른다. 물론 전통은 하루 아침에 이루어지는 것이 아니라 오랜 연륜 속에서 형성되는 것이다.

그러나 우리가 전통을 존중하는 것은 깊은 연륜의 탓만은 아니다. 오히려 오늘의 우리에게 던져 주는 시사성(示唆性)을 음미하고, 그것을 새롭게 조명시켜 발전의 계기를 마련하는 데 더 큰 의의가 있는 것이다.

동국의 전통이 무엇인가? 그것은 불교이념의 구현이다. 지혜로서 사물의 본질을 요달(了達)하고 자비로써 객관세계의 차별상(差別相)을 하나로 섭(攝)하는 것이 불교의 이념이다. 따라서 우리 동국대학교는 전통불교사상의 구현이라는 특성을 지닌 학교이다.

그러나 이와 같은 대전제를 수행함에 있어서 우리는 몇 가지 중요한 문제들을 선결해야만 한다. 먼저「현대」라는 시대적 특수성의 파악이다. 기계화와 반비례해 가는 인간성 상실의 문제, 산업과 학문의 다변화 현상, 그리고 인구·전쟁·자원 등 근본적인 위기의식의 고조로 말미암은 급격한 가치관의 변모 등은 이 시대를 결정짓는 몇 가지의 특징적 면모들이다.

다음으로 전통사상의 발굴이다. 문헌학적인 노증뿐 아니라, 사상적 특색을 탐구하려는 의지와 결단으로 전통사상을 새롭게 해석하려는 노력이 있어야만 하겠다. 그렇게 함으로써 현대가 묻는 것이 무엇이고, 불교이념이 베풀어 줄 수 있는 것이 무엇이며, 실천할 수 있는 것이 무엇인가 하는 해답을 찾을 수 있다.

동국의 전통이 오랜 역사를 갖고 이룩되었음을 자랑하는 것이 능사이어서는 안된다. 민족과 국가, 나아가서 인류의 복지를 위해 우리 동국인들이 무엇을 해왔는가를 반성하자. 그리고 무엇을 어떻게 할 수 있는가를 깊이 생각해 보자.

『동국』제15집 1979. 4. 1

총장 정 재 각

동국대학교 1980년도 입학식사

친애하는 신입생 여러분, 생명이 약동(躍動)하는 신춘을 맞이하여 우리 동국대학교에 입학하게 된 것을 본인은 여러 교수 직원들과 함께 진심으로 환영하며 축하하는 바입니다.

이제 본인은 어려운 입시전쟁의 관문을 뚫고 영예의 합격을 차지한 여러분들과 함께 대학의 학문적인 이상과 그 속에서 수행되어야 할 동국대학교의 특수한 기능에 대해서 생각해 보고자 합니다.

대학은 진리의 전당(殿堂)입니다. 바꾸어 말하면 진리의 탐구를 그 제일의 이상으로 삼고 있다는 말입니다. 진리의 탐구와 함께 고도의 기술을 연마함은 물론 원만한 인격도야를 위한 자아각성(自我覺醒)과 복지사회 구현을 위한 사회 역군을 양성하는 곳이기도 합니다.

따라서 대학은 이윤추구를 위한 일반사회집단이 아니라 고원(高遠)한 꿈을 가꾸는 특수사회집단입니다. 대학은 지상에 그 전당을 갖고 있지만, 그 주시하는 시야는 시공을 초월하는 것입니다.

이러한 특수성이 바로 대학사회의 자치를 요구하는 소이(所以)가 되는 것입니다. 진리가 있는 곳, 그곳에 학문을 향한 열정이 있고, 학문을 향한 열정이 있는 곳에 대학은 존재하는 것입니다.

그러나 대학에서 다루는 전문지식이나 선진의 기술, 훌륭한 연구성과는 결코 대학만의 전유물은 아닙니다. 대학인은 그것을 대중사회와 국가발전에 환원시킬 임무를 띠우고 있습니다.

　신입생 여러분

　우리 동국대학교는 많은 대학중의 한 대학이 아니라 우리만의 역사와 전통을 가지고 있는 유일의 대학임을 알아야 합니다. 지금으로부터 74년 전, 풍전등화의 국운을 일으킬 새로운 영재육성의 필요성을 절감하고 있던 불교계의 선각자들과 이에 호응하는 국민적 열망에 의해 설립된 민족의 대학입니다. 더구나 민족문화의 핵심을 이루는 불교적 이상을 그 건학이념으로 삼고 있습니다. 불교정신에 입각한 자주적 정신의 배양과 국가와 민족을 수호하려는 호국불교의 전통은 바로 이 순간에도 면면히 이어지고 있습니다.

　따라서 여러분들의 어깨 위에는 민족문화의 전승과 발전을 도모해야 한다는 사명과 함께, 민족과 국가를 위한 바른 지혜와 용기를 가꾸어 나아갈 막중한 책임이 걸려있는 것입니다.

　파사현정(破邪顯正)의 기개와 자비한(慈悲槍)의 정신으로 여러분 앞날의 지표를 삼을 때 작게는 개개인 인격의 완성과 크게는 국가민족과 인류의 발전에 이바지 할 수 있을 것입니다.

　신입생 여러분은 부디 이 막중한 사명을 직시해서 자율적인 능력(籠力)을 발휘할 것이며 또한 자율에 대한 책임을 다하는 미래의 주역으로 실력을 배양해야 할 것입니다. 앞으로 펼쳐질 대학생활이 후회 없는 4년이 될 수 있도록 노력해 주기를 다시 한 번 당부하며 여러분의 앞날에 부처님의 가호가 함께 하시기를 간곡히 기원합니다.

〈동대신문〉1980년 3월 3일

총장 정 재 각

1981년 총장 신년사

또 다시 세서(歲序)가 바뀌어 지난 한 해를 반성하면서 새해의 새로운 각오를 해야 할 시점입니다.

지난 한 해는 교내외적으로나 국내외적으로 다사다난한 한해였었습니다. 국제적으로는 이란 이라크의 전쟁으로 세계를 공포와 유류위기로 몰아치는가하면 소련군은 아프가니스탄에 집주중이며 미소관계는 심상치 않은 조짐을 느끼게 하고 있습니다. 미국과 일본의 수뇌들이 바뀌고 거듭되는 산유국의 횡포는 국내경제의 당황을 금할 수 없게 했습니다.

특히 일본의 한국에 대한 감정은 한국인의 분노를 유발시켰고, 이것이 경제문제로까지 유발시킬 단계에 와있습니다.

이러한 일련의 국제적 관계는 자신의 생존에 큰 도움을 줄 수 없는 타국에 대해서는 도의적 책임을 진다는 것은 하나의 감상주의에 지나지 않으며, 이러한 감상주의는 냉엄한 국제적 생존경쟁에 있어서 오히려 장해가 될 뿐이라고 생각합니다. 이러한 약육강식적 사고 앞에는 도의라든가 신의(信義)란 용어는 국제정치상의 전술적 가치만을 지닌다고 생각할 때, 한국인은 다시 한 번 정신을 가다듬어 생존의 대열에 참여토록 해야 할 것입니다.

국내에 있어서도 비상계엄의 선포와 국가 원수의 교체 등, 새 헌법의 공포로 새 역사 새 질서 창조의 방향으로 민족사의 전환점을 가져 왔습니다.

학교는 학교로서의 어려운 점이 그 어느 해보다도 많았던 한해가 아닐 수 없습니다. 전교직원과 학생은 일치단결하여 교육본연의 자세를 흩트리지 않고, 그 어느 대학보다도 원만한 수업을 진행해 왔습니다. 이 모두는 75年 전통을 계승한 동국대학의 저력이며 교직원 여러분의노고의 덕이라 생각하면서 감사를 드립니다.

우리 동국이 해야 할 일들은 아직도 많습니다. 해를 새로 맞는 이 시점에서 무엇을 어떻게 해야겠다는 구체적 사업을 나열함에 앞서, 명예로운 직장, 즐거운 직업이 되도록 각자가 노력해야 할 것이며, 그러기 위한 학교행정에 본인도 전력을 다할 것입니다.

동국은 81 학년도를 기해 양적(量的)으로는 어느 대학에도 뒤지지 않는 수준에 이르렀습니다. 오직 학생을 수용할 충분한 시설과 우수한 교직원과 일사불란한 책임행정이 뒤따라야겠습니다.

동국인은 건학당시 동국대학의 사명을 재인식하여 국가와 민족을 위한 인재양성의 소임을 다하는 해가 되기를 부처님께 발원하는 바입니다.

1981. 1

총장 정 재 각

질(質)·양(量)의 동국 팽창 시대
– 정재각(鄭在覺) 총장의 업적을 회고한다 –

오늘의 대학의 발전은 단지 24시간 불이 꺼지지 않는 도서관으로 상징되는 진리탐구의 상아탑의 차원을 한 단계 넘어서 그것을 효과적으로 지원해 줄 수 있는 학교행정의 보다 적극적인 운용이 그 원동력이라 할 수 있다.

이런 의미로 본다면 경주분교와 실험대학의 난제를 안은 채 지난 78년 7월에 전임(前任) 이선근(李瑄根) 총장의 뒤를 이어 본교의 제 9대 총장으로 취임한 정재각(鄭在覺) 총장은 재임기간 3년 6개월 동안 동대 76년 사에 분명히 하나의 굵은 획(獲)을 그었다고 할 수 있다.「대학경영의 ABC인 훌륭한 시설, 우수한 교수, 양질의 학생의 확보가 어느 대학을 막론하고 불가결한 공통기본 요건이며, 또 이의 달성을 위하여 각 대학이 노력을 경주하고 있는 것이 현실입니다. … 동대를 동대답게 키우는 작업이 가장 본질적인 문제이며 이를 간과해서는 안됩니다.」정총장의 취임사의 한 부분. 자신이 취임사에서 밝혔듯이 정총장은 70여년의 역사를 그 기저로 해 대학의 양적 팽창과 발전을 바탕으로 삼아 질적 발전을 위해 특히 본교 교세확장의 여러 부문에 적지 않은 업적을 남겨 놓았다.

먼저 한 대학의 규모를 간접적으로 나타내준다고 할 입학정원을 보더라도 -물론 그간 정부의 여러 가지 제도적인 변화도 있었지만- 78년 당시 총 1천10명이던 것이 82학년도에는 4천43명으로 약 4배의 증가를 가져왔다. 또한 정총장은 본교의 특징이라 할 불교와 문학의 전통을 계승·발전시키며 좀 더 체계적인 학문 연구를 위해 불교문화연구소, 한국문학연구소, 일본문화연구소 등을 차례로 개설하고 특히 불교연구소에는 사재 1천여만원을 직접회사하고, 일본학연구소에는 (왕청일(王情一)씨의 1억여원에 달하는 희사금을 유치하는 등 기금조성에도 힘을 쏟았다.

현재 위의 제 연구소들은 이러한 양적팽창에 발맞춰 각 분야별로 활발한 연구사업을 벌이고 있다.

그러나 정총장이 재직시 가장 심혈을 기울였던 것은 팽창되는 교세를 증명한다할 경주분교의 건설사업과 학문의 국제화추세와 다양성에 부응한 활발한 해외대학과의 자매교류라 할 수 있다.

우선 경주대학을 살펴보면 본교발전의 웅대한 계획의 첫 걸음으로 신라의 고도 경주에 동국의 분신을 세우는 첫 삽을 뜬 것이 지난 79년.

제 8대 이선근 총장시에 계획되어 79년에 인가를 받아 정총장이 캠퍼스 건설사업에 박차를 가하기 시작한 경주대학은 17만여평의 부지위에 제1차 연도인 79년에 한식과 양옥이 멋지게 조화된 인문사회학관이 기공돼 80년 9월에 완공을 봤으며, 2차연도인 80년에는 경주대외 특징 중의 하나라 할 한의학관이 건설되었으며 3차 연도인 81년에는 연건평 2천1백평에 총공사비 21억원이 투입된 숙실 1백92개, 5백76명을 수용할 수 있는 대형기숙사가 건설되었다.

또한 82년 말에 완공될 예정인 3천6백평 규모에 공사비만 31억원이 투입된 중앙 도서관이 현재 건설되고 있어 이제 경주대학은 완전한 캠퍼스의 틀을 갖추게 되었다. 이에 창설당시 4백여 명의 학생으로 시작한 경주대학은 이러한 확충된 시설과 더불어 내년의 첫 졸업생 배출을 앞두고 현재 총 17개학과에 3천 8백 여 명의 학생을 수용하게 되었으며 특히 신라문화연구소 등이 개설돼 지역특성에 맞는 학술적 연구사업도 활발한 채 분교를 설치, 운영하고 있는 서울의 타 대학에 비해 가장 성공적으로 운영되고 있는 분교의 전형이 되고 있다.

한편 교세확충에 따른 건설 사업은 경주대학에만 그치지 않고 경기도 원당에 부설 실험농장을 구입하고 야구장을 설치했으며 대학의 본질적 기능인 면학 풍토 조성을 위해 본교에도 지난해 대학원 전용건물인 강의동 5천여평을 기공하기도 했다.

다음으로 정총장이 각별한 관심을 갖고 추진한 본교와 해외대학간의 자매교류 현황을 보면 80년 1월에 자매협정을 맺은 미국의 이스턴·워싱턴 대학을 비롯하여 일본의 대정대학, 고마자와대학 등 3개 교와 결연을 맺었고 지난해 12월에 정 총장이 직접 인도를 방문해 학술교류협정을 구두 조인한 네루대학 등 4개 대학에 이르고 있다.

특히 이스턴·워싱턴 대학과는 교직원, 학생들의 해외연수를 통한 활발한 교류가 진행되고 있으며 작년에는 EW 대 의 첫 교환교수로 데이비드 벨 교수가 본교에 부임하기도 했다.

이외에도 정총장은 교육자의 자질 향상을 위해 교육대학원을 설치했으며 시청각 교육원을 구비시켜 학생들의 면학 풍토 조성에도 노력을 했다.

한마디로 대학의 존재가치와 자율성이 가장 문제시되었던 지난 재임기간동안 정총장은 「동대를 동대답게 」만들기 위해 진력을 다했다고 할 수 있으며 자신의 이임하는 자리에서도 「재단 동창회 학교가 삼위일체가 되어 교세확장에 주력해야 된다.」는 당부의 말을 잊지 않았다.

정총장은 퇴임후 제3대 정신문화 연구원 원장에 취임했다.

동대신문 1982. 2. 2

동대신문 창간 31주년 총장 기념사

본지 창간 31주년을 맞이하여 창간 이후 지금까지 수고한 역대 편집자의 노고에 치하를 보내며 본지 발전에 협조한 집필자 및 관계자 여러분께도 진심으로 감사를 드리는 바이다.

돌이켜 생각하면 본지창간 31개성상은 민족사에서 그 유래를 찾기 어려운 급변의 소용돌이 이었으며, 험난한 역사의 연속이었다. 그러므로 본 동대신문이 걸어야 했던 길 또한 순탄치 않은 시련과 극복의 험로였음을 우리는 잘 알고 있다. 이제 75년 동국의 역사에서 대학 언론이 31년의 연륜으로 성장하여 오는 동안 지난 과거에도 그러했듯이 다가오는 장래에도 대학 언론이 가지는 소임은 자못 크다 할 것이다.

대학이 독자적으로 대학언론을 가지는 것은 대학이 지니는 특수성이 객관적으로 수긍되기 때문일 것이다. 그러므로 대학신문은 대학의 특수성을 바탕으로 제작되어지고 발전해야할 것이다. 만약 대학의 독자성이 인정되지 않는다면 대학신문이 필요 없게 되거나 아니면 일반사회의 대중을 위한 신문과 같아야할 것이다.

그러므로 대학신문은 일반신문의 취지나 의도와는 달라야 할 것이며, 군이 그것을 배우려고 할 필요도 없을 것이다. 일반 저널리즘의 통념은 독자에게 최대의 흥미와 관심을 가질 수 있는 사회일반의 온갖 데이터를 제공함으로써 신문이 가지는 상품으로서의 가치를 높이고, 아울러 사회정의를 위해 용기와 공정으로 그 책임을 다하려는 데서 공익성을 찾으려 한다.

물론 대학도 사회일반 즉 국가 안에서 그 존립이 가능하지만 기실 대학이란 사회는 대학만이 가지는 특수성과 독자성이 있으므로 응당 거기에서 간행되는 신문 또한 대학의 독자성을 이탈할 수 없다. 만약 대학신문이 대학의 의미를 상실한다면 이는 대학신문으로서의 본령(本領)을 잃고 말 것이다. 그러므로 대학신문은 대학이 무엇인가를 알아야할 것이며, 대학신문의 편집진은 자신이 일반인이 아닌 대학인임을 잊어서는 안 될 것이다.

대학은 흔히들 말하는 바와 같이 진리탐구의 전당이다. 진리탐구는 진리의 존재를 예상하며, 변화하는 현상 속에서 불변한 것을 찾고 생멸하는 사물에서는 영원한 것을 알아내려는 탐구이다. 탐구의 대상이 되는 진리는 합리적인 것이어야 하며, 보편적인 것이어야 한다. 그러기에 대학은 세계성을 지니며, 이성을 귀하게 취급한다. 대학이 위대하다는 것은 대학 내에서 탐구하는 진리가 보편적인, 이 보편적 진리를 지성과 이성으로 밝히려 하기 때문이다.

대학은 진리의 전당이므로 일반사회 안에서의 특수사회이다. 진리는 어디에도 있을 수 있지만 진리탐구만을 본업으로 구성된 사회는 아무데나 있는 것은 아니다. 진리는 그 어느 것에도 예속되지 말아야 하는 것처럼 그 탐구에 있어서도 필수조건이다. 만일 사물과 현상에 내재하는 원리와 법칙을 추구하는데 있어서 정치, 경제, 기타의 외부로부터의 압력이나 유혹에 연구가 좌우된다면 그 이른바 진의는 왜곡되거나 거짓 진리로 나타나게 될 것이다. 그러므로 대학사회는 지상에 그 전당을 가지고 있지만 그 바라보는 시야는 시공을 초월한 세계이어야 한다. 이러한 대학의 특수성으로 말미암아 대학의 ?治가 요망되고 연구의 자유가 보장되어야 한다는 말이다.

이러한 학문의 연구와 함께 대학은 이차적으로는 학문을 전수하는 곳이기도 하다. 학문의 전수는 교수와 학생을 교육관계로 얽어매어서 인재양성이라는 대학의 본령을 낳게 한다. 여기에 대학은 누구를 위한 대학이며, 무엇을 위한 진리탐구이며 교육인가라는 논의가 있게 된다. 중세에 있어서는 왕족의 정치적 제약 밖에 대학이 존속할 수 있었으나 근대국가에서의 대학은 국가를 위한 봉사를 생각하지 않을 수 없게 되었다. 왜냐하면 자유로운 연구와 교육, 그 자체가 국가라는 기반 위에서 가능한 것이며, 이들이 발견한 진리는 국가와 민족을 위해서 활용되어 지기 때문이다.

그러므로 그 전문의 지식과 연구의 성과를 사회와 국민에 공개하고 제공할 임무가 있는 것이다. 그 뿐 아니라 탐구한 진리나 지식이 소수 지식계급만의 특권이나 소유가 아니라 국민대중의 것이어야 할 것이다.

이외에도 대학이 하여야 할 일이 기대될 수 있겠지만 이상의 몇 가지 주요한 대학의 특수성 안에서 발간되어지는 것이 대학신문이므로 그것에 담겨지는 내용은 대학의 의미를 충실히 반영하여야 할 것은 스스로 결정지어질 수밖에 없는 논리이다. 바꾸어 말하면 이 같은 대학의 기본적 기능을 신문이 가지는 특성을 통하여 반영하는 것이 곧 대학언론의 사명이라 하겠다.

다시 한 번 생각하면 대학에는 자유가 주어져야 하고 그러한 대학의 특성은 대학언론에서 반영되어야 한다고 하더라도 모든 자유는 현실적으로는 책임을 다한 자만이 누릴 수 있는 자격을 갖는 것이므로 자유에 따르는 책임을 무겁게 느껴야 할 것이다. 책임이란 곧 대학언론의 본분과 사명을 다하는 일이며 대학언론의 본분과 사명은 대학의 이념과 사명을 반영해야 한다는 신성한 합의를 위배하지 말아야한다는 책임을 말하는 것이다.

이러한 점이 곧 대학언론의 특징이며 일반언론과의 차이일 것이다.

본지는 31년의 역사를 자랑함에 앞서 명실상부한 대학언론의 기수로서 매진해야할 것이며 탐구된 진실은 알려져야 하며, 진실이 아닌 것이 진실로 위장되어서는 안 될 것이다.

바야흐로 30년의 모퉁이를 돌아 40주년의 시야를 전망하는 시점에 있어서 동대신문은 지난날의 존재경향을 이점에 초점을 맞추어 회고검토하고 앞으로의 순조로운 자체행로를 닦아나가야 할 것이다.

1981. 4. 14

총장 정 재 각

일본학연구소(日本學研究所) 개설 기념 학술강연회 개회사

　본교가 작년에 일본학연구소를 설립한 사실은 이미 아실 분은 알고 있으리라 믿습니다. 그리고 저희도 그 설립취지를, 널리 알려드리지는 못했지만, 교내신문과 국내 일간신문에 게재하기도 하였습니다.

　한일양국은, 지리적으로 대한해협이라는 좁다란 바다를 사이에 두고 인접해 있으며 역사적으로도 유사(有史)이전부터 극동(極東)에서 가장 밀접한 관계를 유지해 왔었는데, 불행히도 어려운 사정으로 인하여 그 긴밀한 관계가 대단히 소원해졌던, 어두운 과거가 있었던 것입니다. 그 뒤 국교가 정상화되면서부터 정치·경제상의 활발한 교류가 지속되었음에도 불구하고, 문화적으로는 아직도 서로가 서로를 연구하는 분위기가 조성되지 않고 있습니다.

　주지하시다시피 일본문화 가운데는 우리 한국문화가 도도(滔滔)하게 흘러들어가 있습니다. 그러나 해방 후에 겨우 일본인학자들 손에 의해서 「일본 내 한국문화」의 편린(片鱗)이 약간씩 드러나고 있을 뿐-이것도 빙산(氷山)의 일각(一角)에 지나지 못합니다. 일본문화의 밑바닥에는 거대한 양의 한국문화가 유입되었음이 틀림없는 사실일 것입니다.

　일본에서는 이미 그 나름대로 유명대학에 한국문화연구기관 또는 한국어학과를 설치하여, 일본인학자 가운데는 한국문화를 단편적이나마 다방면에 걸쳐 연구를 시작하고 있습니다. 이에 반하여 우리나라에서는 일본문화에 대한 인식이 충분치 못하며, 더욱이 일본문화를 연구할 자세조차도 전혀 갖추어져 있지 못한 실정입니다.

「일본문화속의 한국문화」를 발굴키 위해서도 절실히 요구되는 일본학연구를 비학문적 차원에서의 여러 가지 장애로 인하여 아직까지 착수치 못했다는 점은, 학문인으로서 깊이 반성해야 할 일이라고 생각합니다. 한국역사와 문화의 폭을 훨씬 넓히고 그 전모를 밝혀내는 동시에 나아가서 일본문화의 원류(源流)에 대해서도 조명을 줄 수 있는 이 일본학 연구는 현시점에서 오히려 만시지탄(晩時之歎)에 속한다고 하겠습니다.

이런 의미에서 본교가 여러 어려운 여건을 무릅쓰고 작년에 일본학연구소를 설립하였습니다. 주지하는 바와 같이 연구를 진행하는데 에는 학자, 서적, 여러 가지 부대설비, 재정적인 뒷받침 등이 필요불가결한 선행조건입니다. 그러나 본연구소가 이들 조건을 완전히 갖추어서 출범(出帆)하려면, 백년하청(百年河淸)이 되리라는 초조감에서, 비록 졸속적(拙速的)이긴 하나 우선 형태가 미비한 채로 출발하였습니다.

그리고 일본 학에 뜻을 가지시고 이미 연구에 착수하신 국내외학자를 총망라하겠다는 취지에서, 본교교수 뿐만 아니라 각 대학에서 이 방면에 관심을 가지신 교수님을 연구교수로 초빙하였습니다. 또한 일본에서 본연구소의 취지에 찬동(贊同)하시고 적극적으로 협조하시겠다는 일본인학자 중에서, 서로 교류와 왕래를 가지면서 학문적 교류를 가지고자 지금으로서는 여섯 분을 객원교수로 모셨습니다.

"시작이 절반이다."라는 우리네 속언(俗諺)과 같이 우선 미비한 채로 출발하여 서서히 「일본문화」그리고 「일본속의 한국문화」의 뿌리를 뒤져보기 시작하는 것이 본연구소의 설립취지이며 경위였습니다. 작년가을에 설립기념으로 연구교수 및 객원교수 몇 분을 모시고 개설기념강연을 할 계획이었으나, 국내의 정치적인 불행한 사태로 인하여 부득이 연기되었습니다.

지금 일본에서도 신학기가 시작되어 공사다망(公私多忙)하신 중에도, 그때 하신 선약을 지키고자 오늘의 강연을 위해서 바쁜 시간을 할애해 주신 여러분께 심심(深甚)한 감사의 말씀을 드립니다. 그리고 오늘의 이 모임을 빛내주시기 위해 참석하신 국내 각 대학 교수님께도 이 자리를 빌려 감사의 말씀을 드립니다. 마지막으로 본교 일본학연구소 취지에 적극 찬동하시는 일본국대사 수지부양삼(須之部量三) 선생께서 대사관의 휴무임에도 불구하고 몸소 오서서 축사를 해주시게 되어 대단히 기쁘고 영광으로 생각하는 바입니다. 감사합니다.

정 재 각

법시(法施)의 무궁한 발전을

대승불교정신의 중심된 실천 요체(要諦)는 보시(布施)가 되며, 보시의 세 가지 중 법시(法施)가 으뜸이 됩니다. 법시의 중요성은 대승경전의 각 곳에서 발견되고 있으며, 더욱 금강경에서 '갠지스 강의 모래 수만큼 많은 칠보(七寶)를 보시한다 하더라도 이 경(금강경)의 사구게(四句偈)를 설하는 것만 같지 못하다'고 설파하신 것을 보아도 알 수 있는 일입니다.

'법시'는 다른 불교지에 비해 발간 연조도 오래고, 또한 꾸준히 계속되므로 많은 불자들에게 수행의 지침이 되었으며, 일반 비불교도의 좋은 포교지로서 그 역할이 컸다고 생각됩니다. 늘 '법시'를 대할 때마다 그 편집의 소박함과 내용의 알참을 느낍니다.

한 해가 지나고 새해를 맞이하게 되었습니다. 새해를 맞이할 때마다 모든 개인이나 단체는 새롭게 발전하기를 원하고 다짐합니다. 그러나 그것은 연초의 계획과는 달리 늘 그 결과는 불만족하게 느껴짐이 우리들의 현실이 아닙니까.

지난해는 국내외적으로 정치 · 경제 · 군사 등의 많은 어려움이 있었고 그것이 완전히 불식된 상태로 새해를 맞는 것이 아니라, 어려움의 연장으로서의 오늘, 지난해의 계속으로서의 새해이므로 더욱 시야를 높고 먼 곳으로 돌려야 하겠습니다. 특히 불교계에 있어서는 어려운 한 해가 아닐 수 없습니다. 부디 이러한 난관을 극복하여 불교 중흥의 계기를 가져와야 하겠습니다. 불교의 중흥은 일부 교계의 노력으로 되는 것이 아니므로 전 사부(四

部) 대중이 그 맡은 바 소임을 다해야 될 것입니다.

그러므로 '법시'는 그 어느 때보다도 중요한 한 해가 아닐까 생각됩니다. 부처님의 가르침을 아무도 알아주지 않는 속에서 꾸준히 전달해 왔던 과거의 노력도 컸지만 새해에는 더욱 가일층 불법 홍포(弘布)에 진력해 줄 것을 당부 드리는 바입니다.

이 책이 나오기까지 숨어서 일하는 편집진영 및 관리운영에 헌신하는 여러분께도 신년에는 부처님의 가호가 있으시기 바라며, '법시'가 이름 그대로 중생에게 법의 보시가 되는 '법시'로서 무궁한 발전을 거듭하기 빌면서 신년 축사에 갈음하는 바입니다.

〈법시(法施)〉 제189호(1981년 1월, 法施社)

정 재 각

Ⅲ. 한민족(韓民族)의 은연(隱然)한 상징 숙명여자대학교와의 인연

제11대 총장 金玉烈 박사 취임 치사
– 대망(大望)의 비상(飛翔)을 –

숙대 제11대 총장으로 김옥렬(金玉烈) 박사를 다시 선임하게 되어 기쁘기 그지없다.

대학은 언제나 문제점을 안고 있기 마련이고 특히 오늘날은 그러하다. 대학의 기능에 대해서는 나라마다 그 나라의 사회여건에 따라 여러 가지 의견이 있을 수 있겠으나 기본적인 선에서는 대체로 진리탐구, 그것의 전수 즉 교육 및 그것으로서의 사회봉사의 세 가지로 집약될 수 있다. 진리를 탐구하고, 밝혀 얻은 진리의 힘으로 사회에 봉사하고자 하는 대학의 기능이야말로 세계 각국 공통의 것이다. 대학이 지닌 진리탐구에의 사명은 영원히 대학이 존속하는 한 계속되지 않을 수 없는 신성한 과업이다.

이러한 대학의 원초적 사명에 충실하기 위해서는 무엇보다도 대학의 자율적 중립이 이루어져야 한다. 대학 안팎으로부터 여러 가지 잡음이 쏟아져 들어오면 냉철하게 진리를 내다보는 마음이 흔들리게 되고, 그리하여 이 신성한 과업이 교란을 받게 된다. 그러므로 학원(學園)은 엄정하게 자율적이어야 하며, 대학인이 학원 자체의 책임에 대한 투철한 자부심을 가지고 임하지 않으면 안 된다. 학원 내외의 간섭과 압력이 있게 되면 대학 본래의 사명을 수행하기가 어려울 뿐 아니라 대학 본연의 교육적 기능마저 갈팡질팡하게 되는 것은 도처에서 우리가 견문하게 되는 바다.

대학은 남 보기엔 그저 4년 공부를 마쳐주는 곳으로 생각하기 쉬우나 그렇게 단순하지만은 않다. 외부인이 인식하지 못하는 여러 가지 의문, 고뇌, 노력이 끊임없이 필요하며 진리 탐색의 대열에서 세계에 뒤떨어지지 않으려는 심리적 압박감은 대학인을 항상 우울하게 만드는 만성적인 부담이 되고 있는 것이다. 더구나 오늘날과 같은 시점에서 이러한 목표를 가지고 대학을 어떻게 운영하느냐 하는 것은 매우 어려운 문제이다. 이것은 교수 단독으로 되는 것도 아니요, 총장이나 학생 제군의 힘만으로 되는 것도 아니다. 대학가족 전원이 한 마음이 되어야 하고, 다시 말해서 여러 구성원의 의견을 하나로 조합하여 한 가지 목표에 집중될 수 있도록 이끄는 능력이 무엇보다 필요해진다. 그리고 이러한 능력은 누구에게나 주어지는 것이 아니다. 현실적으로 누가 그 능력을 지녔는가를 골라내는 일 또한 쉽지 않다.

물론 우리 대학 내의 교수 혹은 교외 인사 가운데 그런 경륜과 식견을 가지고 있는 분도 많을 것이다. 그러나 누구의 능력이 어떻게 충분히 발휘될는지를 확실히 점치기는 어려운 이이다. 더구나 오늘날 우리나라의 대학들은 수년래 대학 본연의 임무 수행을 놓고 피나는 진통을 거듭하고 있다. 우리 대학 역시 이러한 혼란을 극복하고 대학이 갖는 신성한 사명과 자부심을 정립하게 위해 그 어느 때보다도 전숙명인(全淑明人)의 단합과 결속이 요청되고 있다.

김 박사는 여러분이 다 아시는 것처럼 일찍이 전통 깊은 우리 모교와 미국의 명문대학을 거쳐 대학인으로서의 견식과 학문을 겸비하였을 뿐 아니라 여러 국내 여성 단체 지도자로서의 경력도 풍부하여 우리나라 여성문제에 대한 조예도 깊어서 우리 숙대를 현명하게 이끌어갈 수 있는 적임자라고 생각된다. 김 박사는 1958년부터 25년여의 교단생활 대부분을 모교의 테두리 안에서 모교와 고락을 함께 해왔으며, 그러므로 누구보다도 모교의 전통과 문제점을 잘 알고 모교 발전에 꿈과 정열을 지닌 분이다. 뿐만 아니라 지난 4년 동안 제10대 총장으로 재임하면서 김 박사가 보여준 헌신적인 활동과 공적들은 우리로 하여금 앞으로의 발전을 더욱 확신하게 만드는 것이다.

이제 여기 김 총장을 다시 선임하면서 우리 숙명의 앞날에 번영과 약진의 길이 순조롭게 펼쳐지기를 간절히 고대하면서 전숙명인 여러분과 함께 축하를 보낸다.

淑大新報 1985년 9월 12일자

재단이사장 **정 재 각**

숙명여대 개교 46주년 기념사

　기념(記念)이라고 하는 것은 문자 그대로 기억하고 생각한다는 뜻이다. 숙명대학의 창립 목적과 이념을 기억 속에서 추려내서 다시 한 번 그 의미를 생각해 보자는 것이다. 념(念)이라는 것은 사(思)와는 달리 곰곰이 생각한다는 뉘앙스가 깃들여 있다. 말하자면 숙명(淑明)의 건학목적이 오늘날에 구현되어가고 있는가를 시발(始發)시의 이념을 회상해 내서 현시(現時)에 다시 한 번 검토·다짐하라는 것이다. 달이 가고 해가 바뀌면 아무리 굳은 맹서(盟誓)나 선명한 흥분도 속절없이 퇴색되어 아득한 망각의 안개 속으로 사라져 가는 것이 시간의 섭리임에, 바로 여기에 모든 기념일 제정의 동기가 있는 줄로 안다. 시간에 대한 인간의 애처로운 항거의식이 곧 기념일 제정의 요인이 되었으리라는 말이다.

　숙명대학은 물론 해방 전에 세워진 가장 오래된 대학 중에 끼이지는 않는다. 그러나 그것은 외국인이 종교적 목적으로 세운 학교이거나 일정(日政)이 그들의 재정으로 세운 학교는 아니다. 숙명(淑明)은 우리민족의 자산으로 우리의 민족적 지도자를 양성함으로써 그 주권을 회복하려는 잠재적 목적에서 세워진 수삼개(數三個) 최고학부 중의 하나다. 그 중에서도 여성의 최고교육기관으로서는 실로 희소가치를 지닌 학교임에 틀림없다. 비록 그것이 창립시의 기구로서는 일본인 재단이사장과 일본인 교장 하에 이루어진 것이기는 하나 그것은 어디까지나 구왕실 재산의 기반을 가진 숙명학원이 경영의 모태가 된 것이며, 구왕실은 곧 한민족의 주권의 상징이자, 민족독립의지의 집약적 표현체이었다.

그러므로 숙명학원의 경영이념 속에는 항상 민족의 여성지도자 양성이나 독립회복이라는 숨은 정신이 핵을 이루고 있었던 것이다. 이러한 모태로부터 유전되는 DNA가 비록 일시적으로 일본인 교육자의 지배하에 있었다 하더라도 본질적 변질을 일으킬 수는 없는 것이다. 되풀이해서 요약컨대 숙명대학은 민족자산으로 이루어지고 민족의 지도자를 육성하고 민족의 주권을 회복하려는 굳건한 의지를 유전 받은 국내의 최고(最古)·최고(最高)의 여성교육기관임이 틀림없다는 말이다.

이러한 영예의 체통을 가진 숙명대학이 이제 46돌을 맞이했다는 것은 개인으로 볼 때 불혹(不惑)의 연령을 훨씬 넘어서 바야흐로 장년의 성숙한 활동이 기대되는 시점에 섰다는 것이다. 그간의 풍상(風霜)은 뿌리를 더욱 깊게 하고 체질을 더욱 튼튼히 함으로써 무성한 잎새와 아름다운 꽃을 피우는데 이바지할지언정 결코 그것이 쇠퇴(衰頹)와 조로(早老)의 현상으로 작용해서는 안 될 것이다. 46년이라는 세월은 회고 취미의 소유자에게는 하나의 감상(感傷)에 사로잡히기에 충분한 시간이며 또한 동시에 시간을 죽이기에 급급한 행동주의자들에게는 견딜 수 없이 지루한 시간을 의미할 것이다. 전자는 어느 틈엔가 노화로 달리기 쉬우며 후자는 곧잘 전통 멸시로 치닫기 일쑤다. 전자는 역사를 화석화(化石化)하고 후자는 미래에의 발판을 무너뜨린다.

역사는 결코 과거의 죽은 시체가 아닌 현실 속에 살아 움직이는 생명체이며 미래에의 비전도 이 생명의 뿌리에서 수혈을 받았을 때 비로소 실현하는 것임을 알아야 할 것이다. 역사는 어디까지나 과거와 미래와의 악수에서 이루어지는 것이며, 따라서 전통이란 것도 그것의 형해(形骸)만의 계승이나 무조건 단절이 아닌, 전통의 모태에서 끊임없이 생명의 수혈을 받으면서 동시에 현실의 호흡에서 끊임없이 신선한 산소를 공급함으로써 그 체질을 정화해나가야 할 것이다. 이런 의미에서 숙명(淑明)의 가족들은 그 46년의 전통을 오늘 하루만이라도 다시금 생각하고, 그 소명감을 일깨워 나가야만 한다. 이 기념일이 단순히 또 하나의 휴일일 뿐이어서는 안 되겠다는 것이 나의 바람이다.

淑大新報 1984년 4월 20일

재단이사장 정 재 각

숙명여대 개교 49주년 기념사

　학교를 개설한 날을 기념하는 날이라면 곧 개인으로 보면 탄생기념일이란 말이다. 따라서 개교기념일에 대한 소감을 묻는다면 곧 개인의 생일에 대한 소감의 물음과 대동소이한 것이 될 것이다. 개인이 그 생일을 축하하고 또 축하받는 까닭은 무엇일까? 아마도 이는 그 사람에 따라서 또는 그 때의 정황에 따라서 조금씩은 달라질 것이다. 그러나 대체로 자신의 회고와 기원(祈願)이라는 테두리를 벗어나지 않을 것이다. 자신이 태어났을 때의 가족들의 환희와 간절한 소원들의 대상이었던 자신이 과연 오늘날 거기에 부응하게끔 성장해 가고 족·평가하고 앞으로의 가일층(加一層)을 다짐하는 자리가 바로 생일상을 받는 자리일 것이며 또 그래야만 한다. 그러나 보통 사람들은 그러한 정신적 침체의 절차를 생략한 채 생일 축하에 따르는 행사의 형식만을 취하게 마련이다.

　그것은 오직 탄생이라는 체험을 자신이 스스로 일깨울 수 없다는 생리적 소이연(所以然) 때문만이 아니라 자신의 신생(新生)에 모았던 가족들의 기대의 선명성조차 시간의 경과에 따라 차차 잊혀져간다는 시간의 섭리 때문이다. 생일을 구실로 한 모임과 거기에 따른 구복(口腹)의 즐거움 그것이 사람들의 기억을 되새기게 하고 그날을 기다리게 하는 숨은 동기가 되어버린 것이다. 말하자면 기념일 자체가 가지는 의미는 완전히 본(本)과 말(末)이 전도되어 통행하고 있는 것이 오늘날의 세속이라는 말이다. 망각이라는 인간의 속성과 끊임없이 싸우면서도 자꾸만 기념일을 제정하고 기념물을 제작하여 자신들의 자취를 불멸의 터전으로 남겨 놓자는 것이 바로 역사라는 것일지도 모른다.

6 · 25도 4 · 19도 당시의 흥분의 신선도가 점점 바래가고 있는 것을 당시인들은 안타깝게 보고만 있을 수만은 없어서 또 기념식을 되풀이 거행하곤 하는 것이다. 세계의 모든 대소의 기념행사들도 인간들의 이러한 슬프게도 끈덕진 노력 현상이라고 하겠다. 숙대(淑大)의 개교기념일도 이러한 부류에 속하는 것이기는 하나 그러나 결코 망각되거나 등한시되어서는 안 되는 것이기도 하다. 숙대의 설립이 비록 일정(日政)시에 있었다고 하더라도 설립의 모체가 된 것은 왕실이며 왕실은 곧 민족주체의 상징이었기 때문에 숙대교육의 태반은 곧 한민족의 정신이라 할 수 있다. 생각하면 당시의 모든 한국인 교육기관은 그것이 일정(日政) 전 혹은 일정 후의 설립임을 막론하고 교육기관의 의도가 잠재해 있었던 것이다. 근대국가 즉 산업국가들의 엄청난 생산력, 병력, 조직력에 대항하기 위하여는 속절없이 근대지식을 가르칠 수밖에 다른 도리가 없으며 이러한 절박한 위기감이 관민(官民)을 막론하고 근대교육기관을 경쟁적으로 이르게 한 것이다.

국권이 위기에 다다랐을 때에는 우선 그들의 힘의 원천이 된 새로운 교육을 본떠서 그로써 대항할 수밖에 없다는 우리 선인들의 판단은 현명한 것이었다. 숙대는 비록 일정지배 기간 내에 세워졌으나 또한 하루속히 그 지배를 벗어나기 위한 기초 작업이었음에는 마찬가지다. 이래 수많은 근대지식인이 배출하여 그들이 마침내 광복의 밑거름이 되었던 것이며 나아가서 오늘날 세계 12대 무역국의 하나로서 조국을 떠받치고 있는 것은 두루 보는 바와 같다. 그러나 조국의 위기는 아직 사라지지 않고 있다. 아니 꿋꿋이 주권을 행사하고 독립국으로서 위신을 갖추려고 하면 할수록 바람은 도리어 세어져서 존립의 터전은 더욱 위협을 받고 있는 것이 현실이다. 구국해야 할 위기가 있는 곳에 교육구국의 건학이념은 아직 생생하게 살아 있어야 한다. 기념행사를 아득한 옛날의 빛바랜 한갓 유습(遺習)으로서 휴일을 즐기는 구실로서만 간주하기에는 아직도 그 존재이유가 너무나 뚜렷하다는 것을 일깨우고자 하는 바이다.

淑大新報 1987년 4월 20일자

재단이사장 정 재 각

숙명여대 개교 50주년 기념사
- 한민족(韓民族)의 은연(隱然)한 상징 -

　숙명대학이 설립 50주년을 맞이했다. 50이라는 나이테가 서양의 대학들이 6·7백년 혹은 3·4백년의 창연한 고색을 지닌 데가 적지 않은 것에 비하면 반드시 자랑할 것이 못될는지 모르나 한국적인 여건에서 여성고등교육기관이 이만한 연륜을 쌓았다는 그 감회의 각별함에 있어서는 결코 손색이 없을 것이다. 이 감회가 신선하기 위하여서는 모든 역사적 서술이 그러하듯이 숙대의 탄생도 어떠한 환경 하에서 발생하였으며 그 뒤 어떠한 경력을 거쳐서 성장해 왔는가를 더듬어 보는 것이 가장 효과적인 방법일 것이다.

　그것은 노년기에 접어든 자연인이 흔히 그 속으로 도피하는 회고 취미와는 판이한 것이며 오히려 영생의 생명체가 자신의 활력의 에너지원을 그 속에서 찾으려는 하나의 본능적인 자기정비의 자세라고 할 것이다. 말하자면 추진력을 얻기 위한 불가피한 뒤돌아봄이다.

　돌이켜 숙명여대의 경우를 보자. 숙대가 여자전문학교의 이름으로 출발했을 때 그것은 실로 민족사상 가장 암담한 시기였다. 일제는 만주에 괴뢰 정권을 수립하고 화북지방에서 장개석(蔣介石) 군과 사단을 일으키면서 장차 중국대륙의 본격적인 침공을 위한 병참기지로서의 한반도를 밀도 있게 다지기 시작했다. 그들이 이른바 황민화정책, 구체적으로는 한국어 사용을 금지하며 모든 사학기관의 실질적인 접수와 사상가들의 구금·전선에의 징병·징용 등의 조치가 차곡차곡 뒤따라 이루어졌다. 속절없는 민족말살의 시나리오가 연출 중이었다. 이러한 불길한 상황 속에서 숙명은 출생한 것이었다. 숙전(淑專)도 재단 책임자나 교장이 모두 일본인들로 임명된 것은 그러한 당시 현실을 그대로 반영한 것이다. 그러나 숙전의 탄생을 가능케 한 원동력은 왕실에서부터 나온 것이었다.

다른 모든 한국인 경영의 사학들이 자립하려는 한국인들의 숨은 의지의 표현이듯이 숙전도 그러한 잠재적 애국심이 도사리고 있었던 것이다. 당시 왕실은 곧 한민족의 주권의 상징이요 따라서 그곳에서 세운 교육기관은 다름 아닌 한민족 독립심의 은연(隱然)한 표현이었다. 그리하여 충량(忠良)한 일본국민을 양성하려는 일제교육자와의 동상이몽(同床異夢)의 교육이 잠시 이루어진 뒤에 해방은 왔고 일본인이 경영체로부터 물러난 후의 진공 상태를 메우기 위하여 내외로부터 각종 세력들이 몰려와서 소용돌이를 일으켜 혼란을 치르게 되는 것 또한 피할 수 없는 물리적 현상이라고도 할 수 있겠다. 따라서 이러한 불협화의 잡음 속에서 급속한 발전을 기대한다는 것은 실로 어려운 일이 아닐 수 없었다.

숙대가 해방 후 외형적인 발전이 늦어진 것은 바로 이러한 연유에서이다. 그러나 이러한 부정적 외형의 반면에는 모진 풍상의 시달림에서 생존하려는 굳은 의지가 발달되고 그것은 또한 뿌리를 깊게 하고 체질을 단단하게 하는 긍정적 결과도 가져왔다. 사물에는 반드시 음지가 있으면 양지도 있는 법이다. 이제 숙대의 모든 그늘은 사라졌다. 50년 동안 갈고 닦은 굳센 의지와 단단한 전설을 바탕으로 하여 춘화일난(春和日暖)의 무르익은 춘광(春光)을 맞이할 차례가 된 것이다. 모처럼의 반세기의 생일을 맞이하여 숙대의 건강한 발전을 기대하는바 간절하다.

淑大新報 1988년 4월 20일자

재단이사장 정 재 각

대학(人·學)의 이상(理想)과 본질(本質)

　대학(大學)이란 무엇인가? 그 문제점에서 본 이러한 물음은 이미 수없이 들어왔다. 시대에 따라 나라에 따라 대학이 처한 상황은 다를지라도 대학의 의미를 묻는 질문은 항상 동일한 형식이었다. 역사적 변혁이 일어날 때, 혹은 사회의 중대한 문제가 생겼을 때에는 그것이 대학 자체에서 발생한 것이건 아니건 간에 국가로부터, 사회로부터 혹은 대학 자체로부터 이러한 질문들은 빈번히 제기(提起)되곤 했다. 근대적 학문공동체로서의 대학의 기원지(起源地)인 유럽에서 특히 프랑스나 독일에서 대학의 존재에 대한 문제가 자주 제기되어 왔고 미국에서도 가까이는 소련(蘇聯)이 스푸트니크를 최초로 공중에 쏘아 올렸을 때에도 베트남 전쟁의 수렁에 빠졌을 때에도 대학 교육에 대한 재검토는 강력히 요청되었으며 동양에서는 중국의 5·4운동, 일본의 2차 대전 항복 후, 그리고 현재의 국력 부흥기를 맞이하여서도 대학의 문제는 또다시 검토되었고 또 검토 중에 있는 것이다.

　여기에 표기(表記)의 제목을 청탁하는 것도 역시 편집자의 그러한 문제의식이 우리나라의 현황에서 작용하고 있는 것이라고 보겠다. 비록 그렇다고 하더라도 대학이란 무엇인가? 또 무엇이어야 하는가를 우리나라의 현실에만 시야를 국한(局限)하여 회답을 묘출(描出)하려는 것은 반드시 올바른 이해를 돕는 방법이 아니다. 우리나라의 현행 대학제도는 근대 서양문화의 일환으로서 채택된 것이기 때문에 서양의 대학들의 역사와 이념들을 훑어보는 것이 우선 접근의 손잡이가 되어야 한다는 말이다. 현금(現今)의 우리가 향유하고 있는 모든 정밀과학(精密科學)이나 모든 인문과학들은 그 기원을 거슬러 올라가면 이집트의 알렉산드리아(Alexandria)에 하나의 발생원(發生源)인 동시에 일종의 합류지점을 가진 것을 발견할 수 있다. 동양과 서양의 정신적인 재산이 융합된 이 지점에서 알렉산더 대왕의 이상을 이어받은 헬레니즘(Hellenism) 시대의 지배자들이 세운 학술연구소가 바로 그것이라고 한다.

그러나 우리가 오늘날 알고 있는 것과 같은 대학이 비롯한 것은 유럽 중세부터이다. 중세 유럽의 길드 조직체들이 그 자주성을 진전시키는 시대적 배경 속에서 대학도 하나의 공동체로서 자주성을 키워나가고 있었다. 오늘날 University의 어원(語源)인 Universitas란 라틴어는 원래 일종의 합법단체(合法團體)란 뜻이라고 하며 결국 대학이란 교수와 학생의 공동체 · 연구공동체 · 학문공동체 등의 의미를 내포하고 있었다. 이러한 대학들은 로마 교황의 교서(教書)에 의하여 창립 또는 확립된 것이며 교수 면허증을 가진 자라면 기독교국(基督教國)의 어느 곳에서든지 가르칠 수 있다는 특권을 부여받고 있었고 또 모든 강의는 라틴어로 교수했다는 점에 일종 초국가적(超國家的)인 성격을 띠고 있었다. 이점에 관하여 중세적 대학에 향수(鄉愁)를 느끼는 사람이 오늘날도 없지는 않다.

그러나 그것은 기독교리(基督教理)의 절대성을 전제로 하고 또한 신학 · 법학 · 의학 등 당시 사회의 특정적 요구에만 제한받고 있었다는 점에서 대학의 진정한 자율이나 자유와는 거리가 있는 것이었다. 중세 대학들의 이와 같은 초국가적인 권위는 교황권과 황제권의 대립, 국민국가들의 출현들과 더불어 점차 약화되고 더구나 휴머니즘과 종교개혁 내지 반종교개혁 등의 와중에 휩쓸림으로써 그 공통적 성격이 희박해져 갔다. 그 중에도 프로테스탄트계 대학과 가톨릭계 대학들은 선명한 대조를 이루었으며 전자(前者)가 대체로 혁신적 분위기에 휩싸여서 활기에 차있었던 것은 당연한 일이다. 프로테스탄트 대학 특히 독일의 대학들이 그 대표적인 예다. 18세기 초의 할레 대학 · 괴팅겐 대학, 18세기 말의 예나 대학, 19세기 초에 신설된 베를린 대학 등은 그 지도적 존재들이다.

이 시기에 칸트는 진실을 추구하기 위하여서는 일단 사회의 실용적인 요구를 떠난 대학의 연구의 자유가 중요하다고 역설하고 과학과 철학의 연구를 대학의 다른 커리큘럼의 기초 과목으로 삼을 것을 제창(提唱)했으며 볼프(Christian Freiherr Wolff, 1679~1754)·하이네(Heinrich Heine, 1797~1856)·슐라이엘마허(Friedrich Ernst Daniel Schleiermacher, 1768~1834)·피히테(Johann Gottlieb Fichte, 1762~1814)·훔볼트(Karl Wilhelm Humboldt, 1767~1835) 등도 모두 교수와 연구의 자유의 필요성을 강조하여 독일을 세계 대학계의 지도적 위치에 올려놓았던 것이다. 그들이 강조하는 아카데미의 자유라는 것은 물론 연구와 교육에 대한 외부로부터의 부당한 간섭을 배제한다는 뜻이겠으나 그렇게 함으로써 외부적 요구에 의한 응용학문에도 진정한 창조가 가능하다는 생각에서이다. 조르쥬 귀스돌프의 표현을 빌리면 그것이 간접적 수단으로 촉진되는 따위의 에네르기보다도 훨씬 풍부한 에네르기를 발휘할 수 있다는 신념이다.

훔볼트의 의견에 의하면 고도의 문화연구시설이란 것은 고작 이미 결말이 난 완성된 지식만을 가르치는 곳이 아니라 학문이란 것은 아직 완전히 발견되고 있지 않으며 또 결코 발견되지도 않을는지 모른다. 그러나 발견할 수 있을 것이라는 기대에서 끊임없이 추구해야 할 그 무엇이라고 생각해야 하기 때문에 연구의 자유가 소중하다는 것이다. 또 슐라이엘마허는 대학은 권위적 방법에 의하여 학생에게 중요한 지식을 교수하는 학교라고 하는 예비적 단계와, 우수한 학자들이 각기 나름대로의 학문의 진보를 추구하면서 고도의 연구에 몰두하는 아카데미라고 하는 고등 단계와의 중간에 위치하고 있다고 한다. 따라서 대학은 지적 자율성으로 옮겨가는 준비의 장(場)이다. 학생들은 일체의 미해결의 문제들에 관하여 학문적인 객관적인 태도를 몸에 붙이는 것을 여기에서 배우는 것이다.

결국 대학의 존재 이유는 학생들이 어떻게 배워야 하는가를 배우는데 있는 것이라고도 할 수 있다. 이렇게 독일의 대학들이 진리의 탐구를 위하여서는 외부의 간섭이 없는 대학의 자율이 보장되어야 한다는데 입을 모으고 있던 동시기(同時期)에 프랑스의 대학들은 나폴레옹의 강력한 통제를 받고 있었다. 나폴레옹은 대학을 순전히 공리주의적(功利主義的) 의도 하에 국가의 독점사업으로 조직했다. 이 조직을 통하여 그는 사회질서에 관한 위험하고 파괴적인 여러 이론(理論)들을 규제하였던 것이며 이후 프랑스의 대학들은 그러한 풍토를 오랫동안 벗어나지 못하였던 것이다. 근대적 대학들이 많이 신설되고 또는 개화하고 있던 18세기 내지 19세기에 걸쳐 라인 강을 사이에 두고 한쪽은 대학의 자율 내지 자유의 필요성을 강조하고 다른 쪽은 그것의 규제를 중요시한 것을 보면 대학 자유라는 것이 결코 쉬운 일도 아니고 또한 문해점(問解點)이 많은 문제라는 것을 알 수 있다.

첫째, 대학은 현대에 이를수록 그 규모가 커져서 교수와 학생의 수효는 폭발적으로 불어나고 방대한 시설이 중요하기 때문에 자연히 국가의 경제적인 보조와 법적인 보호를 피할 수 없게 되는 것이 세계의 추세가 되어 있다. 바로 이 점이 대학과 국가의 공권력과의 긴장을 초래하게 마련이다. 대학은 하나의 자율성이 기대되는 공법적(公法的)인 단체이긴 하나 동시에 그것은 또 국가의 의지 아래 건립되고 국가에 의해서, 국가의 보호를 받으면서 존립하는 것이기 때문에 국가 속의 국가일 수는 없는 것이기 때문이다. 국가권력이 엄청나게 비대해진 현대에 있어서는 더욱 이 문제는 자주 일어나고 있는 것이다.

둘째로 대학에 압력을 가하는 외부의 힘은 국가뿐만 아니라 사회로부터도 빗발치듯 올 수 있다. 현대사회는 지식의 홍수가 일어나고 있는 사회이며 특히 과학과 기술의 발달은 하루가 무섭게 달라진다. 이러한 혁명적 시대에 살아남으려면 새로운 지식의 도입이 불가피하게 되며 사회의 각 분야에서는 그러한 지식의 공급을 대학에 기대하는 것이 또한 당연한 순서다. 이러한 의미에서 대학에 있어서의 학문의 진흥은 사회의 요구에 응함으로써 이룩된다고 볼 수 있다. 대학에 있어서의 이러한 유(類)의 연구는 예를 들어 사회의 어떤 특정한 부분의 이익을 위하여 착수되기도 하고 혹은 어떤 특정한 사회문제의 단기적인 해결을 위하여서 수락되기도 한다.

이러한 경우에 대학의 연구자들은 곧잘 자신의 맡은 연구가 과연, 정말 필요한 것인가 아닌가에 의심을 가질 때가 있다. 이러한 의문이 일어날 때 대학과 사회의 다른 기관과의 사이에 충돌이 생기고 있는 것이 눈에 띈다. 현대사회에서는 연구에 막대한 비용이 필요하고 이러한 비용을 조건 없이 공급하는 사회인은 지극히 드물다. 연구비에는 연구과정의 지정이나 기타의 끄나풀이 붙어 오기 마련이기 때문에 연구자는 결국 주문받는 대로의 상품을 제공할 의무가 지워지는 것이다. 이러한 점에서 대학의 자율성, 자발성은 자승자박의 궁지에 몰리게 된다.

셋째로 대학의 자유에 대한 위협은 외부로부터 뿐만 아니라 내부에서 올 수도 있다. 칼 야스퍼스(Karl Jaspers, 1883~1969)는 그의 '대학의 이념'에서 다음과 같은 내부의 요인을 지적하고 있다. 교수의 자유라는 것은 연구자가 그 연구와 교수에의 길을 자신의 판단에 의해서 걷는 것을 의미한다. 이러한 교수의 자유는 그것을 요구하는 연구자가 그 진정한 의미를 자각할 때에만 존립할 수 있다. 교수의 자유는 멋대로 의견발표를 하는 권리를 의미하는 것은 아니다. 진리라는 것은 극히 곤란하고 위대한 과제로서, 현재의 순간에 있어서의 현존적(現存的) 이익에 봉사하는 무비판적 · 격정적인 의견발표의 내용과 혼동되어서는 안 된다.

교수의 자유는 학문적인 의도 속에서만 성립한다. 그것은 진리를 위한 구속 속에서만 성립한다. 어떠한 실재적 목표 설정도 내용적으로 한정된 교육 사조(思潮)도 정치적 선전(宣傳)도 교수의 자유를 명분으로 삼아서 자신을 변호하는 것은 용인되지 않을 것이다. 교수들의 시사문제에 대한 우연한 담화나 정치적 시사적 비판이나 일간신문에 쓰는 논설 등에 있어서도 다른 모든 공민권(公民權) 이상의 특권을 주장할 수는 없다. 그것은 책임으로부터의 자유가 아니기 때문이다. 교수의 자유는 특별한 권위를 내세우면서 안가(安價)한 의견발표로써 시사문제에 끼어들지 않는다는 조건 하에서 성립하는 것이다. 자유로운 의견발표의 권리를 일반적으로 요구하는 사람은 하나의 공민(公民)으로서 이를 국가에 요구하는 것이지, 교원(敎員)으로서 이와 같은 권리가 대학으로부터 지지받을 것을 기대할 수 없을 것이라는 것이다.

당시 히틀러의 탄압 하에 지식인으로서 깊은 분노를 느끼고 있던 야스퍼스가 권력의 간섭에 대한 극기적(克己的)인 자기성찰도 게을리 하지 않았다는 점에서 용기 있는 지식인으로서의 면모가 약여(躍如)하다. 대학교수의 직업윤리에 관해서 막스 베버(Max Weber, 1864~1920)도 이와 비슷한 의견을 표명하고 있다. 그는 '직업으로서의 학문' 속에서 교수가 교단에서 자기의 전공에 관한 확신 있는 문제 이외에 관하여 함부로 의견을 말하여서는 안 된다는 것이다. 시사(時事)에 관하여 혹은 정치에 관하여 또는 자신의 전공 이외에 관하여 나름대로의 단정적인 의견을 말하는 것은 지적 염결성(知的廉潔性)을 결(缺)한 사람이며 그는 벌써 대학의 교수라기보다도 하나의 예언자이거나 선동가이거나 또는 인기욕(人氣慾)에 사로잡힌 자일뿐이라고 혹평했다.

막스 베버의 이러한 학문인의 윤리관은 그 수준을 너무 높이 설정하여 고답적(高踏的)인 것이라는 평도 들었으나 그가 학문적인 소신으로 말미암아서 괴팅겐 대학으로부터 권력에 의하여 추방된 7인 교수 중의 1인이라는 것을 감안할 때 진리탐구에의 충정을 위하여서는 권력에 굴하지 않는 것은 물론 인기나 선동, 유행 따위의 세속적인 유혹에도 오염되지 말아야 한다는 그의 주장은 충분히 수긍이 간다. 사실 1차대전 직후의 독일은 경제는 파탄에 빠지고 정치는 부패하고 사회는 혼란하여 정의감이 강한 학생들은 대학에서 교수들에게 방향을 잡아주는 지도자로서의 역할을 요구하였던 것이나 베버는 자기도 자신의 전공분야를 공부하는 1개의 학도(學徒)일 뿐 지도자의 자격은 없노라고 이를 거절하였던 것이다. 모르는 것을 모른다고 용기 있게 고백한 것이 당시의 성급한 판단이 요청되는 세태에서는 학생들의 실망을 샀으며 그의 사후에 가서야 그가 양심적이며 용기 있는 학문인이라는 존경을 받았던 것이다.

이렇듯 대학의 자유라는 것은 미묘하고도 손상되기 쉬운 것이어서 외부로부터는 물론 내부로부터도 그 파괴요인은 발생하기 쉬운 것이다. 대학이 이러한 파괴요인들과의 사이에 긴장이 생겼을 때 실력으로써는 이 싸움에 이길 수 없으며 그것은 정신적인 싸움이 될 수밖에 없다. 바꾸어 말하면 대학은 오직 진리에 의해서는 그 대결자를 복종시킬 수밖에 없는 것이다. 대학이 이처럼 소중하게 여기는 자유라는 것을 외부세계는 반드시 그대로 이해하고 있지는 않다는 것을 역사는 보여주고 있다. 올바른 이해를 얻으려면 상대의 존경과 신뢰를 얻어야 하는 것이나 대학이 언제나 반드시 외부의 존경과 신뢰를 얻는데 성공하지는 못하였기 때문이다. 사회의 변화에 대비한 정당한 위임사항이 있었을 때에도 대학은 자주(自主)를 내세워 이를 외면하기도 하였으니 르네상스의 와중에서도 유럽의 대학들은 주도적 역할은 한 일이 없으며 이태리에서도 프랑스에서도 기껏해야 그 운동의 주변에서 맴돌았거나 때로는 억압적이기까지 하였다.

15세기 말의 독일의 경우에 있어서도 당시의 신(新)휴머니즘에의 개혁을 주장하는 막시밀리안(Maximilian, 1459~1519) 황제와 이를 거부하던 비엔나 대학과의 충돌이 있었으며, 17세기의 과학혁명으로부터 18세기 후반의 산업혁명에의 소용돌이에 있어서도 이 혁명들은 모두 대학의 울타리 밖에서 일어났으며 영향력 있는 학자들도 대부분 거기에 참여하지 않았다. 도리어 오늘날의 과학과 기술의 기초를 놓은 것은 국영적(國營的)인 연구기관이었다. 그러나 대학이 이렇게 변화를 위한 주도적인 소임을 하지는 않았다고 하더라도 그들이 현대사회의 발전을 위하여 중요한 공헌을 하였다는 것은 부인할 수 없다. 사실 19세기 독일의 대학들은 도그마가 아닌 이성에 의한 과학연구의 연총(淵叢)이었으며 미지의 것을 탐구하고 실험하려는 시대의 열풍에 십분 대응하여 모든 세계대학들의 모범이 되었다.

영국에서는 옥스퍼드나 캠브리지가 과학연구의 중심이 되었으며 프랑스에서도 같은 현상이 일어났다. 비록 18세기의 산업혁명이 대학인의 손에서 이룩된 것이 아니라고 하더라도 19세기 후반의 제2산업혁명이 대학의 실험실에서 출산되었다고 주장하는 것은 반드시 무리한 것이 아닐 것이다. 이렇게 대학이 시대의 진운(進運)에 주도적 역할을 한 때도 있었고 그렇지 못할 때도 없지 않았으며 전자의 경우에는 대학이 사회의 재판관이 되었고 후자의 경우에는 사회의 피고가 되기도 하였다. 그러나 이처럼 피고가 되었다고 하여 대학인이 반드시 스스로 부끄러워 할 것은 없다. 대학인이 외부의 요구들에 쉽사리 움직이지 않았다는 사실은 언제나 자율과 자발성에 집착하는 대학의 체질에서 전래한 것이며 시류에 민감하다는 것이 자칫 그것을 깨뜨릴까 경계하기 때문이다.

무엇이 사회나 국가에 필요하고 필요치 않다는 것은 외부의 성급한 요청에 의하여서가 아니고 대학자체의 판단에서 결정되어야 한다는 대학인의 자존심이 도사리고 있기 때문이다. 단선적인, 근시적인 이익의 추구가 국가사회의 먼 장래에는 도리어 누를 끼칠 수도 있다는 사실을 역사는 보여주고 있는 것이다. 대학에의 책망이 대학인이 시대의 변화를 예감하고 이를 선취(先取)하는 예지가 결핍되어 있다는데 있다면 일리가 없는 것은 아니다. 그러나 그러한 능력을 반드시 대학인에게만 요구하는 것은 비현실적이며 그것은 자칫 특정한 사관에의 복종을 종용하거나 혹은 경박한 공명심(功名心)을 자극하여 시대의 농아로 들뜨게 할 우려가 있는 것이다.

돌이켜 보건대 현대 대학의 좀 더 심각한 문제는 다른데 있다. 위에서도 언급한 바와 같이 어느 나라 없이 대학은 현대에 이를수록 매머드화 하여 교수와 학생과 학과들은 갈수록 증가하고 있으나 그들은 다만 동일한 명칭으로 등록되어 있을 뿐 예전과 같은 구심점이나 통합적인 기능은 상실하여 가고 있다는 것이 식자(識者)들의 지적이다. 발만 있고 머리는 없는 하나의 무정부적인 괴물이 바로 오늘의 종합대학이라는 것이다. UNIVERSITY가 아니고 MULTIVERSITY라고 그들은 부른다. 각 학과들이 각기의 전문성과 독립성을 주장하여 다른 학과의 존재를 모르고 또 알 필요도 없으며 다른 학과의 존재가 오히려 연구비의 분배에 방해요인이 될 뿐이라는 원심적인 인식만 있다는 종합대학의 존재 이유란 무엇인가.

차라리 관리나 기타 전문 직업인을 양성하는 전문대학으로 분립시킬 것이지 구태여 막대한 비용을 투자하여 종합대학을 만들 필요가 없다는 종합대학 무용론(無用論)이 대두되기도 한다. 이는 실용주의적인 견지에서 언뜻 일리가 있기는 하다. 대학에서는 실제로 법률가·관리·교사·의사·기술자 등 많은 직업인재를 배출시키고 있는 것이 현실이며 그리고 그러한 현실추구 이외의 다른 목표는 얼른 눈에 띄지 않는다는 점에서 그러한 부정론이 나올 여지가 있다는 말이다. 그러나 오늘날의 종합대학이 명확히 그것을 부인할 수 있는 가시적인 실적을 보여주지는 못한다고 하더라도 적어도 종합대학의 목표만은 그러한 직업인들의 기술적 경제적 수준의 편편적(片片的)인 지식 습득에 있는 것이 아니고 궁극적으로 인간의 현실에 전념시키게 하는데 두고 있는 것이다. 말하자면 대학은 지도적(指導的) 인간형성의 학교라는 근본적인 성격을 가졌다는 말이다. 거기에서는 인간은 연구주체인 동시에 연구대상이라는 것이다.

대학은 지식이 가지는 바 여러 가치의 탐구, 보급, 옹호를 하지마는 그것은 인간 공동체를 전제로 하고 있기 때문이라는 것이 이미 언급한 조르쥬 귀스돌프의 의견이다. 귀스돌프는 또 '대학에서는 모든 학문이 통합되고 그 대표자들이 모여 있다. 동일한 장소에 모든 학과가 존재하는 것이 그들 학과를 서로 관련시키고 발전하는 것을 가능케 하는 것이다. 이렇게 서로 주고받는 자극이 지식의 통일을 촉진시킨다.'는 야스퍼스의 말을 인용하면서 학문의 필요불가결한 연대성의 의미를 강조하고 종합대학의 존재이유를 그것이 장소의 통일성, 행위의 통일성, 시간의 통일성이 지식의 완숙에 이바지하기 때문이라고 변호하고 있다. 비록 오늘의 '멀티버시티'가 언뜻 백화점식의 지식 진열장으로 보일지라도 그것은 하나의 조화를 이루는 교향악단이며 그곳에서의 지식의 조화와 통일이 마침내는 인간성의 통일을 지향하는 공간이 될 것이라는 항변인 것이다.

끝으로 한마디 더 추가한다면 모든 대학들은 현실적으로 특정한 국가나 민족에 속해 있고 그 국가나 민족의 보호 하에 존립하고 있다. 이러한 의미에서 대학은 결국 그것이 속해 있는 민족의 표현일 수밖에 없다. 그것은 그 민족의 모든 문화가 그 민족의 표현인 것과 같다. 한국의 대학은 그 이상(以上)도 이하(以下)도 아닌 한민족(韓民族)의 한 표현형식이다. 한국은 현대문화에 있어서 아직도 후진(後進)에 속한다. 그러므로 대학에서도 응당 이 후진성에 대한 초조와 고민이 없지 않다. 이와 같은 심정은 자칫하면 현대문화에의 선진은 선이요 후진은 악이라는 난폭한 도식을 성립케 하고 외래문화를 무조건 모방하겠다는 행동으로 이끈다. 이것은 곧 문화 식민지에의 위험한 길이며 비학문적인 감성의 작동에서 오는 것이다.

현대문명이 이미 궁극무기의 발명, 자연자원의 고갈, 자연생태계의 파괴, 각종 흉악범죄의 만연, 빈부국의 격차의 확대로서의 남북문제, 물질만능주의의 횡행 등으로서 결코 진보적인 문명이 아니라는 반성이 서양 자체에서 나오고 있다. 또한 한국문화는 오랫동안 한국적 풍토의 자연법칙의 지배를 받고 역사적 단련을 겪으면서 생성된 것으로서 한국인의 사고와 행동은 실제로 그 규제 안에서 표현되고 있다는 것을 깨닫는다면, 무비판적으로 외래문화를 모방해서도 안 될 것이다. 또 모방한다고 하여도 전통문화의 뿌리에 접목이 되지 않고서는 그것이 개화하지 못할 것도 수긍이 가야할 것이다.

현대문화의 후진국의 대학들이 자신의 전통문화의 가치와 의미를 재발견 · 재음미하는 작업을 이른바 선진문화의 소화에 못지않게 혹은 그 이상의 긴요한 과제로서 채택한다면 이는 바로 민족의 올바른 표현에 도움이 될 것이다. 한국의 대학들이 한국의 전통문화연구에 시선을 모으는 것은 결코 다만 민족과 애국심만의 차원에서가 아니라 자민족의 개성을 발굴함으로써 널리 인류문화의 풍요로운 발전에 이바지하겠다는 거시적인 학문적 정열에서 나와야 한다. 그것이 바로 진리탐구자로서의 대학의 본분이기 때문이다.

淑大新報 1985년 10월 31일자

재단이사장 정 재 각

Ⅳ. 인물 - 인생론 · 담론 · 번역 등

내가 본 全斗煥 대통령

지난해 정신문화 연구원장으로 1년 남짓 재직하면서 전두환(全斗煥) 대통령을 몇 차례 가까이서 대면할 기회가 있었다. 전(全) 대통령의 면모를 한두 번 뵈었다 해서 한마디로 얘기할 수는 없지만 몇 가지 점에서 한나라를 이끌어나가는 최고책임자다운 강력한 인상을 받았다.

우선 서민적이고 소탈한 성품을 들 수 있다.

어떤 일에 한해서든 일부러 어려운 말로 꾸며서 말하거나 권위를 세우기보다는 있는 그대로 보여주고 평소에 느끼며 생각하고 있는 바를 평범한 말로 솔직하게 얘기하고 조목조목 지시하거나 설명했다.

"우리나라 사람들은 예로부터 권위나 명예를 존중하는 경향이 있는데 이것이 장점도 없지 않지만 때로 허세를 부리거나 특권을 휘둘러 국민 간에 위화감을 조성하는 역기능도 많기 때문에 공직에 있는 사람들이 솔선해서 낡은 인습을 타파하도록 해야한다"는 것이 전 대통령의 논리였다.

이는 사무실 하나도 화려하고 거창하게 꾸미기보다는 연구하는 사람은 연구에 편리하도록 하고 행정을 보는 사람은 사무에 편리하게 해야 한다며 외형보다는 내실을 강조하는 평소의 국정운영방식이 그대로 표현되고 있다고 하겠다.

특히 전 대통령은 지식인의 역할을 중시하고 있는 것 같다. 우리가 처한 국가적 상황에서 지식인들이 해야 할 일이 무엇이고 어떻게 국민들을 선도해 나가야할지를 명쾌한 논리를 세워 제시하는 것을 보고 감명을 받지 않을 수 없었다. 지식인 특히 학자들이 어떤 생각과 비전을 갖고 있느냐가 민족의 번영을 판가름하는 관건이 되는 만큼 지식인은 시시비비(是是非非)를 가릴 것은 분명히 가리되 국가발전에 능동적 - 창조적으로 참여해야 한다는 것이다.

지식인의 역할과 관련, 전 대통령은 남북이 대치하고 있는 상황에서 북한을 사상 면에서도 제압할 수 있는 정신무장을 강조하고 정신문화연구원 같은 기관은 대학과는 달리 국민들의 정신교육과 사상무장을 할 수 있도록 이론을 개발정립하고 방향을 확립할 수 있는 연구 활동에 치중해줄 것을 누누이 역설했다. 경제나 기술면에서 아무리 북한을 앞선다고 할지라도 국민들이 정신과 이념투쟁에서 뒤진다면 북한을 이길 수 없다는 생각이다.

전 대통령은 또 사적인 생활이 거의 없을 만큼 투철한 책임정신을 갖고 국정을 이끌어가고 있는 분이라고 생각한다. 업무시간은 말할 것도 없고 일요일에도 틈만 나면 산업현장과 영세민촌, 일선 군부대, 두메산골까지 두루 찾아다니며 국민의 소리에 귀를 기울이고 무엇이 문제점이고 개선해야 될 점인지를 파악하는데 게을리 하지 않는 사실이 이를 잘 증명하고 있다. 국정을 책임진 막중한 자리에 있는 사람으로서 한시도 한눈을 팔 수 없다는 투철한 공인정신과 나라사랑의 사명감에서 나온 것으로 짐작된다.

언젠가 "인(人)의 장막에 둘러싸이지 않도록 노력하고 있다"고 전 대통령이 밝힌 적이 있는데 이는 각계각층의 인사들을 직접 만나고 현장 확인을 함으로써 보좌관의 행정관리에만 의존하지 않겠다는 통치철학을 실천에 옮기고 있는 것이다. 올해 국정연설에서 제창한 선진조국 창조의 참 뜻은 단순히 서구개념의 선진국이 되자는 것만이 아닌 것으로 생각된다. 그것은 이제까지 이룩한 안정과 성장을 바탕으로 국민의식·정치·문화·경제 등 각 방면에서 진정한 선진권에 돌입함으로써 자주민주국가의 완성이라는 새 시대의 원대한 청사진을 펼쳐 보인 것으로 이해된다.

즉 민족적 주체성을 확고히 견지하면서 세계의 한국으로 웅비하고자 하는 전 대통령의 신념이라 보아 틀림없을 것 같다.

《경향신문》기고, 1983. 5. 4

정 재 각

국민이 바라고 믿는 지도자 되라
─ 장학생 제군을 맞이하면서

　장학생 제군을 축하한다. 후보에 오른 많은 경쟁자를 물리치고 최후적으로 선정되었다는 것은 제군이 계획한 일련의 인생설계의 일단계가 뜻대로 이루어졌다는 의미로써 이는 제군을 위하여 축하해 줄만한 일이기 때문이다.

　그러나 다시 한 번 생각해 본다면 우리의 이 축하는 다만 남의 인생항로의 순조로운 출항에 박수를 아끼지 않는다는 일종의 아량을 의미하는 것만은 아니다. 우리의 박수 속에는 제군에의 간곡한 기대와 그것으로 인한 따뜻한 환영의 의미가 또한 곁들여 있다는 사실을 제군에게 알려야만 하겠다.

　우선 제군은 제군이 장학생에 선발되었음을 축하한다는 본 재단의 얼마 전 인사편지를 상기한다면 본 재단의 명칭에 「한국지도자육성」이라는 내용규정사가 붙어 있음을 간과하지 않았을 것이다. 말할 나위도 없이 장학금을 수여하는 목적이 한국의 장래지도자를 육성하는데 있다는 것을 솔직하게 명시하고 있는 것이다.

　주지하는 바와 같이 장학금은 그것을 출연하는 자에 따라서 각기 장학목적이 다르게 마련이다. 빈곤한 자의 학자보조를 위하여 혹은 특정종교의 신앙을 위해서, 또는 특정지연이나 혈연관계자의 장학을 위해서 등 각양의 목적을 표시하고 있는 실례를 보면 수긍이 갈 것이다.

　물론, 비록 모든 장학재단의 수여목적이 일차적으로 각기 상이하다 하더라도 종국적으로는 수혜자들이 한국의 지도자가 되는 것을 기대하지 않는 것은 아니리라. 그러나 그러한 기대는 결국 망외의 일에 속하며 우선은 일차적 목적에 국한된 것이라고 보아야 할 것이다. 이렇게 볼 때 본 재단은 한국의 지도자가 되어주기를 제군의 장래에 기대하고 있는 점이 곧바로 선명하다 할 것이다. 말하자면 시종이 여일하게, 뚜렷하게 강조되고 있다는 점에 유의해 주기 바라는 것이다.

사실 본 장학재단은 「한국 지도자의 육성이야말로 가장 긴요한 과제이다」라고 인식하고 있는 것이다.

귀중한 재산을 기탁하신 분들의 뜻이나, 이를 받아들여 운영을 하고 있는 본 재단의 무거운 중임에서도 그렇고 참신한 정치를 표명하신 대통령각하의 결심에서도 그렇고, 그리고 무엇보다도 인재를 갈망하고 있는 한국의 다급한 현실이 그렇게 만드는 것이다. 10만여㎢ 남짓한 면적에 4,000만의 인구, 남북 합쳐서도 22만여㎢에 6,000만이 집중되어 있으니 아마도 인구밀도로써는 세계 제1일 것이고, 부존자원(賦存資源)이라곤 별로 믿을 것이 없는 처지에 그것조차도 남북으로 대립하여 서로 활력을 소모하고 있는 판이다.

서쪽에서는 십억의 인해전술을 쓰는 나라가 있고 북쪽에는 이데올로기와 무기로 세계 도처에서 패권을 노리고 있는 나라가, 그리고 동쪽에는 막대한 수출입 격차를 감수하면서도 우호관계를 사기 힘든 경제대국이 에워싸고 있는 것이 또한 우리의 적나라한 정치학적 현실이란 말이다. 이러한 정황에서 우리가 믿어야할 것은 말할 나위도 없이 오직 한국국민 뿐이다. 국민이 무엇을 생각하고 어디를 보고 있는가가 앞으로의 운명을 좌우할 것이며 그 중에서도 지도자가 두 눈을 똑바로 뜨고 있는가, 국민의 신망을 붙잡아 둘 수 있는 자질을 갖추고 있는가의 여부가 실로 이 민족의 사활문제임에 틀림없다.

이상의 문맥에서 제군은 본 재단이 굳이 지도자육성이라는 딱딱한 목적사를 붙이게 된 연유를 양찰(諒察)할 것이며 아울러 이러한 본 재단의 제 1회 장학생으로 선정된 제군에의 본 재단의 대망이 얼마나 절실한 것인가도 또한 짐작이 갈 것이다.

1983. 1 한국 지도자 육성 장학회지 권두언

정 재 각

'위기의 시대'가 요구하는 지식인 상(像)
– 망우당(忘憂堂) 곽재우선생 창의 기념 학술강연회 인사말

프로이드류(類)의 심층심리학(深層心理學)자들은 사람의 언동(言動)을 분석하면서 인간 심리의 저변(底邊)에는 또 다른 자기(自己)가 존재하고 그것이 명령하는 대로 움직인다고 말하고 있습니다. 과거 우리의 훌륭한 선조들을 기리기 위한 학술강연회에 이렇게 많이 참석하신 것도 위대한 우리의 선조와 같은 인물이 오늘날 다시 나타나기를 渴求하는 잠재적 욕구가 있기 때문이 아닐까 생각합니다. 왜 그런 욕구가 생기느냐하면 오늘 강연하고자 하는 망우당(忘憂堂) 선생이 처해 있던 당시와 비슷한 상황이 현재 전개되고 있기 때문입니다. 물론 당시와 똑같진 않습니다만 요즈음 일종의 위기의식(危機意識)이 팽배해 있는 것만은 틀림없습니다. 그 때는『왜병』(倭兵)이라는 구체적인 적군이 쳐들어와 우리 민족을 멸망의 구렁텅이 일보전까지 밀어 넣었지만 지금도『외세』(外勢)가 물밀 듯이 밀려와 우리를 핍박하고 있음은 당시와 다름이 없습니다. 군사적은 아니지만 그보다 더 무서운 문화, 경제적 압력이 직간접으로 걷잡을 수 없이 침투하여 지식인, 정치인, 일반국민 모두가 갈팡질팡 하면서 나름대로 의견을 펼치고 있으나 어떤 통일된 자세를 취하지는 못하고 있습니다.

이 어려울 때 시원스럽게 이 국가를 끌고 갈 수 있는 인물이 나와야겠다는 갈망이 우리 심층에 있기에 이렇게 모인 것이라 봅니다.

여러분들은 단순히 수백 년 전의 옛날 얘기를 들으러 온 것이 아니라 우리를 이 위기상황에서 구출하여줄 인물 -망우당(忘憂堂)과 같은 행동인(行動人)- 이 나타나기를 갈구하는 마음이 여기 이렇게 모이게 한 것이라 믿습니다.

여기 모이신 분들 중에는 교육자가 가장 많다고 들었습니다. 교육자는 남을 가르치는 사람이고 남을 가르치는 사람은 곧 지식인입니다. 지식인들은 이 난국을 어떻게 헤쳐 나가느냐 하는 문제에 더 큰 짐을 지고 있습니다. 그렇기 때문에 지식인들은 고독합니다. 지식인들은 함부로 이야기 할 수 없습니다.

서양의 지식인들 중에서 Max Weber란 유명한 학자가 있습니다. 공산주의(共産主義)의 시조(始祖) Karl Marx와 함께 서구사상(西歐思想)을 대표하는 학자인데 이 두 사람의 생각은 정반대입니다. 마르크스는 경제가 인간의 모든 것이고 물질이 정신활동의 기초가 된다고 주장하는 사람이고, 베버는 정신이 물질의 기초가 된다고 생각하는 사람인데 두 사람 모두 20세기 정신사에 지대한 영향을 끼친 인물들입니다.

어느 쪽이 옳고 어느 쪽이 그르다는 것을 판별하기는 어렵지만 현 실태를 보면 베버가 더 우세한 형용이 아닌가 합니다. 정신의 인간, 베버는 지식인의 바람직한 직업윤리(職業倫理)에 대해 기술한 유명한 책, '직업으로서의 학문(Wissenschaft als Besuch)'을 통해서 이렇게 설파(說破)하고 있습니다.

"지식인이란 어떤 존재인가, 어떻게 행동해야 하는가, 지식인이란 남의 말을 단지 소개만 하는 사람이 아니라 진리라고 생각하는 것을 온몸으로 실천하는 사람이다. 지식인은 유명한 학자나 책의 말을 전달하는 판매선전원이 아니다. 지식인이 예언자는 더더구나 아니다. 지식인은 아는 것은 알고 모르는 것은 모른다고 확신을 갖고 말할 수 있는 그런 사람이다."

1차 세계대전 직후 Max Weber가 살던 당시의 독일은 식민지를 모두 잃어버리고 엄청난 인플레가 지속되는 등 경제는 파산상태에 이르렀습니다. 독일 경제의 당시 상황을 풍자한 유명한 이야기가 있습니다. 어떤 사람이 월급으로 맥주를 마신 뒤 빈 병을 쌓아놓고 다른 사람은 꼬박꼬박 저축을 했는데 저금한 돈은 휴지가 되어 버리고 맥주 마신사람은 병을 팔아 생활했다는 거짓말 같은 이야기가 인구에 회자되는 암울한 시대였습니다.

그 때 정의감에 불타는 독일청년들이 장래를 걱정하며 베버에게 자문을 구했습니다. 인기를 노리는 몇몇 해바라기성 지식인들은 사회주의니, 민주주의니 하면서 잘 알지도 못하고 확신도 없으면서 외치고 다녔습니다만 베버는 "직업으로서의 학문"이란 논문에서 다음과 같이 주장했습니다.

"지식인들은 아는 것만 이야기해야한다. 자신이 전공하는 분야에서 진리라고 확신이 가는 사실만 학생에게 전달하여야 한다. '세상이란 이렇게 저렇게 흘러가고 그래서 그 방향으로 변하는 것은 진보(進步)고, 그렇지 않은 것은 반동(反動)이다.'라는 따위의 말은 하지 말아야 한다. 세상이 그렇게 변한다는 것을 어떻게 알 수 있는가, 그렇게 변하는 것이 자신에게 유리하고 학생들이 좋아하니까 그런 소릴 하는 게지. 지식인들의 직업윤리는 그런 것이 아니다. 지식인들은 단지 진리만을 이야기해야 한다."

또 베버는 확실한 대답을 요구하는 학생들에게 이렇게 이야기 했습니다. "모르는 것은 여러분이나 나나 똑같습니다. 그 점에 대해서는 나도 모르겠어요. 만약 내가 알지도 못하면서 독일의, 세계의 역사는 이렇게 저렇게 전개되고 인류역사는 태초로부터 도식적으로 변하여 오늘에 이르렀고 결국은 무계급사회(無階級社會)로 발전한다는 등의 말을 한다면 그것은 바로 선동가입니다. 아니, 예언자입니다. 남을 가르치는 교수는 진리 이외의 말을 신성한 대학강단에서 해서는 안 됩니다." 이것이 베버의 신조였습니다. 그러면서 Max Weber는 정부에 의해 쫓겨나기도 하는 등 고난을 겪었습니다만 학생들의 인기에 연연하지도 않았고 정부의 입이 되어 앵무새처럼 되 뇌이지도 않았습니다. 그는 단지 자신의 신조에 입각해서 행동했을 따름입니다.

바로 그것입니다. 이제 두 분의 교수께서 망우당선생에 관해 강연을 하시겠습니다만 선생의 좋은 면만 이야기 하는 것이 이 강연의 목적은 아닙니다. 잘 된 면과 잘못되었을지도 모를 면을 함께 캐내어서 그분의 진실한 면목을 살피고 그분을 중심으로 한 사회상을 조명하면서, 또 그분을 부각시키는 작업에는 찬찬하고 집중적이면서 냉정한 학자의 시각이 필요합니다. 두 분 학자께서 최루탄과 돌멩이가 난무하는 시끄럽고도 소란스러운 가운데서 원고를 써주신데 대해 감사를 드리며 진심으로 경의를 표합니다.

끝으로 이런 인물을 가졌다는 것이 스스로 자랑스럽게 생각되는 동시에 이런 분들이 앞으로도 계속 나와 주었으면 하는 우리 모두의 갈구가 반드시 실현되기를 바라면서 오늘 강연회의 인사말을 대신합니다.

망우당(忘憂堂) 곽재우(郭再祐) 선생「창의기념 학술강연회」, 1989. 6

정 재 각

'말'의 뜻과 생명력
말은 생명을 지녀야 한다 – 말로 사는 지식인들의 '말 값'을 위하여

　교육자라는 것은 말을 많이 하며 살아가는 직업이다. 선교사, 승직, 변호사, 법관 등도 모두 이러한 등속에 속한다고 볼 수 있다. 통틀어 이들 말로 한 몫 보는 직업인들은 그 배경에 하나의 권위를 업고 그들의 청중에게 임하는 것이 공통된 특징이다. 교육자는 진리의 이름 아래, 선교사나 불승(佛僧)들은 하나님이나 부처님의 이름 아래, 그리고 법관 등은 물론 국법의 이름을 빌어서 그들의 청중들을 엄숙한 어조로 교도 혹은 논고(論告)하는 것이다.

　이때 그들의 청중들은 그 어마어마한 배후의 권위 때문에 대개의 경우 그들의 말에 공손히 청종(聽從)하게 마련이다. 그들이 도도한 변설 앞에 다소곳이 귀를 기울이고 있는 청중들을 내려다보고 일종 득의연(得意然)한 쾌감을 느끼지 않는 사람은 드물다. 이러한 분위기는 바람직하다고 볼 수도 있겠으나, 또한 단상의 변설자에게는 자신을 스포일 시키는 하나의 함정이 될 수도 있는 것이다. 우쭐하는 기분, 바로 이것이 그러한 함정에 빠졌다는 증거다.

　의미론적으로 생각하면 그가 그의 청중들을 꼼짝 못하게 매료, 혹은 공순(恭順)케 하였다는 사실은 그가 빌어 온 권위와 그 자신의 인격과 구변(口辯) 제스처 등이 혼연일체가 되어 대상자에게 그러한 효과를 만들어 내었다는 점에서 자신에의 존경에 대한 자신의 공헌이 전연 없었다고 할 수는 없을 것이다.

　그러나 다시 한 번 생각 할 때 자신이 교수하는 학설이나 이론을 창도한 세계적 학자의 명성에 대한 선입관이나 하나님 부처님에 대한 수천년래의 신앙, 또는 국법은 지켜져야 한다는 존엄성에 대한 사회적 통념이 청중의 의식 밑바닥에 깔리지 않았어도 과연 그만한 효과를 항상 거둘 수 있느냐의 물음에 대하여는 아마도 확신 있게 대답할 사람은 매우 드물 것이다. 그뿐 아니라, 이러한 인사들은 사회의 지도자급으로 자타가 공인하고 있다.

그러기 때문에 이들이 자신의 전문영역이외의 일반 사회사에 관하여 발언할 때에도 사회인은 진정한 경의를 표하기가 일쑤다. 그것은 그들의 전문영역에 있어서의 권위에 대한 존경감을 전문영역이외의 사회적 발언에 대해서 그대로 연장 적용하려는 경향이 사회인에게 있기 때문이다. 그러기 때문에 만일 그들의 이러한 이미지를 깨뜨리는 언동이 이들 대상자들에게서 표현 되었을 경우가 있다면 사회인의 실망은 자못 심각하여 이들 '배신자'에 대한 비난은 다른 직종의 경우보다 한결 가혹한 것을 항다반(恒茶飯)하게 볼 수 있는 것이다.

그러나 여기에 문제 삼아야 할 점은 차라리 당해 '말로 한 몫 보는' 직업자들 자신의 자세 문제다. 일반사회인들이 그의 전문 영역 이외의 발언에 대하여 일방적으로 존경감을 연장시키는 것은 자신의 책임질 바 아니나, 자신이 스스로 자신의 전문영역 이외의 언동에까지 일반인들의 존경을 기대할 권리가 있다고 생각한다면 이는 분명히 그의 부질없는 명성 때문에 손상을 입고 있는 것이다.

자신이 업고 있는 '진리', '하나님', '부처님', '국법' 등에 대한 "존경해야 한다"는 선입관의 도움 없이도 자신의 청중들이 다소곳이 경청 했을까의 여부에 상도(想到)한다면 자신에의 평가에 실체에 대해서 매우 불안감을 갖지 않고서는 배기지 못할 것이다.

이러고서도 그가 여전히 자신의 전문영역 이외의 언동에 까지 사회인의 존경의 자동적인 확대를 기대한다면 그는 벌써 하나의 자기도취광일 뿐이다. 막스 베버가 그의 『직업으로서의 학문』에서 학자의 윤리로서 지적 염결(知的廉潔)을 강조한 것은 바로 이러한 함정에 대한 경고라고 볼 수 있을 것이다.

자신의 배경이 되어있는 제권위로부터 유리되었을 때 자신은 과연 얼마나, 그리고 무엇을 사회에 줄 수 있을 것 인가를 성찰한다면 자신의 목소리는 더욱 줄어들고 자신의 자세는 더욱 낮아지지 않을 사람이 과연 몇이나 되겠는가. 사실 우리는, 혹은 강단에서 교당에서 혹은 기타 공중석상에서 장광설(長廣舌)을 농할 기회가 적지 않다.

그럴 때마다 자유의 언설 중의 어느 정도가 자신 있는 말인가를 반성하고 허전할 때가 많다. 고인이나 현세 위인들의 명언을 인용하여 변설할 때에도 그것이 자신의 실천을 통한 것이 아니면 자신의 말이라고 할 수는 없으며 따라서 생명력을 지닐 수도 없다.

동일한 언어라 할지라도 그것을 구사하는 자의 실천력 유무에 의하여 생명력을 지닐 수도 있고 지니지 못할 수도 있는 것이다. 생명력을 지니지 못한 말은 남에게 아무것도 줄 수가 없다. 사회에는 남에게 아무것도 주지 못할 뿐 아니라 도리어 남의 정신을 착란케 하는 공해적 언론이 난무한다.

남에게 무엇인가 줄 수 있는 언론, 씹으면 씹을수록 생산의 기쁨을 줄 수 있는 언어의 소유자가 대화를 나눌 때 우리사회는 한결 명랑해질 것이다. 그리고 보면 특히 말로 한 몫 보는 직업인들은 누구보다도 언어의 생명력에 대한 충성심이 앞서야 할 것은 더 말할 나위가 없다.

〈오늘을 사는 지혜〉동아일보 제 17796호

정 재 각

민족 고유 선율에의 매혹
- 국악예술제전을 보고 -

　지난 토요일은 오래간만에 흐뭇한 날이었다. 학교가 예정에 없던 휴강을 계속하면서부터 토요일은 벌써 그 독특한 해방감을 안겨줄 수가 없게 되었지마는 이번 것만은 그간 누적되었던 불쾌감을 풀어주고 소박한 감동으로 감싸주었던 말하자면 기다림에 어긋나지 않은 보상을 선사해 준 셈이다.

　초대장을 받았을 때 나는 초대장을 보내준 분의 성의에 보답해야겠다는 의례적인 심리가 먼저였고, 적당한 시간에 자리를 뜰 속셈이었다. 그러던 것이 장장 두 시간동안, 프로그램 Ⅰ·Ⅱ부를 다 마칠 때까지, 나는 끝까지 그 기회를 찾지 못하고 말았다. 생각하면 나를 이렇게 못 박아 두었던 것은 주최 측의 만류도 아니요, 나의 본래의 우유부단성 때문에도 아니다. 그것은 나의 속에 잠자고 있던 정서, 이미 메말라 버린 지 오래이라고 단념하고 있던 정서의 선율이 나의 육신을 지배하고 있었기 때문이었다.

　돌이켜 보면 예술에 있어서도 문외한인 나를, 예술을 이해하려고 공부도 노력도 한 일이 없는 나 같은 사람을, 이렇게 사로잡은 것은 과연 어떤 종류의 정서일까? 그것은 아무런 예비지식이나 해설의 필요도 없이 시청각을 통하여 곧바로 호소해 들어오는 민족공유의 선율을 갖고 있기 때문이다. 전통의 민요, 전통의 악기, 전통의 무용이 자아내는 민족의 선율이 그 바탕에 있기 때문이다. 민족의 기원과 더불어 발생하고 민족과 더불어 성장해 온 민족고유의 예술이 그 민족의 구성원에게는 이렇게 무조건 공감을 불러일으키는 것이다.

같은 국악의 이름으로 불려 진 아악도 궁중의 전통이 된지는 이미 오래이나 이것은 중국적 사대부의 예(禮)에 수반되었던 음악이며 한민족 일반의 생활과는 관계가 희박한 것이었다. 서양의 고전음악도 그것이 아무리 심오한 예술일지라도 아직도 한국대중에게는 한갓 번역된 경지를 벗어난 것이 아니다.

그리고 보면 한국민족의 사유재산이라고 할 수 있는 이 민족예술을 정식으로 학교교육으로서 체계적으로 교육한다는 것은 이미 만시지탄에 속한다. 한민족은 진서(眞書)와 언문식(諺文式)으로 예술에 있어서도 얼마나 본말(本末)을 전도(顚倒)하고 있었던가! 자리를 뜨면서 뉘우침이 새삼 솟구쳐 온다.

1974. 12. 27. 청탑 제 12호

정 재 각

조선인(朝鮮人)의 심의(心意)

❚ J. S. Gale 著 / 鄭在覺 譯

〈옮기면서〉

편집부의 책(責)을 막기 위하여 J. S. Gale(1863~1937)씨의 '조선인의 심의'를 역재(譯載)하여 보기로 한다. 게일씨는 이미 주지하는 바와 같이 조선에서 다년간 선교 사업에 종사하던 영국인이다. 씨(氏)는 일변(一邊) 왕립아시아협회 조선지부회원으로서 조선의 사정과 문화의 소개에 노력하는 문학석사(Master of Arts) 학위를 가진 독학자(篤學者)이기도 하다. 씨가 한영사전을 저작한 공적은 이미 상당히 높이 평가되고 있으며 또 본국에서 출판한 'Korean Sketches'(Fleming H. Revell Company, 1898)란 저술도 조선을 이해하려는 사람에게는 단순한 스케치로서의 관심 이상의 것을 사고 있는 것 같다. 여기에 소개한 것도 그 중의 일절(一節)인 'Korean Mind'를 번역한 것으로서 내용에 있어서 금석(今昔)의 감(感)이 불무(不無)한 것도 있지마는 동양인의 심의는 서양인의 그것과는 대척적(對蹠的)인 입장에 있다고 보는 씨의 설명은 현하(現下) 조수(潮水)같이 밀려오는 서양문명에 대하여 탐욕하고도 현명한 섭취의 과제를 가지고 있는 우리에게도 하나의 간과할 수 없는 시사(示唆)를 주리라고 믿는다.

극동에 있어서의 모든 사업에서 당면의 중대한 문제는 동양인의 심의다. 동양인의 심정에 도달한다든지 동양인의 애정이나 존경을 획득한다든지 하는 문제는 비교적 쉽다. 그러나 그러면서도 동시에 우리는 저 모든 문제의 기초가 되는 동양인의 독특한 심적분장(心的扮裝)때문에 완전히 불가해(不可解)가 되고 마는 것이다.

생활의 대부분이 그네들의 사고의 세계에서는 우리와는 반대되거나 혹은 역립(逆立)하고 있는 것 같다. 이것은 사실상 그네들의 실상의 세계에 있어서도 마찬가지지마는 조선 사람은 이렇게 말한다.

『이 세계가 둥글다는 게 사실이라면 우리는 서양에 가면 파리처럼 천정을 거꾸로 걸을 수 있는 능력을 가지지 않으면 안 될 것 아닌가.』

여기에 대하여 우리는 이렇게 대답한다.

『아니다. 거꾸로 서있는 것은 우리가 아니라 당신들이다.』

이렇게 우리들은 절대적으로 반대되게 태어났고 또 만일 우리에게 모든 사람에게 무슨 일이라도 할 수 있는 예를 들면 거꾸로 서라면 거꾸로 라도 설 수 있는 재주라든지 우리 동양인의 형제들과 눈과 눈을 맞대면 무엇인가 알아차릴 수 있는 재주가 부여되지 않았다면 우리는 언제든지 단속(斷續)해서 이 상태로 나가지 않으면 안 될 것이다.

이 때문에 우리는 허다(許多)한 우리 생활의 명백한 공리라도 비판하여보지 않으면 안 된다. 왜 그러냐하면 동양에 있어서는 그것이 비참하게도 전환(顚環)되어 있음을 발견하기 때문이다. 조선에 대하여 아무리 당연한 관점으로 보아도 우리는 사랑이라는 것은 필요하다고 인정되는 것 앞에는 죽어버리고 만다고 밖에는 볼 수 없다. 비이기적 사랑이라는 것은 동양인의 심의에는 약간 소원한 것이다.

사실 조선인의 어휘 중에는 사랑에 대한 진정한 어구는 없고 말과 말을 결합해서 사랑이라는 상념에 도달하는 수밖에 없다. 조선인이 친절하게 겸손이라든지 경건이라든지 존경이라든지 등에 대해서 이야기하지마는 사랑이라는 것에 대한 개괄적인 어구는 없다.

남편이 자기가 사랑하고 있지 않는 아내를 맞이하는 것은 동양인의 심의로서는 하나의 당연한 일이다. 그렇지마는 제일 초처(初妻)가 죽은 뒤에 후처로 자기가 사랑하는 사람을 맞이한다면 이것은 대체로 틀린 일일뿐 아니라 사실상에 있어서 일종 도덕상의 죄악이다.

그리고 그 사람은 그것은 자기의 양심을 해친 것이라고 진실로 생각한다. 아내라는 것은 사랑하는 것은 아니다. 다만 아버지로부터 아들에 이르는 족보의 일환을 유지하는데 필요한 단순한 일개의 비정적 대상일 뿐이다. 이리하여 아내는 진흙구덩이에 깊이 빠져있으면서도 대와 대를 연결시키는 이 조상으로부터 걸 처 놓은 교량이라는 무거운 짐을 지고 그네들의 역할을 감내(堪耐)하고 있다.

  한번은 외출했을 때 일이다. 나와 나의 처는 고대의 선인처럼 생긴 한 사나이가 돌 위에 홀로 걸터앉아서 절망한 듯이 비탄하고 있음을 보고 어쩌한 연고인가를 물었다. 그는 잠간동안 눈을 들어보더니 다시 고개를 숙이고 비탄에 잠기고 말았다. 그래도 자꾸만 물어보았더니 그는 그의 아내가 달아났다고 말하고 아이고 아이고하면서 탄식하였다.

  우리는 이것이야말로 사랑이란 것의 진정한 실례라 생각하고, 그를 속세의 철학으로 시험하여 보려고

  「그 여자가 당신을 사랑하지 않는다면 당신은 왜 이와 같이 그를 사랑하느냐」

  하고 물은 즉 그는

  「사랑! 누가 그 여자를 사랑한단 말이오. 그렇지만 그 여자가 나의 의복과 음식을 만들고 있었으니까 내가 그 여자 없이는 어떻게 살 수 있단 말이오」

  서양인의 독자생활이라는 것도 조선인에게는 공명(共鳴)을 일으킬 수 없다.

  대체 무엇 때문에 사람들은 이와 같이 경마(競馬)와 같은 생활을 생각하는 것일까를 조선인은 상상도 못한다. 조선인은 생활을 단순히 하나의 복종의 상태로서만 간주된다. 독자생활이란 것은 그에게는 상호간의 의혹 불신이라든가 또는 무법 등을 의미하는 것이다.

  「어디 가십니까?」라는 말은 거리에서의 보통 듣는 질문이다. 또 그 뒤에 이어서 보통 「요즘 무엇 하십니까!」라는 말이 붙는다. 「당신의 편지는 어디서 왔습니까?」하고 그네들은 묻는다. 그리고는 모두 모여와서는 같이 들 읽어본다. 이와 같은 평범한 일상사를 모든 사람들과 함께 놀지 않는다는 것은 하나의 행패가 되는 것이다. 이러기 때문에 우리는 조선인

들이 단순히 아이들 작란에 지나지 않는 일을 거듭하고 있음을 안다. 이를테면 그들이 만일 독자생활을 두려워하는 마음만 없다면 혼자 있는 것이 몇 배나 더 편안한 경우에도 여러 사람과 동반하기 때문에 일어나는 불편을 참고 있는 것이다. 그리고 이 독자생활을 두려워하는 마음이라는 것은 그네들의 모든 심적 작용의 흐름과는 반대방향으로 흐르고 있는 것 같다.

교육에 있어서도 우리는 대척적(大尺的) 입장에 있다. 우리는 학생들이 그들 앞에 놓여 있는 인생문제에 대하여 실질적으로 발전과 준비를 가질 수 있도록 의도한다. 그렇지만 조선인은 그런 생각은 없다. 조선인은 학생이 현재에 대하여서는 문을 닫쳐버리고 오로지 과거에서만 살 수 있도록 그의 이지를 고정시키려고 한다. 우리의 이상은 발전에 있고 그네들의 이상은 제한하는데 있다. 서양학생은 그가 배운 다방면의 학식과 다수의 학과를 향수할 수 있지마는 조선학생은 사실에 있어서 한문을 읽는다든지 쓰는 것 이외에는 아무 것도 모른다. 한문을 읽기와 쓰기 위해서 이십년 동안이나 두문불출의 공부를 한다. 그렇게 오랫동안 공부해도 이 읽고 쓰는 것조차 실패하고 마는 학생들도 많다.

우리들에게 있어서는 교육이란 것은 재능의 연마이다. 이것으로 말미아마서 우리의 이지가 성장할 수 있는 것이다. 그렇지만은 조선인에게 있어서는 교육이라는 것은 이지에 씌우려는 마치 하나의 붕대나 석고의 재킷 같은 것이니 한번 겨우 씌우기만 하면 그때는 모든 성장과 발달은 정지되고 마는 것이다. 여기에서 우리는 유교학자가 어느 누구보다도 더 기독교의 설교를 반대한다는 사실을 짐작할 수 있는 것이다.

미국인일 것 같으면 아무리 그가 무능력한 사람이라도 자기의 내심에는 노동이라는 것이 신성하다는 것은 생각하고 있다. 좌우간 이론상으로는 아이들은 노동의 존엄성을 배우고 있다. 그러지마는 조선에 있어서는 정반대의 관념이 있다.

노동에 대한 말은「일」이라고 이며 또 이 일이라는 말의 제이의(第二義)는 해독(害毒) 손실(損失) 불길(不吉) 불행(不幸) 등을 의미하는 것이며 또 이와 같은 말의 모든 관념은 일이라는 말과 연관성을 가지고 있으며 또 일이라는 말로 표현도 하는 것이다. 나태한 생활이 양심에 가책을 주지는 못한다. 사실 아무것도 하지 않으려고 의도하는 조선인은 그가 구가(舊家)라는 모든 논리를 수용해가지고 그가 갱심(更心)할 여지가 없이 고귀하다는 권리를 설명하려고 든다.

우리들에 있어서는 심의라는 것은 내의(內意)와 표정사이에 일종의 전신연결(電信連結)을 하는 것이다. 우리들을 엄습하는 희노애락은 번개같이 전자로부터 후자에 전달된다. 그러기 때문에 우리는 이 빛과 그늘의 파문에 의하여 자연히 그 내부의 정신을 읽을 수 있는 것이다. 그러나 조선에 있어서는 심의라는 것은 다른 의무를 가지고 있는 것이니 그 주요한 의무의 하나는 양자의 연결을 절단하는 것이다. 즉 양자를 전연(全然) 독립시키는 것이다. 다시 말하면 외모를 단순한 외면적 표정으로 범람시키는 것이며 혹 필요에 의(依)하여는 외모를 전혀 무표정한 황무지로 변환시키는 것이다. 서양인 같으면 자기의 감정에 충실하기 때문에 모든 내심(內心)의 경험을 음악으로나 외모로나 나타내지마는 조선인은 자기의 부인이나 부친이 죽었을 경우에도 냉담한 태도로 전연 무관심한 것을 표시한다. 우리가 동양인과의 교제에는 심정이라든지 외모의 표정이라는 것은 필요치 않다는 것을 아 수 있다.동양인의 속에는 우리가 몽상(夢想)도 못하는 숨은 깊이와 저류(低流)가 있다는 것쯤은 우리가 동양에 오래 체재하지 않아도 쉽사리 알 수 있는 것이다. 어떤 사람들은 동양인의 단순한 체면을 실정으로 이해하여서 자기의 감정을 상하는 사람이 가끔 있다. 진리는 그것이 진리이기 때문에 사랑을 받는 것이 아니고 다만 체면상 필요할 때만 사랑을 받는 것이다. 그러기 때문에 동양인은 진리의 평범한 몇 가지의 상태가 무엇인가를 이해할 수 없는 것 같이 보인다.

조선의 황제가 로부(鹵簿)로 행행하신 적에는 어람(御覽)에 공(共)하기 위해서 전시(全市)를 샅샅이 뒤진다. 오예(汚穢)한 지상을 통과하는 승여(乘輿)의 신성을 보지(保持)하기 위하여 붉은 흙을 뿌린다. 그렇지마는 그 뿌리는 것이 저 아이릿쉬스로우란 요리에 뿌리는 소금과 후추보다도 더 적다. 소동(騷動)하는데도 큰 허풍이 있다. 병졸들은 혼비백산하여 이리저리 달아나고 조랑말까지도 소동에 참가하여 방정맞게 물어뜯는다. 다수의 우모(羽毛)와 깃발들 오백년 전의 제복을 입은 조선인들의 흐트러진 행렬 필요한 음악을 제공하기 위한 덜걱덜걱하는 막대기를 가진 일대(一隊), 때때로 치거나 혹은 치는 척 하다마는 동고(銅鼓), 풍덩풍덩한 중의를 입고 짚신을 신은 몇 천의 사람들, 붉은 당의와 공작의 날개들, 높은 안장 위에 올라앉아서 상하로 꺼떡꺼떡하면서 혹시나 뒤로나 거꾸로나 낙마(落馬)하지 않을까 두려워서 두 손으로 안장을 꼭 붙잡고 매여달린 훌륭하게 차린 관리들, 한자를 쓴 당당한 군기, 댓살패와 간적(簡籍), 레밍튼 소총과 화승총, 활과 화살과 향로 시카고의 얼간 우육과 사신에 대한 부적 웅담과 뱀 껍질 현대의 헬멧과 고대의 갓 혼동 무질서 화려 장엄 불결(不潔) 진애(塵埃)와 운연(雲煙) 속에 움직이며 구불며 뭉쳐있는 만 여명의 대중, 형형색색의 부조화스러운 소리를 지르고 있는 군중, 서양인은 이런 광경에 어리둥절해 지지마는 조선인은 이 전체의 분위기의 성분이 어떻게 되는가? 그것이 진정한 것인가 아닌가? 또는 그것이 쓸데 있는 것인가 없는 것인가는 일절 생각 없이 다만 이 굉장한 전체와 분위기 중에서 환희의 절정에 있는 것이다.

덧붙이기 식구가 많으면 많을수록 그 사람은 그만큼 더 위대한 사람인 것이다. 하인이 자기의 주인을 사회의 안목에 명예롭게 보이게 하기위하여서는 자기의 잡역을 안 하고 지낼 수 있도록 또는 주인을 방문하는 손님으로부터 금전을 착취할 수 있도록 자기주인을 달래서 정원 외의 일꾼을 한 두 사람 더 쓰게 하는 것이 제일상책인줄 안다. 집은 황폐하여가고 문짝과 창짝은 떨어지고 빈궁이 모든 틈으로부터 드러다 보이는 경우가 되어도 그래도 아직 의례를 차리고 한바탕 떠들 수만 있다면 그 주인의 지위는 하나의 중요인물로서 보증되는 것이다. 실상이 아니고 외면이 생활의 목적인 것이다.

서양에서는 한 사람의 말에 신용을 두지 못할 때에는 하나의 도덕인으로서의 그 사람에게 대한 모든 희망은 없어지고 만다는 말이 있다. 그렇지마는 이러한 법칙을 동양에 응용한다는 것은 동양 전 대륙을 경시하는 소이(所以)가 되는 것이다. 조선인은 우리가 왜 아무렇게나 남의 말에 그다지 중점을 두는가를 이해하지 못한다. 그네들은 말이라는 것은 생활에 있어서의 가장 안가(安價)의 요소라고 생각하고 있다. 그네들에게 대하여 말의 신성을 보증하라고 요구하는 것은 우리에게는 하등의 가치가 없는 것으로 정의를 수립하려는 것이고 또 사실상에 있어서 말 그 자체보담도 훨씬 더 중요하게 고려할 문제인 회화의 평탄한 교류를 방해하는 소이가 되는 것이다. 그러기 때문에 그네들의 교제는 말이라는 것이 마치 우리들이 마치 우리들이 "How do you do?"라 묻고 또 거기에 대하여 "How do you do?"라고 같은 대답을 하듯이 아무도 그 순간에 그것이 명확한 진술로서 대답하지 않으면 안 될 문제라고는 생각지 않는, 지나가는 인사말 이상의 아무것도 아니라는 것을 이해하는데서 진행하는 것이다.

서양에 있어서는 한 부인이 자기가 별로 환영하지 않는 방문객이 찾아 왔을 적에 자기는 외출하고 집에 있지 않다고 얼러 보냈을 경우에 그 여자의 양심과 이성과의 사이에는 불쾌한 논쟁이 이러나는 것이 보통이다. 그러나 조선인은 그가 외출하고 집에 있지 않다거나 혹은 병중이라고나 말했을 경우에는 그는 자기는 정말 신사적으로 당연한 말을 한 것이라고 생각하고 태연하게 자기의 자리로 돌아 올 수 있는 것이다. 내가 조선에 처음 도착했을 적에는 나는 나의 우인(友人)들에게 충실하려고 노력하였다. 즉 그네들이 방문할 적에는 집에 있어주기로 했다. 그네들이 작별하는 인사가운데 보통 많이 쓰는 말의 하나는 "내일 또 오리다"라는 말이었다. 그러나 그러한 말로 약속을 하고 작별한 사람의 대부분은 결코 그 이튿날 오지 않았다. 그러기 때문에 얼마 안 되어서 나는 나의 가장 좋은 우인들도 그네들의 말을 지키기에 실패한 것을 발견하였다. 그 뒤 얼마 후에 나에게도 말이라든지 약속이라는 것은 반듯이 그것이 표현하는 그대로를 의미할 필요는 없는 것이라는 것이 어렴풋이 알려졌고 또 그로 말미암아 비로소 나는 안정한 심경에 도달할 수 있었다. 또 어느 정도까지 나의 동양인의 우인들과 평온한 마음으로 또 신실(信實)하게 지날 수 있었든 것이었다.

이렇게 우리들의 사고는 대척적 입장에 머물러 있다. 우리들이 서로 큰소리로 이야기할 수 있는 거리에까지라도 접근하기 위하여서는 아직도 많은 정신적 탐색과 공작이 필요한 것이다. 그러나 우리는 또 우리들의 심정이 서로 연결되고 우리들의 의견이 적어도 어느 정도까지는 합의될 날이 오고 있다는 것을 믿는 바이다.

국학전문학교 학생회지《國學》, 1947년

정 재 각

청명(靑溟) 외형(畏兄)! 부디 잘 가요

靑溟 兄! 형이 건재하다는 傳音을 들은 지가 바로 얼마 전인데 이렇게 訃音에 또 접할 줄이야! 속세의 무상함이란 바로 이런 것인가! 회자정리가 인간이 운명이긴 하지만 이렇게 느닷없이 닥칠 줄이야. 정말 망연하게 당하고 말 수밖에 없는 엄숙한 생사의 법칙이군요. 아무튼 갈 사람은 가고, 남은 사람은 꼼짝할 수 없이 남아야 하는 절대적인 자리가 바로 이 자리군요!

돌이켜보면 청명과 내가 辱知의 사이가 된 것이 언제부터인가요? 아마도 내가 고려대에 재직하고, 형이 강사로 부임할 때부터의 30년은 훨씬 넘었을 때이지요.

至于今 부질없이 馬齡을 거듭하여 眼昏手戰하고 기억조차 耗磔한 이 老拙에게 조리 있는 영결사를 기대하는 것이 무리라는 것을 전제로 하고 몇 가지 交遊기간의 기억과 파편들을 蕪辭로 엮을까합니다.

우선 결코 풍만하다고 볼 수 없는 민감한 神經性 풍모에서 煥發하는 형의 談論이 損才와 같이 내성적이고 鬱屈한 성격의 所有者에게는 항상 일종의 청량제로서 작용한 것을 想起합니다. 특히 권력의 풍자에서는 자못 신랄한 바 있었지요.

또 한 가지 지금도 眼裏에 선명한 것은 이른바 4·25 교수 데모 때의 일이군요. 4·19 학생 데모가 많은 사상자를 낸 뒤라 정부의 대응이 탄력성을 잃고 민심도 극도로 흉흉하여 어떠한 대량 불상사가 기다리고 있는지도 모르는 때라 데모를 획책한 수개교의 몇몇 교수들도 극비로 연락을 가질 수밖에 없어 당일회합 준비가 매우 부족한 상태였고, 누군가가 急求해 낸 표백하지 않은 누런 광목 자락에 청명으로 하여금 '學生의 피에 報答하라'는 구호를 墨書케 했던 것이 생생한 기억입니다. 지금에 생각하면 엉성하고 어설픈 주장이었지만 당시의 공포 분위기 속에서는 소위 비장한 결의가 담겨 있었던 것으로서 그 광목 플래카드는 한국사 전개의 一資料가 될 텐데, 그후 어떻게 되었는지 행방이 묘연하고 당시 사건을 주동했던 소수 인물들 모두 작고하고 이제 청명마저 잃고 나니 또한 凄然한 悲感마저 금할 길 없습니다. 청명! 우리도 한때는 장부로서 意氣相投한 때가 있었군요! 형의 종말도 평소의 介潔한 인품과 같이 깨끗하게 처리됐다고요? 時俗말로 정말 멋지군요. 아직도 속물적인 감성에 부침하여 殘命을 유지하고 있는 이 損才가 부끄럽기만 한 이 자리에서 서슴없이 畏兄이라고 불러두지요!

청명 외형! 부디 잘 가요!

『학의 몸짓으로 높이 멀리 - 청명 임창순 선생 추모집』(한길사, 2000. 4. 10)

정 재 각

민족(民族) 차원(次元)에서의 힘

힘의 한자인 '력(力)'자는 설문해자(說文解字)에 의하면 그 원형이 사람의 근육을 상형 (象形)한 것으로 풀이 되어 있다. 곧 사람의 근육이 불거진 모양을 그림으로써 사람의 신체에 힘이 작용한 모습을 나타내려고 한 것이다. 사실 우리가 힘을 인지하는 가장 원초적이고 직접적인 경우는 힘의 충격을 받아서 근력의 긴장을 느꼈을 때인 것이고 보면 고대중국인의 이러한 착상은 충분히 수긍할만한 일이다. 근육을 사용하여 물체를 움직이거나 변형시킬 때 힘을 직감하는 데서부터 인간의 근육을 사용하지 않고도 움직여지거나 변형되는 물체의 경우에까지도 그 존재가 유추(類推)되어 서양의 고전물리학이 힘을 운동의 법칙과 관련지어 설명하고 있는 것은 주지하는 바와 같다. 인간의 생각이란 어디서나 비슷하다는 것은 새삼 놀라운 일이라 하겠다. 자신의 근육을 직접 사용함으로써 힘을 느낄 수 있다면 인간의 원초적인 지성은 근육의 발달상을 피상적으로만 관찰하고서도 힘의 강약을 짐작하기에 이르렀던 것이나 그 근육의 소유주의 힘의 정도까지는 판별하기 어려웠다. 강약의 정도를 빠르고 손쉽게 결정하는 것은 아무래도 그 근육의 소유주 양자 간의 결투라는 원초적인 방법에 의존하는 일이다. 개인 간에 있어서는 양 인간의 결투로 그 강약이 결정되겠지만은 집단-인종, 부족, 민족, 국가 혹은 그 밖의 단체 등 집단의 힘의 강약을 비교하는데 는 어떠할까?

예지(叡智)의 능력이 민족힘 구조의 핵(核)

외부도전(外部挑戰)에 현명히 대응하여 민족 고유(固有)의 가치를 유지 발전시킬 수 있는가의 총체

현대의 전력, 국민 제능력(諸能力)의 총화(總和)

이것도 결국 집단 간의 전쟁이라는 방법이 가장 손쉬울 수밖에 없다. 클라우제 빗쓰의 표현을 빌린다면 전쟁도 실질은 전투의 확대형식에 지나지 않는 것이다. 그러고 보면 개인이나 집단 간의 힘의 우열을 비교하는 방법은 예나 지금이나 실질적인 진보가 별반 없고 20세기 현대에 까지도 민족이나 국가 간의 힘의 대비는 여전히 이 원초적인 기준이 무용의(無用意)하게 애용되고 있다.

단적으로 전쟁에 진 민족이나 국가는 약한 것이고 그 대상자는 무조건 강한 것으로 딱지를 붙여 버리는 것이다. 그러므로 힘은 세어야 하고 전쟁은 이겨놓고 볼 일이다. 그렇지 못하면 민족이나 국가도 제구실을 못하게 마련이다. 이러한 힘에의 공포 내지 힘에의 갈구는 서양에서 더욱 치열하게 그리고 더욱 노골적으로 나타난다. '힘은 정의다' 라는 사고도 거기에서 싹튼다. 대(待)히 국민국가들이 연달아 출현하고 전쟁의 빈도가 더욱 잦아질수록 힘에의 전쟁은 더욱 부각했다.

비스마르크의 '혈과 철'의 부르짖음은 그 상징적인 대변(代辯)이다. 현대의 효과적인 전쟁무기의 전부가 서양인의 발명이요 서양의 왕가들의 문장이 대개 힘을 상징하는 사자나 독수리 혹은 전쟁병기인 방패 등으로 그려져 있는 것을 보아도 힘을 과시하고자 하는 그들의 충동(衝動)이 얼마나 강한가를 짐작할 수 있을 것이다. 현대세계 각국의 외국사절을 초대하여 거행하는 군대의 분열식 같은 것도 따지고 보면 관람자에게 친절속의 통갈(恫喝), 무언중(無言中)의 경고를 의도한 서양국가의 전례에서 유래하였으리라.

또한 그들은 잠자는 사자라고 무서워하던 중국이 청일전쟁에서 조그만 일본에게 패하여 그 강약을 스스로 폭로했을 때 그야말로 사자가 얼룩말고기에 덮치는 것처럼 앞을 다투어 중국을 기개(幾個)의 세력권으로 분식(分食)하였던 것이니 [사자라고 이름 짓는 그들

의 발상, [사자]처럼 덤비는 그들의 행동, 모두가 얼마나 힘을 두려워하고 동시에 동경하고 있는 그들의 생태인가를 보여주고 있다. 이상 수개의 예를 중국인의 경우와 비교하여 보자.

중국의 역사는 어느 역사가가 지적했듯이 남북항쟁을 주축으로 엮어져 있다고도 볼 수 있다. 유사(有史)이래로 줄 곳 중국인은 북, 서, 동의 각 이국족(異國族)들의 침공에 시달리고 정복당하고 또는 이를 반격하고 하는 과정을 되풀이하여 왔다. 그러는 동안에 상기 이민족들의 힘에 대한 중국인의 공포는 우리들의 상상 이상으로 뿌리를 깊게 내리고 있는 것이다. 사실 중국인은 狄(적) 戎(융) 夷(이) 등의 명칭으로 그들을 불러, 그들이 짐승처럼 사납거나 또는 창이나 활 등의 무기에 능숙한 민족이라는 인상을 표현하였거니와 문시(問時)에 그들은 싸움밖에 모르는 미개 민족이라는 멸시의 뜻도 거기에 포함시키었던 것이다.

길들여지지 않은 사나운 산금야수(山禽野獸)처럼 포섭되지 않은 이민족들을 금수지민(禽獸之民)이니 만맥지방(蠻貊之邦)이니 하고 부른 것도 이와 같은 예에 속하는 것으로서 무력을 두려워하고 자민족도 곧잘 무력을 행사하면서도 중국인은 그것을 천시하였던 것이니, 중국의 정치가 무단(武斷)을 기피하고 문치(文治)를 요체(要諦)로 삼는 전통에서도 이는 엿볼 수 있는 것이다. 이에 비하면 서양인은 스스로 늑대의 자손임을 자랑하거나 혹은 독수리나 사자를 가문으로 채용함으로써 금수(禽獸)로 자처하고 적나라하게 힘을 찬양하여, 이점 동서양간에 뚜렷한 파색을 보인다.

어쨌든 서양인은 1차 대전 전까지만 해도 전쟁은 정상적이 현상이며 필요하고 바람직하기조차 하다고 믿는 자가 드물지 않았다. 그들은 전쟁은 역사적으로 문명의 진보에 중요한 역할을 해왔다고 주장한다.

「페르시아」의 「다리우스」1세가 동(東)은 「인더스」하(河), 서(西)는「에게」해(海), 남(南)은「사하라」사막에 이르는 지방을 정복하여 일대제국을 건설하였기 때문에 그 영토내의 각 도시들은 평화와 안전을 누리면서 유명한 공예품을 발전시킬 수 있었고 「알렉산더」대왕이 애급(埃及)과 「페르시아」를 정복한 결과로 초민족적(超民族的)인 「헬레니즘」문화가 일어났으며 로마제국의 팽창은 상인이나 여행자로 하여금 위협을 받지 않고 영국으로부터 「유프라테스」나 「아비시니아」지방까지 여행을 즐길 수 있게 하였던 것이다.

「페르디난트」와 「이자 벨라」밑에서의 「스페인」의 통일,「비스마르크」밑에서의 독일의 통일,「링컨」밑에서의 미국의 통일도 그 도중에서 저지른 수많은 파괴전쟁을 정당화하고도 남을 만한 가치가 있을 것이라고 그들은 주장한다.

말할 것도 없이 이러한 논증의 밑바닥에는 예(例)의 힘을 숭상하는 심리가 깔리어 있는 것이다. 그러나 최근 역사과학의 진보에 따라 전쟁이 문명의 추진에 이바지 한다는 이론이 의문시되기 시작했다. 헬레니즘 문명시대 이전의 「에-게」나 「크레타」등의 문명은 그 파괴자들이 그 이후 반천 년간에 세운 어떠한 문명보다도 번성했던 것이며,「메소포타미아」「시리아」「소아시아」등지에는 「페르시아」의 정복 전에는 많은 부유한 도시가 번영하고 그들의 독립성은 그들의 교류에 그다지 지장이 되지 않았다. 「페르시아」인의 출현은 도리어 그들의 쇠퇴를 가져왔고 이 점은 「그리스」나 「로마」의 지배시대에도 마찬가지였던 것이다.

「로마제국의 평화」를 구가하는 이가 있지만 그것도 제국이전시대의 각지에 분산된 자유의 대가를 치를만한 것이었던지 의심스럽다. 왜냐하면 많은 자유 도시나 소국들이 건설한 업적들이 통일제국시대에는 모두 쇠퇴해갔기 때문이다. 「스페인」의 통일이란 것도 이 나라가 뒤에 기독교도와 회교도들에 양분되어있을 때처럼은 문명적 공헌이 크지 못했다.

독일이나 이태리의 통일, 미합중국의 남북통일의 문명사적 중요성도 전쟁에서 패배한 측의 가치를 묵살함으로써만 크게 보일는지 모른다는 것이다.

생각건대 전쟁에 대한 이러한 역사적 평가는 전쟁의 효과가 점차 불분명해지고 있다는 현실 상황의 변천에 그 동기를 가지고 있음직도 하다.

전쟁이 무력의 우열만 가지고 판가름 낼 수 있었던 시대, 전쟁은 군인들이 하는 것이고 일반민간인은 관계할 바가 아니라고 생각하든 시대에는 「좋은 쇠는 못이 되지 않고, 좋은 사람은 병정이 되지 않는 법이다.」라고 중얼거리는 중국인처럼 일반인은 딴전을 볼 수 있었지만 전쟁의 방법이 더욱 다양화하고 그 양상도 더욱 복잡하게 되어 다만 무력뿐만 아니라 정치, 경제, 과학기술, 사상 기타 모든 생활부문이 전력으로 간주되어 이른바 총력전을 전개해야만 되는 마당에서는 전 국민이 각자의 능력의 최선을 다 하느냐의 여부가 곧 승패를 결정하게 되는 것이다. 우리는 여기에서 힘이라는 개념 속에는 다만 사람이 가지는 물리적인 힘만이 아니라 그밖에 모든 능력, 전정신력(全精神力) 까지도 포함하여 합일하고 있는 것을 알 수 있다.

중국의 「운회(韻會)」에도 「정신이 미치는 곳을 모두 힘이라고 일컫은 다」(범정신소급역개왈력(凡精神所及域曰力))라고 풀이하여 이점에 언급하고 있다. 이렇게 전력을 무력뿐만 아니라 민족이나 국민이 가지는 제능력의 총화로서 계지(計指)하는 방법은 확실히 전의 무력만으로써 그것을 따질 때보다는 더욱 합리적으로 진보된 느낌이다. 무력만으로써 민족의 힘의 우열 내지 민족의 우열을 가릴 때에는 무력이외의 고급 문화적 제능력을 가진 민족이라면 패자(敗者)라 할지라도 그 결과에 어정쩡한 미련을 가지기 마련이며 그 자존심을 꺾으려고 하지 않는 것이 일수다.

고급문화를 가졌다고 자부하는 중국인이 그것을 무력으로 조직하지 못한 채 무력만이 우세한 주위의 저급문화 민족에게 전쟁에서 패배하였을 때 보여준 막막한 자세라든지 아편전쟁(阿片戰爭)에 지고 남경조약(南京條約)을 맺을 때나 「아로우」호 사건을 일으켜서 천진조약(天津條約)을 맺을 때에도 상대국의 요구조건을 끝까지 거부하려고 하던 행동은 도대체 자국이 그들에게 진정으로 지배됐다는 단념이 서지 않았기 때문이다.

미개민족일수록 승부에의 승복이 빠르고 문화가 높은 민족일수록 심리적 저항이 꼬리를 77는 것은 무력 외에도 문화적 제능력을 가지고 있다는 그들의 높은 자존심 때문이다.

그러나 한편 전쟁이 국민의 총력으로 조직 수행되는 총력성은 민족이나 국가의 이름으로 그 힘을 평가당하기에 알맞은 더욱 포괄적이고 더욱 합리적인 방법이긴 하나 무력만 가지고 싸우던 전시대의 그것에 비하여 이(利)의 효과가 따라서 승부의 구별이 분명치 못하다는 결점이 있다. 세계대전의 결과를 보면 패자는 물론 승자까지도 전쟁에 참가한 모든 나라는 예외 없이 거대한 부채, 파멸적인 세금, 통화의 혼란, 그리고 만성적인 경제 불황에 허덕였다. 모든 나라는 또한 사회질서가 더욱 불안정하다는 것을 발견해야만 했다.

이러다가는 열강을 포함하는 또 하나의 전쟁이 일어나면 현대문명 그 자체까지는 살아남을 수 있을는지의 여부에 공공연한 의문을 제시한다. 사실 원자무기(原子武器)의 발명은 일순간에 승부를 결정지을 수는 있으나 그러나 결국은 양자 가다, 나아가서는 전 인류까지 멸망해버릴 것이라는 공포가 실감을 가지고 다가오는 현실인 것이다. 뿐만 아니라 현대전의 경우에는 2차대전시의 중국의 대일본전쟁 불란서의 대독일전에서와 같이 전투에는 져도 전쟁에는 이기는 수도 있고 또한 전쟁당사국들이 단독으로서가 아니라 각기 연합세력을 가지고 싸우기가 일쑤이기 때문에 어느 한 민족이나 국가의 힘을 개별적으로 분석해 내기란 쉬운 일이 아니다.

전기한 바와 같이 또한 승자가 약간의 몫을 거두었다고 하더라도 그 지불한 대가가 엄청나게 크기 때문에 결국 승리했는지 어쩐 지의 구별이 객관적으로도 주관적으로도 희미하다는 결점까지 여기에 곁들이면 현대의 총력전을 기준으로 민족이나 국가의 힘을 판정한다는 것도 필경 별로 신통하지 못하다는 결론이 나온다. 또한 비록 그러한 방법으로 어느 민족이나 국가의 힘이 어느 정도 비교 검토 될 수 있다고 가정하더라도 그것은 어디까지나 그들의 어느 시기에 있어서의 힘은 될지언정 통시대적인 총체적인 힘의 결산이라고는 할 수 없을 것이다. 어느 단면이나 어느 국한된 시점에 있어서 어느 민족이 발휘한 힘을 가지고 아무런 유보조건(留保條件)없이 그 민족의 강약이나 우열을 의미하는 것으로 낙인찍는다는 것은 따라서 명백히 논리상 오류를 범하는 것이라 하겠다. 미국은 강한 나라다 할 때에는 주로 1, 2차 대전에서의 승리를, 소련은 강한 나라다 할 때에는 주로 2차 대전에서의 승리를 염두에 두고 하는 말이며 서양인은 강하다 할 때에는 주로 최근 3세기 간의 그들의 세계진출을 생각하면서 그렇게 평정할 수 있을 것이나 그러한 잠재적인 제한조건이 보통 생략된 채로 표현될 때에는 사람들은 곧잘 그들을 근원적으로 본질적으로 강자인양 고정하여 생각하기 쉽다.

더구나 이른바 그들 강국이나 강민족이 강자로서의 자신의 현 위치와 약자로서의 상대민족이나 상대국의 현 위치를 정상화, 합리화하기 위하여 모든 역사적 설명을 꾸밀 때에는 사람들의 그러한, 고정관념은 좀처럼 변경되기 힘든 것이다. 그리하여 현재의 강자는 부질없이 우월감에 도취하고 반대로 현재의 약자는 또한 부질없이 열등감에 고민하는 어리석음을 범하곤 한다. 승자, 즉 강대민족은 본질적으로 우수하고, 패자 즉 약소민족은 본질적으로 열등하다는 신화가 여기에서 또한 창조되는 것이다.

일본민족은 천신의 자손이기 때문에 천하무적이며 일본은 신주(神州)이기 때문에 불멸(不滅)하는 것이다. 따라서 이 민족이 팔굉(八紘)을 일자(一宇)로 하는 정복전쟁을 일으키는 것은 당연하고도 신성한 이른바 성전이라고 생각한 것은 사실은 그들의 청일전쟁 러일전쟁 및 2차 대전에서 승리한 경험을 토대로 일어난 것이며 세계 각 민족 중에서도 아리아민족이 가장 우수하고 그 중에서도 가장 우수한 것은 독일민족임으로 따라서 독일민족이 국가도 없는 유태인쯤은 몇 백만을 학살하여도 무방하다는 생각도 독일인의 기개의 전쟁에서의 강력을 기초로 하고 조성된 것이다.

전쟁에서의 물리적 폭력의 일시적 강약만을 가지고 민족이나 국가의 힘의 종국적인 강약내지 질의 종국적인 우열까지를 판단하려고한 사고가 얼마나 난폭하고 불합리한 것인가를 우리는 이러한 극단적인 예로서 알 수 있거니와 이러한 경향은 정도의 차이는 있지만 다른 민족이나 국가의 경우에도 항다반(恒茶飯)하게 나타나는 현상이라는 점도 또한 잊지 말아야 하겠다.

돌이켜 보건대 고전적인 전쟁은 물론 총력적 성격을 띤 현대 전쟁이라 하더라도 그것은 필경 물리적 폭력을 중핵(中核)으로 전개되는 것일진대 이 폭력에 해용(解用)이 되지 않는 또는 그것과 배치되는 제고급능력의 유무와 강약은 따라서 그것으로서는 검출할 방도가 없는 것이다. 그러므로 어떤 민족이 가지는 제능력의 총모(總貌)를 살피려면 그 민족의 생활의 전모, 생성하고 발전, 혹은 진보하는 전 과정에 있어서의 활동을 총체적으로 추적 고찰해야만 할 것이다. 그 민족이 고래로부터 어떤 문화를 창조하고 어떻게 문화를 수용하고 또한 전파하였는가의 그 민족의 문화적 능력을 밝히는 일은 그 민족이 얼마나 전쟁에 강했는가의 문제보다도 더욱 중요하다. 전쟁에 강하고 전쟁을 일삼으면서도 도리어 문화를 파괴하거나 문화적 공헌이 적은 민족은 고래로 얼마든지 있다.

무력에는 강하지 못하면서도 문화적 능력은 높이 평가되는 민족도 또한 많다. 전쟁만이 자민족의 생존을 보위하는 것은 아니다. 전쟁에 지고서도 문화적으로 승리함으로써 민족의 생명을 길이 유지하는 예도 있는 것이다. 중국민족은 고래로 전쟁에 패한 일이 한두 번이 아니지만 그럴 때마다 승자인 이민족은 오히려 그 생명을 단축하고 패자인 중국민족은 여전히 군건히 존재를 계속했다. 「인내와 점잖은 것도 힘이다」라고 어떤 서양인이 말하였지만 사실 중국인들은 오랑캐들이 물러갈 때까지 참고 기다리는 끈질긴 능력을 발휘함으로써 그들의 생존을 보위했던 것이다. 인도인의 경우도 이와 비슷하다.

무력에 강했던 몽고인들은 지금 어떠하며 거란인(契丹人) 여진인(女眞人)들은 지금 어디에 있는가? 무력보다도 더 우위에 세울 힘이 있다면 그것은 주위의 도전에 현명하게 대응할 수 있는 예지의 힘인 것이다. 그리고 그것은 전쟁에서가 아니라 그 민족의 전 생활과정에서 풍기는 것이라야 한다. 이 예지의 능력이 아무래도 민족의 힘 구조의 핵심을 차지해야 될 것 같다. 이러한 점에서 우리는 「아놀드 토인비」의 견해에서 매우 유이한 것을 발견한다. 역사를 기개(幾個)의 문명의 소멸과정으로 보고 그 문명의 생명의 장단은 문명담당 민족들의 전쟁과 정복에 의해서가 아니라 외부로부터의 도전에 대응하는 보다 폭넓은 대응능력 여하에 따라서 결정되는 것이라고 하는 도전과 응전(應戰)의 이론인 것이다.

그리고 보면 민족의 힘이란 곧 그 민족이 형성, 성장, 발전의 전 생애를 통해서 일어나는 잡다한 형태의 외부의 도전에 대하여 여하히 현명하게 대응하고 그들의 가치를 진보 발전시킬 능력을 여하히 발휘하였는가를 총체적으로 고찰하는데서 찾아야 할 것이다.

〈高大新聞〉 1973년 5월 1일

정 재 각 • 고려대학교 문과대 교수(동양사)

安重根과 東洋平和

－國際學術會議開會辭－

明三月二十六日은 安重根先生이 殉國하신 날입니다. 安先生은 八十七年前 바로 이 날에 滿洲旅順監獄에서 刑場의 이슬로 사라지셨습니다. 安先生은 辯護士 選択할 權利도 剝奪 當한 채 日帝의 一方的인 判決로 處刑되었던 것입니다. 死刑을 앞두고 自若한 擧動과 東洋平和에 對한 高邁한 識見이 敵國의 刑吏까지 感動시켜 그로 하여금 安義士의 遺筆을 간직하고 子孫代代로 先生의 英靈에 對하여 香火를 끊이지 않고 있다는 美談은 實로 國境을 超越하여 先生의 高潔한 信念이 崇拜되고 있음을 말하는 것입니다. 當時 帝國主義 覇權다툼에 餘念이 없는 歷史의 渦中에서 先生이 홀로 殺身成仁으로 人類平和의 길을 唱導하신 것은 한갓 殉國以上의 崇高한 光輝를 發하고 있다하겠습니다.

本會는 發足되기에 앞서 一九九二年에 世界日報 前社長 朴善熙 社長이 滿洲旅順當地를 踏査하여 中國旅順當局의 協調下에 安義士의 監房과 處刑場所를 確認하고 이어서 世界日報社에서는 安義士關聯記事資料를 單行本으로 發刊하는 同時에 國民의 誠金을 모아 一九九三年 十一月 旅順殉國先烈紀念財團을 設立하였습니다. 本 財團은 翌年 다시 現地를 訪問하여 安義士處刑場所에 標識說明板을 揭示하는 同時에 安義士의 遺骨을 奉安코저 收合에 努力하고 있으나 아직 確認하지는 못하고 將來를 기다리고 있는 實情입니다. 더구나 韓半島는 南北이 分斷된 狀態에서 周圍各國이 各自의 利害關係에 執着하여 安義士가 그

토록 念願하셨던 東洋平和는 아직도 遼遠한 感이 있습니다. 英靈의 瞑目하실 날을 기다리는 마음 懇切합니다.

　이번 紀念日에 際하여 殉國事件에 關聯된 露, 日, 中, 韓國의 學者들을 모시고 學術發表會를 가지게 된 것도 先生의 精神을 다시 한번 일깨워서 平和의 到來를 하로빨리 마지하는데 一助가 되고저 하는데 있습니다.

　이러한 本會의 企圖를 欣然히 承諾해주신 러시아의 朴보리스 敎授, 日本의 中野 敎授, 中國의 金頴 敎授, 韓國의 金玉姬 敎授에 對하여 深甚한 敬意를 表하는 同時에 本 企劃을 後援해주신 世界日報, 國家報勳處, 安義士崇慕事業會 諸位께 아울러 謝意를 表합니다.

1997. 3. 25

정 재 각

함창 김씨 무인보(咸昌金氏戊寅譜) 서(序)

함창 김씨 세덕실기(咸昌金氏世德實記)에 의하면 수보간행(修譜刊行)은 전후육차(前後 6次)에 궁(亘)하여 이루어지고 있다. 상기서(上記書)는 함김(咸金)의 연원(淵源)에 고녕가 야왕(古寧伽倻王)으로부터 비롯한 것으로서 지금의 상주시 함창읍 일대(尙州市咸昌邑一 帶)는 조선왕조시(朝鮮王朝時)에 함창현(咸昌縣), 고려왕조시에는 함녕군(咸寧郡), 신라 왕조시에는 고동람군(古冬攬郡) 또는 고녕(古寧) 그 이전이 바로 고녕가야국의 왕도지(王 都地)였다고 한다.

함창 김씨(咸昌金氏)의 시원(始源)이 이처럼 장장 2천년 전으로 소상(遡上)하는 것이고 보면 그동안 함창 김씨가 얼마나 번성하였는가는 짐작하고도 남음이 있다. 그러나 이는 일면으로 각지에 산거(散居)하는 수많은 동족들을 교통이 극난(極難)하였던 당시의 환경 에서 여하히 서로 연계(連繫)하여 피차의 소목(昭穆)관계를 밝히느냐의 어려운 문제가 발 생하지 않을 수 없다.

사실 한국의 문족(門族)들이 그 계보를 거슬러 올라갈수록 그 기록이 모호하고 궐실(闕 失)이 많은 것은 이러한 사유에도 기인한다고 할 것이다. 함창 김씨(咸昌金氏)도 고려조 덕원군시(德原君時)부터 계보가 잡히고 그 9세손 함녕군(咸寧君) 때부터 비로소 사적(事 蹟)이 분명해지는 것도 그러한 사유로 유추할 수 있다.

위의 자료에 의하면 함녕군(咸寧君) 후예만 하여도 호서(湖西)·호남(湖南)·영남(嶺南) 등 3남에 널리 번연(蕃衍)하고 있으며 이래 수많은 명관 현덕(賢德)들이 배출하고 있어 명실공히 한국의 거족(巨族)임을 알 수 있다. 그러나 여기서 새삼 전기 보서(譜序)들에 나열된 기록들을 되풀이 소개하는 것은 한갓 옥상가옥(屋上加屋)의 우(愚)를 범하는 것이므로 오직 수보(修譜)의 시대적 의의 등 몇 가지 수상(隨想)을 더듬어 보고자 한다.

돌이켜 보건대 보학(譜學)을 익히고 보첩(譜牒)을 작성하는 풍조가 성행하였던 것은 봉건적 신분사회에서 부터였다. 거기서는 그것이 생활을 영위하는데 있어서 절실히 요긴하였기 때문이다. 자신들의 혈통이 어떤 신분계층에 속하느냐의 문제는 곧 자신들의 음사(蔭仕)·교제·결혼 등 사회생활 전반에 걸쳐 결정적인 영향을 끼치기 때문이다. 따라서 자신의 조상들의 업적과 학덕을 선양하기 위한 문집을 편찬하거나 그러한 조상들과의 혈통을 소상히 밝히려는 보학과 수보(修譜)의 풍조가 유행하였던 것은 당연한 사회적 소산(所産)이다.

이러한 세풍(世風)은 물론 자신들의 혈족의 역사를 밝힘으로써 그 소종래(所從來)를 확인하려고 하는 인간의 자생적인 지적 욕구(知的欲求)에 뿌리를 두고 있는 것이겠지만 그럼으로써 동족간의 친근감을 돈독하게 하고 조상의 업적들을 거울삼아서 자손들을 발분(發奮)케 하는 교훈적 기능을 수행하였다. 또한 일면으로는 각 가족들이 상호 절차탁마(切磋琢磨)함으로써 사회문화의 발전에 공헌한바 컸던 것은 높은 평가를 받아야 할 것이다.

그러나 반면에는 각 성족(姓族)들이 상호간의 우세를 경쟁하는 나머지 부질없는 시비와 마찰을 조성하고 급기야는 각기 권문세가와 결탁하여 마침내는 조선왕조사의 오점(汚點)의 하나인 당쟁(黨爭)으로 전이(轉移)함으로써 국가발전의 정력을 소모했다는 비난도 회피할 수 없을 것이다.

또한 봉건왕조시대에도 인재를 처음에는 출중한 학행(學行)과 공로가 있는 자 중에서 등용하였다. 그것이 점차 특권화됨에 따라 일정한 신분계층으로 고정되어 상하계층간의 신분교류를 저해(沮害)하고 상층신분 문족(門族)은 조상의 음덕만으로 사회생활의 우위를 자동적으로 점(占)하는 경향을 보여, 하층 신분자는 그 개인적 능력에도 불구하고 평생 열악한 대우를 감수해야만 했던 사회적 모순을 조성하였던 것도 소소(昭昭)한 역사적 사실에 속한다.

이것이 곧 가문(家門)의 개척자로서의 조상들의 치열한 기백과 노력은 망각하고 그 결과로써 획득한 명성과 기득권(旣得權)에만 안주하려는 무기력한 후손들을 산출하는 역기능(逆機能)으로 작용하기도 하였던 것은 사민(四民)이 평등하게 생존을 경쟁하는 오늘날에 명문거족(名門巨族) 후예들의 거개가 상대적으로 강쇠(降衰)하는 모습을 보이고 있는 것으로 짐작될 것이다.

이상에서 살펴본바 과거적(過去的) 환경에서 나타난 족보의 사회적 기능 또는 역기능에 비추어 볼 때 오늘날의 수보의미(修譜意味)는 과연 어디에서 찾아야 할 것인가? 대외적으로 가문의 과시에 비중을 둔다면 벌써 시대착오적이다. 동일 성통(性統)으로서의 혈연을 강조하고 그 친목을 도모하겠다는 대내용(對內用)이라 하더라도 8촌 이상의 동족(同族)에는 결혼을 해야 된다는 세태에서는 벌써 의미가 희박하다.

그러나 다시 돌이켜 보면 우리의 혈관에는 조상의 고귀한 피가 흐르고 있고 우리의 세포 속에는 과거 광휘(光輝)를 발휘하였던 온갖 능력들이 면면이 유전되고 있는 것이다. 그렇다고 하면 이러한 소질들을 부질없이 사장(死藏) 퇴화시키느냐 또는 이를 자극하여 각성(覺醒)하고 활성화시킬 것인가는 스스로 명확해진다. 현대에 와서도 수보작업(修譜作業)의 노고를 마다하지 말아야 할 동기부여(動機附與)를 바로 자명한 결론에서 찾아야 할 것으로 감히 생각해 본다.

다행히도 오늘날의 함창 김씨는 상주파만 하더라도 필자의 과문(寡聞)의 범위 내에서만도 장관(長官), 국회의원, 대학총장 등 반드시 조상의 후광이라고 할 수 없으면서도 두각을 나타낸 분이 제제다사(濟濟多士)하거니와 전국 규모로는 더욱 선망(羨望)의 수효에 달할 것으로 보여 서상(敍上)의 시각에서도 매우 고무적인 징조라고 하겠다. 또한 함김(咸金)

소자출(所自出)이 고녕가야왕(古寧伽倻王)에서 비롯했다고 하는 것은 스스로 하나의 특별한 의미를 갖음직하다.

생각해보면 한국의 성씨(姓氏) 중에는 많은 수가 그 기원을 중국의 명족(名族)들에 연계시키고 있어 이를 그대로 수용한다면, 현재 한반도에 거주하는 한국인은 토착종족(土着種族)이 생각처럼 많지 않다는 기현상(奇現象)을 뜻하기 때문이다. 물론 중국기원의 성족(姓族)들의 존재를 전면 부인할 수는 없다고 하더라도 봉쇄고립적(封鎖孤立的)인 농경시대(農耕時代)에 있어서 그토록 많은 중국인 명족(名族)들이 풍토가 다르고 언어풍속이 다른 머나먼 한반도에 대거(大擧)하여 이주 정착(移住定着)한다는 것은 특별한 경우를 제외하고는 일어나기 어려운 현상일 뿐 아니라 역사기록에도 많지는 않다.

실제에 있어서는 오히려 한국에 한자문화(漢字文化)가 상층부에 보급되어 중국식 성명의 사용이 그다지 무리가 적어진 고려중하기(高麗中下期) 이후에야 점차 양민(良民) 이상에 보편화된 것으로 추측된다. 이러한 중국식 성씨화(姓氏化) 과정은 한마디로 고대의 소수귀족(小數貴族)에 대한 하사성(下賜姓) 역시 소수의 중국인 이주자(移住者) 성씨(姓氏) 외의 다수는 한자문화의 보급과 거기에 따른 사대적(事大的)인 사고와 조회(照會)하면서 해석해 보는 것이 바람직하다.

이것은 일제하(日帝下)에서의 이른바 창씨개명(創氏改名)의 소란과정(騷亂過程)을 회고해 본다면 수긍이 갈 것이다. 이러한 관점에서 함창 김씨(咸昌金氏)가 시초부터 한국의 순토성(純土姓)임을 표방하고 나선 것은 평가할 만하다고 본다. 이 서문을 본인에게 위촉한 것은 바로 함김(咸金)의 예손(裔孫) 하윤보(河潤甫)이다.

김군은 일찍이 학교설립, 장학회 설치 등 육영기관(育英機關)을 운영하고 있을 뿐 아니라 또한 국내외에 걸쳐 실업계에서도 착실한 명성을 얻고 있다. 이렇게 사회 각 방면에 관심과 관리자적(管理者的) 책임을 자임하고 있는 하윤보(河潤甫)가 이제 또 다시 수보작업(修譜作業)에까지 착수했다.

국가가 바야흐로 다사다난(多事多難)한 이 시점에서 자신의 도생(圖生)만도 반드시 용이한 일이 아닐진대 하물며 현세태적(現世態的) 흥미도 관심도 희박한 이 위선위손(爲先爲孫)의 기초작업에 묵묵히 종사한다는 것은 자손이라고 하여 누구나 하는 일은 아니다. 평소에 효심과 책임감을 깊숙이 간직하고 있던 선택된 사람만이 할 수 있다.

이 사람이 이러한 무사(蕪辭)라도 사양하지 않은 것은 다만 김군과 향토(鄕土)를 같이하고 대학에서 사제(師弟)의 의(誼)를 맺었다는 인연에서만이 아니라 보다 나은 김하윤 군의 사회인으로서의 넓은 기여와 가문인(家門人)으로서의 깊은 책임감에 감동되었기 때문이라는 것을 끝으로 첨언(添言)하고자 한다.

1998년 3월

진양(晉陽) 정 재 각(鄭在覺) 근서(謹書)

(전)고려대학교 대학원 원장 및 동국대학교 총장 곡우랑(穀雨郞)

백두산 가는 길

(1) 민족발상 성지(聖地)에 첫발 딛는 감격

백두 산정에 오른다는 것은 학생시절부터 나의 간절한 소원이다. 그러나 이런저런 이유로 뜻을 이루지 못하다가 이번 세계일보사의 주선으로 모처럼 숙원을 풀게 된 것은 나의 소중한 기쁨이다.

일찍이 한 무제(漢武帝)가 천하를 통일하고 이를 하늘에 고하는 성전(盛典)을 태산(泰山) 상에서 거행할 때 그의 사관(史官) 사마담(司馬談)이 그 식전에의 참석을 간절히 바랐다가 뜻을 이루지 못하고 드디어 병사하면서 아들 사마천(司馬遷)에게 그 통한을 술회하고『사기』(史記)의 완성을 유언하였다는 고사(故事)에 접하고는, 명색이 역사를 공부한다는 자가 민족의 발상성지(發祥聖地)라고 하는 곳에 발도 들여놓지도 못하고 서재에 웅크리고 앉은 답답한 심정에서 동병상련하였던 터라 나의 이번 감회는 한층 새롭기만 하다. 만주 땅에 내려서 우리가 잡은 코스는 요동반도에서부터 황해 북안을 끼고 한반도 접경에 이르고 다시 압록강 연도를 거슬러 올라 백두산을 거쳐서 연길시(延吉市) - 두만강 하류에 이르는 장장 사천리로써 일반 관광객이 취하지 않는 도정이었다.

이 길은 대부분 포장되지 않은 곳이어서 늙은 몸으로서는 자못 강행을 의미하였으나 다행히도 굽이굽이 강류(江流)의 전개에 따라 남쪽 기슭에 때때로 산견되는 북한풍경과 동포에 대한 감상(感傷)과 미지의 여로를 개척한다는 일종의 흥분으로 재충전되어 피로감에 압도되지는 않았다. 이번 여행은 물론 우리 민족활동의 사적(史蹟)에 접하는 것이 주요목적이었으나 그런 사적의 탐사나 고증 등에 대하여는 나로서 그러한 의도도 준비도 갖고 있지 않았다. 오직 일반관광객에 섞여서 이를 무심히 구경하고 거기서 어른거리는 유적 주인공의 정신세계나 유적조성의 사회적 배경 등을 재구성하는 상상의 날개를 마음껏 펴보는 즐거움은 놓치지 않겠다는 것이 나의 소박한 심산이다. 그것은 다분히 주관적인 위험이 있겠으나 반면에 연대의 고증이나 편편적인 사실을 나열하는 평판적(平板的) 서술의 무미건조함으로부터 구제받고 역사를 입체적으로 생동감 있게 인식할 수 있는 장점도 무시할 수 없기 때문이다.

먼저 여순에서 안중근(安重根)선열의 처형 사적을 견문한다. 형무소에는 중세기적 잔혹한 고문도구들이 나열되어 있었고 선생은 특히 독방에 격리되어 엄중히 감시되었다고 한다. 선생은 물론 여타의 재소(在所) 중국인 항일투사들과 같이 형장의 이슬로 사라졌으나 오늘날 다시 한 - 중 양국인사들과 일본인사까지도 그를 재평가하려는 움직임이 일고 있는 것은 무슨 까닭일까 ? 그는 단순한 애국의사일까 ?

애국의사로서 항일 투쟁하다가 희생된 인사는 얼마든지 있다. 동양평화라는 대명제를 내건 것도 그만이 아닐 것이다. 동양의 한 독립국인 한국을 침탈하는 것이 동양평화를 해친다는 것은 분명한 논리적 귀결이므로 이것을 명분으로 내걸었을 것이고 또 반드시 내걸지 않았어도 독립운동자의 의식의 저변에는 그런 것이 잠재해 있었을 것이다. 그러나 이들 독립투사의 경우 우선 침략자의 제거가 급선무이기 때문에 저항자로서의 의식이 두드러지고, 동양평화라는 것은 의식의 배후에 머무를 수밖에 없었을 것이다.

안중근 선생의 경우도 그가 국내에서 만주로 연해주로 잠행하면서 투쟁하고 그 원흉이라고 보는 이토 히로부미(伊藤博文)를 제거하기까지에는 그러한 심리적 패턴을 가졌을 것으로 짐작된다. 그러나 사형언도를 받고 운명이 결정된 뒤로는 모든 정서적인 기복은 가라앉고 그의 이성은 원수의 피안(彼岸)으로 높이 승화된다. 자신이 제거한 이토 까지도 지고한 인류애를 모르고 부질없이 편협한 애국심에 사로잡혀 수많은 타국생령들을 무찌르기에 열중하고 있는 왜소한 인간으로 연민하였을 것이다.

선생을 일급 죄수로서 독방에 가두고 시종 엄중 감시하던 일본인헌병 간수가 향리로 퇴임한 뒤까지도 유언까지 하면서 선생을 대대로 추모하면서 명복을 빌고 있다는 이야기는 국가를 초월하여 인간애의 원점을 엿보게 하는 따뜻한 감동을 자아낸다. 선생은 물론 거사 이후 판결을 받을 때까지 시종일관 한국의 장부로서 당당한 자세를 견지한 채 가셨다. 그러나 선생이 만일 추상과 같이 차갑고 엄하기만 한 마음가짐이었다면 과연 그의 감시자로 하여금 인간적 접근을 가능케 하였을까? 그것은 내심으로서의 평가와 경원의 대상은 될지언정 체온의 교감은 어렵지 않았겠는가.

당시 여순은 일본제국주의의 대륙침략의 병참기지로서 삼엄한 경계 하에 있었고 간수인 헌병은 군인중의 군인으로서 이른바 일본정신으로 무장된 인물이다. 이러한 인물이, 죄수가 그것도 대일본제국을 건설한 원훈(元勳)으로서 전 국민으로부터 높이 추앙되는 자국의 이토를 주살한 죄수가 비굴하지 않고 뻣뻣한 자세를 취했다고 하여 간단히 심복하겠는가?

죽음에 대한 공포의 그림자라고는 추호도 없고 항상 온화한 안색으로 하나님께 기도하고 방문자와 담소하고 감시자에게 동양평화를 논하는 태연자약하고 성스러운 모습이 간수로 하여금 자연스럽게 적개심과 경계심을 풀고 선생과 같은 지고한 정신의 소유자를 항상 감시의 눈초리로 대하지 않을 수 없는 자신의 고충을 고백하게까지 되었을 것이다. 이에 대하여 선생은 도리어 나라를 위하여 헌신하는 것이 군인의 본분이 아니겠느냐는 뜻의 〈위국헌신 군인본분〉(爲國獻身 軍人本分)이라는 서편을 써주면서 그를 위로하고 있는 것이다.

사실 이 무렵 선생은 사형집행일까지의 무료함을 달래기 위하여 지필묵을 상대로 그의 유교적 교양을 보여주는 서편들을 남겨 놓고 있는 것이다. 그것은 모두 감정의 기복을 초월한 담담한 심정을 보여준다. 아무튼 우리는 여순의 감옥생활을 통하여 풍부한 유교적인 교양, 깊은 천주교의 신앙 그리고 지고한 애국정신이 융합된 안중근이라는 한 인물을 감히 그려본 것이다.

세계일보 제1865호

정 재 각

(2) 웅대한 고구려 고분군(古墳群), 관람자 압도

집안(集安)에 있는 고구려 광개토왕비(廣開土王碑)와 장수왕(長壽王) 것이라고 추정하고 있는 피라미드형 석조분묘는 우선 그 규모의 웅대함이 관람자를 압도한다. 사진설명으로만 보아왔던 것과는 판이하여 백문이 不如一見이라는 실감을 준다. 특히 장수왕릉의 남쪽에는 다섯 배나 더 큰 능이 있었다고 하니 놀라움은 더욱 가중된다.

중국 정부가 그 중 일부만을 현 상태로 보존하는 조치를 1961년에야 이용하고 있으나 그 때까지 일천오백년 동안은 무주(無主)의 유적으로 파괴되도록 방치하였으니 그 원형은 얼마나 웅장하였을까? 거기에 걸 맞는 많은 부속목조건물들의 배치까지를 합쳐서 상상해볼 때 우리는 그것으로 상징되는 고구려의 국가적 에너지가 얼마나 강대하였을까 경탄하지 않을 수 없다. 이러한 힘의 집결체가 만주 대평원을 말달리면서 당시 지구상 최대의 강국이던 수(隋), 당(唐) 등을 연달아 패퇴시켰던 사실을 우선 목전의 유적들을 통하여 시각적으로 이해한다. 역사인식에 있어서 유적-유물이 발휘하는 직관적인 호소력이 문헌을 통한 접근에 비해 탁월하다는 것을 새삼 수긍하는 순간이다.

돌이켜보면 이 능묘들은 현존하는 한반도의 어느 왕릉이나 일본 내의 천황릉(天皇陵)까지도 그 규모에서 능가할 뿐 아니라 중국의 그것에 비하여도 별로 손색이 없을 것이다. 이즈음 한참 관광의 명소가 되어 있는 명(明) 십삼릉(十三陵) 만하더라도 그것이 지하에 조성됨으로써 원형을 유지할 수 있었고 그럼으로써 그 장대함에 놀라거니와, 반면 집안 것은 지상에 조성됨으로써 일천오백 년의 파괴를 겪지 않으면 안 되었고 그 잔존물의 규모만 가지고도 전술한 바처럼 관람자의 입을 벌리게 하기에 족하고 보면 이 지하와 지상의 원형적 구조의 광대함과 그것에 들인 공력은 비등하다고 보아 과언이 아닐 것이다.

오늘날 이 고구려에 대하여 일본학자들은 신라, 백제와 다른 종족이 아닌가 하는 쪽으로 연구의 시선을 돌리는 이가 있는 것 같고, 중국인 사학자는 그것을 한갓 중국의 지방정권이었을 뿐이라는 시각을 가진 것으로 전한다. 이런 것들은 학문적으로 정밀하게 비판을 받아야 되겠지만 나로서는 두 나라 사람들이 왜 그러한 시각부터 가지게 되었느냐는 동기부여에 관심이 간다.

일본의 경우 식민지 지배를 정당화 하는 이론을 정립해야 하는데 우선 역사의 측면에서 한국은 고래로부터 임나일본부(任那日本府)를 발판으로 일본의 지배를 받아왔고 한국인은 외세의 침입에 대한 대항능력이 없으며 문명도 한국고유의 것이 없으므로 독립국으로서의 자질이 없다는 등등의 서술을 꾸미고 있는 판에 고구려에서 자국보다도 거대한 국력을 상징하는 유적을 발견하고는 아무래도 이를 한민족의 일원으로 포함시키는 것에 일본 사학자들은 거북함을 느꼈을지 모른다. 중국의 경우도 그들 특유의 천하관, 즉 책봉(册封) 체제 속에 주위의 모든 민족세력들을 편입하려는 관점에서 그들의 천자에 대립하는 강력한 독립 세력을 명분상 인정하지 않을 뿐 아니라, 국내의 소수민족으로서 만주에 집단적으로 거주하는 한민족들에게 그들의 조상이 만주의 원주민으로서 고래로 강력하게 독립적으로 국가를 운영해 왔다는 것을 상기시키는 것이 달갑지 않은 것으로 생각하였는지 모른다.

이러한 추측은 학자로서는 하나의 외도에 속하는 것일지 모르나 역사를 서술하는 사람도 필경 어느 특정한 시대, 특정한 환경의 영향 하에 있기 때문에 나의 이러한 전색(詮索)도 반드시 부질없는 것만은 아닐 것이다.

세계일보 제1866호

정 재 각

(3) 발아래 펼쳐진 장백산맥(長白山脈)의 장엄

압록강을 거슬러 혼강(渾江) 유역으로 접어들고 다시 백산시(白山市)를 지나서 부터는 점차 장백(長白) 산맥자락으로 진입한다. 길 양쪽으로 미송(美松)과 백엽(白樺·자작나무)의 연속이다. 그것은 일찍이 부근(斧斤)이 들어오지 못한 천연림으로서 인공의 방해를 받음이 없이 마음껏 하늘을 향하여 뻗고 있었다. 근래에 벌채를 위하여 만든 도로를 달리는 것이 죄스럽게 느껴질 정도로 그것은 장엄하다. 이러한 수해(樹海) 속에서 몰아지경을 헤매다가 어느덧 우리는 백두산록에 신축된 여사(旅舍)에 도착했고 이튿날 이른 아침 산정을 향하여 출발했다.

완만한 경사이긴 하나 굽이굽이 감도는 찻길은 한없이 길다. 어느덧 수해도 벗어나고 관목처럼 작다란 자작나무들이 보이는가 하더니 다시 초원으로 바뀌고 마침내는 그것조차 허용하지 않는 바위와 돌만의 영토에 들어간다. 바로 정상이다. 발아래는 저 멀리 만주평원을 향하여 내달리는 장백산맥의 군봉(群峰)들이 구름아래 엎드렸고 반대방향으로는 태백산맥의 이름으로 한반도 남쪽바다로 치닫고 있는 것이다. 바야흐로 한반도와 만주를 일체로 장악하고 있는 주봉이 바로 이곳이며 고래로 불함산(不咸山), 태백산, 백두산 등으로 불려서 '산지조종'(山之祖宗)으로 받들어지는데 전혀 저항감이 일지 않는다. 뿐만 아니라 이 산상에는 3백50m의 수심(水深)을 가진 호수가 천고의 비밀을 간직한 채 엄숙히 자리잡고 있어 우리민족이 이를 천지(天池)로 이름 짓고 이 신령스런 산봉을 민족발상의 성지(聖地)로 신봉해온 것은 진실로 스스럼없는 감성의 발로라 하겠다.

백두 산상에서 조감할 때 동서남북의 모든 산자락 주위에서 전개되는 종족들의 활동이 그것이 부여(夫餘), 고구려, 옥저(沃沮), 예(濊), 삼한 기타 등등의 어떤 호칭으로 명멸되었든 간에 모두 백두산의 정기(精氣)를 동일하게 호흡하고 백두산에서 스며 내리는 청수를 함께 마시고 살아온 이상 이는 동일한 민족으로 합류할 원천적 소지를 갖추고 있었다고 보는 것은 반드시 감상적인 소견일까?

길림성(吉林省)의 연길시(沿吉市)와 용정(龍井)은 특히 한족(韓族)이 집중적으로 거주하는 자치주에 속하는 도시다. 민족의 허다한 애환을 담고 있는 이곳에서 일박하는 것은 실로 무량감개에 젖게 한다. 이곳뿐 아니라 만주 3성(三省)에 동포가 없는 곳이 없으며 그 수는 이백만을 헤아린다고 한다. 일정 말(日政末)에도 이백만 운운하였다는 기억에 의하면 반세기가 지난 현재에 별로 증가된 것이 없다. 일제의 패퇴에 따른 소련군의 진입, 중국 국(國?)공(共) 간의 상극, 홍위병의 난동, 6·25동란시의 조(朝)·중(中) 양측으로부터의 의용군명칭의 강제동원등으로 보호세력 없는 이곳 동포들은 수많은 재앙을 겪어내야 했던 것을 감안한다면 수긍이 가기도 한다.

그럼에도 불구하고 불사조처럼 칠전팔기하여 자신의 문화를 간직하고 자신의 교육기관을 지키고 자치주의 도처에서 떳떳이 한글 간판을 내걸고 있는 것을 볼 때 스스로 머리가 숙여지는 끈질긴 생명력이다. 또 한편으로 생각하면 이상에서 본 바 생명의 위협을 받는 수 없는 폭력적인 사태에 접할 때 단선적 사고의 대응으로서는 살아남기 어렵다. 자연히 굴절되고 복잡한 의식구조가 요청되지 않을 수 없을 것이다.

여기에 또한 50년 동안을 북한이나 중국에 의하여 사회주의의 도식적 훈련을 받아왔다. 일례를 들면 사치와 오만과 차별의식은 한갓 자본주의의 속성이라는 견지에서 볼 때 남한의 여행자들이 교포들의 주거지를 화려한 옷차림으로 활보하거나 혹은 주점에서 접객 여성들에게 난잡하게 대하는 것을 보는 눈이 결코 곱지 않을 수도 있다. 돈푼깨나 있다고 하여 남을 얕잡아 보는 자본주의의 부패분자로 낙인찍히기가 일쑤다. 물론 거기에는 동포로서의 혈연적인 그리움과 역경에 있는 자신들에게 별로 혜택이 없는 일과성 인사치레만으로 대한다는 서러움도 깃들인 착잡한 심리도 작동하고 있을 것이다.

한국인 여행객이 걸핏 하면 현지인의 관습이나 심정을 무시하고 국내에서처럼 기분대로 언행 함으로써 외지에서 물의를 일으키는 사례에서 볼 때 이곳 만주에서도 교포라고 하여 무심한 언동으로 대하는 것은 삼가야 할 것이다.

세계일보 제1867호

정 재 각

V. 하서(賀書)

이용범 박사 화갑에 부쳐

　이박사(李博士) 용범(龍範) 교수가 어느덧 수갑연(壽甲筵)을 맞이한다. 생각건대 갑년(甲年)을 記念하는 일은 오늘날에는 벌써 심상한 일상풍경으로서 하나의 퇴색된 유풍(遺風) 임을 면하기 어렵다. 곧 그 기원시(起源時)에 가졌던 바 정서적인 실감이 수반되지 못하고 있다는 말이다. 하물며 이 박사의 탄력(彈力)을 잃지 않은 피부, 서리가 앉지 않은 흑발, 그리고 그의 템포를 늦추지 않는 목소리에 접한 사람이라면 더욱 이러한 명실의 불상부(不相符)를 수긍할 것이다. 사실 이러한 그의 생리적인 하부구조(下部構造)를 바탕으로 하는 그의 기백(氣魄)과 정열은 오히려 익장(益壯)하여, 화제가 우연히 학문에 이르렀을 때의 풍발하는 그의 담론(談論)이라든지, 빛나는 그의 안광(眼光) 같은 것은 상대자로 하여금 곧잘 그가 아직도 인생의 정상에 머물러 있는 양 착각(錯覺)시키기에 족하다. 과년

(過年) 그가 서유(西遊)의 길에 올랐을 때 바쁜 여정과 부족한 노자를 무릅쓰고 각국 학자의 심방, 사료의 수집활동에 몰두한 나머지 그의 생리적 지탱 한계를 무시함으로써 받았던 그의 육체적인 수난은 그가 또한「집념의 인」이라는 것을 보여주는 에피소드의 하나다. 이렇듯 그의 실상이 그의 수연(壽筵)이라는 인상을 희미화(稀微化)하는 데도 불구하고 여기에 감히 하서(賀序)의 글을 주저하지 않는 것은 이 스테레오 타이프화한 기념관습에 타성적(惰性的)으로 따르는 것이 아니라, 그것에 부수(附隨)되는 기념행사 자체, 이 경우 학술논문집간행이라는 학계의 관례를 평가하기 때문이다. 돌이켜 보건대 회갑연의 기념행위는 점차 생채를 잃어가는 데 반하여 그것을 기회로 하는 행사는 곧잘 사회적인 의의를 갖는 것이 있다. 갑년(甲年)을 맞는 당사자 개인이나 또는 가족들의 일시적인 구복(口腹)의 낙(樂)을 위하여 기념하는 것이 아니라 그것을 기연(機緣)으로 삼아 타자(他者)에게까지 혜택을 미치는 행사나 사업으로 확대한다면, 다시 말하여 개인적인 의미로부터 사회적인 의미로 승화될 수 있다면 이것이야말로 그 개인을 위해서도 더욱 높은 차원에서 축하하고 더욱 영속적(永續的)으로 기념하는 소이(所以)가 될 것이다. 이러한 생산적인 행사만 마련된다면 환력기념(還曆記念)을 진부한 관습이라고 무시해야 할 이유가 조금도 없다. 이 점에서 이 교수의 환력기념 논문집 刊行도 정당한 경하(慶賀)의 대상이 되어야 하겠다. 이것을 계기로 동학 동석(同碩) 선후배들이 모여 평소 탁마(琢磨)한 적공(積功)을 피력 권면(勸勉)하고 본인 또한 이것을 일층 분발의 기회로 삼는다면 이 얼마나 미풍량속이 아니겠는가! 고무적인 일은 동국대학교 사학과에 개방적이고 진취적인 교수가 제제다사(濟濟多士)하다는 사실이다. 이것을 관례로 하여 더욱 활발하고 적극적인 학풍이 확립된다면 이보다 더 다행한 일이 없을 것이다. 바야흐로 만도(滿都)의 라이락이 그 청향(淸香)을 자랑하는 호계절(好季節)에 즈음하여 이 박사의 청복(淸福)이 더욱 장구(長久)하시기를 기원하는 바이다.

이용범(李龍範) 교수 화갑기념호,《동국사학》15-16 합집, 1981

정 재 각

운경(雲耕) 곽예순(郭禮淳)박사 희수(喜壽) 기념문집(記念文集) 간행에 부쳐

    곽예순선생께서 희수(喜壽)를 맞이한다고 한다. 희수라는 것은 희자연(喜字宴)이라고도 하여 회자(喜字)의 초서체(草書體)가 七十七처럼 보인다는데 빗대어 일본에서는 77세를 기념하는 풍습이 있어왔다. 아무튼 평균연령이 세계에서 최장(最長)이라는 오늘의 일본에서도 고희(古稀)를 무게 있게 기념하는 행사가 여전히 성행하는 것을 보면 그보다 7년이나 더 가수(加壽)하고 있는 연령단계를 특별히 다루는 것은 지극히 합당한 일이라 하겠다.

    곽원장(郭院長) 예순(禮淳) 선생은 대구 도규계(刀圭界)의 기숙(耆宿)으로서 이미 명성이 자자하다. 그것은 국민건강의 보살핌이라는 직업적 성격에서 유래한다고 볼 수 있겠다. 선생은 또한 남의 말 좋게 하기 위한 시민운동에 사재(私財)를 털어가며 전도(前導)하거나, 혹은 모범 공무원의 표창에도 매년 물심양면으로 주도하고 있다.

    이것은 모두 현 정부의 이른바 새 한국 창조운동에 솔선하여 실행하고 있는 일이다. 따라서 정권의 호감을 산다거나, 혹은 대중의 갈채를 기대하는 따위의 사심(私心)에서 비롯된 것이 결코 아니다. 오히려 그 같은 일을 하다보면 때때로 실망과 좌절감에 빠지는 자신과도 싸워야하는 고행일는지 모르겠다.

    금전의 여유가 있다하여, 또는 사회병리현상(社會病理現狀)에 대한 약간의 개탄의지가 있다하여 누구나 실천할 수 있는 일은 결코 아니다. 그것은 바로 통절한 우국심정(憂國心

情)을 가진 인사만이 걸어갈 수 있는 고독한 투쟁의 길이다.

　이러한 맥락에서 볼 때 그가 다년간 전력을 다해서 지원하고 있는 망우당기념사업(忘憂堂記念事業)도 조상의 업적을 선양하겠다는 자손으로서의 한낱 숭조사업(崇祖事業)으로만 보는 것은 너무나 협소한 시각이라 하겠다. 망우당 선생의 혁혁한 전공(戰功)이나 그의 고결한 멸사정신(滅私精神)으로 보아 이는 한 씨족(氏族)의 명조(名祖)라는 테두리를 넘어서 널리 전 국민적 애국자로 받들어야 되겠다는 그의 신념에 역대 정부나 대구시 당국자가 공감함으로써 오늘날 대구의 경승지(景勝地)인 망우당공원으로 명명(命名)된 것이다. 이곳에 여러 가지 기념시설이 배치되고, 기념행사가 매년 거행되고 있는 것을 보면 누구나 곽 예순 선생의 공인(公人)으로서의 면목을 수긍할 것이다.

　바꾸어 말하면 곽예순 선생의 봉공정신(奉公精神)은 요즈음의 세태에 비추어 하나의 희소가치에 속한다. 그럼에도 불구하고 그는 결코 어깨에 힘을 주거나 목소리를 높이는 일 없이, 언제나 온화한 안색과 겸손한 거지(擧止)를 지니는데 흐트러짐이 없다.

　논어(論語) 학이편(學而篇)에 보면 자공(子貢)이 공자(孔子)의 인품을 평하여 온량공검양(溫良恭儉讓)이라고 씌어있다.

　곽선생을 대할 때마다 왠지 그런 분위기를 느끼는 것은 비단 필자만은 아닐게다. 아무튼 곽선생은 현하(現下)의 한국사회에 있어서 없어서는 알 될 대단히 중요한 인사(人士)이다. 모처럼 그의 수연(壽筵)을 맞이하여, 이 VIP의 만수(萬壽)를 간절히 빌고자 한다.

을해(乙亥) 중추(中秋) 1995. 9

정 재 각

이영자 교수 화갑에 부쳐

하사(賀詞)

이 교수의 육십수연(六十晬筵)을 맞이하여 몇 마디 무사(蕪辭)를 부쳐서 하사(賀詞)를 대신하고자 한다.

이 교수의 주갑(周甲)에 이르기까지의 경력은 일견 매우 평탄하며 우여와 곡절이 없어 보인다. 수학(修學)의 과정과 교력(敎歷)과 연구활동의 단계가 순조롭게 밟아졌으며 학문의 길을 걷는 이의 전형적이며 범상적인 순서를 무리 없이 밟고 있다는 말이다.

그러나 생각하면 전형적이며 상식적 도정을 일탈하지 않고 건전하게 유지해 왔다는 것은 단순히 행운의 소치만이 아니다. 거기에는 본인의 군건한 의지와 줄기찬 노력이 더욱 비중 있게 작용했을 것이고 보면 그 결과로 얻어진 공성명취(功成名就)의 축하행사를 마련하는 것은 지극히 자연스러운 인간정서의 발현이라 하겠다.

그러나 여기서는 좀 더 객관적인 시각에서 그 의미를 찾아보고자 한다.

이 교수는 여성학자이다. 여성이라는 조건은 물론 그의 선택을 초월한 선천적 조건이지만 한국과 같은 아직도 남성주도의 사회에서는 남성과 경쟁하는 직업의 경우 일단 불리한 여건이다. 그 점에도 불구하고 그가 한국천태사상(韓國天台思想)의 연구를 가지고 외국대학에서 학위취득의 관문을 당당히 통과하고 모교에서 교수에 임명되고 학장까지 역임하였다는 것은 그의 불권(不倦)하는 연찬(研鑽)과 탁월한 적응력을 입증하는 것이다. 그것이 그의 인생관에 입각한 '주의'(主義)인지 들은 바 없으나 적어도 그가 그러한 처지에 안주하고 있다는 인상은 확실하다. 개인주의 사고가 팽배하고 있는 서양사회는 차치하고라도 가족공동체의식이 아직도 공고한 한국사회에서는 배필을 가지지 않는다는 것은 곧잘 이단시되기 마련이다. 그것은 공동체의 상식에 어긋나기 때문이다.

이와 같이 주위의 상식을 거부하는 데서 오는 보이지 않는 압박감은 자신의 내면세계에 일종의 파문과 갈등을 조성할 수 있으며 이것은 곧잘 당사자의 폐쇄적인 사고방식이나 편굴(偏屈)한 언동으로 표출되기 쉽다.

사실 자의건 타의건 독신으로 시종하는 사람 가운데 흔히 볼 수 있는 징후들이다. 심지어는 독신조건을 윤리신조로 하는 종교인들 중에도 간혹 그러한 세속적인 집착을 불식간에 반사적으로 노출하는 것을 볼 때 인간이 주위의 전통적 사고의 패러다임으로부터 자유로워지는 것이 얼마나 어려운 것인가를 새삼 상기하곤 하지 않는가!

상상컨대 매사 수동적인 입장에 있는 한국 여성의 경우 이러한 심리적인 파고(波高)는 더욱 높을 수 있을 것이다. 그럼에도 이 교수는 그의 내면적인 풍파를 조금도 보여주지 않는다. 그의 외면은 항상 온유하고 잔잔하다. 이것은 그의 내면세계의 기복이 심하지 않다는 반영이며 그의 천품과 그의 전공인 불교에의 깊은 침잠에서 유래하는 것이라고 믿고 싶다.

모처럼 하사(賀詞)를 부탁받고서 부질없이 그의 사생활까지 언급한 결예를 이 교수는 그의 품성과 학문적 노력에 대한 필자의 어줍잖은 경의로써 이해해 주었으면 하는 마음 간절하다. 망언다사.

1996년 12월

정 재 각

하산(河山) 구본명(具本明) 선생『유고집』 발간에 즈음하여

　이 글은 구본명(具本明)형의 인간과 학문에 대한 숙지도(熟知度)로 보나 전공분야로 보나 내가 적임일 수 없다는 데서 일단 주저와 사양의 과정을 겪었다. 그러나 다시 생각해 보니 구형과 나는 일정시(日政時) 동연(同硯)의 인연이 있었고 당시의 면면들이 이미 대부분 유명(幽明)을 달리했을 뿐 아니라 이 3차원의 세계에 생존하고 있는 이들마저도 남북으로 분산되어 별리(別離)의 괴로움을 당하고 있는 형편이다. 아마도 창졸간에 주위에서 적절한 인사를 발견하기 힘들었을 것으로 짐작되어 결국 관계자들의 노고를 덜어 주기 위해서도 몇 마디 소회를 적기로 하였다.

　생각하면 구형도 이미 작고인(作故人)이 되어 속절없이 망각(忘却)의 세계로 들어가고 있는 판에 그의 문인(門人)여러분들이 유고(遺稿)를 수집정리하고 논문집을 발간하는 정성을 다하고 있으니 창망한 세파에 진실로 하나의 아름다운 이야기가 아닐 수 없다. 내가 구차히 그에 대한 소회의 일단을 풀어 책임을 면하려려는 것도 또한 여러분의 추모작업에 대한 사의를 겸하는 뜻이기도 하다.

　구형은 일정시 대학에서 전공이 같지 않을 뿐 아니라 1년 선배이기도 하여 비록 같은 대학 한국인이 많지 않았다는 환경 아래에서도 접촉하는 빈도는 잦지 못하였다. 졸업 후에는 또한 구차하게 생명을 보전하느라고 피차간 소식이 드물었다. 6·25사변을 지내고 환도하여 안도의 숨을 쉬었을 무렵 어느 날 우연히 그와의 재회가 이루어져 피차의 오랫동안 만나지 못한 회포를 풀게 되었다.

그의 우거(寓居)가 바로 나의 근무처인 고려대학으로부터 도보로 귀가하는 도중에 위치하고 있었던 관계로 우리는 뜻하지 않은 기회에 우연히 서로 만나는 기쁨을 만끽하게 되었던 것이다. 그는 오디로 빚은 상심주(桑椹酒)로써 우정을 덥혀 주었고 아울러 그 효능은 물론 문밖으로 나가지 못할 집에서 빚어서 만드는 비법(秘法)까지도 피력 하는 것을 서슴치 않았다. 이래 나는 도중 휴식을 구실로 상심주의 감미를 기대하는 회수가 거듭되었고 그럴 때마다 그의 내면세계에 한걸음씩 접근할 수 있는 기회가 주어졌던 것이다.

홍조(紅潮) 띤 그의 안색에 취기만의 탓이 아니고 자못 강개(慷慨)의 빛이 서러 있었던 것을 나는 그즈음 간과(看過)하지 않았다. 그럼에도 주흥(酒興)이 자못 돋구어졌을 때조차 어조(語調)나 자세를 조금도 흐트리지 않은 그가 고고(孤高)의 정신의 소유자로 나에게는 비쳤다. 그의 그러한 점이 항상 사교성이 부족한 것을 자탄하고 있던 나는 오히려 역설적으로 친근감을 느끼게 하였을 것으로 여겨진다.

생각하면 인간소외(人間疎外)의 현대지성인에게는 고독(孤獨)이 어쩌면 하나의 불가피한 속성일는지 모르고 보면, 그야말로 참다운 지성인이라고 하겠다. 그가 철학(哲學)을 전공으로 택한 것도 인간을 소외하는 인간존재 자체를 깊은 곳으로부터 통찰하려는 그의 고고한 갈망이 잠재적 동기가 되었을는지 모르겠다. 어쨌든 그는 철학공부를 필생의 과제로 삼았고 서양철학과를 마친 뒤에 동양철학으로 정착(定着)하였던 것이다. 피상적으로 보면 그의 이러한 전환은 전공의 방황을 의미할는지 모르나 철학의 본의(本意)에서 보면 오히려 더욱 소망스러운 편력(遍歷)이라고도 하겠다.

인간의 전면적인 의미를 탐구하는 학문이 부질없이 분야에 집착한다는 것은 비록 시간의 유한성을 염두에 둔 편의적 구분에 의한 것이기는 하나 원래의 목적일 수는 없기 때문이다. 전공이 시종일관하는 것이 학문을 직업으로 하는 세계에서는 더욱 유리하게 작용하고 있는 것은 현실정을 도외시하고 그가 동서 양양(兩洋)의 철학을 두루 섭렵(涉獵) 한 것은 오로지 인간탐구에 대한 그의 외골수의 정열의 소치에 지나지 않는다고 본다. 일단제

(一丹齊)라는 그의 아호(雅號)조차도 이러한 심정을 스스로 서약(誓約)한 것으로 믿어진다.

아무튼 결코 번창하다고 할 수 없는 우리의 철학계에서 그와 같이 동서학(東西學)을 겸수(兼修)한 학자는 더욱 요요(寥寥)하며 이러한 점에서 그는 분명히 귀한 존재에 속했다. 그러한 구형이기에 그가 가고 없는 이제 논문집의 출간으로써 그 면모를 재생시키려는 기도는 공허감(空虛感)을 메꾸는 가장 효과적인 방법이 아닐 수 없다. 모처럼 추념간행(追念刊行)에 종사하는 여러분의 노고에 거듭 감사의 말씀을 드리는 바이다.

1982년 5월 15일 한국정신문화연구원

원장 정 재 각

박수촌(朴水邨) 주갑수(周甲壽) 서(序)

　현하(現下) 문명국의 평균연령이 연년익장(年年益長)하는 추세이고 보면 주갑(周甲)이라는 것이 가지는 사회적 의의나 비중은 옛날에 비하여 도리어 체감(遞減)되고 있다는 것을 부인할 수 없겠지만, 박 군의 경우는 그 장건한 풍모로써도 이를 뒷받침해 주고 있다. 명실이 상부하지 않는 호개(好箇)의 실례에 속한다는 말이다.

　박 박사(博士) 영석(永錫)군은 밀양 후인(後人) 중산(中山) 장현(章鉉)공의 적사(嫡嗣)로서 유가의 태생이다. 중산공은 33세에 조졸(早卒)하였으나 그 짧은 생애 속에서 남긴 저술은 실로 100여 권에 달함으로써 그의 학자로서의 면모를 과시하였다. 공의 출생은 바로 국치를 당할 무렵이어서 자연히 비분의 기(氣)가 국내에 넘치고, 따라서 그가 사사한 한학자들도 모두 강개지사(慷慨之士)였음은 물론이다. 그의 저술의 핵심이 역사서이고 그것이 『춘추(春秋)』, 『통감(通鑑)』 등의 명제(名題)가 많은 것을 보면, 그가 대의와 명분을 밝히려는 우국지사였음이 자명하다 할 것이다.

　영석군이 일찍이 선부장(先府丈)의 그러한 저술들의 해제를 나에게 청탁해 옴으로써 이현부모(以顯父母)하려는 그의 효심에 감동된 바 있거니와, 그 자신 또한 국사학을 전공하여 스스로 교단에 섬으로써 선부장이 문화학당(文化學堂)의 간판을 걸고 향리의 자제들을 교도하였던 옛 일을 방불케 하고 있다. 더 나아가서는 국사편찬위원회 위원장의 중책을 맡아서 그 시설을 비약적으로 확충시키는 동시에 또한 동분서주하면서 사료 수집에 진력하여 동학들의 연구편의를 제공하는 등 그가 결코 이른바 시위소찬(尸位素餐)에 안주하는 인물이 아님을 보여주기도 한다.

교수직과 위원장이라는 행정책임을 겸임하면서 여가를 틈타서 부지런히 저술을 하고 정력적으로 논문을 발표하는 등의 다산적(多産的) 활동에서도 군의 선군(先君)의 면모가 연상된다. 그런가 하면 어느 틈엔가 일본 동경에까지 발을 뻗쳐 일찍이 중산공이 교유하였던 일본인 유학자들의 가정까지 수소문하여 선공의 유사적(遺事跡)을 탐방(探訪)하는 열성은 그가 단순히 부자(父子)의 정 이상으로 그의 선군에 경도하고 그 유업승습(遺業承襲)에 대한 일종의 소명감을 가지고 있음을 나타낸 것이라고 하겠다. 이것은 군의 영윤(令胤) 남매(男妹)들과 서군(壻君)까지도 모조리 역사학을 전공케 하는 그의 집념에서 더욱 분명하게 짐작할 수 있다.

여하간 역사학연구는 군의 가정에서는 3대에 걸쳐 계승되고 있으며, 이러한 가학적(家學的)인 외형은 현대의 자유민주주의사회에서는 극히 드문 것이라 하겠다. 고대 중국에서는 사마씨(司馬氏)·반씨(班氏)를 비롯하여 기타 수삼가(數三家)의 부자상전(父子相傳)하는 사학저술이 유행하였고, 그것들이 대개 명저로서 평가되고 있는 것이다. 20세기말 한국에서의 이러한 희소현상은 더욱 소중히 가꾸어야 할 의미를 지녔다고 보겠으며 이 점, 그의 생리적 실체로 보아 아직도 연부역강(年富力强)한 박 박사에게 기대 하는 바 자못 크다. 여기 그에게 축하를 보내는 데 있어서 이러한 바람이 내포되어 있다는 것도 상기하시기 바라는 바이다.

정 재 각

壬申 正月 (전)한국정신문화연구원 원장

최근영 박사 정년기념논문집 발간에 기(寄)하여

최 박사(崔博士) 근영 보(根泳 甫)가 나에게 일문(一文)을 청하여 왔다. 정년기념논문집 간행에 관한 나름대로의 소회(所懷)를 담으라는 요지다.

최 군과 여(余)는 과거 교단에서의 인연이 있고 그 후로도 지우금(至于今) 그의 학문적 성장을 지켜보고 있는 처지에서 얼핏 노졸안혼(老拙眼昏) 등의 둔사(遁辭)로써 그 요청을 물리치지 못할 정회(情懷)도 있어 몇 마디 무사(蕪辭)로써 책임을 면하고자 한다.

오랜 교편 경력을 가진 사람이라면 누구나 아쉽게 느끼는 소감이겠지만 대학에서 어떤 학문을 전공한 자라 할지라도 한국사회에서는 이들을 수용하여 그 전공을 더욱 성숙(成熟) 발전(發展)시킬 만큼의 용량(容量)을 가지고 있지 못하다는 점이다. 더구나 민족정신의 근간(根幹)이며 국민교육의 기본을 이루는 인문계(人文系) 학과 출신은 매우 입지(立地)가 좁아져 대다수가 전공과 관련이 적은 분야에서 본의 아닌 처지에 우왕좌왕하고 있는 것이 현실이다.

고급 인재들의 적재적소(適材適所)의 배치야 말로 국가 사회발전의 기본 구도(構圖)일 진대 현 상황은 바야흐로 원려(遠慮)와 심모(深謀)의 위정자(爲政者)들이 절실히 대망(待望)되는 판국이다. 이렇게 볼 때 최근영보(崔根泳甫)의 경우 역사학 전공의 일로를 매진하였다는 점에서 본인의 결의와 노력의 소치이긴 하지만 남다른 행운의 뒷받침도 없지 않았다고 보고 싶다.

그는 졸업과 동시에 고등학교에서 역사 과목의 교편을 잡았고 이어서 자진하여 국사편찬위원회로 진입했으며 곁들여서 대학의 강단에 서기도 하였다. 물론 그간 신라(新羅) 고대사에 관한 논문을 발표했고 한국사 50여 권의 간행 기획에도 진력(盡力)했다. 그러나 여기서 평가하고 싶은 것은 그가 역사학도로서의 소망스러운 길을 굳건히 밟아왔다는 점이다.

사학자(史學者)는 사학계의 기성 성과를 빠짐없이 거두어서 후진학생을 교수하는 것은 물론 자신의 연구분야에도 광범위하게 사료(史料)를 섭렵(涉獵)하여 논문의 질을 높여야 한다. 사료의 빈곤(貧困)은 곧 논문의 질의 빈곤을 초래하기 때문이다. 한국사의 경우, 자연재해(自然災害) 병화(兵火) 기타 특히 국민들의 기록보관 집념(執念)의 부족 등으로 사학도의 곤경은 더욱 심하다. 사료의 발굴 수집, 인접학문(隣接學問)과의 협력이 더욱 절박한 한국의 현실이란 말이다.

이런 점에서 국사편찬위원회의 역할은 더욱 강조되어야 하며 따라서 최 군이 이 기관에 투신하여 자료정보실장 등의 책임을 맡아 국내외에 산재(散在)되어 있는 많은 사료를 수집 정리 발간한 업적은 그가 몇 편의 논문을 발표한 것보다 그 학계의 공헌도에 있어서 더욱 값진 것으로 보인다. 자신의 이름이 쓰여지지 않은 숨은 공덕이야말로 더욱 아름다운 것이기도 한 것이다.

끝으로 제도로서의 정년(停年)은 있을지언정 학자로서의 정년이 있어서는 안된다는 점을 최 군도 명심하고 있을 것으로 믿고 싶다.

사학연구(史學硏究) 제58·59합집호, 내운(乃雲) 최근영(崔根泳) 박사 정년퇴임기념논문) 1999. 12

藍史 鄭在覺

硏究院 院長

이현희(李炫熙) 교수 주갑수연(周甲壽筵)에

정축(丁丑) 3월 죽당(竹堂) 이교수 현희(炫熙) 군이 60수연(壽筵)을 맞이한다고 한다. 근자 우리나라에서도 고령화 경향(傾向)이 현저한 가운데 갑정(甲丁)행사도 한갓 심상(尋常)한 현상이 되고 있기는 하다. 그러나 제자 이교수의 경우 종에게 있어서는 별다른 정회(情懷)가 있다. 첫째는 사제(師弟)의 관계이고, 둘째는 더 소급(遡及)하여 친교가 돈독하였던 그의 선부장(先府丈) 이상옥(李相玉)교수와 동연지의(同硯之誼)가 있다는 인연이다.

이미 그 연형(硯兄)이 귀천(歸天)하고 그 선지(先志)를 펴고 있는 현윤(賢胤)이 어느덧 이순의 연륜이 되었다는데 유수광음(流水光陰)을 실감하지 않을 수 있겠는가. 무사를 마다 않고 일필을 든 소이(所以)이다.

생각하건데 그의 선부장은 이미 자자(孜孜)한 노력으로서 명성을 얻은 역사가이었다. 해방 직후 사서가 태부족이던 시기에 수많은 저서를 학계에 제공하여 세인의 기갈(飢渴)을 채우고 아울러 그 정력적 저술활동을 감탄케 한 바 있다. 확실히 한 시기의 수요에 공헌한 역사가이었다. 그 영윤 이 교수 또한 그 사명을 충실히 계승하여 누만의 학문적 업적을 기록하고 있다.

들은 바에 의하면 이군의 영애 또한 역사학을 전공한다 하니 역사학이 이군가의 가학으로서 자리 잡아 가는 것 같다. 아무쪼록 굳건히 발전하기를 기대한다.

이르는바 가학의 장점은 그 학풍은 물론 그 학문의 도구, 사료를 다루는 방법, 논지를 전개하는 과정과 용의 모모 그 학문의 모든 것에 대하여 세세한 데까지 이심전심으로 전승하기에 유리하기 때문이다. 그것은 학교교육에서 단시적으로 조잡하게 전수되는 것과는 매우 다르다. 조석으로 선인의 성해에 접하면서 그 학적 조작의 세밀한 것을 체험하고 그 훈훈한 정열까지 흡수할 수 있을 때 가장 잘 얻어질 수 있는 것이기 때문이다.

중국의 사서 중에서 사기 한서를 비롯하여 후세에 명저로 꼽히는 것이 거개(擧皆)가 가학에서 출산된 것을 보면 수긍이 갈 것이다. 이군은 오늘까지 이미 그가 전공하는 한국근 · 현대사, 민족운동사, 동학혁명 등에 관하여 수많은 무게 있는 단행본을 저술, 공여(供與)하였을 뿐 아니라 그 밖에도 백여 편이 넘는 학술논문을 발표한 바가 있어 학계에 기여한 바 매우 크다.

때로는 그 계몽적인 것이나 독창적인 것을 막론하고 모두 바쁜 교수의 여가를 아껴서 집필한 것으로서 실로 놀랄 만한 성력(誠力) 노작이다.

군은 또한 널리 미국 · 일본 · 대만 등의 유명한 대학이나 연구기관을 탐방 · 교류하여 사료를 섭렵하거나 견문을 넓히는데 조금도 소홀함이 없었다. 이러한 소성(昭盛)한 학적 활동이 마침내 일찍이 서울시 문화상, 5.16민족상(학술부문) 등 권위 있는 몇 가지의 수상으로 보상되고 있는 것은 결코 요행이라고 할 수 없을 것이다.

모처럼 그의 인생의 한 획기(劃期)가 될 이 시점에 있어서 아직도 단안창발(丹顔蒼髮)을 자랑하는 죽당 이교수의 모습을 떠올리면서 그 특유의 정진이 멈추지 않고 계속되어 우리 학계에 공헌해 주기를 기대하는 심정 간절하다.

남사 정 재 각

(전)한국정신문화연구원장 · 동국대 총장 · 문학박사

Ⅵ. 계간《多寶》에 띄운 아시아 4국 단상(斷想)

우물 안 개구리 식 '천하관(天下觀)'
- 중국 · 중국문화

 중국은 우리나라의 주변국가 중 지리적으로 접경해 있을 뿐 아니라 역사적, 문화적으로 고래로부터 밀접한 관계를 가지고 있는 나라이다.

 특히 한국은 중국의 동북방에 뾰족하게 나온 반도인데 일본인들은 이를 가리켜 '일본 옆구리에 비수를 겨누고 있어 이를 취하지 않으면 항상 위험을 느낀다.'고 말하고 있다. 이것이 바로 일본 제국주의자들의 시각이다. 그래서 한반도를 자기들이 취해 중국 쪽이 힘을 쓰지 못하도록 해야만 격을 높여서 살 수 있다고 생각하는 것이다.

 중국의 면적은 중국이 얼마 전 독립국을 승인한 외몽고까지 합쳐 11억 평방킬로미터인데 한반도가 22만 평방킬로미터이므로 우리의 5백배에 해당되는 큰 나라이다. 구라파 대류 전체보다도 약50만 평방킬로미터가 더 크다. 인구는 11억 내지 12억으로 보는데 이것도 대충 행정력이 미치는 선에서 본 수치이다. 전 세계 인구를 50억으로 봤을 때 약 5분의 1 정도인 셈이다. 또 전 세계 면적의 12분의 1을 중국 하나가 차지하고 있는 것이다. 따라서 아시아 지역의 4분의 1을 차지하는 이 큰 나라를 우리가 이해하기는 쉬운 일이 아니다.

사람들은 자기가 생활해 온 그 공간의 영향을 받아서 자기의 신체조건과 사고방식, 감각, 감정 등을 결정하게 된다. 이것을 통해 환경이 우리에게 얼마나 큰 영향을 끼치는가를 알 수 있다. 인문지리학자에 의하면 근대 이전에는 산골짜기에 사는 사람은 단순하고 감정적이라 한다. 다른 지역으로 가는 일이 거의 없어 사람들과의 접촉이 없기 때문에 솔직하기도 하다. 반면, 평야에 사는 사람은 나 이외에도 많은 사람이 다른 풍습과 성격을 지니고 있다는 것을 알고 있다.

한국이라는 조그마한 나라는 위로 장백산맥이, 아래로 태백·소백·차령·노령산맥 등 온통 산맥들이 들어차 있어 그 산맥과 산맥의 물을 먹고 살았으므로 좀처럼 다른 지방으로 가는 일이 없었다. 그래서 한국에는 방언이 많다. 서로 섞여 어울리지 않게 되니 마음도 좁아지고 감정도 좁아지게 마련이다. 몽고의 고비사막 저편, 이란·이라크 같은 곳의 사람들은 시력이 좋고 자연적인 여건에 의해 감각이 무디고 친절하나, 난폭해지는 경향이 있다고 한다.

중국은 농경 지대이고 만리장성 이북으로는 몽고사막이 자리하고 있다. 이를 고비사막이라고도 하는데 외몽고를 넘어가면 북극해의 영향을 받는 시베리아 삼림동토지대가 나타난다. 서쪽의 제일 높은 봉이 히말라야 산 등허리이고 세계의 지붕이며 세계에서 제일 높은 파미르 고원이 있다. 동남쪽 그 밑으로는 히말라야 산맥이 쭉 뻗어가고 말레이 반도까지 이어진다. 또한 북쪽으로는 곤륜산맥, 천산산맥, 알타이산맥 등이 뻗어 있다. 만주 북쪽으로 대흥안령 산맥이 있고, 서북쪽으로는 산이, 동남쪽은 바다, 남쪽은 타이·미얀마·베트남까지 이르는 중산지도 있지만 대개는 정글림이기 때문에 기후가 서습해 사람이 살기에 매우 불편한 곳이다.

중국은 가운데가 평야로 한국의 맞은편 동쪽 바닷가가 발달한다. 황하와 양자강 중간에 있는 회하(회수)와 황하 중류가 연결되는 해안을 황해평야, 북동평야라고 한다. 그 넓이가 51만 평방킬로미터나 된다. 양자강 하류에도 큰 평야가 있으며 광동성 및 중경에도 평야가 있다.

이러한 지리적인 측면에서 본다면 한국은 평야가 없는 셈이다. 흔히 평야에 사는 사람은 사람 다루는 법이 뛰어나다고 한다. 성격이 비교적 넓고, 좋게 말해서는 원만하며 한편으로는 교활하기도 하다. 사람을 잘 속이는 대신 자신은 잘 넘어가지 않는다. 겉으로는 능글거리면서 실제로는 한 수 더 보고 있다. 이것은 수천 년 동안 역사적으로 그러한 환경에 살아왔으므로, 자기 이외에도 많은 사람이 있고 많은 민족이 있다는 것을 체험 상으로 알고 있는 것이다. 중국 사람들의 성격은 미련할 정도로 느긋하고 좀체로 흥분하지 않는 것이 특징이다. 중국 사람들은 본래 대륙적이고 평야적인 기질을 지니고 있다. 중국의 평야 주변에 사는 이민족들은 유목생활을 했기 때문에 이동성이 강하다.

우리나라와 중국도 그 문화의 영향을 받았다고 할 수 있다. 몽고사람들이 사는 곳이 모두 사막 가운데이고 또 만주지역 등 동쪽은 삼림이 우거져 수렵하는 사람들이 살았는데 서쪽은 신강성으로 중국 타슈켄트 지방엔 터키 계통이다. 토이기계 사람들이 많이 살았는데 중국인들은 그들에 대해 우월감을 갖고 있었다. 짐승이나 기르고 예의도 없으며 또한 남쪽은 덥고 습기가 많아 옷을 벗고 살았으니 이런 것을 보고 야만인의 행동이라 생각했다. 중국의 주변사람 중 동쪽에 사는 사람은 '동이(東夷)'라 하고 몽고의 씨족들은 '북적(北狄)'이라 했다. 서쪽에 사는 사람들은 '서융(西戎)'이라 했는데 그들 역시 창과 칼을 가지고 생활하고 미개인이라는 뜻이다. 남쪽에 사는 사람들은 벌레 같은 사람이라 해서 '남만(南蠻)'인데 사람이 살만한 곳이 아니라 했다.

사람이 살 만한 제일 좋은 곳은 천하의 한가운데인 중국뿐이라는 것이다. 중(中)자는 한가운데로 하늘이 이 땅 위에서 제일 살기 좋은 곳을 중국 사람들에게 주셨으며 또 이 '중(中)' 자는 '천하(天下)의 중간'이라는 뜻으로 해석하였다. 세계의 중심 가운데 가장 꽃답고, 편리하고, 살기 좋은 곳으로서 꽃 화 자, 빛날 화 자이며 '우리민족이 중화민족이다.'는 생각을 중국 사람들이 갖게 되었다. 천원지방(天圓地方)이므로 하늘은 둥글고 땅은 네

모졌다고 하여 지구도 네모졌다고 생각했다. 천원지방 주위에 사는 사람들은 다 오랑캐이고 중간에 있는 가장 기름진 곳은 중국 사람들이 차지하고 있다 해서 '우리가 하늘의 자손이다. 하느님이 이를 다스리기 위해 자기의 아들을 내려 보냈다.'는 것인데 이를 '천자(天子)'라고 하였다. 중국 사람들이 천하를 다 차지하고 있고, 하늘 밑은 다 중국 땅이라는 뜻이다. 주변 민족들은 기본적으로 천자에게 소속된 것인데 주변 이민족들이 그렇게 안하는 것은 워낙 이들이 짐승 같고 소견이 없어서 인사할 줄 모르는 것이라고 생각했다. 화외(化外)의 백성이라는 얘기이다. 서양 사람들이 무역교류를 하려고 접근해 왔을 때도 그들을 절하는 것도 모르는 화외백성으로 여겨, 교화할 수 없는 백성이긴 하지만 천자의 넓은 아량으로 용서해 준다고 생각하였다. 이 하늘 밑에 있는 것은 모두 중국의 것이며 국경이라는 것도 있을 수 없다고 생각하였다. 지금도 무식한 백성일수록 이에 대한 생각이 확고하다. '우리가 어른이고 너희들보다 낫다.'는 자만심은 결국 지형적인 요건이 뒷받침해 준 결과이다. 고비사막을 넘어간 일도 없고 파미르 고원을 넘어 아라비아 쪽으로 간 것도 후세의 일이었다.

따라서 그 당시 중국은 우물 안 개구리였다. 다시 말하면 우물 안이 천하이고 우물 안에 살고 있는 것이 하늘이 내려준 중국백성이라는 과대망상증을 갖게 된 것이다. 한국이나 동이족, 서양 국가들인 이들 화외민족들이 교역을 하고자 오면 신하로 대하며 중국의 덕을 사모하여 왔다고 생각하였다. 실제 중국은 평야지대만 해도 51만 평방킬로미터로 한국의 2배반이나 되고 산지까지 합치면 엄청난 정도이기 때문에 여러 백성들이 쳐들어오곤 했었다. 한국의 경우 강수량이 제일 적은 곳이 800내지 600밀리이다. 그러나 몽고사막은 1년의 강수량이 200밀리 전후이니까 풀이 자라지 않으면 짐승이 죽게 되고, 짐승을 먹고 사는 민족들이 자연히 만리장성을 넘어 중국으로 쳐들어오게 된 것이다.

그래서 동양사는 만리장성을 중심으로 한 북과 남의 대항이라고 한다. 이렇게 쳐들어오면 중국 조정에서는 이에 대항해 싸움을 하기보다는 비단을 주든지, 천자의 공주를 그 쪽 우두머리에게 시집보내는 방법을 이용했다. 그래도 상황이 악화되면 또 싸우게 된다. 많은 이민족들이 만리장성을 넘어 들어오게 되고 이들에 의해 또 많은 나라들이 중국 내부에 생겨나게 된다. 따라서 그 중 어느 것이 진짜 합법적인 나라인지를 구별할 필요가 생겼다.

　그래서 역사의 정통론, 즉 올바른 계통론이라는 얘기가 나온 것이다. 그 정통론 중에 재미있는 것은 한족 외에 원래 중국민족이 아닌 선비족, 몽고족의 나라, 여진족, 청나라 등을 정통의 나라로 인정해 주는 것이다. 중국인은 워낙 피가 잡다하게 섞여서 순수한 종족을 가려내는 것이 의미가 적었던 것이다. 또 그럴 필요도 별로 없었다. 원나라, 청나라 등 야만인의 지배를 받아도 그것을 정통으로 인정해 주었다. 가령 원나라가 처들어와서 중국을 점령한 100년 동안 피는 많이 섞였고 다시 명나라가 회복을 하여 오랑캐들과 함께 살게 되었을 때에도 '너희들은 너희들끼리 결혼하지 말아라' 하며 반드시 중국인과 결혼해서 피를 완전히 섞어버리라고 했다. 그렇게 동화하는 정책을 취했다는 것은 중국인은 동화력이 강한 민족이며 피로 보는 차별을 별로 안한다는 점이다. 중국 사람들은 순 혈통이 아니기 때문에 그들의 음식조차도 그러한 잡다한 구미(口味)들이 혼합된 소산이라 볼 수 있다.

　실제로 오늘날의 중국문화 그 자체는 중국 사람이라는 순 혈종이 만들어 놓은 것이라기보다도 동이·북적·서융·남만계통이 들어와서 각자의 요소가 융해하여 만들어 놓은 것이다. 우리 한국 사람들이 생각할 때는 중국은 우리보다 500배나 큰 나라이므로 중국 사람들이 따로 무엇인가 독특한 맛이 있어서 그러한 문화를 형성한 것이라고 생각하지만 실제 중국에는 한국의 신라방, 장보고의 활동유적이 있고, 조사된 것만 해도 한국스님 2백 22명이 중국 절에서 설교를 하고 있었다고 한다. 일반 거주민은 말할 것도 없고 이정기(백제계통), 고선지(고구려계통), 흑치상지(백제계통) 등이 모두 사령관으로서 왕성한 활동을 하였다. 불교뿐 아니라 기타 문화에도 여러 가지 영향을 미쳤다. 그런데도 중국 사람의 이름으로 나오고 있다.

　중국문화는 한국 사람과 대치되는 이질적인 문화라고 생각해서는 안 된다. 한국적인 요소, 동이적인 요소가 상당히 들어가 있다고 볼 수 있다. 또한 중국 사람이 외교적으로 대단히 능하다는 것은 진시황을 보면 알 수 있다. 여러 민족을 다루고 그들과 교제하고 충돌하며 싸우는 동안에 지식이 굉장히 풍부해진 것이다. 그들에게 있어 싸운다는 의미는 손자병법에 의해 '싸우지 않고 이기는 것이 제일 좋은 것'이라고 생각한다. 싸우면 피를 흘러야 하기 때문이다. 그리고 또 하나의 방법은 이이제이책(以夷制夷策)으로 오랑캐로서 오랑캐를 제거한다는 원칙 아래 싸움을 하지 않고 상대방끼리 싸우게 만드는 것이다.

어떻게 보면 우리나라 이북과 이남도 중국 사람의 이이제이책의 술수에 넘어간 것인지도 모른다. 그러나 잘 안 넘어가는 쪽이 일본과 미국이다. 미국과 일본은 경험을 많이 해봤으므로 중국의 능구렁이 속을 잘 알고 있어서 단순하게 넘어가지 않는 것이다. 가장 걱정이 되는 것은 한국 사람이다. 최근에 한국 사람들이 경제적인 것을 앞세워 잘난 체를 하면 중국 사람들은 '내가 어른인데 어린애 같은 수작으로 넘어갈 것 같으냐'는 생각을 한다. 지금은 가난해서 쪼들리는 형편이지만 지체가 당신들보다 못할 것이 있느냐는 생각을 노동자들까지도 가지고 있다. 한국인이 그들의 역사적인 사고방식, 자만심을 모르고 섣불리 경제적 발전을 내세워 노골적으로 무시하면 굉장한 반발을 일으키는 것을 봐도 알 수 있다.

1958년 본인이 문화사절로 대만에 갔던 적이 있었다. 대만대학 교수들과의 우호교류 관계로 가게 되었는데, 한국에서 교수들이 왔다고 하여 신문기자가 면회를 왔다. 몇 마디 소감을 묻고 하였는데, 그 다음날 신문을 보니까 '한국의 대학교수들이 상방(上邦)에 경의를 표하기 위해서 왔다.'고 써 놓았다. 그런 말은 한 적도 없는데 제멋대로 써버린 것이다. 우리의 3분의 1밖에 안 되는 나라이며 더구나 조그마한 섬으로 쫓겨 와서 지금 우리에게 상방이니 뭐니 말할 처지가 아닌데도 젊은 사람의 머릿속에 그런 의식이 잠재되어 있다.

우리는 능란하게 세계 각국을 다루는 중국 사람들의 속성을 정확히 알아야 한다. 자존심도 굉장히 강한 민족이다. 그러니까 한국을 대하는 것도 이이제이책으로 다루는 것이다. 중국의 천자사상은 결국 지리적인 환경에서 생겨난 것이다. 중국의 유교는 한국에까지 큰 영향을 끼쳤지만 유교사상을 강요한 것은 아니다. 마호메트교는 한 손에 총을 들고 한 손에 코란을 들고 강요했고, 기독교도 침투해서 제국주의와 관련을 가졌지만 유교는 그렇지 않았다.

그러면 어떻게 2500년 동안이나 동아시아, 한국, 일본이나 베트남에 유교가 전파되었는가 하면, 유교자체가 동이적인 요소를 가졌기 때문이다. 유교는 공자와 그 선현들이 만들었고 공자가 집대성한 것인데 공자의 아버지는 그 당시 송나라 사람이었다. 그때 송은 주(周)나라의 하나의 제후였는데, 여기에는 은(殷)나라의 자손들이 많이 살았다. 주나라보다 문화가 앞선 나라였는데 이 나라를 동이족이 세운 나라였다고 주장하는 학자가 중국에도 한국에도 많이 있다.

동쪽으로 왔다는 기자가 만주의 요동반도 쪽으로 왔느냐, 평양으로 왔느냐에 대해 학자들의 연구가 지속되어야겠지만 그는 은나라 사람이었다. 은나라 사람이 자기 고향으로 돌아갔다는 의미이다. 그렇다면 우리와 중국 고대문화와는 관련이 있는 것이다. 우리 대(對)중국인, 중국문화 자체에 우리가 참여했으며 우리 인종의 피도 섞여 있다는 시각으로 생각해야 한다.

한국이 여러 가지 생각을 가진 민족과 접촉을 하는 데 있어 우리가 중심체로 서서 우리의 본체와 자존심을 가지고 응대하는 것과, 덮어놓고 상대방이 하자는 대로 따라다니며 놀림감이 되는 것은 천양지차이다. 결국은 독립을 유지할 수가 없게 된다. 정신적 독립도, 정치적 독립도 안된다는 것이다. 하물며 경제적 독립은 더욱 어렵게 된다.

〈질의응답〉

【문】 고대중국의 이민족들은 그동안 중국에 많이 동화되었으리라 보는데 아직도 중국 남쪽에는 옛날의 남만이라는 요족들이 상당히 남아 있다고 생각된다. 또 서남쪽의 티벳, 서쪽의 신강성 일대에 역사적으로 동구르·위구르라고 하던 터어키게 종족들이 있고, 북쪽에는 외몽고가 독립국으로 있지만 아직 그 안에는 내몽고가 자치공화국으로서 중국 영토 안에 있다. 그리고 동북방의 여진족들은 지금은 거의 중국화, 한민족화해서 그들 고유문화를 상실해 가고 있다고 생각한다. 아직도 중국 영토 내에는 많은 이민족들이 살고 있는데 그들이 과연 완전히 중국에 동화되어 있는가, 혹은 그 고유문화를 이어가고 있다면 그들의 고대문화는 어떤 모습이며 지금 그들이 누리고 있는 독특한 문화는 어떤 것인지? 또한 그 당시 터어키 족은 상당한 세력을 가지고 있었다고 하는데?

【답】만몽회장이라 해서 만주와 몽고와 회교를 믿는 사람, 서장족, 이것이 4대 민족이고 한족까지 합쳐서 5족인데 각각 약 400만 정도이다. 티벳족이 약 400만, 내외몽고족 합쳐서 400만, 여진족도 부분적으로 볼 때 몽고에 있는 사람은 몽고의 풍습을 상당히 지니고 있고 만리장성 안에서는 중국에 동화하는 경우가 많으며, 티벳족의 경우에는 지형 상, 생활상, 지리적 여건으로 잘 동화되지 않는다. 묘족, 기타 소수민족들은 사천성 운남성에 일부가 있다고 한다. 그들도 거의 섞여서 중국적인 요소가 많이 있는데 세시적(歲時的)인 것은 중국 본토와 약간씩의 차이가 있다고 한다. 그러나 그것들이 정치적인 세력을 잡지 못한 채 중국 한족의 정권들이 거의 위험요소로 보지 않았기 때문에 관대하게 봐주고, 어떤 의미로는 관대하게 보호하는 척도 했으나 전체적으로는 한민족의 정치권력의 위험을 느끼지 않는 정도에서 하는 것이다.

티벳족은 7, 8세기 경 투르판이라 해서 신강성·청해성까지 진출하였다. 그때 당나라가 티벳족의 지배를 받을 위기에 직면했으나 공주를 보내어 모면을 한 적도 있다. 불교의 일종으로 라마교라는 것이 절대적으로 우세하였으며, 고원지대에서는 일처다부제의 형태를 취했다. 목축이 주가 되었으므로 농경지대와는 반대의 입장이었다. 험하고 기후도 차고 짐승을 기르기 위해서는 남자들의 힘이 필요하게 된 것이다. 그것만은 특수하게 자기들 풍습을 지키는 것 같다. 터어키족은 신강에서 회족이라 불렸다. 회족도 터키족의 일부에 속하는 쪽이 있고, 한족이면서 회교를 믿는 두 가지가 있다. '눈이 깊고 코가 높다(深目高鼻)' 하여 옛날 중세기부터 나온 말이 있다.

터어키족은 예전에 돌궐족(突厥族)이랄해서 지금의 내몽고까지 장악한 일이 있다. 당나라와 싸우고 난 후 서쪽으로 쫓겨가서 소아시아로 옮겨가 싸움을 하여 지금은 콘스탄티노블에 있지만 과거는 돌궐족이라는 굉장히 큰 나라였다. 그래서 고구려와 사신을 교류하였고 당태종이 돌궐과 고구려가 협공할 줄 알고 먼저 고구려를 쳤는데, 그 결과 고구려에게 당했다는 에피소드도 있다. 서쪽으로 옮겨간 터어키족 외에 남아있는 것이 지금 신강성에 있다. 여기를 '중국령 터키족 땅'이라고 부른다. 중앙아시아는 타슈켄트, 지금의 카각 공화국이 있는 곳으로 '러시아령 터어키족 지방'이라 하여 구별하지만 말도 같고 모두 동족끼리이다. 국경지대가 초원지대이므로 서로 왔다 갔다 하며 별로 거리낌이 없다. 현재도 경제적으로 곤란하니까 회족들이 무언가 움직이고 있다고 한다. 그래서 등소평은 긴장을 해서 스파이를 놓고 있다고 한다. 내몽고 민족이 나중에 자꾸 독립 운동을 일으키고 있는 데 그렇게 되면 만일의 경우 국민투표를 할 것에 대비해 중국인들을 자꾸 그쪽으로 보내고 있다. 그래서 내몽고에는 몽고인보다 중국 사람이 더 많다. 과거에 간도, 길림성에는 한국 사람들이 많았다. 실제로 길림성은 한국이 역사적으로 소유를 주장하게 되면 분쟁이 일어 날 수 있는 곳이다. 그러니까 자꾸 길림성으로 중국인들을 이주시켜 지금은 중국인들이 많이 거주하고 있다. 일을 하기도 전에 소문부터 내는 한국 사람과는 달리 중국인들은 소 문내지 않고 일을 추진하고 있는 것이다.

【문】남북의 관계가 언제쯤 해결이 날 런지 경륜을 바탕으로 짐작되는 점은?

【답】임의로 생각해 볼 때 우리가 같은 민족이고 어차피 통일을 하지 않으면 주위의 강 국에 둘러싸여 살 수가 없게 된다. 일본의 인구가 1억 2천만, 중국이 11억 내지 12억, 소련 이 2억 9천만인데 이들에 둘러싸여 있으니 숨을 쉴 수가 없다.

7천만 민족이 단결해도 일본사람 하나 당해내는 데는 힘이 든다고 한다. 그럼에도 불구 하고 우리는 서로 적대관계를 계속 하고 있다. 우리 민족은 우리 민족대로의 불가분의 유 기적인 관계가 있다. 따라서 우리 민족문화가 훌륭하다는 문화에 대한 자긍심을 갖고 뭉 쳐야 살지 뭉치지 않으면 안 된다는 마음으로 신봉을 해야 한다. 자기 민족을 지상(至上) 으로 생각하면 이데올로기는 퇴색한다. 민족이 염두에 없기 때문에 이데올로기만 찾게 되 는 것이다. 이데올로기라는 것은 모두 서양이데올로기이다. 그렇게 되면 민족이 없어지고 만다. 우선 민족을 찾자고 말하고 싶다.

《多寶》, 1992 봄 별간호

정 재 각

세계 최다 복수종족의 나라
– 미얀마 불교성지 순례

한낮이라고는 하지만 자못 스산한 겨울 풍경의 김포를 뒤로하고 7, 8시간 뒤 아직도 황혼이 짙어지지 않는 미얀마의 수도 양곤의 한 음식점 야자수 그늘에서 식탁을 마주하고 있는 자신을 발견하는 것은 분명히 현대문명이 주는 하나의 신선한 경이(驚異)이다.

실제로는 지도상(地圖上)의 존재 이상으로는 알지 못하고 있는 이 나라에 대한 나의 빈약한 안목을 이 나라의 고대문명은 또 무엇으로 놀라게 할 것인가.

당장 내일부터 전개될 미견(未見)의 광경에 약간 앳된 기대감에 부풀어서 여관방 천정에서 쨀쨀거리는 도마뱀의 울음소리에도 개의치 않은 채 어느덧 단잠으로 빠져들었다.

미얀마는 면적이 한반도의 약 3배, 인구는 남한과 비등(比等)하다. 말하자면 인구밀도가 남한의 6분의 1에도 못 미칠 만큼 넉넉한 생활공간을 가진 부러운 나라다. '미얀마'라는 말은 '세계 최초의 인간 거주지'라는 뜻으로, 미얀마 인들이 그렇게 믿고 있을 정도로 미얀마는 사전시대(史前時代)부터 여러 가지 원주민의 유적을 남기고 있다. 오늘날에도 영국인 학자의 연구에 의하면 영국인, 인도인, 중국인을 제외하고도 67종의 종족이 토착하고 있으며 방언(方言)을 포함하여 242종의 언어가 사용되고 있을 정도로 복잡한 다종족(多種族) 국가라고 한다. 그들이 모두 어디서 왔는지 또는 정확히 어느 때 왔는지조차도 밝혀지지 않은 채 미얀마 각지에 산거(散居)해 있는 것이다.

그 중에서도 미얀마인이 전 인구의 약 3분의 2를 점하여 이른바 미얀마 본부에 거주하고 있으며, 그 밖의 친, 카친, 샨, 카렌, 카야, 라킨, 몬, 기타 등등의 소수 종족들이 거주하는 이른바 '외(外)버마'에 둘러싸여 있는 것이다. 이것은 영령(英領)시대에 영국이 통치의 편의상 분할한 행정구역이며, 현재도 대체로 이에 의존하고 있다고 한다. 사실 영국은 모든 제국주의 열강이 그들의 식민지를 분할해서 지배하는 항례(恒例)를 따라 미얀마도 다수 세력인 미얀마 족은 강압통치하고, 그 밖의 소수 종족들은 비교적 자주성을 주어 관대하게 다룸으로써 상호간의 이질감을 더욱 자극하여 미얀마가 독립 후에도 하나의 통일정부를 조직하는데 적지 않은 저해요인을 조성하였던 것이니 과거에도 몇 번인가 미얀마가 통일정부를 이룩하였던 역사를 가졌음에도 불구하고 오늘날 아직도 내란에 시달리고 있는 원인이 여기에도 있는 것이다.

미얀마의 《왕궁사기(王宮史記)》에 의하면 미얀마왕은 원래 석씨일족(釋氏一族)으로서 약 2천여 년 전 인도로부터 이주하여 왕가를 이룩하였다던가. 기원전 수세기 전 현재 태국과 캄보디아 등에 산거하는 몽크메르와 일족(一族)인 몬족이 미얀마에 진입하여 그들의 유명한 쉐다곤 파고다를 건축하였다는 언급이 있다. 그렇다면 이 몬족에 의하여 미얀마에 불교가 전래되었던 것이며 그것은 인도의 아쇼카 왕조와 연결이 되었다는 이야기가 된다.

그러나 이런 설화들은 그 『왕궁사기』가 19세기에 비로소 기록되었다는 점에서 그대로 믿을 수도 없는 일이다. 미얀마에 관한 비교적 객관적인 기록은 중국사에 나타난다. 최초로 보이는 것은 후한서(後漢書)의 〈단군〉으로서 지금의 미얀마 북부 운남성(雲南省) 변경(邊境)에 자리 잡아 후한과 교역하였다고 하며, 이후 당(唐), 송(宋), 원(元), 명(明), 청(淸) 대에 걸쳐 각기 다른 국명(國名)으로 혹은 전쟁 혹은 평화적 교류를 통하여 관계가 있었던 것으로 기록되어 있다. 특히 원(元)대에는 원군이 파간 왕조를 멸망시킨 일까지 있었던 것이다.

미얀마에서의 관광도정(途程)은 양곤으로부터 파간 만달레이 등을 국내 항공으로 북상하면서 그 근방 불적(佛蹟)들을 왜곤으로 순방하고 다시 양곤으로 돌아와서 그 명소 구경으로 마무리 짓는 순서를 밟았다. 그간 장거리를 달리고 수많은 파고다와 사원을 순방하면서 그때마다 이 나라의 풍습에 따라 맨발로 예불해야 하는 고행을 치르면서도 안전(眼前)에 다가오는 놀라운 볼거리에 불평의 소리는 그만 억제되곤 했다.

미얀마의 탑은 주로 서양종을 엎어놓은 것 같은 이른바 스리랑카 형으로서 그것이 금색 찬연하게 공중높이 솟아있는 광경은 누가 보아도 멋스럽다. 사실 미얀마의 금탑(金塔)들은 적(赤)벽돌의 골조물에 회(灰)칠을 하고 그 표면에 금박을 입힌 것이지만 그것이 두껍게 입혀졌기 때문에 탑 전체가 모두 금으로 만들어진 것처럼 보인다는 것은 이미 1298년 마르코 폴로의 여행기에도 나타나 있다. 이런 것들이 전국 도처에 임립(林立)해 있다면 온통 미얀마 전체가 '금(金)의 나라'로 비친 것은 당연한 감성(感性)의 발로이겠으며, 몬족(族)이 그들의 거주지를 '수반나부미'라 부른 것도 '황금의 땅'이라는 뜻이라 한다.

미얀마의 사원이 보여주는 또 하나의 경이는 유리조각들의 장식이다 오색의 유리들을 배합하여 사원 전체를 황홀하게 꾸미는 모자이크 문화의 발달이다. 이러한 장식기술이 그들의 침략자이던 영(英), 불(佛) 등으로부터 전수된 것인지 혹은 그 이전부터 전래한 것인지는 자세하지 않으나 창공에 높이 솟은 황색 또는 백색의 파고다와 휘황찬란한 사원의 장식들의 분위기는 우리가 상상하는 극락세계를 방불케 할 수도 있을 것이다. 사실 미얀마 인들이 불탑의 건조, 수리 등에 바치는 정성은 대단한 것으로서 국민 소득 300불에도 미치지 못하는 저개발 국민들이 전국에 수만 개의 사탑(寺塔)을 끊임없이 조성하고 있으며, 정부에서도 외국인 입국자에 대하여 사탑수리비 명목으로 25불씩을 징수하고, 국내선 공항에서도 10불씩을 가산하며 동일 사원 내에서도 거의 발끝마다 헌금함이 비치되어 있는 것을 보면 미얀마 인들의 불교신앙이 어느 정도인가를 짐작할 수 있다.

미얀마 민가들의 빈약한 모습과 사탑들의 찬란한 모습을 대조해 볼 때 관광자들의 눈에는 미얀마의 재보(財寶)는 온통 사탑에만 집중되어 있는 것처럼 보인다.

미얀마 인들은 오로지 사탑의 조성을 위하여 그들의 모든 생활을 바치고 있으며, 그들이 이룩한 극락적인 사탑에 예불하면서 모든 생활의 시름을 삭이고 있는 듯이 보이는 것이다. 마치 사탑의 조성을 위하여 살고 있는 듯이 보이는 국민이 바로 미얀마 인이라는 인상을 지울 수 없는 것이다. 생활의 빈곤은 도피처를 갈구하게 만들며, 아니 빈곤하면 할수록 그것도 극단적인 대조를 이루는 극락적 사원에 모든 것을 쏟아부었는지도 모른다.

연전(年前)에 어느 서양인 불교연구가와 만난 일이 있다. 일본과 한국의 사찰들을 돌아본 그는 양국 사찰에 대한 소감이 어떠하냐는 나의 물음에 대하여 한국의 사찰은 일본 것에 비하여 고졸(古拙)하고 질박(質朴)하다는 의견이었다. 말하자면 일본 사찰은 더욱 인공적(人工的)으로 정교하게 다듬고 장식하여서 세속적 맛을 풍기는 데 대하여 한국의 것은 자연스럽고 고담(古淡)스럽게 지어져 있다는 뜻이다. 이런 의미에서 미얀마의 사탑들과 대조한다면 미얀마는 더욱 안이비설신(眼耳鼻舌身)의 오관(五官)을 즐겁게 하는 세속적 맛이 농후한데 비하여 한국의 그것은 비록 약간 단청(丹靑)이 있기는 하나 더욱 담백하고 질박하고 초속적(超俗的)이며 선풍(禪風)을 띠고 있다는 데 특징이 있는 것 같다.

미얀마의 현 정권은 국외의 단편적인 보도에만 의존할 때 투표에서 승리한 아웅산 수지 여사를 불법적으로 연금하고 있는 포악한 무리들로 낙인찍는 흑백논리에 사로잡히기 쉬우나 미얀마 국내에 들어와서 살피면 문제가 그다지 간단치는 않다. 앞에서도 언급하였지만 미얀마는 한반도의 3배 정도의 면적국가로서는 67개 종족이라는 세계 최다의 복수종족을 가지고 있다. 또한 미얀마 내부의 유입과정이나 언어, 풍습이나 이해관계도 달라 아직도 화학적으로 융합하기에는 많은 세월을 기다려야 할 것이다. 거기다가 북동쪽으로 국경을 접하고 있는 중국과는 2천년 이래 화전(和戰)을 되풀이하여 왔고, 현재까지도 국내에 정착해 있는 중국계 이민(移民)들은 항상 중국의 잠재적인 끄나풀이다. 양곤에 있는 중국 대사관은 타국의 그것에 비하여 압도적으로 넓은 자리를 차지하여 마치 왕궁처럼 위압하고 있다. 북(北)과 서(西)는 인도와 방글라데시와 접양(接壤)하고 있어 일찍부터 문물의 교환이 있었고, 영국이 인도를 차지한 뒤로는 또한 영국의 침략을 받아 19세기 후반기에 세 차례의 전쟁을 치른 뒤에 처음에는 영령인도(英領印度)의 일부로 편입되었다가 나중에는 별개의 식민지로 분리되었다. 이 사이에 왕궁에 있던 주먹 크기의 '사파이어'와 불상에 박힌 다이아몬드 등이 영국인에 약탈된 것에 상징되는 것처럼 일년삼모작(一年三毛作)의 미곡과 풍부한 석유, 보석, 기타 희귀 광물자원 등이 지배자의 몫으로 나가고 그 밑의 상공업들은 대부분 인도인과 중국인의 수중에 있다고 한다.

남쪽 해안에 정착한 스리랑카 인들도 상재(商才)에 있어서는 본국인들보다는 한 수 위에 있다. 미얀마의 또 하나의 두통거리는 샨주(州)에 있는 이른바 황금의 삼각지 문제다. 이 지방은 태국, 라오스, 중국의 운남성에 둘러싸인 해발 천 미터의 고지대로서 우리나라에도 일시 소개된 바 있거니와 아편 재배의 최적지이다. 이곳은 위성궤도나 여객, 항공기 항로와도 떨어져 있기 때문에 외부에 쉽사리 노출되지도 않는다. 아편재배를 본격적으로 시작한 것은 중국에서 패퇴(敗退)한 국민당 군대가 이곳에 진주하여 그 활동재원을 마련하기 위해서였으며, 이것을 후원한 것이 미국 CIA와 프랑스였다고 한다. 그것은 각기 인도지나반도에 공산주의가 만연하는 것을 두려워하였기 때문이라 한다.

그 뒤 미국과 북경과의 적대관계가 해빙되고 대만의 국민당 정부도 노골적으로 이를 후원할 수 없어 지금은 국민당 군대의 주역은 사라지고 대신 미얀마 공산당과 그 지방의 소수민족들이 독립자금을 장만하기 위한 재배활동으로 변화하고 있다고 한다. 아무튼 지금은 사회주의를 포기하고 자유민주국가로 전환하려고 몸부림치고 있는 와중(渦中)에서 기회만 있으면 분란을 조성하려고 노리는 국내외의 세력들을 어떻게 견제하고 설득하면서 자국의 명실상부한 독립을 달성할 것인가가 미얀마 식자(識者)들의 심각한 고민일 것으로 보인다.

만일 우리라면 이런 경우(현재도 유사한 점이 없지 않지만) 어떻게 할 것인가를 생각함에 문득 상도(想到)할 때 모처럼 서울로부터의 해방을 위하여 이 나라에 날아와서 산야에 만발한 ' 부겐베리아' 의 황홀한 꽃들과 사탑들의 천상적(天上的)인 환상에 도취해 있는 것을 발견한 것은 조조(早朝)의 김포공항에서였다.

《多寶》, 1995 봄호(제13호)

정 재 각

캄보디아의 비애…, 홍콩의 불안…

(1) 가장 흥미 있는 민족전시장 캄보디아

캄보디아는 북위 10도에서 15도에 걸쳐 있으며 대략 남한의 2배 정도의 면적에 6분의 1 정도의 인구를 가진 나라다. 인구의 85%는 크메르민족이고 그 밖에 화교, 베트남족, 타이족, 참족, 푸논족, 보족, 구이족 등 소수민족으로 구성되어 있다. 캄보디아뿐 아니라 동남아시아 전역에 걸쳐서 민족국가를 형성하고 있는 미얀마(버마), 태국, 베트남, 라오스, 말레이시아, 인도네시아 등에서도 비록 그 대표적 다수민족인 버마, 타이, 베트남, 라오스, 크메르(자칭 크마에, 또는 캄푸챠), 말레이시아, 인도네시아도 동일민족 등의 명칭으로 국호를 부른다.

그러나 각종 민족국가 내부에는 다수의 또 다른 소수민족을 내포하고 있어 비록 그들이 통틀어 몽골로이드에 속하기는 하나 그 민족과 문화의 다양성으로 보면 세계에서 가장 흥미있는 민족 전시장이다. 이런 관계로 동남아시아는 오늘날 세계 민족학자, 문화인류학자들의 연구대상의 보고(寶庫)가 되어 있기도 하다.

아무튼 3월의 화신(花信)을 아직도 접하지 못했던 서울을 떠나 홍콩(香港)에서의 환승시간을 합쳐서 5시간 만에 프놈펜에 도착했다. 나뭇잎들은 적도(赤道)의 태양에 시달려서 무기력하게 늘어져 있었고 거리에는 흑갈색의 메마른 체구들이 거닐고 있었다. 다 같은 몽골로이드 인종에 속하면서도 태양은 이다지도 피부색을 바꾸어 놓는 것일까! 새삼 놀라움을 실감해 본다. 이 나라가 1945년까지 약 1세기 간 프랑스의 지배를 받아서인가 거리는 비교적 깨끗하고 호텔도 청결하였으며 2시간의 시차가 있는데도 프놈펜에서의 수면에는 조금도 지장이 없었다. 화색(花色)에 굶주렸던 시각을 부겐베리아의 도전적(挑戰的)인 색깔들이 황홀케 했고 소음과 오염에 곤두섰던 신경(神經)을 청정하고 포근한 공기가 부드럽게 어루만져 주었다. 이튿날 아침 캄보디아 왕국 항공기로 북쪽으로 날아 약 1시간 뒤 주목적지인 샤무리 앞에 도착, 2박의 일정으로 캄보디아 중세 문화관광에 들어갔다.

(2) 앙코르 수백 유적의 경이로운 장관(壯觀)

캄보디아의 건기(乾期)는 11월부터 다음해 4월까지 약 6개월간이나 이 사이에도 비교적 견디기 쉬운 기간은 11월부터 1월까지의 3개월이며, 우리 일행이 움직인 3월말 일정은 몹시 무더운 계절이어서 한낮에는 40도에 달하는 폭염으로 현지인조차도 보행을 꺼리는 형편이었다. 한낮 약 2시간 동안 호텔에서 휴식을 취했다 하더라도 정상적인 사고 작용이 이따금 둔화되는 것을 느껴야만 했다. 이곳이 비록 북위 15도에 가까운 지점이라 하더라도 이때쯤이면 태양이 바로 이곳 정상에서 이글거리고 있기 때문이다.

캄보디아의 역사와 문화의 근대적 연구는 당연히 1945년 전후까지 약 1백년 가까이 이 나라를 지배했던 제국주의 프랑스 학자들의 몫이지만 역사적으로 더욱 오래된 것은 중국의 기록이다.

캄보디아의 기원은 매우 불분명하다. 고고학적 소견으로는 신석기 유적만이 나타나며 건국신화 상으로는 미얀마의 경우에서와 같이 인도와의 연관을 강하게 풍긴다. 중국 기록인 한서(漢書)에는 부남국(扶南國)으로 처음 등장한다. 부남군(扶南郡)의 부남은 현대 캄보디아어인 부남, 즉 산의 고어로서 산의 왕국을 의미한다. 즉 캄보디아의 동북부에 1,000미터를 넘는 산들이 기복(起伏)하고 있는 데서 유래한 것이라고도 한다. 이 부남국은 6세기경에 그 속국(屬國)의 하나였던 진랍국(眞臘國)에 의하여 대체(代替)되어 당(唐)과도 교류가 있었으며, 그 뒤 일시 인도네시아의 지배를 받기도 하였으나 9세기 초에는 다시 중흥하여 12세기까지 영토적(領土的)으로나 문화적(文化的)으로나 전성시대를 이룬다. 이 왕조는 캄보디아의 중앙 평야 내에 위치한 거대한 호수인 대호(大湖)의 북변(北邊)에 앙코르의 유적군(遺跡群)들을 건조(建造)한다. 이들 석조건축물들은 앙코르 와트, 앙코르 톰 등을 대표로 하는 대규모의 것만도 50여 곳을 넘으며 기타 분산되어 있는 소규모의 것을 합치면 수백 곳이 넘는다고 한다. 이들은 주로 신전(神殿), 사원, 승원(僧院) 등 종교적 석조물뿐이며 왕궁이나 귀족의 주택 등의 찬란했다는 목조건물은 오늘날에는 남아 있지 않다. 이 유적군이 분포한 샤무리에는 태국(泰國)과의 사이에 영유권 분쟁이 잦았으며 그럴 때마다 소속이 바뀌는 비운의 장소이다. 때문에 황폐해서 삼림 속에 방치되었던 것이 16세기에 이곳을 방문한 포르투갈 선교사에 의하여 처음으로 서방세계에 소개되었다고 하나 본격적으로 소개된 것은 1860년 프랑스의 박물학자(博物學者) 앙리 무오에 의해서였다고 한다.

이후 학술적 조사가 계속해서 이루어지면서 1992년 세계문화재로 지정되고 현재도 유네스코의 지시 하에 복원작업이 진행 중에 있는 것이다. 물론 중국에는 이보다 먼저 1295년 원(元)의 쿠빌라이의 사신(使臣)을 수행했던 주달관(周達觀)이 남긴 《진랍풍토기(眞臘風土記)》에 의해서 이미 캄보디아 왕조의 성황과 앙코르 유적의 경이적인 장관(壯觀)이 소개된 바 있다. 앙코르라는 명사(名詞)는 산스크리트어에서 유래한 것이며 도시국가를 의미한다고 한다. 캄보디아인들은 앙코르 톰을 대 앙코르, 그 남쪽에 위치한 앙코르 와트를 소 앙코르라고 호칭한다. 이 대 앙코르의 중심부에 바이욘사원(寺院)이 높다랗게 축조(築造)되어 있고 도처에 관세음(觀世音) 보살상이 부조(浮彫)되어 있으며 특히 성문(城門) 상부에 있는 것은 안면(顏面)의 길이가 3m에 이른다고 한다. 앙코르의 유적들은 이 근방에서는 생산되지 않는 사암(沙岩) 강토석(江土石) 등을 접착제 없이 쌓아올렸는데 천년이 흘러도 간극(間隙)을 보이지 않고 있으니 그 경이적인 기술이 그저 놀라울 뿐이다. 원색(原色)은 청, 담황, 적색, 흑갈색을 띠고 있었다고 한다. 가히 황홀한 미관이었으리라고 본다.

캄보디아의 종교는 처음에는 소승불교, 중기에는 인도교와 대승불교, 현재는 다시 소승불교로 변천되었다고 하며 이 앙코르의 석조물들이 건조된 중세에는 각 왕의 신앙에 따라 인도교와 불교(대승불교)가 혼신(混信)되었으므로 따라서 그 조각에는 라마야나, 마하바라다 등과 불교의 설화가 부각되어 있으며 그 밖에 캄보디아가 겪은 전쟁이나 풍속도(風俗圖)도 약간씩 섞여 있어 역사적 기록의 소임도 하고 있다. 광대한 면적에 걸쳐 산재하는 엄청난 수의 건조물과 거기에 공간의 여백이 없도록 꽉 들어차 있는 무수(無數)한 정교하고 세밀한 조각물들, 그러면서도 전체적인 구도에 완벽한 조화와 통일성을 교시하고 있는 천재적인 예술적 감각을 가진 크메르민족이란 도대체 어떠한 민족인가. 중세 세계의 어느 곳에서 과연 이와 비교할 만한 걸작이 있을까! 현금(現今)에 살고 있는 빈약한 생활상(生活相)의 저 캄보디아인들과 과연 동일한 민족이었을까? 하는 물음이 불현듯 떠올랐다. 이때 문득 일제 말엽 덕수궁박물관에서 고려자기의 높은 예술성에 감탄하면서 그 창작자(創作者)가 서울의 길거리를 흘러가는 머리를 짧게 깎은 국방복의 남자들이나 몸뻬 차림의 볼품없는 여자들과 과연 동일한 민족인가를 의심하는 순간이 있었다는 외국인의 술회(述懷)를 떠올려 본다. 동일한 혈통을 가진 민족을 어느 때는 저렇게 승화시켰다가 또 어느 때는 이렇게도 나락(奈落)에 가까울 만치 떨어뜨리는 역사적 모멘텀은 과연 무엇일까? 한국인 관광자로서 경탄하는 심경의 한구석에 한국의 불상처럼 그 표정에 부처님의 정신을 표현하려는 심혼적(心魂的)인 노력이 보이지 않는다는 아쉬움이 지나갔지만 이것은 아마도 조각대상물의 질과 양의 어느 쪽에 치중하는가의 차이에서 기인하는지도 모른다.

샤무리에서의 남은 시간은 안내자의 권유에 따라 예정에도 없던 대호(大湖)의 선유(船遊)에 돌렸다. 캄보디아어로 톤레삽이라고 하는 거대한 호수는 전술한 바와 같이 국토 중앙평야에서 서편 쪽에 위치해 있으며 메콩강과 연결되어 5월부터 10월까지의 우기(雨期)에 홍수조절 역할을 할 뿐 아니라 다량의 담수어(淡水魚)를 생산하여 캄보디아인들의 식탁을 꾸미는 데 중요한 몫을 담당한다고 하며 선상주거(船上住居)에는 모두 채소재배시설과 함께 어조(漁槽)까지 갖추고 있는 것도 이색적이었다.

(3) '킬링필드'의 끔찍한 살육과 매장의 현장

캄보디아에서의 마지막 일정을 다시 프놈펜에서 마감하기로 하고 남쪽으로 돌아왔다. 프놈펜 시는 인구 약 60여 만, 화교 등이 모여 사는 시장을 제외하고는 대체로 깨끗한 도시다. 시내 중심부에 조그마한 산이 있고 그 위에 사원과 장이 있다고 하여 프놈펜의 호칭은 이로부터 유래한다고 한다.

프놈이라는 것은 산을 의미하며 펜이라는 것은 중세에 이 지방에 살던 어느 호족(豪族) 부인의 이름이라고 한다. 이 펜이라는 부인이 어느 날 하천에 떠내려 오는 불상을 발견하고 이를 정중히 건져 산상(山上)에 절을 지어 모셨다는 전설에서 이 산을 펜부인의 산, 즉 프놈펜이라는 명칭이 유래하였다는 것이다.

프놈펜의 남동부에 왕궁과 왕궁박물관, 캄보디아의 전성기를 이룩한 자야바르만 7세 박물관, 무용전(舞踊殿), 성검전(聖劍殿) 등이 위치하고 있는데 모두 건조(建造)연대가 오래지 않아 고색창연이라는 역사의 무게는 느끼지 못했다. 왕궁을 제외한 일부만 관람하였으나, 모두 태국 미얀마 궁전 일반에서 보듯이 금색 찬란한 지붕과 주색(朱色) 기둥을 가진 화려하고 경쾌한 느낌이었으나 동북아 고대궁전이 풍기는 위엄(威嚴)과 장중감을 주지는 않았다. 박물관의 진열품도 부남시대(扶南時代), 앙코르시대의 조각물들 외에는 대체로 역대 왕들이 사용 또는 소장했던 중금속 또는 보석 등의 사치품이 압도적이어서 그 호사와 영화를 놀라게 한다. 그러나 거기에는 왕실의 물질적 현란과 그 과시는 표현되어 있지만 캄보디아 민족의 높은 정신세계가 엿보이지 않는 것은 아마도 필자의 천학(淺學)탓일 런지 모르겠다.

오후에는 최근 내전 중 크메르 루주라고 호칭되는 캄보디아 적군파에 의하여 국민의 1/3 이 살육된 끔찍한 현장을 살펴보게 되었다. 이른바 반동분자로 분류되어 처형 직전에 수천 명씩 가두어 놓았다는 중학교건물 담장에는 이중 삼중으로 철조망이 쳐져 있었고 감옥의 벽에는 핏자국이 낭자하게 스며있었다.

남녀노소 내·외국인 등 신원이 확인된 것 만이겠지만, 수감자의 사진들도 걸려 있었고 끝까지 탈출을 거부하고 순교한 프랑스 신부의 고고한 기상이 새삼 감동의 전율을 느끼게 한다. 이 음산한 분위기에서 탈출을 원하며 곧 시외로 달렸지만 일행을 태운 왜건은 곧 킬링필드라고 이름 지은 살육과 매장의 현장으로 몰아넣고 만다. 높다랗게 지어진 위령장(慰靈場) 유리 전시장 안에는 무수한 해골들이 쌓여 있었고 그 근처에는 수많은 발굴 웅덩

이가 생생한 모습채로 드러나 있었으며 아직도 예산 부족으로 더욱 많은 시체덩어리들이 땅 밑에 엉클어진 채 방치되어 있다고 한다. 위령장 앞에는 사람의 기름때 묻은 나무가 서 있었다. 적군병사들이 이 비극의 현장에서 무심히 젖꼭지를 물고 있는 어린 것들을 떼어서 두 발목을 잡은 채 그 동체를 나무둥지에 후려쳐서 머리를 때려 죽였다는 것을 현지안내자들은 실감나게 흉내 냈다. 얼굴도 언어도 같은 민족이면서……라는 그녀의 푸념에는 벌써 눈물은 증발되고, 이상하게 남은 현실만을 담담하게 설명하는 안내자로서의 책임 의식만이 돋보인다.

이 엄청난 충격의 의미를 우리의 지성은 도대체 어떻게 정리해야 할 것인가. 피는 물보다 진하다는 누군가의 방언(放言)은 여기서는 완전히 무의미하다. 이데올로기라는 괴물이 모든 휴머니티를 완전히 마비시킨 현장인 것이다. 그것은 독일인의 아우슈비츠의 전율을 연상시키는 또 하나의 지옥임에 틀림없다. 오전에 왕궁에서 느꼈던 황홀한 미의 세계와 극도로 추악한 이곳에서의 공포의 장면 연출이 모두 같은 민족이었다면, 그것은 벌써 왕궁적인 부의 집중이 곧 킬링필드(killing field)의 폭발(爆發)의 원인이라는, 예의 도식적인 모순 이론만 가지고 짜 맞추기에는 너무나 허술하다. 세계사에는 그러한 경제적인 모순이론만으로 통일할 수 없는 다양한 인생의 아이러니가 얼마든지 있으며 그러한 자신들의 치부를 거리낌 없이 관광재원으로 삼고 있는 인간의 심리도 그냥 지나칠 수 없는 미묘한 구석이다.

도대체 인간이란 무엇인가? 인간의 다중적(多重的)인 심성의 심연을 느끼면서 다시 한 번 불교를 생각해 본다. 프놈펜에서의 마지막 저녁은 너무나 조용했고, 강풍(江風)은 맑아서 잠시 더위를 씻어 주었다. 그러나 저녁노을에서 이국적 감상에 젖기에는 너무나 무거운 상념에 사로잡혀 있는 자신을 발견할 수 있었다.

(4) 홍콩…, 그 동·서양의 문물에 용해되지 않은 혼합

캄보디아를 뒤로하고 동북쪽으로 날아서 카이텍 비행장에 도착한 것은 이튿날 오전이다. 그러나 2시간의 비행 거리는 계절을 여름에서 봄으로 역류시켰고 홍콩의 춘광(春光)은 아직도 무르익지 않은 것이었다.

1958년 처음 방문한 이래 수차 지나간 일은 있었지만 그럴 때마다 홍콩의 건물들은 밀집하고 더욱 층수도 높아졌다. 처음에는 300만 인구를 걱정하더니 지금은 600만이 넘는다고 한다. 관광객을 유인하는 팸플릿에는 '동양의 진주'라는 자랑이 실렸고 빅토리아산 위에서 내려다본 야경의 찬란함은 빈약한 서울시가의 스카이라인만 보아오던 눈에는 그런 표현이 조금도 과장되지 않게 느껴졌다. 그러나 그러한 시각적인 놀라움의 반면에는 또한 일종 형용할 수 없는 삭막함이 스며드는 것도 어찌할 수 없었다. 생각하면 홍콩은 아편전쟁의 결과 영국의 물리적 힘에 의하여 만들어진 기형적 산물이다. 외형은 서양식 고층빌딩의 숲으로 우거져 있었고 주민의 압도적 다수는 약간의 비속한 영어를 통용할 줄 아는 중국인이었다. 서양식 문물과 동양적 중국적 사고가 충분히 융해되지 않은 채 혼합되어 있는 기묘한 양상이 곧 세계관광객의 흥미를 끄는 점이기도 했다.

거대한 지붕을 이고 널찍한 땅을 밟고 횡적으로 펴져 있는 동양식 건물, 그것에 어울리는 주인공은 또한 느긋하고 완만하고 여유 있는 언동이 몸에 배어있는 모습이다. 그는 항상 그의 가옥(家屋)처럼 요지부동이다. 만일 이러한 모습들을 홍콩의 주민들에게 기대한다면 곧 실망에 직면할 것이다. 서양 근대건축은 벌써 지면에 연연하지 않는다. 그것의 관심은 항상 허공을 치솟고 있으며 높이를 경쟁하는 이상 그것의 꿈은 비상에 있고, 될 수만 있다면 대지와의 연결을 끊고 우주의 주거물이 되기를 원 할런지 모른다. 이 빌딩들의 주민들은 모두 상공인(商工人)들 또는 그에 관련되어 생계를 유지하는 인종들이며 그들의 건물이 바람이나, 물, 불, 기타 공중에서 생활을 무사히 유지하기 위한 최신의 기기장치(機器裝置)들의 이상(異狀) 유무에 항상 신경을 써야 하는 것처럼 그들도 또한 생계를 꾸려나가기 위해서는 물건을 만들고 팔고 사고 선전하는 데 온갖 기교를 부려야 한다. 시간은 곧 돈이다. 1분이라도 더 빨리 1전(錢)이라도 '더 많이'에 그들의 생리가 맞추어져야 한다. 다람쥐처럼 민첩하고 변화에 대하여 극도로 민감한 시각과 청각과 촉각을 가져야만 그들은 살아남을 수 있는 것이다. 그러한 그들에게서 자신만만하고 태연자약한 만만디의 대지의 아들의 안정감을 바라는 것은 필경 무리라는 것이다. 이번에 본 홍콩은 빌딩 높이가 더욱 솟아 오른 반면에 야간 조명은 약간 어두웠고 그것은 97년의 중국 반환을 앞둔 홍콩인들의 불안을 반영하는 듯했다.

출발하는 날 아침의 짙은 안개는 더욱 이 '동양의 진주'의 장래를 오리무중(五里霧中)으로 몰아넣었다.

돌이켜 캄보디아를 생각하면 그들은 아직도 압도적으로 대지(大地)에 의존하는 국민이다. 그러나 그들이 개발이라는 이름아래 장차 프놈펜에 고층빌딩이 들어서게 되면 저 순박한 표정들을 그대로 유지할 수 있을 것인가? 현재 노로돔 시아누크 왕이 이끄는 중립적인 외교정책과 왕제사회주의(王制社會主義)라는 시험적인 제도가 캄보디아에 장차 어떠한 모습을 가져올 것인가?

세계사의 요동치는 파도 속에 이 나라가 꿋꿋이 버티어 주기를 앙코르의 장관을 위해서도 기도하고 싶다.

이글은 1996년 3월 25일부터 30일까지 5박 6일 동안 대한불교진흥원 불교문화센터에서 마련한 캄보디아 불교순례에 참가한 필자의 기행문이다.

《多寶》, 1996 여름호(제18호)

정 재 각

제3부
추모의 글

남사선생 회상기

"내가 스타가 된 것 같군" 하시던 농담이 마지막…

　남사(藍史) 정재각 선생님을 처음 만나 뵌 것은 6·25 전쟁 중이던 1952년 대구에서였다. 그 해에 고려대학교 사학과에 입학해서 선생님을 만나 뵙게 되었는데, 당시 고려대학교는 대구로 피란을 가서 원대동(院坮洞)에 가교사를 마련해 있었다. 너무 오래된 일이라 선생님에 대한 첫인상은 그다지 분명하지 않지만 그때 39세이던 선생님은, 그때뿐 아니라 평생을 두고 그랬지만 무뚝뚝하고 말수가 대단히 적은 전형적인 경상도 선비타입이었다.

　선생님은 중국 고대사 전공이셨고 나는 한국 근대사 전공이라 직접 지도교수로 모실 수는 없었지만, 선생님의 〈25사〉(二十五史) 〈식화지〉(食貨志) 강독에서는 사료해석의 진수를 배울 수 있었고, 비트포겔의 '아시아 전제주의' 강독은 역사를 보는 눈을 넓히는데 크게 도움 되었다. 〈식화지〉 강독시간에 준비해 온 학생이 없으면 강의를 안 하시고 그냥 나가시는 경우가 있어서 학생들이 전전긍긍했다. 내가 선생이 된 후 그 같은 권학법을 써보려 했으나 잘 되지 않았다.

　나는 운 좋게도 고려대학교 사학과 졸업생으로는 처음으로 모교의 전임교원이 되었는데, 모두 나의 선생님인 현직교수님들이 신임 제자교수의 환영회를 열어주는 자리에서 나를 빼고는 최연소 교수이던 김준엽 선생님이 권하는 술을 모두 받아 마시고 잔뜩 취해서 거의 인사불성이 되어버렸다. 어떤 실수를 했는지 기억조차 전혀 할 수 없었다.

다음날 정재각 선생님이 부르셔서 갔더니 본래 말수가 적은 분이라 두말하시지 않고 "우리가 사람 잘못 선택한 것 같아" 하시는 것이었다. 정말 쥐구멍에라도 들어가고 싶은 심정이었다. 고대 교수로 30여 년 근무하고 정년이 될 무렵에야 안 일이지만, 내가 졸업생 중 최초로 모교의 전임이 된 데는 정 선생님의 도움이 컸던 것 같은데, 초임에 그런 꼴을 보여드렸으니 얼마나 실망하셨을까. 지금 생각해도 모골이 송연해진다.

정재각 선생님은 사학과 교수 중에서도 김학엽(金學燁) 선생님과 특별히 친하셨다. 두 분이 자주 함께 당시로서는 꽤 '저속'하다고 일컬어지던 국산영화를 즐기시는 일은 교내의 공공연한 비밀이었다. 그 무렵은 구제 박사학위제도가 없어지고 신제 박사학위제도로 넘어가는 과정이었고, 신제 박사의 지도요건을 갖추기 위해 기성 교수들에게 가능하면 구제 학위를 받도록 했다. 그러나 어학시험은 말할 것 없고 학위심사도 대단히 엄격했다.

정재각 선생님이 대학원장이실 때 김학엽 선생님이 박사학위를 취득하기 위해 독일어를 제2외국어로 택하고 시험을 치셨다. 출제자는 사학과 출신으로 김학엽 선생님에게 독일어 강독을 수강했던 제자이면서 전공을 바꾸어 독문학과 교수가 된 허발 교수였다. 신식 출제방법으로 낸 독일어 시험에서 김학엽 선생님이 낙방하셨고, 사후에 알고 놀란 허발 교수가 대학원장 정재각 선생님을 찾아가서 채점을 다시 하겠다고 사정을 했다.

그러나 정 선생님은 채점 다시 하겠다는 허 교수를 야단치고 들어주지 않으셨다. 김학엽 선생님의 박사학위 취득은 늦어질 수밖에 없었고, 두 분 사이는 자연 서먹해지게 되었다. 두 분 사이가 멀어지는 것이 안타까워서 여러모로 화해하시게 노력했으나 잘 되지 않았다.

내가 정 선생님께 "그렇게 친하시던 두 분 사이가 서먹서먹하게 되셨는데, 거의 유일하던 친구를 잃고 외로워서 어찌 하시렵니까." 했더니 예의 무뚝뚝한 말솜씨로 "사람은 본래 외로운 존재야" 하셨다.

전두환 군사독재정권이 들어서는 과정에서 나는 이른바 해직교수가 되었고, 정년 후의 정 선생님은 동국대학 총장을 거쳐 정신문화연구원장이 되셨다. 어느 날 실업자가 된 나를 부르시기에 갔더니 연구비를 마련해 놓았으니 받아서 생활에 도움이 되게 하라는 말씀이었다. 그 생래의 무뚝뚝함 속에 숨어 있는 자상함을 또 한 번 느끼고 감사하지 않을 수 없었으나 거절할 수밖에 없었다.

대단히 죄송한 일이지만, 선생님은 어려운 처지에 있는 제자를 위해 특별한 배려를 할 수 있고, 그것이 받아들일 수 없는 것일 때 제자는 서슴없이 거절할 수 있음으로써 오히려 진정한 사제관계 및 인간관계가 성립될 수 있는 것이라 자위했다.

군사정권 아래서 정신문화연구원장 하신 일이 마음에 걸리셨던지 언젠가 무슨 말 끝에 "나야 권력과 타협한 허물이 있지 않은가." 하신 말을 들은 기억이 남아 있다.

정 선생님을 50년 동안이나 곁에서 지켜보아 오면서 나름대로 생각해 보면, 선생님은 만년의 몇 년을 빼고는 가정적으로 좀 '불행한' 분이었다는 생각이다. 지방의 이름 있는 반가(班家)에서 태어나 집안사정에 따라 어릴 때 연상의 사모님과 조혼하셨는데, 당시 조혼한 지식인들 중에는 초혼 부인을 버리고 이른바 신식여성과 재혼하는 사람들이 많았지만, 선생님은 그렇게 할 수 없는 분이었다고 할 수 있다. 그래서 평생 병약하셨던 사모님이 돌아가실 때까지 해로하셨다. 언젠가 한번 가정문제가 잠깐 화제가 되었을 때 "운명이니까" 하고 체념하시는 말을 들은 기억이 있다. 아마 평생 그렇게 생각하고 사신 것이 아닌가 한다.

선생님이 동국대학교 총장으로 계실 때의 어느 날이다. 무슨 일 때문에 성북동 댁에 갔다가 선생님 내외분과 총장 차를 함께 타고 나오게 되었다. 총장 부부동반 연회에 참석하기 위해 사모님과 함께 가시는 길이었는데, 아마 조금 불안하신 것 같았다. 사모님께 "연회에 가서 될 수 있으면 말을 많이 하지 말고, 잘 모르는 말이 나오면 그저 웃고만 있으면 된다."고 말씀하셨다. 일제시대 조선 유일의 최고학부였던 경성제국대학 출신으로 대학 총장이 되었으면서도 '구식' 부인과 해로하시는 선생님의 고충 같은 것을 느낄 수 있었다.

다른 곳에서도 몇 번 말했지만, 선생님은 내가 만나본 사람 중에서는, 이런 말이 있는지 모르지만 '자기통제력'이 가장 높은 분이었다고 생각한다. 그런 사람이면 대체로 깊은 정이 그다지 느껴지지 않게 마련인데, 그렇지 않은 점이 또한 정 선생님의 특징이 아니었던가 한다. 선생님이 모든 공직에서 은퇴하신 후 친구 두엇과 함께 선생님을 모시고 여행을 몇 번 했다. 당신의 여비를 우리가 부담하는 것이 마음에 걸려서 돌아올 때는 반드시 작은 물건이라도 사서 나누어주시는 그런 분이었다.

선생님과의 마지막 여행은 돌아가시기 3개월 전에 했던 전라도 지방의 거문도와 백도 여행이었다. 전에 없이 노쇠해 보여서 안타까워하면서도 다음 여행은 선생님이 못 가보셨 다는 홍도로 가기로 정했었으나, 결국 홍도여행은 못하시고 돌아가셨다. 입원하셨다는 소 식을 듣고 병원으로 달려갔더니 마침 휠체어를 타고 여러 사람의 전송을 받으면서 퇴원하 시는 길이었는데, "내가 스타가 된 것 같군." 하고 농담하신 것이 마지막 들은 선생님의 음 성이 아니었던가 한다. 위독하시다는 연락을 받고 다시 갔을 때는 이미 말문을 닫은 후였 다. 몇 년 전부터 암을 앓으셨는데도 전혀 내색하지 않으셨던 것이다.

정 선생님은 즉석연설 잘하시기로 이름났고, 문장 역시 간결하면서도 명문이었다. 환갑 을 맞으셨을 때 신근재(慎根縡) 형과 함께 문집을 만들어 드렸던 기억이 난다. 평소 가깝게 지내시던 이홍직(李弘稙) 선생님이 돌아가셨을 때 정 선생님이 쓰신 추도문을 읽고 "선생 님은 그런 명추도문을 받으실 수 없을 것 같으니 손해십니다" 했더니 추도문 운운이 듣기 싫으셨는지 "안죽으면 될 것 아닌가" 하셨다.

결국 선생님의 추도문을 글 짧은 내가 쓰게 되었으니 죄송한 마음 금하 길 없다. 저승 가 시는 길에 들으시고 "겨우 그 정도냐" 하시면서도 흔쾌히 받지 않았을까 생각하면서, 선생 님의 명복을 다시 빌어마지 않는다.

강 만 길(姜萬吉)

(전)상지대 총장 / (전)고려대학교 교수

남사 정재각 박사 기념호를 내면서

이번『일본학』제20집은 본 일본학연구소의 설립자인 남사 정재각 박사 기념호로 꾸미기로 하였다.

지난 2000년 9월 17일 오전 2시 45분 정재각 박사께서 미수의 나이로 입적하시었다. 일찍이 선생님께서는 동국대학교 총장으로 재임 중에는 탁월한 행정력을 발휘하였고, 고려대, 숙명여대, 한국정신문화연구원 등에서 젊은 후학을 육성하면서 정직과 정의, 그리고 전통적인 선비의 기개와 청렴을 몸소 보여준 분으로서 우리들에게는 좋은 귀감이었다. 선생의 많은 업적 중에서 무엇보다도 본연구소를 설립하여 후학들에게 지적호기심을 자극할 수 있는 자리를 마련해준데 대해서는 한결같이 감사하지 않을 수 없다.

동국대학교 일본학연구소는 1979년 봄 어려운 여건 아래 설립준비위원회가 구성되고 우여곡절을 겪으면서 비로소 1980년 개소하기에 이르렀다. 초기창립시에는 개척자적 어려움이 따랐던 것은 다시 말할 것도 없다. 우선 일본학연구소에 대한 시기상조론과 생소한 학문영역에 대한 대내외적인 저항, 그리고 국민의 정서상 제기되는 반발에 부딪혀 학계와 사회를 상대로 하여 힘든 설득을 해야만 했다. 그 어려운 작업의 한복판에 선생께서는 진두지휘하시었다. 한일간의 건설적인 미래를 열어 가기 위해서는 이제 일본학연구가 체계적으로 이루어져야만하고 이를 바탕으로 일본에 대응해 나가지 않으면 안 된다는 것이 선생의 지론이었다. 그래서 직접 본연구소 설립준비위원장을 맡으면서 선생의 단호한 신념에 입각하여 마침내 국내에서 최초로 본격적인 일본학연구소가 탄생하기에 이른 것이다.

20여 년의 세월이 흐른 지금, 본 연구소는 33회에 걸친 국제 심포지엄과 이번으로 제 20집에 이르는 기관지 『일본학』의 발간, 수많은 학술답사, 일본학총서의 발간, 5000여권의 소장도서의 확보라는 오늘이 있기에 이른 것이다.

지금 세계는 세계화의 추세로 나날이 재편되고 있다. 21세기는 정보문화의 시대라고 일컬어질 만큼 국가 간의 정보와 문화 교류는 그 어느 때보다도 활발해지고 있다. 일찍이 사반나세기 전에 이러한 국가 간의 교류의 중요성에 착안한 선견지명으로 연구소의 설립을 서둘렀으며 진정한 조국과 민족을 위하는 길이 무엇인지를 실천으로 우리들에게 보여주었다.

언제나 앞을 내다보시는 선생께서 이제 우리의 곁을 떠나시다니 안타까운 마음 금할 길이 없다. 우리들은 성생의 고귀한 정신이 살아 숨 쉬는 이곳 일본학연구소에서 더한층 연구열을 불태울 것을 다시 한 번 다짐한다. 여기서 조촐하게 저희 후학들이 글을 모아 선생의 기념호를 꾸며 영전에 바치고자 한다.

끝으로 본 기념호의 편집감수에 끝까지 노고를 아끼지 않았던 신근재 고문에게 감사의 뜻을 표한다.

공 노 명(孔魯明) • 일본학연구소 소장

소신에 찬 전형적 학자상

남사 정재각(鄭在覺) 선생은 중학과 대학의 10년 선배이시다. 분야가 다른 까닭에 직접 뵙게 되는 기회가 드물기는 했지만 뵈올 때마다 그야말로 학자 중의 학자라는 모습을 느끼게 되었다. 선생이 불세출의 동양사학자로 숭앙받으시고 있는 사실은 주지되어 있는 일이다. 이 분야에 별로 지식이 없는 필자이지만 남사선생의 명성은 익히 듣고 있었다.

선생은 1982년 1월에 동국대학교 총장 임기를 마치시기 전에 한국정신문화연구원장에 취임하셨다. 당시 필자는 서울대 총장이었다. 그즈음 국회 문공위에서는 위원회가 시작될 때 학술원 회장, 한국정신문화연구원 원장, 서울대총장을 참석케 하고 문교부장관이 소개하는 것을 상례로 하고 있었다. 소개가 끝나면 곧 직장으로 돌아가도 좋다고 했다. 질문을 받거나 발언 기회가 있는 것은 아니었으니 의례적이었다고 생각된다.

어쨌든 이 기회에 선생을 뵙고 이런저런 말씀을 들을 수 있었던 것은 다행한 일이었다고 회상된다. 선생의 아집과 치밀성은 유명했는데 이런 기회에 선생의 특성을 피상적으로 나마 살피게 된 것이 그리워지기도 한다. 선생의 아집과 치밀성은 성품에서나 학문에서나 잘 나타났다. 필자는 수년전에 사단법인 '공동체사회포럼'에서 개최한 조찬 모임에서 선생의 강연을 들은 일이 있다. 동양사 전문가로서 독보적인 존재이신 선생의 박학에 큰 감명을 받았다. 이 경지에 도달하는 데는 선생의 철학적 아집과 치밀성이 절대적 요인으로 작용했으리라고 믿는다.

선생은 1947년에서 1978년까지 고려대학교 교수로 계시는 동안 학생처장 · 교무처장 · 도서관장 · 문과대학장 · 대학원장 등 각종 요직을 두루 역임하셨는데 여기에도 야집과 치밀성이 십이분 반영되었다고 회자된다. 특히 교무처장시절에는 자연과학자가 따를 수 없을 정도로 치밀하고 꼼꼼하게 그 복잡한 교무행정을 과학적으로 수행하셨던 일은 요사이도 화제에 오르고 있다.

남사선생은 공과 사를 엄격하게 구별하는 것으로도 유명하다. 사는 사고 공은 공이라는 선생의 신조는 언제나 철저하며 한치의 양보도 없었다고들 한다. 필자는 선생을 기지(機智)있는 학자라고 믿고 있으며 우리들이 추구하는 전형적 학자상(學者像)을 선생에게서 보고 있다.

조용하면서도 소신에 차신 선생의 모습이 언제나 생생하게 떠오르는 것은 그만큼 선생의 존재가 필자에게는 감동적이었기 때문이다. 동양사와 의학을 학문상으로 연결시킬 수는 없지만 사람과 사람을 인간적으로 연결시키는 것은 충분히 가능한 일이다. 선생이 필자에게는 대단히 소중하고 존경스러운 스승이시다.

권 이 혁(權彛赫)

(전)서울대학교 총장 / (전)학술원 회장

사료(史料) 맹신주의 경계⋯ 실증(實證) 강조

한국 동양사학계의 선구자요, 교육행정의 달인으로만 알고 있던 선생님과 나는 동국대학교 경주캠퍼스 설립을 계기로 총장과 교수로서 인연을 맺게 되었다. 그리하여 우복(愚伏) 정경세(鄭經世)선생의 후예로서 진양(晋陽) 정씨라는 사실도 알게 되었고, 내 고향 구미(龜尾)와 인접한 상주(尙州)가 선생님의 고향이란 사실도 알게 되었다.

따라서 인근의 지역 출신이란 사실과 퇴계학(退溪學)을 이어 받은 서애(西厓) 유성룡(柳成龍)선생의 문하생을 선조로 모시고 있다는 사실(나의 12대조 의사공(義士公) 김치중(金致中) 선생도 서애선생의 문하생임.) 등으로 선생님에 대한 존경과 친밀감은 남달리 느껴왔다. 선생님도 경주캠퍼스에 오실 때마다 나에게 특별히 경주는 신라 천년의 고도(古都)로서 역사, 문화도시인 만큼 경주캠퍼스는 국사학과가 중심이 되어 발전해야 한다는 말씀을 늘 하셨다. 이러한 선생님이기에 작고하신지 해가 거듭될수록 선생님에 대한 추모의 정은 한층 간절하다. 선생님과 있었던 몇 가지 대화를 들어 추모의 글로 대신하고자 한다.

선생님은 총장으로 계실 때 사학과 교수모임에는 반드시 참여하셨다. 그 자리에서 선생님은 잡문은 함축성 있게 그리고 재미있게 잘 쓰시면서 전공에 대한 논문이 많지 않다는 이야기가 나왔다. 그 때 선생님은 무엇을 근거로 논문을 쓰느냐고 하시면서 사료를 어떻게 믿느냐는 말씀을 하셨다. 사료라는 것은 하늘의 구름잡는 것과도 같은 것이라고 하였다. 사료에 대한 결벽증이라 할 정도로 실증을 강조한 것이리라. 그러시면서 진실을 내 눈으로 똑똑히 본 것이 있다고 하셨다. 즉 6·25 후퇴 때 피란을 나오지 못하고 청파동 어느 친척집 다락방에 숨어 지내는데 낮에는 UN군 비행기의 폭격소리만이 요란하고 해질 무렵이 되면 인민군들이 효창운동장 쪽에서 한강으로 시체를 버리려 가는 들 것 행렬이 끝이 보이지 않았다고 하였다. 이 사실만은 진실 된 사료라는 것이었다. 사학을 하는 나에게 사료선택에 대한 많은 교훈을 주셨던 대화이다.

선생님이 모든 공직을 퇴임하신 후에 서울 캠퍼스에서 만나 저녁식사를 대접하기로 하였다. 단 둘이 학교 앞 호텔 엠버서더 한식부에 갔다. 식사를 마치고 다방에 올라와서 차 한잔하는 자리에서, 오늘 김 교수한테 저녁대접을 받았으니 나도 보답을 해야겠다 하시면서 오복의 하나로 꼽히는 치아의 건강에 대하여 말씀하셨다. 일찍이 인도에 갔을 때 한 노인을 만났는데 그 노인의 치아가 너무나 건강해서 그 비결을 물었더니, 매일 한 번씩 손가락에 소금을 묻혀 잇몸을 아래위로 문지르라고 하였다는 것이다. 그래서 선생님이 노령에도 치아가 매우 건강하셨던 것이다. 나도 이렇게 치아를 건강하게 유지하고 있는 것은 선생님의 덕이라 생각한다.

선생님은 여든의 노령에도 매우 건강하셨다. 그런데 어느 날 조재호(趙在浩) 의료원장으로부터 전갈이 왔다. 선생님이 경주병원(동국대 부속)에 오셨으니 점심을 같이 모시자는 것이었다. 곧 병원으로 달려갔더니 피부과에서 얼굴에 생긴 버짐수술을 받고 있는 것이 아닌가? 수술이 끝나자 선생님 미남이신데 무슨 버짐수술이냐고 했더니 손을 잡으며 수줍게 웃음을 지으면서 누구에게도 이 사실만은 말하지 말라고 부탁하셨다. 여기서 그만 그 사실을 공개하고 말았으니 선생님께 죄송할 따름이다.

선생님의 명복을 부처님께 기원합니다.

김 갑 주(金甲周)

동국대 명예교수 / (전)동국대 부총장

교육의 철학 · 이념 · 목적 고수한 원칙주의자

　정재각(鄭在覺) 선생님과 필자는 고려대학교에서 함께 교수생활을 하였지만 서로 전공이 다르고 연령차 때문에 친밀한 관계였다고는 할 수 없다. 그러나 같은 교수로서 또 교무위원으로서 함께 일하면서 필자가 보고 느꼈던 선생님의 면모를 살펴보고자 한다.

　첫째, 필자가 받은 가장 강한 인상은 선생님은 철저한 '원칙주의자'라는 사실이다. 교무회의에서 대학운영이나 학생처벌 문제가 나오면 고대가 갖고 있는 교육기관으로서의 철학 · 이념 · 목적 · 원칙 등을 항상 지키려는 자세를 보이셨다. 고대의 건학이념이나 교육목적에 위배되는 의사결정이나 정책 결정은 철저히 반대하는 자세를 보이셨던 것은 깊은 인상을 남겼다.

　둘째, 선생님께서는 자기 전공분야에 관한 학문적 연구자세가 단연 돋보이셨다. 교무위원직을 맡으시면서 학교행정에 많은 시간을 빼앗기면서도 연구 활동을 꾸준히 계속하셔서 많은 연구 업적을 남기신 것으로 알고 있다. 이러한 학자로서의 자세는 많은 후학들에게 좋은 귀감이 되고 있다. 학교 보직을 맡으면 많은 시간을 빼앗기게 되어 연구 활동을 소홀히 하기 쉬운데 선생님께서는 그렇지가 않으셨기에 학자로서의 자세와 학문적 열정은 매우 존경스러웠다.

　셋째, 선생님께서는 제자사랑이 남다르셨다. 현재 학계에서 활약하고 있는 유능한 학자들을 많이 길러내셨지만 우수한 제자가 등록금을 못 내서 고민하고 있었을 때 선생님께서는 그 제자를 도와주셨다는 얘기를 들은 적이 있다.

넷째, 선생님께서는 자기 자신에게는 매우 엄격한 분이셨던 것으로 필자는 알고 있다. 생활태도가 극히 검소하셨고 청렴결백한 생활태도는 일생을 청빈의 선비로서 살아가는 모습을 보여주셨다고 생각된다.

이제 선생님이 가신지도 시간이 많이 흘렀지만 선생님께서 남기신 여러 업적과 학자로서의 자세는 앞으로도 많은 후학들에게 본받아야 할 사표(師表)로 남게 될 것이다.

김 동 기(金東基)

학술원 회원 / 고려대학교 명예교수

'나도 별 수 없군' 자조하시던 정재각 선생님

내가 재학하던 1960년대 초반의 고려대 문리과 대학은 당시 한국 최고의 석학들이 모두 모여 있는 곳이었다. 사학과 정재각, 김성식교수, 국문학에 구자균교수, 한문학에 김춘동교수, 철학에 이종우, 박희성, 이상은, 인류학에 김정학교수, 교육학에 왕학수, 유인종교수, 심리학에 성백선교수, 사회학에 홍승직, 최재석 교수 등 모두 한국학계를 대표하는 분들이었다.

범접하기 힘든 분들로 여기고, 멀리서 뵈어도 무한한 존경심으로 옷깃을 여미고 걸음을 멈췄다. 5 · 16 직후 김종필씨가 고대 강당에서 강연을 한 적이 있었다. 그때 많은 학생들이 박수를 쳤다.

김성식교수는 서양사강의 시간에 이것을 호통쳐서 나무랐다. 이종우교수는 철학개론 시간에, 시대가 영웅을 만드는가, 영웅이 시대를 만드는가의 주제로 학생들을 열광케 했다. 박희성 교수는 30대 초반에 당시에는 매우 드물었던 미국 미시간대학 철학박사학위를 취득한 학자였다. 눈썹까지 흰 모습으로 명강의로 유명했다. 이상은교수와 자주 바둑을 두었는데, 유진오총장도 이따금 관전하곤 했다. 점잖은 교수님들을 웃기는 유머러스한 모습을 먼발치서 바둑을 관전하던 나에게도 보였다.

먼 발치서 관전만 하던 나도 박희성교수의 맞상대였던 이상은 교수와 하와이 동서문화센터에서 만나, 하와이 대학에서 공부하던 사학과 김정배군을 관전자로 하여 바둑을 여러 차례 두었다. 범접하기 어려웠던 원로교수와의 첫 사회적 만남이었다.

정재각교수와의 만남은 내가 동국대에 시간을 나가면서 당시 총장으로 계시던 때였다. 최규성교수가 그때 비서실장으로 있었는데, 내가 가면 총장 면담을 우선해서 해주었다.

어느 해 추석 전후해서였다.

나와 잘 아는 교수 한사람이 갈비 한 짝을 댁으로 가져왔는데 이것을 두고, 나를 기다리신 모양이다.

"김 처장이 가져온 갈비 어떻게 할까?"

"현찰이나, 고급선물이 아니고, 먹는 건이면 잡수셔도 됩니다. 마음 놓고 드세요."

또 이런 일도 있었다.

한국정신문화연구원원장으로 계실 때 국회 문공위원회 국정감사장에서 다리를 꼬고 앉았다고, 아들뻘도 안 되는 국회의원이 호통을 쳤던 일이 있다. 이 꼬장꼬장한 노학자도 별 수 없이 다리를 펴고 앉는 수모를 겪었다. 후에 나를 만나서 하시는 말씀,

"자리에 연연하는 걸 보면 나도 별 수 없는 가봐."

자조 섞인 탄식을 하시는 것이었다.

이렇게 만년을 보내시는 걸 옆에서 보는 나도 기분이 착잡했다.

박정희 정권의 정책에 대한 이론적 뒷받침을 하고자 설립됐던 이 기관의 장을 신망 높은 학자를 내세워, 이용만 당하신게 아닌가 하는 내 나름대로의 판단에서였다.

몇 정권을 거쳐 한국학연구기관으로 자리 잡게 된 이 기관에 제자인 김정배 교수가 이명박 정부들어서 지금 원장으로 부임하였으니, 스승의 못 다한 역할을 다하고자 다짐했을 것이다.

김 동 위(金東衛)

상명대학교 명예교수 / (전)상명대학교 사범대학장

고대사학과 72학번 여교수들의 영원한 스승

2000년 가을 학기에 연구교수로 중국 난징(南京)대학의 한 연구소에 머물면서 중원의 여러 유적들을 탐방하고 있었습니다. 9월 말 경에 베이징(北京) 근교의 방산(房山) 윈지시(雲居寺)에서 우연히 조영록(曹永祿)교수님과 해후하여 방산석경 보관소 앞에서 함께 사진을 찍고 헤어지려는데, 문득 조교수께서 선생님의 별세소식과 함께 이미 동국대학교장(葬)으로 장례가 치러졌다는 사실을 말해주었습니다. 물론 저가 그 자리에 있지 않아도 선생님의 수많은 제자들과 추모인 들로 외롭지 않으셨겠지만, 선생님에게 입은 은혜를 돌이켜 볼 때, 정말 난감하여 그 날 밤잠을 이룰 수 없었던 생각이 납니다.

1972년 고려대학교 사학과에 입학하여 "제군들이…"로 시작하시던 선생님의 강의는 대학 때부터 대학원에 올라가서까지도 언제나 변함없는 꼿꼿한 선비의 열강이셨습니다. 대학을 졸업하고 지금까지 선생님의 그늘에 살면서 음으로 양으로 많은 혜택을 받았음을 세월을 보내면서 더욱 깊이 느껴집니다. 선생님께서 한국정신문화연구원 원장으로 계실 때 박사과정을 수료하고 사전편찬부의 편수위원으로 1년간 재직하면서와, 동국대 경주캠퍼스 국사학과 교수로 있게 되면서, 선생님을 모셨던 주위 사람들로부터 전해들은 선생님의 인품은 학교 밖에서 역시 유능하시면서도 강직한 선비의 모습이셨습니다.

72학번의 극성스러운 여학생들과 함께 삼선교 자택에서부터 명일동 아파트에 사셨을 때까지 세배도 다니고, 스승의 날이면 어김없이 선생님을 위시하여 여러 은사님들을 모시고 저녁을 대접해 드리던 생각이 납니다. 그 때마다 선생님께서 항상 훌륭한 말씀을 해 주셔서 우리 모두 즐거워했던 기억도 있습니다. 남달리 건강에 유의하셨던 선생님께서는 요가도 즐겨 하셨지만, 섭생에도 관심이 많으셨습니다. 늘 네 발 달린 육고기보다는 두 발 달린 닭고기가, 닭고기보다는 물고기가, 물고기보다는 야채가 몸에 좋고 그 중에서도 특히 비타민 C가 얼마나 좋은 것인지 노벨상을 탄 이의 말을 빗대어 강조해 주셨던 기억이 납니다.

스승의 날이 다가 올 때마다 선생님의 빈자리는 더욱 커져 갑니다. 이 글을 쓰다보니 선생님이 그리워집니다. 아마도 선생님께서는 저 뿐만 아니라 우리 72학번 여학우들의 영원한 스승님으로 우리 모두의 가슴에 길이 새겨져 있을 것입니다.

김 복 순(金福順)

(전)동국대 도서관 관장 / 동국대학교 교수

선생의 타계는 이 사회의 큰 상실

1973년 6월이 어느 날이었다고 기억된다. 나의 연구실로 한 통의 전화가 걸려왔다. "교수 휴게실까지 잠깐 내려올 수 없겠느냐"는 남사선생으로부터 온 전화였다. 나는 전화를 받고 황급히 내려갔더니 '김영철교수 혜존'이라고 서명한 책 한권을 건제주시는 것이었다. 선생님의 자서인 『역사의 여운』이었다.

흔감한 마음으로 받아들고 연구실로 돌아오자마자 책의 '머리말'부터 차근차근 읽어 내려갔다. 그 문장의 유려함에, 그 독특한 레토릭에 매료되어 차마 책을 놓을 수가 없었던 것이다.

'글은 곧 사람'이라는 말이 있듯이 나는 글의 행간에서 선생의 인격에 접할 수 있었고, 선생의 체취를 감촉할 수 있었다. 선생의 전공이 본시 동양사학이니 만큼, 책의 전권을 통하여 역사적 사고로 일관되어 있다. 그리고 선생은 책의 도처에서 저 비굴한 '아시아적 정신'의 청산을 강조하고 있다. 선생은 결코 저 고루한 유교정신의 소유자는 아니었다. 특히 '남운(南雲) 이홍직(李弘稙)교수를 보내면서'라는 글은 조사 중의 백미라고 할 수 있다. 나는 지금까지 살아오는 동안에 여러 저명인사들의 많은 조사들을 접해봤지만, 이만큼 멋떨어진 글은 일찍이 읽어본 적이 없다.

추도문이란 원래 죽은 사람을 생각하여 슬퍼하며 그 명복을 비는 글이다. 그러나 선생의 이 글에는 사자가 아니라, 생자를 대하듯이 타이르고, 위로하고, 당부하고, 칭찬하고, 그리고 정겨운 이별이 있다.

비록 학문의 길이 같지 않아, 나는 일찍이 남사선생을 가까이에서 섬기지는 못하였지만, 일정한 거리에서 선생의 그 중후한 인품과, 그 동양적 군자의 풍모를 흠모하던 터였다.

선생의 만년에는 요가니, T. M.(Transcendental Meditation : 초월명상법)이니 하는, 저 인도적 신비주의에 몰두하셨다고 듣고 있다.

오늘은 간에 붙고, 내일은 쓸개에 붙는, 선생의 표현대로 '줏대 없는' 인간이 범람하는 염량(炎凉)세태에 남사 정재각선생의 타계는 하나의 커다란 상실이 아닐 수 없다.

김 영 철(金永喆)

(전)한국철학회 윤리연구회장 / 고려대학교 명예교수

여러 공사(公私)기관에 봉사 · 헌신하신 한 생

남사 정재각 선생님을 가까이에서 모시게 된 것은 선생님이 1982년 1월에 한국정신문화연구원 원장으로 부임하시고 또 본인이 1982년 2월에 한국정신문화연구원 부원장으로 취임하여 1년여 간 연구기관의 상관으로서 가까이 모셨던 때이었다. 이는 실로 선생님의 많은 진실한 면모를 알 수 있는 좋은 기회가 되었다. 그 이전에는 선생님이 특히 본인과 인연이 깊은 동국대학교 총장으로 재임하실 때 (1978.6~1982.1)부터 선생님의 명성을 들어왔으나 이번 기회에 동양사를 전공하시는 선생님과 나는 깊은 인간적인 교분을 통해 학문적 대화를 자주 가질 수 있게 되었다.

비로소 선생님의 고고한 품성과 해박한 지식 그리고 심오한 신앙과 예리한 이성을 갖추신 분임을 점차 알게 되었다. 이러한 선생님의 고귀한 품성은 우리나라와 겨레를 사랑하는 역사관으로 승화되었고 또한 후진 교육을 위한 정열과 학자로서의 선비정신, 그리고 공인으로서 강직한 신조 등으로 발현되어 빛나는 경력을 지닌 분으로서 일생을 바치셨다고 생각된다.

선생님은 1937년 3월에 경성제국대학 법문학부 사학과에서 동양사학을 전공하시고 졸업하였으며 일생을 각 중학교 및 고려대학교와 동국대학교 등에서 후진의 교육에 헌신하셨다. 선생님과의 대화에서, 그리고 선생님의 기품있는 문장과 논리적인 언변들을 통하여 깊이 느끼는 인상은 선생님이 한 · 중 · 일의 동양 3국의 역사에 관한 해박한 지식과 계발된 역사의식을 가지고 계신다는 것이다. 아울러 한국의 전통문화와 민족주체성의 활성화 문제에 관하여 깊은 관심을 가지신 것을 알게 되었다. 선생님은 한국의 전통문화와 선비 문화, 전통유학의 이론과 실제, 한국의 유교와 토속신앙의 교리 또는 한반도 분단체제 하에서 민족의 긍지와 주체성, 정치와 학술연구의 중립성 등에 관하여 기회가 있을 때마다 대화와 토론의 시간을 보냈던 일이 생생하게 회상된다.

선생님을 추모하면서 잊혀지지 않는 관행이 기억난다. 선생님은 일상적 생활습관으로서 매일 몇 시간씩 좌선을 실천하셨다. 이것은 인도의 '요가'의 일부로서 불교의 선법의 일종이기도 하며 이 좌선은 그 실행시간에는 일체 외부인사와의 면접을 사절하고 혼자서 정좌하여 종사묵념하고 무아지경으로 들어가 자신의 심성을 구명하는 참선술(參禪術)이며 마음의 안정과 정신의 통일을 꾀하는 수양법으로 알고 있다. 이러한 일상적 관행을 매일 근엄한 자세로 답습하셨다는 것은 정선생님의 인격의 한 단면을 엿보게 하는 것으로 이를 통하여 선생님에 대한 경외의 마음을 갖게 할 뿐이다.

선생님은 경성제국대학에서 동양사를 전공한 학위논문의 주제로서 '명대초기의 병제 연구'를 발표하여 동양사에서 여말 선초(麗末鮮初)와 원·명(元·明)교체기 한족의 신여 명(新黎明)의 국세의 기초가 되는 병제문제를 연구하고 있으며 학술논문으로서는 '한일 양국인의 정신구조에 관한 일관견'을 발표하여 일본족과 한민족간의 정신구조의 비교연 구를 시도하였다. 또한 "4월혁명의 역사적 전개", "민족주체의식과 근대화", "민족차원에 서의 힘", "이데올로기 이전의 문제" 등 해방 후 정치혼란기에서의 가치관의 혼란과 민족 주의성의 문제 등을 강조하고 있음을 알 수 있다. 그리고 유학연구로는 역주 대전회통(병 전) 해설, 사기 해설, 자치통감 등의 고전 연구가 주목된다.

한편 선생님의 두드러진 특성으로 느껴지는 것은 선생님이 관여하신 각 대학이나 문화 단체, 또는 연구기관 등에서 책임있는 다양한 관리자직을 담당하고 봉사하여 오셨다는 것이다. 선생님은 고려대학교에서 1947년 2월부터 1978년 2월까지 30여년간 교수로 재임하면서 학생감, 학생처장, 교무처장, 문과대학장, 중앙도서관장, 대학원장, 고전국역위원장 등 모든 관리직의 보직을 두루 담당하면서 봉사하셨다. 이러한 거듭되는 보직생활의 연속이 교수로서 연구생활에 적지 않은 지장이 있었을 것으로 사료된다. 그러나 한 편 당시 불온했던 학원의 과도적 혼란기에 대학의 원활한 운영을 위하여 관리직을 담당하던 공인으로써 추호의 흔들림이나 타협도 없이 캠퍼스내 교수사회의 신임과 교직원의 통솔을 배경으로 학원의 안전을 초래한 선생의 강직하고 창의적인 리더십이 실현되었다고 본다.

선생님은 동국대학교에서도 1978년 6월부터 1982년 1월까지 총장에 재임하시고 1979년 8월부터 동교부설 일본학연구소 소장을 겸임하였으며 아울러 1980년 3월부터 세종대왕기념사업회 이사직도 겸임하셨다. 1982년 1월부터 1983년 2월까지 한국정신문화연구원 원장으로 취임하셨는데 그 재임기간은 전두환대통령의 집정초임기에 해당하여 정문연과 정부측의 문교부 청와대 기관간에 직무상 또는 의리상 야기된 여러가지 어려운 문제를 해결하고 원활한 대정부 및 대사회 관계를 유지하는데 기여하였다.

이 밖에 1982년 3월부터 1983년 10월까지 한국지도자육성 장학재단 이사장을 겸임하시고 또한 1983년 11월부터 숙명학원 이사장에 취임하는 등 교육 단체의 이사장으로서 사회에 기여하는 바 적지 않았다.

이러한 일련의 공사의 기관에서 최고의 관리자로서 선생님의 계속된 봉사는 선생님의 고매한 인격과 애국애족하시는 생활신조가 발로된 것으로서 자타가 공인하는 바입니다. 유명을 달리하신 선생님을 추도하는 마음 금할 길 없습니다.

김 운 태(金雲泰) • 서울대학교 명예교수

남사 선생님의 공과 사

필자가 남사 정재각 선생님으로부터 체득한 인생을 사는 혜안은 한두 가지가 아니다. 학문을 하는 자세, 행정가로서의 역할, 그리고 인생을 살아가는 태도 등 이루다 말하기 어려울 정도이다. 가만히 생각해보면 훌륭한 스승의 말과 행동이 남긴 자취는 이후 제자들에게 긴 여운을 남긴다. 그런 점에서 필자가 늘 가슴에 새기고 있던 선생님의 아름다운 언행을 기회가 되면 꼭 세상에 알리고 싶었다. 이것이 혹여 누를 끼치는 일이 아니길 바라며 남사 선생님에 관한 몇 가지 단상을 피력하고자 한다.

첫째 공과 사의 구분이 분명한 선생님의 생활 모습이다. 이에 관한 일화를 하나 소개하겠다. 필자가 1980년에 하바드대학 옌칭연구소에 초빙교수로 선발되어 가기 전 선생님께 인사를 드리러 갔더니 선생님께서는 혹 부탁할 일이 있을지 모르겠다고 하시기에 언제든 연락을 달라고 답을 드린 적이 있었다. 그 후 캠브리지대학에 도착하여 선생님과 통화를 하게 되었는데, 아는 지인이 하버드대학으로 갔는데 그곳 사정에 익숙지 않으니 필자가 도와주기 바란다는 말씀이었다. 필자는 시간을 내어 몇 차례 그 지인을 안내하여 식사와 차를 대접하며 환담하는 기회를 가졌다. 그때 그 지인 분은 해외출장 시 여비 처리에 대한 정 총장님의 원칙에 대해 불평을 털어놓은 적이 있었다. 이야기인 즉, 해외 출장 시 수령한 출장비는 쓰고 남은 경우 반드시 학교에 반환하라고 말씀하셨다는 것이었다. 당시는 출장비가 남은 경우 동료나 친인척의 기념품 등을 사서 인사치례 하는 것이 관례였는데, 이것을 금지하니 여러모로 어려움이 많다는 것이었다. 필자는 이 이야기를 들으면서 내심 이분이 정 총장님의 생활철학을 이해하지 못하고 있다는 느낌을 받았지만, 그저 웃으면서 일체 대꾸하지 않았다. 사실 이 이야기는 선생님에 대한 일례에 지나지 않는다.

평소 선생님께서는 초대 외무장관으로, 해외 출장 시 남은 여비를 정부에 반납하기로 유명한 변영태 선생님의 생활 자세를 높이 평가하였다. 변영태 선생님은 고대에서 영어강의를 하셨고, 시사영어사에서도 강의를 하였는데, 학원에서 지급한 강사료가 본인의 생각보다 많다며 그 일부를 돌려주었다는 사실을 들으며 본받을 만하다고 하셨다. 필자 또한 변영태 선생님의 강의 수강 시 공무원으로서 변 선생님의 업무자세와 태도에 깊은 감동을 받은 때가 한두 번이 아니었다. 이러한 일화에서도 알 수 있듯 정재각 선생님께서는 여행경비 반납 등과 같은 작은 사례 하나일지라도 공인으로 지켜야 할 자세를 중시하셨고, 동국대학교 총장으로 재직할 때에는 몸소 이를 실천하셨다. 동국대학교의 총장으로 해외여행 출장비를 반납한 사례는 정재각 총장님이 처음일 것이다. 필자가 고려대학교 총장과 고구려연구재단 이사장, 그리고 현재까지도 해외 출장비를 매번 반납하는 것도 변영태 선생님과 정재각 선생님의 훌륭한 가르침이 토대가 되었다.

둘째 어려운 사람일지라고 그 사회적 의무에 대해 최선을 다할 수 있도록 가르치려는 선생님의 자세이다. 이와 관련한 일화가 있다. 당시 고려대학교 사학과에서 필자가 제일 젊었기 때문에 소소한 일은 당연히 필자의 몫이었다. 가정 형편이 어려운 학생에게는 학과 기금을 장학금으로 빌려주었고, 정재각 선생님이 책임자셨다. 소정의 절차를 밟아 학생에게 장학금을 빌려주었는데, 선생님은 필자에게 꼭 이자를 받아야 한다고 말씀을 하셨다 순간 필자는 형편이 어려운 학생들에게 돈을 빌려주고 이자를 받는 것은 너무하다고 생각했고, 그 이자는 필자가 부담해야겠다고 다짐하였다. 그런데 필자의 연구실에 들어선 정 선생님은 "내가 학생에게 이자를 받으라는 것은 돈을 벌라는 뜻이 아니라, 남의 돈을 쓰면 반드시 이자를 내야 한다는 사실을 알게 하려는 뜻이다"라고 하셨다. 선생님의 말씀은 필자에게 많은 생각을 하게 하였고, 특히 두 가지 점을 크게 느끼게 했다. 하나는 이자문제는 다시 생각해보아도 선생님의 견해가 분명 타당하지만, 당시의 필자로서는 그대로 실행하기 어려웠다. 따라서 이자 건은 당초대로 필자가 처리하고 선생님께는 학생에게 받았다고 보고하였다. 지금 생각해보면 선생님은 학생이 인생을 살아가면서 부딪칠지 모르는 금전 문제에 대해 정확하게 가르쳐 주고자 했던 깊은 의도가 있었다. 자기 돈이 아닌 남의 돈을 어렵게 알라는 이 뜻은 학생을 물론 필자에게도 가슴속 깊이 각인되어 훌륭한 지침으로 남아있다. 다른 하나는 선생님께서는 어떻게 이자를 필자가 낼 거라 미리 확신하고, 필자에게 이자를 내지 말라고 하셨을까 하는 의문점이다. 당시 선생님이 즐기시던 명상과 요가와 같은 심신 수련의 결과였을 것이다. 특히 선생님은 영적 세계에도 관심이 많으셨는데, 이러한 수행과정이 축적되어 타인의 마음을 읽는 경지에 이른 것 같다.

셋째 끝까지 자신의 삶의 철학을 실천하고자 했던 선생님의 자세를 말하고 싶다.

고려대학교 사학과의 초기 졸업생이었던 정암 김하윤 회장님의 모교를 사랑하는 마음과 정재각 선생님을 대하는 태도는 지극하기 그지없었다. 이러한 정암 회장님은 사학과 장학금으로 3억 원을 쾌척하였고, 이를 모태로 정암장학재단이 설립되었다. 이 과정에 정암 회장님은 정재각 선생님과 많은 상의를 하였고 결국 필자가 재단 사업에 깊이 관여하는 계기도 되었다. 필자는 재단 기금이 5억 원을 넘으면 정암 재단 일에서 물러날 생각이다. 여기서 소개하고 싶은 것은 정암 회장님과 정재각 선생님 간의 보기드문 사제지간의 모습이다. 두 분은 때때로 만나 식사도 하고 차도 마시며 환담을 하였다. 그럴 때면 김 회장님은 정 선생님께 용처에 쓰시라며 비용을 드리곤 하였는데, 한번은 정 선생님께서 이제 용처가 필요 없으니 그만두라고 하셨다며 필자에게 저간의 과정을 말씀하셨다. 그런데 그 이유를 뒤에 가서 곧 알게 되었다. 말년까지도 자신의 병세를 일체 알리지 않아 주변에서 알지 못했고, 필자 또한 정 선생님이 운명하실 때에서야 비로소 알고 달려갔으나 그 직전에 세상을 떠나시고 말았다.

공과 사를 구분할 줄 알며, 그 자세를 초지일관 지켜갔던 선생님의 태도는 일상생활에서 그대로 나타났고, 이 사표의 전형은 동료교수, 후배, 제자들에게 지금까지도 감동을 주며 본보기가 되고 있다.

김 정 배(金貞培)

(전)고려대학교총장 / (현)학교법인 고려중앙학원 이사장

강직 · 엄정 · 진실하신 성품

1954년 4월 부산 수산대학에서 고려대학교 문리대 이학부로 자리를 옮기면서 처음으로 남사 선생님을 뵙게 되었다. 수도가 서울로 수복하면서 서울로 올라와서 용산 원효로에 집을 구했는데 남사 선생도 그 부근 효창동에 사셨다.

당시는 고려대학교 앞길은 우마차가 겨우 다니는 비포장 도로여서 학교당국은 교직원의 출·퇴근을 위해 전용버스를 운행하고 있었다. 다행하게도 그 중 한 대가 남대문을 거쳐 원효로를 정점으로 다니게 되어 있어 출퇴근은 부득이 그것을 이용하였다. 남사 선생도 그리 하셨기에 우리는 시발점에서 탑승하게 되어 더욱 친근감을 갖게 되었고 알고 보니 선생님은 경기 중학교 몇 년 선배도 되시어 나로 하여금 한층 가깝게 따르게 만들었다.

그러나 남사 선생은 문리대 문학부에, 나는 이학부에 속해있어 교내에서는 자주 뵙지 못했는데 선생께서 교무처장을 맡으시고 얼마 후 나도 이학부장직을 맡게 되니 교무위원회에서 자주 뵙게 되었다. 특히 선생이 대학원장으로 재임하실 때 나도 이공대학장으로 임명되어 더욱이 그 당시는 학교에서 승용차로 교무위원의 출퇴근을 도와주었는데 승용차의 부족으로 같은 방향에 사시는 분은 합승해야했기에 당시 서대문구 갈현동에 사는 나는 아침마다 성북동에 들려 그곳에 사시는 남사 선생을 모시게 되었으니 더 가까워질 수밖에 …. 그래서 때로는 농담 등 무례한 언동도 하게 되었다.

선생께서는 교무처장 때나 대학원장 시절, 사무 처리에 엄정했고 학교행정에 많은 공헌을 하셔서 나는 선생을 늘 따랐다.

가장 기억에 남는 일은 1973년 고려대학교와 와세다(早稻田)대학이 학술교류협정을 맺게 되었을 때, 김상협(金相浹) 총장께서 대학원장인 남사 선생과 이공대학장인 이 사람에게 고려대학을 대표하는 큰 임무를 맡겨, 선생을 모시고 동경으로 날아가 와세다대학엘 다녀왔다.

이때의 와세다대학은 이공학부가 우수하여 역사가 일천한 고대 이공대의 발전을 생각하여 이 사람을 끼워주신 것으로 생각된다. 선생께서 명석한 두뇌로 학술교류 협정문서의 조문을 세밀하게 검토해 주셔서 무리 없이 임무를 마칠 수 있었다. 선생께서는 문필에 뛰어나 평소 명문장을 많이 쓰셨기에 그 솜씨가 십이분 발휘되었으니 참으로 기뻤다.

선생은 학교 보직을 맡으셔서는 강직하여서 불의에는 참지 못하시는 진실하신 성품의 소유자였다. 그런가 하면 또 한편으로 원만한 인품을 가지고 계셨기에 많은 분의 숭앙을 받으셨다. 그런 관계로 나는 정년퇴임 후에도 선생님의 안부만은 자주 묻게 되었는데 얼마 전에는 노구를 무릅쓰고 중국 연변의 사적지를 다녀오셨다고 들었는데 뜻밖에도 유명을 달리 하셨으니 명복을 빌 수밖에 없다.

김 창 환(金昌煥)

(전)학술원 부회장 / 고려대학교 명예교수

『자치통감』강독의 섬세함과 예리함이…

먼 발치에서 바라 뵙곤 하던 산생님을 가까이서 처음 뵙게 된 것은 1985년 3월 박사과정 첫 학기 수업을 받게 되면서이다. 당시 선생님은 동대 총장을 거쳐 한국정신문화연구원장을 역임하시고 난 직후로 숙명학원 이사장으로 봉직하면서 경기대학에 적을 두고 계실 때이셨다.

관례적으로 저의 모교인 동국대에서 총장을 역임한 분에겐 학교를 떠나신 후에도 명예교수 신분으로 연구실을 유지할 수 있게 하는 배려가 있었기 때문에 여전히 교수 연구동 1층엔 선생님 명패가 걸린 전용 연구실이 있었다. 마침 학과 사무실이 없던 사학과에서 선생님의 동의를 얻어 그 방을 사학과 사무실로 활용했다. 간혹 선생님께서 동대에 들르시게 되면 이 방에 오셔서 잠시 차나 마시고 가시는 정도로 이용하셨으나 85년 첫 학기 대학원 수업을 맡으시면서 부터는 매주 그 방에서 수업을 진행하셨다. 담당하신 동양중세사연습 강좌 수업에는 당시 단국대 대학원 박사과정팀과 합반 수업을 하였기 때문에 수강인원은 10여명 남짓 되었다.

회고해보면 동국대에선 동기인 이종일(李鍾日)씨 이동한(李東漢)씨 배혜숙(裵惠淑)씨 저 그리고 단국대 사학과에 재학하고 있던 정명호(鄭明鎬) 교수, 국립박물관의 이난영(李蘭暎)씨 그 외에 대여섯 명의 지방대학 현직 교수들이 수강하였다. 매 주마다 수업일이면 바쁘신 중에도 어김없이 연구실에 일찍 나오셔서 꼿꼿하게 앉아 계셨기 때문에 저희 역시 늦장을 부릴 수가 없었다.

당시 5공화국 말기라서 대학가에 하루가 멀다 하고 시위가 있었고, 그때마다 의례 진압경찰이 교내에 진입하여 최루탄과 페퍼 포그를 난사하여 캠퍼스를 온통 매케한 화염에 휩싸이게 하였으며, 출입자를 엄격히 통제했기 때문에 시위가 있는 날이면 교문 앞에선 들어가느니 못 들어가느니 전경(戰警)과 실랑이가 벌이지기 일쑤였다. 그럴 때면 수업시작이 자연히 지체될 수밖에 없었는데, 어느 날인가는 그 짬을 이용해 그 때 세간에 화제가 되었던 구도소설 "단(丹)"과 그 소설에 등장하는 권태훈(權泰勳) 옹에 대해서 흥미 있는 일화를 들려주시기도 하였다. 어쩌면 이 때를 전후하여 선생님께서 단전호흡이나 요가, 명상방면에 이미 상당한 관심을 가지고 몸소 수련을 하셨던 것이 아닌가 싶다.

수업에서는 〈자치통감〉(資治通鑑)을 강독해 나갔다. 수업 방식은 발표자를 지정해서 번역과제를 주어 발표하도록 하고 최종적으로 선생님께서 다시 정독해 주시며 마무리 짓는 식이었다. 저와 한두 명을 제외하고는 대부분이 만학도이고 또 현직에 얽매여 있는 입장이었기 때문에 매주 꼬박 타이트하게 진행되는 강독수업이 아무래도 부담스러울 수밖에 없었다. 그 같은 상황에서 선생님께서는 어조사하나 소홀히 하지 않고 정확히 짚으시며 그 의미를 살려내시고 새겨주시는 섬세함과 예리함을 보이심으로써 그 앞에서 우리는 숨죽일 수밖에 없었던 기억이 지금까지도 뇌리에 생생하다.

이와 같은 식의 밀도 있는 강의를 2,3학기에 걸쳐 선생님으로부터 받을 수 있었던 것은 나에게는 크나큰 행운이었다. 그로부터 선생님께서 대학원 조교로 있던 저에게 학교 관련 용무가 있으시면 종종 전화를 주시고 하셨기 때문에 선생님 댁도 갈 수 있는 기회가 생겼다.

성북동 비탈진 언적 중턱에 제법 육중해 보이던 콘크리트 골조의 양옥집을 방문할 때면 현관문을 거쳐 마루로 올라 곧장 정면에 맞닥뜨리는 맨 오른 쪽 자그마한 방에 나지막한 상을 마주하고 계시면서 맞아주시곤 하셨다. 그 때마다 선생님의 작은 책상위에는 돋보기, 외국어 원서, 영어사전 등 몇 권이 항상 놓여 있었는데 선생님은 종종 그 책들을 펼쳐 보이면서 심령과학에 관한 얘기를 실감나게 해주시곤 하셨다. 그것도 미국, 유럽, 소련 등지에서 발생한 기이한 일화를 열거하시고 구체적 실례를 진지하게 설명해주시면 저희는 재미있게 경청하던 기억이 새롭다.

또 한 가지 개인적으로 선생님을 잊을 수 없는 일은, 1987년 8월 그 때 저는 지방에 있는 모 대학에 취직하기 위해 서류를 제출하였는데 그 대학의 문과대학장이 선생님의 제자라는 사실을 알고 선생님께 찾아가 전후사정을 말씀드리고 추천서 한 장 써 주실 것을 어렵사리 부탁드렸다. 다음 날 오라는 말씀이 계셔서 갔더니 만년필로 정갈스럽게 쓰신 추천서를 봉투에 넣어 주셨다. 편지지 2장에 빼곡히 한문으로 현토하여 써 내려가신 내용은 당시 저로서는 제대로 판독이 안돼 한문사전을 뒤적이며 읽어보았던 기억이 선명하다.

제가 본 선생님은 공석에서나 사석에서나 막론하고 언제나 흐트러짐이 없는 한결같으신 어른이셨다. 아마도 꼿꼿한 절조를 지닌 우리 시대의 마지막 선비가 아니셨을까 하는 생각이다. 지금도 선생님을 떠올릴 때면 나도 모르게 경건한 마음으로 옷깃을 여미게 된다. 존경하는 잊을 수 없는 선생님이시다.

김 춘 남(金春男) • 용인대학 교수

탄생지 상주(尙州)의 선대-성현(聖賢) 학풍 계승

1. 자연환경과 선생의 출생

상주(尙州)는 북으로 소백산맥이 두르고 낙동강이 흐르는 땅으로 상고(上古)시대부터 조선시대에 이르기까지 경상도 서북부지방의 중심지로서 지방행정의 중추적 역할을 담당해 왔다. 뿐 아니라 오랜 역사를 통하여 전통문화를 가꾸어 온 곳으로서 선비의 고장, 경학(經學)과 예학(禮學)의 고장으로 널리 알려져 온 곳이다.

선생은 1913년 우산 칠리강산(愚山七里江山)이란 명승지에서 출생하셨는데 '우산칠리강산'은 상주시 외서면(外西面) 우산리 상우산(上愚山)에서 하우산(下愚山)까지의 7리(七里)에 걸친 강산의 아름다움을 말한다. 상주 읍에서 약 20Km 지점 상주읍과 은척(銀尺)사이의 지방국도 변에 위치하고 있다. 강산의 산과 물은 모두 속리산에서 왔으며 속리산 천황봉(天皇峯)의 동남 일맥이 형제봉(兄弟峯) 갈령(葛嶺) 대궐터로 뻗어 삼령(三嶺)과 구병(九屛)의 장관을 이루고 한밭(大田)을 지나 마을 뒤에 와서 우북산(于北山)이 우뚝 솟아 있다.

그 앞 산은 문경(聞慶) 주흘산(主屹山)의 남맥이 대둔산(大屯山)을 일으켜 줄기차게 뻗어온 국사봉(國士峯)으로 시내를 사이에 두고 대치하고 있으며 물은 형제봉과 갈령에서 발원하여 대궐터 아래에서 청계(淸溪)와 합류하여 달천(達川)을 이루고, 삼령 세거리의 계곡을 지나 내서(內西)의 율원(栗院) 구만(九灣), 두 마을을 지나 동류(東流)하여 수회형(水

回洞) 노루목 청산촌(靑山村) 신평(新坪)에 이르러 다시 북으로 굽이돌아 마을 앞을 흘러 은척(銀尺) 공검(恭儉)을 지나 영강(穎江) 낙동강으로 들어간다. 이 '칠리강산'은 우북산과 국사봉사이의 협곡으로 율원에서 하우산까지의 중간 칠리 명승지로 이곳은 원래 심산유곡으로 맹수들이 서식하던 곳이었다.

그런데 선생의 10세조(世祖)이신 우복(愚伏) 정경세(鄭經世)선생이 임학(林壑)과 천석(泉石)의 명승장관(名勝壯觀)을 사랑하여 1600년(선조33년)에 비로소 복거(卜居)하면서 20개소의 경관을 이름 짓고 시로써 찬상(讚賞)하고 산과의 문답(問答), 바위와의 몽중(夢中) 문답을 통하여 명승의 참뜻과 모습을 드러냈다고 한다. 이 중 우암(愚巖)과의 몽중 문답은(우복선생이 우산 서쪽 기슭에 터를 잡아 살게 되었는데, 그 주위에 있는 정대(亭臺)와 담(潭)과 동학(洞壑)과 암석(岩石)에 이르기까지 기이하고 빼어난 모습이어서 이름이 없는 것이 없었다. 단지 직사(直舍)의 동북쪽 모퉁이에 있는 그 높이가 약 8m에 달하는 큰 돌이 물에 임(臨)하고 있는데 그것만은 아직 이름이 없었다. 어느 날 밤 그 돌이 꿈에 나타나 나에게 말하기를 '무릇 물건이 세상에 나서 현회(顯晦)함은 운명에 있고 기회를 만나고 못 만남이 때가 있다. 내가 이곳에 서 있는 것이 오래 되었으되 아직도 세상에 이름을 나타내지 못 하고 있으나 내가 한탄하지 아니 하는 것은 아직 나를 알아줄 사람을 만나지 못한 때문이었다.

다행히 이제 그대를 만나 주인을 삼았으니 이는 실로 천재일우(千載一遇)의 좋은 기회를 얻은 것이다. 나의 주위에 있는 우리 무리들은 모두가 그대의 빛나는 영광을 입어 각기 아름다운 이름이 있는데 유독 나만이 없으니 훌륭한 주인을 만나고도 세상에 이름을 나타내지 못한다면 어찌 유감스럽지 않겠는가. 감히 청하오니 반드시 내 이름을 지어 주기 바라노라' 내가 대답하기를 '무릇 실상(實狀)은 주(主)가 되고 이름은 빈(賓)이 되는 것이니 실상(實狀)없이 이름만 얻는다면 지혜로운 사람은 두려워 할 것이고, 어리석은 사람은 탐낼 것이다.

내가 많은 돌에 이름을 주었다. 정정(亭亭)하고 초발(梢拔)하여 허공(虛空)에 높이 솟아 하늘을 떠받는 세를 한 것은 오주석(鰲柱石)이라 하고, 그 모남이 구(矩)와 같고 그 평평함이 준(準)과 같으며 절정이 풍애(風埃)밖에 서 있어 마치 군선(群仙)이 돌아가고 바둑판만 남아있는 것과 같은 것은 난가암(爛柯巖)이라 하였고, 담심(潭心)에 솟아 있고 돌 위에 진달래꽃이 피어 맑은 물에 비추인 모습이 마치 사람의 고운 얼굴과 같은 것은 삽화암(插花巖)이라 하였고, 계변(溪邊)에 앉아 낚시를 하기에 좋은 곳은 수륜석(垂綸石)이라 하였으며, 간곡(澗谷)에 넓게 깔려서 엎드려 냇물을 희롱할 수 있는 돌은 의공암(倚攻巖)이라 하였다.

그러나 이같이 몇 가지 이름을 지어준 돌들은 내가 형상(形狀)을 즐겨서 지은 것도 있고 혹은 용도에 따라 지은 것도 있으나 모두 그 실상을 따라 지었을 뿐 지나치게 찬미(讚美)하여 헛되이 준 것이 없다. 내가 일찍이 너한테는 이름을 줄 것을 체념(諦念)하였으니 너는 뛰어나게 길기는 하나 초준(梢畯)한 자질이 없고 불룩하게 크기는 하나 기고(奇古)한 형상(形象)도 없고 그 얼굴이 어멍하여 화초(花草)로 장식(裝飾)할 수도 없으며 그 이마가 불쑥 튀어 나와 오르거나 의지할 수도 없으니 형상(形狀)을 보고 즐길 것도 없고 용도를 취할 것도 없는데 이름만 세상에 드러 내고자 하니 지혜롭지 못한 처사가 아닌가 하고 꾸짖었다.

바위 왈, 무릇 그대가 나를 평한 것은 잘 살펴준 것이다. 그러나 형상(形象)은 용도(用途)이고 용도는 재주이니 얼굴만 보고 그 안을 알 수 없을 것이고 재주만 숭상하면 그 덕(德)을 뒤로 처지게 할 것이니 군자(君子)가 물건을 평할 때 이렇게 하여서는 안 될 것이다. 지금 내가 있는 곳이 산록(山麓)의 끝이여서 양쪽의 물이 교차되는 곳이니 바야흐로 가을철에 만학(萬壑)의 물이 다투어 흘러 내려 광란(狂瀾)이 산과 언덕을 깎아 먹고 무너뜨린다 해도 나는 정연(挺然)히 홀로서서 군건히 움직이지 않고 세(勢)를 꺾이지 아니하여 이 산록(山麓)이 물로 허물어 들어가지 않는 것이 누구의 힘이겠는가? 이로써 이름 하면 좋지 않겠는가? 내 웃으며 답하되 뽑기 어려운 뿌리도 없으면서 저렇게 성한 파도 속에 버티고 서서 지주(砥柱)의 역할을 하려 하니 너는 정말로 지혜롭지 못하구나.

무릇 그 형상이 남을 즐겁게 하지 못하면 어리석은 것이고, 용도에 취할바 없어도 또한 어리석은 것이며, 스스로 자신이 어리석음을 알지 못하고 대절(大節)을 당하려 하는 것도 어리석은 것이다. 이같이 어리석음이 어리석은 산 안에 있고 어리석은 사람과 이웃하고 있으면서 실상(實狀)이 없으면서도 좋은 이름만 탐내고 있으니 만약 억지로라도 이름을 붙인다면 우암(愚巖)이라 하면 될 것이다' 하니 돌이 크게 기뻐하였다.

내가 꿈을 깨니 이상하기도 하고 느끼는 바 있어 이로부터 우자(愚字)를 취하여 산은 우산(愚山)이라 부르고 그 자신은 우복(愚伏)이라 자호(自號)하였으니 이로부터 속칭 ' 우산 정씨' (愚山鄭氏)라 하였다. 남사선생은 10세조이신 우복(愚伏)선생, 무첨제(無添齊)선생, 입제(立齊)선생의 생거지(生居地) 칠리강산(江山)의 하우산(下愚山) 자락의 명승지(名勝地)에서 출생하였다.

2. 선조에 얽힌 전설

선생의 1세조(一世祖)이신 택공(澤公)께서 상주목사(尙州牧使)로 내거(來居)하여 터를 잡고 세거(世居)하였으나 아랫대에 와서는 무척 가난하였는데 하루는 선생의 6세조이신 번공(蕃公)이 외출하고 귀가(歸家)하던 중 개울가에서 웬 젊은 여인의 신음소리가 있어 들여다 보니 산고(產苦)로 죽기 직전의 지경이었다. 그는 가난하였는데도 그 여인을 집으로 데려다가 극진히 간호하여 두 생명을 다 구해주었다. 산모와 신생아의 건강이 회복되었으므로 돌아가기를 바랐으나 여인이 말하기를 어차피 죽은 목숨을 구해 주셨으니 돌아가지 않고 이 댁을 위해서 생명 바쳐 살겠음을 간절하게 말하여 하는 수 없이 같이 살게 되었다.

그런데 정번공(鄭蕃公)이 갑자기 부친상(父親喪)을 당하였으나 너무 가난하여 장지(葬地)가 없어 장례(葬禮)도 치루지 못하고 고심하고 있었다. 마침 이때 그 여인은 개울가에 빨래하러 갔다가 어느 노승(老僧)과 상좌가 길을 가면서 상좌가 하는 말이 저 산 넘어 길지(吉地)가 있다고 말하니까 노승이 천기(天機)를 누설하였다고 크게 꾸짖으면서 길을 재촉하는 모습을 보고 한달음에 달려와 주인께 고하니 번공이 버선발로 달려갔으나 노승을 찾을 길이 없었다.

거의 20리나 가서야 겨우 만나 노승을 만날 수 있었고, 노승에게 애걸하니 노승이 말하기를 공(公)이 2인 이상에게 적선(積善)을 하였다면 장지를 알려 주겠노라 함으로 그 여인 모자(母子)의 생명을 구한 것을 말하니 지금의 공성면 인창리(仁昌里)에 있는 명당(明堂)와우형(臥牛形)인 장지를 잡아주면서 장후(葬後) 즉시로 북쪽방향 10리 밖으로 이주(移

住)하면 5대만에 해생(亥生)이 나거든 혈식(血食·사원에 모시는 분들께는 생고기를 써서 제사올림) 군자인줄 알며 명현(名賢)이 출생할 것이며 전삼백년(前參百年)은 종파(宗派)만 왕성하고 후삼백년(後參百年)은 종가와 지가가 함께 번성할 것이란 예언까지 하였다.

이 예언에 따라 번공이 청리(靑里)로 이주하고 5대째 계해생(癸亥生)인 문장공(文莊公) 우복(愚伏) 정경세(鄭經世·1563~1633)공이 출생, 우복선생 손자 무첨제 정도응(鄭道應·1618~1667), 입제(立齊) 정종로(鄭宗魯·1738~1816)의 성리학(性理學)의 거유(巨儒)가 출생하였는데 이는 우연이 아닌 전삼백년(前參百年)을 장식함에 손색이 없다. 선대인 입제(立齊)선생의 계당집(溪堂集·전례류집(全禮類輯)을 포함)은 철학적 역사학적 사회학적 예학적 자료로써의 학풍을 받아 동양사학의 기틀을 닦았으니 노승의 예언대로 후삼백년(後參百年)은 정재각(鄭在覺)선생께서 학통(學統)을 이었다고 할 수 있겠다.

3. 상주목(牧)과 상주의 학술

상주의 학술(學術)은 토성(土姓) 함창(咸昌) 김(金)씨, 상주 박(朴)씨, 상산(尙山) 김(金)씨, 상주 황(黃)씨, 상주 주(周)씨, 상주 이(李)씨, 상주 엄(嚴)씨들의 활약과 명유(名儒) 석학(碩學) 목민관(牧民官)들의 홍학(興學)으로 효(孝)·충(忠)과 경학(經學)과 예학(禮學)은 다른 지역보다 월등히 앞섰다고 볼 수 있다.

가. 고려시대

명유(名儒) 석학(碩學) 김부식(金富軾)의 형 김부일(金富佾·1071~1132)이 상주목사(尙州牧使)로 그의 아우 김부의(金富儀·1079~1136)의 상주판관(尙州判官)으로 그들 형제의 내거와 상주목(尙州牧)의 사록(司錄) 3인이라 일컫는 한충(韓冲·1129년) 정극영(鄭克永·1067~1127) 정항(鄭沆)의 내거, 최유청(崔惟淸·1095~1174)목사(牧使)와 최기우 부목사(崔奇遇副牧使)의 내거는 상주의 학술 발달과 진작에 크게 기여하는 계기가 되었다.

그 토성인 함창 김씨(咸昌金氏) 중조인 김종제(金宗悌), 덕원군(德原君), 상산 박씨(商山朴氏)의 시조(始祖)인 박견(朴甄), 상산 김씨(商山金氏)의 시조인 김수(金需)와 같은 문중인 김성걸(金成傑), 김지연(金之衍), 김조(金祚), 백운동(白雲洞)서원을 조선 최초로 세운 주세붕(周世鵬) 등은 상주의 유학발달에 크게 기여했으며 당대의 문장가이며 유학자인 이규보(李奎報·1168~1241)의 영향을 가장 많이 받은 보한집(補閑集)의 저자 목사 최자(崔滋)의 부임, 주자학의 대가 안유(安裕·1243~1306)의 상주판관 부임으로 학문과 주자학의 영향은 물론이고 토성의 중앙(中央) 관계(官界)의 진출에 많은 도움이 되었으며 중앙으로 진출한 토성 학자와 대학자의 내거로 상주목은 학문과 주자학의 연구가 활발히 진행되는 계기가 되었다고 할 수 있다.

나. 주자학의 고장 상주

안유(安裕) 등이 국학(國學)과 문묘(文廟)를 신축하고 유학을 장려 하였으므로 안유(安裕) 백이정(白頤正)을 시점으로 이숭인(李崇仁), 이색(李穡), 정몽주(鄭夢周), 길재(吉再), 정도전(鄭道傳), 권근(權近) 등에 의해 주자학의 연구가 활발해 지면서 조선에 와서는 주자학이 학문의 대종(大宗)을 이루게 되었다.

이러한 때 정도전(鄭道傳)의 아버지 정원경공(鄭元敬公)이 상주사록(尙州司錄)으로 부임하였고, 관동별곡과 죽계별곡(竹溪別曲)의 저자인 안축(安軸·1282~1348)이 상주목사로, 진양(晋陽·우산(愚山) 정씨의 1세조인 정택공(鄭澤公)이 판목사(判牧使)로 부임, 후에 우복(愚伏) 무첨제(無添齊) 입제(立齊)같은 명현(名賢)을 배출하였고, 박분(朴賁)은 상주사록으로 야은(冶隱) 길재(吉再)에게 논어(論語), 맹자(孟子)를 가르쳤고, 토성 김득배(金得培·1312~1362)공은 포은(圃隱) 정몽주(鄭夢周)의 스승이며 향교대현(鄕校大賢) 진사(進士) 김택(金澤)은 가정(稼亭) 이곡(李穀)의 장인이며, 목은(牧隱) 이색(李穡)의 외조부로 주자학의 대가로서 그의 학문이 목은(牧隱)에게 끼친바 컸다고 하니 명실 공히 려말(麗末) 삼은(三隱)의 정신적 지주인 스승의 고장이라 할 수 있다.

다. 조선시대

조선 초기에는 실용적 학문에 치중하여 사서류(史書類) 편찬이 활발히 진행되고 있을 때, 본주(本州)를 거쳐 간 대표적 관원(官員)은 단종(端宗)에게 학문을 가르쳤던 윤상(尹祥 · 1373~1455)교수와 사서언해(四書諺解) 초학자회(初學字會)를 언해(諺解)한 김구(金鉤), 치평요현(治平要賢)을 편찬하고 석가보(釋迦譜)를 증수(增修), 사서오경(四書五經)을 구결(口訣)로 정한 괴애(乖崖) 김수온(金守溫 · 1419~1481)목사와 공의 아우 수화(守和)와 함께 상주로 이거 노숭(盧嵩)(1337~1414)과 보문각 직제학(寶文閣 直提學) 이계선(李繼善), 보문각 직학사(寶文閣直學士) 홍여강(洪汝剛) 상의중추사(商議中樞使) 조숭(趙崇), 황희공(黃喜公)의 아들 황보신(黃保身)등이 본주(本州)로 이거하였고 황희(黃喜), 하륜(河崙) 권근(權近) 등과 깊이 교류하면서 불경(佛經)을 일본에 전하기도 한 토성(土姓) 박안거(朴安巨 · 1369~1417) 등의 경학자(經學者)와 본주(本州)로 이거한 대학자와 본주(本州)를 거쳐 간 현신(賢臣)으로 인하여 학문과 덕망(德望)에서 향토 사림(士林)의 긍지가 되고 양민(良民)의 교화(敎化)에 근본이 되었으며 선비의 고장으로서의 면모를 갖추게 되었다.

4. '수기치인'(修己治人)을 본(本)으로 삼은 유학

연산군의 등장으로 길재(吉再)의 학통(學統)을 이어 받은 영남(嶺南)의 신진사류(新進士流) 김종직(金宗直), 조위(曺偉), 김굉필(金宏弼), 정여창(鄭汝昌), 김일손(金馹孫) 등이 무오사화(戊午士禍)로 참화를 입게 되었다. 그리고 연산군 10년 갑자사화(甲子士禍)로 많은 선비가 희생되었는데, 본주(本州)의 선비들에게도 직 · 간접으로 많은 피해가 있었으나 수기치인(修己治人)을 근본으로 근신하였으므로 학문 연구가 다소 침체 상태에 놓였다. 그러나 중종(中宗)때 조광조(趙光祖)의 출현으로 상주(尙州)에도 성리학(性理學)으로 가는 길이 열리게 되었고, 1542년에 토성(土姓) 출신 주세붕(周世鵬)이 풍기군수로 백운동(白雲洞)에 서원을 열고, 1550년에는 퇴계(退溪) 이황(李滉)의 상주(上奏)로 우리나라 최초로 소수(紹修)라는 사액(賜額)을 받았다. 상주에도 근암서원(近巖書院), 봉산서원(鳳山書院), 효곡서원(孝谷書院), 임호서원(臨湖書院) 등 10여개의 서원이 세워져 성리학(性理學) 일변도(一邊倒)로 치닫게 되었다.

퇴계(退溪) 이황(李滉) 문하에서는 퇴계 사종파(四宗派 · 정구(鄭逑), 김성일(金誠一),

유성용(柳成龍), 박광전(朴光前)이 크게 활약하며 남명(南冥) 조식(曺植)의 문인과 같이 영남학파를 형성하였다. 상주목에서는 퇴계문하의 유성룡계가 장악하였으며 그중에서도 우복(愚伏) 정경세(鄭經世)는 경학(經學)·예학(禮學)으로는 조선조에서는 그를 따를 사람이 없었다고 하며, 우암 송시열(宋時烈)과도 대등(對等)하였다고 하니 공의 예학의 수준을 가히 짐작할 것이다. 공은 당파를 초월해서 노론(老論)인 동춘당(同春堂) 송준길(宋浚吉)을 사위로 맞이했으니 공의 학문이 노론에도 영향을 끼쳤을 것이며 공의 손자 정도응(鄭道應)은 동춘당(同春堂)에게 예를 물어 실천하였다. 상주목(尙州牧)의 예학(禮學)은 우리나라 당시의 표준 예학이라 할 수 있겠다.

이황(李滉), 유성룡(柳成龍), 정경세(鄭經世), 정도응(鄭道應), 정종로(鄭宗魯)로 이어지는 학문은 상주목(尙州牧)을 선비의 고장 예학의 고장으로 일컬어지게끔 하였으며 가학(家學)으로 이어지는 정경세(鄭經世)·정도응(鄭道應)·정종로(鄭宗魯)의 경학(經學)과 예학(禮學)을 정재각(鄭在覺)의 동양사학(東洋史學)과 문화사(文化史)는 15세기에서 21세기를 거치는 동안 조선시대 이래 우리나라 학술 연구에 끼친바 공로가 크다고 할 수 있겠다.

5. 기호학파(畿湖學派)의 대두

북벌(北伐)을 정치적 목적으로 삼았던 효종(孝宗)의 붕어(崩御)로 정권은 송시열 (宋時烈)등의 서인 노론(老論)의 손에 넘어가 노론의 세상이 되었다. 1666년에 경상도 유생(儒生)이 「상복고증16조소」(喪服考證16條疏)를 올려 서인들을 격렬히 탄핵하였고 1674년 인선대비(仁宣大妃) 복제(服制) 문제로 남인(南人)이 승리하자 송시열(宋時烈)은 유배되었다. 그런데 남인이 청남(淸南) 탁남(濁南)으로 분열되면서 송시열은 석방되었으나 서인도 1683년 노론(老論) 소론(少論)으로 분열되었고, 갑술옥사(甲戌獄事·1694년)로 소론이 등장하여 서인의 독무대가 되었다.

이 같은 내분으로 민심은 산산이 분열되고 전국 방방곡곡에서 색목(色目)을 찾게 된데다가 흉년과 질병이 끊이지 않아 민심이 흉흉한 때이지만 상주는 주요 곡창지이며 영남

(嶺南)학파의 중심지가 되어 당쟁과 굶주림을 피해 이주해 오는 사족(士族)이 많았고 또 생활의 안정을 유지해오고 있는 이 지방의 사족들은 조용히 학문에만 전심할 수 있는 전기를 맞고 있었으나 서인의 득세로 상주의 목민관(牧民官)은 대부분이 서인계(西人系) 일색이었음이 특색이다.

이와 같이 서인(西人) 박장원(朴長遠), 유담후(柳潭厚), 서문중(徐文重), 노론 이세필(李世弼), 소론 이광좌(李光佐), 조정만(趙正萬)등 목사의 부임으로 자연히 기호(畿湖)학파가 생성되어 영남학파의 본거지라 할 만한 이 지방 학술계에 많은 변화를 일으켰던 것도 사실이다. 그러나 특기할만한 것은 이 분들의 대부분이 붕당의 피해를 최대한 없애려고 노력한 분들이었던 관계로 이 지방 사족들과 표면적인 마찰 없이 치정(治定)에 호응을 얻었다는 점을 들 수 있다. 이는 그들의 시국관이 올바른 탓도 있겠지만 서인의 거두(巨頭) 송준길(宋浚吉)의 처가(妻家)가 남인으로 이 지방이었다는 인연과도 전혀 무관하지는 않았을 것이다.

6. 영남학파와 기호학파의 대립

영조(英祖) 초기에는 탕평책(蕩平策)의 영향도 있고 서인 목민관의 붕당(朋黨) 폐해의 인식으로 양파간의 융화(融和)가 잘 되어 영남학파(南人)와 기호학파(西人)과의 교류가 활발하여 상주목 학술에도 많은 공헌을 하였으나 영남학파 홍대귀(洪大龜), 이만부(李萬敷) 등이 중심이 되어 기호학파 성만징(成晩徵), 성이홍(成爾鴻) 등과 학문적 논쟁(論爭)이 일기 시작하여 마침내는 서인이 건립한 만동묘(萬東廟) 사건으로 남인의 불만이 노골화되어 영조 중기에 이르러서는 식산(息山) 이만부(李萬敷)의 제자(권상일 權相一)을 주축으로 함)들과 성이홍(成爾鴻) 등이 주축이 된 기호학파간에 '주리 주기(主理主氣)의 논쟁'이 벌어져 사문의 종지(宗旨)만을 옹호하여 주관적 입장만 고수한 대립이 심각한 지경에까지 이르게 되었다.

이런 때 실사구시(實事求是)의 학문이 대두되어 실학 유학(박제가(朴齊家)의 북학의(北學議), 안정복(安鼎福)의 동사강목(東史綱目), 박지원(朴趾源)의 과농소초(課農小抄)가 자리를 잡게 되어갔으나 1876년의 강화도조약(조일수교), 1881년의 조미수교(朝美修交) 1882년 조불수교(朝佛修交)조약의 체결로 이 땅은 열강의 각축장이 되었고, 홍경래(洪景來)의 난 안동김씨(安東金氏)의 세도정치, 경외(京外) 유생 800명의 서류소통(庶類疏通)의 상소, 황해도의 반란, 동학(東學)창시, 진주·익산·개령 ·함평의 민란 등 대내외적으로 혼란한 소용돌이 속에 유학은 차츰 쇠퇴하기 시작하였기 때문에 상주 또한 안온을 유지할 수만은 없었다.

그러나 이 시기 한국 유학의 마지막 불꽃을 실학이 피워 올린 것과 같이 한국 유학사의 마지막을 장식한 인물들이 상주목(尙州牧)에서 가학(家學)으로 최후까지 유학을 발전시킨 것은 특기할 일이라 하겠다. 이 시기 타 지역에서 이거해 온 선비는 없었고 다만 가학(家學)을 계승한 향토출신 풍양(豊壤) 조(趙)씨가의 조석룡(趙錫龍), 조석철(趙錫喆), 조석목(趙錫穆), 조목수(趙沐洙), 조학수(趙學洙), 식산(息山)의 손자 이승연(李承延), 이병연(李秉延), 이경유(李敬儒), 남한조(南漢朝), 유치명(柳致明), 박시묵(朴時黙), 김종문(金宗文), 김동필(金東弼), 황계희(黃啓熙), 강필악(姜必岳) 등 많은 인재들이 향토에서 유학 계승의 마지막 보루 역할을 담당하였다.

특히 선생의 16세조이신 입제(立齊) 정종로(鄭宗魯, 1738~1816)는 향토가 낳은 자랑스러운 유학자로 이경유(李敬儒) 등 248명의 선비를 길러낸 대교육자이기도 하며 실학자 순암(順菴) 안정복(安鼎福)의 예방으로 실학에 눈뜨게 하였으며 공의 유학사상은 이선(理先) 기후(氣後)를 주장하여 이기론(理氣論)에서는 주리를 주장하였고, 심성론에서는 주기적 경향을 나타내 퇴계, 서애(西厓), 우복, 무첨제로 이어지는 학통을 이룩하여 우리나라 유학계승의 마지막 보루역할을 하였다고 볼 수 있다.

이러한 유학자의 곧은 정신은 후대에까지 가풍(家風)으로 이어졌음인지 선생의 고려대학교 대학원장 보직을 맡았을 때 박사 학위 취득 과정에 외국어를 필수로 정하여 주위에 있는 아주 가까운 동료라도 마음은 아파하시면서 이 때문에 논문을 통과시키지 아니 하였음은 원칙대로 하는 선비의 정신이라 하겠다.

7. 상주인(尙州人)의 충·효

조선 500년간 목민관의 내거(來居)로 양민의 교화에 힘써 정려(旌閭) 포상(褒賞) 효자(孝子) 열녀록(烈女錄)에 등재된 효자가 강식형(姜植馨)을 위시로 168명, 열녀(烈女)가 진양 강씨(晋陽 姜氏) 정근하(鄭根河)의 처를 위시하여 80명이 배출되었음은 상주목은 효(孝)의 고장이라 아니 할 수 없다. 대개의 유학자로서는 효·충을 근본으로 삼았으나 상주목은 목민관의 홍학으로 솔선수범하여 양민을 교화하여 많은 효자를 배출하게 되었다.

그 중에도 박장원(朴長遠·1612~1671)목사(牧使) 같은 분은 정사도 청간(淸簡)하고 효성이 지극함은 상주인의 본보기가 되었고, 영조 초 손만웅(孫萬雄)의 아들 3형제의 효성은 사림의 근본을 이루었다 할 수 있으며, 이인좌의 난 때에 손경석(孫景錫)은 향토의 의병장으로 난을 평정하여 큰 공을 세워 충성하였고, 향토출신 우복 (愚伏) 정경세(鄭經世), 창석(蒼石) 이준(李埈) 송만(松彎) 김헌(金憲)은 임진왜란 때 의병을 창의하여 왜병(倭兵)을 토벌하여 충성하였을 뿐만 아니라 임진왜란 때 전국에서 유일하게 상주목민은 한 사람도 왜병에게 부역한 사람이 없는 고장이라 선조(宣祖)께서 가상히 여겨 복호(復戶)까지 내려 주셨으니 관·민 모두가 충심으로 왜란에 임했음을 알 수 있겠다.

이에 상주인의 충·효의 기질(氣質)과 선대의 가르침으로 선생은 88세의 노인임에도 학창시절을 회상하며 부친께서는 우산(愚山)에서 보행으로 20Km 지점인 상주읍(尙州邑)까지 와서 학비를 송금하였다는 말씀을 하시면서 눈시울을 붉히심은 진정한 효심(孝心)이 아니고는 할 수 없으며 더구나 1960년 3월 15일 부정선거에 의한 이승만 대통령의 독재에 항거하여 교수들의 선봉장으로서 4월 학생 혁명의 교수 데모에 궐기 하셨음은 구국의 일념(一念)이요 만 백성의 대변인으로 백성과 나라를 구하자는 충성심임은 주지의 사실이다.

이러한 충·효뿐 아니라 경성제국대학 법문학부 동양사학 전공으로 졸업하신 후 고려대학교 교수, 미국 하버드대학교 방문연구교수 등 학자로서의 기풍을 진작하셨음은 물론, 고려대학교 학생처장, 교무처장, 중앙도서관 관장, 문과대학장, 대학원 원장, 1978년에는 동국대학교 총장, 1982년 한국정신문화연구원 원장, 숙명학원 이사장으로 교육 행정면에서도 탁월한 경영을 하셨으므로 1968년 정부로부터 국민훈장 동백장, 1978년 국민훈장 무궁화장을 수장하였음은 선비의 고장 상주와 선대 성현(先代聖賢)의 학풍으로 이어진 가학 계승의 결과라고 아니 할 수 없을 것이다.

〈추기〉

필자는 고대 사학과 53학번, 아둔한 제자가 선생님을 추모하는 우리나라 대가들의 추모 문집에 졸필을 넣게 되었음을 영광으로 생각하면서 선생님이 지어 주신 문향거사(聞香居士)란 호를 썼습니다.

모교 사학과 설립 50주년행사부터 사학과 발전에 관심을 갖고 고대사학정암(靜岩)장학 재단을 설립하였음도 아울러 밝힙니다.

김 하 윤(金河潤) • 고려대학교 사학과 53학번

청빈(淸貧)과 절제(節制)의 선비정신
흩트린 적 없어…

1978년 6월 20일 쯤으로 기억된다. 동국대학교 재단 이사회가 남사(藍史) 정재각(鄭在覺) 선생님을 제9대 총장으로 선임하면서 당시 재단 이사장으로 계셨던 월하(月下) 윤희중(尹喜重) 이사장님께서 정재각 선생님에게 보내는 취임 승낙서에 동의를 얻어오라기에 선생님을 찾아가 뵌 것이 선생님과 나와의 첫 만남이었다.

이런 인연이 아니었더라도 선생님께서는 이미 우리나라 사학계의 어른으로 고려대학교에서 오랫동안 강단에 서계시면서 동 대학의 교무처장, 문과대학장, 대학원장을 역임하고 있었던 터여서 미리 알고는 있었지만 직접 가까이에서 만나 뵌 것은 이때가 처음이었다.

선생님께서는 일찍이 경기고등학교의 전신인 경성제1고등보통학교를 나오신 후, 경성제국대학을 졸업하면서 공립학교를 제쳐두고 바로 사립학교 교원의 길을 택하셨다. 나중에 선생님께서 회고하신 것처럼 일제 하 망국의 설움을 달래고 굴욕감의 자극이 덜한 곳을 찾다 보니, 사립학교 교원이 될 수밖에 없었다고 고백하고 있다. 여기에는 어두운 시대의 질곡에서 탈출하기 위한 몸부림도 일제의 말기적 광기 앞에서는 식민지 시대의 어두운 비애와 우울을 겹겹으로 경험할 수밖에 없었던 고뇌가 스며있어 보인다.

망국의 역사에서 배운 교훈으로 선생님은 언제나 젊은 지성들에 대한 열정과 기대가 불꽃처럼 치열했다. 문화 민족으로서의 긍지와 실력의 축적으로 모든 장애에 감연히 도전하고 진군하라! 고 독려 하곤 했다. 분노하지 않는 청년에게는 희망이 없다며 학생들의 기개와 지성을 항상 자극했다.

동국대학교 총장으로 재직하는 동안 (78. 6. 27~82. 1. 16)에도 학생들에 대한 지극한 사랑으로 일관하여 학사운영과 학교관리에도 많은 심혈을 기울였다. 학교 환경의 정비에도 적극적이었으며, 어지럽고 혼란스러웠던 학교주변을 정비하여 학교 교문의 지금의 자리로 이전한 것도 선생님이었으며 대학의 개체 건물마다 이름을 붙여, 학교의 학풍을 풍기는 분위기 조성에도 힘썼다.

나에 대한 개인적인 신뢰도 두터웠던 것으로 기억한다. 졸저 "한국사회보장론"의 정정판을 발간했을 때는 "이상 사회가 가까이 왔군."하고 웃으시면서 허물없는 친근감을 보여주기도 하고 미국 시라큐스대학교 맥스웰스쿨에서 정책학박사 학위를 받고 귀국한 나의 아들 재일군을 단국대학교 교수로 선뜻 추천을 해 주신 분도 선생님이셨다.

박정희 대통령 시해 사건이 일어났던, 이튿날 새벽에는 선생님께서 친히 전화를 주시고, 10 · 26 이후의 사태 추이에 대하여 여러 가지 문제점을 짚어가며 의논을 청하기도 했다. 그 후 학원가가 전국적인 소요에 휘말리면서 동국대학 내에도 회오리바람이 불어 닥치며, 모든 보직 교수들이 사퇴를 강요당하는 소동을 겪는 가운데서도 총무처장으로 있던 나에게 학생처장직까지 겸직시키면서 학원소요를 수습하는데 밤낮 없는 노력을 기울였다.

학교 제정관리에도 선생님은 한 치의 어긋남도 없는 원칙을 지키며 올곧은 청빈과 절제의 선비정신을 한 번도 흩뜨린 적이 없었다. 총장의 판공비는 아껴서 쓰시기 때문에 반납하기가 일수였으며, 특히 교수 채용에 있어서는 본교출신의 특혜를 배제하고 실력 있는 외국박사나 타교 출신을 초빙하여 학문적 수준을 끌어 올리는데 여간 열심이 아니셨다.

내가 전국교직원의 복지기관으로 "한국교직원공제회"의 전신인 "대한교원공제회" 이사장으로 차출되어 부임할 때도, 나를 놓지 않으시려고 겸직근무를 명하시며, 선생님 곁을 떠나는 정리를 아쉬워하시던 그 때 그런 선생님의 모습은 아직도 내 뇌리에 잊혀지지 않고 잔잔히 고여 있다.

내가 한국교직원공제회에 재직하는 동안, 선생님도 여러 차례 자리를 옮기고 있었다.

"한국정신문화연구원" 원장으로, "한국지도자육성장학재단" 이사장으로, "숙명여자대학교" 이사장으로 취임하시는 등 분주한 나날이었으면서도 항상 곁에 계신 것처럼 자주 불러주시며 마음 든든해 하셨다.

특히 내가 선생님의 후임으로, 한국지도자육성장학재단의 이사장직을 맡은 것도 생각하면 감회가 새롭다. 그 후, 다시 경기대학교 총장으로 재직하는 동안에는 선생님을 초빙교수로, 그리고 나중에는 대학원장으로 모셨지만, 선생님께서 나에게 베풀어주신 생전의 은덕을 추모하면, 후회와 자괴가 가슴을 저리게 한다.

지금 선생님은 가시고 없다. 동국대학교 발전에 공헌한 공로를 기리며, 동국대학교에서는 선생님의 장례를 대학교장(2000.9.21)으로 치렀다. 떠나신지 엊그제 같더니, 벌써 10년의 세월이 훌쩍 가버렸다. 하지만 선생님과 함께했던 기억은 좀처럼 잊히지를 않는다. 비록 선생님은 가셨어도 그 영혼은 여기에 엮어 바치는 추모집 안에서 세기를 건너뛰며 명료한 언어로 영원히 살아 숨 쉬고 계실 것으로 믿는다.

거듭 머리 숙여 애도해 마지않는다.

김 한 주(金翰周)

(전)사립학교 교직원 연금관리공단 이사장 / (전)경기대학교총장

지구 종말이 와도 변치 않을 '남사의 일관성'

　1967년 9월 제대를 하고 다음해 2월 복학을 하기 위해 상경하여 학교 앞에 하숙을 정했다. 가정형편 때문에 몇 푼이라도 하숙비를 절약하려고 복학 마감일을 하루 앞두고 상경했었다. 하숙집에 여장을 풀었지만 마음의 안정을 찾지 못하고 뒤숭숭해하고 있던 차에 마루 한 구석에서『군협지』라는 책이 눈에 띄었다. 아마도 무협지의 효시가 '군협지'가 아니었나 생각되는데 무명의 주인공이 갑자기 무림 최고의 고수가 되어 활약하는 모습이 새로운 환경에 대한 불안감을 떨쳐버리지 못하고 있던 시골청년을 완전히 사로잡고 말았다. 밤샘을 하고 복학 마감을 한 시간쯤 앞 둔 다음날 4시쯤에야 겨우 독파 할 수가 있었다.

　복학마감 시간을 한 시간쯤 남겨놓고 부랴부랴 학교에 달려가 복학수속을 시작하는데 문과대학 학장의 도장을 받게 되어 있었다. 당시 문과대학장이 남사셨다. 그러나 1965년 3월에 입학만 하고 군대에 갔다가 돌아온 터라 학장이 누구인지도 몰랐을 뿐만 아니라 그분이 사학과 교수라는 사실도 까맣게 모르고 있었다. 담당직원의 "정재각 학장님은 지금 휴게실에 계세요."는 말에 휴게실에 뛰어 들어가 다짜고짜 바로 전면에 보이는 분에게 다가가 복학서류를 내보이면서 정재각 선생님이 어느 분이시냐고 물어보았다.

　내 복학서류를 찬찬히 들여다보시던 그분이 나를 빤히 쳐다보시면서 "자네 무슨 과야?" 하고 물으시는 것이었다. "사학과입니다."라고 대답했더니 "사학과 학생이 사학과 정재각이를 몰라? 내가 정재각일세."하시는 것이었다. 그 순간 복학서류에 사학과 65번이라고 쓰여 있는 내용을 못 보셨을 턱이 없는데 자네 무슨 과냐고 물으신 의도를 깨달았다. 어찌나 놀라고 창피했던지 지금도 그 때 생각을 하면 얼굴이 붉어지는 느낌이 든다. 남사와의 인연은 그렇게 시작되었다.

남사로부터 수강한 첫 강의가 '동양사개설' 이었는데 일본학자들이 서양에 대항해서 '동양' (東洋)이라는 단어를 만든 배경이라든가 일본의 관심이 확대되면서 동양이라는 의미가 확대되는 과정 등 서론적인 이야기만 하다가 본론에는 들어가 보지도 못하고 한 학기가 훌쩍 지나버렸다. 지금 생각해보면 학부강의라기 보다는 대학원강의에 가까운 대단히 실증적인 강의였다. 입버릇처럼 '정치학은 자기의 견해일 따름이지 학문이 아니다.' 라고 하시던 그 말씀과 맥이 통한다.

훗날 유학을 결심하고 와세다(早稻田)대학에 제출할 연구계획서를 써들고 지도교수인 남사를 찾아갔다가 퇴짜를 맞은 것이 한 두 번이 아니었다. 나중에는 내 사정을 딱하게 생각하셨던지 강만길(姜萬吉) 선생께서 대충 초를 잡아주셨다. 당시 강만길 선생은 학계에서 떠오르는 별과 같은 존재셨다. 그래도 퇴짜를 맞았다.

하도 화가 나서 마음속으로 '선생님보다 오히려 강만길 선생이 더 유명합니다!' 라고 소리를 쳤다. 예를 들면 '등' 이라는 표현을 "등? 기타?", "등? 기타?"라고 몇 번을 되뇌시다가 어느 표현이 옳은지 "하루쯤 더 생각해보자."라고 하시는 것이었다. 하도 화가 나서 마음속으로 '아니, 선생님, 그 간단한 것 때문에 왜 또 하루를 소비해야 합니까!' 라고 소리라도 질러대고 싶은 심정이었었다.

그런데 와세다대학에서 문학박사 학위를 받고 귀국할 때 와세다대학의 유학생을 담당하던 직원이 "지금에야 말하지만 당신의 연구계획서는 와세다대학이 받은 연구계획서중 가장 훌륭한 것이었다. 그래서 당신은 학위를 해낼 줄 알았다."라고 귀띔을 해주는 것이었다. 그 때처럼 남사의 지도를 받은 것이 뿌듯하고 자랑스러웠던 때가 없었다.

남사의 글은 군더더기가 없는 명문으로 유명하지만 항상 당신을 낮추셨다. "옆방에 계시는 이항녕(李恒寧) 선생은 신문사 원고청탁을 깜빡 잊어버리고 계시다가 기자가 글을 가지러오면 그 기자를 복도에 세워놓고 글을 써서 주시는데, 나는 원고 한 장 쓰려면 원고지 10장 이상을 버려야 한다."라고 당신의 글재주 없음을 한탄하셨다. 그러나 '등'이 맞는지 '기타' 가 맞는지를 하루를 생각하시는 분이시기 때문에 한자 한자가 버릴 데가 없는 명문, 사상이 담겨있는 글을 쓰실 수 있었고 10년이 지나도 일관된 논조를 유지하실 수 있었다. 그것이—지조 있는 선비—남사의 원천이었던 것이다. 지구의 종말이 와도 남사의 일관성은 변하지 않을 것이다.

1970년으로 기억하는데, 스승의 날 남사를 인촌묘소에 모셔다가 다과를 대접하면서 말씀을 듣던 중 어느 학생이 "선생님, 기억에 남는 제자가 있으면 말씀해주세요."라는 질문을 한 적이 있었다.

남사 말씀이 경성제국대학을 졸업하고 왜놈들 밑에서 관리를 하는 것이 싫어서 고향으로 낙향했는데 부모님들이 제국대학을 졸업하고도 놀고 있다고 하도 성화를 하셔서 대구에 나가 계성학교에서 교편을 잡고 계셨었다는 것이다. 그 때 금지되어 있던 한국 역사를 틈틈이 학생들에게 가르치셨던 모양이었다.

그런데 학생 하나가 며칠 동안이나 학교를 안 나와서 알아봤더니 경찰서에 구금되어 있더라는 것이었다. 그 학생이 통학열차 속에서 남사가 가르친 한국사 내용을 메모한 노트를 보다가 경찰에게 끌려갔는데 누가 가르쳤는지 대라는 경찰의 모진 고문에도 불구하고 끝까지 불지 않아서 경찰서에 구금된 상태로 있더라는 것이었다.

그 사실을 안 남사가 경찰서에 출두하여 당신이 한국사를 가르친 장본인이라는 사실을 밝히고 학생을 석방해 달라고 했더니, "당신이 계성학교를 그만두고 조용히 대구를 뜨면 당신도 문제를 삼지 않고 학생도 석방을 하겠다."라고 하더라는 것이었다.

예나 지금이나 경찰로서는 시국사건이 확대되는 것을 원치 않았던 모양이었다. 결국 소리 없이 계성학교를 그만 두시고 서울로 올라오셔서 경신학교에 몸담으셨다가 해방 후 국학대학을 거쳐 우연히 인촌을 만나 고려대학교에 자리를 잡게 되었는데 그 때 그 학생이 당신과 나이도 별로 차이가 안 나는데 지금도 인사를 오는 것이 인상에 남는다는 말씀이셨다. 그러나 일제에 철저히 저항하시면서도 지도학생인 나에게, 그 중요성에 비해 일본연구가 없다는 점을 안타까워하시면서 당신의 전공인 중국사가 아닌 일본사를 권하셨던 분도 남사셨다.

당시 사학과의 한 학년 정원은 40명이었다. 전공은 3학년에 올라가면서 한국사, 동양사, 서양사 중에서 선택하게 되어 있었다. 수업은 학년별로 전공별로 나누어서 진행되었다. 내가 3학년이 되었을 때 같이 동양사를 전공으로 선택한 학생이 3명뿐이었다. 그래서 동양사 수업은 언제나 화기애애하게 이야기 식으로 진행되었다. 특히 교탁에 걸터앉으셔서 『송서』〈식화지〉를 읽히시던 남사의 동양사강독은 수업 반, 이야기 반이었다. 당시는 한일회담반대에서 시작된 반정부 데모로 대학가가 잠잠할 틈이 없을 때로, 학생 세 명을 데리고 하는 강의였으니 상상이 가고도 남음이 있을 것이다.

남사도 1960년 4·25교수데모 때에는 선언문을 쓰실 만큼 현실에 대한 관심이 크셨다. 그러나 당시에는 현실문제에 대해서 침묵으로 일관하고 계시는 게 우리들은 잘 이해가 안 되었다. 그래서 한 학생이 "선생님은 왜 4·19 때는 적극적으로 현실에 대해서 발언을 하셨으면서도 지금은 침묵으로 일관하고 계십니까?"라는 질문을 한 적이 있었다. 그랬더니 "4·19때 피를 흘리는 학생들을 보고 이런 정권은 도저히 용납해서는 안 되겠다는 생각에서 교수데모에 앞장섰다. 그런데 4·19 때 데모에 앞장섰던 많은 학생들이 정부기관 등에 들어가 국민을 억압하거나 학원사찰에 앞장서는 것을 보면서 사회에 대해서 발언하기 전에 먼저 학생들을 바르게 가르쳐야겠다는 생각을 하게 됐다."라고 대답하셨다.

졸업할 무렵이었다. ○○여자고등학교에서 교사를 모집한다는 광고가 있어서 남사에게 "선생님, ○○여자고등학교에 아시는 분 없으세요?"하고 여쭈어 보았더니, "아, 그 학교를 설립한 △△△씨를 잘 알지. 그런데 내가 부탁을 하면 될 일도 안 될 거야."하시면서, "언젠가 △△△씨가 부탁을 해서 우리 졸업생을 한 사람 추천한 일이 있었지. 그런데 몇 년 있다가 △△△씨가 '정선생, 당신이 추천한 ▽선생이 지금 나를 몰아내려고 하는데 좀 도와줘야겠어.'라고 전화를 걸어 왔어. 그래서 그 졸업생을 불러다가 어떻게 된 일인지 물었더니 '선생님, 스승의 날이라든가 무슨 날만 되면 △△△씨를 위해서 학생들로 하여금 금반지를 해서 바치게 한다든지 이런 짓들을 밥 먹듯이 하는데 이런 사람을 어떻게 그냥 두겠습니까?'라고 말하더군. 그래서 △△△씨에게 전화를 걸어 '△△△선생 내가 우리 학생들에게 자유·정의·진리를 가르쳤는데, ▽선생이 자유·정의·진리를 위해서 싸운다고 하는데 내가 뭐라 말하겠소.'라고 하였더니 △△△씨가 길길이 뛰더군."이라 하시는 것이었다. 남사는 그런 분이셨다.

사은회를 당시로서는 호화판으로 퇴계로에 있는 아스토리아 호텔에서 열었다. 선생님들이 한 말씀씩 돌려가면서 하시는데 남사 차례가 되자 "식사를 대접받았으니 밥값으로 한마디는 해야겠지?"라고 운을 떼신 후, "여러분들이 사회에 나가면 갭이 큰데 한꺼번에 다 고치려 하면 여러분들이 설 곳이 없어지고 도리어 도태됩니다. 그러니 여러분들이 20%쯤 고치고, 또 여러분들의 후배가 20%쯤 고치면서 나가는 것이 바람직합니다."라는 요지의 말씀을 하셨다. 남사는 차가우리만치 냉정하신 분이었지만 혁명가가 아니라 현실의 바탕 위에서 지혜롭게 하나씩 고쳐나가려고 노력하시는 분이셨다.

남사가 고려대학교를 정년퇴임하신 뒤 동국대학교 총장이 되셨다. 당시 나는 와세다대학에서 일본사로 석사를 마치고 박사과정 진학을 앞두고 있었다. 당시는 박사과정 진학이 만만치 않은 때였다. 마침 한국에 들어갔던 집 사람이 인사차 남사 댁에 들렀더니 이런 저런 이야기를 재미있게 하시더라는 것이었다. 이야기 끝에 집사람이 "선생님 어디 자리 있으면, 애 아빠 취직 좀 시켜주세요."라고 했다는 것이다.

그랬더니 재미있게 이야기를 하시던 남사가 정색을 하시면서 "김군에게 분명히 전하게. 나는 실력이 없으면 내 자식이라도 쓰지 않아."라고 하셨다면서 정 선생님이 그렇게 찬바람이 설설 부는 분인 줄 몰랐다고 서운해 하는 것이었다. "아, 정 선생이 그런 분인 줄 몰랐으면 바보지. 실력을 갖춰 놓으면 싫다고 해도 오라고 하실 거야."라고 말해줬다.

학위를 마칠 즈음 정신문화연구원장으로 가신 남사로부터 한국을 잘 알기 위해서는 주변을 연구할 필요가 있기 때문에 '일본실'을 두려고 하는데 실장으로 오지 않겠느냐는 제안이 있으셨다. 의기양양한 태도로 집 사람을 돌아보면서, "거봐. 실력을 갖춰놓으면 정 선생이 먼저 오라고 하시잖아?"라고 으스댔던 생각이 난다.

1979년 여름으로 기억되는데, 동국대학교 총장으로 일본의 고마자와대학(駒澤大學)과 자매결연을 맺으러 도쿄에 오셨다. 같이 자취를 하던 강만길 선생과 황궁을 안내했다. 그

때 동국대학교에서 40명에 가까운 교수를 공채한다는 광고가 나서 화제 거리가 되었던 때였다. 그래서 어떻게 한꺼번에 그렇게 많은 교수들을 뽑을 수 있게 되었느냐고 여쭈어 보았다. 동국대학교에 총장으로 가서보니까 각 학교에서 정년퇴임한 쟁쟁한 분들을 20여명이나 ○○교수로 해 놓고 있어서 교수들을 채용하려고 해도 더 이상 채용할 수가 없더라는 것이었다. 그중에는 동향이고 고려대학교에서 같이 계셨던 분도 여러분이었다는 것이었다.

그래서 고려대학교 대학원에서 지도를 받고 모대학교 사학과 교수로 있던 그 분의 자제를 불러서 ○○교수의 명단을 보여주면서, 이런 분들 때문에 교수들을 더 뽑을 수가 없다고 했더니 그 이튿날 그 교수의 사표가 들어오더라는 것이었다. 다음 날 그 교수의 사표를 게시했더니 20여명이나 되던 ○○교수들의 사표가 줄줄이 들어오더라는 것이었다. 남사와 그렇게 가까운 교수가 사표를 내는데 다른 분들이 사표를 내지 않을 수가 없었던 것이다. 그래서 그 후임으로 40여명의 교수를 공채로 뽑게 되었다는 것이었다. 그것이 한국에서 대학교수 공채의 효시가 된 것은 물론이다. 가히 행정의 달인이시고 공과 사가 분명하신 분이셨다.

그 엄격하시던 남사도 고려대학교와 당신이 가르친 제자들에 대해서는 남다른 사랑과 애정을 갖고 계셨다. 보통 사람들 같으면 경기고등학교경성교보와 서울대학교의 전신인 경성제국대학을 나온 것을 자랑으로 여길 법도 하였건만 남사는 달가워하지 않으셨다. 남사의 의사도 들어보지 않고 경기고등학교와 서울대학교 동창회가 경성고보와 경성제국대학을 나온 남사를 이사로 해 놓고 무슨 일이 있으면 연락을 했던 모양이었다.

남사는 왜 경기고등학교와 서울대학교 동창회가 부끄러운 줄도 모르고 경성고보와 경성제국대학 졸업생들을 동문으로 포함시키는지 모르겠다고 비판하곤 하셨다. 당신이 나왔으면서도 경성고보와 경성제국대학을 일제가 식민지지배를 위해서 세운 학교로 비판하시면서 민족 자본에 의한 고려대학교를 자랑스럽게 여기셨고 언제나 고려대학교의 사람이셨다. 따라서 고려대학교의 제자들에 대해서 한국의 장래를 짊어지고 나갈 인재들로서 애착을 가지고 기대를 하셨다. 그래서 제자들의 일이라면 언제나 사양치 않으시고 나서주

섰다.

지금은 지방대학에 있는 후배가 서울시내의 모 대학에 지원서를 냈는데 당시 일선에서 물러나 계시기는 했지만 남사가 말씀을 해주시면 도움이 될까하는 생각에서 나를 찾아와 상의를 한 적이 있었다. 만약 선생님께서 말씀을 해주셨다가 효과가 없으면 선생님을 욕보이는 일이 되지 않을까 하는 생각에서 망설여지기는 했지만 급한 김에 댁으로 찾아뵙고 말씀을 드렸다. 선생님께서는 "내말이 먹힐까?" 하시면서도 두말없이 전화를 걸어주셨다. 제자들의 일이라면 언제나 사양하지 않으셨다.

남사가 돌아가시던 해 정초 세배를 갔을 때 이미 병마에 시달리고 계셨지만 전혀 내색을 하지 않으셔서 눈치를 못 챘다. 나중에 입원하셨다는 소식을 듣고 안암병원에 달려갔더니 막 운명하셔서 영안실로 옮기셨다는 것이었다. 사모님은 암의 고통 속에서도 전혀 내색을 안 하시던 선생님을 안타까워 하셨다. 항상 지구라도 움직일 수 있는 초인적인 분이라고 여겨졌던 그대로셨다. 장지가 고향인 상주로 정해졌다. 상주가 본관이지만 한 번도 가본 적이 없는 상주 땅을 선생님 덕분에 처음으로 밟았다. 돌아가시면서도 나에게 뿌리를 일깨워주신 것이었다. 남사야말로 우리들의 영원한 사표요 한국의 마지막 선비셨다고 할 수 있을 것이다. 언제 불러 봐도 자랑스러운 나의 스승이시다. 선생은 가셨어도 그 가르침은 영원이 빛날 것이다.

김 현 구(金鉉球)

고려대학교 명예 교수/ (전)일본역사연구회 회장

이지(理智)의 최고봉 '정재각(鄭在覺) 선생님'

　남사(藍史) 정재각(鄭在覺) 선생님께서 유명을 달리 하신지도 어언 5년여의 긴 세월이 흘렀습니다. 선생님에 대한 추모의 정과 념은 여전히 차고 넘치나, 내 용열한 글재주로써 이 신회를 정제(精製)된 문장으로 담아내기란 어림없는 일이어서 진작에 원고청탁은 빈있으나 도무지 엄두가 나지를 않아 시일만 허송하였습니다.

　그럼에도, 우촌(祐村) 신근재(愼根縡) 선생님께서 한없이 인내하시며 분에 넘치는 면책의 배려를 하시니 참으로 뵈올 면목이 없는데다, 그동안 이 문집편찬을 위해 애써 오신 여러분에 대한 민망함 또한 더 이상 피할 곳 없는 한 끝에 이르고 말았습니다.

　아무리 그렇기로서니 선생님 당신에 대한 송구스러운 마음만큼이야 하겠습니까! 이렇듯 장황한 넋두리로 서두의 아까운 지면을 허비하고 있는 것도 이지(理智)의 최고봉이라 할 '남사 선생님의 인간상'을 어떻게 그려야 할지… 이제부터 써 나가야 할 앞길이 여전히 난감하고 아득하기만 하기 때문일 것입니다.

1. 《고대신문》과 남사 선생님

　우리의 대학시절, 그러니까 4·19와 5·16으로 이어지던 이 나라 민주주의의 대실험기, — 그 영광과 좌절이 교차하던 '격정의 시대'에 남사 선생님은 무엇보다 글로써 학생들의 마음을 사로잡았습니다. 기억컨대 이 무렵의 고려대학교는 학자로서 뿐만 아니라 문사(文

士)-논객으로도 당대 일류 명사로 꼽힐만한 교수들의 대 집결처였습니다.

그 선두에 항상 총장 현민(玄民) 유진오(兪鎭午) 선생이 서 있었고, 지훈(芝薰) 조동탁(趙東卓), 경로(卿輅) 이상은(李相殷), 남사(藍史) 정재각(鄭在覺), 약전(藥田) 김성식(金成植), 남재(南齋) 김상협(金相浹), 그 밖에 조용만(趙容萬), 김경탁(金敬琢), 손명현(孫明鉉), 조기준(趙璣濬), 조동필(趙東弼), 이항녕(李恒寧), 현승종(玄勝鍾), … 등등 기라성 같은 교수들이 줄을 이었습니다. 어쩌면 재직교수 모두가 다 그 같은 스타급이 아니었나 생각될 정도였습니다.

매체가 거의 없던 시기였으니《고대신문》은 교수들의 가장 중요한 발표무대였습니다. 학내외 경제사정이 그만큼 어려운 때라 교내신문이 대학이라는 학문공동체의 유일한 전달수단이자 가장 효과적이고도 유력한 교육수단으로 기능하고 있었기 때문입니다. 위의 거명 교수들은 대부분《고대신문》과 직접간접으로 관계를 맺고 있던 분들이었습니다. 예컨대 현민 선생은 고대신문사의 사장이었고 지훈-경로-남사-약전 등 나머지 교수들은 사장직무대행이 아니면 지도교수, 또는 일급 필자들이었습니다.

이러한 때에 제가《고대신문》의 학생기자→부장을 거쳐 편집국장을 지낸 것은 다시없는 행운이요 보람이었습니다. 무엇보다도 자기 전공학과에 국한하지 않고, 전교 교수들과 직무상 스스럼없이 만날 수 있었기 때문입니다. 처음에는 원고청탁이 주된 임무요, 용건이었으나 편집책임을 맡고부터는 문제의식을 다듬고 편집아이디어를 개발하여 기획물로 발전시켜 나가는데 요구되는 조언을 듣기 위함이었습니다.

교수들과의 이 같은 접촉은 강의실에서는 도저히 얻을 수 없는 실제와 밀착된 지식을 쌓는 또 다른 배움의 기회였고, 글을 통해서 망외(望外)의 스승을 만나는 축복의 시간이었습니다. 이 때 우리의 시선은 적어도 민족과 대학과 세계에 머물러 있었고, 대화의 초점은 언제나 지식인의 사명에 모아졌습니다.

이를 계기로 여러 교수들이 어느 틈엔가 제 이름을 기억하고, 눈여겨보아 주시는 행운도 뒤따랐습니다. 이렇게 맺어진 인간관계는 평생의 정신적 자산이 되었습니다. 바로 그 시절 이후, 제가 나름대로 전력을 다한 것이 있다면 《고대신문》을 매개로 한 강의실 밖에서의 문장공부가 전부 아니었나 생각됩니다.

지훈 선생님으로부터는 글의 '멋'과 '맛'을 배웠다고 감히 자부하고 싶습니다. 경로 선생님은 글의 '깊이'와 '진지함'을 일깨워 주었습니다. 남재 선생님의 글들은 사물의 현상과 본질을 꿰뚫고, 관념들을 개념화하여 축약해내는 함축미를 일러주었습니다. 그리고 남사 선생님은 무엇보다 역사의식에 기초하여 문제의식을 정립해 나가는 지침이 되었습니다.

'문장의 길'은 갈수록 멀기만 한데 이 네 분 스승은 도대체 어디쯤에 올라가 계신지 가늠조차 어려운 지경이어서 때로는 저처럼 어리석은 자는 죽었다 깨어나도 발끝조차 미칠 수 없다는 좌절감과 자멸감(自蔑感)에 빠진 일이 한 두 번이 아니었습니다.

제게 있어서 남사 선생님은 아주 독특한 위치에 계셨습니다. 아마도 저에게 약간이나마 역사의식이 있다면 그것은 선생님의 문장으로부터 받은 영향 때문이라고 할 수 있습니다. 선생님의 강의 한번 청강하지 않은 제가 서슴없이 선생님의 문인(門人), 또는 그 제자를 자처하고 싶은 이유이기도 합니다.

2. 〈동양인의 평복의 용기〉

제가 접한 선생님의 첫 문장은 1956년 6월 18일자 《고대신문》 '프런트'에 실린 "동양인의 평복(平服)의 용기"라는 아주 독특한 제목의 평론이었습니다. 특히 '평복의 용기'라는 말이 저의 시선을 유난히도 사로잡던 기억이 새롭습니다. 1956년이라면 제가 모교에 입학하기 4년 전의 일이므로 발표된 지 아주 오래된 글인데 이것이 제 눈에 띄었으니 우연치고는 무언가 색다른 연(緣)이 닿아 있는 듯한 느낌을 갖게 합니다.

그 시절 저는 만화와 컷을 그리는 신입생 촉탁기자로 행세하던 때라 고대신문사를 무시로 드나들 수 있었고, 편집국에 들어서면 으레 신문걸이에서 《고대신문》철(綴)을 꺼내서 빽 이슈들을 그냥 호사취미로 들춰보다 흥미가 당기는 제목이 나타나면 맛보기 식으로 읽다 마다하는 것이 보통이었습니다. 선생님의 이 글 역시 제목에의 강렬한 끌림은 있었지만 원체 장문(長文)인데다 도입부가 난해하여 저의 한심한 독해력으로는 언저리 더듬기조차 난득(難得)이어서 다른 글들과 다름없이 곧 중도 포기될 운명이었습니다.

그런데 이 글은 이상하게도 줄을 거듭하며 읽어나갈수록 지루함이 가시고 집중력이 생기면서 절로 깊이 빠져들게 되는 것이었습니다. 동원된 어휘들이 생소하고 고답적이라 문장 자체가 빡빡하게 느껴지는 어려움은 있었지만, 전후 문맥의 논리성이 너무나 명쾌하여 그 특유의 냉철-이지적인 매력을 한껏 높여주고 있기 때문이 아니었나 싶습니다.

말미에서 동양인 일반의 '아(阿)Q적' 성격을 논하면서 "시민정신이 결여된 그들에게서 흔하게 볼 수 있는 용기란 한갓 권위를 등에 업었을 때의 용기, 칼자루를 잡았을 때의 용기, 제복을 입었을 때의 용기, 노예근성의 타면을 형성하는 '아(阿)Q적' 용기일 따름"이라는 진단은 오랫동안 저의 뇌리에서 떠나지 않고 길게 여운을 끌었습니다.

특히 동양인들도 권위의 상징인 제복이 아니라 평복을 입고도 당당할 수 있는 "진정한 시민적 용기의 소유자로 하루바삐 전환, 역사의 추진자로서의 영예가 돌아와 주기를…" 기원하는 끝 절은 너무도 함축적이어서 저 같은 대학 초년생이 그 본의를 곧바로 읽어내기란 쉬운 일이 아니었습니다. 제가 이 글의 참 뜻을 확연히 알아차린 것은 그로부터 10여년의 세월이 흘러 1970년대 초에 고대신문사 부주간으로 되돌아온 뒤의 일이었습니다.

《고대신문》의 새로운 편집방향을 놓고 학생들과 머리를 맞대고 고심하던 이 시절, 내심 〈한국인 탐구〉, 또는 〈한국인의 자기발견〉으로 기획의 기본 줄기를 세우고 있던 저는, 불현듯 이 글로부터 받았던 감명이 되살아나며 선생님의 옛 글 전체를 리뷰하면 거기에서 무언가 오늘의 막연한 상념들을 특집기획의 대주제로 발전시킬 수 있는 새로운 아이디어를 얻을 수 있으리라는 데 생각이 미쳤습니다.

그리하여 선생님의 여러 글 가운데 우선 이 글부터 찾아내어 재삼재사 심독(心讀)하는 과정에서 비로소 그 궁극적 메시지야 말로 극악무도한 정권과 부조리한 현실에 대한 지식인의 저항을 촉구하는 무서운 질타임을 깨달았던 것입니다. 말하자면 이 글은 '선지자적 예언'이었던 것입니다.

선생님의 이 같은 엄중한 메시지는 4년 뒤 4·19라는 민족 최초의 민주혁명으로 메아리 쳤습니다. 또 이렇게 불붙은 국민적 각성과 의식의 변화는 그 이후 70년대의 산업화와 80년대의 민주화 진통과정에서 더욱 성숙, 세계로 향한 도전정신으로 비약하여 마침내 천형(天刑)과도 같은 동양적 정체성과 한국적 굴레를 후련하게 극복-청산하면서 어느새 우리도 세계화-선진화의 단계로 들어서게 된 것이 아닌가 생각해 봅니다.

3. 〈한국인의 자존심 문제〉

이 시기 《고대신문》과 《고대문화》 등 학내 매체에 실린 선생님의 많은 글들을 읽어 나가던 중 저의 탄성을 자아낸 또 하나의 압권(壓卷)이 있었습니다. 그것은 1968년 5월 13일자 《고대신문》 지령 500호 기념논문 〈한국인의 자존심문제〉가 바로 그것이었습니다. '라일락의 청향(淸香)'으로 시작하여 '라일락의 암향(暗香)'으로 끝을 맺는 구성이 아주 독특한 문장입니다.

"봄도 바야흐로 고비에 다다른 호시절. 라일락의 청향이 교정에 그윽하다. 문득 자존심에 대하여 생각해 본다. 자존심이란 무엇일까? 그것은 이 옷자락에 스며드는 향기처럼, 인생에 있어서 필경 한갓 사치에 속하는 것일까? 아니면 더욱 절실한 뜻을 가지는 것일까? 그렇다면 그 사회적 기능은 어떠한 것일까?…"로 실마리를 열고,

"…지지한 햇발도 어느 듯 서산에 기울었다. 라일락의 암향(暗香)이 자꾸만 춘정을 구슬리는 가운데 문득 자존심문제를 통하여 지식인의 과제를 생각하여 본다."로 끝을 맺는 글입니다.

에세이 풍의 이 논고를 읽어나가면서 줄곧 저의 머릿속을 맴도는 화두는 '자존심의 문제'에 '라일락의 향훈'이 던지는 함의(含意)였습니다.

선생님은 '자존심의 문제'를 풀어가기 위해서 우선 그 어의(語義)부터 꼼꼼히 더듬고 있습니다. 이어 체면유지에 급급, 갈채에 굶주린 기회주의적 자존심, 곧 위선적-자기기만적

사이비 자존심과 진정한 자존심을 구분하였습니다. 진정한 자존심이란 "···갈채를 염두에 두지 않는, 조용한, 그러나 단호하고 늠열(凜烈)한 기품을 지닌 자존심", "멀고 깊은 인생관에 기초를 둔 영원한 긍지에 불타는 일종의 종교적일만큼 숭고한 자존심", "자신의 신념의 소기, 자기 내부의 진실의 소리에만 귀를 기울이고 그곳에서만 자신의 전존재 의의를 찾는 자존심"이라고 묘사하였습니다.

군자의 신독(愼獨), 탈옥을 거부하고 독배를 마시는 소크라테스의 선택, 단발(斷髮) 강요에 죽음으로 맞선 구한말(舊韓末) 선비들의 결사항거, 유태인 학살에 격노하여 평생 독일인 청중 앞에 연주를 거부한 루빈시타인의 결단, 백인 인종차별주의자들의 무도한 폭력 앞에서 피투성이로 단신 항의하던 백인교수의 흑인민권운동 옹호···등등을 선생님은 그 전형으로 예시하고 있습니다.

이처럼 '자기정신', '자기원칙'에 철저한 높은 자존심만이 생의 원리를 찾아내고 수많은 자연법칙의 발견과 주요발명에 이바지 하는 원동력이 되었음을 지적하면서 공자, 예수, 갈릴레오, 루터 등 그 누구든 그들이 끼친 문화적 공헌이야말로 모두가 높은 자존심의 발로였음을 확인하고 있는 것입니다.

민족의 자존심도 이상과 같은 개인적 자존심과 다를 바가 없다는 것입니다. 자신을 가장 못난이로 자인하는 사람이 자살할 수밖에 도리가 없듯이, 자기 민족을 하잘 것 없는 존재로 비하하고 자학하는 자존심 없는 민족 역시 종속적인 객체, 주체적·독립적 생존이 불가능한 피동적 존재로 전락할 수밖에 없다는 것입니다. 결국 민족적 자존심은 자기민족의 존재가치와 민족문화에 대한 무한한 신뢰, 자긍심, 그리고 불발(不拔)의 자신감이 그 요체라는 것입니다.

선생님은 자존심의 이러한 사회적 기능분석을 토대로 잃어버린 한국인의 자존심을 어떻게 복구·재발견 할 것인가를 자문하였습니다. "일제의 혹독한 지배와 뒤이어 구걸한 외국의 정치적 물질적 원조" 때문에 만신창이가 된 한국인의 민족적 자존심을 하루속히 복원하는 것 만이 민족이 당면한 위기를 극복하고 분열된 민족을 합일로 이끄는 원동력임을 일깨우기 위함이었습니다.

아랍 민족에 포위되어 고립무원으로 갇혀있는 절체절명의 곤경 속에서 독립국가 건설에 성공한 이스라엘의 경우를 선생님은 그 대표적 예증으로 제시하였습니다. 이(異) 민족의 온갖 멸시·천대와 박해 속에서도 선민의식으로 표현되는 그 민족적 자존심을 잃지 않고 끝까지 자기의 종교를 지켜내고, 자기민족의 가치에 대한 존중심을 높여 하나로 뭉칠 수 있었던 이스라엘 특유의 그 민족적 자존심이 이른바 "사막의 기적"을 창조하는 원동력이 되었다는 것입니다. 4강이 호시탐탐 에워싸고 있는 우리의 정황과 이스라엘이 처한 위기의 본질은 같으나, 나타난 현실의 이 같은 천양지차(天壤之差)를 선생님은 바로 양자가 지닌 민족적 자존심의 차이라고 본 것입니다. 그리하여 선생님은 상처받은 우리의 자존심 회복을 위하여 이스라엘 민족으로부터 배워야 할 것이 바로 이 점임을 설파하였던 것입니다.

한국인의 역량이 지구촌의 동·서·남·북을 가리지 않고 종횡무진으로 뻗어나가고 있는 자신감에 넘치는 오늘날은 '민족적 자존심'이란 그저 당위적인 것으로 여겨질 뿐, 특별히 감동적이거나 절실한 명제는 아닙니다. 하물며 보릿고개와 절량농가로 상징되던 1960년대의 그 절대빈곤의 시대임에랴…, 그것은 한갓 "봄날의 옷자락에 스며드는 꽃향의 사치" 정도로 가볍게 간과되기 쉬운 것일 뿐, 그리 절실한 민족적 과제로 떠오르는 대상은 더욱 아니라는 것입니다. 그런데 선생님은 단지 생물학적 생존이 지상과제로서 삶의 모든 가치를 압도하던 그 시대에 무엇보다도 '민족적 자존심'의 상실을 당면 위기의 본질로 제기하였던 것입니다. 가히 역사가의 선구자적 안목이 아니고서는 쉽사리 미칠 수 없는 현실감각이라고 하지 않을 수 없습니다.

4. 〈한국전통문화와 세계문화〉

선생님의 연구업적이 그리 많지 않다는 것은 주지의 사실입니다. 그럼에도 그로 인해 선생님의 학문적 위상이 폄하되는 것은 아닙니다. 오히려 그것은 "남사의 가장 남사다운" 지표로 이해되기도 합니다.

사실 학자가 연구업적을 쌓는다는 것은 지극히 당연한 일이요, 기왕이면 양적으로도 풍성한 것이 바람직할 것입니다. 하지만 연구도 연구 나름이니, 양의 다과(多寡) 보다 질의 고하(高下)를 따지는 것이 평가의 정도(正道)일진대, 선생님의 경우 그 양적 빈곤은 전혀 문제가 되지 않는다는 뜻입니다. "남사의 수필 한 줄이 때로는 다른 사람의 백편 논문보다 그 생명력이 월등하다."는 사실을 알 만한 사람은 다 알고 있기 때문입니다. 그만큼 선생님의 글은 논문이건 평론이건 논설이건, 또 단순한 수상-기행-감상문이건 그 통찰력과 문제의식의 지평에서 가히 타의 추종을 불허한다고 할 것입니다.

그런데 말년에 이르러 선생님은 뜻밖에도 본격적인 논문형식을 갖춘 문제작을 한 학술회의에 내놓으시어 잔잔한 감동을 불러일으켰습니다. 1985년에 발표된 〈한국전통문화와 세계문화〉가 바로 그것입니다. 이 논문에서 선생님은 무엇보다 '서양중심사관'에 대한 통렬한 비판의 기조위에서 한국사의 기본 과제를 검토하고 있습니다.

그동안 선생님의 글이라면 내면적 사색의 열정이 응축된 철학성이 짙은 문장만을 주로 보아 왔던 제게 이 논문은 '역사의 인식과 방법' 이라는 차원에서 새로운 시야를 열어주는 큰 빛이었습니다.

첫째로 이 논문은 우리 근대학문의 식민성과 종속성을 지적하고 그 극복을 제일의 과제로 제기하였습니다. 즉, 이 땅에 들어 온 신학문이란 원산지 직수입품이 아니라 일본으로부터, 그것도 일본이 지닌 서양에 대한 뿌리 깊은 열등의식과 맹목적 서양숭배사조의 영향 하에서 중역적(重譯的)으로 이식(移植)된 것이기 때문에 출발부터 거기에 식민성과 종속성이 잉태됨은 필연적인 결과라는 것입니다.

일본은 18~19세기 이래 근대식 병기의 위력과 과학주의-실증주의의 신화적 권위를 앞세우고 세계를 정복해 온 서양의 사회 진화론적 발전사관에 함몰되어 역사를 보는 시각이나 방법, 문화를 관조하는 자세에 있어, 모든 단위적 역사주체들의 역사적 발전단계는 서양이 성장해온 경로와 동일한 궤도 위에서 선후–우열 관계로 나타날 것이라고 맹신해 왔다는 것입니다. 그런데 우리 학문은 이와 같은 일본식 서양제일주의보다 오히려 더 집요하게 서양우월-비서양 열등이라는 서양추종주의의 포로가 되어 서구문화 전반에 대한 올바른 이해나 냉정하고 객관적인 접근은 고사하고, 그 최면-중독 증상조차 자각하지 못할 정도로 주체의식의 마비를 일으키고 말았다는 것입니다.

둘째로 이 논문은 자본주의 · 공산주의를 막론하고 서구제국주의의 세계침략과 세계지배 정당화의 도구에 불과한 서양 중심주의적 진보사관의 〈서양 선진-비서양 후진〉, 〈서양정상-비서양 비정상〉 당위론을 부정하고, 지구상의 모든 역사주체들의 개성적 참여와 새로운 사관에 의한 세계사의 인식과 그 전개를 역설하고, 한국사의 기본과제로서 ① 민족의 개성 발견, ② 민족의 존재의의 규명과 민족문화의 가치 제시, ③ 세계문화 속에서의 민족문화의 주체성 확립 등을 강조하였습니다.

셋째로 이 논문은 우리의 근대학문과 한국사학의 제문제를 개괄-분석-비판하고, 이 토대 위에서 한국사가 당면하고 있는 위에서 제시한 3개항 기본과제의 해결 방법으로서 △ 서양 중심사관과 그 방법의 지양, △ 각개 민족의 개성발견에 초점을 둔 새로운 사관의 정립과 역사주체 간 문화사적 비교연구, △ 한국문화의 자주적 자기발전성 탐구 등을 제시하였습니다.

특히 이 논문은 한국문화의 자주적 발전성 문제와 관련, 고조선 이래 독창적 문화세계를 구축해온 우리민족의 그 강인한 대응력과 풍요로운 문화적 활력이 이후의 무수한 외난을 극복하는 원동력이었음을 밝히면서, 우리 민족과 민족문화의 꿋꿋한 생명력, 창의성, 포용력, 대외적 평화성, 그리고 자주적 자기발전성으로 집약되는 특유의 가치를 서양 중심사관으로는 도저히 올바르게 평가할 수도 없고, 또 제대로 설명되어질 수도 없다고 결론짓고 있습니다.

요약컨대 서양 중심사관의 거부-지양과 민족의 개성발견 강조로 압축되는 이 논문은 비단 사학의 문제 뿐만이 아니라 인문-사회-자연과학을 통틀어 이 땅의 모든 근대학문이 원점으로 되돌아가 뼈아픈 자기반성과 준엄한 자기비판으로부터 새 출발하지 않으면 안 될 당위의 명제를 제시했다고 할 수 있습니다. 그렇기 때문에『한국언론사』라는 특수사 연구를 기본 임무로 하는 저와 같은 언론사학도에 있어서도 선생님의 이 같은 문제의식은 참으로 신선한 충격으로 받아 들여졌던 것입니다.

5. 분에 넘치는 은고

돌이켜 보면, 저는 선생님으로부터 분에 넘치는 은고를 여러 차례 입었습니다. 재학 중 제가 《고대신문》편집국장 자격으로 선생님을 처음 찾아뵈었을 때, 선생님께서는 타과 학생인 제 이름을 이미 알고 계셨습니다. 짐작컨대, 신문의 제호 밑에 나오는 발행인 이하 편집 스텝 명단 중 희성(稀姓)인 제 이름이 상대적으로 쉽게 눈에 들었기 때문이 아닐까도 여겨집니다만, 어쨌거나 선생님은 그때 마치 오랜 제자를 반기듯 "목군!"이라 부르시며 용건을 물으신 듯 하고, 저는 대학언론으로서 《고대신문》이 나아갈 바를 단도직입적으로 여쭌 것으로 기억됩니다.

당시 우리들의 기본 테제는 "젊은 인생의 고뇌"였습니다. 4·19가 5·16에 의해 빼앗긴 혁명으로 좌절되고 실의와 허탈에 빠진 학생들은 좌표를 잃고 방황하던 우울한 계절이었습니다. 제가 선생님으로부터 얻고자 했던 절실한 가르침은 학생들로 하여금 그 잃어버린 '자기좌표'를 되찾고 바로 세우도록 이끌기 위한 의제(Agenda)를 어떻게 설정할 것인가 - 하는 문제였습니다. 선생님께서는 한동안 깊은 생각에 잠기시더니 "역사로부터 배우는 지혜"를 아주 함축적으로 들려주신 것 같습니다.

졸업 후 삶에 쫓겨 학업과 담을 쌓고 지내던 제가 선생님을 다시 뵈올 수 있었던 것은 앞에서도 잠시 언급한 바 있듯이 고대신문사에 복귀한 직후부터였습니다. 선생님께서는 10년에 가까운 세월이 흘렀음에도 대학원장실로 찾아간 저를 금시 알아보시고는 반갑게 맞아주셨습니다. 그때 선생님께서 던지신 화두는 "대학의 노화(老化)와 신선한 젊은 피의 수혈"이라는 대학경영에 관련된 문제였습니다. 대학의 전통 창조와 자기 쇄신을 위하여 항상 '공론의 장'을 열어야 할 대학언론으로서는 마땅히 관심을 기울여야 할 의미심장한 과제였습니다. 선생님은 아마도 제게 이점을 일러주고 싶으셨던 것 같습니다.

그 이후로도 생각이 꼭 막힐 때는 일이 없더라도 선생님을 종종 찾아뵙고 말씀 듣기를 청하곤 하였습니다. 때로는 즉석의 화제를 발전시켜 기어이 선생님으로부터 옥고를 받아 내는 횡재(?)도 여러 번 있었습니다.

이 무렵의 어느 날, 선생님께서 저를 직접 부르시고는 제 일신상의 여러 형편을 꼼꼼히 물으신 뒤, 정치현장에 뛰어들어 의원을 보좌하며 정치수업을 쌓을 생각은 없는지 완곡하게 제 의사를 물으신 일도 있었습니다. 물론 저는 모교로 돌아온 지 얼마 되지 않은데다 평소에 정치에 뜻을 둔 일이 없음을 솔직히 말씀드렸고 선생님께서도 난감해 하는 저의 심중을 금시 헤아리시고는 다른 이야기로 화제를 돌리셨습니다. 사실 저는 그때 몹시 당황하면서도 선생님께서 못난 저를 늘 주목하시고 나름대로 평가하고 계시다는 사실에 그만 감격하지 않을 수 없었습니다.

또한 명저『역사의 여운』(歷史의 餘韻, 1973) 출판 시에는 《고대신문》에 게재된 선생님의 옛 글들을 찾아드린 일밖에 없는데 이 책의 〈서문〉에서 우촌(祐村) 신근재(愼根縡) 선생님과 함께 제 이름을 거명하시는 배려를 하시니 이 역시 너무도 뜻밖이어서 그 때의 그 송구스러웠던 감상은 평생 잊혀 지지 않는 것입니다.

원체 모자라기도 하거니와 모나기까지 하여서 그 엄혹한 유신시절에 평생의 직장으로 알았던 모교에서 해직 당한 후, 여기저기 옮겨 다니다가 《세계일보》의 논설위원으로 발탁되었을 때, 직무와 관련해서 제가 가장 먼저 찾아 뵌 분도 선생님이었습니다.

6공 노태우 정부 하에서 터진 이른바 「수서사건」의 분노와 충격으로 온 나라가 폭발직전에 이르렀던 험악한 시기였습니다. 이때 《세계일보》는 "국가장래의 큰 길을 열자."는 제하의 〈특별기획〉을 마련하고, 각계 원로들로부터 '위기극복을 위한 긴급처방'을 듣는 초대형 인터뷰 시리즈를 시작하였습니다. 그 첫 대상으로 선생님이 선정되었고, 제가 대담자로 나서게 되었던 것입니다. 근 15년 만에 불쑥 전화로 용건을 말씀드리는 무례에도 불구, 이를 전혀 괘념치 않으시고 흔쾌히 저의 요청을 허락하시는 선생님에게서 저는 그때 참으로 따뜻한 부성(父性) 같은 것을 느끼지 않을 수 없었습니다.

이 대담에서 선생님은 문제의 드러난 현상보다 그 배후의 본질을 짚어내는데 역점을 두시고, 총론적으로 "우리 민족의 존재의의와 민족문화의 가치 발견", 그리고 무엇보다 "민족의 자존심 회복"을 역설하셨습니다. 특히 우리민족의 저력을 강조하시면서 자학적 자기 멸시를 경계하시던 선생님의 의용(儀容)은 80노인이 아니라 젊은 청년의 그것처럼 힘에 넘치셨습니다.

사람들은 원칙에 투철하신 선생님의 선비적인 엄격함이 때로는 차갑게 느껴지는 모양입니다. 허나 저의 가슴속에 살아계신 선생님은 언제나 따뜻하고 인자한 '구원의 스승'일 뿐입니다. 제 생애에 이런 스승이 계심을 저는 큰 자랑이요, 행복으로 삼아왔음을 감히 밝혀두고자 합니다.

끝으로 두서없는 추억담으로나마 이처럼 선생님을 추모하고 나니 체증이 내리는 듯한 후련함이 들뿐만 아니라, 선생님을 의부(義父)로 모셔온 지기의 벗 최황자(崔晃子) 교수에게도 얼마간은 부채감이 가시는 듯한 감회가 일어남을 사족으로 달아봅니다.

목 정 균(睦貞均) • (전)세계일보 편집국장

나의 '대학행정' 스승…, 교수 신규임용에 영어시험 도입

내가 정재각 선생님과 처음 만난 것은 그 분이 동국대학교 총장으로 오신 때이다. 그전까지 나는 그분에 대해서 들도 보도 못하였다. 학문분야가 다르고 근무하는 학교도 다르고 연배가 달랐기 때문일 것이다.

그 분이 총장으로 오신 뒤 그 분의 인품을 알기까지는, 그 분의 총장 취임에 많은 교수들이 놀라워했다. 오시는 과정에서 뜬소문도 있었으니까 더욱 그러했다. 박정희 대통령이 직접 보낸 분이라는 소문이 유력했다. 낙하산 인사로 어떤 조직의 책임자가 되는 분 중에는 정치꾼도 꽤 있는 법이니까 교수들의 놀라움과 주목하는 강도가 컸던 것이다.

그런데 정 총장님은 아무 뿌리와 연고도 없는 동국대학교에 오시어 하교를 안정시키고 발전시키는데 적지 않은 기여를 하셨다. 이선근(李瑄根) 총장님을 모시고 기획실장을 맡고 있었던 때에 정 총장님을 맞이하게 되었으나 정 총장님은 나에게 계속 기획실장을 맡겨 주셨다. 그 뒤 행정대학원장과 법정대학장으로 있으면서 정 총장님을 모신바 있고 뒤에는 그 분의 후배 총장으로서 동국대학 행정을 맡은 바 있다.

그를 모신 몇 년 동안 정 선생님을 대하면서 나는 배운 바가 아주 많다. 천성이 날카로우면서도 꼿꼿한 그는 전형적인 선비이셨다. 그 성품에서 우러나오는 그 분의 행태와 생각, 그리고 말씀 중에서 나의 가슴에 아직 남아 있는 것들을 소개하는 것도 뜻이 있겠다.

먼저 생각나는 것은 그 분은 권력과 대학과의 관계를 불가원 불가근(不可遠 不可近)의 관계라고 규정했다. 학-처장 회의석상에서도 이 말을 하신 것으로 기억된다.

그 때에는 유신(維新)시절이어서 학생 중 일부가 유신에 반대하는 저항행동을 하고 국가기관은 그들을 구속하면서 학교에게는 그들 학생을 처벌(제적)토록 통보하는 시기였다. 어떻게 보면 정보기관원들이 학원을 마음대로 들어와 사찰하고 실질적으로 학생문제를 처리하고 있었던 것이다.

이런 상황이었는데 정 총장님은 권력기관에 적극 협력하여 학생을 희생시키려 하지 않았다. 그렇다고 정부의 지시(?)와 권유에 정면으로 맞서는 것도 아니었다. 권력에 가깝게도 또 멀게도 하지 않았던 것이다. 1960년 4·19 당시 4·25교수데모에 참여했다는 그 분의 인생관이 세월과 입장에 따라 조금 바뀐 것이라고 생각됐다.

둘째로 생각나는 그의 말씀은 "어떤 자리를 하고 싶다고 하고 하기 싫다고 안하는 것은 아니다."라는 명언이다.

1978년 6월에 정 총장께서 "조선호텔 다방에서 조용히 만나자."고 하셨다. 당시 나는 기획실장을 맡고 있었으므로 학교(총장실)에서 얼마든지 만날 수 있었는데….

호텔 다방에 나온 나에게 정 총장님은 교무처장을 맡아야 하겠다는 것이다. 나는 솔직히 골치 아픈 자리라고 생각해서 사양했다. 그 뒤 한두 번 더 불러서 만났을 때도 계속 교무처장을 하라는 것이다. 계속 사양하니까 정색하면서 "하고 싶다고 하고 하기 싫다고 안하는 것이 아니다."고 말씀하시는 것이 아닌가.

이 얼마나 진리에 가까운 말인가. 많은 사람들은 무슨 감투를 쓰려고 악을 쓰고 덤비지만 차지하지 못한다. 그런데 어떤 사람들은 원하지 않거나 싫지만 마지 못해 자리에 앉기도 한다. '순리'에 따라 사는 것이 인생인가? 그 분의 그 때의 말씀을 그 뒤 내가 총장이 되고 가끔 써먹고 있으니 세월이 많이 흘렀나 보다.

셋째로 기억나는 것은 "눈먼 돈이 있으니 교수연구지원기금으로 적립하자."는 것이다. 출처를 전혀 밝히지 않으면서 그냥 "눈먼 돈"이라고만 말씀하시는 것이 아닌가. 눈먼 돈이라…. 총장에게 올 돈이 아닌데 눈이 멀어 잘못 온 돈이라는 뜻이겠다. 짐작컨대 그 돈은 기여입학의 떡고물이거나 건설업자로부터 들어온 리베이트였지 않았을까 싶다. 그 때만 해도 기여입학을 할 수 있었다. 기여입학은 돈을 내고 입학하는 것인데 학과별로 공정가격(?)이 있었다. 공정가격 이상으로 기여하는 것은 중간에 선 사람이 뜻대로 처리할 수 있었던 것으로 안다. 그리고 그 때에는 큰 공사에 커미션처럼 기부를 하는 일이 많았다.

아마도 돈에 대해서 청렴한 선비 형 총장이셨던 정 총장은 그러한 돈을 눈먼 돈이라고 부르고 좋은 일에 쓰고 싶었을 것이다. 교수연구지원기금이 없었던 학교로서는 교수의 사기진작을 위해 요긴하게 쓸 수 있었다. 그 뒤 그 기금의 혜택을 받은 교수가 많은 것으로 알고 있다.

넷째로 기억나는 것은 교수라면 "일어든 영어든 해야지."하면서 교수채용 영어시험을 본 일이다. 신임교원 모집을 광고하고 나서 정 총장님께서는 처-실장회의를 주재하면서 "이번 신임교원 채용 때는 영어시험을 봐야겠다."고 말씀하셨다. 전혀 예상치 못한 간부들은 "영어시험이라뇨?"하고 반문했다. 대학에서 교수 채용시 필기(영어)시험을 봤다는 말은 듣도 보도 못한 일이니까 귀를 의심하고 되물을 수밖에⋯. 이에 대해 정 총장님은 정색을 하면서 영어시험(해석)을 봐서 교수를 뽑겠다는 굳은 뜻을 나타냈다. 이유인즉 이러했다. "대학교수는 학문(연구)를 하게 됩니다. 그런데 그 학문이라는 것이 서양에서 일어나 세계로 전파되는 것입니다. 그러므로 선진적 학문에 접하려면 영어를 해야 합니다."라는 것이다. 맞는 말씀이다.

간부들이 "그렇긴 하지만 시험까지야 치를 수 있겠느냐."고 토를 달았다. 그랬더니 총장님은 "시험을 안 치르고 누가 실력이 있는지 알 수 없어 부득이하게 시험을 보는 수밖에 없다"고 했다. 엉터리 같은 사람들이 요식(석사)만 갖추고 이런 저런 줄을 대서 교수운동을 하던 때였으니 총장의 일석이조(一石二鳥)의 뜻을 헤아릴 수 있었다.

영어시험을 젊은 교수지망생에게 치르게 하는데 대해 또 하나 그럴듯한 논리를 펴고 계셨다. 기성학자(현재 70대 이상)들은 일본어를 이해할 수 있어서 일본을 통한 서양문물을 이해할 수 있어 영어를 잘 몰라도 된다는 것이다. 그것 또한 사실이었다. 그래서 신진교수 희망자에게만은 영어시험을 치르도록 하자는 것이다.

총장님 뜻대로 교수채용 영어시험은 2년간인가 시행하다가 폐지되었다. 시험결과 큰 의미가 없었기 때문이었다. 석사과정 입학 및 졸업시험(영어)에 합격한 사람들이어서 최소 조건은 모두 갖추었던 것이다.

이렇게 정 총장님은 꼿꼿하고 깨끗하며 합리적인 학자인 동시에 행정가였지만 그 분도 완전한 인간은 아니었다. 때로는 주위의 여론이라고 할까 눈치를 살필 때도 없지 않았다.

한번은 이런 일이 있었다. 어떤 교수가 보직 자리를 희망하는 말을 직접 대면하면서 건넸다. 그 교수는 보직을 꽤 많이 해서 일부 교수들 간에 말이 있었던 분이다. 이 때 정 총장님은 "당신은 당신 자신 때문에 보직을 또 줄 수 없다."고 잘라 말했다. 그리고 보직 안주는 이유를 영어로 "For you, Not for me."라고 강조하는 것이 아닌가. 보직을 좋아하는 교수라는 평판을 듣고 있는 당신을 내가 욕먹으면서까지 중용할 수 없다는 것이다. 면피용이거나 주위의 시선에 민감하셨기 때문이었다고 생각했다.

그럼에도 불구하고 그 분은 청렴하면서 올곧은 학자이자 합리적 대학행정가였다. 그의 대학행정스타일에서 나는 많은 것을 배웠다. 대학행정에 있어 내 스승이셨던 정재각 총장님의 명복을 빌어 마지않는다.

민 병 천(閔丙天)

(전)동국대 총장 / (전)서경대총장, 작고

남사선생 壽序

발가벗은 소녀가 가냘픈 들꽃을 한 손에 들고 팔고 있었다. 나무도 풀도 이 근처에서는 찾아보기 힘든 가파른 언덕길에 신전(神殿)을 향해 올라가면서 남사(藍史)가 짓던 그때 표정을 나는 지금도 잊을 길이 없다. 구도자의 그것에 접하는 것 같은 그 눈매엔 어떤 형용키 어려운 슬픔마저 감도는 것이 있었다. 1964년 2월의 어느 화창한 날, 아테네에서였다.

1년간의 객원(客員) 생활을 마치고 여장을 꾸리던 남사와 우연한 인연으로 길을 같이 하여 대서양을 건넌 것이 나로선 여간 다행한 일이었다. 석 달 남짓한 긴 여정에서 둘이 서로 밤거리를 거닐며 정다운 회포를 나눈 것은 런던과 아테네, 두 교차점에서 뿐이었다. 오로지 내 천성이 게으른 탓으로 부지런히 남사가 이끄는 길을 뒤따를 만큼 개오일번(開悟一番)하지 못했던 것을 나는 얼마나 뉘우쳤는지 모른다.

무릇 오당(吾黨)과 관련한 학문의 부(付)이고 보면 멀고 가까운 것을 가리지 않고 구라파 전역을 남북동서(南北東西)하던 노(老) 남사의 기개야 말로 옛날 누구누구 하던 구법승들도 저러했던가 싶었다. 정녕 신라 혜초가 장도(長途) 천축(天竺)에서 총령(蔥嶺)을 넘고 유사만리(流砂萬里)를 일로동도(一路東道)하던 것도 이때 남사만큼 지천명(知天命)하는 나이를 지나서가 아니었던가 나는 생각하고 있다.

남사 정재각 선생이 고려대학교에 몸을 담고 강연을 펴기를 올해로 27년째 되는가 보다. 해방 직후의 어려웠던 시기로부터 오늘에 이르기까지 장부의 생애에서 가장 중요한 부분이 이렇게 해서 여기에 바쳐진 것이다. 남사와 동양사학을 동여매어 장광설을 펼 만큼 지폭이(紙幅)이 내게 허락되지 않았다. 0다만 비단결 같으면서 심이 있고, 깊이 천 길이면서 영롱(玲瓏)하기를 마치 유가(儒家)의 옥기(玉器)를 대하는 것 같은 남사의 문장은 곧 그의 인품이기도 하다. 근자에 어떤 필요가 있어 『우복집(愚伏集)』 32권 16책을 빌려 읽다가 나도 모르게 무릎을 치고 탄식한 일이 있다.

인조반정이 있던 해, 우복공(愚伏公)이 예순한 살로 홍문관 부제학과 원자(元子) 사부(師傅)를 겸하고 있을 때의 이야기다. 원자의 자리에 사부보다 수(繡) 방석이 한 개 더 겹쳐 놓인 것을 보자, 공은 당장에 원자더러 낮은 자리로 고쳐 앉게 했다는 것. 이것은 꼭 350년이 지난 옛날 남사의 13대조 우복공이, 오늘날 남사처럼, 화갑을 맞던 해에 남긴 한 토막 일사(逸事)에 지나지 않지만, 나는 여기서 남사의 제자들이 그토록 선생을 따르면서 또한 그토록 무서워하는 까닭이 심히 먼 데서 오는 것임을 발견한 것 같았다. 오늘 현재도 노교수 남사는 아침저녁 대학에 나고 들 때마다 구순(九旬)을 바라보는 늙으신 어머님 앞에 공손히 나아가 장읍장궤(長揖長跪) 하는 예를 하루도 걸러본 적이 없음을 나는 분명히 알고 있다.

우리는 모두가 죄인이다. 둘이 서로 손을 맞잡을 때면 으레 이러한 데로 이야기가 미끄러져 간다. 도도하게 밀어닥치는 탁류 속에서 대학을 찾아드는 청춘들만에게라도, 사람이란 좀더 존경(尊敬)해져야 한다는 가르침을 무슨 방법으로 일깨워 줄 수 있을 것인지. 이야기를 나누다 말고, 우리는 서로 무거운 생각에 잠기곤 한다.

西餘 閔 泳 珪

질풍노도 시대의 고대 사학과 기상도

경북대학교 야외 박물관에 우복(愚伏) 정경세(鄭經世) 공의 대구부사(大邱府使) 시절 송덕비가 있다. 이 야외 단지는 전시 유물이 쏠쏠하여 값지기도 하지만 특히 캠퍼스 중앙에 위치하여 종종 들리고 가로질러 지나게 된다. 그럴 때면 으레 공의 직손인 정재각 선생을 회상하면서 비 옆을 지나게 되는데 필자와 남사 선생과의 인연은 실은 좀 범범(泛泛)한 편이었다. 우선 첫 수강부터 학부시절에는 이루어지지 못 하였다. 선생이 국학대학에서 고려대에 부임한 후에도 얼마동안 실현되지 않았던 것이다.

당시 사학과 교육과정은 4년 총 180학점을 기준으로 개설 강좌가 다양했으며 기본 공통 외 많은 과목이 국사 동양사 서양사로 분과 설강(設講)되어 같은 시간에 분반 수강하도록 되어 있었다. 이 때문에 우리 상급반생은 동양사 기초과목은 이미 김종무(金鍾武) 김진헌 교수에게 수강한 뒤라 동양사 전공이 아닌 경우는 자연 명대사(明代史) 쪽의 정 선생과 만날 기회가 그 만큼 성글 수밖에 없었다.

남사선생은 속 깊은 명문장가였지만 아직 명성이 나기 전이며 또 보직을 맡은 탓인지 답사 등에도 거의 참여하지 않았으므로 몰라 뵌 듯하다. 더욱이 곧 6·25전쟁의 발발로 사실상 졸업상태에 들어간 데다 결국 전시 연합대학에서 남은 2과목 8학점을 취득함으로써 학부를 마쳤으니 선생의 담당과목을 수강하는 기회는 대학원에 진학한 뒤까지 미루어졌다. 그 사이 1951년 전란 중 광주에 고려대 교수 순방 단원으로 치암(癡菴) 신석호(申奭鎬) 선생 등과 함께 오서서 중등교사로 근무하면서 반갑게 해후한 적은 있었다.

1954년 서울로 전근하고 대학원에 진학하였다. 전공 외 공통과목으로 김학엽(金學燁) 선생의 문화사 방법론과 선생의 동양사 특강이 배당되어 성북동의 한옥에서 강의를 들었다. 중국 근대 지성사를 열강 하신 듯 회상된다.

'56년 김학엽 선생의 지수(指授)로 신흥대(경희대)에 출강하는 한편, 고려사(사학12도 연구)로 석사학위를 취득하고 이어 경희대 전임 교수가 되었다. 이 무렵은 두 대학의 겸임도 유행할 만큼 봉급이 약하였거니와 그럼에도 효(孝)의 중(中)으로 자립 자생을 신조 삼아 ICA주택을 마련하느라고 부금 상환에 쪼들림이 심하였다. 이러한 때에 1962년 6월 새로 설립된 고려대 고전국역위원회(古典國譯委員會, 현 민족문화연구원의 전전신)에 치암 선생 보조연구원으로 참여하게 되니 그런 다행이 없었다. 남사선생은 이 위원회의 위원장이었다. 당장 신선생과 『고려사』(高麗史) 역주를 진행시키는데 새삼 철저한 원전공부가 되고 성과 급 인 원고료도 무던하여 9월 새 학기부터는 경희대학의 전임직도 청산하고 본업을 일단 바꿀 계획까지 세웠다. 그런데 나와 『고려사』와의 좋은 인연에 첫 번째 마가 닥쳐왔다. 얄궂게도 동아대(東亞大)와의 중복을 피하여(한 학기 늦은 연유) 역주(譯註)사업을 수개월 만에 중단하기로 한 것이다. 이후 모처럼 열린 정 선생과의 연계도 결국 이어지지 못한 듯하다.

이보다 앞서 1957년 4월 이래 가장 선배 석사요 대학 강사인 연고로 고려대사학회를 주도하면서 월례 학술발표회도 제도화하고(제1회를 내가 사학12도연구 발표, 그 후 몇 년간 10 수회 계속됨) 11월에는 정태진(鄭泰鎭), 윤세영(尹世英) 등 학우와 분주히 서둘러 1년 미루어진 『사총』(史叢) 2집을 속간시킬 수 있었다. 이어 1958년 3집부터 제서(題書, 학남(鶴南) 정환섭(鄭桓燮) 선생의 글씨를 받아 인쇄소에 가서 조정하기도)도 새로 받고 가로 체제로 바꾸어 이후 현재까지 매년 정기 간행하게 되었다.

1962년 9월에는 고려대 아세아문제연구소(亞研)가 미국 포드재단과 특별연구약정을 맺고 대대적인 연구 사업을 전개하였다. 미화 3만 달러가 배정되어 역사(구한국외교문서정리), 사회과학(한국정치 사회 경제문제), 공산주의(북한문제)의 3개 분야로 나뉘어 수십

명의 전문 학자가 참여하였는데 보조자까지 합치면 그 연구 인력도 대규모였거니와 이듬해 환율이 1달러 130원에서 250원으로 상승되면서는 그 자금력이 대학 전체 예산에 작용을 미치는 수준이었다니 막강한 위용을 미루어 짐작할 만 하였다. 지금의 아세아문제연구소 건물은 이때 환율 인상분 반씩을 헌납하여 지어진 것이었다.

이 대형 연구 사업에 남사선생도 함께 참여하였다. 나는 이 제1분과 구한국외교문서 정리에 연구위원으로 위촉되었는데 그 중에서도 전체 문서의 30% 분량을 점하고 가장 복잡다단한 대일외교문서『일안』(日案)정리를 맡았다. 동참 연구위원의 면면은 당대 석학인 정재각(鄭在覺 · 淸案), 손보기(孫寶基 · 美案, 외 각국안), 김용섭(金容燮 · 英案), 고병익(高炳翊 · 德案, 俄案), 강만길(姜萬吉 · 法案), 임창순-전해종-이장희(任昌淳 · 全海宗 · 李章熙 · 海關案), 김준엽-이장희(金俊燁 · 李章熙 · 색인 목록, 부속문서) 교수 등이었으니 당시로서는 최상의 연구비를 받은 만큼 거기에 걸맞는 책임과 노력이 크게 요구된 것이었다.

나는 선생들의 격려와 당부 속에 어떤 자부의식에 잡혀 있던 참이라 성실 수행을 자임하고 나선 터였지만 시대도 분야도 생소하고 워낙 얼기설기 얽힌 초유의 문서 정리라서 애로가 이만 저만이 아니었다. 1965년 6월 제1책을 시작으로 1970년 5월 제7책 완간 까지 만 8년에 걸쳐 정성을 쏟은 만큼 연구비 보상은 충분하였으나 한편으로 모교 진입을 단념하는 의외의 사태를 겪게도 되었다. 참고로 남사선생이 맡은 청안(대청외교문서인『청안』(淸案)의 정리 연구)은 1971년에 2책으로 나왔다.

한편『일안』(日案) 정리연구 성과를 잠시 소개하면 국배(菊倍)판 총 5505면에 달하는 전 7책본(이것을『구한국외교문서』1~7책으로 칭하나 실은 부제로 삼아야 옳다, 자세히는 동서 7책의 종합후기 참조)은 이용 빈도도 낮은 편이고 무엇보다 이런 기초 작업과 연구는 아예 업적으로 쳐주지 않은 우리 학계의 후진성 때문에 더욱 노력에 비해 공은 적을 수밖에 없었다. 제2분과 결과물은 담당 연구원의 단행 저서 내지 학위 저술이 되었던 것과는 너무나 대조가 되었다.

남사선생은 1960년대 초에 성북동 구 한옥을 청산하고 같은 동 새 단지의 신 양옥에 이주하였다. 이 무렵 이후 나라 전체가 개발시대를 맞이하여 서울은 도처가 주택 건축 붐에 휩싸이게 되지만 이 단지는 마침 학우인 신영목형이 건설한 것이었다. 청명(青溟) 임창순 (任昌淳) 옹도 동참하는 등으로 우리에게도 관심을 끌어 더 나은 집에 대한 흥미가 한층 돋았다. 신 형은 치암 선생과 한 집안으로 대학원을 함께 다닌 인연이 깊어 단지의 이상적 구상과 추진에 소상한 정보를 듣고 있었다. 이에 그 때 풍습인 명절 예방 외에도 정 선생의 신 저택에 같이 들르기도 하였다. 그리하여 나도 10년 간 부지런히 검인정 교과서 인세와 위에 든 아연(亞研) 연구비를 모아 73년 수유리에 2층 양옥을 마련하여 이사했다. 한 가지 첨언한다면 동문 수학의 우의를 위하여 집들이 삼아 치암과 그 교수급 제자 후배를 시범적으로 초대하기도 하였으나 이 시도를 이은 후속 촌놈은 나오지 않아 머쓱했던 기억이 있다. 다만 넓은 서재에 한 10년 동안 세배객의 대풍을 맞은 추억은 지금에 와서는 금석의 감이 크다.

1980년대 후 신 군부의 압정과 그에 대항하는 대학가의 폭풍으로 민주화 혁명이 촉진되는 속에 어느 면 미풍양속인 사제 동창간의 따스한 정경이 스러지게 된 것은 아쉬운 일이었다. 더욱 고려대의 경우는 치암·약전(藥田) 김성식(金成植) 양선생의 후계 좌정에 교통정리가 원활치 못한 데다 그 후 동료 교수 간에도 기복 출입이 얼마간 있었다. 하기야 애초에 사학과 초유의 강사(1961년 교양 필수인 문화사 강좌가 증설되어 첫 문호 개방한 것)를 고르면서 남사선생이 동양사 몫을 내세우고 서양사 쪽도 합세하는 과정에서 이 방면 석사 후배들이 엉거주춤 잠시 참여했다 그만 둔 사례도 생겨 이래저래 아름다운 전통은 많이 흔들릴 수밖에 없었다.

강진철(姜晋哲)교수의 돌입에 따른 파동이나 동양사 쪽에서 국사 전임을 진입시킨 것은 두고라도 S대 출신 교수들이 반짝 내왕한 것은 고대로서는 매우 드문 특례라 하겠다. 고려대학 사학과만은 전임 진용이 초창기부터 안정적으로 짜여 있어서 유독 선행(先行) 학자의 임시 경유 현상이 전무한 것을 자랑으로 여겨왔던 것이다. 어쨌든 1980년대 내내 각 대학 사학과는 대개 질풍노도의 본원지 구실을 많이 하였지만 고대 사학과의 분위기도 교수 학생 모두 만만치 않았던 것 같다.

정 선생은 상주 명가의 유복한 후예로, 일생동안 줄곧 엘리트 코스를 살아온 분으로서는 예가 드문 불교 독신자였다. 어쩌면 불안한 시대 상황이나 주변 환경 탓으로 더욱 독실하게 믿고 들어간 듯 짐작된다. 당대 고승을 찾아 국내외 명찰을 두루 살피고 노년에도 멀리 인도 미얀마 등의 불적 순례를 다녀오기도 하였다.

또 동국대 총장, 불교방송, 불교진흥원 이사 등 그쪽 사회 참여에도 열성을 보였다. 이 도정에서 출가한 나의 사형과 종종 교류도 있었던 것 같이 들었지만, 불교 사상을 숭모하면서도 오체(五體) 투지에는 별로 열의가 없던 필자와는 거리감이 가시지 않았다. 학과 전공 간의 부정적 요인이 끝내 긍정을 앞지른 장애가 된 듯 반성되어 지금에 와서는 아쉬움이 적지 않다. 이에 선생의 추모 사업에 적극 참여하면서 이처럼 몇 가지 회상을 적는다.

박 성 봉(朴性鳳)

경희대학교 명예교수 / (전)한국사상사학회 회장

남사 선생님과 나

　　나는 수년전(1999년 말) 뜻밖에도 뇌졸중(중풍)에 걸려 병원에 입원 중에 남사 선생님 내외분의 병문안을 받았다. 뜻하지 않았던 선생님의 병문안에 나는 달리 생각할 겨를도 없이 "선생님 불경스럽습니다"를 연발하였다. 선생님 앞에서 제자가 누워서 병문안을 받는다는 것이 도리가 아니라고 생각되었고, 죄송스럽고도 황송스러웠기 때문이다.

　　선생님이 다녀가시고 난 뒤에 나는 빨리 완쾌하여 선생님을 모시고 지난날과 같이 지내겠다고 몇 번이고 마음속으로 다짐하였다. 그러나 얼마 지나지 않아 청천벽력과 같은 소식을 듣게 되었다. 선생님이 돌아가셨다는 부음을 받게 된 것이다. 당장이라도 고려대학교 안암병원의 빈소로 달려가고 싶었으나, 지병으로 몸을 거동할 수 없어서 나는 아들을 대신 문상 보낼 수밖에 없었다.

　　지금 나에겐 부음을 받고도 병 때문에 문상조차 못한 것이 평생의 한으로 남아 있다. 나의 몸을 괴롭히는 병을 원망하고 건강을 지키지 못한 스스로를 질책하여 보았으나 쓸데없는 일이었다. 선생님께서는 누워있는 내게 문병을 오셔서 위로의 말씀을 주셨는데 그것이 선생님과의 마지막이 될 줄은 정말 몰랐다. 이제 이 세상에서는 선생님을 다시 만나 뵐 수 없는 운명이기에 오직 선생님의 명복을 빌 뿐이다.

　　정재각 선생님과 나의 인연은 고려대학교에서부터 시작되었다. 나는 6·25전쟁 때 군대에서 4년을 복무하고 1955년에 고려대학교 사학과에 입학하였다. 당시 가정사정에 따라

1954년 제대 무렵 결혼을 하였는데, 마침 처가댁이 무오사화(戊午士禍) 때 역사정신을 구현한 탁영 김일손(金馹孫)의 후손댁이었다. 결혼후 대학에 입학하고 처가댁에 가니 여러 어른들이 모여 있는데서 내가 뒤늦게 고려대학교 사학과에 입학하였다는 것이 화제가 되었다.

그 자리에서 나는 정재각 선생님 집안에 대한 얘기를 처음 듣게 되었다. 처족(妻族)가운데 정서방(정재옥, 정재각 선생님의 季氏)은 나와 동문취객인데, 그의 집안은 조선조 유명한 우복 정경세(愚伏鄭經世)의 후손이며 경제적으로도 천석의 지주집안이라고 했다. 그 형제들도 지금의 경기중학 출신이고 서울대학 출신일 뿐 아니라 수재인 동시에 위인됨이 대단한 명문가족이라고 들었다. 정재각 선생님의 처가도 경주 양동의 회제 이언적의 후손일뿐 아니라 역시 소문난 명문가였다. 그 때 처족에게 듣기에도 정재각교수님의 명망은 대단하였다. 모인 처가 식구들이 이구동성으로 "자네 박서방은 정재각교수님이 있는 고려대학교 사학과에 잘 입학했다"고들 했다. 옛날부터 학운이 있으려면 스승을 잘 만나야 된다는 말이 있다. 이런 생각에 나는 속으로 무척 기분이 좋았던 것이 기억난다.

그렇다고 그 후 바로 정재각 선생님을 개인적으로 뵈온 것은 아니었다. 고려대학교에서 입학식이 끝나고 학생들에게 주시사항을 전달했는데 그 때 학생처장으로 정재각교수님이 등단 하였다. 당시 선생님이 단상에서 말씀하시는 것을 멀리 학생들 틈에 끼어서 본 것이 선생님과의 첫 만남이었다. 정말 풍모가 선비답고 깨끗하며 당당하셨다.

그리고 마침 장춘단에서 열렸던 재경청도향우회에 참석하였을 때도 훌륭한 스승 밑에서 공부하게 되었다는 축하를 들었다. 즉 고향 선배 중에 재무부 총무과장 이홍기(李洪基), 해무청에 박민홍(朴民興) 등이 계성중학교 출신이었다. 정재각 선생님은 일제말기 대구 계성중학교에서 교편을 잡으셨는데 당시 이들의 담임이기도 했던 것이다. 그들은 정재각 선생님께선 실력이 있으며 인품도 훌륭하고 단정한 옷맵시를 가지고 있었다고 기억하고 있었다. 나에게 좋은 대학에서 아주 훌륭한 교수님을 만나 행복하겠다며 축하해 주었다.

이렇듯 정재각 교수님에 대한 많은 말씀을 들었어도 학생으로서 정 선생님을 찾아뵐 기회는 쉽지 않았다. 오늘은 학생들이 교수를 찾아가서 상담도 하고 상의를 하지만, 그 당시

만 해도 학교에 갓 입학한 상태였고 또한 분위기도 그렇게 자유롭지 않았다. 정재각 교수님은 학생처장에 이어 바로 교무처장 등 중임을 계속 맡게 되어 무척 바쁘시기도 하셨다. 학부 재학시절 내내 선생님을 개인적으로 만나 대담한 적은 별로 없었다. 선생님께서 신설동인지 한옥집에 살고 계시던 시절 몇 명의 학생이 개인지도를 받으러 갈 때 따라간 적이 있었을 뿐이었다.

졸업을 앞둔 1958년 말에 선생님은 내게 첫 직장을 배려해 주셨다. 당시는 자유당 말기로 사학과를 졸업하고 중고등학교에 취직할 때였지만 취직이 수월하지 않아 대다수가 대학을 나와서도 거의 실업자 신세였다. 선생님께서 불러서 가보니 고대아시아문제 연구소 연구조교를 해보라고 하셨다. 선생님의 소개로 연구조교로 근무하면서 나는 소장 이상은 교수(문리과대학 학장), 부소장 조기준 교수, 부소장 김준엽 교수, 민병기 교수, 김용권 간사, 그 뒤에 송갑호 간사 등 여러 교수님을 모셨다. 그 때 정재각 교수님은 아시아문제연구소 평위원 겸 고려대학교 민족문화연구소의 전신인 고려대학교 부설 고적국역위원회 위원장을 맡고 계셨다. 나에게 이 연구조교 자리는 대학을 나와 처음으로 근무한 직장인 셈이었고, 그 자리에 근무하게 된 것은 오로지 선생님의 배려 덕분이었음을 아직도 잊지 않고 있다.

그 후 4·19혁명, 5·18군사혁명을 거쳐 가족의 생계 등의 문제로 고등학교 역사교사로 전직 하였다. 나는 군대를 먼저 마친 관계로 대학학부를 늦게 시작하였고 따라서 대학원은 더욱 더 만학이었다. 대학원을 다니면서 한국사를 전공하였지만, 「만보산사건연구」를 주제로 하였기 때문에 중국 동북지방(만주 지역)의 재만 한인사회가 연구대상이었다. 그래서 정재각 선생님을 종종 뵙고 배우게 되었다. 이를 계기로 더 한층 자주 뵐 수 있는 기회가 마련된 셈이었다. 그러면서 나는 선생님을 만나 뵐 기회가 있을 때마다 선생님이 무어라 생각하실지 구애받지 않고 많은 것을 질문하였다. 모르는 것, 의문나는 것, 학문적인 것 등을 묻기도 하고 그 밖에 그 동안 경험과 일상생활, 시사문제나 인간만사에 대한 두서 없는 생각들, 나아가 내 나름대로 일방적으로 생각하고 해석한 것들을 말씀드리곤 하였다.

선생님의 글 가운데 아마도 고대신문에 실렸던 것으로 기억되는데, 동양인은 침묵(沈黙)

즉 과묵(寡黙)으로 인격을 형성한다는 글을 읽었던 기억이 난다. 동양의 고전에 과욕과묵지위인(寡欲寡黙之爲人)을 두고 말씀한 것이 아닌가 생각해 보았다. 내가 가지고 있었던 그 동안 선생님에 대한 인상을 솔직하게 말씀드리면, 외유내강하고 관찰력과 혜안이 탁월하며 항상 사무사(思無邪) 무자기(毋自欺) 신기독(愼其獨)하시면서 하고 싶은 말씀을 다하지 않으시는 모습이었다. 진정 좌욕 과묵한 선비인 동시에 함부로 타인에 대한 거명(擧名)과 거인(擧人)을 하지 않고, 자기의 가족이나 개인의 신상문제, 혹은 자신의 집안 문제를 타인에게 자랑하거나 말을 하지 않을 뿐 아니라 항상 신중하고 겸손하셨다. 『논어』에 나오는 불기불구(不忮不求), 즉 남을 욕하지 않고 원망도 하지 않을 뿐 아니라 부탁이나 구걸도 하지 않는 자주적인 정신의 소유자였으며 경제적으로도 자립적이었던, 철저히 스스로를 관리하신 오늘날 세상에서 보기 드문 위인이셨다고 하지 않을 수 없다. 선생님스스로도 말씀하시길 "나는 여태껏 어떤 자리를 위해 내 스스로를 부탁한 적이 없다"고 하셨다.

선생님께서는 안동문화권에 속하는 상주출신이고, 특히 우복 정경세의 후손으로 자타가 알아주는 양반 명문가에서 태어나셨다. 여기에 수재와 재력, 학력을 모두 겸비한 인물이었던 정재각 선생님을 많은 사람들이 추앙하고 부러워하였다. 4·19직후 어느 사석에서 고려대학교 영문과 교수였던 여석기(呂石基) 교수님의 백씨(伯氏)인 여세기(呂世基)선생님(대구 매일신보 편집국장)이 내가 고대 사학과 출신인 것을 알고는 묻지도 않았는데 나에게 "정재각 교수님에게 배웠군"하였다. 당시 여세기 선생이 말하기를, 정재각교수님의 말씀을 그대로 글로 옮겨 놓아도 군더더기 하나 없는 논리 정연한 글이 된다고 감탄하였으며 글 못지 않게 선생님의 인격에도 매료되었다고 하였다. 여세기 선생은 대구 언론계의 저명인사였다. 이렇듯 정선생이 거명되면 모두 그의 문장 등 능력뿐만 아니라 인품과 위인됨을 존경하지 않는 사람이 없었다.

조선시대 퇴계 이황선생이 배출된 후 안동을 중심으로 한 이웃 군에서는 많은 인재들, 즉 유학자들이 다수 배출되어 크게 이름을 떨쳤고 또한 그들의 위인됨도 평판이 좋았다. 그리하여 안동지역 사람들은 지역에 대한 자부심이 대단하여 안동문화권을 추노지향(鄒魯之鄕)이라고도 하고 경상도에서는 소위 상도(上道)라고 지칭하고 그 외 이남지역을 하도(下道)라고 하였다. 내 좁은 식견으로 생각하기에, 하도라는 지칭에는 뛰어난 인물도 별로 없고 학문도 상도에 비하면 못하다는 의미로 약간 하시(下視)하는 경향이 있는 것 같아 보였다. 이를 정선생님께 여쭈어 본 적이 있는데, 당시 선생님은 그 답변을 통해서도 생각이 치우치지 않고 말을 아끼시는 선생님의 위인됨을 잘 보여주셨다.

당시 선생께서는 그 질문을 약간 회피하시면서 말씀하시길, "상도는 산악지대가 많아 생산이 적어 비교적 가난한 사람이 많고 남쪽은 평야가 많아 부자가 많았다. 그리하여 상도인과 하도인이 혼인하는 일이 많았는데, 하도인, 즉 부자를 상대로 하여 혼인을 많이 하니, 좋게 말하면 경제적인 도움이 많은 것이 아니겠는가"하시고 말씀을 끊으셨다. 내가 들었던 바로는 남쪽사람은 상도의 양반과 혼인하는 것을 좋아하여 자신의 재산을 상납하는 조건으로 결혼을 성사시키는 일도 많았다. 물론 하도 사람끼리도 서로 지체가 높은가 낮은가에 따라 재력으로 부족함을 채우는 식의 혼인이 많았다.

정선생님은 양반가문 출신이지만 일찍이 신학공부에다가 역사공부를 하셨기 때문에 세계적인 안목이 있어, 이러한 일들을 지난날 하나의 역사적인 과정이라고 생각하고 크게 관심을 두지 않으셨던 것 같다. 또한 하나의 현상에 대하여 다양한 시각으로 바라볼 수 있는 역사가적인 통찰력을 가지고 계셨던 것이다. 지방이나 가문에 대한 문제에 있어서도 주관적인 입장을 표명하기 보다는 거시적으로 발전 과정의 한 현상으로 바라보는 여유가 있으셨다. 집안에 대한, 자신에 대한 자긍심이 어찌 높지 않으셨겠는다. 그것은 마음속에 품은 것으로 다하셨던 것이다.

안동지역은 전통과 문화가 크게 발달한 지역이었고 이를 바탕으로 훌륭한 독립운동가들을 많이 배출하기도 하였다. 일제시기 중국 동북지역(만주)으로 일찍이 망명하여 항일운동의 최고지도자로, 상해임시정부의 국무령까지 역임한 석주 이상룡(李相龍) 선생은 안동문화권에서 대표적인 인물이었다. 그는 1911년 만주로 망명하였는데 현지 중국인들을 상대하기 무척 어려운 점이 많았다. 중국인들은 조선에서 망명해온 사람을 무조건 '이야 이야'(夷也 夷也)오랑캐라고 무시하였다. 이에 이상룡 선생은 중화민국 의회에 진정서도 제출하고 경학사 취지서를 발표하고 본인의 화이관(華夷觀)을 발표하였다.

그가 논한 화이관을 찾아보면, 화와 이는 교육과 행위로 구별되는 것이었다. 즉 이 지구상에는 문명인과 야만인이 있는데 문명인은 교육을 받고 예절을 갖춰 법도를 지키는 교양 있는 사람들이고, 야만인은 교육도 받지 않고 무법적 행동을 하는, 즉 하등동물 같은 인간 속물들을 말한다고 구분하였다. 사람을 종족으로 구분하는 것이 아니고 문명인가 야만인가로 구분하면서 나아가 이를 중국의 역사를 통해 입증하였다. 중국이란 나라만이 지구상의 중국(中國) 아니라고 하면서, 지구는 타원형이므로 지구의 어느 곳에 있든 자기가 서있는 곳이 중심이라는 것이다. 자기가 속한 나라가 중국이기 때문에 지금의 중국인민이 중국인 것이 아니고, 우리도 우리나라로 세계 즉 지구의 중심에 서있기 때문에 우리도 중국(세계의 중심)이 될 수 있다고 했다.

사람도 누구없이 교육을 받고 예절을 지키며 사람노릇을 하면 문명인이 될 수 있으며, 중국인도 교육을 받지 않고 예절을 모르면 야만인, 즉 오랑캐가 된다. 중국땅에 살고 중국 종족이라고 반드시 중화, 즉 화가 되는 것은 아니기 때문에 법도를 지키고 훌륭한 위인이 되었을 때 화가 되고 그런 사람이 서있는 곳이 즉 세계의 중심, 즉 중국인이라는 것이다. 결론적으로 이상룡 선생은 어느 지역에서 자라거나 어느 종족이거나 교육을 잘 받고 동물이 아닌 인간 즉 훌륭한 위인이어야만 문명인이 되는 것이고 이는 누구라도 될 수 있다고 확신하였다.

이러한 이상용 선생의 생각과 같이 누구 없이 지역이나 사람에 구애 없이 꾸준히 노력하고 인간이 되는 위인중심의 행동을 하면 된다는 입장에서 선생님과 나는 뜻이 같았다고 생각한다. 한 걸음 나아가 선생님은 무척 신중하였기 때문에 상도니 하도니 하는 말조차 직접 표현한 적이 없을 정도였다.

나의 인생에서 가장 큰 전환점이 된 것은 고려대학교 사학과 대학원을 입학한 것이었다. 그 때는 1965년으로 상당한 만학에 해당되었다. 대학학부도 4년 늦었고 대학원도 6년이나 늦었으니 약 10년이 차이나는 만학이었다. 입학 시험 때에도 실력이 없어 크게 고생하였다. 그리고 10년 후배와 공부한다는 것도 무척 어려웠다. 학문에는 만학도 있을 수 있고 불치하문(不恥下問)이라고 하였지만, 만학을 직접 경험하지 않은 사람은 그 어려움을 알 수 없을 것이다. 또한 설상가상으로 부양가족도 많았고 자제교육문제, 빈곤한 경제력도 무척 고달픔을 주었다.

고등학교 교사까지 겸직하며 공부한다는 것도 시간적으로 벅찬 현실이었는데, 실력까지 부족하였기 때문에 그 어려움은 이루 형언할 수 없었다. 그렇게 어렵사리 공부하던 차에 마침 내 69년 석사를 마치고 박사과정 진학문제를 정재각 선생님께 상의하게 되었다.

당시 정재각 선생님은 내게 전공에 맞게 선생님을 찾아가야 한다고 조언해 주셨다. 근현대사를 전공하시고 만주에도 직접 가 있어 만주의 근현대사에 조예가 깊으며 경희대학교 대학원장으로 계시는 이 선근씨가 있다고 하시면서 내가 「만보산사건연구」를 전공하였기에 그분을 소개한다고 하셨다. 그리고 이상은(고대 아세아문제연구소소장)이 이선근 원장을 잘 안다 하시면서 나를 데리고 갔다. 사정을 말씀드렸더니 이상은 소장님도 흔쾌히 소개장을 써주셨다.

그러나 당시 나 개인적으로 고려대학교 박사과정을 하고 싶었다. 이런 내 마음을 읽으신 정재각 선생님께서는 박사과정은 전공에 맞는 선생님을 찾아가야 학문이 되기 때문에 세속적인 대학의 등급에 연연해하지 말라며 내 잘못된 서운함을 일깨워 주셨다. 소개장을 받아들고 청파동 이선근 원장댁을 찾아갔는데 이 원장 역시 반가이 맞아 주셨다. 이리하여 나는 경희대학교 박사과정 시험에 응시하게 되었고 이선근 원장 밑에서 공부하게 되었다. 그 뒤에 알게 된 일이지만 이선근 원장은 문교부 장관, 성균관대학 총장을 역임하였으며 4·19이후 수난을 당하여 수감생활까지 하셨는데 그 와중에도 을유문화사(乙酉文化社)에서 출간된 한국최근세사, 한국현대사 2권의 방대한 집필을 하셨다.

이선근 원장과의 인연은 내게 새로운 기회를 가져다 주었다. 학기 초에 입학하여 수업을 받고 난 뒤에 이 원장은 나에게 말씀하시기를, 대구 영남대학교 총장으로 가게 되었는데 공부하겠다고 찾아온 나를 만나자마자 두고 떠나는 것이 도리가 아니며, 대구가 나에게도 낯선 곳이 아니니 함께 갈 수 있겠느냐고 하셨다. 영남대학교 사학과 교수로 임명할 터이니 함께 내려가 학교 일을 도와달라고 하셨다. 나는 갑작스러운 제안에 바로 대답할 수 없어 집에 돌아가 가족들과 상의해 말씀드리겠다고 하고 물러 나왔다. 그리고는 먼저 정재각 선생님을 찾아가 상의하였는데, 선생님 역시 지방대학도 좋으니 내려가라고 하시면서 잘 되었다고 축하해 주셨다. 개인적으로도 고등학교를 떠나서 대학의 교수가 되었으면 하고 바라던 차에 이선근 원장과의 인연으로 대구에서 그 희망을 이루게 되었다. 이선근 원장과의 인연도 정재각 선생님을 통해 이루어진 것이니 정재각 선생님은 나의 인생에 실로 깊은 연을 맺고 있었고 좋은 영향을 주셨다.

그후 나는 영남대학교를 거쳐 대만 유학을 하고 건국대학교 사학과에 부임하였다. 서울에 있게 되면서 설이나 추석이면 정선생님께 꼭 세배하고 찾아뵈었다. 나에게 찾아뵐 수 있고 존경하는 선생님이 계시다는 것이 커다란 즐거움이기도 했다.

1978년 정선생님께서 동국대학교 총장으로 부임한 뒤에는 선생님도 학사일에 분주하시어 만나뵙기가 과거와는 달랐다. 정선생님은 대학 교육행정에 있어서 자타가 인정하는 적임자셨다. 고려대학교에서도 모든 보직을 두루 거치셨고 누구도 따라올 수 없을 정도로 대학 교육행정을 능란하게 수행하셨다. 전해들은 이야기인데 고려대학교 재직하시던 때 교무회의 석상에서 정재각선생님이 안건을 제출하면 누구도 찬성하고 동의하여 만장일치였다고 한다. 선공후사(先公後私)의 정신과 항상 심사숙고한 합리적인 생각으로 일을 처리하셨기 때문에 누구도 이의를 달 수가 없었다고 생각된다.

대학행정에 만능하신 정재각 선생님이 동국대학교 총장으로 부임하시게 되자 나는 선생님께서 동국대학교를 틀림없이 본궤도에 올려놓고 말 것이라고 생각하였다. 그러나 한편 동국대학교는 불교재단이고 훌륭한 고승도 많았지만 때로는 불교계의 불화 등으로 신문에 종종 오르내렸기 때문에 걱정 아닌 걱정도 되었다. 정재각 선생님이 유교가정에서 성장하였기 때문에 갈등이 있지 않을까도 잠깐 생각하였으나, 학교를 위해서 확고한 신념을 가지고 사심 없이 대학행정의 풍부한 경험을 살려 잘 운영하실 것이라는 것을 믿었다.

그러던 중 어느 날 동국대학교 총장실로 면회를 갔는데 총장실에서 스님과 면담이 끝나고 면회시간이 주어졌다. 바쁘신 와중에도 나를 위해 시간을 내어주시니 더욱 고마웠다. 총장취임을 진심으로 축하드린다고 인사를 올리고 정총장님의 말씀을 듣게 되었다. 정총장님 전임이 이선근 총장님이었는데 이선근 총장과 나와는 사제지간(師弟之間)인 동시에 영남대학교에서 모신 인연이 있었기 때문인지 나를 보시고 취임후의 인간관계를 말씀하셨다.

정총장이 동국대학교 총장으로 취임한 이후에 여러 교수들과 개인면담을 하였는데 떠난 전임 이선근 총장에 대해 좋지 않게 이야기하는 교수들이 퍽 많았다고 하셨다. 왜 전임 총장에 대해 욕을 하는지 생각해보니 그 사람들은 이선근 총장 때 보직을 맡지 못했거나 자기의 요구를 잘 들어주지 않았거나 등등 소외당한 교수들이었다. 즉 개인적인 이해관계가 크게 작용하고 있었다. 그리하여 지금은 정총장에게 무엇인가 가까이 하여 자기가 희망하는 일을 성취해보고자 하는 사심으로 면담에 임한 것이라고 보셨다. 소외감을 느꼈던 사람들은 그렇다치더라도 전임총장이 있을 때에 인정받고 보직을 맡았던 교수들 중에서도 떠난 분에 대해 고마운 마음을 갖고 좋게 이야기하는 교수가 있었는가 하면 그렇지 않은 경우도 있었다고 한다. 이런 것이 세상인심이라고 하시며 당신 역시 총장을 그만두고 떠나면 마찬가지일 것이라고 하셨다.

우주에는 음과 양이 있고, 인간사에는 선인과 악인, 그리고 손바닥에도 손안과 손등이 있는 것과 마찬가지로 인간의 체질, 즉 인간사회에는 저지자와 반대자가 항상 있기 마련이다. 따라서 그런 사람들에게 구애받지 말고 정당한 일을 소신껏 추진하여 밀고 나가야 하며, 옳은 일에 대해 우왕좌왕하지 말고 적극적이며 강력한 추진력을 보여야 한다고 말씀하셨다. 또한 반드시 명심해야 할 것은 사심을 갖지 말고 물욕에 눈이 어두워서는 안된다는 것이었다. 매사에 공명정대함을 잃지 말고 대의를 위해서는 남들의 비난을 두려워하지 말고 소신껏 추진하면 된다는 말씀이었다.

그 날 정총장님의 말씀은 사회의 험난한 인간관계를 현명하게 헤쳐나갈 수 있는 지침으로 공감되었다. 이 세상에는 속물 같은 인간도 많고 어떤 일에 있어서도 반드시 지지자와 함께 반대자가 있기 마련이다. 이에 구애받지 말고 공명정대하고 소신껏 일을 추진하면 결국은 사필귀정(事必歸正)이 된다는 것을 확신하게 되었고 다시금 정 총장님의 말씀을 더욱 명심하게 되었다.

나에게도 국사편찬위원장의 중책을 맡게 되는 기회가 주어졌다. 정재각 선생님의 말씀이 떠올라 그 때 듣고 느낀 점을 되살려 소신껏 일을 하게 되었다. 나는 국사편찬위원회를 맡은 이상 무엇을 해야 하는가에 대해 구상을 하였다. 한국사의 총본산을 이룩하기 위해 첫째 청사, 즉 전용건물이 있어야 한다고 생각되었다.

그 당시까지 제대로 된 국편의 전용건물이 없어 셋집으로 전전하였기 때문에 반듯한 전용건물이 연구 발전의 기반이 될 것이었다. 그리하여 과천에 웅장하고 큰 건물을 만드는데 전력을 기울였다. 둘째로는 국사편찬위원회는 대통령령으로 설치되었기 때문에 언제든지 존폐가 될 수 있었다. 이 것을 법적인 공공기관으로 만들기 위하여 국회에 의원입법을 추진하여 국사편찬위원회법을 만들었다. 셋째, 연구기관으로서 전문성을 높이기 위해 국편 연구 인원들에 대해 외부로 인사할 수 없게 영구직이 아닌 편사직을 법률로 만들어 국편에서만 근무하도록 하였다. 종래 일급이던 위원장직을 정무직(차관급)의 기관으로 승진 시켰고, 국편의 인원과 예산을 대폭 늘렸으며 국편의 연구관 연구직은 사적인 추천이 아닌 공채로 채용하도록 제도화하였다. 그리고 전국에 사료조사 위원을 두고 이에 따른 예산과 인원을 대폭 증원하여 해외는 물론 전국적으로 사료수집 활동을 원활하게 하였고, 또 세계각국에도 사료 조사 위원을 두었다.

이를 통해 막대한 자료수집 및 활발한 활동 여건을 조성하는 등 정부 각기관의 협조를 받아 국편의 획기적인 발전을 기할 수 있었다. 물론 이러한 발전에는 국편 모든 구성원의 노력이 있었기에 가능했던 것이다. 당시 주위의 비난도 없지 않았지만 이를 감수하면서 계획한 일들을 추진하였는데, 교육부를 위시한 여러 기관과 적지않은 분들의 도움도 컸지만 또한 방해도 많았다. 후원과 지지 그리고 용기에 힘입어 계획한 일을 위해서는 어떤 비난도 감내하고 일관되게 추진하여 오늘날 국편의 기반을 마련하였던 것이다. 이러한 추진력의 정신적인 원동력은 오로지 정재각 선생님의 말씀에 힘입은 바 컸으며 선생님의 교훈을 거울삼았다.

국편을 계획했던 궤도 위에 올려놓고 정 선생님을 국편에 모셔 강연하시게 한 적이 있었다. 국편 전직원에게 강연하시는 모습을 뵙고 또한 선생님을 모시고 국편의 현황을 설명하면서 스스로를 감개무량해했다. 마음속으로 오늘날이 있게 된 것은 선생님 덕이라고 생각하며 거듭 감사하게 여겼다.

1977년 나의 박사학위 논문심사를 받을 때의 일이었다. 박사학위 심사를 몇 차례 거치고 마지막 심사가 끝나면 보통 논문을 심사해 주신 선생님들께 식사대접을 한번 하는 것이 관계로 되어 있었다. 당시 나도 내 논문을 읽고 평가해 주시느라 애쓰신 심사위원 선생님들께 정성을 다하고 싶었다. 그래서 나는 시내에 있는〈장원〉이라는 음식점에 예약을 해놓고 심사위원 선생님들을 초대하였는데, 이외로 정재각 선생님께서 나를 당혹스럽게 만드셨다. 그동안 논문을 읽고 지도해주신 것에 대한 감사의표시라며 정중하게 말씀드렸는데 정 선생님께서는 불쾌하신 말투로 참석할 수 없다고 하셨기 때문이다. 나는 무엇 때문인지 당황해하다가 선생님께 재차 여쭈었다. 선생님께서 사양하시려던 이유는 내가 예약한 음식점의 식사가격이 비싸다는데 있었다. 그러나 내 입장으로서는 장소도 예약 해놓은 데다가 심사위원장을 맡았던 이선근 총장님께서도 이미 말씀드려 놓은 상태였기 때문에 취소하기도 퍽 난감하였다. 그리하여 정선생님께 그곳의 음식값이 지나칠 정도는 아니라고 말씀드리고 못마땅하시겠지만 평소 나를 아껴주시는 마음으로 한번만 이해해 주시고 꼭 참석하여 주실 것을 간곡하게 청하여서 겨우 간신히 모시고 식사할 수 있었다.

사실 나는 정선생님의 평소 생활과 태도를 잘 알고 있었다. 어떤 계기가 되어 식사를 모시게 되면 꼭 설렁탕이나 값이 비싸지 않은 음식을 택하였고 술도 제대로 들지 않으셨다. 혹여 제자들에게 부담을 주지 않을까 조심하였을 뿐만 아니라 모임이 끝나고 교통이 불편한 서울 시내 사정으로 택시를 잡아 편안히 귀가하시게 모시려고 택시를 잡으려는 사이에 먼저 버스를 타고 가버리시곤 하였다. 정선생님께서는 평소 검소한 생활철학을 가지고 계셨고 남에게 폐를 끼치지 않았다. 간단한 식사까지 거절하면 상대방에게 진정한 호의까지 무시한다고 오해를 살까봐 걱정하였고 바쁜 시간에도 배려한 것에 대한 인사를 잊지 않으셨다. 이와 같이 정선생님의 평소 생활은 그 자체마저도 귀감이 될 만 하였다.

그러나 내 좁은 소견으로는 선생님께서는 재력과 인재를 겸비하셨으므로 좀더 풍족하게 생활하셔도 허물이 아니라고 생각하였다. 언제인가 선생님과 대화할 기회가 되어, "선생님, 제가 듣기에는 선생님은 시골 고향의 재산이 1,000석인 지주의 장남인데 좀더 좋은 집에 여유 있게 생활하셔도 되지 않으십니까" 하고 당돌하게 선생님의 가정문제, 즉 재산

문제를 여쭈어 보았다. 이에 선생님께서 답변하시기를, "자네가 처가에서 들은 모양인데 1,000석이라고들 하지만 실은 약 300석 정도일세(선생님 말씀을 믿을 수밖에 없었다). 이 정도 재산으로 아들 공부시키고 손님접대하면서 생활하는데 부모님께서 고생이 많았다 네"라고 하셨다. 그 말씀을 듣고 나는 선생님의 검소한 생활과 인격형성은 유교 가정에서 부모님의 엄격하고 철저한 교육을 통해서 이루어진 것이구나 하고 생각하게 되었다.

게다가 선생님은 「가일신(苟日新) 일일신(日日新) 우일신(又日新)」하시는 분이었다. 1998년 어느 날 정선생님과 송갑호(宋甲鎬) 선배님을 모시고 점심을 할 기회가 있었다. 그 때 선생님은 오늘날은 PR시대이므로 스스로 자신을 PR을 해야 한다고 말씀하셨다. 말씀 을 들으면서 내심으로 정선생님 답지 않은 말씀을 하시는구나 라고 생각했다. 오랜 동안 동양인의 인격형성이 침묵과 과묵함이라고 하신 말씀을 기억해왔기 때문에, 한편으로는 정선생님도 많이 변하셨구나 싶었고 또 다른 한편으로는 시대의 흐름을 진정으로 잘 보고 계시는구나하는 생각이 들었다. 당시 정선생님은 불쑥 말씀하시는 것이 아니었고 많은 생 각 끝에 내린 결론으로서 말씀하신 것 같았다. 동양에서는 몇 천 년을 내려오면서 자기를 낮추고 겸손하고 남이 알아서 추진해주어 등용되는 것 정도로 여겨왔다. 오늘날은 빠른 발전 속도와 많은 사람들로 인해 타인이 타인의 인격이나 능력을 정확하게 판단할 수 있는 기회란 자연스럽게 주어지지 않는다. 따라서 옛날과 달리 적극적으로 자신을 알리는 것이 필요한 시대가 되었다. 시대에 대한 통찰력이 깊으신 분이므로 단연히 느껴지기도 했지 만, 선생님께서 그런 생각을 하시게 된데 개인적인 어떤 특별한 계기가 있지 않으셨나 하 는 궁금함이 아직도 남아 있다.

나의 선고(先考)께서는 1930년대 일찍이 저술활동을 하시다가 1940년 32세로 돌아가셨 다. 일제식민지 지배하에서 한계가 있었지만, 우리나라 역사와 철학논문, 간찰(簡札) 등의 많은 유고를 남기고 이세상을 떠나셨다. 그 유고는 일제시대를 거치고 6·25전쟁 피난길 을 거치면서도 어머님이 잘 보관하시어 다행히 오늘날 자식들에게 전해질 수 있었다. 선 고께서 남기신 유고를 볼 때마다 그 방대한 저술을 이루기 위해 노력을 다하셨을 선친의 노고를 느낄 수 있었고 불초한 자식으로서 할 수 있는 일이라곤, 그 유고를 간행하여 세상에 빛을 보게 하는 것이라고 다짐하곤 하였다. 나는 그 유고의 해제(解題)를 두고 그 동안 선고와 동문서학한 간인(干人) 조규철(曺圭喆) · 임당(臨堂) 하성재(河性在) · 도산(濤山) 성순영(成純永) · 이수락(李壽絡) 제 선생님과도 상의한 적이 있다. 그러나 나로서는 정재 각 선생님에게 해제를 받고 싶었다. 이런 나의 바램에 의해 염치 불구하고 정선생님께 해 제를 부탁드렸다.

정재각 선생님은 약 6개월 여에 걸쳐 고생하신 끝에 방대한 분량의 책을 깊이 천착해주 시고 주옥같은 원고를 내주셨다. 그래서 정재각 선생님이 써주신 해제를 앞에 넣고『중산 전서(中山全書(上下)), 박장현 저(朴章鉉 著)』를 간행하게 되었고, 그 때 내 스스로 느꼈던 감격은 이루 말할 수 없을 정도였다. 나로서는 여태껏 무거운 짐을 등에 짊어지고 살다가 선고의 유고『중산전서(상 · 하)』를 간행하면서 짊어지고 있던 짐을 벗어 놓은 것 같은 기 분이었고, 그 마무리를 만족스럽게 채워주신 정선생님께 대한 고마운 마음은 이루 형언할 수 없었다.

『중산전서(상 · 하)』의 해제를 끝내고 원고를 내어 주시면서 하신 말씀이 떠오른다. 중 산장(中山丈)은 1908년 생이고 당신은 1913년 생으로 겨우 중산장이 5년 연장일 뿐이고, 게다가 중산장은 젊은 나이인 32세에 돌아가셨는데 훌륭한 유고가 100여권이나 되니 당신 은 그동안 무엇을 했는지 부끄러운 생각이 든다고 말씀하셨다. 또한 중산장은 종래의 글 (주로 주역 · 시경 · 서경)을 숙독하고 그에 대한 의문점, 자득점에 대한 종래 역대 학자들 의 주해(註解)에 맹종하거나 만족하지 않았으며, "고인(古人)이 말하지 못한 것을 금인(今 人)이 말할 수 있을 것이고 금인이 말하지 못한 것을 후인(後人)이 말할 수 있을 것이다"라 고 밝힐 정도로 25세의 젊은 학자로서 패기와 학문적 자존심을 견지한 것에 대해서도 놀라 지 않을 수 없었다고 정선생님은 당신의 생각을 피력해 주셨다.

나아가 젊은 시골 유학자가 1939년 도일(渡日)하여 기록한『동경유기』(東京遊記) 내용 에 있는 동경대학 교수 이노우에 데츠지로(井上哲次郎)와의 면담에서 방문목적을 물었을 때에 일본 유학계 및 유학자와의 만남, 산천 풍속 시찰에 있다고 당당하게 밝힌 태도이며, 일본 동경 부근의 고구려가 망한 후 약광(若光)이 일본으로 망명한 후 양광왕(若光王)을 모신 고구려 후예들이 일본 땅에 세운 고려신사(高麗神社)의 탐방에서의 즉흥시는 민족사가로서의 면모를 강하게 보인 것이라고 말씀을 하시면서 정선생님이 보기에는 많은 유교도 남겼지만 중산장은 민족사학자로서의 비중도 자못 크다는 말씀으로 결론지어 주셨다. 이러한 선생님의 소감을 나는 선생님 스스로 겸손하신 말씀이라고 생각했지만 한편 선생님께서 선고를 높이 평가해주신 것에 대한 뿌듯한 마음을 감출 수 없었다. 지금 생각하면 정선생님의 노고에 제대로 인사도 치루지 못한 것이 죄송하고 송구할 따름이다.

　내가 정재각 선생님을 뵙고 지내온 시간도 거의 반세기에 가까웠다. 꽤나 오랜 시간이라고 할 수 있지만 그래도 선생님이 나를 어떤 위인(제자)으로 보고 계시는지 알 수 없었다. 평소에 나를 칭찬하고 인정한 적도 없었고 나를 욕하고 꾸짖은 적도 없었다. 보통 남들이 보기에는 내가 선생님 앞에서 말도 잘 하지 않고 조심스럽게 행동하는 것 같아 보여지기도 했다. 그러나 나는 조심성 없이 말하곤 했고 때로는 나 자신의 언동에 대하여 경솔하였다고 후회하기도 하였다. 평소 선생님은 말을 적게 하는 것으로 위인이 되고 인격자가 된다고 생각하시는 분이라는 것을 나는 잘 알고 있었기 때문에 더욱 그랬던 것 같다. 그리고 선생님은 타인의 말을 막지 않고 경청하셨고, 일단은 긍정을 하시면서도 그 사람의 말이 무슨 의도를 가지고 있는가를 읽으셨고 나아가 그 사람의 마음을 깊이 통찰하는 것 같아 보였다. 말씀이 적고 또한 말을 아끼셨기에 나에 대한 선생님의 평가를 좀처럼 알 수 없었다.

　선생님은 나의 행동, 즉 언행에 대해 알고 계시므로 평가를 하고 계셨을 것이다. 처음으로 나에 대해 언급한 것은 1992년 나의 회갑의 글 박영촌쉬갑수서(朴水邨晬甲壽序)에서였다. 그러나 누구 없이 회갑 축하를 위한 글에는 본인을 치켜 세워주는 것이 있기 때문에 나의 스승 정재각 선생님이 평소 그대로의 생각대로 나에 대하여 써주신 것인지, 아니면 축하의 의미로 의례적인 것이 포함되어 있었던 것인지 나로서는 알 도리가 없었다. 그저 나 혼자서 추측하기를,「중산전서 해제」를 쓰시고 난 후, 그리고 국사편찬위원회 방문한 후, 또한 나의 저서『한민족독립운동사』(일조각)가 출판되어『역사학보』에 천관우(千寬宇)선생의 서평을 보신 뒤에 나에 대한 인상이 조금 평가 절상되지 않았을까 하고 생각해보았을 뿐이었다. 그러나 그것은 나만의 착각일지도 모른다. 왜냐하면 선생님은 희노애락의 표현이 없고 워낙 과문하셨기 때문이다.

남사 정재각 선생님은 옛날 유교사회에서 말하는 모범 그 자체로, 항상 정심(正心)으로 정의관(正衣冠)하시고 정자세(正姿勢)로 하나의 흐트러짐 없이 단정하게 사셨으며 남을 욕하지 않았을 뿐 아니라 원망하지도 않았다. 부탁이나 구걸하는 일이 없었으며 남이 자기를 알아주지 않는다고 걱정하지 않았고 오히려 본인의 무능을 걱정하고 항상 겸손하고 스스로를 낮추었다. 선생님은 평생을 마음에 따라 하자고 하는 일에는 법도를 넘는 일이 없었고 사람이 할 수 있는 일을 다 한 뒤에 천명을 기다렸다. 만년에 와서는 속세에 물들지 않으시고 품행과 지조를 고결하게 유지하셨다. 나는 남사 선생님을 온온자덕(溫溫者德) 암암자상(嚴嚴者像) 확호불발(確乎不拔) 당류지석(當流之石)으로 나의 마음 속에 담아두고 싶다.

이제 회한으로 남은 것들이 많지만 그 중에서도 선생님을 모시고 함께 해외여행을 가기로한 계획을 세운 적이 있는데 실천하지 못한 것이 마음에 몹시 걸린다. 즐거운 시간과 추억을 나눌 기회를 만들지 못하고 이 세상에서 선생님을 먼저 떠나 보낸 것을 두고두고 후회하며 사죄하면서 용서를 빌고 싶다.

마지막으로 남사 선생님의 못난 제자로서 말씀드리고 싶은 것은 부족하나마 나 나름대로 선생님을 귀감삼아 살아왔으며 앞으로 남은 인생에서도 그럴 것이라는 것이다. 진정 나의 사표이신 선생님의 인격과 학문에 미치지 못하고 선생님의 제자되는 자체가 오히려 선생님에게 누를 끼치고 있는 것을 부끄럽게 여길 뿐이다.

남사 선생님의 명복을 빌면서, 선생님의 높으신 뜻을 이해하지 못하고 미숙한 제자가 모자라는 생각으로 적어 선생님의 고귀한 인품과 뜻을 손상시키지나 않을까 삼가는 마음이 앞선다. 부디 잘못된 글을 용서하시고 이해하여 주시리라 믿으며 다시 한번 선생님의 명복을 기원한다.

박 영 석(朴永錫)

건국대학교 명예교수 / (전)국사편찬위원장

늘 강조하시던 "과이불개(過而不改)"의 단구(短句) 되새기며…

　나는 학교라는 공간에서 학생들과 더불어 생활하고 있다. 따라서 나의 생활은 늘 학생들에게 다가간다. 그들의 대학생활은 입학과 함께 시작해서 졸업을 끝으로 마감한다. 그리고 대학생활의 과정은 학기별로, 학년별로 마무리되어 간다. 새로운 학기, 새로운 학년의 시작 선상에서 그들의 각오는 늘 새롭고 무언가 하고자 하는 마음으로 충만하다. 그러나 한 학기, 한 학년, 대학생활을 끝낸 시점에서 그들은 늘 시간이 너무도 빨리 지나간 것과 지난 과정 동안의 불충분했음을 이야기한다. 그것이 대학생에게만 보이는 한계가 아닐 것이다.

　우리는 새로운 시작을 할 때 앞으로의 생활을 전망하고 계획하고 그것을 이루기 위해 무엇을 어떻게 해야 할 것인가에 대해 고민한다. 그러나 그것에 선행해서 꼭 해야 할 일이 있다. 바로 지나온 과정에 대한 정리이다. 우리는 지나온 과정과의 만남을 통해 냉철하게 과거를 반성, 정리하고 그것을 바탕으로 해서 현재의 진술한 행위를 실천하고, 그것을 기본으로 해서 미래를 과학적으로 전망하는 잣대로 활용할 수 있다.

　아무리 과정에서 충실히 임했어도 결과를 들여다보면 전적으로 만족할 수 없다. 개인이건 국가, 사회를 다스리는 위정자이건 그 누구든 완벽할 수는 없기 때문이다. 따라서 잘못한 것 자체를 놓고 무리하게 반성을 강요하는 것은 너무도 가혹하다. 진정한 의미의 잘못은 자기의 잘못을 진지하게 반성하고 다시는 같은 잘못을 되풀이하지 않으려는 전향적인 자세가 보이지 않는 것이다. 『논어』(論語)에 나오는 "과이불개 시위과의"(過而不改 是謂 過矣)라는 말은 아마 그런 뜻일 것이다.

　　이 단구(短句)를 접하면 생각나는 분이 계시다. 바로 정재각 선생님이시다. 선생님께서 는 우매한 제자에게 역사적 지식을 가르쳐주심은 물론이고, 끊임없이 자신의 삶의 과정을 반추하면서 올곧게 세상사는 법을 가르쳐 주셨다. 사실 그 때 그 순간에는 이해되지 않는 부분도 있었고, 선생님 생각에 전적으로 동의하는 것도 아니었다. 그러나 시간이 흐르고, 내가 선생의 위치에 있는 지금, 선생님의 그 순간의 가르침이 더욱더 소중하게 다가온다.

　　선생님께서는 1984년 3월부터 86년 2월까지 우리 대학 사학과 석좌교수로 재직하셨고, 1986년 9월 경기대학교 대학원장으로 부임하셨다. 나는 1986년 4월에 군복무를 마치고 9 월 학기에 복학하였다. 선생님과의 만남은 〈동양사특강〉 수업 시간을 통해 시작되었다.

　　사실 경기대학교 사학과는 1981년 개설된 이래 3년 동안 불행하게도 동양사 전임교수 가 없었다. 1986년 경기대 사학과는 새로운 발전의 전기를 맞게 된다. 3월에 중국근대 사 상사를 전공하신 정태섭(鄭台燮) 선생님이 부임하셨고, 9월에는 선생님이 대학원장직을 맡으셨다. 교수진의 보강은 사학과 발전을 견인해 내는 힘으로 작용하였다. 눈에 띄는 변 화로 기초 공부를 위한 각종 소규모 스터디 그룹이 조직되었고 활발하게 연구모임이 진행 되었다. 사료강독을 위한 경서회, 고고미술사 공부를 위한 경문회, 영문사료 강독을 위한 영어강독회 등이 그 대표적인 예이다.

　　돌이켜보면 경기대학교 사학과 23년의 역사 중에서 선생님이 재직하셨던 1984년부터 1989년까지의 기간은 학과의 체계가 내적으로 정립된 기간이었다고 생각된다. 학과의 교 과과정, 교수학습체계, 학과 행사, 대학원 석사과정 개설 등이 하나하나 제 모습을 갖추어 나가기 시작하였다. 그리한 과정은 서서히 결실을 맺게 되었다. 우선 대학원으로 진학하 는 학생들이 늘어났고 대학원 진학을 준비하는 학생들도 많았다. 취업률도 현격히 증가하 였다. 이러한 변화는 학부수업의 정상화와 학과의 질적 제고로 자연스럽게 연결되었다.

불과 몇년전까지만 해도 상상하기 힘든 일이었다.

나 자신도 선생님의 학은(學恩)을 입은 바 크다. 중국사 공부를 위한 혜안을 제시해 주셨고, 학문적으로 축적된 바가 너무도 일천한 견자의 의지 밖에 소유한 것이 없는 나를 제자로서 흔쾌히 받아주셨다. 석사과정에 진학한 후에는 선생님을 자주 뵐 수 있었다. 동양사 전공을 위한 기초공부가 부실한 제자에게 끊임없이 격려해 주시고, 또한 역사 공부의 방법론을 세세한 부분까지 가르쳐 주셨다.

동양사 전공자가 나 하나밖에 없다는 사실은 행운이었다.『사기』(史記) <열전>(列傳)을 읽으면서 몇 번이고 한문문장의 구조에 대해서 설명해 주시던 모습, 수많은 공구서들을 일일이 소개해 주시던 모습, 일본어와 백화문 학습 있어 당신만의 공부 방법론에 대해 가르쳐 주시던 모습, 선생님을 생각하면 너무도 많은 정겨운 모습들이 떠오른다.

선생님은 1989년 2월을 끝으로 사학과를 떠나셨다. 선생님의 빈자리는 예상보다 컸다. 그것은 나만이 느끼는 바가 아니었다. 그러나 나는 사학과 학생들 중 유일하게 수업을 통해 선생님을 만나 뵐 수 있었다. 선생님과의 만남은 석사과정을 마칠 때까지 계속되었다. 수업은 선생님의 성북동 자택에서 진행되었다. 한 주에 한 번씩 만났는데 학문에의 열정은 조금도 변함이 없으셨다. 다만 가끔 건강이 썩 좋지 못하신 모을 보곤 안부를 여쭈었던 기억이 난다.

1990년 석사과정을 마친 후 선생님과의 만남을 자주 할 수 없게 되었다. 연초에 정태섭 선생님과의 몇 번 신년 인사를 드리면서 만나 뵌 기억이 있다. 선생님이 학과를 떠나신 후 우연인지 몰라도 사학과에는 몇 차례 불운이 찾아왔다. 1990년에는 조순향 선생님이, 1991년에는 정태섭 선생님이 사학과를 떠나셨다. 연이은 교수님들의 이임은 큰 혼란을 초래했고, 결국 신임교수임용에 진통을 수반하게 되었다.

2000년 8월부터 나는 학교의 중국사업팀 팀장 자격으로 북경대학, 중국문화서원, 동방대학성을 방문하여 양교간의 교류합작 방안에 대해 협의하였다. 방문기간 중 장대년, 탕

일개, 왕수상 등 북경대학 철학과 교수들을 만날 수 있었다. 진인각의 중국문화사를 강독하면서 선생님으로부터 들었던 중국의 대학자들이다.

그 해 9월 중순 귀국하여 선생님의 부음 소식을 듣게 되었다. 선생님의 영전에 찾아뵙지 못한 것이 못내 아쉽고 죄송스럽다. 선생님이 늘 강조하셨던 "과이부개 시위과의"라는 단구를 또 되새겨 보았다. 이제 선생님을 다시 뵐 수는 없지만 나에게 주신 큰 가르침은 영원히 나를 지탱하는 큰 힘으로 가능할 것이다. 선생님의 은혜에 머리 숙여 감사드리며, 선생님의 명복을 간절히 빈다.

박 응 수(朴應洙) • 수원여자대학 교수

깔끔한 영어의 통절한 구사

선생님의 경해(驚駭)에 접한지도 상당한 세월이 흘렀나봅니다. 가끔 선생님이 사셨던 성북동을 지나칠 때는 꼭 살아생전의 모습을 떠올리곤 합니다. 이 기회에 다시 한 번 깊이 고개 숙여 선생님의 명복을 빕니다.

필자가 몸담았던 학교는 그 특성상 직간접적으로 종교관계 분들이 총장이 되시는 관례여서 4년 임기(총장직)로 미루어 보더라도 근속 35년이면 줄잡아 아홉 분의 총장님들을 모신 셈인데 그 중 극소수의 외래 영입의 경우가 있었습니다. 정재각 선생님이 바로 그 한 분이셨습니다. 선생님께서 우리 학교에 취임하셨던 것이 아마 유신 말기(78. 6~82. 1)시기이였었나 싶습니다. 선생님의 성품에는 색다른 일화가 붙어 다녔습니다. 재확인하는 취지에서 필자가 들어 알고 있는 바를 적어볼까 합니다(마침 필자의 여서가 K대학 법과출신으로 당시상황을 증언한 바도 있어).

전달조로 "도서관은 대학의 심장부이므로 점령대상에서 제외시켜주시오."라고 기백도 당당하게 요구했습니다. 그것을 듣게 된 책임자는 황급히 소속부대의 상부에 보고를 했습니다. 성취 여부의 후문은 듣지 못했습니다마는 긴급시에 그만한 기세를 발휘하기 쉽지 않은 것이 상식인데 선생님은 그런 의미에서 출중하신 신념의 대신 같은 분이셨나 봅니다. 여망이 그만큼 큰 분이셨습니다. 이와 같은 사정으로 선생님께서는 우리 학교의 총장이 되셨지 않았느냐 하는 유추가 가능해집니다.

선생님께서는 경상북도의 고을, 상주(尙州) 출신이십니다. 당시 전국의 영재들의 선망의 대상이었던 제일고등보통학교(후의 경기고)에 당당하게 합격하신 그 고을의 전설적인 인물이고, 그곳의 자랑이기도 한 분이십니다. 모든 언행이 직절간명(直截簡明)하셔서 얼핏 보기에는 차디찬 수학공식 같은 인상이지만 사실은 재기가 넘쳐흐르는 재담의 명수이십니다. 일찍이 셰익스피어는 "간결은 기지의 진수"(Brevity is the soul of wit' : 햄릿 2:2)라 했지만 이 명구는 아마도 후세에 선생님을 위해 예비한 표현 같은 전곡을 찌른 구절 같기도 합니다.

선생님과 대해본 사람들의 정평은 그 수일(秀逸)하신 재기에 우선 압도되지만 그러면서도 일면 온유하신 자비로운 표정에 위트까지 겹치는 인격자였다고들 합니다. 아마도 불세출의 재사였다고 기억합니다. 흔히 속설에는 재사들에게는 인간미가 부족하다고 하지만 상대방의 심리를 훤히 꿰뚫어보시는 혜안에는 오직 경외심과 감탄만이 있을 뿐이고 그리고 깊게 성찰하시는 '남사랑(altraism)에는 정신적 반석 같은 든든하신 느낌이 들기도 합니다.

외국어 교육원장으로 선생님을 모셨던 생각이 납니다. 쓰시는 영어도 깨끗하고 통절하게 구사하신 기억도 납니다. 하루는 필자에게 느닷없이 "때 좀 빼고 오실까요?" 하시던 말씀이 지금도 귓전에 생생합니다. 미국의 자매대학에 다녀오라는 지시로 알아듣고 그대로 미국에 다녀왔습니다. 더욱이 필자의 장남 결혼식에는 흔쾌히 주례도 맡아주셨고 식 중에는 내내 특유의 재담으로 하객들의 웃음을 자아내게 하셨습니다. 선생님은 어찌 보면 확실히 인생을 관조하시고 또 어느 의미에서는 구도자와도 같이 확실한 신념과 가치관이 확립되셨던 분이 아니신가 하는 생각도 듭니다.

원래 대학에서는 그 학교를 대표하는 상징건축물이 있기 마련인데 동국대학교의 경우도 지금의 명진관은 한 때에는 초등학교 교과서에 실릴만큼 크고 잘 지은 건물이었습니다.

옥의 티로 건축당시 재정관계로 창틀이 목재였습니다. 선생님의 재임 시에 자금 출처도 분명하게 철제로 교체되었습니다. 그것을 볼 때마다 선생님의 기념비로 여겨집니다. 낭중

지추(囊中之錐 · 주머니 속의 송곳, 곧, 재능이 뛰어난 사람은 숨어있어도 남의 눈에 드러
난다), 중망소귀(衆望所歸 · 뭇사람의 신망이 한사람에게 쏠림)로 한국정신문화연구원 원
장 직으로 옮겨가서서 한국학의 근간을 공고케 하신 치적은 정녕 한국인의 귀감이기도 합
니다. 어쨌든 필자에게는 잊지 못할 분이십니다.

박 진 석(朴珍錫)

동국대학교 명예교수 / (전)동국대학교 문과대학장

선생님의 조언-지도로 민족문화연구소 운영

저는 현대 민족문화연구소를 운영하고 있습니다. 고려대학교(법학과 · 1955년도 졸업) 재학 시 학생처장, 교무회장을 선생님께서 역임하셨고 문과대학 교수이셨던 관계로 저와는 재학 중에는 별다른 교분이 없었습니다.

공적생활을 끝내고 뜻한 바 있어 한국학을 연구하는 민족문화연구소를 설립하면서 정 선생님의 적극적인 격려와 지도와 후원을 받게 되었습니다. 정 선생님께서는 제가 하는 일에 주옥같은 많은 조언을 주셨고 필요성을 강조하셨으며 지도를 해주셨습니다.

저는 오늘날의 우리 사회의 극에 달한 도독성의 상실과 사회 전반에 만연된 부패현상을 규탄하면서 이를 바로 잡는 일을 무엇보다 급선무인 것으로 생각합니다. 이러기 위해서는 먼저 문-사-철(文 · 史 · 哲)의 교육을 소홀히 해서는 안 되겠으며 여기에 기초해서 정신개혁운동이 절대로 필요하다고 봅니다. 역사의식을 갖고 청백리 정신과 한국사상을 계몽하는 인문교양강좌를 저희 연구소에서는 개최하고 있습니다.

이러한 일은 하면서 늘 생각이 나는 분이 정재각 선생님이십니다. 선비다운 선비가 없고 교육자다운 교육자가 없는 현실을 개탄하면서 저는 정 선생님의 참 스승상을 높이 평가합니다.

백 남 혁(白南爀)

(전)외환은행 지점장 / 한국학 송암연구원 회장

청렴결백의 교훈과 귀감을 보여주신 분

　정재각 총장님을 처음 뵌 것은 동국대학교에서였다. 당시 국민대학에서 동국대학 경찰행정학과로 자리를 옮긴지 얼마 안된 터라 총장님의 부르심을 받고 총장실에서 처음 뵙게 되었다. 정총장님은 경주 캠퍼스를 불교의 천년고도인 경주에 신설하려고 하는데 그 일의 산파역할을 하는 건설본부장을 맡아주었으면 하셨다. 두 번을 물려주십사고 사양을 하고 다른 교수들이든 누구든 더 나은 적임자가 있으리라고 말씀을 드리고 정중히 거절하였다. 건축과도, 토목과도 아닌 경찰행정학과 교수로서 건설본부장 직함은 걸맞지 않았다.

　정총장님은 내가 동국대학으로 오기 전 재직 중이던 국민대학에서 건물을 지었던 경험과, 경북 경찰국장으로 근무하였던 것이 앞으로 신설할 경주캠퍼스의 부지 매입 등, 여러 관공서와의 협조를 받아야 할 일들을 고려해 볼 때 큰일을 믿고 맡기기에 여러 가지로 적합하다고 생각하였다고 하시며 다시 세 번째 간곡한 말씀을 하시는 것이 아닌가. 이에 어찌할 도리없이 결심을 가다듬고 총장님의 말씀대로 동국대학교 경주캠퍼스 신설의 산파역을 맡기로 하였다.

　경주로 내려간 후, 일주일에 하루를 강의와 건설현황 보고를 위해 서울로 왔다. 강의와 다른 일이 겹쳐져 늦어지는 날엔 총장님 댁으로 직접 방문한 일도 있었다. 댁에는 정총장님 어머님과 부인, 아들 며느리 그리고 어린 손녀 모두 여섯 식구가 함께 살고 계셨다. 결코 사치스럽지 않고 단아하고 검소한 생활모습이었다.

　대학에서 총장님 모습만 뵙다가 그 분의 청백하고 곧은 성품을 더욱 느낄 수 있었다. 이런 일도 있었다고 한다. 경주캠퍼스의 건설을 맡은 건설회사 사장이 총장님 댁을 방문하면서 갈비 한짝을 선물로 가져갔다가 그만 총장님께 혼이 나고, 가져간 갈비 한짝을 도로 가져왔다고 한다.

건설본부장이었던 내가 댁으로 방문했을 때도 비슷한 일이 있었다. 갈비 한짝이 아니고 계란 다섯 판을 들고 방문하였는데 갖고 간 계란을 현관 앞에 놓아두고 크게 화를 내시며 얼굴이 붉어지도록 꾸지람을 주시고 야단치시는 것이었다.

업무 보고를 하는 동안 총장님 댁에서 한과와 차가 들어왔다. 총장님은 계란도 안 받으시는데 앉아서 차와 한과를 대접받으려니 송구스러워 입에 대지도 않고 있었다. 한참을 이야기하시다가 한과와 차를 입에도 대지 않는 이유를 물으시기에 "아, 저…… 그래서 그렇습니다."라고 하자, 비로소 웃으시면서 마음을 열어주시며 더욱 편안히 대해 주셨다.

이런 계기 등으로 총장님과는 '존경심' 과 '믿음' 을 바꾸어 나누는 사이가 되었고, 이후 경주캠퍼스를 신설하는 과정에 건설회사와 의견 충돌이 있거나, 어떤 비방이 있어도 나를 믿어주시고 또 그에 보답하며 나는 내게 주어진 역할을 충실히 수행 할 수 있었다. 2년 반 동안 18만여 평의 대학 부지를 매입하여 1300여기의 분묘를 이장하면서 모두 4동의 건물을 지었다.

총장님과의 인연은 총장님이 동국대학을 떠나신 이후에도 계속되었다. 임기를 마치지도 못하시고 정신문화연구원장으로 가시게 된 후 한국정신문화연구원장으로서 국가에 대한 마지막 봉사를 하겠다는 정총장님, 아니 정원장님을 도와 나는 또 그곳에서 한국정신문화연구원의 수석연구원 겸, 사무국장으로 예산확보와 제반 규정의 정비, 대학원 부지매입 및 한국학대학원 건설 업무를 또다시 함께 하기도 했다.

정재각 총장님은 사심없이 나라에 봉사하는 청렴결백한 선비의 모습을 보게 하였고 그 모습은 나로 하여금 많은 것을 배우고 감동하게 하였으며 내 인생에 교훈을 주시고 귀감을 보여주신 분으로 늘 가슴속에 남아계신다.

서 재 근(徐載根) · (전)동국대학교 사회과학대학장, 작고

몽골 여행길에서 뵌 쓸쓸한 마지막 모습…

내가 정재각 선생님을 처음 만난 것은 《고대신문》(高大新聞)에 관계하고 부터이니까 그럭저럭 반세기 가까운 세월이 흘렀고 내 머리칼이 반백을 지나 고희를 훌쩍 넘겼으니 이미 아득한 옛이야기가 된 듯하다.

처음 뵙게 된 사연은 내가 고대신문사에 있게 된 탓으로 선생님에게 원고를 써 주십사고 원고 청탁을 간 일이 동기가 되었다. 당시만 해도 고대신문이 아직 100호도 채우지 못한 시기로 내용은 고사하고 매주일 한번 씩 빠뜨리지 않고 내는 것이 더 중요한 과제가 되던 시절이었다. 매주 내는 것이 어려운 이유는 무엇보다도 원고를 얻기 힘든 때문이었다. 당시만 해도 전임 교수진의 총수가 50명에도 미치지 못하는 형편이었고 모두가 힘들게 살고 있어 원고 한편 여유 있게 쓸 형편이 아니었다.

교수 휴게실로 찾아가서 여자 사환에게 물어서 정재각 선생님을 처음으로 만나 경의를 표하고 다짜고짜 원고 청탁서를 내어 밀었다. 선생님은 별로 놀라는 기색도 없이 나를 바라보시며

"나보고 원고를 쓰라는 말이지?"

"네, 그렇습니다. 언제쯤 찾으러 올까요?"

"허허, 이 녀석 좀 보게! 아직 내가 써 주겠다고 대답도 하지 않았는데"

이때에 다른 교수님 한 분이

"왜! 무슨 일이야?"라면서 정교수와 나를 동시에 쳐다보는 것이었다.

"아, 글쎄 이 녀석이 내가 아직 원고를 써 주겠다는 약속도 하기 전에 언제 찾으러 올 까 요 하지 않아! 참 맹랑한 사람이야!"

"잘 되지 않았어. 용돈도 벌고. 여보게! 정교수가 써 주겠다고 대답할 때까지 한발작도 물러서서는 안 되네"라시며 나를 응원하는 것이 아닌가. 나중에 안 일이지만 이 분이 바로 학생처장, 사무처장, 총장, 그리고 숙대 총장을 역임하신 차락훈(車洛勳) 교수였다.

"허허, 할 수 없구만 한 열흘 뒤에 찾으러 와 봐"

"선생님 고맙습니다"

"자네 무슨 과인가?"

"네, 농과대학 농학과입니다"

"그래! 열심히 해봐. 내 원고는 써줄게" 이렇게 하여 정교수와 나의 인연은 시작되었다.

한 1년 가량 지난 뒤였다. 당시 내가 쓰던 '석탑춘추(石塔春秋)'라는 가십 란이《동아일보》의 단상단하(壇上壇下)와 비견되어 인기가 절정에 있을 무렵, 하루는 또 원고 청탁 차 교수 휴게실에 들렀을 때, 정교수가

"그 석탑춘추를 자네가 쓴다지?"

"네!"

"한문을 어디서 그렇게 배웠어. 그만한 실력이면 학생치고는 대단해, 나도 자네 글 애독 자 일세"

"감사합니다"

옆에 계시던 작고하신 조동필(趙東弼) 교수가

"시골 거유(巨儒)의 집 자제일 거야"라며 추켜세워 낯을 붉힌 일이 있었다. 학교를 졸업하 고 나이 50이 가까운 무렵 어딘가 모임에서 정재각 교수님을 만났다. 반가이 인사를 드리니

"자네 서군 아닌가! 무슨 일을 하나?"

"편집계통의 일을 하고 있습니다. 저는 한 가지 일만 계속하고 있습니다"

"그래. 그 다행이군. 사람이 한 가지 일만을 할 수 있다는 것은 행복한 일이지. 잘 해보아"

사실 나는 졸업 후 취직해서 정년퇴직을 할 그때까지 편집계통 한 가지 일로 시종일관했다. 어떻게 보면 주변머리 없는 듯도 하지만 그만큼 행복하다고도 할 수 있다. 졸업 후 20여 년을 지났는데도 내 이름을 정확히 기억하시는 선생님에게 진심으로 감사한 마음으로 경의를 표했었다.

다시 한 참 세월이 흘렀다. 나도 이순(耳順)을 넘어 정년이 가까운 무렵, 원체 역마살이 끼어 여행을 좋아한 나는 처를 데리고 몽골, 시베리아 여행을 떠나 몽골의 수도 울란바토르에 묵은 적이 있다. 울란바토르 공항은 말이 국제공항이지 아주 옛날의 김포공항 정도여서 혼잡이 우심했다. 그 혼잡한 인파 속에 바로 정교수가 끼어 짐을 들고 어찌지도 못하고 계신 것을 발견하였다.

"선생님! 어떻게 여기를 오셨습니까?"

"아! 자네 서군 아닌가. 여행사를 따라왔더니 이 고생일세"

"그 짐, 저에게 주시고 저를 따라 오십시오" 나는 선생님의 짐을 어깨에 메고 선생님을 인도하여 사무실 쪽으로 빠져 나와 무사히 밖으로 나왔다.

"자네 참 용하네. 어디 이런 곳을 다 알고 있었나?"

"VIP 루트입니다. 몇 푼 쥐어 주면 쉽게 통과시켜 줍니다"

"아무튼 고맙네. 숙소는 어디를 정했나"

"아직 정하지 않았습니다. 선생님은 단체이니까 숙소문제는 정하셨지요"

"그래, 나는 단체만 따라가면 되지"

이렇게 하여 일단 공항에서는 헤어진 뒤, 숙소를 물색하는데 이 도시는 어떻게 된 것이 호텔은 단 두 곳뿐이고 방을 구하기가 쉽지 않았다. 그 중 한 곳에 간신히 방을 구하여 잠자리에 든 뒤 아침 식사를 하기 위해 식당에 가니 정교수 일행의 단체는 이미 아침을 들고 있었다. 선생님을 발견하고 반갑게 달려가서 인사했더니

"자네도 여기 묵었나?"

"네! 그런데 사모님은 함께 오시지 않았습니까?"

"데리고 올 할망구가 그만 먼저 갔다네"

이 말씀을 하시는 선생님의 표정에 어두운 그림자가 잠시 드리우는 것 같았다. 나는 집사람을 손짓하여 부른 뒤

"내 대학 때 은사요. 인사 여쭈시오"

집사람의 인사를 받은 선생님은

"자네들 두 사람만 왔나?"

"저는 단체 여행을 즐겨하지 않아서요"

"여행의 진미야 그 쪽이 좋지, 그런데 자네 언어문제는 어떤가?"

"네 영어야 겨우 하지만 일본어를 좀 하니까 그것으로 통합니다. 어제 저녁 여기서도 종업원 가운데 일본어를 잘하는 사람이 있었습디다"

"하긴, 자네는 말이 전혀 안통해도 능히 여행을 즐길 수 있겠지"

"선생님 몸조심하시고 잘 다녀가십시오. 저희는 모레 기차로 이르쿠츠크에 갈 예정입니다"

"우리는 비행기로 사막에 갔다가 역시 비행기로 이르쿠츠크에 갈 모양이야. 그래 잘 다녀가라고"

이것이 선생님을 뵈온 마지막이 될 줄이야. 나는 그 후 처와 함께 몽골을 이틀간 여행하고, 시베리아의 이르쿠츠크, 울란우데, 블라디보스토크, 하바로프스크를 경유하여 20여 일의 여정을 마치고 아시아나 항공편으로 무사히 귀국했다.

지금도 몽골에서 사모님 이야기를 하시며 쓸쓸해하시던 선생님의 표정이 눈에 선하다.

서 병 홍(徐丙弘) • 회사대표, 작고

백두정상(白頭頂上)에서 민족혼을
설파하시던 선생님

정재각 선생님을 가까이 모셨던 기간을 생각할수록 너무 아쉽고 죄송한 마음을 금할 수 없습니다. 아쉬운 것은 보다 깊이 선생님의 지사적 학문정신과 그 지혜의 샘물에서 솟아나는 맑은 물을 더 많이 받아먹지 못한 점입니다. 언제나 옆에 계실 것 같아서 차일피일하다가 시간을 놓쳐버린 아쉬움을 달랠 길이 없습니다.

죄송함은 선생님께서 안팎으로 여러 가지 어려우심이 많으셨을 텐데 그 사정을 제대로 살펴드리지 못했음에 대한 자책감에서 오는 것이라 느낍니다.

저는 국어국문학과 출신으로 사학과에 계셨던 선생님과는 재학시절이나 학위과정에서는 가까이 할 계제가 없었습니다. 그러나 졸업 후 사회에 나가보니, 선생님의 위상과 존재감이 얼마나 귀중하고 무거우신가를 알게 되었던 것입니다.

1985년, 선생님을 모시고 남미 페루의 잉카문명 유적지 마추피추와 쿠스코를 찾아가, 고대문명에 대한 선생님의 혜안을 귀동냥할 수 있었던 일을 잊을 수 없습니다. 또 김일성 사망 직후의 1994년 8월 초, 선생님을 모시고, 여순 감옥의 안중근 의사 족적을 살핀 후, 여순에서 집안(輯安)을 거쳐 백두산까지 몇날며칠을 버스 편으로 이동하면서 중국과 북한 땅을 번갈아 살펴보며 우리 민족사의 발자취를 더듬어 보는 행운을 가졌던 시간을 잊을 수가 없습니다.

백두산 정상을 오르실 때 그 감격스러워하시던 모습은 지금도 눈에 선합니다. 백산학회 (白山學會)에 대한 설명도 곁들여 해주시면서 일제가 우리역사와 동북아시아 역사를 어떻게 훼손 조작하려 했다는 말씀을 하실 때, 저는 마치 초등학생이 된 양 선생님의 말씀을 가슴 깊이 새기게 되었습니다. 그 때 선생님은 팔순의 노구셨지만 그 불편한 수천리길을 털털거리는 버스 속에서 무더위와 싸우시면서도 조금도 지친 표정 없이 백두정상(白頭頂上)에 올라 우리 민족혼을 느껴 보아야 한다고 일행을 격려하시던 선생님을 어찌 잊을 수가 있겠습니까.

선생님께서는 필자가 재직하고 있던 세계일보사에서 민족정기의 발양이라는 창간정신 실천의 일환으로 진행하였던 중국 여순지역에서 순국하신 안중근의사 기념사업에 초대 이사로 취임하여 학자적 입장에서 이론적 지원을 하신 일이 있었습니다.

안중근의사 순국 90년이었던 2000년 봄에 중국 요녕(遼寧)대학에서 한·중·일·러 등 관련 학자들이 참여해 안의사님을 기리는 국제학술회의에서의 일화는 잊을 수가 없습니다. 「안중근과 동양평화」란 대주제로 각국 학자들이 발표하고 토론했는데 중국에서 참여한 학자 중에 상해 복단대학의 석원화(石源華)교수가 안중근의사의 거사방식에 대한 토론에서 테러리스트의 범주로 해석한 점에 대해 선생님은 테러에 대한 정의를 설명하고 안의사의 거사를 이론적으로 해명함으로써 도저히 반박의 여지가 없도록 다른 발표자들과 청중을 압도하여 참석자 모두를 크게 감동시켰던 적이 있었습니다.

테러는 불특정 다수에게 피해를 주는 반면 안의사는 군인으로서 적국의 수장만을 공격하였을 뿐 아니라 일반인들에게 전혀 피해를 주지 않았으며 제국주의의 거대한 세력 앞에 국권을 상실한 나라의 군인으로서 가장 효과적인 방법으로 전투를 한 의거라는 취지로 전개된 논리 정연한 설명은 듣는 이들의 가슴을 후련하게 하는 명쾌한 정리가 되었습니다. 폐회 후 각국 학자들은 선생님의 주변으로 모여 깊은 존경을 표시하고 담론을 나누고자 애쓰는 모습을 지켜보면서 선생님과 같은 높은 혜안과 식견을 갖추신 학자야 말로 우리들 후학은 물론 겨레 전체에게도 귀한 스승이요, 민족적 사표의 귀감이라는 생각을 새삼 하게 되었던 것입니다.

선생님! 지금 가 계시는 그 곳에서도 많은 우둔한 사람을 깨우쳐주시느라 바쁘시겠지요? 수많은 영혼들이 선생님의 계도로 눈을 뜨기를 기원합니다.

손 대 오(孫大旿)

세계평화교수협의회 회장 / (전)선문대학교 부총장

고대(高大) '6·6시위' 주동서클 지도교수

남사 정재각 선생님을 생각할 때면 언제나 떠오르는 잊을 수 없는 역사적 사건이 있다. 이 나라 학생 운동사에 하나의 획을 그은 대사건이다.

"'무능한 조상', '차라리 없었으면 좋았을 조상', '부끄러운 조상'이 되지 않기 위해 '4월 혁명이 지향하는 이상적 민족국가' 건설이라는 명제 앞에서 (고대의 젊은이들은) 무한히 번뇌하지 않을 수 없었다."

고대생들이 이처럼 4·19, 5·16의 계기적 변화 속에서 고뇌에 잠겨 있을 때 양주와 파주 등지에서 빈발한 미군에 의한 한국인 린치사건은 충격을 주었다. 본교생들은 드디어 2년간의 침묵을 깨고 계엄 하에서 '한-미 행정협정체결 촉구' 데모를 감행하였다. 그것은 부당한 외국인의 월권행위와 인권침해에 감전된 민족의식의 발로였으며, 4·19정신의 당연한 귀결이었다. (이때까지만 해도 한-미간에 행정협정이 체결되지 않아 빈발하는 미군의 범죄행위를 국내법으로 제재할 근거가 마련되어 있지 않았다. 한국과 미국은 상호의존적인 관계에 있기 때문에 양국 간에는 대등한 입장에서의 상호협조와 이해가 있어야 함에도 불구하고, 실제로는 한국인의 의문을 제기하는 문제가 항상 가로놓여 있었다. 「행정협정」체결 문제는 이미 자유당 정권 때부터 여러 차례 제기되었으나 실현되지 않았다.)

"1962년 6월 6일 현충일 기념식을 마친 본교생들은 대운동장에 모여 '한미행협 체결 촉구 시위'의 불가피성을 선언한 뒤, 11시 20분부터 미대사관 진출을 목표로 '행정협정(체

결) 촉구'라고 쓰인 플래카드를 앞세우고 가두시위에 나섰다"(『고려대학교 90년 지(誌)』 450쪽)

정재각 선생님하면 필자의 가슴을 치는 '역사적 대사건'이라 함은 바로 62년 고대생들의 한미행정협정 체결 촉구 시위, 6·6 데모인 것이다. 4월 혁명의 기폭제였던 4·18시위 2년 만에 고대생들이 다시 역사의 진운(進運)에 새로운 활력을 불어넣는 어려운 선택을 했던 것이다.

「6·6선언문」은 이렇게 외친다.

"다시는 부끄럽지 않은 조상이 되려는 학문하는 상아탑의 사자들은 오늘 또 한번 포효한다. 민족의 오랜 역사가 타락의 함정으로 굴러 떨어져 짧은 문화사를 지닌 타민족과의 상승된 세력 조성에 의해 우리의 주권을, 아니 인간 천부의 권리를 옹호해야 할 엄숙한 역사의 명령 앞에 직면하고 있기 때문이다. 우리의 행동은 항의가 아니라 건의와 촉진을 뜻함이다. 한미행정협정을 조속히 체결하라"

고대생들은 그들의 시위가 부정하고 파괴하려 함이 아니라, 긍정하고 조화하며 발전하자는 제안의 뜻임을 분명히 했다.

그러나 그것은 매우 힘든 선택일 수밖에 없었다. 서술이 시퍼런 군사정부 아래서 모든 집단행동이 불법으로 금지된 계엄령이 선포된 상황에서의 시위였기 때문이다.

필자는 이 고대생 6·6시위의 진상을 40년 만에 공개하고자 한다.

고대생 6·6데모의 충격과 파장은 컸다. 수도방위사령관이 현장에 긴급 출동하여 시위 진압을 진두지휘했으며 시위는 유진오(俞鎭午) 총장의 설유(說諭)와 수방사령관의 종용으로 일단 해산되었다. 그러나 3백여 명의 학생들은 미 대사관 앞까지 진출해 시위를 벌이려다 전원 경찰에 연행되어 이중 13명이 정식 구속되었으며 구속된 학생들은 최고회의 박정희(朴正熙) 의장의 지시로 이틀 만에 극적으로 석방되었다. 고대생들의 6·6 데모 직후 전 신문들은 사설로 행정협정 체결을 촉구했으며 미국의 반응도 고대생들의 시위사태를 매우 심각하게 받아들였다. 사무엘 D. 버거 주한 미 대사는 미국인 '행정교섭'에 적극적으로 나설 것임을 천명했으며 구속 학생의 석방을 희망한다고 했다. 워싱턴의 국무부도 행정협정 교섭 재개를 약속하고 미군 린치 사건에 유감을 표시하기에 이르렀다.

고대생 6·6선언과 6·6시위는 우리 학생운동사에 대사건으로 평가되고 기록되고 있다.

이처럼 큰 비중의 역사성을 갖고 있는 이 6·6 선언 이 고대의 한 이념서클 학생들에 의해 주도면밀하게 계획되고 진행되었던 것이다. 이런 사실을 정재각 선생님의 추모글을 쓰면서 밝히게 되어 필자의 감회는 더욱 깊다.

1962년 6월 6일 현충일 며칠 전이었던가, 고대 후배인 양영식군(당시 정치과 4년·전 통일부 차관)과 정재원군(당시 정치과 4년·전 국회의원)이 전화를 걸어왔다. 중요하게 의논할 일이 있으니 만나자는 내용이었다. 필자는 61년 12월에 그 무렵 장안의 지가(紙價)를 높였던 경향신문(京鄕新聞)의 견습기자 시험에 합격되어 62년 초부터 올챙이 기자를 하고 있었다.

그날 저녁 만난 고대 후배들은 모두 고대의 사조연우회(사연회) 회원들이었다. 우리들은 한미행정협정 체결의 필요성과 당위성에 대해 일치된 의견을 보였다. 아무리 계엄령 하의 군정을 펴고 있는 때라 해도 4월 혁명의 물꼬를 텄던 고대생들이 정상적 한미관계의 정립이라는 국가적 과제를 끌어안고 국민 의사의 결집에 앞장설 수밖에 없다는 데 뜻을 같이했다. 사조연우회 회원들은 면밀한 계획을 세웠다.

시위의 D-데이는 학생들이 많이 이는 교내 현충일이 열릴 6월 6일로 정했다. 선언문 작성, 당일 시위 계획, 주동회원의 구속 후 행동 계획, 후속 활동을 맡을 회원의 배정 등 시위를 위한 치밀한 계획들이 짜여졌다.

사조연우회 회원들이 「행협」 체결 촉진 시위를 계획하면서 가장 염려했던 것이 두 가지였던 것으로 기억된다. 그 하나는 고대생의 순수한 뜻이 반미(反美)로 비쳐지지 않을지, 또 하나는 다른 세력이 이에 편승하려 하지는 않을지, 그 둘이었다. 바로 그런 우려 때문에 '6·6선언'과 '행동강령'에 이를 분명히 했다.

△ 오늘 우리의 행동은 반미 감정이 아니다. 행동강령의 재1구호가 반미가 아님을 천명한

것이었다. 행동강령은 이어 △ 이는 민족감정의 본연의 자세이며 △ 질서를 유지하며 △ 이 거족적이며 민족적인 행사에 편승하려는 어떠한 세력도 배척하고 규탄한다고 외쳤다.

사조연우회 회원들은 △ 우리의 행동이 문화민족의 긍지를 표현함이며 항의가 아닌 건의와 촉진임을 행동강령에서 거듭 강조했다. 이들의 행동은 단순한 거부가 아니라 생산적이며 발전적인 대안(代案) 제시였다. 넘치는 젊음의 열정과 이상의 깊은 밑바닥에는 냉정한 현실파악과 냉철한 이성적 판단이 뒷받침하고 있었던 것이다.

사조연우회는 60년대 초에 고대생들이 조직한 최초의 이념서클이었다. 그 당시 법과에 재학 중이던 필자는 법률공부는 별 관심이 없었고, 주로 정치과, 경제과 학생들과 어울리며 사상과 이념문제의 토론에 몰두하고 있었다. 서진영(정치과 · 현 고대교수 · 정치학), 최장집(정치과 · 현 고대교수 · 정치학) 장화수(경제과 · 현 중앙대교수 · 경제학), 양영식(정치과 · 전 통일부차관), 정재원(정치과 · 전 국회의원), 법과에서는 서독에 유학 중 교통사고로 타계한 전용호(법철학 전공), 그리고 필자 등이 그들이었다. 다른 과 학생들은 필자보다 1~2년 후배들이었다.

이들이 자주 만나면서 자연스레 연구모임으로 발전시킨 것이 사조연우회였다. 우리들은 지도교수를 모시기로 했다. 몇 분의 교수님들을 만나 보았으나 군정 하의 학생 이념서클의 지도교수를 선뜻 수락하기는 분이 없었다. 이 모임에 선배 격이었던 필자와 몇몇 회원들이 마지막으로 만난 분이 정재각 선생님이었다. 문과대학 사학과 교수였던 남사 선생님은 정치과, 경제와, 법과 학생들만 있고 정작 사학과 학생들은 한 명도 참여하지 않은 이 연구 서클의 지도교수가 되시겠다고 흔쾌히 수락해 주셨다.

사학자 남사 선생님으로부터 우리들은 많은 가르침을 받았다. 6 · 6 선언과 6 · 6 시위는 그 가르침에서 깨우친 이성과 이상의 소리라고 해야 옳을 것이다. 필자는 시위 당시 기자였지만 사실은 고대 재학 중의 학생이기도 했다. 학도병으로 군대에 갔다 와 복학을 해 같은 학번의 동료 학생들의 졸업을 앞둔 61년 12월, 《경향신문》견습지가 시험에 응시했다. 3천여 명이 몰려왔는데 기자로 뽑힌 사람은 겨우 한 자리 숫자에 불과했다. 그런 경쟁률을 내가 뚫었다니 믿기지 않았다. 그래서 그 이듬해 시험을 친다고 해서 붙는다는 보장도 없어 기자로 용감하게 입사했다.

6·6 시위현장에서 필자는 대모 주동자의 한 사람인지, 시위 참가 학생인지, 아니면 기자인지 스스로 분간이 되지 않았다. 필자가 시위현장에 가장 먼저 도착한 기자일 수밖에 없었다. 수도방위사령관이 현장을 지휘하는 모습을 보면서 전율 같은 것을 느꼈던 기억이 아직도 생생하다.

데모의 높은 파고(波高)가 지나고 난 그날 잠 필자는 성북경찰서 형사실에서 수배철을 몰래 훔쳐보았다. 양영식, 정재원 등 사조연우회 회원들이 긴급 검거 대상자로 전국에 지명수배가 되었음을 확인했다. 필자는 바로 사조연우회 회원들을 찾았다. 필자는 노출된 회원들의 자진출두를 권고했다. '배후 없는 학생들만의 데모'임을 증언하는 것이 필요하다고 판단했기 때문이었다. 양영식(당시 정치과 4년), 정재원(당시 정치과 4년) 등은 시위 다음날인 7일 하오에 경찰에 자진 출두하여 "어떠한 불순세력과의 연계나 책동이 없었음"을 경찰에 진술했다. 이들의 자진출두 사실은 물론《경향신문》사회면 머리기사로 특종보도 됐다. 필자는 당시 기자로서 고대생「6·6시위」가 배후 없는 순수한 학생들의 의사 표시임을 부각시키는 데 보도의 초점을 맞추었다.

우리 사조연우회 회원들은 6·6 선언과 6·6 시위가 그들에 의해 사전에 계획되고 준비되었으며 실행되었다는 사실을 공개하지 않았다. 오히려 숨겼다. 그 이유는 단 한 가지였다. 지도교수였던 정재각 선생님에게 피해가 가서는 안 된다는 생각에서였다. 필자는 40년 만에 그 사실을 남사 정재각 선생님을 추모하면서 이 세상에 밝힌다.

사조연우회 회원들은 우리 사회의 중견을 거쳐 이제 모두 60세의 연륜을 넘겼다. 남사 정재각 선생님은 오늘에도 우리 회원들의 가슴에는 지도교수로 살아계신다.

선생님이시여! 안양정토(安養淨土)에 오래 머무시옵소서!!

손 주 환(孫柱煥)

제13대 국회의원 / (전)서울신문 대표이사

역사수업시간에 일어난 사건

　제가 남사 선생님을 처음 뵙게 된 것은 지금으로부터 약 60여 년 전. 일제하 고향 대구 계성중학교에 입학했을 때였다. 입학 후 첫 역사시간에 교실에 들어오셔서 인자하신 모습으로 신입생들에게 여러 가지 학교생활에 관한 좋은 말씀을 하셨을 때였다. 그 때 선생님의 첫 인상은 매우 온화하였고 지금 생각하면 안색이 다른 선생님들에 비하면 좀 흰편이었다는 기억이 난다.

　그 후 역사 수업시간에는 들어오시지 않고 다른 선생님께서 수업을 담당하였으며 그리고 바로 들리는 소문에 따르면 선생님께서는 서울로 전근 가셨다는 이야기를 듣게 되었다. 그 당시 선배들의 이야기에 의하면 지방의 중학교에 정선생님과 같은 제국대학(경성제대) 출신의 선생님을 모신다는 것은 매우 어려운 일이며 우리 학교의 자랑이라고 말들을 하고 있었던 것을 지금도 기억한다.

　그런데, 어느 날 선생님은 교단에서 자취를 감추었고 얼마 후 서울의 어느 사립학교 교원으로 갔다는 소문을 들었다. 학생들은 그 이유가 궁금했지만 알 길이 없었다. 해방이 되어 비로소 그 의문의 일부는 풀리게 되었다.

　선생님은 당시 일본 관헌이 엄히 금기시한 조선역사를 학생들에게 얘기하곤 했다. 이 때문에 선생님은 결국 '불온한 교원'으로 지목되어 도피하다시피 서울로 떠난 것이 밝혀졌다. 그러나 그것이 어떻게 일본 당국에 알려졌는가 하는 경위는 지금도 노령의 제자들 사이에 이런저런 말이 있을 뿐 그 진상은 확실치 않다.

그 경위에는 대체로 두 갈래로 요약될 수 있을 것 같다. 하나는 선생님이 대구에서 일본인 서점에 들러 책을 샀는데 그 책이 이른바 '불온서적'이었고, 이것이 단서가 되어 선생님의 교단에서 한 행동이 경찰에 알려지게 됨으로써 급히 학교를 떠날 수밖에 없었다는 것이다. 또 다른 하나는 선생님의 가까운 친척의 말이다. 즉, 교단에서 선생님이 조선역사를 자주 말하고 있다는 것을 한 학생의 아버지인 형사가 알게 되어 문제가 되었다. 이를 알게 된 그 당시 계성중학교 핸더슨 교장이 힘을 써, 서울에 있는 같은 종단인 경신중학교로 급히 옮겼다는 얘기이다.

세월은 흘러 이 사람도 서울서 대학에 몸을 담게 되었고 또 남사 선생님께서도 고려대학교에 봉직하면서 존경받는 교수님으로서 후진양성에 진력하고 계신다는 것을 알게 되었다. 특히 본인의 중학교 선배인 전 우석의과대학 교수 이성행 박사로부터 남사 선생님의 근황 등을 전해 듣는 기회도 있었다.

그러던 중 이 사람이 동국대학교에 봉직하게 되었고 몇 년이 경과하던 해 뜻밖에도 남사 선생님께서 동국대학교 총장으로 부임하시게 된 것이다. 이 소식을 접하고 매우 놀라운 마음과 동시에 은사를 총장으로 모신다는 기쁜 마음은 한량이 없었다.

이 당시 동국대학교에는 경주 캠퍼스 설치문제 등 대학으로서 해결해야 할 현안 문제 등이 산적해 있었다는 것을 나중에 실무자들을 통하여 듣고 알게 되었다. 이 어려운 시기에 남사 선생님께서는 고려대학교에서 쌓으신 경륜을 십이분 발휘하여 보직자와 혼연일체가 되어 하나하나 처리 해결함으로써 오늘날의 동국대학교 발전의 기반을 구축하였다. 특히 동국대학교 경주캠퍼스의 설치는 남사 선생님의 업적으로 평가해야 할 것이며 동국대학으로서는 남사 선생님의 공을 결코 잊어서는 안 될 줄 안다.

또한 그 당시가 80년대이며 아시다시피 80년대는 민주화 운동으로 일반 사회나 대학사회가 대 혼란의 소용돌이 속에 있었으며 매일 데모가 계속 되었고 동국대학도 예외가 아니었다. 더구나 전국의 데모대들이 본교에 집결하여 밤을 지새울 때는 혼란의 도가니였다. 학생들이 본관 앞에서 구호를 외치고 교수님이나 학생처 담당 실무자의 지도나 저지는 전혀 효과가 없었고 속수무책이었다. 이 때 총장으로서 자진해서 학생들 대열 앞에 나와 여러 가지 상황을 말하시며 교육적으로 설득시켜 대과(大過)없이 해결한 사건 등은 남사 선생님의 교육자로서의 인품이 학생들을 감동시킨 결과였다. 당시 동국대생의 희생이 타대학에 비해 비교적 적었다는 것은 이 때문이었다.

그 후 남사 선생님께서는 동국대학교로서는 좀 더 계셨으면 하는 아쉬움 속에 동대를 떠나 정신문화연구원장으로 자리를 옮기시게 되었다. 평소에 모든 일들을 원칙대로 추진 · 처리하시고 또한 공과 사를 엄격히 구별하시는 성품이라는 것을 선생님 주변의 분들로부터 들은바 있으며 사실 그러한 인품을 저희들에게 많은 교훈을 주셨습니다.

사회가 어지럽고 대학 교육이 혼란스러울 때 우리는 남사 선생님을 다시 한 번 생각하게 됩니다. 하늘에 계시는 선생님께서는 부디 편히 쉬시고 계속 저희들을 이끌어 주시길 간절히 바라며 끝으로 선생님의 명복을 기원해 마지 않는다.

손 창 구(孫昌求)

동국대학교명예교수 / 계성고등학교 제자

남사 선생의 '원칙'과 '파격'

나는 대학 졸업을 몇 잘 앞두고 중학교 교사로 취직하였다. 휴전 협정이 체결된 지 2년 뒤, 취업난이 극심한 때여서, 나로서는 행운을 얻은 셈이었다. 그러나 교직 생활은 그리 오래 계속되지 못하였다.

대학 법과 2-3학년 때부터 한국사에 각별한 관심을 갖기 시작했던 나는 중학교에서 역가, 지리를 담당 교수하면서 한국사를 본격적으로 공부하여야겠다는 쪽으로 생각을 굳히게 되었다. 그리하여 사학과 편입을 결심하고 서울의 각 대학에 알아보기 시작하였다. 마침 고려대학에 학사편입제도가 있다는 말을 듣고서는 어느 날, 아침에 당돌하게도 교무처장 댁으로 전화를 걸어 그 절차를 문의하였다. 교무처장은 바로 정재각 선생이셨다. 이것이 남사와의 인연의 시작이었다. 지금으로부터 45년 전의 일이다.

다시 학생이 된 나는 열심히 강의를 들었다. 남사에게서 들은 것은 동양사특강이었던 것 같다. 시베리아 고대사에 관한 강의였다. 필기 위주인데다가 결강하시는 일이 거의 없었기 때문에 종강 무렵에 되니까 노트한 분량이 제법 많았다. 학생들로부터 시험범위를 줄을 그어 달라느니, 문제를 추려달라느니 하는 요청이 있었지만 선생님께서는 단연코 응락하지 않으셨다. 시험 날 문제를 받은 학생들은 거의가 답안지에 손을 대지 못하였다. 물론 공부를 안 해왔기 때문이었다. 이를 목도하신 선생님께서 말씀하셨다. "노트를 보고 쓰라"고.

이 열련의 사실에서 우리는 원칙을 존중하면서도 사람의 허를 찌르는 파격이 있는 남사의 면모를 엿볼 수 있겠다.

1980년대 초(1982년)로 들어서면서 나는 남사를 보다 가까이서 모실 수 있는 기회를 갖게 되었다. 남사가 한국정신문화 연구원장으로 취임하셨고, 나는 고려대 사학과 모 선재의 추천으로 정신문화원구원의 중요사업인 『한국민족문화백과대사전』편찬을 책임지게 되었던 것이다. 당시 정신문화연구원에서는 1주일에 한 번씩 정례간부회의가, 그리고 수시로 임시간부회의가 있었다. 회의는 의례 원장인 남사가 주재하였다. 그의 사회를 지켜보노라면 사람의 허를 찌르는 의외성 발언이 많다. 이를테면 미국을 다녀와서 간부들에게 엄숙한 표정을 지으면서 하는 첫마디가 "대붕만리를 날라 갔다 왔다"는 것이었다. 박장대소가 터진 것은 물론이다. 그의 스피치에는 역시 파격적인 데가 있었다.

남사는 한결 같이 원칙을 존중하였다. 당시 군사정부에서는 정신문화연구원의 적극적인 현실참여를 강력하게 요청하였다. 그러나 남사는 연구원의 설립 당시의 취지에 충실해야 할 것임을 고집하였다. 그 결과 남사는 원장 취임 1년 만에 연구원을 떠나야만 했다. 나도 물론 그 분의 뒤를 따라 대학으로 돌아갔다.

이제는, 서로 모순되는듯 하면서도 교묘한 조화를 이루는, 남사의 원칙을 존중하는 인품과 파격의 스피치를 다시 보고 들을 수 없으니 아쉬운 일이다.

송 병 기(宋炳基)

(전)단국대 동양학연구소 소장 / 단국대학교 명예교수

한국 최초의 일본학 연구소 창설,
동국대 중흥에 큰 업적 남겨

남사 정재각 선생께서 2000년 9월 17일에 미수(米壽)의 나이로 서거하신 지 어느덧 10년이란 세월이 지났습니다만, 선생의 모습이 아직도 생생하게 떠오르는 것은 비단 나만의 생각은 아닐 것입니다.

선생은 우리나라의 선비 학자로서 민족의 장래를 위해 국가의 동량인 수많은 인재를 길러 내신 애국자였습니다. 요즘 나라 안팎에 어려운 문제가 산적해 있어 온 국민의 뜻과 힘을 모을 수 있는 지도자를 갈망하는 이 때, 선생께서 우리 옆에 계시지 않은 것이 얼마나 안타까운지 그리운 마음 금할 수 없습니다.

본인이 정재각 선생님을 처음 뵙게 된 것은 1978년 여름 동국대학교 총장으로 오신 무렵으로 생각됩니다. 나는 한일회담을 취재차 1952년 2월 평화신문사 주일특파원으로 도일후 동경서 와세다대학과 법정대학 대학원에서 10여 년간 한일관계사를 연구하였습니다. 그 동안의 연구 성과를 〈근대조선외교사연구〉라는 제목으로 1964년 봄에 정치학 박사학위를 취득하고, 대학에서 강의하던 중 동국대학교의 부름을 받아 1970년 1월에 해외생활 20년 만에 귀국, 동국대학교 행정대학원장으로 봉직하였습니다. 이 무렵, 이선근(李瑄根) 총장이 한국정신문화연구원장으로 가시게 되어, 그 후임 총장으로 정재각 선생님이 동국대학교에 부임하신 때에 처음 선생님을 만나게 되었습니다.

선생님에 대해서는 1969년 봄, 동경에서 선생님의 제자인 신근재(愼根縡) 교수로부터 선생님에 대한 말씀을 듣고 있었습니다. 愼 교수와 나와 함께 동경서 재일한국교수친목회를 창립하고 내가 회장으로 있을 때 간사를 맡아주어 기관지에 《한강》을 발간하는 등 온갖 수고를 하시다가 동경대학 대학원에서 연구를 마치고 귀국하신 후 동국대학교에서 다시 만나게 되어 같이 지냈습니다.

이 무렵 정재각 선생님이 동국대학교 총장으로 취임하시자 항례에 따라 우리 동국대학교 학-처장들은 일괄사표를 내고 교수직으로 돌아갔습니다. 정재각 총장이 취임 후 새로운 학-처장보직 인사 발표에 본인이 초대 2부대학장으로 임명되어 있었습니다. 오랜만에 보직에서 해방되어 교수로 돌아간 나에게 다시 대학장의 보직발령이 났으므로 이를 사퇴하기 위해 정총장을 만나려고 자택을 방문하였습니다. 이 때 누군가 대문 초인종을 달고 있었습니다. 아마 총장이 되셨으니 방문객을 예상하고 처음 초인종을 설치하는 듯 싶었습니다.

아드님의 안내를 받아 응접실에서 정 총장을 뵈옵고 개인적 사정을 말씀드리며 학장직을 맡을 수 없다고 정중히 사양하였습니다. 총장께서는 곤혹스러운 표정으로 "내가 동국대학의 발전에 도움이 되기 위해 마지막 봉사로 총장직을 수락"했는데 신 선생은 동국대 1회 출신으로서 나보다 더 모교를 위해 헌신할 분이, 보직을 사양하는 것은 이해할 수 없다고 하시면서, 대학원장을 지낸 분을 2부대학장으로 임명한 것은 대학원장은 누구나 할 수 있는 직이나 신설된 2부대학장은 동국대학교로서는 매우 중요한 부서이기에 신 선생과 같은 학덕과 경륜을 갖춘 교육자에게 맡겨야 하겠다고 심사숙고하여 결정한 것이니 모교와 후배 양성을 위해 나와 같이 봉사하자고 말씀하시면서 단호히 사표를 받아 주지 않으셨습니다.

나는 물러나오면서 학자로서 그 검소한 생활모습과 교육자로서의 인품, 선비로서의 행동에 감명을 받았습니다. '한국에도 이런 선비학자가 계시는구나' 하고. 동경서의 연구생활에서 일본학자들의 검소한 생활모습이 생각났습니다. 일본서 저명한 학자로 존경받고 있던 법정대학 총장 나카무라(中村 哲) 박사댁을 자주 방문한 바 있는데 선생댁 응접실은 책으로서 서재를 이루고, 손님이 앉을 자리조차 없는 허름하고 조그마한 방에서 검소한 학자 생활을 하시던 모습이 떠올랐습니다.

정재각 선생의 동국대 총장시절의 큰 업적은 일본학연구소의 창립이었습니다. 1979년 학기 초 일인데, 당시 우리 국내는 대일 악감정이 고조될 때였습니다. 나는 정 총장께 한-일관계에 대해 말씀드렸습니다.

본인이 20여년 일본에서 한-일관계사료를 수집하면서 일본학계의 동향을 보니까, 무엇보다 놀라운 것이 일본은 한국을 합방하기 위해 명치유신 이후 학자들을 총동원하다시피 하여 한국에 대한 연구를 정책적으로 수행해왔습니다. 패전 후에도 여전히 조선학회와 조선사연구회 등을 중심으로 한반도에 대한 연구를 활발히 진행하고 있는데 반하여, 우리 한국에서는 일본에 대한 연구가 전무한 상태에 있다는 요지의 말씀을 드린 것입니다. 총장께서는 이에 크게 공감을 표시하시며 우리도 한-일관계의 미래를 위해 일본에 대한 체계적인 연구가 반드시 필요하다고 하시면서 동국대학교에 일본학연구소를 설치할 것을 결심하셨습니다.

그리하여 1979년 3월 초 총장이 직접 연구소설립준비위원장을 맡으시고 나에게 부위원장으로, 그리고 신근재 교수를 준비위원회 총간사로 위촉하여 사무실까지 나의 2부대학장실로 정하며 설립준비에 박차를 가할 것을 당부하셨습니다. 이에 따라 나와 신근재 교수를 주축으로 설립준비에 착수하였으나 막상 일을 시작하고 보니 당시 국내의 대일감정이 워낙 악화되어 일본연구의 시기상조론이 제기되는 등 큰 반발에 직면하지 않을 수 없었습니다.

무엇보다 정-관-학-언론계 등 관계요로의 유관 인사들을 설득하는 일이 난사 중의 난사였습니다. 그럼에도 오로지 일본을 바로 알아야만 한다는 신념 하나로 안-팎에서 몰려드는 역풍을 몸소 시종설득으로 진두에서헤쳐나가시며 준비 작업을 서두른 끝에 마침내 1979년 9월 일본학연구소를 개소(開所)하기에 이른 것입니다. 이로서 한국에서 최초의 일본학연구소 탄생 기록입니다.

일본학연구소의 초대소장은 총장이 직접 겸직하시고, 고문에 조명기(趙明基)·이시이

(石井光次郎) 두 한·일 양국의 석학을 추대하는 한편, 총간사에 신근재, 간사에 최규성 양교수, 운영위원에 나 신국주 외 동국대 교수 4명과 최용기(崔龍基·명치대), 연구위원으로 황수영(黃壽永·동국대), 박병호(朴秉濠·서울대), 강만길(姜萬吉·고려대), 김대환(金大煥·이화여대) 등 25명을 위촉하였습니다. 또 일본 측의 연구위원으로는 가마다(鎌田茂雄·동경대) 교수 외 5명을 객원교수로 위촉하니 명실상부한 일본학연구의 본산임을 자임할 수 있는 진용을 갖추고 출발하게 된 것입니다.

이와 같이 선생의 혜안으로 탄생한 동국대학교 일본학연구소는 30여년이 지난 오늘 (2011년)에 이르기까지 42회에 걸친 국제심포지엄과 제32집에 이르는 연구기관지《일본학》의 발간, 거듭되는 일본학술답사 등 큰 연구업적을 쌓아가고 있습니다.

이 밖에도 선생은 탁월한 행정력을 발휘하여 동국대학 경주캠퍼스의 설립과 교육대학원의 신설 등 동국대학교 중흥에도 크나큰 업적을 남기셨습니다.

또 선생은 미수를 사시면서 노인에게 흔히 볼 수 있는 흐트러짐 같은 것을 전혀 볼 수 없었고, 언제나 단정한 모습으로 자신에게는 매우 엄격하고 깔끔하신 분이었습니다. 또한 선비의 기개와 높은 지조, 청렴으로 일관하신 참다운 학자로서 후학들의 귀감이 되셨습니다. 공적(公的) 일에는 원리-원칙을 대단히 중시하여 이를 철저히 준수 하셨고, 정직과 정의를 위해서는 한 치의 물러섬도 없었습니다.

선생은 본시 영남 상주(尙州)의 유가(儒家) 명문에서 태어나시어 비록 일제 관학의 최고봉이라는 경성제국대학을 나오셨지만 남다른 역사의식으로 동양사를 전공, 학문적 경륜을 쌓으시고 한 평생 학계에서 살아오시는 동안 이 분야에 새로운 경지를 개척하시어 큰 업적을 남기셨습니다. 뿐만 아니라 교육행정가로서 고려대 대학원장, 동국대 총장, 한국정신문화연구원장 등을 역임하시면서 뛰어난 행정력으로 대학운영에 지대한 업적을 남기시는 등 평생 학자와 교육자, 그리고 교육행정가의 외길을 걸어오셨습니다.

고려대병원에 입원하셨다는 소식을 듣고 문병 차 달려갔더니, 별다른 증세가 없는 듯하다 하시며, 신근재 교수에게 전하여 퇴원수속을 밟도록 해 달라는 말씀을 하셨는데, 이것이 이승에서 선생을 뵌 마지막이 될 줄이야…. 그 얼마 후 별세하셨다는 소식을 듣고는 참으로 놀랐습니다. 이 험난한 시대, 우리 사회에 그 어느 때보다 선생 같은 정신적 지주가 절실한 이때에, 선생께서 우리 옆에 계시지 않다니…. 그토록 이 나라를 사랑하시던 선생의 별세는 실로 국가의 큰 손실이 아닐 수 없습니다.

1990년 전국적인 학원소요가 일어나자 동국대학교도 학생들이 총장실, 이사장실을 장기간 점거 농성하여 학사행정이 마비되는 불상사가 있었습니다. 이 때 본인이 총장으로 취임하여 대학의 이 위기사태를 직접 수습하지 않을 수 없던 시기에, 선생께서 재임 중 학생문제 해결에 보여주셨던 그 슬기로운 지혜와 교훈은 내게도 학생들을 설득하여 대학을 정상화하고 교권을 확립하는데 큰 힘이 되었습니다.

남사 정재각선생은 교육자로서 대학운영에 있어서도 탁월한 큰 스승이었습니다. 선생에 대한 그리움은 갈수록 깊어만 갑니다.

신 국 주(申國柱)

(전)동국대 총장 / 동국대학교명예교수

남사 선생과 일본학연구소

정재각(鄭在覺) - 일본학 연구소를 만들었으면 하는데 좀 구상해 보아요.

신근재(愼根繹) - 일본 연구를 본격적으로 해보시겠습니까?

정 - 고려대 아세아문제연구소 정도로 말이야. 올바른 한·일 관계를 위해서도 꼭 필요한 건데.

신 - 고려대 아세아문제연구소 정도의 규모로 말입니까?

정 - 일찍부터 생각하고 있었는데, 고려대학교는 너무 보수적이라… 이젠 총장으로서 재량권이 있으니까 지금이 찬스라고 봐. 연구소의 설립과 운영 경험의 노하우를 좀 발휘해 보라구요.

신 - 네, 우선 국내의 일본관련 연구기관의 현황부터 파악해 보아야 할 것 같습니다.

(1979년 2월 초, 성북동 정재각 총장댁 서재에서)

이렇게 해서 연구소 설립준비위원회가 구성되고, 국내의 일본관련 연구기관의 현황 파악, 연구소의 운영 규정 마련, 연구소 조직기구 및 앞으로의 사업계획 수립 등 7개월의 준비 기간을 거쳐, 동국대학교 일본학연구소는 1979년 9월 1일 마침내 발족하게 되었다.

우선 연구소의 기초를 다지고, 울타리를 쌓는 일부터 착수하였다. 동국대학교 뿐만 아니라 서울대, 고려대, 이화여대, 한국외대, 영남대 등 여러 대학을 아우르는 연구진 구성으로, 당시로서는 국내 유일의 일본학 연구소로 출발하였다.

또한 일본의 도쿄대학·메이지대학·쓰쿠바대학,·도쿄공업대학 교수들을 객원교수로 위촉하였다.

초대 연구소장에는 동양사 전공인 정재각 총장이 겸임하였다. 선생은 대학 안팎의 거센 반발을 직접 몸으로 부딪치고 설득하며, 헤쳐 나가는 탁월한 리더십을 발휘하였다.

무엇보다도 국문학과를 비롯한 국학분야에서 대학 내 반발은 상상을 초월하는 것이었다. '친일파'라는 목소리가 거침없이 쏟아지는 상황이었다. 교수들의 반발은 말할 것도 없고, 학교법인의 유력한 이사들을 앞세운 거부반응은 참으로 가관이었다.

다음은 사회의 따가운 시선이었다. 이따금 터지는 일본 고관들의 망언이 이 땅의 국민감정을 자극하고 이에 대한 질타의 여론이 빗발치는 분위기에서 뜻 있는 독지가가 있다고 해도 선뜻 나서기가 쉽지 않은 실정이었다. 선구자란 앞을 내다보는 혜안과 확고한 신념이 있기에 언제나 고독하기도 하지만, 험난한 고비를 슬기롭게 개척해 나가야 한다.

1989년 11월 12일에 문교부 인가를 받음으로써 대학 안팎으로 공인절차를 거치게 되었으며 그리고도 우여곡절 끝에 일본학 연구소 개소기념 학술강연회를 개최할 수 있게 된 것은 1980년 3월의 일이었다.

수노베(須之部量三) 주한 일본대사가 직접 한국말로 축사를 해 주었고, 일본의 객원교수를 대표하여 에모리(江守五夫) 메이지대학 교수도 한국어로 "일제 36년 동안 일본 제국주의의 통치 아래, 갖은 고초를 겪은 한국민에게 일본 지식인의 한 사람으로서 심심한 사과를 드립니다."라는 인사말을 하면서 고개 숙여 절을 하였다.

학술강연회가 끝나고서 이어진 리셉션 때 저명한 법학자인 J교수의 한 마디는 그 동안의 준비와 이날 행사의 사회를 맡았던 본인의 가슴에 깊이 와 닿았다.

"오늘 학술강연회의 하이라이트는 일제 36년에 대한 일본 지식인의 사과였다."

한·일 양국의 저명한 교수 4명의 발표내용보다도 이 한마디는 그날의 의미를 되새겨주는 진한 감동으로 아로새겨졌다.

제2회 일본학 학술회의 「한·일 관계의 회고」의 발표 논문과 김정학 교수의 「광개토왕

비문에 나타난 한·일 관계」, 에모리 이쓰오(江守五夫)교수의 「일본의 혼인성립 의례의 사적 변천과 민속 - 한국과의 대비에 있어서」라는 두 편의 귀중한 옥고를 받아서, 연구소 개설 2년 만에 논문집 『日本學』 제 1호를 발간했다. 1981년 12월 20일에 이루어진 일이었다.

『日本學』 창간호의 발간사를 다시 읽어보자.

〈발간사〉

한국과 일본 두 인접국은 주지하는 바와 같이, 유사(有史) 이전부터 오랜 교섭을 계속해 왔다. 이러한 밀접한 관계는 당연히 양국의 역사나 문물 속에 흔적을 남기지 않을 수 없는 것이다. 특히 한반도로부터 일본으로의 문화유출은 그것이 대륙문화의 전파통로이니만치 거의 일방적이었으며, 이에 따르는 민족의 이동도 또한 같은 흐름이었다. 일본의 문물에 남겨진 한국인의 영향은 이미 구명된 것만 해도 상당한 수에 이르거니와, 아마도 그것은 빙산의 일각에 지나지 않으리라는 것이 상상될 수 있는 일이다.

그러나, 이러한 사실의 발굴은 단편적인 연구만으로는 이루어지기 어렵고, 일본의 옛 문화 전반에의 접근을 필요로 한다. 따라서 한국에서 일본문화를 연구한다는 것은 인접국 상호간의 이해와 친선을 도모한다는 일반적인 이유에서 뿐만 아니라, 일본 내의 한국을 발견함으로써 한국 자체의 역사 내지 문화까지도 더욱 넓은 시야에서 파악할 수 있다는 본질적인 문제에 속하는 것이라 하겠다.

이렇게 볼 때, 아직도 일본학의 연구가 외면당하고 있는 한국의 현황을 우리는 깊이 유감으로 생각하지 않을 수 없다. 매우 늦은 감이 있으나마 여러 가지 악조건을 무릅쓰고, 일본학연구소를 설립하여 여기에 『일본학』(日本學)을 발간하려는 것은 이러한 스스로를 책망하는 마음에 몰리었기 때문이다.

끝으로 본 연구소의 설립목적에 찬동하시고, 이 창간지에 모처럼의 옥고를 보내주신 국내학자와 특히 일본학자 여러분에게 깊은 감사의 뜻을 표하는 바이다.

신 근 재(愼根縡)

일본학연구소 고문 / (전)동국대학교교수

남사선생님의 화갑(華甲)-고희(古稀)논문집 편찬시절 추억

　필자가 고대에 편입학한 해는 바로 4·19가 일어나던 1960년이다. 당시 거의 대부분의 대학이 정원이외에 청강생을 뽑았는데, 먼저 다니던 대학은 정원이 20명이었으나 200명이 훨씬 넘을 정도여서 전혀 대학다운 맛이 없어 재수나 하여야겠다고 마음먹었는데 마침 고대에서 편입시험이 있었기에 재수보다는 낫겠지 하는 생각으로 편입하게 되었다. 바로 그 편입시험 때 처음 뵌 분이 남사 정재각 선생님(뒤에 안 사실이었지만)이셨다. 지금의 본관 건물에서 시험을 보았는데 건물 분위기도 그러했거니와 감독하신 선생님의 모습이 한 말씀 안 하시고 근엄하신 태도를 갖고 있어서 그때까지 필자가 생각하고 있던 학자다운 풍모를 보여줘 대학이 다르긴 다르구나 하는 생각이 앞섰다.

　선생님의 첫 강의는 2학년 첫 학기 때 〈동양고대사〉였다. 당시 강의는 교수가 불러주는 것 받아쓰고, 설명 좀 듣는 것이 주류이었는데, 선생님의 심한 경북지방의 억양이 처음에는 나를 무척 당황스럽게 만들었다. 왜냐하면 경기지방과 서울에서만 자란 필자는 그 억양에 익숙해있지 않았기 때문이었다. 게다가 4월에 시작한 학기에 바로 4·19까지 일어나 휴강이 잦은 때라 한 달이 지나서야 선생님의 말씀이 받아 들여졌다.

　두 번째 학기는 〈동양사적해제〉(東洋史籍解題)이었는데, 그 때 주신 과제는 임의로 사적을 정해 각 권의 목차를 정리해내는 것이었다. 당시는 도서관 관외 대출은 생각할 수도 없었고 열람하기도 어려웠던 한적(漢籍)이었는데 선생님의 과제라며 꼭 필요하다고 하면 열람실에서 볼 수 있었다. 직접 사적을 보라는 뜻으로 과제를 주셨던 것이었는데 효과가 있었다.

필자가 강단에 서서 사적해제를 담당할 때도 늘 선생님의 방법을 따라 학생들에게 소개해 준 책을 도서관에 가서 빌려 읽지는 못하더라도 만져보고 펼쳐보고 반납하라는 주문을 해왔다. 또 그 영향으로 필자는 사적에 대한 관심이 많게 되었고, 수집하는 일에 열중하여 강의를 보다 잘 준비할 수 있게 되어 마침내 필자는 강의내용을 정리하여 『중국사학사』(中國史學史)란 제명(題名)으로 출판까지 하게 되었다.

3학년 때 첫 학기 강의는 〈동양중세사〉였다. 혼란기라 강의는 제대로 이루어지지 않았다. 그러나 잊을 수 없는 것은 선생님께서 칠판 빽빽이 써 놓으신 '출사표'(出師表)였다. 판서 필체는 단아하면서도 힘이 있는 서체로서 마치 병풍에 써놓은 것처럼 줄이 잘 정리되어 시간이 끝나고 지우개를 대기가 아까울 정도였다. 지금도 가끔 그때를 생각하면서 선생님의 모습을 그리기도 한다.

두 번째 학기는 〈사료강독〉(史料講讀)이었다. 선배들로부터 시작된 '식화지'(食貨志) 강독은 우리 때에 『구당서』(舊唐書) '식화지'였다. 전공 선택이어서 학생 수도 많지 않았다. 읽을 차례를 정해놓고 차례가 된 학생이 도서관에서 한적을 대출하여 베낀 다음 지금과 같은 복사기가 없던 때라 등사원지에 옮겨 프린트하여 나누어 주게 되어 있었다.

그런데 문제는 맡아서 읽어야 할 학생이 결석하였을 때이다. 선생님은 보자기에 싸 가지고 오신 원전(原典)을 풀지 않고 오늘 할 사람이 누군가 둘러보신 다음 대답이 없으면 '없는가, 그러면 오늘은 그만두지' 하고 보자기를 그대로 들고 그냥 나가버리시는 것이었다. 처음이야 선생님의 방법을 몰라서 그렇게 되었지만 휴강은 막아야 하지 않는가… 하는 생각으로 준비 없이 대타를 치게 되지만 보통 당하는 고역이 아니었다. 구독점도 찍혀있지 않은 원문을 풀다보면 그 뜻 말고 또 있을 터인데, 잘 풀리지 않고 끙끙거리고 있으면 그건 지명일세, 하시면서 왜 거기서 끊어야 하지? 하고 지적을 하시기 때문에 예습 없이 지나가기가 어려운 시간이었다.

당시는 각 과목이 4학점이었고 대부분 연속으로 네 시간 씩 짜여 져 있었다. 처음에 늦게 시작해서 일찍 끝나는 분위기여서 지금 생각하면 두 시간 반 정도의 연강이라고 할 수 있는데 그렇게 길 수가 없었다.

4학년 때는 동양사특강으로 영어원서 강독이었다. 중소관계사(中蘇關係史)였는데, 3학년 때 한문 읽느라고 힘들어 했는데 이번에는 영어 읽기에 힘들었다. 교재도 타이핑하여 한 학기 분량이 프린트되어 묶여져 있었기 때문에 미리 볼 수 있는 시간도 충분했다. 그러나 조금이라도 어색하게 표현이 되면 선생님은 다른 말로 잘 표현해 보게나 하시는 것이었다.

사료강독 때의 식화지 모양 선생님은 훨씬 위에서 꿰뚫고 계시기 때문에 조금이라도 빗나가면 지적하시고 마지막으로 마치 해석해놓은 책을 읽어나가시는 듯 토씨하나 얼버무리지 않으셨다. 때로는 시사성이나 관련된 다른 이야기 등을 말씀하실 수 있었는데도 교과내용 이외에 다른 말씀하시는 경우가 거의 없으셨다. 빈틈없는 선생님의 모습을 볼 수 있었고 그 때문에 학교행정에서 벗어나지 못하셨던 것 같다.

선생님은 줄곧 학교 행정을 맡으시다보니 학자로서 당신이 연구할 시간을 잃어버리셨다. 그러나 강의 때마다 설명해 오셨던 내용을 정리해 놓으면 훌륭한 논문이 될 수 있을 만큼 내용이 풍부하였다. 선생님의 글을 읽을 때마다 그 해박함과 논리의 정연함과 간결함을 보아도 그렇게 하실 수 있었는데 대학 행정이 선생님의 학문적 발전을 막은 셈이 되었다. 그리고 그때의 강의내용을 잘 정리해놓지 못한 제자들의 책임도 없지 않다. 외국 같으면 선생님의 강의내용을 잘 다듬어서 명저를 남기기도 한 예가 많이 있는데 우리는 그렇게 하지 못해 선생님께 송구스럽기만 하다.

필자는 선생님께 3년 동안 다섯 학기를 배웠고 4학년 때는 3박 4일 고적답사까지 함께 할 기회가 있었지만 선생님을 늘 어렵게만 느껴왔다. 선생님께 가까이 다가 설 수 있는 기회는 이후에도 많았고, 또 접촉도 비교적 많이 한 셈이었지만 학부 때 선생님의 근엄하셨던 모습이 늘 머리를 누르고 있었기에 연락드릴 일이 있어 댁에 전화할 일이 있어도 조심스러웠고 어렵기만 하였다. 때문에 동년배 전후의 동학들이 선생님께 다가가 스스럼없이 하는 모습을 보면 어떻게 감히 선생님께 그런 이야기를 꺼낼 수 있을까 하고 부럽기도 하면서 필자 자신의 성격을 탓하기도 하였다.

필자는 공교롭게도 선생님의 『화갑논문집』과 『고희논문집』을 편집, 출판하는 일을 맡았었다. 앞의 것은 고대사학회에서 나오는 『사총』(史叢)의 특집호였는데, 전공분야의 제자들이 주로 편집과 출판을 맡도록 되어 있었던 것이다. 그런데 공교롭게도 동양사 분야의 전공자가 서울에 있는 사람으로 가장 막내 격이 필자여서 이 일을 맡을 수밖에 없었다. 경제사정이 좋지 못한 때라 큰 몫은 전임으로 있는 제자들에게 기대하고 경비 일부를 마련하기 위하여 주로 시간 강사들을 중심으로 한 달에 얼마씩(당시 500원으로 대학 한 시간 강사료에 해당) 모아 적금을 넣었는데 지금처럼 온라인도 없고 송금방법이 보편화된 시대도 아니어서 꼭 만나서 받아 이를 모아 가입한 은행에 불입해야 하는 것이었다. 한 두 사람도 아니고 열 사람이 넘다보니, 그리고 한 곳에서 만날 수 있는 기회가 정해져 있는 것도 아니었기 때문에 그렇게 쉬운 일은 아니었다.

그래도 선생님을 존경하고 받드는 동학들이 많았기 때문에 때가 되면 잊지 않고 내주던 분들 덕분에 18개월동안을 어려운 줄 모르고 끝냈다.

『화갑논문집』을 만들 때 잊지 못할 기억은 〈하서〉(賀序)를 써주신 당시 연세대학의 민영규(閔泳珪) 선생님과의 사연이다. 논문집의 편집과 교정이 거의 끝날 무렵 어느 분에게 〈하서〉를 부탁드려야 할지 의논 중에 선생님께서 〈하서〉는 민 선생님께, 〈축화〉(祝畫)는 김영기(金永基) 선생님, 〈축시〉는 임창순(任昌淳) 선생님께 부탁하는 것이 좋겠다는 의견을 주셨다. 이에 연세대로 가 민 선생님을 뵙고 〈하서〉를 부탁드렸는데, 받아주시면서 선생님이 우복(愚伏) 집안이기 때문에 『우복집』(愚伏集)을 꼭 보셔야 쓸 수 있다며 그것을 가져오라는 것이었다.

사실 필자는 시간강사로 부끄러운 이야기이지만 무려 네 대학을 뛰던 때라 연세대까지 가는 시간 내기도 벅찰 때였다. 그런데 그 문집을 보셔야 된다니 어쩔 수 없었다. 원래 '한적'은 관외대출이 시간강사에게는 되지 않던 때였지만, 마침 고대 도서관에 소장되어 있어 한 보따리 되는 한적을 들고 다니면서 강의시간을 마치고 갖다 드렸다가 찾아온 일이 있었다. 그리고 원고를 주시면서 제목이라고 쓴 부분 - 「수서」(壽序)(보통은 〈하서〉라고 썼지만 민 선생님은 〈수서〉로 써야 한다고 함)는 꼭 붉은 색으로 표시하라는 것이었다. 당시 논문집 본문의 지질은 보통 아트지가 아니어서 인쇄하기가 쉽지 않았고 효과도 별로인데 비용은 더 나간다는 인쇄소의 이야기도 있고 해서 그렇게 하지 못해 〈하서〉를 써주신 민 선생님께 결례를 범한 일이 있다.

『고희논문집』을 낼 때의 이야기다. 그때는 선생님께서 동국대 총장에서 한국정신문화연구원 원장으로 자리를 옮겨 계실 때였다. 사실 『고희논문집』은 본래 처음부터 계획되었던 것은 아니었다. 제자로서 그렇게 했으면 좋겠다는 마음이야 있었지만 출판비도 걱정이었고 또 일부에서는 고희까지 해야 할 필요가 있느냐는 의견도 있어서 선뜻 나서지를 못했는데, 동국대 재직 때의 비서실장이었던 권기종(權奇悰)교수와 당시 정신문화연구원에 파견근무하셨던 단국대의 송병기(宋炳基) 교수께서 그냥 지나칠 수 없다면서 출판은 알아서 할 터이니 기념논문집을 마련하자는 연락이 왔다. 그러면서 논문은 고대 쪽에서 중심이 되어야 되겠다는 것이다.

출판 해준다는데 가만히 있을 수 없고 해서 급히 동학들에게 연락하여 논문집을 준비하기 시작하였다. 선생님은 고려대에 오래 계셨던 기간에 비하면 그만큼 짧은 기간이었음에도 불구하고 동국대 분들에게서 존경받고 있었다는 것을 새삼 느낄 수 있었다. 출판사가 단행본 소설류만 내던 곳이어서 논문집의 편집에서 교정까지 우리가 해주어야 하는 입장이었다. 증정식도 동국대에서 마련해주어 당일 들어 온 회비를 갖고 그 날로 간행비의 일부를 지급하였기 때문에 결국 출판사의 부담은 생색뿐이었지만 이 일을 계기로 필자는 그 출판사와 깊은 인연을 맺게 되었다.

필자는 선배들이 어렵게 오랜 시간을 끌면서 기다려야 하였던 시기에 선생님께서 힘써주셨던 덕분으로 남보다는 일찍 대학의 전임이 될 수 있었다. 하지만 어느 때도 그런 내색을 보이신 일이 없었기에 그 일도 뒤에서야 비로소 안 일이다. 그저 겉으로 지켜보시는 것으로 보일 뿐 특별한 관심을 표현하지 않으셨다. 때문에 오히려 책임감을 스스로 느끼도록 만들어 주셨다. 행정도 그리하셨던 것 같았다. 드러내놓고 요란을 떨기보다는 방법만 제시하시고 어떻게 하는가 하고 묻지도 않고 묵묵히 지켜보시는 편이셨다.

선생님께서 고려대사학회 회장을 맡으시면서 비용 문제로『사총』발간이 어려워지자 언제까지 발간할 때마다 졸업생들에게 손을 벌리느냐며 기금을 모으기로 하고 졸업생들로부터 영구회비를 받기로 하였다. 필자가 총무여서 이 일을 맡았는데 보고 드리기 전에 그 진전 상황을 먼저 물어보지 않으셨으나 기금관리는 엄격하게 다루셨다.

고대사학과 창립50주년 행사를 계기로 고대사학 정암장학재단(高大史學靜巖獎學財團)을 만들게 되었다. 이것도 뒤에 안 일이지만 기금을 출연한 김하윤(金河潤) 선배와 선생님의 관계가 있었기 때문에 가능했던 일이다. 사학과 출신이라 평소에 역사에 관심을 갖고 있었지만 졸업생의 모임에 한 번도 참석한 일이 없어 주소난이 항상 공란으로 되어 왔던 선배였다. 사학과 교우회에서 해마다 갖고 있는 신년 하례식(망년회가 하례식으로 바뀜)에도 물론 참석하지 않았던 선배였다. 그런데 두 분은 사제지간이지만 또한 같은 고향이어서 자주 왕래가 있었던 모양이다. 선생님은 중소기업을 운영하던 김 선배를 만날 때면 교우회 모임에 나오라고 권하셨던 모양이지만 우리에게 이런 사람이 있다는 말씀은 하지 않으셨기에 연락이 닿지 않았던 선배였다. 사학과 50주년 행사 때에 선배의 연락처를 알게 되어 기념행사에 참석한 것이 계기가 되어 고대사학과의 장학재단이 만들어졌다.

새해가 되면 적어도 두 번(한번은 세배, 또 한 번은 하례식에 참석하시는 선생님을 모시기 위해)은 찾아야 했던 명일동, 지하철이 개통된 다음에는 꼭 지하철이 편하다며 지하철 타시겠다고 우기셨던 선생님이 가신 다음, 백발이 뒤덮인 나이 먹은 제자들은 찾을 곳을 잃어 버렸다. 그리고 하례식 때 선생님의 짤막하면서 예리한 신세대 감각의 시사적 비유 말씀도 들을 수 없게 되었다.

하지만 새해가 되면 아직도 선생님은 여전히 명일동에 계신 것 같아 하례식을 한다는 통지가 오면 연락 드려야지 하고 수화기를 들다 내려놓는다.

신 승 하(辛勝夏) • 고려대학교 명예교수, 작고

고결한 선비의 넘치는 기품

선생님과 나의 만남은 1978년경, 선생님께서 동국대학교 제 9대 총장으로 취임하시고 내가 동 대학교 경리과장 재직시절부터 시작되었다.

총장 취임식전에서 전임 이선근총장은 정 총장님의 함자(銜字)를 파자(破字)하여 있을 재, 깨달을 각으로 각이란 불타를 뜻하며 재는 부처님과 같은 자리에 존재하는 훌륭한 분이라고 소개하시었다. 소개의 말씀과 같이 내가 뵙기에도 선생님은 옥결선풍의 지혜롭고 고결한 선비의 기품이 넘쳐 보였다.

취임식 다음날부터 나는 총장님께서 현황파악이 용이하도록 재무제표를 작성하여 학교 재정 현황을 설명 드리고 학교 각부서와 연결된 회계내용도 상세하도록 설명 드리면서 선생님의 뛰어난 실무 파악 감각을 감지하였고 선생님도 나의 집무태도와 능력을 신용하시었다.

선생님께서 총장으로 부임하시던 70년대는 서울에 소재하는 각 대학들이 교세확장을 위하여 앞 다투어 지방에 분교를 개설하던 시기였다. 본교도 경주에 분교 부지를 물색중이어서 총장님께서 취임 즉시 지금의 경주 캠퍼스 부지매입을 결정짓고 지역사회의 유지와 유관기관과의 교류를 시작으로 지역기반을 구축하였다. 이어 부지정지와 교실, 강당, 도서관 등 부속건물의 신축공사와 막대한 자금조달 및 관계교직원의 선발, 학생모집 등의 산적한 실무를 기획하고 정확한 판단으로 여유롭게 처리하였다. 공사 진행 중 각종 잡음도 능숙한 통솔력으로 무리 없이 이끌어 분교 캠퍼스 신설에 큰 족적을 남기시었다.

또한 선생님은 총장 재임 중에 대학교 부속 일본학연구소를 개설하고 재일교포의 기부금을 유치하여 그 기금으로 우리나라와 일본의 유수한 학자들을 규합하여 일본과 학술교류에 기여하였다.

선생님은 총장 직 퇴임 후에도 일본학연구소의 연구사업에 남다른 관심과 협력을 경주하여 석학으로서 학구이념을 후학에 전수하시었다. 선생님의 이 같은 높으신 학덕과 올곧은 지기(志氣)를 재삼 기리며 선생님의 타계에 명복이 같이 하시기 빌면서 명계에 오래도록 머물지 마시고 인도(仁道)에 환생하시어 수많은 사회미륜(彌綸)과 후학들을 훈도하여 주실 것을 충심으로 바라옵니다.

신 정 균(申貞均) · (전)동국대학교 경리과장, 작고

해박한 식견, 정연한 논리의 명문장가

정재각(鄭在覺) 선생님은 내가 생애를 통해 가장 존경하는 분 중에 한 분이시다. 비록 나는 같은 전공자가 아니라서 그 분의 문하생이 되지는 못했지만 가장 큰 스승으로 모셔왔다. 그리고 또 그렇게 해온 것을 나는 가장 큰 영예로 생각하며 살고 있다.

나는 선생님을 직접 대하게 된 것은 대학을 졸업하고 군대를 다녀와서부터 이었다. 근 3년여의 긴 군대생활을 끝내고 모교에 돌아와 일하게 된 때부터 비로소 그 분을 가까이서 모시게 된 것이다. 이때는 1962년으로 5·16군사혁명이 있던 다음 해의 일이었다. 그 때부터 나는 그분을 존경하며 따랐다.

그러나 실제 내가 대학에 다닐 때에는 선생님을 알지 못했다. 그 때는 한국동란 직후라서 사회 모든 영역이 어수선했다. 전화(戰禍)로 많은 것이 망가지고 잿더미가 된 데다가 많은 사람들이 가난과 무질서와도 싸워야했다. 그러므로 대학도 그러기는 매한가지였다. 그런 사회적인 환경에서 그도 자유로울 수가 없었기 때문이었다. 더구나 학비를 벌기 위해 부업으로 어느 중학교 교원을 겸해야 했던 나는 대학출석이 무상한 경우가 많았다. 그런 까닭으로 경황이 없어 그분을 따로 뵈올 기회를 갖지 못한 채 학창시절을 끝내야 했다. 그 분을 그 만큼 뒤늦게 뵙게 된 것은 그런 연유에서였다.

내가 모교에 돌아와 처음으로 그 분을 알게 된 것은 대학 기관지인 《고대신문》(高大新聞)을 통해서였다. 바로 그 분의 명문의 문장을 통해서다. 이 때만해도 이 신문은 1면 전부를 한 사람의 교수논문에 할애하는 특이한 편집형태를 고집하고 있었다. 그렇기 때문에 그 신문의 1면은 많은 독자들의 깊은 관심의 대상이었다. 나는 어느 날 바로 그 1면에 실린 선생님의 글을 읽고 비로소 그 분야의 탁월한 명 문장가라는 것을 알게 되었다. 선생님의 글이 실릴 때마다 나로서는 그 명문에 감동하였고 또 존경심을 금치 못하는 애독자였다. 선생님의 글에는 그 분의 해박한 식견을 포괄하고 있었을 뿐 아니라 매우 아름다운 미문 (美文)으로 논리가 면밀하고 정연하여 설득력이 있어 감동을 주었다. 마침 그 때 나는 문장수업을 하고 있었던 참이었으므로 그 분의 글은 더 없는 주요한 교본이 되었다. 지금도 나는 서툰 글 솜씨로 글을 쓰고 살지마는 나의 글 안에는 선생님의 것을 보고 배운 것이 많이 들어있다.

그 후 나는 선생님이 대학원장의 보직을 맡으시게 된 때부터 더욱 친밀해졌다. 그 때 대학의 총장이신 이종우(李鍾雨) 선생께서 선생님을 몹시 신임해 간혹 총장의 일을 대리하게 하곤 하였다. 마침 나는 총장비서실의 책임을 지고 있던 터라서 선생님을 보좌하는 경우가 적지 않게 많았다. 심지어는 선생의 지방출장에 수행하는 일에도 거들었다. 그러다 보니 자연히 친숙해졌고 그분의 많은 면모를 볼 수 있는 기회도 가질 수 있었다. 그럴 때마다 그 분의 자상함과 인자함을 발견하고 인격적으로 존경하였다. 선생님은 겉으로는 예리하고 차가운 인상을 가지셨지마는 늘 온유하고 인자한 속마음을 지닌 훌륭한 분이셨다.

나는 그 분을 산에도 모시고 다녔다. 주말이면 내가 길잡이를 해 북한산 일대를 헤매며 오르내렸다. 그 때는 이종우 선생님과 동행하였는데 늘 사뿐사뿐 앞서가는 분은 그 분이셨다. 몸이 무거워 고전하는 이 선생님과는 달리 몸이 가벼워 오르내리는 일을 어려워하지 않으셨던 것이다. 그리고 그 때는 지금과 달리 산에 가면 산에서 밥을 지어먹을 수가 있을 때여서 산에 오를 때마다 점심을 직접 지어먹었다. 선생님은 그럴 때마다 왕성한 식욕을 보이시곤 하셨다. 그러나 수북한 고봉의 공기 밥을 따끈한 찌개를 곁들어 다 비우시고도 밥을 많이 먹지 못한다고 타령을 하셨다.

그 때마다 나는 속으로 혼자 웃고 하였다. 아마 선생님은 자신도 모르게 항상 자신의 몸이 허약하고 식욕도 왕성하지 못해 늘 병치레를 하고 있다고 생각하고 계신 것 같았다. 그도 그럴 것이 선생님은 그 시기 와병 중인 부인의 오랜 병간호로 지쳐 계시던 때였고 자신 또한 잘못 바늘에 찔려 그를 빼어내는 수술로 하퇴부가 만신창이가 되다시피 되어 오랜 동안 투병을 한 경험을 가지신 직후의 일이라 그렇게 생각하셨던 듯하였다. 이런 산행의 생활은 한 2년 계속되었다. 나로서는 잊지 못할 재미있는 추억으로 남아있다.

그리고 선생님은 요가를 배우시기 시작하였다. 지금 미국에서 신학공부를 마치고 그 곳에서 목회를 보는 어느 후배가 고려대학교에 재직하고 있을 무렵, 선생님은 그로부터 직접 요가를 배우기 시작해 그 후 스스로 그 영역의 달인이 되시었다. 심지어는 해외에 있는 요가의 달인들과 교유까지 하시며 왕성한 노년을 보내시기도 하셨다. 선생님이 한국정신문하연구원 원장으로 재직하실 때에는 직접 요가와 관계되는 강좌를 개성해 그 보급에도 힘쓰셨다. 오늘날 우리 사회에서 요가를 비롯해 기(氣)에 관한 연구와 실천이 성행하게 된 것도 바로 그 분이 뿌린 씨 덕분이라고 생각할 수 있을 것이다. 비슷한 시기에 나는 요가를 배우다 말아 입문도 해보지 못한 처지이지만 그 분을 찾을 때마다 요가와 관계되는 이야기를 화두로 삼으시기를 좋아하셨다. 그럴 때마다 적절한 화답을 하지 못해 당황하였다. 나는 그 때 그 요가를 배우지 못한 것을 지금도 후회하고 있다.

여하간 내가 존경하고 친숙한 선생님은 지금 가까이 계시지 않는다. 나는 이를 매우 슬퍼하고 있다. 그러나 나는 그 분에 대해 많은 것을 추억으로 간직하고 있다는 것을 또한 즐겁게 생각한다, 그리고 지금 이 자리에서 내가 평소 제일의 스승으로 모시는 분에 대하여 이야기 할 수 있게 된 것을 무엇보다 기뻐하고 있다. 다 못한 이야기지만 우선 오늘은 이것으로 만족하고자 한다.

안 기 성(安基成)

(전)한국교육정치학회 회장 / 고려대학교 명예교수

자주빛 한복이 멋들어지셨던 선생님

1. 고결하신 인품

내가 고대에 입학한 때는 1953년 4월이었는데, 그 때는 6·25 피난시절이라 대구에서 가교사를 쓰고 있었다. 입학한지 얼마 안 되어서 나의 고교 동창이자 경제학과 동기생인 김두한군(지금은 중소기업체 사장)이 정교수가 자기의 친척이라면서 인사를 시켜주었다. 그러다보니 내가 가장 먼저 뵈온 교수님이 바로 정교수가 되는 셈이다.

그해 7월 27일 휴전이 되면서 8월에 고대도 서울로 올라왔는데 지금의 안암동 본교는 미군이 주둔하고 있어서 할 수 없이 중앙고등학교를 한 학기동안 임시교사로 사용하였다. 이 무렵 정교수는 원로교수로서 학생처장직을 맡고 계셨는데 유진오 총장의 신임이 매우 두터웠다.

정교수는 고결한 선비의 기품을 지니셨는데, 이는 아마도 경상도 명문 선비 집안의 후예였기 때문이었을 것으로 느껴진다. 정교수는 인품이 중후하시고 풍채도 당당하셨다. 정교수는 그 당시에 한복을 즐겨입고 다니셨는데 잘 어울렸다. 특히 자줏빛 한복을 입었을 때가 더더욱 멋이 있었던 것으로 기억된다. 당시 한복을 자주 입고 다닌 분으로는 김상협 교수(고대총장, 국무총리 역임), 왕학수 교수(박정희 대통령의 대구사범 동기동창), 조지훈 교수(최고 시인), 조동필 교수(최고 명강)였던 것으로 기억난다. 나 같은 경우는 한복이 도무지 어울리지 않아서 결혼식 날 딱 한번 입어보고는 지금까지 한번도 입어본 적이 없다.

정교수는 외유내강하시고 공사가 분명한 분이었다. 공적으로는 매우 엄격하셔서 학교의 기강을 바로 세우는데 많은 애를 쓰셨으며, 휴전 후 어수선한 시기에 자칫하면 해이해지기 쉬운 학교 분위기를 바로 잡는데 많은 공을 세우셨다. 학생들이 잘못하였을 때는 거침없이 훈계하시고 원리원칙에 충실하셨다. 그러나 사적으로는 매우 온화하시고 인정이 매우 많으신 분이었다.

2. 동양사학의 권위

정재각 교수는 명실공히 역사 특히 중국역사에서 일인자라고 할 수 있었다. 강의내용은 매우 수준 높아서 학생들이 따라가기가 매우 힘들었다. 뿐만 아니라 시험점수에 매우 엄격하셨다. 학생들의 환심을 사려고 점수를 후하게 주는 일은 결코 없었다. 그 당시 점수를 가장 까다롭게 주시는 분은 김순식 교수(회계학)였는데 많은 학생들이 과락을 당해서 재수, 삼수까지 하고 그 때문에 졸업이 1~2년 늦어지는 경우도 더러 있었다. 그런데 나만은 100점을 받아 전무한 기록을 세웠다.

그런가 하면 최호진 교수(중앙대)가 고대에 출강하여 「조선경제사」 강의를 하셨는데, 시험문제는 「조선봉건사회를 논하라」였다. 나로서는 강의내용보다 수준 높게(?) 답안을 작성했는데 성적은 70점이 나왔다. 최교수에게 항의(?)를 했더니, 무식한(?) 조교가 채점을 했다는 것이다. 이 때문에 특대상(特待生·평균 90점 이상으로 전교에서 1학기에 4~5명 정도 나왔다.)을 놓칠 뻔했다. 나는 7학기에 걸쳐 특대생이 되어 등록금을 면제받고 고대를 졸업한 셈이다.

정교수는 정부를 비롯해서 여러 곳에서 초빙하려고 했지만 이러한 유혹들을 물리치시고 끝까지 고대에 남으셔서 학문에만 전념하셨다. 고대에서는 많은 교수들이 이른바 좋은 자리(?)에 갔다가 돌아오기도 하고 못돌아오는 경우도 많았다.

정교수는 단행본을 몇 권밖에 남기시지 않았지만 최고 수준의 논문과 논설문은 학술지, 잡지, 신문 등에 많이 쓰셨다. 물론 고대신문도 예외는 아니었다.

정교수는 평생을 고대에서 학문연구와 후학지도에 몸바쳐온 보기드문 분으로서 우리 모두가 늘 존경해 마지 않았다. 정교수는 술은 많이 하시는 편이 아니었고 교수휴게실에서 이따금 바둑을 즐기시는 것이 자주 눈에 띄었다. 학문 이외에는 별다른 취미가 없으신 것 같았다. 언젠가 교수식당으로 나를 데려가서 점심을 사주신 일이 기억난다.

3. 고대신문과의 일화

지금은 고대의 교수가 1,000명이 넘지만, 그 때는 100명 남짓하였다. 나는 고대신문 기자로 오랫동안 활동했었기 때문에 모든 교수들을 다 알게 되었고 원고청탁 등으로 인해서 교수들과 접촉할 기회가 많았다.

정교수는 학생처장으로서 당연직 편집인으로 되어 있어서 고대신문에 대해서는 각별한 관심과 애정을 갖고 계셨다. 그래서 원고도 많이 청탁했고, 좋은 글을 자주 써주셨다.

동양사학자로서 한문에도 조예가 깊으셔서 원고에 어려운 한자가 많이 들어갔고 또 난필(?)에다 추고가 워낙 많은 원고라서 판독하기에 진땀을 흘리는 경우가 많았다. 한번은 교정을 잘못 보아서 오자가 생기는 바람에 호되게 꾸중을 받은 적도 있다.

잊을 수 없는 일은 원고 속에 기상천외(?)한 한자가 들어 있었는데, 당시 고대신문을 인쇄하던 동아일보사에서조차 그런 활자는 없었다. 그래서 문선공(文選工·이런 직종은 오래전에 없어졌다)에게 애걸복걸하여 자모(字母)를 새로 만들어(이것은 여간 성가신 일이 아니었다) 사용한 적도 있었다. 나중에 문선공들에게 술을 대접한 것은 말할 것도 없다.

한자(漢字) 말이 나왔으니 말이지 이런 일도 있었다. 1955년 5월 5일이 고려대학교 개교 50주년 이었는데 「週年」이냐 「周年」이냐? 또한 「紀念」이냐 「記念」이냐를 놓고 주간이던 오주환 교수, 신근재 편집국장(현 동국대 명예교수), 제1부장이던 나와 사이에 몇 달 전부터 옥신각신 고심하였다. 주년은 「周年」으로 쉽게 결정이 되었으나 기념은 「紀念」이냐 「記念」이냐를 놓고 고생을 하였다. 권위자에게 물어보아도 둘 다 맞다는 대답이었다. 신근재국장의 유권해석(?)에 따라 「記念」으로 決定했다. 지금 와서 생각해 보아도 백번 옳은 판단이었다.

요즘에 와서도 紀念과 記念을 혼동해서 쓰는 경우가 많은데, 대체로 좋은 일에는 記念으로 쓰고 그렇지 않은 경우에는 紀念으로 써야 되지 않나 생각된다.

한자만이 아니다. 한글 맞춤법을 놓고서도 '하고저'냐 '하고자'냐, '표식'이냐 '표지'냐를 놓고 고민을 많이 했다. 맞춤법의 대가(?)로 자부하던 愼국장의 뜻에 따라 '하고자'와 '표지'로 결정하였다. 지금와서 생각해보면 신국장은 맞춤법의 대가임에 틀림없고, 그 당시 언론사에서도 간혹 신국장에게 전화로 묻는 사례가 자주 있었다.

신국장의 뒤를 이어 1955년 10월부터 1957년 3월 졸업할 때까지 나는 편집국장으로 있었는데, 단 한번의 오자를 내지 않았음을 지금도 자부하고 있다. 원고에 까다로우신 분으로 서양사학의 권위자이신 김성식 교수가 계셨다. 내가 졸업한 뒤 한국은행의 기념 지갑을 김교수께 선물로 드린 적이 있는데 수십 년 동안 평생 가지고 다니셨다.

한편 유진오 총장은 원고에 대해 관대(?)하셨던 편이었다. 55년 10월에 내가 편집국장이 되자마자 고대신문 지령(紙齡) 100호를 제작하게 되었는데 오주환 주간의 아이디어로 권두논문(卷頭論文)제도가 처음으로 도입되었다. 이것은 신문 1면에 기사 대신 비중있는 논문으로 전면을 채우는 것이었는데, 이 제도는 그 후 40년 이상 지속되어 고대신문의 특색을 이루었다.

100호 기념에는 당연히 유총장의 글을 싣게 되었다. 원고 마감날 아침 총장실에 들렀더니, 유총장께서 200자 원고 52매를 나에게 넘겨주시면서 "밤새도록 쓰다보니, 연결이 잘못된 데가 있을 수 있으니, 그것은 오군이 고쳐 써도 좋다"고 하셨다. 제목을 보니『대학의 이상과 현실 - 전도된 가치관을 바로 세우자』로 되어 있었다.

당대 제일의 명문을 감히 일개 학생이 한자라도 고칠 수 있겠는가? 하지만 몇 군데는 고쳤다. 나중에 "이렇게 이렇게 고쳤습니다."라고 말씀드렸더니 "잘했어!"라고 칭찬해 주셨다. 이 논문은 커다란 반향을 일으켰고 유명 일간지 모두에서 전면 게재가 되었다. 그 이후부터 유총장은 간단한 원고들은 나에게 대필을 시켰다. 물론 유총장이 많이 손질하여 마무리하기는 하였지만. 유총장의 명문에 단 몇줄이라도 손질을 하고 대필까지도 했다는 것은 우리나라에서 감히 나 이외에 몇사람이나 있었을까 하고 생각하면 가슴 뿌듯하다.

쓰다보니 자기자랑(?)이 많이 섞인 것 같아서 송구스럽다. 정교수는 지금도 하늘나라에서 학문연구에 전념하시고 또 후학들을 영적으로 지도하고 계실줄 믿는다.

4. 교수님과의 주석(酒席)

정재각 교수는 술을 많이 안드신 편이지만, 그래도 이따금 박희성 교수(철학), 김순식 교수(회계학), 김효록 교수(경영학), 김춘동 교수(한문학) 등 원로교수들과 회식 모임에는 참석하시는 것 같았다.

내가 편집국장이 된 이후 고대신문사에는 '편집지도위원제'가 생겼는데, 조지훈 교수(국문학), 이항녕 교수(법학), 조동필 교수(경제학), 박종서 교수(독문학)가 위촉되었다. 한 달에 한 번씩 고대신문의 평가회의가 끝나면 오주환 주간이 술자리를 마련했는데 나도 꼭 끼워주셨다. 오주환 교수는 술을 좋아하셔서, 왕학수 교수(박정희 대통령의 대구사범 동기동창), 조지훈 교수(최고 시인), 조동필 교수(최고 명강), 조태호 국장(박정희 대통령의 동서) 등과 자주 어울리셨는데 이따금 나도 한 몫 끼이게 되었다. 어쩌다가 김상협 교수(고대 총장, 국무총리)가 합세하는 날이면 그날은 초호화판 잔치가 된다. 김교수는 술값도 묻지 않고 '마담'도 돈 받을 생각을 안했다. 당시 갑부의 둘째 아들이고 보니 그럴 수도 있었겠지.

나는 대학졸업 후 한국은행에 들어갔으며, 1967년 3월 학기부터 3년간 경제학과 시간강사를 한 계기로 오주환 교수를 중심으로 한 술자리에 자주 끼이는 경우가 많았다. 술에 취하시면 왕학수 교수는 "한수 이남(漢水以南)에서 나에게…"(제 2인자라는 뜻?)라고 말씀하시는가 하면, 조동필 교수는 "우리나라에서 '와이담(음담)'에 관한한 유진오 총장이 첫째요, 김상협 총장이 둘째이며, 세 번째가 본인이라는 것이다. 세 사람만이 원조 격이고 나머지는 모두 흉내 내기에 불과하다는 이야기이다.

나는 학생시절부터 이런 명사님들로부터 많은 것을 배울 수 있는 기회를 가진 것을 지금도 감사하고 영광으로 생각하고 있다.

오 경 희 (吳景熙)

(전)한국은행 이사 / 고려대학교 경제과 53학번

아! 새삼 모시고 싶은 나의 선생님

　남사(藍史) 정재각(鄭在覺) 선생님이 우리 곁을 떠나신지 어언 10년이나 지났는데도 선생님에 대한 나의 추억은 너무도 많이 그리고 뚜렷이 남아있다.

　선생님과 나는 사제지간의 연으로 만나긴 했으나 이는 단지 인연의 한 단초에 불과했을 뿐 내가 선생님의 수제자였다거나 학문적 업적을 계승, 구현해 나갔다든지 하는 일과는 거리가 멀다.

　40여 년 전, 고대 신입생 시절의 어느 날 동양사 시간에 "청담(淸談)의 유행"이란 주제로 "죽림칠현(竹林七賢)과 팔달(八達)사상"과 고귀하고 기이한 언행 등 그들의 생애에 대한 선생님의 강의를 들으면서 가슴 깊숙이 와 닿는 감동을 느끼고 강의 끝 무렵에 나도 모르게 '앵콜'이라고 고함을 치자 선생님께서 "이게 무슨 건달들 모아놓고 하는 강의인줄 아느냐"고 호통을 치신 일이 계기가 되어 나는 선생님을 가까이서 모시고 싶은 좋은 분이란 생각을 갖게 되었고 선생님께서도 나를 조금 별난 제자로 눈여겨 보셨던 것 같았다.

　그 후 돌아가실 때까지 선생님 댁과는 우리 가족 모두가 집안처럼 왕래하며 가까이 지내왔었다. 선생님은 경상도 상주 유가명문의 후손답게 선비의 기개와 청렴을 본보여 주셨고 한 결 같이 올곧으시면서도 고결한 성품에, 따스함과 소탈함을 두루 갖추신 분이셨기에 존경하고 따르는 후학들이 유난히 많았다.

　어느 제자는 선생님을 굳게 닫혀 있으나 누구든 두드리면 언제든 열어주는 대문 같은 분이라며 대문선생이란 별명으로 부르기도 했었는데 지금 그 친구 이름은 기억나지 않지만 작명만은 제대로 했던 것 같다.

어느 날 학우들과 함께 선생님을 모신 술좌석에서 내가 담배를 피워 물자 선생님께서 말없이 일어나 밖으로 나가신 후 그 길로 바로 댁으로 돌아가신 적이 있었다. 쉰을 바라보는 교수 앞에서 담배를 피워대는 어린 제자 놈이 얼마나 괘씸했기에 그러셨을까 하는 생각에 무척이나 무안하고 송구스러웠다. 그 일이 있은 후 10년이 넘도록 선생님 면전에서는 담배를 피우지 않았다.

1978년 2월 선생님께서 고대에서 정년퇴임을 하신 후 얼마간 쉬고 계시다가 동국대 총장으로 취임하셨고 때마침 내가 결혼을 하게 되어 주례를 서 주신 후 총장취임과 나의 결혼을 함께 축하한 일은 지금껏 즐거운 추억으로 남아있다.

결혼 후 인사 겸 동국대로 찾아뵌 후 신라호텔로 모셔서 점심 대접을 해드렸는데 내가 담배 때문에 자꾸 들락날락 하는 것을 보시고 눈치도 없이, "식사 중에 웬 출입이 그리 잦으냐" 고 하시기에 "오줌도 안 나오는데 변소에 자꾸 드나들어야 하는 고통을 아시기나 합니까?"라고 큰소리로 대꾸하였더니 그제서야 "알았네, 이제부턴 그냥 여기서 피우게" 하고 하시며 용서하셨는데 그 때 내 나이 35살이었다.

그 후 내가 총장실에서 선생님과 마주 앉아서 담배를 피우는 것을 본 비서실 직원들이 놀라워 입을 다물지 못하고 선생님과 나를 번갈아 쳐다보던 일을 떠올리면 지금도 혼자 웃음을 짓곤 한다. 문교부 장관이 학교를 방문해도 현관까지 나가시지 않고 총장실 문 앞에서 마중하고 배웅했던 대단하신 총장님 앞에서 새파랗게 젊은 제자인 내가 담배를 피우고 있으니 그들로서는 도저히 이해할 수 없는 놀라운 일이었을 성 싶다.

내가 첫 아이를 얻으면 선생님께서 이름을 지어주셔야 한다고 미리 부탁을 드렸고 선생님도 약조를 하셨으나 첫 아이가 딸이어서 내 스스로 약속을 어겼지만 방글라데시에서 근무하던 1982년에 둘째 딸을 낳았을 때는 편지를 올려 부탁 드렸더니 지혜롭고 맑은 여자가 되라는 뜻을 지닌 지숙(智淑)으로 지어 주셨으나 일본 이름 같은 느낌이 든다며 내켜 하지 않는 아내에게 밀리는 바람에 선생님께는 죄송스럽게도 둘째 아이는 지금 그 이름을 쓰지 않고 있다.

기왕 이름 이야기가 난 김이니 나의 호에 대한 이야기도 빼놓을 수 없을 것 같다. 나는 궁민(兢民)과 담해(淡海)라는 두 개의 호를 갖고 있는데 둘 다 선생님께서 지어주신 것이다. 이런 저런 이유로 내가 즐겨 쓰지 않으니 자연 불러주는 이도 거의 없지만 선생님의 추억을 자주 떠올리기 위해서라도 이제부터는 써야 할 것 같다.

1984년인가 고대의 강진철(姜晉哲) 교수께서 정년퇴임 후 방글라데시에 들리셔서 "정재각 선생이 속현(續絃)의 경사가 있으셨다."고 못 알아들을 말씀을 하시길래 그게 무슨 뜻이냐고 물었더니 재혼을 하셨다는 말이었는데 듣고 나니 괜스레 서운하고 화가 났었다. 1985년 귀국하자 곧바로 찾아뵙고 왜 재혼을 하셨느냐고 따지듯이 묻자 그 얘긴 나중에 하자고 하면서 난감해 하셨는데 돌아가신 사모님이 안쓰러워서 그랬다고는 해도 그때 내가 선생님을 너무 몰아세운 것이 지금껏 마음 아픈 기억으로 남아있다.

유신 시절 선생님과 지기로서 고대 총장을 지내신 분이 유정회 국회의원이 되자 그때만 해도 대학총장 특히 고대 총장은 하늘같다는 생각을 갖고 있던 나로서는 이해할 수가 없어 "어떻게 그럴 수가 있느냐"며 흥분을 참지 못하자, 선생님은 "그 사람이 그 자리가 탐이 나서 그런 것은 절대 아닐 것이네. 늙마에 찾아오는 외로움은 누구도 감당하기 힘드니 총장이 아닌 인간으로 보면 이해할 수 있을 것이네."라고 말씀하시며 나를 달래셨는데 당신 자신에게는 누구보다 엄격하신 분이 남의 흠은 끝까지 감싸주시던 모습은 잊을 수 없는 아름다운 추억으로 남아있다.

4·25 교수 데모 때 앞장서셨고 군사 정권에도 비판적이셨던 선생님이 돌아가시기 얼마 전에는 "요즘 생각하면 박정희 대통령에게 참 미안한 마음이 많이 든다."고 술회하시면서 역사는 사관의 기록인데 기록하는 사관의 주관에 의해 사실이 왜곡되거나 공정성이 저해되는 경우가 왕왕 있으며 또 시대 상황과 가치관의 변화에 따라 역사에 대한 평가가 달라질 수 있다는 점을 지적하시면서 역사의 오류 가능성 문제를 이야기하신 일이 있었는데 요즘의 세태를 미리 내다보신 것 같아 새삼 고개가 숙여진다.

1997년 서울대 유인선(劉仁善) 교수와 최규성(崔圭成) 상명대학교 대학원장, 유준상(柳

俊相) 전의원과 함께 선생님을 모시고 중국 황산(黃山)을 찾아간 적이 있었다. 그때만 해도 벌써 84세의 노령이셨기에 다른 일행들은 함께 모시고 가는 것을 다소 부담스러워 하였으나 내가 우겨서 강행했었는데 두고두고 생각해도 너무나도 잘 한 일이었던 것 같다.

돌아오던 날 비행기 출발 시간에 여유가 있어 공항 부근 호텔에서 발 안마를 시켜드렸더니 너무도 편안한 자세로 누우셔서 게으른 아이 같은 표정으로 "이러고 누워서 아편이나 한 대 피웠으면 더 바랄게 없겠다."라고 하시던 모습이 지금도 눈에 아스라하다.

경성제대 재학 시절 모단 보이(Modern Boy)라는 별명을 가질 정도로 잘 생긴 멋쟁이신 분이 어떻게 평생 동안 하고 싶은 일 다 참아가며 따분한 학문의 길에만 매달려 지내셨느냐고 묻자, "내가 참고 지내느라 잔병이 많았네." 라고 대답하신 말씀도 그대로 귓전을 맴돌고 있는 것 같다. 선생님 지금 계신 곳에서는 참고 지내지 마시고 하시고 싶은 일 무엇이든 하시며 지내십시오.

아! 선생님 정말 다시 한 번 모시고 싶습니다.

오 정 소(吳正昭)

(전)국가보훈처장관 / 평창 동계올림픽 유치위원회 부위원장

생시(生時)의 교화원력으로 다시 오시리라 믿으며

　정재각 박사님을 곁에 모시지 못하고, 이렇게 유명을 달리하게 되니 섭섭한 감회로 가슴이 서럽니다.

　남사 선생님은 우리 한국의 개화기에 경성제국대학에서 동양사를 전공하시어 문학사 학위를 받으시고, 당시 우리 민족을 계도하는 최고 지성인이 되시었습니다.

　선생님께서는 동양사에 특별한 견해를 가지시고 남다른 연구 업적을 쌓으셨을 뿐 아니라 불교교학에 조예가 깊으시고 선의 수행에도 실 참을 쌓으시어 선심 또한 부동의 자리를 얻고 계시었습니다.

　그러면서도 선생님이 1978년 6월 불교계에 늦게야 알려진 것은 선생님께서 불교종립교육기관인 동국대학교 총장직에 취임하시고 부터 활발하지 못했던 불교 사회활동이 그때까지 선생님을 숨은 불자로 감춰놓고 있었던 때문으로 생각됩니다.

　선생님께서는 동국대학교에 오시기 전에 30여 년간 고려대학교의 발전에 기여하시어 68년에 대한교육연합회로부터 '교육공로상' 을 수상하시고, 역시 같은 해에 '국민훈장 동백장' 을 수장하시었습니다.

　이렇게 대학교육의 거성이신 선생님을 종립대학교의 총장으로 맞이한 일은 불교종단의 큰 기쁨이었습니다. 이 해 12월에 선생님께서는 '국민훈장 무궁화장' 을 수장하시어 그 영광을 동국대학교에 돌리시고 역시 같은 달에 대한교육연합회로부터 연공상 송학장을 수상하시어 교육공로를 더욱 빛내주시었습니다.

선생님께서는 학과 같으신 체구에 인자하신 화안으로 과묵하신 중에 남다른 업무추진력을 나타내시어 1980년 6월에는 미국의 Eastern Washington 대학과 동국대학교간의 자매결연을 맺기 위해 미국을 방문하시었고, 독일의 DAAD재단과 Bonn대학을 방문하시었습니다.

또 선생님께서는 1979년 동국대학교에 일본학연구소를 부설하시고 1982년 1월 대학을 떠나 한국정신문화연구원 원장으로 전임하시기 얼마 전까지 그 연구소장을 겸임하시면서 1980년 7월에는 칠순에 가까운 노령으로 연구소의 기금조성을 위해 일본의 각계를 방문하시었습니다.

회고할수록 불교종립대학의 발전을 위해 헌신하신 선생님에 대한 추모의 정이 새로워집니다.

선생님께서는 생시의 교화원력으로 우리 곁에 다시 오시리라 믿으며 잠시 편히 쉬시기를 빕니다.

태공월주(太空月珠) • 전 대한불교 조계종 총무원장

과묵─참을성 많았던 외종(外從) 큰 형님

　남사(藍史) 정재각(鄭在覺) 외가 큰 형님께서 가신 지도 벌써 10년이란 세월이 흘렀다. 그러나 그 형님과 함께 지내던 시절의 기억들은 아직도 내 머릿속에 주마등처럼 스쳐간다. 외조부모님께서는 슬하에 외숙부님 3형제와 이모님, 그리고 막내였던 나의 어머니까지 5남매를 두셨다. 그래서 외가에 가면 항상 외사촌들이 많았다. 이 외종형님은 큰 외숙부의 장남이셨는데, 나는 어릴 적부터 이 분을 외가 큰 형님이라고 불렀다.

　경상북도 상주 읍에서 어린 시절을 보낸 나는 곧잘 외가에 갔다. 그러나 아직도 그곳에 대한 기억은 지금의 초등학교에 해당하는 상주 보통학교에 입학한 후부터 생생하게 남아 있다. 어릴 때 외가에 가는 것을 싫어할 사람은 별로 없겠지만 나는 유난히 외가에 가는 것을 좋아했다. 그곳에 가는 전날 밤은 잠이 오지 않을 정도로 마음이 설레었다.

　나의 외가는 경상북도 상주 읍에서 약 40리쯤 떨어진 우산(愚山)이라는 산골 마을에 있었다. 상주에서 국도인 신작로를 죽 따라가다 좁아진 울퉁불퉁한 지방도로로 접어드는 중간 지점부터는 걷기가 힘들었다. 당시는 그곳으로 가는 버스가 없었을 뿐만 아니라, 도중에 간청을 해서 얻어 탈 수 있는 화물차조차도 거의 만날 수 없었다. 게다가 상당부분의 길이 돌밭처럼 자갈로 덮여 있어서 조금만 걷다 보면 발이 아파오고, 간혹 집에서 좀 늦게 출발하는 날이면 해는 이미 서산으로 지고 어둠 닿은 고갯마루는 나의 등골을 오싹하게 할 정도로 무서웠다.

그러나 나는 식은땀을 흘리면서도 고갯마루를 넘어서기만 하면 그래도 신이 났다. 한결 쉬워진 내리막길의 발걸음만큼 외가 마을이 눈앞에 다가오기 때문이다. 얼마를 더 걸어 내려가면 발아래 숲으로 둘러싸인 수십 채의 전래 기와집이 나타나는 것이 보이는데, 그곳이 바로 나의 외가가 있는 곳이다.

이 마을은 조선조 선조(宣朝) 때부터 인조(仁朝)에 이르기까지 경상도·전라도 관찰사, 대사헌, 이조판서, 대제학 등의 높은 관직을 두루 지낸 조선 유학의 거목 우복(愚伏) 정경세(鄭經世) 선생 -나의 선조 서애(西厓) 유성룡(柳成龍) 선생의 문인-의 후손이 일파를 이루어 살고 있던 집성촌이었다. 이 마을의 일가들은 대개 가세(家勢)가 넉넉하였고 또 일찍이 개화한 집들이 많아서 방학 때면 외지로 유학 갔던 젊은이들이 돌아와 북적거림으로써 온 동리에 훈기가 돌았다.

그때만 해도 외가에는 외조부 내외분이 생존해 계셨고 나는 외손으로 사랑을 듬뿍 받을 수 있어서 더욱 좋았다. 우리 집은 이러한 외가 분위기와 사뭇 달랐다. 집채는 작지 않았지만 읍내 시가지의 단조로운 초가집이었고, 그리 넉넉지 못한 형편에 식솔마저 적어 집안 분위기는 마냥 우울해 보일 정도로 가라앉아 있었다.

그 무렵 외가 큰 형님은 전국 수재들이 다 모여든다는 서울의 제일고등보통학교(지금의 경기중고등학교)를 졸업한 후, 웬만한 수재들은 꿈도 꾸지 못한다는 경성 제국대학에 재학 중이셨다. 그때의 큰 형님은 내게 있어 다만 우러러 뵈는 존재일 뿐 그렇게 가까운 사이는 아니었다. 그러다가 그 형님을 조석으로 대하게 된 것은 선친(諱는 元佑)의 요절로 인한 우리 집 몰락과 관련이 깊다.

선친은 한일 합방 전후 개화사상에 크게 공감했던 조부를 따라 일찍이 상주로 나가 보통학교를 마치시고 대구고등보통학교(해방 후 경북중고등학교)로 진학, 3학년 때 동맹휴학에 앞장서셨다는 이유로 퇴학을 당하신 분이었다. 그 후 서울의 사립학교인 보성고등보통학교로 편입학하신 후 졸업, 이어 일본 동경 와세다대학(早一田大學) 정경학부를 졸업하시고 고향인 상주로 돌아오셨다.

1920년대 당시 일본 유학까지 한 선친은 대학 시절 학생운동과 민족독립운동 등의 활동을 하신 이유로 동경에서 투옥된 사실이 있으신 데, 고향에 돌아오셔서는 "요시찰인(要視察人)"으로 일본 경찰의 미행과 감시를 항상 받아오셨으니, 어렵게 지내는 우리 집 생계에 별 도움을 주시지 못하셨다. 그러던 중 1937년 3월, 37세의 젊은 나이로 큰 뜻을 펴보지 못한 채 불행히도 상주 읍에서 지병으로 별세하셨다. 이에 아들을 앞세운 조부는 비탄에 빠지셨고 가난한 선비 집에 시집와서 일찍 남편을 여읜 어머니는 어찌 할 바를 모르셨다. 그로 인해 우리 집은 생계마저 막막한 지경의 난가(難家)가 되어버리고 만 것이다.

그런데, 예기치 못한 놀라운 일이 일어났다. 어머니께서 선친의 초상을 치르시고 어린 5남매를 안고 경황없이 지내던 그 해 봄, 경성제대를 졸업하고 당시 대구 계성학교에서 교편을 잡고 계시던 큰 형님이 우산 친가에 들리시는 길에 우리 집을 찾아오신 것이다. 그 때 일과 관련해서 9순을 넘게 사신 어머니가 만년에도 두고두고 "너는 평생 동안 내 외종형의 은혜를 잊어서는 안 된다."고 하시던 말씀이 지금도 내 귀에 생생하다.

어머니는 그 때마다 그 형님의 말을 나에게 이렇게 전하셨다. "아지매(고모), 새아재(고모부)는 이제 돌아가셨고 사장어른(나의 조부)은 연로하시니 중(中·나의 兒名)이가 장손이라 이 집을 이어 생계를 꾸려나가야 할 것이고 그러려면 중이를 중학교에라도 보내야 할 터인데, 어쩌지요? 외가가 천석꾼이요 중이 고모가가 3천석꾼이라고들 하지만, 아지매(고모)가 무작정 집에만 가만있으면 누가 나서 중이를 학교에 보내주겠소. 마침 내가 외지에서 살림을 하고 있으니 아버지 허락만 계시면 내가 중이를 데려가 공부하는 것을 맡으리다. 그러니 아지매(고모)가 우산에 가서 우리 아버지에게 중이 진학을 도와달라고 부탁하세요."라는 권고였다.

당시 연로한 조부는 장손인 나의 진학을 별로 탐탁지 않게 생각하셨다. 무리를 해서 자식을 일본 유학까지 보내 명문 대학을 졸업하고 돌아왔으나 큰 영광을 보지 못한데다 그 아들마저 앞세우시고 보니 만사에 의욕을 잃고 그저 손자라도 옆에 두시고 수발을 들게 하시려는 생각이 보다 간절하셨기 때문이다.

선친의 초상을 치르신 지 몇 달이 되지 않은 어머니는 소복을 입으시고 정신없이 혼자 걸어서 우산 외가로 가셨다. 그때까지도 외조부 내외분이 살아 계셨고, 어머니는 큰오빠로부터 나의 중학 진학 지원 허락을 받게 되었다. 이것이 나의 인생행로에 있어 하나의 기로가 되었다. 만일 큰 형님의 이러한 권고와 주선이 없었다면 나는 그 뒤 어떻게 되었을까?

외가에서 학비마저 받아 학교를 다니며 생활하게 된 것은 그로부터 1년 뒤였다. 아버지의 급작스러운 별세는 한 1년 동안 헤어나지 못할 정도로 나에겐 큰 충격이었다. 다음 해 나는 외가로 가서 중학교 입시 공부를 했고, 그 다음해 서울의 사립 상업학교(현재 동성중고등학교)에 들어갔다. 당시 큰 형님은 서울의 사립중학교(경신학교) 교원이셨으며, 외가는 서대문에서 고개 하나를 넘어야 갈 수 있는 북아현동에 자리하고 있었다.

그 동네는 주로 경상도의 시골 지주들이 자녀 교육을 위해 많이 올라와서 살고 있었는데 나의 외가도 다른 집들처럼 한옥 기와집으로 지어져 있었다. 방은 5칸이고 조그마한 대청마루가 하나 있었다. 나는 건넌방에서 그 당시 광산전문학교에 다니던 외종형과 경기중학에 다니던 동갑내기 외사촌이랑 세 명이 함께 거처했다. 한쪽 벽에 세 개의 낮은 책상을 한 줄로 붙여놓은 좁은 방이라 잠잘 때에는 마음대로 돌아눕기조차 힘들었다.

그 당시 내가 처한 환경 탓도 있었겠지만 내 성격은 매우 예민하였고 비뚤어져 있었으며 반항적이고 불량스럽기까지 했다. 설상가상(雪上加霜)으로 몸까지 허약하여 밤중에 가끔 오줌을 싸기도 했다. 내복조차 갈아입지 못한 채 북풍이 몰아치는 아침에 고개 넘어 서대문으로 가는 길은 참으로 견디기 힘들었다.

당시 내가 겪어야만 했던 심한 야뇨증(夜尿症)은 그 자체만으로도 나 스스로에게 부끄럽고 속상한 일이었다. 그러나 더욱 참을 수 없었던 것은 나의 실수로 인해 옆에 누워 자던 외사촌 잠옷을 적신 일도 여러 번 있었다는 것이다. 지금도 고맙게 생각하고 있는 일이지만 옷을 버린 외사촌은 크게 짜증을 내지 않았다.

서울 외가의 안살림은 경주에서 시집오신 외종 형수가 도맡아 하셨다. 이미 돌아가신 지 오래 되었지만 지금도 생각하면 그 분께 고맙기 그지없다. 종종 시골에서 외숙부 내외분이 올라오시거나 시도 때도 없이 찾아오는 형님의 종반들, 그리고 인척 되는 객식구들이 와서 몇 날 몇 달을 묵어가기도 했으니, 그리 건강치도 못했던 외종 형수의 고생은 이루 말할 수 없이 컸다. 늘 공짜로 먹고 자고 학비마저 받아 가는 주제에 말썽까지 일으키는 심술

궃은 이 시고종(媤姑從)이야말로 밉살스러웠겠지만 드러내놓고 내게 불평하시는 일은 없었다.

이렇게 외가의 생활 속에서의 추억들은 많지만, 이제 큰 형님이 나에게 너그럽게 대해주신 얘기를 한 토막 적기로 한다. 내가 중학교 3학년 초봄 때라 생각된다. 그 무렵 시골에서 외숙모가 올라와 마침 일요일이라 큰 형님과 한방에 계셨다. 외숙모는 그저 아랫목에 앉아 계셨고, 큰 형님은 새 한복 저고리를 입고 팔베개한 채 누워 계셨다. 그 때만 해도 필기도구로 펜과 잉크를 사용했는지라 큰 형님 앞에 마침 잉크병이 놓여 있었다.

큰 형님 앞을 지나 마루로 나가려다 주의력이 산만하고 덜렁거리던 내가 그만 잉크병을 발로 차서 엎질러 버렸다. 방바닥으로 쏟아진 잉크가 형님 저고리에 많이 튀어버렸다. 고의로 저지른 일은 아니었지만 큰 형님의 불호령이 떨어질까 겁부터 났다. 그러나 놀란 형님은 일어나 앉으시며 "중아, 너 조심 좀 해"라고만 말씀하셨다. 나는 어쩔 줄 몰라 하며 형님 얼굴을 슬쩍 바라보았지만 전혀 화난 기색을 보이지 않으셨다. 그 때 옆에 앉아있던 외숙모가 "중아, 네 외종형이 얼마나 점잖은 사람인가 이제 알겠지."라고 나에게 한신 말씀은 아직도 기억에 새롭다.

문제 많고 곡절 많던 외가에서의 나의 생활은 중학교 졸업으로 끝이 났다. 해방 전년 나는 상업학교 마지막 5학년제의 졸업반이었다. 전년까지만 해도 졸업 시기가 다음 해 3월이었지만 태평양전쟁에서 일본의 패전 기운이 짙어지면서 몇 개월 앞당겨진 관계로 나의 졸업은 5학년에 진급한 그 해(1944년) 12월이었다. 졸업할 무렵, 각 기관에서 학교로 때마침 취업 추천이 들어왔고 취업 담당 선생님이 나를 조선은행(한국은행의 전신)에 추천해 주셨다.

그 때, 동갑내기 외사촌은 일본 고등학교에 진학할 양이었고, 나도 외가 형님들처럼 공부를 좀 더 해봐야겠다는 그 당시 처지에 걸맞지 않은 엉뚱한 생각을 하게 되었다. 나는 결국 그 좋은 취직자리를 포기하게 되었고 나의 5년 동안의 외가 생활은 상업학교 졸업과 동시에 막을 내렸다.

그 후 나는 운이 좋아 해방 이듬해에 경성대학(지금의 서울대학교) 예과(豫科) 마지막기(期)에 입학했다. 6·25 한국전쟁을 겪으며 다니던 대학마저 옮기게 되었지만 어쨌든 나는 대학을 졸업했고, 국립 지방 대학에서 교원으로 큰 허물없이 봉직하다가 10여 년 전에 정년으로 은퇴를 했다.

돌이켜 보면, 상업학교를 졸업한 내가 대학에 진학하고 교육계에 평생 몸담을 수 있었던 것도 지성인으로서, 교원으로서 특히 해방 이후 대학 강단에서 뜻 깊고 보람 있는 일을 하시며 늘 우뚝 서 계셨던 큰 형님의 모습이 내게 그럴 수 없이 크게 와 닿았기 때문이다. 외가생활을 통해서 그리고 그 후 형님과 가까이 지내면서 나는 사람이 어떻게 살아가야 하고 또 올곧게 살아가는 길이 무엇인가를 부지불식간에 많은 것을 배울 수 있었다.

생전에 큰 형님은 불교에 귀의하셨지만 그 품성은 상당 부분 외가의 유교적인 가풍을 그대로 이어받고 계셨던 것으로 생각된다. 근검절약하시고 매사에 정성을 다하시며 타인에게 언제나 너그러운 모습을 보이셨으나, 자신에 대해서는 엄격하시고 철저하였을 뿐 아니라 과묵하시면서도 참을성이 많으셨다. 원리 원칙을 지키시는 한편 합리적으로 생각하시면서도 고집스러운 일면을 볼 수 있었는데, 지금도 그 형님은 내 마음속에 학(鶴) 같이 고고한 선비의 모습으로 늘 자리하고 계신다.

형님은 생전에 나에게 뿐만 아니라 여러 사람들에게 좋은 일을 많이 하셨으며 훌륭하고 영예스러운 생애를 마치셨다. 지금에 이르러 큰 형님이 살아 계시는 동안 사람답게 그 은혜에 조금이라도 보답하지 못했던 것이 못내 한스럽다. 새삼스럽지만 다시 큰 형님의 명복을 빌며 정토(淨土)에서 영생(永生)하시길 기원 드린다.

유 시 중(柳時中)
(전)영남사회문화학회 회장 / (전)경북대학교 사회학과 교수

선생님의 동양적 가치관

정재각 선생님을 처음 뵌 것은 1960년대 고려대학교 사학과에 입학하면서였으니 40여 년 전의 일이다. 뵈었다고 하지만 그것은 어디까지나 내 쪽에서의 일방적 만남이었는지 선생님께서 나를 알아보신 것은 아니다.

1960년 2학기 동양사개설 시간이었다고 생각된다. 필수과목이라 누구나 택해야 하기 때문에 나도 다른 학생들처럼 그 과목을 수강했고 그래서 선생님을 뵙게 된 것이다. 이런 처음 만남에서 선생님이 하신 말씀이 지금도 잊혀 지지 않고 때로 기억에 떠올려지곤 한다. 첫 시간 선생님의 말씀은 대략 다음과 같았다.

6 · 25전쟁 때 생전 처음 미국 군인을 본 어느 시골 할머니가 미군이 왜 그리 못생겼느냐 고 하셨던 것이다. 선생님의 해석은 두 가지였다. 하나는 그 미국 군인이 지금 우리가 보아 도 정말 못생겼을 수도 있었다는 것이고, 다른 하나는 별로 못생긴 것이 아닌데 할머니가 매일 보아오시던 이웃 시골의 젊은이들과 너무 달라서 못생기게 보였을지도 모른다는 것 이었다.

그 할머니께 여쭈어 기회가 없었으니 정말로 어느 쪽이었는지는 알 수 없다. 양쪽 다 가 능한 일이라고 생각되면서도 후자일 쪽이 더 크지 않겠느냐고 선생님은 덧붙여 말씀하신 것으로 기억된다. 다시 말해 할머니께서 그 때까지 가지고 계시던 가치관에 혼란이 일어 난 것이다. 코는 우뚝하고 눈은 움푹 패인 가운데 허여멀건한 빛깔의 사람을 할머니는 평생 보신 적이 없으시니 할머니의 가치 기준대로 보면 처음 본 미군이 그렇게 잘 생겨 보일 리가 결코 없는 것은 당연한 일이었는지도 모른다.

한 시간 동안의 짧은 말씀이셨지만, 사실 그 후에도 비슷한 일화를 들을 적이 여러 번 있었다. 선생님은 결코 동양적 가치관의 우수성을 말씀하신 것은 아니고 동양적인 것이 무엇이고 서양적인 것이 무엇인지를 분별할 줄 하는 사람이 되라는 의미에서 하신 말씀으로 생각된다. 오늘날 세계화니 국제화니 하는 것을 부르짖는 가운데 동서양의 올바른 가치관이 서로 뒤섞여 혼란에 빠진 것을 볼 때마다 선생님의 오래 전 말씀이 가끔 상기되곤 한다.

유 인 선(劉仁善) • (전)서울대학교 동양사학과 교수

선생님이 안 계신 '빈자리'

우리는 세상을 살아가면서 많은 사람을 만난다. 그러나 그 가운데 특별히 기억에 남는 사람은 그리 많지 않다. 존경의 대상으로 남는 경우는 더욱 그렇다.

정재각 선생님은 필자가 가장 존경하는 분 가운데 한 분이시다. 선생님은 필자에게 단순히 지식을 전수하거나 학문하는 방법만을 가르쳐 주신 선생님이 아니라 학자로서의 자세까지도 가르쳐주셨고 대학 강단에 설 수 있도록 길도 만들어 주신 분이시다.

우리는 대학이니 대학원에서 여러 교수님들로부터 다양한 강의를 듣게 되고 해박한 지식을 가진 교수님들도 만나게 된다. 때로는 폭넓고 깊이 있는 지식에 감탄하기도 한다. 그러나 지식이 단순히 아는 것으로 그치지 않고 자신의 철학, 사상으로 정리되어 있는 교수님들을 만나는 것은 그리 쉽지 않다. 정재각 선생님은 그 해박한 지식이 선생님의 철학과 사상으로 정리되어 있는 그러한 분이시다. 그래서 선생님의 강의는 항상 힘이 있고 심금을 울리는 호소력이 있었다. 필자는 선생님의 강의를 들으면서 나도 저러한 학자가 되어야 하겠다고 몇 번이고 다짐하고는 했다.

다 알다시피 선생님은 성품이 깐깐하시고 원칙을 중요시하신 분이시다. 그래서 항상 어려움이 느껴지고 두렵기도 한 분이시다. 필자가 대학원에 재학 중일 때는 동양사를 전공하는 학생이 적어서 어떤 학기에는 필자 혼자서 강의를 들었다. 선생님은 대개 중국의 원전을 교재로 하여 강독을 하시기 때문에 매시간 그것을 준비해 와서 발표를 해야 했는데 여간 고통스러운 일이 아니었다. 원문을 해석하는 중에 단 한자도 그냥 넘어가는 법이 없으셨다. 단 한자도 그 뜻을 밝히지 않고 넘어가거나 적당히 해석을 했다가는 당장 지적을 하시고 그 뜻을 따지시어 주눅을 들게 만드셨다. 돌이켜보니 학문은 적당히 해서는 안 된다는 점을 일깨워 주신 큰 가르침이었다.

당시에는 격주로 강의를 하시는 교수님들이 많았다. 그러나 선생님은 매주 강의하시는 원칙을 고수하였다. 어느 학기에 나는 지방에서 다니는 대학원생과 함께 선생님의 강의를 듣게 되었다. 그 대학원생은 지방 대학 교수였다. 그는 멀리서 매주 출석을 한다는 것이 여간 부담스러운 일이 아니었다. 선생님께 조심스럽게 격주로 강의를 하시고 그 대신 시간을 두 배로 하면 어떠시겠느냐고 건의를 드렸다. 그러자 선생님은 "자네 논리대로라면 강의를 한 학기에 하루나 이틀에 몰아서 하면 되겠네. 매주 강의를 하도록 시간표를 짜 놓은 것은 그럴 만한 이유가 있어서 그렇게 한 것이니 그것을 지켜야 하는 것이네"하시고는 우리의 건의를 일축하셨다.

선생님은 필자의 박사학위 논문 심사위원장을 맡으셨다. 첫 번째 심사 모임에서 심사위원 한 분이 이 논문은 우리나라 동양사 분야에서 신제박사 제1호의 박사학위 청구논문인데 윤 군보다도 학계 선배이며 현직 교수로 있는 사람들도 아직 박사학위를 못 받았는데 윤 군이 먼저 박사학위를 받는다는 것은 예의에도 어긋나는 것이니 박사학위 청구논문 제출을 몇 년 후로 미루는 것이 어떻겠느냐는 제안을 하셨다. 필자는 가슴이 철렁 내려앉았다. 학계의 사정에 어두웠던 필자는 동양사 분야에서 당시까지 신제박사학위가 수여된 것이 없다는 사실을 알지 못했다. 그런데 정재각 선생님께서는 논문 심사도 해보지 않고 논문을 제출해 놓은 사람에게 그것을 취하하도록 권고하는 것은 온당하지 않다며 심사를 진행하도록 해주셨다.

박사학위 논문 심사가 끝나 합격 통보를 받고서 그 간의 지도에 감사하는 마음으로 심사위원 선생님들을 저녁식사에 모셨다. 조촐한 식사였다. 그런데 필자가 합격 서명을 받기 위해 논문을 가지고 선생님 댁을 방문했을 때 선생님은 필자를 꾸짖으셨다. 필자가 과용을 했다는 것이다. 힘들게 공부해서 학위를 받게 되었는데 경제적인 부담까지 느껴서야 되겠느냐는 말씀이셨다. 대학 사회가 그래서는 안 된다는 말씀이셨다. 선생님께서는 우리 학계에서는 박사학위 심사위원들의 거마비를 박사학위 신청자가 추가해서 부담하는 것이 관례처럼 되어 있는데 대학사회가 그래서는 안 된다는 말씀도 해주셨다.

박사학위 심사 결과를 통보하면서 선생님께서는 필자에게 특수하고 어려운 분야를 연구했는데 이런 사람이 학계에 있지 않는다면 우리나라 학예로서는 큰 손실이 아닐 수 없다고 말씀하셨다. 필자는 갑골문(甲骨文)을 사료로 이용하여 중국의 상(商)시대를 연구한 『상왕조사연구』(商王朝史研究)를 박사학위 논문으로 제출했었는데 당시 갑골문은 우리에게 매우 생소한 분야였다. 이 논문은 단행본으로 출간되었는데 우리나라에서는 첫 번째의 갑골문 연구서이다. 필자는 학문이 좋아서 늦게 대학원에 진학은 했지만 대학교수가 되는 것은 생각하지 않고 있었다. 이러한 필자의 생각을 아시고 하신 말씀이셨다. 그런데 필자는 선생님의 그 말씀을 듣고 감히 대학 교수가 될 용기를 갖게 되었다.

선생님께서는 필자가 대학에 몸을 담을 뜻이 있다는 것을 아시고는 필자에게 말씀은 하지 않으셨지만 여러 학교에 자리가 있는지를 알아보셨다. 어느 날 필자는 단국대학교 장충식(張忠植) 총장님으로부터 모교에서 일하는 것이 어떻겠느냐는 제안을 받았다. 정재각 선생님의 추천이 있었다는 것이다.

이렇게 패서 필자는 쉽게 대학 교수 자리를 얻을 수 있었다. 대학 교수로서 학자로서 오늘의 필자가 있게 된 것은 실로 정재각 선생님과 장충식 총장님의 덕택이다. 필자는 대학 강단에 선 이후 항상 정재각 선생님의 가르침을 잊지 않고 실천하려고 노력해 왔는데 벌써 필자도 정년을 앞두게 되었다. 선생님의 가르침을 널리 보급하지 못한 자신을 돌이켜보면서 선생님이 계시지 않은 빈자리만 크게 느끼고 있다.

윤 내 현(尹乃鉉)

단국대학교 명예교수 / (전)문화재위원

가벼운 유머, 에스프리 가득 찬 말씀에…

나의 서재 책상 오른쪽에 달린 서가에는 짙은 보랏빛 대리석 받침대 위에 머리를 떠받듯이 양팔을 뒤로 올린 청동의 미니 비너스 나상이 놓여 있다. 몸 전체의 키는 7~8㎝나 될까. 상체를 자랑스럽게 드러낸 자태는 어느 쪽으로 보아도 제법 당당하고 균형 잡혀 아름다우며 그 얼굴 또한 대개의 비너스상이 그러하듯 반듯하고 약간은 고귀한 표정이다. 18세기에 만들어졌다는 이 지중해 도래의 미녀가 나의 서가 한편에 자리를 차지한지도 어언 근 40년이 되는 듯싶다. 오늘은 책상 위에 놓고 이리저리 만지다가 한참 처다본다. 이 비너스상은 정 선생님으로부터 받은 선물이다.

유럽여행에서 귀국하신지 얼마 되지 않았던 선생님을 내자와 함께 성북동 자택으로 찾아간 것은 1960년대 중반이었을까. 선생님은 그리스 아테네 파르테논 신전과 아크로폴리스의 인상을 한참 이야기하시다가, 옆방에 들어가 자그마한 것을 들고 나오시더니 유럽여행의 선물이라고 하시면서 불쑥 내 손에 쥐어주신다. 아테네에서 우리나라 어느 유학생 댁에 초대받고 갔다가 받으신 선물이라시며 여행 선물치고는 너무나 과분하여 사양하였더니, 이 젊은 여인은 아무래도 늙은 나와는 나이차가 많아 거북스러우니 아직도 신접살림인 광주군의 곁에 두는 것이 좋겠네 하신다. 당혹스러워하며 고사하는 나의 심정을 따뜻하게 어루만지신 선생님 특유의 경묘한 청롱(靑弄)이며 익살이다.

부드럽고 따뜻한 인품에 꾸밈새가 없으신, 의례히 가벼운 유머가 섞인 에스프리에 가득

찬 선생님의 말씀은 마주하는 사람들을 언제나 나이를 가리지 않고 두루 편안하게 하셨다. 선생님은 참으로 좌담의 명수였다. 해학과 익살, 유머가 간간히 섞인 말씀은 어쩌다가 자리가 시국을 둘러싼 담론으로 설왕설래 비화되다가도, 어느 한쪽에 치우침이 없는 중용지덕으로서 좌중을 화기애애하게 만드셨다. 그리고 선생님으로부터는 교사연한 설교나 설득, 더욱이 도학자연한 모습은 티끌만큼도 볼 수 없었다.

좌담의 명수는 또한 짧거나 약간은 긴 즉흥연설에서도 당의즉묘(當意卽妙)한 경구를 한 마디 살짝 인용하면서 모두를 웃기고 그리고 약간은 감동시키는 명 연설가이기도 하셨다.

그러나 동과 서의 고전을 가까이 하신 학식에 뒷받침된 문인풍의 단아한 품격은 어쩌다 발표하시는 글들 특히 에세이 풍의 글들에 가장 잘 드러났다.

"우리는 동양인이다. …따라서 동양인이기 때문에 품지 않을 수 없는 종류의 많은 고뇌와 비애를 우리는 지니고 있는 것이다. 고뇌와 비애를 시원하게 호소하고 싶은 마음-. 이것은 어쩌면 동양인들이 몇 천년동안 품어온 역사적인 애원(哀願)일는지 모른다. 사실 불쾌하고 낙망적인 현실에 부딪쳤을 때마다 우리의 선인들은 얼마나 곧잘 자신들을 이러한 감정의 안이한 출구로 몰았던가. 동양의 역사는 민중들의 비애를 호소하는 대변적(代辯的)인 시문(詩文)과 구비(口碑)로 음산하게 엮어져 있다. 우리는 태평성세를 구가하는 역사의 한 페이지도 이러한 망령들의 비애에 방해되지 않고는 읽어 나갈 수가 없다."

위의 긴 인용문은 선생님께서 1956년에 발표하신 「동양인과 평복(平服)의 용기」의 한 구절이다. 리드미컬한 문체는 동서양에 걸친 인문학적 교양에 뒷받침되어 선생을 당대 제일급의 문장가로서 받들어도 지나침이 없다고 할 것이다. 문장은 인품이라 하였던가. 참으로 그 인품만큼 그 분의 글을 좋아하고 반긴 이들이 적지 않았을 것이다.

선생님은 또한 합리적이며 보편성을 귀히 여기는 상식인이었다. 그러면서도 세상사와 일정한 거리를 둔 '관찰자'의 모습을 나는 가끔 느끼곤 하였다. 그 인품이나 글들에 아이러니컬하게 표현된 치열한 자의식과 특유의 페이소스는 역사학을 전공하면서 식민지시대를 살아야 했던 젊은 시절의 지적고뇌에서 연유된 것이었을까. 어쩌다 민족문제, 대학교육 혹은 시국-시류에 관해 간간 발표하신 논설적인 글에도 그 고뇌에 찬 페이소스는 숨김

없이 드러났다.

선생님과 같은 세대의 교수들 중에서도 미국이나 유럽 그리고 인도 등 해외여행을 일찍이 하신 분으로 기억된다. 그만큼 지적 관심과 취향의 폭이 넓고 강하셨던 것이다.

사람을 가리지 않고 언제나 따뜻하게 대해주신 선생님의 휴머니즘적 성품은 적지 않은 제자들로 하여금 선생님의 신뢰와 총애를 각별히 받고 있다는 자부를 갖게 하였을 것이니 나도 또한 그 중의 한 사람이었다. 선생님은 아주 오래전부터 아마도 학부 졸업반 때부터 나를 대할 때면 으레 광주(光周)군이라 부르셨는데 그것이 여간 고맙지 않았다. 그리고 나 또한 간간 선생님께는 응석을 부리기도 하였다.

1960년대 후반 고등학교 세계사 교과서의 집필을 K교수와 함께 도와드렸던 일, 세계 문화사의 동양사 편을 집필하시다가 미국에 가시게 되어 그 원고를 정리하게 된 나날들, 선생님을 모시고 P군과 함께 계룡산 동학사의 가을 단풍을 즐기던 일, 첫 눈 오는 날 모시고 창덕궁을 거닐던 일, 그리고 선생님을 따라 몇몇 이름 있는 한정식 집과 레스토랑을 찾았던 일들-. 지금은 먼 추억으로서 그립기만 하다.

언제나 옛 선비의 고담스러운 품격과 멋스러움을 지니셨던 선생님!

그 분을 가까이 한 지난날들은 나의 삶에 두고두고 잊을 수 없는 축복이었다.

이 광 주(李光周)

(전)전주대학교 총장 / 인제대학교 명예교수

'글'에 대한 고뇌와 '불치하문' (不恥下問)의 겸손

　사람이 한 평생을 사는 과정이란 부단한 만남과 이별의 연속이라 했던가, 내가 지나온 발자취에도 많은 만남의 기쁨과 헤어짐의 슬픔이 점철되어 있다.

　어려움에 직면했을 때 결정적인 도움을 주신 어른들을 기억하며 조건 없이 많은 은혜를 베풀어주신 선배님들께 말로 표현할 수 없는 고마움을 느끼고 있다. 또한 고락을 같이 하여온 소중한 친구들 그리고 사랑하는 수많은 제자들, 그들이 있었기에 오늘날 내가 살아서 숨 쉬고 있다고 믿고 싶다.

　위와 아래로 연결되는 얽히고설킨 인간관계를 말미암아 때로는 힘겹기도 하였고 고통스러웠던 순간도 많았으련만 지금 과서 돌이켜보면 나 자신의 부족으로 형성된 아쉬움과 동시에 모두가 아름다운 추억으로 나의 삶을 윤택하게 장식하고 있다.

　인생의 황혼기에 접어든 지금 내가 오늘에 이르기까지나 살아왔다기보다 내가 만났던 분들의 작품으로써 내가 존재하고 있다고 생각해본다. 그런 뜻에서 나에게 직장을 주었고 중요한 계기에 필요한 가르침을 주셨던 정재각 선생님의 내가 아는 일면을 고마운 마음으로 회상해 보고자 한다.

　내가 정 선생님을 처음 뵌 것은 1979년 1월경에 선생님의 성북동 자택을 방문하였을 때이다. 나는 당시 청소년 시절에 출국해서 26년에 걸친 해외생활을 끝내고 귀국한지 불과 3개월 남짓한 상태로서 국내 사정에 어둡고 물정도 모르던 40살 넘은 철부지 백면서생에 불과하였다. 정 선생님은 당시 동국대학교 총장으로 계셨고 어렵고 고매하신 어른이라는 인상을 받았다. 선생님께서는 천학비재(淺學非才)한 나를 "쓸모 있는 사람"으로 평가하시고 동국대학교 교수로 좋은 조건 하에 임용하여 주셨다. 이렇게 해서 선생님과 나의 인연은 맺어졌다.

교육기관장으로서 선생님께서는 일찍이 우리나라 교육의 국제화의 필요성에 착안하셨고 고등교육을 선진국 수준으로 향상시키는데 목표를 두고 노력하셨다. 국제화의 초보단계에 처해있던 당시 상황에서 미국과 서유럽의 대학들과 내실 있는 자매관계를 수립한 후 학생 교수의 교류를 통해서 우리 대학인들의 안목을 넓히고 선진국의 지성인들과 접촉하여 자극도 받고 그들의 방법론을 도입하여 우리의 학문수준을 향상시켜 나가자는 것이었다. 그래서 도서교류와 자재교환도 활발하게 전개하였다.

국제교류를 추진하는 과정에서 영문서신 연락이 잦아지게 되면서 총장명의로 나가는 영문편지들은 모두 내가 작성하는 임무를 맡게 되었다. 나는 서양문화권에서 편지의 중요성을 잘 터득하고 있는 터였다. 잘 쓴 편지는 일을 잘 풀리게 하여 발송인의 수준과 인품마저 평가를 하는 것이 서양 사람들의 전통 습성이다. 그런고로 총장 명의의 좋은 편지 한 장이 대학의 위신도 세워주고 교류 사업이 원활하게 추진될 수 있을 것이라는 믿음에서 나 자신의 정성을 다 기울여서 열심히 작업하였다.

저녁에 고치고 또 고치고 그리고 다음 날 아침에 다시 읽어보면서 수정한 편지 한 장을 들고 총장실에 들어서면 선생님께서는 바쁘신 중에도 "이 교수 좀 앉아요. " 번번히 자리를 권하셨다. 1930년대에 제국대학 동양사학을 수학하신 어른이시다. 그런데 영어 단어 하나 하나를 따져 보시고 영문 한 구절 한 구절을 음미하시는 것이 아닌가! "이 단어는 좀 스트롱(strong)한데, 부드러운 단어 없을까?", "이 표현은 내 의도와는 좀 달라."하시는 것이다. 선생님께서 흡족한 글발을 찾아 모색하시던 진지한 노력은 참다운 학자의 모습으로서 한없이 존경스러웠다. 글을 대하실 때마다 보이셨던 선생님의 고뇌하는 진지한 모습과 꺼질 줄 모르는 향학열, 그리고 불치불문(不恥不問)의 겸손하심은 나에게 귀감이 되어 지금까지 내 마음을 밝혀 주고 있다.

1979년 여름, 선생님께서 미국과 독일의 자매학교들로부터 초청을 받아들여서 미국과 서유럽 방문길에 오르게 되었을 때, 외국어를 할 수 있는 내가 수행원으로 따라가게 되었다. 선생님께서는 우선 근검절약을 강조하셨다. 최장거리인데도 불구하고 비행기는 값이 저렴한 투어리스트 자리로 여행하였고 숙박도 반드시 비싸지 않은 2류 호텔을 이용하여 여비를 절약하도록 하였다. 여행 중에 여비를 관리하던 나에게 학생들의 등록금으로 적립된 교비임으로 필요한 곳에만 사용하도록 일깨워 주셨다. 주최 측의 초대가 없을 경우 주로 호텔주변에 일반 대중식당을 찾았다. 선생님은 원래 소식가(小食家)로서 맛있는 일품요리를 찾으시거나 주문하시는 것을 보질 못했고 오리지 그 지역 서민들이 즐겨 찾는 먹거리로서 한 끼를 때우셨다. 담배 같은 기호품도 즐기실 줄 모르셨고 초대석상에 반주로 나온 포도주 한 두 잔정도 드시는 것은 목격하였으나 긴 여행기간 맥주 한 잔 내 돈 내서 사서 마시는 것은 보지 못했다.

　　1979년은 아직 소수의 한국인들만이 해외나들이를 할 수 있던 시대이다. 일단 선진국에 발을 들여놓으면 많은 한국인들에게 유명상표 물품과 형형색색으로 진열된 상품들은 그냥 지나칠 수 없는 유혹이 아닐 수 없었다. 그래서 당시 해외여행객들의 일정은 쇼핑관광이 대중을 이루던 시기이기도 하였다. 그런데 선생님께서는 40여 일 간에 걸친 미국과 서유럽 각국 여행기간 중 한 번도 백화점 근처에 배회한다든지 길거리에서도 물건 한 가지 사시는 것을 보지 못했다.

　　여행 일정이 거의 끝나서 서울행 비행기 탑승을 앞두고 있을 때 나는 선생님께 여쭈어보았다. "총장님, 서울에 가족들도 있고 대학에는 거느리고 계시는 보좌진도 있는데 그냥 빈손으로 돌아가실 겁니까?" 그랬더니 선생님께서 말씀하시길, "아, 참 그이들 생각을 못했구나! 이 교수, 지금 가서 수건 몇 장하고 넥타이 몇 개 사다가 주시오." 하시는 것이 아닌가. 쇼핑을 잘 못하는 나 자신도 어찌할 바를 몰라 망설이다가 공항 매점에서 마후라 넉 장과 넥타이 여섯 개를 사다가 선생님의 트렁크에 넣어드렸던 기억이 아직도 생생하다.

　　긴 여행기간 중 선생님께서는 여행 경비를 맡아 가지고 지출하던 나에게 돈 문제에 대해서 거의 관여를 하지 않으셨다. 귀국 하였을 때 선생님께서 말씀하시기를"이 교수, 경비

중 남은 돈이 있으면 경리과에 반환하고 부족했으면 그 부분은 신청하라."하셔서 말씀대로 따랐다.

선생님께서는 언제 어디서나 추호도 흐트러짐이 없는 근엄한 몸가짐으로 일관하셨다. 미국과 유럽의 대도시들을 두루 순례하면서도 "술 한 잔 하러 가자."든지 "밤거리 구경하러 나가자"하는 말씀을 듣질 못하였다. 명승고적지를 답사하는 것도 주최자 측의 호의로 베푼 것 이외에는 거의 본 것이 없다. 여행 기간 중 모처럼 만에 유럽여행인데 참 답답하다 하고 내 마음 속에 느낀 적인 한 두 번이 아니었다.

그러나 나는 정 선생님을 통해서 우리나라 전통의 자랑스런 '선비'의 참모습을 옆에서 관찰하고 체험하는 영광을 가졌었다. 선생님은 철저한 자율이 몸에 밴 선비로서 자신의 신분을 특권으로 누리기보다는 남에 대한 봉사와 배움의 기회로 삼고 살아가셨다 하고 믿고 싶다. 선생님으로부터 윗분이라고 해서 잘난 체하고 고압적인 위세는 전연 찾아볼 수 없었다. 언제 어디서나 우리들의 이야기를 겸손한 자세로서 진자하게 들어 주신 후 자신의 의견을 부드럽고 진술하게 개진해 주셨다. 선생님의 근언하심은 어디까지나 자신을 관리하실 때 적용했던 것일 뿐 남에 대해서는 관대하셨고 널리 이해해 주셨다. 사실 선생님의 엄하신 표정 속에는 따스함이 흠뻑 담겨있음을 감지하게 된다.

평생 교육자로서 선생님의 교육철학은 전인교육(全人敎育)이라고 생각된다. 선생님 생전에 경제가 발전해서 우리나라 국민들의 생활이 날로 향상되는 현상을 흐뭇하게 생각하셨다. 그러나 윗사람들이 한없이 욕심을 부리고 아랫사람들은 불만에 차 있고 공중도덕은 땅에 떨어져 있으며 사람들은 서로 사랑하기보다 자신만을 사랑하고 핏줄만을 아끼는 풍도가 아쉽다고 하셨다. 옳은 정신과 밝은 마음을 갖지 않으면 물질의 풍요로움 속에서도 불행해진다는 것이 선생님의 지론이시다. 그래서 국민적 정신교육과 윤리규범의 확립이 중요하다고 하셨다.

1980년대 초반, 선생님은 평생 길러 오신 경륜을 경주하여 우리 사회의 정신문화를 설정하고 도덕표준을 세우는 사업에 기여하시겠다는 원대한 포부를 안고 정신문화연구원 원장에 취임하셨다. 그러나 일 년 만에 사임하셨다. 왜 그렇게 빨리 그만 두시느냐고 여쭈었더니, "시어머니들이 하도 많아서 못해먹겠다"고 하셨다. 그렇게 말씀하시는 표정에는 좌절감이 역력했던 것을 잊을 수가 없다. 아! 이런 분에게 그런 기구를 소신껏 일 하시도록 몇 년이고 맡겼어야 됐을 텐데 하는 안타까움이 내 마음을 쓰리게 하였다.

정 선생님께서는 교육자로서 성공하신 분으로 간주된다. 명문대학교 교수로서 주요한 보직을 두루 거치신 후 동국대학의 총장으로 4년 가까이 재임하시는 동안 많은 업적을 남기셨다. 그 후 정신문화연구원 원장 대학교 이사장 등 80세가 넘도록 이런저런 지객을 역임하셨던 것으로 안다. 우리 사회에 있어서 정 선생님만큼 화려한 교육력을 누리셨던 분들은 그리 많지 않을 것으로 사료된다.

말년의 선생님께서는 소박한 풍채와 맑은 마음씨, 그리고 영원한 젊은 기상을 지니고 사셨다. 을지로 입구의 '을지서점'에서 신간서적을 둘러보신 후 서점 깊숙이 자리 잡고 있던 다방에서 세상 돌아가는 이야기를 선생님과 즐겨 나눴던 기억이 새롭다. 선생님은 언제나 젊고 빠른 걸음으로 을지로 지하도를 반시간 정도 산책하신 후 지하철을 타고 댁으로 향하시는 것이다. 나는 지하로 내려가시는 선생님이 안 보일 때까지 서서 그 어른의 뒷모습을 지켜보곤 하였다. 거기에는 쓸쓸함, 적막함, 공허감 등이 감돌고 있었다. 아! 그렇기에 선생님도 한 인간이로구나 하는 서글픈 감회가 내 가슴 속을 스치고 지나갔다. 일생일대의 희비극의 막은 이렇게 내리는 것일까.

이 길 용(李吉鎔) • 동국대학교 명예교수

"끝까지 풀지 않으셨던 정신의 육신 장악"

　내가 학생으로서 몸담고 있을 무렵에 고려대학교에는, 적어도 나에게는, 전통적인 선비상으로 돋보이는 선생님이 두 분 계셨다. 한 분은 지훈(芝薰) 조동탁(趙東卓) 선생님이요, 다른 한 분은 바로 남사(藍史) 정재각(鄭在覺) 선생님이시다.

　지훈 선생님은 멋을 숭상하는 선비상을 대표한다면 남사 선생님은 규범을 중시하는 선비상을 대표한다고 하겠다. 지금도 남사 선생님을 떠올리면 스스로의 언동이 흐트러짐이 없는가 숙연하게 돌아보게 하는 그런 분이시다. 특히 도학적(道學的) 분위기가 지배하던 경상도의 법가(法家) 출신다운 체질이시다. 물론 그렇다고 해도 웃음을 잃은 분이 아니다. 따뜻함이 은은히 옥빛처럼 배어있는 분이시다.

　사학과에 계시는 남사 선생님을 국문과에 다니는 내가 가까이서 모시게 된 구체적인 계기를 지금은 잊었지만 아무튼 나는 학부 말년 이후로 줄곧 선생님을 비교적 가까이서 모셨다. 아마 그것은 선생님이 우리 집안 (경상북도 경주시 강동면 양동)이 처가 쪽이어서 나를 처족(妻族)의 한 사람으로 대우하여 그렇게 될 수 있었던 것이 아닌가 여겨진다. 그러고 보니 나는 줄곧 선생님께 죄스러운 생각을 가졌던 것이 기억난다. 그것은 선생님의 사모님이 사뭇 병객(病客)으로 지내다시피 하셔서, 나와는 촌수는 멀지만 일가란 점에서 집안 췌객(贅客)인 선생님에 대해서 늘 죄스러운 마음을 금할 수 없었던 것이다.

　선생님께서는 정년을 얼마 지나 동국대학교 총장으로 가실 때 나는 무척 애석해했다. 선생님 같은 분이 고려대학교 총장으로서 경륜을 펴지 못한다는 현실이 안타까웠던 것이다. 동국대학교 총장으로 가신 뒤나 그 뒤 정신문화연구원 원장으로 가신 뒤에도 가끔씩 사석에서나 공석에서나 선생님을 뵈었다. 특히 공식석상에서의 선생님의 담화는 매양 일품이었다. 그대로 받아쓰면 한 편의 멋진 문장일 터다. 80이 훨씬 넘은 고령이신데도 담화의 조리에는 한 점 흐트러짐이 없으시었다.

나는 공식석상에서 선생님의 담화를 통해 선생님이 얼마나 더 오래 수(壽)하실까 점치는 버릇이 생겼다. 담화의 조리가 흐트러지는 날이 선생님의 종(終)의 조짐을 보는 날일 것이라고 생각해서이다. 그러나 돌아가시기 일 년여 전에 어느 국제학술회의에서 들은 담화에는 여전히 흐트러짐이라고는 추호도 없었다. 나는 선생님의 여년(餘年)에 대해서 낙관하고 있었다. 그런데 어느 날 갑자기 부음(訃音)을 접했다. 그리고 돌아가시던 날을 전후해서도 어느 모임에 기조강연이 예약되어 있었던 것으로 알고 있다. 아! 선생님은 이렇게 끝까지 조리를 흩트리지 않는, '성성(惺惺)히 깨어있는 정신'으로 사셨다. 육신에 대한 정신의 장악을 끝까지 풀지 않으셨다.

선생님은 사적(私的)으로는 불행하셨다. 여느 사람 같으면 지탱할 수 없도록 불행스러운 일을 줄곧 당하셨다. 그러면서도 '애이불비'(哀而不悲)의 자세에 한 점 흐트러짐이 없으셨다. 무슨 종교에 귀의해서가 아니다. 내가 알기로 선생님은 평소에 인도의 명상법(冥想法)을 행하셨는데, 명상법은 양생법(養生法)의 일종이요, 종교가 아니다. 선생님은 고려대학교에 계실 때 나에게도 명상법을 권하신 적이 있다. 종교에 귀의하지 않고도 세속의 불행을 초극(超克)할 수 있는 선생님의 힘의 원천은 어디서 나오는가? 나는 그것이 도학의 '경'(敬)의 수양법에 있지 않은가 생각한다. 인도의 명상법도 선생님에게는 이 '경'의 수양법에 통섭(統攝)되어서 행해진 것이 아닌가 생각한다. 어디에 의지함도 없이 이 세계와의 맞대결에서 자아가 초극할 수 있는 정력(定力), '경'에 의한 정력을 선생님은 우리에게 보여주셨던 것이다.

이 동 환(李東歡)

고려대학교 명예교수 / (전)한국한문학회 회장

토인비의 '문명론'과 남사(藍史) 선생님

본인이 고려대학교에 재학 중에는 선생님은 명교무처장으로 소문이 났고 대학원장을 끝으로 정년후에는 동국대학교 총장으로 초빙되었다가 '정신문화연구원' 원장 등 여러 공직을 역임하시기도 하였다.

고대 재학 중에는 처가가 선생님과 같은 곳 (경주 양동마을)이란 연유로 자주 댁으로 놀러 가기도 하고 간혹 처를 데리고 가면 사모님이 반가워하시고 나보고는 "이 서방 오는가, 문인도 잘 계시고" 하시며 자고 가라고 권하시기도 했다.

동국대로 가신 후에는 뵈올 수 있는 계제가 어렵게 되고 나도 청구대학에 여러 모교 선생님의 추천(그 중에는 정 선생님도)으로 전임이 결정되어 대구로 내려가 거의 뵐 기회가 없이 몇 해를 보내게 되었다(졸업논문은 '칸트의 역사철학'이며, 1957년을 전후한 이 때만 해도 석-박사의 학위가 대학교수의 필수요건이 아닌 시절이었다).

1970년대에 들어 한참 강의에 열중하게 될 무렵, 나의 관심은 21세기의 지구문명 시대의 도래와 그 때의 역사관(歷史觀)에 깊은 관심이 쏠리고 있었다. 300년을 이어 온 서구중심 사관과 국가 단위의 역사 연구를 벗어나야, 도래할 다음 시대의 역사연구가 가능할 것이라 확신하게 되었다. 문명사관을 바탕으로 10권의 대저『역사의 연구』를 쓴 20세기 최고의 역사학자 A. J. Toynbee 를 공부하고 있었다.

이 무렵 우연히 고서점에서 일본의 독보적인 토인비-학자인 야마모토(山本 新)박사의

『문명론의 구조와 변동』외 2~3권을 구입하여 독파하고 깊이 감동하게 되었고, 야마모토 박사와 여러 번의 서신왕래로 많은 지도를 받게 되었다. 한국에서 민족사관이 아닌 문명사관이 보급, 발전되기 위해서는 야마모토(山本 新)교수 같은 분이 오셔서 학생들에게 강연회를 여는 것이 효과적이란 생각이 들었다.

이러한 취지로 오래 뵙옵지 못한 정 총장을 만나 상의 드렸더니, 나도 야마모토(山本 新)교수의 사상에는 공감하고 있으며 오늘 아침 사학과 교수회에 참석하여 토인비-그것 좀 연구하라고 그 이유를 설명하고 나왔다고 하시는것이 아닌가? 뿐만아니라 초청자가 되는 것은 물론이고 동대에서 교수들과의 간담회와 학생들에게 강연회를 여는 것을 승락하시었다. 그때 친절하게도 신근재 교수와 최규성 비서를 배정하여 주시었다. 이리하여 야마모토(山本 新)교수와 연락하여 5월 초에, 4-5일 한국에 올 수 있겠느냐고 물어 그뜻을 전하고 정 총장의 초청장을 보내게 되었다.

5월 4일~8일까지 한국에 머문 야마모토(山本)교수는 도착 즉시, 동국대 총장실에서 대기 중인 교수들과 역사관을 중심으로 하여 토론하였고 합동강의실에서 많은 학생들을 상대로 한 뜻깊은 강연을 성황리에 마칠 수 있었다.

그 후, 동경대학의 이토(伊藤俊太郎)박사 일행 10여명이 오실 때에도 선생님은 어렵게 부탁드린 나의 청을 거절하시지 않고, 영남대학에까지 오셔서 이토 교수와 두 분이 한국과 일본을 대표하여 특별강연을 하시기도 하였다.

야마모토선생에게는 강연사례를 챙겨주시었고, 심지어 이름도 없는 통역 명목으로 나에게까지 통역료를 배려해 주신 일이 어제 같은데 벌써 4반세기의 세월이 흘렀다.

선생님도 세월을 거스리지 못하고 불귀의 객이 되신지 오래 되었고 그 추모의 글을 엮게 되었으니 실로 감개가 무량하다. 그 밖에 기록하고자 하는 것이 적지 않으나 몇 가지 추억으로 추모문에 갈음하고자 한다.

이 양 기 (李洋基) • 영남대학교 명예교수

이승의 청정(淸淨)세상 위해 저승서도
애쓰실 맑은 영혼

  남사 선생님의 학문과는 같은 동양학이라고 하지마는 전공분야도 다르고 또한 봉직하는 학교도 다르니 그 명성은 듣고 있었던 터이나 가까이 뵈올 수 있는 기회가 없었다. 그래서 선생님을 처음 뵈온 것은 1978년 6월 동국대 중강당의 총장 이 취임식에서였다. 정 총장님은 이선근(李瑄根) 총장님의 후임으로 새로 부임하시게 된 것이었다.

  그러나 총장님을 가까이서 모시면서 뵐 수 있게 된 것은 부임 다음 해인 1980년 초, 내가 여학생 감으로 임명되면서부터였다. 그때 나는 전임강사 시절이었다. 풍문으로 듣기에는 총장님은 원칙주의자로서 사리에 밝으며, 꼿꼿한 학자이시라는 것이었으나 가까이 모시면서부터 소문과는 다른 따뜻한 할아버지와 같은 친근감을 갖게 되었다. 총장으로서의 권위를 풍긴다든가, 노인의 고지식함 같은 분위기와는 전혀 다른 느낌이었다.

  어떤 때는 본관과 한참 떨어져 있는 학생회관의 여학생감실까지 순시 차 내려오시어 차를 드시며 한담을 즐기시기도 하였다. 이럴 때 더러는 사무 상의 문제를 여쭈어 보면 어떻게 처리하면 된다는 방법을 자상하게 설명해 주시었다. 그러면서 하시는 말씀이 학교에도 여러 부처와 부속기관들이 있는데 그들은 때로 견제도 하고 경쟁도 하지만 학교를 위해서 꼭 필요한 것이 있으면 자기주장을 관철시킬 수 있도록 윗사람을 찾아가 설득도 필요하다는 것이었다. 학교 행정도 눈치만 보며 적당히 시간만 보낼 것이 아니라 적극적인 생각과 행동이 필요하다는 교훈으로서 이후 나의 학교 보직생활에 하나의 좌우명이 되었다.

사실 그때 나는 대학 교수의 초년생일 뿐 아니라 일본의 유학한 대학에 제출할 박사학위 논문을 준비하는 일에 쫓기는 판이라 보직에는 별로 관심을 두지 못한 처지였었다. 그런데도 어느 날 갑자기 여학생감이라는 직임을 맡게 되었는데 뒤에 알고 보니 은연중에 어떤 작용이 이었던 모양이었다. 내용인즉 당시 법무장관이셨던 황산덕(黃山德) 박사는 정 총장님의 경정제대 후배로서 두 분은 우연한 기회에 만나 학교 이야기를 하던 가운데 나에 관한 언급이 있었다고 한다.

나는 여학교를 졸업 후 한국은행에 입사하여 행원 생활을 하면서 여가를 틈타 서울에 잇는 여러 절을 다니며 대각회 등 불교 신행 활동을 계속하였다. 황산덕 박사님 사모님이신 대법선 황이선(黃以仙) 선생님을 알게 된 것도 여기서였다. 일찍부터 법철학으로 학계에 두각을 나타낸 황 박사님은 사모님과 함께 독실한 불교신자이셨기 때문이다. 그리하여 내가 그 뒤 은행을 그만두고 동국대학교 불교학과의 편입과 대학원 불교학과에 진학하게 된 것도 사모님의 적극적인 인도가 아니었으면 불가능하였을 것이다. 이 때 사모님도 함께 대학원에서 불교공부를 하시면서 나를 친딸처럼 아껴 주셨다. 두 분 부부가 공휴일 등산 하실 때면 나를 불러 가족처럼 함께 지내는 사이가 되었다. 이러한 인연이었으니 두 분이 만날 때 자연히 나에 관한 이야기가 나오게 되었던 모양이다.

내가 여학생감으로 있었기 때문에 자연히 동대 여학생동문회 모음을 주관하였는데 그 모임이 있을 때마다 총장님의 참석을 요청하면 특별한 일이 없으면 대체로 참석을 허락해 주셨다. 대학총장이란 사교적인 임무도 있다고 하시면서 바쁜 시간을 할애해 주시며 우리 들에게 종종 유익한 말씀을 해 주시었다.

총장님께서는 임기를 마치시기도 전에 반 강제(?)로 정신문화연구원 원장으로 자리를 옮기셨다. 박대통령의 시해로 정치권은 한동안의 진통을 겪더니 결국 군부의 집권으로 귀결되면서 고매한 인품과 해박한 학식으로 알려진 총장님을 '정문연'(精文硏)으로 모셔간 것이었다. 겉으로는 영전인 것 같았지마는 '정문연'이 아직 체제가 덜 갖춰진 데다 인관관계도 생소한 탓이었는지 가끔 뵐 때마다 오히려 학교만큼 정을 느끼시지 못하는 느낌이었다. 소신이 뚜렷한 선비 스타일의 선생님과 같은 분에게는 예산이나 운영지침이 상부로부터 하달되기 때문에 그만큼 간섭이 심한 '정문연' 같은 기관에 익숙해지시기 매우 거북하셨을 것이다.

경기대학 대학원장 등 상근 직을 그만두신 후에도 동국대 사학과 대학원 수업에 나오시는 일이 더러 있었다. 그때마다 선생님의 일층 연구실이 나의 연구실과 가까이 위치하고 있었기 때문에 일부러 연구실로 찾아 주시기도 하고 때로는 복도에서 만나 내방으로 모시고 가서 차 대접을 해드리곤 하였다. 가끔 선생님은 인간의 정신세계에 대하여 말씀하시면서 영적 세계에 대하여도 때때로 흥미 있는 이야기를 해 주시던 기억이 난다.

한번은 인도와 미국에 갈 기회가 있었는데 그 때 그곳의 명상하는 이들을 만나 본 적이 있다는 이야기도 들려 주셨다. 그들 가운데 도력이 높은 사람은 명상 도중 앉은 상태로 1미터나 뛰어 오르더라는 것이었다. 그러시면서 언젠가는 히말라야 산속에 사는 도력 높은 선인들을 만나러 가보고 싶다고 하셨다. 80노령이신데도 생각은 청장년에 못하지 않은 놀랄만한 기백이셨다. 선생님의 도력도 매우 높으시다고 하던데 미국의 수도자와 견줄 만하시냐고 짓궂게 물었더니 그 정도는 아니라고 겸손해 하셨다.

나는 선생님의 정신세계를 깊이 이해하기는 어려웠지만 들리는 바로는 매일 아침마다 명상의 시간을 가지는데 그 수준이 상당한 경지라는 소문이었다. 불교에서 말하면 참선과 같은 수행법일 것이다. 이 명상법을 통하여 불필요한 관념을 떨쳐내어 청정한 정신을 유지할 뿐 아니라 기의 운용으로 신체기능을 강건하게 한다는 것이다. 어떻든 선생님의 저러한 맑은 정신과 강건한 체력은 오랜 수행의 결과일 것이다. 나는 불자로서도 수행 한번 제대로 행하지 못하고 있으나 선생님과 같은 청정하고 유연한 사고와 젊은이 같은 체력을 가지도록 노력해야겠다고 항시 다짐하고 있다.

한번은 나의 고향 강릉에 대해 이야기가 나왔을 때 선생님의 선조 되시는 우복(愚伏) 정경세(鄭經世) 선생과 강릉과의 관계에 대하여 말씀해 주셨다. 퇴계(退溪)의 수제자의 한 분이던 우복선생께서 강릉현감을 지내시며 선정을 하신 인연이 있어 강릉향교에 위패가 봉안되어 있었으나 몇 년 전에 들렀더니 그 위패가 없어졌더라는 것이었다. 어딘가 서운한 생각을 가지셨을 테지만 지나간 역사 사실을 이야기하듯이 담담한 표정이셨다. 그러나 듣는 나로서는 왠지 미안한 생각이 들었다. 내가 들은 바로는 정 선생님 집안은 상주의 명문이며, 그런 가문에서 생장한 정 선생님은 훌륭한 조상에 대한 긍지가 매우 강하다는 것이다.

어떤 사람은 정 총장님을 평하여 우리나라의 마지막 선비라고 한다. 그러나 내가 볼 때는 전통과 현대를 잇는 가교로서의 마지막 선비라고 해야 할 것 같다. 사실 나는 대학의 교직에 있으면서도 우리 선조에 관한 일이나 고향의 역사에 대하여 거의 백지 상태나 다름없다. 내가 알기로 전주 이 씨인 우리 집안이 강릉으로 낙향한 것은 6대조께서 왕실과 안동 김씨 사이에 벌어진 당화를 피하기 위하여 은거하게 되면서 부터였다는 것이다.

이리하여 한동안 숨어 지내다가 조부님 대에 이르러 고종황제의 시종무관을 지내시고, 군대가 해신 되고 난 뒤에는 고성면장을 지내시는 등 집안이 그런대로 사대부가문의 전통을 되찾게 된 터이었다. 지금 오빠들이 두 분이나 있지만 집안일에 관심이 없으니 교지(教旨)나 기문(記文)과 같은 조상의 유품관리는 오히려 나한테 맡겨지고 있는 형편이다. 이러한 집안 내력을 대충 아시는 황산덕 선생님은 나를 농 반 진 반 강릉 양반이라고 불러 주셨다. 정 총장께서 처음 부임하시어 나는 여학생 감으로 발탁할 때 황 박사와의 사이에 혹시 이런 유의 말씀들이 오고 간 인연 때문이 아니었나 싶기도 하다.

7~8년 전에는 나도 회갑을 맞이하여 제자들이 기념논총을 준비한다기에 몇 분의 서문 써 주실 분을 생각하는 가운데 먼저 남사선생님께 부탁드렸다. 사양치 않으시고 곧장 명문을 보내 주실 뿐 아니라 노구에도 군이 기념식에까지 참석해 주시어 몸 둘 바를 알지 못하였다. 선생님의 문장이나 연설이 단어 구사가 적절하고 간결하여 읽고 듣는 이로 하여금 옷깃을 여미게 한다는 것은 군이 재어할 필요가 없다.

선생께서 가신지 벌써 3~4년의 세월이 흘렀다. 지금도 선생님의 글들을 대할 때마다 그 단아하고 자상한 할아버지 같은 모습을 떠올리게 된다. 저승에 계신 선생님의 그 맑은 영혼은 이승으로 출입하면서 혼탁한 이 세상을 청정하게 꾸며보려고 애쓰실 것이다.

이 영 자(李永子) • 동국대학 명예교수

감사와 경외(敬畏)의 마음으로 되새기게 되는 인연

핀란드에 대사로 부임하고 첫 번째 맞이하는 새해에 나는 정재각(鄭在覺) 선생님으로부터 뜻밖의 편지 한 통을 받았다. 30여 년 전 미국 다음 처음으로 방문한 외국이었던 핀란드는 "안면근육을 많이 움직일 필요가 없는" 나라라는 점이 "교언영색 선의인"(巧言令色 鮮矣仁)이라는 교훈을 받들며 살아오신 당신께는 퍽 마음에 들었으니 그런 나라에 대사로 가게 된 것을 축하하며 겉은 여려도 속은 유연하고 즙이 풍부한 핀란드의 자작나무 같은 대사가 될 것을 당부한다는 말씀이셨다.

핀란드 사람들의 과묵하고 성실한 국민성을 어쩌면 그렇게도 적절하게 짚어내셨을까. 정재각 선생님 아니고는 누구도 흉내조차 낼 수 없는 비유를 담은 그 글은 편지라기보다는 차라리 한편의 시(詩)와 같았다. 한 평생을 사노라면 수 없이 많은 사람들과 인연을 맺게 된다. 그리고 그 인연들은 어느 것이나 다 알게 모르게 어떤 자취를 남길 것이 틀림없다. 하지만 이생에서의 인연이 끝난 후로도 항상 고맙고 경외스런 마음으로 되새기게 되는 인연이란 그리 흔하지 않을 지도 모른다. 나이로 보나 학문으로 보나 그 분의 제자가 될 자격이나 있을까 말까 한 내가 정재각 선생님을 고려대에서 잠시나마 동료로 모시게 된 것은 내 일생에서 더 할 나위없는 행운이었다.

1972년 가을 고려대학에 처음 부임했을 때 나는 자신이 매우 어색한 위치에 놓여있음을 깨달았다. 총장의 임명은 받았지만 사학과에서는 내게 내 줄만한 강의가 없다는 입장이어서 부득이 한 학기 동안은 노어와 영어 강의로 시간을 채울 수밖에 없다는 것을 귀국하고 나서야 알게 된 것이었다. 다시 미국으로 돌아 가 버릴까 속으로 망설일 때 나를 잡아주신 분이 당시 대학원장이셨던 정 선생님이셨다. 학자대접을 그렇게 할 수 있느냐 하시면서 내 전공인 러시아사 강의를 할 수 있도록 대학원 강의를 하나 선뜻 내주셨다.

선생님을 만난 것이 큰 행운이라고 생각하는 것은 그 때 도움을 주신 때문만이 아니다. 직장이야 다른 데서도 구할 수 있었겠지만 선생님을 가까이서 모시면서 인간적 귀감으로 삼을 수 있는 기회를 갖게 되었다는 점이 내게는 무엇보다도 소중했다. 점심시간이 되면 선생님께서는 혼자 조용히 라면을 끓여 드시는 적이 많았다. 처음에는 내가 오히려 뵙기 민망한 생각이 들어 아는 척을 하지 못했지만 선생님께서 전혀 개의치 않으심을 알고는 이따금 같이 앉아 들면서 말씀을 듣기도 했다.

말씀이 별로 없으신 선생님께서는 사람들의 마음속을 꿰뚫어 보는 혜안을 가지신 듯 했다. 요가의 달인이신 만큼 심령과학에도 깊은 관심을 갖고 계셨으니 그 때문이었을까, 아니면 동서고금의 지혜를 고루 답습하여 하나의 융합점을 찾아내는 데 성공한 학문적 연마의 소산이었을까.

동방의 선비전통의 화신이시며 밖으로는 만인의 우러름을 받으시는 분이 항상 누구보다도 맑고 개방적인, 젊은 마음의 자세를 지니고 계시며 아래 사람들에게도 친근감을 느끼게 하는 소탈하고 따뜻한 인품을 가지고 계시다는 사실은 내게 우리의 전통, 동양의 전통에 대해 새로운 인식을 심어주고 긍지를 느끼게 하는 힘이 되었다.

선생님께서 그렇게 빨리 가실 줄은 정말 뜻밖이었다. 떠나시기 두어 달 전 고려대 사학과 72학번 졸업생들 덕분에 나는 건강하신 듯한 모습의 정재각 선생님을 스승의 날에 마지막으로 뵈올 기회가 있었다. 덕담을 부탁드리자 여전히 잊을 수 없는 명언을 남기셨다.

"사람들이 늙으면 귀가 어둡다느니, 눈이 침침하다느니, 입맛이 없다느니 불평을 한다. 그러나 그것은 불평할 일이 아니다. 이미 너무 많은 것을 듣고 보고 먹고 했으니 이제 좀 덜 해도 된다는 이야기가 아닌가. 모든 것을 자연스럽게 그대로 받아들이면 되는 것이다."

정재각 선생님께서는 아마 그런 홀가분한 마음으로 우리를 훌쩍 떠나버리셨을 것이라고 믿는다. 그러나 뒤에 남은 우리는 이제 누구에게서 언제나 들어도 신선한 그런 가르침을 받을 수 있을 것인가. 선생님이 몹시 그립다.

이 인 호(李仁浩)

(전)한국국제교류재단 이사장 / 서울대학교 명예교수

자기보다 '남의 생각' 먼저 살피시는 분

전형적인 선비상을 생각하면 나는 정재각 선생님을 떠올리게 된다.

평소 조용하시고 말씀이 별로 없으신 성품이나 항상 자기 생각보다 남의 의견을 먼저 생각하시는 풍모, 그러나 학문에는 엄격하시고 철저하시던 학자로서의 개성 등 지금 생각하면 더욱 그러하시다.

나는 재학시절 전공이 달라 직접 선생님과 관련은 없었으나 선생님과 색다른 인연을 갖게 된 것은 《고대신문》편집국장을 맡으면서부터라고 할 수 있다. 그때 선생님은 학생처장을 맡고 계셔서 만날 수 있는 기회가 비교적 많았었다고 할 수 있다. 어떤 때에는 편집방향이나 내용에 대해서 가르침을 받았고 어떤 때에는 불려가서 선생님의 의견이나 꾸지람을 들은 일도 있었다.

내가 《고대신문》편집책임을 맡은 후 제54호부터 대판(大版) 4면을 주간(週刊)으로 발행하는 획기적인 지면확장을 단행하고 또 편집국장에게는 매월 상당액(당시 한 달 하숙비 상당 규액)의 수고비를 처음으로 지급하게 되었는데 이 때에도 정재각 학생처장의 보살핌이 컸던 것을 지금도 잊을 수가 없다.

정 선생님과 나와의 또 하나의 인연은 1955년도 졸업예정자들은 1954년도에 대학별로 광주보병학교에 입교하여 70일간 군사교육을 받도록 되어 있었다. 고려대는 마지막인 1954년 12월 4일에 입교(제21기)하게 되었는데 그 때 인솔책임자가 학생처장이신 정 선생님이었고 광주 상무대까지 직접 동행하셨다.

보병학교에 도착하자마자 학생들이 모두 까까중으로 삭발한 모습들을 지켜보시면서 마음 언짢아 하시면서도 용기를 북돋워주시던 정황이 지금도 머릿속에 생생하다. 그리고 특히 나에게는 힘들겠지만 뉴스거리가 있으면 고대신문에 자주 송고하도록 당부 말씀도 계셨지만 나는 이 약속을 지키지 못하였다. 군사 교육을 마치고 학교에 복귀한 후에야《고대신문》제 65호와 제 67호에 "상무대의 70일" 제하의 글을 연재하게 되었는데 이는 어쩌면 정 선생님과의 약속불이행에 대한 송구한 마음이 계기가 되었다고 할 수도 있다.

또 한 가지 빠뜨릴 수 없는 것은 광주 보병학교 입교 시 대학졸업예정자 군사 교육반은 별도의 연대로 편성되어 CSMC(College Student Military Course)로 호칭되었다. 첫 날 입교식을 끝내고 교육에 들어간 첫 주말에 야외에서 사격훈련을 받고 있었는데 군용 지프차가 다가오더니 한 장교가 내 이름을 부르는 게 아닌가! 나보고 지프차를 같이 타라는 것이다. 불려간 곳은 부대 정훈실이었다. 실장(소령) 말씀이 이 교육 과정은 앞으로도 매년 계속될 제도이므로 피교육자들의 정신교육과 상호간의 이해증진 그리고 부대 내 소식전달 등을 목적으로 CSMC 신문을 발행키로 되었으니 나더러 편집책임을 맡으라는 것이었다. 그 후로는 나는 군사교육 대신 매일 정훈실에 나가서 CSMC(신문제호) 창간호를 발행하고 교육을 마치는 꼴이 되었다.

그 때는 하필 왜 나를 불러 편집을 맡겼는지 그 이유를 모르고 있었는데 후에 알게 된 일이지만 당시 교육연대 연대장이 고려대 교우였다. 정재각 선생님이 인솔책임자로 광주에 오셨으니 식사대접을 하는 자리에서 피교육자들을 위한 신문발행계획 이야기를 하자 정 선생님께서 편집경험이 있다고 나를 추천하게 된 경위를 알게 되었다.

70일간의 군사교육을 마치고 수료식이 끝난 후 성급한 몇몇 고려대생들이 사고를 일으키고 말았는데 이때에도 정 선생님께서 원만히 수습하신 것으로 기억된다.

이와 같이 정재각 선생님과 나는 유별난 인연이 있었으나 내가 졸업 후 직장을 갖게 된 후에는 별로 만날 기회를 만들지 못하였다. 지금도 대단히 죄송스럽게 생각하고 있다. 그러나 다행히 내가 한국은행 동경사무소장으로 동경에서 근무하고 있을 때 신근재(愼根縡) 교우가 정 선생님과 만날 수 있는 기회를 만들어 주었다.

오랫동안 뵙지 못하다가 그것도 외국 땅에서 뵙게 되니 얼마나 반갑던지 내 주머니 사정으로서는 좀 짐이 되긴 하였으나 "신주쿠"의 한 전통일본음식점에 모시고 일본문화와 역사 등 여러 가지 유익한 말씀을 들을 수 있는 기회를 가졌던 것이 지금 생각해도 얼마나 다행스러운 일이었는지 모른다.

이 정 명(李晶明) • (전)한국은행 동경지사장

"커다란 선물을 내게 안겨준 분"

　정 총장님이 동대로 오신다는 소문이 돌 때, 나는 19년간 근무하던 그 곳을 떠나는 날이 임박해 올 때였다. 그동안 여러 총장이 오고가고 했지만, 이번에는 연세도 젊어 보이시고 더구나 제국대학 출신으로서는 처음 맞이하게 되는 분이어서 퍽 기대감에 취하고 고대하는 심정이었다. 그리고 고려대학에서 각종 높은 직책을 맡아서 대학 행정에도 밝으신 분이라 동대 측에서는 환영하는 분위기였다.

　정 총장님은 훤칠한 키에 씩씩한 체구에 압도되는 기분이었다. 나는 키가 작아서 키가 큰 분에 대해 늘 부러움을 가진다. 행동도 그만치 민첩하고 시원스러운 분으로 보였다. 그런데 정 총장 부임 후, 인사이동이 있었는데 떠나는 날이 얼마 남지 않은 나에게 법대학장 직을 맡겨 주셨다. 참 뜻밖이었다. 떠날 생각을 하면 섭섭한 마음을 억누르기 어려운데, 그렇게 배려해 주시니 참으로 감격스러웠다. 그때 아마 법대학장으로 재직하던 사람이 갑자기 외국으로 이민을 가게 되어 공석이 된 때인 듯하다. 나는 사양하고 다른 분에게 취임하도록 하는 것이 도리인 듯하여 주저하기도 했다. 그러나 그런 식으로 말을 꺼내면 취임 초에 공연히 구차한 일을 만들어 드릴듯하여 묵묵히 높은 호의를 감사히 받아들였다.

　그동안 외부에서 총장을 모시는 것이 규칙처럼 되어 있었기 때문이기도 하지만 정 총장님이 오시는데 대해 대학 내에서 아무런 문제가 없었다. 때로는 새총장이 올 때 반대하는 의사를 표시하는 일도 약간이지만 없지 않았다. 나는 전에 있던 대학에서 어리석은 사고를 쳐서 그만 두게 되어, H대학을 거쳐 이곳에 온 터이라 몸조심을 하면서 지내왔다. 지금 와서 모든 기억을 상실한 것 같아 잘 생각이 나지 않지만, 국내정세도 어느 정도 자리를 잡아가고 있었으며 대학의 상태도 그다지 큰 문제가 없는, 비교적 안정기로 들어간 시절 같기도 했다. 정 총장의 전 임지는 한국에서 가장 어려운 곳으로 알려진 곳이고, 그런 곳에서 여러 보직을 거친 분이므로 동대는 기대하는 바가 컸던 것으로 생각된다.

기억나는 것부터 순서 없이 기록하기로 하면, 대학은 무엇보다 학문하는 곳이므로 정 총장님은 학문하는 분위기를 조성하려는 것 같았다. 그 출발점으로 교수들에게 자기 전공과목은 각자 잘 하겠지만, 그 외에 일반적 교양을 넓게 터득하도록 권장하는데 마음을 쓰는 듯했다. 취임 초기인 듯하다. Toynbee를 해박하게 연구하는 일본학자의 방한을 계기로 그를 초청하여 교수들과 역사 이야기를 듣는 기회를 마련한 일이 있었다. 나는 Toynbee라는 이름만 들었지, 전공과목에 매달려 쩔쩔매면서 너무 유명한 사람인데도 그의 저서를 읽은 것이 거의 없었다. 그래도 그런 Toynbee의 이야기를 전문가로부터 듣게 된다는 것이 참 좋은 기획이라 생각하고, 시내의 일본서적 서점에 가서 그 사람이 해설한 책을 일부러 사다가 (이 책은 내가 지금도 가지고 있다. 큰 책이다.) 당일치기로 예습을 하고 모임에 나갔다.

총장실에 10명가량의 교수들과 다른 분들도 보였다. 그때 그곳에서 들은 것 중에 기억나는 것은, Toynbee가 한국에 대한 큰 선물을 준 사람이라는 것이었다. 다들 이미 알고 있는 바와 같이 Toynbee는 세계의 역사를 풀이하면서 각 문화권의 발전 계통을 명백히 알려준 사람이다. 동양사에 관해서 서양인들이 많이 연구하고 있다는 것은 당연한 일이겠지만, 동양의 중심이지, 역시의 시발점은 역시 거대한 중국임은 누구나 말하지 않아도 짐작이 가고, 또 알고 있는 사실이다. 다만 중국에서 발생한 문화의 역사가, 동양에서 어느 곳으로 뻗어갔느냐에 관해서는 분명히 말하는 학자가 없었다.

그저 중국에서 발생한 문화가 일본으로 직접 발전해갔다고 하는 것으로 그 이상 언급한 바 없었다고 한다. 그의 견해에 의한다면 중국에서 일본으로 발전하였다는 계통은 세계에서 알고 있으나, Korea는 빠져있으니 우리는 세계사에 있어서 집 잃은 아이, 미아의 신세에 있었던 것이다. 그런 실정이었는데, Toynbee가 비로소 중국으로부터 조선을 거쳐서 간

것도 있고, 일본으로 발전해 간 것도 있다고 하면서 문화의 발전의 두 줄기를 분명히 알려 주었다. 그리하여 세계사 속에서 조선이 차지하는 위치를 비로소 분명히 해준 것이다. 우리는 그에게 감사를 표시해야 할 것 같다.

Edwin O. Reischauer의 The Japanese(1977)에도 중국문화가 조선을 거쳐서 일본으로 건너갔다고 전래의 통로를 분명히 지적하고 있는 것도 Toynbee로부터 배운 것이라고 할 것이다. 불교가 중국에서 조선을 거쳐 일본으로 전해질 때의 지리적 조건에 관해 그는 흥미있는 사실을 지적하고 있다.

즉, 그 무렵 조선 반도는 수목이 울창하였으며, 그늘이 진 통로가 있었기 때문에 가능하였다고 쓰고 있다. 뜨거운 사막이라든가, 시베리아 같은 한대지방에서는, 문화전래의 길이 되지 못한다고 반증할 수 있는 말이라고 할 것이다. Reischauer는 일본태생으로 교토 및 도쿄대학에서 배운 저명한 동양학의 권위이며, 해방 후 한국에도 자주 들리었으며, 주일 미국대사까지 지낸 분이다.

Tatemae(立前)와 Honne(本音)

이 말은 정 총장으로부터 얻어 들었다. Tatemae란 말은, '표면상의 원칙', 또는 '방침' 이란 뜻이며, Honne란 말은, '내면의 본심(本心)'을 말한다고 사전에 보인다. 나는 이 말을 들어본 일도 없으며 두 명사의 의미도 모르고 있었다. 본심이라는 말은 알 것 같지만 그 '본심'이 Tatemae - '표면상의 원칙', 또는 '방침'이라는 말과 어울려 무슨 의미를 말하는지 알기 어렵다.

본심을 숨기고 행동할 때, 다른 원칙을 세운다는 말인지 모르겠다. 혹 법률 용어에서 그 뜻을 찾는다면, '허위표시'(虛僞表示)에 해당한다고 할는지? 채권자로부터 강제집행으로 가옥을 빼앗길까봐 걱정하는 채무자가, 친구의 명의로 매도한 것처럼 등기를 이전하는 것과 같은 말인가도 생각해본다.

혼내(本音), 즉 본심(本心)과 다르게 행동하는 것은 남을 속이는 행위이다. 본심이 아닌 원칙을 세운다는 것은 정당한 행위는 아니다. 결국 의사와 표시의 분열이다. 분열은 모순과는 다르다. 이렇게 따져보아도 잘 알 수 없다. 알 수 없으면서 그런데 알 수 있는 듯하다. 사전에 보면, 본심과 표면적 주장의 갭(차이)이라고 보인다. 이것이 비교적 양자의 관계를 알게 하는 듯도 하다. 간단히 줄인다면, 내면의 진의와 표시와 다르다는 의미로 볼 것이다.

모순과도 다르다. 헤겔(G. W. Friendrich Hegel)의 경우에는 모순은, 부정의 부정으로 긍정으로 될 수도 있다. 예컨대, 살인자가 살인을 범한 때 살인을 금하는 조문이 부정된다. 그 후 범인이 처벌되면 죽은 조문이 살아난다. 그러나 본심대로 하지 않은 행위는 치유되기 어렵다. 이 정도로 해두자. '혼내'와 '다데마에'라고 쉽게 말하는 사람을 볼 때, 경의를 표하고 싶다. 애매모호한 말을 잘 구사한다는 점에서이다.

이 말은 일본에서 나온 말 인듯하다. 그렇다면, 일본인들은 왜 이런 말을 쓰는지 알 수 없다. 그 사람이 자주 애용하는 말은 그 말에 대해 어떤 특별한 사연이 있다고 볼 수 있다. 일본인이 만든 말이므로, 만든 그네들의 Cogito(思惟)와 밀접한 관련이 있을 것 같다. 식민지 지배에 있어서 진심과는 다른 행동법칙을 가지고 사는 것이 그들의 버릇이 아닐까? 그런 생각도 든다. 자기들의 본국에서 살 때와는 의식구조가 다르다. 표면에서는 국가로서의 통치 원칙을 철저히 지키기 때문이다. 본심과는 다른 행동을 서슴지 않는다.

입학시험을 치른 뒤 교직원들의 노고를 위로하고 새 학년의 시작을 다짐하기 위해 온양온천장에 가서 하룻밤을 지낸 일이 있었다. 내 생일이 2월 27일이므로, 나의 정년과 겹치는 날과도 비슷했다. 공식모임과 저녁식사를 마친 후, 호텔의 지하 홀에 내려가서 술도 하고 춤추는 것을 구경하기도 했다. 그때, 철학과 정종 교수도 나와 같이 정년임을 알게 되었다. 그 자리에서 정 교수로부터 이리(裡里)에 있는 원광대학(圓光大學)으로 초빙되었다는 말을 들었다.

웬만한 사람은 그런 이야기를 남에게 발설할 이가 없다. 그 점에서 역시 정종 교수는 순진하였다. 원광대 박길진(朴吉眞) 총장과는 동경 유학시절의 동창이라고 했다. 그 말을 듣자 찬 행운도 있구나 하고, 무척 부러웠다. 그와는 동대 시절 허물없이 지내는 터이라 아주 가볍게 지나가는 말처럼, "나도 가게 해 달라."고 부탁했다. 이것이 계기가 되어 원광대에서 4년 반을 정 교수와 같이, 정 교수와 같은 자격으로 후한 대접을 받으며 지내게 되었다. 만일 그 날 저녁 온천장에서 저녁 식사를 소풍 온 중학생들처럼 주는대로 먹고 모범교 사인 양, 각자 새둥지 같은 방에 들어가 집사람에게 모범생임을 보여주는 듯 얌전한 프로 그램으로 시종하였다면, 정종 교수를 만나지도 못했을 것이고, 그를 만나지 못했다면 원광 대에의 초청도 있을 수 없었을 것이다. 오로지 파격적으로 지하 댄스홀의 향연을 도모한 정 총장의 개방적, 낭만적 Cogito의 덕분이었으며, 그는 나에게 또 하나 퇴직 후의 커다란 선물을 안겨준 셈이었다.

이리 원광대의 4년 반은, 나에게 Alt. Heidelberg인 셈이다. 불교의 한 가닥인지라, 동대 출신이 많았고, 원불교의 분위기가 배타적인 것이 아니고, 그 교의 바이블이라 할 수 있는 교전(敎典)은, 내가 보기에는 가족 법규 같이 보였다. 이교도(異敎徒)를 해치고자 하지도 않았다. 흰 저고리, 검정 치마가 그 곳의 분위기를 더욱 아름답게 하였다. 작지만, 호수가 있어 물이 좋고, 교내에 커다란 나무가 울창한데 5월 단오 날에는 그네를 매고, 여학생들이 상을 다투어 하늘 높이 두 다리를 구르면서 엉덩이가 비상하는 모습도 어느 학교 교정에서 그런 목가적인 풍경에 접할 수 있을까.

아침 차로 내려가서 강의하고 하룻밤을 묵고 다음날 강의하고 돌아오기가 싫은 기분이 었다. 그곳에 자그마하고 아담한 호텔의 이름이 Heidelberg였다. 교수진은 그 지방 출신으 로 모두 명문의 출신들이고 예의범절이 귀족의 후예다웠다. 나 같은 이북 오랑캐와는 거 리가 멀어도 한참 멀고 아늑한 분들이었다. 흰 저고리 검정치마가 대학원장이었다.

초청에 응하는 인터뷰 자리에서 그 분이 여고시절 나의 수필을 재미나게 읽었다는 발언 에 총장 이하 '3부 요인'들이 깜짝 놀라는 표정이었다. 30년 전이다. 그때 연대에 있으면 서 서울신문 조사부장 겸 논설위원으로 재직하며 낮에는 연희동, 저녁에는 태평로에 근무 했다. 서울 신문사에서 발행하는 종합잡지《신천지》(新天地)가 있었다. 그 잡지에 〈녹색 의 여신〉이라는 수필을 실었다.

짙어가는 녹색의 싱싱한 가로수의 흰 허벅지의 유혹을 참기 어려웠다. 드디어 녹색의 '여인'에 두 무릎을 꿇고 만다. 그런 따위 잡상은 아니었지만 약간 고답적인 글이었다. 편 집장도 장 모 씨로 한국 근대시집에는 첫 페이지를 독차지하는 시인이었다. 청초하고 조용하고 그 몸에서 아름다운 시의 아지랑이가 피어나는 듯한 분이었다. 시인은 자존심이 생명이다. 남을 좋게 생각하면서 입 밖에 실토하지 않는 족속이다. 그런데 그 수필 원고를 보고 한마디 입을 열었다. 그리고 내 얼굴을 친구의 눈빛으로 바라보는 것이 아닌가. 또 지우고 또 쓰고, 공들여 쓴 글은 역시 효과가 있구나 생각했다. 그런 공의 보답을 30년 후, 이 예기치 않은 곳에서 볼 줄이야 어찌 예상 했을까. 좌중의 사람들은, 나를 다시 쳐다보다가 이윽고 흰 저고리로 돌리고, 그리고는 사연을 알고는 모두 한바탕 폭소의 소리.

여름이 지나고 가을 산들 바람이 기어들 무렵이었다. 전주여고 3년 때, 그 잡지에서 그런 고답적인 나의 글을 읽은 것을 기억하다니, 역시 글은 사람이다. 문(文)은 인(人)이다. 아무렇게나 끄적거릴 것이 아니다. 한 줄의 글이라도 전신전력, 전력투구해야 한다는 가르침을 명심 또 명심 할 일이다. 여러 교수가 모여 있었다. 다 그 지방 출신이다. 헌법 선생은 단골 다방에서 매실주를 즐긴다. 시작하면 몇 병씩이나 사양하지 않는다.

김용태(金容泰)라는 상법교수는 나보다 한 살 위이다. 서울대(法傳시절) 출신이며 북간도에서 교사직을 하다가 해방 후 3·8선을 용케 넘어 왔다. 물론 충청도 양반이다. 부인도 여고 교사라고 하니, 근대에서 훨씬 현대로 발전한 가족이다. 그의 상법 교재는 치밀한 해석론의 모범이며, 그 문장은 실로 명문이다. 이유가 있다. 그는 시인이고, 수필가이다. 대학신문에는 늘 연재하는 글이 많다. 그 중에서 모은 것 중 내 책꽂이에 지금도 가지고 있는 것이 『시령한담』(時令閑談·계절의 오솔길)이다. 춘하추동 사계절에 관한 그의 시정(詩情)·박식을 토로한 것이다. 나는 봄이 되면 그의 춘정(春情)을 감상하고 여름·가을·겨울, 시간의 변화 속에 수놓은 그 마음의 시를 읽는다. 또 누구 할 것 없이 모두 가락이 있다. 그곳 작은 음식점의 온돌방에도, 작은 손 장구라 할까, 꼭 악기가 비치되어 있다. 흥겨우면 두들긴다. 소리가 나면 노래가 합해진다. 그 다음에는 춤이 아니나올 손가이다.

가장 기억에 남는 것은, 5월 남원의 춘향제를 본 일이다. 춘향의 사당에 나의 졸작, 『법률춘향전』을 근정(謹呈)히였다. 그 아가씨가 읽지는 않았겠으나, 생존한 여인에게 주는 기분이었다. 내 마음에 꼭 드는 풍경이었다. 광한루, 오작교, 산수가 왜 그렇게 아름답던지. 사실, 이리 4년 반 동안, 그곳의 아름다운 여인의 비단 같은 마음을 안아보지 못한 것이 한이다. 역시 시골이기 때문이다.

나는 중학 3학년 때, 1931년 무렵 논산, 부여를 많이 다녔다. 친구 집이 연산(連山)이었기 때문이다. 동대에서 전에는 전국 고교생 웅변대회를 열었다. 우등은 아마 학비등록금 면제였다. 그런데 남·여 학생 모두가 그곳 출신들이다. 말도 잘 하고 글도 잘 쓰고, 전에 정동에 법원(法院)이 있을 때, 도서관에 신간 일본서적(日本書籍)이 많아서 그것을 보려고 자주 다녔다. 그 때 우스갯소리가 있었다. 그 지방 욕을 하다가는 법원 수위 아저씨한테 매 맞는다고. 초대 김병로 대법원장때부터 법원은 그런 곳이었다. 환도 직후, 경남 동래 출신 안 모 작가가 일반 공지의 사실인 8도의 인간기질을 소설에 인용한 것이 특정지역을 비난했다고 구속되기도 했다. 이른바「불특정 다수인에 대한 명예훼손 사건」이다.

김용태 교수의 상기(上記) 수상집에서, 〈갈대〉라는 대목을 인용한다.

"갈대의 몸은 가을바람에 맡겨져 있다. 얄궂은 가을바람이 갈대의 흰 머리채를 휘어잡고 거침없이 흔들고 있다. 갈대는 가을바람 앞에서는 어쩌면 저렇게도 연약하단 말인가.

인간도 자연 앞에서는 갈대와 다를 것이 없다. 그래서 파스칼은 '무한한 공간의 영원한 침묵이 나를 두렵게 한다.'고 하고, '인간은 한 가닥 갈대에 지나지 않는다.'고 했다."

이렇게 아름다운 글이 있을까. 이렇게 맑고 깨끗한 마음이 있을까. 나는 나 혼자 읽는 것이 너무 과분하여 이것을 아는 출판사에서 재판을 내고 싶은 심정이다.

이야기가 옆으로 빗나간 것 같다. 그러나 정 총장을 회상하다 보니 나의 과거가 생각되어 기록한 것이다. 그런저런 일들이 다 인연으로 연결된다. 내가 오늘까지 호흡하면서 만난 사람들 중, 기억에 남는 분이다.

장 경 학(張庚鶴) • 동국대학교 명예교수, 작고

漢韓大辭典의 편찬을 끝까지 믿고 격려해주시던 유일한 분 남사선생님

    내가 남사 선생님을 만나게 된 것은 고려대학교 대학원 사학과에 입학하면서 인연이 되었습니다. 내가 중국의 明史를 전공하겠다는 뜻을 밝히면서 남사 선생님 지도하에서 공부를 하게 되었습니다. 입학 당시 나는 교육계에 있지 않았고 한 증권회사의 감사역에 있었습니다. 내 나이 26세 젊은 나이로는 증권계에서 성공한 편이었습니다. 그리고 돈도 많이 벌었습니다. 내가 대학원 사학과에 입학한 것은 훗날 교원이 되고자 해서가 아니라 역사학에 대해서 많은 관심과 취미를 가지고 있었기 때문이었습니다. 대학원 사학과 입학지원자 중 세 사람이 합격하였습니다. 고대 졸업생 2명과 나뿐이었습니다. 남사 정재각 선생님이 나를 지도하시고 싶었던 것은 내가 입학시험 면접에서 선생님 마음에 든다고 하시면서 여러 가지 질문을 하셨습니다. 다른 입학 지원자보다 나는 더 많은 시간 동안에 더 많은 질문을 받았습니다. 그래서 나는 불합격이 될 것으로 생각하였습니다. 당시 면접시험에 네 분의 교수님이 계셨습니다. 동양사에 鄭在覺 교수님, 국사에 申奭鎬 교수님, 서양사에 金成植 교수님, 그리고 한문과 중국어에 金敬琢 교수님이었습니다. 나는 무난히 합격하였습니다.

    나는 대학원에 입학한 후에는 주말이면 자주 정재각 교수님 댁에 찾아 가는 편이었습니다. 정재각 교수님은 당시 고대 교무처장직을 맡고 계셔서 낮에는 매우 바쁘서서 뵙기가 어려웠습니다. 25史 중 唐書 食貨志의 한문강독을 교수님이 자청해서 지도해주시면서 자네는 줄곧 증권계에서 활동할 것인가 하고 물으셨습니다. 그렇습니다 하고 대답을 하자 선생님은 자네는 대학 교수가 되어야 할 사람이야 하시면서 찾아가서 뵐 적마다 교육계로 가라고 여러 번 권하셨습니다. 특히 성북동 언덕에 있는 선생님 자택을 주말 밤이면 식화지 강독을 지도 받으러 갈 적에는 역사 외에 일상생활에 관해서도 대화를 많이 나눈 편이었습니다. 선생님을 처음 뵙고 2학기가 지나자 선생님은 단국대학 역사과에 출강을 나가신다면서 말씀하시기를 자네 춘부장을 뵈었는데 자네에 대해서 여러 가지 물어 보시면서 자네는 아주 집안에서 말썽꾸러기라고 하시면서 자네에 대해서 기대와 걱정도 많이 가지고 계시는데 자네 아버님은 연로하시고 그 측근에서 돕고 계신 분들도 연세가 많은 분들인데 자네 같은 젊은 사람이 가서 도와드려야 한다고 말씀하시면서 대학으로 전업하라고 수차례 권고하셨습니다. 선생님은 인정이 많으신 분이고 평소 과묵하신 분이시나 정을 주시는 사람하고는 대화를 하시기를 즐기셨습니다. 그리고 선생님이 나를 특이하게 보신 점은 唐書 食貨志를 지도해주시면서 내가 일본의 모로하시 데쓰지(諸橋轍次)씨가 아들과 손자 3대에 걸쳐 32년간 大漢和辭典을 편찬한 것을 보고 일본 한학자를 부러워하면서 한편 우리는 왜 그와 같은 일을 하지 못하는가 하고 분개하는 것을 보시고 "장군 자네는 참으로 특이한 사람이야 왜 그렇게 분개하는가" 하시면서 "다른 사람들은 일본에서 대형 大漢和辭典이 편찬되었다는 것을 평범하게 받아 드리고 있는데 자네는 유별나게 흥분하고 분개하는 것을 보니 자네도 이런 사전을 만들어 볼 생각이 있는 것이 아닌가" 하고 물으셨습니다.

그래서 나는 "만들어 보고 싶은 것이 아니라 반듯이 만들어 놓고 죽을 생각입니다."하고 흥분해서 대답을 했더니 선생님 말씀이 "자네 나에게 헛소리 하면 안되지! 꼭 해볼 생각이 있다면 나하고 약속하세." 하시면서 "이런 대형 사전 편찬은 정부가 해도 몇 십 년은 걸리는 일인데 더구나 서울대, 고대, 연대 등 큰 대학에서도 감히 꿈도 꾸지 못하는 일을 어찌 자네가 회사에 다니면서 혼자 해낼 수 있는가 젊은이의 만용만으로 될 일이 아니네." 하시며 처음에는 만류하셨습니다. 그러나 대학원을 다니는 동안 이에 관한 나의 집요한 관심과 계획을 들으신 다음에는 "자네야 말로 한국의 모로하시 데쓰지가 될 사람이라고 나는 믿네. 초지일관해서 반듯이 우리말로 된 漢韓大辭典을 편찬해서 우리나라 자존심과 체면을 살려야지"하시면서 격려해주시고 나의 뜻과 계획을 믿어주신 유일한 선생님이셨습니다. 그러시면서 "자네가 한한대사전을 편찬하려면 회사를 그만두고 대학원을 졸업한 뒤 자네 춘부장께서 설립하신 대학에 가서 교수가 된 다음에 이 사업을 해야 성공할 것이네." 그래서 선생님 충고 말씀대로 나는 대학원을 졸업하고는 회사를 그만 두고 대학으로 자리를 옮겼습니다. 그 후 선생님은 고대를 떠나신 후 동국대총장과 정신문화연구원 원장으로 가신 후에도 일 년에 몇 번이고 사전편찬사업 진전에 관해서 전화로 물으셨습니다. 그리고 격려해주시고 칭찬의 말씀을 아끼지 않으셨습니다. 대부분의 학자와 교수들이 나의 한한대사전 편찬 사업을 믿어주지 않는 가운데 유일하게 선생님은 뵐 적마다 "자네는 해낼 것이야. 나는 자네를 믿네. 초지일관해서 뜻을 굽히지 말라." 선생님의 격려와 신뢰에 힘을 얻은 나는 여러 가지 어려움 속에서도 31년 간 300 여억원을 투입해서 2008년 드디어 漢韓大辭典 12권과 우리 말 한자어 사전 4권 도합 16권을 완간하는데 성공했습니다. 선생님의 격려와 제자를 믿어주시는 선생님의 따뜻한 사랑과 고매한 인격이 사전 편찬 사업의 정신적 지주였다고 생각합니다. 한한대사전 제1권을 발간하는 기념식에 다른 분들은 초청하지 않았습니다. 오로지 나를 믿어주시면서 당시 정신문화연구원장이신 정재각 선생님과 문교부 조완규 장관만을 초청했습니다. 기념식에 참석하신 선생님은 나의 옆자리에 앉으셔서 내 손을 꼭 잡아주시면서 "자네답게 자네는 해냈구만! 참으로 장하네!" 그리고 늘 저에게 주신 충고말씀인 "초지일관"을 거듭 강조하시었습니다. 병석에 계서 문병을 갔을 적에도 "한한대사전 잘 되어 가나?" 선생님은 물으셨습니다. 완간을 보는 날 나는 선생님의 사진을 꺼내 보고 나는 선생님이 그리워서 홀로 소리 없이 눈물을 흘리며 속으로 울었습니다.

장 충 식 (張忠植)

단국대학교 명예총장 / (전)대한적십자사 총재

원칙 · 성실주의의 청백리

　내가 남사(藍史) 정재각(鄭在覺) 선생을 처음으로 뵙게 된 것은 4 · 19 직후 고려대학교 문과대학 강사 시절로 기억된다. 그때 나는 교양국어를 강의하였는데 교양국어에 삽입된 남사 선생의 그에 '사과반'(思過半)이란 난해한 어귀가 등장하여 강사들 사이에는 그것이 명확하게 해독이 안 되었다. 그래서 나는 남사선생과 시간을 정하여 문과대학장실로 찾아가기로 하였다. 약속된 시간에 찾아가 보니 남사선생은 미리 준비된 이 사전 저 사전을 들추면서 설명을 덧부쳤던 것이 이미 40여 년 전의 이이다. 그대 남사선생에 대한 나의 첫 인상은 과묵한 성격에다가 대면하기가 매우 조심스런 동양적 군자 · 선비상이다. 이후 남사선생이 고려대학을 정년하시기까지 근 20년간 내가 겪고 느낀 바로는 첫 인상에서 느낀 그대로 과묵한 동양의 군자 · 선비상이었다.

　남사 선생이 대학원장으로 계실 때, 논문심사 문제로 두 차례 잊을 수 없는 일을 겪은 일이 있다. 한 차례는 1970년 초 박성의(朴晟義)선생이 그의 박사학위논문이 제출되었을 때, 심사위원 구성의 문제로 남사선생을 방문하였는데 남사선생은 대학원 위원회의 심사위원 결정이 이루어질 때까지는 곤란하다고 하여 면담이 이루어지지 않았다. 이로 인하여 박선생으로부터 '차갑기가 그지없는 분'이라 평한 말씀을 들은 적이 있다.

또 한 번은 나의 승진논문 심사위원의 문제로 남사선생을 찾았을 때의 일이다. 역시 구체적 대화가 이루어지기도 전에 면접이 허용되지 않아 몰인정에 가까운 원칙주의자임을 실감하였다. 그로부터 나는 남사 선생을 대면할만한 기회도 없었지만 공적 일인 한, 사적인 부탁 따위는 절대로 입 밖에 꺼내지도 않았고, 꺼낼 기회도 전연 없었다.

이런 남사선생의 몰인정에 가까운 원칙주의가 1947년 고려대학 교수로 부임한 이래, 1978년 정년퇴임할 때까지 그분으로 하여금 30여 년간 학생처장-교무처장-도서관장-문과대학장-대학원장-고전국역위원장 등 중요보직에 연속적으로 임하도록 한 것이 아닌가 생각된다.

이와는 달리, 나는 근 30년간 고려대학에서 평교수로 복무하여 남사선생과 같은 문과대학에 소속됐지만, 전공도 다른 데다가 보직도 가져본 적이 없어 선생과 대면할 기회가 전연 없어서 그분이 나에 대하여 얼마나 관심이 있는지 알 까닭이 없었다. 그런데 한번은 격년별로 교직원 의료공단에 의해 신체검사를 받아야만 하는 마당에, 우연히 남사선생과 신체검사장에서 마주치게 되었다.

농담조로 '매일 아침 조기등산을 하는 정(丁) 교수도 신체검사를 받느냐'고 은근히 나의 건강관리를 치켜세우시는 것을 듣고 내게도 적지 않은 관심을 가지셨음을 알게 되고 적이 고마워 하였다.

1978년 2월로 기억된다. 남사선생의 정년퇴임식 때의 일이다. 정년소감의 말씀에 고려대학이 국내 우수한 대학임은 잘 알려져 있지만, 군대의 행진에서 향도가 없으면 갈 방향을 잃은 것 같이 고려대학의 당면 문제는 우수한 대학을 유지하기 위해 '향도'(嚮導)의 필요성을 강조한 바 있다.

나도 지난 1992년의 정년퇴임사에서 1961년 고려대학을 정년퇴임한 청백리 교육자이며 정치인인 일석(逸石) 변영태(卞榮泰) 선생의 퇴임사에 삽입된 '자유의 배움'과 남사선생의 '향도의 필요성'을 아울러 언급하면서 변영태 선생과 남사 선생에 대한 나의 존경심을 표시한 적이 있다.

남사선생은 앞에서 언급한 대로 몰인정에 가까운 원칙주의에다가 동양의 군자·선비상 그대로 '사욕이 전연 없는 청백리'로 상징된다. 고려대학을 퇴임한 후, 동국대학 총장으로 부임하게 되면서도 역시 사욕이 없는 '원칙주의자'임을 동국대학의 동료교수들로부터 이구동성으로 들은 바 있다.

그것은 남사선생이 동국대학 총장 재임 시, 총장 전용차는 오로지 댁에서 대학까지의 출퇴근 때에만 사용하고, 사적인 점심식사나 파티 참석은 일반 승용차를 이용하였다. 학교 건축공사 때 회사 측에서 제공되는 리베이트는 사양하지 않고 그대로 수용하되 이것을 특별 관리하여 교수연구지원기금으로 공용에 모두 사용하였다는 것이다. 이로써 동국대학 역대총장 중 가장 존경을 받으셨다는 후문이다.

남사선생은 40여 년간 교수생활을 하면서도 교수의 본분인 아카데미즘에는 이렇다 할 업적을 별로 남기지 못하였지만, 아카데미즘의 행정에는 대학을 대학답게 만드는데 최선을 다해 교육·학문 행정가로 생을 마감하셨다. 만일에 남사선생이 곧은 학문·선비정신으로 행정 대신 학문·연구에 전념하셨다면 적지 않은 역저(力著)가 이루어졌으리라고 짐작된다. 이는 남사 선생이 남겨놓으신 학문 에세이집인 『역사의 여운』(歷史의 餘韻)의 내용을 보더라도 한편 한편의 압축된 내용의 구성력과 통찰력, 단락과 단락을 연계 짓는 조화력은 학문정신의 논증적 깊이와 명문장가임을 가늠케 한다.

남사 선생이 만년에 뚜렷한 학문적 저서가 없음을 쓸쓸히 생각하셨는지, 아니면 고등교육의 학사행정의 성취를 자족하셨는지 알 수는 없지만, 역시 교수의 본바탕은 아카데미즘에 있음을 감안할 때, 남사선생은 행정의 수장으로서 그분의 천부적인 학문정신과 역량이 모두 역저로 표출될 수 있는 기회가 박탈된 것이 아닌가 하여 참으로 아쉽게 생각된다. 이런 점을 전제로 하여 나는 남사선생이 학문과 행정을 고루 하셨더라면, 학문과 행정에 모두 성공을 거둘 수도 있지 않았겠느냐는 나의 소박한 소감을 감출 수 없다.

하여간 남사선생의 일생은 한국의 대학교육을 행정적으로 아카데믹하게 발전시킨 대표자의 한분이라고 하지 않을 수 없다.

이런 관점에서 볼 때, 한국 고등교육의 청백리사에서 우선하여 꼽히는 분은 고려대학 교수 뿐만 아니라 재상까지 지낸 바 있는 일석(逸石) 변영태(卞榮泰)선생이 그 역사를 연 후, 그 후 성균관대학 총장을 지낸 우관(又觀) 이정규(李丁奎)선생, 이어 고려대학 교수와 동국대학 총장을 지낸 남사 선생이 그 원칙주의적 청백리의 대를 이으셨다고 생각된다.

이렇게 하여 남사선생이 한국 대학교육에 남겨 놓으신 학문과 행정의 청백리 정신은 바야흐로 실리주의가 판을 치고 있는 이때, 안타깝게도 점점 소멸해 가고 있다는 현실이다. 이로써 대학정신의 바탕인 인문학이 간신히 명색만 유지하고 있는 작금에 남사선생이 새삼 그리워진다.

정 규 복(丁奎福)

국학자료원 편집고문 / 고려대학교 명예교수

'향원익청'(香遠益淸)이라는 말을
떠오르게 하는 정재각 총장님

정 총장님은 내 직장의 상사였다. 1978년에 그분은 동국대학교의 총장이셨다. 나는 영어 몇 마디 하는 덕에 동국대학의 국제부장이 되었는데, 나를 발탁해 준분이 정 총장이었다. 그분의 첫인상은 날카롭고 카리스마가 넘쳤다. 자그마한 몸집에 꼿꼿한 허리, 경북 악센트가 섞인 교양 있는 표준말 등은 늘 좌중을 압도하였다. 내가 교수가 된 것도 오직 그분 덕이었다. 지금도 마찬가지이지만, 인사(人事) 특히 교수채용은 골치 아픈 일중의 하나이다. 이력서는 화려하지만 그 속내는 알 길이 없고, 논문은 눈부시지만 진짜 실력은 검증할 길이 없다. 더구나 동국대학 같이 오래된 학교에는 훈수꾼이 많다. 「높고 힘 있는 곳」, 스님네 들, 동창회, 온갖 군데에서 압력과 청탁이 있을 수밖에 없다. 정 총장님은 이를 잠재울 수 있는 묘안을 내셨다. 교수지망생들에게 시험지 두 장을 내밀었다. 첫 번째는 각자 자신의 전공 분야에 무슨 문제점이 있느냐를 쓰는 논술문제였다. 두 번째는 연구비를 신청하는 연구계획서인데 단 영어로 쓰라는 영어문제였다. 이 시험문제를 미리 공포하였는데 대다수 지원자들은 포기할 수밖에 없었다. 특히 직장을 옮기려는 현직교수들이나 스님들의 반발이 심하였다. 불교학하는데 영어가 웬 말이냐는 성토도 있었다. 심지어는 인격모독이라는 격한 반응을 보이기도 하였는데 정 총장님은 뜻을 굽히지 않았다. 나는 이 시험에 통과하여 교수가 되었다. 당시 총장님의 자택은 성북동이었는데, 늦은 시간에 그 분을 뵙고 합격 여부를 조심스럽게 물었다. 그때의 그 분 모습은 인자한 고향집 노인 같았다.

생각해 보면 그날 이후 동국대 교수 33년, 정년이후 금강대 총장이 되기까지 나는 그분의 가치관에 흠뻑 젖어 살았다고 해도 과언이 아니다. 그분은 나에게 공과 사를 구분하는 공인의 태도를 가르쳤다. 출장비는 몇 십 원까지 따져서 남는 대로 경리과에 반납하였다. 지갑의 왼쪽은 공금이었고, 오른쪽은 개인 돈이었다. 한번은 집안 일로 상주에 가실 일이 있었는데, 한사코 총장차를 안 쓰겠다고 해서 택시 잡으러 대한극장 앞까지 내려갔던 기억이 있다. 또 절묘한 인재등용 법을 보여주었다. 중요한 일은 언제나 크로스체크를 하였고, 지시사항에 대한 결과보고를 중시하였다. 그분은 또 즉흥연설의 명인이었다. 교수들의 학회, 학생들의 해외방문 발대식, 본교를 방문하는 외국 국빈들에 대한 환영사 등 원고 없는 연설을 해야 할 때가 많았다. 그 분은 언제나 적절한 비유와 풍부한 감성, 그리고 유머러스한 재치로 모든 이들의 마음을 속 깊이 적셨다. 나는 지식인의 언어가 아름다워야 한다는 사실을 깨달았다. 논문조차 읽히는 글이어야 한다는 그분 주장에 공감하였다.

그 분의 동국대 총장 4년은 엄청난 시련의 연속이었다. 우리는 불교집안에서 잔뼈가 굵었기 때문에 불교계의 생리를 어느 정도 터득하고 있다. 그러나 그분에게는 도무지 이해 안 되는 일이 많았을 것이다. 세속적인 잣대로만 보면 비이성적이기도 하고, 또 인간관계나 업무처리방법 또한 판이하였다. 정 총장 재임 시의 가장 큰 이슈는 경주캠퍼스 건설이 있다. 경주 캠퍼스 건립과 관련한 부지매입, 건축공사, 교수충원 등 산적한 문제들이 있었다. 민원도 있었지만 제일 신경 쓰이는 부분은 학생 모집이었다. 경주만으로는 자원이 부족하니까 영천, 포항, 영덕, 울산 지역까지 홍보계획을 수립했었다. 일일이 그 일대를 누비면서 특강, 세미나 등을 열었다. 모든 일이 새로 시작하는 것이어서 반발도 만만치 않았고 어려운 난관이 한둘이 아니었다.

그 와중에 끊임없는 투서, 모함, 소송 등이 이어졌다. 어려운 재정에 경주투자를 멈출 수도 없었다. 경주식구들은 좀 더 투자해달라고 손 벌리고, 서울 식구들은 경주 때문에 못산다고 아우성이다. 정 총장은 어려울수록 정도를 지킬 줄 아는 분이었다. 나는 그분의 고독한 뒷모습을 볼 때마다 이 땅에 태어난 지식인의 비애를 느꼈다.

돌이켜보면 나는 그분으로부터 과분한 사랑을 받았다. 교수를 시켜주고 인간의 도리를 가르쳤다. 그분은 동국대 4년을 청산하면서 고려대학교의 30년 재직 때보다 더 오랜 세월 같다고 술회하신 적이 있다. 물론 그만큼 애증이 짙었고 보람 있었다는 뜻이었을 게다. 그러나 나는 속으로 그 분과 함께한 4년이 그 이전의 30년보다 더 보람 있었다고 말하고 싶었다. 지나친 아부성 발언이기에 그 분 떠나고 10여년 만에 처음 내 속내를 드러낸다. 그분이 학교를 떠나신 후에도 늘 총장님과의 교류는 즐거움이었다. 불교진흥원에서 수요 강좌 등을 책임 맡으셨을 때 커리큘럼작성, 강사섭외 등의 심부름을 하였다. 내가 학교에서 교무처장이 되었다는 소식을 들으셨는지, '정 선생, 감투 썼다며?' 그 익살스럽고 대견해하시던 모습이 눈에 선하다.

그 분의 마지막 가시는 영결식은 동국대 교정에서 있었다. 고대제자들의 추모사, 동국대 총장 및 관계자들의 조사가 있던 내내, 나는 그 분의 향기를 새기고 있었다. 그 분은 다작(多作) 학자가 아니었다. 논문으로는 가볍고, 수필보다는 무거운 『역사의 여운』이라는 책은 그분의 품격을 말해주는 수준 높은 노작(勞作)이었다. 그의 글은 신중하면서도 부드럽다. 그 연세의 학자들이 즐겨 쓰는 훈계적이고 고압적인 자세는 찾을 수가 없었다. 나는 마음속으로 존경하는 한 학자의 마지막 가는 길을 착잡한 심정으로 배웅하였다. 그는 참 선비였고, 위대한 학자였다. 결코 논문이 많거나 문제작이 있어서가 아니다. 그는 학문의 길이 지닌 정도를 걸었던 분이기 때문이다. 그는 동양사 특히 명청(明淸)시대가 주 전공이었는데, 거의 모든 동년배, 후학들이 그분을 두려워하였다. 그는 학자로서 또 행정의 책임자로서 많은 이들의 존경을 받을 자격이 있는 분이다.

사실 고백컨대 나의 대학운영은 그분의 스타일대로이다. 처장회의나 전체운영회의(교무회의), 교수회의 등에서 하는 언사도 그분을 커닝한 내용이 많다. 또 괴롭고 어려운 일이 있을 때마다 그 분을 떠올린다. 나를 가르친 선생보다 더 많은 영향을 끼친 비결이 무엇일까? 나는 그것을 인격적 감화, 도력(道力)이라고 생각한다. 옛 말에 '향원익청'(香遠益淸)이라는 말이 있다. ' 향기는 멀어도 그윽함을 더해 간다. 로 해석해도 무방하다고 생각한다. 정재각 총장님은 내게 바로 그러한 존재였다. 내 삶의 여로에서 그분을 가까이 할 수 있었다는 것은 행운이었다. 그 분의 추모사업에 큰 힘을 보태지 못하고 난필(亂筆)을 마감하는 마음이 못내 송구스럽다.

정 병 조(鄭柄朝)

금강대학교총장 / 동국대학교명예교수

내가 가장 닮고 싶었던 백부님…

6·25 사변 후 고향에 있는 상주중학교를 졸업할 무렵이었다. 백부님이 사람을 상주로 보내시어 나를 서울로 대려 와서 그 당시 특차 선발로 어려웠던 서울 사대 부고를 응시하게 하시었고 다행히 합격하여 이후 순조롭게 대학까지 마칠 수 있었던 것은 모두 백부님의 덕택이다.

나는 서울에서 고등학교 3년과 대학교 4년, 대학원 반년을 합쳐 모두 7년 반을 백부님 슬하에서 지냈다. 내가 큰댁에 있을 때, 흔히 백부님께 방문하는 손님들을 집안으로 모실 때가 있었는데, 그분들은 대학교수, 총 학장, 정계에 계시는 분 등 사회의 저명한 인사들이시고 또 그분들이 얼마나 백부님을 존경하는지 잘 보아왔기 때문에 나 역시 크게 존경했고 내가 가장 닮고 싶은 분이시었다.

백부님께서는 상주 천석꾼 집안의 장손으로 태어나서 받들림이 몸에 베이신 분이시며, 엄하신 조부님의 영향으로 생각되지만 자신에게나 주위의 가까운 분들에게는 몹시 엄격하였고 조모님을 닮으셔서 자제력이 대단하셨다. 평소에 누구 던 크게 꾸짖거나 화내지 않으시고 내심을 겉으로 잘 나타내지 않으시는 분이시며 남의 처지를 헤아려서 잘 보살피시는 따뜻하신 분이라고 생각된다.

나는 백부님의 그러하신 모습에 항상 감복하여 본받으려고 많은 노력을 해보았으나 성격 탓인지 60이 넘어 칠순을 바라보는 지금까지도 잘되지 않는다. 자녀교육에도 엄한 편이어서 6·25 사변 시에는 당신의 일점 혈육이신 종형과 조카인 나를 초등학생이지만 비상시에 자생력을 키우기 위해 신문팔이를 시키시기도 하셨다.

백부님께서는 형제분들과 우애가 깊으시고 학업 때문에 고향에서 상경한 조카와 종질뿐 아니라, 인척 분들까지 집에 데리고 계셨으며 평소에도 일가 친척들을 일일이 보살피시어 백부모님의 은혜를 입은 분들이 많았다. 특히 나의 가친께는 평생을 두고 우애하셔서, 가장 존경하는 분이 형님이시라는 말씀을 자주 하셨다.

백부님께서는 겉으로 섭섭해 하시거나 꾸지람 한번 없으셨고 얼굴을 붉히시는 모습을 뵈온 일이 없다. 그래서 주위의 모든 사람들이 백부님 앞에서는 저절로 고개를 숙였다. 내가 대학교 1학년 때에는 산악반에 들어가서 공부는 소홀히 하고 주말마다 산에만 다녔고 그로 인해 쓰임새나 번거로움도 많았을 텐데 백모님께서 싫으신 내색 한 번 없이 보살펴 주셨다.

늘 친아들처럼 대하셨고 어떤 잘못을 하여도 내외분이 질책 한 번 하지 않으셨다. 어릴 때에 장난이 심했던 우리 종형제가 병풍을 파손하거나 필함을 깨뜨린다거나 하는 실수를 자주 하였고 그럴 때마다 종형은 무조건 "네가 그랬다고 해야만 야단을 맞지 않는다." 고 하여 항상 일 벌어진 후에는 "제가 실수로 그랬습니다." 라고 백부님께나 백모님께 말씀드렸으나 한 번도 꾸지람을 들은 적이 없었다. 매사에 있어서 두 분의 자제력은 참으로 대단하시었다고 느껴진다.

내가 서울공대 4학년 때인 1960년 4월 20일은 공대학생회에서 동대문에 집결하여 데모를 하기로 약속한 날이었다. 새벽에 성북동 집을 나설 때, 뜰에서 깊은 생각에 젖어 거닐고 계시던 백부님께서는 데모하러 가는 것을 어떻게 아시고 계셨는지 '몸조심 하거라.' 하시던 말씀 속에 네가 할 일을 하러 가니 말릴 수는 없다만 전날 일어났던 총격사건으로 많은 학생이 희생되었음을 생각하시어 나를 염려하시는 말씀이셨다.

그러나 동대문에 도착해보니 이미 계엄령이 내려져 데모도 못하고 해산당하여 어쩔 수 없이 집에 돌아오고 말았고 결국 서울공대는 4·19때 데모 안한 학교로 되고 말았다. 그리고 이어서 4월 25일 대학 교수들이 시국선언문을 발표하고 시위를 하였다. 그 후에 다른 사람으로부터 들어서 알았지만 그 당시 이 시국선언문을 백부님께서 초안하셨고 교수 시위에도 앞장서셨다. 그러나 사태가 정리되고 새 정부가 들어서도, 정치는 멀리하시고 항상 뒤에서만 필요할 때 국사를 도우신 것으로 알고 있다.

내가 대학원을 마치고 유학을 갈 때에 미국대학과 독일정부에서 동시에 각각 한 달에 100불 정도의 장학금을 받게 되었었는데 미국 하버드대학옌칭연구소에 교환교수로 갔다 오신 백부님께 문의를 드렸고, 그 때 미국은 100불 가지고 생활하기에 모자라지만 독일은 그것으로 충분하다고 하시기에 결국 미국을 포기하고 독일로 가게 되었다. 떠날 때에도 외국에 처음 가는 조카에게 외국 생활에 유념해야 될 것들을 일일이 꼼꼼하게 장시간 설명하시고 앞날을 걱정해 주셨다.

유학을 마치고 귀국하여 바쁜 생활에 쫓기느라 항상 "이기심을 버리고 남을 먼저 생각하라"는 백부님의 가르치심을 제대로 따르지 못한 것이 여한으로 남아 있다. 백부님은 문중과 조상에 대한 향념(向念)이 남달리 크셔서 많은 일을 하시느라 애로가 많으셨으리라 생각되나 조금도 도와드리지 못한 것이 못내 후회되며 죄송스럽기 그지없다.

고려대학에서 정년을 맞으시고 동국대학 총장으로 계실 때, 학생시위가 격렬할 때였으나 특출한 학 처장을 잘 인선하시어 학사 운영을 잘하신 것은 고려대학에서 학생처장, 교무처장, 문리대 학장, 대학원장 등의 많은 보직을 맡으셨던 경력의 도움도 있었겠으나 무엇보다도 사람을 볼 줄 아시는 혜안과 주위의 분들이 고개를 숙이도록 하는 백부님의 인품에 기인한 것으로 생각된다.

그리고 나중에 한국정신문화연구원장으로 계실 대, 1983년 나는 외국에 교환교수로 1년간 나가게 되어 정신문화연구원에서 교육을 받게 되었는데, 백부님께서 교육받는 사람들이 식사하는 식당에 나오셔서 일일이 살피시는 모습을 뵙고, 평소 집에서 고고하시기만 한 모습만을 뵈었는데 저렇게 자상하신 면도 있으셨구나 하고 느꼈었다.

백부님은 우리 집안의 큰 어른이셨고 자랑이시며 비를 막아주는 우산과 같은 분이셨다. 돌아가신 후 세월이 흐를수록 그 어른의 깊은 뜻과 가르침을 일찍이 헤아리지 못한 것이 회한으로 남는다. 훌륭하신 어른을 구심점으로 뭉쳤던 집안사람들이 돌아가신 후 결속이 느슨해지는 것 같아 안타깝다. 돌아가실 무렵 병상에서 말씀도 못하실 때 내손을 꼭 잡으시고 놓지 않으시던 일을 잊을 수 없고 지금도 가슴이 저려온다.

어떻게 해야 하는지를 가늠하지 못하고 있다가 때늦은 후회를 하는 어리석은 조카를 그래도 용서해주실 것이라고 스스로를 위로해 본다.

백부님 평생에 이루신 행적에 대해서는 너무도 방대하여 내가 잘 알지 못하는 부분이 너무 많고, 나의 짧은 글로는 기술하기가 도저히 불가능하여 감히 일부분만 더듬어 적었다

2004년 7월 10일 불초(不肖) 질(姪) 수진(秀鎭) 삼가 적습니다.

정 수 진(鄭秀鎭)

(전)한국결정학회 회장 / 서울대학교 명예교수

경주캠퍼스 설립의 과감한 리더십

　내가 정재각 총장을 만난 것은 동국대 학생처장으로 재직하고 있던 1970년 후반이었다. 그 당시는 대학사회에서 학생운동이 소용돌이 칠 때였고, 그 이후 정 총장이 동국대를 떠날 때까지 학생처장과 교무처장으로 재직하면서 많은 격동을 겪었다.

　정 총장의 인자한 인품 덕분으로 나는 직장 상사라기보다 집안 어른을 모시는 기분으로 가까이 지낼 수 있었다. 인생의 가장 주요한 시기를 힘들게 보냈지만 보람 있고 가치있는 시절이라 생각된다. 그 시절 정 총장을 둘러싼 몇 가지 일화를 회상하면서 청렴한 선각자 정재각 선생의 면모를 되새겨 보려고 한다.

　정 총장 부임 당시 총무처를 맡고 있던 ㄱ처장은 총장 댁을 방문하여 너무 검소한 생활상에 놀랐으며, 부재중에 고장 난 전기시설을 비롯하여 몇 가지 간단한 수리를 하였는데 그 다음 날 처 실장회의 때 크게 노하시며 수리비용에 대한 영수증을 받아 처리한 일이 먼저 생각난다. 청빈한 선비의 모습을 엿 볼 수 있었다.

　정 총장 부임 이전에 오랫동안 교무처장을 역임한 ㄱ처장이 그 자리를 그만두면서 겸직하고 있는 보직에 대해 의견을 타진하는 자리에서 "Not for me for you…"라고 영어로 말씀하신 것은 큰 충격이었으며 정 총장의 단호한 성격의 일면을 보인 것이었다.

　학생처에서 새로 임명된 학생간부 (학도호국단 시절)의 수련대회를 제주도에서 갖게 되어 신고를 하게 되었는데 "나는 아직 제주도를 못 가보았는데… 제주도 구경도 잘 하고 오라"고 하셨다. 그 당부 말씀을 듣고 학생처 직원들은 아연실색하며 총장의 매서운 일면을 볼 수 있었다.

처 실장들과 함께 가진 사적인 회식 모임에서 ㅂ실장은 약주를 하지 않는 대신에 상소리를 이따금 하였는데, 정 총장은 오히려 약주를 드시면서 호탕하게 잘 받아 넘기신 일도 생각난다. 대쪽 같다는 인상과는 다른 모습을 볼 수 있었다.

내 자신 학생처장직을 몇 차례 연임하여 어떻게 해서라도 그 자리를 면하려고 애쓰던 차에 교무처장 자리가 비어 그 자리로 옮겼으면 하는 요청을 받아주어 참으로 고맙게 생각했는데, 그 자리가 커다란 문제를 제기시켜 결국 동국대 발전에 엄청난 영향을 끼치는 결과를 가져온 것이다.

그것은 동국대 경주캠퍼스 건설 문제였다. 그 당시 문교당국에서 특혜를 받았다고 할 정도로 세칭 인기있는 학과의 개설을 인가 받은 경주캠퍼스는 막상 캠퍼스 건설에 충당할 재원이 없었던 것이다. 정 총장으로서는 취임 이후 가장 어려운 상황에 부딪혔던 것이다. 정 총장은 기부금을 모금하여 건설비용에 충당한다는 어려운 결정을 내렸으며, 그 주관 부서가 교무처였으니 처장 책임 하에 일을 추진하였던 것이다. 물론 정 총장이 기본 윤곽을 정해 주었으며, 다만 입금은 총무처가 관장하고 그 이외는 교무처장에게 권한을 위임하였던 것이다. 온갖 어려움과 고통을 무릅쓰고 그 일을 성취하여 오늘의 경주캠퍼스가 있게 된 밑거름이 된 것이다. 위기에 처했을 때 결단력을 발휘한 정 총장의 과감한 리더십이 가져다준 커다란 성과라고 아니 할 수 없다. 그 일을 진행하다 일어난 한두 가지 에피소드는 정 총장의 성격을 잘 대변해 주고 있다고 생각한다.

하나는 정 총장의 모친과 사모님을 20년간 치료하고 있는 한의사 아들의 입학문제였다. 그 당시 비서실장을 맡고 있던 ㄱ실장이 그 한의사의 딱한 사정을 이야기하며 특별한 배려를 부탁하기에 총장에게 의논했다가 혼이 난 일이었다. 또 하나는 총장의 각별히 가까운 친구가 찾아와 어려운 사정을 호소하기에 총장에게 말씀드렸다가 인격모독을 운운하며 노하신 일이 떠오른다. 청빈한 선비의 모습 그대로였다.

이른바 1980년대의 봄은 학생처장을 몇 차례 역임하였으며 교무처장으로서 엄청나게 어려운 일을 겪은 나 자신에게 감당하기 어려운 겨울의 찬바람이 불어 닥쳤던 것이다. 여러 차례 병원신세를 지기도 했으며 휴직까지 하지 않을 수 없었다. 그 어려울 때 정 총장은 문병도 잊지 않았으며 집에까지 방문하여 위로와 격려를 해주서서 지금도 어려울 때면 그때의 자상하고 다정한 모습을 생각나게 한다.

동국대학을 떠나신 후에도 이따금 만나 회식을 하면서 언제나 따뜻한 조언을 해주었으며 바쁜 가운데도 집안 혼사에 주례를 맡아주시는 등 집안 어른의 역할을 해주셨던 것이다. 뿐만 아니라 정재각 선생과의 각별한 인연은 마지막 병상까지 이어졌다. 위독하다는 소식을 듣고 고려대학교 안암병원으로 달려갔으나 의식이 흐려 알아보지 못해 가슴이 아팠다. 그때 처음으로 전립선암으로 오랫동안 고생했다는 이야기를 사모님으로부터 들었는데 같은 병으로 고민하고 있던 나에게 간곡히 수술할 것을 종용해 주어 큰 도움을 받았던 것이다.

삼가 고인의 명복을 빌면서…

정 윤 무(鄭允武) • 동국대학교 명예교수

신동(神童)으로 소문났던 백형(伯兄)의 생장 일화

저의 백형이 작고하신지 어언 10년이 되어가고 있는 이때 그 주변에 계시는 인사 친지를 비롯하여 고인의 제자님들이 뜻을 같이하여 고인의 추모집을 발간한다고 하오니 감사한 마음과 한편으로는 송구한 마음 금치 못하옵니다. 가족의 한사람으로서 여러 가지 백형에 대한 그동안 보고 느끼고 지도받고 들은바 수 없이 많으나 몇 가지만 예를 들어 기술하고 자 합니다.

일찍이 4세 때 가친을 여의시고 무매독신(無媒獨身)으로 온갖 고난과 외로움, 비애를 참으시며 큰집 백부가에서 성장과정을 겪어 오신 조부님의 기막힌 인생경험과 심각하고도 뜻 깊은 야망의 소산으로 손자인 백형이 그 대상이 되었습니다.

9세 때 부모님의 보금자리를 떠나 타향살이로 40리 밖에 있는 보통학교(지금의 초등학교) 3학년에 입학하여 객지생활을 시작하였으며 다행히 조부님의 소망대로 열성적인 노력과 지혜로운 지능 덕택으로 중등학교(경성제일고보 즉 지금의 경기고교)를 거쳐 대학교(경성제대 즉 지금의 서울대학교)를 나와 소원을 풀어주시게 한 지극히 효손 효자의 칭송을 받으신 분입니다.

몇 가지 예를 들면, 유아시절 겨우 말하고 걸어 다닐 정도인 세 살 때, 시골의 농가에서 5월에 양잠을 치고 누에고치를 온가족이 바쁘게 따고 있을 때, 고치 3개를 가지고 놀며 고개를 기우뚱거리며 요리 보면 석 삼(三)자요, 저리 보면 내 천(川)자구나 하며 중얼거리는 것을 이웃 어르신 분이 보시고 놀라시며 신동이라 떠들어 화제가 될 정도로 영리하였다고 합니다.

5세 때에는 유림의 시작회(詩作會)에 조부님을 따라가서 시운을 노래 부르듯 암송하여 주위사람들을 놀라게 하였다고 합니다. 그리고 또 이것은 조부님께서의 후일담으로 들은 바이지만, 조상님의 신학문 교육열에 따라 우리 집에서 40여리나 떨어진 곳에 있는 보통학교, 지금의 초등학교 3학년을 9세에 입학하여 하숙생활을 하게 되었습니다.

어느 날 토요일 방과 후에 어린 마음에 집 생각이 나서 집으로 출발하여 직통 코스인 삼령 세 고개(우리집과 학교 사이는 소백산 줄기라 높은 준령의 산 고개 셋을 넘어야 하는 무인지경 산길임)를 넘어 오느라 닭이 우는 새벽녘에 도착하여 소리를 지르는 바람에 온가족이 놀라 소동을 벌였으며, 비몽사몽 겨우 눈을 붙여 아침이 되어 밥 한술을 떠먹고 나서는 다시 학교 부근의 하숙집으로 돌아가겠다고 하였습니다.

부모님의 마음이 찢어지는 듯 하여 오늘은 그만 쉬고 결석을 하더라도 내일 월요일 날 가라고 만류하였으나 기어코 오늘 꼭 가야한다고 하기에 그 연유를 물은 즉 어제 오는 산속 길에서 험상궂은 어른 하나를 만나 붙들고 놓아주지 않아 곤욕을 치룬 끝에 지금 나에게는 아무것도 없으며 용돈과 식비 등을 가지러 집에 갔다가 모레 하숙집으로 다시 가야한다고 사정 약속하여 풀려 나왔다고 하였습니다.

그래서 오늘 꼭 가야 그 사람을 만나지 않을 것 같다는 말을 들으시고 모두 속눈물을 흘리시며 애처롭게도 그대로 보낸 일이 있노라고 말씀하실 때 사랑과 자애로움도 장래에 대한 교육열을 넘어설 수 없다고 생각할 수도 있었습니다.

그 후 중등학교시절에는 그 당시 고향의 군내에서 3인의 수재 중 한사람으로 지목받아 칭송의 명성을 듣기도 하였으며 우리 대소가를 비롯하여 일가친척 내에서도 으뜸가는 제일인자로 인정받는 인물로 취급받아 왔습니다.

고인은 종친회 회장직을 작고할 될 때까지 맡아 지냈으며 그동안 많은 역할과 성과를 거둔 바 있어 친족 간에 우러러 추앙하였으며 일생을 사회의 명사로서 지내 왔으나 한편으로 가정적으로 볼 때에는 가족관계, 가계후손문제, 재산관리문제 등 미처리 건이 적지 않았던 것을 보면 그리 행복한 삶을 살아오신 분을 아닌 것 같습니다.

내가 그 분의 아우로서 가장 존경스럽고 감명 깊었던 것은 항상 대범하고 공정성을 잃지 않았으며 한마디 한마디가 상대방에게 깊이와 의미 있는 조언을 해주었다는 것입니다.

한번은 6·25 사변 직후 박봉에 시달리던 시대인지라 넉넉지 못한 생활여건 속에 교육 관계로 집안 아이들을 내 집에 데리고 있을 때, 여러 가지로 터무니없는 말썽 많은 잡음이 들어와 억울하고 답답한 마음을 백형께 호소한 바 있었습니다. 한참 만에 말씀하시기를, "자기 가족 아닌 집안사람을 도와주었다고 하여 고맙고 감사하다는 표시를 바라는 마음이 한구석 조금이라도 있어서는 안 된다. 여러 해가 지난 후일에 모모는 그리 나쁜 사람은 아니다. 라는 평을 받으면 다행이라고 여기면 마음 편하고 억울함도 가셔진다."라는 말씀에 그 답답한 마음도 풀어지게 되었습니다.

그 후에는 항상 그 교훈이 뇌리에 감돌게 됐으며 "앞으로 살아가는데 윗사람이 되려면 불당에서 들려오는 은은한 타종소리처럼 상대방에 좋은 여음을 주는 대화가 필요하다. 그 것을 명심 하여라"는 그 말씀이 평생토록 잊혀 지지 않는 교훈으로 여겨오고 있습니다.

고인은 평소 건강유지에 유의하여 많은 노력과 특히 인도서적 등 외국서적을 탐독연구 하였으며 영의 세계, 요가 등에 상당한 조예가 깊으셨던 것 같습니다.

백형은 우리 집의 핵이요 구심점이신 분이었습니다. 어느 날 갑작스럽게도 오랫동안 병환으로 누어 계시지도 않은 채, 고인이 되시고 보니 찬란한 등불이 별안간에 꺼지고 큰 별이 하늘에서 떨어져 내린 듯한 심정을 금치 못하였습니다. 상당기간동안 안정을 찾지 못하여 집안 전체가 혼란, 불안스러울 만큼 영향이 크셨던 분이었습니다. 오늘날 우리들이 문화지식층에서 생활을 영위할 수 있게 된 것은 조상님의 덕택이요, 백형의 영향이 크다는 것을 알 수 있습니다.

해방 전, 식민지 시대 즉 19세기 말에서 20세기 초반의 우리 사회의 경제생활상태 특히 GNP 50불도 안 되는 일제 식민지시대의 생활여건으로 볼 때, 먼 시골농촌에서 올라와 서울유학을 한다는 것은 하늘에서 별 따기보다 더 어렵다고들 하는 시대였습니다. 그 당시

농촌에서 총 수입이라 해야 고작 전답에서 나오는 농작물과 각 과실류, 양잠, 삼베, 왕골자리 등 학비를 충당하는데 온가족이 총동원되어 근검절약과 합심 노력은 물론 당사자들의 피나는 노력 없이는 이루어지기 어려움을 알 수 있습니다.

특히 제일 맏이인 백형의 끊임없는 노력과 순조로운 기대성취가 모범이 되어 그 동생들도 따라가지 않을 수 없이 열심히 공부에 열중한 결과 조상 부모님께서도 가게에 무리한 줄을 아시면서도 뒷받침해 주시어 모두 소기의 성과를 무사히 거두게 되었던 것입니다.

다시 한 번 백형의 명복을 길이길이 빌어 마지 않습니다.

정 재 옥(鄭在玉) • (전)서울도봉고등학교장

아버님이 맺어준 선생님과의 인연

정재각 선생님과 나의 인연은 조금 남다른 데가 있을 것 같다. 처음 선생님을 뵙기까지 나는 그 분의 성함조차 잘 모르던 철부지였다. 일본의 교토(京都)대학에서 늦게 대학원을 다니던 시절 선생님께서 동국대학교 총장으로 오셨다. 그리하여 동양사를 전공하신 분이 모교에 총장으로 오셨다는 사실을 전해 들었으나 여전히 그 분에 대한 나의 지식은 막연한 상태였다. 그런 어느 날 잠깐 다니러 귀국했을 때였다. 선친께서 대뜸 정재각 선생님을 찾아뵙고 인사를 드리고 오라고 엄명을 하시는 것이 아닌가. 같은 동양사를 공부하는 사람으로서 당당하게 선배를 만나서 자기를 소개하고 학문에 대한 포부를 말씀드리라는 것이었다. 어이가 없었다. 일개 대학원생 신분에 특별한 용건도 없이 어찌 총장님을 만날 수 있다는 말인가. 여러 가지로 변명을 하면서 안 가겠다고 저항했지만 끝내 못 버티고 그만 선생님을 찾아뵙게 되었다.

'교토대하 대학원 석사과정 동양사학 전공'이라는 초라한 직함이 적힌 명함과 선친이 저술하신 『한시명작선』(漢詩名作選)(정한근 역편(鄭桓根譯編), 정민사(正民社), 1981)을 서류봉투에 담아 들고 나는 학교로 향했다. "어차피 비서실에서 만나게 해주지도 않을 거야. 그러면 명함과 책만 전해드리라고 부탁하고 돌아오면 되겠지. 아버님 말씀을 거역한 것도 아니고" 속으로 그렇게 생각하면서 나는 총장 부속실 문을 주뼛주뼛 들어섰다.

그러나 마침 손님이 없었는지 놀랍게도 비서는 나를 총장실로 안내하는 것이 아닌가. 일면식도 없으며 사전 약속도 없는 일개 서생을 선생님께서는 담담하게 맞이해 주셨다. 더듬

거리며 자기소개는 하였으나 왜 왔는지 용건을 우물쭈물 하던 나에게 선생님께서는 교토대학의 동양사학 연구에 관련해서 말씀하시기 시작했다. 어느새 나는 당돌하게도 선생님의 말씀에 맞장구도 치면서 대화를 하고 있었다. 예정에 없게 꽤 긴 시간이 흘렀던 듯 비서들이 연신 들락거리면서 대화를 마칠 것을 촉구하여 비로소 선생님과의 첫 대면은 끝났다.

그 뿐이었다. 천성이 게으른 나는 그 후에 선생님께 연하장 한 장 올리지 않았다. 그로부터 수년 후 다시 선생님을 뵙게 된 때에는 이미 선생님께서 동국대학교 총장을 그만 두신 다음이었다. 나는 1985년 말 경기대학교의 신규교수 채용에 응모하기 위해 다시 일시 귀국하였다. 그리고 선생님께서 경기대학교에 석좌교수로 계시다는 사실을 알았다. 평소에 선생님께 안부도 여쭙고 했었다면 좋았을 텐데 이제 와서 선생님을 찾아뵙는 것은 낯간지러웠지만 찾아뵙지 않는 것도 오히려 작위적인 것 같아서 참으로 어렵게 선생님을 다시 뵈었다. 그 때의 면구스러움이란…. 용케 경기대학에 취직이 되었고 그 이후 동국대로 자리를 옮긴 뒤에도 선생님이 돌아가실 때까지 일 년에 두 번 설날과 추석에는 선생님을 찾아뵙고 여러 가지 말씀을 듣는 만남이 계속되었다.

선생님은 인도 계통의 명상에 심취하셨다. 나에게도 명상을 배우도록 여러 차례 권하셔서 잠깐 배우러 다닌 적도 있지만 인연이 안 닿아서인지 계속하지 못 하였다. 그러나 그 후에 우연히 좌선을 배우게 되었고 선 수행의 결과 부수적으로 얻어지는 특별한 기 체험에 대해서 마치 애들처럼 들떠서 선생님께 자랑을 한 일이 있다. 선생님도 명상 수행에 따른 기 체험을 들려주셨다. 그리하여 기 체험은 우리 화제의 중심이 되었다.

언제까지나 청년처럼 건강하실 것 같던 선생님께서 돌아가셨다. 그 해는 내가 1년간 일본에 가 있을 때여서 부고도 받지 못하였다. 귀국 후에 아버님께서 부의를 전하려고 했으나 잘 전달되지 못 하였다고 말씀해 주셔서 비로소 알았다.

정재각 선생님과의 인연을 맺어주셨던 아버님도 이제는 이승에 안 계신다. 오늘 〈정재각 선생님과 나〉를 쓰면서 새삼 두 분 어른을 그리워하며 눈물짓는다.

정 태 섭(鄭台燮) • 동국대학교 교수

남사 노장(老丈)님 시봉잡기(侍奉雜記)

1. 노장님의 '동국'(東國) 입성

1970년 후반, 동국대학 총장의 결원으로 그 후임에 관한 여러 가지 풍문이 나돌던 가운데 느닷없이 고려대학에서 정년하신 정재각 노교수가 총장으로 부임하게 되었다. 선생은 동국대학과는 과거 아무 인연도 없었던 탓에 모두들 어리둥절할 밖에 없었다. 더구나 '거물' 이선근(李瑄根) 총장의 후임으로 세상에 널리 알려지지 아니한 분이 오신다니 모두들 의아해 할 뿐 아니라 과연 동국대학처럼 터가 센 곳에 '선비' 총장이 부임한다니 걱정 반, 비아냥 반, 실로 뒤숭숭한 분위기였다.

사실 동국학원의 스님 이사들 가운데는 학교경영에 어두운 분들이 상당수 있었고, 동창회의 텃세도 만만찮은 상황이어서 '동국대학 총장하기 힘든다'는 말이 항간에 나돌던 터였기 때문이다.

이러한 상황임에도 정 총장께서 부임하실 때 달랑 수행비서 한 사람만 데리고 왔으니 마치 단신으로 적진에 뛰어드는 느낌이었다. 『맹자』의 "비록 천만인의 적진일지라고 나아갈 것이다"고 한 그러한 기상이었다고나 할까? 일반적으로 새총장이 외부에서 부임하게 되면 운전수는 물론이고 자기 사람 몇몇은 데리고 와서 실무 요직에 배치하는 호신책을 쓰던 것이 일반적 관례였다. 들리는 말로 정 총장은 박대통령의 빽이라 저렇게 자신만만하다는 뒷공론도 있었다.

사실 정 총장께서 부임한 직후 고향 선영에 참배하러 갈 때 사무처에서는 학교 승용차를 쓰시도록 권하여도 공용차를 사무(私務)에 이용할 수 없다고 일언지하에 거절하였다든가, 신규인사를 단행할 때 아주 공정하게 처리하였다는 등의 이야기는 학내 구성원들 간에 그분에 대한 새로운 관심을 끌기에 족하였다. 인사 문제에 대한 떠돌아다니던 한두 가지 흥미 있는 일화가 있다.

하나는 문과대학장으로 L교수를 기용할 때와 막강하던 K교수를 주요 보직에서 사퇴시킬 때의 이야기다. 신규 보직인사에서 자존심 강하던 L원로 교수에게 전화를 걸어 문과대학장을 맡아 달라고 하자 '부탁을 하려면 만나서 하라'고 퉁명스런 반응이었다고 한다. 이에 총장이 직접 찾아가서 맡아줄 것을 정중히 부탁하는 삼고초려의 자세를 보였다고 한다. 또한 K교수는 주요 보직을 오래 거쳤을 뿐 아니라 재단 측에 두터운 인맥을 가진 분으로 신규인사에 그 사람만은 손대지 못할 것이라는 일반의 예측과는 달리 그를 설득하여 조용히 용퇴시켰다는 것이다.

신임 정 총장님의 이러한 지도자로서의 파격적인 스타일은 점차 학내의 관심과 젊은 엘리트 교수들의 협조를 끌어내기에 족하였다. 각 분야의 젊은 교수들을 동원하여 타 대학은 물론 외국 대학의 서로 다른 커리큘럼을 수집하여 학부와 대학원의 새 교과과정을 작성하였다. 교과목의 설정 이유와 명칭도 학과 교수들과 상의하면서 시대감각에 맞게 새로 짜는 작업을 서둘렀다. 다른 몇몇 대학들과 비교해 보니 당시 우리대학의 교과과정의 체계와 운영 면에서 상당히 낙후되어 있음을 알고 노총장의 진보적 감각에 고개 숙일 수밖에 없었다.

2. 노장님은 '행동하는 지성(知性)'

필자가 남사선생을 처음 뵌 것은 1966년 동국대학교 강당에서 한국역사학회를 개최했을 때였다. 당시 역사학회 대표는 고병익(高柄翊) 교수로 동국대학에 봉직하시다가 서울대학 동빈(東濱) 김상기(金庠基) 선생 후임으로 자리를 옮겨 가신지 얼마 안 되었고, 학교의 위치가 교통이 편리하여 학회의 발표 장소를 이 곳으로 정한 것 같았다. 사학과조교로 있던 필자가 후배들을 데리고 대회의 준비 등 여러 가지 심부름을 맡아 보았다.

학술대회의 공동제목은 '역사서술'에 관한 것으로 국사 · 동양사 · 서양사의 세 분야에서 각각 한 사람씩 주제 발표를 하였는데 남사 선생은 동양사 분야에서 '동양사서술의 문제'라는 제목이었다. 지금 기억나는 내용으로는 전통 중국이 현대에 와서 공산 중국으로 변하였으나 앞으로는 제3의 방법을 택하게 될 것이라는 대목이 관심을 끌었던 것 같다. 그래서 질의 토론시간에 그 '제3의 방법'이 구체적으로 무엇이냐는 질문이 있었던 것으로 기억된다. 돌이켜보며 모택동의 사후 중국의 개혁 개방정책으로 정치는 공산당이 장악한 채 시장경제를 성공적으로 이루어 낸 오늘의 중국을 '제3의 방법에 의한 새로운 사회'라고 부를 수도 있을 것 같아 40년 전 선생의 예견이 적중하였다는 생각이 든다.

그 후 오래 동안 선생을 가까이서 뵙지는 못했으나 강만길(姜萬吉) 선배교수를 비롯하여 고려대 측 동학들로부터 선생에 관한 이야기를 들을 기회는 더러 있었다. 고려대학 한 곳에서 정년을 맞을 때까지 선생은 학교일을 맡으면 정확하고 성실하게 처리하여 학내의 모든 보직을 거치지 아니한 것이 없었으며, 어느 때는 총장 후보로까지 내정되었으나 마땅찮은 일이 있어 이를 사양하였다고 한다. 보직생활에 쫓기면서도 퇴근 후에는 곧장 집으로 와서 독서와 집필에 열중하는 학자의 자세는 시종여일 하였다고도 한다. 특히 사학과의 인사문제 등 매사에 철저하여 이홍직(李弘稙) 강진철(姜晋哲) 교수와 같이 학문적 업적을 많이 내는 이들을 외부에서 영입하는데 주저치 않았다고 한다. 일반적으로 자기보다 나은 이들을 경원하고 질시하는 대학 사회에 귀감이 될 만한 일이다. 그러니 학교와 과에서 정 선생님은 항시 중심적 위치에서 책임있는 일을 맡도록 강요당한 셈이었다.

이와 같이 선생께서는 자기가 소속한 사회의 생활에 철저하다 보니 학문할 시간이 줄어들 수밖에 없다. 전공분야의 논문을 쓰려면 많은 시간과 함께 밤낮으로 거기에 정신을 쏟아야 하니 선생께서 학술 논문을 그다지 쓰지 못하신 것 같다. 그러나 비록 단문이라도 남사선생의 글은 간결하면서도 논지가 뚜렷하고 깊이가 있다. 선생의 단문 한편이 사실 웬만한 한편의 장문을 능가하고도 남는다는 평이 있을 정도다. 어떻든 선생께서는 『논어』의 "행하고 나머지 힘이 있으면 학문을 하라"는 가르침을 실천한 '행동하는 지성'이었다고 할 것이다.

3. 공부하는 교수를 가까이 하신 노(老)총장

남사선생의 명성이 외부로 드러나게 된 것은 4·19 당시 "학생의 피에 보답하라"는 4·25 교수데모에 앞장서면서부터가 아니었던가 한다. 선생의 이러한 행동하는 지성의 면모는 5·16혁명을 이끈 박대통령과의 관계에서도 찾아 볼 수 있다. 다음 이야기는 지금은 고인이 된 숙명여자대학 교수로 계시던 정세현(鄭世鉉) 선배로부터 들은 것이다.

군사 쿠데타를 성공시킨 박대통령이 혁명정부를 이끌어 감에 있어서 민간 브레인으로 7, 8명의 교수들을 모셨는데 그 중 한분이 남사선생이었다. 그 뒤 다른 분들은 자의반 타의반으로 박 정권에 입각하거나 혹은 직능대표의 전국구 국회의원 등 다른 형태의 도움을 받았으나 오직 선생 한 분만은 어떠한 혜택도 입지 않았다고 한다. 때 마침 동국대학에 총장직이 공석이었고, 이 일이 청와대에 알려지자 박대통령이 평소에 남사선생의 고고한 인품을 생각해 오던 차에 바로 문교부장관에게 추천하게 되었다고 한다. 당시는 유신시절이라 대소사가 청와대의 한마디로 처결되던 시절이었다. 이리하여 박찬현(朴瓚鉉) 장관이 선생에게 동대 총장직을 맡아 줄 것을 제의하였고, 이에 일주일을 숙고한 끝에 전화로 수락을 통고함으로써 성사되었다고 한다.

남사선생은 워낙 학문을 좋아하면서도 일에서 벗어나지 못한 자신의 처지 때문인지 학문이나 예술에만 전념하던 동료들에 대한 각별한 애정을 지니셨다고 한다. 고려대 재직시에는 조지훈(趙芝薰), 이홍직(李弘稙) 선생과 같은 이와 막역한 사이였다고 하며, 동대에 오서서도 황수영(黃壽永), 서정주(徐廷柱) 선생 같은 분들을 가까이 하셨다. 미당(未堂) 시인은 행정도 모르고 보직 같은 것은 아예 생각도 해보지 않은 분인 데도 만년에 문과대 학장에 임명하여 학교일에 관심을 갖게 하였다. 동국대 전신인 중앙불전(中央佛傳)을 졸업하여 평생 학교를 떠나있지 않으면서도 학교일에 무관심하던 분이 막상 학장이 되더니 꼬박 학처장회의에 참석하고 자리를 지켰다. 점심시간이면 학장실에 맥주가 들락거리기도 하며 흘러간 중앙불전시대의 옛날 학교이야기를 들려주며 즐기시던 기억이 새롭다.

보직이라면 박물관장 정도가 고작이었던 황수영 교수도 대학원장으로 발탁되시면서 그 바람에 필자도 대학원 학감직에 보임되었다. 60년 중반, 김법린(金法麟) 총장이 학교 부속 박물관을 신설하여 황 교수를 관장으로 임명할 때 필자는 문과대학 조교로서 박물관에 근무한 인연이 있었다. 이런 인연을 고려하였음인지 황 선생님과 한 팀이 되어 일해 보라는 배려였던 것 같다.

4. '무위지치'(無爲之治)의 학교행정

필자로서는 처음 맡아보는 보직이었으나 총장님이 워낙 학사에 밝으시어 시키는 일에 정열을 쏟았다. 대학원 규정을 새로 정하는 일과 교과과정을 새로 만드는 일을 비롯하여 교수승진 논문심사, 학위논문 제출자격 시험 및 논문심사 등 태산 같이 밀려오는 일을 학감 중심으로 해내지 않으면 안 되었다.

사실 그 때까지만 하더라도 대학원 행정 업무체계가 제대로 잡혀있지 아니하였다. 교과목도 2학점으로 되어 있어서 한 교수가 석·박사 과목을 세 네 과목씩 맡는다든지 과목이 많다보니 과목명칭도 학부와 겹치는 것이 대부분이었다. 그 많은 대학원 시험의 관리도 매우 느슨하여 새로 규정을 만들어 감독을 엄격하게 하니 한쪽에서는 칭찬 또 한쪽에서는 불평이 여간이 아니었다. 장학 규정도 스님학생에게만 종비장학금을 지급하도록 되어 있는데도 예날 승적을 가졌다가 환속한 학생이 서류요건만 갖추어 와서 학비면제를 요구하는 따위의 경우가 더러 있었다. 일일이 대조하여 가부 판정을 하게 되면 이리하여 혜택을 받지 못하던 원생들의 불평이 이만 저만 아니었다. 현재 교수나 직원 가운데는 그 때 관례대로 묵인해 달라며 간청하던 후배들을 만날 때마다 원칙에 얽매여 빡빡하게 굴었던 당시의 일에 미안한 감을 금할 수 없다.

총장님은 학부교무처에서 맡아 하던 교수 승진 논문심사까지 교무처 L처장의 반대에도 불구하고 대학원으로 이관하도록 하였다. 대학원으로서는 바라는 바가 아니었으나 불가피한 일이었다. 3명의 심사위원을 모두 외부교수로 하여 평가하는 일이 보통 힘든 일이 아니었다. 때로 부판정이 나오기라도 하게 되면 비록 심사를 공정하게 하였다고는 하나 논문제출자는 대학원에 좋지 않은 감정을 가져 어색한 관계가 된다. 어렵고 힘이 들어도 훌륭한 윗분들이 믿고 인정을 해 주니 일이 즐거웠으며, 더구나 주위에서 대학원이 기틀을 잡아 간다는 평을 들을 때는 일하는 보람을 느낄 수 있어 기뻤다.

오랜 학교 행정을 맡아 보신 정 총장님은 사람을 부리는데 상당한 기술(?)을 발휘하시는 것 같았다. 한 번은 K총무처장과 B기획실장 간에 멱살을 잡는 다툼이 있었다. 두 사람은 모두 총장의 신임을 받고 있으면서도 각기 개성이 뚜렷하여 때때로 충돌하는 경우를 목도하였다. 싸움이 그친 후 그들은 각각 총장이 자신 편을 들어주지 않는다고 불평이었다. 그러면서도 열심이었으니 선생은 가히 '무위지술'로 다스린 것이었다.

5. 장년(壯年)같은 기상으로 '여일' (如一)하셨던 노장님

노장께서 동대에 오셔서 가장 어려웠던 고비는 아마도 1980년 경 전두환(全斗煥) 정권 초기 학생데모가 드세게 일어났던 때가 아니었던가 한다. 학교가 시내 중심에 위치하고 있었던 까닭에 전국의 대학생 집회가 있으면 가까운 우리 학교를 집회장소로 사용하는 경우가 많았다.

학내외 학생 데모가 연일 계속되는 가운데 한 번은 전국의 데모대들이 본교에 집결하여 밤을 지샐 때는 총장을 위시한 보직자와 학생처 직원들이 퇴근을 하지 못하였다. 한번은 학생들로부터 데모의 정당성 여부에 대하여 총장님의 견해를 듣고자 요청하였다. 자칫 군사정권과 반정부 사이의 민감한 반응을 유발할 수 있는 문제였다. 새벽녘이었던 것 같다. 본관 앞 정원을 가득 메운 수많은 학생들 상대로 단상에 오른 총장님은 몇 마디 사자후를 토하시었다. "학생들의 기백은 민족의 장래 희망이다. 때문에 그 행동에는 반드시 합리적이고 지성적 판단을 수반하여야 한다." 대개 이런 내용이었던 것으로 기억되거니와 그 언행은 천군만마를 거느린 장수의 모습이었다고나 할까. 항간에는 방금 계엄령이 발동되느니 하여 학생들도 해산 여부를 빨리 결정해야 할 불안한 시점이었던지 이를 계기로 군중은 곧 해산되었다.

노총장님의 그 같은 용기는 아마도 평소의 수행(瞑想)에서 얻어지는바 컸을 것으로 여겨진다. 정신문화연구원장 재직 시에는 말할 것도 없고, 불교진흥원의 일을 돌보시면서도 항시 사리분별이 명쾌하고 자세는 꼿꼿하셨다. 자주 찾아뵙지는 못하였으나 한번은 노장께서 "늙으니 호오(好惡, 착한 이를 좋아하고, 악한 사람을 미워함)가 흐려진다"고 하셨지만 그 꼬장꼬장한 성품은 젊은이 못지 않았다는 중론이다.

몇 년 전부터 병환이 있으시다는 소문이 들리더니 어느 날 갑자기 신근재(愼根縡)교수로부터 중태시라는 연락을 받았다. 이길용(李吉鎔)교수와 함께 고려대학 병실을 찾았을 때 호흡의 곤란을 겪으면서도 신색은 오히려 상시처럼 보인다. 사모님의 전언으로는 병인(病因)이 퍼져 정신은 이미 혼미한 상태이나 평소에 쌓은 기수련으로 이렇게 버티고 계신다는 것이다. 일찍이 병을 발견하였을 때 주위에서 수술을 권하였으나 굳이 이를 거부하셨다고 한다. 소신대로 살다 담담히 가신 것이다.

조 영 록(曺永祿) • 동국대명예교수

무신(無信)의 덕화로 이룩한 동국대 경주캠퍼스

정재각 총장님은 지나치게 청렴결백하고 학덕과 판사안(判事眼)을 겸한 지도자로써 일생동안 고려대학교에서 후학을 지도하면서 대학원장까지 역임하고 퇴직 후 1978년 6월부터 대한불교조계종립 동국대학교의 제9대 총장으로 취임하여 탁월한 운영경험과 무신(無信)의 덕화(德化)로서 경주캠퍼스를 설립하였습니다.

당시에는 제4공화국의 군인정치 시대를 배척하고 민주화를 부르짖는 때이므로 학내에는 하루에도 몇 번씩 학생들이 데모를 위해 교문 밖으로 몰려나가는 실정이었습니다. 총장을 비롯한 모든 교직원들은 강의와 학사관리도 중요하지만 학생들의 데모를 막는 일에 가장 중점을 두는 실정이었습니다.

데모가 있을 대마다 총장님은 학생들의 부상과 경찰에 연행될까 염려하여 뒤따라 나가기 일쑤였습니다. 그리고 경주 캠퍼스의 설립을 위한 건축비도 전혀 준비된 것이 없어 동분서주하시며 한시도 쉴 겨를이 없었습니다. 그러나 총장님의 조용하고도 뛰어나신 운영능력과 주변의 적극적인 협조로 큰 어려움 없이 일 단계 공사를 마무리하고 문을 열게 된 것은 크나큰 공로라 하지 않을 수 없습니다.

총장께서는 고희(古稀)를 맞는 노구(老軀)이지만 평소 급한 용무가 아니면 차를 타지 않고 보행하였을 뿐만 아니라, 명상과 참선, 요가로써 건강을 유지하였습니다. 나는 그 당시 학교법당인 정각원장(正覺院長) 소임을 맡아 건학이념 구현과 학교발전을 위한 기도를 열심히 하다가 1980년 총장님으로부터 불교대학 학장직을 임명받아 2년 임기를 재임하면서 불교대의 승가학과(僧伽學科)를 선학과(禪學科)로 이름을 바꾸었습니다.

당시에는 4월이면 4·19 학생기념일을 전후하여 학생데모가 극렬하였습니다. 이를 축소시키기 위해 4월 하순을 전후하여 해마다 전교생의 등산대회를 가질 때 일반 교수들은 거의 참여하지 않거나 북악산 밑 출발지점에서 발대식에 참여했다가 하산지점인 진관사(津寬寺)나 도선사(道銑寺)에서 거행되는 시상식 때만 참석하는 이가 많았으나, 총장께서는 학생들과 시종 함께하는 노소동락을 좋아하신 분입니다.

임기를 마치고 퇴임하신 후에도 1년에 몇 번씩 찾아뵙는데 경국사로 초빙하여 공양을 같이 하곤 하였지만, 이젠 진용(眞容)을 뵐 기회가 없습니다. 총장님의 재직 시 수행 비서였던 상명대의 최규성(崔圭成) 교수가 총무원장실로 찾아와 제자들이 뜻을 모아 추모집을 발간한다기에 당시를 회상하여 생각나는 대로 적으면서 고개를 숙입니다.

가산지관(伽山智冠)

(전)동국대학총장 / (전)대한불교조계종 총무원장 / 작고

남사 선생님과의 거듭된 인연을 회상하며

남사선생님을 스승으로 모시게 된 것은 내 일생에서 가장 의미 있고, 큰 행운이었다는 생각이 든다.

남사선생님의 용렬한 제자로 선생님을 모시며 지낸 삼십 여 년의 세월동안 자연스럽게 남사선생님의 깊고도 넓은 학문의 세계를 약간이나마 엿 볼 수 있게 된 것 은 외골수로 교육의 길을 걸어온 나에게는 큰 행운이고 공덕이었다. 항상 반듯하면서 엄숙하고 사색적인, 그래서 늘 외롭고 심각하게만 보이셨던 남사선생님의 생애를 가까이에서 접하게 되면서, 학행일여(學行一如)의 참지식인의 길이 어떤 것인지를 느끼고 생각하게 되었던 것 역시 나에게는 크나큰 선물이었다. 그래서 남사선생님의 삶 자체가 삼십년 가까운 내 교수생활에서는 항상 사표가 되었다고 고백한다. 복잡다단한 사회문제들을 꿰뚫어 보시는 남사선생님의 그 통찰력과 분석력 그리고 그것들을 모두가 알아듣기 쉽게 풀어서 전해 주시던 주옥같은 글 솜씨와 명료한 말씀들은 항상 감탄과 외경의 대상이 되기에 충분하였다.

남사선생님과 사적인 인연이 시작된 것은 선생님의 간병을 자원해 맡고서부터였다. 1964년 말 경인가 남사 선생님께서 "바늘에 찔리는 사건"의 후유증으로 명동의 성모병원에 입원을 하시게 되었다. 호젓하게 내외분만 지내시던 터라 달리 병간호를 맡을 마땅한 사람이 없어 사학과 학생들 사이에서 지원자를 찾게 되었다. 평소 남사선생님이 쉽게 근접하기 어려울 정도로 엄하신 분이란 선입견과 함께 특이한 외모에 걸 맞는 '모택동'이란 선생님의 별명에 호기심이 발동하여 나와 오정소 장관 둘이 선뜻 자원을 하고 나섰던 것이다. 그렇게 해서 남사선생님의 병간호가 시작되었다. 둘이 번갈아 가며 하루씩 병실을 지키자던 처음의 약속과는 달리 당시 자유분방했던 오정소 장관은 저녁이 되면 병실을 맡기고는 신나게 친구들에게로 달려갔다. 촌놈이라 달리 갈 곳도 없었던 나로서는 별 불평 없이 병실을 지키곤 했다. 그러던 어느 날 병실 밖을 보니 명동거리에는 네온사인 불빛이 휘황하게 번적이고 거리를 꽉 메운 인파들과 울려 퍼지는 크리스마스마스 캐럴로 인해 명동 거리가 온통 시끄럽게 들떠 있었다. 이때 남사선생님께서는 문득 "아! 커피 한잔 먹고 싶구나!" 하고 혼자 말처럼 입을 떼셨다. 나도 한참이나 무료했던 터라 살그머니 병실 문을 나와서는 잽싸게 빽빽한 인파를 헤치고 인근 다방으로 달려가서 커피 한잔을 급히 사서 마호병에 담아가지고 돌아와서는 김이 무럭무럭 나는 따끈한 차를 자랑스럽게 선생님께 올려드렸다. 그러나 남사선생님께서는 칭찬은커녕 빙긋 웃으시며 참으로 "무드라곤 찾아 볼 수 없는 한심한 놈!"이라고 야단을 치셨다. 그러시면서 "누가 이렇게 맛없는 차를 마시고 싶다고 했겠느냐?! 은은한 크리스마스 캐럴이 흘러나오는 따뜻한 다방에서 예쁜 마담과 마주 앉아 이야기를 나누면서 정겹게 마시는 그런 차를 마시고 싶다고 했지!?" 선생님의 이 말씀 한마디에 그동안 내가 갖고 있던 선생님에 대한 고정관념이 한 순간에 무너져 내렸다. 평소 듣던 대로 남사선생님이 학창시절 취미로 권투를 즐기셨다던 선배들의 이야기가 절로 생각나면서 나는 평소 그토록 엄하시기만 했던 '권위주의적인 교수님' 이란 선입견에서 벗어날 수 있었다. 그리고 남사선생님이야말로 인생의 참 멋을 터득하신 지극히 인간적인 스승님이란 사실을 알 수 있는 계기가 되었다.

이 사건을 계기로 나는 남사선생님의 팬이 되어 진심으로 존경하며 따르게 되었다. 내가 고대 사학과 4학년이 되었을 때 남사선생님께서는 성북동의 국민주택이 낡아 헐고 새집을 짓게 되었는데, 이 때 집 짓는 것을 도와드린다는 구실로 선생님의 댁으로 들어가서 졸업하고도 몇 달이 지날 때까지 눌러 앉았다. 이 때 남사 선생님은 댁에서 고려대학교까지 항상 걸어서 출퇴근을 하셨다. 선생님을 모시고 댁을 나와 돈암동을 거쳐 성신여대 앞을 지나 애기능교사로 넘어가는 언덕길을 내려와 학교 후문으로 연구실까지 가시는 길이 그 때

통근 로였는데 대략 한 시간 정도가 소요되었다. 성북동 집을 떠나 안암동 교정에 이르기까지 나는 대학생활이나 시국과 관련된 많은 이야기들을 들려드렸지만, 선생님께서는 아예 말씀이 없거나 어쩌다 한마디 하시는 것이 고작이어서 참으로 무심하고 무정한 분이라는 생각이 들 때가 많았다. 그러나 무심하게 보이셨던 남사 선생님의 실제 속내는 가난한데다 어리석고 못난 제자를 늘 안쓰러워 하시면서도 겉으로는 한 번도 그것을 내색하지 않으셨던 사실을 한참 시간이 흐른 뒤에야 깨닫게 되었다.

1972년 5월의 봄날 응암동 산꼭대기에 있던 좁은 처가에서 약혼식을 하게 되었을 때였다. 남사선생님께서는 김학엽 교수님, 강진철 교수님과 함께 제자의 약혼식을 축하하기 위해 단장을 짚고 먼 길을 어렵게 찾아 오셨다. 당시로서는 도심에서 한참 멀리 떨어져 있어 교통이 여간 불편한 곳이 아니었음에도 불구하고 불원천리 찾아주시는 은사님들의 크나 큰 은혜를 입고 감격스러웠다. 약혼식 자리에 와 있던 아내의 친구들은 물론 축하객 모두에게서 "아니 하늘같은 노교수님들이 이럴 수가 있을까!?" 하는 놀라움과 부러움을 함께 사기도 하였다. 그 후도 여러 가지 일로 아주 바쁘시던 남사선생님께서는 주례 부탁을 선뜻 들어주시고 아내와 함께 일생의 교훈으로 삼고 살아갈 수 있는 훌륭한 말씀을 들려주셨다. 이후 딸이 없으셨던 선생님께서는 돌아가실 때까지 나의 아내와는 여러 면에서 항상 의기가 투합하시어서 나를 외톨로 만들기가 일수였다. 그뿐 아니라 내가 샘을 낼 정도로 아내에게 항상 다정다감하게 대해주셨던 것을 생각하면 지금도 남사선생님의 속 깊은 배려와 사랑에 감격스럽기만 하다.

내가 중년으로 들어가는 문턱에서 남사선생님을 모시고 삼년 반을 보내면서 남사선생님과의 사제 간 인연이 더욱 중중하게 되었고, 또 선생님의 참모습을 보고 배울 수 있는 좋은 기회를 맞게 되었다. 1979년 여름이 시작될 무렵 남사선생님께서는 동국대학교 총장에 초빙되었다. 남사 선생님의 총장 취임을 축하하기 위해 모인 연회석 자리에서 강만길 교수님이 느닷없이 일어나서 "어떻게 선생님을 혼자 가시게 할 수가 있겠느냐!? 제자 중 누구 한 사람을 골라 수행시켜 도와드리게 하는 것이 좋겠다."고 제안을 하면서 그 자리에서 나를 지명해 추천을 하였다. 나는 당시 고대사학회 막내 간사로 활동을 하여 적지 않은 동문들과 면식이 있었던 관계로 그 자리에 참석했던 동문들이 만장일치로 박수를 치며 추천에 동의를 하는 통에 피하지도 못하고 중의에 따라갈 수밖에 없었다. 집에 돌아와 전후 사정을 이야기하며 결심을 못하고 주저하자 당시 중학교 교사로 있던 나의 아내가 "삼, 사년 동안은 집안 살림을 책임지고 꾸려갈 수 있으니 마음 편히 모시고 갔다 오라!"고 격려를 하여 사직을 결심할 수 있었다. 당시 풍문여고의 교사직은 또 다시 얻기가 어려운 자리였기 때문에 평생직장으로 생각하고 있었다. 그러나 내가 이 학교로 가게 된 것 자체가 당시 대학원장으로 계시던 남사선생님의 추천덕분이라고 생각하고 있었기 때문에 선생님이 나를 필요로 하신다면 떠나는 것이 마땅하다는 생각에서 사직을 결심할 수가 있었다. 이후 동국대학교 일본학연구소 간사와 비서직을 겸직하며 보낸 삼년 반 동안 남사선생님의 현명하고 공정한 지도자의 모습을 보게 되면서 선생님을 더욱 흠모하게 되었고, 그래서 항상 선생님의 말씀과 행동을 본받으려고 노력을 했다. 그러나 족탈불급으로 늘 생각에 그쳤을 뿐 그 어느 것 하나도 제대로 이루지 못한 것이 지금 생각해도 안타깝기만 하다.

제자가 스승을 평한다는 것이 참으로 불경스럽고 어려운 일이지만 지금까지 살아오는 동안 남사 선생님 같은 분을 다시 만나보지 못했다. 남사선생님은 총장 재직 시절 항상 당당하고 반듯하시며 주관이 뚜렷해 외부의 그 어떤 부당한 압력에도 신념과 소신을 좀처럼 굽히려 들지 않으셨다. 그래서 '조선의 선비 상'이 바로 이런 것 일거라는 생각을 갖게 되었다. 1980년 초 '서울의 봄'이라는 격변기를 맞아 전통과 역사를 자랑하는 불교 종립 대학교였던 동국대학 역시 사회 혼란과 맞물린 어려운 상황에 봉착하게 되었다. 강의를 할 수 없을 정도로 연일 계속되었던 과격한 학생들의 데모는 말할 것도 없고, 동국대학 교정에서는 온갖 유언비어가 난무하고 각종 투서와 백서사건이 연달아 일어났다. 대학 구성원 중 일부에서는 청와대의 강압으로 인연도 없는 대학에 총장으로 온 낙하산 총장이란 구실로 남사선생님을 배척하는 언사가 나오기도 했다. 그러나 남사선생님은 이렇듯 지극히 어려운 상황에도 조금도 흔들리지 않고 실타래처럼 엉킨 복잡다단한 문제들을 차근차근 순리대로 풀어가셨다. 그 결과 하루가 다르게 눈부실 정도로 교육환경이 개선되어 나갔고, 또 교육과 연구 풍토가 활성화 해 나가는 것을 보며 대학구성원들 대부분이 남사선생님 특유의 리더십에 갈채를 보내며 호응을 하였다. 그 전 과정을 보면서 아! 총장 한사람의 의지와 노력이 조용하기만 했던 한 대학을 단시간 내에 이렇듯 활기찬 교육과 연구의 도량으로 만들어낼 수가 있구나 하는 생각을 하게 되었다. 총장으로 봉직하던 기간에 남사선생님은 "심무가애(心無罣碍)면 무유공포(無有恐怖)라는 반야심경의 경구를 즐겨 말씀하셨다. 당신이 즐겨 쓰시던 말씀대로 마음에 꺼릴 것이 없으니 일체 주저함이나 두려움 없이 소신대로 당당하게 총장업무를 수행하실 수 있었던 것이다.

마음을 비우고 소요유(逍遙遊) 하듯 순리로 학교를 운영하셨기 때문에 남사 선생님은 재직 기간에 서울과 경주에다 강의동 여러 채를 건축하면서도 업자들과 유착되지 않아 리베이트의 유혹에도 자유로울 수가 있었던 것이다.

어찌했던 남사선생님의 동국대학 총장시절에 나는 처음이자 마지막으로 선생님이 눈물을 볼 수가 있었다. 그것은 바로 박정희 대통령이 서거하였다는 비보를 받고 눈물을 지으신 것이었다. 눈물을 흘리시며 지금은 국민들이 이런저런 말들을 하겠지만 박정희 대통령이야 말로 한국 근대화의 토대를 놓은 지도자가 분명하기 때문에, 반드시 훗날 모든 국민들이 그분의 공덕을 칭송하게 될 것이라고 평소 지니고 계셨던 당신의 신념을 밝히시기도 했다.

남사선생님이 돌아가시기 직전까지도 나는 유인선 교수와 오정소 장관과 함께 비교적 자주 찾아뵙고 모시고 식사를 하는 기회를 갖곤 했다. 그럴 적마다 비싼 음식은 도무지 맛이 없으니 가벼운 것으로 하자고 말씀을 하셨지만 대접하는 음식은 가격과는 관계없이 언제나 맛있게 잘 드셔서 백수는 무난하실 줄 알았다.

어느 날 모임에서 내가 다녀왔던 황산의 절경을 소개하자, 오정소 장관이 " 더 늙으시기 전에 남사선생님 모시고 천하절경 황산을 다녀오자!"고 제안을 하였다. 내가 남사선생님께 말씀을 드렸더니 흔쾌히 응하시었다. 당시 오정소 장관은 경제적으로 그리 넉넉한 편이 아니었음에도 선생님을 모신다는 기쁨에 거금을 마련하여 오정소, 유인선, 유준상 동문 셋이서 선생님을 모시고 사제동행으로 황산여행을 떠났다. 공항으로부터 황산에 이르기까지 선생님은 기분 좋아하셨고, 모시고 가는 제자들을 대견하게 생각하시었다. 황산에서 산행을 할 때 무릎 근력이 약하신 선생님을 고려하여 대나무 가마를 타시도록 권하였다. 남사 선생님께서는 "자네들이 귀국해서는 내가 기운이 빠져 가마타고 어렵게 산행했다고 소문을 낼 것 같아서 타지를 않겠다!."고 한 차례 고사를 하시었다. 그런 다음에 절대로 가마를 타셨다는 말은 절대로 하지 않겠다는 제자들의 약속을 받으시고는 가마에 올라 즐겁게 산행을 마치셨다. 산행도중에 나 역시 황산의 아름다운 풍광에 도취되어 자신도 모르게 흥에 겨워 "낙목한천 찬바람에 백설만 펄펄 휘날리는 계절이 되고 보면, 월백 설백 천지백하니 모두가 백발의 벗이로구나!" 하고 사철가의 한 대목이 저절로 나왔다. 듣고 계시던 선생님께서는 "그 노래 장히 좋다!"고 추임새를 하시면서, "굼벵이도 구르는 재주가 있다더니!?" 하고 무릎을 치시며 즐거워하시었다.

황산에서 우리 모두가 일체 발설을 하지 않기로 약속 하였던 것과는 달리 귀국하신 뒤 남사선생님께서는 찾아오는 제자들에게 마다 오정소 군 등이 황산에서 가마를 태워 늙은 선생을 호강시켰다고 여행담을 즐겁게 말씀하시더라는 이야기를 전해 들으며 역시 남사 선생님답다고 우리는 함께 미소를 지었다. 그리고는 이때까지 선생님을 위해 어느 것 하나 제대로 보답해 드리지 못했는데, 비록 늦기는 했지만 황산에 모시고 가길 참으로 잘했다는 데 모두 공감을 하였다.

그때 들려드렸던 사철 가를 요즘도 야생화 꽃밭을 매는 틈틈 여전히 흥얼거리고 있지만 "그 노래 장히 좋다!"는 남사선생님의 추임새를 다시 들을 수 없으니 마냥 허전하기만 하다. 아! 그리운 선생님! 다시 한 번 모시고 그 노래를 다시 들려드릴 수만 있다면 얼마나 좋을까!?

최 규 성(崔圭成)

상명대학교 명예교수 / (전)문화재 위원

남사 선생님 삶의 한 측면을 회상하며

남사 정재각(1913. 1. 13~2000. 9. 21) 선생은 20세기 "한국 동양사학계의 큰 별"이었다. 선생님은 평생을 교육과 학문연구, 봉사활동에 전념한 올곧은 교육자로서 공적이 두드러지며, 유교 · 불교 · 도교 · 한국 고유의 신앙은 물론 영혼의 존재에 대한 분야에도 조예가 깊었다.

나는 선생님의 문하생이다. 선생님과 학연을 갖게 된 시기는 선생님께서 고려대학교 교무처장(1955. 10~1959. 10) 직무를 맡고 계실 때였다. 이 기간에 선생님으로부터 〈동양고대사〉, 〈동양사 특강〉, 〈동양사 강독〉, 〈동양사적 해제〉, 〈동양사 연습〉 등을 수강했다. 어느덧 반세기가 지난 일이다.

나는 학부를 졸업한 후 대학원에서도 지도를 받는 등 생전에 많은 은혜를 입었다. 이 기회에 나의 기억에서 지울 수 없는 선생님에 대한 소회를 나름대로 일러두면서 다시 한 번 명복을 빌고자 한다. 선생님과 연을 갖은 50여 년 동안을 회상하면 아직도 생생하게 기억되는 것이 많다. 그 중 몇 가지만 간추려 보면, 먼저 학부 4학년 때의 〈동양사연습〉 수강 시간을 들 수 있다. 당시 수강생은 재학생 23명 중 10여명에 불과 했다. 그 중 이미 작고한 박관욱, 방용필, 서일철 3명과 박종관, 서인택, 홍용오 등이 기억된다.

교재는 수서(隋書) 권 24, 지(志) 제 19, 식화(食貨)였다. 교재 준비는 줄판(철판)에 등사 원지를 대고 철필로 써 등사판에서 한 장 한 장 손으로 등초 해낸 것을 썼다. 수업방식은 수강생들이 주별로 돌아가며 발표를 한 뒤 선생님의 비평을 받았다. 그런데 선생님께서는 발표한 내용을 듣고 마음에 차지 않으면 다음 주에 다시 발표하라는 말씀이 고작이었다. 참으로 등에 땀이 솟는 엄한 지도를 받았다.

회고하면 사료를 다루는 데 있어 치밀하고도 정확성에 대한 중요성은 물론 역사를 보는 시각과 경제가 국가를 움직이는 상관관계를 중시해보는 인식을 일찍이 일깨워 주었다. 어쨌든 선생님의 치밀하고도 공정무사한 언행과 가르침은 후학들로 하여금 존경심을 지니게 하는 남다른 기상을 지닌 분이었다. 또한 선생님은 인상이 엄해 보이는 선입견과는 달리 농담(Joke)도 유별났다. 그 농담은 듣기도 상상하기 어려운 뜻을 지닌 것이 특징이다.

한편 개인적으로 선생님을 대하면, 소탈한 성품에 구수하고도 깊은 뜻이 담긴 말씀을 듣다보면 따뜻한 정이 가슴에 와 닿는다. 그리고 선생님께서는 좋은 일 하시고도 매사에 공치사를 모른다는 말도 동지들로부터 어쩌다가 들었다.

그 사실은 내가 실감한 바 있다. 선생님께서 내가 졸업을 앞둔 1959년 12월 어느 날 '자네 취직문제 어찌되는고' 하시면서 서울시내 모 고등학교 교사로 추천을 주선해 주신 일이 있다. 묘한 사연으로 성사는 되지 않았으나 그 후에도 나의 학계로의 진로문제에 대해서는 항시 관심을 두어 주셨다. 그 고마움은 잊을 수 없는 일이다.

선생님의 인품은 작금의 세상에서는 찾아보기도 어려우며, 그 품위를 본받기도 어려운 특별한 격(格)을 지닌 분이다. 아마도 그 격은 내심이 깨끗하고 강한 자존심에서 비롯된 것이 아닌가 싶다.

나는 중년이 되면서 선생님께서 각 기관의 장으로 중책을 맡고 계실 때는 명절 때나 한두 번 동기생 홍용오, 이현희 등과 함께 찾아뵙는 것이 고작이었다. 그런데 내가 국사편찬위원회 재직 당시 선생님께서 〈9세기 재당 신라인의 활동〉에 대한 강연을 하라는 명을 받은 바 있다.

당시 강연은 대한불교진흥원에서 주관한 것으로 대상은 일반대중이었다. 이 때 선생님께서는 제 강연을 끝까지 듣고 난 뒤에 점심을 함께 하셨다. 나는 제자들을 사랑하는 인자한 모습을 또다시 가슴 깊게 느꼈다. 어쨌든 선생님과의 인연이 오래되다 보니 나의 정년퇴임 논문집(《사학연구》 58 · 59 합호집, 1999년) 간행 때 하서를 써 보내주신 점도 나에게 는 더 없는 영광으로 생각하고 있다.

또 하나 기억에 새로운 것은 1998년 5월 사단법인 공동체사회포럼(회장 : 이해원) 조찬강 연회 연사로 선생님을 초빙토록 주선한 바 있다. 강연 주제는 〈역사는 누구에게도 자명한 것인가〉였다. 당시 청중들의 관심을 끈 내용은 "어떠한 역사적 사건의 이미지와 평가는 곡절(曲折)하는 역사 행로의 굽이를 돌 때마다 달라질 수 있다고 본다."고 하시면서 "만세 불변의 확고부동한 역사적 평가란 역사가 끝나는 시점에 가야 말할 수 있다."고 한 점이다. 이 말씀은 작금의 정세나 역사학계의 동향을 보면 그 언급이 더욱 간절하게 되새겨진다.

요컨대 선생님은 역사에 대한 남다른 관심과 객관성을 중시하는 통찰력과 미래를 보는 냉철한 판단력을 중시했다. 아마도 선생님께서 축적된 학문적 지식을 많은 책으로 엮어내 지 않은 것도 역사를 보는 사려 깊은 성격 때문이 아니었나 싶다.

그 때 선생님께서 한 시간에 걸친 설득력 있는 깔끔한 언변은 청중들을 놀라게 했다. 당 시 선생님의 연세가 85세였다. 나는 한 시간에 걸친 강연하는 모습을 보면서 백수를 넘길 수 있는 기력이 있다고 생각했다.

이후 2000년 5월 스승의 달을 맞이하여 1956년 입학 동기인 송순재 · 신재홍 · 심재욱 · 이귀성 · 이대중 · 이현희(작고) · 전기영(작고) · 홍용오 등과 함께 송파구 명일동의 선생 님 댁을 찾아뵈옵고, 모시고 나와 댁 근처의 중국음식점에서 점심을 대접한 기억이 난다.

선생님께서는 음식을 골고루 맛있게 드시면서 두 시간여의 즐거운 시간을 보냈다. 선생 의 언변은 예나 다름이 없었다. 식사를 끝낸 뒤 차로 댁까지 모시려 했으나 운동삼아 걸어 가는 것이 좋다고 하시면서 발걸음을 띠셨다.

우리들은 선생님의 뒷모습을 한참동안 지켜보다가 헤어졌다. 그런데 내가 보기에 선생 님의 걷는 모습이 전과달리 힘이 빠진 듯 보였다. 나이 들어 다리에 힘이 없으면 생명의 적 신호라는 옛 어른들의 말씀이 생각났다.

그 후 나는 2000년 6월 31일 최규성 교수의 영식(令息) 결혼식에 참석하셨던 선생님을 피로연이 끝난 뒤 명일동 자택에 모시고 간 기억이 못내 잊혀지지 않는다. 사연인 즉 아파트 현관 앞까지 모시고 난 뒤 돌아서는데 선생님께서는 내가 차를 몰고 출발할 때까지 현관 앞에서 손을 저으시며 계시던 모습이 지금도 눈에 선하다.

그 때 선생님께서는 집에 아무도 없지만 차를 들고 가라는 말씀을 듣고도 그저 돌아선 것이 지금도 마음에 걸린다. 이후 채 3개월을 넘기지 못하시고 미수에 유명을 달리했다. 선생님의 삶을 돌아보면 올곧은 학자로서 후학들에게 사랑은 물론 풍성한 깨달음과 지혜를 주신 교육자로서의 본분을 다한 분이다.

선생님은 동국대 총장, 숙명여대 이사장, 한국정신문화연구원 원장, 대한불교진흥원과 불교방송국 이사 등 이곳저곳에서 기관장으로 모셔간 것도 선생님이 지닌 투철한 공사(公私)의 판단력 및 청렴성과 지조 있는 자기 통제력이 강한 인품의 소치였다고 생각된다.

어느 땐가 선생님은 나에게 《히말라야의 성자들》상·하 (스와미 라마지죠 ; Living with the Himalayan Masters ; Swami Rama)를 읽어보라고 한 말씀이 새삼 생각이 난다. 선생님께서는 유독 '영혼'의 세계를 믿으셨으니 '영'의 세계에서도 이정표 없는 허공을 맴돌지 않고 이 세상 못지않게 좋은 일 많이 하시고 행복하게 계시리라고 믿습니다.

선생님의 영전에 거듭 극락왕생의 명복을 빕니다.

최 근 영(崔根泳)

(전)국사편찬위원회 편사부장 / (전)한국사학회회장

학칙(學則) 충실 강조하시던 멋쟁이 총장

내가 정재각 선생님을 처음 알게 된 것은 1978년 6월 동국대학교 총장으로 취임하신 후의 일이다. 선생님의 취임당시 문교부에서 처음으로 시행한 해외파견연구 교수로 이미 선발되었던 나는 취임하신지 얼마 되지 않은 8월에 일본 동경대학으로 떠나게 되었고 선생님과 개별적으로 만나 뵌 것은 총장실에서 출발 인사를 드렸을 때 뿐이었다.

동경대학에서의 연구생활이 얼마 지나지 않은 하루 뜻 밖에 연구실에서 고(故) 배종근(裵種根) 교수로부터 전화를 받게 되었다. 자매결연교인 타익쇼(大正) 대학을 방문하기 위해서 총장님을 모시고 동경에 와 있으니 숙소까지 와달라는 것이었다. 총장님을 찾아뵙고 반갑게 인사를 하고 나니 연구에 지장이 없으면 함께 다녔으면 좋겠다는 청을 하셔서 3~4일간으로 기억되는 체류기간동안 동경의 지리에 익숙한 내가 안내하고 여러 가지 일을 도와드리게 되었다. 짧은 기간이었으나 선생님을 처음 가까이에서 접하게 되어 선생님이 고결한 성품을 지닌 분이라는 것을 느끼게 되었고 이것이 선생님과 나의 깊은 인연이 될 줄 당시에는 생각하지도 못하였다.

1980년 2월 말 동경대학에서의 1년 6개월의 간의 연구생활을 마치고 귀국하여 새 학기가 시작 되고 4월이 된 어느 날 총장실로부터 호출이 있다고 해서 영문도 모르고 총장실을 찾았더니 뜻밖에 교무처장을 맡으라는 말씀에 그저 당황할 뿐이었다. 그때 나는 동경대학에서 시작한 새로운 연구를 계속할 준비에 몰두하고 있었고 대학행정에 관여한다는 것은 생각한 적도 없었거니와 대학행정과 관계되는 일은 공과대학 학장이나 과학관장의 경험밖에 없었으며 또 동국대학교에서 그 때까지 자연계 교수가 교무처장을 맡은 일이 없었기 때문에 더욱 자신이 없어 극구 사양하였다. 특히 자연계 교수가 보직을 맡으면 연구에 지장이 더 많고 행정책임자로서는 여러 면에서 적합하지 않다는 것을 강조하였더니 다른 대학 자연계 교수의 보직자를 예로 들면서 완강하게 설득하시는 데는 도저히 승복하지 않을 수가 없었다. 나를 과분하게 평가해 주신 점에 대해서는 고마움을 느끼면서도 한편으로는 고집이 대단하신 분이라는 생각을 하면서 총장실을 나설 때의 일은 지금도 기억이 생생하다.

1982년 1월 선생님이 정신문화연구원 원장으로 동국대학교를 떠나시기까지의 약 2년간 교무처장으로서 총장님을 보필하는 동안 고결하고 완고한 성품에 그저 따라서 열심히 일할 뿐이었다. 고려대학교에서 교무처장을 지내신 경험 때문에 간혹 당황할 때도 있었고 특히 학칙에 충실할 것을 강조하셨다. 학칙을 준수하고 충실하게 운용한다는 것은 대학 행정의 기본이라는 것은 두말할 것도 없다. 나는 학칙을 외우다 시피하고 행정처리에 있어서 항상 학칙과 대조하도록 하였다. 하루는 결재서류 내용이 학칙에 위배된다는 지적을 하시기에 자신을 가지고 그렇지 않다고 답하였더니 도리어 학칙을 똑똑히 보라고 하시지 않는가. 학칙에 해당 부분을 표시해서 갔다 드렸더니 겨우 고집을 접으시는 것이었다. 이런 일은 극히 드문 일이기는 하지만 이와 같이 선생님은 당신의 지식에 대해서 확고한 자신을 가지고 계셨고 완고하셨다.

1980년경의 격렬했던 학생운동도 선생님께는 큰 부담이 되었던 일의 하나로 기억되지만 이러한 어려움을 당해서도 선생님은 흔들림이 없는 꿋꿋한 자세로 대학을 잘 이끌어 나가셨다고 생각된다. 특히 학생들은 다양한 이유로 여러 교수에 대하여 극한적인 퇴직요구를 계속하였고 많은 고통을 안겨주었다. 어려운 고비를 하나하나 넘기고 마침내 한 사람의 퇴직자도 없이 슬기롭게 극복한 것은 엄격하신 반면 선생님의 인자하신 일면을 보여주는 일로 생각된다. 재임 중 대학의 경영이나 행정체계를 쇄신하여 바른 궤도에 올려놓았고 취임과 함께 시작된 경주캠퍼스의 건설에 대한 열의도 대단하셨던 일들이 생각난다. 선생님의 노력으로 동국대학교 경주캠퍼스의 기반이 마련되었다고 해도 과언이 아닐 것이다.

선생님이 정신문화연구원 원장으로 옮겨가신 후에도 동국대에서 자리를 옮겨 기획조정 실장직을 맞게 된 나는 일본의 대정(大正)대학 학장 등의 내방 등으로 이들을 안내하여 때때로 찾아 뵈옵기도 하였다. 동국대학교를 떠나신 것이 아쉬워서 정신문화연구원으로 가신 것을 원망하면 대통령으로부터 두 번이나 원장직을 수락하도록 권고를 받고 보니 하는 수 없었다는 말씀을 여러 번 하셨다.

선생님을 자주 뵈올 기회가 없어지게 되고 해서 오래 전부터 설을 맞이할 때마다 빠짐없이 댁으로 찾아뵙게 되었고 설날에 선생님의 덕담이나 사학자로써의 시국관 등을 듣는 것은 즐거운 일이었다. 몇 해 전부터 인가 전립선비대증이 있다는 말씀을 하셨으나 고령자의 반 이상이 이 증세가 있으며 나도 같은 증세로 불편을 겪고 있던 터여서 대수롭지 않게 생각하였다. 타계하시던 2000년의 설날에도 건강한 모습으로 반겨주셨으며 특히 전립선비대증에 관한 말씀을 많이 하시기에 고령이시라 전립선 제거수술은 되도록 피하는 것이 좋겠다는 말씀을 드리기도 하고 돌아 왔었다. 그런데 9월초에 뜻 밖에도 선생님이 전립선 암으로 입원하시고 위독하시다는 소식을 듣고 급히 고려대학교 부속병원 입원실로 찾아갔을 때는 선생님은 이미 반기는 손 움직임만 보이실 뿐 말씀도 못하시니 이게 왠 일인지 너무나 허무한 일이었다.

알고 보니 전립선암이 진행되고 있다는 진단을 오래 전에 받으셨다고 하며 암이 진행되고 있었으면 수술을 받으셔야 했다고 생각되는 데 왜 그런 말씀을 전혀 안 하셨는지 안타까운 마음을 금할 수 없었다. 선생님의 가정생활은 때로는 순탄하지 않았으나 한 번도 내색을 하거나 말씀을 하신 적도 없다. 또 옷차림에 있어서도 하나 하나 직접 챙기시고 구두 끝까지 흠 잡을 곳이 없는 단정한 모습을 간직하시는 멋쟁이 선생님이었다. 이와 같이 매사에 너무나 완벽한 자신을 고집하는 선생님이시기에 암이라는 말씀도 안 하신 것 아닌가 생각이 된다. 설을 맞이할 때마다 깔끔한 한복차림으로 맞아주시던 선생님의 모습이 생각나고 그리워진다. 선생님의 명복을 빌 뿐이다.

하 덕 모(河德摸) • 동국대학교 명예교수

엄격-자상한 가르침은 내 교수생활의 전범(典範)

1982년 2월 문학박사학위를 받고 고려대학교 대학원 사학과를 졸업할 때 내 나이는 45살이었다. 대만에서 중국미술사를 전공하고 1973년 여름 귀국한 후 대학 강사와 상근 문화재전문위원 등으로 뛰어다니다가 1977년 봄 고려대학교대학원에서 다시 석사과정부터 공부하기 시작한 늦깎이 학생이 되었다. 나이도 그렇고, 바쁘기도 하였기 때문에 고대에서의 5년간 학생생활은 정말 힘들었다.

그러나 공부욕심과 전임교수가 되고자 한 열망 때문에 열심히 했다. 나보다 10살 20살 어린 학생들과도 잘 어울리면서 예습과 복습 그리고 리포트 제출도 잘 해냈다.

남사 정재각 교수님의 과목도 여러 과목을 열심히 수강하였다. 전형적인 선비셨던 선생님은 언제나 조용한 음성으로, 깐깐하고 차근차근 가르치셨다. 특히 원서강독에서는 더 그러하셨다. 고증과 해석에서 한 치의 오차도 없이 정확하게 하셨다 다른 교수님들(김준엽·송갑호·강만길·김정배·이춘식·유인선 교수 등)로부터도 많은 것을 배웠지만 정재각 교수님으로부터는 사료해석법을 더 철저히 배웠다고 믿는다.

박사과정 3학기 때였을 것이다. 정재각 교수님의 중국 25사 강의를 듣는 학생은 나와 김복순(金福順, 지금은 교수가 되었다.)양 둘 뿐이었다. 선생님의 연구실에서 진행되는 강의는 나를 언제나 진땀나게 하였다. 예습 때문이었다. 한문의 해석-용어풀이-전체내용 등은 물론이고 역사배경까지 두루 다 파악해야만 했기 때문이다.

선생님은 나와 김양에게 번갈아 가면서 해석하도록 하시고는 별다른 말씀 없이 듣고만 계시면서

"그래?"

"거길 그렇게 해석하나?"

"글자를 위로 붙여 해석해?"

등만 하셨다.

그러면 우리는 땀을 흘리면서 다시 해석하곤 하였다. 학생의 힘든 해석이 끝나면(그날 강의 범위가 다 되면) 선생님의 일사천리 같은 해석과 주석이 이어졌다. 해박한 지식의 총동원이었다.

웃지도 않으시고 근엄한 모습으로 (거의 부동자세로) 하시는 강의였다.

많이 배웠다. 선생님의 흐트러짐이 없는 자세와 엄격하면서도 자상한 가르침은 나의 교수 생활의 전범이 되었고, 존경의 대상이 되었다. 물론 사석에서는 웃기는 이야기도 가끔 하셨지만 강의실에서의 모습은 언제나 근엄한 선비셨다.

선생님의 고려대를 떠나신 후 (동국대·숙대·정문연 등)에서도 가끔 뵈었고 고희논문집에도 졸고(석지 채신연구)를 실었지만 선생님의 크신 은덕은 잊을 수가 없다. 검소한 생활과 근엄한 학문태도 그리고 체력유지법(선생님은 요가를 꾸준히 하셨다)은 언제나 귀감이 되었다.

이제 다시 선생님을 추도하면서 이 글을 쓰게 되니 선생님이 더욱 뵙고 싶다.

허 영 환(許英桓)

(전)성신여자대학교 동양화과 교수 / (전)문화재위원

모두가 본받아야 할 겸허-고고한 인격자

 "정재각 선생과 나"라는 제목으로 원고 청탁을 받고 고민하다가 그럭저럭 세월이 많이 지나서 어떻게 하나 걱정하고 있던 차에 청탁이 다시 왔으니 게으른 나의 처신이 남사선생에게 몹시 결례가 될 뿐만 아니라 본서의 간행위원회에게도 예기치 않은 부담이 될 것 같아 급히 이 펜을 들었다.

 남사 선생과 나는 고려대 재직 시에 함께 교편을 잡은 인연으로 각별히 친근감을 느끼고 존경심을 갖고 있는 터이라 주저 없이 일찍이 청탁에 응했었다. 그러나 막상 글을 쓰려고 하니 무엇인가 독자에게 재미있고 인상 깊게 읽힐만한 이야깃거리가 선뜻 생각나지 않았다. 급히 회상해서 생각나는 것을 두서없이 적어볼까 한다.

 제일 먼저 생각나는 것이 남사선생은 본인을 대할 때 항상 "홍 박사"라고 호칭했다는 것이다. 선생과 본인 간에는 10여년의 나이 차가 있을 뿐만 아니라 선생은 성격이 워낙 깔끔하고 곧은 분이어서 주변 사람이 모두 어려워하는 터이라 본인도 그분을 어려워하는 처지였는데 연하의 본인에게 한 번도 말을 놓은 일이 없고 꼭 "홍 박사"로 호칭해서 내심 몸 둘 바를 몰라 어려웠던 것이 기억난다.

 두번째 생각나는 것은 이분이 모 대학의 행정책임을 맡고 계셨을 때의 일이다. 어느 날 뜻밖에 부탁이 있으니 좀 만나자는 전화가 왔다. 지금 생각하니 이 분이 얼마나 자신의 책임감에 철저했는지 새삼 감동하지 않을 수 없다. 찾아뵙자 곧 매우 자연스럽게 본인에게 사회과학관계 논문 수편을 주시면서 읽어보고 평을 해달라는 것이었다. 본인의 짐작에는 신임교수채용을 위한 논문인 것 같아서 성의껏 그분의 부탁에 응했다. 지금 생각하니 이 분이 본인을 그렇게까지 가깝게 느끼시고 신임하셨나 하고 새삼 고마움을 잊을 수 없다.

끝으로 또 한 가지 생각나는 일이 있다. 이 이야기는 선생의 겸손함을 그대로 반영하는 것 같아서 소개한다. 1960년대 초의 일이다. 이때는 나라의 빈곤으로 외화의 구입난이 심하여 교수도 외국여행이 몹시 자유롭지 못했었다. 그런데 선생이 그 당시까지 아직 한 번도 동남아시아에 나가보신 일이 없다는 것을 본인이 우연히 알게 되었다. 그래서 본인이 잘 알고 있는 모 외국 재단의 책임자에게 부탁해서 선생이 처음으로 동남아 여행을 하신 일이 있다. 돌아오셔서 하시는 말씀이 "백문(百聞)이 불여일견(不如一見)"이라고 하시며 교수들이 연구비 받아서 논문 한편 쓰는 것보다 외국여행을 한번 해보는 것이 보다 유익할 것 같다고 말씀하시며 본인에게 감사를 표하셨다.

이렇게 두서없이 남사선생에 관한 글을 쓰다 보니 그분의 겸허하고 고고한 선비정신이 그리워지고 선생은 우리 모두가 본받아야 할 인격자이었음을 새삼 내 마음에 되새기게 한다.

홍 승 직 (洪承稷)

학술원 회원 / 고려대학교 명예교수

모든 제자에 평등한 사랑과 관심 베푸시다

내게 글을 가르쳐주신 분은 많으나 높은 인격을 가르쳐주신 분은 남사 정재각 선생님이시다. 나는 동양사를 전공하지 않고 학자의 길을 걷지 않았으므로 선생님과 학문적으로 깊은 인연을 맺지 못했지만 인간적으로는 선생님으로부터 남달리 과분한 사랑을 받았다고 생각한다. 선생님은 제자라면 누구에게나 한결 같으셨지만 보잘 것 없는 나에게도 깊은 관심과 사랑을 베풀어주신 은인이며 스승이시다.

내가 본 선생님의 인품과 선생님께서 나에게 각별히 베풀어주신 사랑을 간략하게 적어보겠다.

선생님은 욕심 없이 세상을 소탈하게 사신 분이시다. 선생님께서 보문동에서 성북동으로 이사하실 때 이귀성 교우와 함께 이삿짐을 운반해 드린 일이 있었다. 이삿짐이 꽤 많은 것이라 예상했는데 막상 운반하다보니 서책을 빼고는 가재도구들이 일반 여염집보다 적었다. 또 동국대학교 총장직에서 물러나실 때에 감사를 맡은 직원이 "선생님 같이 판공비를 남기고 떠나시는 총장을 처음 뵙니다"고 했다 한다. 이 두 가지 일만을 가지고도 선생님이 얼마나 검소하고 절제된 삶을 살아오셨는지 알 수 있다.

선생님은 늘 엄격하면서도 자애로우신 스승이시다. 나는 사학과 학생회장에 당선되자 전임자처럼 학회지 〈사총〉(史叢) 출판비 모금을 위해 다니느라 시간이 필요해 교생실습을 야간부에서 받았다. 한데 교생실습 도중에 아버지가 돌아가시는 바람에 3일간 결석한 일이 있었다. 그 사이 교생실습지도교수께서 확인 차 실습학교를 방문하고는 교생실습의 원인무효를 선언하였다. 지도교수의 허가 없이 야간부 실습을 받은 일과 결석계를 제출하지 않은 점이 사단이었다. 4년간 받아온 교직과목이 아까워 교무처장실로 선생님을 찾아뵙고 말씀드리니 선생님은 일의 선후가 잘못된 것을 나무라시고는 "부친상이란 인륜의 대사인데 어찌 내게 부고가 없었단 말이냐?" 하시면서 예법을 일러주셨다. 또 무슨 연유로 말씀하셨는지는 잊었으나 언젠가 복도에서 나를 보시더니 "홍군은 화이부동(和而不同)하기를 힘써야겠다"고 하시면 내 처신에 대하 충고의 말씀을 주신 일이 있었다. 순간 당혹스럽기도 했지만 선생님의 깊은 관심과 사랑에 마음으로 감격할 뿐이었다.

선생님께서 중매를 서주시었다, 내가 보인상고(輔仁商高)에서 교편을 잡고 있던 어느 날 전화를 받으니 사모님이었다. "홍선생, 오늘 약속 없으면 퇴근길에 우리 집에 들러줘요"하신다. 까닭도 모르고 찾아뵈니 옆방에 색시가 있으니 한번 선을 보라신다. 그제야 선생님께서 나에게 집안 아가씨를 중매 서기 위해 오라신 것을 알게 되었다. 결국 선생님의 중매로 진양 우복(晋陽愚伏) 정씨네로 장가들게 되었다. 선생님의 사랑을 받은 제자는 수백 수천을 헤아릴 수 있겠지만 이처럼 나는 분에 넘치는 선생님의 총애를 받았다.

선생님은 이 시대의 마지막 선비이시다. 팔순 축하모임에서 "경성제대 졸업 시 조선총독부관리로 나갈 것을 권유받았으나 사양하고 대구 계성중학 교사로 부임할 때나 대학교수로 재직할 때나 늘 주체성과 인간으로서의 기본을 잃지 않으려고 애썼다"고 하신 말씀처럼 선생님은 평생 학처럼 고고하게 사신 분이시다. 마음을 바르게 가지고 의롭게 행동하는 것, 대의명분을 소중히 여기는 것이 선비정신이지만 선생님은 합리성과 실질도 중히 여기시는 합리적인 선비셨으며 유학자 집안의 후손으로서 체통을 잃지 않으시려고 평생 학문과 덕성 함양에 매진하신 분이셨다.

내가 평생 뵌 선생님은 늘 제자들을 편안하게 대해주시고 대들보감이든 땔나무감이든 평등하게 관심과 사랑을 베풀어주신 어버이 같은 분이시다. 그리고 선생님은 권위나 꾸밈이 없는 그야말로 평범하고 진실한 어른이시며 중용과 청빈한 삶을 사신 분으로 우리들이 본받고 의지해야 할 삶의 전범을 보여주신 참 스승이시다.

홍 용 오(洪龍五) • 고려대학교 사학과 56학번

남사(藍史) 정재각(鄭在覺)박사의
고희(古稀)의 경사(慶事)에 즈음하여

    남사 정재각박사의 고희의 경사에 즈음하여 그 지우와 문인들의 주옥같은 학문의 업적을 모아 「동양학논총」을 편성하여 서문의 청을 받고 적임이 될 수 없기에 수차 사양했으나, 거듭되는 간청에 부득이 권두를 더럽히게 되어 송구스럽기 그지없습니다.

    남사 선생님을 처음 뵈온 것은 1950년대 후반 고려대 사학과에 「한국미술사」강의로 출강할 때였습니다. 그러나 동양사를 전공하시는 선생님과 나는 깊은 학문적 교섭을 자주 가질 수가 없어 선생님에 대한 이해는 부족할 수 밖에 없었습니다. 오직 고고한 품성과 해박한 지식과 예리한 판단력을 갖추신 교수라고만 느꼈을 뿐입니다.

    그 후, 숙인(宿因)의 지중함인지 20여 년이 지난 1978년 6월 선생님의 동국대학교 총장 취임과 본인의 대학원장 보직으로 4년 가까이 모셨으니 이는 실로 선생님의 진면목을 알 수 있는 호기(好機)가 되었습니다.

    대개 인간이란 멀리서 바라볼 때는 그 장처(長處)가 많다가도 가까이서 자주 대하게 되면 허다한 단점이 표출되는 것이 상례이지만 선생님은 그와는 전혀 반대로 멀리서 명성을 들을 때와는 달리 오히려 가까이서 대하면 대할수록 고상한 인격과 강직한 성품에 자연 머리가 숙여졌습니다. 마치 동해의 일출시, 토함산 석굴암의 부처님께 예배드리면 삼세의 먼지가 스러지고 속계(俗界)의 망념(妄念)이 씻기는 듯한 그런 느낌이었습니다.

이는 오직 선생님의 고매하신 인품에서 풍기는 덕화(德化)의 소이(所以)라고 하지 않을 수가 없었습니다.

이러한 선생님의 품성은 애국심과 민족애에로 승화되고 교육정열로 발현되어 후진양성에 일생을 바치셨다고 생각됩니다. 사개성상(四個星霜)의 총장재임 중 단 하루의 결근도 없으셨음은 오로지 후진교육을 위한 공인(公人)의 자세를 생활의 신조로 삼아 사생활의 여가를 두지 않았기 때문이었습니다. 공무의 처리에는 추호의 비리나 타협이 없는 엄격을 근본으로 삼으셨으나 사도(私度)에 이르러서는 언제나 지성인으로서의 여유와 유머를 잃지 않으셨으니 관음(觀音)의 응신(應身)으로 후진을 접화(接化)하셨다 해도 지나친 말이 아닙니다. 또한 기품 있는 문장과 논리 정연한 언변은 보고 듣는 이의 흉금을 감동케 하시니 항시 흠모하고 놀랄 따름입니다.

생각하건대, 선생님은 이 땅의 후진교육을 위해서 학문과 지식만이 아니라 인격을 통한 삶 전체로 헌신하신 원력(願力)의 화현(化現)입니다. 그러므로 선생님의 지인과 문인들은 그 높은 뜻을 기리고 공하(恭賀)하는 일념으로 뜻을 모아 「동양학논총」을 편찬하여 고희의 성전을 표하는 것입니다. 그러나, 선생님께서 쌓으신 학문과 끼치신 덕화에 비긴다면 이 어찌 만의 하나라도 보답이 되겠습니까. 다만 아쉬움을 달랠 뿐입니다.

바라건대, 「전오출몰촉년광」(全烏出沒促年光)이라는 고인의 글처럼 흐르는 세월을 멈출 도리야 없겠지만 남사 정재각박사님의 고희대경(古稀大慶)은 시공을 넘어선 피안의 무량수연(無量壽筵)되옵길 합장 축원하옵니다.

끝으로 바쁘신 속에 옥고를 마련해 주신 여러분과 편찬위원 여러분의 노고를 치하드리는 바입니다.

『동양학논총(東洋學論叢)』(고려원, 1984. 2. 14)에 실린 글

황 수 영 (黃壽永)

(전)국립중앙박물관 관장 / (전)동국대학교 총장

제4부
남사선생 떠나던 날

영결사

오늘 이 동국의 교정에서

우리들과 아름다운 인연으로 맺어졌던

남사 정재각 선생님을

저 피안의 세상으로 떠나 보내게 되었습니다.

일찍이 선생님께서는

우리 동국대학교의 총장으로 재임하시면서

동국의 발전을 위한

헌신과 노고의 정성을 다한 이 교정에서

이승에서의 마지막 전별을 고하지니

만감이 가슴에 벅차,

아쉽고 슬픈 심회를 가눌 길이 없습니다.

평소 불연이 깊으시어 남다른 애착으로

불교의 정신을 바탕으로 한 동국대학교를

학문의 전당이요 인재교육의 요람으로

일구어내기 위해 대학행정을 집행함에 있어

조금도 흐트러짐 없이

강직한 성품과 사심 없는 고결함으로

분망하게 일하시던 모습이 눈에 선합니다.

선생님의 생애를 돌이켜보건데

본교의 총장 소임을 훌륭하게 소임하신 노고도 빛나지만

고려대와 숙명여대, 정신문화연구원 등에서

두루 젊은 인재들을 육영하는 대학경영의 책임자로

중심적 역할을 항상 해오셨고,

그에 앞서 대학강단에서 역사학을 강의하신

역사학자로서의 명망이 드높아

선생님께서 끼친 훈도에 이끌려

오늘날 중진 역사학자의 대오에 나서고 있는 제자들이

각계에서 선생님의 가르침을 구현하는 바가

눈에 두드러집니다.

선생님께서는 서재와 연구실에 계실 때나

간단에 서서나 공사의 좌석에서

늘상 인자한 모습으로 주위를 포용하시되,

정직과 정의를 위해 원칙을 준수하기 위해서는

한 치의 물러섬도 없는

전통적인 선비의 기개와 청렴을 본보여 주셨습니다.

그 탁월한 본을 이제 더 이상

이 세상에서 우리들에게 보여주지 못하고

회자정리 생자필명의 고귀한 인연법에 의해

비록 몸은 우리 곁을 떠나지만

삼사 두루 끼친 인연으로

언제나 이 동국대학교의 무궁한 전진의 역사와 함께할 것을 믿습니다.

아무쪼록 부처님의 가르침을 함께 수행해온

이승의 인연이 깊디깊은 만큼

선생께서는 부디 극락왕생하시어

언젠가는 우리 다시 돈독하고 절실한 만남의 아름다움이 재생될 수 있도록,

오늘 선생님을 떠나보내는 아쉬움을 달래려 합니다.

이제 떠나 보내는 아픔보다

다시 재회할 새로운 인연의 세상을 기다리는 벅찬 마음으로

떠나시는 앞길에 향촉과 꽃을

정성을 다해 바치오니 부디 거두어 주시고,

언제나 우리 동국과 사회와 국가와

인류의 번성을 위해

음덕을 베풀어주시기 간절하게 기도합니다.

먼 길 편안하게 가시고

필경 극락 왕생의 명복을 누리소서.

나무아미타불.

2000년 9월 21일

송 석 구(宋錫球) 합장 • 동국대학교 총장

조사(弔辭)

　오늘 우리는 한국 동양사학계의 큰 별이셨고 신심 깊은 불자의 한 사람이었던 정재각 박사님을 떠나보내면서 애통한 마음 금할 길이 없습니다. 한결같이 올곧고 굳으신 성품으로 가까이 계신 것만으로도 크나큰 위안이 되고 정신적인 힘이 되어 주셨던 정 박사님의 모습을 이제는 영영 다시 뵐 수 없다고 생각하니 어찌할 바를 모르겠습니다. 정 박사님의 따뜻한 정을 잊지 못하는 많은 이들을 남겨두고 정녕 홀로 어디로 가신단 말입니까?

　일생 학계와 함께 동고동락하셨던 정박사님께서는 학자로서의 남다른 고집과 강직함을 지니셨으나, 그에 반해 성격은 소탈하셨고 누구에게나 격의 없이 친근하게 대하였던 인간적인 분이셨습니다. 평소에 불심이 깊었던 박사님께서는 부처님 말씀대로 오직 법에 귀의하여 청정하고 고귀한 수행자의 모습을 보여주셨습니다.

　말년에는 대한불교진흥원과 불교방송 이사로 계시면서 불교발전을 위해 많은 일들을 함께 고민하고 조언해주셨고 개인적으로는 불자로서, 학자로서 길을 함께 걸어온 道伴이었습니다. 더구나 박사님께서는 대중들에게 사회의 흐름과 불교의 진리를 널리 알리고자 개최되는 불교진흥원의 다보문화강좌(多寶文化講座)를 오랫동안 주관해 오셨으며, 직접 강연을 하신 것은 물론 각계 인사들의 초청강연을 통해 문화 포교의 견인차 역할을 다하셨습니다.

　아직도 하실 일들이 많은데 이렇게 훌쩍 떠나버리시니 혼자남은 허망함에 자꾸만 눈시울이 뜨거워짐을 감출 길이 없습니다. 정 박사님이야말로 시대가 아까워하는 큰 인물이셨습니다.

　불교에서는 무시무종(無始無終)이라 했습니다. 온 것이 없으니 갈 것도 없다고 한 것처럼 죽음은 끝이 아니라 새로운 옷을 입고 다시 태어나는 것과 다르지 않을 것입니다. 비록

박사님께서는

　이 땅을 떠나셨지만 이 생에서 지은 공덕과 불은, 그리고 생전 연원대로 항상 부처님의 가르침에 따라 우리들 가까이 사실 것을 믿어 의심치 않습니다.

　이제 우리 모두는 옷깃을 여미고 마음을 하나로 모아 고 정재각 박사님의 영전에 합장배례하며 삼가 왕생극락(往生極樂)을 발원하옵니다.

　나무아미타불.

불기 2544년 9월 21일

서 돈 각(徐燉珏) 합장 • 재단법인 대한불교진흥원 이사장

조사(弔辭)

　단기 4333년 서력 2000년 경진년(庚辰年) 9월 21일 후학 이항령(李恒寧)은 삼가 선생님의 영전에 아뢰나이다. 세태가 험난하고 창생이 塗炭에 해매는 지금 국민의 숭상을 받는 스승이 절실히 요구되는데 당대 선비의 전형이라 할 수 있는 선생께서 홀연히 서거하시니 가뜩이나 갈 바를 모르는 우리들에게 무한한 아픔을 줍니다.

　본시 영남 상주의 유학명가에서 태어나시어 동양사를 전공하시고 이 방면에 생로운 경지를 개척하셔서 학문적 공헌이 크셨으며 특히 난세를 사시면서 속기에 젖지 아니하시고 명리를 초월하여 오직 높은 지조와 청렴으로 일관하시어 후학들의 귀감이 되셨습니다. 선생은 교육행정가로서도 탁월하시어 일을 처리함에 있어 오직 공정 무사하여 일점의 사심을 두지 않은 것은 널리 알려져 있는 일입니다.

　그런 연고로 선생은 고려대학교를 퇴임하신 후에도 명문 동국대학교에서 총장으로 영입되신 것만 보더라도 그 명성과 덕망을 짐작할 수 있습니다. 선생은 일찍부터 동양의 가치에 착안하시어 동양문화의 도의성 종합성 관용성 등을 깊이 탐구하시어 유학뿐만 아니라 불교 도교 한국고유의 신앙에까지도 조예가 깊으셨으며 특히 불교의 원융무애의 경지를 좋아하셨는데 그러한 인연이 동국대학교에서 선생을 학교장으로 모시게 된 것으로 생각됩니다. 이는 선생의 영광을 더하게 할 뿐만 아니라 동국대학교의 너그러움을 더욱 빛나게 하여 이 자리에 참석한 사람들을 감격시키고 있습니다. 평생동안 학문화 교육과 봉사에 큰 업적을 남기시고 많은 제자를 기르셔서 선생이 가신 뒤에도 선생의 도통과 학맥은 영구히 이어지리라고 생각됩니다. 이제 극락왕생하시어 명복을 누리시고 우리들을 지켜주시기를 간절히 바라면서 두서없는 조사에 대신합니다.

　나무아비타불.

이 항 령(李恒寧)

(전)학술원회원 / (전)홍익대학교 총장, 작고

남사 정재각 선생님을 추도합니다

지금 이렇게 유명을 달리하신 선생님에게 추도의 말씀을 올리는 일이 전혀 현실 같지 않습니다. 평균 수명이 길어진 세상이라 해도 아직은 미수(米壽)를 넘기기 쉽지 않습니다만, 가까이 모시던 사람들은 모두 선생님은 어렵지 않게 白壽하시리라 생각했기 때문입니다.

지난 4월 거문도 여행 때 이전과는 조금 다르게 느껴진 선생님의 건강을 염려하는 마음 없지 않았습니다. 그러나 그것이 마지막 여행이 되리라고는 아무도 생각할 수 없었습니다, 그래서 그 때 우리 다음 여행지를 홍도로 정하지 않았습니까.

이렇게 선생님의 영전에 서고 보니 6.25전쟁이 한창이던 때 피난지 대구에서 선생인을 처음 뵈온 후, 살아온 50년 세월이 한걸음에 다가옵니다. 저보다 꼭 20년 長이신 선생님은 저에게는 항상 20년 후의 자신을 미리 내다보는 하나의 표상이었다고 할 수 있습니다. 그러나 언제나 표상 그것이었을 뿐, 선생님은 항상 접근할 수 없는 자리에 계셨습니다.

우선 선생님은 누구도 흉내낼 수 없는 선생님만의 격을 가지고 계셨습니다. 그리고 어떤 경우도, 많이는 안 하셨지만 약주를 드신 경우라해도, 그 격을 결코 무너뜨리지 않았습니다. 그런 경우 대게 모시기 어려운 어른이 되기 쉽습니다만, 선생님은 그렇지 않으셨습니다.

선생님은 미수를 사시면서도 노인에게서 흔히 볼 수 있는 약간의 흐트러짐 같은 것도 전혀 볼 수 없는 그런 분이셨습니다. 제자들이 함께 여행을 하면서 당신께서는 여비를 못 내시게 하면, 그게 부담이 되서서 돌아오는 길에 반드시 조그마한 선물이라도 사서 나누어주시는 그런 분이었습니다.

경상도 유서 깊은 반가에서 장남으로 자라신 선생님은 겉으로는 무뚝뚝해 보입니다. 또 자신에게는 대단히 엄격하고 그에 따라 몸가짐은 깔끔하시지만, 대하기 어렵지 않은 그리고 부담스럽지 않은 그런 분이었습니다.

그러면서도 선생님은 공적인 일에는 대단한 원리주의자였습니다. 학처장에서 총장에 이르기까지 대학의 행정직을 많이 맡으셨지만, 어느 경우이건 원칙을 지키기에는 최선을 다하시는 그런 분이었습니다. 일제강점기 시대 중학교 교사로서 반일적 강의를 하셨다가 학교를 쫓겨나신 일이나, 이승만 독재정권에 반항하여 4·25교수 데모에 참가하신 일 등도 원칙과 격을 지키려는 선생님의 자존심의 결과였다고 생각해봅니다.

고려대학교 대학원장을 맡으셨을 때의 일이지요. 원칙을 너무 엄격히 지키다가 같은 과 동료교수의 박사학위 시험을 낙제시켰습니다. 그 때문에 절친했던 그 분과 의절하다시피 되었습니다만, 결코 후회하지 않으면서도 안타까워하시는 것을 지켜보았습니다.

그러면서도 원칙을 무너뜨리지 않는 범위 안에서 해줄 수 있는 편의나 도움이면, 표내지 않고 최선을 다하시는 그런 분이었습니다. 선생님이 영영 떠나시는 이 자리에 온 제자들 중에는 그런 온정에 젖었던 사람들이 많습니다.

선생님이 쓰신 글은 많지 않지만 대단한 명문들입니다. 선생님의 글 중에 먼저 간 동료 교수를 위해 쓰신 명추도문(名追悼文)이 있습니다. 그것을 읽고 무심결에

"선생님은 명추도문으로 친구를 보내셨지만, 훗날 선생님이 돌아가시면 누구에게 그런 추도문을 받으실 수 있겠습니까. 선생님이 손해십니다."

하고 걱정했더니 "죽지 않으면 될 것 아닌가"하는, 선생님에게는 듣기 어려운 농담을 들은 기억이 지금도 생생합니다. 그러나 선생님, 대단히 불행하게도 그 걱정이 이제 현실이 되었습니다. 그런 명추도문으로 친구를 보내신 선생님이 이제 이 따위 졸문 추도사를 들으시면서 가시게 되었으니 말입니다. 선생님 정말 죄송합니다.

선생님은 생전에 영의 세계를 깊이 믿으셨습니다. 역사학자야말로 철저한 과학자 그것이어야한다고 믿는 저로서는 그 전이 좀 불만이었습니다. 그러나 이제 유명을 달리 하신 선생님이 스스로 믿으시던 고향, 영의 세계로 기꺼이 돌아가시리라 생각하니, 저로서는 오히려 위안이 되는 것 같습니다.

마지막 뵈온 병상에서 무엇인가 말씀을 하시고 싶은데 입술만 움직이고 신음 소리만 내실뿐 형언이 안되는 안타까운 순간을 겪었습니다. 그렇게 자기통제력이 높으시던 선생님으로서도 별세하시는 순간에야 뒤돌아 보이는 일이 어찌 한 두 가지였겠습니까. 그러

나 선생님, 이제 뒷일은 모두 잊으시고 그 잘 걸으시던 걸음으로 당신께서 믿으시던 영의 세계로 편안히 환고향(還故鄕)하십시오. 그리고 그곳에서 영생하십시오. 삼가 명복을 빕니다.

2000년 9월 21일

불초제자 강 만 길(姜萬吉) 통곡합니다.

정재각 선생님 영전에

선생님 영전에서 저희 제자 후학들은 삼가 명복을 빕니다. 그리고 졸업 후 수십 년이 지났어도 가슴에 품고 있는 선생님의 주옥같은 말씀을 되새기고 있습니다. 선생님께서는 학부 강의실이나 답사 중에, 그리고 대학원 세미나에서도 한상 '엘리트집단의 윤리도덕성'을 강조아시고 실천하기를 가르쳤습니다. 건전한 윤리도덕은 나라와 사회 발전의 원동력, 그리고 역사발전의 원동력이 된다고 하셨으며 윤리도덕이 실종된 사회에서는 부정 부패 이기심으로 얼룩진 갈등과 대립 분열만 난무한다고 하셨습니다.

선생님께서는 우리 사회는 정치 관료 기업 교육 사법 등 모든 분야에서 윤리 도덕은 타락, 실종되고 깊은 갈등과 극단적 이기주의가 난무하는 현실을 향시 개탄하셨습니다. 특히 고등교육을 받고 사회 상층부를 형성하는 우리 엘리트 집단의 윤리 도덕의 타락성과 실종을 가장 크게 걱정하셨습니다.

선생님께서는 우리 사회가 경제를 포함한 물질적 발전을 아무리 크게 이뤄도 건전한 윤리 도덕이 밑받침되지 않는 한 모두 '모래위의 성'이라고 하셨습니다. 다시 말하면 엘리트 집단의 윤리 도덕성의 회복이 급선무라고 하셨습니다.

엘리트 집단의 양심에 기본한 자각과 각성을 통해 극기를 이룩하고 자기 분수를 지키며 자율적 실천을 통해 이기적 욕망과 행동을 억제화하고 의무와 책임에 충실할 수 있는 경지에 오를 때 윤리 도덕적 기풍은 엘리트 사회에 국한되지 않고 사회 하층부 그리고 전체 사화로 확산돼 생활 원리로 정착되고 신뢰와 결속의 정신적 바탕이 된다고 하셨습니다. 그리하여 여기에서 개인이익과 국가이익이 일치돼 핵융합에서 생성되는 에너지와 같이 무한한 힘과 역량이 방출되며 이것이 바로 나라와 사회발전의 원동력이며 역사발전의 원동력이 된다고 하셨습니다.

선생님께서는 이 같은 사상을 말로만 표현할 것이 아니고 고려대학교 정년퇴임연설에서 표출하셨으며 동국대학교 총장 그리고 정신문화연구원장으로 계실 때 몸소 실천하셨습니다.

현재 우리 사회에 만연해 있는 총체적 아노미현상은 바로 선생님께서 30여 년 전에 수차 지적하셨던 현상이며 또 선생님께서는 이 아노미 현상을 극복할 수 있는 방법을 제시하셨습니다. 현재 우리 사회가 선생님 같은 정신적 지주가 절실히 필요한 때인데 타계하시니 저희 후학들의 마음은 더욱 아프고 목이 멥니다.

선생님 저희 제자 후학들은 선생님을 두려워하면서도 존경하였습니다. 사랑합니다. 선생님.

동아일보 2000.9.20

이 춘 식(李春植)

(전)고려대학교 교수 / (전)고려대 중국학연구소 소장

편집후기

　사람이 죽고 나서야 그 인물 됨됨이나 후덕함을 알 수 있게 되는 것일까 마는 남사선생님 추모집 발간을 추진하면서 추모 글이나 간행비 보조를 부탁드려 단 한 번도 거절하는 말씀을 들어보지 못했으니, 남사선생님의 생전의 공덕이 얼마나 컸었는지를 새삼 생각하게 된다.

　초여름 어느 날 신근재 님과 강만길 님이 나를 불러내 남사선생님 추모집을 간행하자는 발의를 하여 간행을 추진한 지가 올해로 벌써 10년의 세월이 지났다.

　당시는 남사선생님께서 타계하신지 두 해를 보낸 시점으로 시간이 흐르면 흐를수록 더욱 더 영모의 정이 깊어만 가던 터라 추모집 간행소식을 접한 대학과 사회 각계의 인사들이 적극적으로 호응해 왔다. 간행준비를 위한 첫 번째 모임을 동국대 구내식당에서 가졌는데, 참여한 분들이 30여명이나 되었고 그 자리에서 간행위원을 선임하였다. 간행위원장으로 장충식 단국대 이사장님을 추대하고 동국대 측에서 신근재 님을 비롯한 이길용 님, 김한주 님, 정윤무 님, 하덕모 님, 이영자 님 권기종 님 등을 간행위원으로 추천하였다. 단국대 측은 송병기 님과 윤내현 님을, 고려대 측에서는 신승하 님, 최근영 님, 유인선 님, 오정소 님, 목정균 님, 최규성 님 김택민 님 등을 간행위원으로 추천하여 간행작업에 들어갔다. 먼저 대학과 사회 인사들 중 남사 선생님과의 인연이 깊었을 것으로 추정되는 100여분의 명단을 만든 다음 "남사 선생과 나"란 제하에 남사선생님과의 추억담을 써 주시기를 요청하는 글을 발송하였다. 그러는 한편으로는 신근재 님이 노구를 무릅쓰고 남사선생님의 유고를 모으는 작업에 매달려 참으로 많은 시간과 노력을 쏟아 부은 결과로 다수의 금옥 같은 글들을 발굴해 낼 수 있었다.

　그동안 저의 게으름과 녹음테이프를 풀어 글로 만드는 작업의 어려움 등으로 진척을 보지 못한데다가 추모 글들을 담은 컴퓨터가 벼락으로 인해 망가져 복원하는데 숱한 애를 먹기도 하였다. 정년으로 연구실을 정리하는 과정에서 김 종길 교수님의 원고를 잃어버리기도 하였다. 이글을 통해 교수님께 송구하다는 말씀을 재삼 드린다. 시간이 지연되면서 추모 글을 보낸 분들과 간행위원들이 정년을 맞아 은퇴하여 직장을 떠나게 되어 연락에 어려움이 있었다. 더욱이 간행작업에 크게 한몫을 하던 신승하 교수가 타계함으로써 간행작업이 더욱 차질을 빚게 되었다. 그밖에도 수많은 우여곡절을 겪게 되면서 추모집 간행은 더욱 늦어질 수밖에 없었다.

그러나 다행히도 목정균 님과 최근영 님이 적극 뛰어들어 열과 성을 다해 내용정리와 교정 작업에 박차를 가하면서 늦게나마 추모집의 간행을 보게 되었으니, 두 분께 그저 눈물겹게 고맙고 감사하다는 말씀을 전할뿐이다.

추모집 간행을 위해서는 남사 선생님의 유고나 추모 글을 받아내는 일 뿐만 아니라 간행비를 모으는데도 애로가 많았다. 다행히 장충식 간행준비위원장께서 출판비의 절반을 선뜻 부담하시어 큰 도움이 되었다. 이밖에도, 강만길 님을 비롯한, 윤내현 님, 최규성 님이 크게 보탬을 주셨고, 송갑호 님, 지관스님, 김한주 님, 정윤무 님, 김정배 님, 유인선 님, 오정소 님, 신근재 님, 정병조 님, 김현구 님, 손대오 님, 최근영 님, 조재호 님, 홍두기 님 등이 즐겁게 동참을 해주심으로써 간행비를 충당할 수 있게 되었다.

끝으로 추모의 글을 보내주신 분들과 간행비까지 함께 보내주신 관계인사 여러분 들께 이 지면을 빌어 진심으로 감사의 뜻을 전합니다.

2011년 만추, 간행위원회

藍史 鄭在覺 博士 追慕 文集
남사 정재각 그는 누구인가

발행일 | 2012년 1월 27일
편집인 | 남사 정재각 선생 추모문집간행위원회
발행인 | 최 병 식
발행처 | 주류성출판사
　　　　서울시 서초구 서초동 1305-5
　　　　TEL 02-3481-1024 | FAX 02-3482-0656
　　　　www.juluesung.co.kr | juluesung@yahoo.co.kr

ISBN 978-89-6246-074-2　03040
책값 48,000원